Großes Lexikon der Philatelie · Band 2

Ullrich Häger

Großes Lexikon der Philatelie

in zwei Bänden

Band 2 N - Z

Bertelsmann Lexikon-Verlag

Redaktion: Irmelis Steinsiek
Layout: Wilhelm Albrecht
Schutzumschlag: Wilfried Becker und Josef Blöchl

Gesamtherstellung Mohndruck Reinhard Mohn OHG, Gütersloh
Printed in Germany

ISBN 3-570-05338-5

N

N, 1. Abkürzung auf →Nachnahme-Zetteln. – **2.** Hinter der Zeitangabe in früheren dt. und österr. Ortsstempeln mit 12-Stunden-Zählung Hinweis, daß die Sendung am Nachmittag postalisch behandelt wurde (sonst V = Vormittag). – **3.** In Katalogen Hinweis, daß von einer Marke →Nachdrucke oder →Neudrucke vorkommen.

NA, Kennzeichnung im Michel-Katalog für Marken, von denen →Neuauflagen hergestellt wurden, die sich gelegentl. durch geringfügige Papier-, Gummi- oder Farbenunterschiede zeitlich lokalisieren lassen, aber im allg. nur für den Spezialsammler von Interesse sind.

NABA-Block, Bez. für den begehrten und teuersten Block der Schweiz zur Nationalen Briefmarken-Ausstellung 1934 in Zürich.

Nabha, ehem. brit.-ind. →Vertragsstaat, für den von 1885 bis 1950 insgesamt 100 Frei- und 51 Dienstmarken verausgabt worden sind, die für Sendungen innerhalb des gesamten Kaiserreiches Indien gültig waren. Die Marken entstanden durch Aufdruck *NABHA STATE* oder nur *NABHA* bzw. zusätzlich *SERVICE* auf Freimarken von Britisch-Indien.

Nach Abgang der Post, auch abgekürzt *Nach Abg. der Post* (z.B. Thurn und Taxis). Stempel auf solchen Sendungen, die erst eingeliefert wurden, nachdem aus zeitlichen Gründen die Post bereits abgegangen war. Mit diesem Stempel sollte der Empfänger darauf hingewiesen werden, daß die Post an der verzögerten Zustellung unschuldig war.

Nachahmung. Als solche vom Verkäufer angebotene »Marken« sind stets →Fälschungen und für den Sammler wertlos. Man sollte solche Stücke auch nicht als →Lückenfüller in das Album aufnehmen. Auch →Faksimile.

Nachauflage, wenig gebräuchliche Bez. für Marken, die infolge großen Bedarfs (z.B. Werte der Dauerserien) laufend nachgedruckt werden müssen, was hinsichtlich Papier und Farbe zu mehr oder weniger auffallenden Tönungen führen kann, die aber von den Katalogen meist nicht registriert werden und nur für den Spezialsammler von einigem Interesse sind.

Nachbringeflug. Die Deutsche Reichspost richtete 1926 Nachbringeflüge von Köln nach Cherbourg oder Southampton zu den dort noch einmal anlegenden Schnelldampfern des Norddt. Lloyd auf der Nordatlantikroute bzw. der Hamburg-Südamerika-Linie nach Buenos Aires ein, was für Briefe nach Nordamerika einen Zeitgewinn von mindestens 24 Std., nach Südamerika von 7–8 Tagen brachte. Die so beförderten Sendungen erhielten einen Nebenstempel *Mit Luftpost ab Köln zum Dampfer . . .* o.ä. Verlangte der Absender zusätzl. Vorausbeförderung mit →Katapultpost (ab Juli 1929), wurde die Sendung z.B. mit einem Stempel *Mit Luftpost ab Köln und Vorausflug nach New York* versehen; auch →Anschlußflug.

Nachdruck, Begriff für Postwertzeichendrucke, die von einer Postverwaltung veranlaßt werden, nachdem die vorgesehen gewesene Auflage einer Marke u.a. beendet ist, keine Originale mehr vorhanden sind, aber aus irgendeinem Grund noch Belegexemplare gefordert werden (z.B. von einem Museum), die Originaldruckform zwar noch vorhanden, aber inzwischen beschädigt ist und ausgebessert oder geringfügig ergänzt werden muß, um noch einmal verwendet werden zu können.
Im Gegensatz zu →Neudrucken weisen Nachdrucke, abgesehen von durch Ausbesserungen usw. entstandenen Abweichungen im Markenbild, meist größere Unterschiede hinsichtl. Papierqualität und Farben auf. Trotzdem ist der Unterschied gegenüber den Originalen nicht immer ohne weiteres zu erkennen (z.B. Württemberg Mi 1–5, Norddt. Postbezirk für Elsaß-Lothringen Mi 1–7). Da Nachdrucke im allg. kaum einen Handelswert haben, aber wie →private Neudrucke gern anstelle von aus finanziellen Gründen unerreichbaren Originalen in das Album aufgenommen werden, sollte vor dem Erwerb einer seltenen Marke, von der Nachdrucke bekannt sind, ein Prüfer befragt werden, wenn diese als angebl. Original angeboten wird. Grundsätzl. abzulehnen sind →private Nachdrucke, die praktisch Fälschungen sind.

Nachbringeflug. Die Bestätigungsstempel beweisen die Beförderung mit Nachbringeflug (Mitte) und Vorausflug mit Katapultpost nach New York

Nachentwertung →nachträglich entwertet, →Gefälligkeitsentwertung, →echt gestempelt.

Nachfolgestaaten, unter Sammlern gebräuchl. Bez. für Staaten, die z. B. nach der Unabhängigkeitserklärung aus ehem. Kolonien unter Beibehaltung des alten Namens (z. B. Togo) oder Umbenennung (z. B. Goldküste in Ghana) hervorgegangen sind. Das Sammeln der Marken von Nachfolgestaaten ist recht verbreitet, weil mit der ersten Ausgabe begonnen werden kann und keine teuren alten Marken berücksichtigt werden müssen. Versch. Nachfolgestaaten haben sich jedoch die Sympathie der Sammler durch allzu viele überflüssige Ausgaben schnell verscherzt (z. B. Ghana, Guinea, Sierra Leone). In Großbritannien und Frankreich werden die Marken der Nachfolgestaaten der früheren Kolonien im Anschluß an diese gern gesammelt und sind deshalb in den entsprechenden Katalogen und nicht im allg. Überseeteil verzeichnet.

Nachforschungsstelle, alte Bez. für →Briefaufklärungsstelle, →Rückbriefstelle.

Nachfrankatur →Nachfreimachung.

Nachfreimachung, auch Nachfrankatur, noch nicht sehr lange bestehende Art von Kundendienst der Post, wenn eine in das Ausland gerichtete Sendung unterfrankiert oder überhaupt nicht freigemacht ist. Die Post klebt Marken in Höhe des Fehlbetrags auf und zieht durch den Briefträger mittels eines Vordrucks (»Ergänzung der Freimachung von Briefsendungen nach dem Ausland«) den in Betracht kommenden Betrag beim Absender ein. Die Sendung wird dadurch ohne Zeitverlust weitergeleitet. Auch in anderen Ländern sind ähnl. Verfahren an der Tagesordnung.
Früher traten bei derartigen Sendungen (manchmal auch bei Inlandssendungen) teils erhebl. Verzögerungen ein, weil unterfrankierte Sendungen u. ä. mit einem

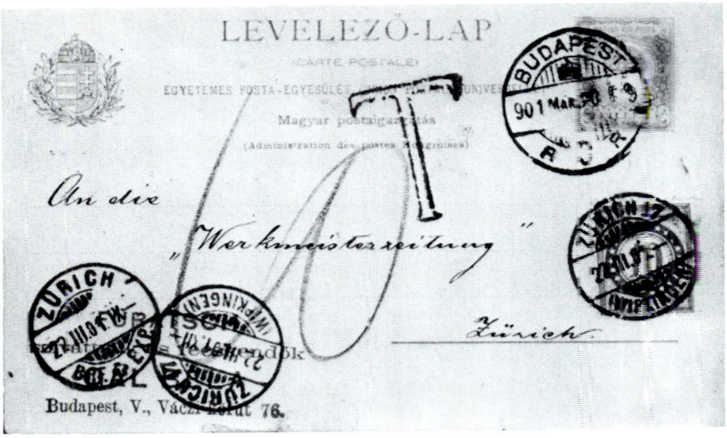

Nachgebühr

entspr. Klebezettel oder Stempel versehen zwecks Nachfreimachung an den Absender zurückgegeben wurden; auch →T-Stempel.

Postamt 2
Postamt 6 Frankfurt am Main 2
Fernsprecher — Auslandsstelle
Zurück an den Absender!
Die Angabe des Bestimmungsortes ist ungenügend | An der zu entrichtenden Gebühr fehlen 5 Pf
Mindestgebühr für Drucksachen 15 Pfg.
Bitte fehlende Angabe oder Gebühr ergänzen, diesen Zettel abnehmen und die Sendung erneut absenden
322 161 7100 Blocks zu je 50 Bl. 4. 63 # A 13. DIN A 8 (Kl. 35)

Nachgebühr, im Volksmund noch immer Strafporto genannt, wird bei unzureichender oder gänzl. fehlender Freimachung vom Empfänger in Höhe des Mindestbetrags und einer je nach Land versch. hohen zusätzl. Gebühr erhoben; bei Annahmeverweigerung ist der Absender zur Zahlung der Nachgebühr verpflichtet. Einem Beschluß des Weltpostvereins folgend wird seit 1. 1. 1976 stets nur noch eine Nachgebühr erhoben, die dem tatsächlich fehlenden Gebührenanteil entspricht; die früher üblichen Zuschläge entfallen seitdem. Die jeweilige Postverwaltung kann allerdings zusätzlich eine sog. Einziehungs-(Behandlungs-)Gebühr in der von ihr verfügten Höhe hinzurechnen.
In Deutschland werden mit Nachporto belastete Inlandssendungen mit einem roten Stempel Nachgebühr (früher auch Nachtaxe und z. B. violett, Ortsdatumstempel mit zusätzl. Inschrift Porto) versehen, und der einzuziehende Betrag wird mit Blaustift vermerkt. In anderen Ländern sind entspr. Inschriften gebräuchl., z. B. Österreich »Postgebühr beim Empfänger einheben«. Bei unrichtig frankierten Sendungen in das Ausland bringt, falls beim Auflieferungspostamt der Fehlbetrag nicht bemerkt und von diesem keine →Nachfreimachung vorgenommen wurde, das jeweil. →Grenzausgangspostamt entspr. den Vereinbarungen im Rahmen des Weltpostvereins einen →T-Stempel an. Die Errechnung der Nachgebühr in Landeswährung nimmt ein dafür bestimmtes Postamt nach Eingang vor. Für mit Nachgebühr belegte Sendungen sind zahlr. Kennzeichnungsarten bekannt; →entlastet, →Timbre-poste perdu.

Nachgebührmarken, in der Sammlersprache kaum verwendete Bez. für →Portomarken.

Nachgebührstempel →Nachgebühr, →T-Stempel.

nachgemalt, →übermalt, philat. Begriff für die Marke Deutsches Reich Mi 66 (5-Mark-Reichspost) in den sog. Typen III/Ia und V/IIa (auch vorkommend bei der gleichen Wertstufe für Auslandspostanstalten), bei welcher durch den von der

Reichsdruckerei Berlin (heute Bundesdruckerei) noch unvollkommen beherrschten Zweifarbendruck zwischen Rahmen und Mittelstück Verschiebungen vorkamen, die man auf den fertigen Schalterbogen zu vertuschen suchte, indem unbedruckte Zwischenräume mittels Deckweiß und/oder roter Farbe entspr. dem in einzelne Linien aufgelösten Bild des Mittelstücks mühsam mit der Hand nachgemalt wurden, was sich bei genauer Betrachtung an Hand der roten Farbe, die bei Nachmalung statt karmin mehr nach rotlila tendiert, oder unter der Prüflampe zu erkennen gibt. Bei dem in den grünschwarzen Rahmendruck übergehenden roten Mittelstück wurde →übermalt. L: 3. 4.

nachgestempelt →rückdatiert, →Gefälligkeitsentwertung.

Nachgravierung →Retusche.

Nachgummierung. Das seit etwa 25 Jahren bevorzugte Sammeln postfrischer Marken hat zur Folge gehabt, daß in einem kaum noch zu verantwortenden Umfang Nachgummierungen vorgenommen werden. Eine nachgummierte Marke ist, da nicht mehr in dem von der Post verkauften Zustand befindlich, repariert, als solche aber leider nicht gekennzeichnet, so daß der Käufer bewußt oder unbewußt getäuscht wird. Der oft angewandte Vergleich mit der Restaurierung z.B. eines Gemäldes ist unangebracht. Ein altes Gemälde ist ein einmalig vorhandenes Objekt und muß als Kunstgegenstand erhalten bleiben, eine Marke dagegen gibt es in vielen gleichen, häufig noch postfrischen Exemplaren, kann also ersetzt werden. Vor etwa 1945 gesammelte, ungebrauchte Marken wurden fast nur mit Klebefalz im Album befestigt, den Begriff postfrisch gab es damals noch nicht. Der Michel-Katalog aber ist der Meinung, daß die Bewertung ungebrauchter Deutschland-Marken schon ab 1930 für postfrische Stücke zu gelten hat. Dieser Standpunkt fordert zu vermehrter Nachgummierung direkt heraus, wenn auch Tatsache ist, daß aus dieser Zeit noch größere Bestände in postfrischer Erhaltung vorhanden sind.
Kaum zu erkennen ist eine teilweise Nachgummierung, wenn der Gummi durch Falzentfernung nur an einer Stelle beschädigt wurde. Verräterisch werden kann vom Originalgummi abweichende Farbe oder unvollkommene bzw. mit dem Original nicht übereinstimmende Riffelung u.a. Bei vollst. Nachgummierung einer Marke geben die Ränder vielfach einen Hinweis. Von wenigen Ausnahmen abgesehen, wird das Papier bereits vor dem Markendruck gummiert und danach gezähnt oder durchstochen. Wurde nachgummiert, muß die Gummilösung bis zu den Zahnspitzen bzw. zum geschnittenen Rand gleichmäßig verteilt werden, wobei unvermeidbar ist, daß etwas Gummi um die Zahnspitzen und -löcher oder den geschnittenen Rand herumkriecht. Dadurch tritt eine Verhärtung des Papiers ein, Zähnung oder Rand werden steifer und spröder und sind, fährt man mit Fingernagel oder -kuppe darüber, nicht so nachgiebig wie bei einer unbehandelten gleichen Marke. Gelegentl. wird der Markenrand durch die Nachgummierung auch schwach glasig-durchsichtig, oder er glänzt bei Aufsicht gegen schräg einfallendes Licht stärker als der Bilddruck. Ein absolut sicheres und allg. gültiges Erkennungszeichen für Nachgummierung gibt es leider nicht; die Technik wird immer mehr verfeinert. Vor dem Erwerb nachgummierter Marken muß eindringlich gewarnt werden; sie sind minderwertig. Bei Verdacht sollte ein Prüfer befragt werden. Bei Vorhandensein geeigneter Geräte, Vergleichsmaterial und Kenntnissen kann ein Prüfer heute jede noch so sorgfältig ausgeführte Nachgummierung als solche erkennen! Ratschläge für den Sammler zur Selbsterkennung, L: Die Sammler-Lupe, Nr. 10/1973.
Anders ist es bei schadhaft gewordenen Marken Liechtensteins (Mi 281 und 283), die seitens der Post nachgummiert und dann 1952 als gewöhnl. Freimarken aufgebraucht worden sein sollen. Wurden Marken amtl. →ungummiert verausgabt (z.B. in einigen trop. Ländern oder in Notzeiten) und erst kurz vor dem Verkauf am Schalter gummiert, liegt keine Nachgummierung vor; →Nachriffelung.

nachklebende Marken →klebrige Marken, →Talkum.

Nachkriegsdruck, häufig gebrauchte Bez. für die auch geschnitten verausgabten Bayern-Marken Mi 94 II–109 II und 110/15 sowie die Auf- und Überdruckausgaben Mi 116/76; →Friedensdruck, →Kriegsdruck.

Nachlaßkommission. Stirbt ein Sammler, sehen sich die oft niemals vorher an der Sammlung interessierten Erben einem fast unlösbaren Problem gegenüber, da sie sich keine Vorstellung vom wirklichen Wert machen können. Sie gehen meist zum nächsten Händler und überlassen diesem häufig für ein »Butterbrot« die Sammlung, die u.U. einen mehrfachen Wert hat. Hier helfen viele Vereine durch eine ehrenamtlich tätige Nachlaßkommission (Spesen müssen im allg. ersetzt werden), die eine der Marktlage entspr. Bewertung der Sammlung erstellt, so daß die Erben einen gerechten Erlös auch bei Verkauf an einen Händler erhalten. Auch aus diesem Grund ist die Mitgliedschaft in einem der BDPh zugehörigen Verein zu empfehlen.

Nachläufer, philat. Begriff für Postwertzeichen, die nach deren Außerkurssetzung noch zur Freimachung von Sendungen mit stillschweigender Duldung der Post verwendet oder inf. Unachtsamkeit des Postpersonals durchgeschlüpft sind und mit echten Poststempeln auf Bedarfsbrief vorliegen (nicht Gefälligkeitsentwertung oder rückdatierte Stempel). Nachläufer sind bei Spezialsammlern begehrt; →Mitläufer, →Vorläufer.

Nachmarke, in Österreich amtl. Bez. für →Portomarke, obwohl diese Marken meist Inschrift oder Aufdruck PORTO zeigen. Das

Wort Nachmarke ist bisher nur ein einziges Mal auf einer österr. Portomarke in Erscheinung getreten, und zwar bei der Aushilfsmarke MiP 102.

Nachnahme, amtl. Postnachnahme, aus dem →Postvorschuß entstanden (Preußen 1856). Der Absender gibt als Brief, Päckchen oder Paket eine nicht vorausbezahlte Ware auf und beauftragt die Post gegen Entrichtung einer bes. Gebühr mit der Einziehung des in Betracht kommenden und auf der Sendung und einer Zahlkarte oder Postanweisung (bei der BP heute nur noch Zahlkarte möglich) vermerkten Betrages beim Empfänger. Durch zwischenstaatl. Abkommen war die Nachnahme seit 1885 auch begrenzt im Auslandsverkehr möglich, im allg. internat. Verkehr für Nachnahme-Pakete seit dem Weltpostkongreß von 1885 in Lissabon, für Briefsendungen seit dem Kongreß in Wien 1891 zugelassen. Die Amtssprache des Weltpostvereins ist das Französische, deshalb enthalten die →Nachnahme-Zettel zusätzlich zum Wort Nachnahme in der Landessprache noch die Bezeichnung *Remboursement;* auch →Aviso-Schein.

Nachnahme-Zettel, zur Kennzeichnung von Sendungen mit →Nachnahme. Die Zettel waren anfängl. je nach Land verschieden gestaltet und beschriftet. Seit Einführung des Nachnahmeverfahrens im internat. Verkehr durch den Weltpostverein 1885–1891 ist ein

dreieckiger roter Zettel (andere Farben möglich) vorgeschrieben, der fast immer auch außer dem Wort Nachnahme in der Landessprache noch das franz. Wort *Remboursement* enthält (die Amtssprache des Weltpostvereins ist das Französische). Neuerdings sind auch rechteckige Zettel von Rollen

(zweiseitig gezähnt wie Einschreibezettel) übl. geworden, die auf farblosem Grund ein kleines rotes Dreieck nebst Inschrift enthalten. Ständige Auflieferer von Nachnahmesendungen lassen anstelle eines aufklebbaren Zettels auf Briefumschläge und Paketkarten einen entspr. Zudruck anbringen, wobei im Inlandsverkehr ein kleines rotes Dreieck genügt. In versch. Ländern hat es z.B. auch Ganzsachen für Nachnahmesendungen gegeben. Die Nachnahmezettel sind als interessantes Randgebiet der Philatelie zu bezeichnen, werden aber zu Unrecht (und im Gegensatz zu den Einschreibezetteln) wenig beachtet; →Postvorschuß.

Nachporto, weniger gebräuchl. Ausdruck für →Nachgebühr.

Nachportomarken →Portomarken.

Nachportostempel →Nachgebühr, →T-Stempel.

Nachriffelung, wird im Zusammenhang mit →Nachgummierung häufig mehr oder weniger gut gelungen vorgenommen, um Originalgummierung mit →Gummiriffelung vorzutäuschen.

Nachsendung. Zum Beispiel während Urlaubsabwesenheit kann Antrag auf Nachsendung der an die Heimatanschrift eingehenden Postsendungen bestimmter Art gestellt werden. Im allgemeinen ist das nur für vorübergehende Anschriften im Inland möglich; die Bestimmungen sind von Land zu Land verschieden. Desgleichen die dazu auszufüllenden Formblätter, die z.B. im Bereich der BP ohne Freimachung dem Zustellpostamt ausgehändigt werden. In Österreich ist Freimachung erforderlich; →Nachsendungskarten.

Nachsendungsantrag →Nachsendung, auch →Nachsendungskarten.

Nachsendungskarten, in Österreich seit 1932 üblich und dort früher Anschriftenvormerkschein genannt. Es handelt sich um Postkarten mit Wertstempeleindruck (= Ganzsachen) und Vordruck, um sich zum Beispiel bei Urlaubsabwesenheit eingehende Sendungen im Inland nachsenden zu lassen. In der BRD und anderen Ländern sind zum gleichen Zweck Vordrucke ohne Wertzeicheneindruck gebräuchlich, die für den Sammler ohne Interesse sind.

Nachstempelung →nachträglich entwertet, →Gefälligkeitsentwertung.

Nachtaxe, früher weit verbreiteter Ausdruck für →Nachgebühr.

Nachtbriefkasten. In größeren Städten werden bestimmte Briefkästen auch noch einmal in den späten Abendstunden oder um Mitternacht geleert und der Inhalt über Nacht bearbeitet und mit der frühesten Möglichkeit weiterbefördert. Aus Rationalisierungsgründen nimmt aber auch dieser Kurdendienst der Post mehr und mehr ab; die brit. Post z.B. stellte die Nachtbriefkästen 1976 ganz ein.

Nachtluftpost. Zur beschleunigten Postbeförderung nachmittags und abends aufgelieferter Sendungen führte die Deutsche Reichspost in Zusammenarbeit mit der Deutschen Lufthansa bereits im Sommer 1924 versuchsweise eine Nachtluftpostverbindung von Berlin nach Kopenhagen und Stockholm und 1926 eine solche Berlin-Königsberg mit Anschluß nach Moskau durch. In der Folgezeit wurden auch in anderen Ländern ähnl. Versuche angestellt, doch kam die regelmäßige

Nachtluftpost erst viel später zur Einführung. Die BP nahm diesen Dienst am 1. 9. 1961 (nach und von Berlin Sonderregelung) auf, wofür keine zusätzliche Luftpostgebühr zu zahlen ist. Befördert werden jede Woche von Montag bis Freitag Briefe, Postkarten und Postanweisungen.
In das Nachtluftpostnetz mit zentralem Umschlagplatz auf dem Flughafen Rhein-Main (Frankfurt/M.) sind die internat. Flughäfen Hamburg, Bremen, Hannover, Düsseldorf, Köln/Bonn, Stuttgart, München und Nürnberg sowie Berlin einbezogen; allnächtlich werden rund 25 t Sendungen befördert. Als Zubringer für Post aus den Einzugsgebieten der genannten Flughäfen dient die →Überlandpost. Andere Länder nahmen nach dem Vorbild der BP den Nachtluftpostverkehr ebenfalls auf, der sich inzwischen bereits auf internat. Ebene ausgedehnt hat, so daß heute ein von Hannover nach London gerichteter Brief unter günstigen Umständen am Tag nach der Auflieferung dem Empfänger zugestellt werden kann. Auch →Reichspostflüge.

Nachtrag, alljährl. zu Vordruckalben (→Vordruckalbum) erscheinende Ergänzungsblätter für die in den vergangenen Monaten verausgabten neuen Marken; ferner monatl. zu den großen Katalogen meist im Rahmen einer Zeitschrift (z.B. Michel-, Zumstein-, Gibbons-, Austria-Netto-Katalog). Der regelmäßige Bezug der Katalognachträge ist für den Sammler oft wichtig, weil außer Bewertungsänderungen auch Umstellungen der Katalogisierung mit Nummernänderungen vorgenommen werden, die erst nach einem Jahr oder länger in der neuen Katalogausgabe erscheinen; Sammler und Händler benutzen aber schon vorher die Neufassung.

nachträglich entwertet. Die Frankatur ist aus irgendeinem Grund beim Auflieferungspostamt der Abstempelung entgangen, was vom Bestimmungspostamt bei der Sortierung bemerkt wird. Werden die Marken dann mit Tinten- oder Kopierstiftkreuz entwertet, sind sie für den Sammler nutzlos (aber →Federzugentwertung). Ab Anfang dieses Jh. gestattete die Deutsche Reichspost den Postämtern auch die Anbringung örtl. beschaffter und daher sehr versch. gestalteter Gummistempel mit Inschrift *entw. in . . ., nachtr. entw.* u.ä. Seit 1935 gibt es einheitl. gestaltete Rundstempel. Von einigen anderen Postverwaltungen sind ähnl. Maßnahmen bekannt. Sind solche bes. Stempel nicht vorhanden, wird die nachträgl. Entwertung nicht oder nur unvollkommen abgestempelter Marken u. U. auch mit dem normalen Ortstagesstempel nachgeholt. Marken mit diesen Stempeln sollten

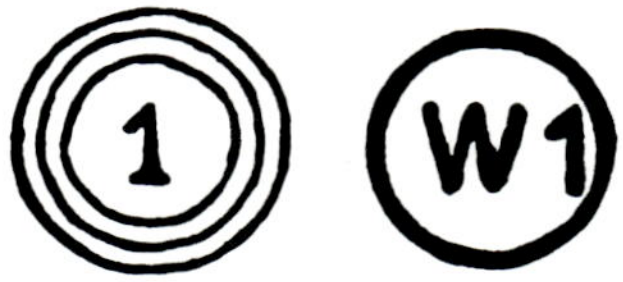

möglichst auf Ganzbrief oder als Briefstück gesammelt werden; es gibt daran interessierte Sammler. In Österreich waren zur nachträgl. Entwertung früher je nach Postamt versch. Stempel eingesetzt, seit etwa Mitte der 50er Jahre ist ein Einheitsstempel (amtl. Entwertungsstempel genannt) mit drei Wellenli-

nien in Kreiseinfassung in Gebrauch.
Die nachträgl. Entwertung mit nur dafür vorgesehenen Stempeln ist jedoch schon fast 120 Jahre alt! Den bisherigen Kenntnissen nach wurde sie erstm. zu Anfang der 50er Jahre des vorigen Jh. vom Hauptpostamt Wien mittels eines Dreiringstempels mit einer *1* in der Mitte angewandt. Nach Bewährung ka-

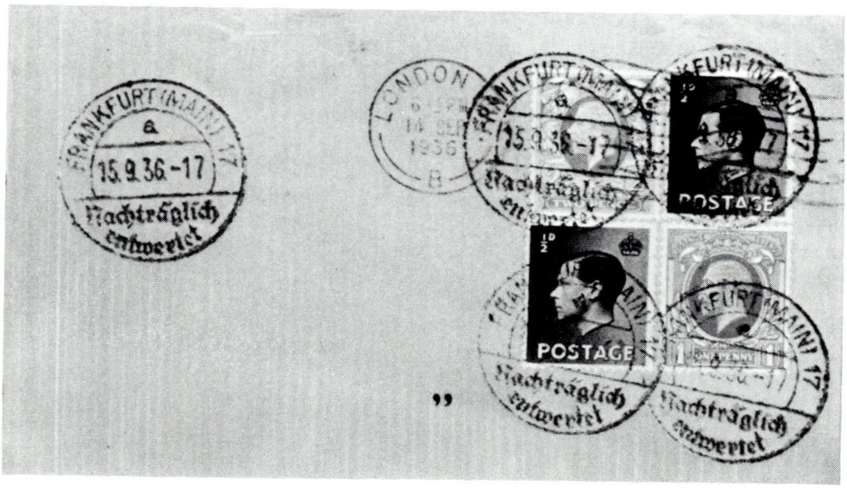

Nachträglich entwertet

men ab 1900 bei mehreren Postämtern in Wien zum gleichen Zweck Zweikreisstempel, später Einkreisstempel mit Postamtsnummer in Gebrauch.

nachverwendet, philat. Begriff für Stempel einer nicht mehr bestehenden Postverwaltung, die jedoch von der an deren Stelle getretenen neuen über kürzere oder längere Zeit unverändert weiter benutzt werden, bis neue eigene Stempel zur Verfügung stehen; z.B. Thurn-und-Ta-

xis-Stempel auf den ersten Marken der Deutschen Reichspost, dt. Togo-Stempel auf Marken der Goldküste nach der Besetzung der Kolonie durch Großbritannien. Auch →aptierte Stempel gehören zu den nachverwendeten, die ein beliebtes Gebiet für Spezialsammler sind. In gewissem Sinn gibt es auch nachverwendete Marken, doch werden diese in der Philatelie →Nachläufer genannt.

Nachzähnung, seit einigen Jahren in einem kaum noch zu verantwortenden Umfang meist gewerbsmäßig vorgenommen, oder es werden den Sammlern zur Nachzähnung geeignete Geräte angeboten. Eine nachgezähnte Marke ist repariert, wird aber als solche leider nicht gekennzeichnet. Der oft angewandte Vergleich mit der Restaurierung eines Gemäldes ist unangebracht. Ein altes Gemälde ist ein einmalig vorhandenes Objekt und muß als Kunstgegenstand erhalten bleiben. Eine Marke dagegen gibt es in vielen gleichen und einwandfreien Stücken, kann also ersetzt werden.
Wurden nur ein oder zwei →stumpfe Zähne nachgezähnt, läßt sich die vorgenommene Manipulation verschiedentl. erkennen, wenn entlang dem Zahnlöchergrund ein Lineal angelegt wird. Die von der Nachzähnung herrührenden Löcher liegen näher zum Bildrand der Marke; es wird keine gerade Linie eingehalten, und die Zahnspitzen sind kürzer und spitzer als die anderen. Dieses Merkmal gilt jedoch nicht für alle Marken; es gibt viele, bei denen unregelmäßige Zähnung herstellungsbedingt ist. Außerdem setzen geschickte Restaurateure erst ein winziges Stückchen Originalpapier von einem angekauften →Knochen an und zähnen dann nach.
Ist eine ganze Zahnreihe nachgezähnt, läßt sich das mittels einer Lupe vielfach daran feststellen, daß die Zahnspitzen wie mit der Schere abgeschnitten erscheinen: sie sind nicht »ausgefranst«, d.h. es ragen keine kleinen Papierfasern heraus, eine natürl. Erscheinung beim Abreißen von der Nachbarmarke. Ein allg. gültiges Erkennungszeichen ist aber auch das nicht, da Art und Zahl der herausragenden Fasern von der Papierqualität abhängig sind. Bei neueren Marken, die einschl. Zähnungsrand immer gleiche Größe haben, kann eine Nachzähnung u.U. auch durch genaue Ausmessung mit einer Schieblehre oder Auflegen auf eine mit Sicherheit nicht nachgezähnte Marke erkannt werden; letztere ist um Bruchteile eines Millimeters kleiner. Vor dem Erwerb nachgezähnter Marken muß eindringlich gewarnt werden, sie sind minderwertig. Bei Verdacht sollte ein Prüfer befragt werden.
Durch die zum Kauf angebotenen Zähnungsgeräte, mit denen sich alle übl. Zähnungen nachahmen lassen, entsteht eine weitere große Gefahr, denn es kann mit Leichtigkeit eine seltene Abart mit z.B. einseitig anderer Zähnung fabriziert werden, wenn der Zähnungsrand einer normalen Marke ungleichmäßig breit ist, wie es bei der →Bautenserie der Fall ist.
Die Nachzähnung ist jedoch keine Erfindung unserer Zeit. Sie wurde schon vor über 100 Jahren zum Schaden der Sammler betrieben, wenn auch meist sehr primitiv. Auch die vom Händler Maury mit dem Originalgerät vorgenommene nachträgl. →Susse-Zähnung kann als Nachzähnung angesehen werden.

nachzuweisende Sendung, amtliche Bez. für Sendungen, die unter →Einschreiben oder mit →Wertangabe aufgegeben werden. Auch →gewöhnliche Sendung.

nackte Maja, Bez. aus der Sammlersprache für Spaniens Marken Mi 478/80 von 1930 mit Reproduktion des Gemäldes »Die nackte Maja« von Goya. Diese Marken mit Darstellung einer gänzlich unbekleideten Frau erregten seinerzeit

die Gemüter im positiven oder negativen Sinne. Heute sind nackte Frauen auf Briefmarken schon zur Gewohnheit geworden.

Nadelpunkt, gelegentl. auf dem Bogenrand auftretend, wenn die exakte Ausrichtung des Bogens in der Zähnungsmaschine oder bei zweifarb. Plattendruck durch Eindrücken eines Stiftes erfolgt, der den Bogen in der richtigen Stellung fixiert. In einigen Fällen wird der Nadelpunkt beim Bilddruck farbig mitgedruckt, ist also Bestandteil der Druckform. Nicht zu verwechseln mit den durch Klammerheftung der Markenpakete in Bogentaschen hervorgerufenen Löchern im Bogenrand; →Anlagezeichen, →Passerkreuz.

Nadelstich, Bez. aus der Sammlersprache für ein winzig kleines Loch im Papier alter Marken, das durch ein während der Papierherstellung eingeschlossenes und später herausgefallenes Sandkorn o.ä. entstanden sein kann. Eine andere mögl. Ursache ist, daß noch vor 80–90 Jahren Tintenschrift häufig statt mit Löschpapier mit der Streusandbüchse getrocknet wurde. Blieb ein Sandkorn an der Stelle haften, auf welche die Marke geklebt wurde, drückte sich das Sandkorn in das dünne Markenpapier ein oder gar durch. Marken mit Nadelstich sind je nach Alter und Seltenheit mehr oder weniger im Wert gemindert.

Nadelstichzähnung, Bez. für eine äußerst mangelhafte Zähnung bei fünf Werten aus →Marienwerder Mi 1–8; man spricht auch von »gerissener Zähnung«.

Nagaland, an der Grenze zu Birma gelegener Landesteil der Ind. Union mit weitgehend analphabet. Bevölkerung. Es bestehen Bestrebungen zur Erlangung der Unabhängigkeit, doch ist dieses Ziel bisher nicht erreicht worden und sowieso sehr in Frage gestellt. In London sitzt ein »Präsident von Nagaland« von eigenen Gnaden, der sich 1969 mit einem brit. Markenhändler zusammentat und je fünf Frei- und Luftpostmarken mit Landesangabe NAGALAND in einer erfundenen Währung (1 Chaplee zu 100 Cents) herstellen ließ und, da es Motivsammler ansprechende bunte Marken waren, anfängl. gut verkaufte. Diese Machwerke haben Nagaland nie gesehen. Die Post dort wird ausschl. von Indien betreut. Die Marken haben bestenfalls geringen Kuriositätswert; auch →Maluku Selatan, →Sedang.

Nagel, Jean Louis, 1895–1976, bedeutender schweiz. Philatelist, bes. bekanntgeworden durch Forschungen auf dem Gebiet der →Vorphilatelie mit entspr. umfangreichen Veröffentlichungen in Artikeln und Büchern.

Nähmaschinenzähnung, priv. Selbsthilfemaßnahme bei geschnitten verausgabten Marken zur leichteren Abtrennung vom Bogen, wobei außer Nähmaschinen auch Schneiderrädchen und alle mögl. anderen Instrumente zur primitiven Perforation angewendet worden sind, die alle prakt. eine Art →Linienzähnung ergeben. Beispiele sind gelegentl. bei der →Zwangszuschlagsmarke »Notopfer Berlin« (MZ 1 A) zu finden, eine gewissermaßen amtl. Nähmaschinenzähnung z. B. bei Albanien Mi 2 B.

Nahtwasserzeichen, bei älteren Marken auf Maschinenpapier gelegentl. in Form von meist zwei dicht übereinanderliegenden Reihen kurzer Strichelchen vorkommend. Das endlose Filzband zum Transport der noch feuchten Papierbahn mußte zusammengenäht werden, die Naht drückte sich über die ganze Breite der Papierbahn (= regelmäßiges Nahtwasserzeichen) ein. Die Teilung in zwei Reihen rührt von der Lücke zwischen den beiden Filzenden her. Ferner möglich durch gerissene Stellen – im allg. nahe der Naht –, die geflickt wurden (unregelmäßiges Nahtwasserzeichen). Seit Anfang dieses Jh. wird der Filz nicht mehr genäht. Bei alten Österreich-Marken tritt diese Erscheinung häufig auf und wird »Ladurner-Strichelung« genannt; →Wasserzeichenlinie. L: 1. 2.

Nahverkehrskreis. Gilt ein niedrigerer Portosatz nicht nur für den Ortsverkehr, sondern darüber hinaus, wird von Nahverkehrskreis gesprochen. Zwischen Liechtenstein und der Schweiz z. B. besteht eine Übereinkunft, wonach für Briefsendungen bis 250 g von den liechtenstein. Postorten nach den in 10 km Luftlinie gelegenen schweizer. Postorten und umgekehrt nur eine ermäßigte Gebühr zu entrichten ist. Ähnl. ist das →Grenzkreisporto für Entfernungen bis zu 30 km Luftlinie.

namenlose Marken →Marken ohne Landesname.

Namibia →Südwestafrika. Für den Fall, daß die Republik Südafrika das laut Beschluß der UN nur bis 1967 befristet gewesene Mandat über das ehemals Deutsch-Südwestafrika doch noch aufgibt und das Land in die Unabhängigkeit entläßt, ist als künftiger Landesname Namibia vorgesehen; abgeleitet von der Namib-Wüste, die ganz Südwestafrika durchzieht. Hierauf weisen UN-Sondermarken von 1973 hin, die in Südwestafrika nicht frankaturgültig waren.

Nandgaon, ehem. brit.-ind. →Vasallenstaat mit fünf Freimarken von 1892/95, die nur für Inlandssendungen gültig waren.

Nanking, Inschrift auf Privatmarken aus dem chinesischen Nanking von 1893/97.

Naphthadagstreifen, engl. Bez. für →Graphitstreifen-Aufdruck auf brit. Marken.

Napier, David. Diese Firma verbesserte im Auftrag des brit. Schatzamtes die von →Archer entwickelte erste Kammzähnungsmaschine, so daß (nach seit 1850 amtl. verwendeten Versuchszähnungen) ab Februar 1854 generell mit der Ausgabe gezähnter Marken begonnen werden konnte (Mi 8 und 9).

Napoletana, mit Bollo della Posta, Landesangabe auf den Marken von →Neapel.

Natal, ehem. brit. Kronkolonie, die 1910 mit Kap der Guten Hoffnung und den früheren Burenrepubliken →Oranjefreistaat und →Transvaal zur Südafr. Union (→Südafrika) zusammengeschlossen wurde. Für Natal kamen 1857/58 die ersten und recht eigenartigen Marken heraus. Es waren farblose Prägedrucke versch. äußerer Form auf farbigem Papier, von denen einige große Raritäten sind (Mi 1–7). Auch unter den späteren Ausgaben befinden sich einige bedeutende Seltenheiten.

Die 1910 noch gültigen Natal-Marken konnten bis Ende 1937 (!) postalisch verwendet werden; auch →Zululand.

Nationalpark-Marken, Bez. für Marken, die bildlich oder durch einen bes. Text auf die Erhaltungswürdigkeit der unter Naturschutz stehenden Parks versch. Länder hinweisen bzw. für deren Besuch werben. Die längste und durch ständig neue Ausgaben von Nationalpark-Marken erweiterte Tradition hat Japan; dort gibt es mit seltenen Ausnahmen seit 1936 (Mi 218/21) fast jedes Jahr oder mindestens alle zwei Jahre mehrere Marken mit entspr. Darstellungen.

Nations Unies, Aufdruck, später Inschrift auf von der Schweiz für den Dienstgebrauch des Europäischen Amtes der Vereinten Nationen in Genf von 1950 bis 1969 verausgabten Marken, die im Katalog unter Schweiz verzeichnet sind. Spätere Ausgaben →Vereinte Nationen.

Naturalwährung. Auch das hat es schon gegeben, d.h. anstelle einer Münzbezeichnung die Wertangabe in »Kilo ungeschälter Reis«; →Reiswährung; auch →Muschelwährung.

Nauru, Insel im Pazif. Ozean und ehem. zur dt. Besitzung →Marshall-Inseln gehörend, die kurz nach Beginn des 1. Weltkrieges von Australien besetzt und als Völkerbundsmandat ab 1920 bzw. Treuhandgebiet der Vereinten Nationen im wechselseitig fünfjähr. Turnus von Großbritannien, Australien und Neuseeland verwaltet wurde, bis dieses durch die reichen Phosphatlager wirtschaftl. noch für einige Zeit bedeutsame und allein lebensfähige Eiland Anfang 1968 unabhängig wurde.
Eine Sammlung Nauru kann demnach mit dt. Marken der →Marshall-Inseln und Stempel Nauru bzw. in Betracht kommenden Seepost-Stempeln als Vorläufer eingeleitet werden. Die ersten eigenen Marken erhielt Nauru 1916 in Gestalt von brit. Marken mit Aufdruck NAURU, die teils sehr selten und wertvoll sind. Es waren dort aber auch kurze Zeit austral. Marken mit Aufdruck N.W.PACIFIC-ISLANDS in Kurs (→Neuguinea), da die Insel zusammen mit dem ehem. Deutsch-Neuguinea von

Australien verwaltet wurde. Es folgten in den Jahren von 1924 bis 1968 einige recht hübsche Bildermarken. Die seit 1968 bestehende winzige Republik Nauru hat bisher nur sehr wenige Marken verausgabt.

NAVY DEPT., Inschrift auf elf USA-Marken ähnl. Muster der Freimarken Mi 36–46; es handelte sich um Dienstmarken des Marineministeriums.

Nawanagar, ehem. brit.-ind. →Va-

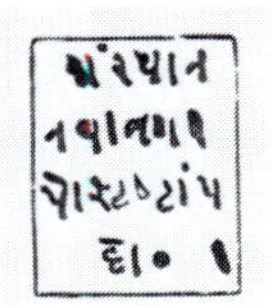

sallenstaat mit acht nur für Sendungen innerhalb des Landes gültigen Freimarken von 1877 bis 1895. Nawanagar schloß sich dem 1948 gegründeten Staatenbund →Soruth an.

NB., aus dem lat. nota bene = besondere Sorgfalt. Handschriftl. Vermerk, teils unleserlich verschnörkelt auf vorphilat. Briefen, die nach Art des →Einschreibens befördert werden sollten.

N.C.E., franz. = Abk. für Nouvelle Calédonie et Dépendances, Aufdruck (mit neuem Wertüberdruck) auf versch. Marken der sog. Allgemeinen Kolonialausgabe Frankreichs, die zwischen 1881 und 1902 für →Neukaledonien erschienen sind.

ND, Abkürzung für →Neudruck (nicht →Nachdruck) im Katalog, gelegentl. auch rückseitig auf Marken-Neudrucken.

ndgz, übliche Abkürzung in philat. Literatur für →nicht durchgezähnt.

Neapel, ehem. ital. Königreich, z.Z. der Markenausgabe genau »Königreich beider Sizilien«, das 1816 Neapel mit →Sizilien vereinigt wurde. Für den neapolitan. Teil dieses Königreiches erschienen 1858 sieben eigene Marken. Unter der 1860 gebildeten Provisorischen Regierung, die den Anschluß an das entstandene Königreich Italien vorbereitete, wurden zwei Marken verausgabt, die zu den großen Ra-

ritäten zählen (→Trinacria). Nach dem Anschluß brachte die ital. Post als deren erste Postwertzeichen die im Michel-Katalog unter Italien Mi 1–8 verzeichneten Marken in auf neapolitan. Währung Tornese bzw. Grana und in den ehem. Sardinien-Marken angeglichener Zeichnung heraus. Von seiten der brit.-

amerik. Militärregierung wurden Ende 1943 drei ital. Marken mit Aufdruck GOVERNO / MILITARE / ALLEATO verausgabt, über deren Charakter teils noch Meinungsverschiedenheiten unter den Philatelisten herrschen. L: ... 10.

Nebenfeld →Reklameanhängsel, →Legende.

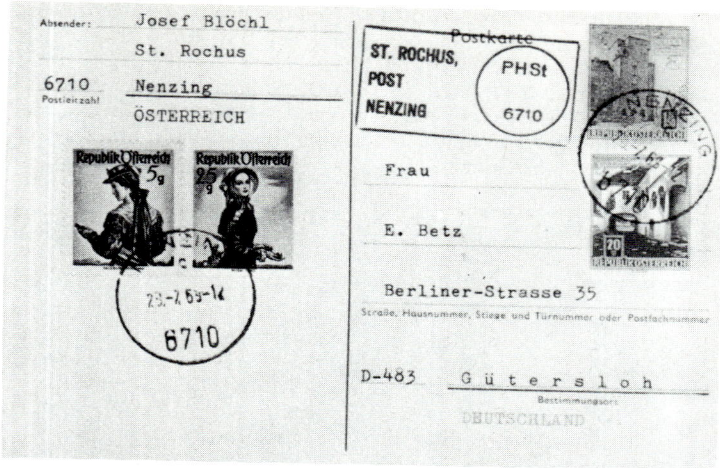

Nebenstempel

Nebenmotiv. In eine Motivsammlung sollen nur solche Marken aufgenommen werden, deren Darstellung unmißverständlich zum gewählten Thema gehört und deutl. zu erkennen ist, sonst liegt ein nur gelegentl. interessierendes Nebenmotiv vor.
Sind, was häufig der Fall ist, auf einer Marke zwei oder mehr Motive vereinigt, braucht das dem gewählten Thema entsprechende nicht immer unbedingt das Markenbild zu beherrschen, es kann durchaus auch ein Nebenmotiv sein. Auf Marken, bei denen das Motiv jedoch mit der Lupe gesucht werden muß oder ein Gegenstand oder z. B. ein bestimmtes Fahrzeug nur andeutungsweise wiedergegeben wird, sollte verzichtet werden; sie überladen eine Sammlung unnötig. Völlig abwegig ist, durch einen →Hinweispfeil auf ein untergeordnetes Nebenmotiv aufmerksam zu machen; →Hauptmotiv.

Nebenstempel, Begriff aus der Sammlersprache für alle postamtl. Stempel, die nicht der Markenentwertung (in vorphilat. Zeit der Herkunftsbezeichnung) dienen. Nebenstempel sind Paquebot-, Posthilfsstellen-, Nachgebühr-, Ankunftsstempel usw., ferner Hinweise mittels Stempel z. B. »Adressat unbekannt« oder »Zurück an Absender« u. ä.; anders dagegen verhält es sich bei →Bestätigungsstempeln (Cachet). Auch →amtlich, →nicht amtlich.

Nebr., Aufdruck auf elf USA-Marken aus Mi 260–272, die im Staat Nebraska mit Ausnahme der Städte Lincoln und Omaha ab etwa Mai 1929 bis Anfang 1930 an die Schalter gelangten, wodurch die

Post hoffte, Markendiebstählen auf die Spur zu kommen; auch →Kans.
L: Schweizer Briefmarken-Zeitung, Nr. 3/1964.

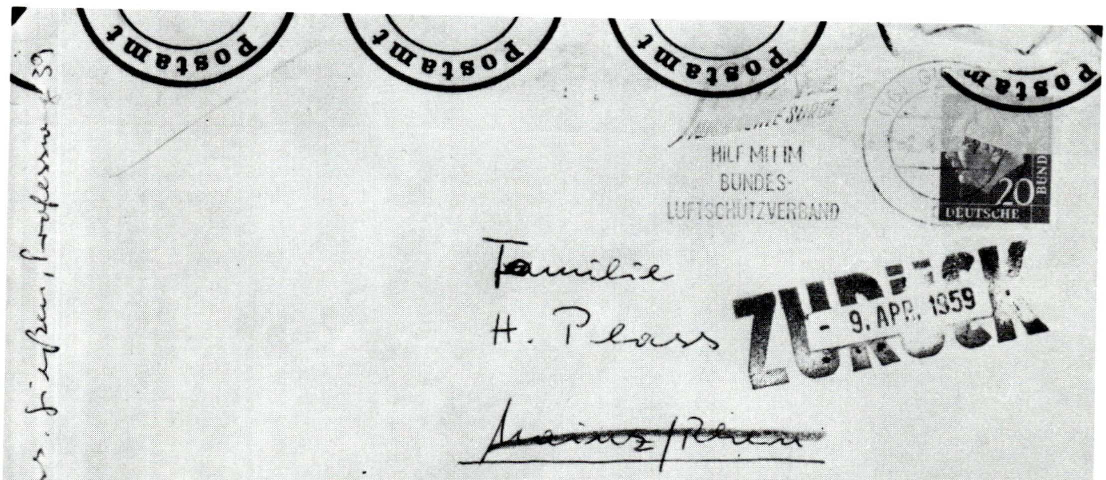

Nebenstempel

Ned Indie, abgekürzter Landesname auf den ersten und versch. späteren Marken von →Niederländisch-Indien.

Nedschd, aus dem innerarab. Wahhabitenstaat 1925 durch Vereinigung mit →Hedschas entstandenes Königreich. Postwertzeichen erschienen von 1925 bis 1932, die zunächst durch versch. Aufdrucke auf Hedschas-Marken (meist Stempelmarken) bzw. älteren Ausgaben der Türkei hergestellt wurden. Alle Nedschd-Marken sind sehr schwierig zu bestimmen, da sie ausschließlich oder weitgehendst nur arabisch beschriftet sind. 1932 wurde das Land Teil des Königreichs →Saudi-Arabien.

negatives Wasserzeichen. Die vorgesehene Wasserzeichenform ist so auf der →Wasserzeichenwalze (bei Maschinenpapier) oder dem Siebboden der Schöpfbütte (bei Handpapier) aufgelöst, daß dünnere Stellen im Papier hervorgerufen werden, d.h. die Form steht erhaben auf der Walze oder dem Siebboden. Das Wasserzeichen hebt sich dann im Papier, gegen Licht betrachtet, hell vom umgebenden Papier ab. Für den Markendruck wird mit wenigen Ausnahmen Papier mit negativem Wasserzeichen verwendet; auch →positives Wasserzeichen.

Negativstempel, vertiefte, statt

normalerweise erhöht eingearbeitete Inschriften, die desh. weiß auf schwarzem Grund erscheinen. Hierzu gehören auch die meisten der →Monogrammstempel. Viele Siegel entsprechen einem Negativstempel.

Negri Sembilan, ein aus neun kleinen einheim. Sultanaten (darunter →Sungei Ujong) bestehender Staat auf der Malakka-Halbinsel und bis 1957 unter brit. Schutz stehend mit eigenen Marken von 1891 bis 1900; danach wurden bis 1935 die Gemeinschaftsausgaben für den →Malaiischen Staatenbund verwendet. Unterbrochen von den jap. Besetzungsausgaben während des 2. Weltkrieges und den Marken von Straits Settlements mit Aufdruck BMA/MALAYA, kamen ab 1948 wieder bes. Marken für Negri Sembilan heraus, das seit 1957 Mitglied des →Malaiischen Bundes bzw. seit 1963 →Malaysias ist; auch →Malaya. L: 3. 11.

Nennwert, auch Frankatur- oder Freimachungswert bzw. Nominal genannt, Bez. für den auf einer Marke, Ganzsache u.a. in Ziffer und/oder Zahlwort ausgedrückten Betrag, zu dem das Postwertzeichen am Schalter abgegeben und zur Freimachung einer Sendung verwendet werden kann. Bei Zuschlagsmarken ist der Zuschlagsbetrag im Nennwert nur indirekt enthalten, da er nicht als Frankaturwert angerechnet wird. Deshalb ist ein Zuschlagsbetrag fast stets gesondert in kleinerer Schriftgröße als der eigentl. Nennwert angegeben; →Wertstufe.

Nepal, unabh. Königr. im Himalaja-Gebiet, das in bezug auf Postverbindungen mit der Außenwelt früher ganz und heute noch teilweise auf die Hilfe der ind. Post angewiesen ist, weshalb ältere und in das Ausland gerichtete Briefe zusätzl. Indien-Marken aufweisen; solche Ganzbriefe sind für den Spezialsammler von großem Interesse. Eigene Postwertzeichen werden in Nepal seit 1881 verausgabt. Ein Neuheitenabonnement erfordert pro Monat zwar einen nur geringen Betrag, trotzdem werden anges. des tatsächl. Postaufkommens im Lande zu viele Marken verausgabt. Nepal erfreut sich als Sammelgebiet keiner großen Beliebtheit.

Nettokatalog, Bewertungen für Marken u.a. enthaltend, die dem Handelspreis entsprechen sollen, aber oft schon kurz nach Erscheinen des Kataloges überholt und mehr oder weniger nach oben oder unten zu korrigieren sind. Im allg. gewähren die Händler bei Kauf einen Rabatt von 10–20% auf die Notierungen der Nettokataloge; bei Verkauf an Händler sind etwa 30–50% in Abzug zu bringen. Alle Kataloge, auch die ausländischen und seit Ausgabe 1970 (Deutschland und Europa) ebenfalls der Michel-Katalog, beruhen weitgehend oder ausschl. auf Nettobewertung; →Bruttokatalog.

Netzaufdruck, Bez. aus der Sammlersprache für die Marken der →Kontrollratsserien Deutschlands anläßl. der Währungsreform von 1948 in Westdeutschland, die teppichartig-netzförmig, mit vielfacher Wiederholung eines Posthorns versehen, verausgabt wurden. Diese Marken sind im allg. und zusammen mit dem →Band-Aufdruck unter dem Begriff →Posthörnchen bekannt; auch →Zehnfachfrankatur.

Netzunterdruck, als Schutz vor Fälschungen zum Schaden der Post sichtbar oder auch unsichtbar, ferner auf zu Auf- oder Überdrucken vorgesehenen Urmarken aufgebrachter Druck in Form eines Netzwerkes (→Unterdruck).

Netzvordruck. Albenverlage liefern für ihre →vordrucklosen Alben auch Blankoblätter mit farbl. dezentem Netzdruck ähnl. dem Millimeterpapier des Technikers, was ohne Hilfsmittel (→Federzeichner) eine optisch wirksame Verteilung der Marken ermöglicht. Diese Albenblätter sind bes. zum Aufbau einer →Ländersammlung zu empfehlen, in die auch Abarten, Druckmängel, Stempel u.a. aufgenommen werden sollen. Sie gestatten – im Gegensatz zum →Vordruckalbum – eine individuelle Gestaltung der Sammlung. Auch für Motivsammlungen sind diese Albenblätter mit Netzvordruck hervorragend geeignet.

Neuauflage. Sonder- und Gedenkmarken werden normalerweise in einer von vornherein festgesetzten, zumindest aber nach dem Bedarf ausgerichteten (z.B. Wohlfahrtsmarken) Auflage gedruckt, was bei Marken der →Dauerserien nicht möglich ist. Diese müssen tägl. oder in kurzen Abständen neu gedruckt werden, um die Schalter ohne Stokkung versorgen zu können. Diese Neuauflagen (nicht zu verwechseln mit →Neudruck oder →Nachdruck) unterscheiden sich höchstens durch mehr oder weniger auffallende Farbtönungen voneinander; Schwankungen im Papier treten seltener auf. Auch Unterschiede im Markenbild kommen bei Neuauflagen nur gelegentl. vor, da bei einer inf. Abnutzung notwendigen Auswechslung der Druckform gegen eine neue diese über den Urstempel oder nach einem anderen Vervielfältigungsverfahren vom Original erfolgt. Werden jedoch beschädigte Teile der Druckform ausgebessert bzw. retuschiert, können bemerkenswertere Unterschiede auftreten, die der Spezialsammler dann beachtet. Dasselbe gilt für manchmal geänderte →Bogenranddrucke u.ä.

Neubraunschweig, ehem. brit. Kronkolonie mit 1851–1867 neun

Marken, von denen Mi 1–3 zu den graphisch schönsten gehören, die es bisher überhaupt gegeben hat und die zu den großen Raritäten zählen. Wenn auch nicht zu postal. Gebrauch gekommen, so ist die →Connell-Marke doch sehr interessant. 1867 wurde Neubraunschweig mit →Neuschottland zum Dominion →Kanada vereinigt.

Neudruck, Begriff für alle Postwertzeichendrucke, die nach Beendigung der →Gebrauchsauflage und Ersatz einer Marke durch ein neues Muster von der Postverwaltung selbst oder in deren Auftrag von den Originaldruckformen (= unmittelbarer Neudruck) oder, falls diese nicht mehr vorhanden sind, von neuen Druckformen, die nach dem noch greifbaren Original-Urstöckel angefertigt wurden (= mittelbarer Neudruck), hergestellt werden. Abweichungen gegenüber den Originalmarken hinsichtl. Papier und Farbe – sogar gänzl. andere Farbe – können vorkommen. Neudrucke werden nur selten als solche rückseitig gekennzeichnet (z.B. auch abgek. ND). Stücke, mit echtem Poststempel entwertet, sind möglich, verdanken ihre Existenz jedoch der Gefälligkeit oder sind auf nicht reellen Wegen entstanden. Nicht zu verwechseln mit →privater Neudruck und →Nachdruck.

Neue Hebriden, Inselgruppe im Pazifik mit dem heute kaum noch gewohnten Status eines →Kondominiums (seit 1903), d.h. die Inseln sind gemeinsamer Besitz Frank-

reichs und Großbritanniens und werden von diesen Mächten im gegenseitigen Einvernehmen gemeinsam verwaltet. Es bestehen auch (wie z.B. in Andorra) zwei getrennte Postverwaltungen, und es werden seit 1908 mit seltenen Ausnahmen stets zwei Reihen Frei-, Sonder- und Dienstmarken verausgabt, die bildgleich sind, aber jeweils franz. und/oder engl. Beschriftung und Währungsangabe aufweisen. Dadurch ist das Sammelgebiet Neue Hebriden verh. umfangreich und auch etwas langweilig, weshalb diese Marken nicht häufig gesammelt werden. L: DBZ, Nr. 14–17/1967.

Neuenburg, Begriff aus der Sammlersprache für die Schweiz-Marke Mi 3 (nach den Kantonalmarken), die nach Gründung der Schweizer.

Bundespost 1851 für den Postkreis I (Genf) verausgabt wurde; →Waadt.

Neue Republik, kurzlebiger Burenstaat in Südafrika mit nicht genau umrissenen Grenzen, der 1889 von der Südafr. Republik (Transvaal) annektiert und nach Ende des

Burenkrieges der brit. Kronkolonie Natal angegliedert wurde. Trotz des kurzen Bestandes erschienen in der Neuen Republik von 1886 bis 1889 lt. Michel-Katalog nicht weniger als 62 versch. Marken, die in jeder Beziehung interessant und teils recht wertvoll sind. Die mittels Gummihandstempel einzeln »gedruckten« Marken enthalten jede das →Druckdatum, das bei späteren, mit einem zusätzl. Prägestempel versehenen Ausgaben fehlt. Einige dieser eigenartigen Marken sind umstritten. L: DBZ, Nr. 21/1965.

Neuer Ganzsachenkatalog, vom Berliner Ganzsachensammler-Verein von 1955 bis 1976 in Einzellieferungen mit leider viel zu großen Abständen herausgegebener Katalog, dessen Bearbeitung eine gekürzte, dafür aber auch die Neuzeit berücksichtigende und ergänzte, jedoch nur die eur. Postgebiete umfassende Neuauflage des →Ascher-Katalogs darstellt. Der Katalog gedieh dem Länderalphabet nach nur bis Österreich. Neuerdings hat sich der Verlag des Michel-Kataloges der Ganzsachen angenommen (nur Deutschland) und brachte in Zusammenarbeit mit dem Münchener Ganzsachen-sammler-Verein einen entspr. Katalog heraus. Der seit 1964 in Lieferungen erschienene →Higgins-Gage-Katalog der Ganzsachen aus aller Welt (in Englisch) wurde 1975 abgeschlossen, und es erscheinen seitdem aktuelle Nachträge sowie seit 1976 eine überarbeitete 2. Auflage wieder in Lieferungen; auch →Michel-Ganzsachenkatalog Deutschland, →Borek-Ganzsachenkatalog.

neues Antillenmuster →Antillenmuster.

Neues Handbuch der Briefmarkenkunde, im Rahmen des →BDPh 1951 gegr. Arbeitsgemeinschaft mit Mitgliedern in aller Welt, die sich zum Ziel gesetzt hat, das 1926/36 von Dr. Herbert →Munk begonnene und 1941/44 von Hans von →Rudolphi weitergeführte Werk der lückenlosen handbuchmäßigen Bearbeitung aller Postgebiete zu Ende zu bringen. Diesem Unterfangen stehen mancherlei Schwierigkeiten entgegen, die sich bes. daraus ergeben, daß – im Gegensatz zu Dr. Munk und Rudolphi – kaum noch Mitarbeiter gefunden werden können, die zur Mitarbeit bereit oder fachl. dazu in der Lage sind. So mußte sich die Arbeitsgemeinschaft bis jetzt fast ausschl. auf Einzelveröffentlichungen in Gestalt der →Schriftenreihe (bis 1976 insg. 46 Hefte) beschränken. Die allseits gewünschte Fortsetzung »Deutsches Reich« konnte vorerst nur bis zu den Ausgaben einschl. 1935 erfolgen; 1954 erschien außerdem ein überarbeiteter und ergänzter Nachdruck des Teiles »Deutsches Reich 1872–1925«. Philat. außerordentl. wertvoll ist die nach Bedarf erscheinende Zeitschrift »Collegium philatelicum« mit vielen neuen Forschungsergebnissen; →Handbuch der Briefmarkenkunde, →Kohl-Briefmarken-Handbuch.

neues Kolonialmuster, Bez. für die »Allgemeine Ausgabe« der franz. Kolonien von 1881/86 (Mi 45–58)

mit nur einer allegorischen Figur neben dem etwas nach links gerückten Wertschild. Auch →altes Kolonialmuster.

Neufundland, bis Ende 1948 brit. Besitz, dann mit →Kanada vereinigt. Die ersten Marken (1857) sind graphisch bes. schön, leider aber sehr selten und wertvoll. Die späteren Ausgaben sind weniger gut ge-

lungen, teils langweilig. Dafür aber hat es in Neufundland zu versch. Anlässen Sondermarken gegeben, die zu den allergrößten Weltraritäten gehören; →Hawker-Marke, →De-Pinedo-Marke, →DO X, →Geschwaderflug, →Alcoc-Marke, →Columbia-Marke, →Halifax-Marke.

Neugranada, ehem. Staatsbez. für →Kolumbien.

Neuguinea. Die polit. und postal. Veränderungen, die diese Insel von etwa 1885 bis in unsere Zeit durchmachte, können an dieser Stelle nicht in allen Einzelheiten beleuchtet werden. Zu unterscheiden ist grundsätzl. zwischen dem ehem. brit. bzw. austral., dem dt. und dem niederländ. Besitz; →Deutsch-

Neuguinea, →Niederländisch-Neuguinea, →Papua und Neuguinea.
Dem Sammler begegnet der einfache Landesname Neuguinea auf nur wenigen Marken aus den Jahren 1925–1942, in denen Deutsch-Neuguinea als Völkerbundmandat von Australien verwaltet wurde. Nach der Besetzung dieses Gebietes zu Anfang des 1. Weltkrieges wurden zunächst vorgefundene dt. Kolonialmarken mit Aufdruck →G. R. I. und Überdruck in brit. Währung verausgab. 1915–1925 gelangten versch. austral. Marken mit Aufdruck N. W. PACIFIC ISLANDS. (N. W. = North West) in Gebrauch, eine Bez., die darauf zurückzuführen ist, daß man sich über das künftige Schicksal des Territoriums, zu dem der Bismarck-Archipel, die Admiralitäts- und ein Teil der Salomon-Inseln gehörten und der nach Kriegsende →Nauru verwaltungsmäßig angeschlossen wurde, noch nicht schlüssig war. Diese Marken blieben auch noch einige Jahre nach Übertragung des Mandats an Australien in Kurs und wurden erst ab 1925 durch Marken mit Inschrift TERRITORY OF NEW GUINEA ersetzt; sie sind durch niedrige Auflagen insg. recht teuer.
Im Verlauf des 2. Weltkrieges wurde die gesamte Insel Neuguinea von Japan besetzt; es erschienen jedoch nur für den niederländ. Teil Besetzungsmarken. Nach Kriegsende war bis 1947 Barfreimachung üblich; dann wurden bis 1952 austral. Ausgaben ohne Kennzeichnung verwendet (mit in Betracht kommenden Stempeln von Spezialsammlern gesucht). Zu dieser Zeit war die frühere dt. Kolonie und nunmehriges Treuhandgebiet der Vereinten Nationen bereits mit Papua zu einem Verwaltungsgebiet vereinigt worden, und die weiteren Marken sind im Katalog unter Papua und Neuguinea zu suchen. L: DBZ, Nr. 23–24/1968 und 1/1969.

Neuguinea-Zweiglinien. 1893 wurde in Singapur ein Anschluß an die →Ostasiatische Hauptlinie über Batavia nach Deutsch-Neuguinea geschaffen und die Seepost mit entspr. Stempeln ausgerüstet, die 1909–1914 auf den Postdampfern der Austral-Japan-Linie unverändert weiterverwendet wurden. Nachdem die Zweiglinie 1900 bis Sydney verlängert (→Australische Hauptlinie) und fast gleichzeitig eine weitere Zweiglinie Hongkong – Marianen – Karolinen – Deutsch-Neuguinea – Sydney eingerichtet worden war, kamen gleiche Stempel, nun jedoch mit zusätzl. Inschrift SINGAPORE bzw. HONGKONG in Gebrauch. Im Jahre 1903 nahm die →Jaluit-Linie ihren Verkehr auf, die aber Deutsch-Neuguinea nicht berührte. Diese u. a. Seepost-Stempel sind für Spezialsammler von großem Interesse. L: 3. 6.

Neuheiten, allg. gebräuchl. Begriff aus der Sammlersprache für alle gerade oder auch im laufenden Jahr verausgabten neuen Marken, die am zweckmäßigsten über ein →Neuheitenabonnement bezogen werden, wenn kein Tauschpartner zur Verfügung steht.

Neuheitenabonnement. Der Bezug von →Neuheiten für das vom Sammler gewählte Post- oder Motivgebiet erfolgt am zweckmäßigsten über ein →Abonnement, wenn kein Kontakt zu einem zuverlässigen Tauschpartner besteht. Das Abonnement kann bei einer →Versandstelle erfolgen, was aber nicht in jedem Fall zweckmäßig ist, da diese z.T. außer den Portokosten noch Bearbeitungsgebühren berechnet, manchmal auch die Errichtung eines ständig auf gewisser Höhe zu haltenden Kontos verlangt. Das Abonnement bei einem Händler kann vorteilhafter sein; er bezieht jeweils größere Mengen, legt die entstandenen geringeren Unkosten um und begnügt sich mit einer kleinen Verdienstspanne. Man informiere sich über die Lieferbedingungen beider Seiten. Auch →Fehllistenabonnement.

Neujahrs-Ganzsachen. Einige private Unternehmen, die →Neujahrsmarken verausgabt haben, kannten auch Neujahrs-Ganzsachen in Form von Postkarten oder Briefumschlägen mit eingedruckten Wertzeichen. Am bekanntesten ist die Postkarte, die mit zeitgemäß überladener Zeichnung auf der Anschriftseite von der Deutschen Reichspost zur Jahrhundertwende 1900 verausgabt worden ist. Auch →Weihnachts-Ganzsachen.

Neujahrsmarken, seit 1948 von der jap. Post alljährl. verausgabte

Markenart mit auf den Jahreswechsel bezogenen Darstellungen (Glückssymbole, Kinderspielzeug u.ä.). Diese Marken zeichnen sich dadurch aus, daß Japan damit nicht auf das Geld der Sammler spekuliert, wie es bei den →Weihnachtsmarken und neuerdings den →Ostermarken gewisser Länder der Fall ist. Japan verausgabt immer nur eine Neujahrsmarke, deren Nennwert dem Porto für eine Glückwunschkarte entspricht. Die meisten Weihnachtsmarken können gleichzeitig auch als Neujahrsmarken angesehen werden, da der Schalterverkauf im allg. bis zum letzten Tag eines Jahres und evtl. darüber hinaus läuft. Auch von einigen dt. Privatpostanstalten sind Neujahrsmarken bekannt.
Weniger bekannt sind die in Japan außerdem regelmäßig erscheinenden Neujahrspostkarten und -umschläge (letztere mit →Vorausentwertung versehen!) und die Grußkarten der Sowjetunion. Bei diesen handelt es sich stets um →Ganzsachen. Inzwischen geben so viele Länder – außer Weihnachtsmarken – auch besondere Neujahrsmarken heraus, daß diese nicht aufgeführt werden können; als Beispiel sei Jugoslawien genannt.

Neujahrspostkarten →Neujahrsmarken.

Neujahrsstempel. Eigentliche Neujahrsstempel, die durch eine bes. Beschriftung auf den Jahreswechsel hinweisen, hat es bisher nur ganz selten gegeben; die Postverwaltungen begnügen sich meist mit →Neujahrsmarken. Man kann aber im übertragenen Sinne trotzdem Neujahrsstempel sammeln: nämlich durch Einwurf einer Sendung in den Briefkasten zur ersten Leerung am Neujahrstag. Interessant und auf →Ganzbrief wertvoll sind gewisse längst nicht mehr verwendete Poststempel, die vor Jahrzehnten bes. in Paris zur Bewältigung der übergroßen Zahl an Neujahrsglückwunschkarten mehrmals aushilfsweise eingesetzt wurden.

Neukaledonien, Insel im Pazifik

Neujahrs-Ganzsachen

mit zahlr. zugehör. Eilanden (desh. Landesangabe auf den Marken Nouvelle Calédonie et Dépendances) und franz. Kolonie (später Überseeterritorium) mit Postwertzeichen seit 1860. Die erste Marke wurde im primitiven Steindruck auf Neukaledonien angefertigt (unter dem Begriff Triquérat-Marken bekannt) und reizt – trotz des hohen Preises – immer wieder Spezialsammler, da keines der 50 Stück des Schalterbogens genau dem anderen gleicht. Von 1862 bis 1881 gelangten die Marken der sog. Allgemeinen Kolonialausgabe Frankreichs zur Verwendung. Erst seitdem gibt es eigene Marken, zunächst hergestellt durch versch. Aufdrucke (N.C.E. u.a.), von denen einige sehr selten und wertvoll sind. Es folgten viele Ausgaben im langweiligen Kolonialstil. Seit etwa 1948 erscheinen hübsche Bildermarken, die bes. Motivsammler versch. Richtungen ansprechen. Ein Neuheitenabonnement ist nicht teuer; auch →Wallis- und Futuna-Inseln.

Neunerblock, Begriff aus der Sammlersprache für eine geschnitten verausgabte Marke, die durch Zufall oder absichtl. mit der Schere so aus dem Schalterbogen geschnitten wurde, daß von allen angrenzenden Marken noch Teile zu sehen sind. Bes. bei sehr weit im Bogen zusammengedruckt gewesenen Marken gilt ein Neunerblock als Luxusstück, da bei diesen der Schnitt leicht so zu führen war, daß Nachbarmarken nicht angeschnitten wurden; bei engem Abstand eher möglich, aber gleichfalls selten.
Ein Neunerblock liegt natürl. auch dann vor, wenn aus dem Bogen gezähnter Marken je drei waagerecht und senkrecht zusammenhängende Reihen herausgetrennt werden, was bei gewissen Fehldrucken u.U. für den Spezialsammler wichtig ist, falls Paar, Vierer- oder Sechserblock hierfür nicht charakteristisch sind.

9-Kreuzer-Fehldruck →Baden-Fehldruck.

Neurumänien. Mit dieser Überschrift sind im Michel-Katalog unter Rumänien eine Anzahl ung. Marken mit siegelartigem Aufdruck und neuer Münzbezeichnung angeführt, die 1919 für das bis zum Ende des 1. Weltkrieges zu Ungarn gehörige und dann an Rumänien abgetretene Siebenbürgen verausgabt wurden. Diese Marken waren in ganz Rumänien gültig, sie sind aber auf Bedarfsbrief sehr selten zu

finden. Der Aufdruck (Münzbezeichnung in Kursiv für das Gebiet um Großwardein, in Antiqua für das Gebiet um Klausenburg) ist oft gefälscht worden; die selteneren Werte sollten nur geprüft erworben werden.

Neuschottland, ehem. brit. Kronkolonie mit 1851–1867 zehn Marken, von denen Mi 1–4 zu den gra-

phisch schönsten gehören, die es bisher überhaupt gegeben hat und die teils große Raritäten sind. 1867 wurde Neuschottland mit →Neubraunschweig zum Dominion →Kanada vereinigt.

Neuseeland, ehem. brit. Kronkolonie, seit 1907 Dominion im Commonwealthverband mit Marken seit 1855. Die alten Ausgaben sind teils selten und wertvoll, die Beschaffung in einwandfreier Erhaltung ist nicht leicht. Einige später erschienene Freimarken sind aus versch. Gründen schwierig zu bestimmen. Mi 54–60 sowie 62/63 wurden mit Genehmigung der Post rückseitig mit priv. Firmenreklame bedruckt (es sind über 60 versch. Reklame-

texte bekannt, →Rückseite der Marken). Zahlr. →Stempelmarken wurden auch postal. verwendet, die, mit Poststempel entwertet, von Spezialsammlern sehr gesucht sind. Außer den normalen Dienstmarken gibt es seit 1891 bes. Ausgaben für Sendungen der staatl. Sozialversicherung, kenntl. an der Inschrift N.Z. GOVERNMENT LIFE INSURANCE OFFICE. Neuseeland verausgabt seit etwa 1940 hübsche und drucktechn. hervorragende Marken, denen fast ausschl. nur das Land selbst oder das Commonwealth angehende Anlässe zugrunde liegen. Ein Neuheitenabonnement erfordert auf den Monat umgerechnet einen nur geringen Betrag, so daß Neuseeland als Sammelgebiet vorbehaltlos empfohlen werden kann. Die Wohltätigkeitsmarken erscheinen als →Kleinbogen zu je sechs Marken, die ebenfalls gern gesammelt werden, da deren Nennwert niedrig ist. Als Anhang zu einer Neuseeland-Sammlung können die wenigen Marken für das →Ross-Gebiet berücksichtigt werden; auch →KING EDWARD VII LAND, →VICTORIALAND, →Niue, →Tokelau-Inseln.

Neusüdwales, ehem. brit. Kronkolonie, zu der bis 1851 auch →Victoria bzw. bis 1860 →Queensland gehörten, die sich alle mit Südaustralien, Tasmanien und Westaustralien zum Bundesstaat →Australien zusammenschlossen. Für Neusüdwales gab es von 1850 bis 1912 eigene Marken, die teilweise sehr selten und wertvoll sind. Einige Ausgaben sind durch häufig vorkommenden →Wasserzeichenfehldruck bekannt. In Neusüdwales erschienen die überhaupt ersten

→Wohltätigkeitsmarken (1898). Die schwierige und kostspielige Beschaffung der Neusüdwales-Marken verbietet es den meisten Sammlern, diese einer Australien-Sammlung voranzustellen, was eine solche erst wirklich vollständig machen würde.

Neutrale Zone. Westl. des Sultanats →Kuwait sind auf den Landkarten Arabiens zwischen Irak und Saudi-Arabien wie mit dem Lineal gezogene Grenzen eines rhombenförm. Gebietes eingezeichnet, das »Neutrale Zone« benannt wird und nach dem 1. Weltkrieg durch die Alliierten geschaffen wurde und noch heute besteht. Erst in unserer Zeit erwachte diese Neutrale Zone zu einigem Leben, d.h. im einzigen größeren Ort Khafji machen sich seit einigen Jahren zwei Postämter gegenseitig friedliche Konkurrenz. Es sind dies ein saudi-arabisches, das einen Rundstempel mit Inschrift POST OFFICE / RAS AL KHAFJI (Datum wird handschriftl. eingefügt) verwendet, und ein kuwaitisches mit dem Stempel KUWAIT / KHAFJI / NEUTRAL ZONE und gleichbedeutenden arab. Schriftzügen.
Letzteres Postamt kennzeichnet eingeschrieben aufgelieferte Sendungen mit einem überdimensionalen Zusatzstempel REGISTERED. Zur Freimachung dienen die Marken Saudi-Arabiens und auch Kuwaits ohne besondere Kennzeichnung. L: Der Sammler-Dienst, Nr. 2/1965.

Nevis, westind. Insel in der Leeward-Gruppe, ehem. brit. Kronkolonie, für die von 1861 bis 1890 einige eigene Marken verausgabt wurden. Vorher waren brit. Marken ohne Kennzeichnung in Gebrauch, die mit Balkenovalstempel A 09 von Spezialsammlern gesucht sind (→Used abroad), da an dieser Entwertung die Verwendung auf Nevis bewiesen ist. Von 1890 bis 1903 wurde nur die Gemeinschaftsausgabe für die →Leeward-Inseln benutzt; danach erfolgte die Zusammenlegung mit →St. Christoph zum Postgebiet →St. Kitts-Nevis.

Neutrale Zone

New Brunswick →Neubraunschweig.

New Foundland →Neufundland.

New South Wales →Neusüdwales.

News Papers and Periodicals, Inschrift auf Marken der USA, die 1865/97 für den Versand von Zeitungen und Zeitschriften verwendet worden sind. Auch →größte Marke, →Zeitungsmarken.

New Zealand →Neuseeland.

NEZ, letzte amtliche Abkürzung der BP (= Nummernzettel für Einschreibsendungen mit zusätzlichem Eindruck zur Verwendung bei Sonderpostämtern, Kurzform: Nummern-Einschreibe-Zettel) für die seit 1973 nicht mehr verwendeten →Sondereinschreibezettel.

N.F. = Nyasa Forces, Aufdruck auf fünf Marken von Nyassaland, die 1916/17 für das besetzte Deutsch-Ostafrika verausgabt wurden und im Michel-Katalog unter →Tanganjika verzeichnet sind (Mi 33–37).

Nicaragua, durch eine Überfülle an Marken, zahlr. Aushilfsausgaben, 85 Blocks, Zwangszuschlagsmarken und über 400 Dienstmarken wenig empfehlenswertes Sammelgebiet mit allerdings Motivsammler vielfach ansprechenden Ausgaben. Nicaragua begann 1862 mit der Verwendung von Briefmarken und ging 1890–1900 einen Vertrag betr. →Seebeck-Ausgaben ein (Mi 20–119, MiD 1–116, MiP 1–34). In der Hafenstadt Greytown be-

stand 1869–1882 ein brit. Konsulatspostamt (→Used abroad). Für die an der Küste gelegenen Landesteile Zelaya und Kap Gracias mit Metall- statt Papierwährung sowie für die Mosquito-Küste hat es zwischen 1894 und 1911 mehrere bes. Aushilfsausgaben gegeben.

nicht amtlich, Bez. für markenähnliche Produkte, Stempel u.ä., die nicht von der Staatspost verausgabt bzw. verwendet werden; hierzu gehören z.B. →Privatpostmarken, →Inselausgaben, →Souvenirblocks, →Cachet. Aber auch diese – oft dubiosen – Produkte finden Sammlerfreunde. Auch →amtlich.

nicht ausgegeben →nicht verausgabt.

nicht durchgezähnt, wie →durchgezähnt auf den Bogenrand eines Schalterbogens bezogener Begriff, der besagt, daß der Rand auf einer, zwei, drei oder auch allen vier Seiten nicht perforiert ist; die Zähnung verläuft nur zwischen den Markenreihen und nicht darüber hinaus. Spezialsammler achten auf solche Unterschiede, bes. wenn es zweierlei Bogen gibt, d.h. einmal ist z.B. der linke Seitenrand nicht durchgezähnt, einmal durchgezähnt. Dasselbe gilt analog für durchstochen verausgabte Marken.

nicht gezähnt, bei Marken unübliche Bez. für →geschnitten bzw. →ungezähnt; bei Blocks mit Markeneindruck ohne Zähnung heißt es dagegen meist nicht gezähnt. Auch →nicht durchgezähnt.

nichtphilatelistisches Beiwerk, Bez. für zusätzl. Dinge in einer →Motivsammlung, die in keiner Weise etwas mit Philatelie zu tun haben, früher aber verbreitet in solche Sammlungen aufgenommen wurden und die Marken, die stets im Vordergrund stehen sollen, erdrücken. Dazu gehören Zeitungsausschnitte, Fotos, vergrößerte Zeichnungen des Markenbildes, gepreßte Blumen in einer Sammlung »Blumen«, Vignetten, übermäßige Verzierungen des Blattrandes usw. Auch der Bildteil eines Ersttagsbriefes o.ä., einer Sonderpostkarte kann nichtphilat. Beiwerk sein, wenn Marke und Stempel nicht zum Thema gehören. Ein künstlerisch gestaltetes Titelbild als Einleitung zur Gesamtsammlung ist jedoch empfehlenswert, was u.U. einem Graphiker überlassen werden sollte. Es wurden schon Sammlungen angelegt, bei denen ein Albumblatt mit allerlei angefüllt war, aber nur eine einzige Marke aufwies. Nichtphilat. Beiwerk ist heute verpönt (Ausnahme →Lehrsammlung, →Dokumentarische Sammlung); derartige Sammlungen sind auf Ausstellungen nicht erwünscht. Nur in Sonderfällen werden spärlich angewendete Zutaten anerkannt (manchmal kann darauf tatsächl. nicht verzichtet werden), denn zu fast jedem Thema gibt es Marken aus aller Welt, mit denen sich das gewählte Thema ohne nichtphilat. Beiwerk motivlich und philat. ausreichend darstellen, erläutern und belegen läßt. Dazu muß sich der Sammler intensiv mit dem Thema selbst und den Markenbildern beschäftigen, so wie es der Philatelist für eine Spezialsammlung in anderem Sinne gleichfalls zu tun hat. Es gilt der Grundsatz: Auch eine Motivsammlung soll eine Markensammlung sein!
Wer jedoch schriftstellerisches oder zeichnerisches Talent oder in Verbindung mit der Motivsammlung ein anderes Hobby hat (z.B. Botanik), braucht sein Licht nicht unter den Scheffel zu stellen. Er kann das nichtphilat. Beiwerk (z.B. gepreßte Pflanzen) in einem zweiten Album mit entspr. Hinweisen auf die eigentl. Sammlung unterbringen. Ein derartiges Ergänzungsalbum hat aber keinerlei Chance bei einer Ausstellungsjury. Die mit Marken aufgebaute Sammlung muß für sich allein aussagekräftig genug sein.

nicht verausgabt. Es hat eine ganze Anzahl Marken gegeben, die in einer Teilauflage oder in der vorgesehenen Gesamtauflage gedruckt zur Verteilung an die Postschalter bereitgelegen haben, aus versch. Gründen aber zurückgezogen wurden, nicht zur Verwendung kamen und keine Frankaturkraft erlangten. Solche Marken kommen manchmal über die Post selbst (Verkauf an Händler, Vorausversand an Journalisten) oder durch dunkle Kanäle in den Handel, werden dann in die Kataloge aufgenommen und können u.U. zu gesuchten Raritäten werden. Bekannteste Beispiele aus neuerer Zeit sind die Sondermarke »Brot für die Welt« (Mi X, nach 373), deren erste Ausführung wegen der Bildgestaltung nachträgl. beanstandet und durch Mi 389 ersetzt wurde, sowie Mi XI (nach 566), die vom damal. Bundespostminister (vermutl. aus parteipolit. Gründen) wegen der knallig scharlachroten Farbe in letzter Minute nicht zur Ausgabe freigegeben und durch einen bildgleichen Druck in neutralerer Lachsfarbe ersetzt wurde. Gelegentl. wird erst nach langer Zeit etwas über nicht verausgabte Marken bekannt; z.B. zwei Wertstufen, die für die österr. Serie »Niemals vergessen« von 1946 (Mi 776/83) vorgesehen waren, auf Einspruch der Besatzungsmächte aber nicht in Verkehr gebracht werden durften, was erst viele Jahre später zutage gekommen ist. Wieder andere nicht verausgabte Marken sind schon häufig früher oder später aus Sparsamkeit o.a. durch neuen Auf- oder

Überdruck verändert doch noch zu postal. Verwendung gekommen.

Niederlande. Die Beliebtheitsstatistik (→Anhang III) zeigt, daß die Marken der Niederlande verbreitet gesammelt werden. Als Ausgabeanlaß für die jährl. nicht vielen und im Nennwert den gebräuchlichsten Portosätzen angepaßten Sonder- und Gedenkmarken dienen mit sehr wenigen Ausnahmen nur das Land selbst angehende Dinge. Stets beliebt sind die seit 1935 erscheinenden sog. Sommermarken und die bereits seit 1925 gleichfalls regelmäßig verausgabten Wohltätigkeitsserien »Voor het kind« (Für das Kind). Die alten Ausgaben, z.T. bis zu den Freimarken von 1929, können durch Typen-, Farben-, Zähnungs- und Wasserzeichenunterschiede spezialisiert gesammelt werden (hierzu →Rollenzähnung). Kenner halten Ausschau nach den Nummernstempeln, von

denen es 259 gegeben hat. Die im Verlauf des 2. Weltkrieges nach London geflüchtete Regierung verausgabte →Exil-Marken. Die Niederlande können als Sammelgebiet empfohlen werden.
Eine Sammlung Niederlande läßt sich durch etliche Portomarken, die

Ausgaben für den →Internationalen Gerichtshof in Den Haag, die sogenannten Brandkastenmarken (→schwimmende Geldschränke), die Gebiete Surinam und Niederländ. Antillen (Südamerika) und schließlich durch die Marken der ehem. Kolonien erweitern. Es besteht eine Arbeitsgemeinschaft Niederlande. L: 2. 2., 3. 10.

Niederländische Antillen. Die ehem. niederländ. Kolonie →Curaçao wurde 1949 eine Provinz der Niederlande und in Niederländische Antillen umbenannt, die seit 1954 (mit Sint Maarten, Sint Eustatius, Saba) einen autonomen, gleichberechtigten Teil der Niederlande bilden. Für dieses Gebiet sind seitdem zahlr. hübsche Marken erschienen zu fast immer nur dieses Land oder die Niederlande betreffenden Anlässen. Die Marken werden sehr gern gesammelt, vielfach (u. U. in Verbindung mit →Surinam) als Anhang zu einer Sammlung Niederlande ab 1945, zumal sie über die Versandstelle ins 's-Gravenhage/Niederlande bezogen werden können.

Niederländisch-Guyana, heute nur noch selten gebräuchl. Bez. für →Surinam.

Niederländisch-Indien, die Großen und Kleinen Sunda-Inseln sowie die westl. Hälfte Neuguineas umfassende ehem. niederländ. Kolonie, heute →Indonesien. Für dieses Gebiet wurden 1864 bis 1942 und nochmals 1945 bis 1948 Postwertzeichen mit entspr. Landesangabe verausgabt. Marken mit Aufdruck JAVA (Mi 61–78) dienten statist. Zwecken der Post und gelangten nur auf den Inseln Java und Madura zur Verwendung. Gleichzeitig gab es dieselben Urmarken mit zweizeil. Aufdruck BUITEN / BEZIT, die auf den übr. Inseln benutzt wurden. Die Ausgaben Mi 107–121 und 205–228 sowie einige weitere Marken sind außerordentl. →wasserempfindlich; das Markenbild löst sich in kleinen Stücken vom Papier. Interessant sind die →Brandkasten-Versicherungsmarken. 1942 bis 1945 war Niederländ.-Indien von Japan besetzt. Es erschienen während dieser Zeit zahlr. Marken, vorw. hergestellt durch versch. Aufdrucke auf erbeuteten Beständen, die unter Japan katalogisiert sind. Von 1948/49 – in der Übergangszeit bis zur Verkündung der Unabhängigkeit – kamen die im Michel-Überseekatalog unter Indonesien Mi 1–38 verzeichneten Marken mit Aufdruck bzw. Inschrift INDONESIA in Kurs; auch →Niederländisch-Neuguinea.

Niederländisch-Neuguinea, früher zur Kolonie →Niederländisch-Indien gehörender westl. Teil der Insel Neuguinea, der nach Anerkennung der Unabhängigkeit →Indonesiens bis September 1962 noch niederländ. Besitz blieb, für den von 1950 bis dahin einige eigene Marken verausgabt wurden. Dann wurde das Gebiet lange der Verwaltung durch die Vereinten Nationen unterstellt (→UNTEA) und 1963 Indonesien übergeben (→Westirian). L: 3. 11.

Nierenstempel, Bez. für eine aus

einigen dt. Postorten und dem Ausland bekannte alte Stempelform, die aus je einem bogenförm. oberen und unteren Teil besteht, so daß ein Vergleich mit zwei Nieren naheliegend ist. Der Vergleich mit zwei Würsten ist ebenfalls möglich, weshalb diese Stempelform auch Wurststempel genannt wird.

Nieuwe Republiek, Landesangabe auf den Marken von →Neue Republik.

Niger, 1960 aus der Kolonie →Französisch-Nigergebiet entstandener unabh. Staat in Afrika mit seitdem verh. vielen Marken, die aber inf. gefälliger Gestaltung (sehr häufig Herstellung durch die Staatsdruckerei Paris) und meist den normalen Portosätzen angepaßten Nennwerten gern gesammelt werden. Der für ein Neuheitenabonnement aufzuwendende Betrag bewegt sich in erträgl. Grenzen.

Niger Coast Protectorate →Nigerküste.

Nigeria, ehem. brit. Kronkolonie, die 1914 durch Zusammenschluß der Kolonien →Nordnigeria und →Südnigeria (auch →Lagos, →Nigerküste) entstand, für die bis 1960 einige wenige Marken erschienen sind. Seitdem ist Nigeria unabhängig, seit 1963 Republik, deren Marken gern gesammelt werden. Es erscheinen im Jahr verh. wenige, graphisch gekonnte Bildermarken, denen als Ausgabeanlaß vorw. nur das Land selbst angehende Dinge zugrunde liegen. Der monatl. aufzuwendende Betrag für ein Neuheitenabonnement ist gering, weshalb Nigeria als Sammelgebiet vorbehaltlos empfohlen werden kann. Zu einer vollst. Sammlung Nigeria gehören auch die während des Bürgerkrieges von der sog. Ostregion verausgabten Marken, die im Michel-Überseekatalog unter →Biafra zu finden sind. Die noch während der Zeit als brit. Kronkolonie verausgabten Marken Mi 71–83 erschienen 1960 mit Aufdruck →CAMEROONS / U.K.T.T. für

den seit Ende des 1. Weltkrieges unter brit. Völkerbunds- bzw. UNO-Treuhandverwaltung stehenden Gebietsstreifen der ehem. dt. Kolonie →Kamerun, für den nach Gründung der Republik Kamerun eine Volksabstimmung betr. Zugehörigkeit zu Nigeria oder Kamerun veranstaltet wurde. Diese Marken, die nach Belieben einer Sammlung Nigeria oder Kamerun zugeordnet werden können, sind im Michel-Katalog im Anschluß an Kamerun verzeichnet.

Nigerien →Nigeria.

Nigerküste, ehem. brit. Protektorat in Westafrika mit einigen Freimarken von 1892 bis 1899. Diese Marken wurden zunächst durch Aufdruck *British Protectorate/OIL RIVERS* auf brit. Marken hergestellt, danach hat es einige mit Handstempelüberdruck in neuen Wertstufen gegeben, die z. T. zu den ganz großen Raritäten gehören. Ab 1893 erschienen für Nigerküste Marken in eigener Gestaltung. Alle diese Ausgaben wurden seitens der Royal Niger Company verausgabt, eine Pachtgesellschaft, der auch Einrichtung und Unterhaltung des

Postwesens übertragen worden war. Anfang 1900 lief der Vertrag ab, und das Pachtgebiet wurde mit der neuen Kronkolonie →Südnigeria vereinigt, der dann auch →Lagos angehörte; auch →Nordnigeria, →Nigeria.

Nikaragua →Nicaragua.

Nippon, außer in jap. Schriftzeichen zusätzl. Landesangabe auf neueren Marken →Japans.

Nisiro, auch Nisiros, griech. Nisyros, Aufdruck auf ital. Marken, →Ägäische Inseln.

Nisiros, auch Nisiro, griech. Nisyros, Aufdruck auf ital. Marken, →Ägäische Inseln.

Niue, Insel im Pazifik nahe der Tonga-Gruppe und zu Neuseeland gehörig, auf der bis 1902 die Marken der Cook-Inseln verwendet wurden. Seitdem sind zunächst neuseeländ. Marken mit Aufdruck NIUE (teils mit Wertüberdruck in polynes. Sprache), danach Ausgaben eigener Gestaltung erschienen. Mi 38–51 weisen als Landesangabe außer NIUE auch noch COOK ISLANDS auf, da Niue zusammen mit den Cook-Inseln von Neuseeland verwaltet wurde.

Niugini, für →Papua und Neuguinea vorgesehener Landesname nach der Ende 1973 erfolgten Zuerkennung der Selbstverwaltung. Es ist damit zu rechnen, daß dieser Name bald auf neuen Marken dieses Landes auftritt.

Niuw Guinea, auch Ned Niuw Guinea, Landesangabe auf den Marken für →Niederländisch-Neuguinea.

Nominal, vielfach gebrauchter Ausdruck aus der Sammlersprache für →Nennwert.

Non admis. Stempel oder Klebezettel mit dieser Inschrift und weiteren Texten (z. B. *Art. 28 § 1d de la convention UPU; Propaganda revancharde sur timbres-poste*) sind auf Sendungen zu finden, die mit im Empfängerland unerwünschten Marken freigemacht sind, von der dortigen Post zurückgewiesen und dem Absender wieder zugestellt werden. Der hinzugezogene Paragraph bezieht sich auf die Satzung des Weltpostvereins, der bestimmt, daß auf Postwertzeichen keine in irgendeiner Weise andere Länder verletzenden oder diskriminierenden Darstellungen wiedergegeben werden sollen und die Verwendung solcher im Auslandsverkehr unzulässig ist; im Inlandsverkehr des ausgebenden Landes bleiben sie natürl. unbeanstandet. An mit entspr. Vermerken versehenen unerwünschten und an den Absender zurückgeleiteten Sendungen sind Spezialsammler interessiert; auch →Postkrieg.

Nordarmee. Für das 1919 von Truppen des russ. Generals Miller während des Bürgerkrieges kurzzeitig beherrschte Gebiet (→Russische Armeepost) wurden sieben bes. Marken gedruckt, die jedoch nicht mehr zur Verwendung gelangten und nur ungebraucht oder mit Gefälligkeitsentwertung versehen bekannt sind. Diese Wertzeichen sind philat. ohne Interesse.

Nordborneo, Teil der indones. Insel Borneo, der von 1877 bis 1942 im Besitz der brit. North Borneo Company gewesen ist, die auch das Postregal besaß und von 1883 an zahlr. Briefmarken verausgabte, von denen viele insofern unerfreulich sind, weil die im Handel angebotenen gestempelten Marken

meist minderwertige Gefälligkeitsentwertungen tragen; auf Bedarfsbrief sind alle diese Marken sehr selten. Während der jap. Besetzung im 2. Weltkrieg erschienen 46 Nordborneo-Marken mit versch. Auf- und Überdrucken sowie zwei Marken eigener Gestaltung.
Nach Kriegsende kamen 1945 die Werte der Dauerserie von 1939 mit Aufdruck BMA (British Military Administration) in Kurs, 1947 dieselben mit Aufdruck GR (George Rex) in verschlungener Schreibschrift mit Krone darüber. Bis 1963 war Nordborneo ein brit. Protektorat mit einigen hübschen Bildermarken. Seitdem ist das Gebiet ein Teil →Malaysias; auch →Labuan, →Sarawak.

Norddeutsche Bundespost, nach Ende des Deutsch-Österr. Krieges von 1866 im Zusammenhang mit der Bildung des Norddt. Bundes am 1. 1. 1868 entstandenes Postgebiet, das die bis dahin selbständigen Postverwaltungen von Braunschweig, Bremen, Hamburg, Lübeck, Meckl.-Schwerin, Meckl.-Strelitz, Oldenburg, Preußen, Sachsen sowie die bereits vorher von Preußen übernommene Post von Bergedorf, Hannover, Schleswig-Holstein und Thurn und Taxis umfaßte. Baden, Bayern und Württemberg konnten noch unterschiedl. lange ihre eigene Posthoheit bewahren. Nach der sog. Reichsgründung trat an die Stelle der Norddt. Bundespost am 4. 5. 1871 die Deutsche Reichspost. Die von der Norddt. Bundespost verausgabten Marken werden sammlerisch gesehen noch zu Altdeutschland gezählt, sind in den Katalogen jedoch unter der Bez. →Norddeutscher Postbezirk zu finden; die Ganzsachen weisen dagegen die Inschrift *Norddeutsches Postgebiet* auf. Die Norddt. Bundespost errichtete auch das erste dt. Auslandspostamt in der Türkei (→Norddeutsche Postagentur Constantinopel).

NORD-DEUTSCHE-POST, Herkunftsbez. auf den Dienstmarken für den →Norddeutschen Postbezirk.

Norddeutsche Postagentur Constantinopel, am 1. 3. 1870 als überhaupt erste dt. Auslandspostanstalt im Stadtteil Pera der damal. türk. Landeshauptstadt Constantinopel (heute Istanbul) eröffnet. Es wurden Marken des →Norddeutschen Postbezirks ohne Kennzeichnung verwendet; die Entwertung erfolgte mit Stempel CONSTANTINOPEL N. P. A. Die Postanstalt wurde im Mai 1871 von der Deutschen Reichspost übernommen, wonach deren Marken und Stempel mit Inschrift KAISERL. DEUTSCH. P. A. CONSTANTINOPEL in Gebrauch kamen; →Deutsche Post in der Türkei.

Norddeutscher Lloyd →Reichspostdampfer.

Norddeutscher Postbezirk, an sich unrichtige, aber von der Markeninschrift abgeleitete Bez. für →Norddeutsche Bundespost und sammlerisch gesehen noch zu Altdeutschland gehörend. Für die zur Norddt. Bundespost zusammengeschlossenen ehem. selbst. Postgebiete wurden vom 1. 1. 1868 bis zum Übergang in die Deutsche Reichspost 26 Frei- und neun Dienstmarken verausgabt. Da sich das Postgebiet auf Länder mit versch. Währungen erstreckte, waren zwei Markenreihen erforderlich, die für die nördl. Bezirke auf Groschen (Mi 1–6, 13–18, MiD 1–5) bzw. die südl. Bezirke auf Kreuzer (Mi 7–11, 19–23, MiD 6–9) lauteten. Für Hamburg erschien eine bes. Stadtpostmarke ohne Wertangabe mit Inschrift STADTPOSTBRIEFMARKE HAMBURG im Oval.
Dem Beispiel Preußens folgend (Mi 20/21), wurden die nur in Silbergroschen-Währung aufgelegten Marken Mi 25/26 auf sog. →Kollodiumhaut gedruckt; es sind die teuersten und in guter Erhaltung am seltensten zu findenden Marken des Norddeutschen Postbezirks; die Entwertung hatte vorschriftsmäßig durch →Federzug zu erfolgen. Spätere Auflagen von Mi 13–24 und Mi D 1–9 wurden zum Schutz vor →Postfälschung auf einem Papier mit an sich unsichtbarem Schutzunterdruck hergestellt, der bei Behandlung mit bestimmten Chemikalien (z. B. Schwefelwasserstoff, auch bei längerem Verweilen in entsprechender Industrieluft) deutlich dunkelbraun netzartig hervortritt und dann kaum wieder zu beseitigen ist. Die mögl. Entwertungen auf den Marken des Norddt. Postbezirks sind ein Spezialgebiet, da in vielen Fällen die Stempel der übernommenen früheren Postverwaltungen über kurze oder lange Zeit weiterverwendet wurden. Es kamen einige wenige Briefumschläge und Streifbänder mit Wertstempeleindruck (Ganzsachen) zur Ausgabe, die im Gegensatz zu den Marken mit *Norddeutsches Postgebiet* beschriftet sind. Von bes. Interesse sind die →Überklebemarken auf den großen Restbeständen an Briefumschlägen mit Wertstempeleindruck von Braunschweig, Mecklenburg-Strelitz, Oldenburg, Preußen und Sachsen, die auf Ganzbrief oder zumindest großem Briefstück aufbewahrt werden sollten und teils sehr wertvoll sind. Für die im Deutsch-Franz. Krieg besetzten Gebiete vom Norddt. Postbezirk verausgabten Marken →Elsaß-Lothringen. L: 3. 3.

Norddeutsches Postgebiet, Inschrift auf den Ganzsachen der →Norddeutschen Bundespost. Die Marken weisen dagegen die Inschrift →*Norddeutscher Postbezirk* auf.

Norden-Marken, Bez. aus der Sammlersprache für die zum »Tag des Nordens« 1956 von Dänemark (Mi 364/65), Finnland (Mi 465/466), Island (Mi 312/13), Norwegen (Mi 406/07) und Schweden (Mi 416/17) verausgabten bildgleichen Marken mit Darstellung von fünf fliegenden Schwänen, die das Zusammengehörigkeitsgefühl der skand. Völker versinnbildlichen

sollten. Da etwa zur gleichen Zeit in versch. westeur. Ländern die erste Gemeinschaftsausgabe der →Europa-Marken erschien (BP Mi 241/42 u.a.), werden die Norden-Marken gern als →Mitläufer dieser bezeichnet und sollen – nach dem Willen der Spezialkataloge und evtl. Vordruckalben – zu einer absolut vollständigen Sammlung Europa-Marken gehören.
Eine weitere ähnl. Ausgabe kam 1969 zum 100jährigen Bestehen der →Nordischen Postunion her-

aus. Diese Gedenkmarken konnten anl. der in Stockholm stattgefundenen Ausstellung alle zusammen auf einen Brief geklebt werden und wurden mit dem dort eingesetzten Sonderstempel entwertet, eine Spielerei, von der aber viele Sammler weitgehend Gebrauch machten.
Auch die Marken Dänemark Mi 388, Norwegen Mi 451 und Schweden Mi 467 zum 10. Jahrestag der SAS (Scandinavian Airline System) und die von Dänemark, Island, Norwegen und Schweden verausgabten Marken »Flüchtlinge 1971« können zum Thema Norden-Marken gerechnet werden. Inzwischen sind weitere bildgleiche Gemeinschaftsausgaben erschienen und werden sicher noch kommen; beispielsweise im Jahr 1973 die Marken zur Nordischen Postkonferenz in Reykjavik.

Nord-Epirus. Im 2. Weltkrieg besetzte Griechenland 1940/41 den südlichen und Epirus genannten Teil Albaniens, wofür mehrere Frei-, Porto- und Zwangszuschlagsmarken Griechenlands mit zweizeiligem Aufdruck verausgabt wurden, die im Katalog unter Griechenland verzeichnet sind.

Nordfrankreich →Besetztes Gebiet Nordfrankreich.

Nordingermanland, Gebiet zwischen Ladoga- und Peipus-See am Finn. Meerbusen, das sich nach Ende des 1. Weltkrieges Finnland anschließen wollte, für kurze Zeit unter dem Namen Pohjois Inkeri

eine gewisse Selbständigkeit genoß und, obwohl nur ein einziges Postamt in Betrieb war, 1920 insg. 14 eigene Marken verausgabte. Die erste Serie war bildlich den finn. Marken angeglichen, gefolgt von einer Bilderserie. Vorsicht vor guten Fälschungen! Nordingermanland fiel lt. Friedensvertrag an die Sowjetunion.

Nordirland →Regionalmarken.

Nordische Postunion, 1869 zwecks postal. Zusammenarbeit von Dänemark, Norwegen und Schweden gegründet; Finnland und Island traten 1934 bei. Seitdem bildet Skandinavien ein einheitl. Postgebiet, wenn auch die Marken nicht wechselseitig gültig sind. Zum 100. Bestehen wurden Gedenkmarken verausgabt; →Norden-Marken, →CEPT, →Weltpostverein.

Nordkorea. Nach dem 2. Weltkrieg entstanden zwei neue Staaten und Postgebiete: Nordkorea (Kommunist. Volksrepublik) und →Südkorea, die im Michel-Überseekatalog unter →Korea zu finden sind. Beide Länder sind hins. der Markenproduktion außerordentl. rührig. In Nordkorea werden seit 1946 zahlr. schöne Bildermarken verausgabt (zum größten Teil ohne Gummierung), die häufig polit. orientiert sind, aber die Motivsammler ansprechen. Obwohl für ein Neuheitenabonnement monatl. ein nur geringer Betrag aufzuwenden ist (wenn die überflüssigen →Parallelausgaben unberücksichtigt bleiben), werden die Marken Nordkoreas bei uns kaum gesammelt. Von den bis 1957 verausgabten Marken wurden amtlicherseits Neuauflagen von neu hergestellten Druckformen angefertigt und in großer Zahl auf den Markt gebracht. Da diese Neuauflagen wertmäßig erhebl. geringer einzustufen sind und der Unterschied gegenüber den Originalmarken nicht immer ohne weiteres zu erkennen ist, sollten die Marken Mi 1–104 auch dann nur geprüft erworben werden, wenn es sich im Katalog um niedrig im Preis liegende Stücke handelt.

Nordnigeria, 1900 entstandene ehem. brit. Kronkolonie in Westafrika mit einigen wenigen Marken im damals übl. Kolonialstil und Inschrift Northern Nigeria. Nordnigeria wurde 1914 mit →Südnigeria zum Post- und Verwaltungsgebiet →Nigeria vereinigt; auch →Lagos, →Nigerküste.

Nordpolen. Nach Ausrufung der Republik Polen (1918) wurde das Land aus währungspolit. Gründen in Nord- und →Südpolen geteilt. Während im ehem. österr. Südteil noch auf Kronenwährung lautende Polen-Marken mit Aufdruck *S. O. 1920* verwendet wurden, gelangten in Nordpolen (vorwiegend bestehend aus Teilen Westpreußens und dem ehem. dt. Besetzungsgebiet Generalgouvernement Warschau) bildlich weitgehend den poln. Marken gleichende, aber auf F (Fennig) bzw. M (Marka) lautende zur Ausgabe.

Nordrhodesien, ehem. brit. Kronkolonie in Südafrika, für die 1925 bis 1954 eigene Marken verausgabt wurden. Bis dahin waren von 1890 an die Marken der →Britischen Süd-Afrika-Gesellschaft in Gebrauch. Für die 1954 geschlossene Föderation zwischen Nordrhodesien, →Südrhodesien und →Nyassaland erschienen die im Michel-Katalog unter Rhodesia und Nyassaland verzeichneten Marken; auch →Rhodesien, →Malawi. Nach Lösung der Föderation gelangte 1963 nochmals eine Frei- und Portomarkenserie mit Inschrift NORTHERN RHODESIA zur Ausgabe. Nordrhodesien wurde 1964 mit dem Namen →Sambia unabh. Republik.

Nordschleswig, bei dem Sammler unter der Bez. »Schleswig 1. Zone« bekannter. Die Marken des Abstimmungsgebietes →Schleswig wurden in der sog. 1. Abstimmungszone, dem infolge der völkischen Zusammensetzung von vornherein mit Sicherheit an Dänemark fallenden nördlichsten Teil Schleswigs, im Mai 1920 mit Aufdruck 1.

ZONE versehen verausgabt (Mi 15–28).
Nach Ende der Abstimmung kamen in diesem Gebiet dän. Marken zur Verwendung; auch →Schleswig-Holstein. L: 3. 6.

Nordvietnam, 1954 durch die Teilung →Vietnams bzw. des franz. Besitzes in Indochina entstandener Staat mit dem einheim. Landesnamen Viet Nam Dau Chu Cong Hoa (= Demokratische Republik Vietnam), der auf den Marken zu finden ist, die bereits seit 1946 erschienen, im Michel-Katalog aber gesondert von Vietnam als Mi 1–60 verzeichnet sind. Es wurden bisher zahlr. stark polit. propagandistisch bzw. auf den Vietnam-Krieg Bezug nehmende, in neuerer Zeit aber auch viele bildl. recht ansprechende und meist ungummierte Marken verausgabt. Es gibt ferner viele unnötige und nur der Devisenbeschaffung dienende →Parallelausgaben, aus welchem Grund Nordvietnam als Sammelgebiet wenig empfehlenswert ist, es sei denn, es wird auf die geschnittenen Ausgaben verzichtet. Für das sog. →Zentralvietnam hat es zu versch. Zeiten bes. Marken gegeben, außerdem seit 1963 Ausgaben für die von den sog. →Vietkong-Aufständischen in →Südvietnam beherrschten Gebiete; auch →Reiswährung. L: 3. 11.

Nordwestarmee. Für das 1919 von Truppen des russ. Generals Judenitsch während des Bürgerkrieges beherrschte Gebiet (→Russische Armeepost) wurden 19 versch.

Marken verausgabt, die auf Bedarfsbrief sehr selten sind.

NOREG, Landesname auf →Norwegen Mi 369–371 und einigen weiteren Ausgaben 1963/68. Der Name Noreg entstammt der sog.

neunorwegischen Sprache, die zwar stark propagiert, aber von der Bevölkerung wenig beachtet oder gar gesprochen wird; man bedient sich bevorzugt der sog. Reichssprache,

die aus dem Dänisch-Norwegischen entwickelt wurde. Auch →Bouvet Oya.

normales Papier. Für den Druck von Postwertzeichen werden verschiedenartige Papiere verwendet, deren genaue Klassifizierung oft sehr schwerfällt. Die Kataloge führen vorwiegend bei älteren Ausgaben teils recht beträchtliche Bewertungsunterschiede an (z. B. dünnes und dickes Papier bei Österreich Mi 1–5). Als Norm für normales Papier gelten im allg. die Stärkemaße von etwa 0,10–0,15 mm. Die Messung erfolgt mit dem →Mikrometer.

Normannische Inseln →Kanalinseln.

Norte Santander, Inschrift auf primitiv gedrucktem Wertzeichen →CORREO RAPIDO SANTANDER.

Norwegen. In der Beliebtheitsstatistik (→Anhang III) ist Norwegen in der mittleren Gruppe zu finden, was besagt, daß die neueren norw. Marken verh. wenig gesammelt werden, was vermutl. nicht zuletzt daran liegt, daß im Jahr zu wenig Marken verausgabt werden; die Sammler

werden nicht oft genug »beschäftigt«. Hinzu kommt, daß die alten Ausgaben teils teuer bzw. die Marken im Muster »Ziffer und Posthorn« (→langlebige Marken) für den beginnenden Sammler sehr schwierig zu bestimmen sind. Von Spezialsammlern gesucht sind die Gitter- und Nummernstempel auf den ersten Marken. Die im Verlauf des 2. Weltkrieges nach London geflüchtete Regierung verausgabte →Exilmarken. Interessant ist die →Losbriefmarke. Wertzeichenähnl. Vignetten ohne Wertangabe

sind →Julmarken. Auf Mi 369–371 lautet die Herkunftsbezeichnung NOREG, der Landesname aus der neunorw. Sprache. Norwegen kann trotz allem als Sammelgebiet empfohlen werden.

Es besteht eine Forschungsgemeinschaft Nordische Staaten. L: 3. 10.

Noske, Curt Robert, gest. 1932, Druckereibesitzer und Verleger, der sich als begeisterter Philatelist durch Herausgabe zahlreicher Werke versch. Autoren und den Druck des →Kohl-Briefmarken-Handbuches und des →Ascher-Kataloges um die Philatelie verdient gemacht hat.

Nossi-Bé, auch Nosy Bé geschrieben, kleine Insel vor der Westküste →Madagaskars mit eigenen Marken von 1889 bis 1898.

Notausgabe, andere Bez. für →Aushilfsausgabe und Provisorium.

Notganzsachen, kommen stets dann zur Verwendung, wenn aufgrund von Katastrophen, Kriegsereignissen, Währungsänderungen oder Tariferhöhungen die vorher in Gebrauch gewesenen Ganzsachen vernichtet oder überraschend ungültig geworden sind. Die angestellten Notmaßnahmen können sich sehr vielseitig darstellen (→Notmaßnahmen 2) und bieten dem Sammler ein reiches Betätigungsfeld. Bes. bekannte Beispiele liefern die vielen Notpostkarten in den alliierten Besatzungszonen Deutschlands nach 1945. Eng verwandt mit den Notganzsachen sind die →Aufbrauchsganzsachen. Auch →Coburger Provisorium.

Notgeldmarken, aus Rußland 1915–18 bekannt, im Muster der Marken Mi 79–81, 84 bzw. 86–87 auf Kartonpapier, gezähnt und Textdruck auf der ungummierten Rückseite, wonach diese Papiere als Zahlungsmittel bzw. Wechselgeld im Geschäftsverkehr Gültigkeit hatten, weil die Münzen eingezogen und für Kriegsmaterial verwendet werden mußten. Es gibt insg. elf derartige Marken, die im Michel-Katalog nach Mi 104 bzw. Mi 125 mit röm. Nummern eingereiht sind. Die Notgeldmarken waren zwar als Briefmarken verwendbar, kommen aber gestempelt fast nur mit Gefälligkeitsentwertung vor, da sie als

reines Notgeld und nicht zur Freimachung von Postsendungen vorgesehen waren, doch erfolgte seitens der Regierung die Veröffentlichung des Dekrets (nur Zahlungsmittel) erst zwei Wochen nach der Ausgabe, so daß diese auf Brief und bedarfsmäßig gelaufen sehr selten sind; auch →Kapselmarken.

Nothilfemarken, frühere Bez. der Deutschen Reichspost für heute →Wohlfahrtsmarken oder Wohltätigkeitsmarken.

Notluftpost →Eis-Notluftpost, →Lawinen-Notluftpost.

Notmaßnahmen, postal. Maßnahmen zur Überbrückung von Engpässen bzw. beim Fehlen von Postwertzeichen, Ganzsachen, Poststempeln, R-Zetteln usw. Sammler von Belegen postal. Notmaßnahmen sollten stets auf die Bedarfsmäßigkeit und die postal. Herkunft der Stücke achten, da gerade auf diesem Gebiet sehr viele →Machwerke angeboten werden.
1) Notmaßnahmen beim Fehlen von Postwertzeichen: →Barfreimachung, →Teilbarfrankierung, →Gebührenzettel, →Aushilfsausgaben, →Aufdrucke.
2) Notmaßnahmen beim Fehlen von Ganzsachen: →Notganzsachen, Aufbrauch alter Bestände mit neuem →Wertzeicheneindruck oder →Wertzeichenzudruck, Überkleben der urspr. Wertzeicheneindrucke (→Überklebemarken), Ausschneiden des urspr. Wertzeicheneindrucks und anschließende Barfreimachung.
3) Notmaßnahmen beim Fehlen von Poststempeln: →handschriftliche Entwertung, →Notstempel, →aptierter Stempel, →weiterverwendete Stempel, →wiederverwendete Stempel, →stummer Stempel, →Ortsnotstempel, →Dienstsiegelentwertungen, Verwendung von →Nebenstempeln.
4) Notmaßnahmen beim Fehlen von →R-Zetteln: Blanko-R-Zettel mit Handstempelaufdruck oder handschriftl. Vermerken, R-Stempel und handschriftl. R-Vermerke, Verwendung außer Kurs gesetzter R-Zettel, Verwendung von R-Zetteln fremder Orte mit Berichtigung durch Handstempel oder handschriftl. Vermerk.

Notopfer Berlin. Zur Unterstützung für die notleidende Wirtschaft in den Westsektoren Berlins wurde in Westdeutschland eine →Zwangszuschlagsmarke zu 2 Pf eingeführt, die vom 1. 12. 1948 bis 31. 3. 1956 den Inlandspostsendungen (ausgenommen best. Sendungen und solche nach West-Berlin und Orten der Sowj. Zone bzw. später der DDR) außer der normalen Frankatur aufgeklebt sein mußte. In der franz. besetzten Zone kam diese Marke zu unterschiedl. Zeiten erst zwischen Anfang Februar und Anfang Juli 1949 zur Verwendung; das Land Württemberg-Hohenzollern ging zeitweise einen eigenen Weg; →Wohnungsbau-Abgabe. Generelle Vorschrift war die Marke Notopfer Berlin in der BRD ab 1. 1. 1950, doch erfolgten nach und nach gewisse Lok-

kerungen z. B. für Drucksachen, bei Benutzung von Absenderfreistempeln u. a. Diese Zwangszuschlagsmarke, die es lt. Michel-Katalog in vier Hauptnummern gegeben hat, läßt sich ungewöhnl. stark spezialisiert sammeln, worauf hier nicht näher eingegangen werden kann. Interessant sind die Privatzähnungen und -durchstiche, die von der ersten, amtl. geschnitten verausgabten Marke bekannt sind. Bes. Firmen mit großem Postaufkommen versuchten das zeitraubende

Zertrennen der Markenbogen (je 200 Stück) mit der Schere zu umgehen. Noch im Laufe des Monats Dezember 1948 erschien die Marke in gezähnter Ausführung, wobei herstellungsbedingt über zehn versch. Zähnungsarten bzw. -kombinationen bekanntgeworden sind, davon einige mit Seltenheitswert, weshalb sich vor Erwerb solcher Stücke die Befragung eines Prüfers empfiehlt. L: 3. 5. Auch →Réfugee Relief.

Notpapiere. Bei durch Kriegs- oder Nachkriegsereignisse, wirtschaftl. Notstände u. a. verursachtem Rohstoffmangel sind alle mögl. Papierarten und auch vorgefundene Bestände erst einseitig bedruckten Papiers verwendet worden. Am bekanntesten sind Beispiele aus Estland, Lettland und Litauen; →Brotkartenpapier, →Geldscheinpapier, →Generalstabskarten, →liniiertes Schreibpapier, →Zigarettenpapier.

Notpost Linz-Wien. Während eines Eisenbahnerstreiks in Österreich 1924 wurde seitens einer katholischen Organisation ein Postdienst von Linz nach Wien eingerichtet. Die Sendungen (nur Postkarten, Briefe, Pakete) mußten nach Tarif mit amtlichen Marken ausreichend freigemacht sein. Die Organisation erhob für ihren Dienst eine Extragebühr von 500, 1000 bzw. 2000 Kronen, wozu →Spendenmarken (»Domweihmarken«) mit zweizeiligem Aufdruck *Notpost/ Linz–Wien* verwendet wurden. Die Entwertung erfolgte mit einem gleich beschrifteten Gummistempel mit Datum. Diese Spendenmarken sind philat. nur auf →Ganzstück für Spezialsammler von Interesse und dann recht wertvoll. Auch →Streikmarken.

Notstempel. Beim Fehlen der vorgeschriebenen Ortsstempel werden vorübergehend ersatzweise andere Stempel zur Entwertung von Postwertzeichen herangezogen wie →Nebenstempel, schnell angefertigte →Typenstempel, Dienstsiegel (→Dienstsiegelentwertungen), aber auch alte, bereits außer Kurs gesetzte Stempel (→wiederverwendete Stempel, →weiterverwendete Stempel). Auch →Notmaßnahmen 3). Bes. häufig sind Notstempel in Deutschland nach 1945 vorgekommen, die noch immer Anlaß zu intensiver philat. Forschung geben.

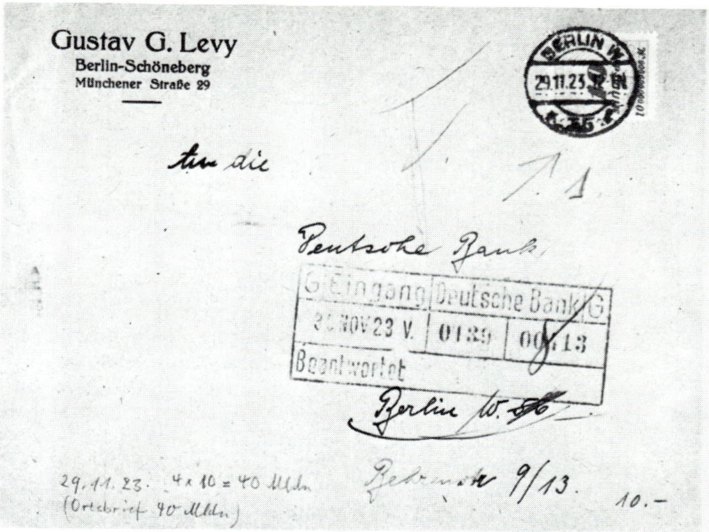

Novemberbriefe. Ein äußerlich unscheinbares Zeitdokument. Der Stempel auf Geschäftsbrief beweist aber eindeutig, daß die Marke zu 10 Milliarden Mark zum vierfachen Nennwert anerkannt wurde und die Frankatur demnach dem Ortsbriefporto von 40 Milliarden Mark entsprach

Nouvelle Calédonie et Dépendances, Landesangabe auf den Marken von →Neukaledonien.

Novemberbriefe, Bez. aus der Sammlersprache für Postsendungen, die in Deutschland in der Zeit vom 26. bis 30. 11. 1923 aufgeliefert worden sind und auf den ersten Blick lt. den amtlichen Gebührensätzen unterfrankiert erscheinen, was jedoch in diesen fünf Tagen nicht zutrifft. Die Reichsdruckerei war mit der Herstellung der →Rentenpfennig-Ausgabe (Mi 338/43) voll ausgelastet, es konnten keine weiteren →Infla-Marken gedruckt werden. Die Post vermochte dem überaus rapiden Währungsverfall und der massiven Portoerhöhung – ein Inlandsbrief bis 20 g Gewicht kostete nun 80 Milliarden Mark! – nur dadurch zu begegnen, daß man weitgehend zu →Barfreimachung griff bzw. die Marken am Schalter zum vierfachen Nennwert verkaufte. Für einen Brief genügte demnach das Aufkleben einer Marke zu 20 Milliarden Mark. Zu diesem Betrag Tage vorher erworbene Marken in der Hand des Publikums konnten ebenfalls zum vierfachen Wert aufgebraucht werden. Ganzbriefe dieser Art mit echten Stempeln und Daten zwischen 26. und 30. 11. 1923 sind sehr selten und wertvoll; es ist aber Prüfung durch einen Experten unerläßlich. Auch →Dezemberbriefe.

NOVINY, tschechisch = Zeitung,

Aufdruck auf drei Eilmarken der Tschechoslowakei, die dadurch zu →Zeitungsmarken gemacht worden sind (Mi 217/19).

NSB, Aufdruck auf einigen Marken der sog. Allg. Kolonialausgabe Frankreichs; sind 1890 auf der Insel Nossi-Bé verwendet worden.

NSW Postage, NSW, engl. = Abk. für New South Wales, Landesangabe auf den Wohltätigkeitsmarken von Neuseeland 1898, die die ersten ihrer Art gewesen sind.

Nueva Granada, mit Estados Unidos de, Landesname auf den Marken Mi 9–13 von →Kolumbien. Auch →Granadina.

Numismatik, allg. gebräuchl. Fremdwort aus dem Lat. (numisma = Münze) für Münzenkunde, die sich mit der Geschichte u.a. der Münzen beschäftigt und auch auf das bloße Sammeln von Münzen übertragen wird. Die Numismatik, die seit einigen Jahren nebenher von vielen Briefmarkensammlern gepflegt wird, ist jedoch weit älter als das Markensammeln, geht auf das 15. Jh. zurück und ist eine Wissenschaft von ganz anderem Reiz, die nicht zuletzt durch Wiedergabe antiker und neuzeitl. Münzen auf Marken (z.B. Griechenland Mi 696–705, BRD Mi 291, Tonga Mi 128–139) Auftrieb erhalten hat. Viele an Münzen interessierte Sammler verwechseln diese aber mit →Medaillen; der Unterschied zwischen beiden ist allein aus Gründen späterer Verkaufsmöglichkeit wichtig.

Numisphilatelie. Seit den Anfängen der Philatelie im vorigen Jahrhundert gibt es vielfältige und zum Teil recht enge Verbindungen zur wesentlich älteren Numismatik. Die Begründung liegt nahe – haben doch beide Sammeltätigkeiten »Wert-Zeichen« zum Gegenstand. Briefmarkenhändler und Auktionsfirmen bieten nicht selten auch Münzen an, philat. Fachzeitschriften berichten – wenn auch meist nur am Rande – über numismatische Neuheiten, und nicht wenige Sammler tummeln sich auf beiden Gebieten. Erst wenige Jahre alt ist allerdings das Kunstwort Numisphilatelie, das besagt, daß eine Kombination der numismat. und philat. Sammeltätigkeiten gesucht und gefunden wurde. Eine eindeutige und allgemein anerkannte Definition dieses neuen Begriffs gibt es allerdings noch nicht. Mehrere und voneinander stark abweichende Deutungen sind möglich:
1. Erweiterung einer philat. Ländersammlung um die von diesem Staat herausgebrachten Münzen – Numismatik als Anhang.
2. Hinzunahme von passenden Münzen zu einer philat. Motivsammlung (z.B. Dichter und Denker) – Numismatik als Ergänzung.
3. Sammlung von motivgleichen Münzen und Briefmarken – Numismatik als Parallele.
4. Thematische Dokumentation der Münzenkunde mit einer möglichen Ausweitung auf das Gesamtgebiet Geld und Geldwesen – Numismatik als philat. zu bearbeitende Themenstellung.
Für die rein additiven Sammeltätigkeiten der Möglichkeiten 1. und 2. brauchte man keine neue Terminologie einzuführen. Der philat. Wert ist ohnehin fraglich, da Ausstellungsjuroren die hinzugenommenen Münzen als »nichtphilatelistisches Beiwerk« bezeichnen und entsprechend negativ bewerten können.
Das ausschließliche Sammeln motivgleicher Münzen und Briefmarken wird – trotz einer keineswegs reizlosen Anschaulichkeit – den ernsthaften Sammler kaum befriedigen. Voll berechtigt ist die Bezeichnung Numisphilatelie für eine dokumentar-philat. Behandlung der Numismatik. Dabei ist der Begriff eine sinnvolle Analogiebildung zu anderen philat. Sammeltätigkeiten (z.B. Sportphilatelie).
Philat. Sammelgut für eine thematische Dokumentarsammlung sind Briefmarken, Ganzsachen und Stempel auf Ganzstücken. Münzen als Bildmotiv findet man auf vielen Marken nahezu aller Länder, wobei nicht selten alte und rare Stücke abgebildet sind. Wenn man den Themenbereich ausweitet, lassen sich Marken einbeziehen, die sich mit dem gesamten Geld-, Banken- und Börsenwesen befassen. Interessante Stücke für die Sammlung wird man auch unter den Ganzsachen – vor allem Postkarten auf Privatbestellung – finden. Mit Sonderstempeln auf Briefen, Postkarten und anderen Ganzstücken lassen sich numismatische (und auch währungsgeschichtliche) Ereignisse dokumentieren und illustrieren
Anlage und Ausbau einer Dokumentarsammlung mit der Themenstellung Numismatik bietet dem Sammler die Möglichkeit einer reizvollen Synthese der Sammelgebiete Numismatik und Philatelie. Auch →Münzenmarken, →Medaillen-Ersttagsbrief.

J. BLÖCHL

Nummern-Ringstempel, Bez. für einen →Ringstempel mit einer Ziffer ohne oder mit Buchstaben davor oder dahinter in der Mitte; →Nummernstempel.

Nummernstempel, in versch. äußerer Form gestaltete Stempel (z.B. →Balkenstempel, →Ringstempel) mit einer Ziffer ohne oder mit Buchstaben davor oder dahinter in der Mitte, die früher vorw. nur zur Markenentwertung dienten Den

Postorten eines Landes wurden dem Alphabet folgend oder nach einem anderen System Nummern zugeteilt. Dadurch ist es dem Sammler auch an Hand von losen Marken mit deutl. Abdruck des Nummernstempels oft möglich, den ehem. Verwendungsort festzustellen. Das Sammeln von Nummern-

stempeln ist sehr beliebt, wenn auch je nach Land das Erreichen der Vollständigkeit schwierig oder unmöglich ist. In Sachsen z.B. hat es 220, in Preußen 1987, in Großbritannien mehrere Tausend Nummernstempel gegeben. Es sind entspr. Stempelverzeichnisse und sonst. Literatur dazu vorhanden (→Anhang I); auch →Used abroad.

Nusch, in Anzeigen gelegentl. verwendeter Ausdruck, wenn ein Händler z.B. zusammengeklebte oder stark beschädigte Marken für ein paar Groschen ankauft, die dann meist recht gewinnbringend für Reparaturen verwendet werden. Auch ungeordnete Reste aus Auswahlheften oder Sammlungen sowie →Massenware mit Wellenstempel usw. finden als Nusch ab und zu noch einen Käufer und werden für billige Kiloware und Pakete verwendet; →Knochen.

N. W. PACIFIC ISLANDS, N. W. = North West (= Nordwestl. Pazif. Inseln), Aufdruck auf verschiedenen Freimarken Australiens (aus Mi 6–51); sie sind Ausgaben für die 1914 von Australien besetzte ehemalige Kolonie →Deutsch-Neuguinea gewesen. Diese Marken sind im Michel-Katalog unter →Neuguinea zu finden.

Nyassa, auch Compania do Nyassa, Landesangabe auf den Marken der →Portugiesischen Nyassa-Gesellschaft. Auch →Nyassaland.

Nyassaland, engl. Schreibweise Nyasaland, ehem. brit. Schutzgebiet am Westufer des Nyasa-Sees in Ostafrika, seit Mitte 1964 unter dem Namen →Malawi unabhängig, seit 1966 Republik. Für dieses Gebiet erschienen 1891 zunächst Marken von Rhodesien mit Aufdruck B.C.A. (= British Central Africa), danach einige bes. Ausgaben mit Landesangabe *British Central Africa* (Mi 1–70). Aus nicht einleuchtenden Gründen beginnt der Michel-Katalog bei den Ausgaben ab 1908 unter gleicher Überschrift wieder mit Nr. 1 (auch →N.F.). Zwischen Mi 113 und 114–136 klaffte polit. und postal. gesehen eine Lücke, denn während dieser Zeit bildete Nyassaland mit →Nordrhodesien und →Südrhodesien eine Föderation, die 1963 ein Ende fand. Die in diesen Jahren in Nyassaland gült. Marken sind im Michel-Katalog unter →Rhodesien und Nyassaland zu finden. Nach Auflösung der Föderation erschienen 1963 noch zwei Freimarkenreihen mit Landesangabe *Nyasaland* (Mi 114–136); seitdem sind Marken mit der Inschrift Malawi in Gebrauch gekommen. Auch →Nyassa.

Nyassaland-Farben, gelegentl. benutzte Bez. für die einheitliche Farbgebung bei den Marken versch. brit. Kolonien, die 1908 mit dem →Nyassaland-Muster eingeführt wurde.

Nyassaland-Muster, Bez. aus der Sammlersprache für die Marken Mi 1–35 von →Nyassaland, deren Bild ab 1908 einheitlich für versch. brit. Kolonien verwendet wurde.

N.Z. Government Life Insurance, ab 1947 mit Zusatzinschrift Office, Dienstmarken von Neuseeland, die seit 1891 für Sendungen der staatl. Sozialversicherung verwendet werden.

DIE·KUNST·DER·DONAUSCHULE
REPUBLIK ÖSTERREICH
A. PILCH
H. RANZONI D J.

O

O.B., Aufdruck auf Marken der Philippinen von 1926 bis 1959 zur Kennzeichnung als Dienstmarken (O.B. = Official Business), danach Aufdruck →G.O.

O.B.C., Stempel auf Briefen aus der Zeit der →Vorphilatelie, die von Österreich nach Bayern gerichtet waren. Diese unterlagen lt. Postvertrag von 1842 zwischen beiden Ländern nur dem Inlandstarif nach Entfernung und waren von 1843 bis 1850 gültig. Die Abkürzung wird mit »Österreichische-Bayerische Correspondenz« gedeutet. In umgekehrter Richtung waren Kennzeichnungsstempel mit der Abkürzung B.O.C. in Gebrauch.

Oberbogen, im Maschinenbogen die obere Hälfte, die nach dem Zertrennen (evtl. zunächst in →Zähnungsbogen) zwei Schalterbogen ergibt; die untere Hälfte heißt sinngemäß Unterbogen. Auf dem Oberrand des Oberbogens finden sich verschiedentl. den Spezialsammler interessierende Druckvermerke u.a. Bei älteren dt. Marken (bes. aus der Inflationszeit bis 1923) z.B. ist auch bei Walzendrucken an Hand der →Laufnummern auf dem Seitenrand verschiedentl. die einstige Stellung der vorliegenden Marke (bei noch anhängendem Seitenrand!) im urspr. Maschinenbogen festzustellen. Der Druckzylinder enthält und liefert trotz fortlaufender Drucke auf endloser Papierbahn im übertragenen Sinn gleichfalls Ober- und Unterbogen.

Oberflächenstrich, amtl. Bez. der BP für das erstmals bei der Gedenkmarke »20 Jahre Bundesrepublik« (Mi 585) angewandte Verfahren, anstelle des Drucks auf →fluoreszierendem Papier die fertigen Markenbogen vollflächig mit einem Fluoreszenzfarbstoff enthaltenden Aufdruck zu versehen, der höheren Glanz und bessere Bildwirkung und in den elektron. gesteuerten Briefaufstell- und Stempelmaschinen denselben Effekt wie fluoresz. Papier hervorruft. Bei den Olympia-Marken 1968 der Cook-Inseln und weiteren Ausgaben wurde ein fluoresz. Schutzaufdruck in Form des Staatswappens vorderseitig aufgebracht, so daß einzelne Marken nur Teile des Wappens aufweisen; auch →phosphoreszierender Aufdruck, →Tagged paper.

Oberförsterei Erlenhof, Dienst-Kontrollaufdruck auf versch. dt. Inflationsmarken; →Der Landrat, →Landrat Stuhm.

Oberhausener Briefumschlag. Nach Errichtung der →Norddeutschen Bundespost, die – wie vorher die Einzelstaaten – ebenfalls Briefumschläge mit Wertstempeleindruck (= Ganzsachen) verausgabte, machte die Papierwarenfabrik C. Remkes & Co. in Elberfeld dem Oberpostamt Düsseldorf ein billiges Angebot zur Lieferung von Briefumschlägen, die diese Firma natürl. nicht mit Wertstempeleindruck versehen konnte; sie erbot sich aber, die Umschläge in aufwendiger Arbeit mit Marken zu bekleben. Das Oberpostamt ging auf das Angebot ein und bezog in rd. 3½ Jahren über eine Mill. derartige Umschläge, deren Preis einschl. aufgeklebten Marken so niedrig war – und da der Schalterverkauf nicht gut unter dem Nennwert der Marke erfolgen konnte –, daß der Post je 1000 Stück eine Mehreinnahme von 1 Taler 10 Groschen 4 Pfennige verblieb. Dieser Überschuß wurde von Zeit zu Zeit unter den Schalterbeamten aufgeteilt! Von welchen Postämtern diese Umschläge verausgabt worden sind, hat sich nicht mehr exakt feststellen lassen. Da die meisten der wenigen erhalten gebliebenen Umschläge dieser Art den Entwertungsstempel von Oberhausen aufweisen, ist es zum philat. Begriff »Oberhausener Briefumschlag« gekommen. Kenntl. sind diese kleinformatigen Umschläge am gestreiften Papier und einem von den Ganzsachen des Norddt. Postbezirks abweichenden →Klappenstempel. Zur Verwendungszeit (1868–1871) sind diese Umschläge von den Sammlern, die damals noch nicht durch Zeitschriften unterrichtet waren, unbeachtet geblieben. Desh. kommt jedem Oberhausener Briefumschlag ganz bes. gebraucht ein beträchtl. Wert zu; auch →Rabatt bei Markenkauf.

Oberpostdirektionen, abgek. OPD, für abgegrenzte Bezirke zuständige oberste Verwaltungsbehörden (zur Geschichte →Bezirksstempel). In der BRD wurde diese Bez. nach Kriegsende beibehalten, in der DDR in →Bezirksdirektionen umbenannt. Für den Deutschland-Sammler sind einige Oberpostdirektionen desh. von Interesse, weil von diesen während der Inflationszeit versch. Aufdruckprovisorien hergestellt wurden (→OPD-Drucke).

Oberrand, Begriff aus der Sammlersprache für den die erste Markenreihe eines Schalterbogens nach oben abschließenden Bogenrand, der u.U. durch bes. →Bogenranddrucke für den Spezialsammler von Interesse ist und nicht ohne weiteres abgetrennt werden sollte. Die anderen Bogenränder heißen sinngemäß Unter- bzw. Seitenrand.

Oberrandstück, Marke mit noch anhängendem zugehörigem Teil des →Oberrandes.

Oberschlesien, Südostteil des ehem. dt. Schlesien mit der Hauptstadt Oppeln (heute Opole), in welchem unter Aufsicht einer interalliierten Regierungskommission 1921 eine Volksabstimmung über die weitere staatl. Zugehörigkeit des Landes stattfand. Von Anfang 1920 bis Juli 1922 wurden für Oberschlesien 43 versch. Freimarken verausgabt, die, da in Paris gedruckt, alle Kennzeichen gleichzeitiger franz. Marken aufweisen (→Druckerzeichen, →Millésime u.a.). Diese Marken lassen sich spezialisiert sammeln, ganz bes. Mi 10–12, die von einer kleinen Druckerei in Oppeln überdruckt wurden. Der Aufdruck auf Mi 30–40 ist vielfach gut gefälscht worden; Prüfung ist ratsam. Für die 20 Dienstmarken wurden solche des Deutschen Reiches verwendet und mit Aufdruck C.G.H.S. (= Commission Gouvernement Haute Silésie

= Regierungskommission Oberschlesien) versehen, der in allen mögl. Stellungen vorkommt. Dem Allgemeinsammler genügt ein Satz mit normal waagerechtem Aufdruck; der Spezialsammler beachtet alle Stellungen einschl. doppeltem Aufdruck, Doppeldrucken und sonstigen Fehlern, die jedoch vielfach als Mache oder Makulatur anzusehen und desh. ohne eigentl. philat. Interesse sind; →Oppelner Notausgabe, →Ostoberschlesien, →Ostschlesien, →Korfanty-Marken. L: 3. 6. und Archiv für deutsche Postgeschichte, Heft 1/1966; Die Sammler-Lupe, Nr. 6/1971.

Obersenegal-Niger. Die ehem. franz. Kolonie →Senegambien und Niger wurde 1906 in Obersenegal-Niger umbenannt, für das bis 1921 einige eigene Marken erschienen. Dann wurde dieses Gebiet teils →Französisch-Nigergebiet, teils →Französisch-Sudan zugeteilt.

Obervolta, ehem. franz. Kolonie in Afrika, die 1920 aus Teilen versch. franz. Gebiete entstand und bis 1932 einige eigene Marken erhielt. Danach wurde der Besitz auf die Kolonien Elfenbeinküste, Franz.-Niger und Franz.-Sudan aufgeteilt. Der Name Obervolta (Haute-Volta) ist erst wieder seit 1960 geläufig; damals wurde ein unabh. Staat dieses Namens aus franz. Gebieten gegründet. Die häufig von der Staatsdruckerei Paris bezogenen und ansprechend gestalteten Marken der Republik Obervolta werden verh. gern gesammelt; der monatl. für ein Neuheitenabonnement aufzuwendende Betrag bewegt sich in erträgl. Rahmen.

Oblatenmarken, scherzhafte, aber durchaus zutreffende Bez. für Postwertzeichen, die rund ausgestanzt (dementspr. auch in runder Form bedruckt und in Schachteln verpackt zum Verkauf gelangen) von einigen dubiosen Staaten verausgabt worden sind, um die Sammler durch das ungewöhnl. Format zum Kauf anzuregen. Die ersten Oblatenmarken erschienen im Südsee-Königreich Tonga 1963, weitere folgten bis heute in Burundi, Sierra Leone, Republik Jemen usw. Die Priorität auf diesem Gebiet kommt allerdings einigen russ. →Landschaftsmarken sowie der einst. Privatpost in Oelsnitz/Sachsen zu, die bereits im vorigen Jh. rund ausgestanzte Marken verwendeten; auch →asymmetrische Marken.

Obock, Ort und Gebiet der ehem. Kolonie →Französische Somaliküste, für das 1892–1898 bes. Marken verausgabt worden sind, darunter solche mit →vorgetäuschter Zähnung und →wachsende Marken. Ab 1898 wurden in Obock die Marken für Franz. Somaliküste verwendet; auch →Afar und Issa.

Occupation française. Versch. Marken Ungarns mit diesem Aufdruck (teils mit neuem Wertüberdruck) sind Ausgaben für das 1919 von Frankreich besetzte Gebiet im Raum Arad, die im Katalog unter Ungarn verzeichnet sind.

Océanie, Landesangabe auf einigen Marken für →Französisch-Ozeanien.

Ocean-Reederei, Deutsche. Diese traf mit der Deutschen Reichspost und der Deutschen Versicherungsbank in Berlin 1916 betr. Beförderung von Briefen und wertvollen Sendungen nach den USA entspr. Vereinbarungen, zu welchem Zweck die eigens dafür eingerichteten sog. Handels-U-Boote »Bremen« und »Deutschland« erbaut wurden. Die umständl. Auflieferungsbedingungen und die postal. Behandlung können hier nicht näher erläutert werden. Es sei nur so viel erwähnt, daß Briefe mit Anschriften in den USA in einem zweiten und als »Tauchbootbrief« gekennzeichneten Umschlag eingeliefert werden mußten und diesen nach Eintreffen in den USA von einem Beauftragten der Reederei entnommen und mit US-Postmarken freigemacht auf dem normalen Weg weitergeleitet wurden. Gelaufene Briefe geben sich demnach nicht ohne weiteres als U-Boot-Post zu erkennen. Der Sammler muß in erster Linie auf die zugehörigen, mehrteil. und unförmigen Versicherungskarten achten, die mit einem zugleich Post- und Versicherungsgebühr darstellenden Wertzeicheneindruck über 50 Mark bedruckt waren. Da daran gedacht war, Medikamente u. a. von Geschäftspartnern in den USA verlangte Waren mit Handels-U-Boot als schwere Briefe zu entspr. höherem Porto einschl. Versicherungsgebühr zu versenden, wurden noch Marken im Nennwert zwischen 5 und 100 Mark hergestellt (die zwei Ausgaben unterscheiden sich im wesentl. durch die Inschriften), die bei Bedarf zusätzl. auf die Versicherungskarte geklebt werden mußten (nicht auf die Sendung selbst). Das U-Boot »Bremen« ging bereits während der ersten Fahrt verloren, es lief wahrscheinl. in eine Sperre der brit. Nordsee-Blockade. Das U-Boot »Deutschland« konnte zwei Fahrten hin und zurück erfolgreich beenden; dann mußte diese eigenartige Postverbindung durch Eintritt der USA in den 2. Weltkrieg eingestellt werden. Die zur geplanten dritten Fahrt bereits eingelieferten Sendungen wurden mit Zurück-Vermerken den Absendern wieder ausgehändigt; dies sind die meist angebotenen »Tauchbootbriefe« (d.h. nur die äußere Hülle). Bedarfsmäßig ge-

laufene und einwandfrei identifizierbare Briefe einschl. Versicherungskarte oder nur letztere sind außerordentl. selten. L: DBZ, Nr. 14/1957 und Postgeschichtliche Blätter aus dem Weser-Ems-Gebiet, Nr. 13/1959.

Ochsenaugen, Begriff aus der Sammlersprache für Brasiliens erste Marken (Mi 1–3); der Vergleich der etwas abgeplatteten runden Zeichnung mit Ochsenaugen ist natürlich etwas weit hergeholt; auch →Katzenaugen, →Ziegenaugen.
Brasilien ist übrigens nach Groß-

britannien (Mai 1840) und der Kantonalpost Zürich (März 1843) das dritte Land der Erde gewesen, das aufklebbare Marken verausgabte (Juli 1843) und damit das erste außerh. Europas. L: 3. 10., 3. 11.

Ochsenkopfaufdruck, selten gebrauchte Bez. für →Käferaufdruck.

Ochsenköpfe, Begriff aus der Sammlersprache für die ersten sieben Marken des Fürstentums Moldau von 1858/59, aus dem durch Vereinigung mit dem Fürstentum Walachei 1862 Rumänien entstand (Mi 1–7). Die Bez. ist nicht ganz

richtig, denn die recht einfache Zeichnung soll keinen gewöhnl. Ochsenkopf darstellen, vielmehr den Kopf eines Auerochsen (schon im 18. Jh. ausgerottet), das Wappentier des Fürstentums.
Die ungewöhnl. »krummen« Wertangaben auf Mi 1–4 (27, 54, 81, 108 Parale) beruhen auf der Umrechnung des franz. Franc (25, 50, 75 C., 1 F.) in die Landeswährung. Die Herstellung der Marken erfolgte in kleinen Bogen im →Handpressendruck. Jede Marke des Bogens mußte einzeln gedruckt werden, danach wurde das Papier mit Hand jeweils ein Stück weitergeschoben bzw. je nach Größe des Papierblattes umgedreht, wodurch in jedem Bogen →Kehrdrucke entstanden. Durch das primitive Druckverfahren haben sich teils starke Verschiebungen der Markenbilder auf den Bogen ergeben, die auch schon mit Paaren instruktiv belegt werden können. Mi 1 und 3–5 gehören zu den größten Raritäten unter den Marken der eur. Länder. Auch →Jassy-Fälschungen. L: 3. 10.

ODESA, schwarzer oder roter Aufdruck auf Marken Polens (Mi 91, 93–96), die von November 1919 bis 31. 1. 1920 von der Postagentur in Odessa (Rußland während der Besetzung durch die weißruss. Denikin-Armee, →Russische Armeepost) verwendet wurden. Diese Marken sind unter Polen »Polnische Konsulatspost Odessa« katalogisiert.

Odontometer, gänzlich veraltete Bez. für →Zähnungsschlüssel, die sich schon von Anfang an nicht recht in der Sammlersprache einführen konnte.

offene Briefsendung, postal. Begriff für mit der →Briefpost beförderte Postkarten, Drucksachen, Warenproben u. ä. In verschiedenen Ländern ist eine weitere Unterteilung der Sendungsarten üblich geworden; z. B. in den USA: Briefpost, Zeitungen und Zeitschriften, Warenproben, Paketpost, Reklamedrucksachen; auch →geschlossene Briefsendung.

offener Mühlradstempel →Mühlradstempel.

Offentlig sak, Inschrift bei Dienst-

marken Norwegens von 1933 bis 1951 (MiD 9–60).

Official, engl. = amtlich, dienstlich, Inschrift, Aufdruck oder Durchlo-

chung bei →Dienstmarken engl. sprechender Länder.

Officiel, franz. = amtlich, dienstlich, Inschrift, Aufdruck oder

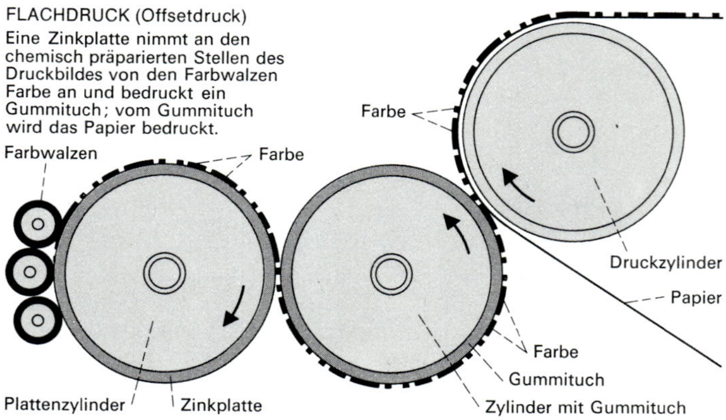

Offsetdruck

Durchlochung bei →Dienstmarken franz. sprechender Länder.

Off sak, Inschrift bei Dienstmarken

Norwegens seit 1955 (Mi 68ff.).

Offsetdruck, abgeleitet von engl. to set off = absetzen, auch indirekter Druck genannt und ein aus dem →Steindruck entwickeltes Flachdruckverfahren, bei dem die zu druckenden Stellen praktisch in einer Ebene mit dem Trägermaterial (Druckform) liegen, und der Druck nicht unmittelbar vom Druckzylinder auf das Papier erfolgt, vielmehr wird das Bild zunächst auf einen zweiten, mit einem Gummituch bespannten Druckzylinder gedruckt und erst von diesem auf das Papier übertragen. Die Herstellung der Druckplatte (Zink oder Aluminium) erfolgt fotomechanisch, nur erscheinen die Rasterpunkte beim Offsetdruck unter der Lupe nicht so scharf abgegrenzt wie beim →Buchdruck im Autotypieverfahren. Die Elastizität des Gummituches gestattet Ein- oder Mehrfarbendrucke auch auf hartem und rauhem Papier. Der Offsetdruck liefert eine ebenmäßige Vorder- und Rückseite der Marke, es treten auch keine durchgedrückten Stellen wie beim Buchdruck auf; die Bildwirkung ist weich. Rentabel ist der Offsetdruck bes. bei großen Auflagen unter Verwendung der Offset-Rollenpressen, die Verarbeitung von Papier in Rollenform wie beim →Walzendruck ermöglichen.
Zum Vergleich zwischen Offset- und Buchdruck geeignet sind die Marken Österreich Mi 709, 710, 712 und 715, die wahlweise nach beiden Druckarten hergestellt wurden; der Unterschied ist jedoch nicht leicht zu erkennen. Besser geeignet dafür sind die Marken Deutsches Reich Mi A 113 bzw. 94 und Österreich Mi 1035 (Stichtiefdruck), Mi 1037 (Buchdruck), Mi 1045 (Offsetdruck); →Delacryl.

Oficial, span. und portug. = amtlich, dienstlich, Inschrift bzw. Auf-

druck bei Dienstmarken span. oder portug. sprechender Länder.

OFLAG, Abk. für »Offizierslager«, Stempel oder Vermerk auf →Zensur- und →Kriegsgefangenenpost. Oflag dienten im 2. Weltkrieg zur Verwahrung von Gefangenen im Offiziersrang. In Deutschland und den besetzten Gebieten bestanden 1943 insgesamt 55 Offizierslager, von denen das Oflag IV B in Königstein/Sachsen als Unterkunft von Offizieren im Generalsrang diente. Die der Abk. Oflag nachgestellten röm. Ziffern und Buchstaben verweisen auf den Standort: Oflag II A = Prenzlau, Oflag XIII A = Hammelburg. Philat bekannt wurden die Oflag in Groß-Born, Murnau, Neubrandenburg und Woldenberg (Oflag II D, VII A, II E und II C), die eigene →Lagerposten und →Lagerpostmarken besaßen. →ILAG, →STALAG. L: 3. 14.

o. G. (auch ohne Punkte), in Händlerangeboten zu findende Anmerkung bei ungebrauchten Marken, die aus irgendeinem Grund keine Gummierung aufweisen (in einigen Fällen wurden von der Post Marken auch ungummiert verausgabt, z. B. Lübeck). Anstelle dieser Abkürzung hat sich die Kennzeichnung durch einen Stern in Klammern durchgesetzt. Auch →m.G.

OHMS, auch On H. M. S., engl. = On His/ oder Her Majesty's Service = im Dienste Seiner/oder Ihrer Majestät. Aufdruck auf einigen Freimarken aus dem brit. Weltreich, die als Dienstmarken verwendet wurden.

ohne Bogenrand. In einigen Fällen wurden die Bogenränder ohne wirklich plausiblen Grund vor Auslieferung der Schalterbogen an die Postanstalten bereits in der Druckerei entfernt. Bekannteste Beispiele dafür sind die in Wien gedruckten Marken für Bosnien-Herzegowina und Montenegro.

ohne Gummi, abgek. o. G. Durch versch. Umstände besitzt eine ungebrauchte Marke keine Gummierung mehr und wird in diesem Zustand zu billigem Preis angeboten. Die meisten Marken ohne Gummi sollten grundsätzl. abgelehnt werden, sie sind als stark beschädigt anzusehen und haben in einer gepflegten Sammlung nichts zu suchen. Anders bei vielen sehr alten Marken, für welche die Kataloge u. U. sogar eine bes. Bewertungsspalte für Stücke ohne Gummi bringen; sonst müssen sich Käufer und Verkäufer über einen gerechten Preis, der sich nicht allg. gültig in Prozent vom Wert der gleichen einwandfreien Marke festlegen läßt, einigen. Vorsicht! Marken ohne Gummi werden mehr und mehr mit →Nachgummierung versehen, nicht entspr. gekennzeichnet und als Luxusstücke angepriesen; desh. vor Erwerb einer wertvollen Marke einen Prüfer zu Rate ziehen.
In einigen trop. Ländern wurde absichtl. auf die Gummierung der Markenbogen verzichtet, um das Zusammenkleben zu verhindern; z. B. Surinam fast alle Ausgaben bis 1923. In solchen Fällen wurde die Gummierung nach Bedarf vom Postamt vorgenommen oder dem Postbenutzer überlassen. Auch in Notzeiten und bei Rohstoffmangel sind schon viele Marken amtl. ohne Gummi verausgabt worden; z. B. Japan Mi 161/69, 255 und versch. zwischen Mi 316 und 383, ferner Volksrepublik China, Nordkorea, Nordvietnam. Derartige Marken sind ungebraucht und ohne Gummi selbstverständl. vollwertig.

ohne Landesname. Der Sammler stößt bei vielen älteren Marken auf solche ohne eingedruckten Landesnamen, was dem Anfänger oft Bestimmungsschwierigkeiten bereitet.

Es können hier nicht alle diese Marken beschrieben und abgebildet werden; erwähnt seien beispielhaft: Norddt. Postbezirk für Elsaß-Lothringen, Preußen Mi 1–13, Schleswig-Holstein Mi 1 und 2, Württemberg Mi 101–122, Bosnien-Herzegowina Mi 1–28, 85–88 u. a., Finnland Mi 1–10, Niederlande Mi 123/33 u. a., Österreich Mi 1–42 sowie spätere Zeitungs- und Portomarken, Schweiz Porto- und Portofreiheitsmarken, viele frühe Ausgaben Spaniens, Ungarn Mi 1–14, versch. der allg. Ausgabe für die franz. Kolonien nur mit neuem

Wertüberdruck (z. B. Madagaskar Mi 1–7), Span.-Westindien. Beim Druck der ersten Marken Israels (Mi 1–9) waren sich die Politiker noch nicht über den künftigen Namen des neuen Staates einig. Man wählte deshalb die neutrale Beschriftung »Doar Ivri« (= Hebräische Post) in Hebräisch und Arabisch. Für Post von Mandschukuo gab es 1935 bes. Marken ohne Landesangabe, weil das Land in China nicht anerkannt wurde; in den Stempeln wurde der Name durch Tuschestrich unkenntlich gemacht.

Auf noch keiner Marke Großbritanniens ist seit 1840 ein ausgeschriebener oder abgek. Hinweis auf das Herkunftsland zu finden gewesen, obwohl der Weltpostverein von seinen Mitgliedern eine solche Angabe verlangt, soweit die Marken auch im Auslandsverkehr gültig sind. Großbritannien ist diese Extravaganz stillschweigend zugestanden worden, wohl weil die Unterbringung des Landesnamens »United Kingdom of Great Britain and Northern Ireland« (früher nur »and Ireland«) im Markenbild kaum möglich ist.

Bei Marken ohne Landesnamen gibt aber verschiedentl. ein Wappen, der Herrscherkopf (ein Bildnis Kaiser Franz Josephs von Österreich ist sicher jedem Sammler einmal begegnet, ganz abgesehen von allen bisherigen brit. Oberhäuptern), ein für ein fernes Land charakterist. Tier oder Bauwerk, typ. Schriftzeichen in der Wert- oder Währungsangabe usw. einen kleinen Anhaltspunkt, wo im Katalog nach der betr. Marke gesucht werden könnte. Trotzdem werden einige Marken ein Rätsel bleiben, das nur mit Hilfe von Sammlerfreunden gelöst werden kann. Nicht jeder vermag zu Beginn seines Sammlerdaseins sofort zu sagen, wohin z. B. Niederlande Mi 141, Österreichs →Merkure oder die Portomarken der Schweiz Mi P 1–28 gehören. Eine weitere Schwierigkeit ergibt sich, wenn bild- und vielleicht noch dazu farbgleiche Marken mit zwei versch. Wert- bzw. Währungsangaben vorkommen; z. B. Österreich Mi 1–5, 10–15, 20, 21, 24–28 und 30–34 und Lombardei-Venetien Mi 1–23. Dasselbe trifft für die vielen Marken mit →fremden Schriften zu; auch →ohne Wertangabe.

ohne Wertangabe. Viele Marken lassen zwar einen Hinweis auf die Münzeinheit vermissen, sie enthalten aber die Wertangabe in Ziffern, was der Weltpostverein von seinen Mitgliedern fordert und was mit seltenen Ausnahmen auch eingehalten worden ist. Aus früherer Zeit sind jedoch zahlr. Marken bekannt, die keinerlei Wertangabe aufweisen. Das ist z. B. bei den nur im Inlandsverkehr gült. Zeitungsmarken Ungarns sowie den →Merkuren Österreichs der Fall. In Ungarn konnte auf eine Wertangabe verzichtet werden, weil immer jeweils nur eine Zeitungsmarke verausgabt wurde; in Österreich sagte Verwender und Post die Druckfarbe, welchem Freimachungswert die betr. Marke entsprach. Es hat aber auch mehrfach Marken gegeben, die im Auslandsverkehr oder zwischen Kolonien und Mutterland gültig waren und ohne Wertangabe geblieben sind. Bei diesen entschied ebenfalls die Druckfarbe über den Verkaufs- und Frankaturwert. Das

war natürlich nur dann möglich, wenn im betr. Postgebiet der Tarif eine einfache Staffelung vorsah, so daß nur wenige verschiedenfarb. Marken notwendig waren (heute wäre das undenkbar). Viele Beispiele für Freimarken ohne Wert-

angabe steuern die ehem. brit. Besitzungen bei, z. B. Ion. Inseln Mi 1–3 (orange = $^1/_2$ d, blau = 1 d, braunrosa = 4 d). Die Druckfarbe wird als »Erkennungszeichen« für einen best. Freimachungswert aber noch bis in unsere Tage verwendet: →Postvereinsfarben; auch →ohne Landesname, →fremde Schriften.

Ohrt, Paul, 1867–1943, bedeutender dt. Philatelist und Prüfer bes. für Bremen und Oldenburg, dessen zwischen 1907 und 1925 erschienenes vierbändiges »Handbuch aller bekannten Neudrucke staatlicher Postfreimarken, Ganzsachen und Essays nebst Angabe ihrer Kennzeichen« noch heute weitgehend Gültigkeit hat. L: 3. 14. Ohrt war Träger der →Lindenberg-Medaille.

OIL RIVERS, Aufdruck (zusätzl. *British Protectorate*) auf einigen brit. Marken, die 1892/93 für

→Nigerküste verausgabt worden sind.

Okkupationsausgaben, seltener gebräuchliche Bez. für →Besetzungsausgaben.

Oktogone, Begriff aus der Sammlersprache für die achteckigen Wertstempeleindrucke auf Briefumschlägen Preußens (= Ganzsachen), die als →Briefumschlagausschnitt zur Frankatur zugelassen waren. Derartig freigemachte Briefe werden von Spezialsammlern sehr gesucht und sind – bes. viereckig statt dem Druck folgend achteckig ausgeschnitten – wertvoll. Auf →übergehenden Stempel ist zu achten.

OL, Abkürzung für franz. Origine Local = Ortsbereich. In kleinen Kreisstempeln auf alten franz. Marken zeigt OL an, daß die Sendung vom Briefträger auf seinem Bestellgang zur Weiterbeförderung einem Briefkasten entnommen worden ist. Auch →Briefkastenstempel.

Oldenburg, altdt. Postgebiet mit Staatspost ab 1800. Während der napoleon. Zeit übte Frankreich die Postgeschäfte aus. Nach Gründung des Norddt. Bundes wurde zu dessen Gunsten das eigene Postregal aufgegeben. Von 1852 an erschienen insg. 19 Marken. Die erste Ausgabe weist zwei Wertangaben auf (oldenburg. und bremische

Währung); der Postverkehr von und nach Bremen war bes. umfangreich, das Bremer Stadtpostamt hielt oldenburg. Marken zu 1/30 Taler, später zu 1 Groschen an den Schaltern bereit, die mit Bremen-Stempel zu finden sind (auf anderen Werten selten). Es wurden zehn Briefumschläge mit Wertstempeleindruck (Ganzsachen) verausgabt, die Restbestände wurden mit →Überklebemarken versehen im Bereich der Norddt. Bundespost ab 1868 aufgebraucht. Da die Wertstempeleindrucke bes. groß waren, mußten die Überklebemarken für die oldenburg. Umschläge mit breiterem Rand verwendet werden als bei den Umschlägen der anderen Länder.

Ölfleck →Fettfleck.

Oltre Giuba, Aufdruck auf ital. Marken bzw. Inschrift auf den Marken für →Italienisch-Djubaland.

Olympia-Marken. Das Thema »Sport auf Briefmarken« ist bei Motivsammlern bes. beliebt, nur derart umfangr. geworden, daß eine Beschränkung auf eine Disziplin meist unumgänglich ist (z.B. Leichtathletik, Reitsport). Man kann aber auch auf die zu den Olymp. Spielen erscheinenden Sondermarken ausweichen und bekommt damit viele schöne und interessante Marken aus aller Welt in das Album. Allerdings gibt es zu diesem Thema gleichfalls schon so viele Marken (seit einigen Jahren sind außerdem zwischen zwei Spielen zahlr. Werbemarken verbreitet übl. geworden), daß es sich empfiehlt, nur Olympia-Marken solcher Länder aufzunehmen, die zu den Spielen tatsächl. aktive Teilnehmer entsenden; das sind 1964 bis 1972 immerhin je etwa 120 gewesen, die teils sehr fleißig Olympia-Marken verausgabten, es davor taten und in Zukunft tun werden.
Die ersten Olympia-Marken erschienen 1896 in Griechenland (Mi 96–107) anl. der ersten neuzeitl. Spiele nach klassischem Vorbild. Zu den nächsten Spielen 1900 in Paris und 1904 St. Louis/USA gab es nirgends Sondermarken oder Stempel. 1906 fand eine sog. Zwischenolympiade in Athen statt, zu welcher Griechenland die Marken Mi 144–157 verausgabte. Auch Großbritannien (London 1908) und Schweden (Stockholm 1912) kannten keine Olympia-Marken, es gibt von dort nur einige Werbestempel. Erst 1920 erschienen nach 24 Jahren wieder einmal Sondermarken zu den Spielen in Antwerpen (Belgien Mi 159–161). In diesen drei Fällen waren ledigl. die Veranstalterländer für die Spiele. Aber seit 1924 wurden die Postverwaltungen allmählich rührig. Zu den Winter- bzw. Sommerspielen in Chamonix bzw. Paris 1924 gab Frankreichs Post vier Sondermarken heraus (Mi 169/72), die auch mit Aufdruck GRAND LIBAN (Libanon Mi 22/25) bzw. SYRIE (Syrien Mi 227/30) herauskamen. Die in der Literatur als Sondermarken zu den Olymp. Spielen von 1924 genannten Marken von Costa Rica (Mi 127/29) und Uruguay (Mi 285/87) sind keine unmittelbaren Olympia-Marken gewesen (Letztere dafür aber die ersten zu einer Fußball-Weltmeisterschaft). Dasselbe gilt für Tschechoslowakei Mi 209/11, die erst 1925 zum in Prag abgehaltenen Olympischen Kongreß erschienen. L: 3. 13.

Oman →Maskat und Oman.

Oman Imamate State, Inschrift auf markenähnl. Vignetten, die von einer nicht existierenden »Regierung« an Sammler vertrieben werden. Ob diese »Marken« eines Tages philat. noch interessant werden können, war bei Redaktionsschluß noch nicht zu übersehen; es hängt von der polit. Entwicklung in Südarabien ab; →State of Oman, →Maskat und Oman, →Dhufar.

O.M.F. = Occupation Militaire Française (franz. Militärbesetzung), Aufdruck mit *Syrie* darunter und neuem Wertüberdruck auf franz. Marken; waren Ausgaben für →Syrien (Mi 112–184). Auch →O.M.F. Cilicie.

O.M.F. Cilicie, Aufdruck auf versch. Marken Frankreichs, →Cilicie. Auch →O.M.F., →T.E.O. Cilicie.

Omnibusclub (lat.: omnibus = für alle), 1856 in den USA gegr. Verein, dessen Mitglieder sich nach den bish. Feststellungen neben Münzen, Siegelmarken u.a. Sammelgegenständen als erste auf Vereinsbasis nebenbei auch mit Briefmarken beschäftigen. Der erste Verein, der ausschl. aus Markensammlern bestand, soll die am 1. 5. 1866 in den USA gegr. »The Excelsior Stamp Association« gewesen sein; →Vereine.

Omnibusserien (lat.: omnibus = für alle), aus dem engl. Sprachgebrauch übernommene Bez. für Sonder- oder Gedenkmarken, die in genau gleicher Bildzeichnung (Wertangaben und Farben können unterschiedl. sein) in mehreren zusammengehörigen Gebieten erscheinen; gültiger Begriff in erster Linie für die →Gemeinschaftsausgaben Großbritanniens und Besitzungen, die seit 1935 (25jähr. Regierungsjubiläum König Georgs V.) aus versch. Anlässen erschienen sind. Man könnte auch die →Europa-Marken als Omnisbusserien bezeichnen, doch werden diese von polit. voneinander unabh. Ländern verausgabt, weshalb dafür die Bez. Gemeinschaftsausgaben richtiger erscheint; auch →Sympathieausgaben.

On C.G.S. = On Cochin Government Service, Aufdruck auf Freimarken von Cochin zur Kennzeichnung als Dienstmarken von 1913 bis 1949.

One-Cent-British-Guiana →Britisch-Guiana.

On H.M.S. →OHMS.

OPD, amtl. und auch unter Sammlern allg. gebräuchl. Abk. für Oberpostdirektion; auch →OPD-Drucke.

OPD Berlin →Berlin-Brandenburg.

OPD Dresden →Ost-Sachsen.

OPD-Drucke. 1. In den letzten Wochen der Hochinflation in Deutschland, die innerh. weniger Tage ständig erhöhte Postgebühren zur Folge hatte, war es der Reichsdruckerei nicht mehr möglich, den Markenbedarf zu decken. Es war oft auch unmöglich, die benötigten Markenwerte so schnell an die Postämter zu verteilen, daß sie noch vor weiterem Währungsverfall und erneut heraufgesetzten Portosätzen der Verwendung zugeführt werden konnten. Deshalb erhielten im Sep-

tember 1923 elf Oberpostdirektionen (OPD) den Auftrag, in örtl. Druckereien nach Bedarf Überdruckprovisorien herstellen zu lassen, wozu die im Bereich der betr. OPD vorhandenen und nicht mehr verwendbaren Markenbestände früherer Ausgaben dienen sollten. Das geschah in Breslau, Erfurt, Frankfurt/M., Hamburg, Hannover, Königsberg, Leipzig, München, Münster, Stettin und Stuttgart.
Das zum Überdruck erforderl. Material (Klischees oder Platten) wurde von der Reichsdruckerei geliefert, so daß das Aussehen des Überdruckes überall gleich war. Trotzdem kann an Hand best. Merkmale der Herkunftsort der vorliegenden Marken festgestellt werden, was die Möglichkeit zum Aufbau einer interessanten Spezialsammlung gibt. Bei versch. Marken, deren Bogenränder nicht in irgendeiner Form bedruckt wurden, müssen zur Bestimmung allerdings vollständige oder zumindest größere Teile eines Schalterbogens vorliegen, um durch winzige Einzelheiten im Überdruck, die regel-

mäßig auf best. Bogenfeldern auftreten, sagen zu können, aus welcher OPD die Marke stammt. Soweit Marken mit anhängendem Oberrand erreichbar sind, sollten diese bevorzugt werden, da dann in vielen Fällen die Bestimmung wesentl. leichter ist. Mit einigen Ausnahmen wurden nämlich die alten Reihenwertzahlen durch Strich- oder Balkenaufdruck ungültig gemacht, oder es wurden gleichzeitig mit dem neuen Wertüberdruck auch neue Reihenwertzahlen angebracht. Die Bogenunterränder sind zur Ortsbestimmung nur selten geeignet, desgl. die Aufdruckfarbe, die glänzend, matt oder rußig ist; le-

digl. die Stettiner Drucke lassen sich an Hand der rußigen Überdruckfarbe ohne weiteres erkennen. Da das Aussehen der Randdrucke den OPD überlassen blieb, sind diese teils sehr verschieden. OPD-Drucke sind bekannt von den Marken Mi 289a und b, 292–294, 296, 303, 305, 310, 331a und b, 332, 333, 334A–336A, 334B–336B und 337. Versch. dieser Marken sind z.B. mit anhängendem Oberrand sehr selten und wertvoll und sollten nur →INFLA geprüft erworben werden; auch →Hitler-Provisorium. Das Gebiet der OPD-Drucke ist gründlich erforscht, es gibt gute ältere Literatur darüber. L: 3. 4. – **2.** Nach Ende des 2. Weltkrieges und Wiederaufnahme des Postverkehrs verausgabten die einzelnen OPD in der Sowj. Zone für ihre Bezirke eigene Marken. Diese sind im Michel-Katalog zwar von Mi 1–165 fortlaufend numeriert verzeichnet, es erfolgt jedoch eine deutl. Unterteilung nach den seinerzeit übl. Bezirksbezeichnungen. Es wird unterschieden in (vgl. einzelne Stichworte): Berlin-Brandenburg (OPD Berlin), Mecklenburg-Vorpommern (OPD Schwerin), Ost-Sachsen (OPD Dresden), Provinz Sachsen (OPD Halle), Thüringen (OPD Erfurt) und West-Sachsen (OPD Leipzig). Fast alle diese OPD-Ausgaben sind außerordentl. interessant und bieten dem Spezialsammler ein überaus reiches Betätigungsfeld durch allerlei Abarten, Druckmängel, Papierunterschiede, Postmeisterzähnungen oder -durchstiche usw.

OPD Erfurt →Thüringen, →OPD-Drucke.

OPD Halle →Provinz Sachsen.

OPD Leipzig →Westsachsen, →OPD-Drucke.

OPD Schwerin →Mecklenburg-Vorpommern.

Oppelner Notausgabe, Bez. für 30 Marken aus Deutsches Reich Mi 84–110 mit blauem oder rotem Handstempelaufdruck C.I.H.S.

(= Commission Interalliée Haute Silésie = Interalliierte Kommission Oberschlesien), die vor Erscheinen der Dienstmarken für das Abstimmungsgebiet →Oberschlesien von den Dienststellen der Kommission verwendet wurden. Es gibt zahlr. Aufdruckfälschungen, Prüfung ist ratsam. Diese 30 Marken werden meist nur als vollst. Satz gehandelt. L: 3. 6.

OR, Inschrift in kleinem Einkreisstempel auf Frankreich-Briefen aus Orten ohne eigentl. Postamt; die Marken wurden erst vom übergeordneten Postamt entwertet. OR ist die Abk. für Origine Rurale (= ländl. Herkunft, im übertragenen Sinn etwa Landpost).

Orange River Colony →Oranjefreistaat.

Orangerote Mauritius, von der tatsächlichen Druckfarbe her gesehen eigentlich exaktere Bez. für die landläufig allgemein →Rote Mauritius genannte Marke.

Oranjefreistaat, ehem. Burenrepublik in Südafrika, von Großbritannien 1848–1854 annektiert, danach wieder unabhängig und eigene Marken von 1868 bis 1900, teils gültig bis 1902 (Mi 1–22), die sich durch Farbenunterschiede, Überdrucktypen u.a. zum spezialisierten Sammeln eignen. Nach Ende des

Burenkrieges wurde der Oranjefreistaat 1902 als Oranje-Fluß-Kolonie (engl. Orange River Colony) brit. Kronkolonie, deren Marken bis zum Aufgehen als Provinz in die Südafrikanische Union (1910, →Südafrika) die Kataloge traditionsgemäß ebenfalls unter Oranjefreistaat mit fortlaufender Zählung anführen (Mi 23–51). Es erschienen zunächst versch. Werte früherer Ausgaben mit Aufdruck

→V.R.I. und neuem Wertüberdruck, dann solche vom Kap der Guten Hoffnung mit Aufdruck ORANGE RIVER COLONY bzw. →E.R.I. und schließlich 1903–1910 endgültige Freimarken eigener Gestaltung. Interessant sind die →Postkartenmarken von 1889 bis 1898. Unter brit. Kolonialverwaltung gelangten einige Eisenbahn-Dienstmarken in Gebrauch, hergestellt durch Aufdruck →C.S.A.R. bzw. N.G.R. (letztere Buchstaben auch als Lochung) auf den Freimarken aus Mi 39–46. Beim Aufdruck TF handelt es sich um als Telegrafenmarken verwendete Postwertzeichen bzw. Stempelmarken. L: 3. 11.

Orchha, ehem. brit.-ind. →Vasallenstaat mit 22 Marken für den Inlandsverkehr von 1877 bis 1942. Weitere im Jahr 1935 verausgabte und im Michel-Katalog verzeichnete 14 Werte werden infolge verschiedener Manipulationen nicht anerkannt.

Ordenspost. Zur Aufrechterhaltung der Verbindung zwischen den weiträumigen Besitztümern des Deutschen Ritterordens in Westpreußen und im Baltikum sowie den Niederlassungen in Deutschland und mit Rom wurde vom Orden ein bestens organisiertes Botenwesen aufgebaut, das seinen Anfang 1267 in Marienburg als dem Sitz des Hochmeisters nahm. Nachdem sich der Orden aus dem Osten hatte zurückziehen müssen, bestand die Boteneinrichtung, deren Geschichte außerordentl. interessant und vielseitig ist, noch längere Zeit mit Mergentheim als Zentrale. Belege dieser Ordenspost, die gelegentl. bei einer Auktion angeboten werden, können zur Zierde einer →Heimatsammlung werden, wenn sie in irgendeiner Art mit dem betr. Ort in Verbindung gebracht werden können. Andere Orden verfügten über ähnl. Botenposten (z.B. Johanniter-Orden); auch →Klosterboten, →Universitätsboten, →Städteboten.

Ordinaripost, frühere Bez. für →Briefpost und →Fahrpost, wenn diese nach bei der jeweiligen Poststation ausgehängtem, zeitlich festgelegtem Fahrplan regelmäßig verkehrten. Auch von einigen privaten oder städtischen u.ä. Boten kann von Ordinaripost gesprochen werden; →Klosterboten, →Universitätsboten. Sonst gingen letztere nur bei dringenden oder einer genügenden Anzahl von Aufträgen nach Bedarf auf den Weg. Auch →Courier, →Extrapost, →Estafette.

Ortswerbeflagge

Organisation Internationale pour les Réfugies, abgekürzt OIR, Aufdruck auf einigen Marken, die 1950 für die Dienststellen der Internationalen Flüchtlings-Organisation der Vereinten Nationen in Genf verausgabt wurden und im Katalog unter Schweiz zu finden sind.

Organisation Météorologique Mondiale, abgekürzt OMM, Inschrift auf einigen Marken, die 1956/68 für die Dienststellen der Meteorologischen Weltorganisation der Vereinten Nationen in Genf verausgabt wurden und im Katalog unter Schweiz zu finden sind.

Organisation Mondiale de la Santé, abgekürzt OMS, Aufdruck auf versch. Marken, die 1948/57 für die Dienststellen der Weltgesundheitsorganisation der Vereinten Nationen in Genf verausgabt wurden; 1957/69 gab es zum gleichen Zweck Marken in bes. Zeichnung. Alle sind im Katalog unter Schweiz zu finden.

Original, absolut echte Marke, kein →Neudruck oder →Nachdruck; auch keine →Nachgummierung oder →Nachzähnung, da sich die Marke dann nicht mehr in dem Zustand befindet, in dem sie von der Post verkauft wurde.

Originalgummi, Qualitätsbez. für eine Marke, die noch die Gummierung aufweist, mit der sie verausgabt wurde. Bei der Beschreibung einer Marke in Auktionskatalog oder Angebotsliste besagt der Hinweis Originalgummi jedoch nicht immer, daß der Gummi noch vollst. vorhanden ist; es kann sich durch entfernten Klebefalz, Ankleben am Albumblatt oder durch anderweitige Beschädigungen auch nur um →Teilgummi handeln. Deshalb solche Stücke vor Abgabe eines Gebots genau ansehen! Wird eine Marke mit Originalgummi angepriesen, darf selbstverständl. keine →Nachgummierung vorliegen; das wäre Betrug.

Orlof, Aufdruck auf Marken Islands, die als »Urlaubsmarken« bezeichnet werden könnten, da sie jedermann erwerben, in ein bes. Sparbuch einkleben und den Betrag in Höhe des eingeklebten Nennwertes der Marken vor Urlaubsantritt am Postschalter abheben kann.

Ortsdatumstempel, Bez. für die gebräuchlichste Stempelart. Außer dem Namen des Postortes wird das Datum angegeben, das früher durch Stecktypen, seit langem durch Stellrädchen entspr. verstellt werden kann. Die amtliche Bezeichnung lautet einfach Tagesstempel, in Österreich Ortstagesstempel u.a.; →Ortsstempel.

Ortsleitzahl, wenig gebräuchlicher Ausdruck für →Postleitzahl.

Ortsnotstempel, philat. Bezeichnung für →Notstempel, die infolge Fehlens der üblichen Ortsstempel vorübergehend amtlicherseits zur Entwertung von Postwertzeichen verwendet werden. Es handelt sich dabei in der Regel um Zeilengummistempel (auch →Typenstempel), seltener um Kreis- oder Ovalstempel mit der Angabe des Aufgabeorts. Vielfach wird dem Ortsnotstempel ein Datumsstempel beigesetzt. Man findet sie auch in Verbindung mit →Gebühr-bezahlt-Stempel oder →stummen Stempeln, um damit den Postabgangsort auszuweisen. →Dienstsiegelentwertungen können ebenfalls Ortsnotstempel sein.

Orts-Post, auch Ortspost, Inschrift auf den Marken der Schweiz. Bundespost Mi 4 und 5 von 1850/51, bei Mi 4 zusätzlich *Poste Locale*. Sonst auch allgemein postalische Bezeichnung für Sendungen, die im Ortszustellbereich aufgeliefert werden und in diesem verbleiben, wofür teilweise noch heute ein billigerer Tarif gilt.

Ortsstempel, allg. Bez. für Stempel, die den Namen des Postortes enthalten, seit langem mit Datumangabe und dann Ortsdatum- oder einfach Tagesstempel genannt, früher auch ohne Datum (→z.B. →Einzeiler). Die Ortsstempel kommen in zahlr. versch. Stempelformen vor.

Ortstagesstempel, abgek. OT-Stempel, amtl. Bez. in Österreich für →Ortsdatumstempel.

Ortswerbeflagge, amtl. Bez. in der Schweiz für →Fahnenstempel, d.h. Maschinenstempel mit links neben dem Ortsdatum stehendem Werbeeinsatz; vorw. verwendet für Fremdenverkehrswerbung; →Ortswerbestempel.

Ortswerbestempel, Bez. für Handstempel (bes. in der Schweiz), mit denen z.B. für Fremdenverkehrsorte in Bild und Wort geworben wird; →Fahnenstempel.

OS, auch O.S., Aufdruck oder Durchlochung auf vielen Marken zahlr. Länder als Kennzeichnung für Dienstmarken; OS = engl. Official Service bzw. sinngemäß in anderen Sprachen.

O.S. / G.R.I., Aufdruck nebst neuer Wertangabe *1d.* auf den Marken zu 3 und 5 Pf in →Schiffstype für die ehem. Kolonie Deutsch-Neuguinea. Es sind die einzigen beiden Dienstmarken (O.S. = Official Service) in dieser Art. Weitere dt. Kolonialmarken wurden nicht in Dienstmarken verwandelt; →G.R.I.

O.S.G.S., engl. = On Sudan Government Service, Aufdruck auf Freimarken von Sudan, die als Dienstmarken verwendet wurden (Mi D 3–10).

Oslo, Anfang November 1942 ohne wirkl. Anlaß hergestellte gezähnte Klebezettel mit vierzeil. Inschrift ZULASSUNGSMARKE / FÜR 1 PÄCKCHEN / DEUTSCHES DIENSTPOSTAMT / OSLO, die von dt. Soldaten in die Heimat geschickt und dort auf nach Norwegen gerichteten Feldpostpäckchen (nicht Norwegen-Heimat!) als angebl. notwendige Zulassungsmarken verwendet werden sollten. Echt gelaufene Stücke sind bekannt, jedoch keine amtl. Unterlagen über die tatsächl. Verausgabung, so daß beim Erwerb Vorsicht geboten ist. Der Michel-Katalog registriert den Zettel nur, bewertet ihn aber nicht; auch →Deutsche Dienstpost Norwegen. L: 3. 7.

OSS, Abk. für »Organisation für die Zusammenarbeit der sozialistischen Länder auf dem Gebiet des Post- und Fernmeldewesens«, die ähnl. Ziele anstrebt bzw. schon verwirklicht hat (z.B. Inlandsporto im Verkehr unter den Mitgliedsstaaten) wie die →CEPT. Es gibt bis jetzt jedoch noch keine regelmäßigen OSS-Gemeinschaftsausgaben ähnl. den →Europa-Marken.

Ostafrikanische Gemeinschaft, seit 1973 neue Bez. im Michel-Katalog für die in den Staaten →Kenia, →Tansania und →Uganda gleichzeitig gültigen Sonder- und Gedenkmarken. Nach wie vor hat aber jedes Land eigene und nur in diesem verwendbare →Dauermarken, selten auch andere Ausgaben.

Ostafrikanische Hauptlinie, 1896 aus der Deutschen-Ost-Afrika-Linie hervorgegangene Postdampferverbindung, die, von Hamburg ausgehend und den Suezkanal benutzend, westl. bzw. östl. Rundfahrten ausführte und dabei auch Swakopmund in Deutsch-Südwestafrika anlief. Es bestand Anschluß an die Ostafrikanische Zweiglinie zur Bedienung der kleinen Häfen Ost- und Südafrikas sowie an die Bombaylinie Durban-Sansibar-Lamu-Goa-Bombay. Alle diese Reichspostdampferlinien besaßen eine →Seepost mit entspr. beschrifteten Stempeln. L: 3. 6.

Ostafrikanische Seenpost →Schülke & Mayr.

Ostafrikanische Zweiglinie →Ostafrikanische Hauptlinie.

Ostasiatische Hauptlinie. Auf dieser befuhren die dt. Reichspostdampfer von 1886 bis 1914 (ab 1900 nur noch Ostasiatische Linie genannt) die Strecke Bremerhaven (ab 1887 Genua, ab 1893 auch Neapel anlaufend) – Port Said – Aden – Colombo – Singapur – Hongkong – Shanghai. In Hongkong bestand Anschluß an die Ostasiatische Zweiglinie nach Yokohama – Nagasaki und Hiogo (Korea). Die Zweiglinie wurde 1900 aufgehoben und der Kurs von der Hauptlinie übernommen. Deutsch-Neuguinea erhielt 1893 durch die →Neuguinea-Zweiglinie Anschluß an die Ostasiatische Hauptlinie. Von 1886 bis 1893 verkehrte noch die sog. Mittelmeer-Linie von (Triest-) Brindisi nach Alexandria bzw. Port Said, die den 14–16 Tage vorher aus Bremerhaven ausgelaufenen Schiffen Post und Passagiere nachbrachte; in umgekehrter Richtung gab es eine ähnl. Zeitersparnis. Die Postdampfer auf diesen Linien führten Seepost-Stempel mit entspr. Inschriften, die von Spezialsammlern gesucht werden. L: 3. 6.

Ostasiatische Linie →Ostasiatische Hauptlinie.

Ostasiatische Zweiglinie →Ostasiatische Hauptlinie.

Ostbengalen →Bangla Desh.

Ostermarken, neueste Masche nach dem großen Erfolg, den viele Länder mit →Weihnachtsmarken hatten, wobei bes. die Sammler von Gemäldemarken angesprochen werden, da meist berühmte Gemälde mit Motiven aus der bibl. Ostergeschichte wiedergegeben werden. Ostermarken wurden 1967 von den →Raubstaaten Panama und Paraguay »erfunden«, seit

1968 von Guyana, St. Lucia u.a. nachgeahmt. Seitdem beteiligen sich aber auch hinsichtl. Markenausgaben als durchaus seriös zu bezeichnende Länder an Ostermarken. Es fragt sich, wann das Pfingstfest in ähnl. Art auf Kosten der Sammler zu Geld gemacht wird!

Österreich, bei den Sammlern in der BRD das beliebteste fremde Sammelgebiet, was im allg. jedoch nur für die Ausgaben ab 1945 gilt, da die früheren teils recht selten und entspr. teuer sind. Die österr. Post versteht es, das Interesse der Sammler durch häufige Neuerscheinungen wachzuhalten, wobei man bemüht ist, die Kosten für ein Neuheitenabonnement in erträgl. Grenzen zu halten; die Nennwerte entsprechen den gebräuchlichsten Portosätzen. Hinzu kommt, daß fast ausschl. nur Österreich ange-

hende Dinge und Ereignisse als Ausgabeanlässe herangezogen werden und die Marken graphisch und drucktechn. beispielhaft hervorragend gestaltet bzw. gedruckt sind.
Die Ausgaben bis Mi 49 (bis Mi 43 →Marken ohne Landesname) sind inf. zahlloser Papier-, Typen-, Wasserzeichen- und Zähnungsunterschiede schwierig zu sammeln und außerdem meist sehr teuer, ganz bes. die →Merkure Mi 7–9, die zu den größten Weltraritäten gehören. Für den Sammler, der sich spezialisiert mit Altösterreich beschäftigen möchte, geben diese Marken sehr viel her. Von einigen sind amtl. Neudrucke bekannt, weshalb vor Erwerb ungebrauchter Marken aus Mi 1–46 Prüfung anzuraten ist. Bis zur Ausgabe bes. Marken für Ungarn waren dort diejenigen Österreichs gültig, die mit ohne weiteres identifizierbaren Stempeln aus ung. Orten von Ungarn-Spezialsammlern als →Vorläufer gesucht sind.
Österreich unterhielt im Mittelmeerraum und auf dem Balkan zahlr. Auslandspostanstalten, für welche besondere Marken mit entspr. Währungsangaben verausgabt wurden (hierzu auch →Donau-Dampfschiffahrts-Gesellschaft).
Während des 1. Weltkrieges erschienen neben einer sog. Allgemeinen Ausgabe der Österr.-Ung. Feldpost bes. Marken für die besetzten Gebiete Italien, Montenegro, Rumänien und Serbien. 1918–1938 sowie nach 1945 hat es zahlr. Lokalausgaben gegeben, denen z.T. mit Vorsicht zu begegnen ist, da von vielen die bedarfsmäßige Verwendung noch umstritten ist; bei Interesse an diesen Wertzeichen sollte vor dem Erwerb ein Prüfer befragt werden. In Österreich sind zweitweise →Gerichtszustellungs- und →Zeitungsstempelmarken übl. gewesen. Eine vollst. Sammlung Österreich sollte auch die – leider meist teuren – Marken für →Lombardei-Venetien enthalten; auch →Bosnien-Herzegowina.
Als Sammelgebiet ist Österreich auf jeden Fall bestens zu empfehlen. Die Literatur ist sehr umfangreich und gut; das Literaturverzeichnis im Anhang kann nur eine kleine Auswahl anführen. L: 2. 2., 3. 8., 3. 12.

Österreichische Kinderdorf-Vereinigung Pro Juventute, gemeinnütz. Organisation zur Betreuung elternloser Kinder, die sich zur Erlangung von Mitteln zum Bau neuer Häuser oft an die Markensammler wendet und in Zusammenarbeit mit der österr. Post Ballonpostflüge veranstaltet. Die dazu verausgabten Briefumschläge (z.B. 1970 Nachdruck eines Zeitungsbriefes der →Pariser Ballonpost), die amtl. Sonderstempel usw. sprechen zwar mit Absicht die nach nicht alltägl. Dingen suchenden Sammler an und sind philat. gesehen uninteressant, man sollte aber bedenken, daß der erlöste Überschuß Kindern zugute kommt; auch →SOS-Kinderdörfer, →Wahlwies.

Österreichische Post auf Kreta. Auf der Mittelmeerinsel Kreta be-

standen 1903/14 mehrere österr. Postämter, die eigentlich zur →Österreichischen Post in der Levante gehörten, aber österr. Marken mit neuen Wertüberdrucken in Centimes bzw. Francs verwendeten. Auch →Österreichischer Lloyd.

Österreichische Post in der Levante. In zahlreichen Hafenorten

der europäischen Türkei (→Levante) wurden von Österreich Auslandspostanstalten unterhalten, wofür von 1867 bis 1914/15 bes.

Marken verausgabt wurden, die auf die Währungseinheiten Soldi, Para bzw. Piaster lauteten. Auch →Österreichische Post auf Kreta, →Österreichischer Lloyd.

Österreichischer Lloyd, österr. (zeitweise österr.–ungar.) Schiffahrtsgesellschaft mit Sitz in Triest, die u.a. den östlichen Mittelmeerraum bediente und auch Post beförderte. Lt. Vertrag von 1851 war der Lloyd verpflichtet, in allen Orten des In- und Auslandes, in denen Lloyd-Agenturen und keine Staatspostanstalten bestanden, von ihren Angestellten zu betreuende Postexpeditionen zu errichten. Bis 1863 waren die Lloyd-Agenturen (in Stempelinschriften meist *Agenzie* oder *Agenzia* genannt) nicht mit Marken ausgestattet; die Sendungen wurden nur gegen Barzahlung angenommen. Hatte der Absender trotzdem Marken aufgeklebt, mußten diese lt. Vorschrift von den Agenturen als nicht vorhanden angesehen werden. Ab Dezember 1863 gelangten nach und nach die kursierenden Ausgaben für Lombardei-Venetien, ab Mitte 1867 die bes. Marken für die österr. Post in der Levante in Gebrauch. Die Agentur-Stempel sind teils sehr reizvoll gestaltet (z.B. Ionische Inseln) und werden auf Ganzbrief gern gesammelt, sind im allg. aber nicht billig. Neben den Lloyd-Postexpeditionen gab es in der Levante außerdem noch Konsulats-Postexpeditionen, falls sich am Ort ein österr. Konsulat befand. Auch →Österreichische Post auf Kreta, →Österreichische Post in der Levante. L: Sammler-Dienst, Nr. 15/1974.

Österreichischer Philatelisten-Klub Vindobona, ältester noch bestehender Sammlerverein Österreichs, gegr. 1880 als »Wiener

Philatelistenklub«, nach Zusammenschluß mit anderen Vereinen 1902 umbenannt. Zu seinen Mitgliedern zählten und zählen die bedeutendsten österr. Philatelisten, die sich durch wertvolle Forschungsarbeiten einen Namen gemacht haben.

Österreichisch-ungarische Feldpost. Für diese wurden 1915/18 versch. Marken mit Inschrift *KuK Militärpost* von →Bosnien-Herzegowina bzw. *kuk Feldpost* verausgabt. Neben einer sog. allg. Serie (Mi 1–75) gab es für die Truppen in Italien und Rumänien Marken in der Landeswährung (Centesimi

und Lire bzw. Bani und Lei) sowie für Montenegro und Serbien in österr. Währung mit Aufdruck der Landesnamen.

Ostkarelien. Mit Westkarelien bildet Ostkarelien einen schmalen Landstreifen von der Halbinsel

Kola bis zum Ladoga- und Onegasee. Der östl. Teil gehörte zu Rußland (der westl. früher zu Finnland) und wurde während des 2. Weltkrieges von Finnland besetzt. Für dieses Gebiet erschienen 1941/43 insg. 28 Marken, bis auf die letzte hergestellt durch Aufdruck ITÄ-KARJALA auf versch. finn. Marken; auch →Karelien.

OSTLAND, Aufdruck auf 20 dt. Hitlermarken für die im 2. Weltkrieg besetzten Länder Estland, Lettland, Litauen und das sog. Weißrußland für die dort errichtete Landespost, die ab Anfang November 1941 in Verkehr gelangten. Vorher wurden in diesen Gebieten dt. Frei- und Dienstmarken ohne Kennzeichnung verwendet, die auch nach Erscheinen der bes. Marken frankaturgültig blieben, jedoch nicht mehr am Postschalter abgegeben wurden; auch →Markenrollen.

Ostmalaysia, im Michel-Übersee-katalog Bez. für die nach dem Anschluß an →Malaysia für →Sarawak verausgabten und unter diesem Namen zu findenden Marken von 1964/65.

Ostoberschlesien. In den lt. Versailler Vertrag nach Ende des 1. Weltkrieges zum Abstimmungsgebiet erklärten Teilen des bis dahin dt. Oberschlesien wurden zunächst im Auftrag der Interalliierten Kommission auf dt. Währung lautende Marken verausgabt, die bis Juli 1922 gültig waren (→Ober-

schlesien). Nach der Volksabstimmung blieb die Entente-Besatzung zur Grenzfestlegung u. a. noch bis Juni 1922. In dieser Zeit war der Währungsverfall in Deutschland und Polen auf etwa gleiche Tiefe abgesunken (Höchstwert der Oberschlesien-Marken 20 Mark), weshalb Polen für dieses Gebiet 1922/1923 insg. 20 auf der in Nordpolen gültigen Währung Marka (M) bzw. Fenigow (F) lautende Marken verausgabte, die mit Ende April 1923 außer Kurs gesetzt und in den an Polen gefallenen Landesteilen durch die Ausgaben der Republik abgelöst wurden; →Ostschlesien.

Ostpakistan →Bangla Desh.

OSTPREUSSEN-FELDPOST, Eindruck mit Wappenschild und Zusatzinschrift *Diese Karte wird bevorzugt befördert* (auch *dieser Brief)* auf Postkarten bzw. Faltbriefen (rückseitig Propagandaspruch), die von Februar bis April 1945 benutzt wurden und den Empfänger in der Heimat schneller erreichen sollten. Bedarfsmäßig gelaufene Sendungen sind selten.

Ostropa-Block. Zur Briefmarkenausstellung OSTROPA 1935 in Königsberg wurde von der Deutschen Reichspost ein Block verausgabt (Mi 576/79), der den Sammlern schon viel Kummer bereitet hat. Aus unbekannten Gründen wurden dem Gummi nämlich sulfithaltige Salze beigemischt, die sich bei ungünstigen Umweltbedingungen am Aufbewahrungsort des Blocks im Laufe der Jahre zersetzt haben oder noch zersetzen und dann schwefelsaure bzw. schwefligsaure Produkte abspalten (die Bemerkung im Michel-Katalog, die Gummierung sei »stark schwefelsäurehaltig« gewesen, ist nicht richtig). Dadurch wurden bes. die Stellen des Blocks mit Wasserzeichen zerstört, da dort das Papier dünner ist; das Papier bröckelt hier aus. Auf diese Gefahr wurde bereits in den 30er Jahren in der philat. Presse hingewiesen und die Entfernung der Gummierung bei ungebrauchten und Blocks auf Brief durch ein Wasserbad empfohlen. Der Michel-Katalog nimmt darauf Rücksicht und gibt als Preisnotierung für den ungebrauchten Block bzw. die Einzelmarken daraus nur die Erhaltung ohne Gummi an.

Ostrumelien, ehem. türk. Gebiet im südöstl. Bulgarien, das auf Beschluß des Berliner Kongresses von 1878 unter einem Generalgouver-

neur autonom wurde. Von 1880 bis 1885 erschienen für Ostrumelien türk. Marken mit versch. Aufdrukken (z. B. R. O.) bzw. in Zeichnung der kursierenden Türkei-Ausgabe mit Landesangabe in vier Sprachen. Dem 1886 erfolgten Anschluß dieses Gebietes an Bulgarien gingen ab September 1885 weitere 16 Marken voraus, hergestellt durch Aufdrucke auf den ersten Ostrumelien-Marken, die größtenteils sehr selten sind, ganz bes. auf bedarfsmäßig gelaufenen Ganzbriefen.

Ost-Sachsen, 1. allg. →OPD-Drucke. – **2.** Unter Ost-Sachsen werden die Markenausgaben der Sowj. Zone im Bereich der OPD Dresden verstanden (Mi 41–65), von denen die →Potschta und die →Schwarzgrüne Sechs am bekanntesten und begehrtesten sind. Die Inschrift lautet auf allen Marken nur POST, bei Mi 64/65 DEUTSCHE POST. Da nur einfach eingerichtete Druckereien herangezogen werden konnten, kann der Spezialsammler viele Besonderheiten zusammentragen. Aus mehreren Orten sind Postmeisterzähnungen bzw. -durchstiche bekannt.

Ostschlesien. Für die nach Ende des 1. Weltkrieges zum Abstimmungs-

gebiet erklärten Teile des bis dahin österr. Mähren wurden von den eingesetzten poln. Verwaltungsbehörden im Raum Teschen/Mährisch-Ostrau (Ostschlesien genannt) je fünf der für →Nordpolen und →Südpolen verausgabten Marken mit Aufdruck *S. O. 1920* versehen; auch →Ostoberschlesien.
Es gibt ferner 34 tschech. Frei- und elf Portomarken mit gleichem Aufdruck, die für ein von der Tschechoslowakei nach Ende des 1. Weltkrieges beanspruchtes kleines Gebiet des ehem. dt. Oberschlesiens (Hultschiner Ländchen) verausgabt wurden, von denen jedoch einige (Aufdruck nur SO) nicht mehr an die Postschalter gelangten.

O. T., Aufdruck auf tschech. Zeitungsmarken (Mi 326/28), die nach Herabsetzung des Portos für Geschäftsdrucksachen verwendet wurden. Ähnl. Marken aus Böhmen und Mähren Mi 51 mit Aufdruck GD-OT.

Oubangi-Chari-Tchad →Ubangi-Schari-Tschad.

Oubangui-Chari →Ubangi-Schari-Tschad.

Ovalstempel, bes. für frühere brit. Stempel zur Markenentwertung gebräuchl. Bez., wobei das Oval aus Strichen oder Balken ohne Einfassung besteht; zu unterscheiden sind quer- und hochovale Stempel. In der Mitte können Ziffern, Buchstaben u. a. stehen (→Solostempel, →Duplexstempel). Wenn oval geformte Stempel eingefaßt sind, wird meist von →Ellipsenstempeln gesprochen.

O. W./OFFICIAL, Aufdruck auf zehn brit. Freimarken; →Arbeitsamt-Dienstmarken (O. W. = Office of Work).

o. Wz. (auch ohne Punkte), häufig verwendete Abkürzung in philat. Literatur für Marken auf Papier ohne Wasserzeichen. Auch →m. Wz.

Oxidation. Manche für Briefmarken verwendete Druckfarben verändern sich durch unterschiedl. Luftverhältnisse, intensive Lichteinwirkung u. a. am Aufbewahrungsort durch Oxidation; die Farbstoffe erfahren eine chemische Umwandlung. In dieser Beziehung sind bes. ältere Marken – und unter diesen vorzugsweise die noch mit sog. Erdfarben gedruckten – anfällig, was schon oft nach Ausstellungen in ungünstigen Räumen festgestellt wurde und Marken u. U. wertlos machen kann. Andererseits können durch Oxidation auf künstlichem Weg seltene Farbarten entstehen, was nicht einmal ein versierter Prüfer immer feststellen kann. Briefmarken müssen durch entspr. sinnvolle Aufbewahrung vor Oxidationsschäden geschützt werden, Alben sollte man öfter einmal Seite für Seite umblättern, um frische Luft zuzuführen.

Oxydation, alte Schreibweise für →Oxidation.

Ozeanbrief, auch Radiotelegramm, amtl. »Schiffsbrieftelegramm an dt. Schiffe« genannt. Passagiere von auf hoher See befindl. dt. Schiffen konnten ab 1912 in Richtung Heimat fahrenden dt. Schiffen über Funk gegen Entrichtung einer Wortgebühr Nachrichten im Telegrammstil übermitteln lassen. Diese wurden dort auf ein OZEAN-BRIEF überschriebenes und weitere umfangr. Vordrucke enthaltendes Formular ähnl. einem Telegramm übertragen, in einen roten, mit OZEAN-BRIEF gekennzeichneten Umschlag gesteckt und nach der Ankunft im Hafen der Post zur Weiterleitung als Brief (auch eingeschrieben möglich) übergeben. Träger dieses Dienstes war in Zusammenarbeit mit der Deutschen Reichspost die Deutsche Betriebsgesellschaft für drahtlose Telegraphie mbH, Berlin (DEBEG, gegr. 14. 2. 1911 in Berlin durch Siemens & Halske, Telefunken-Gesellschaft für drahtlose Telegraphie, AEG und Compagnie de Télégraphe sans Fils [Belgien]; letzteres Unternehmen schied Anfang 1914 aus). Ozeanbriefe sind z. B. auch von der →Australischen Hauptlinie und →Ostafrikanischen Hauptlinie sowie der Ostafrikanischen Linie bekannt. Die roten Umschläge wurden von der DEBEG mit Vignetten verschlossen, die für die Aufgabe von Radiotelegrammen von Schiff zu Land und umgekehrt warben. Die Inanspruchnahme war recht groß (1911/13 je Jahr 50000), was an Hand der lfd. Numerierung der Telegrammvordrucke ermittelt werden konnte.
Gesammelt werden die Formulare und die spez. Umschläge, die das Auflieferungspostamt mit Marken freimachte. Diese Briefe haben nichts mit den U-Boot-Sendungen der dt. →Ocean-Reederei zu tun.

OŁTARZ W KOŚCIELE MARIACKIM W KRAKOWIE
RZEŹBA
WITA STWOSZA
10 ZŁ POLSKA ZŁ 10
R. KLECZEWSKI
PWPW
S. ŁUKASZEWSKI sc

P

P, 1. Aufdruck auf Marken der →SCADTA für den Gebrauch in Panama. – **2.** Abkürzung für Platte, →Plattendruck.

Paar, Bez. aus der Sammlersprache für zwei waagerecht oder senkrecht noch zusammenhängende Marken gleicher Wertstufe und Farbe. Aus Bogenzusammendrucken, →Heftchenbogen, →Markenheftchen, teils auch →Markenrollen können Paare mit zwei versch. Marken herausgetrennt werden, die der Sammler aber dann →Zusammendruck nennt.

Pabay, kleine, in Privatbesitz befindl. brit. Insel in der Gruppe der Hebriden (auch Pabbay geschrieben). Der Besitzer verausgabt Privatpostmarken; →Inselausgaben.

Pacchi (→Pacchi Postale), ital. = Paket, Postpaket. Inschrift oben (unten →*Sul Bolletino* oder nur *Bolletino*) auf der linken Hälfte der →Paketmarken Italiens ab Mi P 7 und San Marinos, die auf den bei der Post verbleibenden Abschnitt der Paketkarte geklebt wird. Auch →Doppelmarken, →Sulla Ricevuta. Die Paketmarken werden gern als Paar zusammenhängend gesammelt; bei gestempelten Stükken handelt es sich dann aber ausnahmslos um →Gefälligkeitsentwertung. Echt gebraucht sind vorwiegend nur die linken Teile aus Postkiloware erhältlich, da die Empfänger den Abschnitt mit der rechten Hälfte meist wegwerfen.

Pacchi Postale, ital. = Postpaket, Inschrift auf den ersten →Paketmarken Italiens (Mi 1–6). Auch →Pacchi.

Pachtgebiet, Gesellschaft eines souveränen Staates, der von einer fremden Macht für eine best. Zeit gegen z.B. jährl. Zahlung einer vertragl. vereinbarten Summe gepachtet wurde. So war u.a. →Kiautschou keine dt. Kolonie, was viele Sammler annehmen, es war ein 1898 auf 99 Jahre vom Kaiserr. China gepachtetes Gebiet. Dasselbe gilt noch heute für den zur Kronkolonie →Hongkong gehörigen Festlandsteil.

Päckchen, beliebte Sendungsart mit begrenztem Gewicht, nicht zuletzt bei den Markensammlern für den Versand von →Rundsendungen u.ä., da Päckchen mit Marken freizumachen sind sowie als Einschreiben und auch im Auslandsverkehr aufgeliefert werden können. Der Empfänger erhält also eine Frankatur mit hohen Nennwerten bzw. der Absender erhält diese zurück, die allerdings häufig schlecht gestempelt ankommt. Nachdem z.B. die BP die früher übl. Sonderbehandlung von eingeschriebenen Sendungen hat fallenlassen, und da bei Verlust eines Einschreibepäckchens im Inlandsverkehr sowieso nur 40 DM ersetzt werden, sollten Auswahlhefte u.a. mit darüber hinausgehendem Wert nicht mehr als Päckchen, sondern als normales Paket (ohne Wertangabe grundsätzl. mit bis zu 500 DM versichert) oder als versiegeltes Wertpaket verschickt werden; auch →Päckchenstempel.

Päckchenfrankatur. Der Sammler macht eingeschriebene Päckchen (Versand von Rundsendungen) gern mit Marken höherer Wertstufen frei, die für andere Sendungen nicht verwendbar sind oder zur philat. unerwünschten Überfrankatur führen. Durch die rauhe Behandlung während des Transports treten bes. an der Zähnung der Marken leicht Beschädigungen auf. Diese können weitgehend vermieden werden, wenn der Zähnungsrand der aufgeklebten Marken mit weißer Klebepaste (keinesfalls →Büroleim!) bestrichen wird. Überkleben des Zähnungsrandes mit Klebefalzen wird von der Post meist beanstandet. In versch. Fällen wird aber akzeptiert, die Marken auf ein kleines Blatt Papier zu kleben, diese am Schalter sauber abstempeln zu lassen und das Blatt danach in Gegenwart des Schalterbeamten unter ein bereits vorher auf dem Päckchen irgendwie befestigtes durchsichtiges Schutzblatt (z.B. Pergamintüte) zu schieben.

Pacchi

Päckchenstempel. Auf unebenen Sendungen (Päckchen, Warenpro-

ben, Drucksachen) ist die Entwertung der Marken mit normalem Hand- oder Handrollstempel oft unmöglich oder gelingt unvollkommen. In diesem Fall wurden bzw. werden noch heute oft bes. Gummistempel einfachster Ausführung oder →Korkstempel u.ä. benutzt, die eine zuverlässige Entwertung erlauben.

PACKET BOAT →PAQUEBOT.

Packkammer, alte Bez. für den zur vorübergehenden Stapelung von Paketen bis zur Weiterleitung oder Abholung durch den Empfänger u.a. dienenden Raum in einem Postamt. Es hat bes. →Packkammerstempel gegeben.

Packkammerstempel, Bez. für bes. beschriftete Stempel, die früher von der preußischen Post in den →Packkammern bei Entgegennahme oder Aushändigung von Paketen auf den →Paketbegleitbriefen verwendet wurden.

Paganini, Dr. Robert, 1866–1950, bedeutender schweiz. Philatelist, der bereits ab 1913 die in aller Welt veranstalteten Sonderflüge mit Postbeförderung und die dazu verausgabten Vignetten, Stempel usw.

erforschte und registrierte. Sein 1920 veröffentlichtes Werk »Geschichte der Luftpost« war Grundlage für die späteren Kataloge. Paganini vermachte seine umfangreiche Bibliothek und Sammlung dem Schweiz. Postmuseum, worauf das Schweiz. Luftpostarchiv aufgebaut wurde. L: 3. 12.

Pahang, einheim. Sultanat auf der Malakka-Halbinsel und bis 1957 unter brit. Schutz stehend mit eigenen Marken von 1889 bis 1900; danach wurden bis 1935 die Gemeinschaftsausgaben für den →Malaiischen Staatenbund verwendet. Unterbrochen von den jap. Besetzungsausgaben während des 2. Weltkrieges und den Marken von Straits Settlements mit Aufdruck BMA/MALAYA, kamen ab 1948 wieder bes. Marken für Pahang heraus, das 1957 Mitglied des →Malaiischen Bundes bzw. seit 1963 →Malaysias ist; auch →Malaya.

Paket, nicht nur postal. Begriff, sondern in der Sammlersprache auch Bez. für eine unter Klarsichtfolie untergebrachte Zusammenstellung von 25, 50, 100 oder mehr (bis zu 10 000) versch. Marken eines Landes, aus aller Welt oder eines Motivgebietes. Sichtbar unter der Folie sind je nach Größe des Paketes mehr oder weniger viele ins Auge fallende und zum Erwerb anreizende großformatige und mehrfarbige Marken montiert. Der Inhalt darunter enttäuscht meist, er enthält vorw. Kurzsätze (→Kurzsatz) oder →Massenware. Mit lohnenden Funden, die bei →Postkiloware u. U. noch möglich sind, kann nicht gerechnet werden, da Pakete aus in großen Mengen erreichbaren und nach einem best. Schema sortierten Marken abgepackt werden. Der Verkaufspreis erscheint zwar im Verhältnis zur gebotenen Markenzahl und Katalogbewertung günstig, der Inhalt ist jedoch nur für den Anfänger zum Aufbau einer Sammlung geeignet und kann im Hinblick auf die Kurzsätze sehr unvorteilhaft sein.

Paketaufgabezettel, von der preuß. Post 1854 eingeführte Kennzeichnung von Paketsendungen in Form der nur wenig geänderten, noch heute gebräuchl. zweiteil. Zettel, deren größerer Abschnitt auf das Paket selbst, der kleinere auf den →Paketbegleitbrief (später Paketkarte) geklebt wird. Beide Teile weisen gleiche Vordrucke auf, aus denen Aufgabeort und lfd. Einlieferungsnummer (bis vor wenigen Jahren im Bereich der dt. Post bzw. einiger angrenzenden Länder auch das →Taxquadrat) hervorgehen. Die Zettel o. ä. haben je nach Land sehr versch. Aussehen. Paketaufgabezettel sind für den Sammler im allg. uninteressant, für den Postgeschichtsforscher aber oft von Bedeutung.

Paketbeförderung. →Postregal bzw. →Postzwang sind bis in unsere Zeit meist nur auf die →Briefpost beschränkt, nicht aber auf die Paketbeförderung. Aus letzterem Umstand leitet sich die seit einigen Jahren vermehrt festzustellende Gründung privater Firmen ab (bes. in den USA, seit 1975 z. B. auch in der BRD), die sich mit Abholung und Zustellung der Pakete von größeren Unternehmen mit täglich umfangreichem Paketaufkommen befassen. Die Gebühren sind nur geringfügig niedriger als bei der Post; Anreiz für die Inanspruchnahme privater Firmen sind hauptsächlich Abholung der Pakete beim Kunden und die Zusicherung schnellster Ablieferung beim Empfänger, was beides seitens der Post nicht geschieht. Einige Firmen verwenden auch Wertzeichen (z. B. USA), die jedoch nur als Privatpostmarken gelten und – soweit neueren Datums – katalogmäßig noch nicht erfaßt sind. Viele der früheren deutschen →Privatpostanstalten übernahmen auch die Beförderung von Paketen, was teilweise auch aus dem Firmennamen hervorging. Auch →Paketzustellungsmarken.

Paketbegleitadresse →Paketbegleitbrief.

Paketbegleitbrief, Vorläufer der →Paketkarte in je nach Zeit und Land vielfältig wechselnder Ausführung, teils als Faltbrief mit Möglichkeit für eine kurze Nachricht oder Zustellung einer Rechnung, der seit rd. 100 Jahren nach und nach durch einheitl. Paketkarten abgelöst wurde. Für die →Vorphilatelie und den Postgeschichtsforscher sind alte Postbegleitbriefe häufig von größter Bedeutung, da

Paketbegleitbrief

aus diesen u. U. Postrouten, Grenzpostämter, →Taxquadrate u. a. ermittelt und festgelegt werden können. Auch →Paketbegleitstempel, →Fuhrmannsbrief.

Paketbegleitstempel, Bez. für eine Art Kontrollstempel versch. Ausführung, die nach Aushändigung des Paketes an den Empfänger auf dem →Paketbegleitbrief abgeschlagen wurden. Am bekanntesten sind diese Stempel vom Königreich Westphalen ab 1807; sie gehören demnach der Zeit der →Vorphilatelie an.

Paketeilmarken, vom Vatikanstaat 1931 verausgabte Eilmarken mit Aufdruck PER PACCHI (Mi P 14/5) für durch Eilboten zuzustellende Paketsendungen. Auch die Paketmarken Mi P 13–16 der USA mit Inschrift SPECIAL HANDLING können als Paketeilmarken bezeichnet werden, da sie zur Entrichtung der Zusatzgebühr für mit der Briefpost, also beschleunigt zu befördernde Pakete dienten.

Paketkarte, löste in Deutschland 1874 den vorher gebräuchl. Begleitbrief bzw. die Begleitadresse unter der Bez. Postpaketadresse ab; Umbenennung in Paketkarte 1914. In anderen Ländern sind ähnl. Karten üblich.
Für den Sammler sind die Paketkarten nur interessant, wenn sie wesentl. Bestandteil der von Postverwaltungen verkauften bzw. versteigerten →Kiloware sind, da auf dem bei der Post verbleibenden und längere Zeit aufbewahrten Hauptteil der Karte oft hohe Frankaturen zu finden sind.

Paketkarten-Freistempel →Registrierkassen-Freistempel.

Paketkontrollmarken, sieben Marken im großen Hochformat zunächst mit Inschrift POSTPAKET / FREIMARKE, später nur FREIMARKE und *Land Tirol*, davon drei mit neuem Wertüberdruck *50*. Die Inschriften sind irreführend; es handelt sich nicht um Marken zur Freimachung von Paket- oder sonstigen Postsendungen, vielmehr um

nur örtl. verwendete Gebührenmarken.
Von Mai 1919 bis September 1921 mußten auf Anordnung der Tiroler Landesregierung alle Pakete von eigens dazu eingerichteten Ämtern geöffnet und der Inhalt bezügl. Zulässigkeit geprüft werden (nach Abtretung Südtirols an Italien wurden Resttirol betreffende separatistische Bestrebungen befürchtet, Pakete konnten Waffen und Munition enthalten). Die erfolgte Kontrolle wurde durch Aufkleben dieser Marken bestätigt.

Paketmarken, zur Entrichtung des Portos für Paketsendungen dienende Markenart mit versch. Untergruppen für best. Sendungsarten (z. B. Auto-, Eisenbahn-, Post-, Feldpost-Paketmarken; auch →Poststückaufgabezettel). Die Paketmarken werden im Katalog getrennt von den Freimarken u. a. aufgeführt; auch →T. C. D. D., →Paketbeförderung.

Paketnummernzettel, verschiedentl. (auch amtl.) gebrauchte Bez. für die →Gebühren-Paketzettel der DDR, ferner allg. für die den Paketen selbst und der Paketkarte aufgeklebten weißen Zettel; →Paketaufgabezettel.

Paketportomarken, nur kurze Zeit (1912) in den USA benutzte →Portomarken für Paketsendungen.

Paketpost, postal. Begriff für alle von der →Briefpost getrennt beförderten Sendungen, wie Pakete und Päckchen; in einigen Ländern gehören auch Warenproben u. ä. dazu. Früher wurden Pakete von einem best. Gewicht an aufwärts mit der →Fahrpost befördert; →Paketbeförderung.

Paketzettel →Paketaufgabezettel, →Gebühren-Paketzettel.

Paketzustellungsmarken, aus gleichem Anlaß – jedoch für amtl. zugelassene priv. Paketbeförderung – wie die →Briefzustellungsmarken in Italien seit 1953 bis Mitte 1971 in zwölf Werten verausgabt, die bildlich den ital. Paketmarken weitgehend gleichen, nur lautet die Inschrift auf der linken und rechten Markenhälfte oben statt PACCHI bzw. POSTALI auf diesen Zusatzmarken TRASPORTO PACCHI/IN CONCESSIONE (= konzessionierter Pakettransport). Auch →Paketbeförderung.

Pakistan. Durch die aus religiösen Gründen erfolgte Teilung des ehem. brit. Kaiserreichs →Indien entstanden 1947 die Dominions Indische Union und Pakistan mit eigenen Marken ab diesem Zeitpunkt. Pakistan benutzte zunächst Marken von Brit.-Indien mit entspr. Aufdruck, von 1948 an solche eigener Gestaltung (Mi 1–81). Der Übergang zur selbständigen Republik (1956) geht bestenfalls aus der Gedenkmarke Mi 82 hervor, sonst ist das Aussehen der Postwertzeichen von Anfang bis heute weitgehend gleichgeblieben. Die Marken Pakistans werden gern gesammelt, da jährl. nur wenige Neuheiten erscheinen, die zu einem bescheidenen Abonnementspreis zu haben sind. Als Dienstmarken werden kursierende Freimarken mit Aufdruck SERVICE verwendet. Von den ehem. →Vasallenstaaten in Indien gehört →Las Belas zum Staatsgebiet Pakistans; auch →Bahawalpur, →Bangla Desh.

PAKKE PORTO, Inschrift auf Wertzeichen des Grönländ. Handelskontors zur Verrechnung der Frachtgebühren 1905–1938; →Grönland.

Palästina, ehem. türk. Gebiet, das 1918 Großbritannien als Völkerbundsmandat zugesprochen wurde und grenzmäßig in etwa dem 1948 gegr. Staat →Israel entsprochen hat. Unter der brit. Militär-, später Zivilverwaltung wurden insg. 73 Frei- und 20 Portomarken verausgabt, von denen einige sehr selten und wertvoll sind. Bis zum 1. Weltkrieg unterhielten mehrere Staaten Auslandspostämter in Palästina, darunter die Deutsche Reichspost (→Deutsche Post in der Türkei). Spezialsammler berücksichtigen ferner Belege versch. Feldpostämter, die meist nur an Hand der Stempel identifiziert werden können. Für den von Ägypten besetzten sog. Gaza-Streifen hat es ab 1958 zahlr. Marken gegeben, die unter Vereinigte Arabische Republik katalogisiert sind. Alle diese Marken, Stempel usw. werden von Israel-Spezialsammlern beachtet, desgl. sonstige sog. →Judaica. Mehrere Palästina-Marken erschienen von 1920 bis 1925 mit versch. Aufdrukken versehen für →Jordanien; andererseits verausgabte Jordanien 1948/49 für das Besetzungsgebiet in Palästina einige Aufdruckmarken.

PALESTINE, 1. Aufdruck bzw. Inschrift (zusätzlich in arabischer Schrift) auf Marken Ägyptens von 1948/67 für die besetzten Gebiete in Palästina/Israel. – **2.** Auf Frei-, Porto- und Zwangszuschlagsmarken von Jordanien für die von diesem Staat 1948/49 besetzten Gebiete. – **3.** Landesangabe auf Marken für Palästina von 1920/27.

Palmarès, franz. = Verzeichnis der mit Preisen Bedachten; als Nachtrag zu Katalogen großer Ausstellungen in geringer Auflage vervielfältigte oder gedruckte Liste mit den Namen der Aussteller und Nennung der diesen zugesprochenen Auszeichnungen mit Medaillen und Ehrenpreisen, oft auch ein Abschlußprotokoll mit allg. Hinweisen der Ausstellungsjury enthaltend.

Palmenstempel. Auf Feldpostbriefen aus der Zeit des dt. Afrikakorps im 2. Weltkrieg werden immer wieder solche mit sog. Palmenstempeln auf der linken Anschriftseite in vielerlei Ausführungsarten angeboten (es sollen 58 verschiedene bekannt sein) und erzielen hohe Preise. Kenner der Materie lehnen diese Stempel als nichtpostalisch grundsätzl. ab. Sie sind einwandfrei in den Freizeitstunden von Soldaten aus Langeweile als Gummi-, Linol- oder Holzschnitte entstanden, woraus sich deren Vielfalt hinsichtl. des Aussehens erklärt. Entspr. einer Auskunft von Herrn Siegfried Uhlemann, der sich intensiv mit den Palmenstempeln (und auch der Tunis-Marke) beschäftigt hat, und im

Gegensatz zu der Registrierstelle vom Verein für Briefmarkenkunde Mainz steht fest, daß bei den Feldpoststationen des Afrikakorps über Herstellung und Verwendung der Palmenstempel amtl. niemals etwas bekannt gewesen ist. Es handelt sich demnach um rein priv. Kennzeichnungen ohne echtes philat. Interesse. Trotzdem werden Briefe mit diesen Palmenstempeln von Spezialsammlern gern berücksichtigt. Es muß darauf hingewiesen werden, daß es zahlr. Fälschungen gibt, die von dem damaligen Händler (und Prüfer für dieses Gebiet!) Frimmel stammen. Bis Mitte 1973 waren beim Verein für Briefmarkenkunde Mainz 66 verschiedene Formen registriert. Die Formen Nr. 14 u. 20 haben sich nachträglich als Fälschungen herausgestellt.

Panama, bis November 1903 →Kolumbien angeschlossener Staat, für dessen Inlandspostverkehr ab 1878 eigene Marken verausgabt wurden; für über Panama hinausgehende Sendungen mußten die Marken Kolumbiens verwendet werden. In Panama sind zwei brit. Konsulatspostämter tätig gewesen, von denen zur Entwertung der brit. Marken die Nummernstempel C 35 bzw. E 88 benutzt worden sind (→Used abroad). Seit Ausrufung der unabh. Republik (1903) ist eine Fülle an Marken erschienen, von denen einige ältere Ausgaben schwierig zu sammeln sind. Bis Ende der 50er Jahre betrieb Panama eine erträgl. Ausgabepolitik, gehört aber seitdem zu den produktivsten Postgebieten mit zahllosen gänzl. überflüssigen Marken und →Parallelausgaben sowie bereits über 100 Blocks (mit gezähnten oder ungezähnten Marken), von denen die meisten als →schädliche Ausgaben auf dem Index der →FIP stehen. Die Marken Panamas werden trotzdem gern gekauft, da sie den Motivsammlern versch. Richtungen viel bieten. Als Ländersammlung ist Panama unter keinen Umständen zu empfehlen; auch →Panamakanalzone.

Panamakanalzone, schmaler Gebietsstreifen entlang dem Panamakanal, der seit 1903 zu den USA gehört und für den von 1904 bis heute einige bes. Marken mit entspr. Aufdruck (auch auf Ausgaben von →Panama) bzw. Inschrift erschienen sind, die vielfach als Anhang zu einer Sammlung Vereinigte Staaten von Amerika gesammelt werden.

Panamerikanischer Postverein, im Rahmen des Weltpostvereins 1911 gegr. und zunächst Südamerikan. Postverein genannter →engerer Postverein mit weitergehenden postal. Vereinfachungen, Gebührensenkung im zwischenstaatl. Verkehr u. a., dem 1920 auch Spanien und 1921 die USA sowie die mittelamerik. Staaten beitraten und der seitdem Panamerikanischer oder auch Allamerik.-Span. Postverein heißt. Montevideo/Uruguay ist (ähnl. Bern für den Weltpostverein) Sitz des Internat. Büros dieses Vereins. Für den Panamerik. Postverein sind versch. Sonder- und Gedenkmarken verausgabt worden, z. B. Argentinien Mi 248/51, Spanien Mi 582/97.

Papierabart. Marken gleicher Wertstufe und Farbe wurden versehentl. auf zwei oder mehr versch. Papiersorten gedruckt und über den Schalter abgegeben. Geschah das aus bes. Grund absichtlich (z. B. Lettland: Schreib- bzw. Zigarettenpapier, Mi 6–14), liegt keine Papierabart, sondern nur eine Papierunterart vor.

Papierarten. Die meisten der denkbaren und vorkommenden Papierarten wurden schon für den Markendruck verwendet, z. B. (vgl. einzelne Stichwörter) Brotkarten-, Glanz-, Hand-, Kunstdruck-, Maschinen-, Schreib-, Seiden-, Zigarettenpapier. Das Papier kann außerdem normal glatt, glänzend, matt, rauh, ferner durchscheinend oder durchsichtig, dick, dünn oder kartonartig sowie waagerecht, senkrecht oder diagonal gestreift oder gerippt sein. Kommen gleiche Marken auf zwei oder mehr Papierarten vor, liegt entweder eine unbeabsichtigte Papierabart oder nur eine Unterart vor; beide werden im Katalog entspr. erwähnt und von Spezialsammlern berücksichtigt. L: 1. 3. und Archiv für Postgeschichte in Bayern, Nr. 2/1954.

Papierfalte, auch Druckfalte genannt, entsteht durch fehlerhafte

Papierzuführung in die Druckmaschine oder wenn bereits vorher eine Falte im Papier vorhanden war und nicht bemerkt wurde. Das Markenbild ist zwar, da die Falte im Papier fest eingepreßt ist, voll ausgedruckt. Wird die Marke aber »auseinandergezogen« und vorsichtig glatt gebügelt, tritt ein unbedruckter Papierstreifen (oft verbunden mit einer Verschiebung der dann zwei Bildhälften) zutage. Außerdem ist die Marke dann waagerecht bzw. senkrecht entspr. der Größe der Falte größer geworden.

Papierfehldruck. Die Marke ist aus Versehen auf einem für die Ausgabe oder die betr. Wertstufe nicht vorgesehenen Papier gedruckt worden. Berühmtestes Beispiel: →Baden-Fehldruck; auch →Papierabart.

papierfrei, Bez. in Händlerangeboten bei →Kiloware, die nur gewaschene, d. h. vom Unterlagepapier befreite Marken enthält, wodurch sich eine erheblich höhere Stückzahl in der Packung ergibt; über die äußere Qualität papierfreier Marken wird damit allerdings nichts ausgesagt. Auch →kurzgerissen.

Papiergröße, Bez. für Höhe und Breite einer Marke oder eines Blocks gemessen von Zahnspitze zu Zahnspitze, bei →geschnittenen Marken und Blocks von Rand zu Rand. Dieses Maß ist für die Unterbringung im Album oder →Klemmstreifen ausschlaggebend. Auch →Bildgröße.

Papiermaß →Papiergröße.

Papierpreiszuschlag, von der Deutschen Reichspost vom 18. 2. 1921 bis 1. 12. 1923 für Postkarten, Kartenbriefe und Postanweisungen mit Wertstempeleindruck (= Ganzsachen) gefordert; der Käufer mußte sich an den Herstellungskosten beteiligen. Entspr. Zudrucke in versch. Form und an versch. Stellen, z. B. *Papierpreiszuschlag 5 Pf* unmittelbar unter dem Wertstempeleindruck, später – da der Zuschlag mehrmals erhöht wurde – in der Umrandung *Preis: Freigebühr + Papierzuschlag.*
In Großbritannien z. B. verlangt die Post noch heute für jede Ganzsache einen Papierzuschlag, was jedoch nicht durch einen Zudruck kenntl. gemacht zu werden braucht, da allg. üblich und bekannt.

Papierstärke. Im allgemeinen ist die Stärke (Dicke) bei Papier für Postwertzeichendruck auch bei sehr großen Auflagen gleichbleibend, da seit Jahrzehnten →Maschinenpapier verwendet wird. Bei →Handpapier können dagegen erhebliche Schwankungen vorkommen; besonders interessante Beispiele liefern Österreichs Marken Mi 1–5. Zur exakten Messung der Papierstärke ist ein →Mikrometer erforderlich.

Papierverfärbung. Bei älteren Marken (in neuerer Zeit aber auch bei Verwendung von gewissen Notpapieren mit Zusatz von →Holzschliff) können durch versch. Umwelteinflüsse (bes. lange Lichteinwirkung) Verfärbungen in vorwiegend bräunlichen Tönen auftreten, die leider unvermeidlich sind und eine Marke minderwertig machen. Auch →vergilbt.

Papierzeichen, früher übl. Begriff für →Wasserzeichen. Das Papierzeichen war urspr. nur ein Warenzeichen (und ist das heute noch vielfach, z. B. bei Schreibpapier), mit dem die betr. Papiermühle die gleichbleibende Qualität ihres Produktes garantierte. Die Papierzeichen aus alter, teils aber auch noch aus unserer Zeit sind oft sehr künstlerisch gestaltet, von Hand geformt und sollen nach bish. Forschungsergebnissen erstmals um 1280 von ital. Papiermühlen angewendet worden sein. Aus 1308 ist Papier mit Papierzeichen ANDRUZZO bekannt. L: 3. 2.

Papierzuschlag →Papierpreiszuschlag.

Papillon de Metz. Nach Einschließung der Festung Metz im Deutsch-Franz. Krieg 1870/71 suchten die Belagerten einen Weg, Nachrichten in das unbesetzte Frankreich zu befördern. Ballonfahrten waren damals sehr Mode, was den Stabsarzt Dr. Papillon veranlaßt haben soll, die Herstellung von kleinen Papierballons anzuregen. Sie wurden aus durch den Stabsapotheker Dr. Jeanel mit Rizinusöl und Kollodium präpariertem Papier angefertigt und hatten eine Tragkraft von je 40 g für 5 Std.

Vom 6.–14. 9. 1870 sollen 14 dieser Ballons aufgelassen worden sein, von denen 7 ein Ziel erreichten. Vom 16. 9.–3. 10. 1870 stiegen angebl. 13 vom Genie-Corps (Artillerieschule) hergestellte größere Papierballons auf, denen jedoch kein sonderl. Erfolg beschieden gewesen sein soll, so daß bis zur Kapitulation Ende Oktober keine weiteren Ballonaufstiege stattfanden. L: Schweizer Briefmarken-Zeitung, Nr. 9/1970.
Ob die Bez. Papillon de Metz auf dem Namen des angebl. Erfinders beruht oder von papillon (= Schmetterling) herrührt, hat sich nicht eindeutig klären lassen. Auch über die Zahl der insg. aufgelassenen Ballons herrscht in der Literatur Unstimmigkeit (es wird teils von 44 gesprochen). Jedenfalls liegen die Papillons de Metz zeitl. früher als die →Pariser Ballonpost. L: Die Sammler-Lupe, Nr. 17/1967 ff.

Pappchinese, scherzhafte Bez. aus der Sammlersprache für die DDR-Marke Mi 662, die wegen des unvorteilhaft und etwas chines. wirkenden Gesichtsausdruckes des Soldaten noch am Ausgabetag vom Schalterverkauf zurückgezogen und für ungültig erklärt wurde (→Eintagsfliegen). Bedarfsmäßige Verwendung war nur mit Stempel vom 7. 11. 1958 möglich. Danach aus Unkenntnis zur Frankatur benutzte Marken wurden nicht entwertet und seitens der Post durch Blaustifteinrahmung als ungültig gekennzeichnet, der Ortsstempel wurde daneben abgeschlagen; die BP erhob jedoch die an sich fällig gewesene Nachgebühr nicht. Im Herbst 1962 gelangten größere Mengen dieser Marke ungebraucht oder mit Gefälligkeitsentwertung versehen durch die staatl. Markenverkaufsstelle gegen Devisen zu einem etwas unter dem bis dahin eingependelten westl. Marktpreis zum Verkauf.

Papua, südöstl. Teil der Insel →Neuguinea, zunächst brit. Protektorat, dann Kolonie Brit.-Neuguinea und 1906 in die Verwaltung Australiens gegeben. Verwendet wurden anfängl. Marken von Queensland (mit entspr. Stempeln

Paquebot

von Spezialsammlern gesucht). Ab 1901 gab es eigene Marken mit Inschrift BRITISH NEW GUINEA, die nach Übernahme des Gebietes durch Australien den Aufdruck PAPUA erhielten und von 1907 bis 1932 bildlich unverändert, jedoch dann, mit dieser Inschrift versehen, in Kurs kamen. Es folgten bis zur Besetzung Neuguineas durch Japan im 2. Weltkrieg einige weitere hübsche Bildermarken. Nach Kriegsende wurde Papua mit Neuguinea zu einem Verwaltungsgebiet zusammengefaßt; es wurden aber mehrere Jahre hindurch nur austral. Marken ohne Kennzeichnung verwendet. Erst 1952 gab es wieder eigene Marken, nun mit Landesangabe →Papua und Neuguinea. L: DBZ, Nr. 23–24/1968 und 1/1969.

Papua und Neuguinea, nach Ende des 2. Weltkrieges aus →Papua und dem ab dann als Treuhandgebiet der Vereinten Nationen Australien übergebenen ehem. Deutsch-Neuguinea (→Neuguinea) entstandenes

Verwaltungs- und Postgebiet, für welches erst 1952 eigene Marken verausgabt wurden. Es sind in den seitdem vergangenen Jahren wenig über 200 Marken erschienen, von denen die ersten Ausgaben inf. geringer Auflage der höheren Wertstufen leider recht teuer geworden sind. Trotzdem kann Papua und Neuguinea als Sammelgebiet empfohlen werden; nur das Land selbst betr. Themen kommen zur Darstellung. Man lernt Fauna und Flora und das Leben in dieser fernen Welt kennen. Die Marken bieten bes. den Motivsammlern versch. Richtungen viel.
Das *and* bzw. & im Landesnamen ist seit 1972 entfallen, es heißt seit-

dem nur noch *Papua New Guinea* (Papua-Neuguinea). Das Gebiet erhielt im Dezember 1973 Selbstverwaltung, die völlige Unabhängigkeit Ende 1975. Es ist die Umbenennung in →Niugini vorgesehen; dieser Landesname wird also eines Tages auf den Marken auftreten. L: DBZ, Nr. 23–24/1968 und 1/1969.

PAQUEBOT (franz. = Postschiff, Postdampfer), Nebenstempel für an

Bord eines Schiffes aufgelieferte Sendungen und nur in Ausnahmefällen zur Markenentwertung verwendet. Auf Post von brit. Schiffen früher auch gleichbedeutender Stempel PACKET BOAT u.a.
Auf Schiffen mit →Schiffspost oder →Seepost aufgelieferte Sendungen sind auf hoher See mit Marken des Heimatlandes des Schiffes freizumachen, nach Erreichen der Hoheitsgewässer bzw. im Hafen eines anderen Landes entspr. dem dort gültigen Tarif mit dessen Marken. Erfolgte aus irgendeinem Grund die Markenentwertung nicht an Bord, wird diese vom Postamt im Übergabehafen vorgenommen. In jedem Fall (Ausnahmen gibt es!) wird auf allen von Schiffen kommenden Sendungen ein Stempel PAQUEBOT angebracht, was häufig als Nachweis der ordnungsgemäßen Freimachung mit anderstaatl. Marken erforderl. ist und ungerechtfertigte Erhebung einer Nachgebühr verhindert. Die Gestaltung der Stempel ist von Land zu Land verschieden, da in dieser Hinsicht keine internationale Vereinbarung besteht. Allg. sind kleine Rahmenstempel, aber auch Rundstempel mit Inschrift PAQUEBOT gebräuchlich; →Schiffsbrief, →Landungsstempel.

Par Aerostat →Pariser Ballonpost.

Paraguay. Diese südamerik. Republik gehört seit langem zu den sog. →Raubstaaten und produziert wie am Fließband ununterbrochen gänzl. unnötige Marken und Blocks in übermäßig großer Zahl, die teils auf dem Index der →FIP stehen, auf Ausstellungen also nicht gezeigt werden dürfen. Viele Motivsammler unterstützen aber leider die verwerfliche Ausgabepolitik der Post Paraguays und kaufen diese Marken und die →Parallelausgaben sowie die Blocks (bis Ende 1976 bereits über 260!), da bildl. →Modegebiete bevorzugt berücksichtigt werden. Selbst bei Verzicht auf die Parallelausgaben (zu von vornherein überhöhten Preisen bei geringen Auflagen) muß vor der Aufnahme Paraguays als Sammelgebiet gewarnt werden. Die alten Marken dagegen, die es seit 1870 gibt, vermögen viel Freude und die Möglichkeit zum spezialisierten Sammeln zu geben, wenn auch die Bildgestaltung lange Zeit recht langweilig gewesen ist und die exakte Bestimmung versch. Ausgaben hinsichtl. Druckart, Papier u.a. Schwierigkeiten bereitet. Die Marken Mi 27–38, 42 und 63 wurden von der Firma Giesecke & Devrient in Leipzig (heute Deutsche Wertpapierdruckerei) geliefert. Einige Paraguay-Marken kommen mit Aufdruck C (= Campana) vor. Diese wurden kleinen Landpostagenturen zugeteilt, deren Verwaltern als Einnahmequelle ein Rabatt auf den Nennwert der Marken eingeräumt war (→Rabatt bei Markenkauf). Von etl. älteren Marken Paraguays sind Fälschungen, ferner minderwertige Gefälligkeitsentwertungen bekannt.

Parahyba-Provisorium →Luftschiffbau Zeppelin.

Parallelausgaben. Verschiedene Postverwaltungen bzw. Agenturen versuchen seit Jahren die Sammler doppelt zu schröpfen. Zu den in ausreichender Auflage gedruckten gezähnten Sonder- und Gedenkmarken (auch Blocks) gibt es in wesentl. geringerer Auflage bildgleiche ungezähnte Marken und Blocks, die zu von vornherein den tatsächl. Nennwert weit übersteigenden Preisen an Sammler und Händler abgegeben werden. Es ist teils auch üblich, die ungezähnten Parallelausgaben und die gezähnten Normalausgaben postseitig z.B. im Verhältnis 1:5 zu verkaufen, wodurch der Handelspreis für erstere von Anfang an in die Höhe getrieben wird. Bes. markante Beispiele für diese verwerfliche Praxis bieten Ungarn, die →Scheichtümer am Persischen Golf u.a. Vor dem Erwerb dieser postalisch gänzlich unnötigen Parallelausgaben ist dringend zu warnen; sie stehen mit Recht auf der FIP-Liste der →schädlichen Ausgaben und sind im Michel-Katalog mit der schwarzen Raute oder durch Kursivschrift der Bewertung gekennzeichnet. Auch →Blockpaar, →Blocksatz.

Parallelsammlung. Normalerweise werden Marken entweder nur ungebraucht (heute bevorzugt) oder nur gestempelt gesammelt. Ideal ist die Anlage zweier Sammlungen, in denen beide Erhaltungszustände getrennt vorhanden sind, wobei ein Album nur die ungebrauchten, ein zweites nur die gestempelten Stücke enthält; oder man läßt in einem Album dem jeweiligen Blatt mit ungebrauchten eines mit den gestempelten gleicher Ausgabe folgen. Diese Sammelart läßt sich bei vielen Postgebieten allein aus finanziellen Gründen kaum durchführen.

Paraphe, Bez. für einen handschriftl. Namenszug, bes. die durch Zusammenziehung eines Namens entstandene Abk., die in versch. Fällen statt eines Stempels zur Markenentwertung, zur Kennzeichnung der Rechtmäßigkeit einer provisor. Ausgabe (z.B. →Perot-Marken, →Brit.-Guiana Mi 1–4), zur Bestätigung eines handschriftl. Gebühr-bezahlt-Vermerks u.a. auf Marken oder Ganzbriefen zu finden ist. Auch →Initiale.

Par avion, franz. *mit Luftpost,* auch →Poste Aérienne, internat. neben der Bezeichnung in der Landessprache vielfach gebräuchl. Zweitinschrift auf →Luftpostmarken oder in Eindrucken bei Ganzsachen für mit Luftpost zu befördernde Sendungen.

Par ballon libre = mit Freiballon; Vordruck auf →Ballon-Postkarten der →Pariser Ballonpost.

Par ballon monté = mit bemanntem Ballon. Vordruck oder handschriftl. Kennzeichnung auf mit der →Pariser Ballonpost beförderten Briefen und Zeitungen; →Par ballon non monté.

Par ballon non monté = mit unbemanntem Ballon. Vordruck auf Postkarten, die für die →Pariser Ballonpost vorgesehen waren; →Ballon-Postkarten.

par billet de Port Payé →Stadtpostbillet.

Pariser Ballonpost. Nachdem Paris im Deutsch-Franz. Krieg im September 1870 von dt. Truppen eingeschlossen worden war, ließ sich eine Verbindung mit dem unbesetzten Frankreich und der nach Bordeaux geflüchteten Regierung nur durch Freiballons bewerkstelligen (zur Verbindung in umgekehrter Richtung →Taubenpost, →Schwimmkugelpost). Der erste erfolgreiche Ballonaufstieg fand am 23. 9. 1870, der letzte am 28. 1. 1871 statt. Insg. wurden bis zur Beendigung der Belagerung 65 Ballons aufgelassen (einige Autoren sprechen von 67), von denen 54 rd. 2½ Mill. Postsendungen beförderten; einige nahmen Brieftauben mit, andere nach und nach 238 Passagiere und sogar sechs Hunde. Von diesen Ballons gingen mehrere zwar im Ausland nieder (die weiteste Fahrt während eines Sturmes führte über 1300 km nach Norwegen), aber nur drei fielen in die Hand der Deutschen, und zwei gingen im Meer verloren. Gezielte Landungen waren nur in Ausnahmefällen möglich, desh. wurde Tours als zentrale Sammelstelle der Ballonpost bestimmt, von wo die Sendungen an die Empfänger weitergeleitet wurden.
Für die Ballonpost wurden zunächst nur Faltbriefe aus dünnem Papier angenommen, was jedoch nicht immer beachtet wurde, es sind auch normale Umschlagbriefe befördert worden. Das Höchstgewicht eines Briefes durfte 4 g nicht überschreiten, und die leichtesten wurden zuerst befördert. Zahlr. Druckereien und Verlage nutzten die Konjunktur aus und boten Faltbriefe in versch. Formaten mit Vordruck *Par ballon monté, Par le ballon, Par Aerostat* u.a. an. Vordrucklose Faltbriefe wurden in ähnl. Art handschriftl. gekennzeichnet; auch →Ballon-Postkarten. Zahlreich waren auf dünnstem

Papier gedruckte Ballonpostzeitungen, die das dafür vorgeschriebene Höchstgewicht von 3 g einhielten. Am bekanntesten ist »La Gazette des Absents«, die zwei- bis dreimal wöchentl. erschien, auf zwei Seiten Nachrichten aus Paris enthielt, während zwei leere Seiten für Mitteilungen des Absenders bzw. nach entspr. Faltung für die Anschrift vorgesehen waren. Von dieser Zeitung erschienen bis zum Ende der Belagerung und Ballonpost 32 Nummern. Daneben gab es viele weitere ähnl. gestaltete Zeitungen, z.B. La Dépêche-Ballon, Le Montgolfier und die franz.-dt.-sprach. Zeitungsbriefe der Havas-Agentur.
Von sämtl. Ballons sind die Aufstiegszeiten, Ort und Zeit der Landung sowie die zur Markenentwertung verwendeten Stempel bekannt, so daß auch Briefe ohne Vermerk als Ballonpostbriefe identifiziert werden können. Trotzdem ist gegenüber allen als Pariser Ballonpost angebotenen Briefen äußerste Vorsicht am Platze; vor dem Erwerb sollte unbedingt ein Experte befragt werden. Das Sammelgebiet Pariser Ballonpost ist ungemein interessant, anges. der je nach Ballonfahrt teils wenigen erhalten gebliebenen Briefe und Zeitungen jedoch teuer; solche Objekte sind fast nur über eine Auktion erhältlich. L: 3. 12. und Die Sammler-Lupe, Nr. 1/1968.

Pariser Ballonpost

Pariser Druck, philat. Bez. für die in Paris gedruckten →Hermesköpfe Griechenlands (Mi 1–8, 10 I–14 I, 45, 46).

Pariser Stadtpost. Bis weit in das 19. Jh. hinein befaßte sich die Post vieler Länder nicht mit Ortsbriefen, manchmal auch nicht mit solchen, die an Empfänger in einer geringen Entfernung von den Städten gerichtet waren. Der Ortspostdienst erschien zu wenig einträglich und wurde Privatunternehmen überlassen. Das hatte u.a. zur Folge, daß die dt. →Privatpostanstalten bis März 1900 bestehen und teils florieren konnten (auch →Penny Post, →Klapperpost).
Die erste Stadtpost dieser Art wurde 1653 durch den damal. Pächter der franz. Post, Renouard de Villayer, mit königl. Genehmigung für Paris eingerichtet. Diese Pariser Stadtpost hätte auf das Postwesen in Europa revolutionierend wirken können, doch wurde sie nicht allg. bekannt und bestand nur bis in die 1660er Jahre. Es gab eine einheitl. Beförderungsgebühr, und sogar Briefkästen wurden aufgestellt. Letztere hatten nur einen praktischen Sinn, wenn dem Absender auch die Vorauszahlung des Portos ermöglicht wurde. Hierzu einen Weg gefunden zu haben, wird einer Madame Anne de Longueville

zugeschrieben. Diese Dame soll die am 8. 8. 1653 erstm. verausgabten streifbandähnl. Papiere (Billet de port payé genannt) angeregt haben, die um den Briefbogen zu legen oder sonstwie daran zu befestigen waren. Diese Streifbänder wiesen außer einer senkrecht verlaufenden Bordüre folgenden und teils vom Absender zu ergänzenden sechszeil. Vordruck auf: *Pour Monsieur / demeurant en la rue / (par Billet de Port Payé) / PARIS / JOUR de / L'an mil six cent cinquante* (= An Herrn / wohnhaft in der Straße / (durch vorausbezahltes Billett) / Paris / den / im Jahr 16 . . .). Als Entwertung der Streifbänder wurde die Ausfüllung der Vordrucke, die an zahlr. Stellen innerh. von Paris zum Preis von 1 Sou erhältlich waren, angesehen; auch →Bishop-Stempel.

Paris par Moulins, handschriftl. Vermerk auf äußerl. unscheinbaren Briefen mit Frankreich-Marken, der das Verlangen des Absenders zur Beförderung mit der →Zinkkugelpost zum Ausdruck brachte.

Parlamentsmuster, Bez. aus der Sammlersprache für zahlreiche

Marken Ungarns von 1917 bis 1933 (ohne oder mit versch. Aufdrucken), auf denen das Parlamentsgebäude in Budapest wiedergegeben ist.

Par le ballon →Pariser Ballonpost.

Parma, ehem. Herzogtum in Italien mit eigener Staatspost und Marken ab 1852 (Mi 1–11) und zwei Zeitungsmarken mit Landesangabe *STATI PARM.*, ab 1857 *DUC DI PARMA*. Eine 1859 gebildete provisor. Regierung, unter der vier weitere Marken erschienen (Mi 12–16, Landesangabe *STATI PARMENSI*), leitete den Anschluß an das Königreich Sardinien (ab 1860 Italien) ein.

Parteidienstmarken, eine auf das sog. Dritte Reich beschränkte Markenart zur Freimachung von Sendungen der Parteidienststellen und Landesbehörden (Deutsches Reich MiD 132/54, 166/77).

Partisanenmarken →Aufständischen-Marken.

Partnerschafts-Ausstellung, auch Jumelage (franz.) genannt; für kleinere Veranstaltungen beliebt gewordene Ausstellungsart, bei welcher der Sammlerverein z. B. aus einer westdt. Stadt vom Verein aus der franz. Stadt, mit der ein Partnerschaftsverhältnis besteht, zur Teilnahme eingeladen wird. Diese Ausstellungen sind häufig sehr interessant, weil allein schon die Sammelrichtung und -auffassung in zwei Ländern z. T. recht verschieden sein können und Material zur Schau gestellt wird, das auf Ausstellungen dieser Größenordnung sonst nicht zu sehen ist.

par un ballon, handschriftl. Kennzeichnung auf Briefen, die 1793 mit →Ballonpost aus Valenciennes befördert wurden.

Passagier-Billett, auch Passagier-Schein, von Freunden der →Vorphilatelie gern gesammelte Scheine, die an die →Postkutschenzeit erinnern. Es gab auch Passagier-Billetts für mitgeführte Hunde und andere Tiere.

Passagierschein →Fahrpostschein.

Passerkreuz, auf einem Bogenrand auftretendes farbiges Kreuz aus dünnen Strichen, das bei Zwei- oder Mehrfarbendrucken zur richtigen Zuführung bzw. Ausrichtung der Papierbogen dient, um Verschiebungen der Bildpartien zu vermeiden. Da auch andere diesbezügl. Kennzeichnungen gebräuchl. sind, wird oft allg. von →Anlagezeichen gesprochen. Bei einfarbigen Marken auf dem Bogenrand auftretende Passerkreuze sind ein Hilfsmittel zur richtigen Einlage in die Zähnungsmaschine. Anstelle des Passerkreuzes tritt manchmal auch der →Nadelpunkt, bes. wenn damit

nur die Ausrichtung der Bogen in der Zähnungsmaschine bezweckt wird; →Leitstriche.

Passerpunkt, weniger gebräuchl. Bez. für →Nadelpunkt; auch →Passerkreuz.

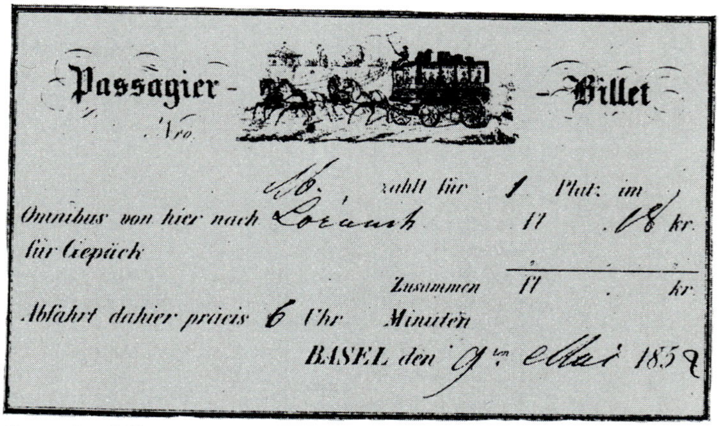
Passagier- Billet
Nro.
zahlt für 1 Plat: im
Omnibus von hier nach Lörrach 17 18 kr.
für Gepäck
Zusammen 17 kr.
Abfahrt dahier präcis 6 Uhr Minuten
BASEL den 9ten Mai 1857

Passagier-Billett

Passerverschiebung, Bez. für Markenbilder im Zwei- oder Mehrfarbendruck mit entspr. mehreren Arbeitsgängen, bei denen trotz Vorhandenseins von →Passerkreuzen die Zuführung des Papiers nicht exakt erfolgte und die einzelnen Bildpartien nicht genau über- bzw. aneinander passen. Es ergeben sich Verschiebungen, die gelegentl. ein oder mehrere Millimeter betragen und dann von Spezialsammlern beachtet werden. Passerverschiebungen sind jedoch keine Abarten oder Fehldrucke, sie gehören zu den vielen vorkommenden Druckmängeln. Außerdem kommt ihnen nur in Ausnahmefällen ein bes. Wert zu, eine Katalogisierung findet nur selten statt. L: 1. 3.

Patentpapier, auch Sicherheitspapier, allg. Bez. für früher übl. Papiere, deren Verwendung Fälschungen zum Schaden der Post verhindern sollte. Nur das Dickinson-Papier (→Seidenfadenpapier) führte sich ein; das →Douglas-Patentpapier u.a. war zu teuer.

Patiala, ehem. brit.-ind. →Vertragsstaat, für den von 1884 bis Ende 1950 insgesamt 109 Frei- und 76 Dienstmarken verausgabt worden sind, die durch Aufdruck *PATIALA STATE* oder nur *PATIALA* bzw. zusätzlich *SERVICE* auf Freimarken von Britisch-Indien entstanden und im gesamten Kaiserreich Indien gültig waren.

Patmo, auch Patmos, Aufdruck auf ital. Marken, →Ägäische Inseln.

Patmos, auch Patmo, Aufdruck auf ital. Marken, →Ägäische Inseln.

Patriarchenkreuz, Bez. für ein Wasserzeichen bei ungarischen Marken von 1913 bis 1947 in vier verschiedenen Mustern, das sich bei bild- und farbgleichen Werten nicht immer genau bestimmen läßt, wenn nur Einzelmarken vorliegen. Noch schwieriger ist das beim Wasserzeichen »Ellipsen und Buchstaben« oder »Stephanskrone einzeln«. In allen diesen Fällen handelt es sich um →Bogenwasserzeichen, d.h. es entfällt auf die einzelne Marke nur ein Bruchteil des Gesamtwasserzeichens.

Patriotic Covers = patriotische Briefumschläge, philat. Begriff für illustr. Briefumschläge, die erstmals anläßl. der Wahl des Präsidenten der USA 1860 auftauchten und die bereits bestehenden Spannungen zwischen den Nord- und Südstaaten durch allerlei Zeichnungen deutlich machten und vertieften. Die Zahl der verschiedenen, teils in nur sehr kleinen Auflagen von priv. Seite hergestellten Patriotic Covers stieg während des sog. Sezessionskrieges 1861–1865 beträchtlich an; sie gaben dann vorw. kriegerische Szenen und Texte wieder. Da minderwertiges Papier verwendet werden mußte, sind die Umschläge vielfach schlecht erhalten und vergilbt, aber auch dann noch und je nach Ausgabe bzw. Darstellung oft sehr wertvoll, wobei auch die Art der Freimachung (mit aufgeklebter Marke, Barfreimachung usw.) eine Rolle spielt.

Patrize, für →Prägedruck erforderl. Gegenstück zur Prägeplatte, kommt aus angefeuchteter weicher Pappe auf den Druckzylinder und gibt nach dem Erhärten die Prägung auf das Papier.

P-Aufdruck, auf Freimarken u.a. einiger Länder aus ähnl. Grund wie →T-Aufdruck (P = Porto). Vorsicht bei ung. Marken von 1918/19; der P-Aufdruck war zwar amtl. zu-

gelassen, doch sind zumindest die meisten losen Marken dieser Art als Machwerke zu betrachten; auch →PORTO-Aufdruck.

Paul, Curt, 1894–1958, aus Chemnitz (heute Karl-Marx-Stadt) stammender bedeutender Philatelist, der sich um die Erforschung von postalischen Notmaßnahmen bes. verdient gemacht hat und u.a. den ersten »Gebührenstempel-Katalog 1945/48« herausgegeben hat. Auch →Curt-Paul-Medaille.

Pauli, Emil, 1855–1943, bedeutender dt. Philatelist, der sich seinerzeit bes. um Fälschungsbekämpfung und damit in Zusammenhang stehende strafrechtliche Fragen beschäftigte und darüber mehrere Schriften verfaßte, die leider wenig Erfolg hatten.

Pauschalfrankiert, anstelle Eindruck »Gebühr bezahlt beim Post-

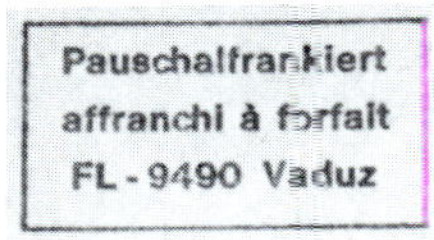

amt ...« (in der BRD) in der Schweiz und Liechtenstein übl. Kennzeichnung mit Zusatz in Franz. und Name des Auflieferungsortes auf Massensendungen, für die das Porto vom Absender pauschal bezahlt wurde.

Pauschalzahlung, ein Verfahren, bei dem die Beförderung aller Sendungen innerh. eines vereinbarten Zeitraumes (meist ein Jahr) vom Absender an die Post im voraus abgeführt wird; die Höhe der Zahlung wird an Hand von Stichproben oder einer genauen Statistik (→Zählmarken) ermittelt. Die Pauschalzahlung wurde bes. von dt. Behörden und Dienststellen während der Möglichkeit zum Abschluß von →Portoablösungsverträgen gewählt. Die pauschale Portovorauszahlung ist bereits bei der chines. Post im 15. Jh. bekannt gewesen, wovon Handelshäuser mit umfangr. Postversand Gebrauch machten.

Pay-Office-Briefe. Im Königreich Hannover bestand eine Zahlstelle der englischen Militärversorgungsanstalt Chelsea bei London, das »British Pensioners Pay-Office« (= britisches Zahlbüro für Pensionäre), später auch »British Pay-Office« genannt. Für den Briefwechsel mit den Pensionären wurden spe-

zielle Formulare verwandt, nach dem Aufdruck als »Pay-Office-Briefe« bezeichnet. Das Pay-Office war notwendig, weil es in Hannover infolge der Personalunion mit England und der Kgl. Deutschen Legion, die sich in englischen Kriegen große Verdienste erwarb, eine große Anzahl engl. Pensionäre gab. Die Pay-Office-Briefe können als →Ganzsachen aufgefaßt werden und waren als »On His (Her) Britannic Majesty's Service« portofrei.
L: Schnoor, Beiträge zur Geschichte der Kgl. Hannoverschen Post.

P.C., Stempel mit dieser Inschrift →Porto-Kontrolle.

PCP, Aufdruck auf versch. Marken Bulgariens, die von 1906 bis 1919 als Dienstmarken der Telegrafenverwaltung benutzt wurden.

PD, auch P.D. = franz. payé à destination (Porto bis zum Bestimmungsort bezahlt), kleiner Nebenstempel auf alten Briefen mit diesen Buchstaben, der besagte, daß die Gebühr vom Absender bis zum Wohnort des Empfängers vorausbezahlt worden war, was bes. beim grenzüberschreitenden Postverkehr wichtig, jedoch nicht immer möglich war, weil der Empfänger sonst eine entspr. Nachgebühr zu zahlen hatte, die durch →Transitgebühren sehr hoch ausfallen konnte. Auf Briefen aus der Schweiz nach best. Überseeländern, die mit franz. Postschiffen zu erreichen waren, kann PD aber auch bedeuten, daß das Porto nur bis zum Einschiffungshafen vorausbezahlt wurde. Ganz im Gegensatz zu dem Gesagten steht PD in gewissen Fällen jedoch auch für port du = unfrankiert; →PF.

PE, Aufdruck auf Marken der →SCADTA für den Gebrauch in Peru.

Pelurepapier, Bez. für ein sehr dünnes (bedruckt auf der Rückseite durchscheinend), aber reißfestes Papier, das nur selten für den Briefmarkendruck verwendet worden ist (z.B. Teilauflagen Kroatien Mi 47–65).

Penang, seit 1965 neuer Landesname Pulau Pinang, Insel vor der Küste der Halbinsel Malakka und ehem. brit. Kronkolonie unter der Verwaltung von Straits Settlements, für die erst ab 1948 eigene Marken erschienen sind. 1957 wurde Penang Teil des →Malaiischen Bundes bzw. seit 1963 →Malaysias.

Penny Black, auch Black Penny, internat. gebräuchl. Bez. aus der Sammlersprache für das erste aufklebbare Postwertzeichen der Welt, die Marke Großbritannien Mi 1. Auch →Penny Blue.

Penny Blue, Bez. aus der Sammlersprache für die blaue 2-Pence-Marke Großbritanniens von 1840 (Mi 2), die eigentlich immer im gleichen Atemzug mit der →Penny Black genannt werden müßte, wenn von der ersten Briefmarke überhaupt gesprochen wird, da die blaue Marke ebenfalls am 6. Mai 1840 erstmals zur Verwendung gekommen ist.

Penny Porto System. Aufgrund der Denkschrift von Rowland →Hill wurde im Sommer 1839 vom brit. Parlament die vorgeschlagene Postreform beschlossen (Penny Porto Bill) und mit deren Durchführung Hill beauftragt. Das Penny-Porto für Standardbriefe wurde jedoch nicht sofort eingeführt, vielmehr gab es als Übergang vom 5. 12. 1839 bis 9. 1. 1840 zunächst eine einheitl. Gebühr von 4 d für Briefe bis 1/2 Unze Gewicht über beliebige Entfernungen in Großbritannien und Irland. Ab 1. 1. 1840 trat an die Stelle dieses Einheitstarifs die »Uniform Penny Rate«, wonach leichte Briefe nur noch 1 d kosteten, schwerere 2 d usw. Das war die Vorbereitung für den 6. 5. 1840, den ersten Gültigkeitstag der ersten aufklebbaren Postwertzeichen der Welt (Großbritannien Mi 1 und 2); →Chalmers, James, →Dockwra, William.

Penny Post →Dockwra, William.

Penrhyn, zur Gruppe der →Cook-Inseln gehörende Insel mit eigenen Markenausgaben von 1902 bis 1932. Danach wurden wieder die Gemeinschaftsausgaben für alle Cook-Inseln verwendet. Im Herbst 1973 wurde völlig unnötig wieder

mit der Ausgabe eigener Marken begonnen. Zunächst erhielten die kursierenden Dauerwerte der Cook-Inseln den Aufdruck *PENRHYN* bzw. *PENRHYN NORTHERN*. Seitdem sind schon sehr viele nette Sondermarken verausgabt worden, mit denen allerdings nur die Sammler bestimmter Motivrichtungen angesprochen und zum Kauf angeregt werden sollen. Das geringe Postaufkommen auf der Insel rechtfertigt die allzu vielen Marken nicht. Auch →Aitutaki, →Rarotonga. L: DBZ, Nr. 16/1966.

Perak, einheim. Sultanat auf der Malakka-Halbinsel und bis 1957 unter brit. Schutz stehend mit eigenen Marken von 1878 bis 1900; danach wurden bis 1935 die Gemeinschaftsausgaben für den →Malaiischen Staatenbund verwendet. Unterbrochen von den jap. Besetzungsausgaben während des 2. Weltkrieges und den Marken von Straits Settlements mit Aufdruck BMA/MALAYA, kamen ab 1948 wieder bes. Marken für Perak heraus, das 1957 Mitglied des →Malaiischen Bundes wurde bzw. seit 1963 →Malaysias ist; auch →Malaya.

Perfins, Abkürzung aus dem Englischen für perforated initials = eingelochte Buchstaben oder Initialen, internat. verständl. Bez. aus dem engl. Sprachraum für →Firmenlochung.

Perfix-Zähnung. Die in Wien gedruckten Auflagen der Markwerte zur Hitler-Dauerserie Deutschlands (Mi 799 A–802 A) wurden mit der dort vorhandenen Linienzähnungsmaschine gezähnt, die 12½ zähnte. Die Perfix-Zähnung ist außerdem kenntl. an den kleinen und meist unsauberen (nicht voll ausgestanzten) Zähnungslöchern sowie dem ungleichmäßigen Abstand zwischen diesen. Vom Jahre 1944 ab wurden diese Marken mit sauberer Kammzähnung 14 verausgabt.

Perforation, Fremdwort für jede Art von Durchlochung bzw. Zähnung (auch Durchstich).

Pergamentpapier, durch Behandlung des fertigen Papiers mit Schwefelsäure u.a. Chemikalien gewonnen, das in der echten Form für Briefmarkendruck bisher noch nicht verwendet worden ist. Dem Pergamentpapier am ähnlichsten kommt das Papier der Marken für die Prov. Sachsen (Mi 90/1, Deutschland, Sowj. Zone), das vom Michel-Katalog als »Zigarettenpapier« bezeichnet wird, in dieser Art aber wohl noch niemals tatsächl. zur Zigarettenherstellung verwendet wurde; →Zigarettenpapier, →Notpapiere.

Pergaminpapier, nach Spezialverfahren hergestelltes dünnes, durchsichtiges Papier mit beachtlich hoher Reißfestigkeit, das für Haltestreifen in Einsteckalben, für Tüten zur vorübergehenden Aufbewahrung von Marken u.a. sowie gummiert für Klebefalze verwendet wird.

Perlis, einheim. Sultanat auf der Malakka-Halbinsel mit eigenen Marken seit 1948. Perlis stand bis 1909 unter der Oberherrschaft Thailands, danach unter brit. Schutz. Bis zur Besetzung durch Japan während des 2. Weltkrieges wurden die Marken von →Kedah verwendet. Perlis ist seit 1957 Mitglied des →Malaiischen Bundes bzw. seit 1963 →Malaysias; auch →Malaya, →Thailand.

Permanentalbum, heute kaum noch gebräuchliche Bez. für Briefmarkenalben, die mit zwei Schraubmechanismen ausgestattet sind, wodurch ein Auswechseln der Blätter bzw. Einfügung von Nachträgen möglich wird. Diese Albumform ist inzwischen weitgehend durch →Klemmalben verdrängt worden.

Perot-Marken, Begriff aus der Sammlersprache für die beiden ersten Wertzeichen der Bermuda-Inseln (Mi I und II). Posthalter in Hamilton auf den Bermudas war 1818–1862 im Nebenberuf William B. Perot, dem für seine Tätigkeit ein Jahresgehalt von £ 70 gezahlt wurde, außerdem erhielt er die Portoeinnahmen für Inlandssendungen. Perot war sehr fortschrittlich und hatte zur Bequemlichkeit der Postkunden schon sehr früh einen Briefkasten an der Gartentür seines Hauses angebracht, in den Briefe und das Portogeld eingeworfen werden konnten. Außerdem benutzte er bereits von 1848 an aufklebbare Wertzeichen, die er sich durch schwarzen oder roten Abdruck des Poststempels HAMILTON / BERMUDA mit auswechselbarer Jahreszahl in der Mitte auf gummierte Papierbogen selbst herstellte. Die Wertangabe trug Perot handschriftl. ein und zeichnete die »Marken«, von denen elf Stück erhalten geblieben sind, mit seinem Namenszug.
Stempel PAID AT HAMILTON. BERMUDA und PAID AT ST. GEORGES. BERMUDA (Posthalter J. H. Thies) wurden als Barfreimachungsstempel direkt auf dem Brief abgeschlagen; von beiden sollen jedoch je vier Stück als »Marken« auf Brief aufgeklebt existieren. L: 3. 1., 3. 14.

Permit, engl. = Genehmigung, Inschrift in →Absenderfreistempeln, bes. in den USA.

Per Pacchi, ital. = als Paket, Aufdruck auf den →Paketmarken des Vatikanstaates.

Persien →Iran.

Peru, philat. gesehen ein interessantes Land, denn die Post suchte, da sich die Fertigstellung der ersten Staatspostmarken (Mi 3–5) verzögerte, Hilfe bei der priv. Schifffahrtslinie Pacific Steam Navigation Company und übernahm deren Privatpostmarken, um der am 1. 12. 1857 angekündigten Ausgabe von Postwertzeichen nachkommen zu können (Mi 1–2, auch →Gewichts- und Wertangabe auf Marken). Ferner stammen aus Peru die ersten →Rollenmarken (Mi 10 und 11), und Mi 16–17 gehören zu den ersten Marken mit – allerdings primitiver – Darstellung einer Lokomotive. Großbritannien unterhielt in sechs Städten von 1862 bis 1879 Konsulatspostämter, die brit. Marken ohne Kennzeichnung und Balkenovalstempel C 36, C 38, C 42, C 43, C 87 und D 74 benutzten; solche Stücke (auch lose mit einwandfrei erkennbarem Stempel) werden von Spezialsammlern sehr gesucht (→Used abroad). Während der Zeit des sog. Salpeterkrieges zwischen Peru und →Chile erschien eine ganze Anzahl amtl. Notausgaben (Mi 37–66) sowie viele Lokalausgaben, darunter solche mit gleichem Hufeisenaufdruck wie bei einigen unter Chile katalogisierten Besetzungsausgaben. Seit etwa 40 Jahren hat Peru manche ansprechende Marken verausgabt. Da eine vernünftige Ausgabepolitik mit verh. wenigen Neuheiten im Jahr betrieben wird und dafür vorw. das Land selbst oder die Zusammenarbeit der amerik. Staaten betreffende Anlässe zugrunde liegen, kann Peru als Sammelgebiet empfohlen werden. L: 3. 11.

Pestbrief →Cholerabrief.

Petite Poste = Kleine Post. Wie in anderen Ländern (z.B.

→Dockwra-Post, →Klapperpost) befaßte sich auch die franz. Staatspost lange Zeit nicht mit Besorgung von Ortsbriefen bzw. Zustellung der von auswärts eingehenden Sendungen; das blieb priv. Unternehmen überlassen. So gründete ein Piarron de Chamonsset 1760 in Paris eine Stadtpost, die das Stadt-

gebiet sowie die Bannmeile bediente und derart einträgl. war, daß die Einrichtung schon nach kurzem Bestehen zwangsweise an die Staatspost abgetreten werden mußte. Zum Tag der Briefmarke 1961 verausgabte die franz. Post eine Sondermarke mit Darstellung eines Briefträgers der Petite Poste (Mi 1339).

Petschaftstempel →Monogrammstempel.

Petschili-Notausgaben (Petschili heute Bucht von Po Hai). Hierzu werden außer der →Tientsin-Aushilfsausgabe noch unüberdruckte →Germaniamarken (Mi 54–66) sowie – in Peking verwendet – solche in →Schiffstype für das deutsche Pachtgebiet Kiautschou (Mi 5–17) gezählt, die während des Boxer-Krieges 1900/01 von den Feldpostanstalten in China geführt und von den Angehörigen des Expeditionskorps verwendet wurden. Derartige Marken sind nur an versch. Entwertungsstempeln kenntlich und, wenn deutl. identifizierbar, auch als lose Stücke selten und wertvoll; sie sind im Michel-Katalog unter den Nr. Va-VI und VIa–VIn angeführt. Die dort außerdem katalogisierten Marken Vaa/b–Vaf (Adlerausgabe) gehören lt. L 3. 6. nicht zu den Petschili-Ausgaben.

Peuerbacher-Brief, im Zusammenhang mit dem →Spittaler Brief wenig später gleichfalls Aufsehen erregender Fund, mit dem bewiesen werden sollte, daß es bereits Anfang 1841 in Österreich aufklebbare Briefmarken gegeben habe. Der in Peuerbach am 15. 2. 1841 aufgegebene und nach Linz gerichtete Brief ist in der Mitte unten mit einem blauen Etikett mit zweizeil. Inschrift *Franco / tutto* (ital. = etwa ganzes Porto bezahlt) beklebt. Diese Zettel sollen anstelle eines sog. Frankostempels vom Postamt Peuerbach zur Kennzeichnung der Vorausbezahlung des Portos verwendet, aber nicht an Postkunden abgegeben worden sein. Der seinerzeit vorgelegte Brief ist als absolut echt begutachtet worden; das Etikett kann im philat. Sinne jedoch nicht als Postwertzeichen angesehen werden. L: Collegium philatelicum, Nr. 2/1964.

PF, franz. payé jusqu'à la frontière (= bis zur Grenze bezahlt), kleiner Nebenstempel auf alten Briefen mit diesen Buchstaben, der besagt, daß das Porto für einen Brief in das Ausland vom Absender nur bis zur Grenze vorausbezahlt wurde (darüber hinaus früher vielfach gar nicht möglich gewesen). Das weitere Porto wurde vom Empfänger eingezogen; →PD, →PP. PF kann u. U. aber auch port franc = portofrei bedeuten.

PFä, in Schreibschrift und Viereckrahmen Kennzeichnung im Michel-Katalog u. a. für vorkommende Postfälschung. Auch →F, →FALSCH.

Pfadfindermarken, 1. zwei in →Mafeking lokal hergestellte und bedarfsmäßig verwendete Marken. Die zu 1 d wurde zur Freimachung von Briefen innerh. der belagerten Stadt verwendet, die zu 3 d für an milit. Vorposten gerichtete Sendungen. Da der Botendienst von Jugendlichen ausgeübt wurde und auf der 3-d-Marke ein Porträt des Generalmajors Baden-Powell dargestellt ist (während der Belagerung Stadtkommandant von Mafeking), der 1908 die Pfadfinderbewegung (Boy Scouts) ins Leben rief, kamen beide Marken unter den Sammlern zu dieser Bezeichnung. Mit →Pfadfinderpost haben sie nichts zu tun gehabt. Ein postal. Bedürfnis zur Ausgabe dieser und der anderen Marken für Mafeking hat nicht bestanden. Die Herstellung erfolgte primitiv im Lichtpausverfahren, weshalb eigentl. weiße Stellen bläulich getönt sind. L: 3. 1. – **2.** Für eine tatsächl. von Pfadfindern während vier Wochen betriebene Postbeförderung hat es in der Tschechoslowakei 1918 zwei Marken im kombinierten Buch-Prägedruck gegeben (Mi I und II, vor Mi 1). Die zu 10 H. (Haléru) war als Zustellgebühr für Postkarten und Drucksachen, die zu 20 H. für Briefe, Telegramme u. a. vorgesehen. In geringer Auflage wurde auch eine Postkarte mit 10-H.–Wertstempeleindruck verausgabt (Ganzsache). Marken und Karte konnten nur für best. Zwecke benutzt werden und sind desh. als eine Art Zustellungs-Dienstmarken anzusehen. Die Inschriften lauten übersetzt oben »Tschech. Pfadfinderpost«, unten »Im Dienst der Nationalen Regierung«. Die vom Empfänger einzuziehende Gebühr verblieb den Pfadfindern. Auf Ganzstück sind beide Marken äußerst selten. Einige wenige Marken wurden anl. der Ankunft des Präsidenten Masaryk mit einem Aufdruck versehen und sollen auch verwendet worden sein. Weitere Aufdrucke mit vier versch. Texten sind bekannt, aber nicht gebraucht worden. Zur Entwertung sind drei Stempelarten bekanntgeworden, darunter eine, die nur als Empfangsbestätigung diente und entspr. Inschriften aufwies. →Pfandfinderpost. L: Wiener Briefmarken-Spiegel, Nr. 4/5, 1970. – **3.** Außer diesen »echten« Pfadfindermarken gibt es seit über 30 Jahren zahllose der weltweiten Organisation gewidmete Sonder- und Gedenkmarken zu versch. Jubiläen oder Veranstaltungen im Ausgabeland bzw. zu internationalen Jamborees, den Festtagen der Pfadfinder. Das Motiv bzw. Thema »Pfadfinder auf Briefmarken« erfreut sich großer Beliebtheit, man bekommt Marken aus aller Welt in das Album, denn Pfadfinder gibt es überall, auch in den Inselreichen im Pazifik.

Pfadfinderpost. 1. Bei Ausrufung der Tschechoslow. Republik am 28. 10. 1918 bestand noch kein regulärer Postdienst. Schnelle Nachrichtenübermittlung zwischen Prager Burg, Parlament, Rathaus, anderen Dienststellen und der Wohnung einzelner Regierungsmitglieder in Prag oder näherer Umgebung war aber erforderlich. Die tschech. Pfadfinder sprangen ein und organisierten einen Tag und Nacht zu Fuß oder mit irgendeinem Verkehrsmittel betriebenen Botendienst, der mit amtl. Genehmigung bis 25. 11. 1918 tätig war. Am 7. 11. wurde vom Nationalkomitee sogar eine »Dienstvorschrift der tschech. Pfadfinder bezügl. der Zustellung von Briefen und Karten« erlassen, wodurch die Einrichtung offiz. Charakter erhielt und die →Pfadfindermarken als eine Art Zustellungs-Dienstmarken anerkannt wurden. Jede überbrachte Sendung mußte vom Empfänger in einem von den Pfadfindern mitgeführten Buch oder auf dem Umschlag selbst (der an die Zentrale der Pfadfinderpost zurückzugeben und dann teils mit einem bes. Gummistempel mit handschriftl. Eintragungen versehen war) bestätigt werden. Die Pfadfinderpost trat am 21. 12. 1918, dem Ankunftstag des Präsidenten Masaryk, nochmals kurz in Tätigkeit, wozu jedoch aus postal. Gründen kein Anlaß mehr bestanden hat. L: Wiener Briefmarken-Spiegel, Nr. 4/5, 1970. – **2.** Wohl in Erinnerung an diese einem echten Bedürfnis entsprungene Postbeförderung richtete der »Philatelistische Pfadfinderzirkel Brünn« (!) anl. der Briefmarkenausstellung BRNO 1968 zwischen Ausstellungslokal und Zentrale der Ausstellungsleitung einen Botendienst ein. Die Sendungen wurden mit Briefverschlußetiketten des Brünner Briefmarkensammlervereins mit Aufdruck KURYNI SLUZBA (= Kurierdienst) vorderseitig beklebt und mit einem bes. Gummistempel versehen. War Weiterbeförderung mit der Staatspost erforderlich, mußten die Sendungen mit tschech. Marken lt. Tarif freigemacht sein. Eine nette Spielerei zur Freude vieler Sammler. – **3.** Auch in Warschau soll es von August bis Oktober 1944 eine Pfadfinderpost gegeben haben. L: Sammler-Dienst, Nr. 24/75. Auch →Pfadfindermarken.

Pfandhaus →Briefmarken-Leihhaus.

Pfefferminzgummi. Klagen aus dem Publikum wegen schlechten Geschmacks der Gummierung beim Anfeuchten der Marken mit der Zunge veranlaßten die BP, der Gummilösung für einige Sonder- und Gedenkmarken ab Stifter-Marke von 1955 (Mi 220) Pfefferminzöl beizumischen. Aber auch dieser Geschmack befriedigte nicht – nicht jeder mag Pfefferminz –, weshalb diese nicht alltägl. Gummierung bald wieder aufgegeben wurde. Die neueren Gummisorten, bes. der →Kunststoffgummi, haben keinerlei Eigengeschmack mehr.

Pfennigwerte, Bez. aus der Sammlersprache für solche Marken, die in riesigen Stückzahlen ungebraucht oder gestempelt erhalten geblieben sind und deshalb im Handel und Tauschverkehr nur wenige Pfennige wert sind und zur →Massenware gehören.

Pferdepost →Postkutschen, →Postkutschenzeit.

Pflanzenfaserpapier. Einige Kleinstaaten Indiens haben für ihre primitiven eigenen Marken aus den Fasern versch. einheim. Pflanzen hergestelltes Papier verwendet.

Pflastergeld →Chausseegeld.

Phantasiemarken →Schwindelmarken.

Phasendrucke, absichtlich hergestellte →Druckproben, bei denen zu Kontrollzwecken jede einzelne Farbe separat und schließlich in stufenweisen Kombinationen entsprechend dem Druckablauf bis hin zum endgültigen Postwertzeichen dargestellt wird. Solche Erzeugnisse werden oft mit →Abarten verwechselt, bei denen ein oder mehrere Druckgänge ausgefallen sind (→ausgefallener Druck). Am bekanntesten dürften Phasendrucke vom Block 13 der Schweiz (IMABA 1948) sein, die relativ oft im Handel angeboten werden. Phasendrucke sind eine rein innerbetriebliche Angelegenheit einer Wertzeichendruckerei und haben nichts mit Abarten oder Postwertzeichen zu tun.

Philatelic Press Club, in den USA beheimatete Organisation philatelistischer Journalisten, der anzugehören eine besondere Ehre ist. Die Mitglieder erhalten zweimal monatlich »Reports for Members« mit anderweitig oft nicht zugänglichen Informationen, auch →A.I.J.P.

Philatelie, aus dem altgriech. Wort philos = Freund und ateleia = Gebührenfreiheit abgeleitetes Kunstwort (über die genaue Auslegung bestehen Meinungsverschiedenheiten), das schon 1865 vom franz. Sammler M. Herpin als internat. verständl. Begriff für die Beschäftigung mit Briefmarken, Stempeln usw. vorgeschlagen wurde und sich in kürzester Zeit in aller Welt (entspr. der jeweil. Landessprache auch in etwas abgeänderter Schreibweise) durchsetzte. In neuester Zeit gab Dr. Kanner/Israel eine interessante andere Deutung des Wortes: phil = Liebe, a = ohne, telos = Ende, also »Liebe ohne Ende«! Einige Sprachen kennen kein Ph, dort wird Filatelie, Filatelia, Filatelico u.ä. geschrieben. Der Versuch, in Deutschland in Anlehnung an Foto statt Photo die Schreibweise Filatelie einzuführen, ist bisher nicht gelungen. In bezug auf die Art der Sammeltätigkeit wird häufig ein Unterschied gemacht und von Sammler und Philatelist gesprochen, was z.T. gerechtfertigt erscheint. Der Sammler begnügt sich mit dem Zusammentragen einer →Katalogsammlung oder →Motivsammlung, der Philatelist beschäftigt sich darüber hinaus mehr oder weniger intensiv z.B. mit Abarten und Typen, Stempelformen und deren Verwendungszeiten, u. U. auch mit der Postgeschichte eines Landes u. a., wozu umfangr. Literaturstudium notwendig ist. Hierfür haben sich teils auch andere Begriffe eingebürgert, so Briefmarkenkunde in Deutschland, Timbrologie in Frankreich. Die Autorschaft von M. Herpin als »Erfinder« des Begriffs Philatelie wird neuerdings umstritten. Vermutet wird, daß Arthur →Maury der eigentliche »Vater« ist, da das Wort Philatelie in der von ihm verlegten Zeitschrift »Collectionneur de Timbre Poste« (No. 1/1864) ohne Verfassernamen erstmals vorgeschlagen wurde. Der Artikel war überschrieben mit *Baptème* (= Taufe). Andererseits wird im gleichen Heft Herpin (ohne Vornamen) als bedeutender Sammler vorgestellt, der bereits damals über 25 verschiedene und weitgehend vollständige Ländersammlungen besessen haben soll. Es dürfte heute wohl kaum noch einwandfrei zu klären sein, was Wahrheit bzw. Dichtung ist.

Philatelie in der Bundesrepublik Deutschland. Zur »Philatelie in Deutschland« gehören 1977/78 Post, Sammler, Handel, Albenverlage, Hersteller von Bedarfsartikeln und Fachpresse.

Für die Deutsche Bundespost ist die Philatelie Geschäftszweig und kulturelle Aufgabe. Hinter der geschäftlichen Seite (Unternehmenspolitik) stehen Begriffe wie Ausgabepolitik (→Programmbeirat), Markengestaltung (→Kunstbeirat), Zuschlagsmarken, Jahreszusammenstellungen, →Ersttagsblätter, →Ersttagsstempel, →Versandstellen für Sammlermarken. Der kulturhistorische Hintergrund besteht aus dem Wertzeichenarchiv und den →Postmuseen.

Die unternehmenspolitische Zusammenarbeit mit der Organisation der Philatelie erfolgt über die offizielle Einbeziehung je eines Vertreters des →Bundes Deutscher Philatelisten e. V. (BDPh) in den Programmbeirat (Auswahl der Ausgabenanlässe) und in den Kunstbeirat (Markengestaltung). Die →Stiftung zur Förderung der Philatelie und Postgeschichte e. V. ist die Plattform für die Wahrnehmung einschlägiger kultureller Aufgaben in Zusammenarbeit mit dem BDPh; die Deutsche Bundespost ist dort mit dem Bundesminister für das Post- und Fernmeldewesen (Vorstand), dem Referenten für Postwertzeichen und den Leitern des Wertzeichenarchivs und des Bundespostmuseums, Frankfurt, vertreten. In der →Gesellschaft für deutsche Postgeschichte e. V. schließlich, deren Vorsitzender der Bundespostminister ist, sind zahllose Philatelisten, Verbände und Vereine Mitglied. Seit 1973 hat der BDPh einen offiziellen Verbindungsmann beim Bundespostministerium benannt.

Der Bund Deutscher Philatelisten e. V. (BDPh) ist die Interessenvertretung der Briefmarkensammler in der Bundesrepublik Deutschland. International repräsentiert er sie in der Fédération Internationale de Philatélie (→FIP) und arbeitet dort in maßgeblichen Funktionen mit (Sitz im fünfköpfigen Exekutivausschuß, Vorsitz der Kommission für Fälschungsbekämpfung und Prüfwesen, Vorsitz der Jugendkommission).

Die philatelistischen Aktivitäten in Deutschland werden nahezu ausnahmslos von BDPh-Mitgliedern getragen. Der BDPh besteht aus den Landesverbänden (in Klammern jeweils der Prozentsatz der dort eingeschriebenen BDPh-Mitglieder) Bayern (10,1), Berlin (3,6), Hamburg/Schleswig-Holstein (9,5), Hessen (13,3), Mittelrhein (8,3), Niedersachsen (7,9), Nordrhein-Westfalen (22,2), Saar (1,9), Südwest (19,5) und Elbe-Weser-Ems (3,7), denen rund 800 Briefmarken-Sammlervereine mit etwa 60000 Mitgliedern angeschlossen sind. Die Bundesgeschäftsstelle befindet sich Neue Mainzer Str. 60, D-6000 Frankfurt/M. 1.

Die Koordinierung der Facharbeit obliegt den Bundesstellen Ausstellungswesen, Forschung, Jugend, Literatur, Prüfungswesen, Sammlerschutz und Steuern. Gemeinsam mit dem →Bundesverband des Deutschen Briefmarkenhandels – APHV e. V. wird die Bundeszentrale für Fälschungsbekämpfung unterhalten. Beide Verbände sind außerdem Träger des →Bundes der philatelistischen Prüfer e. V.

Der BDPh gibt vierteljährlich seine Bundesnachrichten »PHILATELIE« mit einer postgeschichtlich-philatelistischen Beilage in einer Auflage von 64000 Exemplaren heraus, die aufgrund einer Leseranalyse von 140000 Personen gelesen wird. Der PHILATELIE-Umfang beträgt pro Ausgabe 88 Seiten. Alle BDPh-Mitglieder erhalten dieses Verbandsorgan im Postzeitungsdienst frei Haus; die Gebühren dafür sind mit dem jeweiligen Vereinsbeitrag abgegolten. Die PHILATELIE enthält (in Klammern der Prozentsatz der BDPh-Mitglieder, die diese Themen regelmäßig lesen) Meldungen über entdeckte Fälschungen (87,9), Sammlerschutz (86,1), Prüfwesen (72,7), alle gemeldeten Termine von Ausstellungen und überörtlichen Tauschtagen (79,4), die kostenlosen Kleinanzeigen der BDPh-Mitglieder (75,2), Berichterstattung über bevorstehende und abgehaltene wichtige Veranstaltungen, kritische Auseinandersetzungen mit aktuellen Fragen der Philatelie, Literaturbesprechungen (70,1), Analysen von Bedarfsartikeln, Auskünfte (76,9), eine philatelistische Zeitschriftenschau (60,0), Tauschgesuche aus aller Welt (65,9), Leserbriefe (81,4), kommerzielle Anzeigen mit interessanten Anregungen und Terminhinweisen von Postverwaltungen, Auktions- und Handelshäusern und Versandfirmen.

In der Beilage »Philatelie und Postgeschichte« (70,7) wird u. a. regelmäßig aus dem Schaffen der über 100 Bundesarbeitsgemeinschaften berichtet (periodische Veröffentlichungen unter Nennung der wichtigsten Artikel, Katalog- und Handbuchbearbeitungen, sonstige Neuveröffentlichungen usw.).

Die →Landesverbände (LV) geben von sich aus zusätzliche Periodika monatlich bzw. zweimonatlich unter besonderer redaktioneller Berücksichtigung ihrer regionalen Angelegenheiten an ihre ange-

schlossenen Vereine und Mitglieder heraus.
Der Verlag →Neues Handbuch der Briefmarkenkunde betreut für den BDPh die aus Mitteln der →Stiftung zur Förderung der Philatelie und Postgeschichte geförderten Fachbücher und hält gleichzeitig durch Bekanntmachung in einer aktuellen Lieferliste alle philatelistischen Publikationen vorrätig, die er selbst verlegt und die er von außerhalb in sein Vertriebsprogramm hereingenommen hat.
Im Jahresdurchschnitt finden im Bundesgebiet und in Westberlin jede Woche etwa 4000 Tauschveranstaltungen und 3 Briefmarkenausstellungen von BDPh-Vereinen statt. Jährlich werden rund 150 Sonderpostämter mit Sonderstempeln aus philatelistischem Anlaß eingerichtet. Jeder Postkunde entdeckt in den Markenvorratstafeln von 10000 Postämtern ein Hinweisschildchen auf den BDPh. Auf Antrag des BDPh kommt jährlich eine Sondermarke zum →Tag der Briefmarke heraus, der im Oktober begangen wird.
Zu den repräsentativen BDPh-Veranstaltungen zählen:
die Nationale Postwertzeichen-Ausstellung-NAPOSTA (im Rang 1), die 10 Landesverbandsausstellungen (im Rang 2), der →Bundestag, der Deutsche →Philatelistentag und die 10 Landesverbandstage.
Seit 1976 gehört auch die Internationale →Briefmarken-Messe in den Messehallen am Essener Gruga-Park zu den regelmäßig wiederkehrenden Großvorhaben, an denen der BDPh mitwirkt.
Die →Deutsche Philatelisten-Jugend e. V. (DPhJ), der Zusammenschluß junger Briefmarkensammler, ist aus organisatorischen Gründen selbständig, jedoch in Aufbau und Veranstaltungen ähnlich wie der BDPh strukturiert.
Das »Alltagsleben« des BDPh spielt sich in seinen Mitgliedervereinen ab. Dort wird – unterschiedlich nach Standort, Größe und Alter des Vereins – für die Mitglieder ein zum Teil beträchtlicher Dienstleistungskatalog angeboten. Im allgemeinen kann man in Anspruch nehmen: regelmäßigen Tausch im Vereinslokal, regelmäßige Versorgung mit Neuheiten durch Vermittlung des Vereins, Rundsendungen, Mitgliederverzeichnisse mit Sammelgebieten, Beratung bei der Anlage von Sammlungen bis zur Ausstellungsreife, Warnung vor Fälschungen, Vermittlung von Markenprüfungen durch Bundesprüfer, Haltung geeigneter Fachliteratur und einschlägiger Fachzeitschriften, Nutzung der Kataloge und Hilfsmittel, zuverlässigen beratenden Rechtsschutz durch die entsprechende Bundesstelle, Förderung des Jugendsammelns, uneigennützige Nachlaßverwertung, Auswahl aus über 100 Bundesarbeitsgemeinschaften zwecks Anschluß und Förderung eines speziellen Sammelgebietes, kostenlosen Bezug des Verbandsorganes »PHILATELIE« und der Beilage »Philatelie und Postgeschichte« im Postzeitungsdienst. Dazu kommen die persönlichen und gesellschaftlichen Kontakte. Je nach Interessenlage und Bereitschaft zur Mitarbeit haben Führungskräfte und deren Nachwuchs Gelegenheit zur Teilnahme an Fortbildungsseminaren.
Im BDPh besteht eine Reihe überörtlicher Vereine, in denen Sammelgebiete gepflegt werden, die nicht unbedingt von örtlichen persönlichen Kontakten abhängig sind. Zu diesen Vereinigungen zählen der →Deutsche Altbriefsammler-Verein, Neues Handbuch der Briefmarkenkunde, →Infla-Berlin Verein der Deutschlandsammler, die →Poststempelgilde Rhein-Donau und (für Luftpostsammler) die →FISA.
Für über 100 Sammelgebiete gibt es schließlich besondere →Arbeitsgemeinschaften, in denen Sammler, Forscher und Prüfer Mitglied sind. Sie verfügen teilweise über regelmäßige Rundbriefe, Fachbibliotheken, Rundsendedienste, Mitglieder-Spezialauktionen usw. Voraussetzung für eine Mitgliedschaft in einer Bundesarbeitsgemeinschaft ist die Mitgliedschaft in einem BDPh-Verein, da der BDPh diese Gemeinschaften mit erheblichem finanziellem und personellem Aufwand fördert.
3,7% der BDPh-Mitglieder sind bis zu 25 Jahre alt (Stand 1976), 36,6% zwischen 26 und 45 Jahren, 41% zwischen 46 und 65, 18,7% über 65 Jahre. 10% der Mitglieder sind Arbeiter/Handwerker, 49% Angestellte/Beamte, 16% Selbständige/Leitende Positionen, 23% Rentner/Pensionäre. Da die Mehrzahl aller jungen Sammler Mitglied in der DPhJ ist, gehören dem BDPh nur 2% Schüler und Lehrlinge an. 95,7% der BDPh-Mitglieder haben Ländersammlungen, 35,4% Motivsammlungen. Innerhalb ihrer Sammelgebiete interessieren sich 56,1% auch für Stempelkunde, 73,2% für Postganzsachen und 41,5% für Vorphilatelie.
Zusammen mit dem →Bundesverband des Deutschen Briefmarkenhandels-APHV e. V. unterhält der BDPh die Bundeszentrale für Fälschungsbekämpfung. Gemeinsam sind BDPh und APHV die Trägerverbände des →Bundes der philatelistischen Prüfer e. V. München, in dem etwa 100 Experten (»Bundesprüfer«) – Sammler wie Händler – hinsichtlich der Echtheit von Postwertzeichen und Stempel gutachtlich tätig sind. Durch die Einführung der Kennzeichnungspflicht für Fälschungen im Jahre 1974 ist dem Prüfwesen eine weitere Verantwortung übertragen worden, die diese Institution für die Öffentlichkeit besonders interessant macht, da sie dazu beiträgt, das Vertrauen in die Philatelie zu vertiefen.
Da die nicht organisierten Sammler von der Existenz solcher Prüfer nicht unterrichtet und damit bei der Klärung von Zweifelsfragen benachteiligt waren, hat der BDPh im Einverständnis mit dem Prüferbund mit den wichtigsten Katalogherausgebern den vollständigen Abdruck der Prüferliste in den Allgemeinkatalogen verabredet (→Anhang VIII).
Die Organisation des Briefmarkenhandels, in der rund 1200 Firmen aller Fachsparten vertreten sind, arbeitet darüber hinaus in allen Fragen eng mit dem BDPh zusammen. Sie vermittelt u.a. regelmäßig bei Meinungsverschiedenheiten zwischen Sammlern und Händlern. Seit 1976 sind maßgeb-

liche philatelistische Verlags- und Handelshäuser finanziell und organisatorisch an Aktionen auf den Sektoren Fälschungsbekämpfung und Prüfwesen mitbeteiligt. Berufsphilatelisten unterstützen seit vielen Jahren den BDPh, einzelne Landesverbände und Vereine durch Spenden und deren Ausstellungen durch Beteiligung mit Händlerständen, Einschaltungen von Inseraten in Publikationen und andere Werbeaktionen. Über den APHV besteht auch die Verbindung zum Internationalen Verband Nationaler Händlerverbände (→IFSDA) und den dort eingetragenen 6000 Fachfirmen in aller Welt.

Eine zukunftsweisende Veranstaltung, an der BDPh, APHV, IFSDA, Deutsche Bundespost und zahlreiche Postverwaltungen in Europa und Übersee beteiligt sind, ist seit 1976 die →Briefmarkenmesse, die alle zwei Jahre in Essen stattfinden wird.

Die Bedeutung einer »4. Gewalt« innerhalb der Philatelie in Deutschland muß man der philatelistischen Fachpresse zusprechen (→Anhang IX, Literaturverzeichnis). Aufmachung, Auflageziffern, Zielsetzungen, inhaltliche Schwerpunkte, Erscheinungsweisen und Verbreitungsgebiete sind beachtlich und aus der philatelistischen Landschaft nicht wegzudenken, wenngleich die wirtschaftlichen Grundlagen nicht immer rosig und die Lösung aktueller Probleme (insbesondere auf dem Insertionssektor) nicht immer zufriedenstellend ist bzw. beurteilt wird. Einige Fachkolumnisten gehören jedenfalls zu den Meinungsbildnern, die auch der Organisation der Philatelie und der Post Denkanstöße zu liefern imstande sind.

In der Bundesrepublik Deutschland gibt es mehrere Millionen Briefmarkensammler. Weit über 500000 von ihnen sind bei den →Versandstellen der Deutschen Bundespost abonniert. Darunter sind Briefmarkenfirmen, die bis zu 25000 Exemplaren einer neuen Marke an ihre Kunden weiterliefern. Insgesamt nehmen die Abonnenten von jeder Neuausgabe rund 2 Mill. Stück sofort ab. Weitere 2 bis 3 Mill. Marken von jeder neuen Ausgabe werden dann von den Sammlern noch einmal an den Postschaltern erworben. Beim Kauf bestimmter Zuschlagsmarken sind die Sammler in Deutschland zwischen 84 und 95% beteiligt. Das wird besonders deutlich, wenn Berliner Zuschlagsmarken in Verbindung mit einer Bundesausgabe herauskommen.

Die Deutsche Bundespost verdankt dem aufgeschlossenen Philatelie-Markt in Deutschland – er gilt mit einem jährlichen Umsatz von einer Milliarde DM als einer der interessantesten der Welt – jedes Jahr einen Überschuß von annähernd DM 100 Mill. aus diesem Geschäftszweig. Bezeichnend ist gewiß auch, daß die Nr. 1 und 2 unter den größten philatelistischen Versandhäusern der Welt ihren Sitz in der Bundesrepublik haben.

Ziel der philatelistischen Organisation ist es, das Vertrauen zur Philatelie zu vertiefen, die Sammler zu informieren und aufzuklären, damit sie mehr von ihrem Hobby haben und mehr aus ihren Sammlungen machen. Information ist nicht nur der beste Sammlerschutz, es öffnen sich dadurch auch weitere Perspektiven für eines der beliebtesten Steckenpferde der Welt.

Anschriften der genannten Organisationen u.a. können über die BDPh-Geschäftsstelle Neue Mainzer Str. 60, D-6000 Frankfurt/M. 1, erfragt werden. HANS PAIKERT

Philatelie in Österreich. Die Philatelie in Österreich kann auf eine lange Tradition zurückblicken: bereits 20 Jahre nach der am 1. Juni 1850 erfolgten Ausgabe der ersten österr. Briefmarken, im Jahre 1870, eröffnete Siegmund Friedl in Wien ein eigenes Briefmarkengeschäft. Dies beweist, daß zu diesem Zeitpunkt bereits ein entsprechend großer Sammlerkreis bestanden haben muß. Freilich waren die Sammler damals noch »Einzelgänger«, und es bestanden keinerlei vereinsmäßige Zusammenschlüsse.

Ein Jahr vorher, 1869, gab G. Bauschke in Aussig bereits eine Zeitschrift »Der deutsche Briefmarkensammler« heraus, 1872 folgten in Wien die »Philatelistischen Berichte«. Seit 1876 gab dann Siegmund Friedl die »Wiener Illustrierte Briefmarkenzeitung« (später in »Weltpost« umbenannt) heraus.

Der erste österr. Briefmarkensammler-Verein wurde im Jahre 1875 gegründet; es war dies die »Philatelistica« in Brünn. Erst ein Jahr später kam es in der Reichshauptstadt Wien zur Gründung eines Briefmarkensammler-Vereins, dieser führte den Namen »Verein der Briefmarken-Freunde«. Jedoch war diesen beiden Vereinen kein allzu langes Leben beschieden. Vereine in den Bundesländern folgten. 1880 wurde dann der »Wiener Philatelisten-Club« gegründet. Unter seinen Gründern befand sich auch der international berühmte Philipp von →Ferrari. Dieser Verein besteht als ältester österr. Briefmarkensammler-Verein und einer der ältesten der Welt heute noch unter dem Namen →Österreichischer Philatelisten-Klub Vindobona und hat alle Kriege und Krisen unseres Jahrhunderts überdauert. Bereits 1894 wurde die Forderung laut, einen Dachverband der österreichisch-ungarischen Briefmarkensammler-Vereine zu bilden. Es sollten aber noch fast 30 Jahre vergehen, bis es soweit war: 1921 wurde der →Verband Österreichischer Philatelisten-Vereine als Dachorganisation der Briefmarkensammler-Vereine Österreichs ins Leben gerufen. Seit der Gründung der →FIP im Jahre 1926 wird die österr. Philatelie in der FIP durch den VöPhV vertreten.

Schon vorher arbeiteten österr. Briefmarkensammler-Vereine aktiv im 1897 gegründeten »Bund deutscher und österreichischer Philatelisten-Vereine« mit, was zur Folge hatte, daß auch einige der Philatelistentage in Österreich stattgefunden haben: 1901 Wien, 1909 Karlsbad, 1911 Wien und im Jahre 1928 nochmals, jedoch dann schon vom »Bund deutscher Philatelisten-Verbände« veranstaltet. 1941, als Österreich an das damalige Deutsche Reich angeschlossen war, gab es den letzten »Deutschen

Philatelistentag« in Wien. Gegenwärtig gibt es in Österreich 170 Briefmarkensammler-Vereine mit 24000 Mitgliedern, die fast alle im Verband österr. Philatelisten-Vereine zusammengeschlossen sind, und deren Mitglieder von den vielfältigen Vorteilen der Verbandsmitgliederschaft profitieren können. Diese sind: ein eigener Rundsendedienst steht den angeschlossenen Verbandsvereinen sowohl für Einlieferer wie auch für Entnehmer zur Verfügung, die Postwertzeichenprüfungsstelle ermöglicht die Prüfung fälschungsgefährdeter Marken zu besonders günstigen Konditionen, monatlich erscheint eine eigene Fachzeitschrift (»Die Briefmarke«) für die Verbandsmitglieder, ein Neuheitenbeschaffungsdienst besteht für in- und ausländische Neuerscheinungen, eine umfangreiche philat. Bibliothek steht den Vereinsmitgliedern zur Verfügung. Daneben finden die Vereine jederzeit Unterstützung bei der Abhaltung von Briefmarkenausstellungen und -werbeschauen sowie bei der kostenlosen Beistellung eines Sonderpostamtes mit Sonderpoststempel zu philatelistischen Veranstaltungen.

Die Briefmarkensammler-Vereine verteilen sich über das gesamte Bundesgebiet Österreichs und sorgen so für eine entsprechende Breitenwirkung der Philatelie. Die Häufigkeit der Zusammenkünfte ist natürlich von der geographischen Lage der Vereine abhängig; generell kann gesagt werden, daß den Sammlern in den größeren Städten mehr Tauschabende zur Verfügung stehen als den Sammlern auf dem Lande, wo sich die vereinsmäßige Betreuung der Philatelisten wegen der größeren Entfernungen hauptsächlich auf persönliche Kontakte beschränkt.

Den Arbeitsgemeinschaften im →Bund Deutscher Philatelisten vergleichbare ARGE's bestehen in Österreich nicht, wohl aber eine Reihe von Vereinen, die sich Spezialgebieten der Philatelie widmen, so z. B. der Wiener Ganzsachen- und Poststempelsammler-Verein, der Erste österreichische Rekozettelsammler-Verein, der Österreichische Flugpostsammler-Verein, der Österreichische Philatelisten-Verein St. Gabriel und der Erste österreichische Motivsammler-Verein, um nur einige zu nennen.

Unter den in Österreich gepflegten Sammelgebieten steht natürlich das eigene Land an erster Stelle; von den modernen Ausgaben ausgehend wird zunehmend »nach rückwärts« komplettiert. Von den Markenausgaben europäischer Postverwaltungen erfreuen sich die des Vatikans, des Fürstentums Liechtenstein, der Schweiz und der Bundesrepublik Deutschland bes. Beliebtheit, von den überseeischen die Japans und der Vereinigten Staaten von Amerika. Auch die Briefmarkenausgaben der Postverwaltung der Vereinten Nationen finden großen Anklang, wohl nicht zuletzt deshalb, weil die UNIDO in Wien als offizielle Vertretung der Postverwaltung der UN fungiert und auch einen Postversanddienst für Besteller in Österreich organisiert hat. Ebenso werden die Europa-Gemeinschaftsausgaben gern gesammelt. Unter den Motivsammelgebieten stehen naturgemäß die Gebiete, die vereinsmäßig am besten erschlossen sind: an erster Stelle die christlichen Motive auf Briefmarken sowie Eisenbahnmotive. Dem allgemein zu beobachtenden Trend folgend, findet auch in Österreich das Sammeln von Belegen, seien es posthistorische oder auch moderne, immer mehr Beachtung. In den Luftpostsammlungen findet man meistens die Belege der Austrian Airlines.

Die österr. Post setzt von jeder Neuausgabe Marken an ca. 160000 Abonnenten ab. Selbst wenn man die »Gelegenheitssammler« abzieht, die die neuen Marken nur für die Kinder oder Enkelkinder zur Seite legen, bleibt doch eine beachtenswerte Dunkelziffer von vereinsmäßig nicht erfaßten Sammlern in Österreich bestehen.

Auch das philat. Ausstellungswesen kann in Österreich auf eine lange Tradition zurückblicken: bereits 1881 fand in Wien die erste nationale Briefmarkenausstellung statt, der im Jahre 1890 die erste internationale, an der sich 15 europäische und 3 überseeische Vereine beteiligten, folgte. Kaiser Franz Josef I. besuchte diese Ausstellung, eine Sensation für diese Zeit! 1911 gab es dann die nächste internationale Ausstellung in Wien. Nicht zuletzt durch den →WIPA-Block ist die WIPA 1933 allen Sammlern ein Begriff. 1965 gab es dann wieder eine WIPA. 1981 wird mit der nächsten WIPA diese Tradition fortgeführt werden.

Der »Tag der Briefmarke« wird seit 1935 alljährlich (mit einer kriegsbedingten Unterbrechung) am ersten Sonntag im Dezember gefeiert. Zu diesem Termin findet jetzt jedes Jahr als Höhepunkt des philat. Lebens in Österreich eine nationale Briefmarkenausstellung statt. Die Idee zum »Tag der Briefmarke« wurde zwar in Deutschland von Major von →Rudolphi geboren, aber Österreich war das erste Land der Welt, das diesen Feiertag der Philatelisten einführte. Die Vereine als Hauptträger der philat. Arbeit in Österreich veranstalten nicht nur laufend im ganzen Bundesgebiet Briefmarkenausstellungen und Werbeschauen, oft mit beachtlichem Niveau und Erfolg, sondern richten auch Großtauschtage als philat. Treffpunkte aus. Auch für den jugendlichen Nachwuchs in der Philatelie ist bestens gesorgt: sowohl der →Ring Österreichischer Philatelisten-Jugend wie auch die →Jugendkommission des Verbandes österreichischer Philatelisten-Vereine betreuen die jungen Sammler und vermitteln ihnen die nötigen philat. Grundkenntnisse. Auf internat. Ausstellungen sind unter den Besten meist junge Sammler aus Österreich zu finden.

Auf dem Literatur- und Zubehörsektor haben die dt. Firmen und Verlage auch in Österreich, nicht zuletzt aufgrund der gemeinsamen Sprache, einen großen Marktanteil, so daß die Aktivitäten des dt. Marktes auch auf Österreich ausstrahlen. Umgekehrt erzielen zahlreiche österr. Briefmarkenhandlungen wesentliche Umsätze aus der Belieferung dt. Sammler. Nicht zuletzt ist Österreich in der BRD eines der populärsten Sammelgebiete.

HERBERT JUDMAIER

Amtliche Jubiläumspostkarte der schweizerischen Post zur Erinnerung an die Einführung von Briefmarken

Philatelie in der Schweiz. Die Schweiz gehört nicht nur als Marken-, sondern auch als Markensammlerland zu den ältesten der Welt. Nachdem Großbritannien 1840 die ersten Marken herausgegeben hatte, erschienen bereits 1843 in Zürich die beiden →Zürich 4 und 6, sowie etwas später in Genf die berühmte →Doppelgenf. Beide Markenausgaben werden an Popularität jedoch sicherlich geschlagen durch die im Jahre 1845 herausgegebene →Baseler Taube, die erste Marke im 3-Farbendruck mit Prägung.

Nachdem die Schweiz also das 2. und 4. Land (Brasilien kam noch dazwischen) stellte, das überhaupt Marken herausgab, so wundert es sicherlich nicht, daß sich bald einmal Sammler zeigten. Ob zwar hinter der im Jahre 1855 in einer Tageszeitung eingerückten Anzeige, daß »gestempelte Briefmarken per Hundert« gesucht würden, ein Sammler steckte oder nur einer jener Künstler, der die damals beliebten Bilder aus Marken zusammenklebte, ist heute nicht mehr nachprüfbar. Sicher ist jedoch, daß bereits 1864 das erste philatelistische Druckwerk der Schweiz, ein von W. Georg in Basel herausgegebener Preiskatalog, erschien. Den Versuch, die erste Briefmarkenzeitung herauszugeben, machte 1875 E. Riesen in Schwanden, Kanton Glarus; während 4 Nummern trug das Blatt den allen Schweizer Sammlern wohlvertrauten Namen »Schweizer Briefmarken-Zeitung«, um sich dann bis zu ihrem bald darauf erfolgten Ende »Internationale Briefmarken-Zeitung« zu nennen. 1879 gründete Herr Deyhle aus Bern eine neue »Schweizer Briefmarken-Zeitung«, die sich ab 1880 »Schweizer Illustrierte Briefmarken-Zeitung« nannte und erst nach Erscheinen der 99. Nummer Ende 1887 einging. Genau ein Jahr darauf startete H. Kirchhofer in Lausanne das »Schweizer Briefmarken-Journal«, das von allem Anfang an offizielles Organ der Vereine in Lausanne, Luzern und St. Gallen wurde. 1893 ging diese Zeitschrift an den inzwischen gegründeten »Verband Schweizer Philatelisten-Vereine« über (s. unten) und erscheint seit 1894 unter dem Namen »Schweizer-Briefmarken-Zeitung«.

Die SBZ kann sich rühmen, die älteste ohne Unterbrechung erscheinende philatelistische Zeitschrift der Welt zu sein. Alle Mitglieder der dem Zentralverband angehörenden Vereine erhalten sie kostenlos elfmal pro Jahr zugestellt. Die Auflage beträgt heute (1976) rund 25000 Exemplare, von denen 22000 an die Verbandsmitglieder gehen. Die SBZ wird redigiert von einem nebenamtlichen Redaktor, dem ständig eine Redaktionskommission zur Seite steht, deren Mitglieder die Artikel der verschiedenen Spezialgebiete begutachten.

Obwohl der Schweizer dafür bekannt ist, sehr rasch einmal für alles einen Verein zu gründen, dauerte es doch noch bis zum Jahr 1882, bis einige Sammler den Mut fanden, unter dem Namen »Schweizer Philatelisten-Verein« in Basel den ersten Verein zu gründen.

Bis zum losen Zusammenschluß zu einem Verband im Jahre 1890 kamen noch folgende Vereine dazu: 1884 Schweiz. Philatelisten-Verein Zürich und Philatelisten Club Winterthur; 1885 Philatelisten Verein Bern und St. Gallen; 1888 Société Lausannoise de Timbrologie, Lausanne; 1889 Philatelisten-Verein Luzern; 1890 Verein für Briefmarkenkunde Arau und Société Neuchâteloise de Timbrologie.

Bereits im Jahre 1885 wurde unter Anführung des Zürcher Vereins ein Anlauf gemacht, einen Verband zu gründen, der 2 Jahre lang ein Schattendasein führte. Im Mai 1889 erfolgte ein erneuter Aufruf des Vereins von Luzern zu einem »Schutz- und Trutzbündnis« gegen das Fälscherunwesen. Im September 1890 erging dann von Bern aus eine Einladung an alle bestehenden Vereine zu einer Delegiertenversammlung, die dann auch am 26. 10. 1890 in Bern stattfand und zur eigentlichen Gründung des »Verbandes Schweizer Philatelisten-Vereine VSPHV« führte. Als Zweck dieses Zusammenschlusses wurde angegeben: gemeinsames Vorgehen gegen Fälscher, Behandlung wichtiger Tagesfragen auf philatelistischem Gebiet, Tausch von Dubletten.

Heute sind dem Verband rund 140 Vereine (der etwa 150 in der Schweiz existierenden) mit 22000 Mitgliedern angeschlossen; auch zwei ausländische Vereine, die das Sammelgebiet Schweiz pflegen, gehören ihm an, sowie auch der Schweizer Händlerverband.

An Abzeichen kennen wir neben dem internationalen Sammlerabzeichen zwei Nadeln, nämlich die Veteranennadel, die jeder Sammler, der seit 25 Jahren dem Verband angehört, automatisch erhält, und das Ehrenabzeichen, das nur für

besondere Verdienste verteilt wird.
Oberstes Organ des Verbandes ist die Delegierten-Versammlung, die alle zwei Jahre zusammentritt, sowie eine mit etwas weniger Kompetenzen ausgerüstete jährlich einmal tagende Präsidentenkonferenz. Die Exekutive, nämlich das sogenannte Zentralkomitee oder CC., wird von der Delegiertenversammlung für zwei Jahre gewählt und besteht aus dem Zentralpräsidenten, dem Vizepräsidenten, Zentralkassier und Zentralsekretär als dem engeren Zentralkomitee, zusätzlich aus einem Vertreter der Prüfungskommission und der Schadenersatzkasse sowie vier weiteren Vertretern aus den verschiedenen Regionen als dem erweiterten Zentralkomitee, welch letzteres jährlich drei- bis viermal zusammentritt.
Aufgabe des Zentralkomitees ist es, die Belange der Schweizer Philatelie gegenüber den Behörden und dem Ausland zu vertreten. Bereits 1895 z.B. reichte das damalige Zentralkomitee dem Bundesrat (das ist die Regierung der Schweiz) eine Petition mit dem Inhalt ein, daß durch geeignete gesetzliche Maßnahmen die Markensammler besser gegen die Fälscher geschützt werden sollten. Dieses Gesuch wurde bereits Ende desselben Jahres in ablehnendem Sinne beantwortet. Später hatte man dann insofern etwas mehr Glück, als das im Jahre 1942 in Kraft getretene Strafgesetzbuch einen Artikel enthielt, mit dem man gegen Fälscher wegen »Inverkehrsetzens gefälschter Waren« vorgehen kann. Dieser Artikel konnte in der Folge des öfteren angewendet werden, wenn man mit dem Betrugsparagraphen nicht durchkam, um in- und ausländischen Betrügern ihr trübes Handwerk zu legen.
Wenn wir schon bei den Fälschern sind, so soll hier von den beiden Organisationen des Verbandes die Rede sein, die sich auch mit ihnen abzugeben haben, nämlich die Prüfungskommission (PK) und die Sammlerschutzstelle.
Bereits sehr früh wurde eine Prüfungsstelle eingerichtet, und zwar von jenem Herrn Deyhle, der viele Jahre lang die Schweizer Briefmarken-Zeitung in Bern herausgab. 1879 richtete er diese Stelle auf völlig privater Basis ein (Vereine existierten ja noch nicht); innerhalb von neun Wochen wurden neun Sendungen mit 51 Kantonalsmarken geprüft; davon waren schon damals 26 falsch, d.h. gut die Hälfte. 1891 ernannte der soeben gegründete Zentralverband zwei Prüfungskommissare. Zur Vereinheitlichung der Markenprüfung schloß man 1898 mit dem Germania-Ring in Deutschland ein sog. »Kartell« ab – ein gutes Beispiel der Zusammenarbeit über die Grenzen hinaus. Die heutige Prüfungskommission umfaßt 18 Mitglieder, wovon 2 Nicht-Prüfer den leitenden Ausschuß bilden. Ein sehr strenges Reglement regelt die Ausnahmemodalitäten sowie das Verhalten der Prüfer gegenüber dem Einlieferer; sollte dieser z.B. verlangen, daß man die zu prüfenden Marken nicht als FALSCH oder REPARIERT kennzeichnet, so dürfen die Marken nicht geprüft werden. Dafür haftet der Schweizer Prüfer jedoch für Fehlzeichnungen sowie für falsche Atteste gemäß Obligationenrecht. Zum Prüfungsreglement →Anhang VIII.
Übrigens werden die Prüfer von der Delegiertenversammlung auf jeweils zwei Jahre gewählt. Sollten Sammler Schwierigkeiten mit anderen Sammlern oder Händlern bekommen, so können sie sich an die Sammlerschutzstelle wenden, die seit Jahrzehnten von den Basler Vereinen gestellt und betreut wird. Auf dieser Stelle lastet auch das Hauptgewicht der Fälschungsbekämpfung. Der verantwortliche Leiter ist 1976 Dr. P. Meyer, Neuwillerstr. 20a, CH-4104 Oberwil.
Für die Jugend wurde eine besondere Jugendkommission geschaffen, die sich einerseits um den Nachwuchs kümmert und andererseits dafür besorgt ist, daß genügend Jugendkursleiter herangebildet werden. Diese Kommission ist äußerst aktiv und konnte in der Vergangenheit sehr gute Erfolge verbuchen, wie die hervorragenden Ränge für die Schweizer Jungphilatelisten an allen internationalen Ausstellungen beweisen. Nach Kursen im Winter wird im Frühjahr eine Leistungsschau durchgeführt, an der jeder Teilnehmer 6 Blatt einliefern darf. Für diejenigen, die gut abgeschnitten haben, steht nachher die REGIOPHIL (s. unten) offen, die viermal innerhalb von sechs Jahren stattfindet. Erst danach kann ein Jugendlicher an einer Nationalen oder Internationalen Ausstellung teilnehmen.
Eine Rundsendezentrale existiert seit 1915 und wird seither von dem Lausanner Verein SLT betreut. Er nimmt Tauschhefte von überall entgegen und gibt diese dann den Verbandsvereinen weiter. Die Adresse ist seit Ende 1976: P. G. Goumoëns, Postfach 64, CH-1009 Prilly.
Ein weiterer Dienst des Verbandes ist die Zentrale für Projektionsbilder, welche die Vereine mit den gewünschten Diapositiven für Vorträge und Forschung beliefert. Sie existiert seit 1919. Eine Schadenersatzkasse deckt einerseits Schäden an den Vereinen anvertrauten Rundsendungen (wie z.B. Feuer- und Wasserschäden, oder aber bei Verlust auf der Post), und andererseits die Haftpflicht der Prüfer infolge Fehlprüfungen. Gegründet 1933, hat sie seither bei sehr geringen Prämien (1% des vom Einlieferer angeschriebenen Verkaufspreises, 5% der vom Prüfer erhobenen Gebühren inkl. Unkosten) ein stattliches Kapital anhäufen, jedoch auch manchen Schaden begleichen können.
Eine Rekurskommission übt die verbandsinterne Schiedsgerichtsbarkeit in den Fällen aus, in denen man mit einem Entscheid einer Verbandsstelle nicht einverstanden ist. Sie hatte bisher jedoch nicht sehr oft Gelegenheit, in Aktion zu treten.
Mit den schweizerischen PTT-Betrieben verbinden den Verband zwei Einrichtungen, die beide für die Philatelie von großem Nutzen sind. Einerseits betreut die Generaldirektion der PTT die umfangreiche Verbandsbibliothek mit ihren mehreren tausend Bänden und Veröffentlichungen, die dem Sammler zum Studium und zur Forschung jederzeit zur Verfügung

stehen. Die Adresse lautet: Bibliothek der GD-PTT, Viktoriastr. 21, CH-3013 Bern.

Die andere Einrichtung ist der FONDS zur Förderung der Philatelie. Dieser Fonds wurde im Jahre 1955 eingerichtet, als der anläßlich einer Nationalen Briefmarkenausstellung herausgegebene Gedenkblock wegen der damals herrschenden maßlosen Spekulation einen Reingewinn von gegen 6 Millionen Franken abwarf. Mit diesem Geld wurde der Fonds gegründet, und er wird gespeist durch die Zinsen sowie den Reingewinn, den die Gedenkblocks zu den Nationalen und Internationalen Ausstellungen abwerfen. Nach zehnjähriger Existenz konnte der Fonds über Fr. 5,7 Millionen für die Belange der Philatelie ausgeben, wovon allein 1 Million für die Förderung des philat. Schrifttums (oder anders ausgedrückt: für die Verbilligung des philat. Schrifttums), 680000 Franken für lokale und regionale Ausstellungen sowie den gleichen Betrag für die zusammen mit dem Deutschen Verband angeschafften Ausstellungsrahmen. Für eine Nationale und eine Internationale Ausstellung wurden etwa Fr. 2,5 Millionen bezahlt.

Geleitet wird der Fonds von einer paritätischen Kommission, die aus je drei Mitgliedern des Verbandes und der PTT besteht. Die Zusammenarbeit war immer sehr gut, und der Verband und seine Vereine stießen mit ihren Anliegen bisher immer auf sehr viel Verständnis.

Wenn man von der Philatelie in der Schweiz spricht, so darf man das Postmuseum am Helvetiaplatz 4 in Bern nicht vergessen. In seinen momentan leider etwas eingeengten Räumen befindet sich eine der größten ständigen Briefmarkenausstellungen der Welt, wenn nicht die größte überhaupt. In schweren, speziell gesicherten Rahmen kann man dort die größten Weltraritäten anschauen, wie z.B. die einzige erhaltene 6$^{3}/_{2}$ Einheit der Doppelgenf im oberen Bogenteil, einen Originalbogen Genf »Großer Adler« oder einen Bogenteil der 15 »Baseler Tauben«. Es würde hier zu weit führen, alle philatelistischen Leckerbissen aufzuführen, die das Museum beherbergt; auf eines sei jedoch noch hingewiesen: jährlich finden 3–4 Sonderausstellungen statt über irgendwelche Sondergebiete.

Dies wäre ein kurzer Überblick über den Verband und seine Organisationen gewesen. Jetzt soll auch noch das Ausstellungswesen in der Schweiz kurz behandelt werden.

Die erste öffentliche Ausstellung von Briefmarken fand im Jahre 1882 anläßlich einer »Gewerbe- und Industrie-Ausstellung« in Bern statt. Hier finden wir wieder jenen Herrn Deyhle, der schon als Zeitschriftenherausgeber und Prüfer weiter oben Erwähnung fand, als eigentlichen Markenaussteller. Daneben wurden noch Ganzsachen und Essays von zwei anderen Firmen ausgestellt. Eine Markenausstellung im eigentlichen Sinne war dies jedoch nicht. Kleine Klubausstellungen fanden in St. Gallen und Luzern in den folgenden Jahren statt, bis dann 1893 in Zürich die »Erste Internationale Briefmarkenausstellung« mit 102 Ausstellern stattfand, und zwar als Jubiläumsausstellung zur 50 Jahre zuvor erfolgten Ausgabe der ersten Schweizer Briefmarken, der »Zürich 4« und »6«. Zu dieser Ausstellung wurde eine sehr hübsche Gedenkpostkarte herausgegeben, die übrigens Ursache eines riesigen Volksauflaufes wurde, dessentwegen die Polizei den Verkauf zeitweilig verbieten ließ. Der Grund: Spekulationskäufe, die den Preis der Karte von 5 Rappen innerhalb kürzester Zeit bis auf 25 Goldfranken schnellen ließen. Heute ist die wegen ihrer Zeichnung auch »Gotthardpostkarte« genannte Karte für ungefähr DM 10,– zu haben. 1896 fand vom 8.–23. August in Genf die 2. Internationale Briefmarkenausstellung statt, und zwar anläßlich einer Landesausstellung.

In diesem Jahrhundert sieht der Ausstellungskalender folgendermaßen aus: Internationale Briefmarkenausstellungen: 1910 in Bern; 1922 in Genf; 1948 IMABA in Basel; 1974 INTERNABA in Basel. Nationale Briefmarkenausstellungen: 1914 in Bern anläßlich einer Landesausstellung; 1934 NABA in Zürich; 1938 AARAU; 1943 GEPH in Genf; 1951 LUNABA in Luzern; 1965 Lausanne; 1959 NABAG in St. Gallen; 1965 NABRA in Bern; 1971 NABA in Basel; 1978 LEMANEX in Lausanne.

Das Ausstellungswesen ist so organisiert, daß jedes Jahr eine sog. REGIOPHIL stattfindet, und zwar jedes Jahr in einer anderen Region. Die Schweiz ist zu diesem Zweck in vier Gebiete unterteilt, nämlich Zentralschweiz, Ostschweiz, Nordwestschweiz und Westschweiz. Nur nach einer Nationalen Ausstellung findet in der Regel keine Regiophil statt. Zweck dieser jährlichen Ausstellungen ist es, das Sammlungsgut für die höheren Ausstellungen zu sichern und zu sieben. Nationale Ausstellungen finden alle sechs Jahre statt über die Organisation der Philatelie in der Schweiz.

Der Tag der Briefmarke wird auch in der Schweiz begangen, und zwar am 1. Sonntag im Dezember. Lediglich einem Ort wird das Privileg zugestanden, einen eigenen Sonderstempel und eine eigene Sonderkarte samt einem Sonderumschlag herauszugeben. An vielen Orten werden jedoch kleinere Ausstellungen mit Markenbörsen durchgeführt.

Zum Schluß noch einige Worte über das, was in der Schweiz besonders gern gesammelt wird. Wie in allen Ländern, so ist es auch hier so, daß der größte Teil der Sammler sich auf das eigene Heimatland konzentriert. Besonders beliebt sind dabei natürlich die Pro-Juventute- und Bundesfeiermarken, die heute leider so teuer sind, daß diejenigen, für die sie eigentlich das ideale Einstiegsvehikel in die Philatelie wären, nämlich die Jugendlichen, sie kaum mehr bezahlen können. Gesucht sind auch Viererblöcke aller Ausgaben, die hier wohl mehr als in anderen Ländern gesammelt werden. Flugpostbelege, Ersttagsbriefe und neuerdings sogar auch wieder die Ganzsachen erfreuen sich ebenfalls bei der großen Masse der Sammler ziemlicher Beliebtheit, natürlich neben den klassischen Marken, die wie überall jedoch nur mehr für ei-

nen sehr kleinen Teil von Sammlern in Frage kommen, und zwar ganz einfach, weil sie zu teuer sind. Wenig beliebt sind jedoch die Genfer Ämter des Völkerbundes und der UNO, nachdem diese lange Zeit sehr gesucht waren. Neben Schweiz wird hauptsächlich Liechtenstein, BRD mit Berlin, Frankreich (dies ganz bes. in der französischen Schweiz) und Österreich gesammelt, also alles Nachbarländer. Aber auch die skandinavischen Länder und die Niederlande finden verhältnismäßig viele Liebhaber, und für die Sammler von Großbritannien existiert sogar ein eigener Verein.
Was die Qualitätsansprüche anbelangt, so ist der Schweizer Sammler sehr heikel, und nicht nur in bezug auf den Gummi. Dies ist eine Entwicklung, die wie überall die Nachgummierer auf den Plan ruft. Vielleicht (und hoffentlich) gibt es bald einmal diesbezüglich eine Wende.

GEORGES SCHILD, BERN

Philatelist, vom Kunstwort →Philatelie abgeleitete Bez. für einen Briefmarkensammler. Manchmal wird zwischen Philatelist und Sammler unterschieden.

Philatelistentag, von Hans →Wagner angeregte und erstmals am 18. 8. 1889 als »1. Rheinischer Philatelisten-Tag« in Mainz abgehaltene Veranstaltung, die bezwecken sollte, Kontakte zwischen Sammlern aus nah und fern herzustellen und zu vertiefen. Der große Erfolg in Mainz gab Veranlassung, den Philatelistentag (später Deutscher Philatelistentag) zu einer ständigen Einrichtung und (auf Vorschlag von Franz →Kalckhoff) durch wissenschaftl. Fachvorträge zu einem Erlebnis werden zu lassen. Seitdem fanden die Philatelistentage, nur unterbrochen durch die beiden Weltkriege, alljährlich statt und sind jeweils mit dem →Bundestag gekoppelt, d.h. dieser wird an einem Sonnabend, der Philatelistentag am darauf folgenden Sonntag abgehalten; es hat zu beiden seit vielen Jahren jeweils einen Sonderstempel gegeben.
Einige deutsche Philatelistentage wurden auf österr. Boden abgehalten, was mit der engen Verbundenheit zusammenhängt, die 1897 mit der Gründung des »Bundes deutscher und österreichischer Philatelisten-Vereine« (bis 1924), dann umbenannt in »Bund deutscher Philatelisten-Verbände (im In- und Auslande)« sowie der zwangsweisen Fortsetzung (1936–1941) als »Reichsbund der Philatelisten« zustande kam.

Im Ausland sind ähnl. Veranstaltungen ebenfalls üblich, die dort vielfach mit dem →Tag der Briefmarke und Sondermarken verbunden sind (z.B. Frankreich, Österreich). Als Vorläufer der Philatelistentage darf der 1878 in Paris anläßl. der Weltausstellung (auf der eine der frühesten Briefmarkenausstellungen gezeigt wurde) abgehaltene Philatelistische Kongreß angesehen werden.
Den Philatelistentagen gehen jeweils die Bundestage voraus.

1. 18.8. 1889 Mainz
2. 9.–10.8. 1890 Frankfurt/M.
3. 20.–22.6. 1891 Dresden
4. 9.–11.7. 1892 Prag
5. 2.– 4.9. 1893 Berlin
6. 15.–16.7. 1894 Kiel
7. 14.–15.7. 1895 Mannheim
8. 20.–22.6. 1896 Köln
9. 25.–26.7. 1897 Hamburg
10. 16.–18.7. 1898 Gößnitz
11. 23.7. 1899 Dresden
12. 30.7. 1900 Frankfurt/M.
13. 10.9. 1901 Berlin
14. 9.9. 1902 Wien
15. 1.9. 1903 Pforzheim
16. 23.8. 1904 Leipzig
17. 24.7. 1905 Regensburg
18. 2.9. 1906 Nürnberg
19. 27.8. 1907 Hamburg
20. 3.8. 1908 Gößnitz
21. 24.8. 1909 Karlsbad
22. 16.8. 1910 Kiel
23. 12.9. 1911 Wien
24. 6.8. 1912 Marktredwitz
25. 18.8. 1913 Hannover
26. 15.8. 1920 Kassel
27. 24.7. 1921 Nürnberg
28. 12.8. 1922 Frankfurt/M.
29. 28.8. 1923 Dresden
30. 6.7. 1924 München
31. 9.8. 1925 Hamburg
32. 4.8. 1926 Dortmund
33. 22.5. 1927 Berlin
34. 8.7. 1928 Wien
35. 26.5. 1929 Bremen
36. 13.7. 1930 Altenburg/Th.
37. 5.7. 1931 Braunschweig
38. 31.8. 1932 Heidelberg
39. 20.8. 1933 Aschersleben
40. 5.8. 1934 Danzig
41. 18.8. 1935 Mainz
42. 7.6. 1936 Burg Lauenstein
43. 23.5. 1937 Kassel
44. 12.6. 1938 Bremen
45. 4.6. 1939 München
46. 31.3. 1940 Berlin
47. 2.10. 1941 Wien
48. 20.9. 1947 Köln
49. 29.8. 1948 Celle
50. 2.10. 1949 München
51. 19.8. 1950 Mainz
52. 16.9. 1951 Wuppertal
53. 10.8. 1952 Braunschweig
54. 2.8. 1953 Frankfurt/M.
55. 8.8. 1954 Berlin
56. 18.8. 1955 Düsseldorf
57. 9.9. 1956 Marburg
58. 25.8. 1957 Stuttgart
59. 3.8. 1958 Köln
60. 6.9. 1959 Lübeck
61. 18.9. 1960 Saarbrücken
62. 3.9. 1961 Nürnberg
63. 9.9. 1962 Mainz
64. 1.9. 1963 Berlin
65. 30.8. 1964 Heidelberg
66. 5.9. 1965 Essen
67. 28.8. 1966 Hannover
68. 5.8. 1967 Karlsruhe
69. 8.9. 1968 Soest
70. 7.9. 1969 Garmisch-Partenkirchen
71. 6.9. 1970 Hamburg
72. 5.9. 1971 Kassel
73. 8.9. 1972 Freiburg/Breisgau
74. 16.9. 1973 Krefeld
75. 8.9. 1974 Bad Homburg v.d.H.
76. 21.9. 1975 Berlin
77. 12.9. 1976 Bremerhaven
78. 11.9. 1977 München
79. 15.10. 1978 Frankfurt/M.

80. 28. 10. 1979 Mannheim
81. 1980 Aachen

Nicht vergessen werden sollten die vom »Deutschen Philatelisten-Verband der Tschechoslowakei«, in dem sich zwölf bedeutende Vereine zusammengeschlossen hatten, von 1920 bis 1938 alljährlich in versch. Städten veranstalteten Philatelistentage. L: Sammler-Dienst, Nr. 20/1974.

Philatelistenverband im Kulturbund der DDR. Die Organisation der Markensammler in der DDR (auch in anderen östl. Ländern) weicht stark von der in der westl. Welt ab. Die örtl. Zusammenschlüsse, vielfach zurückgehend auf alte Vereine mit weithin bek. Namen (z. B. Internationaler Philatelisten-Verein zu Dresden von 1877), die den Namen nicht mehr führen können, waren ab 1949 Untergliederungen der »Zentralen Kommission Philatelie im Deutschen Kulturbund«, woraus 1969 der Philatelistenverband im Kulturbund der DDR (Sitz Berlin, 1973 77000 Mitglieder) entstanden ist, der wiederum in Bezirks- bzw. Kreisverbände gegliedert ist. Es bestehen zahlr. Arbeits- bzw. Betriebsarbeitsgemeinschaften (BAG) und Jugendarbeitsgemeinschaften, die sehr häufig in Kollektivarbeit themat. Sammlungen (bevorzugt mit polit. oder ideologischer Aussagekraft) aufbauen, die bei uns anl. von Ausstellungen leider – da in versch. Hinsicht sehr interessant – ganz selten einmal zu sehen sind. Den Sammlern in der DDR steht als einzige deutschsprachige Fachzeitschrift nur das offiz. Organ des Philatelistenverbandes, der »Sammler-Expreß«, zur Verfügung. Die Mitgliedschaft ist zumindest für alle diejenigen Sammler zwingend notwendig, die den Tausch mit Sammlern im Ausland pflegen wollen, da dieser einer Genehmigung bedarf, ferner zum Erwerb der Neuheiten am Postschalter, der sog. →Sperrwerte, nur in begrenzter Anzahl. Auch →Ehrenmedaille der Philatelie, →Ehrennadel der Philatelie.

Philatelisten-Walzer. Im Alter von 92 Jahren komponierte Robert Stolz, Altmeister der Operette und nebenbei auch Briefmarkensammler, 1973 diesen Walzer. Die Schallplatte hat schon viele Sammler erfreut.

Philatelistische Agentur →Agentur.

Philatelistische Büchereien →Bibliotheken.

philatelistische Frankatur. Für die Freimachung von Sendungen von und an Sammler ist die Verwendung von Sonder- oder Gedenkmarken ohne oder mit Zuschlag üblich, zumindest aber gewünscht. Die meisten so philat. frankierten Briefe u. a. erreichen auch immer ihr Ziel. Beim Versand von wertvollen Auswahlen sollte aber auf gute Frankatur, die zu Unterschlagung oder bei Sendungen mit Wertangabe zu Beraubung verleitet, verzichtet werden.

Philippinen, spanisch Filipinas, seit 1962 Markeninschrift Pilipinas, bis

1898 span. Kolonie, danach bis 1946 US-Besitz, seitdem unabh. Republik, von 1854 bis 1898 zahlr. bildlich eintönige Marken teils ohne Landesname und nur an Münzangabe und Druckfarbe als zu den Philippinen gehörig zu erkennen (bis 1871 nur Inschrift *Correos*, danach Landesangabe *Filipinas*). 1899 bis 1906 US-Marken mit Aufdruck PHILIPINES, 1906 bis 1946 versch. Ausgaben unter US-Verwaltung (1936–1946 mit Aufdruck bzw. Inschrift COMMONWEALTH) und seit Ausrufung der Republik 1946 viele die Motivsammler ansprechende Marken. Nach Ende der jap. Besetzung 1944 sind einige ältere Marken mit Handstempelaufdruck VICTORY aushilfsweise zur Verwendung gekommen. Die Dienstmarken sind kenntl. am Aufdruck O.B. oder G.O.

Philluminie, gelegentl. auftauchender Begriff, der jedoch mit Philatelie absolut nichts zu tun hat. Die Philluministen (es gibt bes. Vereine) beschäftigen sich mit dem Sammeln von Zündholzschachtel-Etiketten und -heftchen.

Phonopost. In einigen wenigen Ländern bestand oder besteht die Möglichkeit, selbstbesprochene Schallplatten oder Tonbänder in einer passenden und unverschlossenen Umhüllung zu verbilligtem Porto zu versenden. In Argentinien hat es 1939 sogar drei bes. Marken zur Freimachung solcher Sendungen gegeben (Mi 447/49).

Phosphoreszenz. Versch. chem. Stoffe bzw. Verbindungen leuchten bei Bestrahlung mit kurzwelligem Licht, das durch Schwarzglasfilter und/oder Spezialbrenner erhalten wird (→Prüflampe), in einer vom jeweils verwendeten Stoff abhängigen Farbe hell auf und leuchten – im Gegensatz zur →Fluoreszenz! – nach Abschaltung der Lichtquelle in der Dunkelheit noch für Bruchteile einer Sekunde nach. Unter Klemmtaschen aufbewahrte →phosphoreszierende Marken leuchten nicht auf! Zur Feststellung, ob →phosphoreszierende Marken vorliegen, ist eine →Prüflampe erforderlich, die im Kurzwellenbereich von ca. 250 nn arbeitet. Die meisten angebotenen Prüflampen lassen nur →Fluoreszenz erkennen.

phosphoreszierende Marken. Für die zur Rationalisierung des Postbetriebs auf versch. Gebieten eingeführte Automation z. B. in Form der →Briefaufstellmaschinen mußten Marken auf einem Papier geschaffen werden, das bei kurzzeitiger Bestrahlung mit kurzwelligem Licht hell aufleuchtet und den Sortiervorgang elektron. steuert, d. h. die wahllos eingegebenen Sendungen so aufzurichten vermag, daß die

Marken in der zur maschinellen Entwertung richtigen Stellung der Stempelmaschine zugeführt werden. Papier mit phosphoresz. Zusätzen ähnl. dem Papier der →fluoreszierenden Marken ist bisher nur selten verwendet worden (z.B. Schweiz aus Mi 696 y–712 y und ab 786 y). Häufiger sind phosphoresz. Aufdrucke über die ges. Fläche oder als →Phosphorstreifen-Aufdruck. Auch zur →Codierung werden teils phosphoresz. Farbstoffe benutzt. Die Arbeitsgemeinschaft »Postautomation« befaßt sich mit den in diesem Zusammenhang auftretenden Problemen. L: 3. 7.
In Stamp Monthly, No. 7/1970, findet sich die Beschreibung mit Konstruktionsskizzen für den Selbstbau einer Prüflampe zur Erkennung phosphoresz. Marken bzw. Aufdrucke.
Marken mit phosphoreszierendem Streifenaufdruck (z.B. Großbritannien) bzw. Aufstrich (z.B. USA) werden seit längerer Zeit mehr und mehr auf Papier gedruckt, dem optische →Aufheller zugesetzt sind, womit ein bes. weißes, nach schwach bläulich tendierendes Papier erhalten wird. Unter der einfachen →Prüflampe reagieren die Aufheller verschieden; es kann der Eindruck einer →Fluoreszenz entstehen. Zur exakten Bestimmung, ob →Phosphoreszenz oder Fluoreszenz vorliegt, ist eine echte UV-Lampe erforderlich, der zunächst ein Rosa-Filter vorgeschaltet werden muß. Das Filter unterdrückt die Leuchtwirkung des Fluoreszenzfarbstoffes, es wird nur der phosphoreszierende Farbstoff erfaßt, der sich durch sekundenlanges Nachleuchten zu erkennen gibt.

phosphoreszierender Aufdruck, anstelle von →fluoreszierendem Papier z. B. in den USA angewandtes Verfahren (Tagged paper). Die Marken werden nach dem Bilddruck mit einem phosphoresz. Stoffe enthaltenden Aufdruck versehen. Bei den Ganzsachen Großbritanniens u. a. Länder sind neben dem Wertstempeleindruck phosphoreszierende Balken unterschiedl. Stärke aufgedruckt. →Phosphorstreifen-Aufdruck, →Oberflächenstrich, →fluoreszierender Aufdruck.

phosphoreszierendes Papier →phosphoreszierende Marken.

Phosphorstreifen-Aufdruck. Anstelle von →fluoreszierendem Papier bzw. →phosphoreszierendem Papier verwendet die brit. Post seit Mi 282/84 und auf Mi 321/25 (versuchsweise auf Marken mit vorherigem →Graphitstreifen-Aufdruck) und seit 1960 auf Mi 318–334 sowie Sonderausgaben ab Mi 351 (ab Mi 452 generell) Marken mit über dem Bilddruck liegendem Phosphorstreifen-Aufdruck, durch den bei Bestrahlung mit kurzwelligem Licht die elektron. Steuerung der Briefaufstell- und Stempelmaschinen betätigt wird. Den Sammler überraschend, verausgabte die franz. Post im Februar/März 1970 Marken mit ein bis drei ähnl. Streifenaufdrucken (Mi 1420, 1649, 1650), die unter der Prüflampe anders aufleuchten als bei brit. Marken. Im Zuge der Postautomation sind ständig neue und phil. interessante Marken mit irgendwelchen Kennzeichnungen durch Leuchtstoffe zu erwarten.
Durch versch. Anordnung bzw. Zahl der Streifen kann eine weitere automat. Verteilung vorgenommen werden, z.B. ein Streifen für Drucksachen, zwei Streifen für normale Briefpost. Die Streifenbreite ist verschieden, worauf der Spezialsammler jedoch nur in Ausnahmefällen zu achten hat, wenn nämlich gleiche Marken mit unterschiedl. Phosphorstreifen vorkommen. Die Streifen heben sich matt vom Bilddruck ab, wenn die Marken im flachen Winkel gegen helles Licht betrachtet werden. Nur in wenigen Fällen muß eine zur Hervorrufung der Phosphoreszenz geeignete Prüflampe zum Erkennen der Streifen herangezogen werden. Unter dieser Lampe können die Phosphorstreifen auf brit. Marken je nach Herstellungszeit grün, blau oder violett und heller oder dunkler als die Markenfarbe aufleuchten. Gestempelte Marken sollten nicht zu lange und nur in kaltem Wasser gewaschen werden, da sich bes. bei älteren Ausgaben sonst farbl. Veränderungen an der Stelle der Streifenaufdrucke ergeben können. Bei einigen Werten der Dauerserie machte die franz. Post ab 1970 verschiedentl. Versuche mit den engl. Marken entspr. Phosphorstreifen-Aufdrucken.

Photolithographie, ein für die Bayern-Marken Mi 76–91 angewandtes Druckverfahren, das inf. Zeitnot und Auslastung der eigentl. Markendruckerei (Königl. Hauptmünzamt) vom Topograph. Institut des bayer. Kriegsministeriums entwickelt wurde, von dem auch die ersten Auflagen der Marken Mi 81–83 und 85 hergestellt wurden. Der weitere Druck nach diesem Verfahren wurde von der Firma Oskar Consée, München, ausgeführt.

Photopost →Mailgram, →Airgraph-Dienst.

Pietersburg-Notausgabe. Die letzte Phase des Burenkrieges (1899 bis 1902) spielte sich im Norden →Transvaals ab, wohin sich die Regierung mit den verbliebenen Truppen zurückgezogen hatte. Im März 1901 entstand aus Markenmangel eine im primitiven schwarzen Typensatzdruck auf durchgefärbtem Papier gezähnt bzw. durchstochen hergestellte und sechs Werte umfassende Markenserie (Transvaal, Mi 57–62), die mit den handschriftl. Initialen des Postmeisters *J. T. de V. S.* versehen wurde. Beim Erwerb dieser Marken ist größte Vorsicht geboten, es gibt viele Fälschungen des Namenszuges.

Pigeongramme →Taubenpost.

Pilipinas, seit 1962 Landesangabe auf den Marken der Republik →Philippinen.

Pinsel, in Form eines spitz auslaufenden Malpinsels aus Wasserfarbenkasten bestens geeignet zum punktförmigen Anfeuchten des →Klebefalzes. Der Pinsel soll dann aber nicht triefend naß sein, sondern vor Verwendung etwas ausgedrückt werden; auch nützl. zur Entfernung von →Falzresten; auch →Falzanfeuchter.

Pinzette, das wichtigste Handwerkszeug des Sammlers, denn Marken sollen grundsätzl. – ob ungebraucht oder gestempelt – niemals mit den Fingern angefaßt und mit diesen in ein Einsteckalbum gesteckt oder herausgenommen werden usw. Es sind verschiedene für den Sammler entwickelte Formen auf dem Markt. Zu empfehlen ist eine vorn schaufelartig rund oder eckig erweiterte Pinzette, die sichersten Halt der Marke gewährleistet. Spitze Pinzetten können bei unsachgemäßer Handhabung die Marken beschädigen. Pinzetten mit innen gerillter Spitze sind gänzl. ungeeignet. Beim Kauf darauf achten, daß die Schaufeln weder innen noch außen einen Grat haben und die Federung leicht ist, sonst ermüdet die Hand schnell. Eine Pinzette ist gut, wenn damit beim ersten »Griff« eine auf einer Glasplatte flach aufliegende Marke gefaßt werden kann, ohne daß diese mit dem Finger vor dem Wegrutschen bewahrt werden muß (im Geschäft ausprobieren!). Vergoldete Pinzetten sehen nur kurze Zeit attraktiv aus; die galvanisch aufgetragene, hauchdünne Goldschicht ist bald abgegriffen. Am besten sind vernikkelte Pinzetten, zusätzl. verchromte bleiben zwar länger schön, sind aber glatter und liegen nicht so fest in der Hand.

Pirl, Dr. Paul, 1873–1948, bedeutender dt. Philatelist, der u.a. im →Kohl-Briefmarken-Handbuch in vorbildlichster Weise den Abschnitt Helgoland bearbeitete und außerdem überragende Kenntnisse der Marken und Stempel Luxemburgs, Japans, Transvaals u.a. besaß.

Pisa-Provisorium, keine Marken-Aushilfsausgabe, vielmehr eine →Barfreimachung, die erforderlich wurde, nachdem auf dem Truppentransporter »Pisa« der Reichsmarine, der 1902 Ablösung nach China brachte, schon während der letzten Etappe der Hinfahrt der Bestand an Marken zu 5 Pf ausgegangen war, die in China für die Rückfahrt nicht nachbeschafft werden konnten. Der Zahlmeister befolgte genau die für solche Fälle erlassene Dienstvorschrift für →Marine-Schiffspost (was der Zahlmeister auf der »Vineta« 1901 nicht getan hat! →Vineta-Provisorium) und versah die von der Mannschaft aufgelieferten und eigentl. mit 5 Pf freizumachenden Postkarten links unten handschriftl. mit einer kleinen 5 und setzte links oben den Stempel KAISERL. DEUTSCHE MARINE-SCHIFFSPOST Nr. 2 auf. Die Nachfrankierung mit Reichspostmarken nahm nach Eintreffen der Sammelsendungen das →Hof-Post-Amt vor, die Abrechnung mit dem Zahlmeister erfolgte nach Rückkehr des Schiffes. Das Pisa-Provisorium ist im Gegensatz zum Vineta-Provisorium philatelistisch als absolut einwandfrei anzusehen und als ganze Karte auch sehr wertvoll.

Piscopi, Aufdruck auf ital. Marken, →Ägäische Inseln.

Pitcairn, weitab und einsam im südöstl. Pazifik gelegene Insel, in aller Welt bekannt als letzte Zufluchtsstätte einiger Männer, die mit der »Meuterei auf der Bounty« in Beziehung gestanden haben. Nachdem Pitcairn mit anderen un-

bewohnten Nebeninseln seit 1838 eine brit. Kronkolonie war, wurden von 1927 bis 1940 die Marken Neuseelands verwendet. Seitdem sind einige hübsche Bildermarken verausgabt worden, die häufig auf die Ereignisse auf der »Bounty« und die abenteuerliche Fahrt ins Ungewisse sowie das heutige Leben der Bewohner Bezug nehmen und allein aus diesen romantischen Gründen gern gesammelt werden. Ein Neuheitenabonnement erfordert nur geringe Mittel. L: DBZ, Nr. 13–14/1967 und Stamp Collecting, Vol. 97, No. 13/1961.

Pjonustumerki, Inschrift bzw. Aufdruck bei Dienstmarken Islands.

PK, auch P. K., Abk. für »Postkontrollstelle« in Stempeln der Zensurbehörden in Deutschland im 1. Weltkrieg, →Zensurpost.

P. K., Stempel mit dieser Inschrift →Porto-Kontrolle.

Pl, Abkürzung für Platte, →Plattendruck.

Plagiate. Dem Sammler begegnen

immer wieder einmal Marken versch. Länder, die sich von der Bildgestaltung her teilweise, weitgehend oder auch völlig gleichen. Die Ursache dafür kann darin liegen, daß die Postverwaltung eines Landes ohne geeignete Druckerei die Markenherstellung an eine ausländ. priv. oder Staats-Druckerei

vergeben hat oder einen dort tätigen Künstler mit der Schaffung des Entwurfs beauftragte. Daraus entstanden »indirekte« Plagiate, wie

z.B. Griechenlands →Hermesköpfe oder Rumänien Mi 36–54, die bis auf die Darstellung im mittl. Rund den franz. Marken Mi 1–31 gleichen; sie hatten alle denselben »Vater«, den Stecher J. J. bzw. A. Barre. Die Ähnlichkeit der bulgar. Marken Mi 1–27 mit denen Rußlands (Mi 9–45) rührt daher, daß Bulgarien diese Marken von der russ. Staatsdruckerei bezog. Barre-Plagiate – teils stark vergröbert – dagegen sind Niederlande Mi 7–12, Norwegen Mi 2–5, Österreich Mi 42/43, Parma Mi 1–8,

Spanien Mi 31–42, Ungarn Mi 7–14. Kreta nahm sich für seine Portomarken die norw. Freimarken zum Vorbild, Kolumbien diejenigen Rußlands, Argentinien machte mit Mi 39–42 eine eindeutige Anleihe bei Ungarn, Uruguay mit Mi 138/39 eine solche bei Neufundland (Mi 40) usw. Die Zeichnung der Portomarken der USA von 1879 erlebte 1891 bzw. 1909 bildl. eine Wiederkehr in Neusüdwales und Australien. Auch die →Dreier Sachsen ist letzten Endes eine Kopie des →Schwarzen Einser Bayerns. Es gibt zahlr. weitere Beispiele für nachempfundene Marken oder Plagiate. Unter diese fallen selbstverständl. nicht die Gemeinschaftsausgaben (z.B. Europamarken), da bei diesen Bildgleichheit gewollt ist. Bes. unverfroren waren auch die dt. →Privatpostanstalten. Sie kopierten hemmungslos Portomarken Frankreichs und Österreichs (Karlsruhe bzw. Hamburg), Finnland findet sich in Krefeld wieder, die →Kap-Dreiecke in Frankfurt/M. und Berlin, und in Mülheim wurde das Muster brit. Marken übernommen, während in Frankfurt/M., Metz u.a. Städten die Ausgaben der Deutschen Reichspost nachgeahmt wurden, obwohl das den Privatposten ausdrücklich untersagt war.

Marken-Plagiate sind aber keineswegs auf vergangene Jahrzehnte beschränkt, sie sind auch oft aus unserer Zeit zu finden; so Mecklenburg-Vorpommern 1945 mit einer Kopie der Bayern Mi 4, St. Lucia Mi 162/64 entsprechen Spanien Mi

505, Luxemburg Mi 805 weist eine starke Anlehnung an Schweiz Mi 826 auf usw. Eine Sammlung »Nachempfundene Marken und Plagiate« kann jedenfalls sehr interessant und umfangr. gestaltet werden, wozu allerdings der Michel-Katalog durch zu kleine und oft undeutliche Abbildungen ungeeignete Unterlagen bietet. Der Sammler forscht besser selbst.

Planatol, Firmenbez. für den von der BP für einige Marken seit Mi 567 verwendeten →PVA-Gummi; auch →Adhesin-Gummierung.

Plastiktaschen →Klarsichthüllen.

plastische Marken. Nachzutragen

ist, daß es →dreidimensionale und selbstklebende Marken auch schon aus Plastikrohstoff gegeben hat, so zum Beispiel seit 1967 einige mehr als häßliche Serien für →Bhutan, die nicht zu empfehlen sind.

Platte, allg. Bez. für jede Art von Formen, die für die Markenherstellung in den versch. →Druckarten benötigt werden.

platten, wenig gebräuchl. Ausdruck für plattieren; →Plattenrekonstruktion.

Plattendruck, Bez. für alle Druckverfahren, bei denen nicht mit zylinderförmig gebogenen Druckformen wie beim →Walzendruck und →Offsetdruck, sondern mit ebenen Druckformen gearbeitet wird, was grundsätzl. bei →Steindruck und →Tiegeldruckpresse (Prinzip Platte gegen Platte) und Schnellpressendruck (Prinzip Platte gegen Zylinder) möglich ist. Für den Sammler liefern Marken im Plattendruck vielfach typ. →Bogenranddrucke, die diesen vom Walzendruck unterscheiden (z.B. →Hausauftragsnummer, →Reihenzahl, →Strichelleiste). Marken, die tägl. in Millionenstückzahlen gebraucht werden (z.B. gängigste Wertstufen der Dauerserien), werden oft außer in Plattendruck auch im Walzendruck hergestellt, woraus sich für den Spezialsammler interessante Unterschiede ergeben. Diese können auch nur in Größenunterschieden des Markenbildes bestehen. So sind z.B. die Marken Deutsches Reich aus Mi 313–343 im Plattendruck um 0,1–0,3 mm kleiner als die gleichen im Walzendruck.

Plattenfehler, Fehler im Markenbild, im Auf- oder Überdruck u.ä., die inf. Beschädigung der Druckform entstanden sind, von Anfang an vorhanden waren oder während des Drucks auftraten und bei den Marken der ganzen Auflage oder, wenn der Fehler bemerkt und bald ausgemerzt wird, nur bei einer Teilauflage erscheinen. Auch fortschreitende Plattenfehler kommen vor, d.h. eine anfängl. kaum bemerkbare Beschädigung tritt nach und nach deutlicher hervor und erweitert sich. Ein echter Plattenfehler tritt im allg. nur bei einer oder einigen wenigen Marken eines Schalterbogens und immer auf dem gleichen →Bogenfeld auf. Für den Deutschland-Sammler gehören zu den bekanntesten Beispielen für Plattenfehler: Deutsches Reich Mi 41 III/IV = fehlende Spitze oben oder rechts Mitte; Mi 47 I = T in REICHSPOST mit Querbalken; Mi 52 I: G statt C in REICHSPOST; Mi 69 I = F statt E in DEUTSCHES REICH (= DFUTSCHES REICH). Viele Sammler verwechseln →Druckmängel mit Plattenfehlern; auch →Druckfehler. L: 1. 3.

Plattennagel, auch Klischeenagel. Bei alten →Buchdrucken wurde die Druckplatte mit Metallstiften auf einem Holzblock o. ä. befestigt. Wurden die Stifte nicht tief genug eingeschlagen oder die Platte dabei beschädigt, konnten fehlerhafte Stellen (z. B. rund oder ringförmig, farblos oder farbig) im Markenbild, Auf- oder Überdruck entstehen, die aber nur den großen Spezialsammler interessieren und nur gelegentlich mit einer Unternummer im Katalog angeführt sind. Auch die (vielfach noch umstrittenen) →Sachsenringe werden hierauf zurückgeführt. Ferner →Kringel.

Plattennummern, wurden oder werden verschiedentl. zur Kennzeichnung eines aus zwei oder mehr Druckformen zusammengesetzten Druckwerks an dieser oder jener Stelle des Bogenrandes eingraviert (bei Zweifarbendrucken auch zwei-

mal und dann in jeder Farbe erscheinend usw.). Die Plattennummern dürfen nicht mit →Formnummern verwechselt werden, von denen sie bei Vorliegen einer Einzelmarke mit entspr. Bogenrand nicht ohne weiteres zu unterscheiden sind. Die →Hausauftragsnummern schließen in einigen Fällen an letzter Stelle eine Plattennummer

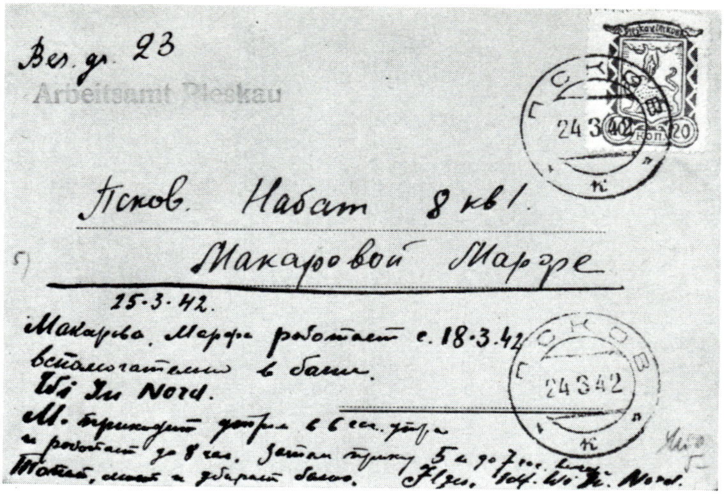

Pleskau

ein; auch →Bogensignatur, →Symbolzahlen.

Plattenrekonstruktion, als Tätigkeit plattieren (seltener platten) genannt. Bei der Übertragung des Markenbildes durch →Urstempel oder →Molette auf die Druckplatte entstehen u. U. in best. Bogenfeldern geringfügige Abweichungen im Markenbild so vielfältiger Art, daß sie im Lexikon nicht aufgezählt werden können. Andere Abweichungen treten auf, wenn eine Marke in vielen Auflagen gedruckt werden muß und Neuanfertigung der Druckplatte nötig wird. Spezialsammler können an Hand solch winziger Kennzeichen aus losen Marken einen Bogen so zusammensetzen, wie er einst am Schalter gewesen war. Selbstverständlich stammen die 50 oder 100 Marken eines rekonstruierten Bogens aus vielen versch. Schalterbogen, woraus sich Farbenunterschiede u. a. erklären.
Zur Plattenrekonstruktion beliebt sind z. B. die Saar-Marken von 1920 mit Aufdruck, da jeder Marke ein Bogenfeld zugeordnet werden kann. L: 3. 6.
Noch verbreiteter ist die Plattenrekonstruktion bei den brit. Marken Mi 1–4, 8–11, 16–85, dort jedoch (und ohne Rücksicht auf →Plattennummer und Farbentönungen aus versch. Auflagen) vorw. beschränkt auf die Suche nach den Buchstaben in den beiden unteren Ecken (Mi 1–4, 8–11) bzw. allen vier Ecken (Mi 16–85). Jede der 240 (480 bei Mi 36) Marken im Schalterbogen wurde mit einer anderen Buchstabenkombination versehen (→Eckbuchstaben). Das erleichtert die Rekonstruktion sehr, aber manche Buchstaben sind erst nach jahrzehntelanger Suche zu finden.
Zur Plattenrekonstruktion werden die billigen ½- oder 1-d-Marken bevorzugt; auf großen Ausstellungen sind aber auch schon solche der Marken Mi 1 und 2 u. a. zu sehen gewesen.

plattieren, einen Schalterbogen aus Einzelmarken zusammenstellen; →Plattenrekonstruktion.

Pleskau, russ. Pskow, im 2. Weltkrieg von dt. Truppen besetzte Stadt nahe dem Peipussee, in der am 7. 8. 1941 eine Stadtpost eingerichtet wurde, die für die Bevölkerung wegen fehlenden Hinterlandes ohne jede Bedeutung war. Die für diese überflüssige Post verausgabten Ganzsachen (ab 8. 8.), Marken (ab etwa 11. 8.) und Blocks sind stark philat. beeinflußt gewesen. Die von der Kommandantur täglich rationiert an den Schalter gegebenen Postwertzeichen wurden von den dt. Soldaten aufgekauft; nur

was nachmittags übrig war, konnte u. U. von der einheim. Bevölkerung erworben werden. Echte Bedarfspost (hierzu gehören Gestellungsbefehle des Arbeitsamtes Pleskau) ist außerordentl. selten. Die meisten Sendungen weisen aus Gefälligkeit vom Schalterangestellten geschriebene und erfundene Anschriften auf. An angebl. Empfänger z.B. nach Kiew, Kalinin u.a. gerichtete Briefe sind reine Mache, da über Pleskau hinaus keine Beförderungsmöglichkeit bestand. Es werden auch viele Phantasieprodukte angeboten, so nie verausgabte, aber in der Kommandantur mit echten Aufdruckstempeln versehene russ. und lettische Marken. Die Stadtpost Pleskau wurde am 1. 5. 1942 der deutschen Dienstpost Osten eingegliedert; erst nach dieser Zeit bestanden Postverbindungen auch nach außerhalb.
L: Der Deutschland-Sammler, Nr. 12/70 und Collegium philatelicum, Nr. 2/1963.

P. M., Abk. für Posta Militare,

Aufdruck auf versch. Marken Italiens für den Gebrauch als Wertzeichen der ital. Feldpost 1943. Auch →G.N.R.

pneumatische Post, selten gebrauchte Bezeichnung für die →Rohrpost.

Poczta Polska, auch nur Polska, Landesangabe auf den Marken von →Polen.

Pohjois Inkeri, Landesangabe auf Marken von →Nordingermanland.

Polarpost →Antarktispost, →Arktispost.

Polecona, polnisch = Einschreiben, Inschrift auf Dienstmarken

Polens MiD 18, 20, 22, 24, 27. Auch →Zwyczajna, →Zwykla.

Polen. In der Beliebtheitsstatistik (→Anhang III) steht dieses Land – wie alle Ostblockstaaten – im letzten Drittel und wird demnach wenig gesammelt, was hauptsächl. für Ländersammlungen Polen gilt; die Motivsammler versch. Richtungen finden recht viele geeignete Marken, da alle sich bietenden Gelegenheiten und Modeströmungen ausgenutzt werden. Es kommen jährl. zahlreiche graph. und drucktechn. meist gut ausgeführte neue Marken heraus, darunter viele Blocks. Während der Zugehörigkeit zum russ. Kaiserreich erschien für das Königreich Polen 1860 eine einzige, in der Zeichnung der kursierenden russ. Ausgabe gleichende Marke, die bis 1865 gültig war. Vorher und nachher wurden russ. Marken verwendet, die mit deutl. lesbaren und poln. Orten zugeteilten Nummernstempeln entwertet von Spezialsammlern gesucht sind; es kommen 332 derartige Stempel in Betracht (L: DBZ, Nr. 5/1969).
Nach Ausrufung der Republik (1918) gelangten zunächst versch. provisorische Ausgaben an die Schalter, für welche als Urmarken solche der →Deutschen Post in Polen bzw. von Österreich benutzt wurden. Bis 1920 gab es zwei Reihen Marken, die für Südpolen auf Heller bzw. Kronen, für Nordpolen auf Pfennig (F.) bzw. Mark lauten. Diese und einige weitere Ausgaben

lassen sich durch Zähnungs-, Papier-, Farbenunterschiede u.a. stark spezialisiert sammeln. Während des 2. Weltkrieges gehörten die nicht dem Deutschen Reich eingegliederten Teile Polens zum →Generalgouvernement. Die Währungsreform von 1950 brachte eine ganze Reihe von Aushilfsmarken mit Handstempelaufdrucken, die in versch. Ausführungen vorliegen.
In eine Polen-Sammlung werden gern die Ausgaben für die →Polnische Post in Danzig aufgenommen. Ein weiterer Ausbau ist durch Marken für die Abstimmungsgebiete →Ostschlesien und →Oberschlesien, zahllose Lokalausgaben u.a. gegeben; auch →ODESA, →Korfanty-Ausgabe. Es besteht eine Arbeitsgemeinschaft Polen. L: 2. 2., 3. 10.

Polizei-Kurierpost, provisor. in den letzten Monaten des 2. Weltkrieges nach Luftangriffen in Deutschland zur Nachrichtenübermittlung zwischen Polizeidienststellen eingerichtet; diese Sendungen wurden nicht als Kurierpost gekennzeichnet.
In der brit. besetzten Zone Deutschlands entwickelte sich von Juni 1945 an ein Kurierdienst, der sich von den Landesministerien über alle Polizeidienststellen bis hin zum letzten Gendarmerieposten erstreckte, da die Beförderung von Mitteilungen und Akten durch die Post für zu unsicher gehalten wurde. Am 30. 12. 1946 verfügte die brit. Militärregierung offiz. die Einrichtung einer Polizei-Kurierpost, die nach festem Zeitplan arbeitete und das gesamte Besatzungsgebiet erfaßte. Es gab eine West-Ost-Linie Aachen–Bielefeld–Hannover–Braunschweig und eine Nord-Süd-Linie Bremen bzw. Hamburg–Hannover–Kassel mit versch. Austauschplätzen und Zweiglinien (z.B. nach Köln, Arnsberg, Münster, Osnabrück, Aurich). Die so beförderten Briefe wurden meist mit Gummistempeln versehen, die, da jeweils örtl. hergestellt, sehr versch. Aussehen und versch. Inschriften hatten (z.B. *Polizei-Kurierpost, Mit Kurier, Poli-*

zeipost; teils auch mit Ortsangabe). Nach Gründung der BRD wurde diese Kurierpost nach und nach eingestellt, die Sendungen wurden wieder der Post übergeben. L: Archiv für deutsche Postgeschichte, Heft 2/1968.
Im Kreis Siegen waren lt. Auskunft der Kreispolizeibehörde aber noch 1969 vier tägl. sog. Kurierfahrten üblich, die im Rahmen des Streifendienstes durchgeführt wurden und vielleicht noch heute werden. Verschiedentl. (nicht immer) erhielten diese Sendungen einen Stempel *Durch Polizeikurier*. Zur ähnl. Einrichtung in der DDR →Vertrauliche Verschlußsache.

Pol. Korp., Aufdruck auf einigen Marken Rußlands, die 1918 im Bereich des vom I. Polnischen Korps verwalteten Gebiets um Minsk verwendet wurden und im Katalog unter Polen verzeichnet sind.

POL-Lochung. Vom Publikum bei Anfragen an Polizeidienststellen in größeren Städten als Rückporto beigefügte Frei- und Dienstmarken wurden von 1926 an (zuerst Polizeipräsidium Berlin) mit POL durchlocht; und diese Kennzeichnung wurde mit Verfügung vom 8. 4. 1930 für Preußen amtl. eingeführt. Einige Polizeibehörden außerh. Preußens schlossen sich diesem Vorgehen an. Die Lochung wurde meist bis 1941 beibehalten, in Essen bis 1944 und 1945/56 in einzelnen Städten wiederaufgenommen. Die letzte Verwendung derartiger Marken ist bisher aus Mülheim/Ruhr von 1965 bekannt.
Diese Durchlochungen sind in knapp 50 Orten vorgenommen worden. Es gibt fast gleich viele Typen, da die Locheisen (nach Art eines Papierlochers arbeitend und immer nur eine einzelne Marke lochend) örtl. hergestellt wurden. An Hand der Typen kann in fast allen Fällen der Herstellungsort festgestellt werden. Fälschungen lassen sich verh. leicht nachweisen. Da es zahlr. Gefälligkeitsentwertungen während der Gebrauchszeit und Nachlochungen mit echten Geräten

aus späterer Zeit gibt, sind ungebrauchte Marken mit POL-Lochung praktisch wertlos. Gesammelt werden möglichst Ganzbriefe, zumindest aber Briefstücke, die den vollen Poststempel aufweisen. Einige POL-Lochungen, die grundsätzl. zu den Dienstmarken gezählt werden, sind je nach Verwendungsort recht wertvoll und von Spezialsammlern gesucht. Es besteht eine Arbeitsgemeinschaft.

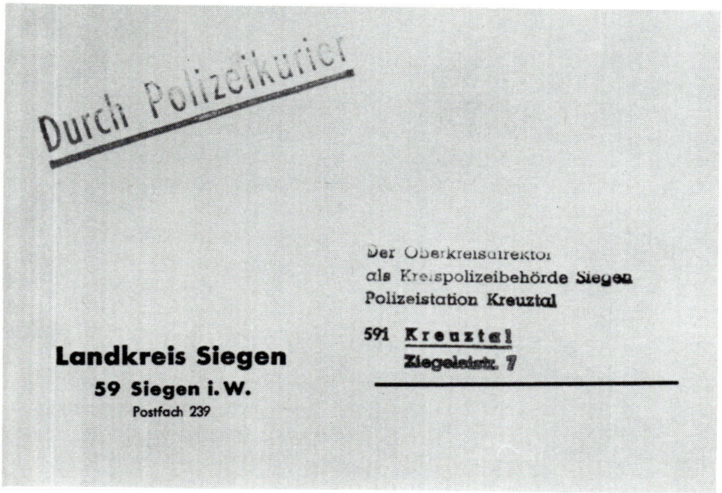

Polizei-Kurierpost

Polnische Post in Danzig. Im Hafengebiet der Freien Stadt →Danzig durfte Polen, das dort über einen Freihafen verfügte, ein eigenes Postamt einrichten und innerh. einer best. Grenze außerh. des Geländes Briefkästen aufstellen. Für dieses poln. Postamt wurden 1925–1939 insg. 37 Marken verausgabt. Mi 1–33 entstanden durch Aufdruck PORT / GDANSK auf versch. kursierenden Freimarken Polens. Mi 34–37 könnten als eine Art Propagandaausgabe bezeichnet werden, denn diesen Gedenkmarken folgte kurz darauf der Satz Danzig Mi 302–305, der als Gegenpropaganda zu werten ist. Die Marken der Poln. Post in Danzig gehören eindeutig zum Sammelgebiet Polen, werden aber auch meist von Danzig-Sammlern berücksichtigt. L: Festschrift 90 Jahre Verein für Briefmarkenkunde Frankfurt a.M. (1968).

Polynesie Française, Landesangabe auf den Marken für →Französisch-Polynesien.

Polyvinylalkohol, in jedem Verhältnis mit Wasser mischbarer organ. Stoff mit großer Klebkraft; →PVA-Gummi.

Ponape-Aushilfsausgaben. Ponape ist eine Insel mit gleichnam. Postanstalt in der ehem. dt. Kolonie Karolinen. – **1.** Die erste Aushilfsausgabe vom 20. 4. bis 9. 7. 1905 ist unter dem Begriff →Taifun-Provisorium bekannter. – **2.** Während des Besuchs zweier dt. Kreuzer sollen am 12. 7. 1910 die Marken zu 5 Pf ausgegangen und soll desh. die Schaffung eines Provisoriums durch Handstempelüberdruck *5 Pf* auf der Marke zu 3 Pf (Mi 7) in einer Aufl. von 500 Stück notwendig geworden sein. Es ist jedoch anzunehmen, daß interessierte Sammler dahintergestanden haben, zumal kopfstehende und doppelte Überdrucke in beträchtl. Zahl produziert wurden und schon am folgenden

Tag die bei Markenmangel postseitig vorgeschriebene →Barfreimachung erfolgte. Die Marke wurde mit dem normalen Ponape-Tagesstempel entwertet und die »amtliche« Entstehung dieser Aushilfsausgabe durch Abdruck des →Dienstsiegels der Postagentur bestätigt, das auch für die Machwerke des →Taifun-Provisoriums verwendet worden ist. Die 2. Ponape-Aushilfsausgabe wird in den

Katalogen trotzdem mit einer Hauptnummer geführt (Mi 20). Typisches Kennzeichen für den wahren Entstehungshintergrund ist, daß die echt gelaufenen Sendungen fast stets dieselben Absenderangaben aufweisen (Etscheid, Hollborn, Kammerich). Das gilt auch für das unter 3. angeführte Provisorium. – **3.** Die nächste Aushilfsausgabe entstand gleichzeitig mit der zweiten durch senkrechte Halbierung der 20-Pf-Marke (Mi 10) und Verwendung anstelle der angebl. ebenfalls ausgegangenen Marken zu 10 Pf. Die halbierte Marke wurde mit dem Tagesstempel entwertet und das Dienstsiegel danebengesetzt. – **4.** Die weiteren Ponape-Aushilfsausgaben interessieren nur den Spezialsammler, da es sich hierbei um die Verwendung normaler Marken der Deutschen Reichspost zu 5 Pf (Mi 85) – aus Beständen der →Marine-Schiffspost der Kreuzer »Scharnhorst« und »Nürnberg«, die im Juli vor Ponape ankerten, herrührend – vom 2. bis 7. 7. 1910 handelt. Ferner erfolgte vom 13. bis 31. 7. 1910 →Barfreimachung, wobei die handschriftl. Portovermerke mit Stempel »entwertet« wurden; auch →Karolinen-Aushilfsausgabe. L: 3. 6. und Friedemann-Philatelistische Berichte, Band III.

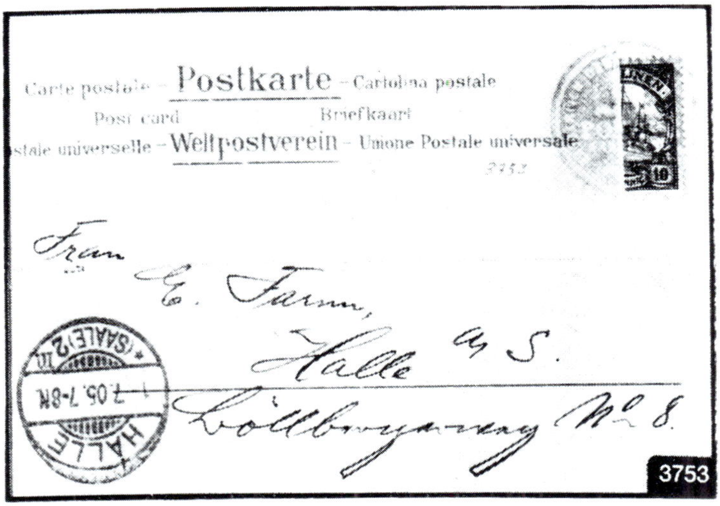

Ponape-Aushilfsausgaben

Ponta Delgada, Hauptort der Insel São Miguel in der Gruppe der →Azoren, für die Portugal von 1892 bis 1905 einige bes. Marken verausgabte.

Pony Express. Bis etwa 1860 war die Erschließung des nordamerik. Kontinents bis zum sog. Mittleren Westen der USA vorgeschritten. Zwischen diesem und dem durch die Goldfunde bedeutungsvoll gewordenen Kalifornien klaffte postal. gesehen jedoch eine sich mehr und mehr bemerkbar machende Lücke, die von der US-Staatspost nicht geschlossen werden konnte. Briefe von der Pazifikküste gelangten nur auf dem langen Umweg über Panama oder Nicaragua nach Orten im Osten der USA bzw. umgekehrt. Da traten einige tatkräftige Männer auf den Plan und gründeten im Frühjahr 1859 zwei Postkurse, die sich bald zur »The Central Overland California & Pikes Peak Express Co.« zusammenschlossen, woraus am 1. 4. 1860 die »Central Overland Pony Express Co.« entstand, kurz Pony Express genannt, da es sich um berittene Boten handelte, die für diesen Dienst eingesetzt waren.

Der Postkurs begann in San Francisco und endete in St. Joseph am Missouri bzw. umgekehrt; der Anschluß an die US-Staatspost erfolgte in St. Joseph. Zur Beförde-

rung waren nur Briefumschläge der Staatspost mit Wertzeicheneindruck (Ganzsachen) zugelassen. Als Zusatzporto wurde der ungewöhnl. hohe Betrag von 3 $ bis Salt Lake City und gar 5 $ für Bestimmungsorte darüber hinaus vom Absender in bar verlangt, was eine der Ursachen für das baldige Eingehen (Dezember 1860) des Pony Express gewesen ist. Die zusätzl. Gebühr ist aber gar nicht als zu hoch anzusehen, wenn man bedenkt, daß die rund 3000 km zwischen San Francisco und St. Joseph in knapp 250 Stunden zurückgelegt wurden, wofür – nicht zuletzt anges. der Wegeverhältnisse – eine Vielzahl an Boten und Pferden für die einzelnen Etappen eingesetzt werden mußten. Außerdem war in den durchrittenen Gebieten, die teilweise noch weitgehend unter Kontrolle der Indianer standen, mit Verlusten an Menschen, Pferden und Post zu rechnen. Welche Bedeutung dem Pony Express seinerzeit zugekommen ist, geht daraus hervor, daß die US-Post dieser Einrichtung anl. des 30. und 100.

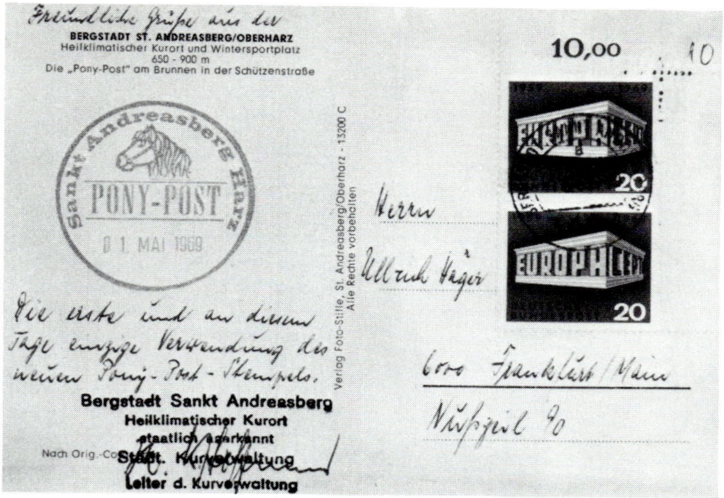

Pony-Post

Jahrestages je eine Gedenkmarke widmete (Mi 490 und 784).
Die Nachfolge des Pony Express trat auf Initiative der Staatspost am 1. 7. 1861 für nur sehr kurze Zeit die »Overland Mail Co.« an, hinter der sich keine geringere Gesellschaft als die →Wells, Fargo & Co. verbarg. Die von dieser verwendeten Umschläge sind am Zudruck *Wells Fargo & Co / 1/2 ounze paid / from St. Joseph to Placerville per Pony Express* u.ä. oder auch an gleichfalls äußerst seltenen blauen, zusätzl. aufgeklebten Wertzeichen in den Wertstufen von 10 C. bis zu 4$ zu erkennen, die jedoch nur für Sendungen in Richtung West–Ost verwendbar waren. Die Overland Mail Co. stellte nach Fertigwerden der Telegrafenlinie nach San Francisco ihre Tätigkeit ein, weil damit die Briefbeförderung allein zeitl. überholt war. Man wechselte nun Telegramme; auch →Pony-Post. L: Der Sammler-Dienst, Nr. 6–7/1964.

Pony-Post. In den Harzkurorten St. Andreasberg und Braunlage (inzwischen vielleicht auch in weiteren Orten) führt während der Saison ein Mann täglich ein Pony durch den Kurpark, das einen Briefkasten trägt, in den die Kurgäste Sendungen einlegen können. Diese werden zur Kurverwaltung gebracht, dort mit einem Bestätigungsstempel versehen und danach dem örtl. Postamt zur Weiterbeförderung übergeben. Von dieser bequemen Möglichkeit der Postauflieferung wird viel Gebrauch gemacht; auch →Pony Express.

Popper-Marke, Bez. aus der Sammlersprache für eine am Schluß von Argentinien katalogisierte Marke mit Inschrift TIERRA DEL FUEGO im diagonalen Schriftband, die von dem aus Rumänien eingewanderten Julio Popper 1891 verausgabt wurde. Popper, auf der durch die Magalhaes-Straße von der Südspitze Südamerikas getrennten Insel Feuerlands (Ostteil argentinisch, Westteil chilenisch) als Goldwäscher erfolgreich und zum Großunternehmer aufgestiegen, unterhielt umfangreiche Korrespondenz mit Kunden in vielen Ländern, desgleichen die bei ihm Beschäftigten mit ihren Angehörigen.
Ein staatl. Postamt bestand auf Feuerland nicht; Popper mußte die Sendungen zum nächstgelegenen chilen. Postamt in Punta Arenas (jetzt Magallanes) bringen bzw. von dort abholen lassen; manchmal wurde die Post auch bei einem argentin. Postamt aufgegeben. Für diesen Zubringerdienst erschien eine Privatpostmarke mit Wertangabe DIEZ CENTAVOS ORO, also 10 Centavos in Gold. Das Mittelfeld ist ausgefüllt mit Pickel, Hammer, einem Briefumschlag u.a., auch ein großes P für Popper ist nicht vergessen. Es gibt billige Neudrucke; auf Brief mit chilen. bzw. argentin. Zusatzfrankatur ist jede Popper-Marke eine große Rarität.

Porteado, portugiesisch = Nachgebühr; früher noch mit Zusatz *a receber* (= zu erheben) versehen.

Inschrift auf →Portomarken von Portugal. Seit dem Jahr 1967 lautet die Inschrift *A Cobrar.*

Porte de Conduccion, span. = etwa Postgebühr, Inschrift (ohne Landesname) auf Paketmarken von Peru 1896–1905.

Porte de Mar, span. = Seeporto, Inschrift auf Marken Mexikos (ohne Landesangabe), →Seepost-Zusatzmarken.

PORT GDANSK, Aufdruck auf einigen Polen-Marken aus Mi 201–317; →Polnische Post in Danzig.

portierter Brief, andere alte Bez. für →taxierter Brief.

Port Lagos, heute griech. Hafenstadt am Ägäischen Meer (Mazedonien). Aufdruck auf französischen Marken 1874 bzw. in den Jahren 1880/98 für die dortige Postdampfschiffsagentur.

Porto, zunächst (und auch heute noch vielfach) allg. übl. Bez. für jede Art von Postgebühr. Später wurde in Porto, unter dem die vom Empfänger einzuziehende Gebühr zu verstehen war (→Nachgebühr, →Portomarken), und →Franko, die vom Absender bereits voll vorausbezahlte Gebühr, unterschieden; davon wurde der Begriff →Frankomarken abgeleitet; auch →PORTO-Aufdruck.

Portoablösungsvertrag, auch Aversionalvertrag genannt. Behörden, staatliche oder private Institutionen konnten oder können mit der Post einen Vertrag über die Zahlung eines Pauschalbetrages abschließen, wodurch die jährlich oder monatlich überschlägig anfallenden Portogebühren abgegolten werden.
Zur Kennzeichnung dieser Sendungen sind Marken, Klebezettel, Stempel und Vordrucke bekannt. In Deutschland haben lt. Portofreiheitsgesetz (5. 6. 1869) bis längstens 31. 3. 1920 (Baden bis 1933) zwischen der Post des Norddt. Bundes fünf, zwischen der Deutschen Reichspost und 36 Landesbehörden, Dienststellen, Universitäten u.a. derartige Verträge bestanden. Von 1925 bis 1933 machten neben Baden von der neuerlichen Möglichkeit dazu nur noch die Länder Lippe und Waldeck, außerdem die Hansestadt Lübeck Gebrauch; auch →Aversstempel, →Frei durch Ablösung, →Portofreiheit. L: 3. 7.

PORTO-Aufdruck, auch Porto, auf Freimarken u.a. einiger Länder aus ähnl. Grund wie →T-Aufdruck. Vorsicht bei ung. Marken von 1918/19! Der Aufdruck war zwar amtl. zugelassen, doch sind zumindest die meisten losen Marken dieser Art als Machwerke zu betrachten; →P-Aufdruck.

Portobrief, Bez. für eine Sendung, die mit einer →Nachgebühr belastet ist; früher auch für eine solche, bei der das Porto vom Absender nicht bar bezahlt wurde bzw. in der Vormarkenzeit gar nicht bezahlt werden konnte.

Portofreiheit, auch Gebührenfreiheit. Einzelpersonen, Behörden, staatl. und priv. Institutionen u.a. ist in einer solchen Vielzahl und unter sehr versch. Bedingungen Befreiung von der Portozahlung eingeräumt worden (bzw. besteht zum Teil noch heute), daß im Rahmen des Lexikons nicht näher darauf eingegangen werden kann. Die Portofreiheit hatte im 17.–19. Jh. teils unerträgl. Umfang angenommen und mußte durch Gesetze (z.B. Brandenburg schon 1655) eingeschränkt werden, um den Bestand der Post zu sichern. Persönl. Portofreiheit genossen z.B. regierende Fürsten und deren nächste Angehörige. Diese Sendungen waren durch Handzeichen kenntl. zu machen, in seltenen Fällen wurden z.B. auch Siegelmarken benutzt. Sendungen von Behörden und best. Dienststellen mußten gleichfalls entspr. gekennzeichnet sein (→Königliche Angelegenheit). Auch Goethe war von der Thurn und Taxis-Post Portofreiheit eingeräumt worden; er mußte dazu seine Briefe mit schwarzem Siegellack und seinem Petschaft verschließen sowie seine Initialen anbringen. Prominente Personen aus unserer Zeit, die noch Portofreiheit genossen haben, waren bzw. sind z.B. die Frau des ermordeten amerik. Präsidenten Kennedy und der jetzige span. König Juan Carlos. Aus einigen Ländern sind →Portofreiheitsmarken bekannt; auch →Portoablösungsvertrag, →Karussellbrief, →Fürstenbrief, →CD, →Franchise. L: 3. 7. und Archiv für deutsche Postgeschichte, Heft 1/1961 und DBZ, Nr. 18–21/1976.

Portofreiheitsmarken. Verschiedenen Institutionen wurde und wird bei Benutzung der Post im Inlandsverkehr →Portofreiheit gewährt, oder es erfolgt pauschale Verrechnung über einen längeren Zeitraum. Die Berechtigung dazu muß in irgendeiner zugelassenen Form kenntl. gemacht werden, was verschiedentlich durch bes. Marken mit oder ohne Wertangabe geschehen ist. Portofreiheitsmarken sind z.B. aus Italien und Portugal bekannt. In der Schweiz, wo solche Marken

von 1911 bis 1945 verwendet wurden, erhielten diese teilweise den Aufdruck einer Kontrollnummer; jede Nummer kam einer best. Institution zu. Auf Brief sehr selten ist ein Klebezettel mit dreizeil. Inschrift *Militaires français / internés*

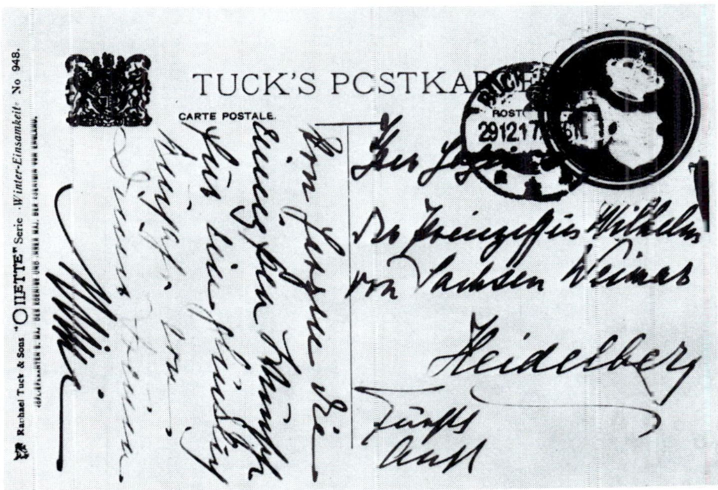

Portofreiheit

en Suisse, / Gratis., der den Angehörigen der in der Nacht vom 31. 1. zum 1. 2. 1871 während des Deutsch-Franz. Krieges in die Schweiz übergetretenen und dort internierten Bourbaki-Armee zur Verfügung gestellt wurde, um die innerh. der Schweiz und nach Orten im unbesetzten Frankreich portofrei zu befördernden Briefe zu kennzeichnen.
Sogar für Einzelpersonen hat es schon Portofreiheitsmarken gegeben. In Spanien durfte Diego Castell seine Schrift »Cartilla postal« vom 1. 1. bis 30. 6. 1869 portofrei verschicken, wozu ihm eine eigene Marke zugestanden wurde. Gleiches geschah von Juli bis Dezember 1881 beim Versand eines Buches über die Briefmarken Spaniens von Antonio Fernandez Duro. Diese

beiden Marken könnte man auch als »Büchermarken« bezeichnen; →Portofreiheitsstempel, auch →Ablösungsvertrag, →Interniertenmarken.

Portofreiheitsstempel. Unter dem Pseudonym Dr. Thebussem veröffentlichte Mariano Pardo de Figueroa zahlreiche philat. Arbeiten, für deren Versand die span. Post längere Zeit hindurch →Portofreiheit gewährte. Zur Kennzeichnung ließ sich Figueroa 1880 einen besonderen Stempel anfertigen, der direkt auf den Sendungen oder auch auf Vorrat auf Papierbogen abgedrückt und in letzterem Fall ausgeschnitten wie eine Briefmarke aufgeklebt wurde.
Die großen Buchstaben in Stempelmitte sind die Abk. für Cartero (= Briefträger), denn Figueroa war von der span. Post zum »Ehrenbriefträger von Madrid« (Inschrift im Doppelkreis unten) ernannt worden. Es sind mehrere Stempel mit versch. Inschriften bekannt, darunter auch aus Kuba, wo Figueroa gleichfalls Portofreiheit genoß; →Portofreiheitsmarken.

Porto-Kontrolle

Porto-Kontrolle, 1. Auch Porto-Controlle oder Abkürzung P. K. bzw. P. C. ohne oder mit einem Buchstaben, der auf den Verwendungsort hinweist (z. B. N = Nürnberg). Diese Inschriften zeigen kleine Stempel in versch. Ausführungen auf in Bayern aufgegebenen Postsendungen ab etwa 1890, die hinsichtlich der portogerechten Freimachung überprüft wurden. Nach Übergang der bayer. Post in die Deutsche Reichspost wurden die Porto-Kontrollstempel teils noch bis 1923 weiterverwendet. – **2.** Nicht postalischer Portokontrolle dienten sog. »Custos-Stempel« einer Firma in Düsseldorf/Duisburg in versch. äußerer Form mit Ziffer in der Mitte. Ein Angestellter sortierte die ausgehende Post nach Portostufen und bedruckte sie mit den entsprechenden Stempeln, die nach dem Prinzip der selbsteinfärbenden Numeratorstempel arbeiteten. Für jeden Portosatz wurde ein bes. Stempel benötigt. Charakteristisch für »Custos-Stempel« sind zwei seitliche Einstiche von eingearbeiteten Nadeln, die die Sendung festhielten. Nach dem Bedrucken erhielt ein zweiter Angestellter die Post, der sie mit Marken entspr. der Stempelinschrift beklebte, wodurch mögliche Unterschlagungen aus der Portokasse unterbunden werden sollten. »Custos-Stempel« finden sich auf Briefen u. a in Deutschland, Österreich, der Schweiz und der Tschechoslowakei von 1911 bis etwa Mitte 1923; sie können u. U. als nichtamtliche Vorläufer der →Absenderfreistempel bezeichnet werden. L: Die Sammler-Lupe, Nr. 19/1972.

Portomarken, auch Nachporto-

oder Taxmarken genannt, in vielen Ländern übl. Markenart für nicht oder ungenügend freigemachte Sendungen, die postseitig im Nennwert des Fehlbetrags aufgeklebt werden. Der in Betracht kommende Betrag wird vom Empfänger eingezogen. Verweigert dieser die An-

nahme, geht die Sendung an den Absender zurück, der dann für die Nachgebühr aufzukommen hat. Bei unterfrankierten Sendungen in das Ausland gehen die meisten Postverwaltungen heute einen anderen Weg (→Nachgebühr). Bildl. sind Portomarken vielfach sehr nüchtern gestaltet oder durch Lochung bzw. Aufdruck PORTO, T o.ä. von Freimarken hergestellt und allein desh. bei den Sammlern wenig beliebt; sie gehören jedoch zum postal. Gesamtbild des gewählten Markenlandes, wenn dort verausgabt. Im Bereich einer Deutschlandsammlung finden sich nur unter den Postwertzeichen der Freien Stadt Danzig und denen der Deutschen Militärverwaltung in Rumänien Portomarken. Außer den normalen Portomarken gab oder gibt

es solche für bes. Zwecke, z.B. Paketportomarken (USA), Postlagerportomarken (Bulgarien), Zwangszuschlagsportomarken (Jugoslawien); →Portofreiheitsmarken.
Die von Frankreich, Baden, Bayern u.a. zwischen 1859 und 1862 eingeführten und im Michel-Katalog als Portomarken angeführten Wertzeichen sind im eigentl. Sinne keine solchen gewesen, denn sie wurden für unfrei aufgelieferte Briefe – wenn diese zugelassen waren – nur als Zustellungsmarken verwendet; es wurde mit ihnen keine Nachgebühr erhoben. Erste wirkliche Portomarken (fehlendes Porto und u.U. ein Zuschlagsbetrag) gab es erstmals 1863 in Italien; es folgten Belgien und die Niederlande 1870, USA 1879, Frankreich 1882 usw. Vorläufer der Portomarken waren die Portotaxzettel von Baden; →Brieflade.

Portopflichtige Dienstsache, Vordruck oder Stempel auf von Behörden verschickten und nicht mit Marken (auch nicht mit Dienstmarken) freigemachten Sendungen, der zum Ausdruck bringt, daß die Post vom Empfänger nur den Betrag für den normalen Portosatz ohne Nachgebühr einzuziehen hat.

Porto Rico, bis 1932 übl. Schreibweise für →Puerto Rico.

Portostempel, 1. Bez. für bes. Stempel, die der →Portoverrechnung von aus dem Ausland eintreffenden Sendungen dienen, die vom Absender nicht oder ungenügend freigemacht sind. Die Portostempel haben im Laufe der Zeit viele Wandlungen durchgemacht und sind von Land zu Land sehr verschieden. Die Abb. zeigt einen 1862 von London nach Paris gerichteten Brief mit Portostempel von Calais GB (Grand Bretagne) und dem vom Empfänger einzuziehenden Betrag von 1 Fr. 60 C. Am bekanntesten sind die →T-Stempel.
2. Von 1947/48 ist aus dem süddeutschen Raum (bes. Konstanz) eine andere Art von Portostempeln bekannt, die auch Postmeisterstempel genannt werden. Es sind kleine Gummistempel mit dreistelliger Ziffer (selten zweistellig) und zwei Buchstaben danach (z.B. *024 Af*), die bei Markenmangel neben den Gebühr-bezahlt-Stempel gesetzt wurden. Die Ziffer drückte das vereinnahmte Porto für die hauptsächlichsten Sendungsarten (6, 8, 12, 24, 84 Pf), der große Buchstabe den Annahmeschalter und der kleine den Namen des an diesem tätigen Beamten aus. Es handelt sich also keineswegs um Zensurstempel, wie schon behauptet wurde. Auch →Postmeisterstempel.

Portotaxe, frühere Bez. für Postgebühr.

Portotaxzettel →Brieflade.

Portoverrechnung, früher Taxverrechnung. Bis zum Inkrafttreten des Weltpostvereinsvertrages war bei grenzüberschreitenden Sendungen die Portoverrechnung sehr umständlich und hatte hohe Gebühren zur Folge, da jede Postverwaltung profitieren wollte. Der Deutsch-Österr. u.ä. Postvereine als Vorläufer des Weltpostvereins brachten einige Erleichterungen und Verbilligungen. Seit 1876 ist es so, daß die Post des Absenderlandes die volle Gebühr für Auslandssendungen vereinnahmt. Alle drei Jahre wird zwei Wochen hindurch eine Zählung der in sog. Kartenschlüssen (gesammelte und in Säcken oder Briefpaketen verpackte) in das Ausland gehenden Post durchgeführt, die beteiligten Durchgangsländer werden zahlen- bzw. gewichtsmäßig statistisch ermittelt und das Ergebnis wird dem Weltpostvereinsbüro in Bern mitgeteilt. Dieses nimmt dann die Verrechnung unter den Postverwaltungen

Portostempel

vor, wobei als Einheit je 500 km bzw. Seemeilen pro kg Post zugrunde gelegt werden. Die zu verrechnenden Taxen werden den jeweil. Postverwaltungen zwecks gegenseitiger Abgleichung bekanntgegeben; auch →Portostempel.

Porto zahlt Empfänger →Werbeantwort.

Port Said, Aufdruck bzw. Inschrift auf Marken Frankreichs, die für die

Franz. Post in Ägypten verwendet worden sind. Auch →Alexandrie.

Portugal. Die alten Ausgaben sind z.T. recht teuer und selten in absolut einwandfreier Erhaltung zu finden; die Marken sind häufig angeschnitten, die Prägung ist zu kräftig ausgefallen und desh. durchgebrochen, und die Stempel sind unsauber abgedrückt, weshalb der Sammler Konzessionen machen muß (was sich im Preis auszuwirken hat). Die späteren Ausgaben sind von der Gestaltung her wenig gefällig, die sog. →Schnitterin-Ausgaben langweilig. Portugal steht in der Beliebtheitsstatistik (→Anhang III) an sehr ungünstiger Stelle. Seit einigen Jahren erscheinen aber graphisch und drucktechn. bestens gelungene Marken zu fast ausschl. nur das Land selbst angehenden Anlässen (→Rückseite der Marken). Portugal kann als Sammelgebiet durchaus empfohlen werden. Es hat viele Portofreiheitsmarken gegeben. Die Ausgaben für die Kolonien (inzwischen unabhängig) werden bei uns kaum gesammelt, bieten aber dem Motivsammler recht viel.

Portugiesisch-Afrika. Mit Inschrift AFRICA CORREIOS wurden 1898 die für Portugal (Mi 138–145) und einige Besitzungen erschienenen Gedenkmarken zum 400. Jahrestag der Entdeckung des Seeweges nach Indien als Allgemeine Ausgabe für die Kolonien in Afrika verausgabt. Weitere Freimarken dieser Art sind nicht wieder erschienen, dafür aber 1919 drei gemeinsame Zwangszuschlagsmarken und 1945 neun Portomarken mit Inschrift IMPERIO COLONIAL PORTUGUES.

Portugiesische Nyassa-Gesellschaft. Ein Gebiet im Norden der Kolonie →Mozambique wurde 1898 an ein Handels- und Plantagenunternehmen verpachtet, und dieser Gesellschaft wurde die ges. Verwaltung einschl. Einrichtung einer Post übertragen. Dazu gehörte auch die Ausgabe eigener Frei-, Porto- und Zwangszuschlagsmarken, die ab 1898 erschienen. Nach Erlöschen der Konzession im Herbst 1929 wurden wieder – wie vor 1898 – die Marken von Mozambique bis zu dessen Unabhängigkeit verwendet; auch →Mozambique-Gesellschaft.

Portugiesische Überseeprovinzen. Unter dieser Bez. sind im Michel-Überseekatalog nur zwei Blocks angeführt, die 1951 anl. des Heiligen Jahres verausgabt worden sind und in allen portug. Außenprovinzen gültig waren. Auf den Blocks sind Marken von Angola, Kap Verde, Portug.-Guinea, Portug.-Indien, Macao, Mozambique, St. Thomas und Prinzeninsel sowie Timor wiedergegeben, die dort aus gleichem Anlaß erschienen waren.

Portugiesisch-Guinea →Guinea 3.

Portugiesisch-Indien, ehem. portug. Kolonie (später Überseeprovinz) an der Westküste Indiens, bestehend aus den kleinen Gebieten um Daman, Diu und Goa, die 1961 nach kurzem Widerstand an die Ind. Union abgetreten werden mußten. Bis dahin sind seit 1871 recht viele und bildl. langweilige Marken sowie zahlr. mit Auf- bzw. Überdruck versehene Marken für Portug.-Indien verausgabt worden. Erst in den Jahren 1946–1961 hat es einige hübsche Bildermarken gegeben, die seinerzeit gern gesammelt wurden.

Portugiesisch-Kongo. Die ehem. portug. Kolonie (später – bis 1975 – Überseeprovinz Portugals) →Angola war bis 1915 verwaltungsmäßig und postal. in Angola und Portug.-Kongo geteilt. Für letzteres Gebiet wurden 1894 bis 1915 insg. 133 eigene Marken verausgabt, teilweise hergestellt durch Aufdruck CONGO auf Freimarken von Angola, Macao, Portug.-Afrika und Timor.

Portugiesisch-Timor →Timor.

Portzegel, Aufdruck auf den Freimarken der Niederlande Mi 72/4, wodurch diese 1907 in →Portomarken verwandelt wurden. Auch →Te betalen.

Posesiones Espanolas del Sahara Occidental, Landesangabe auf den ersten Marken für →Spanische Besitzungen in der Westsahara (Mi 1–12, 36–71).

positives Wasserzeichen. Die vorgesehene Wasserzeichenform ist so auf der →Wasserzeichenwalze (bei Maschinenpapier) oder dem Siebboden der Schöpfbütte (bei Handpapier) aufgelötet, daß verdickte Stellen im Papier hervorgerufen werden, d.h. die Form liegt vertieft in der Walze oder im Siebboden. Das Wasserzeichen hebt sich, gegen Licht betrachtet, dunkel vom umgebenden Papier ab. Das positive Wasserzeichen wird häufig für Briefpapier verwendet; bei Briefmarken ist es als Einzelwasserzeichen von Norwegen Mi 1 (Löwe mit Olavsaxt im Kastenrahmen) und Rußland Mi 1–4 (Ziffern 1, 2, 3 entspr. den Wertangaben 10, 20, 30 Kopeken) bekannt; auch →negatives Wasserzeichen.

Postboten bzw. Briefträger *sind heute äußerlich nicht mehr immer ohne weiteres zu erkennen, sie tragen schlichte Uniformen oder gehen ihre Wege in Zivilkleidung ab. Früher dagegen waren Postbedienstete durch ihre mehr oder weniger farbenprächtigen Uniformen weithin sichtbar, in vielen Fällen wurde durch diese auch der Dienstgrad erkenntlich. Hatten die Postboten weite Strecken zu überwinden und konnten infolge Fehlens befestigter Straßen oder sonstiger Geländeschwierigkeiten keine Postwagen benutzt werden, kamen Pferde, Kamele oder Elefanten zum Einsatz. Die obenstehende Farbtafel und die auf den Seiten 82 und 99 zeigen Postboten und Briefträger aus aller Welt vergangener Zeiten, die auf den Seiten 99 und 100 des 1. Bandes Postuniformen aus altdeutschen Staaten. Von links oben nach rechts unten sind dargestellt: Kamelpostreiter im türkischen Vizekönigreich Ägypten; Briefträger aus dem ehemaligen Britisch-Indien; italienischer Briefträger, griechischer Briefträger; spanischer*

Postboten aus aller Welt. *Siehe auch Farbtafeln Seiten 81 und 99, ferner Postuniformen aus verschiedenen altdeutschen Kleinstaaten auf den Seiten 99 und 100 des 1. Bandes. Hier sind von links oben nach rechts unten dargestellt: belgischer Briefträger; bolivianischer Postbote; Briefträger in abgelegenen Gegenden Brasiliens; bulgarischer Briefträger, der sich gegen einen Überfall im Gebirge wehren muß; Postläufer aus dem ehemaligen indischen Vasallenstaat Kaschmir; portugiesischer Landbriefträger.*

Post, eine der Allgemeinheit gegen Entgelt dienende staatl. Einrichtung, die sich mit der Beförderung von Nachrichten, Paketen und Personen sowie dem Geldverkehr beschäftigt. Es gab und gibt auch priv. Postanstalten, die im gleichen oder eingeschränkten Umfang (z.B. keine Personenbeförderung) tätig waren oder sind.
Das Wort Post geht auf die für den →Cursus publicus eingerichteten Stationen zum Pferdewechsel oder zur Beköstigung und Übernachtung der Reisenden zurück. Man sagte auf Lat. z.B. »statio posita in Arretium« (= die in Arretium gelegene Station), wobei »posita« von ponere (Partizip positum) abgeleitet ist. Durch die im Volksmund bei vielen Worten übl. Zusammenziehung entstand posta und daraus der prakt. in allen Weltsprachen nur wenig anders geschriebene und gesprochene Begriff Post. Erste Erwähnung des dt. Wortes »Post« als »Bost« soll im Seckelamtsbuch der Stadt St. Gallen/Schweiz aus dem Jahr 1446 gefunden worden sein; →Geschichte der Post.

POST, einzige Inschrift (zusätzlich russisch) auf den Marken Mi 41–63 für →Ost-Sachsen; →Potschta.

Postablagen, früher übl. gewesene Bez. für ehrenamtl. verwaltete und den heutigen →Posthilfsstellen entspr. Postagenturen mit geringem Postaufkommen und begrenzten Postdienstgeschäften, später in →Postexpeditionen umbenannt. Die Postablagen verfügten vielfach über eigene, teils bes. gestaltete

und/oder beschriftete Stempel, die z.B. auf Marken altdt. Staaten (u.a. Baden, Württ.) selten und von Spezialsammlern gesucht sind. Auch die Postablage-Stempel aus der Zeit der →Vorphilatelie sind begehrt. In anderen Ländern hat es ähnl. Einrichtungen gegeben.

Postage, engl. = Postgebühr, Inschrift auf vielen Freimarken engl. sprechender Länder.

POSTAGE & REVENUE, Inschrift auf vielen Postmarken Großbritanniens, der brit. Kolonien und Commonwealth-Länder, die besagt, daß diese zur Freimachung von Postsendungen sowie zur Entrichtung von Steuern verschiedenster Art (z.B. auch Rechnungen, Bankschecks) dienen. Für fiskal. Zwecke verwendete Postmarken (es gab und gibt z.T. daneben auch noch bes. Steuermarken, auch Stempelmarken genannt) sind an handschriftl. Entwertung (meist mit Datum), Firmenstempel oder -aufdrucken kenntlich. Die Inschrift ist inzwischen fast überall in Fortfall gekommen, da in den betr. Ländern jedermann um die doppelte Funktion der Briefmarken weiß. →Duty Stamp, →Stempelmarken.

Postage Due, engl. = etwa Postge-

bühr fällig, Gattungsinschrift auf vielen →Portomarken engl. sprechender Länder. Auch →To Pay.

Postagentur, alte Bez. für bes. kleine Postanstalt, später →Postexpedition bzw. →Posthilfsstelle, die aber meist im Gegensatz zur →Postablage alle Postdienstgeschäfte ausübte. Die ehemaligen Postanstalten der Deutschen Reichspost im Ausland wurden amtlich ebenfalls Postagentur genannt.

Postal Order

Postal Note, engl. Bez. für →Postanweisung.

Postal Order, in Großbritannien, den USA, Frankreich (dort Bon des Postes genannt) u.a. Ländern übl. Überweisungsmöglichkeit für kleinere Geldbeträge mit entspr. Vordrucken, die am Postschalter zu haben sind und auf einen jeweils festen Betrag lauten; Bruchbeträge werden durch hinzugeklebte Marken verrechnet. Die Postal Order wird nicht wie eine Postanweisung von der Post zugestellt, vielmehr muß der Absender sie mit Brief an den Empfänger senden, der den Schein bei jedem Postamt zum Betrag des Eindrucks plus evtl. Markenwert einlösen kann. Bringt der Absender auf dem Schein zwei Striche an (wie auf einem Verrechnungsscheck), erfolgt die Auszahlung nur durch eine beliebige Bank, die sich den Betrag von der Post erstatten läßt. In Großbritannien gibt es seit 1880 Postal-Order-Scheine für feste Beträge von 1–21 sh; sie enthalten links einen Werteindruck mit Inschrift POUNDAGE und je nach Scheinbetrag versch. Gebührenangabe darunter. Obwohl diese Wertstempel keine Postgebühr darstellen (poundage = Provision), werden die Scheine von einigen Sammlern als Ganzsachen gesammelt und fanden in der ersten Ausgabe des Ascher-Ganzsachenkatalogs Aufnahme. Auch →Postanweisungsmarken.

Postal Savings Official Mail, postal saving, engl. = postsparen. Inschrift auf fünf USA-Marken von 1910/11 der Postsparkassenämter.

Postanstalt, allg. Begriff für Gebäude oder Räume unterschiedl. Größe, die mit Annahmeschalter für Postsendungen, Markenverkauf usw. ausgestattet sind. Die großen Postanstalten werden Postamt, die kleineren Poststelle (früher Postagentur) oder Posthilfsstelle genannt. Je nach Land und Jahrhundert gab und gibt es andere und anders übersetzbare Einrichtungen. Im vom Weltpostverein herausg. Gesamtverzeichnis wurden 1969 insg. 437168 Postorte aller Mit-

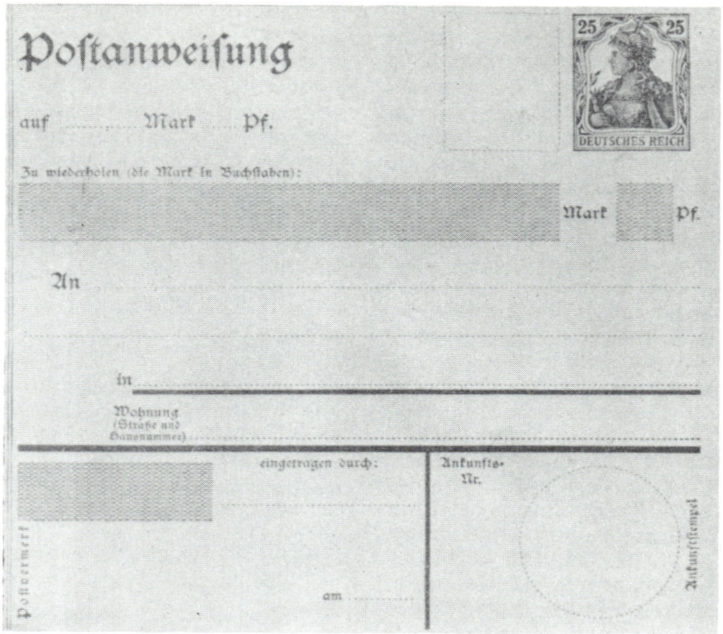

Postanweisungs-Ganzsachen

gliedsstaaten mit genauer Anschrift aufgenommen.

Postanweisung. Nach der Briefbeförderung eine der ältesten Einrichtungen des Postverkehrs überhaupt, denn es ist überliefert, daß es bereits im alten Kaiserreich China um 850 möglich war, beim zuständigen Regierungsamt mit einem Einlieferungsschein Geldbeträge an dritte Personen einzuzahlen. Der Empfänger wurde benachrichtigt und erhielt an Hand eines Scheines den Betrag ausgezahlt. L: 3. 11.
In Europa in abgewandelter Form erst 1627 in Frankreich und 1792 in Großbritannien eingeführt. Damals wurde der zu überweisende (begrenzte) Betrag vom Absender direkt dem Postangestellten ausgehändigt, der persönl. für die Weiterleitung sorgte und die dafür nach Entfernung gestaffelte Gebühr für sich behalten durfte bzw. mit den evtl. an der Überweisung beteiligten anderen Kollegen teilte. In Großbritannien, wo der Barzahlungsdienst 1838 Staatsbetrieb wurde, mußte die Wechselstempelgebühr abgeführt werden.
In Preußen wurde ein ähnl. Geldverkehr (bis 25 Taler) Ende Mai 1848 eingerichtet. Der zu überweisende Betrag wurde auf der Anschriftseite einer Briefumhüllung vermerkt, am Schalter eine »Auszahlungs-Assignation« ausgestellt und dem Brief angeheftet, auf welcher der Empfänger den Erhalt zu bestätigen hatte. Diesem Beispiel folgend wurden z.B. die späteren →Postanweisungsumschläge Württembergs gestaltet; auch →Cubiertas.
Die Postanweisung im heutigen Sinne wurde in Preußen am 1. 1. 1865 eingeführt, bald danach von anderen altdt. Staaten, internat. anläßl. des Weltpostkongresses 1878 in Paris zugelassen; die einheitl. Gestaltung der Formblätter, wie sie uns noch heute in etwa geläufig ist, wurde 1891 in Wien eingeführt. Auch →Postanweisungs-Ganzsachen.

Postanweisungs-Ganzsachen. Außer den →Postanweisungsumschlägen Württembergs hat es in versch. Ländern auch entspr. der Empfehlung des Weltpostvereins mehr oder weniger einheitl. gestaltete Formulare für →Postanweisungen mit Werteindruck gegeben. Württemberg z.B. kannte 1880 auch Vordrucke für den Auslandszahlungsdienst mit Inschrift *Internationale Post-Anweisung* und Wertstempeleindruck zu 40 Pf. Da – wie heute – der mittlere Teil der Postanweisungen mit dem Werteindruck bei der Post verblieb und nach best. Aufbewahrungsfrist amtl. vernichtet wurde, sind Postanweisungs-Ganzsachen gestempelt kaum bekannt und bedingen, wenn überhaupt vorkommend, oft Liebhaberpreise; auch →Postal Order, →Bon de Postes.

Postanweisungs-Kontrollmarken, aus den Niederlanden 1884/99 bekannt, wurden nach erfolgter Auszahlung des überwiesenen Betrags postseitig zu Kontrollzwecken aufgeklebt. Ähnl. die 1913–1941 in Brasilien verwendeten Wertzeichen mit Inschrift DEPOSITO, die jedoch im Michel-Katalog nicht erwähnt werden: →Postanweisungsmarken.

Postanweisungsmarken oder Geldanweisungsmarken, z.B. von Italien 1924, San Marino sowie 1911 Spanien und aus China in mehreren Ausgaben bek. Marken-

art zur Freimachung von Postanweisungen; auch →Postanweisungs-Kontrollmarken.
Gänzlich anderer Verwendung dienen aus Kanada seit 1932 bekannte und zuerst Postal Note Stamp, jetzt Postal Strip genannte und im Katalog nicht erwähnte Wertzeichen, die seit 1967 ungebraucht von der Versandstelle für Sammlermarken bezogen werden können. Auf kanad. Postanweisungen wird nur der volle Dollar-Betrag handschriftl. angegeben, die Cent-Beträge aber durch diese vom Postangestellten aufzuklebenden Wertzeichen nachgewiesen. Demgemäß gibt es 18 Postanweisungsmarken im Nennwert von 1 bis 9 sowie 10–90 C., um alle Dollarbruchteile zwischen 1 und 99 C. darstellen zu können. Gestempelt sind diese Marken bisher nicht erhältlich, sie werden auf den Abschnitt geklebt, der der Post als Quittung verbleibt und nach vorgeschriebener Aufbewahrungsfrist amtl. vernichtet wird. Auch →Postal Order.

Postanweisungsstempel →Geldanweisungsstempel.

Postanweisungsumschläge, z.B. von Württemberg mit Wertstempeleindruck (= Ganzsache) bekannt. Es durften schriftl. Mitteilungen beliebiger Art eingelegt werden, die der Empfänger nach Aufschneiden des Umschlags mit der Schere (die Schere war vorgeschrieben!) entnehmen konnte. Der Erhalt des Geldes wurde auf der Briefrückseite quittiert und der Umschlag dem Postboten zurückgegeben. Der Umschlag erfüllte den Zweck des bei der Post verbleibenden mittl. Teils unserer Postanweisungen. Dieses Verfahren entsprach der ersten Form der Postanweisung in Preußen von 1848. Es gibt eine Anzahl derartiger Umschläge; auch →Cubiertas.

Posta pneumatica, ital. = Rohrpost, Inschrift auf Marken Italiens für mit →Rohrpost zu befördernde Sendungen.

Postauftrag, im Auftrag des Absenders zur bankmäßigen Einziehung von Bargeld bei dritten Personen (von der BP Postzustellungsauftrag genannt) und zur Vorzeigung von Wechseln zur Zahlung oder zur Erhebung des Wechselprotestes (Postprotestauftrag) durch die Post. 1871 von der Deutschen Reichspost, Württemberg und Bayern als »Postmandat« eingeführt, 1875 in Postauftrag verdeutscht; auch im Weltpostverkehr zugelassen. In einigen Ländern hat es auch bes. Briefumschläge mit entspr. Vordrucken gegeben, ferner →Postauftragsmarken. L: Festschrift 80 Jahre Berliner Philatelisten-Klub, 1968.

Postauftragskarte, z.B. von Österreich 1913 verausgabte Karte mit Wertstempeleindruck (= Ganzsache) für →Postauftrag.

Postauftragsmarken, von Frank-

reich in der Zeit 1908/31 bekannte Portomarkenart zur Verrechnung der Gebühr von nicht eingelösten →Postaufträgen.

Postblatt, von →Stephan gebrauchte Bez. für die von ihm in seiner Denkschrift 1865 erstm. vorgeschlagene →Postkarte.

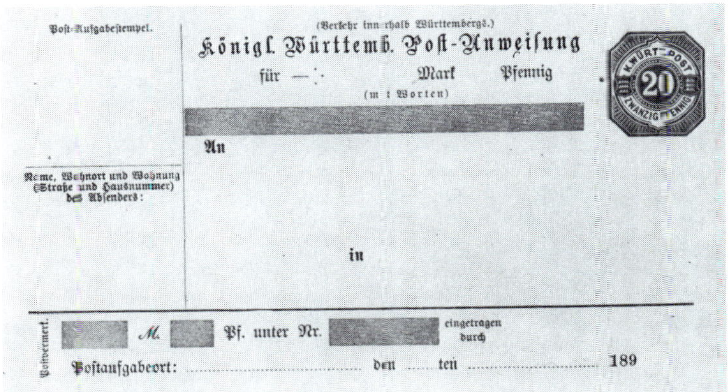

Postanweisungsumschläge

Postbon, weniger gebräuchliche Bez. für →Postal Order.

Postcolli, auch Postcollo, Inschrift auf den ersten →Postpaketmarken Belgiens. Auch →COLIS POSTAL.

Post-Commission, Stempel auf deutscher →Zensurpost aus der Anfangszeit des 1. Weltkrieges, gleichbedeutend mit »Zensurbehörde«. Man versuchte aus psychologischen Gründen das Wort »Zensur« zu umgehen. →Postzensur.

Postdampfer, auch Postdampfschiff; →Postschiff, →Reichspostdampfer.

Postdampfschiff, auch Postdampfer. Das erste mit Dampfmaschine

betriebene →Postschiff soll bereits 1821 zwischen England und Irland verkehrt haben, das erste dt. Postdampfschiff bediente ab 1824 die Route Stralsund-Ystadt/Schweden, und 1838 fuhr das erste Postdampfschiff von Cork/Irland über den Nordatlantik nach New York, 1840 nahm die Cunard Line zwischen Liverpool und New York den regelmäßigen Postdampfschiffdienst auf; →Reichspostdampfer.

Postdampfschiffsagenturen, im Auftrag der Deutschen Reichspost errichtete Posthilfsstellen an Orten im Ausland mit vielfach begrenzten Postdienstgeschäften (z.B. keine Annahme von Einzahlungen, nur in bes. Fällen Pakete), die von Postdampfern regelmäßig angelaufen wurden, und deren Reederei am Platz eine Agentur unterhielt. Die Posthilfsstellen waren in den Räumen der Reederei untergebracht, wurden vom Personal des Unternehmens betrieben und benutzten von der Reichspost gelieferte Stempel mit entspr. Inschrift. Die Gesellschaft erhielt eine Subvention einschl. eines Betrages für den Unterhalt der Postdampfschiffsagentur, oder diese wurde gesondert vereinbart.
Die erste dt. Agentur wurde am 21. 9. 1886 in Apia/Samoa eröffnet, bestand jedoch nur bis Mitte 1887 und wurde dann in eine Postagentur der Reichspost umgewandelt. Ähnl. kurzen Bestand hatten die Postdampfschiffsagenturen in →Tongatabu, →Lamu, →Zanzibar. L: 3. 6.
Zu den bekanntesten Postdampfschiffsagenturen anderer eur. Postverwaltungen gehören diejenigen des →Österreichischen Lloyd, der →Donau-Dampfschiffahrts-Gesellschaft und der →Russischen Gesellschaft für Dampfschiffahrt und Handel; die letzteren beiden verausgabten zeitweise eigene Marken.

Postdienstmarken, andere Bez. für die in der Schweiz und Liechtenstein übl. gewesenen →Franco-Zettel.

Poste Aérienne, franz. = Luftpost, internat. gebräuchliche Inschrift auf →Luftpostklebezetteln, Marken, in Stempeln usw.

POSTE ESTENSI, Inschrift auf den Marken von →Modena.

POSTE LOCALE, Inschrift auf den Marken der Schweizerischen

Bundespost von 1850 für die Postanstalten in den franz. sprechenden Landesteilen (Mi 4–6); für die deutschsprachigen hieß es *ORTS-POST*.

Poster, Bez. für Briefmarkendrucke im Riesenformat von 76×101 cm, die seit Anfang 1971 von der aus einem Ministerium in einen freiwirtschaftl. Dienstleistungsbetrieb umgewandelten Post der Vereinigten Staaten als Wandschmuck der Postämter in den Originalfarben hergestellt und zum Preis von $ 1,50 + 50 C. Porto auch an jedermann abgegeben werden.

Poste restante, franz. = etwa liegenbleibende Sendung. Internat. gebräuchl. Bez. für →postlagernd.

POSTES. Marken mit dieser Inschrift und Wertziffer in der Mitte, unten Münzbez. *CENTIME* bzw. *CENTIMES* ohne Landesnamen sind Ausgaben der Deutschen Reichspost für →Elsaß-Lothringen von 1870/71.

POSTES FRANCE, Aufdruck mit Jahreszahl auf älteren franz. Marken ist →Vorausentwertung. Auch →POSTES PARIS.

Postes Iraniennes, franz. = Iranische Post, Landesangabe als Aufdruck oder Inschrift auf den Marken von Iran 1935/38.

POSTES PARIS, Aufdruck mit Jahreszahl auf älteren franz. Marken ist →Vorausentwertung. Auch →POSTES FRANCE.

Postes Persanes, franz. = Persische Post, Landesangabe auf den Marken von →Iran bis 1935.

POSTES SERBES, einzeil. Handstempelaufdruck auf 14 versch. franz. Marken (aus Frankreich Mi 86–122), die von der im 1. Weltkrieg auf die Insel Korfu (→Ionische Inseln) geflüchteten serb. Exilregierung verwendet wurden. Dieser Aufdruck wurde erst bei Auflieferung der Postsendungen auf die bereits aufgeklebten Marken angebracht und ist demnach auf losen Marken im Normalformat nur bruchstückhaft, auf denen im großen Querformat meist vollständig vorhanden. Es wurde eine Reihe von Briefstücken fabriziert, die genauso wie lose gestempelte Marken billig sind; bedarfsmäßig gelaufene Ganzbriefe sind Raritäten. Diese Marken sind im Michel-Katalog zwischen Serbien Mi 131 und 132 verzeichnet.

Postexpeditionen, in alten Stempeln bis 1876 vorkommende Bez. für kleinere Postagenturen, die ähnl. den →Postablagen nebenberufl. verwaltet wurden (später nur die Postexpeditionen II. Klasse). In anderen Ländern hat es ähnl. Einrichtungen gegeben; →Posthilfsstellen.

Postfach, auch Schließfach, amtliche Bez. für in Postämtern aufgestellte Behältnisse versch. Größe, die von Personen oder Firmen mit umfangreichem Posteingang gemietet werden können, um u.U. mehrmals am Tag Sendungen selbst abzuholen. Philat. gesehen ist das Postfach allein deshalb ohne Interesse, weil keine bes. Kennzeichnung seitens der Post erfolgt.

POSTFAERGE, Aufdruck auf über 40 dän. Freimarken; →Postfähremarken.

Postfähremarken, nur aus Dänemark seit 1919 bek. Markenart zur Entrichtung der Gebühr für Pakete bzw. Frachtgut, die mit Postfähren

zwischen den Inseln Lögstör-Aggersund und Esbjerg-Fanö befördert werden müssen. Letztere Linie wurde nach Inbetriebnahme der Aggersund-Brücke 1942 eingestellt. Es hat bereits rund 50 Postfähremarken gegeben, hergestellt durch Aufdruck POSTFAERGE auf versch. Freimarken bis zum Nennwert von 10 Kr. Mi 2 und 4 konnten auch als Freimarken verwendet werden. Zur Entwertung wurden anfängl. einfache Gummistempel, seit längerem querovale Metallstempel mit Angabe des Fährenkurses ähnl. den dt. Bahnpoststempeln verwendet.

Postfälschung, zum Schaden der Post mehr oder weniger gut gelungene Nachahmung einer noch kursierenden und zur Frankatur verwendeten oder dafür vorgesehenen Marke, was verschiedentl. und teils mit Erfolg schon oft geschehen ist. Für derartige Fälschungen (im Michel-Katalog wird das Vorkommen mit PFä in Schreibschrift und Kästchen gekennzeichnet) suchten sich die Betrüger meist die gängigsten Wertstufen aus. Bes. betroffen von Postfälschungen war Spanien von 1854 bis 1899, ein Grund dafür, daß dort mit nur ein- oder zweijähr. Abstand immer wieder neue Dauerserien verausgabt werden mußten, weil schon kurze Zeit nach Erscheinen einer neuen Serie Postfälschungen festgestellt wurden. Sehr bekannt sind ferner die Fälschungen der Marken Mi 3–5 für Lombardei-Venetien (Österreich). Aber auch der Deutschland-Sammler kann etl. Postfälschungen berücksichtigen. Von den Ausgaben der Deutschen Reichspost 1875–1911 hat es deren mehrere gegeben, ferner von Mi 85 der →Bautenserie.
Viele dieser Postfälschungen sind zu philat. Begriffen geworden, wobei meist der Herkunftsort zur näheren Definition dient (z.B. vgl. einzelne Stichwörter: Mailänder-, Veroneser-, Höchster-, Dresdner-, Chemnitzer-, Rixdorfer-Fälschung). Im Gegensatz zu den →Fälschungen zum Schaden der Sammler sind alle Postfälschungen – bes. auf Ganzbriefen – begehrte Raritäten; auch →Faksimile.

Postfarbe. Für Briefkästen, Fahrzeuge u.a. Einrichtungen der Post haben sich bestimmte, oft auf Tradition beruhende Farben eingeführt; die BP z.B. hat das Postgelb aus der preußischen Zeit wieder übernommen, nachdem in der 1. Republik Blau, während der Nazizeit Rot die Postfarbe war. In anderen Ländern ist teils ähnlicher Wechsel zu beobachten gewesen, wieder andere haben die einstmals eingeführte Postfarbe unverändert beibehalten.

Postfreistempel, nur gelegentl. benutzter Ausdruck für von der Post verwendeten →Barfreimachungsstempel, der aber einen deutl. Unterschied zum →Absenderfreistempel und dem Gebühr-bezahlt-Stempel vermittelt.

Postfreitum, in früheren Jahrhunderten übliche Bez. für →Portofreiheit.

postfremder Zuschlag. Die Marke wird zu einem im allg. im Markenbild angegebenen Zuschlagsbetrag plus Freimachungswert von der Post abgegeben; der Zuschlag findet jedoch keine Verwendung für postal. Zwecke und wird z.B. ohne Abzug Wohlfahrtseinrichtungen zugeführt. Der postfremde Zuschlag soll lt. FIP-Reglement 50% des Frankaturwertes nicht überschreiten, sonst gilt die betr. Marke als →unerwünschte oder auch →schädliche Ausgabe und darf auf Ausstellungen nicht gezeigt werden. Ausnahme: höhere Zuschläge zugunsten philat. Veranstaltungen. In einigen Ländern, bes. Süd- und Mittelamerika, hat es zahlr. Zuschlagsmarken gegeben, deren Erlös zum Bau von Postgebäuden u.a. verwendet wurde, dann jedoch meist in Form von →Zwangszuschlagsmarken.

Postfrim., Abkürzung für Postfrimaerke auf den alten Freimarken Dänemarks, Islands und Norwegens; bei Norwegen teils nur Frimaerke.

postfrisch, nicht benutzte Marke, die sich in dem Zustand befindet, in dem sie am Postschalter abgegeben wurde, d.h. Rückseite und Gummierung sind völlig unberührt (die Vorderseite selbstverständl. auch). Postfrische Erhaltung wird heute für alle Marken ab etwa 1930 verlangt, wenn ungebraucht gesammelt wird. Marken mit Klebefalz aus dieser Zeit sind im Wert gemindert, desh. ist Unterbringung im Album mit →Klemmtaschen oder im Einsteckalbum anzuraten. Vorsicht: →entfalzte oder ungebrauchte Marken mit beschädigtem Gummi werden durch →Nachgummierung »postfrisch« gemacht. Nachgummierte Marken sind aber nicht mehr postfrisch, da sie nicht mehr den Originalgummi aufweisen; auch →gestempelt postfrisch, →ungummiert; →Schonfalz.

Postfrisch-Sammlung. Alle Marken in der Sammlung sind →postfrisch und mittels Klemmtaschen oder im Einsteckalbum untergebracht, weisen also keinen Klebefalz oder Falzrest auf. Seit einigen Jahren bevorzugte Sammelart; →Gebrauchtsammlung, →gemischter Satz, →Schonfalz.

Postgebiet, allg. Bez. für ein Land, in dem die Staatspost (aber auch Besatzungsmächte, Auslandspostanstalten u.a.) alle normalen Dienstleistungen ausführt und dafür Postwertzeichen verausgabt und Poststempel verwendet (in der Zeit der →Vorphilatelie). Der Markenfreund spricht auch von Sammelgebiet, doch können damit z.B. auch nur Stempel oder bestimmte Motive gemeint sein.

Postgebiet Ober-Ost, allg. →Landespost. Die Bez. im Michel-Katalog ist abgeleitet vom Aufdruck *Postgebiet/Ob. Ost* auf zwölf Germaniamarken, die sich bes. durch versch. Farbenunterschiede spezialisiert sammeln lassen. Die Grenzen dieser Landespost, die das Etappengebiet des Oberbefehlshabers Ost umfaßte und genaugenommen zur Deutschen Post in Rußland gehörte (der Michel-Katalog kennt dafür nur die Bez. Postgebiet Ober-Ost und →Deutsche Post in Polen), veränderten sich durch die Kriegsgeschehnisse ständig und erreichten nach Besetzung des ges. Baltikums 1918 ihre größte Ausdehnung. Interessant sind die versch. Zensurstempel. Spezialsammler nehmen in eine Sammlung Postgebiet Ober-Ost noch versch. örtl. Ausgaben auf; →Bialystok, →Dorpat, →Grodno, →Libau und →Landesbotenpost der 10. Armee. L: 3. 6.

Postgebiet Ob. Ost, Aufdruck auf Germaniamarken; →Postgebiet Ober-Ost.

Postgebietsleitzahl, auch Gebietsleitzahl, erste amtliche Bez. der Deutschen Reichspost für die später →Postleitzahl genannten Kennzeichnungen in Poststempeln und Anschriften.

Postgebühr, eine der vielen mögl. und mit Porto, Tarif, Taxe u.a. gleichbedeutende Bez. für den Betrag, den die Post für die Beförderung einer Sendung verlangt.

Postgebührenheft. Die meisten Postverwaltungen geben kostenlos oder gegen einen geringen Betrag übersichtliche Aufstellungen mit Anführung der Portosätze für alle üblichen Postdienste im In- und Auslandsverkehr an das Publikum ab. Da sich die Gebühren öfter ändern (bes. in den letzten Jahren), sollte der Sammler von →Ganzbriefen diese Hefte aufbewahren bzw. ältere nachzubeschaffen versuchen, um bei Kauf oder Tausch leicht feststellen zu können, ob die aufgeklebten Marken dem damaligen Porto entsprechen oder ob der vorliegende Brief z.B. →überfrankiert ist.

Postgeheimnis. In praktisch allen Ländern bestehen seit langem Gesetze, wonach jedem Benutzer der möglichen Postdienste zugesichert ist, daß kein Unbefugter z.B. Einblick in einen Brief nehmen darf. Aber →Rückbriefstelle, →Postzensur.

Postgeld, alte Bez. (teils als Vordruck auf →Postscheinen zu finden) für Porto, Postgebühr u.ä.

Posthalter, alte Bez. aus der Zeit der →Fahrpost und →Reitpost für einen Mann (aber auch für eine Frau!), der über einen größeren Fuhrpark verfügte und lt. Vertrag mit der Postverwaltung gegen eine jährliche Vergütung für Wagen- bzw. Pferdewechsel verantwortlich war. Die Bestellung zum Posthalter wurde im allg. nach Bewerbung von den persönlichen Verhältnissen der betr. Person und der Stellung einer Kaution abhängig gemacht. In vielen Fällen wurde das Amt des Posthalters nach dessen Tod auf die Witwe oder einen Sohn übertragen, so daß manchmal mehrere Generationen einer Familie bis zur Auflösung der Fahr- und Reitpost durch die →Bahnpost Posthalter blieben. Auch →Posthalterei.

Posthalterei, Bez. für das Gebäude des →Posthalters, das meist mit einem Gasthaus identisch und für eine Erfrischung oder auch Übernachtung der Fahrgäste und Postillione der →Fahrpost bzw. →Reitpost eingerichtet war (in vielen Orten gibt es noch heute ein »Gasthaus zur Post«, das auf die ehemalige Bestimmung hinweist) und über geräumige Stallungen für den Pferdewechsel und die Unterstellung der Postwagen verfügen mußte.

Posthausschild. Heute sind die Postämter, Posthilfsstellen u.ä. in

aller Welt meist nur durch eine nüchterne Gebäudebeschriftung oder ein Schild mit dem modern gestalteten und wenig aussagenden Emblem der jeweiligen Postverwaltung gekennzeichnet. Früher

war dagegen über der Eingangstür ein handgemaltes Posthausschild angebracht, das das Staatswappen oder ein sonstiges Hoheitszeichen in den Originalfarben zeigte. Die heraldisch gekonnten Posthausschilder sind heute fast nur noch in Museen zu bewundern.

Posthilfsstellen, 1881 in Deutschland eingeführte Bez. für die früheren →Postablagen bzw. →Postexpeditionen, die wie diese ehrenamtl. verwaltet werden und nur begrenzte Postdienstgeschäfte ausüben. Die Weiterleitung der Sendungen an das zuständige Postamt erfolgt

durch den Landzusteller. Die Posthilfsstellen verwenden bes. Stempel, die jedoch lt. Vorschrift nur zur Herkunftsbezeichnung, nicht aber zur Markenentwertung benutzt werden dürfen. In anderen Ländern bestehen übrigens entsprechend ähnl. Einrichtungen.

Posthoheit, andere Bez. für →Postregal.

Posthorn, in vielen Emblemen, Siegeln u.a. der Postverwaltungen in aller Welt sowie auf Marken und in Stempeln verwendetes Symbol. Mit dem Posthorn kündeten bis in das letzte Drittel des vorigen Jh. die Postillione Abfahrt und bes. Ankunft der Postkutschen vor den Toren einer Stadt an (teils auch die nur Briefe befördernden Postreiter), die sich auf diese Töne hin in friedl. Zeiten auch abends oder nachts öffneten. Es hat zahlr. amtl. festgelegte Signale oder auch kurze Melodien gegeben, die die Postillione beherrschen mußten, bevor sie eingestellt wurden, und die z.B. das Verlangen nach Überholmöglichkeit eines anderen Fuhrwerks ausdrückten. Es soll wahre Virtuosen auf dem an sich einfachen Posthorn gegeben haben, die die Reisenden unterwegs auch mit munteren Weisen unterhalten haben. Das Posthorn ist vermutl. aus den von den Metzgern und dann von der →Metzgerpost verwendeten Signalhörnern hervorgegangen. Die Tradition des Posthornblasens wird von den auf einigen in den Sommermonaten verkehrenden Touristenkursen der BP u.a. heute wieder gepflegt (→Postkutschen).
In bezug auf das Posthorn ist von den Jahreskalendern der Gesellschaft für deutsche Postgeschichte, die diese bis 1975 viele Jahre mit postgeschichtl. oder philat. interessanten Abbildungen und Texten herausgab, der »Posthorn-Kalender« von 1971 bes. schön. Dieser Kalender im Großformat gibt auf jedem der zwölf Monatsblätter die Noten zu einem hist. Posthornsignal und darunter alte Postwagen bzw. Postillione in ihrer Uniform wieder. Zusätzl. sind eine Folienschallplatte mit 13 Posthornsignalen sowie mündl. Erläuterungen beigegeben. L: Archiv für das Post- und Fernmeldewesen, Nr. 6/1974, Archiv für Postgeschichte in Bayern, Nr. 1/1974.

Posthornaufdruck →Posthörnchen.

Posthörnchen, Bez. aus der Sammlersprache für die nach der Währungsreform in Westdeutschland 1948 verausgabten Marken aus den beiden Kontrollratsserien (→Kontrollratsausgaben) mit sog. →Bandaufdruck bzw. →Netzaufdruck mit vielfacher Wiederholung von Posthörnchen. Amtlicherseits waren diese beiden Aufdruckarten, die teilweise im Auftrag der Oberpostdirektionen örtl. ausgeführt wurden, nur für die Marken von 1–84 Pf der 2. Kontrollratsserie vorgesehen. Es wurden aber auch (teils philat. beeinflußt!) die Marken der 1. Kontrollratsserie (Ziffernserie) mit diesen Aufdrucken versehen, von denen die meisten Wertstufen nachträglich von der BP anerkannt werden mußten, da diese vielfach unbeanstandet zur Freimachung verwendet worden waren. Diese Posthörnchen-Marken lassen sich spezialisiert sammeln. Durch die übereilte Herstellung sind mancherlei Besonderheiten entstanden und in Sammlerhände geraten (z.B. kopfstehende und doppelte Aufdrucke, im übertragenen Sinne kommen auch Kehrdrucke vor); auch →Zehnfachfrankatur.

Posthornsatz, Bez. aus der Sammlersprache für die Marken Mi 123/38 der BP von 1951; ist ungebraucht selten geworden und erzielt hohe Preise.

Postillion, Bez. für den Fahrer eines pferdebespannten Postfuhrwerks aus der Zeit, als noch die →Postkutschen verkehrten und er sich durch das →Posthorn bemerkbar machte. Postillione in ihren schmucken Uniformen, die von Land zu Land sehr abwechslungsreich waren, genossen allseits hohes Ansehen. Zwielichtige Gestalten, von denen öfter berichtet wurde, hat es unter ihnen natürlich auch gegeben. Inf. der äußerst streng gehandhabten Postordnungen konnten sie aber schnell ausgemerzt werden.

Post in Zahlen. Um den Sammlern einmal einen Begriff von der durch die Post zu bewältigenden Arbeit zu geben, seien amtl. Zahlen genannt, die von der BP für das Jahr 1970 ermittelt wurden. Danach sind arbeitstäglich 35,6 Mill. Brief- und 1,067 Mill. Paketsendungen abzufertigen, weiterzuleiten und zuzustellen gewesen. Tägl. wurden 15 Mill. Briefmarken verkauft und 34,1 Mill. Orts- und Ferngespräche geführt sowie 1,3 Mill. Personen auf Postomnibuslinien befördert. Im Monat Januar 1977 wurden rd. 960 Mill. Briefsendungen und 18,5 Mill. Pakete befördert. Nimmt man diese Zahlen als Durchschnitt für alle zwölf Monate an, würden sich für 1977 rd. 11,5 Milliarden Brief- und 222 Mill. Paketsendungen ergeben; eine wahrlich stattliche Zahl, die aber weit hinter der der US-Post zurückbleibt.

Postkarte, erstm. vom damal. Geheimen Postrat Heinrich →Stephan dem Generalpostamt und dann in einer Denkschrift anl. der 5. Postvereinskonferenz in Karlsruhe 1865 als →Postblatt (ohne Wertstempeleindruck!) vorgeschlagen, wurde aber mit der Begründung

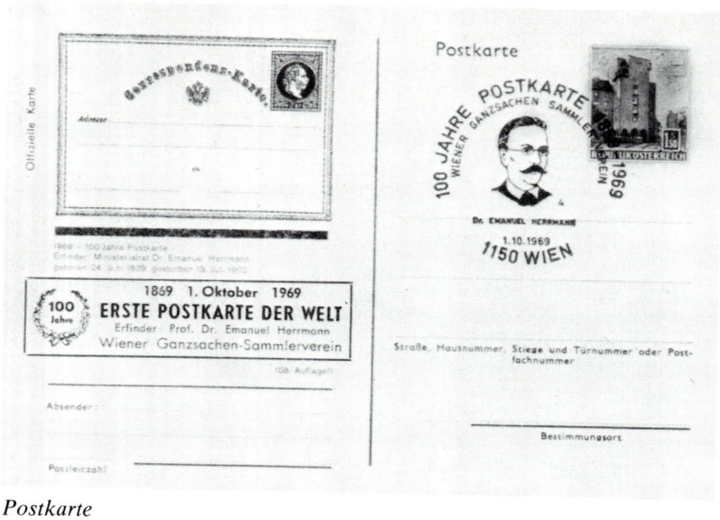

Postkarte

abgelehnt, daß es »unmoralisch« oder »beleidigend« sei, Nachrichten offen zu verschicken; die Anregung wurde zu den Akten gelegt. Inwieweit Dr. Emanuel →Herrmann, Prof. für Nationalökonomie und Enzyklopädie an der K. und K. Militärakademie in Wiener Neustadt, von Stephans Vorschlag gewußt hat, ist nicht exakt nachprüfbar, doch darf angenommen werden, daß Herrmann keine Kenntnis davon gehabt hat. Jedenfalls erschien am 26. 1. 1869 in der Tageszeitung »Neue Freie Presse« ein Artikel von Dr. Herrmann »Über eine neue Art der Correspondenz mittels der Post«. Herrmann dachte darin an eine neue, zu bes. niedriger Gebühr zu befördernde Art von »Posttelegramm«, d.h. die offen aufzuliefernde Karte sollte auf 20 Textworte beschränkt bleiben.
Der Vorschlag Herrmanns fand im K.K. Handelsministerium, dem das Postwesen unterstand, sofort eine derart günstige Aufnahme, daß er bereits am 1. 11. 1869 verwirklicht war. An diesem Tag lagen an allen Postschaltern der Doppelmonarchie Österr.-Ungarn die ersten Postkarten vor, »Correspondenz-Karte« genannt. Die gedachte Begrenzung auf 20 Wörter unterblieb jedoch, der Absender durfte auf die Rückseite der nur 12×8,5 cm großen Karte so viel schreiben, wie er wollte bzw. konnte.

Der philat. bedeutsamste Unterschied zwischen den 1869 erstmals in Österr.-Ungarn verausgabten Karten und der danach mit dem 1. 7. 1870 im Bereich des Norddt. Postbezirks eingeführten Postkarte ist darin zu sehen, daß die österr. Karten von Anfang an Ganzsachen waren, d.h. sie enthielten einen gelben Wertstempeleindruck zu 2 Kreuzer im Muster der Marke Mi 35. Die dt. Karten dagegen mußten noch mit Marken freigemacht werden und waren außerdem mit den Maßen 16,5×11 cm etwas unhandlich. Als Ganzsache erschienen Postkarten der Deutschen Reichspost erst am 1. 1. 1873. Auch die ersten Postkarten anderer Länder enthielten meist sofort einen Wertstempeleindruck, so z.B. 1870 Württemberg, Großbritannien, Schweiz.
Übrigens sollen zwei Buchhändler in Leipzig (Friedlein bzw. Pardubitz) unabh. voneinander der Post schon 1868 den Vorschlag zur Verwendung von Postkarten gemacht haben; Gleiches wird von einem Mr. Muir aus Neuseeland bereits aus dem Jahre 1866 berichtet.
Nach Ausgabe von Postkarten seitens der Postverwaltungen schaltete sich die Papierindustrie in dieses offensichtl. von Anfang an gut gehende Geschäft ein. Die natürl. keinen Wertstempeleindruck tragenden und durch aufgeklebte Marken freizumachenden priv. Karten wurden in den betr. Ländern meist sofort zur Beförderung im Inlandsverkehr zugelassen; sie mußten aber z.B. in Deutschland auf der Anschriftseite den Eindruck Postkarte aufweisen. Für den Auslandsverkehr dagegen blieben derartige Postkarten (einschl. der späteren Ansichtskarten) teils noch lange unzulässig (in den USA z.B. bis 1898!), da sich auch anl. des Weltpostkongresses von 1885 aus nicht recht verständl. Gründen die meisten Mitgliedsländer gegen die Verwendung dieser Karten im Auslandsverkehr stellten. Erst der Weltpostkongreß in Rom von 1906 beschloß deren uneingeschränkte Zulassung mit Wirkung vom 1. 10. 1907. Gleichzeitig kam die verschiedentl. noch immer bestehende Vorschrift betr. Vordruck Postkarte (bzw. in der betr. Landessprache) in Fortfall.
Die historische Gerechtigkeit gebietet darauf hinzuweisen, daß es einen Vorläufer der Postkarte gegeben hat, und zwar 1783 in Gestalt des »offenen Zettels« genannten und von Franz Anton Gilowsky für die →Kleine Post in Wien eingeführten Vordrucks, dem sogar schon ein »Antwortzettel« angehängt war, den der Bote mit der Antwort auf Wunsch gleich mitnehmen und dem Absender unverzüglich zustellen konnte.

Postkarte mit Antwortkarte, amtl. Bez. für die von den Sammlern einfach →Antwortpostkarte genannten Doppelkarten.

Postkartenausschnitt →Ganzsachenausschnitt.

Postkartengeber, bes. Ausführung des →Postwertzeichengebers, der gegen entsprechenden Münzeinwurf Postkarten mit Wertzeicheneindruck (= Ganzsache) ausgibt; wurde in Deutschland erstmals 1906 in praktischen Betrieb genommen. Eine Zeitlang sind in Deutschland auch Automaten gebräuchlich gewesen, die einen Markenstreifen und zugleich eine Blankopostkarte auswarfen (→Einheitswertzeichengeber).

Postkartenheft. Außer Postkarten mit Wertstempeleindruck (= Ganzsachen), die einzeln abgegeben werden, kennen einige wenige Postverwaltungen auch zu mehreren mit Umschlag geheftete und an der linken Seite gelochte oder durchstochene Karten (→Postkartenlochung), z. B. Liechtenstein elf Bildpostkarten (Zeichnungen aus allen Gemeinden des Fürstentums) und jede mit anderem Wertstempeleindruck (Wappen der Gemeinden). Seit einigen Jahren wird teils auch das Lumbeck-Klebeverfahren für den Zusammenhalt angewendet, wodurch Perforierung oder Lochung entfällt.

Postkartenlochung. 1. Zur leichteren Abtrennung der aus zwei Teilen bestehenden →Antwortpostkarten hat es diese früher auch mit Durchlochung (oder Durchstich) der Bruchstelle gegeben. Im Gegensatz zur Ausmessung der →Kartenbrieflochung erfolgt die Auszählung der Löcher hier jedoch auf 3 cm Länge, beginnend vom linken Rand eines Loches. Wenn Antwortpostkarten mit gleichem Wertstempeleindruck, aber versch. Durchlochung, bekannt sind, kann das u. U. einen beträchtl. Wertunterschied bedingen. – **2.** Verschiedentl. sind auf priv. Bestellung zurückgehende Postkarten mit Wertstempeleindruck amtl. auch in senkrechten oder waagerechten Streifen oder Paaren hergestellt worden, die dann zur bequemen Trennung gelocht oder auch durchstochen wurden, so daß ein- oder zweiseitig perforierte Karten vorkommen. – **3.** Es sind auch den Markenheftchen ähnl. Postkartenhefte verausgabt worden (z. B. Liechtenstein); diese Karten sind dann links senkrecht durchlocht.

Postkartenmarken, nur für Postkarten verwendbare Marken (z. B. Hongkong Mi I–III, Macau Mi 44 und 69, Timor Mi 24 und 49, Bulgarien Mi 107) oder nur postseitig bereits den Karten aufgeklebt erhältl. gewesen (z. B. Franz.-Äquat.-Afrika Mi 151/54); auch Marken des Oranjefreistaates 1889/98 mit auf die Karte überge-

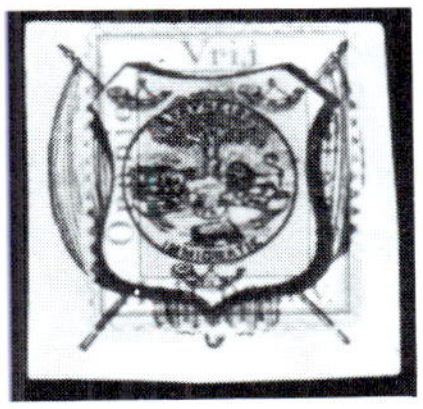

hendem Wappenstempel gehören hierher. L: DBZ, Nr. 11/1966; →Kartenbrief-Marken.

Postkartenstreifen. Einige Postverwaltungen (z. B. Deutsche Reichspost) haben früher Postkarten mit Wertstempeleindruck (= Ganzsachen) in senkrechten Streifen zu fünf oder mehr Stück verausgabt, die vorwiegend für Geschäftsleute gedacht waren. Es wurde dadurch mehrmaliges Einspannen einzelner Postkarten in die Schreibmaschine erspart. Postkartenstreifen sind kaum noch erhalten geblieben (und dann natürlich nur ungebraucht) und interessieren bestenfalls den Spezialsammler.

Postkartenwoche →Flugpost am Rhein und am Main.

Postkiloware, von der Post gesammelte und verkaufte →Kiloware; →postversiegelt.

Postkrieg, auch Markenkrieg genannt, Bez. für Situationen zwischen zwei oder mehr Staaten, wenn Briefmarken ein- oder auch gegenseitig im zwischenstaatl. Verkehr nicht als gültige Postwertzeichen anerkannt, damit freigemachte Sendungen an den Absender zurückgewiesen, mit Nachporto belegt

weitergeleitet oder die meist aus polit. Gründen unerwünschten Marken oder Stempel irgendwie unkenntl. gemacht werden (→Schwärzungen). – **1.** Der wohl erste »Krieg« dieser Art flammte 1896 zwischen Venezuela und Großbritannien auf. Damals verausgabte Venezuela anl. des 80. Todestages des Freiheitskämpfers General Miranda fünf Gedenk-

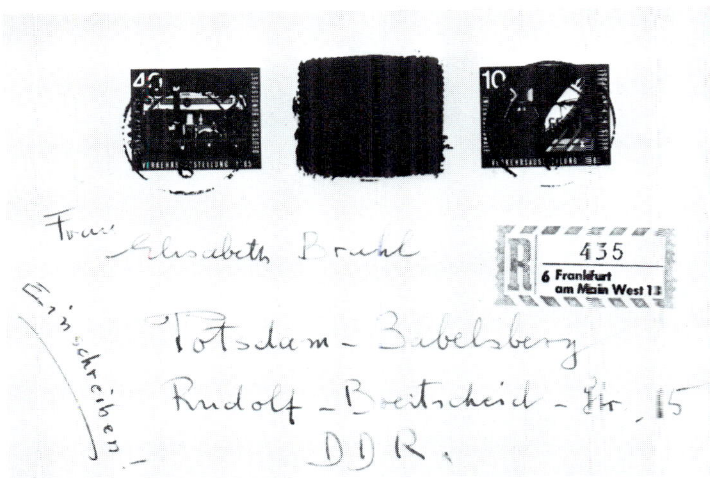

Postkrieg. Es ist leider nicht mehr zu erkennen, welche Marke der BP einem besonders eifrigen DDR-Postler aus Eigeninitiative oder laut Vorschrift nicht gefallen hat; sie ist mit gut deckender schwarzer Farbe völlig unkenntlich gemacht worden

Postkrieg

marken mit einer Landkartenzeichnung (Mi 48–52), auf der ein großer Teil der Kronkolonie Brit.-Guyana als zu Venezuela gehörend eingezeichnet war, was nach Protest und Entschuldigung immerhin zur Folge hatte, daß Venezuela auf dem Verhandlungsweg einige der umstrittenen Teile Guyanas zugesprochen wurden. Paraguay (Mi 242–244 und 403–406) und Bolivien (Mi 205–207 und 230–253) stritten sich zunächst auf Marken im Landkartenmuster um das Gran-Chaco-Gebiet, bis der Krieg 1932–1935 zwischen den Rivalen über die endgültige Zugehörigkeit entschied. Guatemala verleibte sich 1939 auf der Marke Mi 417 Britisch-Honduras ein. Der Einspruch Großbritanniens gegen die willkürliche Grenzziehung auf dem Papier soll zur Folge gehabt haben, daß diese Marke schnellstens zurückgezogen wurde und nur drei Tage an den Postschaltern verkauft werden durfte. –

2. Die Dominikan. Republik dagegen zog die Marken Mi 84–92 mit einer sehr zuungunsten Haitis gezogenen Grenze auf Protest hin zurück. Dasselbe mußte Argentinien mit Mi 426 tun, da darauf zuviel von Chile (bes. Feuerland) »annektiert« worden war; es erschien dafür die berichtigte Marke Mi 427. Der Protest Großbritanniens wegen der Einzeichnung der Falkland-Inseln als argentin. Territorium auf den gleichen Marken blieb jedoch unberücksichtigt. –

3. Unserer Zeit entstammen von der span. Post zurückgewiesene Sendungen aus der DDR mit Marken Mi 1196–1201 und aus gleichem Anlaß aus der Tschechoslowakei mit Mi 1637. Einige Ostblockländer beanstandeten mit Israel-Marken Mi 390/92 u.a. freigemachte Sendungen usw. Die Marken des als abtrünnig geltenden Rhodesien (früher Südrhodesien) wurden von etwa 1965 bis Oktober 1970 in Großbritannien, Guernsey, Jersey und Indien als ungültig behandelt und damit freigemachte Sendungen mit Nachgebühr belegt. Es gibt zahlr. weitere Beispiele aus aller Welt für derart ausgetragene Postkriege. –

4. Zwischen der DDR und BRD (DDR und Berlin-West sowie umgekehrt →Berliner Postkrieg) ist es wegen unerwünschter Ausgabenanlässe bzw. bildl. Darstellungen auf Marken mehrmals zu einem Postkrieg gekommen. Nicht anerkannt wurden seitens der DDR-Post BP Mi 165, 215, 479, häufig auch die Marken mit Motiven aus ostdt. oder ehem. dt. Gebieten auf Mi 454–461 und 489–502. Soweit mit derartigen Marken frankierte Sendungen nicht an den Absender zurückgegeben wurden, nahm die DDR-Post bis etwa 1967 Schwärzungen vor, oder die Marken wurden auf andere Art weitgehend unkenntl. gemacht, z.B. abgerissen, danach aber dem Empfänger ohne Nachgebühr zugestellt. Beim Erwerb solcher Postkrieg-Belege ist größte Vorsicht geboten; es kann mit Leichtigkeit manipuliert und gefälscht werden. Verschiedentl. wurden unerwünschte Marken auch unbeschädigt gelassen und von einzelnen DDR-Postämtern beschaffte Gummistempel darüber oder daneben abgedrückt, die als →Gegenstempel bezeichnet werden. Andererseits hat sich 1971 die BP geweigert, den zu den beiden DDR-Gedenkmarken zum zehnj. Bestehen der Berliner Mauer verausgabten amtl. Ersttagsumschlag zu befördern, der mit den Texten »10 Jahre antifaschistischer Schutzwall – 10 Jahre sicherer Schutz des Friedens und des Sozialismus« sowie Emblemen bedruckt war. Die Marken, auf normalem Brief oder auf Postkarte verwendet, blieben dagegen unbeanstandet. Allerdings ist diese Anordnung nicht immer befolgt worden, so daß viele derartige Ersttagsumschläge unbeanstandet den Empfänger erreichten. –

5. Auch im Postverkehr mit anderen Ostblockländern (bes. Polen, Sowjetunion) ist es gelegentl. zu Beanstandungen gekommen, wenn die Sendungen mit dort unerwünschten Marken freigemacht waren (z.B. Mi 489, 499, 502). Diese werden, wenn nicht schon von der BP oder West-Berliner Post mit entspr. Vermerk (Stempel, Klebezettel) an den Absender zurückgegeben oder (selten) in →Ersatzbriefhüllen weitergeleitet, mit versch. Retourvermerken, Propagandastempeln usw. vom Empfängerland abgewiesen. –

6. Das Sammelgebiet Postkrieg ist äußerst interessant, aber auch bereits sehr umfangreich (bezogen auf Deutschland), außerdem inf. Seltenheit der meisten Belege nicht immer billig. Bei Erwerb ist darauf zu achten, daß die vorliegenden Stücke alle Zeichen tatsächl. Verwendung und Echtheit tragen, was nicht ohne weiteres nachzuweisen ist; man sollte einen Kenner dieses Gebietes befragen. L: 3. 7.

Postkutschen, bis in die Mitte des vorigen Jh. einzige, nach Aufkommen der Eisenbahnen mehr und mehr verdrängte Beförderungsart für Reisende bis zu zehn (selten mehr) Personen.

Die Bez. Kutsche soll von dem ungar. Ort Kocs abgeleitet sein, dort wurden im 16. Jh. erstmals bes. schwere Wagen zum Transport von Waren bzw. mehreren Passagieren gebaut. Die Postkutschen (→Landkutschen) waren von einem »Schaffner« begleitet, der auch mit dem bestellten Fuhrunternehmer identisch sein konnte und der für die Einhaltung des Fahrplans, die Sicherheit der Ladung, Beachtung der Vorschriften betr. Zoll usw. verantwortlich war.

Im Wandel der Zeiten und von Land zu Land hat es zahlr. versch.

Kutschenformen mit mehr oder weniger Komfort gegeben. Auf bereits recht vielen Marken sind (oft aus Anlaß des Tages der Briefmarke) alte Postkutschen wiedergegeben worden (z.B. Deutsches Reich Mi 828, Frankreich Mi 937, San Marino Mi 439). Einige Postverwaltungen haben seit mehreren Jahren in landschaftl. romantischen

Gegenden als Touristenattraktion in den Sommermonaten nach Fahrplan verkehrende Postkutschenfahrten eingerichtet, die BP z.B. zwischen Bad Kissingen–Bad Bocklet–Schloß Aschach und Garmisch-Partenkirchen–Badersee.
Die meisten dieser Kurse nehmen auch Briefpost mit, die mit Sonderstempeln oder Cachets versehen werden. Zu philat. Veranstaltungen wurden und werden auch einmal. Postkutschenfahrten zur Postbeförderung mit Sonderstempeln eingesetzt. In der Schweiz verkehrt im Gebiet des Roseggletschers noch heute regelmäßig eine Pferdepost zur Passagierbeförderung mit amtlicher Konzession. Auch →Cursus publicus, →Landkutschen.

Postkutschenzeit, die Zeit, da noch das →Posthorn erschallte und der →Postillion die vorgeschriebenen Signale blies und wohl auch die Reisenden mit fröhlichen Liedern unterhielt. Gar so romantisch, wie so oft heute in Büchern zu lesen, ist die Postkutschenzeit aber doch nicht gewesen. Als Beispiel auszugsweise ein Tatsachenbericht des berühmten Hochschullehrers Georg Christoph Lichtenberg aus dem Jahre 1778:
»Ein rechtes Hindernis von Intrigen ist der sonst feine und lobenswürdige Einfall der Postdirektoren in Deutschland, durch den eine unzählige Menge von Tugenden des Jahres erhalten werden, daß sie statt der engl. Postkutschen und Maschinen, in denen sich eine schwangere Prinzessin weder fürchten noch schämen dürfte zu reisen, die so beliebten offenen Rumpelwagen eingeführt haben. Denn was die bequemen Kutschen in England und die dortigen vortrefflichen Wege für Schaden tun, ist mit Worten nicht auszudrücken.
Fürs erste, wenn ein Mädchen mit ihrem Liebhaber aus London des Abends durchgeht, so kann sie in Frankreich sein, ehe der Vater aufwacht, oder in Schottland, ehe er mit seinen Verwandten zum Schluß kommt; daher ein Schriftsteller weder Feen, noch Zauberer, noch Talismane nötig hat, um die Verliebten in Sicherheit zu bringen ... Hingegen in Deutschland, wenn auch der Vater den Verlust seiner Tochter erst den dritten Tag gewahr würde, wenn er nur weiß, daß sie mit der Post gegangen ist, so kann er sie zu Pferde immer noch auf der dritten Station wiederkriegen ...
Endlich hat man auf den deutschen Postwagen ganz andere Sachen zu tun, als zu plaudern; man muß sich festhalten, wenn die Löcher kommen, oder in den schlimmen Fällen sich gehörig zum Sprung spannen; muß auf die Äste achtgeben und sich zur gehörigen Zeit bücken, damit der Hut oder Kopf sitzenbleibt; die Windseite merken, und immer die Kleidung an der Seite verstärken, von wo der Angriff geschieht; und regnet es gar, so hat bekanntlich der Mensch die Eigenschaft mit anderen Tieren gemein, daß er stille wird, wenn er naß wird; da stockt also die Unterhaltung ganz.
Kommt man endlich in ein Wirtshaus, so geht die Zeit mit anderen Dingen hin: der eine trocknet sich, der andere schüttelt sich, der eine kaut seine Brustkuchen, und der andere bläht sich den Backen und was dergleichen Kindereien mehr sind.
Hierbei kommt noch ein Umstand in Betrachtung, der auch alle freundschaftliche Mischung der Gesellschaft unmöglich macht. Nämlich weil die Postwagenreisen mit so vielen Trübsalen verbunden sind, so hat man dafür gesorgt, daß die Wirtshäuser noch um soviel schlechter sind, als nötig ist, um den Postwagen wieder angenehm zu machen. Ja man kann sich nicht vorstellen, was das für eine Wirkung tut. Ich habe Leute, die zerstoßen und zerschlagen waren und nach Ruhe seufzten, als sie das Wirtshaus sahen, wo sie sich erquicken sollten, sich mit einem Heldenmut entschließen sehen weiterzureisen, der wirklich etwas Ähnliches mit jenem Mut des Regulus hatte, der ihn nach Carthago zurückzugehen trieb, ob er gleich wußte, daß man ihn dort in eine Art von deutschen Postwagen setzen,

Postkutsche

und so den Berg herunterrollen lassen würde.«

Postlade, auch →Brieflade, alte amtl. Bez. für →Briefkasten. Davon abgeleitet Postlade-Stempel.

Postlagergebühr. Versch. Postverwaltungen haben für an Postlageranschriften gerichtete Sendungen eine bes. Gebühr erhoben bzw. erheben eine solche noch heute, die durch normale Freimarken, Zwangszuschlagsmarken (z.B. Bulgarien) oder auch bar (mit oder ohne entspr. Vermerk auf dem Brief) verrechnet wird; →postlagernd.

postlagernd, internat. Poste restante (etwa: zurückgebliebene Post). Unter Empfängernamen, Chiffre o.ä. und Vermerk »postlagernd«, im Auslandsverkehr »Poste restante« eingehende Sendungen werden je nach Land eine gewisse Zeit aufbewahrt, zur Abholung bereitgehalten und, wenn nicht abgefordert, an den Absender zurückgeleitet. Verschiedentl. wird eine Postlagergebühr erhoben (→Postlagerportomarken). Postlagernde Sendungen liefern bes. häufig und gern Sammler von →Erstflugbelegen auf, die im Ausland keinen Partner haben, der ihnen diese Briefe zurückschicken könnte. Derartige Briefe oder Postkarten werden mit einer fingierten Anschrift und »Poste restante« versehen und gelangen dann, da sie ja niemals abgeholt werden, auf dem normalen Postweg an den Absender zurück.
Das Postlagerverfahren ist an sich sehr alt und hat sich daraus entwikkelt, daß früher Pakete und Briefe, wenn sie nicht zwei Wochen nach Eingang von einer zum Empfang berechtigten Person abgeholt worden waren, in eine im Postamt →aushängende Liste eingetragen wurden und noch drei Monate aufbewahrt werden mußten (bei der Deutschen Reichspost bis 1874, danach Verkürzung der Frist). Postlagernde Briefe soll es nach Forschungen von Curt Paul in Deutschland ab 1824 gegeben haben.

Postlagerportomarken, seit 1925 in Bulgarien hauptsächl. als →Sonntagsmarken verwendete und versch. anderen Zwecken dienende →Zwangszuschlagsmarken (Mi 1–22) zugunsten der Sanatorien für Postangehörige. Die Marken wurden auch postlagernden Sendungen aufgeklebt und kamen desh. zu dieser ungewöhnl. Bezeichnung; die Lagergebühr wurde vom Empfänger erhoben.

Postleitgebietszahlen, 1941 erstm. von der Deutschen Reichspost innerdienstl. für den Päckchenverkehr eingeführt zur leichteren Umarbeitung und Verteilung durch Hilfskräfte. Die Postleitgebietszahlen entsprachen zwar dem Sinn nach dem 1961 von der BP verwendeten System der →Postleitzahlen, unterscheiden sich jedoch von diesen aus versch. Gründen wesentlich.

Postleitzahlen, 1. erstm. von der Deutschen Reichspost mit Verfügung vom 25. 7. 1941 eingeführt, jedoch nur für den Innendienst im Päckchenverkehr. Es wurden Postleitgebiete geschaffen (später auf die besetzten Ostgebiete ausgedehnt); jedoch wurde nicht wie seit 1961 für jeden Postort eine eigene Postleitzahl vergeben. Diese erste Art (auch die spätere Erweiterung auf Briefpost) ist demnach zweckmäßig als »Postleitgebietszahlen« zu bezeichnen, um die Systeme von 1941 bis 1944 und 1961 deutl. voneinander zu unterscheiden. Die Einführung der Postleitgebietszahlen für Briefpost erfolgte durch eine Verfügung vom 19. 10. 1943 (mehrmals erweitert, zuletzt 1. 9. 1944). Von da an sollte bei jeder Postsendung in Anschrift und Absenderangabe die Postleitgebietszahl handschriftl. oder bei Benutzung eines Gummistempels in einem Kreis, bei Schreibmaschinenschrift in Klammern dem Ortsnamen vorangestellt werden. Im Juni 1944 wurde ferner angeordnet, daß in neu anzufertigenden Ortstagesstempeln grundsätzl. die Postleitgebietszahl in Klammern vor dem Ortsnamen eingearbeitet werden sollte.
Eingeführt wurden die Postleitgebietszahlen zur leichteren Umarbeitung der Sendungen durch die während des 2. Weltkrieges notwendig gewordene Einstellung von geogr. unbewanderten Hilfskräften und Fremdarbeitern bei der Post. Es gab 24 Postleitgebietszahlen, von denen später zehn in a und b, eine in a, b und c unterteilt wurden. Eine beschleunigte Zustellung – wie bei dem System seit 1961 – war damit jedoch keineswegs verbunden! Es trat im Gegenteil häufig eine Verzögerung ein, da die Sendungen mit gleicher Postleitgebietszahl zunächst gesammelt den für jedes Leitgebiet zuständ. Bahnpostämtern übergeben und erst dort nach einzelnen Postorten umgearbeitet wurden. Die Postleitgebietszahlen wurden nach Kriegsende (auf 17 reduziert) zwar beibehalten, verloren aber inf. der Teilung Deutschlands postalisch an Interesse. So konnte noch 1953 im »Handwörterbuch des Postwesens« geschrieben werden: ». . . wird die Postleit-

zahl im Inlandverkehr vielleicht entbehrt werden können«. Zukunft wurde ihr in vereinfachter Form ledigl. im internat. Postverkehr vorausgesagt. Die Postleitzahl hat jedoch eine ganz andere Entwicklung genommen. Bis Ende 1976 wurde sie von über 30 Ländern in aller Welt eingeführt, wozu es weitere teils recht nette oder instruktive Sondermarken gegeben hat. Die Systeme beruhen im allgemeinen nach wie vor auf dem von der BP gegebenen Vorbild, nur hat sich inzwischen herausgestellt, daß vierstellige Postleitzahlen weniger geeignet sind; fünfstellige werden wegen größerer Variationsmöglichkeit bei Ausweitung des Postverkehrs vorgezogen. Das komplizierte System der britischen Post hat sich bis Ende 1976 nicht durchsetzen können, die aus zwei Buchstaben- und Zahlengruppen bestehen-

den Postleitzahlen werden in Großbritannien kaum benutzt. – **2.** Die Rationalisierung des Postbetriebs (Verteilung durch Codierung u.ä.) machte ein Zahlensystem erforderlich, das erstm. von der BP 1961 eingeführt wurde und seitdem in vielen Ländern Nachahmung gefunden hat. Danach hat jeder Postort eine eigene Postleitzahl. Eine ausführl. Erläuterung des den vierstell. Ziffern zugrunde liegenden Systems kann hier nicht gegeben werden. Im Gegensatz zu den früheren Postleitgebietszahlen werden die Postleitzahlen freistehend vor den Ortsnamen gestellt und nicht unterstrichen. Die Stempel wurden so gestaltet, daß die Postleitzahl von den anderen Angaben getrennt unten groß und deutlich lesbar erscheint. In anderen Ländern steht sie auch vor dem Ortsnamen wie bei den früheren dt. Stempeln mit Postleitgebietszahl oder dahinter. – **3.** Postleitzahlen haben sich seither weltweit verbreitet. Eingeführt wurden sie von der DDR, Belgien, Dänemark, Italien, Liechtenstein, Norwegen, Österreich, San Marino, Schweden, Schweiz, Australien, Kanada, Neuseeland, USA usw. Einige benutzten von Anfang an fünfstell. Postleitzahlen (z.B. Italien, Schweden, USA). Frankreich begnügt sich mit der zweistell. Departements-Nummer bzw. drei Buchstaben der Departements-Verteilämter. Großbritannien bemüht sich um ein recht kompliziert erscheinendes System aus zwei dem Ortsnamen nachgestellten Buchstaben- und Zifferngruppen, das 1973 vollendet und voraussichtl. in ähnl. Form von Kanada übernommen werden wird. Das brit. System hat den offensichtl. Vorteil, der Entwicklung der Automatisierung im Postwesen vorauszueilen und der Zukunft gerecht zu werden, was vom System der BP schon heute nicht mehr gesagt werden kann. Die BP sucht bereits nach Auswegen, um ohne Änderung der eingeführten Postleitzahlen durch interne Maßnahmen die immer schwieriger werdende Verteilung und Zustellung sinnvoll zu steuern. Bei den brit. Postleitzahlen weisen die ersten zwei bis vier Buchstaben und/oder Ziffern auf den Postort hin (z.B. DE 1 = Derby, BS = Bristol), während die mit Zwischenraum davon geschriebene zweite Gruppe den genauen Zustellbezirk, manchmal nur eine best. Straße oder sogar ein Gebäude bezeichnet (z.B. W1A 1AA = Verwaltungsgebäude der Brit. Rundfunkgesellschaft in London). –
4. Um die Postleitzahlen auch internat. anwenden zu können, kam es unter den eur. Postverwaltungen zu der Übereinkunft, im grenzüberschreitenden Verkehr der betr. Postleitzahl das internat. Kraftfahrzeug-Kennzeichen mit einem

Bindestrich voranzustellen, wodurch sich die früher übl. Landesangabe hinter dem Ortsnamen erübrigt (für Sendungen nach Übersee gilt dieses einfache Verfahren nicht). Eine Ausnahme macht der Verkehr zwischen BRD und DDR. Für Sendungen nach der DDR mußte der Postleitzahl bis 1976 ein X, in umgekehrter Richtung eine 0 vorangestellt werden; seitdem verlangt die Post im anderen Deutschland die Buchstaben DDR vor der Postleitzahl.
Der Weltpostverein beabsichtigt den Ersatz dieser Kennzeichnungsarten durch einen internat. gültigen Zahlencode, der jedoch nicht leicht zu erarbeiten und einzuführen sein wird. Interessant ist, daß es auch Orte mit zwei versch. Postleitzahlen gibt, so im →Kleinen Walsertal, das zu Österreich gehört, aber Zollausschlußgebiet ist. Riezlern hat die Postleitzahlen A-6991 und D-8984, Hirschegg A-6992 und D-8985, Mittelberg A-6993 und D-8986; für Jungholz/Tirol gelten A-6691 und D-8965. –
5. Viele Sammler haben sich schon den Postleitzahlen verschrieben und bemühen sich, alle mit sauberen Stempelabdrucken zusammenzutragen, wozu Briefstücke genügen. In eine →Heimatsammlung gehören je nach Umfang sämtl. Erscheinungsformen der in Betracht kommenden Postleitzahlstempel.

Postleitzahlstempel, Ortstagesstempel mit eingearbeiteter →Postleitzahl, die trotz Einförmigkeit ein reizvolles Spezialsammelgebiet abgeben.

Postmandat, früherer Ausdruck für →Postauftrag.

Postmarke, gelegentl. Bez. für Briefmarke bzw. Postwertzeichen.

Postmeilensäulen, verschiedentlich auch Distanzsäulen genannt. Bereits z.Z. des →Cursus publicus wurden an den röm. Staatsstraßen steinerne Säulen aufgestellt, auf denen die Entfernungen zu den nächsten Poststationen eingemeißelt waren. Diese Einrichtung geriet

später ganz in Vergessenheit und wurde eigentl. erst wieder von der sehr fortschrittl. Post des Kurfürstentums Sachsen gegen Ende des 17. Jh. eingeführt, nachdem der Landmesser Zürner auf kurfürstl.

Befehl alle Straßen Sachsens kartograph. aufgenommen und genau vermessen hatte. Es wurden zunächst hölzerne, ab etwa 1720 steinerne Postmeilensäulen in entspr. Abständen bzw. an Straßenkreuzungen errichtet, von denen heute nur noch wenige und unter

Denkmalschutz stehende oder in Museen befindl. Säulen erhalten geblieben sind. Es hat Viertelmeilen-, Halbmeilen- und Meilensäulen gegeben. Die Postmeilensäulen nach dem Beispiel Kursachsens fanden in vielen anderen Staaten Nachahmung, wurden aber nach dem Aufkommen der Eisenbahnen nach und nach durch die uns gewohnten Kilometersteine ersetzt. Daß das System der Postmeilensäulen weithin Verbreitung gefunden hat, geht u.a. aus einem Ersttagsstempel der schwed. Post von 1971 hervor. Auch →Stundensäulen, →Stundenstein.
Da das Maß für eine Postmeile in den vielen Kleinstaaten und im Ausland nicht überall gleich war, wurden die Entfernungen von Ort zu Ort bzw. zwischen zwei Stationen verschiedentlich auch nach der durchschnittlichen Fahrzeit angegeben.

Postmeisterdurchstich →Postmeisterzähnung, →Privatdurchstich.

Postmeisterdurchstich →Postmeisterzähnung.

Postmeistermarken. 1. Darunter können alle Markenausgaben verstanden werden, die örtl. hergestellt

wurden, oder bei denen staatl. Postwertzeichen irgendwie verändert und nur örtl. verwendet worden sind; so z.B. die erste geschnittene Ausgabe für →Westsachsen, die von einzelnen Postämtern mit Zähnung oder Durchstich versehen wurde (→Postmeisterzähnung). Auch die im Michel-Katalog mit »Lokalausgaben« bezeichneten Wertzeichen und noch manche andere gehören an sich hierher, doch sind, wenn von Postmeistermarken gesprochen wird, fast stets nur die den Staatspostmarken der USA von 1847 bzw. denen der →Konföderierten Staaten von Amerika vorausgegangenen örtl. Ausgaben gemeint. –
2. Nach einer drast. Gebührensenkung im Sinne des brit. Penny Porto Systems (Rowland →Hill) und Fortfall vieler priv. Beförderungs-

unternehmen trat in den USA 1845 eine ganz beachtl. Steigerung des Postaufkommens ein, so daß der Schalterbetrieb bei stark frequentierten Postämtern häufig stockte. Das Erscheinen der Staatspostmarken ließ aber auf sich warten, weshalb einige Postmeister zur Selbsthilfe schritten und eigene Marken anfertigen ließen oder selbst herstellten; es gab daneben auch einige Postmeisterumschläge, also Ganzsachen. Die Marken von New York, Providence und St. Louis gleichen bildlich durchaus amtl. Postwertzeichen, die anderen sind recht primitiv, teils auch nur Stempelabdrucke. Es hat in folgenden Städten Postmeistermarken gegeben: Alexandrien, Baltimore, Boscawen, Brattleboro, Lockport (wird von einigen Autoren zu den Umschlägen gerechnet), New York (auch verwendet in Albany, Boston u.a.), Providence und St. Louis. Postmeisterumschläge sind aus Annapolis, Baltimore, New Haven und Tuscumbia bekannt. Einige dieser Postmeisterausgaben gehören zu den allergrößten Raritäten, denn diejenigen von Boscawen und Lockport sowie der Abdruck von Annapolis als Ganzsache sind in nur je einem Stück erhalten geblieben; →Carriermarken. L: 2. 3. –
3. Die Postmeistermarken der Konföderierten Staaten von Amerika entstanden aus der Not der Zeit nach Ausbruch des sog. Sezessionskrieges zwischen den Süd- und Nordstaaten. Im rein landwirtschaftl. orientierten Süden war nicht gleich nach Kriegsausbruch 1861 die Möglichkeit zur Herstellung von neuen Postwertzeichen und zur schnellen und gleichmäßigen Verteilung gegeben (die USA-Marken durften nicht mehr verwendet werden). Man griff zur Barfreimachung, in vielen Orten aber auch bald zur Ausgabe von Postmeistermarken und -umschlägen. Auch hier ist festzustellen, daß man sich verschiedentl. um ansprechende Gestaltung und sauberen Druck bemühte, vielfach aber auf einfachen Letternsatz oder Abdruck primitiv geschnittener Stempel (teils Holzschnitt) zurückgreifen

mußte. Aus 47 versch. Orten der Südstaaten sind Postmeistermarken bekannt, von denen einige umstritten sind, d.h. die philat. Forschung konnte bisher noch nicht alle Hintergründe der Ausgabe eindeutig klären. Die meisten Postmeistermarken der Konföderierten Staaten sind außerordentl. selten; dasselbe gilt für die vielen Umschläge. L: 2. 3., 3. 1.

Postmeisterstempel, auch Postwärterstempel, Bez. für Stempel, die von einzelnen Postanstalten wegen Fehlens amtlich gelieferter Stempel örtlich beschafft und verwendet wurden. Diese Stempel können teils recht selten und von Spezialsammlern begehrt sein. Auch →Portostempel.
Als Beispiel seien kleine Stempel unterschiedl. Ausführung mit vollem oder abgekürztem Namenszug eines Postbediensteten erwähnt, die in Deutschland bes. ab 1923 auf Sendungen gelegentl. zu finden sind, bei denen z.B. infolge Markenmangels →Barfreimachung angewendet wurde. Da hierbei Gegenzeichnung durch einen zweiten Postmann Vorschrift war, kommen auch zwei versch. Stempel oder ein Stempel und ein handschriftlicher Namenszug vor. Diese Stempel mußten auch im Einnahmenachweisbuch angebracht werden. Nach dem 2. Weltkrieg wurde in zahlreichen Orten längere Zeit ebenso verfahren. Auch →Portostempel 2).

Postmeisterzähnung. Inf. teilweisen Fehlens geeigneter Zähnungs- bzw. Durchstichmaschinen in den Druckereien, die die ersten Marken für die Sowj. Besatzungszone Deutschlands 1945 herstellten, wurden Teilauflagen versch. amtl. geschnitten verausgabter Marken für Ostsachsen (OPD Dresden, Mi 42–50), Prov. Sachsen (OPD Halle, Mi 85/86) und Westsachsen (OPD Leipzig, Mi 116–119) zwecks leichterer Trennung einzelner Marken aus dem Bogen mit Zähnung oder Durchstich versehen, was mehr oder weniger primitiv örtl. geschah und von einzelnen Postamtsvorstehern veranlaßt wurde. Einige dieser Marken mit sog. Postmeisterzähnung sind selten und werden desh. gefälscht, d.h. nachgezähnt angeboten, wesh. sich in jedem Fall vor dem Erwerb die Prüfung durch einen Experten empfiehlt. Es gibt ferner zahlr. Phantasiezähnungen, die Fälschungen gleichzusetzen sind. Auch aus anderen Ländern sind ähnl. Maßnahmen ideenreicher Postmeister bekannt; →Privatzähnung, →Privatdurchstich.

Postmuseum. In vielen Ländern bestehen von der Post eingerichtete und unterhaltene Museen, die meist in der jeweil. Hauptstadt zu finden sind und deren Besuch stets lohnend ist, obwohl anges. des vorhandenen, oft kaum vorstellbar umfangr. Materials von den Anfängen der Post über Stempel, Utensilien usw. bis zu den neuesten Marken aus aller Welt vielfach immer nur best. Teile der Sammlungen öffentl. zur Schau gestellt werden können.
Die Postmuseen besitzen teils allergrößte Raritäten (Einzelmarken, größere Einheiten in Form nur noch einmal vorhandener Bogen oder Bogenteile, seltenste Stempelabdrucke usw.). Im ehem. Reichspostmuseum z.B. waren der berühmte Baden-Fehldruck Mi 4F sowie die Rote und Blaue Mauritius auf Brief u.a. Seltenheiten vorhanden, die in den Nachkriegswirren verschwunden sind, vermutl. aber gestohlen wurden. Das Reichspostmuseum, dessen Kurator lange Jahre der bedeutende Philatelist Carl →Lindenberg gewesen ist, gehörte zu den bekanntesten und größten Postmuseen. Die Tradition dieses Museums wird in der BRD in Frankfurt/Main und Bonn, in der DDR im wiederhergestellten alten Gebäude fortgeführt.
Anschriften einiger besonders sehenswerter Postmuseen, denen teils auch einschlägige Bibliotheken angegliedert sind, sind nachstehend aufgeführt.
Außer den zentralen Museen der obersten Postverwaltungen unterhalten vielfach auch kleinere Unterabteilungen Sammlungen (in der BRD z.B. die Oberpostdirektionen), die sich vorw. postgeschichtl. Dingen widmen und für den Aufbau einer Heimatsammlung wichtig sein können. Andere bedeutende Sammlungen befinden sich in Museen allg. Art, wo sie der Sammler nicht ohne weiteres vermutet. Sie sind diesen Museen meist vom Besitzer vermacht worden (z.B. die Tapling-Sammlung im British Museum/London).
Viele Sammler benutzen den Urlaub zu einer Auslandsreise. Wer sich dabei in der Hauptstadt des betr. Landes aufhält, sollte nicht versäumen, das jeweil. Postmuseum aufzusuchen. Nachstehend die wichtigsten Anschriften (mit einem Stadtplan leicht zu finden):

Belgien
Musée Postal, Grand Sablon 40, Brüssel

Bundesrepublik Deutschland
Postwertzeichenarchiv, Bonn, Adenauerallee 81
Bundespostmuseum, Schaumainkai 53, Frankfurt/M.
Bayerisches Postmuseum, Lessingstr. 6, Nürnberg

Deutsche Demokratische Republik
Ost-Berlin, Leipziger/Ecke Mauerstr.

Dänemark
Dansk Post- og Telegrafmuseum, Tietgensgade 37, Kopenhagen

Finnland
Post- und Telegraphenmuseum, Tehtaankatu 21, Helsinki

Frankreich
Musée Postal, 34 Boulevard de Vaugirard, Paris

Großbritannien
National Postal Museum, King Edward Street, London, E.C. 1

Italien
Museo P. T., Palazzo Piazza Mazzini, Rom

Jersey
Postal Museum, Fort Regent, Leisure Centre, St. Helier

Jugoslawien
PTT-Museum, Palmoticeva ul. br. 2, Belgrad

Niederlande
Het Nederlandse Postmuseum, Zeestraat 82, s' Gravenhage

Norwegen
Postmuseet, Dronningsgate 15, Oslo

Österreich
Österreichisches Post- und Telegraphenmuseum, Mariahilferstr. 212, Wien

Portugal
Museu Dos C.T.T. Rua de D. Estefania 175, Lissabon

Schweden
Postmuseum, Lilla Nygatan 6, Stockholm

Schweiz
PTT-Museum, Helvetiaplatz 4, Bern

Spanien
Museo Direccion General de Correos y Telecommunicacion, Madrid

Tschechoslowakei
Postmuseum, Holeckova 10, Prag

Ungarn
Postmuseum, Harsfar Utca 27, Budapest

Postnachnahme, amtl. Bez. für →Nachnahme; auch →Postvorschuß.

Post-Office-Mauritius, selten gebräuchliche Bez. für →Blaue Mauritius bzw. →Rote Mauritius.

Postordnung. Im allg. sind Art, Umfang, Rechte und Pflichten des staatlichen Postdienstes in einer gedruckten und jedermann zugänglichen Postordnung festgelegt, die von Land zu Land mehr oder weniger unterschiedlich ist. Die Postordnung besagt z.B. auch, welche Ausmaße Brief- und Päckchensendungen u.a. haben dürfen, was nicht zur Beförderung durch die Post zugelassen ist, wofür bzw. in welchem Umfang die Post bei Verlust einer Sendung haftet usw.

Postpaketadresse, in Deutschland mit dem 1. 1. 1874 anstelle des bis dahin übl. →Paketbegleitbriefes eingeführt und am 1. 7. 1914 in →Paketkarte umbenannt.

Postpaketmarken, in Belgien übl.

Markenart für Paketsendungen bis zum Gewicht von höchstens 5 kg, die von der Post nur in Orten ohne Eisenbahnverbindung angenommen und zugestellt werden. In allen anderen Fällen ist für Pakete die Eisenbahn zuständig; →Eisenbahn-Paketmarken; auch →COLIS POSTAL.

Postpaket-Verrechnungsmarken, zwei niederländ. Freimarken (Mi 60, 78) mit kreisrundem schwarzem Aufdruck und darin farblos ausgesparter Wertangabe 11 CNT bzw. 15 CNT in der Mitte und TE BETALEN oben sowie PORT unten (ähnl. Mi P 65/8), die 1923/25 nur kurze Zeit im Innendienst von einigen großen Postämtern zu Verrechnungszwecken verwendet wurden.

Postpaß-Verrechnungsmarken, nur aus Italien 1874–1903 und Ital.-Eritrea 1903 bek. Markenart zur Verrechnung der Gebühr für einen Postpaß, der z. B. bei Entgegennahme von Postsendungen durch empfangsberechtigte dritte Personen notwendig war (Postpässe gibt es auch heute noch in vielen Ländern).

Postpreis, allg. Bez. für den Betrag, der bei Erwerb von Briefmarken, Ganzsachen u. ä. am Schalter zu entrichten ist (einschl. eines evtl. Zuschlagsbetrages für wohltätige o. a. Zwecke). Der Sammler spricht anstelle von Postpreis vom →Nennwert.

Postprotestauftrag →Postauftrag.

Postquittungsmarke, auch Quittungszettel genannt, von der preuß. Post 1827 für Stadtpostbriefe in Berlin eingeführt. Diese kleinen Zettel, mit lfd. Nummer und Tagesstempel versehen, können jedoch nicht als Vorläufer der Briefmarken angesehen werden; sie wurden dem Absender als Empfangsbestätigung bei Auflieferung der Sendung ausgehändigt, entsprechen demnach in stark verkleinerter und vereinfachter Form dem →Postschein bzw. späteren →Einlieferungsschein.

Postregal, auch Posthoheit genannt, Bez. für das staatl. Monopol zu Errichtung und Betrieb von Postanstalten, was andererseits die Verpflichtung zur Annahme und Beförderung der zugelassenen Sendungen einschließt. Das Postregal stand, beginnend mit dem 16. Jh., den Landesherren zu und wurde vom 17. Jh. an durch den →Postzwang ergänzt; →Paketbeförderung.

Das Postregal war früher verschiedentl. auch auf die Personenbeförderung bezogen, weshalb nach Aufkommen der Eisenbahnen diesen Gesellschaften teils die Zahlung einer jährl. Entschädigung an die Post auferlegt wurde, da ständig weniger Menschen mit der Postkutsche reisten. Diese Zahlungen wurden in Deutschland erst 1867 durch das Postgesetz des Norddt. Bundes beseitigt.

Postreisebuch, auch Reisehandbuch. Wer in früheren Jahrhunderten öfter mit der Postkutsche verreisen mußte, kaufte sich gern eines der vielen Postreisebücher, die in etwa unseren heutigen Fahrplanbüchern der Eisenbahn u. a. entsprechen. In diesen alten Büchern – oft aufwendig in Schweinsleder gebunden und inzwischen zu bibliophilen Kostbarkeiten geworden – waren die Abgangs- und Ankunftszeiten, die Stationen, Entfernungen in Meilen oder Fahrstunden u. ä. tabellenartig angeführt. Viele Postreisebücher enthielten aber auch mehr oder weniger ausführliche Beschreibungen der durchfahrenen Landschaften sowie praktische Hinweise versch. Art für den Reisenden; diese Bücher sind als Vorläufer des »Baedeckers« u. a. heutiger Reiseführer anzusehen. Auch →Postroutenkarten.

Postreiseschein. Dieser wurde während der →Postkutschenzeit von den Abfahrtsstationen der Postwagen ausgestellt und bestand aus Vordrucken versch. Formats und versch. Ausführung, in denen das Ziel, teils auch der Name des Reisenden, Abfahrtszeit, Fahrpreis, Gebühr für zusätzliches Gepäck u. a. handschriftlich eingetragen und meist durch Abdruck des Poststempels bestätigt wurde. Die Postreisescheine entsprechen demnach unseren heutigen Fahrkarten der öffentlichen Verkehrsmittel; sie werden von Freunden der →Vorphilatelie gern gesammelt und sind bes. für eine →Heimatsammlung interessant und wichtig.

Postroutenkarten. Für die in der Zeit der →Vorphilatelie verkehrenden Postkurse, aber auch bis zur Ablösung durch die Eisenbahn gab es teils umfangreiche Landkartenwerke, in denen die Kurse genau eingezeichnet waren, so daß sich der Reisende vorher über die anzufahrenden Orte orientieren konnte. Diese Werke sind nur noch in geringer Zahl erhalten geblieben und gelten als bibliophile Kostbarkeiten, die dem Sammler von →Altbriefen viele wichtige Aufschlüsse geben können und z. B. auch für eine →Heimatsammlung von Bedeutung sind.

Postboten aus aller Welt. *Siehe auch die Farbtafeln Seiten 81 und 82, ferner Postuniformen aus verschiedenen altdeutschen Kleinstaaten auf den Seiten 99 und 100 des 1. Bandes. Hier sind von links oben nach rechts unten dargestellt: bereits motorisierter Briefträger aus Frankreich; marokkanischer Briefträger; Postboten in Peru, ein Wildwasser zum schnellen Fortkommen ausnutzend; Briefträger im alten Persien (heute Iran); Postbote in Siam (heute Thailand); schweizerischer Briefträger.*

Empire Français
Poste aux Chevaux

Königlich-Dänisches Posthaus.

KÖNIGL: POST CONTOIR

K.k. Poststallamt.

Postsache, amtliche Schreiben jeder Postdienststelle (auch an Privatpersonen), die mit vorgedrucktem oder aufgestempeltem Vermerk *Postsache* (je nach Land in entspr. Sprache) gebührenfrei verschickt werden. Für den Sammler sind bei Postsachen bestenfalls und dann nur aus bes. Grund die Stempel interessant.

Postsammelstelle →Briefsammlung.

Postsäule →Postmeilensäulen, →Stundensäulen.

Postscheckdienst, in zahlr. Ländern übl. Möglichkeit zur bargeldlosen Überweisung von Geldbeträgen auf ein Postscheckkonto, dessen Errichtung von jedermann beantragt werden kann. Der Postscheckdienst wurde erstm. 1883 in Österreich eingeführt, in Deutschland am 1. 1. 1909. Die Bez. für die zur Einzahlung auf ein Postscheckkonto dienenden amtl. Formulare ist verschieden; in Österreich ist es der Erlagschein, in Deutschland die Zahlkarte.

Postscheckkarte, in Italien 1890–1901 übliche Karte mit Wertzeicheneindruck (= Ganzsache) und fester Wertangabe zur Überweisung kleinerer Geldbeträge.

Postscheckpapier. Die Marke Bayern Mi 61 wurde 1911 auf einem dicken, gelblichen, zur Herstellung von Postscheckformularen vorgesehenen Papier gedruckt (Mi 75), das bes. am Wasserzeichen kenntlich ist. Mi 61 weist als Wasserzeichen enge waagerechte Wellenlinien, Mi 75 dagegen enge senkrechte Wellenlinien auf. In nur einem Schalterbogen wurde auch Mi 60 auf diesem Papier bekannt. Regulär auf Postscheckpapier gedruckt (und in diesem Fall aber weiß) mit Wasserzeichen wie Mi 75 wurden die Markwerte Mi 71–74 in begrenzter Auflage verausgabt; sie ersetzten die bildgleichen Marken von 1878 bis 1900 auf normalem Papier (Mi 53, 64, 69, 70) mit Wasserzeichen enge senkrechte Wellenlinien.

Postschein. Die Auflieferung best. Postsendungen wurde und wird dem Absender durch Ausstellung bes. Einlieferungsscheine bestätigt, wofür früher eine Scheingebühr (→Scheingeld) zu entrichten war und die zunächst Recepissen genannt wurden (auch →Retour-Récépisse). Aus diesem Verfahren entstand das, was wir heute als eingeschriebene oder Wertsendung kennen. Unter den Postscheinen, die ein bevorzugtes Sammelgebiet der →Vorphilatelie sind, finden sich auch die allerersten Ganzsachen der Postgeschichte, denn es hat etliche mit eingedruckter Angabe der Scheingebühr gegeben, die sonst im allg. handschriftl. vermerkt wurde. Die Literatur über Postscheine ist bereits sehr umfangreich, bes. zu empfehlen sind die Jahrgänge der Rundbriefe des Deutschen Altbriefsammler-Vereins. Auch →Boten-Récépisse.

Postschiff, früher übl. Bez. für im Auftrag der Post fahrende oder auch von dieser selbst betriebene Schiffe, die der Personen- und Postbeförderung dienten. Nach Aufkommen der mit Dampfmaschinen ausgerüsteten Schiffe wurden sie Postdampfer oder Postdampfschiff genannt; auch →Reichspostdampfer. Mit Postschiffen beförderte Sendungen, kenntl. an handschriftl. Leitvermerken oder Stempeln (bes. reizvolle sind aus der Zeit der →Vorphilatelie bekannt), dürfen nicht ohne weiteres mit →Schiffspost oder →Seepost verglichen werden; auch →Schiffsbrief. Die Literatur zum Begriff Postschiff und Schiffsbrief ist sehr umfangreich, wobei nicht zuletzt engl. und franz. Schriften zu beachten sind. Interessante Abhandlungen finden sich in den Postgeschichtlichen Blättern der Oberpostdirektionen Bremen, Hamburg und Kiel und den Rundbriefen des Deutschen Altbriefsammler-Vereins, ferner Archiv für Deutsche Postgeschichte, Hefte 1 und 2/1964.

Postschillinge, Bez. aus der Sammlersprache für die Marken →Schleswig-Holsteins von 1850 (Mi 1–2), die von der Münzangabe SCHILLING abgeleitet, aber nicht für die übr. Marken dieses Postgebietes gültig ist, obwohl diese ebenfalls auf Schilling lauten.

Postschnelldienst, am 1. 3. 1949 für die drei Westsektoren Berlins eingerichtet, ersetzte die durch Kriegseinwirkung betriebsunfähig gewordene →Rohrpost. Zugelassen waren gewöhnl. Briefe und Päckchen bis 2 kg an in den Westsektoren wohnende Empfänger (keine Einschreibe- oder Wertsendungen); die Gebühr betrug an-

Posthausschilder *waren überall dort üblich, wo eine staatliche Postorganisation bestand, doch besaßen auch einige Privatpostanstalten hübsche oder originelle Schilder ähnlicher Art. Die Farbtafel gibt oben links ein typisch französisches Schild mit gekröntem Adler wieder, wie es über Posthäusern im kurzlebigen Königreich Westphalen von Napoleons Gnaden unter dem Bruder König Jérôme (im Volksmund König Lustik genannt) mit der Residenzstadt Cassel hing. Das wiedergegebene Schild stammt aus dem Ort Walsrode aus dem Jahr 1811. Daneben ist ein dänisches Posthausschild aus der Stadt Hadersleben, darunter ein schwedisches bzw. das österreichische einer Posthalterei als Pferdewechselstation zu sehen. Eine nähere zeitliche Festlegung über die Verwendungszeit der Schilder ist selbst dem Bundespostmuseum nicht möglich, sie stammen vermutlich alle aus dem 19. Jahrhundert. Weitere Posthausschilder auf den Seiten 181 und 182*

fangs 1,– DM, später 80 Pf. Die Zustellung erfolgte auch sonn- und feiertags. Die Sendungen mußten

auf der Anschriftseite mit einem liegenden Kreuz und dem Vermerk »Postschnelldienst« gekennzeichnet sein. Die große Inanspruchnahme gab Veranlassung zur Ausgabe von grünen Klebezetteln mit Inschrift *Postschnelldienst / Berlin.* Der Dienst wurde auf vier Rundstrecken nach genauem Fahrplan mit Motorrädern oder Kleinstkraftwagen betrieben und nach Wiederinbetriebnahme des Rohrpostnetzes am 5. 3. 1955 eingestellt.

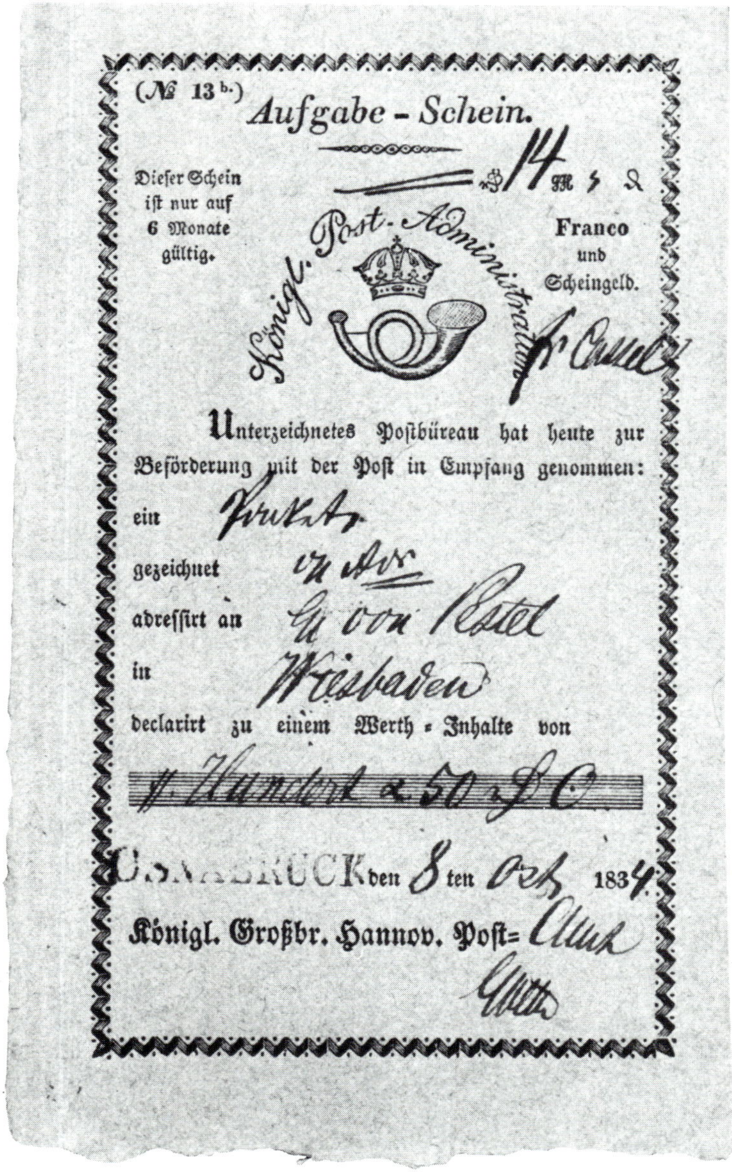

(№ 13 b.)
Aufgabe - Schein.

Dieser Schein ist nur auf 6 Monate gültig.

Franco und Scheingeld.

Königl. Post-Administration

Unterzeichnetes Postbüreau hat heute zur Beförderung mit der Post in Empfang genommen:

ein

gezeichnet

adressirt an

in Wiesbaden

declarirt zu einem Werth = Inhalte von

...RUCK den 8ten Oct 1834

Königl. Großbr. Hannov. Post=

Postschein

L: DBZ, Nr. 10/1955; →Rohrpost, →Rohrpost-Schnelldienst.

Postschnelldienst Berlin, grüner Klebezettel mit dieser Inschrift; →Postschnelldienst.

Postschule, zur Ausbildung und Fortbildung von Lehrlingen u.a. Personal in vielen Ländern bestehend. Die Schüler werden im – fingierten – prakt. Betrieb mit allem vertraut gemacht. Zu diesem Zweck gibt es auch →Postschulmarken.

Postschulmarken, für den prakt. Unterricht in →Postschulen werden von versch. Postverwaltungen (z.B. BRD, Frankreich) markenähnl. Zettel hergestellt, um z.B. die richtige Abstempelung zu erlernen. In anderen Ländern werden zum glei-

chen Zweck auch reguläre Freimarken verwendet, die dann jedoch mit irgendeinem Aufdruck gekennzeichnet werden. Postschulmarken gelangen auf dunklen Wegen auch in Sammlerbesitz. Die Abb. zeigt eine brit. Freimarke mit Aufdruck zweier schwarzer Balken und Entwertung der COUNT(ER SCHOOL) in London.

Postsparkarte. Zur Ansparung kleinerer Geldbeträge sind bei versch. Postverwaltungen mit markengroß vorgedruckten Feldern versehene Karten zum Einkleben von Briefmarken üblich (in Deutschland früher bis zum Gesamtbetrag von 3 Mark); der ausgewiesene Betrag wird dem Postsparbuch gutgeschrieben und die Sparkarte einbehalten. Für den Sammler sind Postsparkarten nur dann von Interesse, wenn diese mit einem Wertzeicheneindruck versehen sind, es liegt dann eine →Ganzsache vor. Als Beispiel sei Österreich genannt, wo solche Sparkarten bereits Ende 1882 mit Eindruck zu 5 Kreuzer und leeren Feldern für Briefmarken im Gesamtwert von 50 Kreuzer eingeführt wurden. Diese Postsparkarten gab es für die einzelnen Kronländer mit verschiedensprachigen Vordrucken. L: Sammler-Dienst, Nr. 26/1974.

Postskart, bes. in Österreich übl. Bez. für Postkiloware.

Postsparkassen-Dienstmarken, fünf USA-Marken mit Inschrift US POSTAL SAVINGS / OFFICIAL MAIL; →Postsparmarken.

Postsparkassenstempel. Im belg. Postsparkassendienst verwendete Freimarken wurden früher mit einem einfachen bandartigen Handrollstempel entwertet, der auch für versch. Verrechnungszwecke dienende Marken bzw. zur →nachträglichen Entwertung verwendet wurde. Solcherart entwertete Marken sind durchaus sammelnswert, werden aber nur zu 1/3 bis 1/4 des Katalogwertes gehandelt.

Postsparmarken, z.B. aus Mexiko

seit 1928 bekannt (ab 1934 mit Darstellung eines Sparschweins und Inschrift AHORRO POSTAL); werden auf von der Post ausgegebene Karten geklebt und, wenn 20 dieser Marken vorhanden sind, auf das Postsparbuch überschrieben; ähnl. die Postsparkarten der BP, deren Felder jedoch mit beliebigen Frei- oder Sondermarken bis zum Nennwert von insg. 3 DM für eine Postkarte beklebt werden konnten; diese Art des Sparens gibt es bei der BP seit einigen Jahren nicht mehr.
In Rußland hat es als Beleg für die erfolgte Einzahlung eines Sparbetrages bei der Post besondere Marken gegeben, die bei Markenmangel 1918 auch zur Brieffrankatur verwendet worden und deshalb unter Mi Ia-e nach den Portomarken registriert sind.

Postspeditionsamt, frühere Bez. und in alten Stempeln auftretend für später Eisenbahn-Post-Amt, Eisenbahn-Post-Bureau u.ä., heute Bahnpostamt.

Poststelle, Bez. für kleine Postanstalten vorwiegend in ländlichen Gemeinden, die oft nicht alle Postdienste ausüben dürfen. Auch →Posthilfsstellen.

Poststempelgilde »Rhein-Donau«, überregionale »Vereinigung der Sammler, Forscher und Prüfer von Abstempelungen und von Sondergebieten der Deutschland-Philatelie«, 1938 in Berlin gegründet, 1947 in Düsseldorf wieder gegründet. Dieser Verein ist nicht zuletzt bes. auf literarischem Gebiet äußerst rührig; die auf versch. Spezialgebieten tätigen »Studiengruppen« (teils Arbeitsgemeinschaften im BDPh) treten mit wertvollen Veröffentlichungen hervor. Am bekanntesten sind die Hefte der sog. Schriftenreihe, die sich schon mehrmals zu umfangr. Werken ausgedehnt haben und in ihrer Art oft einmalig sind (z.B. Bochmann-Stempelkatalog, Crüsemann-Handbuch). Ende 1971 waren folgende Studiengruppen aktiv tätig, deren Anschrift über Joachim Frey, Schifferstr. 12, D-6000 Frankfurt/M. 70, zu erfahren ist.

Alliierte Feld- und Dienstpost in Deutschland
Bayern Mühlradstempel
Bezirksstempel-Aufdrucke Sowjetische Besatzungszone
Briefüberwachung und Zensurvermerke
Deutsche Bahnpoststempel
Deutsche Bundespost
Deutsche Dienstpost
Deutsche Feldpost 1914 bis 1918
Deutsche Feldpost 1939 bis 1945
Deutsche »Gebühr-bezahlt«-Stempel ab 1945
Deutsche Gelegenheitsstempel
Deutsche Inflationsabstempelungen
Deutsche Kriegsstempel 1914 bis 1918
Deutsche Landpoststempel
Deutsche Marine-Schiffspost
Deutsche Notentwertungen
Deutsche Ostgebiete
Deutsche Postfreistempel
Deutsche R-Zettel und R-Stempel
Devisenpoststempel
Dienstpost DDR
Eupen–Malmedy–Moresnet und Belgische Militärpost in Deutschland
Falsche und mißbrauchte Stempel
Frankreich
Italien und Besitzungen
Kriegsgefangenen- und Interniertenpost Lettland
Liechtenstein
Maschinen-Freistempel
Maximaphilatelie
Nachverwendete altdeutsche Stempel
Norddeutscher Postbezirk
Normen und Formen deutscher Stempel
Postgeschichtliche Heimatsammlungen
Postleitzahlen
Postscheckamt-Stempel
Preußen-Stempel
Privatpost und Randgebiete der Philatelie
Saar-Abstempelungen
Skandinavien
Sportstempel
Sudetenland
Thüringen
Tschechoslowakei
Überlandpost
Vereinte Nationen – Vereintes Europa
Vorausentwertungen
Württemberg-Stempel

Zahlreiche dieser Studiengruppen (teils auch Vereine) sind gleichzeitig →Bundesarbeitsgemeinschaften.

Poststeuermarken, von Rumänien 1943 bek. →Zwangszuschlagsmarken zur Entrichtung der damals eingeführten Poststeuer.

Poststreikmarken →Streikmarken.

Poststück, bis 31. 7. 1964 amtl. Bez. der BP für Pakete und Päckchen, die an Haltestellen der Postbuslinien in kleinen Orten dem Schaffner bzw. Fahrer vom Absender unmittelbar zur Beförderung übergeben werden. Das Poststück wird seitdem Kraftpostgut genannt. Die Verrechnung des Portos erfolgt durch →Poststückaufgabezettel, jetzt →Kraftpostgutschein.

Poststückaufgabezettel, unscheinbare zweiteil. Klebezettel mit Inschrift Poststück, Aufgabenummer und eingedruckter oder handschriftl. Wertangabe, teils auch neuem Wertüberdruck, dessen rechter Teil auf das eingelieferte →Poststück geklebt und der linke Teil zwecks Verrechnung vom Postbusschaffner der BP einbehalten wurde. Trotz Wertangabe und ausschl. Verwendung für postal. Zwecke hat noch kein Katalog diese Zettel einer Erwähnung für würdig befunden. Sie sind aber philat. weitaus interessanter als die bunten Bildchenmarken aus Afrika oder Arabien und mit den – allerdings äußerlich attraktiveren – →Autopaketmarken Finnlands vergleichbar. Am 1. 8. 1964 wurde das Poststück amtl. in Kraftpostgut und der Poststückaufgabezettel in →Kraftpostgutschein umbenannt.

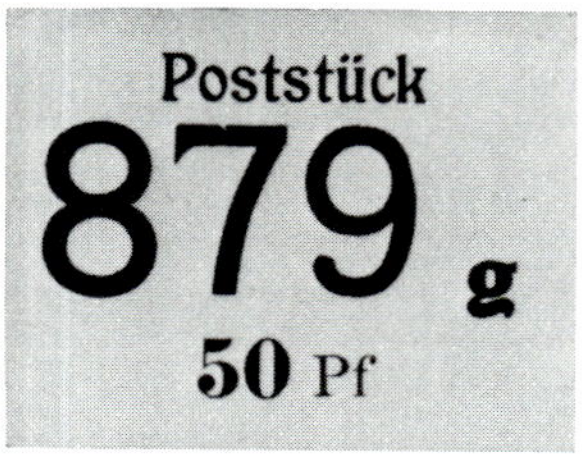

Poststützpunktmarken, Begriff für vier bes. Marken aus dem deutschbesetzten Polen 1940–42 (Generalgouvernement), die als →Zustellungs-Gebührenmarken bzw. →Zustellungsgebühren-Portomarken anzusehen sind, da sie ähnl. den →Landpost-Portomarken Badens zur Verrechnung der Zustellungsgebühr in ländl. Bezirken mit »Poststützpunkten« statt regulären Postämtern dienten. Im Generalgouvernement kam die zusätzl. Gebühr jedoch den Gemeinden zu, die für die Zustellung verantwortl. waren und dafür Boten zu stellen hatten.

Postübernahmestempel →Stationsstempel.

Postüberwachungsstelle, Postüberwachungshilfsstelle, staatliche militärische oder polizeiliche Einrichtung zur Überwachung des Postverkehrs (→Postzensur, →Zensurpost) aus Gründen der Abwehr, Spionagebekämpfung und Verbreitung unerwünschter Informationen. Postkontrollstellen gab es vor allem in den beiden Weltkriegen. L: 3. 14.

Postvereine →Deutsch-Österreichischer Postverein, →Weltpostverein, →engere Postvereine.

Postvereinsfarben. Auch der Sammler, der nur die Marken eines Landes sammelt, wird bei aufmerksamer Betrachtung feststellen, daß Marken im Nennwert des Portos für best. Sendungsarten sehr oft immer wieder in gleichen Farben gehalten sind. Bei zwei- und mehrfarb. Marken ist die bes. auffällige Grundfarbe gleich, was anges. der Flut immer neuer Marken den Postangestellten die Prüfung der richtigen Freimachung ein wenig erleichtert.
Aus dieser Erkenntnis heraus regte die preuß. Post bereits 1861 bei den Mitgliedern des →Deutsch-Österreichischen Postvereins an, den Marken zu 1, 2 und 3 Silbergroschen bzw. den diesen Beträgen entspr. Marken in der jeweil. Landeswährung und die Portosätze für die hauptsächlichsten Sendungsarten im Inlands- und Postvereinsverkehr ausdrückend, die Farben rot, blau bzw. braun zu geben. Diese Anregung befolgten fast alle Mitgliedsstaaten (vgl. z.B. Baden Mi 18–20; Bayern Mi 9–11; Hannover Mi 23–25; Oldenburg Mi 17–19; Preußen Mi 16–18; Thurn und Taxis Mi 29–31; Luxemburg Mi 18, 20, 22; Österreich Mi 26–28).
Die mit dem Farbenschema gemachten guten Erfahrungen wurden zwar schon während des ersten allg. Postkongresses 1874 in Bern vorgebracht und danach mehrfach beraten, doch ließen sich die versch. Wünsche und Vorschläge der Mitglieder des →Weltpostvereins nicht so leicht auf einen Nenner bringen, weshalb es nach grundsätzl. Übereinstimmung auf dem Postkongreß in Washington (1897) erst anl. des Kongresses in Rom 1906 zur Annahme des Farbenschemas kam.
Als Weltpostvereinsfarben wurden Grün, Rot und Blau festgelegt; jedoch war kein Mitgliedsland zu deren Verwendung für die in Betracht kommenden Markenwerte verpflichtet. Es war mehr eine Empfehlung, die aber meist beachtet wurde, was das Blättern im Europa- und Übersee-Katalog tausendfach beweist. Das Farbenschema war für die drei wichtigsten Sendungsarten im internat. Postverkehr gedacht. Diese Tarife entsprachen aber häufig auch einer anderen Sendungsart im Inland (z.B. BRD: Auslandspostkarte bzw. Inlandsbrief 50 Pf). Es wurde bei den Postvereinsfarben selbstverständl. davon ausgegangen, daß zur Freimachung eine Einzelmarke im Nennwert der betr. Portostufe verwendet wurde!
Grüne Marken waren für Drucksachen u.ä. im internat. Verkehr zugelassene Sendungen der ersten Gewichtsstufe vorgesehen, rote für Auslandspostkarten und blaue für gewöhnl. Auslandsbriefe der ersten Gewichtsstufe. Diese Empfehlung im Rahmen des Weltpostvereins wurde 1953 aufgehoben; sie war durch die immer vielfarbiger werdenden Marken oft schwer oder gar nicht mehr einzuhalten. Trotzdem versuchen seitdem immer noch viele

Postverwaltungen, das ehem. Farbenschema zu berücksichtigen, indem bei mehrfarb. Marken als hervortretendste Farben grün, rot oder blau gewählt werden. Bei farbgetreuen Reproduktionen von Gemälden z. B. wird u. U. eine entspr. Rahmenfarbe vorgesehen, die das Markenbild allerdings oft stört.

Postvereinsvertrag, amtl. Kurzbez. für den ehem. →Deutsch-Österreichischen Postverein.

Postverk Føroya →Føroyar, →Färöer.

Postvermerke. Die Post brachte und bringt auf Briefen, Paketen u. a. zu internen Zwecken mancherlei Vermerke handschriftl. oder mittels Gummistempel an, z. B. Betrag einer fälligen Nachgebühr, Leitweg, auf Paketen den örtl. Zustellbezirk usw. Postvermerke aus neuerer Zeit sind philat. nur noch selten von Bedeutung. Um so aufschlußreicher können sie für den forschenden Sammler auf vorphilat. Briefen sein.

Postverschlußzettel, im allg. aus Pergaminpapier bestehender und versch. bedruckter Klebezettel im quadratischen Format, der zum Verschluß von auf dem Postweg beschädigten Sendungen dient (auch nach amtlicher Öffnung zwecks möglicher Feststellung des Absenders). Seit einigen Jahren verwendet die BP statt der Klebezettel Plastikhüllen versch. Formats, in die beschädigte Sendungen eingeschweißt werden und so dem Empfänger zugestellt werden. 1945/46 wurden Postverschlußzettel in Ost- und Westdeutschland gelegentlich durch zusätzlichen Werteindruck zu →Lokalmarken gemacht (z. B. Bad Saarow, Bad Nauheim) und sind dann für Spezialsammler von Interesse.

Postversicherungsmarken, seit 1935 in Mexiko gebräuchl. Markenart mit Inschrift SEGURO POSTAL, mit denen die vom Absender bezahlte zusätzl. Versicherungsgebühr quittiert wird (nur im Inlandsverkehr). Erst nach 40 Jah-

ren gab es 1976 wieder vier Versicherungsmarken mit Bild eines Vorhängeschlosses. Die vorgeschriebene Versicherungsgebühr für Wertsendungen beträgt 2% des vom Absender angegebenen Wertes. →Brandkastenmarken. Auch →Versicherungsdienstmarken.

postversiegelt, Bez. für von der Post gesammelte, ausgewogene, verpackte und mit amtl. Plombe oder Siegelmarke verschlossene →Kiloware, was unberührten Inhalt garantiert. Postversiegelte Kiloware wird nur noch von wenigen Postverwaltungen in Paketen zu 2 bis 5 oder auch mehr kg und im allg. gegen schriftl. Höchstgebote versteigert (verschiedentl. nur an Händler). Aus den großen Paketen wiegen Händler kleinere und von diesen verplombte oder nur verschnürte mit 100 g bis 1 kg ab, wodurch u. U. erhebl. Unterschiede in der Zusammensetzung des Inhalts der kleineren Packungen entstehen können. Postkiloware bieten jährl. oder in größeren Abständen z. B. noch Belgien, Dänemark, Finnland, Island, die Niederlande, Norwegen, Österreich, Schweden und die Schweiz an. Der Inhalt besteht vorzugsweise aus Paketkartenabschnitten mit häufig hohen Frankaturen; →behördenversiegelt, →Missionsware, →Banklot.

Postverträge, in großer Zahl seit Mitte des 19. Jh. auf zwei- oder mehrstaatl. Basis abgeschlossen, um Erleichterungen, Vereinfachungen und Portosenkungen im internat. Verkehr herbeizuführen, z. B. →Deutsch-Österreichischer Postverein, →Weltpostverein, →engere Postvereine.
Postverträge hat es aber auch weit früher schon gegeben, da z. B. ein Brief aus Rußland nach Frankreich durch eine Vielzahl Staaten mit eigener Landespost befördert werden mußte; es waren desh. Vereinbarungen betr. Transit und Gebührenverrechnung erforderlich.

Postvordrucke, aus allen Ländern und Zeiten in vielfältiger Form zur Bequemlichkeit des Publikums und Erleichterung des Schalterdienstes als Postkarten, Postanweisungen, Zahlkarten u. a. m. bekannt. Auch Posteinlieferungs- und Rückscheine, Paketkarten usw. gehören zu den Postvordrucken. Gesammelt werden diese im allg. nur dann, wenn sie mit Wertstempeleindruck (= Ganzsachen) oder mit interessanten Stempeln versehen sind. Ein Sondersammelgebiet stellen die reizvollen alten Postscheine, Aviso-Scheine u. a. dar, die zum größten Teil zum Bereich der →Vorphilatelie gehören und mit oder ohne eingedruckte Scheingebühr verwendet wurden.

Postvorschuß, Vorläufer der →Nachnahme, unterschied sich von dieser jedoch dadurch, daß der Betrag nicht erst nach erfolgter Einziehung beim Empfänger an den Absender überwiesen wurde; vielmehr erhielt der Absender von der

Post bereits bei Auflieferung der Sendung am Schalter den zu fordernden Betrag ausbezahlt. Die Post leistete also einen Vorschuß und ging das Risiko der tatsächl. Einlösung beim Empfänger ein. In der Anfangszeit des Postvorschußwesens, das in Preußen 1782 (allg. 1852) eingeführt wurde, war dieses auf den Verkehr mit Behörden beschränkt, doch durften die Postangestellten auf eigene Gefahr auch Postvorschuß für an Privatpersonen gerichtete Sendungen annehmen. In solchem Fall verblieb den Angestellen die – sowieso sehr hohe – Gebühr als »Prokuragebühr«. Derartige Sendungen wurden durch einen (bis 1872 rot, danach schwarz) Stempel *Auslage* gekenn-

zeichnet; die Post hatte den Betrag »ausgelegt«. Die Auslagestempel waren im allg. bohnenförmig gestaltet.
Das Postvorschußverfahren stellte sich auf die Dauer bei Sendungen an Privatpersonen als zu risikoreich heraus, da oft die Einlösung durch den Empfänger bzw. u. U. auch die Rückzahlung seitens des Absenders verweigert wurde. Desh. wurde in Preußen 1856 die eigentl. und heute übl. Nachnahme eingeführt, d.h. Auszahlung an den Absender erst nach erfolgter Einziehung des Betrages beim Empfänger. Postvorschuß war nur noch an »vertrauenswürdige Personen« gegen Hinterlegung einer Sicherheit zulässig. Dieses letzte Zugeständnis entfiel 1878.
Im Ausland sind ähnl. Vorschußverfahren übl. gewesen, auf die aber im Rahmen des Lexikons nicht näher eingegangen werden kann.

Postwärterstempel →Postmeisterstempel.

Postwerbeflagge, Maschinenstempel mit Werbeeinsatz zur Reklame für bes. Posteinrichtungen von allg. Interesse; in bezug auf den Verwendungsort oft wechselnd. Dieser Begriff ist vorw. in der Schweiz gebräuchlich.

Postwerbestempel, allg. gültiger Begriff für alle Arten von Maschinenstempeln mit Werbeeinsatz oder Handstempeln mit bes. Inschriften und/oder bildl. Darstellungen. Im dt. Sprachraum sind amtl. oder in der Sammlersprache vielerlei differenzierte und unterschiedl. Bez. für die versch. Formen der Postwerbestempel gebräuchlich.

Postwertzeichen, amtl. Begriff für alle Arten von aufklebbaren Wertzeichen, die zur Verrechnung oder Einziehung von Beförderungsgebühren und Ausführung sonst. gebührenpflicht. Postdienstgeschäfte dienen. Postwertzeichen sind demnach nicht nur Freimarken (einschl. Zuschlagsmarken), auch Porto-, Dienst-, Gebührenmarken usw. gehören dazu, ferner sämtl. →Ganzsachen, also alle postal. Vordrucke mit Wertstempeleindrucken. In Ableitung dieses amtl. Begriffs sollte der Sammler nicht nur das sammeln, was gemeinhin unter Briefmarken verstanden wird. Es sollten sämtl. im gewählten Postgebiet gebräuchl. bzw. gebräuchl. gewesenen Erscheinungsformen von Postwertzeichen berücksichtigt werden, wobei hinsichtl. der Ganzsachen aus Platzgründen gewisse Einschränkungen vorgenommen werden können oder müssen.
Zahlreiche →Provisorien, →Lokalmarken und Produkte von →Agenturen können auch dann nicht als Postwertzeichen im postal. bzw. philat. Sinne anerkannt werden, wenn sie auf echt gelaufenen Sendungen vorkommen, doch richten sich die wenigsten Sammler und auch die Kataloge nur selten nach der entspr. postamtl. Definition.

Postwertzeichen-Ausstellung →Ausstellungen. Da die Philatelie alle nur denkbaren postalischen Dokumente umfaßt, beanspruchen viele Ausstellungen mit Recht diese Bezeichnung. Zur wirksameren Reklame werden aber gern Kurzformen gewählt (z.B. NAPOSTA), so daß trotz die Philatelie allumfassenden Ausstellungsgutes »nur« eine Briefmarken-Ausstellung daraus wird (z.B. IBRA). Bei der Kurzwortfindung für eine Ausstellung greifen die Veranstalter deshalb auch häufig auf den Veranstaltungsort oder das Land zurück (z.B. WIEN '75, ESPANA '75).

Postwertzeichengeber, amtl. Bez. für die meist vor Postämtern, auf Bahnhöfen oder auch in Verbindung mit Telefonzellen aufgestellten, zu jeder Tages- und Nachtzeit zugängl. und gemeinhin Markenautomaten genannten Geräte, die nach Münzeinwurf eine oder mehrere Briefmarken, Markenheftchen oder Postkarten ausgeben; auch →Schalterwertzeichengeber. Nach bish. Kenntnis wurde der erste Apparat zur Abgabe von Marken gegen Münzeinwurf 1884 in London versuchsweise angebracht (Old Stamp Vending Machine genannt). L: Schweizer Briefmarken-Zeitung, Nr. 1/1971.
In Deutschland wurde der erste Postwertzeichengeber Ende 1901 im Postamt Berlin 66 aufgestellt (Konstruktion Ing. Abel), danach – auch in der Schweiz u.a. Ländern – Versuche mit verbesserten Geräten der Firmen Sperag bzw. Siemens (L: z.B. Schweizer Briefmarken-Zeitung Nr. 5/1969). Bereits 1906 gab es in Deutschland auch Automaten, aus denen Postkarten mit 5-Pf-Wertstempeleindruck (= Ganzsache) gezogen werden konnten. Die Entwicklung der Postwertzeichengeber war von Land zu Land derart verschieden, daß im Lexikon nicht näher darauf eingegangen werden kann; →Postkartengeber, →Markenheftchengeber.
Zur Bestückung der Postwertzeichengeber sind →Markenrollen erforderlich. Die aus diesen heraustrennbaren →Rollenmarken sind unter best. Voraussetzungen für den Spezialsammler von Interesse; auch →Einheitsgeberstreifen.

Postwertzeichenkunde →Briefmarkenkunde, →Philatelie.

Postwertzeichenpapier. Die Postverwaltungen schreiben der für die Markenherstellung herangezogenen Druckerei eine genau spezifizierte Papierqualität vor, oder diese wird von der Staatsdruckerei selbst festgelegt. Das Papier muß best. techn. Anforderungen genügen; Nachahmung oder Erwerbbarkeit durch Privatpersonen müssen auch dann erschwert bzw. unmöglich sein, wenn Papier ohne Wasserzeichen und sonst. typ. Kennzeichen (z.B. →Faserpapier) benutzt wird. Kontrollbeamte überwachen Papieranlieferung und -verbrauch in der Druckerei, es wird gewissermaßen über jeden Quadratzentimeter genauestens Buch geführt, so daß es kaum vorgekommen ist, daß amtl. Postwertzeichenpapier für →Ganzfälschungen verfügbar gewesen ist. In Notzeiten gelten selbstverständl. weniger strenge Maßstäbe. Kleine Länder begnügen sich aus finanz. Gründen auch mit einfachen Papiersorten.

Postzensur. Seit es mit Boten beförderte schriftl. Nachrichten gege-

ben hat, haben Herrscher und Regierungen immer wieder auf irgendeinem Weg versucht, Einblick in diese zu bekommen, um von ihnen abträgl. Mitteilungen u.a. Kenntnis zu erhalten und Absender und/oder Empfänger zur Rechenschaft zu ziehen. Die Öffnung der Nachrichten (z.B. die versiegelten Wachstafeln der Römer) erfolgte jahrhundertelang heimlich und ohne gesetzl. Grundlage. Erst aus Frankreich ist ein königl. Erlaß von 1464 bekannt, wonach die Postmeister Privatbriefe auf den Inhalt hin zu prüfen hatten. Als erste amtl. zentrale Postzensurstelle ist wohl das 1590 in Frankreich ins Leben gerufene »Cabinet noir« (Schwarzes Kabinett) anzusehen, das den Auftrag hatte, die Briefe von und an best. Personen heimlich zu öffnen, abzuschreiben und wieder so zu verschließen, daß weder Absender noch Empfänger etwas von den Manipulationen bemerkten. Das Cabinet noir wurde später mehrmals umbenannt und bestand offiz. bis 1832. Ähnl. Einrichtungen hat es in anderen Ländern gegeben; auch →Zensurpost.
Bis zum Ende des 19. Jh. wurden zensurierte Sendungen nur in Ausnahmefällen gekennzeichnet; es sind einige handschriftl. Vermerke, Dienstsiegelabdrucke u.ä. auf Briefen aus mehreren Ländern bekannt. Die Kennzeichnung aller zensurierten Post erfolgte erstmals während des 2. Burenkrieges 1899–1902. Gleichzeitig wurden in der Kolonie Kap der Guten Hoffnung und in der Südafr. Republik je zwei Zensurbehörden geschaffen, wovon eine Privatpost, die andere Feld-, Kriegsgefangenen- und Interniertenpost zensurierte. Auf beiden Seiten wurden damals die ersten →Zensurstempel und →Zensurverschlußzettel eingeführt. Seit dem 1. Weltkrieg ist die Postzensur zur Perfektion ausgebildet worden. – Die Geschichte der Postzensur ist sehr umfangreich, es muß auf das Spezialschrifttum verwiesen werden. L: 3. 14. und Archiv für Deutsche Postgeschichte, Heft 2/1966, 1/1968, 1/1970; E. Vaillé, Le Cabinet Noir; E. Vaillé, Histoire Générale des Postes Françaises.

Postzustellungsauftrag, amtl. Bez. der BP für →Postauftrag.

Postzwang, Erweiterung des →Postregals, die besagt, daß die entgeltl. Beförderung von verschlossenen Briefen und mehr als einmal wöchentl. erscheinenden Zeitungen durch andere Personen als die Staatspost strafbar ist. Ausgenommen davon sind die örtl. durch Boten zugestellten Tageszeitungen; in Deutschland und einigen anderen Ländern früher auch die →Privatpostanstalten. Diese sind z.B. in den USA mit Duldung der Staatspost auch heute wieder tätig. Auch →Paketbeförderung.

Potiquet, Alfred, Herausgeber des ersten gedruckten und illustr. Postwertzeichen-Kataloges (Dezember 1861 in Paris), der im Buchhandel erhältl. war und auf dem Verzeichnis von Oscar →Berger-Levrault beruhte. In diesem Katalog waren 1080 Marken und 132 Ganzsachen aus aller Welt angeführt, mehr waren Potiquet bis dahin nicht bekannt geworden. So wußte man z.B. noch nichts von der Roten und Blauen Mauritius u.a. Dieser erste Katalog hatte den Titel »Catalogue des Timbres-Poste créés dans les divers Etats du Globe«.

Potschta, Begriff aus der Sammlersprache für die erste auf von Sowjetrußland besetztem dt. Gebiet verausgabte Marke (Deutsch-

land sowj. Zone Mi 41), die nur am 23. 6. 1945 etwa acht Stunden lang beim Postamt Dresden A 16 verkauft wurde. Die Bez. Potschta rührt daher, daß dem dt. Wort POST oben das russ. in kyrill. Buchstaben unten gegenübergestellt ist. Die russ. Militärverwaltung genehmigte den Entwurf, zog diesen jedoch am Erscheinungstag der Marke zurück, so daß von der Gesamtaufl. von 1,03 Mill. Stück nur 14500 verkauft, und der Rest amtl. vernichtet wurde.
Die am Schalter verkauften Exemplare sind in Rastertiefdruck mit sog. Ölfarbe auf gestrichenem Papier von einer kleinen Druckerei in einem Vorort Dresdens hergestellt worden und konnten inf. Fehlens einer Perforierungsmaschine nicht gezähnt werden. Dem Druck mit Ölfarbe ging ein solcher mit wasserlöslicher Farbe in einer Auflage von vermutl. etwas über 100000 Stück voraus, die archiviert wurde (nicht, wie im Michel-Katalog vermerkt, nach dem Ölfarbendruck!). Einige wasserfarbene Potschtas gelangten in den Handel und sind ungebraucht als nicht verausgabt etwa wie Mi 41 zu bewerten. Es gibt Fälschungen in Buchdruck, ferner zahlr. Gefälligkeits- und rückdatierte sowie gefälschte Stempel auf der Ölfarben-Marke. Vor dem Erwerb sollte in jedem Fall das Gutachten eines Prüfers eingeholt werden. Stempel auf Wasserfarben-Marken sind stets falsch. L: DBZ, Nr. 10/1970.
Der Entwurf der Potschta wurde nach Ersatz des russ. Wortes Post durch eine Ranke vom 28. 6. 1945 bis zur Einführung der →Kontrollratsausgabe für Mi 42–63 der OPD Dresden (Ost-Sachsen) verwendet.

Poundage →Postal Order.

P.O.W., auch POW, Abk. für »Prisoner of War« (= Kriegsgefangener) in Vermerken und Stempeln auf →Kriegsgefangenen- und →Interniertenpost.

PP, auch P.P. (= port payé, Porto bezahlt), in vorphilat. Zeit und den ersten Jahrzehnten nach Einfüh-

rung der Briefmarken, heute nur noch in Ausnahmefällen benutzter Nebenstempel, der besagt, daß der Absender das erforderl. Porto in voller Höhe vorausbezahlt hat, was in früherer Zeit keineswegs übl. gewesen ist. Es war lange allg. Brauch, daß der Empfänger das Porto beglich. Es wurde sogar häufig als Beleidigung empfunden, wenn der Absender das Porto bezahlte, weil dadurch der Eindruck der Zahlungsunfähigkeit oder des Geizes des Empfängers entstehen konnte; auch →PD, →PF.
PP-Stempel sind jedoch auch jetzt noch gebräuchlich, in vielfältiger Form z.B. in Liechtenstein bei Massenauflieferungen von Drucksachen, für welche das Porto insg. bar am Schalter bezahlt wird. Die Buchstaben PP sind in einem Ortstagesstempel eingearbeitet oder werden als Nebenstempel oder in achteckigem Rahmen stehend abgedrückt. Es sind sogar auf Privatbestellung hergestellte PP-Stempel mit Ortsangabe, aber ohne Datum bzw. ähnl. in Buchdruck aufgebrachte Stempel zugelassen. In diesen Fällen dürfen die Sendungen jedoch nicht über einen Briefkasten, sondern müssen gleichfalls am Schalter aufgeliefert werden; auch →Barfreimachung.

PPC, Abkürzung für →Philatelic Press Club.

Prachtstück, in Auktionskatalog bzw. Angebotsliste benutzte →Qualitätsbezeichnung, die genaugenommen irreführend ist, denn unter »Pracht« versteht wohl jeder etwas bes. Schönes, also z.B. eine ausgesprochen farbfrische, sehr sauber gestempelte Marke, bei ungebrauchten evtl. postfrisch. In der Händlersprache bedeutet Prachtstück jedoch nicht mehr als »normale Erhaltung«! Deshalb Vorsicht bei Angeboten von Prachtstücken, sie sind selten volle Katalognotierung wert!

Prägedruck, auch Reliefdruck genannt. Das im Prägedruck herzustellende Markenbild ist in zwei Druckformen genau übereinstimmend eingearbeitet, und zwar in der →Patrize erhaben (= positiv) und in der →Matrize vertieft (= negativ). Zwischen den beiden Druckformen wird das Papier eingelegt und diese unter starkem Druck gegeneinandergepreßt, wodurch im Papier vorderseitig ein erhabenes und rückseitig ein spiegelbildlich vertieftes Bild entsteht. Möglich ist auch der umgekehrte Weg, der jedoch beim Markendruck nicht praktiziert wird.
Bei Briefmarken ist der Prägedruck bisher vorw. in Kombination mit Buch- oder Offsetdruck, seltener Rastertiefdruck und im allg. farblos angewendet worden (BP Mi 165,

199, 601 u.a.) und wird desh. oft auch als Blindprägung bezeichnet. Bei einigen alten Ganzsachen Großbritanniens wurde auch farbiger Prägedruck angewendet. Interessant sind die äußerst seltenen Marken →Natals Mi 1–7 von 1857/58, bei denen farbloser Prägedruck auf →durchgefärbtem Papier vorliegt. Die →Sardinischen Pferdchen der Ausgabe ab 1820 sind farblos auf weißen Papierbogen geprägt.

präpariertes Papier. Zum Schutz vor →Postfälschung oder Wiederverwendung bereits einmal benutzter Marken durch Entfernung des Stempels bzw. Diebstahl sind einige ältere Ausgaben auf Papier mit Schutzunterdruck hergestellt worden. Ist der Schutzunterdruck oder -aufdruck absichtl. aufgebracht worden, kann von präpariertem Papier gesprochen werden. Beispiele liefern z.B. die Marken Deutsches Reich Mi 45–50, deren Papier rückseitig mit einer alkohol. Phenolphthalein-Lösung so bedruckt wurde, daß bei den Aufl. 1889/92 breite rote Linien sichtbar werden, wenn die Marken in Salmiakgeist getaucht oder Ammoniakdämpfen ausgesetzt werden. Bei den Auflagen der gleichen Marken ab etwa 1892 erscheint bei gleicher Behandlung ein tapetenartig über den Schalterbogen verteiltes Muster aus Kaiserkrone, Reichsadler und Posthorn. Bei bereits einmal gewaschenen Marken geben sich bestenfalls nur kleine Teile des Schutzdruckes durch schwache, nach und nach verschwindende Rotfärbung zu erkennen. Mehrmals gewaschene Marken zeigen keine Rötung mehr.
Als präpariertes Papier kann auch das von der BP und einigen anderen Ländern seit mehreren Jahren verwendete fluoresz. Papier bezeichnet werden, da die die Fluoreszenz hervorrufenden Stoffe dem Papierbrei während der Papierherstellung beigemischt und nicht, wie anfängl. geschehen, in einem bes. Arbeitsgang aufgedruckt werden.

Precancel, aus dem Engl. stammende und internat. gebräuchl. Bez. für →Vorausentwertung.

Preislisten. Viele Händler, bes. solche mit einem Versandgeschäft, geben ihren Kunden bzw. auf Anforderung kostenlos mehr oder weniger umfangreiche Preislisten ab, in denen in größeren Mengen vorrätige Einzelmarken, Sätze, Briefe u.a. mit für längere Zeit gültigen Preisen angeboten werden. Vor einem beabsichtigten Kauf kann die Einsicht in die Preislisten mehrerer Händler für den Sammler von Vorteil sein, da oft unterschiedlich kalkuliert wird und ein Händler bei gleicher Qualität günstiger liefern kann als andere. In Ostblockländern (aus denen die Sammler der westlichen Welt direkt sowieso keine Marken beziehen können) werden allg. gültige Preislisten von sog. Preiskommissionen bzw. Preisbeiräten, die der staatlichen Import-Exportstelle angehören, erstellt.

Préoblitération, franz. Bez. für →Vorausentwertung.

Presentation Pack, engl. = →Geschenkpackung, seit Mi 366/70 bekannt. Die brit. Post verkauft seit

1968 (Mi 489/92) alle neu erschienenen Marken auch in bes. Aufmachung mit Beschreibung, daneben in ähnlicher Form gegen Ende des Jahres die sog. →Jahressätze, die jedoch nicht die neuen Dauermarken enthalten. Ähnl. Zusammenstellungen sind seither bei versch. anderen Postverwaltungen übl. geworden.

pressen →Trockenbuch, →Trokkenpresse.

Preßzeichen, auch Kontroll- oder Papierzeichen genannt; selten angewandtes Verfahren zur Erzeugung eines wasserzeichenähnl. Musters, wobei in das fertige und völlig trockene Papier eine mit dem gewünschten Muster versehene Stahlplatte unter sehr hohem Druck eingepreßt wird. Das auf der Platte erhaben herausgearbeitete Muster ruft dann dünnere, d.h. auf dunkler Unterlage dunkel erscheinende Stellen ähnl. einem Wasserzeichen hervor. Bekanntestes Beispiel für Preßzeichen ist das »Kreuz im Doppeloval« bei den Marken der Schweiz Mi 20–73.

Preußen, altdt. Postgebiet mit seit 1648/49 bestehender Staatspost, die später Postverträge mit mehreren kleinen Fürstentümern zur Übernahme der Postdienste abschloß und auf fremdländ. Gebiet Postanstalten unterhielt (Bremen, Hamburg sowie Venlo und Roermond/Holland). Hannover wurde 1866 eine preuß. Provinz, die Post von Thurn und Taxis 1867 käufl. erworben (allerdings unter dem Zwang des Ausganges des Deutsch-Österr. Krieges). Das Postregal wurde nach Gründung des Norddt. Bundes zu dessen Gunsten aufgegeben. Von 1850 bis dahin erschienen 26 Freimarken, die auch in den drei anhalt. Herzogtümern, dem Fürstentum Waldeck, dem oldenburg. Landesteil Birkenfeld, der Enklave Allstedt (Sachsen-Weimar) sowie den Auslandspostanstalten und in den Jahren 1866/67 auch in Bergedorf, Lauenburg und Schleswig-Holstein verwendet wurden.
Die Marken Mi 6–13 wurden zum Schutz vor →Postfälschung auf einem Papier mit an sich unsichtbarem Schutzunterdruck hergestellt, der bei Behandlung mit Chemikalien (z.B. Schwefelwasserstoff, auch bei längerem Verbleib in best. Industrieluft) deutlich dunkelbraun netzartig hervortritt und kaum wieder zu beseitigen ist. Die beiden hochwertigen Marken Mi 20/21 sind auf sog. →Kollodiumhaut ge-

druckt und in absolut einwandfreier Erhaltung selten. Die Restbestände kamen bis zur Ausgabe der ähnl. Marken des Norddt. Postbezirks (Mi 25/26) im Raum dieser Post zum Aufbrauch und sind mit entsprechenden nichtpreußischen Stempeln bekannt.
Es existieren mehrere Nachdrucke von Mi 1–8. Die Marken Mi 22–26 von Juli 1867 lauten auf Kreuzer statt Silbergroschen und kamen in den von Thurn und Taxis übernommenen südl. Postgebieten zur Verwendung. Von Spezialsammlern sehr gesucht sind Bogenrandstücke mit Rand- bzw. Plattennummern. Beliebt ist das Sammeln der Nummernstempel (→Anhang I) und der mögl. anderen Stempel und Stempelformen.
Es wurden 38 versch. Briefumschläge mit Wertstempeleindruck (Ganzsachen) verausgabt. Von den sog. Oktogonen (achteckige Wertstempel) gibt es zahlr. Fälschungen von →Fouré. Die aus nicht benutzten Umschlägen ausgeschnittenen Wertstempel durften zur Frankatur anderer Sendungen benutzt werden und sind auf Ganzbrief oder Briefstück gesucht, wobei wertmäßig ein Unterschied zwischen viereckig oder rund/oval bzw. achteckig ausgeschnitten gemacht wird. Die Restbestände an Umschlägen wurden mit →Überklebemarken versehen im Bereich des Norddt. Postbezirks ab 1868 aufgebraucht; auch →Quittungszettel. L: 3. 3.

Preußen-Nummernstempel →Anhang I.

primäre Plattenfehler, →Plattenfehler, die bereits vor Druckbeginn in der Platte vorhanden waren und durch die ges. oder einen Teil der →Auflage auftreten können. Zahlr. Beispiele hierfür liefert u.a. die →*Bautenserie* Westdeutschland von 1948. Erscheint ein Plattenfehler erst während des Drucks, spricht man von einem →sekundären oder →tertiären Plattenfehler.

Prinz-Eduard-Insel, Insel im St.-Lorenz-Golf und bis 1873 brit. Besitz mit insg. 16 eigenen Marken im damals übl. Kolonialstil. Die Insel wurde 1873 mit dem Dominion →Kanada vereinigt.

Privataufdruck. Vor der →Firmenlochung hat es gleichfalls als Schutz vor Mißbrauch der Portokasse Aufdrucke auf Marken gegeben; wahrscheinl. erstm. 1856 in Großbritannien von der Oxford Union Society (Aufdruck OUS) mit Zustimmung der Post angewendet. Einige Jahre später mußten solche Aufdrucke auf der →Rückseite angebracht werden. Nachdem →Sloper eine Durchlochungsmaschine erfunden hatte, wurden die Privataufdrucke untersagt. Heute werden bes. zu philat. Veranstaltungen Postkarten mit Wertzeicheneindruck (soweit von der jeweiligen Post verausgabt auch Briefumschläge) auf dem linken Teil der Anschriftseite mit privaten Zudrucken werblicher Art versehen. Andererseits ist es möglich, bereits mit Zudruck privater Art hergestellte Blankopostkarten u.ä. über die Postdruckerei mit den gewünschten Wertzeichen bedrucken zu lassen, wobei bestimmte Mindestmengen bestellt werden müssen und außer dem Nennwert des eingedruckten Wertzeichens ein die Druckkosten deckender Betrag zusätzlich zu zahlen ist. Von dieser Möglichkeit wird anläßlich von Briefmarkenausstellungen leider allzu viel Gebrauch gemacht. Derartige Privatganzsachen sind verhältnismäßig teuer und nach einigen Jahren schwer wieder zu verkaufen. Anders ist es teils bei ähnlichen Ganzsachen der →Privatpostanstalten; →Reklame-Mulreadys, →Anzeigenumschlag.

Privatdurchstich. Zur leichteren Abtrennung von →geschnitten verausgabten Marken haben Firmen mit großem Postaufkommen schon seit etwa 1850 (→Archer, Henry) z.B. mittels Schneiderrädchen →Durchstiche angebracht. Dem Deutschland-Sammler sind Privatdurchstiche bes. aus den Jahren 1945/46 in größerer Zahl bekannt, darunter im Michel-Katalog verzeichnete und von einzelnen Postämtern veranstaltete (z.B. Sowj. Zone Mi 42–50 G, Mi 116–119 D–F); auch →farbiger Durchstich. Noch häufiger ist die erste Ausgabe der in kaum vorstellbarer Zahl verwendeten Zwangszuschlagsmarke »Notopfer Berlin« (Mi 1) mit Privatdurchstich versehen worden; auch →Privatzähnung, →Postmeisterzähnung.

private Lochung →Firmenlochung.

private Luftpostmarken. So könnte man Wertzeichen nennen, die von einigen wenigen Luftfahrtgesellschaften für einen bes. Kundendienst verausgabt wurden. Bekannt sind diese bereits seit 1933 von der Great Western Railway Wales/England, die auch Fluglinien betrieb. Die BEA (British European Airlines) kannte solche Wertzeichen ab Anfang 1951 in drei Wertstufen mit Inschrift *Airway Letter Service*. Die Fluggäste konnten auf verschiedenen Flugplätzen ihre z.B. an Bord der Maschine geschriebenen Briefe (bis 450 g Gewicht) dem Personal übergeben (nur Inlandssendungen), das die tarifgerecht mit brit. Marken freigemachten Briefe nach der Landung unverzüglich der Post zur Weiterbeförderung übergab. Für diesen Dienst mußte an die BEA eine Sondergebühr entrichtet werden, die durch eine private »Flugpostmarke« nachgewiesen wurde. L: Stamp Magazine-Stamp Year Book 1972.

privater Nachdruck, von Geschäftemachern in Inseraten benutzte und junge Sammler irreführende Umschreibung für Nachahmungen (= Fälschungen) wertvoller Marken (z.B. DR Mi 456/58 u.ä.), die nicht mehr als →Faksimiles sind und, selbst wenn rückseitig entspr. gekennzeichnet, in einer gepflegten Sammlung nichts zu suchen haben, da diese Produkte mit gänzl. neu geschaffenen Druckplatten erzeugt werden. Es gibt allerdings auch amtl. und priv. →Nachdrucke unter Verwendung geringfügig geänderter oder ausgebesserter Originalplatten, denen teils einiges philat. Interesse zukommt. Die zu Briefmarken-Ausstellungen verschiedentl. zum Verkauf kommenden Erinnerungsblocks u.ä. zur Finanzierung der Ausstellung gehören sehr oft ebenfalls zu den priv. Nachdrucken; →Neudruck, →privater Neudruck.

privater Neudruck, Begriff für Postwertzeichendrucke, die nach Beendigung des Druckes seitens der Postverwaltung von priv. Seite unter Verwendung der unveränderten, echten Originaldruckformen veranstaltet werden, was früher verschiedentl. möglich gewesen ist, weil die Druckformen von der Post an Markenhändler verkauft wurden. Die priv. Neudrucke sind den Originalen oder den amtl. →Neudrukken vielfach so gleich, daß sie nur schwer von diesen zu unterscheiden sind und vom beginnenden Sammler leicht als teure Originale angesehen werden. Zu den bekanntesten priv. Neudrucken gehören Bergedorf Mi 1–5 (nur aus dem Jahr 1872, die späteren sind als Nachdrucke zu bezeichnen), Helgoland Mi 1–18, Kirchenstaat Mi 12–25. Von Helgoland sind Mi 1–12 und 17 auch als sog. »halbamtliche Privatneudrucke« bekannt, die nach Verkauf der Druckformen an einen Händler durch Vermittlung des Gouverneurs der Insel (damals brit. Besitz) von der Reichsdruckerei hergestellt wurden.
Priv. Neudrucke haben keinen oder nur ganz geringen Handelswert, werden aber wie Nachdrucke gern anstelle von aus finanz. Gründen unerreichbaren Originalmarken in das Album aufgenommen. Sie sollten dann aber entspr. gekennzeichnet sein, was die einstigen Hersteller meist absichtl. »vergessen« haben; →privater Nachdruck.

Privater Zudruck

privater Zudruck, Bez. für amtliche Postkarte mit Wertzeicheneindruck (Ganzsache), deren linke Vorderseite mit irgendeiner Werbung (zum Beispiel Briefmarkenausstellung, Vereinsjubiläum) und evtl. Absender überdruckt ist. Es handelt sich dabei nicht um →Ganzsache auf Privatbestellung! Deshalb finden derartige Karten keine Aufnahme im Ganzsachenkatalog. Der spätere Wiederverkauf dieser Karten ist schwierig, da der Interessentenkreis zu gering ist.

Privatganzsachen. Diese gibt es in sehr großer Zahl von den ehemaligen →Privatpostanstalten. Aber auch heute besteht z.B. in der BRD für jeden die Möglichkeit, Privatganzsachen in Form von Postkarten oder Briefumschlägen mit amtlichen Wertzeicheneindrucken versehen zu lassen. Diese Ganzsachen sind oft nicht gerade billig zu erwerben, und ein Wiederverkauf ist schwierig, da keine Katalogisierung mehr erfolgt.

Privatpostanstalten, auch Privatbeförderungsanstalten. Diese hat es schon in früheren Jahrhunderten in Form von privat betriebenen, organisierten oder nur gelegentl. arbeitenden Botendiensten gegeben (→Geschichte der Post), die, solange sich die Staatspost nicht der Zivilpost annahm, geduldet oder sogar gern gesehen waren (z.B. →Wells, Fargo & Co., →Pony Express). Die Postverwaltungen bemühten sich auch vielfach nicht um den Ortsdienst, was z.B. zur Gründung der →Pariser Stadtpost und der →Dockwra-Post führte. Auch die Briefzustellung durch Briefträger war lange nicht üblich, so daß örtl. Zustelldienste florieren konnten (z.B. →Carriermarken). Aber auch in unserer Zeit gibt es noch Privatpostanstalten, so z.B. mit amtl. Genehmigung in Italien (→Briefzustellungsmarken, →Paketzustellungsmarken), ferner in den Niederlanden (→Stadspost). In den USA entstanden vor einigen Jahren wieder Privatpostanstalten, so die in über 60 Städten tätige Gesellschaft »Independent Postal System of America« mit Sitz in Oklahoma City, die gesetzl. nicht verboten werden kann, wenn nur der 3.-Klasse-Post entspr. Sendungen befördert werden. Die Aufstellung von Briefkästen ist allerdings untersagt. Sie werden durch an Haustüren aufgehängte Plastikbeutel ersetzt, die regelmäßig abgeholt bzw. entleert werden. Wertzeichen werden nicht verwendet; die so beförderte Post ist an bes. Stempeln kenntlich (ferner →Hundepost). Auch in Kanada gibt es solche Unternehmen mit weitreichendem Wirkungskreis. Zu den Privatposten gehören (es können nicht alle aufgezählt werden) ferner die während des Poststreiks in Großbritannien Januar–März 1971 den Postverkehr besorgenden Dienstleistungsbetriebe mit ihren allzu vielen →Streikmarken (hinter denen oftmals Markenhändler standen), die frühere →Hotelpost in der Schweiz usw. Schließlich können noch die – meist jedoch dubiosen – →Inselausgaben erwähnt werden. Soweit diese Unternehmen Wertzeichen verausgabt haben, sind sie im Spezialkatalog über die Postmarken des betr. Landes verzeichnet, oder es sind Sonderkataloge o.a. Veröffentlichungen vorhanden.
In Deutschland ist die Zahl der Privatpostanstalten einst sehr groß gewesen (rd. 250 in 164 Orten). Sie befaßten sich fast ausschl. und lt. Gesetz nur mit Ortssendungen (außer Briefen, Postkarten und Paketen auch Postanweisungen u.a.). Die ersten beiden Unternehmen sind aus Dresden (Express-Paket-Verkehr von E. Geucke & Co., 1856) und Hamburg (Brief-, Paket- & Güterexpedition Charles van Diemen, 1857) bekannt. Zu den ersten Privatpostanstalten, die Wertzeichen verausgabten, →Privatpostmarken. Zu den dt. Privatpostanstalten ist allerdings zu sagen, daß viele (bes. die Gründungen 1898/99) nur den Sammlern zuliebe entstanden sind, um diesen die seinerzeit gern und verbreitet gesammelten Privatpostmarken zu verkaufen. Versch. Institute arbeiteten unzuverlässig und gingen – auch aus anderen Gründen – bald wieder ein. Einige aber erfreuten sich durch Schnelligkeit und Korrektheit jahrzehntelang der Gunst des Publikums.
Es ist auch noch darauf hinzuweisen, daß es bereits in der Zeit vor Ausgabe von Briefmarken Privatpostanstalten gegeben hat; dazu können zum Beispiel die →Städteboten, →Universitätsboten u.ä. gezählt werden. Verschiedene Herrscher beauftragten private Unternehmen zur Beförderung amtlicher Sendungen; sie waren verpflichtet, nicht die von einer anderen Post benutzten Straßen zu nehmen, so zum Beispiel die »Herzoglich Sächsische privilegierte Zeitungs-Expedition und Intelligenz-Comtoir C. Merius Erben« in Gotha, die im Bereich der Post von Thurn und Taxis tätig war und von der übernommene Briefe mit Kastenstempel »C.M.E.« ab etwa 1820 bekannt sind.
Die Deutsche Reichspost bzw. deren Vorgänger betrachteten die Privatpostanstalten mit ihren erhebl. niedrigeren Gebühren zunächst nicht als ernst zu nehmende Konkurrenz. Erst nach dem Tod von Heinrich von →Stephan trat eine Meinungsänderung ein, und es kam zur Revidierung des Postgesetzes, mit dem jegliche Postbeförderung durch Privatpersonen untersagt und auch mit Strafe bedroht wurde.
Daraufhin mußten die dt. Privatpostanstalten mit dem 1. 4. 1900 ihre Betriebe schließen; 77 von ihnen wurden Entschädigungen zuerkannt, die die Gesamtsumme von 6 Mill. Mark erreichten, wovon die Berliner Packetfahrt Aktiengesellschaft allein 2,7 Mill. Mark erhielt; andere mußten sich je nach Umsatznachweis mit 200 oder 1000 Mark begnügen.
Das Interesse der Sammler an den dt. Privatpostmarken ist sehr gering geworden, obwohl sie ein philat. und allg. recht interessantes Sammelgebiet sind; in einer →Heimatsammlung dürfen diese Wertzeichen keinesfalls fehlen. Die Tätigkeit des einzigen dt. Vereins, der sich mit diesem Gebiet beschäftigt, ruht augenblicklich (→Merkur); neuere Literatur ist deshalb nur spärlich vertreten. L DBZ, Nr. 24/1968–4/1969; 3. 7.

Privatpostganzsachen, Ganzsachen von →Privatpostanstalten.

Privatpostmarken. Versch. →Privatpostanstalten haben eigene Wertzeichen zur Gebührenverrechnung verausgabt. Beispielhaft erwähnt seien: →Briefzustellungsmarken, →Bypost, →Carriermar-

ken, →Hotelpostmarken, →Paketzustellungsmarken, →Popper-Marke, →Stadspost, →Streikmarken; den →Inselausgaben ist mit Skepsis zu begegnen. Diese Marken sind manchmal in den Spezialkatalogen des betr. Landes verzeichnet, oder es gibt Sonderkataloge.

Wer die ersten Privatpostmarken in Deutschland verausgabte, konnte die philat. Forschung noch nicht absolut einwandfrei klären, nur das Jahr – 1861 – steht bisher fest. Danach stellte das Institut Hamburger Boten C. Harmer & Co seinen Kunden 1861 Briefumschläge mit Wertzeicheneindruck (Ganzsachen) zur Verfügung. Die Express-Compagnie in Dresden und das Boten-Comtoir v. H. Witte in Osnabrück hatten etwa gleichzeitig Quittungszettel, die rein äußerlich mit Wertzeichen recht wenig gemeinsam hatten.
Die Deutsche Reichspost stand (bes. unter Heinrich von →Stephan) den Privatpostanstalten wohlwollend bzw. uninteressiert gegenüber. Um Verwechslungen zu vermeiden, durften sie ihre deutl. gekennzeichneten Briefkästen abseits der Reichspost-Briefkästen aufstellen, es war ihnen jedoch untersagt, ihre Marken bildl. den Reichspostmarken anzugleichen. Daß dies trotzdem mehrmals geschehen ist, →Plagiate. Im übrigen entwickelten die dt. Privatpostanstalten eine reiche Phantasie hinsichtl. der Gestaltung ihrer Wertzeichen, unter denen sogar der Motivsammler noch viele geeignete Objekte findet. Manche Unternehmen überspannten aber den Bogen und gruben sich dadurch oft selbst ihr Grab, denn es wurde allzu häufig versucht, auf Kosten der Sammler, die seinerzeit die Privatpostmarken sehr gern sammelten,

schnell reich zu werden. An der tatsächl. Beförderung von Ortssendungen waren viele gar nicht interessiert.
So kam von vielen Seiten eine Flut von gezähnten und geschnittenen Marken (die →Parallelausgaben tauchten also bereits damals auf), bildgleiche Ausgaben

in versch. Farben usw. heraus, und zahlreiche örtl. Ereignisse oder Veranstaltungen (z. B. Radfahrerfest, 10jährig. Stiftungsfest des Vereins für Briefmarkenkunde Frankfurt a. M. usw.) mußten als Anlaß zum Erscheinen von Sonder- oder Gedenkmarken bzw. -umschlägen herhalten. In dieser Beziehung sind leider zahlr. Privatpostanstalten mit den berüchtigten →Scheichtümern am Pers. Golf u. a. ausgabefreudigen Ländern unserer Zeit vergleichbar.
Trotz unschöner Manipulationen, die das Gebiet der Privatpostmarken in Verruf gebracht haben, kann, wer eine →Heimatsammlung aufzubauen beabsichtigt, unter keinen Umständen an ihnen vorübergehen. Sie gehören (einschl. Stempel, auf Brief, Ganzsachen usw.) unabdinglich in eine solche, belegen sie doch philat. eine Zeit, die mit Deutschlands Postgeschichte der letzten Hälfte des vergangenen Jh. unlösbar verbunden ist. Dasselbe gilt für andere Länder, in denen Privatpostmarken übl. gewesen sind. Viele dieser Marken sind bildlich durchaus interessant oder ungewöhnlich und können sogar die Motivsammler versch. Sparten reizen, da mehrfach Darstellungen zu finden sind, die auf staatl. Postwertzeichen gar nicht oder erst weitaus später verwendet wurden.
Literatur über Privatpostmarken ist vorw. in älteren Zeitschriftenjahrgängen zu finden; A. E. →Glasewald verlegte seinerzeit sogar eine bes. Zeitschrift und verfaßte einen Katalog, den sein Sohn Georg Glasewald 1954 in ergänzter, aber gekürzter Form neu herausgab. Der erste weitgehend vollständige Katalog der deutschen Privatpostmarken erschien 1902 von Carl Sternheim und diente späteren Bearbeitern dieses Gebietes als Grundlage.
Am wichtigsten und ausführlichsten ist das zweibänd. Handbuch von Carl →Schmidt, das auch sämtl. Ganzsachen der dt. Privatpostanstalten, die die Marken zahlenmäßig weit übertroffen haben, lückenlos behandelt. L: 3. 7. und DBZ Nr. 24/1968–4/1969. Die Literatur über Privatpostmarken anderer Länder kann hier nicht angeführt werden. Auch →private Luftpostmarken.

Privatzähnung. Zur leichteren Abtrennung →geschnitten verausgabter Marken haben Firmen mit großem Postaufkommen oftmals mit primitiven Mitteln (→Nähmaschinenzähnung) eine Perforierung der Markenbogen vorgenommen, andere ließen sich diese von geeigneten

Unternehmen zähnen (→Susse-Zähnung); auch →Postmeisterzähnung. Dem Deutschland-Sammler sind Privatzähnungen bes. aus den Jahren 1945/46 in größerer Zahl bekannt, darunter im Michel-Katalog verzeichnete und von einzelnen Postämtern veranstaltete (z.B. Sowj. Zone Mi 42–50 D–F, Mi

116–119 A und B). Recht häufig kommt auch die erste Ausgabe der in kaum vorstellbarer Zahl verwendeten →Zwangszuschlagsmarke »Notopfer Berlin« mit Privatzähnung vor (Mi 1 B), doch darf diese nicht mit den amtl. gezähnt verausgabten gleichen Marken Mi 2–4 verwechselt werden. Die Privatzähnungen bei Mi 1 B sind meist kenntl. an grober unsauberer Zähnung; auch →Privatdurchstich.

PRO AERO, lateinisch = Für die Luft(fahrt). Seit 1938 Inschrift oder Aufdruck auf einigen Sondermarken der Schweiz. Der Erlös wird weitgehend Luftfahrt- bzw. Luftsportorganisationen zugeführt. Infolge geringer Auflage sind viele

PRO-AERO-Marken teuer geworden. Die Frankaturgültigkeit ist oft nur auf Sendungen beschränkt, die mit bestimmten Sonderflügen befördert werden sollen; auch →PRO JUVENTUTE, →PRO PATRIA.

Probedruck, letzter Versuchsdruck vor Beginn der eigentl. und zur Verteilung an die Schalter vorgesehenen →Druckauflage zwecks nochmal. Überprüfung der Druckform und evtl. endgültiger Festlegung der Druckfarbe, des Druckverfahrens, des Papiers u.a. Die Abgrenzung vom →Essay ist oft fließend, wenn ein früheres Essay für eine spätere Ausgabe doch noch verwendet wird. Probedrucke können gelegentl. in den Handel gelangen und sind von Spezialsammlern sehr gesucht. Nicht zu verwechseln mit →Andruck, →Druckprobe, →Maschinenprobe, →Essay, →Vorlagebogen, →Farbprobe.

Programmbeirat, amtliche Bez. »Beirat für die Bestimmung der Ausgabeanlässe von Sonderpostwertzeichen ohne Zuschlag«. Seit 1. 1. 1973 von der BP eingesetztes Gremium, das über die eingehenden Vorschläge und Anträge für Sonder- und Gedenkmarken aus allen Schichten der Bevölkerung, von Institutionen, Verbänden usw. entscheidet. Der BP gehen jährlich unendlich viele Anträge aus meist unwichtigen Anlässen (zum Beispiel ein Schützenfest) zu. Der Programmbeirat besteht aus je einem Vertreter der Bundestagsfraktionen, der »Ständigen Konferenz der Kultusminister der Länder«, der Presse, der BP sowie des →BDPh und entscheidet mit Mehrheitsbeschluß, welche Anträge berücksichtigt werden sollen, wobei darauf geachtet werden muß, daß jährlich nicht allzu viele neue Marken verausgabt werden. Auch →Kunstbeirat.

PRO JUVENTUTE, lateinisch = Für die Jugend. Seit 1913 (Vorläufer schon 1912) Inschrift auf alljährlich erscheinenden Marken der Schweiz mit Zuschlag zugunsten verschiedener Institutionen der Jugendhilfe. Einige ältere Ausgaben sind inzwischen recht selten und wertvoll geworden. Auch für

Österreich-Sammler ist PRO JUVENTUTE ein Begriff, dort aber nur in bezug auf →Kinderdorf-Ballonpost u.ä., auch →PRO PATRIA, →PRO AERO.

Propagandafälschung. 1. priv. Nachdruck im Muster kursierender Marken mit abgeänderten und das Ausgabeland diskriminierenden Inschriften und/oder Zeichnungen, bes. bekanntgeworden von einigen DDR-Marken (z.B. Inschrift »Undemokratische Republik« im Muster Mi 367), die aber samt und sonders ohne jegl. philat. Interesse sind, da es sich um Produkte eines gewissen Kleine/Berlin handelt, der auch Aufdrucke auf vielerlei westund ostdt. Marken fälschte und bei seinen Machwerken nur an seine eigene Tasche dachte. Vorkommende Marken dieser Art auf gelaufenen Postsendungen (auch eingeschr. Briefe) verdanken nur weiteren Machenschaften in Zusammenarbeit mit bestechl. Postangestellten ihr Dasein und sind grundsätzl. abzulehnen.
2. Anderer Art und von gewissem

Sammlerinteresse sind die im 2. Weltkrieg auf amerik., brit. und russ. Seite für Deutschland und andere Gebiete entstandenen bzw. von Deutschland für Großbritannien hergestellten Propagandafälschungen, bei denen wesentl. Bestandteile des Bildes kursierender Marken oder Postkarten stark entstellt, durch gänzl. andere Bilder ersetzt wurden oder wo Aufdrucke die gegnerische Seite verwirren sollten, was aber anges. der unter das Volk gekommenen geringen Mengen dieser Marken ohne jeden moralischen oder prakt. Erfolg blieb. Über die meisten dieser Propagandafälschungen erfuhr man erst lange nach Kriegsende etwas; bei einigen sind Hintergründe und Hersteller als dubios zu bezeichnen und Gewinnsucht auf Kosten der Sammler nicht auszuschließen. L: 3. 14.; auch →Spionagefälschung, →Totenkopfmarke.

Propagandamarken, häufig benutzte Bez. in der Schweiz für die dort amtl. Werbemarken genannten Sondermarken; →Propagandafälschung.

PRO PATRIA, lateinisch = Für das Vaterland. Seit 1952 Inschrift auf alljährlich erscheinenden Mar-

ken der Schweiz, deren Zuschlagserlös verschiedenen Zwecken zugeführt wird. Vorher gab es die →Bundesfeier-Marken; auch →PRO JUVENTUTE.

PROVA, Aufdruck auf einigen Marken Portugals, die als Muster (→Specimen) versch. Stellen zugesandt werden.

Provinz Laibach, Markeninschrift →Laibach.

Provinz Sachsen, allg. →OPD-Drucke 2. Unter Prov. Sachsen werden die Markenausgaben der Sowj. Zone im Bereich der OPD Halle verstanden (Mi 66–91), von denen eine als →Goldene Zehn einen wenig berechtigten Ruf erlangte. Die Zahl der Abarten, Druckmängel u.a. ist etwas geringer als bei den Marken der anderen OPD. Mi 66–71 und 85–86 sind mit Postmeisterzähnung bzw. -durchstich – auch priv. Nähmaschinenzähnung – bekannt. (Vorsicht, diese lassen sich leicht fälschen!) Mi 66–71 wurden in Naumburg, mit braunrotem Liniendurchstich und rückseitigem Aufdruck *Domstadt Naumburg/ Saale* versehen, als Wohltätigkeitsausgabe zugunsten der Kinderhilfe verkauft; es gab dazu einen Sonderstempel. Mi 87–89 sind als Spendenmarken mit Aufdrucken aus Dessau und Eilenburg bekannt. Interessant sind Mi 90/91, weil für diese Marken eine Art dünnes Pergamentpapier verwendet wurde, das bei der Druckerei lagerte und für den Druck griech. Steuerbanderolen vorgesehen war.

Provinz-Zwangszuschlagsmarken, aus Spanien seit 1929 bek. →Zwangszuschlagsmarken, zunächst zur Finanzierung der Weltausstellung 1930 in Barcelona, danach bis 1945 für alle mögl. dortigen Veranstaltungen. Für die Prov. Valencia sind seit 1963 ähnl. Marken üblich (vorgesehen bis 1975), deren Erlös zur Rückzahlung des gewährten Staatskredites für den Wiederaufbau dient. Beide Ausgaben mußten bzw. müssen neben dem normalen Porto allen in

Barcelona bzw. Valencia aufgegebenen Inlandssendungen hinzugeklebt sein. Ferner hat es in Spanien während des Bürgerkrieges 1936/1937 örtl. Zwangszuschlagsmarken gegeben, die im Gegensatz zu den

vorerwähnten im Michel-Katalog nur nebenbei genannt sind und auf bedarfsmäßig gelaufenen Ganzbriefen für den Spezialsammler evtl. von Interesse sind.

Provisorium, in der Sammlersprache Bez. für →Aushilfsausgabe.

PRUEBA, Aufdruck auf einigen Marken span. sprechender Länder, die als Muster (→Specimen) versch. Stellen zugesandt werden.

Prüfer, kenntnisreiche Philatelisten mit langjähr. Erfahrungen, sehr viel

Vergleichsmaterial und geeigneten Prüfgeräten, die gegen eine festgesetzte oder vereinbarte Gebühr eingesandte Marken, Ganzbriefe usw. prüfen (→Bestimmungsprüfung, →Echtheitsprüfung, →Qualitätsprüfung), den Befund durch Handzeichen oder Abdruck ihres persönl. →Prüferstempels, auf Wunsch auch in einem →Attest oder →Fotoattest festhalten. Nicht jeder Sammler mit noch so guten Kenntnissen kann Prüfer werden, man vertraue nur einem, der dem »Bund der philatelistischen Prüfer« angehört (→Bundesprüfer, →Anhang VIII, Prüfordnung); auch →Deutsches Institut für Internationale Philatelie. Im Ausland sind ähnl. Organisationen oder auf der Ebene von Prüfungskommissionen (z.B. Royal Philatelic Society/London) tätig. Auch ein versierter Prüfer kann sich einmal irren oder anderer Meinung sein als ein zweiter Prüfer, doch kommen Fehlurteile kaum vor (z.B. echte Marke wird für falsch erklärt), und bei Meinungsverschiedenheiten wird die Oberprüfstelle angerufen, deren Urteil dann den endgültigen Ausschlag gibt.
Die Abb. zeigt die seltenste Marke von Marienwerder (Mi 21I, Auflage 40 Stück). Auf der Rückseite bestätigte ein seinerzeit sehr bek. →Allgemeinprüfer die Echtheit des

Aufdrucks durch seinen Namensstempel, ein später befragter →Spezialprüfer stellte eine Aufdruckfälschung fest und brachte dies durch dem Stempel *Aufdruck / FALSCH* und Namensstempel *Landré* schräg über dem ersten Prüfstempel zum Ausdruck.
Die erste jedem Sammler zugängl. Prüfungsstelle wurde 1876 von Alfred →Moschkau eingerichtet, der alles prüfte, was damals an Marken bekannt war; auch →Sachverständiger.

Prüferliste →Prüfordnung, Anhang VIII.

Prüferstempel, kleiner Stempel (auch Handzeichen) mit dem Namen (evtl. abgek.) des →Prüfers, der die Echtheit, Qualität usw. einer Marke, eines Ganzbriefes o.a. bestätigt und auf der Rückseite (bei Ganzbrief unmittelbar neben oder unter der Frankatur) abgedrückt wird. Was die Stellung des Prüferstempels auf einer Marke aussagt, kann in der »Einführung zum Michel-Katalog« nachgelesen werden (→Anhang VIII, Prüfordnung). Nicht zu verwechseln mit →Eigentumsstempel, →Garantiezeichen! Vorsicht: auch Prüferstempel und -zeichen werden gefälscht, desh. vor Erwerb einer als geprüft angebotenen wertvollen Marke u.a. nochmals prüfen lassen; →Bestimmungsprüfung, →Echtheitsprüfung, →Qualitätsprüfung.
Prüferstempel und -handzeichen sind eine typ. dt. Einrichtung, die von Sammlern und Händlern in den meisten anderen Ländern mit Recht abgelehnt werden, da eine Marke dadurch für alle Zeiten auch dann gekennzeichnet ist, wenn sie sich (oder der Stempel) später doch als gefälscht oder echt herausstellt, was bedauerlicherweise schon oft genug vorgekommen ist.
Ein Prüferstempel läßt sich nicht mehr entfernen (nur Fälschern gelingt das ab und zu, wenn sie aus einer als falsch geprüften Marke eine echt geprüfte machen wollen, um leichtgläubige Sammler hereinzulegen). Außerdem kann der Stempel bei best. Papierarten auf die Bildseite durchschlagen und die Marke verunstalten, was bei Ganzbriefen stets der Fall ist, da auf diesen der Prüferstempel unmittelbar unter der Frankatur angebracht wird. Zu bevorzugen ist das →Fotoattest.

Prüferzeichen. Anstelle eines →Prüferstempels wird durch ein Handzeichen die erfolgte Prüfung bestätigt (→Anhang VIII, Prüfordnung).

Prüflampe, zur Feststellung von Papierunterschieden, Reparaturen, Nachgummierungen u.a. von vielen Firmen auf den Markt gebrachte Geräte, zu deren sinnvoller Handhabung jedoch außer Erfahrung in vielen Fällen auch einwandfrei identifizierte Vergleichsmarken erforderlich sind. Die übl. und verhältnismäß. billigen Prüflampen arbeiten durch Spezialfilter mit kurzwelligem Ultraviolettlicht in der Größenordnung um ca. 3500 Ångström-Einheiten (= ca. 350 nm). Sie sind auch bei stundenlanger Einschaltung gesundheitsunschädlich, lassen aber von den Leuchtstoffmarken nur solche mit fluoresz. Zusätzen zum Papier bzw. den Aufdrucken erkennen, nicht ohne weiteres phosphoresz. Aufdrucke (Großbritannien) oder das Tagged paper der US-Marken. Für diese sind teurere Prüflampen nötig, die in einem noch kurzwelligeren Bereich arbeiten (ca. 2500 Ångström-Einheiten = ca. 250 nm) und bei längerer Bedienung ohne geeignete Schutzbrille u.U. Augenschädigungen hervorrufen können. Viele Sammler sind dadurch zur Anschaffung zweier Prüflampen genötigt. Es ist jedoch zu erwarten, daß die Industrie in absehbarer Zeit auf versch. UV-Wellenlängen umschaltbare Geräte liefern kann. Prüflampen gibt es in vielen versch. Ausführungen. Am zweckmäßigsten sind zweifellos solche, bei denen die Marke, ein Brief u.a. nicht unbedingt dem Album entnommen und einzeln untergelegt werden muß, sondern die auch, auf das Albumblatt aufgesetzt, eine Beurteilung erlauben. In Stamp Monthly, No. 7/1970, findet sich die Beschreibung mit Konstruktionsskizzen für den Selbstbau einer Prüflampe zur Erkennung phosphoresz. Marken bzw. Aufdrucke.
Zu beachten ist, daß unter dieser Prüflampe viele Druckfarben bzw. Markenpapiere auch ohne Zusatz oder Aufdruck fluoreszierender oder phosphoreszierender Stoffe unterschiedlich aufleuchten. Klassisches Beispiel ist Deutsches Reich Mi 50, wobei unter der Prüflampe u.U. ein beachtlicher Wertunterschied festgestellt werden kann. Mi 50 a und b leuchten »feuerrot« auf und sind ungebraucht 12–25mal teurer als Mi 50 c und d; auch gestempelte Stücke 50 a und b sind wertvoller. Es sollte aber nicht jede Marke unter die Prüflampe gelegt werden, denn dann könnten ganze Albenseiten mit Leuchtunterschieden, die mit dem Auge normalerweise doch nicht auseinanderzuhalten sind, vollgeklebt werden. Nur wenn ein Katalog darauf hinweist, ist die Prüfung ratsam.

Prüfordnung →Anhang VIII. Vom →Bund der philat. Prüfer in Broschürenform herausgegeben. Enthält alles, was der zugelassene Prüfer und der diesen in Anspruch nehmende Sammler zu beachten hat. Der Anhang bringt eine Liste der für die Sammelgebiete zuständigen Prüfer mit Anschriften. Bezug über Verlag Neues Handbuch, Postfach 430, D–4770 Soest.

Prüfung, dringend anzuraten für jede wertvollere Marke (Ganzbrief, Stempel u.a.), jedoch nur durch einen anerkannten →Prüfer.

Prüfungswesen, →Bundesstelle innerh. des →BDPh, die sich zum Nutzen der Sammler und der Philatelie in bezug auf Ordnung und Sauberkeit im Prüfungswesen befaßt und beratend oder ausgleichend wirkt. Die Anschrift ist über die Geschäftsstelle des Bundes Deutscher Philatelisten, Neue Mainzer Str. 60, D-6000 Frankfurt/M. 1, zu erfahren; auch →Deutsches Institut für Internationale Philatelie.

PSchA, Abkürzung für Postscheckamt, als Zusatz zum Ortsnamen in den von diesen verwendeten Poststempeln in der BRD.

P. S. N. C. Diese Buchstaben stehen für »Pacific Steam Navigation Company« und sind auf den beiden ersten Marken für →Peru zu finden, die die Staatspost von der privaten Schiffahrtslinie übernahm.

$p^s p^s$, seit 1808 bek. franz. Stempel, der lt. Arbeitsgemeinschaft Frankreich etwa mit »Bezahlt bis Paris und für Paris« zu übersetzen und auf solchen Briefen nach Paris und in Paris zu finden ist, für welche der Absender das Porto voll vorausbezahlt hatte.

PTO. RICO →Puerto Rico.

PTT, in vielen Sprachen mögl. und oft für Post, Telephon, Telegraph verwendete Abk. (z. B. amtl. in der Schweiz) und verschiedentl. auch in Markeninschriften zu finden.

Publibel-Karten, in Belgien übl. Art von Werbepostkarten mit Wertstempeleindruck (= Ganzsache), dort gern gesammelt und in gewissem Grad mit →Bildpostkarten vergleichbar. Der von einer Firma gewünschte Werbezudruck auf der linken Hälfte der Vorderseite wird auf Bestellung durch die Agence Belge de Publicité Postale »Publibel« auf noch unbedruckten Bogen amtl. Postkartenkartons vorgenommen, die Bogen danach an die Wertzeichendruckerei in Mecheln gesandt, dort mit Wertstempeleindruck und den übr. postal. Vordrucken versehen und dann in einzelne Postkarten zerschnitten. Die Publibel-Karten gelangen nicht an alle Postämter; sie werden nur in die Orte verteilt, die der Besteller angibt, und zum Nennwert verkauft. Der Werbezudruck muß bezahlt werden; der Reinerlös kommt dem Sozialwerk der belg. Post zugute.
In Frankreich hat es früher ähnl. Karten gegeben, die jedoch rein priv. Charakter hatten, da sie von Werbeunternehmen hergestellt und vertrieben wurden. Diese kauften Postkarten zum Nennwert am Schalter, bedruckten sie mit dem gewünschten Text und konnten die Karten, da der Werbezudruck zu bezahlen war, unter Postpreis an das Publikum abgeben. Diese Karten werden von Spezialsammlern gesucht. Dasselbe geschah mit den →Mulreadys Großbritanniens u. a.; auch →B. L. P.

pudern →Talkum.

Puerto Rico, westind. Insel, bis 1898 spanische Kolonie, seitdem zu den USA gehörend. Von 1855 bis 1873 wurden die auch für →Kuba gült. Marken von →Spanisch-Westindien verwendet, danach zahlr. eintönige eigene Ausgaben mit Inschrift PTO. RICO, später PUERTO-RICO. Nach der amerik. Besetzung 1898–1900 kamen außer einer Aushilfsausgabe für Coamo sieben US-Frei- und drei Portomarken mit Aufdruck PORTO RICO zur Verwendung; seit 1900 werden die normalen US-Marken benutzt. Auf Puerto Rico amtierten sechs brit. Auslandspostanstalten (→Used abroad).

Puffin, eigenartiges Münzwort auf den Privatpostmarken für die Insel →Lundy.

Pulau Pinang, seit 1965 neuer Landesname für früher →Penang.

Punch, auch Poonch, ehem. brit.-ind. →Vasallenstaat mit zwölf nur für Inlandssendungen gültigen

Frei- und fünf Dienstmarken von 1876 bis 1894, die sich durch zahlreiche Papierunterschiede stark spezialisiert sammeln lassen.

Punktbewertung. In Handbüchern, teils auch in Spezialkatalogen, die nur in größeren Zeitabständen in Neuauflage erscheinen, wird anstelle einer Netto- eine Punktbewertung gegeben, wobei jeder Punkt einem bestimmten Betrag in der Währung des Herausgabelandes oder in US-Dollar entspricht. Für die BRD z. B. galt Ende 1976 und für einige weitere Jahre folgende Staffelung: 1 Punkt = –,50 DM; 2 = 1,–; 3 = 3,–; 4 = 5,–; 5 = 10,–; 6 = 15,–; 7 = 25,–; 8 = 40,–; 9 = 60,–; 10 = 100,– DM; darüber LP →Liebhaberpreis.

Punktkreisstempel. Die äußere Einfassung eines →Kreisstempels besteht aus Punkten, ein evtl. Innenkreis kann voll ausgezogen oder auch beliebig anders gestaltet sein. Der Punktkreisstempel wurde teils als →Sicherungsstempel betrachtet, da die Kreispunktur bei genügend starkem Stempelabschlag tief in das Markenpapier eindrang und Entfernung des Stempels und Wiederverwendung einer Marke zum Schaden der Post weitgehend unmöglich machte; →Strichkreisstempel.

Punktleisten, vorkommend bei BP-Marken in Zeichnung Brandenburger Tor aus Markenheftchen auf dem Heftrand. Sie dienten lt. Auskunft der BP zur Führung der Farbauftragswalzen, wenn diese über das Druckwerk laufen, bzw. als Hilfsmittel für den Zuschnitt von Heftchenblättern aus Heftchenbogen.

Punktlücke, typ. für Postkarten mit Wertstempeleindruck (= Ganzsachen) der Deutschen Reichspost von 1876 bis 1894. Es handelte sich dabei um eine Kontrollmaßnahme, da der Karton für die Karten von versch. Herstellern bezogen wurde. Zur Herkunftsbestimmung wurde in der vierten punktiert vorgedruckten Anschriftzeile ein best. Punkt ausgelassen (in der Abb. fehlt der fünfte Punkt von links, unten rechts Druckdatum 182 = Januar 1882). Bei notwendigen Reklamationen konnte an Hand der Punktlücke der Lieferant sofort festgestellt werden. 1890 wurde die Punktlücke teilweise durch kleine Buchstaben a, b usw. hinter dem Druckdatum ersetzt. Bei den Postkarten auf Karton mit Fabrikwasserzeichen (1894–1900) und Druckjahrangabe gaben dagegen

Punktlücken in der ersten oder in den ersten zwei Anschriftzeilen einen Hinweis auf den Monat, in dem der Druck erfolgt war.

Punktringstempel, ein oder mehr der dicht nebeneinander liegenden konzentr. Kreise eines →Ringstempels sind nicht voll ausgezogen, sondern werden aus Punkten gebildet; →Strichringstempel.

Punktstempel, wenig glückliche, aber das Erscheinungsbild am besten verdeutlichende Bezeichnung für verschiedentl. gebräuchlich gewesene Stempel zur Markenentwertung. Die Stempel sind aus vielen kleinen runden, ovalen, rautenförmigen oder rechteckigen Punkten mit oder ohne Einfassung in gleichfalls versch. Form gebildet. Die nähere Bezeichnung leitet sich von der äußeren Form ab (z.B. Rautenpunktstempel). In der Mitte können Ziffern, Buchstaben o.ä. stehen; →Punktkreisstempel, →Punktringstempel.

P.Ü.W., auch P.Ü.St. bzw. P.Ü.H.St., Abk. im Stempel für →Postüberwachungsstelle bzw. Postüberwachungshilfsstelle.

PVA-Gummi, Kurzbez. für den bereits in vielen Ländern bei Marken übl. und aus Polyvinylalkohol bestehenden Kunststoffgummi anstelle von Gummiarabikum, der gegenüber letzterem matt aussieht und (um den Kontrollstellen das Erkennen ordnungsgemäßer Gummierung zu erleichtern) verschiedentl. schwach eingefärbt wird. PVA-Gummi wurde erstmals von der brit. Post für die Markenausgaben ab Januar 1968 verwendet. Die erste BP-Marke mit dieser Gummierung, hier nach der Firmenbez. Planatol genannt, ist Mi 567 gewesen, danach Mi 585. PVA-Gummi ist in Wasser schwerer löslich. Das Wasserbad sollte desh. 50–60° warm sein; die Marken etwa 10 Min. darin lassen und nach dem vorsichtigen Abziehen von der Papierunterlage nochmals längere Zeit in warmem Wasser baden, evtl. unter mehrmal. Erneuerung des Wassers und Trocknung auf Kunststoffolie. Einige Postverwaltungen, die vor wenigen Jahren diesen Kunststoffgummi einführten, kommen wieder davon ab oder verwenden neuerdings Mischungen mit PVA und dem altbewährten Dextrin, so z.B. Großbritannien seit 1973 für Nachauflagen verschiedener Werte der Dauerserie; amtliche Bezeichnung »PVA D«; auch →Tropengummi, →Adhesin-Gummierung.

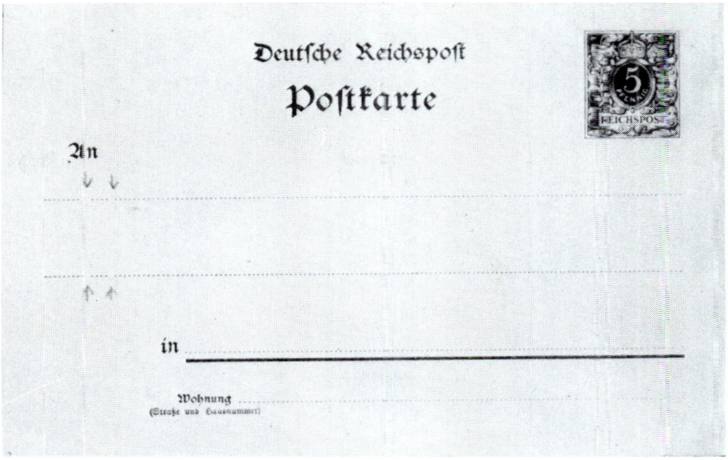

Punktlücke

QU'AITI STATE IN HADHRAMAUT

بريد الدولة القعيطية الحضرمية

الدولة القعيطية الحضرمية

٧٥ فلساً

بريد جوي

75 FILS

RUBENS. WOLF HUNT

Qatar, auch Katar, häufig zu den →Scheichtümern am Pers. Golf gerechnetes, heute unabh. Scheichtum. Die ersten eigenen Marken (vorher wurden solche von →Maskat und Oman verwendet) erschienen 1957, bis 1961 in Gestalt versch. Ausgaben Großbritanniens mit Aufdruck QATAR und neuem Wertüberdruck. Seitdem hat es allzu viele Sonder- und Gedenkmarken, Blocks und geschnittene Parallelausgaben gegeben, so daß Qatar, obwohl z.Z. noch nicht in

der FIP-Liste der →schädlichen Ausgaben angeführt, ein nicht empfehlenswertes Sammelgebiet ist; inf. geschickter Motivwahl werden diese Marken trotzdem immer wieder gern gekauft.

quadratische Marken. Das Quadrat ist früher verhältnismäßig selten beim Markendruck angewendet worden (z.B. Mecklenburg-Schwerin 1856/68). Heute wird es für Sondermarken in vielen Ländern zur Darstellung bestimmter Markenbilder oft bevorzugt.

quadrillierte Gummierung →Gummi mit Monogramm.

quadrilliertes Papier, senkrecht und waagerecht verlaufende Wasserlinien, die ein viereckig gekästeltes Muster ergeben. Selten verwendet, z.B. für die erste Auflage der Wertzeichen für die Privatpost der »Fiji Times« (Fidschi-Inseln, Mi I–V x); →gestäbtes Papier.

Qu'aiti State in Hadhramaut →Hadhramaut.

Qu'aiti State of Shihr and Mukalla →Hadhramaut.

Qualitätsbezeichnung. Für alle Sammelgegenstände haben sich Begriffe für den Erhaltungszustand herausgebildet. Für Marken, Ganzbriefe, Ganzsachen usw. sind als Qualitätsbez. gebräuchl. (vgl. einzelne Stichwörter): Luxusstück, Kabinettstück, Prachtstück, feinst, fein, sehr schön, Durchschnittserhaltung, unterschiedliche Erhaltung, beschädigt, Knochen; auch angeschnitten, berührt, dezentriert, erste Wahl, zweite Wahl u.ä. Begriffe können als Qualitätsbez. verstanden werden, doch sind diese z.B. mit »fein« teilweise schon umschrieben.

Qualitätsmangel, Bez. für Mangel an Marken (auch Ganzsachen, Briefe usw.), die in irgendeiner Beziehung nicht einem absolut einwandfreien Stück entsprechen, z.B. →angeschnitten, →berührt, stark →dezentriert oder sehr stark gestempelt sind. Bei →Ganzsachen und →Ganzstücken gilt aus irgendeinem Grund entstandene Verschmutzung als Qualitätsmangel. Ein solcher sollte z.B. in Auktionskatalogen deutlich zum Ausdruck gebracht werden, da jeder Qualitätsmangel den Wert mindert.

Qualitätsprüfung, Feststellung durch einen geeigneten und bestätigten Prüfer, ob sich die vorliegende Marke noch im Originalzustand befindet oder aber repariert, nachgummiert, nachgezähnt usw. ist; →Bestimmungsprüfung, →Echtheitsprüfung, →Qualitätsbezeichnung, →Anhang VIII, Prüfordnung.

quarzen, ein noch häufig gebrauchter Ausdruck für unter der →Quarzlampe aufleuchtende Marken (z.B. sie »quarzen« gelb). Auf dieses Wort sollte verzichtet werden, da Farben, Papier u.a. nicht nur unter der Quarzlampe, sondern unter jeder unsichtbares ultraviolettes Licht aussendenden →Prüflampe aufleuchten. Außerdem ist quarzen ein an sich unschönes Wortgebilde.

Quarzlampe, auch Analysenlampe genannt. Die echte Quarzlampe wird, da durch den Spezialbrenner heiß arbeitend und gegen mehrmals aufeinanderfolgendes Ein- und Ausschalten empfindlich (der Brenner wird dadurch schnell zerstört), vom Sammler heute kaum noch, oft aber vom Prüfer verwendet; →Prüflampe, →Ultraviolett-Lampe.

Queensland, ehem. brit. Kronkolonie, die sich mit Neusüdwales, Südaustralien, Tasmanien, Victoria und Westaustralien zum Bundesstaat →Australien zusammenschloß. Bis 1860 wurden in Queensland die Marken von Neusüdwales verwendet (mit entsprechenden Stempeln von Spezialsammlern gesucht), danach eigene Ausgaben.
Die schwierige und kostspielige Beschaffung der Queensland-Marken läßt die meisten Sammler darauf verzichten, sie einer Sammlung Australien voranzustellen, was diese aber erst wirklich vollständig machen würde.

Quelimane, Bezirk der ehem. portug. Kolonie (später bis 1975 Prov. Portugals) →Mozambique am Unterlauf des Sambesi mit eigenen Marken von 1914 bis 1920; vorher wurden die Ausgaben von Mozambique verwendet, desgl. wieder seit 1920; auch →Inhambane, →Lourenzo Marques, →Tete, →Zambesia.

Quetschfalte →Papierfalte.

Quittungszettel. Die Post gab und gibt zahlreiche versch. Zettel oder Scheine aus, mit denen Auflieferung, bes. Beförderungsart, Ablieferung beim Empfänger u.a. bestätigt werden. Quittungszettel sind teils hochinteressante und philat. wertvolle Dokumente (z.B. →Postschein), andere – bes. aus neuerer Zeit – nur in Ausnahmefällen sammelnswert; auch →Postquittungsmarke, →Poststückaufgabezettel.

R

R., 1. international gebräuchliches Kennzeichen für Sendungen unter Einschreiben. In den meisten Sprachen (nicht in der deutschen) beginnt dieses Wort mit »R« (z.B. recommandé, registered, rejistro, registrado). – **2.** Kleine Dreieckstempel mit einem »R« auf franz. Portomarken können als eine Art →Vorausentwertung angesehen werden. Das »R« ist hier Abkürzung für Recouvrement – eigentlich Eintreibung, auf die Post übertragen für Nachnahme. – **3.** Kennzeichnung (auch ohne Punkt) in Händlerangeboten für seltene Marken u.ä. (= Rarität). Auch →R.R., →R.R.R. – **4.** Handstempelaufdruck mit »R« im Dreieck auf versch. franz. Freimarken aus Mi 240–415 sind als →Postauftragsmarken verwendet worden. Auch →R. 3. – **5.** Aufdruck mit neuem Wertüberdruck auf Marken der Allgemeinen Ausgabe für die französischen Kolonien, die 1885/1891 für →Réunion verausgabt worden sind. – **6.** Lochung bei 13 Marken Bayerns aus Mi 120–159, die 1919/20 für die Dienststelle des Vorstandes des Rates des Verkehrspersonals verausgabt wurden. – **7.** Vor der Katalognummer Kennzeichnung für Marken aus →Markenheftchen oder →Heftchenbogen mit →Reklameanhängsel oder →Leerfeld.

Rabatt bei Markenkauf. Nach Einführung von Briefmarken haben versch. Postverwaltungen dem Publikum beim Kauf größerer Markenmengen einen Rabatt auf den Nennwert eingeräumt, um die Verwendung von Marken zur Freimachung populär zu machen, denn nicht überall war das von Anfang an obligatorisch. In vielen Ländern blieb dem Absender noch mehr oder weniger lange Zeit freigestellt, ob Postsendungen mit Marken frankiert oder unfrei aufgeliefert wurden. Außer Rabatt wurde verschiedentl. versucht, den Gebrauch von Marken dadurch zu fördern, daß das Porto für nicht mit Marken freigemachte Briefe höher festgesetzt wurde. Beim Kauf von mindestens einem Schalterbogen der ersten Marken Dänemarks gab es 4% Rabatt, in Costa Rica mußten für 25 Dollar Marken gekauft werden, um in den Genuß von immerhin 8% Rabatt zu kommen, während in Hamburg von Ende 1864 bis März 1866 auf den Bogenpreis 3% Nachlaß gegeben wurde. Auch die Kantonalpost Genf (→Doppelgenf) konnte das Publikum nur langsam an die Verwendung von Briefmarken gewöhnen, weshalb vom 1. 3. 1844 bis 31. 3. 1845 Einzelmarken statt zu 5 für 4 C, Doppelmarken statt zu 10 für 8 C am Schalter abgegeben wurden, denn bis Ende 1844, also nach immerhin $1^1/_4$ Jahren nach dem ersten Er-

scheinen, waren insgesamt nur 5400 Marken verkauft, d.h. knapp 10% der Briefe waren mit Marken frankiert worden. Ein gleicher Rabatt wurde auf die Marken →Kleiner Adler (1845) und →Großer Adler (1847) gewährt.
Andere Gründe waren in der Türkei für 20% Rabatt verantwortlich. Die langsam und unzuverlässig arbeitende türk. Post führte zur Errichtung von Auslandspostanstalten seitens versch. Staaten (darunter Deutschland und Österreich), was die Türkei veranlaßte, sich mehr um den Auslandspostdienst zu bemühen und diesen billiger, d.h. konkurrenzfähig zu machen. Zu diesem Zweck gelangte 1901–1906 neben den normalen Ausgaben immer eine in der Zeichnung etwas geänderte zweite Serie Frei- und Drucksachenmarken an die Schalter. Diese »Auslandsmarken« wurden mit 20% unter Nennwert abgegeben. Von 1906 an erhielten die für Auslandssendungen vorgesehenen Marken den Aufdruck eines türk. B (= Behié = Rabatt).
Von der Post zugelassenen Verkaufsstellen amtl. Postwertzeichen wird ein bescheidener Gewinn zuerkannt und diesen die Marken mit Rabatt überlassen. Teilweise wurden die dafür vorgesehenen Markenbogen bes. gekennzeichnet, z.B. durch Aufdruck eines C auf Paraguay-Marken oder drei grüne Streifen auf der Rückseite von brasilian. Marken; auch →Oberhausener Briefumschlag.

Radgangstempel, Bez. für alle Stempelarten, in denen (wie bei Datumstempeln im Bürogebrauch) Tagesangabe und u.U. Uhrzeit mittels mehrerer Typenräder eingestellt werden können.

Radiobrief, andere Bez. für →Ozeanbrief.

Radiotelegramm, andere Bez. für →Ozeanbrief.

Radnitzky-Essay. Für die Ausgabe von Briefumschlägen mit Wertzeicheneindruck (→Ganzsachen)

reichte der Graveur Radnitzky 1854 dem österr. Handelsministerium (damals für das Postwesen zuständig) einen Entwurf für kombinierten Buch- und Prägedruck ein, der nicht angenommen wurde. Der Entwurf fand aber zur Internationalen Briefmarkenausstellung WIEN '75 als →Schwarzdruck für ein Gedenkblatt ohne Frankaturkraft Verwendung.

Rahmenstempel, andere Bez. für Rechteck- oder Kastenstempel; viele Unterarten möglich.

Rajasthan, 1948/49 durch Zusammenschluß von →Alwar, →Bundi, →Jaipur, →Jhalawar und →Kishengarh entstandener Bundesstaat und ehem. brit.-ind. →Vasallenstaat mit nur im Land selbst gültigen 38 Freimarken bis 1950, die durch Aufdruck auf Marken von

Bundi, Jaipur und Kishengarh entstanden.

Rajpipla, ehem. brit.-ind. →Vasallenstaat mit drei nur 1880/86 im

Inlandsverkehr gültigen Freimarken.

Rakel, linealartiges, federndes, feinst geschliffenes Messer, das beim →Rastertiefdruck über den Druckzylinder geführt wird und die überschüssige, dünnflüssige Farbe abstreift, so daß diese nur in den das Bild ergebenden Näpfchen stehenbleibt und die nicht drucken sollenden Stellen absolut farbfrei und sauber läßt.

Rakelstreifen. Beim →Rastertiefdruck ist die →Rakel unerläßlich; durch deren Hin- und Herbewegung können im Markenbild gelegentlich aus versch. Ursachen mehr oder weniger breite und feine Farbstreifen entstehen, die für das Auge zwar etwas störend wirken, aber nur in seltenen Fällen wertmindernd sind.

Rakeltiefdruck, gelegentlich benutzte Bezeichnung für →Rastertiefdruck, bei dem mit der →Rakel gearbeitet wird.

Raketenpost, mit einem raketenbetriebenen Flugkörper beförderte Briefe und Karten, was bisher nur über kurze Strecken auf der Erde gelungen bzw. möglich ist. In nicht allzu ferner Zeit wird es aber wohl auch Post zu und von bemannten Weltraum- und Mondstationen geben (allerdings kaum für den Sammler), die dann jedoch besser als Weltraumpost zu bezeichnen wäre.
Das Sammelgebiet ist jetzt schon recht umfangreich und kostspielig und aus versch. Gründen nicht ganz »sauber«, weshalb sich der interessierte Sammler vor Beginn einer solchen Sammlung genauer orientieren sollte. L: 3. 12.
Zu unterscheiden sind drei Gruppen: private, private mit amtl. Unterstützung durch eine Postverwaltung und amtliche Raketenpost. Den beiden letzteren ist natürlich der Vorzug zu geben, doch gibt es wenige derartige Belege. Der Österreicher Friedrich Schmiedl beschäftigte sich seit Mitte des Jahres 1928 mit Bau und Abschuß von Postraketen; von den ersten sechs Starts bis 1930 sind sog. Erinnerungsbriefe bekannt.
Die erste eigentl. priv. Raketenpost wurde am 2. 2. 1931 mit einer Schmiedl-Rakete von Schöckel nach Radegund geflogen. Die erste Weitergabe, d.h. Weiterbeförderung an den Empfänger durch die Post, fand am 9. 9. 1931 nach dem Niedergang einer von Hochtrötsch gestarteten und in Semriach niedergegangenen Schmiedl-Rakete statt. Weitere Flüge mit Neukonstruktionen und Briefmitgabe folgten bis Ende 1935.
In Deutschland unternahm Reinhold Tiling mit Unterstützung der Reichspost am 15. 4. 1931 (Ochsenmoor am Dümmersee) und am 13. 11. 1932 (Berlin) Raketenstarts mit Postbeförderung; Tiling kam bei einem Versuchsstart 1933 ums Leben. L: Archiv für Deutsche Postgeschichte, Heft 2/1957 und Heft 1/1959.

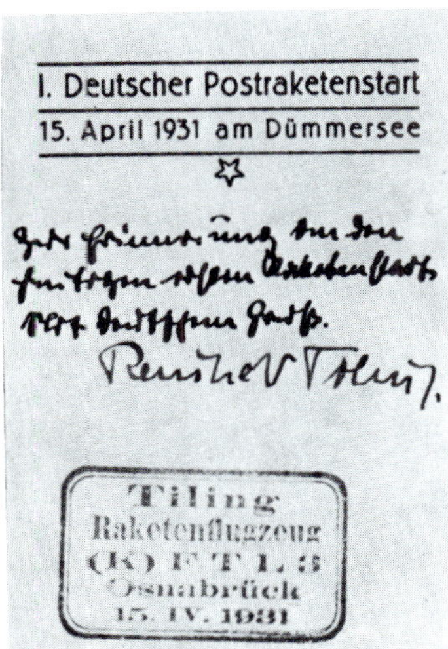

Die erste amtl. Raketenpost wird Kuba zugeschrieben, weil dort zu einem Experiment vom 15. 10. 1939 sogar eine Sondermarke verausgabt wurde (→Raketenpost-Marken); die Flüge endeten jedoch schon nach wenigen Metern. Die nächste, datiert vom 3. 6. 1959, wurde von einem U-Boot der US-Marine gestartet. Danach folgten Jugoslawien 1960, Österreich mit mehreren Starts ab 1961, Mexiko 1961 (ebenfalls mit einer Sondermarke) u.a. Zahlr. Raketenstarts, wobei die geflogenen und mit BP-Marken freigemachten Karten (oder Ganzsachen) durch die Post an den Empfänger weitergeleitet wurden, sind von der Deutschen Raketen-Gesellschaft (1963 umbenannt in Hermann-Oberth-Gesellschaft) seit 16. 5. 1959 bekannt; sie gehören zur priv. Raketenpost. Zu warnen ist vor den meisten vom Abenteurer, Scharlatan und Fälscher Gerhard Zucker herrührenden Belegen. – Zu fast allen bisherigen Raketenpostversuchen hat es priv. →Raketenpost-Vignetten und priv. →Raketenpost-Stempel, zu einigen auch beantragte amtl. →Raketenpost-Sonderstempel gegeben.

Raketenpost-Marken. Außer den zahllosen priv. →Raketenpost-Vignetten hat es bisher nur eine amtl. Raketenpost-Sondermarke gegeben, die am 15. 10. 1939 in Kuba erschien. Die Luftpostmarke der Ausgabe 1931 (Mi 89) wurde in anderer Farbe gedruckt und mit dem Aufdruck EXPERIMENTO DEL / COHETE / POSTAL / ANO DE 1939 versehen. Eine weitere Raketenpost-Marke ist unter Mexiko Mi 1110 verzeichnet, doch ist eine tatsächl. amtl. Verausgabung umstritten; →Raketenpost, →Weltraum-Marken.

Raketenpost-Sonderstempel, für versch. Beförderungen von →Raketenpost zur Entwertung der amtl. Freimarken (bei Weiterleitung vom Landeplatz der Rakete zum Empfänger durch die Staatspost) benutzte Stempel mit auf das Ereignis Bezug nehmenden Inschriften und/oder Zeichnungen, aus denen sich jedoch keine Beteiligung der Post an den Experimenten ableiten läßt und die andererseits nicht mit den priv. →Raketenpost-Stempeln verwechselt werden dürfen. Solche Sonderstempel sind bes. aus der BRD in großer Zahl bekannt, die, da fast stets von einem Sonderpostamt verwendet, auch als Markenentwertung auf normalen Sendungen vorkommen, die mit Raketenpost-Beförderung selbst nichts zu tun haben. L: 3. 12.

Raketenpost-Stempel, zur Kennzeichnung priv. oder amtl. →Raketenpost benutzte Stempel mit auf das Ereignis Bezug nehmenden Inschriften und/oder Zeichnungen, die genaugenommen als →Bestätigungsstempel zu gelten haben. Die Zahl dieser Stempel ist außerordentl. groß und im Gegensatz zu den →Raketenpost-Sonderstempeln praktisch nur auf Ganzstücken zu finden bzw. zur Entwertung der →Raketenpost-Vignetten dienend, wenn es sich um priv. Raketenpost-Experimente gehandelt hat. L: 3. 12.

Raketenpost-Vignetten. Zu den meisten Versuchen der →Raketenpost hat es außer →Raketenpost-Stempeln und →Raketenpost-Sonderstempeln von den Veranstaltern verausgabte →Vignetten gegeben, deren Erlös zur Finanzierung der Experimente dient, und die der Sendung aufgeklebt sein müssen, um die Mitnahme in einer Rakete zu gewährleisten. Bei möglicher Weiterleitung an den Empfänger durch die Staatspost muß die Sendung nach Tarif mit Marken freigemacht sein; letztere werden mit normalem Ortsdatumstempel oder Raketenpost-Sonderstempel entwertet. Die Vignetten gab bzw. gibt es aus naheliegenden Gründen zur Belebung des Geschäfts verschiedentl. auch als Block oder Kleinbogen. Sie sind mit einigen Ausnahmen unbenutzt billig, auf Ganzstücken vielfach teuer. Die Entwertung der Vignetten erfolgt – wenn überhaupt vorgesehen – mit den ebenfalls priv. Raketenpost-Stempeln. Die Deutsche Raketen-Gesellschaft (1963 hat man sie umbenannt in Hermann-Oberth-Gesellschaft) benutzt seit geraumer Zeit statt Vignetten Postkarten mit linksseitigem Zudruck, was zweifellos reeller ist und dieser Gesellschaft seitdem viele interessierte Sammler zugeführt hat.
Es darf aber nicht vergessen werden, daß die Raketenpost-Vignetten und alle sonst. mit der Raketenpost zusammenhängenden Dinge vorerst nur Randgebiete der Philatelie sind. Bis zur amtl. Postbeförderung von Land zu Land mittels Rakete ist noch ein weiter Weg, woran auch anges. der immer schneller werdenden Flugzeuge kaum eine Postverwaltung ernsthaftes Interesse zeigt. Die Zahl der Raketenpost-Vignetten ist sehr groß. L: 3. 12.

Rampacher, Paul F., 1881–1972, international bekannter ungarischer Philatelist mit speziellem Interesse für →Vignetten und andere →Randgebiete.

Randanschlag-Schutzleiste, frühere amtl. Bez. für →Strichelleiste, →Strichleiste u. ä.

Randdruck →Bogenranddrucke.

Randgebiete, Begriff aus der Sammlersprache für alle mit der Post in Zusammenhang zu bringenden Dinge, die nicht Postwertzeichen (einschl. Ganzsachen), Ganzbriefe und Stempel sind bzw. priv. Ursprung haben. Zu den Randgebieten gehören z. B. Klebezettel für Einschreibe-, Eilboten-, Wert- und Luftpostsendungen, ferner →Vignetten, →Privatpostmarken u. ä. Die Randgebiete ergeben bei intensiver Beschäftigung damit häufig äußerst reizvolle und interessante Sammlungen, bes. z. B. Einschreibezettel, Privatpostmarken. Für einige dieser Randgebiete gibt es Spezialkataloge und sonst. Schrifttum.
In einer →Heimatsammlung sollten alle den Randgebieten zugehörigen Dinge berücksichtigt werden; sie müssen sich aber durch die Inschrift o. a. eindeutig dem gesammelten Gebiet bzw. der Stadt räumlich gesehen zuordnen lassen.

Randhaarlinien, Bez. aus der Sammlersprache für feinste, unregelmäßig auftretende und oft gekrümmte Linien in der Farbe des Markenbildes. Hauptsächlich vorkommend bei dem Wert zu 60 Pf der sog. Bautenserie Westdeutschlands. Diese Linien, die nicht mit →Randleisten verwechselt werden dürfen (die im allg. parallel zum Bildrand verlaufen), sind ein wichtiges Hilfsmittel zur Bestimmung des →Bogenfeldes. L: Mitteilungsblatt der Arbeitsgemeinschaft Bautenserie 1948, Nr. 1/1975.

Randinschrift →Bogenranddrucke.

Randleiste, allg. Bez. für alle auf dem Bogenrand vorkommenden Schutzleisten, die meist die Randklischees der Druckform vor Beschädigung schützen sollen o. a. herstellungstechn. Zwecken dienen; →Strichelleiste, →Strichleiste, →Punktleiste.
Eine von Spezialsammlern gesuchte Art Randleisten kann an versch. Stellen des Bogenrandes der Marken Mi 212–227 der Sowj. Zone von 1948 gefunden werden, die in →Großbogen gedruckt wurden, soweit es sich um die meist wenig gebrauchten Wertstufen handelte. Hierbei wurden (im Gegensatz zu den in Großbogen hergest. OPD-

Marken) die Randklischees der zum Druckwerk vereinigten einzelnen Formen durch meist guillochierte breite Balken vor Beschädigungen geschützt. Da zwei, drei oder auch vier Formen versch. Markenwerte zusammengestellt und entspr. einzeln eingefärbt wurden und Teile der Randleisten beim nachfolgenden Zerschneiden des Maschinenbogens auf dem Bogenrand von

Marken ganz anderer Farbe entfielen, kann es z.B. vorkommen, daß auf dem Bogenrand einer blauen 12-Pf-Marke eine Randleiste in der roten Farbe der zu 24 Pf erscheint usw.

Randlinie →Randleiste, →Randhaarlinien.

randlose Marken. Genaugenommen gibt es diese nicht, denn zwischen jeder Marke (ob gezähnt, durchstochen oder geschnitten verausgabt) ist im Schalterbogen stets ein Zwischenraum = Rand vorhanden. Als randlos werden nur solche Marken bezeichnet, bei denen die Papierbahn oder die Bogen vor dem Druck des eigentlichen Markenbildes ganzflächig farbig bedruckt werden, was seit einigen Jahren häufig geschehen ist. Damit geht oft das Fehlen eines Rahmens oder von Einfassungslinien um das Markenbild einher. Auch →Bildrand.

Randmarke, andere Bez. für ein →Randstück, doch gilt dieser Begriff auch z.B. zur Beschreibung eines Schalterbogens, in dem am Rand stehende Marken irgendeine Besonderheit aufweisen (Plattenfehler, einseitig nicht gezähnt o.ä.) und sich dadurch auch ohne noch anhängenden Teil des Bogenrandes als Randmarke zu erkennen geben.

Randnummern, allg., jedoch bes. auf die Marken Hannovers und Preußens bezogene Bez. für die →Reihenzahlen, teils auch übertragen auf die die Herstellungszeit angebenden Jahreszahlen. Marken mit anhängender Randnummer sind bei Spezialsammlern sehr begehrt, werden hoch bezahlt und sind

manchmal bes. Glanzstücke einer Auktion, da versch. Randnummern selten sind.

Randstrichelung →Strichelleiste.

Randstück, Bez. für eine Marke mit noch anhängendem zugehörigen Teil des Ober-, Unter- oder Seitenrandes mit u.U. den Spezialsammler interessierenden →Bogenranddrucken oder -inschriften; dann den Rand nicht abtrennen; auch →Eckrandstück.

Randviererblock, Bez. für einen →Viererblock, der aus einer der vier Ecken des Schalterbogens herausgetrennt ist und an einer Seite sowie oben bzw. unten noch den vollständigen Bogenrand aufweist. Bei Spezialsammlern beliebt, da auf den Rändern oft drucktechnisch wichtige Angaben (z.B. Plattennummer) oder sonstige Hinweise (z.B. Ausgabeanlaß) zu finden sind. Derartige Randviererblocks sollten nicht in Einzelstücke getrennt werden; eines Tages kommt ein Tauschfreund, der mehr als den Wert der vier Einzelmarken zu bieten bereit ist.

Randwasserzeichen, statt auf dem bedruckten Markenbogen befindet sich das Wasserzeichen nur auf dem Bogenrand, kann aber bei ungenauer Einlage des Papierbogens in die Druckmaschine (oder vorherigem falschem Zuschnitt) teilweise auch auf die an den Bogenrand anschließende Markenreihe übergreifen, was für den Spezialsammler begehrenswerte Stücke ergibt. Beim Bogenrandwasserzeichen handelt es sich meist um →Fabrikwasserzeichen (z.B. Marienwerder), seltener um von der Post veranlaßte (z.B. Großbritannien); →Bogenwasserzeichen, →Wasserzeichenstriche.

Rarität, Bez. aus der Sammlersprache für sehr seltene Marken, Ganzbriefe, Stempel usw. In Händlerangeboten gern dafür angewandtes Kennzeichen: R oder auch RR. Aber nicht jedes als Rarität angebotene Objekt ist tatsächl. eine solche; auch unbedeutende Druckmängel u.ä. werden von Sammlern oft als Raritäten angesehen. L: 1. 3 – Sie bedingen aber nur in einigen wenigen Fällen einen geringen Preisaufschlag. Echte Raritäten sind z.B. die Kantonalmarken der Schweiz, die Ausgaben für Bremen und Lübeck, die ersten USA-Marken und selbstverständl. die Rote und Blaue Mauritius, die Hawker-Marke u.a.

Rarotonga, Hauptinsel der Gruppe der →Cook-Inseln. Anstelle der Marken mit Inschrift COOK ISLANDS erschienen 1919 neuseeländ. Ausgaben mit Aufdruck RAROTONGA sowie Wertangabe in polynes. Worten, danach bis 1932 bes. Bildermarken mit Inschrift RAROTONGA. Seitdem werden wieder die unter Cook-Inseln katalogisierten Marken verwendet; auch →Aitutaki, →Penrhyn. L: DBZ, Nr. 16/1966.

Ras al-Cheima, vom Michel-Katalog gewählte Schreibweise für →Ras al Khaima.

Ras al Khaima, im Michel-Katalog Ras al-Cheima geschrieben, eines der sieben →Scheichtümer am Pers. Golf. Nach Lösung des brit. Schutzvertrages (→Trucial States) erschienen die ersten eigenen Marken Ende 1964. Man bediente sich einer Agentur, die pausenlos und zu allen mögl. und unmögl. Anlässen zahllose Marken, Blocks und geschnittene Parallelausgaben produzierte, so daß Ras al Khaima eindeutig zu den →Raubstaaten gehört. Alle seit Mai 1967 verausgabten Marken stehen als →schädliche Ausgaben auf dem Index der FIP, fanden aber inf. geschickter Motivwahl immer wieder Käufer. Nach dem Ende 1971 erfolgten polit. und postal. Zusammenschluß aller Scheichtümer zu den →Vereinigten Arabischen Emiraten verwendet auch Ras al Khaima seit 1. 1. 1973 die Gemeinschaftsausgaben. L: Schweizer Briefmarken-Zeitung, Nr. 2 und 6/1966.

Rastel, vermutl. in Österreich erfundenes, einfaches Gerät, mit dem durch Betätigung eines Hebels in

Räterepubliken

aus Seuchengebieten eintreffenden Briefen mehrere kleine Einschnitte erzeugt werden konnten, um die Sendungen ohne Öffnung innen desinfizieren zu können. Von diesem Gerät leitet sich die amtl. österr. Bez. Rastelamt anstelle von →Kontumazamt ab. Ein noch betriebsfähiges Rastelgerät war anl. der Ausstellung »Phila Graz 68« zu sehen. Es lieferte in vier waagerechten Reihen je fünf Einschnitte; auch →desinfizierte Post.
Die Bez. Rastel stammt vermutlich aus Österreich, denn die auf dem Gebiet der Doppelmonarchie errichteten Quarantänestationen waren mit einer Gitterwand umgeben, die zur Verwaltung eingesetzten Personen hießen »Rastelpersonal« und der Austausch von Waren zwischen den Insassen und der Außenwelt wurde »Rastelhandel« genannt.

Rastelamt, abgeleitet von dem →Rastel genannten Gerät und amtl. österr. Bez. anstelle von Kontumazamt; →desinfizierte Post.

Raster. Bei der fotogr. Herstellung des vorgesehenen Markenbildes als Grundlage für Druckverfahren wird im Projektionsgerät ein sog. Raster zwischengeschaltet, der aus zwei Glasplatten besteht, auf denen je 70–120 oder auch mehr Linien haarfein eingeritzt sind und so übereinander zusammengekittet werden, daß sich die Linien der zwei Platten rechtwinklig kreuzen. Das projizierte Bild wird dadurch je nach Helligkeitsstufen der einzelnen Bildpartien in Punkte versch. Größe zerlegt, was weiche Übergänge zwischen Hell- und Dunkelpartien ergibt und sich bei Betrachtung entspr. hergestellter Marken mit der Lupe erkennen läßt. Bei Dauermarken mit langer Kurszeit und dadurch häufig bedingten Neuauflagen wird gelegentlich der Raster verändert, worauf Spezialsammler z. B. bei der Trachtenserie Österreichs (Mi 893–926) achten können.

Rastertiefdruck, auch Ätztiefdruck oder Rakeltiefdruck, ein Tiefdruck, bei dem die Bildvorlage auf ein präpariertes Pigmentpapier kopiert (auf das vorher ein →Raster kopiert wurde) und von diesem auf einen Kupferzylinder übertragen und geätzt wird. Ein abgewandeltes Verfahren ist die →Heliogravüre. An den zu druckenden Stellen entstehen dadurch versch. große und tiefe Näpfchen, die mit dünnflüssiger Farbe (Gegensatz zu →Linientiefdruck) gefüllt werden; die Farbmenge der einzelnen Näpfchen ergibt den Tonwert. Der Farbüberschuß wird mit der →Rakel abgestreift. Geschieht das unvollkommen, werden an sich unbedruckte Stellen der Marke flächig oder streifenartig schwach mitgefärbt. Ein solcher Farbschleier wird manchmal auch absichtl. hervorgerufen, um eine noch weichere Bildwirkung zu erzielen. Auch wenn das Papier vor dem Druck leicht angefeuchtet wird, entsteht eine flächige Tönung. Beim Rastertiefdruck verfließen die einzelnen Farbpunkte auf dem Papier etwas, sind aber mit der Lupe stets zu erkennen. Vorder- und Rückseite der Marke sind ebenmäßig glatt und nicht durch- bzw. eingedrückt wie beim Buch- oder Linientiefdruck. Der Rastertiefdruck sieht oft wie ein →Offsetdruck aus. Zum Vergleich geeignet sind die Marken BP Mi 548–551 (Rastertiefdruck) und Mi 528–531 (Offsetdruck). Auch →Rakelstreifen.

Räte-Republik Baiern →R. R. B. Die Schreibweise Baiern wurde während der →Räterepublik 1919 eingeführt, später aber nicht übernommen.

Räterepubliken, in den nach dem Ersten Weltkrieg beseitigten Monarchien in Europa von 1917 bis 1921 durch Kommunisten und Linkssozialisten geschaffene Staatsgebilde, in Deutschland zum Beispiel die Räterepubliken Baden, Bayern, Braunschweig, Bremen, Vogtland und die Rheinische Räte-Republik, die sich in einer Anzahl Marken sowie Dienstbriefen philat. dokumentieren lassen; für Deutschland →Arbeiter- und Soldatenräte-Marken, für Ungarn Mi 261/85, Westukraine u. a. Viele dieser Marken – aber nicht alle! – müssen als →Machwerke mit spekulativem Hintergrund bezeichnet werden. Die hier gezeigten Beispiele, Marken u. ä. sind nur als →Propagandamarken bzw. →Vignetten zu werten, andere dagegen kommen auf postalisch beförderten Sendungen vor. L: DBZ, Nr. 3/1974.

Räte-Republik Vogtland, dreizeiliger Aufdruck auf deutschen Germaniamarken, →Arbeiter- und Soldatenräte-Marken.

Ratsboten →Städteboten.

Rätselmarken →E. EL. P.

Raubstaaten, Begriff aus der Sammlersprache für Länder, die in kurzen Abständen zur Schröpfung der Sammler eine Fülle neuer Marken ohne oder mit Zuschlag verausgaben, die in keinem Verhältnis zur Bevölkerungszahl und zum tatsächl. Postaufkommen stehen und, postal. gesehen, gänzl. überflüssig sind. Diese Länder haben die Ausgabe von Marken vielfach an rührige Agenturen vergeben, deren Inhaber sich teils »Philatelistische Berater« nennen, vorw. in New York, Beirut, London und auf den Bahama-Inseln ansässig sind und jeden nur möglichen, aber auch unmögl. Anlaß zur Produzierung neuer Marken wahrnehmen, da ihnen vom Verkaufserlös der größere Teil zufließt. Manche der auf den Markt kommenden Marken dieser Art haben das angebl. Ausgabeland nie gesehen, auch nicht die billig vertriebenen gestempelten Stücke. Diese sind häufig mit Stempeln entwertet, die im Land selbst überhaupt nicht verwendet werden. Diese Marken stehen auf der Boykottliste der →FIP, sind als →schädliche Ausgaben oder →unerwünschte Ausgaben gebrandmarkt und dürfen auf nach FIP-Reglement ausgerichteten Ausstellungen nicht gezeigt werden.
Das wissen sehr viele Sammler nicht, weshalb die später kaum wieder verkäufl. Produkte immer wieder gekauft werden, nicht zuletzt wegen der meist aktuellen und attraktiven Darstellungen, mit denen bes. die Motivsammler angesprochen werden, die nicht überlegen, daß z.B. Weihnachts- oder Muttertagsmarken aus Arabien, die Entwicklung der Stahlindustrie auf Marken aus Bhutan u.ä. einfach widersinnig sind. Dasselbe gilt für Olympia-Marken aus Ländern, die an den Spielen niemals teilnehmen, oder in denen noch kein Einwohner einen Skiläufer gesehen hat, weil es dort keinen Schnee gibt, oder für Marken zum Thema Raumfahrt usw., worunter sich gleichfalls niemand im Land etwas vorstellen kann.
Zu den Raubstaaten gehören in erster Linie die →Scheichtümer am Pers. Golf, Jemen, Ghana, Guinea, Sierra Leone, Panama, Paraguay u.a. Aber auch einige Ostblockländer können hier eingeordnet werden, bes. Ungarn wegen der zu sehr vielen Ausgaben in geringer Auflage und zu vornherein weit über dem Nennwert liegenden Preisen vertriebenen, nicht gezähnten Parallelausgaben.
Übrigens stammt die Bez. Raubstaaten keineswegs aus unserer Zeit; sie wurde bereits 1893 vom »Illustrierten Briefmarken-Journal« (Senf) für die →Seebeck-Ausgaben geprägt.

rauhes Papier. Für versch. Marken sind Papiere verwendet worden, die nicht bes. geglättet wurden (z.B. Teilauflagen 1945/46 der OPD Erfurt für Thüringen). Auch die meisten auf →Handpapier gedruckten Marken haben eine rauhe Oberfläche (z.B. Österreich Mi 1–4 X). Für den Spezialsammler können sich daraus manchmal beachtenswerte Unterschiede ergeben, was sich selbstverständlich auch bei der Bewertung auswirkt.

rauhe Zähnung. Davon wird gesprochen, wenn die Zähnung mit Maschinen vorgenommen wurde, die keine exakt ausgestanzten Zähnungslöcher bzw. ausgeprägte Zahnspitzen liefern, was an der Konstruktion oder an abgenutzten Zähnungsnadeln liegen kann. Selbst bei versch. Marken unserer Zeit ist noch oft rauhe Zähnung festzustellen, die dann aber – da herstellungsbedingt – keine Wertminderung bedeutet. Auch →stumpfe Zähnung.

Raumfahrtbelege, Bez. für Briefe und Karten, die durch bes. Stempel z.B. den Starttag eines unbemannten oder bemannten Weltraumkörpers, dessen Rückkehr zur Erde u.a. belegen, aber nicht mit einem dieser Flugkörper befördert wurden. Auch →Mondpostamt, →Mondbriefe, →Sieger-Mondbrief, →Weltraum-Marken.

Rautenpunktstempel, zur Markenentwertung früher in versch. Ländern (z.B. Frankreich) gebräuchl. Stempel in Form einer durch runde, ovale, rhombenförm. oder rechteckige Punkte gebildeten Raute.

Rautenstempel, Bez. für von der äußeren Form her bestimmbare Stempel, die meist Strichstempel sind, bei denen die Striche eine freistehende Raute oder ein Gitter mit oder ohne Einfassung bilden. Die Mitte der Rautenstempel kann zur Aufnahme von Ziffern, Buchstaben u.a. ausgespart sein. Die Rauten-

stempel, zum Teil auch →Roststempel oder →Gitterstempel genannt, sind in derart vielen Ausführungen bekannt, daß sich keine einheitl. Nomenklatur aufstellen läßt. Es gibt auch aus neuerer Zeit rautenförmig gestaltete Ortsdatumstempel (z.B. Portugal).

Rayon, franz. = Bezirk, Umkreis; im übertragenen Sinne = Postgebührenzone; →RL, →Rayon-Marken, →Rayon-Stempel.

Rayon Limitrophe →RL, →Grenzkreisporto.

Rayon-Marken, Begriff aus der Sammlersprache für die Marken der

Schweiz. Bundespost von 1850/54 (Mi 7–12) mit Inschrift RAYON I, RAYON II, RAYON III oben. Das franz. Wort Rayon bedeutet in postal. Sinn Umkreis, d.h. die Entfernung zwischen Aufgabe- und Bestimmungsort, wonach das Porto gestaffelt war. Die Entfernungen wurden früher häufig nicht nach

Meilen bzw. Kilometer gemessen; meist lagen die Wegstunden zugrunde, die der Postbote zurückzulegen hatte. Zur Ausgabezeit der schweiz. Rayon-Marken galt I für bis zu 2 Wegstd. (= 9,6 km), II für 2–10 Wegstd. (bis ca. 50 km), III für 10–40 Wegstd. (bis ca. 200 km).

Es gab noch einen Rayon IV mit über 40 Wegstd., dafür jedoch keine bes. Marke. Zur Freimachung solcher Sendungen sollten zwei Rayon-II-Marken oder auch eine andere Kombination im Betrag von 20 Rappen verwendet werden. Rayon IV entfiel 1862 und ging in III auf. Der Frankaturwert der Rayon-Marken war auf Briefe bis $^1/_2$ Lot Gewicht ausgerichtet, je $^1/_2$ Lot mehr kostete zusätzl. 5 Rappen, woraus sich auf Ganzbrief interessante und teils sehr seltene Misch- oder Mehrfachfrankaturen ergeben haben. Die meisten der Rayon-Marken sind teuer, bes. Mi 11 ungebraucht; auch →Rayon, →Grenzkreisporto.

Rayon-Stempel, vorphilat. Stempel, die der Verrechnung des Portos für unfreie Briefe dienten und als

Klassifikationsstempel bezeichnet werden können. Sie wurden mit dem im Dezember 1801 zwischen Frankreich und Thurn und Taxis abgeschlossenen Postvertrag vereinbart und können auf Briefen ab September 1802 vorkommen. Nach diesem Vertrag wurde Frankreich in fünf und das sog. Reichspostgebiet in vier Rayons (numeriert von I–V bzw. I–IV) eingeteilt; Rayon kann in diesem Fall mit Verrechnungsstreifen übersetzt werden. Die Rayons I lagen jeweils dem Rhein, der seinerzeit die Grenze bildete, am nächsten, die weiteren schlossen sich streifenartig westl. bzw. östl. an. Nach der napoleon. Zeit schloß Frankreich auch mit anderen dt. sowie einigen übr. Ländern ähnl. Postverträge ab, die teils zu einer Änderung der Rayongrenzen und in Deutschland zur Schaffung von Rayon V führten, zu welchem z.B. Preußen und die östl. Gebiete Bayerns gehörten. Die franz. Rayon-Stempel waren Zusatzstempel, d.h. sie wurden zusätzl. zum Ortsstempel abgeschlagen. Im Postgebiet Thurn und Taxis wurden dagegen neue Stempel eingeführt, in denen Ortsname und Rayon-Nummer eine Einheit bildeten. Sämtl. Rayon-V-Stempel sind jedoch Zusatzstempel gewesen.

Die vielseitig gestalteten Rayon-Stempel sind ein äußerst interessantes Spezialsammelgebiet, auf dem es noch manches zu entdecken gibt. Die Literatur ist bereits recht umfangreich; bes. zu empfehlen sind die Jahrgänge der Rundbriefe des →Deutschen Altbriefsammler-Vereins. L: 3. 2., 3. 3.

Rebut-Briefe, franz. rebut = Ausschuß. Bez. für Briefe vorwiegend aus der Zeit der →Vorphilatelie, die aus irgendwelchen Gründen dem Empfänger nicht zugestellt werden konnten und keine äußerlich sichtbare oder identifizierbare Absenderangabe aufwiesen und deshalb von einer Postkommission, der absolute Schweigepflicht auferlegt war (und noch heute ist), zu einer aus dem Brieftext möglicherweise namentlichen Feststellung des Absenders zwecks Rückgabe geöffnet und mit Siegel, Stempel oder Etikette der Kommission wieder verschlossen und zurückgeleitet wurden. L: Rundbrief des Deutschen Altbriefsammler-Vereins, Nr. 2/1975. Auch →REBUT-COMMISSION, →Rückbriefmarken.

REBUT-COMMISSION, Inschrift auf markenähnl. Etiketten, die von der Thurn-und-Taxis-Post 1852 zum Verschluß postseitig geöffneter Briefe benutzt wurden (→Rückbriefmarken). Das franz.

Wort rebut besagt an sich Ausschuß, auf das Postwesen übertragen: unzustellbare Briefe. Auch →Rebut-Briefe.

Recapito Autorizzato, ital. = autorisierte Zustellung. Inschrift auf ital. Wertzeichen, die für die von der

Staatspost zugelassene Beförderung von Briefsendungen durch eigene Boten privater Unternehmen verwendet werden müssen. Im Michel-Katalog sind diese unter Gebührenmarken verzeichnet. Auch →Trasporto Pacchi in Concessione.

Recargo, span. = Zuschlag. Inschrift auf der →Kriegssteuermarke

Spaniens von 1898 (Mi 30) ohne Landesangabe.

Récépisse, alte und einst allg. Bez. für jede Art von Quittung oder Rechnung, aus dem Franz. (récépisse = Aufgabeschein u.ä.), für die früheren →Postscheine und heutigen →Einlieferungsscheine; in Österreich Aufgabs-Récépisse. Auch allg. Ausführungen unter →Vorphilatelie, →Botenrécépisse.

Rechteckstempel, andere Bez. für Rahmen- oder Kastenstempel; viele Unterarten möglich.

Recommandé, international übliche Bez. aus dem Franz. für →Einschreiben.

Recouvrements, franz. = Postauftrag. Inschrift auf versch. Portomarken Frankreichs, der Kolonien und Monacos, die zur Freimachung für →Postauftrag dienen.

Reedereistempel, von Schiffsreedereien verwendete Bestätigungsstempel zur Kennzeichnung von an Bord eines Schiffes angenommene und je nach Möglichkeit dem nächsten Postamt zur Weiterleitung übergebene Sendungen. Reedereistempel können auch als Nebenstempel auf Briefen von Schiffen vorkommen, die mit →Schiffspost ausgerüstet sind. Ähnl. Stempel verwenden zahlr. Passagier-, Handels- und Marine-Schiffe, die jedoch nur aussagen, daß die behandelte Sendung an Bord gewesen ist; mit der eigentl. Beförderung zum Empfänger haben diese Stempel nichts zu tun.

Réfugee Relief, auch *R. R. T.* u.a. (vielfach mit Zusatz in Hindu-Sprache), Handstempel- oder Maschinenaufdruck auf 5-P-Marken von Indien, die seit 15. 11. 1971 als »Steuermarken« für alle Briefsendungen und Päckchen sowie Dienstpost im In- und Auslandsverkehr zusätzlich zum normalen Porto hinzugeklebt sein müssen. Diese Provisorien wurden später durch eine endgültige Marke mit Darstellung einer Flüchtlingsfamilie abgelöst. Der Erlös dient zur Unterstützung der in Indien untergebrachten Flüchtlinge aus Ostpakistan (heute →Bangla Desh); auch →Notopfer Berlin.

Reggenza Italiana del Carnaro, vierzeiliger Aufdruck auf den Militärpostmarken von →Fiume, die

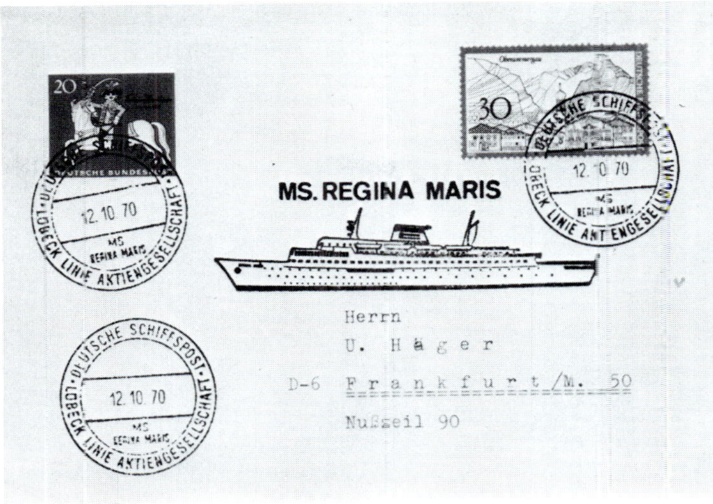

Reedereistempel

für die von Freischärlern besetzten Inseln →Arbe (heute Rab) und →Veglia (heute Krk) in der Kvarner Bucht (ital. = Carnaro) ausgegeben wurden.

Regierung, diagonaler, meist violetter Handstempelaufdruck in drei versch. Typen auf 21 Marken Deutsches Reich aus Mi 115–251 sowie zwölf aus Mi 315–337 und der Rentenpfennig-Ausgabe Mi 338/42, die, so gekennzeichnet, Ende Dezember 1922/Ende März 1923 von der hess. Regierung in Wiesbaden, später von der durch die franz. Besetzung des Rheinlandes erzwungenen Ausweichstelle in

Frankfurt/Main zur Freimachung von Postsendungen verwendet wurden. Diese früher (oft auch noch heute) als »Dienstmarken-Notausgaben« bezeichneten Marken waren keine Dienstmarken im eigentl. Sinne; der Aufdruck wurde postseitig nur zum Schutz vor Veruntreuung der den Regierungsstellen zur Verfügung gestellten Freimarken zugelassen. Dasselbe gilt für die →Steuerämter-Dienstmarken in Mecklenburg, ferner Aufdruck →*Der Landrat* und →*Landrat Stuhm*. Die Marken *Regierung* interessieren nur den großen Spezialsammler und sind bedarfsmäßig gebraucht (bes. auf Ganzbrief) sehr selten und wertvoll. Vorsicht vor vielen Fälschungen des leicht nachzuahmenden Handstempelaufdrucks; in jedem Fall ist Prüfung anzuraten. L: Illustriertes Briefmarken-Journal, Nr. 16–17, 1923, DBZ, Nr. 23/1970.

Regional-Aerogramme. Für die brit. Postämter in Schottland und Wales gibt es seit einigen Jahren außer den →Regionalmarken auch bes. →Aerogramme mit bildlichen Darstellungen aus der Geschichte beider Länder und Wertzeicheneindruck wie die allg. Aerogramme der Post. Die Beschriftung ist zweisprachig, nämlich Englisch und Schottisch bzw. Walisisch.

→Zonenausgabe, →Regional-Aerogramme.

Regional-Aerogramm

Regionaler Antwortschein, ähnl. Internationaler →Antwortschein, jedoch nur innerh. →engerer Postvereine gültig; die Abb. dort zeigt einen Antwortschein für die zum →Commonwealth gehörigen Länder.

Regionalmarken, kurz Regionals, aus der engl. Bez. »Regional Issues« übernommener Begriff für die im Michel-Katalog unter »Ausgaben für die brit. Provinzen« im Anschluß an Großbritannien verz. Marken für Guernsey, Isle of Man,

Jersey, Nordirland, Schottland sowie Wales mit Monmouthshire. Diese Marken, die es nur in den am häufigsten gebrauchten Wertstufen gibt, sind zwar in ganz Großbritannien frankaturgültig, liegen aber jeweils nur an den Postschaltern des

Gebietes zum Verkauf vor, für das sie ausgegeben wurden. Da die Regionalmarken – wie alle brit. Marken – keine Landesangabe enthalten, ist die nähere Bestimmung nur an Hand der symbol. Darstellung möglich. Für Schottland stehen Andreaskreuz, Distelkopf und Einhorn; Wales mit Monmouthshire ist am Drachen von Wales und Lauchblättern bzw. -pflanze zu erkennen; Nordirland zeigt Flachs und das Wappen von Ulster, und die Marken für die Insel Man hatten bis 1973 (da ihr dann eigene Posthoheit zugestanden wurde) einen Bildrahmen aus altkelt. Ornamenten sowie das aus drei geharnischten Beinen gebildete Wappen (→auch Calf of Man).

Die Ausgaben für Guernsey und Jersey wurden, nachdem beide Inseln ihre eigene Posthoheit erhalten

hatten, mit dem Datum des 1. 10. 1969 zurückgezogen. Symbole für die Marken von Guernsey waren die Krone Wilhelms des Eroberers und eine Guernsey-Lilie, für Jersey Wappen und Zepter; auch →Inselausgaben, →Landesausgabe,

Registered, engl. = eingeschrieben. Inschrift auf bes. Einschreibemarken bzw. Poststempeln engl. sprechender Länder.

Registrierkassen-Freistempel. Paketkarten werden seitens der Postverwaltungen nicht mehr immer mit Marken freigemacht. Soweit entspr. Registrierkassen an den Paketschaltern vorhanden sind, erfolgt die Freimachung durch diese mit den von den Kassen rot abgedruckten Freistempeln mit portogerechter Wertangabe. Die ersten Versuche mit derartigen Registrierkassen wurden bei der Deutschen Reichspost bereits Ende 1920 bei einigen Postämtern durchgeführt (z. B. Berlin, Hannover, Leipzig). Auch →Barfreimachungsstempel. L: Die Sammler-Lupe, Nr. 11/1974.

Reichsdienstsache, Stempel, Siegel, Vordruck oder handschriftl. auf Sendungen dt. Reichsbehörden, die von 1869 (Portofreiheitsgesetz des Norddt. Bundes) bis Juli 1920 Portofreiheit genossen. Es kommen versch. bes. Vermerke vor, z. B. Reichsdienstsache, Reichstagsangelegenheit, Heeressache, Militaria. Von 1920 bis 1923 mußten Dienstmarken verwendet werden, danach nur noch Kennzeichnung mit *»Frei durch Ablösung Reich«*. Belege dieser Art werden von Spezialsammlern im Rahmen der Dienstmarken berücksichtigt.

Reichsdruckerei, aus der Königl. Geheimen Ober-Hofbuchdruckerei R. von Decker und der Königl. Preuß. Staatsdruckerei 1877 entstanden, stellte mit wenigen Ausnahmen (→OPD-Drucke) alle Marken für die Deutsche Reichspost und die meisten dt. Gebiete her; war außerdem zeitweise Markenlieferant für versch. fremde Postverwaltungen (z. B. Dän.-Westindien, Liberia, Dominikan. Republik, Litauen, Scadta; L: Der Sammler-Dienst, Nr. 18/19–1964). Nach Ende des 2. Weltkrieges für einige Jahre in Staatsdruckerei umbenannt, dann

→Bundesdruckerei. Weltbekannt wurde die Reichsdruckerei durch wissenschaftl. Drucke seltener Bücher u.ä. in über 50 versch. Sprachen.

REICHSPOST, 1. Inschrift auf den Marken Mi 45–66 der Deutschen Reichspost (danach Deutsches Reich); auch →REIGHSPOST. – **2.** Im Bereich der Oberpostdirektion Kiel wurde nach Ende des Krieges der private Postverkehr bereits am 14. 6. 1945 wiederaufgenommen (zugelassen waren zunächst nur Postkarten). Viele Poststempel waren durch Kriegseinwirkungen verlorengegangen. Die Neuanfertigung wurde von der brit. Militärregierung mit der Auflage

genehmigt, daß im unteren Teil der Stempel das Wort *REICHSPOST* einzuarbeiten war, was aber nur für den Bereich der OPD Kiel galt und nur für einige Postämter durchgeführt wurde. Die Verfügung wurde Mitte 1948 aufgehoben, die Zusatzinschrift entfernt und die Stempel so →aptiert weiterverwendet (in Ahrensböck und Heiligenhafen erst ab Anfang 1949 bzw. Mitte 1950). Diese Stempel beachten die Sammler kaum, weshalb sie heute teils äußerst selten sind. L: Blätter zur Geschichte des Post- und Fernmeldewesens zwischen Nord- und Ostsee, Nr. 2/1974.

Reichspostdampfer, amtl. Bez. für Schiffe des Norddt. Lloyd/Bremen bzw. der Deutschen Ostafrika-Linie/Hamburg, die im Auftrag der ehem. Deutschen Reichspost best. Linien regelmäßig befuhren, auf diesen den Post-, Fracht- und Passagierdienst versahen, Schiffs- bzw. Seepost besaßen und zur Führung der Reichspostflagge berechtigt waren. Die Einrichtung der Reichspostdampfer geht auf →Stephan zurück und wurde mit einem Gesetz von 1885 rechtswirksam. Es kam danach zur Inbetriebnahme der Reichspostdampferlinien Bremerhaven–China bzw. Australien, die Ostasiat. Hauptlinie bzw. Austral. Hauptlinie genannt wurden, Bezeichnungen, die aus Stempeln bekannt sind. Ferner verkehrte eine Linie Triest-Brindisi-Alexandria, die jedoch bald wieder aufgehoben wurde. Im Anschluß an die Hauptlinien wurden mit kurzem oder längerem Bestand versch. Zweiglinien eingerichtet, die bes. die Verbindung mit dem dt. Pachtgebiet Kiautschou, den Kolonien Deutsch-Neuguinea und Samoa aufrechterhalten und den wirtschaftl. Beziehungen zu Niederländ.-Indien, Hongkong, China und Japan dienen sollten.
Für den Verkehr mit Westafrika wurden zunächst Schiffe der →Woermann-Linie in Anspruch genommen. Nachdem sich aber die dt. Interessen verstärkt auch auf Ostafrika zu richten begannen, kam es 1890 zur Gründung der Deutschen Ostafrika-Linie, deren Schiffe als Reichspostdampfer versch. und später mehrmals geänderte Strecken befuhren, darunter Hamburg–Deutsch-Ostafrika-Kapstadt–Hamburg und umgekehrt (in beiden Richtungen durch den Suezkanal) sowie Küstenlinien. Welche Bedeutung den Reichspostdampfern beigemessen wurde, geht allein daraus hervor, daß der Norddt. Lloyd dafür Subventionen in Höhe von 4 bis 6 Mill. Mark, die Deutsche Ostafrika-Linie von über 1 Mill. Mark erhielten.
Auf die wechselnden, mehrmals umgeänderten und in Stempelinschriften namentl. auftretenden Haupt- und Zweiglinien der Reichspostdampfer kann im Rahmen des Lexikons nicht näher eingegangen werden; es muß auf das Spezialschrifttum verwiesen werden, z. B. L: 3. 6. Zum Postverkehr Deutschland-Amerika →Schiffspost, →Seepost.
Andere Länder kannten weit früher den Reichspostdampfern ähnl. Einrichtungen (bes. Frankreich und Großbritannien), von denen gleichfalls entspr. beschriftete oder anderweitig gekennzeichnete Markenentwertungen bekannt sind, die von Spezialsammlern gesucht werden.

Reichspostflüge, amtliche Bez. für von der Deutschen Reichspost seit 1929 eingerichtete Fluglinien, auf denen im Nachtdienst ausschl. Auslandspost befördert wurde. Ab

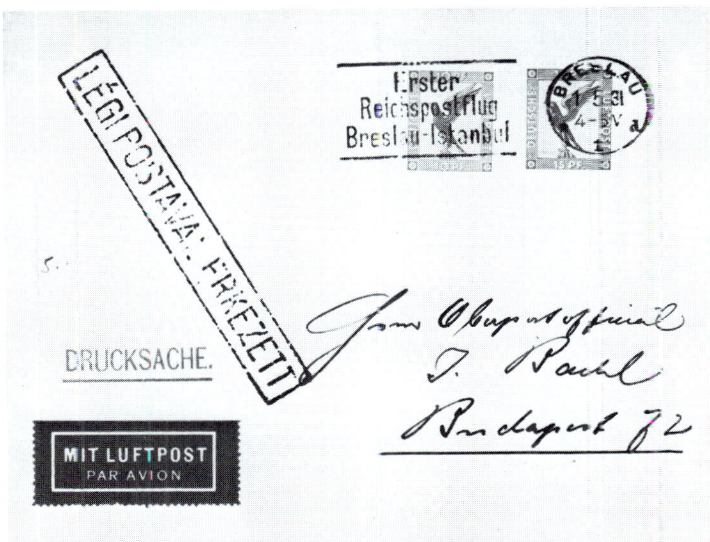

Reichspostflug

1931 auch schon ohne bes. Luftpostzuschlag. Auch →Nachtluftpost.

Reichspostmarken, Begriff aus der Sammlersprache, der bevorzugt von Kolonialmarkensammlern für die Ausgaben der Deutschen Reichspost bis 1900 angewendet wird, die in den ehem. dt. Kolonien oder bei Auslandspostanstalten als →Vorläufer oder →Mitläufer verwendet worden sind (später mit Aufdruck). Die unter diesen Begriff fallenden und mit entspr. Stempeln vorkommenden Wertstufen sind im Michel-Katalog mit den unter Deutsches Reich angeführten lfd. Nummern den eigentl. und mit jeweils Nr. 1 beginnenden Ausgaben des betr. Postgebietes vorangestellt.

Reichspostmuseum →Postmuseum.

Reifstempel, weniger gebräuchl. Bez. für →Doppelkreisstempel.

REIGHSPOST, statt REICHSPOST; von Spezialsammlern begehrter Druckfehler auf der Marke Deutsches Reich Mi 52 von 1900, der vermutlich durch vorübergehende Verschmutzung der Druckplatte entstanden ist.

Reihenwertzahl, gelegentl. auch Summenziffer genannt. Auf dem Oberrand der Schalterbogen sind

von links nach rechts steigende Zahlen gedruckt, die den Verkaufswert der senkrechten Reihen nach rechts addiert angeben; die Zahl über der äußersten rechten Reihe gibt also den Preis des ganzen Bogens an. Die Reihenwertzahlen sind für den Schalterangestellten eine

nützl. Hilfe bei der Abrechnung nach Dienstschluß. Mit einem Blick ist der Betrag festzustellen, der für einen angebrochenen Bogen einzusetzen ist. Es muß nur noch der Wert evtl. der Marken der letzten angebrochenen senkrechten Reihe hinzugezählt werden. Auch für diese gab es früher eine Rechenhilfe in Form der →Aufrechnungszahlen. Die Anbringung der Reihenwertzahl ist nicht in allen Ländern üblich. Bei Walzendrucken stehen

die Reihenwertzahlen zwischen ausgesparten →Walzenstrichen, bei Plattendrucken frei auf dem Oberrand. Einige Plattendrucke der dt. Inflationsmarken im sog. Rosettenmuster weisen über oder unter der Reihenwertzahl Strichel- bzw. Strichleisten auf. Es können auch beide Arten kombiniert und zwei versch. Reihenwertzahlen auf dem Oberrand vorkommen, wenn näml. auf einer Urmarke im Plattendruck ein neuer Wertüberdruck o.a. in Walzendruck angebracht wurde. Desgl. ist Plattendruck auf Plattendruck oder Walzendruck auf Walzendruck mit zwei Reihenwertzahlen möglich; →Reihenzahl. L: 3. 4.

Reihenzahl. Auf dem Unterrand der Schalterbogen in Plattendruck stehen von links nach rechts steigende Ziffern, die die Zahl der noch vorhandenen senkrechten Reihen eines angebrochenen Bogens zählen. Die Reihenzahlen sind inzwischen fast ganz in Fortfall gekommen, da sie bei der Abrechnung von untergeordneter Bedeutung sind; wichtiger dafür sind die →Reihenwertzahlen. Auf dem Unterrandfeld mit Reihenzahl kann eine →Strichelleiste vorhanden sein. Bei Spezialsammlern bes. beliebt sind z.B. Marken von Hannover und Preußen mit Reihenzahlen auf den Bogenrändern. Bei diesen alten Marken wird meist von →Randnummern gesprochen. Unter diesem Begriff werden auch Jahreszahlen verstanden, die das Druckjahr angeben; →Hausauftragsnummer, →Walzenstriche.

Reihenzähnung, weniger gebräuchl. Bez. für →Kammzähnung.

Reinheimer, Adolf, 1843–1910, bedeutender dt. Philatelist, der sich als einer der ersten intensiv mit der Erforschung der Stempel, bes. der deutschen, beschäftigte und darüber grundlegende Arbeiten verfaßte. L: 3. 4.

Reiseschein, alte Form der Fahrkarte aus der »Postkutschenzeit«, der auf vorgedrucktem Formular vielfach handschriftl. auf den Namen des Reisenden ausgestellt wurde und die Abfahrtszeit (meist nebst Platznummer im Postwagen) enthielt. Reisescheine werden, da unmittelbar mit der Post aus früherer Zeit zusammenhängend, von den Freunden der →Vorphilatelie gern gesammelt.

Reiswährung. Die Dienstmarken MiD 1–5 von →Nordvietnam sowie MiD 1–9 von →Zentralvietnam weisen als Wertangabe keine Münzeinheit, sondern eine Naturalwährung in Kilo Reis auf! Nicht geschälter Reis als wichtigstes Nahrungsmittel der Bevölkerung war in Nordvietnam für längere Zeit Grundlage für die Berechnung aller öffentl. Ausgaben und Einnahmen, weshalb auch die Dienstmarken von 1953/55 auf »Reiswährung« lauteten. Für Nordvietnam hat es die »Wertstufen« 0,6, 1, 2 und 5 Kilo, für Zentralvietnam 0,05, 0,3, 0,6 und 1 Kilo Reis gegeben.

Reitpost. In alter Zeit gab es neben das Ziel zu Fuß erreichenden auch berittene Boten, die beide im allg. nur gewöhnl. Briefe beförderten, während die →Fahrpost außer Personen und Paketen der größeren Sicherheit halber die sog. →beschwerten Briefe übernahm. Auch →Courierpost, →Estafette.

Reklameanhängsel, auch Reklamefeld, mit priv. oder postal. Werbung bedrucktes →Leerfeld, das fast ausschließl. in →Markenheftchen vorkommt und als →Zusammendruck gesammelt wird.
Der interessierte Sammler findet noch viele weitere Marken mit Reklameanhängsel, die allerdings nur teilweise im Michel-Katalog besonders verzeichnet sind, zum Beispiel Belgien, Dänemark. Im übertragenen Sinn können auch die mit privater Reklame bedruckten Bogenränder hinzugerechnet werden, zum Beispiel Frankreich.

Die ital. Post verausgabte 1924/25 auch Schalterbogen einiger Marken (Mi 83, 90, 92, 129, 130, 133, 160), in denen Marke und daruntergedrucktes Reklameanhängsel durch gemeinsame Zähnung eine Einheit bildeten. Diese Marken sind im Katalog nach Mi 193 aufgeführt. Es sind insg. 21 Zusammendrucke dieser Art mit versch. Firmenreklame bekannt, die z.T. selten sind. Die ital. Post mußte auf Einspruch des Weltpostvereins den Verkauf dieser Marken nach kurzer Zeit einstellen, da die Bestimmungen Marken mit anhängendem Reklamefeld zur Freimachung nicht zulassen.

Reklameleiste

Marken mit Reklameanhängsel aus Markenheftchen sind jedoch bis in unsere Tage oft unbeanstandet zur Freimachung verwendet worden. Deutsche Reichspost und BP mußten nach zuerst stillschweigender Duldung ausdrückl. Verbote zur Verwendung von Zusammendrucken Marke + Reklameanhängsel (auch mit →Andreaskreuz bedruckt) erlassen. Seitens der BP geschah das um 1958 betr. Zusammendrucke aus den Markenheftchen Mi 3 und 4. Alle Postverwaltungen bemühen sich seitdem, sämtl. Felder mit Marken auszufüllen; →Reklameleiste, →Legende.

Reklamefeld →Reklameanhängsel.

Reklameleiste. Einige Postverwaltungen haben Bogenränder oder →Zwischenstege in Schalterbogen für den Zudruck mit priv. Reklame gegen Bezahlung freigegeben, z.B. Frankreich. Am bekanntesten bei uns sind diese Reklameleisten von den dt. Inflationsmarken. Normalerweise kommen diese Leisten ab Mi 165 auf den seitl. Bogenrändern vor; bei den Ausgaben Mi 199–204, 215/18, 235/37 und 263/67, deren Schalterbogen durch waagerechte Zwischenstege getrennt wurden, auf dem Zwischensteg; →Reklameanhängsel, →Bogenrandreklame.

Reklamemarken. Außer den →Kocher-Marken sind ähnl. Werbevignetten mit eingeklebter Freimarke von versch. schweiz. Firmen ab 1900, aber auch aus anderen Ländern (Niederlande, Spanien, USA) bekanntgeworden, die, tauchen sie einmal anl. einer Auktion auf, von Spezialsammlern hoch bezahlt werden. Sogar eine Deutschland-Sammlung kann ein Beispiel für die Reklamemarken genannter Gattung enthalten. Es ist die sog. halbamtl. Flugmarke Mi 1 für die Beförderung von Sendungen mit einem Flugzeug auf der Strecke Bork–Brück vom 12. 2. 1912. Dieses markenähnl. Gebilde berechtigte zur Auflieferung für den Flug, die in das Mittelfeld eingeklebte Germaniamarke zur Weiterleitung durch die Deutsche Reichspost an den vorgesehenen Empfänger. Woher die Idee der Reklamemarken stammt, konnte noch nicht ergründet werden. Als Ursprungsland wird Großbritannien vermutet, das in bezug auf Post und Marken mehrmals bahnbrechend gewesen ist. Dort war es von 1857 bis 1893 möglich, amtl. Ganzsachen mit einem privat aufgebrachten und den Namen der Absenderfirma enthaltenden Druck um den Wertzeicheneindruck herum versehen zu lassen, wobei die Zudrucke der Form des Wertstempels angepaßt wurden, um diesen dadurch nicht zu »entwerten«. Brit. Ganzsachen mit diesen *Advertising Rings* (Anzeigen-

ringe) genannten Zudrucken werden von Spezialsammlern gebraucht und ungebraucht sehr gesucht. L: Schweizer Briefmarken-Zeitung, Nr. 5/1971, Nr. 10/1972.

Reklame-Mulreadys. Die ab 6. 5. 1840 gültigen →Mulready-Briefhüllen und -bogen fanden im Gegensatz zum Publikum bei rührigen Werbefachleuten, die sich an den überladenen Darstellungen nicht störten, eine günstige Aufnahme, wozu nicht zuletzt Rabattsätze der Post den Anlaß gaben, denn beim Kauf eines einzelnen »Mulreadys« mit Werteindruck ONE PENNY mußten am Schalter einschl. Papierpreiszuschlag 1,25 d bezahlt werden. Bei Abnahme von 240 Stück verminderte sich der Stückpreis auf 1,216 d, bei 960 Stück (allerdings nur erhältl. in London, Edinburgh und Dublin) auf 1,088 d. Das brachte einige Geschäftsleute (Apotheker, Buchhändler, die Gesellschaft gegen Sklavenhandel u. a.) auf den Gedanken, größere Mengen »Mulreadys« einzukaufen und diese auf der Innenseite mit Eigenreklame bedrucken zu lassen und zwecks Werbung billiger als die Post an ihre Kunden abzugeben. Noch mehr nahmen sich Werbeagenturen der »Mulreadys« an. Sie inspirierten Firmen zur bezahlten Aufgabe von Wortanzeigen, die innen zum Abdruck kamen. Die Einnahmen erlaubten es den Werbeagenturen, diese »Mulreadys« unter Postpreis an das Publikum bzw. die Inserenten, die häufig größere Mengen übernahmen, zu verkaufen und noch gut daran zu verdienen. Diese Reklame-Mulreadys tauchten bereits etwa drei Wochen nach dem Ausgabetag der ersten Ganzsachen der Welt auf. Bisher bekanntgeworden sind rund 20 Unternehmen, die sich dieser ungewöhnl. Werbung bedienten. Sie sind sämtl. recht wertvoll, einige sogar große Raritäten, da die Gesamtauflage nur in wenigen Fällen 50000 Stück erreichte, meist aber weit darunter lag, der Großteil dieser äußerst interessanten Ganzsache im Papierkorb endete und Spezialsammler die sehr unterschiedl. Anzeigentexte berücksichtigen. Aber auch die Reklame-Mulreadys vermochten die an sich häßlichen Briefhüllen und -bogen nicht zu »retten«; sie verschwanden von der Bildfläche. L: 3. 10.; auch →Karikatur-Mulreadys, →Privataufdruck, →Anzeigenumschlag.

Reklamesteg →Reklameleiste.

rekommandiert, auch recommandirt u. ä. geschrieben, aus dem franz. Wort recommandation (= Empfehlung) abgeleitete und auf vorphilat. Briefen handschriftl. oder mittels Stempel (verschiedentl. abgek. recom. u. ä.) aufgebrachte Kennzeichnung, die nach dem heutigen Einschreibeverfahren behandelt wurden (auch →Chargé). Das R auf den uns gewohnten und internat. gebräuchl. →Einschreibezetteln ist gleichfalls von diesem Wort abgeleitet.

Reko-Zettel, Abk. für Recommandation (= Einschreiben) und für die dafür verwendeten →Einschreibezettel und unter den Sammlern in Österreich gebräuchl. Begriff.

Relaisstation, Bez. für meist mit Gasthöfen identische Poststationen mit mehr oder weniger großem sog. Poststall, in dem für die →Estafette, →Fahrpost oder →Reitpost zur Auswechslung ausgeruhte Pferde und Boten bzw. Postillione bereitstanden. Die noch heute in vielen kleineren Orten vorhandenen und »Gasthof zur Post« genannten Lokale wahren dem Namen nach die alte Tradition, d. h. sie waren früher Posthalter- bzw. Relaisstationen. Häufig ist anges. der baul. Aufgliederung (z. B. großes Einfahrtstor, geräumiger Hof, für Pferde- u./o. Wagenunterbringung geeignete Anbauten) noch heute zu erkennen, daß diese Gasthöfe einst im Dienst der Post gestanden haben müssen, d. h. deren Besitzer oder Pächter waren sog. Posthalter.

Reliefdruck, seltener gebrauchter Ausdruck für →Prägedruck.

Remboursement, franz. Wort für Nachnahme und zusätzl. zum Ausdruck in der jeweil. Landessprache auf →Nachnahme-Zetteln vorkommend.

Renner, Richard, 1876–1960, bedeutender dt. Philatelist und Organisator, auf dessen Initiative die Gründung des →Bundes Deutscher Philatelisten e. V. zurückgeht. Zur Erinnerung an ihn wurde die →Richard-Renner-Medaille gestiftet.

Renner-Block, Bez. aus der Sammlersprache für die Österreich-Marken Mi 772/75, die eigentlich keine Blocks sind. Im ungezähnten Zustand handelt es sich vielmehr um →Kleinbogen, die auf einem Leerfeld in der Mitte das Staatswappen zeigen.
Die vier bildgleichen Marken mit Zuschlag in Höhe des Freimachungsbetrages sind auf sog. →Japanpapier gedruckt und zeigen das Porträt des damaligen österr. Staatspräsidenten Dr. Karl Renner und seitlich die Wappen der Bundesländer.

Rentenpfennig-Ausgabe. Die astronomischen Geldwerte der Hochinflation in Deutschland wurden am 1. 1. 1924 durch die Rentenmark (1 RM = 100 Rentenpfennig) abgelöst. An diesem Tag gelangten die sechs Werte der sog. ersten Rentenpfennig-Ausgabe Mi 338/43 an die Schalter. Die Weiterverwendung gewisser →Infla-Marken war bis Jahresende möglich; →Dezemberbriefe.

Rentierpost. Im hohen Norden Finnlands und in Sibirien ist auch für den Postverkehr der von Rentieren gezogene Schlitten oft die einzige Möglichkeit zur Briefbeförderung, soweit nicht inzwischen Flugzeuge eingesetzt sind; ähnl. →Hundeschlittenpost.

Reparatur, Ausbesserung einer beschädigten Marke, wobei zum vorliegenden Stück nicht direkt zugehöriges Material verwendet wurde (meist Papier), um z. B. →Fenster unsichtbar zu machen (auch →hinterlegt), fehlende Zähne anzusetzen oder bei geschnittenen Marken künstl. breite Ränder zu erzeugen. Auch →Nachgummierung und →Nachzähnung gehören zur Reparatur! Da reparierte Marken meist nicht als solche gekennzeichnet werden, kommen versch. Reparaturen einer →Teilfälschung gleich. Bei wertvollen Marken desh. Vorsicht und vor dem Erwerb einen →Prüfer befragen; auch →Fälschung. L: 3. 14.

repariert →Reparatur.

Republica Oriental, Herkunftsbez. auf den Marken Uruguays Mi 19–26.

Republik des Fernen Ostens, während des Bürgerkrieges in Rußland in Sibirien entstandenes kurzlebiges Postgebiet mit etlichen besonderen Marken (auch →Russische Ostasiengebiete). L: Sammler Expreß, Nr. 16–17/1976.

Republik Minerva, ein herrenloses, mit Erde aufgeschüttetes, 160 Hektar großes Korallenriff in Nähe der Fidschi- bzw. Tonga-Inseln, das im Namen des US-Unternehmens Ocean Life Research Foundation Ende 1971 zur unabhängigen Republik ausgerufen wurde. Den Sammlern wurden völlig wertlose →Vignetten für den nie bestehenden Postdienst angeboten. Die künstliche Insel soll durch Sturmfluten inzwischen wieder verschwunden sein; auch →Mevu.

Republik Südafrika, ehem. Südafr. Union, die 1961 aus dem Commonwealthverband ausschied und seitdem diesen Staatsnamen angenommen hat; auf den neueren Marken erscheint die Abk. RSA. Sammler und Michel-Katalog sprechen in beiden Fällen kurz von →Südafrika.

République Gabonaise = Gabunische Republik, Landesangabe auf den Marken von →Gabun seit 1959.

Resellada, Aufdruck auf einigen Marken Venezuelas, die nach bereits erfolgter Außerkurssetzung zur Wiederverwendung gekommen sind und teils auch neue Wertüberdrucke aufweisen.

Resello, span. = etwa wieder gültig. Aufdruck auf versch. Marken span. sprechender Länder, wenn Restbestände bereits außer Kurs gesetzter älterer Ausgaben nach Jahren (meist aus Sparsamkeit) nochmals zur Freimachung für gültig erklärt werden (z. B. Nicaragua).

Reservemarken →Stand-by-Marken.

Reservestempel, gelegentl. Bez. für Stempel, die von der Post zentral oder von einzelnen Postämtern in Reserve gehalten werden, um z. B. bei notwendig werdender Reparatur eines regulären Stempels kurzzeitig eingesetzt zu werden. Reservestempel können von der normalen Stempelform abweichend ausgeführt sein (→Wanderstempel), dieser aber auch entsprechen und sind dann nur an best. Merkmalen identifizierbar. L: Archiv für Postgeschichte in Bayern, Nr. 2/1970.

Resmi, Aufdruck bzw. Inschrift auf Dienstmarken der Türkei.

Restauflage, auch Restbestand. Von der Auflage einer Marke wird aus versch. Gründen – gelegentl. absichtlich – nur ein Teil verkauft und der Rest an Händler zum Nennwert oder darunter verkauft, amtl. vernichtet oder durch Auf- bzw. Überdruck verändert und später erneut ausgegeben. Letzteres ist häufig bei Änderungen der Staatsform oder nach Währungsumstellungen geschehen.

Restaurator, etwas überhebliche Bez. für denjenigen, der sich mit →Nachgummierung, →Nachzähnung, →Verschönerung u. ä. von beschädigten Marken beschäftigt. Diese Manipulationen kommen – wenn nicht entspr. gekennzeichnet, was selten der Fall ist – Fälschungen zum Schaden der Sammler gleich.

Restbestand →Restauflage.

Restsammlung, Bez. aus der Sammlersprache für Sammlungen, denen die wertvolleren Marken und Sätze entnommen sind und einzeln angeboten bzw. anderweitig verkauft wurden. Da der Preis für Restsammlungen meist weit unter dem zu errechnenden Gesamtkatalogwert liegt und kaum mit vielen doppelten Marken zu rechnen ist, ist der Erwerb wesentl. empfehlenswerter als der von →Kiloware, Lots oder Paketen. Das Material aus Restsammlungen ist zum Ausbau einer Anfängersammlung bes. geeignet. Vor dem Erwerb oder der Abgabe eines Auktionsgebotes sollte das in Betracht kommende Album jedoch genau durchgesehen werden. Der Händler kann auch bei Restsammlungen keine Garantie hinsichtl. Erhaltung, Echtheit usw. der enthaltenen Marken übernehmen; Rückgabe ist ausgeschlossen.

Retardo, span. = verspätet. Inschrift auf →Verspätungsmarken (und -stempeln) span. sprechender Länder.

Retourbrief, nur noch selten gebräuchl. Bez. für eine Postsendung, deren Annahme vom Empfänger aus versch. Gründen abgelehnt wird oder die unanbringlich ist. Solche Sendungen erhielten früher handschriftl., mittels Stempel oder Klebezettel den Vermerk *Retour*, evtl. mit versch. Zusätzen. In Deutschland ist seit langem die Kennzeichnung *Zurück, Zurück an Absender* u. ä. üblich. Davon abgeleitet wird heute von Rückbrief gesprochen;

Retourbrief

→Rückbriefstelle, →Rückbriefmarken, →Postkrieg.

Retourmarken, andere Bez. für verdeutscht →Rückbriefmarken.

Retour-Récépisse, Fremdwort aus dem Franz. für →Rückschein; →Récépisse.

Retourstempel →Rückbrief, →Rücksendung.

Retourzettel, Bez. für kleine Klebezettel bei →unanbringlichen Sendungen. In Liechtenstein in Heftchenform mit verschiedenen Texten zusammen auf einem kleinen Bogen bekannt.

Returned, engl. = zurück. Inschrift in versch. Stempeln und Klebezetteln auf unzustellbaren Sendungen.

Retusche. Ausbesserung einer im Verlauf der Druckarbeiten schadhaft gewordenen Stelle in der Druckform (z.B. ausgebrochener Buchstabe), die für den Sammler eine Marke mit Plattenfehler oder Druckzufälligkeit ergibt, ist an einem best. Merkmal u.U. erkennbar und für den Spezialsammler von Interesse (z.B. Schweiz, Strubelmarken; Westdeutschland, Bautenserie 1948), evtl. auch wichtiges Hilfsmittel bei der Plattenrekonstruktion. Marken mit Retusche werden im allg. nur von Spezialkatalogen erfaßt und sind teils sehr wertvoll; →nachgemalt, →übermalt.

Réunion, Insel im Ind. Ozean und ehem. franz. Kolonie, seit 1946 Überseedepartement Frankreichs. Für Réunion wurden 1851 die ersten zwei Postwertzeichen verausgabt, die zu den großen Weltraritäten gehören und von denen es minderwertige Neudrucke gibt. Erst 1885 folgten weitere Ausgaben, nun und mit nur wenigen Ausnahmen bis 1946 im übl. Kolonialstil ohne große bildl. Abwechslung. Nachdem Réunion 1946 zu einem Überseedepartement Frankreichs erklärt worden ist, gibt es – im Gegensatz z.B. zu Guadeloupe – weiterhin eigene Marken, da auf die währungspolit. Verhältnisse im afrikan. Raum, bes. bezogen auf die aus franz. Kolonien hervorgegangenen unabhäng. Staaten, die sich den Währungsreformen in Frankreich nicht angeschlossen haben, Rücksicht genommen werden muß. Deshalb werden für Réunion seit 1949 viele der Frei-, Sonder- und Gedenkmarken Frankreichs, allerdings mit neuem Wertüberdruck und Aufdruck CFA versehen, verausgabt.
Seit einiger Zeit werden mit den franz. Marken bildgleiche für Réunion gedruckt, bei denen die andere Wertangabe und Münzbez. in die Druckplatte eingearbeitet ist; der Überdruck kommt dadurch in Fortfall.

Reuterskiöld, Axel Baron de, 1860–1937, bedeutender schwedischer, viele Jahre in der Schweiz lebender Philatelist mit umfangr. Kenntnissen der Kantonalmarken und der ersten Ausgaben der Schweizerischen Bundespost. Sein zusammen mit Paul →Mirabaud verfaßtes Werk »Die schweizerischen Postmarken 1843–1862« ist noch heute Grundlage aller Forschungsarbeiten über diese Marken und deren Fälschungen. Reuterskiöld war Träger der →Lindenberg-Medaille.

Revalidado, port. = wieder gültig. Aufdruck auf versch. Marken port. sprechender Länder, die schon zurückgezogen waren, nach einiger Zeit aber wieder in Kurs gesetzt wurden.

Revalorizado, span. = wieder in Kurs. Aufdruck auf Restbeständen einiger Marken Argentiniens, die mit neuem Wertüberdruck später wieder verausgabt wurden.

Revenue, engl. = Steuer, Inschrift auf älteren brit. Marken; →Postage & Revenue.

RF, 1. abgekürzter Landesname als Inschrift auf vielen neueren franz. Marken (= République Française). – **2.** Handstempelaufdruck teils mit versch. Zusätzen auf versch. franz. Marken aus der dt. Besatzungszeit im 2. Weltkrieg, die aber nur Propagandazwecken dienten. – **3.** Handstempelaufdruck auf der USA-Marke Mi 500, die 1943 für die amerik. Truppenteile, die unter franz. Kommando in Nordafrika kämpften, als →Militär-(Feld-)Postmarke verwendet wurde.

R. G. E., Abk. in Poststempeln der Republik →Äquatorial-Guinea (Republica de Guinea Ecuatorial), die 1968 aus den ehem. span. Besitzungen Elobey, Annobon und Corisco, Fernando Poo und Rio Muni entstanden ist. Unter R.G.E. Datum und Ortsname.

Rheinische Republik, nach gescheiterten Putschversuchen von

1919 und 1921 ein im Oktober 1923 mit französischer Unterstützung von Separatisten ausgerufenes Staatsgebilde im besetzten Gebiet der Rheinprovinz und Pfalz, das an der Uneinigkeit der Führer und

dem Widerstand der Bevölkerung scheiterte und Mitte Februar 1924 verschwand. Aus dieser Zeit sind Markenausgaben bzw. Aufdrucke auf Reichspostmarken bekannt, die in den deutschen Katalogen als »Spekulative Privatmachwerke« bezeichnet werden. Diese Meinung ist aber wegen des Vorliegens von Bedarfsbriefen und amtlicher Dokumente nicht ohne weiteres haltbar. Auch →Separatistenmarken. L: DBZ, Nr. 3/1974.

Rheinischer Philatelistentag, am 18. 8. 1889 auf Anregung von Hans →Wagner abgehaltene Veranstaltung in Mainz, aus welcher die seitdem alljährl. stattfindenden →Philatelistentage hervorgegangen sind.

Rheinland-Pfalz. In diesem als franz. Besatzungszone 1947/49 bekanntgewordenen und große Teile links bzw. rechts des Rheins umfassenden Postgebiet wurden 52 Marken mit meist sehr netten Darstellungen verausgabt. Die Dauerserien lassen sich bei Berücksichtigung zahlr. Druckmängel, Papierunterschiede u. a. stark spezialisiert sammeln. Vor Erscheinen der Marken mit Inschrift Rheinland-Pfalz war die 13 Werte umfassende Gemeinschaftsausgabe für alle franz. besetzten Gebiete in Gebrauch. Die Rheinland-Pfalz-Marken konnten, soweit noch frankaturgültig, vom 3. 10. bis 31. 12. 1949, die Sondermarken bis 31. 3. 1950 im ges. Bundesgebiet aufgebraucht werden (in West-Berlin ab 1. 11. 1949), woraus sich interessante, aber meist von Sammlern zurechtgemachte Mischfrankaturen ergeben haben, zumal die dort kursierenden Marken auch in Rheinland-Pfalz verwendet werden durften.

Rheinseilbahn, auf Briefen und Karten, seltener ungebraucht vorkommender gelber Klebezettel mit dieser Inschrift, der 1958 anl. des 12. Bundes- und 59. Philatelistentages in Köln vom Veranstalter verausgabt wurde. Der für 2 Pf je Stück abgegebene Zettel berechtigte zur Beförderung einer beim fahrbaren Sonderpostamt aufgegebe-

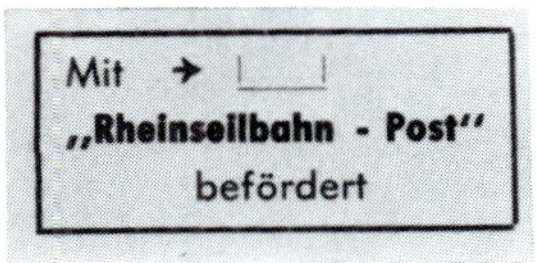

nen und ordnungsgemäß freigemachten Sendung mit der zur Bundesgartenschau 1957 erbauten und erhalten gebliebenen »Rheinseilbahn«, die als Touristenattraktion beide Rheinufer verband. In das kleine Feld in der Mitte oben konnte der Absender eintragen, mit welcher Postfahrt der Rheinseilbahn die Sendung befördert werden sollte; es gab am 1. 8. 1958 eine, am 2. und 3. 8. je zwei Postfahrten. Auch →Seilbahnpost.

Rhodesia und Nyassaland. Die ehem. brit. Kronkolonien bzw. Schutzgebiete →Nyassaland, →Nordrhodesien und →Südrhodesien schlossen sich 1954 zu einer Föderation zusammen und verausgabten bis 1964/65 insg. 51 Marken, die im Michel-Katalog unter

dieser Überschrift zu finden sind. Nach erfolgter Lösung der Föderation gab es für die drei Gebiete wieder eigene Marken: →Malawi, →Rhodesien, →Sambia.

Rhodesien, benannt nach dem die Erschließung Südafrikas vorantreibenden Engländer Sir Cecil Rhodes. Postalisch ist zwischen →Nordrhodesien und →Südrhodesien zu unterscheiden, hierzu gehört auch →Nyassaland; für diese drei Gebiete hat es früher bes. Marken gegeben. Im polit. Sinne entspricht der seit 1965 bestehende unabh. Staat Rhodesien der ehem. brit. Kronkolonie Südrhodesien. Es erschienen seitdem einige eigene Marken, die, da Rhodesien eine gemäßigte Ausgabepolitik betreibt, gern gesammelt werden. Spezialsammler beachten Belege zum →Postkrieg, denn die inneren Ereignisse in Rhodesien veranlaßten Großbritannien (einschl. Guernsey und Jersey) dazu, mit Rhodesien-Marken freigemachte Sendungen zeitweise nicht anzuerkennen, d. h. sie wurden als unfrankiert behandelt, und der Empfänger hatte den durch Portomarken ausgewiesenen Betrag zu zahlen. L: 3. 11.
Es bestehen seit langem Bestrebungen, die Regierung des Landes in die Hand der schwarzen Bevölkerung zu geben. Für diesen Fall ist die Umbenennung in Zimbabwe vorgesehen, ein Name der u. U. auf späteren Postwertzeichen auftreten kann (Anfang 1977 war die polit. Entwicklung noch unklar).

R. H./OFFICIAL, Aufdruck auf brit. Freimarken Mi 102 und 104; es handelte sich um Dienstmarken des Königl. Hausministeriums (R. H. = Royal Household).

RIAU, Aufdruck auf versch. Marken →Indonesiens für die zu dieser Republik gehörenden und nahe Singapur gelegenen Riau-Inseln, auf denen die Singapur-Währung gültig ist.

Ricevuta, Inschrift auf der rechten Hälfte der →Paketmarken von San Marino. Auch →Bolletta, →Sulla Ricevuta, →Doppelmarken.

Richard-Renner-Medaille, vom Bund Deutscher Philatelisten zur bleibenden Erinnerung an Richard →Renner 1963 gestiftete Auszeichnung für bes. organisator. Verdienste (z.B. Ausstellungen, Bundestage), die alle zwei Jahre einmal verliehen wird.

Riffelung →Gummiriffelung.

Rijeka →Fiume.

Ring der Liechtensteinsammler, 1930 gegr. überregionaler und äußerst rühriger Verein, dessen Mitglieder sich ausschließl. mit der Philatelie Liechtensteins und dem allg. Geschehen im Fürstentum beschäftigen. Der Kontakt zwischen den Mitgliedern wird durch die regelmäßig erscheinenden »RSL-Mitteilungen« mit vielen philat. wertvollen Beiträgen und aktuellen Informationen aufrechterhalten. Gleich wichtig und interessant ist die in Einzelbroschüren zu versch. Spezialthemen erscheinende Schriftenreihe. Der Ring bringt seit Anfang 1971 auch ein umfassendes Liechtenstein-Handbuch in Einzellieferungen heraus. Ähnl. Vereinigungen bestehen in Liechtenstein, der Schweiz, den Niederlanden, Großbritannien und den USA.

Ring Deutscher Philatelisten-Jugend, 1956 gegr. Organisation, die 1969 in →Deutsche Philatelisten-Jugend umbenannt wurde.

Ring Österreichischer Philatelisten-Jugend, 1958 gegr. und dem Verband Österr. Philatelisten-Vereine angeschlossene Organisation zur Betreuung und Förderung jugendl. Sammler. Daneben besteht die →Jugendkommission.

Ringstempel, philat. Begriff für Stempel aus drei oder mehr konzentrischen Kreisen, die so dicht nebeneinanderliegen, daß kein Platz zur Unterbringung von Inschriften wie bei →Kreisstempeln ist. Die Kreise können versch. stark, auch aus Strichen gebildet sein, unterschiedl. Abstand voneinander haben usw. Aus der Zahl der Ringe ergeben sich die entspr. Bezeichnungen (z.B. Vierring-, Achtringstempel). Aus der Gestaltung des Stempelteils innerh. der Ringe werden weitere Unterarten abgeleitet (z.B. Nummernringstempel, Punktringstempel). Verschiedentlich werden auch Ein- bzw. Zweikreisstempel und Doppelkreisstempel als Ringstempel bezeichnet, was jedoch bei Stempelexperten auf Ablehnung stößt. L: 3. 14.

Rio de Oro, ehem. span. Besitzung in Westafrika (Span. Sahara) mit eigenen Marken von 1905 bis 1924. Danach wurde bis 1975 die allg. Ausgabe für →Spanische Besitzungen in der Westsahara verwendet.

Rio Muni, ehem. span. Besitzung in Westafrika zwischen Kamerun und Gabun. Markenausgaben 1901 bis 1909 →Spanisch-Guinea, 1909 bis 1960 →Spanische Besitzungen im Golf von Guinea. Von 1960 bis 1968 erschienen eigene Marken mit Landesangabe RIO MUNI, die sich wie diejenigen der anderen span. Besitzungen in Afrika bei den Motivsammlern großer Beliebtheit erfreuen. 1968 wurde Rio Muni mit Fernando Poo sowie Elobey, Annobon und Corisco als Republik →Äquatorial-Guinea unabhängig.

Riß. Durch unsachgemäße Behandlung kann eine Marke an irgendeiner Stelle am Rand eingerissen werden, wodurch sie für den Sammler praktisch wertlos wird. Geht der Riß nur 1–2 mm tief in das Papier, kann dieser durch heißes Bügeln der angefeuchteten Marke oder durch ganz vorsichtiges Bestreichen mit weißer Klebepaste fast unsichtbar gemacht werden, was schon oft versucht wurde, um derart beschädigte Marken loszuwerden. Man sehe sich jede Marke (bes. in Auswahlheften von Rundsendezirkeln) vor dem Erwerb sehr genau an und halte ein verdächtiges Stück vor eine starke Lichtquelle oder lege sie unter die Prüflampe, wobei sich solche Manipulationen zu erkennen geben. Bei langen Rissen wird die Marke u.U. auch →hinterlegt, →Scherenschnittentwertung.

rissiger Gummi. In der Anfangszeit der Ausgabe von Briefmarken wurden zur Gummierung teils Gummimischungen verwendet, die sich im Laufe der Jahrzehnte zusammengezogen und gelegentlich sogar zu Rissen im Papier geführt haben, was in ungestempelter Erhaltung u.U. die Zerstörung von Paaren, Viererblocks u.a. zur Folge hat (z.B. Baden, Bayern). In solchen Fällen voraussichtlicher Schädigung bes. wertvoller Marken und Einheiten empfiehlt sich zu deren Erhaltung manchmal die Entfernung der Gummierung, was nicht immer von großem Nachteil ist, weil in den Katalogen teils auch Bewertungen für alte Marken ohne Gummi gegeben werden. Der Unterschied gegenüber gleichen Marken mit Gummi ist nicht immer groß.

Riu-Kiu-Inseln, auch Ryukyu-Inseln, Ryukyus, Landesname auf den Marken 1950/51; später nur japanische Schriftzeichen; Inselkette zwischen Japan und Formosa im Ostchines. Meer, die 1945 unter amerik. Verwaltung gestellt wurde (die meisten Inseln sind 1971 an Japan zurückgegeben worden). Von den seit 1948 erschienenen bes. Marken für diese Inseln sind die ersten Ausgaben zwar nicht billig, für die neueren und immer ansprechenden Bildermarken, die in nur geringer Zahl und im Nennwert der gebräuchlichsten Portosätze herauskamen, bestand stets großes Interesse. Die Beliebtheit rührt nicht zuletzt daher, daß die Marken der Riu-Kiu-Inseln sehr verbreitet von den Sammlern Japans bzw. der USA als Anhang zu einer entspr. Ländersammlung aufgenommen werden. Für den Spezialsammler ergeben sich unter Berücksichtigung der versch. Vorläufer zahlr.

Rohrpost-Ganzsachen

Möglichkeiten zum Aufbau einer interessanten Sammlung, worüber der Michel-Überseekatalog nur andeutungsweise berichtet. Die Riu-Kiu-Inseln werden im Rahmen der Arbeitsgemeinschaft Japan bearbeitet.

Rixdorfer Fälschung. Die Marke Deutsches Reich Mi 47 wurde zwischen 1890 und 1898 von vier versch. Seiten zum Schaden der Post gefälscht (→Postfälschung), die nach ihren Herkunftsorten benannt und zum philatelist. Begriff geworden sind (Rixdorfer, Höchster, Dresdner, Hannover-Fälschung). Die Rixdorfer Fälschung von 1895 wurde nur in kleinerem Umfang hergestellt und lediglich in Rixdorf (Berlin) postal. verwendet. L: 3. 4.

RL, handschriftl. oder als Stempel auf alten Briefen, Abk. für Rayon Limitrophe (angrenzender Bezirk) zur Kennzeichnung von Sendungen, für welche das ermäßigte →Grenzkreisporto galt.

RL PLATA F, eine Währungseinheit und zusammen mit *CORREOS* einzige Inschrift auf den Marken Mi 1–17 für →Spanisch-Westindien; eine Landesangabe fehlt. Auch →ULTRAMAR.

RO, auch *Roumélie Orientale*, Aufdruck auf türk. Marken 1881 für →Ostrumelien.

Rodi, italienischer Name der Insel →Rhodos. Aufdruck oder Inschrift auf einigen Marken für die →Ägäischen Inseln.

Rohrpost, zur schnellen Beförderung priv. Sendungen gegen Entrichtung einer Zusatzgebühr oder als Verbindung zwischen mehreren Postämtern für den innerbetriebl. Verkehr. Die Rohrpost beruht auf dem Prinzip, daß in unter der Erde verlegten Rohren geringen Durchmessers durch Preß- oder Saugluft Büchsen in sehr schnellem Tempo gleitend bewegt werden; das Geschoß im Gewehrlauf hat Pate gestanden.
Die erste Rohrpost wurde 1853 im Londoner Telegraphenamt als Hausrohrpost eingerichtet. Nach Versuchen mit einer Tunnelbahn (3 m Durchmesser) mit auf Rädern laufenden runden Wagen 1861 in London wurde die erste Stadtrohrpost 1865 zwischen dem Haupttelegraphenamt und dem Börsengebäude in Berlin in Betrieb genommen. Weitere folgten 1867 in Paris, 1875 in Wien und 1876 in Berlin (nach anderem System) usw. In Deutschland gab es für den Publikumsverkehr noch eine Rohrpost in München, für Innendienst in Bremen, Frankfurt/M., Hamburg und Leipzig. Die öffentl. Rohrposteinrichtungen sind inzwischen meist stillgelegt worden; unter den noch in Betrieb befindlichen ist die in Ost-Berlin eine der ausgedehntesten.
Für Rohrpostsendungen bestehen hinsichtl. Größe und Gewicht best. Vorschriften, die sich je nach Art der Anlage auf Höchstmaße und/oder Rollfähigkeit beziehen. In Ost-Berlin z. B. darf der Brief nicht größer als 14 × 20 cm sein und muß sich zu einer Rolle von höchstens 4 cm Durchmesser rollen lassen.
Vom Posttechnischen Zentralamt in Darmstadt werden seit 1970 Versuche mit einer gleislosen Rohrbahn angestellt, die nur zur schnellen Beförderung der Sendungen von Postamt zu Postamt innerhalb großer Städte vorgesehen ist. In unter der Erde verlegten Asbestzementrohren mit 70 cm Durchmesser wird eine Antriebsmaschine mit je einem Wagen vorn und hinten eingesetzt, die insgesamt 10 000 normalformatige und in Briefbeuteln verpackte Sendungen aufnehmen können; auch →Briefpost-Untergrundbahn, →Postschnelldienst, →Rohrpostmarken, →Rohrpost-Ganzsachen.

Rohrpost-Ganzsachen, in versch. Ländern früher verausgabte Postkarten, Kartenbriefe und Briefumschläge mit eingedrucktem Wertzeichen in Höhe des normalen Portos einschl. des Rohrpostzuschlags; bes. zahlreich aus Frankreich bekannt.
Die erste Rohrpostkarte verausgabte 1875 Österreich mit Inschrift *CORRESPONDENZ-KARTE zur pneumatischen Expressbeförderung*. In der Zeit von 1876 bis 1926 folgte die Deutsche Reichspost mit vielen Umschlägen sowie bis 1941 Rohrpostkarten mit dem Markensammler teils ungewohnten Wertstufen; →Rohrpostmarken, →Rohrpoststempel, →Rohrpostzettel.

Rohrpostmarken, aus Italien in der Zeit von 1913 (Mi 110) bis 1945/48 (Mi 721/22) bekannte Markenart mit Inschrift POSTA PNEU-

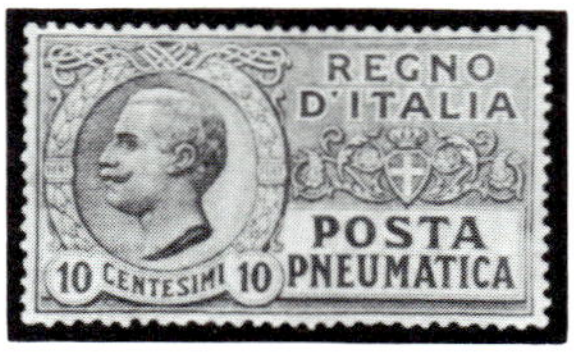

MATICA zur Freimachung von mit →Rohrpost zu befördernden Sendungen.

Rohrpost-Schnelldienst, weiß ausgesparte Inschrift auf querformatigen grünen Klebezetteln; wurden von der Landespostdirektion Berlin für rollfähige, d.h. in Rohrpostbüchsen unterzubringende Sendungen verausgabt, nachdem das während des letzten Weltkrieges zerstörte Rohrpostnetz wieder betriebsfähig gemacht worden war (→Postschnelldienst). Sendungen aus Westdeutschland konnten mit Vermerk *Mit Rohrpost ab Berlin*

(oder *Mit Rohrpost ab Flughafen Tempelhof*) und einer zusätzl. aufgeklebten Marke zu 20 Pf an diesem Dienst teilnehmen. L: DBZ, Nr. 10/1955.

Rohrpoststempel. Auf mit →Rohrpost beförderten Sendungen finden sich außer normalen Entwertungs- und Ankunftsstempeln noch solche, die den Leitweg (Nummer des für die Zustellung zu benutzenden Rohrsystems) angeben.

Rohrpostzettel. Die Verwendung von bes. →Rohrpost-Ganzsachen mit entspr. Inschrift war nicht zwingend, es waren auch normale Karten und Umschläge zugelassen, die handschriftl. mit Vermerk *Rohrpost* zu versehen waren. Zur deutlicheren Kenntlichmachung gab es in Berlin von 1936 an hellviolette, später rosafarbene Klebezettel (ähnl. →V-Zettel) mit Inschrift Rohrpost; →Postschnelldienst.

Rollbrief, Bez. für eine bes. Art der schriftlichen Nachrichtenübermittlung z.B. bei den Völkern im alten Griechenland. Vom Absender wurde ein Holzstab spiralförmig mit Papyrus umwickelt, auf diesen der Text geschrieben, dann abgerollt und so dem Boten zur Beförderung übergeben. Der Empfänger besaß einen gleich langen und dikken Holzstab wie der Absender, wickelte die Spirale darauf und konnte nun die Nachricht lesen; bei ungleichem Stab entstanden nicht oder nur teilweise deutbare Lücken.

Rollenanfang, Anfang einer →Markenrolle mit ½ oder einem angeklebten Leerfeld ähnl. der →Endmarken (auch lange farblose Streifen möglich, z.B. BP), um die Rolle in den Mechanismus des Postwertzeichengebers leichter einführen zu können. Wird, wenn üblich (z.B. Markenrollen der Schweiz), mit mindestens einer Marke zusammenhängend von Spezialsammlern gesammelt; →Rollenende.

Rollenbahnbogen, an sich normaler, jedoch ununterbrochener →Walzendruck, d.h. die den Ober- bzw. Unterrand der Schalterbogen bildenden, z.B. mit Reihenwertzahlen und Walzenstrichen bedruckten Stege sind durch Markenklischees ersetzt. Aus diesen Endlosdrucken lassen sich durch maschinelle Trennung in senkrechte Streifen je nach Reihenzahl entspr. viele →Markenrollen mit 500 oder 1000 Marken (auch kleinere oder größere Rollen möglich bzw. üblich) gewinnen; →Rollenmarken, →Rollendruck.

Rollendruck, wenig gebräuchl. Ausdruck für →Walzendruck; im übertragenen Sinn auch für →Rollenbahnbogen gültig, doch sind beide keine eigentl. Rollendrucke; es werden aus diesen nur nachträglich →Markenrollen gewonnen.
Der echte Rollendruck ist aber schon sehr alt und wurde erstmals für Perus Marken Mi 10, 11 und 15–18 angewendet. Der Druck (Steindruck mit farblosem Prägedruck) erfolgte auf versch. langen und zusammengeklebten Papierstreifen. Da auf die Klebestelle keine Rücksicht genommen wurde, kann sich eine dieser Marken im Wasserbad in zwei Teile auflösen, doch geben sich solche Stücke durch unterschiedl. starken Farb- bzw. Prägedruck auf dem linken oder rechten Teil untrüglich zu erkennen (von Spezialsammlern gesucht). Diese – nicht für Automaten gedachten – Peru-Marken gelangten nur in Rollenform an die Schalter und wurden mit der Schere abgeschnitten. Aus diesen Rollen sind, vom Markenbild her gesehen, waagerechte Paare oder Streifen möglich.

Rollenende, Ende einer →Markenrolle, mit dem diese im Postwertzeichengeber so befestigt werden kann, daß die Marken bis zum letzten Stück ausgegeben werden können. Es sind meist vier unbedruckte oder mit einem Schutzdruck versehene Leerfelder in Markengröße angeklebt. Das Rollenende wird von Spezialsammlern mit mindestens einer anhängenden Marke gesammelt; →Endmarken.

Rollenmarken, auch Automatenmarken, philat. Bez. für aus →Markenrollen stammende Marken, die Spezialsammler interessieren und je nach Herstellungsart der Rollen in unterschiedl. Form gesammelt werden (z.B. →Elferstreifen, →Endmarke), um den Nachweis der Herkunft aus Markenrollen erbringen zu können. Teilweise genügen auch Einzelmarken, wenn →Korrekturzahn, →Rollenzähnung u.ä. eindeutige Rückschlüsse erlauben. Bei wieder anderen Marken geben sich Stücke von Markenrollen durch ganz geringfügig geänderte Bildzeichnung (Schweiz z.B. Mi 697: Rollenmarke ohne, Bogenmarke mit Nagelpunkt am Fuß der Lanzenspitze), durch anderes Format und/oder andere Druckart (Österreich Mi 1035 und 1037 als Schaltermarken, 1073 für Postwertzeichengeber) usw. zu erkennen. Alle schwed. Marken mit Zähnung nur auf zwei gegenüberliegenden (!) Seiten sind Rollenmarken. Werden Rollenmarken mit rückseitig aufgedruckten und im allg. auf jeder fünften Marke zu findenden drei- oder vierstellig. Ziffern hergestellt, mit denen die Gesamtzahl der Marken auf einer Rolle gezählt wird, sammelt man zweckmäßigerweise senkrechte Dreier-(oder Fünfer-)Streifen, wobei die unterste

dritte (u. U. auch die oberste erste) Marke den Zahlenaufdruck aufweist und nach oben bzw. unten umgeschlagen wird. Dadurch ist es möglich (allerdings nur ungebraucht), gleichzeitig die Marke im Album auch bildseitig zu zeigen. Die meisten Versandstellen geben heute senkr. Einheiten aus Markenrollen ab, jedoch immer nur in einer durch 5 (oder 10) teilbaren Zahl. Jeder solcher Streifen enthält stets mindestens eine Marke mit Ziffernaufdruck.

Im allgemeinen sind die Ziffernaufdrucke schwarz. Bei einigen Rollenmarken der BP und für West-Berlin verwandte die Bundesdruckerei seit etwa Anfang 1974 bis Anfang 1975 verschiedenfarbige Aufdrucke (rot, grün, blau), was von Spezialsammlern beachtet wird. Als Grund für diese Maßnahme gab die Bundesdruckerei an, daß durch die Farben der im Rotationsbuchdruck hergestellten Rollenmarken bei festgestellten Fehlern versch. Art auf den Rollenbahnbogen und in bezug auf die Nummernfolge die »verantwortliche« Maschine schnell lokalisiert werden konnte. Es wird sich erst in späterer Zeit zeigen, ob eine bestimmte Aufdruckfarbe bes. selten ist. Seit Anfang 1975 werden nach Umstellung des Kontrollsystems wieder nur schwarze Zählnummern aufgedruckt.

Da die Zähnung von Rollenmarken beim Zerschneiden des →Rollenbahnbogens verschnitten werden kann und diese dann bei Sammlern unbeliebt oder wertlos sind, ließ die BP die Rollenmarken »Brandenburger Tor«, Unfallverhütung und »Burgen und Schlösser« in geringerer Auflage auch in Schalterbogen drucken, die aber nur den Versandstellen in Frankfurt/M. und Berlin zur Verfügung gestellt werden, um den Sammlern absolut einwandfreie Marken liefern zu können. Spezialsammler berücksichtigen beide Ausgabearten. Bogenmarken werden durch Aufnahme eines Stückes mit anhängendem Bogenrand belegt, der bei Rollenmarken nicht vorkommen kann.

Selbstverständlich ist ein waagerechtes Paar oder ein Viererblock auch ohne Rand absolut beweiskräftig für die Herkunft aus einem Bogendruck.

Die rückseitigen Zählnummern sind auf der Gummierung gedruckt, verschwinden also, wenn Rollenmarken im Wasserbad abgelöst werden. Einige Markenhändler führen unter versch. Namen Mittel zur Ablösung unter Erhaltung des Gummis und damit der Zählnummern, doch ist diesen Mitteln gegenüber Vorsicht am Platz; es liegen noch keine Langzeiterfahrungen in bezug auf später mögliche Schädigungen von Papier und Druckfarbe vor. Die BP hat vor einiger Zeit die Verwendung eines Bades aus einer Mischung von 6 Teilen Alkohol und 4 Teilen Wasser empfohlen.

Rollenmarken ablösen. Einige Postverwaltungen versehen ihre Dauermarken, die für Automaten bzw. Handabrollgeräte am Schalter in Rollenform vorgesehen sind, zwecks einfacherer Abrechnung angebrochener Rollen nach versch. System mit Zählnummern, die herstellungsbedingt nur auf der Gummierung angebracht werden können. Daraus ergibt sich zwangsläufig, daß bei auf Brief verwendeten Rollenmarken die Zählnummern beim Ablösen im Wasserbad weitgehend oder ganz verschwinden. Von an den Nummern interessierten Spezialsammlern sind schon viele Experimente zur Erhaltung der Nummern angestellt worden, wobei teils auch die Labors der Druckereien um Hilfe bemüht waren.

Die Bundesdruckerei Berlin hat folgendes Rezept als brauchbar herausgefunden: Briefausschnitt in einem Gemisch von Äthylalkohol oder Aceton (beide Chemikalien sind in Apotheken oder größeren Drogerien erhältlich – aber sehr feuergefährlich!) mit Wasser im Verhältnis 6 : 4 einige Zeit baden. Der Gummi quillt nur auf, wird weich, aber nicht abgelöst, und unter günstigen Umständen bleibt die Zählnummer voll erhalten. Die Trocknung muß zwischen Kunststoffolie erfolgen, die keine Gummierung annimmt; am besten geeignet ist die in der Küche heute vielseitig benutzte Aluminiumfolie. Manchmal wird u.a. auch »Tapetenlöser« in starker Verdünnung (nur rückseitig aufgetragen) empfohlen. Es ist allerdings noch unbekannt, ob durch diese Mittel, die logischerweise durch ein anschließendes Wasserbad nicht ausgespült werden können, nach längerer Zeit Schädigungen der Papierstruktur u.ä. eintreten können. Dasselbe gilt für die im Handel speziell für Briefmarken angepriesenen Flüssigkeiten versch. Art.

Rollenzähnung. Im allg. weisen die für die Bestückung von Automaten bes. hergestellten Marken in Rollenform (→Markenrollen) ganz normale Zähnung auf. Es gab und gibt aber auch verschiedentl. spe-

zielle Rollenzähnungen, um – bedingt durch die Konstruktion des Schneid- und Transportmechanismus – sicheren Zusammenhalt der Rollenmarken zu gewährleisten. Es sind daher in einigen Fällen neben normaler Zähnung bildgleiche Wertstufen in sog. Rollenzähnung bekannt, die von Spezialsammlern berücksichtigt werden und inf. geringeren Vorkommens wertmäßig meist etwas höher einzustufen sind. Ein Weg zu diesem Zweck ist die

Auslassung der Eckzähnung (z.B. Danzig Mi 193/94D, 272D; Niederlande zahlr. Werte aus Mi 146–163B sowie versch. »Voor het Kind«-Wohltätigkeitsausgaben).
In den Niederlanden wurden mehrere Versuche hinsichtl. absoluter Zuverlässigkeit in bezug auf Markenrollen unternommen, was für den interessierten Sammler weitere drei Arten von Rollenzähnungen ergeben hat, worüber der Michel-Katalog hinreichend informiert. Von Rollenmarken der US-Post sind wieder andere und recht ungewöhnl. Perforationen bekannt. Rollenmarken und Rollenzähnung können einen Sammler vielseitig beschäftigen.

Rollstempel, Ausdruck für im Juli 1972 in Braunschweig eingeführte

→Versuchsstempel mit zwei kopfstehend zueinander angeordneten Ortsdatumstempeln; auch →Handrollstempel, →Maschinenstempel.

Romagna = röm. Gebiete, noch heute unter diesem Namen bestehende ital. Provinz mit den wichtigsten Städten Bologna, Ferrara und Ravenna, die sich 1859 vom →Kirchenstaat lossagte, bis zum Anschluß an das Königr. Sardinien (später Italien) eine provisor. Re-

gierung bildete und eigene Marken verausgabte, die gestempelt und ganz bes. auf Brief teils außerordentl. selten und wertvoll sind. L: 3. 10.

Romana, 1. auch Posta Romana, Romania Poste, RP Romana, Landesangabe auf den Marken von

Rumänien. – **2.** Ovaler Aufdruck mit zusätzlich *Zona de Occupatie* u.ä. auf Marken Ungarns, die für das von Rumänien 1919/20 besetzte Gebiet um die Stadt Debrecen verausgabt wurden.

Romanow-Sammlung. Unter dieser Bez. gelangte 1976 in neun Auktionen eine bes. umfangreiche Sammlung seltenster Marken und teils einmaliger Briefe zum Verkauf, die bevorzugt das Gebiet →Altdeutschland enthielt. Der Verkäufer blieb anonym; aus dem Namen wurde geschlossen, daß es sich um einen Angehörigen des ehem. Zarenhauses Romanow handeln könnte, was aber bisher nicht zu beweisen war.

Romanow-Serie, Bez. für die Marken Rußlands Mi 79–95, die 1913 anläßlich des 300jährigen Bestehens des russ. Herrscherhauses Romanow verausgabt wurden und die es auch mit neuen Wertüberdrucken für die →Russische Post in der Levante gibt.

Rommel, Dr. Otto, 1854–1933, bedeutender dt. Philatelist, der sich bes. intensiv mit der philat. Literatur beschäftigte und darüber zahlreiche Arbeiten verfaßte. Er besaß die seinerzeit weltweit umfassendste Fachzeitschriftensammlung, die aber bereits 1914 in den Besitz der Preußischen Staatsbibliothek überging. Sammlerisch war er ein großer Kenner versch. altdeutscher Marken, auch von Marokko, Peru u.a.

Rommel-Gedenkblatt, postkartengroßes Papierblatt mit je einer Marke Frankreichs, Italiens, Ital.-Libyens und Tunesiens im Nennwert von ein paar Groschen beklebt, die mit normalem Ortstagesstempel mit auf Ereignisse im 2. Weltkrieg Bezug nehmenden Daten entwertet sind. Dazu sind vier versch. Feldpoststempel (darunter ein in Tobruk erbeuteter brit. Armeedienstpoststempel) blanko abgeschlagen, und auch die Unterschrift des Generalfeldmarschalls Rommel ist als Faksimilestempel zu finden. Dieses Gedenkblatt, das heute zu hohem Preis angeboten wird, bestenfalls aber nur eine mit der Philatelie nicht in Verbindung zu bringende Erinnerung an den Kriegsverlauf bis zum Ende des sog. Afrikakorps darstellt, entstand aus Restbeständen eines Gedenkblattes, das zum im März 1940 veranstalteten »Tag der Briefmarke« durch das »Winterhilfswerk« aufgelegt worden war. Diese Blätter »begleiteten« die Truppen beim Einmarsch in Frankreich, der Einschiffung des Afrikakorps in Catania nach Afrika und auf dem Rückzug nach Tunis; auch →Tobruch 21-6-41-XX.

Rosa Merkur, Begriff aus der Sammlersprache für die Österreich-Marke Mi 8 aus der Reihe der →Merkure, die zum Versand von 50 zus. unter Streifband verschickten Zeitungen im Inlandsverkehr benötigt wurde. Aus der rosa Druckfarbe ging für Verwender und Post der Frankaturwert von 30 Kreuzer hervor. Der Rosa Merkur gehört zu den großen, ungebraucht mit vollem Originalgummi zu den größten Raritäten.
Der Bedarf an einer Marke für 50 Zeitungen war gering. Außerdem kauften die Verlage lieber einen

größeren Posten der vielseitiger verwendbaren gelben oder auch blauen Marke, zumal der Wert zu 30 Kreuzer ebenfalls nur in ganzen Bogen zu 100 Stück abgegeben wurde, was seinerzeit einen sehr stattl. Betrag ergab. Deshalb wurde der Rosa Merkur bereits am 9. 10. 1852 zurückgezogen, später, auf 0,6 Kreuzer abgewertet, wieder an die Schalter gegeben und wie der →Blaue Merkur für den Versand einzelner Zeitungen aufgebraucht; →Gelber Merkur, →Zinnober Merkur.

Rosenduft-Marken →duftende Briefmarken.

Rosettenmuster, auch Korbdeckelmuster, Begriff aus der Sammlersprache für die Marken Deutsches Reich Mi 313–342; auch →Sprung im Korbdeckel.

Rosettenstempel, philat. Begriff für von den →Kantonalposten Zürich und Genf zur Markenentwertung verwendete Stempel mit bes. gefälliger Gestaltung, die den brit. →Malteserkreuz-Stempeln recht ähnl. sind. Man unterscheidet »Züricher Rosette« und »Genfer Rosette«. Bei beiden sind an Hand bestimmter zeichnerischer Elemente auch einige Unterarten zu erkennen.

Rosettenzudruck, philat. Bezeichnung für die →Wertzeichenzudrucke auf 40 Pf-Postkarten der dt. Reichspost von 1922, bei denen infolge einer Portoerhöhung ein ergänzender →Wertzeicheneindruck, in Form einer Ziffer (35 Pf, 85 Pf) vor einer ovalen bzw. runden →Guilloche gestaltet, zugedruckt wurde. Die so im Nennwert erhöhten Postkarten waren als →Aufbrauchsganzsachen nur im Inland gültig.

Rosinenmarken, scherzhafte Bez. aus der Sammlersprache für die Marken Mi 48–52 für die Deutsche Post in der Türkei, →Rosinenstempel.

Rosinenstempel, scherzhafte Bez. für zwei dreizeil. Kastenstempel mit Inschrift SMYRNA / Datum / DEUTSCHE POST, die auf Marken der Deutschen Post in der Türkei (Mi 24–52) vorkommen und zur Entwertung der Marken auf Mustersendungen dienten, mit denen von dt. und anderen Handelshäusern vorw. Muster der begehrten Smyrna-Rosinen in alle Welt verschickt wurden.
Auf den unebenen Sendungen war eine ordnungsgemäße Entwertung der Marken mit dem üblichen Metallstempel der Postagentur Smyrna oft nicht möglich, weshalb offensichtlich allein zu diesem Zweck Gummihandstempel angefertigt worden sind.

Ross Dependency →Ross-Gebiet.

Ross-Gebiet, von Neuseeland beanspruchter Sektor des antarkt. Kontinents, auf dem sich wissenschaftl. Forschungsstationen befinden. Seit 1957 sind einige wenige Marken für dieses Gebiet mit Inschrift Ross Dependency verausgabt worden, die als Anhang zu einer Neuseeland-Sammlung gern berücksichtigt werden; auch

→KING EDWARD VII. LAND, →VICTORIALAND.

Rostflecke, unter normalen Umständen nicht auf Marken vorkommend. Beginnende Sammler nennen aber die gelblichbraunen →Stockflecke fälschlicherweise oft Rostflecke. Von Eisenoxidation herrührende »echte« Rostflecke lassen sich in einem Wasserbad, dem etwas sog. Kleesalz (in Drogerien erhältlich) zugesetzt ist, meist leicht entfernen; anschließend ist längeres Spülen in fließendem Wasser erforderlich.

Roststempel, alte Form von Strichstempeln zur Markenentwertung, bei denen die Striche schräg, waagerecht, gelegentl. auch senkrecht angeordnet und rund, rauten- oder ellipsenförmig eingefaßt sind, so daß der Vergleich mit einem Ofen-

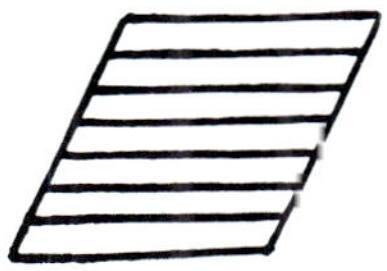

rost naheliegend ist. In der Mitte können Ziffern, Buchstaben u.a. stehen; →Balkenstempel, →Gitterstempel.

Rota, zweitgrößte Insel der ehem.

dt. Kolonie Marianen, von der Marken in →Schiffstype mit primitivem Gummi- bzw. Holzstempel ROTA, Datum und teils Namenszug *Reichel* bekannt sind, die von dem offiz. nach Rota versetzten Landwirt Volkmar Reichel stammen, der sich zur Postbeförderung der die Insel anlaufenden Schiffe jap. und dt. Gesellschaften bediente. Diesen Marken ist mit Skepsis zu begegnen, da amtl. Unterlagen über die tatsächl. Vorgänge nicht vorhanden sind. L: 3. 6.

Rotationsdruck, richtigere Bez. aus der Fachsprache des Druckgewerbes für den in Sammlerkreisen übl. Ausdruck →Walzendruck.

Rote Adenauer, Bez. aus der Sammlersprache für die BP-Marke Mi XI (nach Mi 566); →Adenauer-Marke 2).

Rote Dreier, in der Sammlersprache, gelegentl. auch in der philat. Literatur gebräuchliche Bez. für →Dreier Sachsen.

Rötel, seit dem Altertum bekannter Zeichenstift aus Ton mit Zusatz der roten Erdfarbe Eisenocker, der bes. in der Zeit der →Vorphilatelie für versch. postalische Vermerke (z.B. vom Empfänger einzuziehender Portobetrag) ständig benutzt wurde. Die Farbe des Rötels schwankt mehr oder weniger und kann sich durch Umwelteinflüsse im Laufe der Zeit außerdem verändern.

Rotelgänger, Bez. für eine bes. Art von →Klosterboten im Mittelalter. Ein Mönch erhielt von seinem Abt einen um einen Holzstab gewickelten Pergamentstreifen, Rotula genannt, mit wichtigen Mitteilungen und den Namen der letzthin verstorbenen Klosterbrüder. Mit diesem Stab wanderte der Mönch manchmal über ein Jahr lang (es sind dabei von einzelnen Mönchen bis zu 3000 km zu Fuß zurückgelegt worden) von einem Kloster seines Ordens zum anderen und übergab dort seine Rotula, die aber nur gelesen und abgeschrieben und mit dem Ankunftstag quittiert wurde. Das aufgesuchte Kloster klebte an das Ende der Rotula jeweils einen weiteren Pergamentstreifen mit kurzen Nachrichten und ebenfalls den Namen der Verstorbenen, so daß der Rotelgänger bei der Heimkehr in sein Kloster oft viele wichtige, wenn auch überholte Nachrichten mit sich trug.

Rote Mauritius, Begriff aus der

Sammlersprache für die Mauritius-Marke Mi 1, von der nur noch zwei ungebrauchte und zwölf gestempelte (davon sieben auf Brief) Exemplare erhalten sind. Rot ist die Marke übrigens nicht, sie ist orange bis rotorange; aber die Bez. Rote Mauritius hat sich allg. eingebürgert; Einzelheiten über die Entdekkung u.a. der beiden Mauritius-Marken →Blaue Mauritius, →Mauritius, auch →Hundskopf.

Roter Davidstern, dem →Roten Kreuz entspr. Organisation in Israel.

Roter Halbmond, dem →Roten Kreuz entspr. Organisation in der Türkei und einigen arabisch-asiatischen Ländern.

Roter Hund, Bez. aus der Sammlersprache für in einer Auflage von nur 2000 hergest. numerierte Postkarten aus braunrotem Karton, die anl. der →Flugpost am Rhein und am Main verausgabt wurden und mit drei der sog. halbamtl. Wertzeichen (Spendenmarken) Mi IV (nach Deutsches Reich Mi 97) beklebt sein mußten und dann mit dem Flugzeug →Gelber Hund befördert wurden. Bei gewünschter Weiterbeförderung mit der Reichspost an einen Empfänger im In- oder Ausland war eine Germaniamarke zu 5 bzw. 10 Pf hinzuzukleben.

Roter Löwe, auch Rote Sonne, dem →Roten Kreuz entspr. Organisation im Iran.

Rotes Kreuz. Für diese 1863 gegründete weltweite Organisation hat es seitens vieler Postverwaltungen Sondermarken gegeben (meist mit einem Zuschlagsbetrag) oder auch als →Zwangszuschlagsmarken oder →Julmarken zugunsten

der im Ausgabeland tätigen Stellen. Gleichbedeutend sind Roter Halbmond, Roter Löwe, Rote Sonne und Roter Davidstern. Auf sie bezogene Postwertzeichen werden von Motivsammlern verbreitet gesammelt.

Rothschild-Ausgabe, Bez. für die Marken Frankreichs Mi 24–31 U, die 1869 auf Anordnung Kaiser Napoleons III. für den Bankier Rothschild (der ein bedeutender Philatelist war) in kleiner Auflage gedruckt wurden und ungezähnt blieben.

Rouad →Ile Rouad.

Roumélie Orientale →RO.

Routenstempel, vor allem aus der ersten Hälfte des 19. Jh. bekannte und mit wenigen Ausnahmen franz. beschriftete Doppelkreisstempel aus der Schweiz (hauptsächlich aus dem Kanton Neuenburg), die vom Zielpostamt abgeschlagen wurden, wenn die Briefe unterwegs dem Fußboten oder der Postkutsche wegen Fehlens einer Postannahmestelle im Ort zur Beförderung übergeben waren. Die Inschrift lautete z.B. R^{TE} DES MONTAGNES (R^{TE} = ROUTE). Ähnliche Stempel dienten auch zur Festlegung des Leitweges, über den ein Brief zu befördern war; →Leitstempel, →Leitvermerk.

Royal Philatelic Society, exklusivster und ältester noch heute bestehender Sammlerverein der Welt, am 10. 4. 1869 als London Philatelic Society gegründet (1906 London durch Royal ersetzt).

R.P., Abk. für franz. = Recommandation Postale. Eingeschriebenen Briefen der belgischen Post und des öffentlichen Dienstes zwischen Post und Sparkasse wird kein R-Zettel aufgeklebt, sie werden durch R.P.-Stempel gekennzeichnet. In franz. Poststempeln bedeutet R.P. lediglich Hauptpostamt (Recette Principale).

RR, in Händlerangeboten oft verwendete Kennzeichnung für eine besonders seltene Marke, Entwertung u. ä. RR ist abgeleitet von R (Rarität); durch die Verdoppelung soll der Grad der Seltenheit noch erhöht werden. Gelegentlich wird als weitere Steigerung sogar RRR benutzt.

R.R., 1. Kennzeichnung (auch ohne Punkte) in Händlerangeboten für seltene Marken. – **2.** Aufdruck (auch mit neuer Wertangabe) auf verschiedenen deutschen Inflationsmarken, →Rheinische Republik; auch →R.R.R.

R.R.B., Abkürzung für Räte-Republik Baiern. Aufdruck auf bayer. Ludwig-Marken mit Schwärzung des Medaillons →Arbeiter- und Soldatenräte-Marken.

R.R.R., 1. Meist ohne Punkte und übertriebene Kennzeichnung in Händlerangeboten für sehr seltene Marken. Auch R oder RR würde genügen. – **2.** Aufdruck auf verschiedenen deutschen Marken (= Rheinische Räte-Republik), →Arbeiter- und Soldatenräte-Marken, →R., →R.R.

R.R.T., Aufdruck auf indischen Marken; →Réfugee Relief.

RSA, seit 1966 übl. (abgek.) Inschrift für Republic of South Africa auf den Marken des ehem. Commonwealthlandes →Südafrika. Soweit auch Marken mit Inschrift in der auf die niederländ. Vergangenheit zurückgehenden Burensprache Afrikaans verausgabt werden, enthalten diese die Kurzbez. →ZAR. (Sie werden dann als Paar aus dem Schalterbogen gesammelt.)

R.S.M., abgekürzter Landesname

auf einigen Marken San Marinos (= Repubblica San Marino).

Ruad →Ile Rouad.

Ruanda, heute allg. Rwanda geschrieben; die Inschrift auf den neueren Marken lautet République Rwandaise. Ruanda gehörte einst zu Deutsch-Ostafrika und war zusammen mit →Burundi ein vom Völkerbund bzw. den Vereinten Nationen an Belgien übertragenes Mandats- bzw. Treuhandgebiet, dem 1962 die Unabhängigkeit zugesprochen wurde. Während der Besetzungszeit erschienen 1916 einige Marken von Belgisch-Kongo mit Aufdruck RUANDA bzw. →A.O. Von 1924 bis 1962 gelangten zahlr. Marken mit Aufdruck bzw. Inschrift RUANDA – URUNDI in Verkehr. Das Postgebiet der jetzigen Republik Ruanda ist wenig empfehlenswert. Es erscheinen zu viele neue Marken und Blocks, die jedoch dem Motivsammler viel bieten und als Ausgaben eines sog. Nachfolgestaates (in diesem Fall Deutsch-Ostafrika) trotzdem gern beachtet werden.

Ruanda-Urundi, Marken von →Belgisch-Kongo mit diesem Aufdruck bzw. eigene Ausgaben mit dieser Inschrift erschienen 1924–1962 für die ehem. zu Deutsch-Ostafrika gehörigen Gebiete dieses Namens, die Belgien als Mandat des Völkerbundes bzw. Treuhandgebiet der Vereinten Nationen verwaltete, bis ihnen unter den Namen →Burundi und →Ruanda die Unabhängigkeit zuerkannt wurde. Ruanda wird heute allg. Rwanda geschrieben.

Rückbrief, im dt. Sprachraum heute übl. Bez. für früher →Retourbrief. Zahl, Form und Inschrift der Rückbriefstempel oder Klebezettel ist vielfältig, da diese örtl. hergestellt werden und je nach Landessprache verschieden sind, so daß auf Einzelheiten dazu nicht eingegangen werden kann; →Rückbriefstelle, →Rückbriefmarken, auch →unanbringliche Sendungen. L: Archiv für deutsche Postgeschichte, Nr. 2/1975.

Rückbriefmarken. Unzustellbare Sendungen werden der Rückbriefstelle zugeleitet (früher z.B. »Retourbrief-Öffnungskommission«, »Ausschuß zur Eröffnung unbestellbarer Retourbriefe«), die den Absender zwecks Rückgabe an Hand des Inhaltes der Sendung zu ermitteln versucht, wenn außen keine Absenderangabe vorhanden ist, wozu Briefe geöffnet werden müssen. Derartig behandelte Briefe wurden früher teils mit Rückbriefmarken wieder verschlossen dem festgestellten Absender zugeleitet. Es handelt sich dabei selbstverständl. nicht um Briefmarken, es sind ledigl. Verschlußetiketten die jedoch auf Ganzbrief sehr selten

und von Spezialsammlern gesucht sind. Am bekanntesten sind die Rückbriefmarken Bayerns von 1865/84, die es in zwei Ausführungen und mit Eindruck des Ortsnamens der in zunächst sechs, später sieben Städten tätigen »Commission für Retourbriefe« gegeben hat und vom Michel-Katalog Retourmarken genannt werden. Thurn und Taxis benutzte 1852 eine ähnl. Etikette mit Inschrift REBUT-COMMISSION. In anderen Ländern wurde und wird die postseitig erfolgte Öffnung eines Briefes durch Rückbriefstellen durch bes. Stempel oder anderweitig bestätigt. Nicht zu verwechseln mit →Rückscheinmarke, →Zensurverschlußzettel; auch →unanbringliche Sendungen, →Rebut-Briefe.

Rückbriefstelle, auch Nachforschungsstelle, bei fast allen Postverwaltungen bestehende Einrichtung, die bei unzustellbaren oder auch von der Postbeförderung ausgeschlossenen Sendungen ohne äußere Absenderangabe durch Öffnung an Hand des Brieftextes o. ä. und unter Wahrung des Briefgeheimnisses den Absender zu ermitteln versucht. Von der Rückbriefstelle geöffnete Sendungen werden mit bes. Klebezetteln wieder verschlossen. Früher waren dafür verschiedentl. markenähnl. Etiketten gebräuchlich, die teilweise im Katalog erwähnt sind und dann Retourmarken oder →Rückbriefmarken genannt werden; diese haben jedoch nichts mit Rückscheinmarken zu tun. Die Rückbriefstellen, in Deutschland seit 1925 so genannt, führten früher z. B. Bez. wie »Retourbrief-Öffnungskommission«, »Ausschuß zur Eröffnung unbestellbarer Retourbriefe« u. ä.; auch →unanbringliche Sendungen, →Briefaufklärungsstelle. L: Archiv für deutsche Postgeschichte, Nr. 2/1975.

rückdatiert. Das Datum im Stempel auf einer Marke entspricht nicht dem Tag, an dem der Stempel tatsächl. abgeschlagen wurde; das ist unter Zurückstellung des Datums später geschehen. Rückdatierungen wurden und werden gelegentl. aus Gefälligkeit durch Postangehörige vorgenommen, häufig auch zur Täuschung der Sammler mit in unrechte Hände geratenen echten Poststempeln. Ist der Wertunterschied zwischen ungebrauchter bzw. gestempelter Marke groß, sollte vor dem Erwerb ein Prüfer befragt werden (bes. z. B. bei vielen Marken Deutsches Reich aus Mi 177–336), da es dem Sammler nicht immer ohne weiteres möglich ist, eine Rückdatierung zu erkennen. Marken mit rückdatierten Stempeln kommen einer Fälschung gleich. Indirekt könnten auch viele Ersttagsstempel zu den rückdatierten gezählt werden, wenn diese mit Datum des ersten Verwendungstages noch einige Zeit nach Zurückziehung (BP acht Wochen) auf Sammlerpost mit Ersttagsdatum abgegeben werden. Diese Stempel enthalten allerdings meist ein unveränderbares feststehendes Datum. Bei Sonderstempeln zu Veranstaltungen u. a., die mehrere Tage in Gebrauch sind und die desh. eine verstellbare Datumsangabe haben, kann – wenn nachträgl. noch an Sammler abgegeben – Rückdatierung auf den ersten Verwendungstag vorgenommen werden. Die FDC- und Sonderstempel-Sammler sind toleranter und akzeptieren derart gestempelte Briefe.

Rückflugbeleg, einem Eröffnungsflug (→Erstflugbeleg) folgt zwangsläufig ein erster Rückflug, mit welchem Post befördert wird, die mit amtl. Sonderstempel oder auch nur mit einem Bestätigungsstempel der Fluggesellschaft versehen ist. Ist nichts dgl. vorgesehen, kann bestenfalls an Hand des Datums im Ortstagesstempel und bei Kenntnis des Flugplans erkannt werden, ob die Sendung dem ersten Rückflug mitgegeben wurde.

Rücklagebogen, Schalterbogen in Originalfarben und auf Originalpapier aus der ersten Druckauflage und evtl. weiteren Neuauflagen, die zur Dokumentation der Vorgänge zu den Akten der Post oder Druckerei gegeben, später u. U. dem Postmuseum einverleibt werden und für den forschenden Philatelisten bes. dann eine wichtige Informationsquelle darstellen, wenn keine weiteren Bogen erhalten geblieben sind.

Rücklagemuster, wie →Rücklagebogen; es sind aber ledigl. Einzelmarken, Paare oder sonst. kleinere Einheiten den Akten beigegeben worden.

Rücklos, Bez. für eine zur Auktion gegebene Marke, Sammlung o. ä., die keinen Käufer gefunden hat und an den Einlieferer zurückgegeben, nach Auktionsende durch eine an die Kundschaft verschickte Rücklosliste zum ersten Ausrufpreis als Festpreis freihändig angeboten wird oder bei der nächstfolgenden Auktion derselben Firma nochmals zum Ausruf kommt.

Rücklosliste →Rücklos.

Rückschein, postamtl. Vordruckkarte, die vom Absender entspr. ausgefüllt und nach bes. Tarif freigemacht zusammen mit einer Einschreibe- oder Wertsendung (im Auslandsverkehr auch Pakete) dem Empfänger zwecks unterschriftl. Erhaltsbestätigung vorgelegt und danach an den Absender zurückgeleitet wird. Schon seit Anfang des 19. Jh. in einigen Ländern im Inlandsverkehr gebräuchl. und zuerst Retour-Récépisse genannt, später auf Grund zwischenstaatl. Abkommen – seit 1875 im Rahmen des Weltpostvereins – auch im Auslandsverkehr zugelassen. Im internat. Verkehr heißt der Rückschein »Avis de réception« (Empfangsbestätigung) und abgek. AR; ist als Inschrift auf zur Freimachung in versch. Ländern übl. gewesenen →Rückscheinmarken zu finden.

Rückscheinmarken, bes. in einigen

mittel- und südamerik. Staaten früher gebräuchl. Markenart zur Freimachung von →Rückscheinen mit entspr. Inschrift in der Landessprache oder abgek. →AR. In Europa

hat nur Montenegro derartige Marken gekannt. Zu ähnl. Zweck (jedoch ohne eigentl. Rückschein) in der Tschechoslowakei (Mi 360) und dem Protektorat Böhmen und Mähren (MiP 15) →Zustellungsgebühren-Portomarken.

Rückseite der Marken. Auf dieser gibt es nicht nur postfrischen Gummi zu sehen! Ein beliebtes Spezialsammelgebiet sind die rückseitigen Ziffern bei Rollenmarken der BP und Schweiz. In Griechenland wurden viele der von 1861 bis 1880 verausgabten Marken auf der Rückseite mit einer Ziffer versehen, die dem Frankaturwert entsprach. In Spanien erhielt jede Marke Mi 146–155 rückseitig eine andere Ziffer aufgedruckt, aus der das Bogenfeld im Schalterbogen hervorging. Ab 1901 trat für lange Jahre

eine vielstellige Kontrollnummer an deren Stelle. Fiumes Marken weisen rückseitig ein schwach sichtbares Wappen und dreifache Wiederholung POSTA FIUME auf. Schweden benutzte anstelle von Wasserzeichenpapier bei Mi 29–37 den rückseitigen Aufdruck eines blauen Posthorns, und im Saargebiet bekam eine Teilauflage der Schalterbogen von Mi 51/2 den Abdruck des Amtssiegels der Oberpostdirektion Saarbrücken, das jeweils einen Viererblock erfaßte. Die meisten dieser u.a. Rückseitendrucke waren Schutzmaßnahmen zur Erschwerung von Fälschungen zum Schaden der Post (→Postfälschung). Das Bankhaus Sée in Paris und Colmar mit großem Postaufkommen bestellte in den 70er Jahren des vorigen Jh. bei der Post die gebräuchlichsten Wertstufen mit Aufdruck des Firmennamens, der vor der Gummierung der Bogen aufgebracht wurde (L: Die Sammler-Lupe, Nr. 1/1965).
Württembergs Marke Mi 52 weist auf der Rückseite das Wort UNVERKÄUFLICH auf, um die Postbediensteten darauf aufmerksam zu machen, daß diese Wertstufe nicht an das Publikum verkauft,

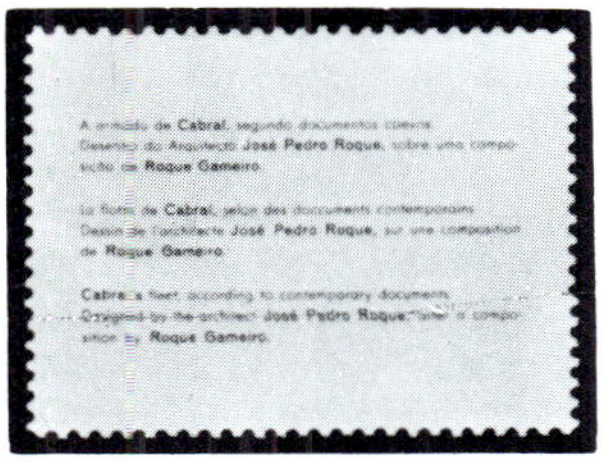

d.h. nur im →Innendienst verwendet werden durfte, was bei Mi 50 anscheinend nicht immer beachtet worden war. Eine Missionsgesellschaft kaufte den großen Restbestand der Marken Ungarn Mi 286–290 auf und vertrieb diesen zu ihren Gunsten.
Da viele Fälschungen bekanntgeworden waren, erhielten sämtl. Marken rückseitig einen Aufdruck in der Markenfarbe, womit die Echtheit des vorderseitigen Auf-

drucks garantiert wurde. Die Wohltätigkeitsmarken Ungarns Mi 380–382 und 403–410 geben im Markenbild nur den Freimachungswert an. Daß ein Zuschlag von 100% zu zahlen war, erfuhr der Käufer durch einen entspr. Rückseitenaufdruck. Gleiches war kurz vorher bei Mi 20–31 im kurzlebigen Postgebiet Westungarn geschehen, wo man sich mit 50% Zuschlag begnügte. Auf der Rückseite der Portugal-Marken Mi 109–123 ist ein vollst. Gebet in Lateinisch zu finden, bei Mi 52–67 für das im 2. Weltkrieg besetzte Montenegro sind es polit. Zitate. Portugal erfreute die Motivsammler bei versch. Gedenkmarken ab Mi 1060 mit portug., franz. und engl. Kurzbeschreibung des Ausgabeanlasses. Gibraltar folgte diesem Beispiel bei Mi 237–240 mit rückseitiger Bilderläuterung.
Nüchtern ist der Grund für drei grüne Striche auf der Rückseite einiger Wertstufen aus den Dauerserien Brasiliens 1941–1949. Es war eine Kennzeichnung derjenigen Marken, die in priv. Geschäften zum Verkauf gelangten und die von der Post mit geringem Rabatt an die Inhaber abgegeben wurden. Vor langer Zeit waren einige wenige Postverwaltungen damit einverstanden, die Rückseite der Marken mit priv. Reklame zu bedrucken, so z.B. Neuseeland. Es gibt noch viele

weitere Marken aus aller Welt mit mehr oder weniger interessanten Rückseitendrucken (z.B. San Marino Mi 89 mit dem Namen der Druckerei); auch →Notpapiere.
Wird der (im allg. bereits gummierte) Papierbogen verkehrt in die Druckmaschine eingelegt, weist die Rückseite das vollst. und – im Gegensatz zum →Abklatsch – richtigstehende Markenbild auf. Solche Fehldrucke werden normalerweise ausgeschieden und als Makulatur vernichtet. Gelegentl. aber wurde aus Sparsamkeitsgründen der Bogen nochmals und nun auf der Vorderseite bedruckt und an die Schalter gegeben. Stücke beider Arten gelten als Abarten, sind meist sehr wertvoll und werden von Spezialsammlern gesucht.

Rücksendung. Dem vorgesehenen Empfänger aus irgendwelchen Gründen nicht zustellbare Sendungen werden – soweit feststellbar – dem Absender zurückgegeben und erhalten dann handschriftliche Vermerke oder →Nebenstempel. Diese Stempel haben versch. Formen und Inschriften, da sie meist nicht zentral geliefert werden; die

Herstellung ist den einzelnen Postämtern überlassen.

Rudolphi, Hans von, 1884–1944, unvergessener dt. Philatelist, der 1934 als erster die Schaffung des →Tages der Briefmarke anregte. Bekannter geworden ist Rudolphi durch die Fortsetzung des →Kohl-Briefmarken-Handbuches, dessen Federführung Dr. Herbert →Munk 1936 aus den Händen legen mußte. Rudolphi bearbeitete 1941/44 unter kriegsbedingt schwierigen Verhältnissen (Ausfall wichtiger Mitarbeiter im In- und Ausland) im Anschluß an das Kohl-Handbuch weitere Postgebiete von Kamerun bis Luxemburg unter dem Titel →Handbuch der Briefmarkenkunde, ein gleichfalls für alle Zeiten bleibendes Werk. Unter der Hinterlassenschaft fanden sich noch zahlr. Länderbearbeitungen, die im Rahmen der Schriftenreihe der Arbeitsgemeinschaft →Neues Handbuch der Briefmarkenkunde veröffentlicht wurden.

RUHLEBEN, primitiv ausgeführte markenähnl. Vignetten mit dieser Inschrift sowie engl. Text; →Lagerpostmarken.

Ruhrgebiet, diagonaler Aufdruck auf verschiedenen deutschen Marken von 1923, →Separatistenmarken.

Ruhrkessel-Marke, Bez. für die Hitler-Marke zu 3 Pf der Deutschen Reichspost (Mi 782) mit Aufdruck *Feldpost*, die als Zulassungsmarke für Luftpostbriefe der im Ruhrgebiet im April 1945 eingeschlossenen dt. Truppen verausgabt wurde. Nur wenige der mit diesen Marken versehenen Sendungen konnten vor der Kapitulation noch befördert werden; die meisten wurden erst Monate später auf normalem Postweg den Empfängern zugestellt. Auf Ganzbrief ist diese Marke außerordentl. selten. Ungebraucht wird sie häufig angeboten, da die nicht mehr verwendeten Exemplare der sehr großen Auflage in Behältern verpackt, vergraben und später ausgegraben wurden. Durch den Einfluß der Bodenfeuchtigkeit ist die Gummierung vielfach beschädigt oder gänzl. verlorengegangen, wofür stark reduzierte Katalogpreise gelten. Die fehlende Gummierung veranlaßt leider viele Sammler, solche Stücke einem sog. Restaurator zur →Nachgummierung zu übergeben. Ferner sind Aufdruck- und Stempelfälschungen bekannt, weshalb vor dem Erwerb unbedingt ein Prüfer befragt werden sollte.

Rumänien. In der Beliebtheitsstatistik (→Anhang III) steht Rumänien an drittletzter Stelle, was nicht zuletzt auf die allzu vielen Neuausgaben im Jahr (mit zahlr. Blocks), die nicht immer befriedigende Druckqualität und zu deutlich auf die Taschen der Sammler ausgerichtete Motivwahl zurückzuführen ist. Die nicht alltägl. Produktivität der rumän. Post gibt sich darin zu erkennen, daß von 1945 bis Ende 1975 lt. Michel-Katalog nicht weniger als 2450 Marken verausgabt wurden; hinzu kamen noch 95 Blocks. Als Sammelgebiet kann Rumänien nicht empfohlen werden; den Motivsammlern wird allerdings ständig neues Material geboten.
Die alten Marken Rumäniens verdienen dagegen die Aufmerksamkeit der Philatelisten, wenn diese bildlich auch meist wenig ansprechend sind. Darunter befinden sich die teils schwierig zu bestimmenden und den Marken Frankreichs bis auf das Porträt gleichenden Marken Mi 36–54 (→Plagiate). Zu einer vollst. Sammlung Rumänien gehören an sich auch Mi 1–7, die sich jedoch nur ganz wenige Sammler leisten können und in Sammlerkreisen unter der Bez. →Ochsenköpfe zum philat. Begriff geworden sind.
Eine Rumänien-Sammlung kann durch zahlr. Dienst-, Porto-, Paket-, Portofreiheits- und Zwangszuschlagsmarken sowie die Ausgaben für die Rumänische Post in der Levante und diejenigen für die nach Ende des 1. Weltkrieges an Rumänien gekommenen bzw. besetzten Gebiete vervollständigt werden (z. B. →Neurumänien). Bei Spezialsammlern begehrt sind Belege der von Frankreich, Griechenland, Österreich (→Donau-Dampfschiffahrts-Gesellschaft) und Rußland auf rumän. Boden unterhaltenen Auslandspostanstalten. Für die im 1. Weltkrieg von Österreich verwalteten Landesteile wurden 1917/18 die kursierenden Freimarken der sog. Allgemeinen Feldpostmarken Österreichs mit Wertangabe in Bani und Lei verausgabt. Weitere 14 Marken aus dem Jahre 1919 sind späterhin nicht mehr zur Verwendung gelangt. Auch →Moldau, →Jassy-Fälschungen.

Rundbriefe. Vereine und bes. →Arbeitsgemeinschaften halten die Verbindung mit ihren oft weit verstreut und u. U. auch im Ausland wohnenden Mitgliedern durch regelmäßig oder nach Bedarf erscheinende Rundbriefe (auch Mitteilungsblätter genannt) aufrecht, die neben internen Bekanntmachungen häufig interessante und wichtige Meldungen über neue Marken, Stempel, Forschungsergebnisse usw. enthalten. Einige Rundbriefe sind durch zusätzl. Beilagen bes. wertvoll, z. B. Deutscher Altbriefsammler-Verein, Ring der Liechtenstein-Sammler, Arbeitsgemeinschaft Schleswig-Holstein, Bautenserie 1948. Der Bezug bedingt Mitgliedschaft beim betr. Verein.

runde Marken, schon mehrmals vorhanden gewesen; →Oblatenmarken.

Rundflugbrief, anläßl. einiger Fahrten der dt. Luftschiffe (hierzu Marken Deutsches Reich Mi 456/58, 496/98), des Fluges von →DO X u. a. möglich gewesen. Die Sendungen (auch Postkarten) konnten für einzelne Etappen, unter best. Voraussetzungen und mit entspr. Leitvermerken versehen u. U. auch für die gesamte Rundreise aufgeliefert werden, was dann eine Vielzahl interessanter Stempel zur Folge hatte.

Rundsendezirkel, beliebte Möglichkeit für Markenkauf oder -verkauf bzw. Tausch. Viele Vereine unterhalten nur für die Mitglieder zugängl. und von diesen mit Material versorgte Rundsendezirkel.

Daneben bestehen zahlr. private auf rein kommerzieller Basis. Der Inhaber eines priv. Zirkels will und muß daran verdienen, d.h. dem Einlieferer werden 15–25% vom Erlös zugunsten des Zirkelleiters abgezogen. Sammlervereine begnügen sich mit 5–10% Abzug. Auf die Abrechnung muß meist sehr lange gewartet werden, damit durch Umlauf der Hefte unter möglichst vielen Teilnehmern eine für alle Seiten lohnende Entnahme zu verzeichnen ist. Es gibt auch Zirkel auf Tauschbasis, wobei dem Einlieferer aber gleichfalls ein bestimmter (meist etwas niedrigerer als bei Barverkaufsheften) Prozentsatz in Abzug gebracht wird.
Eingeliefert werden Auswahlhefte; die Preisfestsetzung nimmt der Einlieferer selbst vor. Für eine gute Entnahme empfiehlt es sich, mit den Preisen unter den nach Katalog errechneten bzw. denen des Händlers zu bleiben. Gestempelte Marken grundsätzl. mit Klebefalz befestigen und bei besseren Stücken die bis an den Markenrand gehenden Stempelteile im Feld des Heftes einige Millimeter mit Kugelschreiber »verlängern«; das ist die sicherste Methode zur Verhinderung von Vertauschungen. Diese kommen bes. bei Vereinen mit großer Mitgliederzahl und bei priv. Zirkeln leider häufig vor, lassen sich nicht vermeiden und selten strafrechtl. verfolgen, da die Rundsendungen durch zu viele, der Leitung und den anderen Teilnehmern unbekannte Hände gehen. Gefährdet sind vorw. in mit Klarsichtstreifen ausgestattete Hefte eingesteckte postfrische Marken, die allzu leicht gegen gleiche ohne Gummi usw. ausgetauscht werden können. Ganzbriefe u.ä. werden mit großen Fotoecken befestigt.
Großformatige Marken nicht überlappend einkleben! Der Entnehmer muß seine Entnahmen im Heft durch Zeichen oder Stempel im betr. Feld kennzeichnen. Zur Abrechnung bringt die Zirkelleitung einen weiteren Stempel an. Diese Stempel haben oft Feldgröße, so daß die Nachbarmarke getroffen werden kann und wertlos wird.
Die aus mehr oder weniger Heften versch. Teilnehmer zusammengesetzten Rundsendungen werden lt. einer Liste dem nächsten Teilnehmer persönl. oder durch die Post zugestellt usw. Nachdem die BP eingeschriebene Sendungen nicht mehr gesondert behandelt und schon häufig Verluste ganzer Sendungen oder Beraubungen vorgekommen sind, ist die Weiterleitung als unversiegeltes Wertpaket (bis zu 500 DM) oder als versiegeltes Wertpaket (bis 100000 DM) auch dann sicherer, wenn die Zirkelleitung eine Versicherung abgeschlossen hat. Dadurch gehen dem Absender allerdings die von ihm zur Freimachung verwendeten Marken verloren, die er bei Versand als eingeschriebenes Päckchen mit der nächsten Rundsendung zurückerhält. Vor Eintritt in einen Rundsendezirkel sollten die gedruckten Bedingungen angefordert und gründlich studiert werden. Es werden manchmal hinsichtl. Haftpflicht u.a. Forderungen gestellt – und durch Unterschrift des Sammlers anerkannt – die später u.U. unabsehbare finanzielle Folgen haben können. Bei Interesse an einem Rundsendezirkel wähle man solche, die durch Anzeigen in den Fachzeitschriften seit vielen Jahren bekannt und allein dadurch als seriös zu bezeichnen sind, oder man trete einem Sammlerverein bei, der einen Rundsendezirkel unterhält; →Entnahmestempel, auch →Auswahlsendung, →Großtauschtag, →Tausch, →Zuadressierungstausch.

Rundsendung, Bez. für die von →Rundsendezirkeln oder Vereinen zusammengestellten Auswahlhefte, die von einem Teilnehmer zum anderen weitergeleitet werden.

Rundstempel, alle Angaben betr. Ort, Datum, Postleitzahl usw. sind in einem Ein- oder Zweikreisstempel untergebracht; ist die verbreitetste Stempelart und bereits von den →ersten Stempeln bekannt; auch →voller Rundstempel, →Stempelkrone.

Ruralpost, von lat. rural = bäuerlich, ländlich, Bez. für früher bestehende Posteinrichtungen, die abgelegene Orte bedienten und z.B. in Rußland nicht von der Staatspost betrieben wurden (→Landschaftsmarken). Auch ganz allg. wurde verschiedentl. von Ruralpost ge-

sprochen, soweit es sich um die Versorgung ländl. Bezirke handelte. Ein Bote dieser Ruralpost ist auf der Marke Frankreich Mi 1616 wiedergegeben. Auf älteren Marken Zyperns können die seltenen Stempel der dortigen Ruralpost gefunden werden.

Selten zu finden sind die Ruralstempel Italiens, die ab 1864 in Schreibschrift, ab 1883 achteckig und 1887 quadratisch gehalten waren (L: Gibbons Stamp Monthly, No. 12/1963).

rußiger Aufdruck. Ein Auf- oder Überdruck kann auch bei gleichen Marken je nach verwendeter Druckfarbe glänzend, matt, stumpf oder rußig ausfallen, was in den Katalogen teilweise berücksichtigt und dann besonders bewertet wird, so daß der Spezialsammler darauf achten muß.
Rußiger Aufdruck ist bisher selten vorgekommen und am bekanntesten von den seitens der Oberpostdirektion Stettin mit neuen Wertüberdrucken versehenen Inflationsmarken geworden. Auch →fetter Aufdruck, →magerer Aufdruck.

Russische Armeepost. In einzelnen Gebieten Rußlands kämpften 1918/19 versch. Generäle mit teils großen Truppenkontingenten gegen die bolschewist. Regierung. In den von ihnen beherrschten Landesteilen wurde – so gut es die Verhältnisse zuließen – der Postverkehr aufrechterhalten oder wieder eingerichtet und es wurden dafür bes. Postwertzeichen verausgabt, teils unter Benutzung russ. Marken mit Auf- und/oder Überdrucken. Es

wird unterschieden in die Marken der Denikin-, Nord-, Nordwest-, West- und Wrangel-Armee; hinzu gehören ferner die Ausgaben für Südrußland (vgl. einzelne Stichwörter). Alle diese Marken werden kaum gesammelt, obwohl sie im Michel-Katalog mit wenigen Ausnahmen gering bewertet sind und in Rundsendezirkeln häufig angeboten werden. Auf bedarfsmäßig gelaufenem Brief sind die Marken, von denen viele Fälschungen existieren, selten; →Ukraine.

Russische Gesellschaft für Dampfschiffahrt und Handel, ein der österr. →Donau-Dampfschiffahrts-Gesellschaft ähnl. Unternehmen für den Handel mit der Türkei mit eigenen Agenturen in Schwarzmeer- und Mittelmeer-Küstenstädten. Von 1865 bis 1868 wurden sechs Marken ausgegeben, die im Katalog unter »Russische Post in der Levante« verzeichnet sind. 1868 wurde der Postdienst der Gesellschaft von der russ. Staatspost übernommen.

Russische Ostasiengebiete. Während der inneren Auseinandersetzungen in Rußland nach Ende des 1. Weltkrieges erhoben sich einige Gebiete Sibiriens gegen die bolschewist. Regierung, und es erschienen in den von versch. Generälen u.a. beherrschten Gebieten zur Aufrechterhaltung des Postverkehrs bes. Marken, vielfach hergestellt durch Auf- bzw. Überdrucke auf vorh. Beständen russ. Marken. Diese Marken sind mit den Namen

der Generäle Diederich, Koltschak und Semenow verbunden und unter bes. Gebietsbezeichnungen im Michel-Katalog anschl. an Rußland zusammengefaßt verzeichnet; →Republik des Fernen Ostens. L: Sammler Expreß, Nr. 16–17/1976.

Russische Post in der Levante. Rußland unterhielt wie später auch andere europ. Länder schon ab 1863 eigene Postanstalten in der Türkei, für die bis 1900 Marken bes. Gestaltung erschienen. Von 1900 bis zur Schließung der Postanstalten nach Ausbruch des 1. Weltkrieges gelangten die kursierenden russ. Marken mit Wertüberdruck in türk. Währung zur Ausgabe. Auch →Russische Gesellschaft für Dampfschiffahrt und Handel.

Russisch-Polen, Aufdruck auf fünf Germaniamarken; →Deutsche Post in Polen.

Rußland. Die alten russ. Marken werden bei uns nur wenig gesammelt, obwohl bes. die Ausgaben von 1857 bis etwa 1905 (Mi 1–57) zu den graph. bes. gelungenen Postwertzeichen gehören. Interessant sind Mi 2–4, seltene Beispiele

für die postal. Anwendung von Papier mit erhabenem Wasserzeichen. Während des 1. Weltkrieges wurden auf Kartonpapier gedruckte Marken verausgabt, die als Postwertzeichen sowie anstelle von Münzgeld gültig waren (→Notgeldmarken). Das Kaiserreich Rußland unterhielt in China und in der Türkei Auslandspostanstalten, wofür versch. Marken verausgabt wurden, darunter die seltene großformatige Marke für Zeitungssendungen nach der Türkei. Die Levante-Ausgabe Mi 29–37 wurde mit zusätzl. Aufdruck von 13 versch. Ortsnamen versehen, in denen russ. Postanstalten tätig waren; auch →Kreta. Ferner bestanden auf rumän. Gebiet drei russ. Postämter. Neben der Staatspost unterhielt die

Russische Gesellschaft für Dampfschiffahrt und Handel bis 1968 in der Türkei mehrere Agenturen, die sich mit Postbeförderung befaßten. Die dafür verwendeten Marken ohne Wertangabe sind teils selten, bes. auf Bedarfsbrief. Ein reizvolles Spezialsammelgebiet sind die →Landschaftsmarken. Einige Sammler nehmen noch die Ausgaben der sog. →Russischen Armeeposten und für die Ukraine hinzu. Zu den Marken Rußlands ab 1918 →Sowjetunion. L: 3. 10.

Rwandaise (meist République vorangestellt), Landesangabe auf den Marken von →Ruanda seit der Unabhängigkeit ab 1962. Auch →Burundi.

Ryukyu-Inseln →Riu-Kiu-Inseln.

Ryukyus, Landesname auf den Marken für die →Riu-Kiu-Inseln 1950/51.

R-Zettel, Abk. für →Einschreibezettel.

S

S, 1. Aufdruck auf Marken der SCADTA für den Gebrauch in der Schweiz. – **2.** Vor der Katalognummer Kennzeichnung für senkrecht zusammenhängende Paare, Dreierstreifen usw. aus →Rollenmarken oder →Markenheftchen bzw. →Heftchenbogen. Bei waagerechten Paaren usw. steht ein W vor der Nummer. Auch →SZ, →SKZ.

Saar, Inschrift auf den Marken des →Saarlandes Mi 206–238 und 255–378 und seit einigen Jahren vom Michel-Katalog gewählte Bez. für dieses Sammelgebiet.

Saargebiet, Aufdruck auf Germaniamarken →Saarland.

Saarland. Teile der preuß. Rheinprovinz und der bayer. Pfalz wurden 1919 vom Völkerbund als »Saargebiet« auf 15 Jahre zur Verwaltung und Nutzung an Frankreich übergeben. Danach sollte eine Volksabstimmung über die weitere staatl. Zugehörigkeit entscheiden, die zugunsten Deutschlands ausging. Nach Ende des 2. Weltkrieges wurde das Saarland franz. Besatzungszone und nach einer weiteren Volksabstimmung und langwierigen Verhandlungen Bundesland der BRD. Aus dieser polit. Entwicklung ergeben sich auch postal. und von den Markenausgaben her gesehen drei Perioden. **1.** Unter franz. Verwaltung konnten die Marken der Deutschen Reichspost ohne Kennzeichnung bis 31. 3. 1920 verwendet werden, obwohl bereits Ende Januar 17 Germaniamarken und im März 14 bayer. Marken (für die Pfalz) mit Aufdruck *Sarre* (Mi 1–31) vorlagen, von denen einige außerordentl. selten sind. Vier Bayern-Marken wurden zwar mit gleichem Aufdruck versehen (Mi A–D 31), gelangten aber nicht zum allg. Schalterverkauf. Mi 1–17 lassen sich durch Abarten bzw. Typen bes. hinsichtl. der Aufdruckbuchstaben und Art des Annullierungsbalkens unten sowie andere Druckmängel, Farbenunterschiede usw. nicht nur spezialisiert sammeln, es ist auch →Plattenrekonstruktion möglich. Dringend zu warnen ist vor guten Aufdruckfälschungen; alle höher bewerteten Marken sollten nur geprüft erworben werden. Auch bei den folgenden Germaniamarken mit Aufdruck SAARGEBIET (Mi 32–52) können zahlr. Unregelmäßigkeiten beachtet werden. Die weiteren Ausgaben mit Inschrift SAARGEBIET (Mi 53–205 und Mi D 1–31) sind begehrt und vielfach teuer. Nach der Volksabstim-

mung 1935 gelangten am 1. 3. die Marken der Deutschen Reichspost zur Verwendung.
Während der Vorbereitungszeit der Abstimmung, dieser selbst und danach (Dezember 1934 bis Februar 1935) wurden zur Aufrechterhaltung der Ordnung Truppen aus Großbritannien, Italien, den Niederlanden und Schweden im Saargebiet stationiert, die von eigenen Feldpostämtern betreut wurden; Belege hierzu sind selten und werden von Spezialsammlern gesucht. – **2.** Für das von Ende des 2. Weltkrieges bis 1956 zur franz. Besatzungszone gehörende und unter bes. Verwaltung stehende Saargebiet wurden ab Januar 1947 zahlr. Marken verausgabt (Mi 206–378, Mi D 33–44), nachdem vorher die sog. allg. Ausgabe der franz. Zone in Kurs war. Die erste Dauerserie (Mi 206–225) läßt sich durch mancherlei Abarten, Druckmängel, Papierunterschiede u. a. stark spezialisiert sammeln, desgl. die durch Währungsumstellung notwendig gewordene Überdruckserie Mi 226–238. Bei dieser gibt es den sehr wertvollen →Urdruck (Prüfung erforderlich). Eigenartig ist, daß bei den Marken Mi 239–254 als Herkunftsbezeichnung die Inschrift SAARPOST verwendet wurde, die bereits mit Mi 255 wieder verschwand und dann bis Mi 378 SAAR lautete. Da alle Marken (ohne Mi 206–238) in Paris gedruckt wurden, kann der Spezialsammler interessante und für franz. Drucke typische →Bogenranddrucke, Zwischenstege von Schalterbogen u. a. zusammentragen. – **3.** Am 1. 1. 1957 erfolgte die postal. Eingliederung des Gebietes als Saarland in die BRD. Die Franc-Währung mußte beibehalten werden, bis auch der volle wirtschaftl. Anschluß erfolgen konnte. Das brachte es mit sich, daß bis 5. 7. 1959 nochmals bes. Marken erschienen (Mi 379–448), von denen jedoch nur Mi 400, 401, 435, 436, 446 und 447 eigenständige Saarland-Marken sind. Für alle anderen wurden die unveränderten Entwürfe der BP-Marken benutzt und nur die Inschrift in SAARLAND geändert und der Freimachungswert in Franc angegeben. L: 3. 6.

Saarmedaille, vom Verein der Briefmarkensammler an der Saar, Saarbrücken, 1936 gestiftete Auszeichnung für besondere Verdienste um die Erforschung der Marken, Stempel usw. des Saarlandes, die seit 1955 vom Landesverband Saar verliehen wird.

Saarpost, Inschrift auf den Marken des →Saarlandes Mi 239–254.

Sabah. 1963 wurde die ehem. brit. Kronkolonie →Labuan mit →Nordborneo vereinigt, in Sabah umbenannt und mit Sarawak →Malaysia angegliedert. Für Sabah erschienen 1964/65 einige Marken mit dieser Landesangabe.

Sachsen, altdt. Postgebiet mit auf das 14. Jh. zurückgehendem Bo-

tenwesen; die Staatspost entwickelte sich aus der vom Rat der Stadt Leipzig 1590 gegr. Nachrichteneinrichtung. Nach Gründung des Norddt. Bundes gab Sachsen zu dessen Gunsten das eigene Postregal auf. Nach Bayern war Sachsen das zweite dt. Land, in dem Postwertzeichen verausgabt wurden. Die →Dreier Sachsen vom 29. 6. 1850 ist zu einem philat. Begriff geworden. Bis Ende 1867 erschienen 19 Freimarken, von denen die meisten ungebraucht und/oder gestempelt nicht teuer sind. Das richtige Auseinanderhalten der bei praktisch allen Marken zahlr. vorkommenden und auflagebedingten Farbunterschiede ist schwierig. Weitere Besonderheiten und versch. Stempel und Stempelformen sowie die Nummernstempel (→Anhang I) interessieren den Spezialsammler. Es wurden 24 Briefumschläge mit Wertstempeleindruck (Ganzsachen) verausgabt; die Ausschnitte aus nicht benutzten Umschlägen durften zur Freimachung anderer Sendungen benutzt werden. Damit frankierte Ganzbriefe bzw. Briefstücke sind teils selten, wobei darauf zu achten ist, daß der Wertunterschied zwischen viereckig oder rund ausgeschnittenen Wertstempeln beträchtlich ist. Die Restbestände der sächs. Ganzsachen wurden mit →Überklebemarken versehen im Bereich des Norddt. Postbezirks ab 1868 aufgebraucht. L: 3. 3.

Sachsen-Dreier, andere Bez. aus der Sammlersprache für →Dreier Sachsen.

Sachsen-Nummernstempel →Anhang I.

Sachsenringe, Bez. aus der Sammlersprache für ovale bzw. runde Ringe zwischen den mittleren Trennungslinien im Schalterbogen der Sachsen-Marke Mi 4 von 1851, über deren Herkunft noch keine einheitliche Meinung besteht; als Ursache wird meist →Plattennagel vermutet. L: 3. 3.

Sächsische Hitlermarken, in der Sammlersprache verschiedentl. gebrauchte allg. Bez. für die nach Wiederaufnahme des Postverkehrs in der Sowj. Besatzungszone mit →Schwärzungen u.a. Aufdrucken bis 8. 8. 1945 zugelassenen Marken der Hitlerserie von 1941 (Mi 781–802, 826/27), die bes. zahlreich aus sächs. Orten bekannt und im Michel-Katalog unter »Deutschland Lokalausgaben« verzeichnet sind. Vorsicht vor vielen Phantasieprodukten und zahllosen Fälschungen!

sächsische Schwärzungen →Schwärzungen, →Postkrieg.

Sachverständiger, vereidigter und bei Gericht als Gutachter zugelassener Philatelist mit umfangr. philat. Kenntnissen, die es ihm erlauben, in vor Gericht ausgetragenen Streitfällen, bei denen es um Briefmarken, Stempel usw. geht, eine verbindliche Aussage hinsichtl. echt, falsch, repariert oder des gerechten Preises abzugeben. Gerichtl. bestellte Sachverständige sind meist bek. Händler und dürfen nicht ohne weiteres mit →Prüfer verwechselt werden. Ein solcher wird jedoch vom Gericht verschiedentl. zusätzl. herangezogen.

Säerin-Muster, international übliche Bez. für viele Marken Frankreichs von 1903 bis 1938 mit einer Säerin vor aufgehender Sonne (sie sät gegen den Wind!). Diese Zeichnung wurde 1960 noch einmal und dann im Zweifarbendruck aufgenommen (Mi 1277).
Dieses Motiv gehört zu den →langlebigen Marken.

Sage-Muster, international übliche Bez. für die Marken Frankreichs Mi 56–85 mit allegorischer Darstellung, die von I. A. Sage entworfen wurden.

sägezahnartig durchstochen, häufig angewendete Form des →Durchstichs, wobei die Messer der Durchstichleiste so angebracht sind, daß zickzackförmige Einschnitte im Papier entstehen.

Saggio, ital. = Probe, Muster. Aufdruck auf ital. Marken, die u.a. dem Weltpostverein vor der Ausgabe zur Kenntnis gebracht wurden. Auch →Muster, →Specimen.

Sahara Espanol, auch Espana Sahara oder nur Sahara, Aufdruck bzw. Inschrift als Landesangabe auf den Marken für →Spanisch-Sahara.

Saint Christopher, Inschrift auf Marken für →St. Christoph.

Saint Kilda, der Gruppe der Hebriden (Äußere Hebriden) weit vorgelagerte brit. Insel in Privatbesitz und westlichste bewohnte Insel Großbritanniens. Besaß 1900 bis 1930 ein staatl. Postamt, dann wurde die Bevölkerung evakuiert und die Insel eine Militärbasis; jetzt Urlaubsort mit 73 Einwohnern (1950). Der Besitzer gibt für die Postbeförderung zum oder vom nächsten Postamt auf den Hebriden bzw. schott. Hafen Privatpostmarken heraus; →Inselausgaben.

Saint Nazaire, Stadt an der franz. Atlantikküste, die nach der amerik.-brit. Invasion 1944 zum Zentrum eines noch von dt. Truppen beherrschten Kessels mit weitem Hinterland wurde. Der Postdienst im Kessel konnte bis zur Kapitulation aufrechterhalten werden, doch fehlte es Anfang April 1945 an Briefmarken bzw. Ergänzungsmarken, um sich dem im übr. Frankreich erhöhten Briefporto

anpassen zu können, das auch für St. Nazaire für gültig erklärt wurde.
Mitte Februar 1945 stellte der Verlag »La Centralisation du Livre« in La Baule bereits eine Vignette sowie Ganzsache mit Absender- und Einschreib-Vordruck und Wertangabe zu 4,50 Fr. her. Damit freigemachte Briefe bzw. die Ganzsachen wurden von der Post unbeanstandet angenommen und innerh. des Kessels befördert. Ende März 1945 wurde seitens der Postverwaltung die Handelskammer St. Nazaire mit

der Beschaffung von zwei Aushilfsmarken beauftragt (Mi Deutsche Besetzungsausgaben 1939–1945, Frankreich), die mangelhaft gezähnt und ungummiert erstm. am 9. 4. 1945 verausgabt wurden und auf 50 Cent. (Ergänzungsmarke für die noch vorh. Marken zu 1,50 Fr.) bzw. 2 Fr. (neues Briefporto) lauteten. Das Markenbild gibt das Wappen der Stadt wieder. Die Marken sind nicht frei von philat. Beeinflussung, aber einwandfrei postal. verwendet worden. Ein Taxe-perçu-Stempel hätte der Postvorschrift entsprochen. Von beiden Marken gibt es zahlr. gefährliche Ganzfälschungen; auch →Festung Lorient.
Nach der Waffenniederlegung am 8. 5. 1945 wurden die restl. Aushilfsmarken sowie alle noch vorgefundenen Frankreich-Marken (auch längst ungültig gewordene sowie vom Publikum auf Sendungen geklebte Marken) mit Handstempelaufdruck *Libération* versehen und vom 9.–12. sowie am 14. 5. benutzt. Auch →Funknachrichtenkarte. L: 3. 6., Deutschland-Sammler, Nr. 4–6/1970.

Saisonstempel, Bez. für Stempel mit Werbeeinsätzen oder auch normale Ortsdatumstempel, die nur während einer best. Jahreszeit verwendet werden, z.B. von Wintersportorten, da die Poststelle dort in anderen Monaten überhaupt geschlossen ist; auch →Weihnachtsstempel.

Salomonen, oft gebrauchte Abkürzung für →Britische Salomon-Inseln.

Salomon-Inseln, engl. Solomon Islands, →Britische Salomon-Inseln.

Solomon Islands →Britische Salomon-Inseln.

Salon, seit dem BDPh-Bundes- und Philatelistentag in Soest 1968 neue Form von Briefmarkenausstellungen in der BRD. Zur Schau gestellt werden dabei im allg. nur auf bes. Einladung Ausschnitte aus bedeutenden und bereits mehrmals auf großen Ausstellungen ausgezeichnete Sammlungen unter Beteiligung der BP mit auserlesenen Objekten aus dem Bundespostmuseum. Es findet keine Prämiierung statt. Die Kosten für die Ausrichtung des »Salons« trägt die →Stiftung zur Förderung der Philatelie und Postgeschichte bzw. die BP. Der Eintritt ist im Gegensatz zu anderen Ausstellungen nationaler oder internat. Art frei, wodurch die Verbreitung der Philatelie gefördert werden soll.

Saloniki-Ausgabe. Im Mai 1944 wurden für die dt. Soldaten der Heeresgruppe E in Nordgriechenland vier aus zurückgelassenen Beständen stammende ital. Militärpostmarken (Aufdruck PM auf Werten der Dauerserie) mit vierzeil. Aufdruck zwischen zwei Zeilen Hakenkreuz *Soldaten / Päckchen / Front- / Heimat* als Zulassungsmarken verausgabt und trotz Verbotes des Oberkommandos der Wehrmacht bis zum Rückzug im September verwendet. Die Auflage der PM-Marken Mi 7 und 15 soll 6000, die der Mi 4 und 5 nur je 100 Stück betragen haben, woraus sich die große Seltenheit erklärt. L: 3. 7.

Salvador, in der Umgangssprache übl. und auch im Michel-Katalog benutzte Bez. für richtig →El Salvador.

Sambia, engl. Zambia, aus der ehem. brit. Kronkolonie →Nordrhodesien 1964 entstandene unabh. Republik mit jährl. wenigen neuen Marken, die gern gesammelt werden.

Sammelblatt, von der Schweiz. Post zu neuen Markenausgaben vertriebenes Faltblatt mit dreisprachiger Beschreibung und Feldvordruck zur Unterbringung der postfrischen Marken. Inzwischen sind gleiche oder ähnliche Sammelblätter auch von einigen anderen Postverwaltungen eingeführt worden. →Faltblatt, →Sammelblatt, →Geschenkpackung, →Ersttagsblatt.

Sammelgebiet, Bez. für das, was ein Sammler bevorzugt pflegt. Es kann sich dabei um die Marken oder Stempel eines bestimmten Landes (hier erscheint die Bez. →Postgebiet sinnvoller) oder bestimmte Motive auf Marken handeln.

sammelwürdig. In der Unterhaltung zwischen Sammlern und in Zeitschriftenartikeln wird häufig darüber diskutiert, was sammelwürdig sei und was nicht. Die Meinungen gehen oft weit auseinander. Die Aufstellung einer Doktrin sollte vermieden und Toleranz geübt werden; in der Philatelie darf jeder »nach seiner Fasson selig werden«. Was der eine Sammler als sammelwürdig ansieht, erscheint dem zweiten nicht sammelwürdig.

Sammlerblatt, von der Schweiz. Post vertriebenes Faltblatt in einheitl. Ausführung ohne Beschreibung, für alle neuen Ausgaben verwendbar und vorw. zum festen Einkleben und dadurch für saubere Ersttags- oder Sonderstempelentwertung gedacht. Inzwischen sind gleiche oder ähnliche Sammlerblätter auch von einigen anderen Postverwaltungen eingeführt worden. →Ersttagsblatt, →Sammelblatt.

Sammlerbrief →Satzbrief.

Sammlerbriefkasten. Im Zuge der Rationalisierung und Automation im Postbetrieb kommen mehr und mehr Stempelmaschinen zum Einsatz, die meist für Sammelzwecke unbrauchbare Entwertungen liefern. Um den Sammlern saubere Stempelabdrucke zu bieten, haben einige Postverwaltungen bei best. Postämtern bes. Briefkästen zur Aufnahme der sorgfältig zu behandelnden Sendungen aufgestellt. Die Zahl ist jedoch immer noch viel zu gering, zumal sich diese Kästen nur im Ortszentrum befinden und dem Sammler lange Wege abverlangen. Desh. sind die Schalterbeamten der BP angehalten, Briefe zur sauberen Entwertung anzunehmen. In Großbritannien z.B. sind in über 150 Städten Sammlerbriefkästen (Philatelic Boxes) auch für die Auflieferung von Sendungen zur Entwertung mit dem Ersttagsstempel seit vielen Jahren üblich.

Sammlergilde St. Gabriel. Von Pater Gabriel →Schmidt und Pater Clemens →Anheuser 1942 gegründeter Verein der Freunde christlicher Motive auf Briefmarken und in Poststempeln. Diese Gemeinschaft hat sich zum →Weltbund St. Gabriel mit Landesstellen in zur Zeit 21 verschiedenen Ländern entwikkelt. Für deutschsprachige Sammler gibt es die Zeitschrift »Gabriel«. Nähere Auskünfte durch Hans Beres, Bismarckstr. 97, D-4200 Oberhausen.

Sammlerpost, Bez. für zwar regulär mit der Post beförderte Briefe, Karten u.a., die jedoch von Sammlern oder für Sammler vorbereitet wurden, um einen neuen Markensatz mit Ersttagsstempel (→Satzbrief), eine vielleicht interessante Mehrfach- oder Mischfrankatur, eine bes. Entwertungsart, einen Neben- oder Bestätigungsstempel zu erhalten. Sammlerpost gibt sich durch sauberes Aussehen, exakt aufgeklebte Marken, bei Erstflugbelegen z.B. fingierte Postlageranschrift, bei zahlr. Sendungen aus den ehem. dt. Kolonien durch immer wieder gleiche Anschriften, gleiche Handschrift u.a. zu erkennen. Philatelisten bevorzugen den →Bedarfsbrief, doch sind der forschenden Philatelie gerade durch Sammlerpost aus älterer Zeit schon wichtige Belege erhalten geblieben bzw. die Festlegung von Daten usw. erst möglich geworden, so daß Sammlerpost nicht grundsätzl. verneint werden kann.

Sammlerschalter, Bez. für in Postämtern größerer Städte eingerichtete Schalter, die vorw. oder ausschl. Wünsche der Sammler erfüllen und die kursierende, oft auch noch ältere Markenausgaben vorrätig haben und ohne Bearbeitungsgebühr o.ä. abgeben, aber im allg. keine schriftl. Bestellungen entgegennehmen oder ausführen; dafür sind die →Versandstellen zuständig. Die Sammlerschalter haben je nach Land versch. Bezeichnungen (in Großbritannien z.B. heißen sie Philatelic Counter); auch →Verkaufsstelle für Kolonialpostwertzeichen.
Der Sammlerschalter kann auf eine Verfügung der Niederländ. Postverwaltung vom 13. 8. 1870, der vermutl. ersten dieser Art im Dienst am Sammler, zurückgeführt werden, in der es in freier Übersetzung u.a. hieß: »... werden die Direktoren ermächtigt, an diejenigen Personen Portomarken (gemeint sind damit Postwertzeichen, d.V.) abzugeben, die zur Befriedigung der Neugier Portomarken für eine Briefmarkensammlung anschaffen wollen«. Daraus geht nebenbei hervor, wie verbreitet das Markensammeln um 1870 bereits gewesen sein muß.

Sammlerschutz. Zwischen Sammlern, die z.B. in briefl. Tauschverbindung stehen, noch mehr zwischen Sammlern und Händlern entstehen oftmals Differenzen bes. finanz. Art, d.h. Sammler fühlen sich berechtigt, häufig aber auch unberechtigt benachteiligt oder übervorteilt, können selbst jedoch keine befriedigende Regulierung erreichen. Auch fingierte Namen und Anschriften (in dieser Beziehung sind Postfachanschriften von vornherein bedenklich; man versuche erst einmal festzustellen, wer dahintersteht, wenn einem der Name nichts sagt), unter denen Tausch- oder Auswahlsendungen gewünscht werden, und von deren Anzeigenaufgebern man nie wieder etwas hört oder zurückerhält, sind hier anzuführen. Für sich in irgendeiner Art geschädigt fühlende Sammler und Händler unterhält der BDPh die →Bundesstelle Sammlerschutz (Anschrift durch die Geschäftsstelle des Bundes Deutscher Philatelisten, Neue Mainzer Str. 60, D-6000 Frankfurt/M. 1), die mit Rat und Tat zur Verfügung steht. Diese Bundesstelle kann jedoch nicht mit Lappalien befaßt werden und ist außerdem nicht zur Einleitung oder Durchführung von notwendig werdenden Prozessen befugt und in der Lage. Die Bundesstelle Sammlerschutz hat in schon vielen Fällen vor Schaden bewahrt oder eine beide Parteien befriedigende Einigung herbeigeführt. Zu ähnl. Zweck besteht in der BRD noch ein priv. Unternehmen, →ZPVW. Aus anderen Ländern sind ähnl. Einrichtungen zum Schutz der Sammler bekannt, z.B. die Sammlerschutzstelle des Verbandes Schweizerischer Philatelisten-Vereine.

Sammlersprache. Im Laufe der etwa 120 Jahre, seitdem es Markensammler gibt, haben sich für versch. mit der Philatelie, den Marken, Stempeln usw. zusammenhängende Dinge Bezeichnungen herausgebildet, die unter Sammlern und in der philat. Literatur Allgemeingut, teils auch zu feststehenden und – entspr. übersetzt – oft international verständl. Begriffen geworden sind. Die Sammlersprache, sosehr sie den Anfänger vielleicht verwirrt oder ihm schwierig erscheint, ist mühelos erlernbar und haftet schnell im Gedächtnis. In dieser Beziehung wichtig ist auch das gründl. Lesen der »Einführung in den Michel-Katalog« u.a. Weltkataloge.

Sammlungen. Es gibt viele Möglichkeiten zum Aufbau einer Sammlung. Am verbreitetsten ist die →Ländersammlung, wobei aus naheliegenden Gründen wiederum die Marken des Vaterlandes des Sammlers am meisten bevorzugt werden. Das führt zu einer gewissen Eintönigkeit. Man sollte den Blick über die Grenzen nicht vergessen und nebenher noch die Marken irgendeines anderen Landes sammeln, wobei auch an ein außereur. Land zu denken wäre. Wenn spätere gute Verkaufsmöglichkeit der Sammlung berücksichtigt werden soll, ist auf größtmögliche Vollständigkeit zu achten; →Kurzsätze sind in jedem Fall zu vermeiden. Jede Ländersammlung läßt sich im Laufe der Jahre zu einer →Spezialsammlung ausbauen.
Sehr beliebt sind auch →Motivsammlung und →Dokumentarische Sammlung. Zu diesen gehört im weitesten Sinn auch die →Heimatsammlung. Viele weitere interessante, schöne und befriedigende Möglichkeiten zur Beschäftigung mit Marken u.a. bieten sich an, wozu die umfangr. Literatur (L: 3. 13) vielerlei Anregungen gibt. Eine Generalsammlung ist nur noch mit

starker Einschränkung möglich, desgl. eine →Kontinentsammlung.

Sammlung nach Ausgabezweck. Nach dem Reglement der →Motivkommission der FIP von 1966 wurde eine solche Sammlung wie folgt definiert (genehm. offiz. Text): »Eine Sammlung nach Ausgabezweck ist eine philatelistische Gesamtarbeit, deren Anordnung der Ausgabezweck der Briefmarken und philatelistischen Dokumente, aus denen sie sich zusammensetzt, zu Grunde liegt. Sie stellt ein einfaches Aneinanderreihen von Briefmarken und philatelistischen Dokumenten, die durch den Ausgabezweck zueinander in Beziehung stehen, dar. Sie ist länderweise oder in der chronologischen Folge der Ausgaben angeordnet. Bei der Sammlung nach Ausgabezweck ist außer dem Titel eine Beschriftung nicht unbedingt erforderlich.«
Da trotz an sich klarer Formulierung bei der Auslegung häufig Meinungsverschiedenheiten entstanden, ließ die Motivkommission der FIP im April 1970 die Dreiteilung der Motivsammlungen fallen. Seit 1972 gehört diese frühere Sammlungsart zur →Dokumentarischen Sammlung. Allg. →Motivsammlung.

Sammlung nach Sondergesichtspunkten. Da bei der Auslegung der FIP-Definition für die 1966 geschaffenen Begriffe →Sammlung nach Ausgabezweck und →Mottosammlung häufig Meinungsverschiedenheiten entstanden, faßten die Motivsammlervereine in der BRD diese 1969 unter dem Begriff →Bildmotivsammlung zusammen. 1972 wurde auf Beschluß der FIP die Bez. Sammlung nach Sondergesichtspunkten in →Dokumentarische Sammlung geändert.

Samoa, Inselgruppe im Pazif. Ozean, auf der sich schon frühzeitig amerik., dt. und engl. Handelsniederlassungen befanden, zwischen denen es häufig zu Streitigkeiten kam. Die Samoa-Konferenz von 1898 in Berlin schaffte mit Unterzeichnung der Vereinbarungen Ende 1899 in Washington klare Besitzverhältnisse, Großbritannien verzichtete auf Ansprüche, die USA erhielten die östl. des 171. Längengrades liegenden vielen kleinen Eilande mit der Hauptinsel Tutuila. Deutschland wurden die westl. Inseln mit Sawaii und Upolu als Schutzgebiet zugesprochen. Der dt. Samoa-Teil wurde 1920 bis 1961 von Neuseeland als Mandats- bzw. Treuhandgebiet des Völkerbundes bzw. der Vereinten Nationen verwaltet und ist seit Anfang 1962 als Westsamoa unabhängig. Die östl. Inseln sind nach wie vor Bestandteil der USA.
Wie rege die Tätigkeit der Handelshäuser und Plantagenbesitzer schon

im zweiten Drittel des vorigen Jh. gewesen ist, geht allein daraus hervor, daß zu versch. Zeiten zwei Privatunternehmen zur Postbeförderung bestanden haben. Das eine wurde 1877 bis 1881 von W. E. Agar betrieben, wofür sieben Marken mit Inschrift SAMOA/EXPRESS erschienen, die entgegen der Gepflogenheit, Privatpostmarken nicht aufzunehmen, im Michel-Katalog unter Samoa verzeichnet sind (desgl. die der Davis-Privatpost). Diese Marken können stark spezialisiert gesammelt werden, doch sind die meisten der im Handel befindl. Marken prakt. wertlose Neudrucke; außerdem gibt es zahlr. Stempelfälschungen. Auf bedarfsmäßig gelaufenen Sendungen sind die Agar-Marken kleine Raritäten.
Nach Eröffnung der dt. Postagentur in Apia gründete J. Davis mit gewisser Unterstützung durch die amerik. und neuseeländ. Post 1887 mit der eindeutigen Absicht, die Arbeit des dt. Postamtes zu erschweren, eine Privatpost. Davis verausgabte eine ganze Anzahl Marken mit Inschrift SAMOA POSTAGE oder SAMOA POST (Mi 8–34), die gleichfalls spezialisiert gesammelt werden können und auf Bedarfsbrief meist selten sind. Davis mußte mit Übernahme der westl. Samoa-Inseln durch Deutschland seine Privatpost schließen. L: DBZ, Nr. 18–20/1968.
Die Deutsche Reichspost führte 1886 im Anschluß an die Postdampferlinie Bremerhaven–Sydney (→Australische Hauptlinie) die Austral. Zweiglinie Sydney–Tonga–Apia ein, die bis 1893 verkehrte. Mit der Ankunft des ersten Dampfers dieser Linie in Apia am 21. 9. 1886 wurde dort eine Postdampfschiffsagentur errichtet, die also bis 1. 3. 1900, d.h. bis zur Übernahme Westsamoas durch Deutschland, als Schutzgebiet eine Auslandspostanstalt und kein Kolonialpostamt gewesen ist, was die Sammler leicht übersehen (in diesem Zusammenhang auch →Tongatabu). Der Unterschied geht aus versch. gestalteten Apia-Stempeln hervor, die auf den Marken Deut-

sches Reich Mi 37 und 39–51 vorkommen; diese sog. Vorläufer sind gesucht und meist sehr wertvoll.
Am 1. 3. 1900 lagen am Postschalter Apia Reichspostmarken mit steilem Aufdruck *Samoa* vor (Mi 1–6), denen bereits Anfang Dezember 1900 die Pfennig- und im Januar 1901 die Mark-Werte in der für alle dt. Besitzungen einheitl. Zeichnung →Schiffstype folgten. Die Marken zu 3, 5 und 10 Pf sowie 5 Mark sind auch auf Papier mit Wasserzeichen bekannt, die zu 5 Mark in dieser Ausführung als →Friedensdruck und →Kriegsdruck, die sämtl. echt gestempelt unmögl. sind, da sie nicht mehr nach Samoa gelangen konnten. Bis zum Ausbruch des 1. Weltkrieges waren nach Apia weitere sieben dt. Postanstalten eröffnet worden, die nach der Besetzung der Inseln durch brit.-neuseeländ. Truppen Ende

August 1914 schließen mußten. Spezialsammler achten auf Seepost- und Marine-Schiffspost-Stempel. Auf dt. Marken kommen auch versch. fremde Stempel (desgl. fremde Postwertzeichen mit Apia-Stempel) vor, was darauf zurückzuführen ist, daß die Austral. Zweiglinie 1893 eingestellt wurde, da zu dieser Zeit mehrere Linien anderer Länder Samoa anliefen, die beste Postverbindungen garantierten. Auch solcherart entwertete Marken, bes. aber Bedarfsbriefe, sind sehr begehrt. L: 3. 6.
Nach Besetzung Samoas wurden die vorgefundenen dt. Kolonialmarken mit Aufdruck →G.R.I. und Wertüberdruck in brit. Währung in Verkehr gebracht, die teils außerordentl. wertvoll sind, da die Auflage gering war. Diese Marken gehören nicht mehr zu einer Sammlung dt. Kolonien, sind aber trotzdem im Michel-Deutschland-Katalog aufgenommen. Kurz nach diesen Provisorien lagen versch. Neuseeland-Marken mit Aufdruck SAMOA vor (Samoa Mi 35–55).
Für das Mandats- bzw. Treuhandgebiet erschien ab 1921 eine ganze Anzahl Marken mit eigenen Darstellungen (Mi 56–111). Die Landesangabe lautete zunächst weiterhin Samoa, ab 1935 Western Samoa; es wurden auch einige Neuseeland-Ausgaben mit Aufdruck WESTERN SAMOA verausgabt. Interessant sind Stempelmarken Neuseelands mit gleichem Aufdruck, die als Freimarken verwendet worden sind.
Mit Beginn des Jahres 1962 wurde den Inseln (ohne den amerik. Besitz) die Unabhängigkeit zuerkannt. Seitdem erscheinen verh. viele neue Marken mit Herkunftsbez. SAMOA I SISIFO, die trotzdem gern gesammelt werden, da als Ausgabeanlaß praktisch nur die Inseln selbst angehende Dinge herangezogen werden und der jetzige Häuptlingsstaat Westsamoa als Nachfolgestaat der ehem. dt. Kolonie anzusehen ist. L: DBZ, Nr. 18–20, 1968.

Samoa i Sisifo, Landesangabe auf den Marken von →Samoa 5) seit 1958 (Mi 109ff.) aus der einheimischen Sprache, wobei »i Sisifo« etwa mit »im Westen« übersetzt werden kann. Die östlichen Samoa-Inseln sind nach wie vor ein Teil der USA. Auch →Western Samoa.

Samos, eine der Ägäischen Inseln nahe dem kleinasiat. Festland, die nach dem Unabhängigkeitskampf der Griechen als Fürstentum unter der Oberhoheit der Türkei blieb, aber unter den Schutz Frankreichs, Großbritanniens und Rußlands gestellt wurde, bis die Insel 1915 an Griechenland gelangte. Es bestand eine eigene fürstliche Post seit etwa 1878. Sendungen in das Ausland

wurden jedoch nach Smyrna gebracht und dort der türk. Post oder einem der dort befindl. Auslandspostämter zur Weiterbeförderung übergeben. Später bediente man sich der Postanstalten Frankreichs, Österreichs oder der Türkei in der Hafenstadt Vathy auf Samos. Zu den umstrittenen, im Michel-Katalog angeführten Marken Mi I–XI →Die Sammler-Lupe, Nr. 5/1971.
Der Auslandspostdienst wurde erst von der den Anschluß an Griechenland vorbereitenden provisor. Regierung Ende 1912 in eigene Regie übernommen. Bis Anfang 1915 erschienen 36 versch. Marken, von denen sämtlich zahlr. Fälschungen bekannt sind. Am interessantesten ist zweifellos die Gedenkmarkenserie Mi 15–19; →Marken mit Autogramm. L: 3. 1.

Sample, engl. = Probe, Muster. Anstelle von →Specimen Aufdruck auf Vorlagemarken der USA 1870–1883.

Sanabria-Katalog, Sanabrias Air Post Catalogue, in den USA in größeren Abständen erscheinender Katalog mit Bearbeitung der Luftpostmarken, -ganzsachen, -aerogramme usw. aus aller Welt, der für Spezialsammlungen und Auktionen häufig herangezogen wird; auch →Muller-Katalog.

Sanda, kleine brit. Insel in Privatbesitz an der Südspitze der schott. Halbinsel Kintyre. Der Besitzer verausgabt Privatpostmarken; →Inselausgaben. Es gibt eine weitere Insel gleichen Namens im Firth of Clyde.

Sandjak d'Alexandrette, Aufdruck auf Marken Syriens; →Alexandrette.

Sanitätsstempel, auch Cholera-, Desinfektions- oder Seuchenstempel, allg. Bez. für Stempel, die die Desinfektion einer Postsendung zur Verhinderung der Einschleppung seuchenartiger Krankheiten kennzeichneten (→desinfizierte Post, →Cholerabrief).

san-ko, jap. = Nachahmung auch →mo-zo.

San Marino. Diese winzige Republik weiß seit Jahrzehnten, wie man Sammler anlocken kann. Kaum ein

Motivthema wurde ausgelassen, auch wenn es in keinerlei Zusammenhang mit dem Ausgabeland steht. Die Zahl der verausgabten Marken ist sehr groß, zu groß im Verhältnis zum Postaufkommen der Einwohner einschl. der Touristen. Hinzu kommt, daß oft allzu lange Sondermarkensätze mit hohen Wertstufen erschienen sind, die sich auf die Dauer nicht jeder Sammler leisten kann. Obwohl seit wenigen Jahren eine Änderung eingetreten ist, die den aufzuwendenden Betrag für ein Neuheitenabonnement erträglich macht, und obwohl graph. und drucktechn. her-

vorragende Marken verausgabt werden, steht San Marino in der Beliebtheitsstatistik (→Anhang III) an recht ungünstiger Stelle.
Die Beschäftigung mit Belegen aus der Zeit der →Vorphilatelie und den in San Marino vor 1877 verwendeten Marken Sardiniens bzw. Italiens kann sehr reizvoll und interessant sein. Die Vervollständigung einer Sammlung ist schwierig und kostspielig, da einige Marken inf. geringer Auflage selten sind, was auch für viele der Paket- und Portomarken gilt. L: 3. 10. und DBZ, Nr. 3–6/1970.

San Salvador, gelegentl. benutzte, vom Namen der Hauptstadt abgeleitete Bez. für →El Salvador oder Salvador.

Sansibar. Die frühere und dem Sammler durch Inschriften auf Marken und in Stempeln bekanntere Schreibweise ist →Zanzibar, die der Michel-Katalog beibehalten hat; auch →Tanzania.

Santander, eines der Departamentos (Verwaltungsbezirke) →Kolumbiens, das während der Zeit der Unabhängigkeit von 1884 an eigene Postwertzeichen verausgabte, die mit ergänzter Inschrift auch nach dem Anschluß an Kolumbien bis Juli 1906 beibehalten wurden und nur in Santander gültig waren. Für Sendungen darüber hinaus mußten Kolumbien-Marken verwendet werden; auch →CORREO RAPIDO SANTANDER.

Sao Thomé e Principe, portug. Bez. für →St. Thomas und Prinzeninsel.

Sarawak, ehem. einheim. Sultanat auf der indones. Insel Borneo, von 1888 bis zum Ausbruch des 2. Weltkrieges brit. Schutzstaat, 1946–1963 brit. Kronkolonie (da der letzte Radscha bei seinem Tod nur nicht thronberechtigte Töchter hinterließ), seitdem Teil Malaysias. Für Sarawak wurden erstm. 1869 Postwertzeichen verausgabt (bis 1897 waren diese nur im Sultanat und bis Singapur frankaturgültig, darüber hinaus mußte das Porto durch Marken von Straits Settle-

ments ausgewiesen werden), die bis 1942 stets das Porträt des Sultans (Weiße brit. Geburt) zeigten (Mi 1–125). Während der jap. Besetzung im 2. Weltkrieg kamen die 26 Marken der letzten Sarawak-Dauerserie (Mi 100–125) mit Aufdruck »Kaiserlich Japanische Regierung« in jap. Schriftzeichen zur Verwendung. 1945 folgten die gleichen mit Aufdruck BMA (British Military Administration). Für die brit. Kronkolonie wurden 1946–1963 einige hübsche Bildermarken verausgabt.

Sardinien, ehem. Königreich, aus dem durch Zusammenschluß weiterer Teile Italiens das Königr. Italien entstanden ist. Sardinien verausgabte von 1851 bis 1861 insg. 17 Marken. Von einigen gibt es Neudrucke, die der Sammler schwer von den Originalen unterscheiden kann; außerdem sind gefährliche Fälschungen bekannt. Die Marken des Königr. Italien (Mi 9–14, auch 15) ähneln bildlich sehr den letzten Sardinien-Marken und werden deshalb mit diesen leicht verwechselt. Bis 1859 wurden die Sardinien-Marken auch im Fürstentum Monaco und 1862 in San Marino verwendet. Stücke mit entsprechenden Stempeln werden von Spezialsammlern gesucht; →Sardinische Pferdchen.

Sardinische Pferdchen, Bez. aus der Sammlersprache für 1819 bis 1836 im ehem. Königreich Sardinien verwendete Briefbogen mit zuerst blauer mit Linienumrahmung, dann farbloser Wertstempelprägung mit Perlenrahmen an der Stelle, auf der nach entspr. Faltung die Anschrift zu stehen kam. Diese Bogen gehören demnach zu den →ersten Ganzsachen. In den Wertstempeln zu 15 (rund), 25 (oval) und 50 Cent. (achteckig) ist ein springendes Pferd mit einem recht mißlungenen, hornblasenden Reiter und darunter Wertangabe zu sehen.
Durch Kauf eines solchen Bogens wurde die Erlaubnis der Staatspost erworben, den Brief durch Privatboten befördern zu lassen, was aus einem zusätzl. Vordruck hervorging. Das Porto war nach Entfernung gestaffelt. Obwohl es sich eindeutig um Ganzsachen handelt, sind die Briefbogen im Michel-Katalog verzeichnet (abgebildet ist dort nur die erste Ausgabe). Das ist wohl desh. geschehen, weil diese Wertstempeleindrucke früher ausgeschnitten gesammelt wurden und gelegentl. in sehr alten Sammlungen noch zu finden sind; →Koperten. L: Schweizer Briefmarken-Zeitung, Nr. 1/1967 und Postgeschichte und Altbriefkunde (Beilage zum DASV-Rundbrief), Heft 14/1970.

Sargausgabe, vom Bild mit einer symbol. Frauengestalt, die auf einem sargähnl. Sockel steht, abgeleitete Bez. aus der Sammlersprache für die Marken von →Marienwerder Mi 1–14 und 30–43.

Sark, in Privatbesitz befindl. brit. Insel nahe →Guernsey, für die keine direkten Privatpostmarken (→Inselausgaben) erschienen sind. Der Inselname tritt aber in bes. Paketmarken auf; →Alderney.

Sark Shipping Company →Alderney.

Sarre, Aufdruck auf Germaniamarken →Saarland.

Sassone-Katalog, beliebter ital. Katalog für die Marken Italiens,

San Marinos, Triests und des Vatikanstaates.

satiniertes Papier, für Markendrucke häufig verwendetes Maschinenpapier. Die Papierbahn durchläuft nach der Trocknung ein Walzensystem (Kalander genannt), das der Oberfläche des Papiers ein glänzendes Aussehen ähnl. einem →Kunstdruckpapier verleiht.

Satz, seltener auch Serie genannt, Begriff aus der Sammlersprache für zwei oder mehr durch den Ausgabeanlaß zusammengehörige Marken mit gleichen oder versch. bildl. Darstellungen und Wertangaben, die an einem Tag gleichzeitig oder aber auch in größeren Abständen (bes. häufig vorkommend bei Dauermarken) verausgabt und im Katalog unter fortlaufenden Nummern und vielfach neben Einzelbewertung mit Angabe des Satzpreises verzeichnet werden. Bei an sich zusammengehörigen, jedoch in größeren Zeitabständen erschienenen Werten der Dauermarken, gelegentl. auch der Sondermarken, gehen die Kataloge verschieden vor. Der Michel-Katalog z. B. registriert dann, um Nummernumstellungen zu vermeiden, später erschienene Marken eines Satzes chronologisch (z.B. BP Mi 489–502 und 581). Andere Kataloge nehmen teils umfangr. Nummernänderungen vor (oft erst nach vielen Jahren), die bei Sammlern und Händlern Verwirrung schaffen, da man sich an die frühere Numerierung gewöhnt hat. Vordruckalben richten sich nach den Katalogen, zerreißen also manchmal Sätze oder bringen nach einiger Zeit entspr. neu gestaltete Blätter zum Austausch heraus. Wer auf vordrucklosen Blättern sammelt, kann nach eigenem Gutdünken vorgehen. In diesem Fall empfiehlt sich aber wohl, alle zu einer best. Ausgabe gehörenden Marken auch dann auf einem Blatt unterzubringen, wenn Ausgabetermin und Katalognummern weit auseinander liegen und Umkleben oder Umstekken notwendig wird; auch →Satzbrief, →Blocksatz.

Satzbrief, von einem Sammler mit allen zu einem Satz gehörenden Marken freigemachter Brief, auch Postkarte u.a.; für Ersttagsbriefe sehr beliebt. Der Philatelist bevorzugt dagegen portogerecht mit einer einzelnen oder auch zwei bis drei Marken aus einem Satz freigemachte Sendungen (→Einzelfrankatur, →Mischfrankatur), was bei hohen Wertstufen der Dauerserien allerdings manchmal schwierig ist und zwangsläufig zu →Überfrankatur führt, da die Suche nach einer Sendungsart, die z.B. genau 5 DM Porto verlangt, nicht ohne weiteres erfolgreich ist und an Hand der leeren Briefhülle später nicht nachzukontrollieren ist. Satzbriefe aus älterer Zeit sind aber für die philat. Forschung verschiedentl. von großer Bedeutung gewesen, da ohne diese z. B. Erstverwendungstage der Marken oder Stempel, die in zeitgenöss. Postverlautbarungen nicht oder ungenau festgelegt wurden, sonst nicht hätten belegt werden können.

Satzfehler. Hiervon wird gesprochen, wenn z.B. bei im →Buchdruck hergestellten Marken in der Setzerei ein Buchstabe an der schreibmaschinenähnlichen Setzmaschine falsch getippt oder ganz ausgelassen wurde. Als Beispiel →Empfänge.

Satzpreis. Zur Bequemlichkeit der Sammler und Händler geben die Kataloge bei Sätzen neben Einzelbewertung jeder Wertstufe auch den Preis für den vollst. Satz an, soweit dieser fortlaufend numeriert verzeichnet wird. Der Satzpreis wird im allg. nach unten abgerundet.

Saudi-Arabien, auch Saudisch-Arabien, aus der Vereinigung von →Hedschas und →Nedschd entstandenes und 1932 in Saudi-Arabien umbenanntes Königreich. Den Marken von Nedschd folgten seit 1934 entspr. anders beschriftete Ausgaben, die bei uns wenig gesammelt werden. Die Marken sind bildl. wenig ansprechend gestaltet. Der Staat hat es anges. seiner unerschöpfl. Erdölvorkommen nicht nötig, durch Ausgabe von Postwertzeichen auf Kosten der Sammler Einnahmequellen zu erschließen. Das macht Saudi-Arabien an sich sympathisch. Die trotz niedrigen finanz. Aufwandes für ein Neuheitenabonnement geringe Popularität des Postgebietes Saudi-Arabien ist aber nicht zuletzt darauf zurückzuführen, daß die Marken weitgehend, die Stempel fast ausschl. arabisch beschriftet sind und dem Sammler dadurch beträchtl. Schwierigkeiten bereiten; auch →Neutrale Zone.

Saurashtra →Soruth.

SbPA, Abk. für →Selbstbedienungspostamt in der DDR und als Eindruck auf den →Gebühren-Einschreibezetteln und →Gebühren-Paketzetteln.

sc., auch ohne Punkt. Bei Marken in Stichtiefdruck finden sich am unteren Bildrand häufig zwei Namen (manchmal auch nur einer). Links steht der Name des Künstlers, der den Entwurf oder die Vorlage lieferte, rechts der des Stechers, der die Vorlage mit dem Stichel spiegelverkehrt in eine Stahl- oder Kupferplatte graviert hat. Um Entwerfer und Stecher deutl. zu kennzeichnen, ist vor, meist hinter den Namen →del. (oder in. oder inv.) bzw. sc. beigesetzt; sc. ist die Abk. für das lat. Wort sculpsit = er hat gestochen; auch →Stecherzeichen.

SCADTA, wie die Vereinten Nationen ein Postgebiet ohne Land mit bis 1931 eigenen Postwertzeichen, die im Michel-Katalog unter diesem Namen angeführt sind. SCADTA war die Abk. für die dt.-kolumbian. Gemeinschaftsgründung Sociedad Colombo-Alemana de Transportes Aereos, die 1920 von der Hafenstadt Barranquilla die Luftpostverbindung entlang des Magdalenenstromes nach dem Flußhafen Girardot aufnahm, von wo die Post mit der Bahn zur hochgelegenen Landeshauptstadt Bogota weiterbefördert wurde. Mit dieser Postverbindung wurde die eine Woche Flußdampferfahrt eingespart. 1927 kam eine weitere Verbindung Barranquilla–Buenaventura am Stillen Ozean zustande,

die 1928 zur Hafenstadt Guayaquil/Ecuador und für kurze Zeit bis Peru verlängert wurde. Es folgten weitere nach Panama und Venezuela. Daraus haben sich auf Ganzbrief interessante und teils äußerst seltene Ländermischfrankaturen ergeben, die von Spezialsammlern sehr gesucht sind.
Die vorgesehene Zusammenarbeit der SCADTA mit den anderen unter dt. Mitwirkung gegr. Luftverkehrsgesellschaften in Südamerika (→Condor Syndikat, →VARIG, Lloyd Aereo Boliviano) zwecks Ausweitung des Luftpostnetzes scheiterte am Einspruch der USA; nur mit der PANAM konnte ab 1930 der Flugverkehr Kolumbien–USA gemeinsam durchgeführt werden. Das Ende der eigenen Marken (1931) bedeutete nicht das Ende der SCADTA. Die Gesellschaft arbeitete weiter, nun aber nur noch im Namen und Auftrag der kolumbian. Regierung. 1940 wurde die SCADTA nationalisiert und in die noch heute bestehende AVIANCA umbenannt.
Die ersten SCADTA-Marken wurden in Kolumbien hergestellt (Mi 1–5), danach von einer Druckerei in München (Mi 10–20) und ab Mi 29 von der Reichsdruckerei in Berlin; die versch. Überdrucke wurden von einheim. Druckereien ausgeführt. Für den Luftpostdienst in und nach Ecuador gab es 1928–1931 aus währungstechn. Gründen bes. Marken. Am interessantesten, aber auch am teuersten sind die insg. 697 (!) SCADTA-Marken mit Buchstaben-Aufdrucken (L: Michel-Katalog). Es gibt 22 versch. derartige Aufdrucke, die für die jeweil. Landesnamen stehen, denn ab 1923 waren bei den SCADTA-Agenturen bzw. kolumbian. Konsulaten im amerik. und eur. Ausland SCADTA-Marken mit entspr. Buchstaben-Aufdruck erhältlich (z.B. A = Deutschland bzw. Österreich, Bo = Bolivien, Ca = Kanada, E = Spanien, H = Niederlande, Pe = Peru, S = Schweiz, Su = Schweden), um die Begleichung des SCADTA-Luftpostzuschlages zu erleichtern. Diese Marken durften den Sendungen bereits im Auflieferungsland neben der erforderl. Frankatur in Landeswährung hinzugeklebt werden und wurden zunächst erst nach Ankunft der Sendung in Kolumbien, danach bereits im Auflieferungsland zusammen mit der normalen Auslandsfrankatur entwertet. Ein näheres Eingehen auf die SCADTA-Post ist an dieser Stelle nicht möglich; auch →LANSA. L: Illustriertes Briefmarken-Journal, Nr. 7–20/1932; Michel-Rundschau, Nr. 1/1970; Der Sammler-Dienst, Nr. 19–20/1970, Nr. 23/1971, Nr. 5/1972, Nr. 11–14 und 16–17/1975; Festschrift 90 Jahre Verein für Briefmarkenkunde Frankfurt/Main, 1968; The German Postal Specialist, Hefte Februar, April, August 1970, Philatelie (Bundesnachrichten), Nr. 110/1975.

Scarpanto, Aufdruck auf ital. Marken, →Ägäische Inseln.

Schachbrett-Zusammendruck, Bez. aus der Sammlersprache für →Schalterbogen, in denen zwei Marken mit gleichem oder versch. Frankaturwert bzw. gleicher oder versch. Bildgestaltung abwechselnd enthalten sind, so daß sich je zwei waagerechte und senkrechte Paare, aber auch →Dreierstreifen heraustrennen lassen, die das Sammeln erheblich verteuern können. Es genügt an sich vollauf, von Schachbrett-Zusammendrucken nur einen →Viererblock, u.U. noch die beiden Marken einzeln in das Album aufzunehmen. Möglich ist natürlich auch ein Schachbrettdruck, der aus vier versch. Marken oder zwei Marken und zwei Anhängseln besteht. Auch →Streifen-Zusammendruck.

schädliche Ausgaben. Um Postverwaltungen zu boykottieren, die darauf aus sind, den Sammlern das Geld aus der Tasche zu locken oder durch zahlr. Sonder- und Gedenkmarken überhöhte postfremde Zuschläge zu kassieren, wurde von der →FIP eine Kommission gebildet, die darüber entscheidet, welche einzelne Marke, welcher Satz oder Block im Interesse der Sammler als schädlich, mißbräuchlich oder unerwünscht anzusehen ist. Selbstverständlich bleibt es jedem Sammler selbst überlassen, ob er diese Marken trotzdem in das Album aufnimmt.
Die meisten Sammler kümmern sich nicht um die Meinung der Kommission, und das mit einigem Recht. Denn eine Sammlung ohne die nach Meinung der FIP zu boykottierenden Ausgaben ist unvollständig und läßt sich später u.U. schwerer verkaufen. Für die sog. →Raubstaaten gilt ein anderer Maßstab; deren Marken sollten grundsätzl. abgelehnt werden, möglichst auch von den Motivsammlern.
Wird eine schädliche, →mißbräuchliche Ausgaben oder →unerwünschte Ausgaben enthaltende Sammlung zu einer nach FIP-Reglement ausgerichteten Ausstellung gegeben, müssen die in Betracht kommenden Einzelmarken oder Sätze vorher entfernt oder unsichtbar abgedeckt werden, sonst wird das Objekt zurückgewiesen oder von der Bewertung ausgeschlossen. Im Michel- und Zumstein-Katalog sind diese Ausgaben durch eine schwarze Raute hinter oder vor der Nummer gekennzeichnet; bei vielen außereur. Ländern ist im Michel-Katalog auf einen eingeschalteten Text mit entspr. Hinweis zu achten, ab welcher Nr. alle Ausgaben unter FIP-Boykott fallen. Zu den von der FIP patronisierten internat. Ausstellungen erscheinen auf den jeweils neuesten Stand gebrachte Listen dieser Marken (Bezug gegen einen Internat. Antwortschein durch Pierre Seguy, D-6632 Saarwellingen).
Die Maßnahme der FIP hat schon versch. Postverwaltungen zu einer seriöseren Ausgabepolitik bzw. Abbau überhöhter Zuschlagsbeträge veranlaßt. Die gute Absicht der Kommission ist anzuerkennen, doch muß deren Liste als unvollständig und teils inkonsequent kritisiert werden. Die aus Belgien zu registrierenden Marken sind ab 1946 (Mi 760) erfaßt, die Sperrwerte Polens und der Tschechoslowakei u.a. dagegen nicht. Der Michel-Katalog kennzeichnet letztere immerhin durch Schrägschrift in den Bewertungsspalten. Die Ent-

scheidungen der Kommission erscheinen dadurch oft recht willkürlich und nicht im Sinne der offiz. Definition. Diese lautet in der deutschen Übersetzung:
»Eine Ausgabe ist schädlich, wenn sie die Interessen der Sammler direkt verletzt. Als schädlich werden betrachtet: 1. Ausgaben oder gewisse Werte davon, die ganz oder zu einem sehr großen Teil an einzelne verkauft werden, die somit den Preis diktieren können.« Solche Fälle kommen nur selten vor (häufiger sind Aufkäufe durch Spekulanten, was jedoch nicht unter diese Definition fällt); im weitesten Sinne können hierzu die meisten der im Auftrag gewisser Länder von Agenturen hergestellten und vertriebenen Marken gezählt werden.
»2. Ausgaben oder gewisse Werte davon, die nicht zum freien Verkauf am Postschalter des Ausgabelandes aufliegen oder unter bes. Bezugsbedingungen verkauft werden« (z.B. →Sperrwerte).
»3. Ausgaben oder gewisse Werte davon mit einem Zuschlag von über 50% ihres Nennwerts.« Hier werden zwei Ausnahmen gemacht, und es sind zugelassen: »Ausgaben anläßl. eines plötzlichen nationalen Naturereignisses, durch die den Opfern sofortige Hilfe gebracht werden soll«; für diese darf der Zuschlag beliebig hoch sein. Ferner »Ausgaben für nationale oder internationale philatelistische Ausstellungen. In diesem Fall darf der Zuschlag 2 Goldfranken nicht übersteigen.« – »4. Regulär ausgegebene Serien, Marken oder Blocks, die von Privatpersonen oder Vereinigungen zu lukrativen Zwecken mit nicht postal. Lochungen oder Überdrucken versehen wurden.« Hierzu gehören z.B. West-Berlin Mi 140, 145 und 147 mit Lochung LUPOSTA.
»5. Nicht am Postschalter erhältliche Sonderdrucke regulärer Ausgaben.« Das sind u.a. einige →Parallelausgaben, eigentlich aber auch →Schwarzdrucke, →Ministerdrucke u.ä., doch sind gerade letztere auf Ausstellungen immer wieder zu sehen. »6. Die ungezähnten Ausgaben, die zusammen mit normal gezähnten Ausgaben erscheinen, selbst wenn die ungezähnten Marken sich in Farbe oder Wert von den normal gezähnten Marken unterscheiden. Das gilt nicht für zufällig nicht gezähnte Marken, Essays, Druckproben usw.« Zu Punkt 6 ist wohl Ungarn seit 1958 (Mi 1511) am bekanntesten, aber nicht eine dieser Ausgaben ist bisher in der FIP-Liste als schädlich gekennzeichnet. L: Fédération Internationale de Philatélie, Annuaire 1967.

Schallplatten-Marken →sprechende Briefmarken.

Schalterausgabe, 1. weniger gebräuchl. und u.U. mißverständl. (→Schaltersatz) Bez. für die vier Reichspostmarken zu 3,5, 10 und 20 Pf mit Aufdruck Marshall-Inseln (Mi 1–4 I), die im Gegensatz zur →Berliner Ausgabe bedarfsmäßig gebraucht wurden. – **2.** Gelegentl. Ausdruck für →Gebrauchsauflage, womit allg. der Unterschied zwischen tatsächl. im Postverkehr verwendeten bzw. nur für Sammelzwecke hergestellten Marken umrissen werden soll. Letztere werden zum Schaden der Sammler von den →Raubstaaten auf den Markt gebracht.

Schalterbogen, in der Sammlersprache auch vereinfacht Bogen genannt. Ein Schalterbogen ist die Form, in der Postwertzeichen normalerweise an die Schalter gelangen; sie können aus versch. Gründen (z.B. Markenformat, Währungseinheit) eine unterschiedl. Markenzahl enthalten. Übl. sind 50 oder 100 Marken je Schalterbogen, in Großbritannien waren bis zur Umstellung auf Dezimalwährung auch solche mit 60, 120, 240 u.a., von Mi 36 sogar mit 480 Stück gebräuchlich, was durch angestrebten runden Verkaufsbetrag für einen ganzen Bogen bzw. Reihen daraus bedingt war. Wieder andere Länder kannten und kennen Schalterbogen mit nur vier, neun (z.B. Liechtenstein), 16, 20 oder 25 Marken; für die bis zu 25 Stück im Bogen hat sich der Begriff →Kleinbogen eingebürgert. Ein Schalterbogen muß nicht unbedingt nur Marken gleicher Bildzeichnung und Wertangabe enthalten (→Bogenzusammendruck). Aus Rationalisierungsgründen sind schon viele Postverwaltungen zu Handabrollgeräten für den Schalterbetrieb und zur vermehrten Aufstellung von Postwertzeichengebern übergegangen, die mit Marken in Rollenform bestückt werden. Die schwed. Post kennt bereits seit langem keine Marken in Schalterbogen mehr, es gibt dort nur noch Rollenmarken oder Markenheftchen; auch →Bogensammlung.

Schaltersatz, in den philat. Sprachgebrauch eingegangene Bez. für insg. 147 versch. Marken der dt. Auslandspostanstalten und Kolonien, die nach Kriegsausbruch und bis zur Schließung der →Verkaufsstelle für Kolonialpostwertzeichen in Berlin noch vorrätig und auf Wunsch geschlossen an Sammler abgegeben wurden und desh. – als Schaltersatz! – nur ungebraucht vorkommen. Da einige Postämter im Ausland und in den Kolonien noch eine Zeitlang weiterarbeiteten, gibt es selbstverständl. versch. Werte des Schaltersatzes auch gebraucht.
Zum vollst. Schaltersatz gehören: 10 Werte Deutsche Post in China (Mi 38–47), 13 Werte Deutsche Post in Marokko (Mi 46–58), 13 Werte Deutsch-Neuguinea (Mi 10–18, 21–24), 10 Werte Deutsch-Ostafrika (Mi 20, 30–36, 38–39), 13 Werte Deutsch-Südwestafrika (Mi 15, 17–19, 24–32), 13 Werte Kamerun (Mi 11–15, 17, 18, 20–25), 13 Werte Karolinen (Mi 8–18, 21, 22), 10 Werte Kiautschou (Mi 28–37), 13 Werte Marianen (Mi 8–18, 20, 21), 13 Werte Marshall-Inseln (Mi 14–24, 26, 27), 13 Werte Samoa (Mi 10–18, 20–23), 13 Werte Togo (Mi 10–18, 20–23). Einige Sammler zählen noch die Marke Deutsch-Ostafrika Mi 37 hinzu, was von anderen abgelehnt wird.
Der Schaltersatz, der als solcher auch heute noch gehandelt wird, umfaßt demnach nur teilweise vollst. Sätze, dafür die gar nicht mehr zur Verwendung gekommenen Marken in →Schiffstype auf Papier mit Wasserzeichen (→Berli-

ner Ausgabe), nicht dagegen die erst nach Schließung der Verkaufsstelle durch Versteigerungen zwischen Juni 1919 und Februar 1924 in den Handel gelangten Marken. L: 3. 6.

Schalterverkauf, die Zeit, während welcher eine Markenausgabe am Postschalter (oder auch darüber hinaus bei der Versandstelle für Sammlermarken) zum Nennwert erhältl. ist. Der Schalterverkauf wird von der Post verschiedentl. von vornherein zeitl. begrenzt (z. B. BP-Wohlfahrts-, Jugend-, Olympia-Marken), was jedoch nicht immer mit gleichzeitiger Begrenzung der Frankaturgültigkeit einhergeht. Diese kann über den Schalterverkauf mehr oder weniger hinausgehen oder auch unbegrenzt sein, wozu seit einigen Jahren schon zahlr. Postverwaltungen (darunter BP, Schweiz) übergegangen sind. Wird kein Ende des Schalterverkaufs vorgesehen, bleiben die betr. Marken bis zum Aufbrauch der Bestände am Schalter, was jedoch nicht besagt, daß sie dann an jedem Schalter noch zu bekommen sind; auch →Gültigkeitsdauer.

Schalterwertzeichengeber, amtl. Bez. für Handabrollgeräte zur beschleunigten Abfertigung am Postschalter. Suchen in der Markenmappe und zeitraubendes Abtrennen einzelner Marken aus dem Schalterbogen entfallen zumindest bei den am häufigsten benötigten Markenwerten. Diese befinden sich im Gerät in Form von →Markenrollen, von denen die Marken je nach Bedarf einzeln oder als senkrechte Streifen mit beliebiger Markenzahl abgerollt und über eine einfache Trennvorrichtung entlang der Zähnung abgeschnitten werden; →Rollenmarken, →Postwertzeichengeber.

Schardschah, aus unbek. Gründen vom Michel-Katalog verwendete phonet. Schreibweise für →Sharjah.

Schatzamtstempel. Während des türk.-griech. Krieges wurden 1897 von den Türken bei den griech.

Schatzämtern in Thessalien große Mengen an Marken der Mi Nr. 67–82 und 96–107 erbeutet. Die Schatzämter waren für die Versorgung der Postämter mit Briefmarken zuständig. Nach der Räumung des Gebietes erhielten diese Marken zur Verhinderung von Mißbrauch zum Schaden der Post zunächst vorderseitig, später rückseitig jeweils auf einem →Viererblock (bei Mi 100–107 je zwei) Abschläge des Schatzamtstempels mit Inschrift TAMEION (= Tresor), Provinzangabe und Staatswappen, so daß Einzelmarken nur Teile dieses Stempels aufweisen. Gebrauchte Stücke aus der ersten Zeit zeigen also zwei Stempel bzw. Stempelfragmente. L: Sammler-Dienst, Nr. 24/1974.

Schätzpreis →Schätzung.

Schätzung. Der Sammler weiß im allg. an Hand des →Bestandsverzeichnisses, was seine Sammlung wert ist und mit welchem Erlös bei Verkauf gerechnet werden kann. Viele Sammler geben sich in dieser Beziehung allerdings nicht zu verwirklichenden Illusionen hin und verbreiten diese unter ihren Angehörigen, da bei jedem Sammler und Händler vorh. Marken unter 5 oder 10 DM Katalogwert in den Gesamtbetrag einbezogen werden, die jedoch wie die Aufwendungen für Alben, Klemmtaschen usw. beim Verkauf nicht berücksichtigt werden können. Ganz bes. die Erben haben meist eine völlig falsche Vorstellung vom tatsächl. Verkaufswert der Sammlung des Mannes oder Vaters und werden bitter enttäuscht, wenn diese unmittelbar einem Händler oder Sammler zum Kauf oder einer Auktionsfirma zur Versteigerung angeboten werden, und der angebl. Wert als gedachte Verhandlungsgrundlage vorgebracht wird.
Bei durch Erbschaft u. a. überkommenen Sammlungen ist eine Schätzung (Taxation) durch einen Fachmann dringend zu empfehlen. Dazu sollte möglichst ein gerichtl. zugelassener Sachverständiger und Taxator herangezogen werden, der in fast jeder Großstadt zu finden ist und unbeeinflußt urteilt. Es sind dies Händler, die aufgrund ihrer langjährigen Erfahrung den realen Verkaufswert exakt schätzen können und für diese Mühewaltung Anspruch auf ein angemessenes Honorar haben, falls die zur Schätzung gegebene Sammlung nicht dem Taxator selbst zum Ankauf überlassen wird. Kostenlos – natürl. nur für die Angehörigen verstorbener Mitglieder – arbeiten die in vielen Sammlervereinen bestehenden Taxationskommissionen, denen zwei bis drei mit der Marktsituation vertraute ältere Sammler und oft auch ein Händlermitglied angehören. Wertvolle oder vom Erblasser als wertvoll bezeichnete Sammlungen sollten vor der Aufnahme von Verkaufsverhandlungen grundsätzl. zur Schätzung gegeben werden; nur dadurch lassen sich Übervorteilungen zuungunsten der Erben vermeiden.

Schaubek-Album →Bauschke.

Schaufeldurchstich, andere Bez. für →Elchschaufeln.

Sch.-Bahnpost. Kastenstempel mit dieser Inschrift, in zweiter Zeile *Dresden-Belgrad,* in dritter Datum und Zugnummer, in der vierten (gelegentlich handschriftlich ausgefüllt) ist ein →Leitstempel des Postamts 7 Dresden, das während des Ersten Weltkrieges für Sendungen nach Bulgarien, Rumänien und Serbien zuständig war. *Sch.* bedeutet vermutlich Schaffner, womit nicht unbedingt gesagt sein muß, daß der Stempel im Bahnpostwagen abgeschlagen wurde. L: Die Sammler-Lupe, Nr. 14/1972.

Scheichtümer am Persischen Golf, auch Arab. Golf, Sammelbez. aus der Sammlersprache für die sechs →Raubstaaten Ajman mit Manama, Dubai, Fujeira, Ras al Khaima, Sharjah mit Khor Fakkan und Umm al Qiwain. Hinzu gehört als siebentes noch das seriöse Markenland Abu Dhabi, auch →Vereinigte Arabische Emirate. Gelegentl. werden auch die Scheichtümer Bahrain, Qatar (Katar) und Kuwait eingeschlossen. Da in den meisten dieser Staaten Erdöl gefördert oder danach gesucht wird und Firmen zahlr. Mitarbeiter nach dort entsenden, besteht durchaus ein postal. Bedürfnis bes. hinsichtl. des Auslandsverkehrs; es gibt regelmäßige Luftpostverbindungen über Bahrain oder Kuwait. Es bestand jedoch keinerlei Anlaß für die pausenlos erschienenen Bildermarken mit geschnittenen Parallelausgaben und vielen Blocks, die von Agenturen produziert wurden, um Motivsammlern das Geld aus der Tasche zu locken. Die meisten dieser Marken haben die zuerst genannten sechs Scheichtümer nie gesehen. Sie wurden von den Agenturen direkt vertrieben und mit Stempeln entwertet, die in keinem der Scheichtümer in Gebrauch waren. Vorübergehend war auch →Crown Agents Markenlieferant, was jedoch keine nennenswerte Verminderung der Markenzahl brachte. In den einzelnen Ländern bestanden aber teils auch Versandstellen für den Direktbezug. Praktisch alle Marken erschienen aus Anlässen, zu denen die Scheichtümer keinerlei Beziehung haben (z. B. Weltraumforschung, Olympische Spiele, Fußball-Weltmeisterschaft). Alle Modeströmungen auf dem Gebiet des Motivsammelns wurden ausgenutzt (z. B. Gemäldemarken); bek. toten oder lebenden Staatsmännern (vornehml. der westl. Welt) wurden Marken gewidmet usw. Die Ausgaben ab Mai 1967 stehen als →schädliche Ausgaben auf dem Index der FIP.
1971 schlossen sich die sieben Scheichtümer zu den →Vereinigten Arabischen Emiraten zusammen, und es werden seitdem seriöse →Gemeinschaftsausgaben verwendet.
Die polit. und postal. Entwicklung der Länder ist zu verwickelt, um hier näher geschildert werden zu können. Die sieben Scheichtümer waren bis 1963 brit. Schutzstaaten, →Trucial States (= Vertragsstaaten) genannt, für welche 1961 Marken mit dieser Inschrift erschienen. L: Schweizer Briefmarken-Zeitung, Nr. 2 und 6/1966.

Scherenschnittentwertung

scheinbare Länder-Mischfrankatur, auf Post aus dem Ausland entstehend, die zwecks Nachsendung an einen inzwischen verzogenen Empfänger mit Marken des Bestimmungslandes nochmals freigemacht werden muß, was in gewissen Fällen erforderlich ist; →Länder-Mischfrankatur, →Mischfrankatur.

Scheingebühr →Scheingeld.

Scheingeld, bei Ausstellung von →Einlieferungsscheinen früher allg. übl. gewesen und vom Absender zu zahlen; erst ab Mitte des vorigen Jh. nach und nach überall abgeschafft. In Deutschland z. B. aber 1910 für einige Jahre wieder eingeführt für gewöhnl. Pakete, zu denen der Absender ausdrückl. eine Bescheinigung verlangte; das Scheingeld von 10 Pf wurde durch Aufkleben einer Marke verrechnet. Auf alten →Postscheinen war das Scheingeld manchmal auch vorgedruckt.

Scherenschnittentwertung. Die fast ausschl. zur Freimachung von Paketen verwendeten Marken der Türkei mit hohem Nennwert (so Mi 244/45) wurden nicht nur mit Poststempel, sondern auch aus Sicherheitsgründen zusätzl. mit einem Paketkarte und Marke treffenden Scherenschnitt entwertet. Diese eingeschnittenen Türkei-Marken sind, da die Entwertungsart amtl. vorgeschrieben war, keineswegs als beschädigt oder wertlos zu betrachten, bedingen jedoch eine erhebl. Preisminderung. Vorsicht vor nicht gekennzeichneten Marken mit fast unsichtbar reparierten Scherenschnitten; Mi 245 z. B. wird im Michel-Katalog gestempelt mit 350 DM, mit Scherenschnitt mit 33 DM bewertet, ein Unterschied, der die Fälschungszunft auf den Plan ruft. Bei den Postkarten (Ganzsachen) Großbritanniens von 1870 bis 1874 erfolgte bei Auflieferung in Birmingham, Liverpool, London und Manchester die Entwertung durch Schereneinschnitt am rechten Kartenrand oder direkt neben dem Wertzeicheneindruck; auch versch. Lochungen waren dort üblich; auch →Messerschnittentwertung, →gelochte Marken.

Scherifische Post, in Marokko im Auftrag des Scherifs bis zur Übernahme der Post durch die franz. Protektoratsbehörden bis 1915 (in →Tanger bis 1919) tätige Einrichtung mit sechs Marken ab 1912, die im Michel-Katalog-Übersee im Anschluß an Marokko verzeichnet sind. Zur Entwertung dieser Marken wurden vielfach →Negativstempel verwendet.

Schermack-Lochung, große, viereckig ausgestanzte Löcher auf zwei gegenüberliegenden Seiten verschiedener USA-Marken, die von einer →Frankiermaschine System Schermack herrühren und ausschließlich dem Weitertransport der Markenrollen im Gerät dienen. Die Rollen wurden teils aus von der Post an Großverbraucher ungezähnt gelieferten Markenbogen durch Zerschneiden in Streifen von den Firmen selbst hergestellt. Es gibt verschiedene Lochungsarten (zum Beispiel Schlitze, Dreiecke) zum gleichen Zweck von anderen Frankiermaschinen. Marken mit nur einseitigen Lochungen sind auf Fehler in der Maschine zurückzuführen. Zur Schermack-Lochung

u.a. sowie den sonstigen privaten Trennungen, die von Sammlern in den USA gern gesammelt werden, finden sich ausführliche Angaben im Scott-Spezialkatalog.

Schiffchenmarken, Begriff aus der Sammlersprache für die vom Freistaat →Buenos Aires (Argentinien) 1858/59 verausgabten recht primitiven, teils äußerst seltenen Marken mit Darstellung eines mit Dampfbetrieb ausgerüsteten Segelschiffes (Mi 1–8). Philat. und drucktechn. sind diese Marken aus versch. Gründen – z.B. mehr oder weniger mangelhafte Entfernung von Buchstaben in der Druckplatte, um aus der Platte für Mi 4 die 1-Peso-Marke Mi 6 herstellen zu können – sehr interessant, eignen

sich jedoch inf. des hohen Handelswertes nur für finanzkräftige Sammler. Billiger zu haben sind Neudrucke von den erst 1955 wieder aufgefundenen Originalmatrizen. L: 3. 1.

Schiffchenstempel, Bez. für sehr reizvolle und seltene Stempel mit der Silhouette von Schiffen versch.

Typen, die auf Finnland-Marken zu finden sind, wenn die Sendung mit Schiff auf finn. Seen befördert wurde. L: 3. 10.

Schiffsbrief, allg. Bez. für Sendungen, die auf dem Weg vom Absender zum Empfänger ganz oder teilweise mit Schiffen befördert werden, was aus entspr. Leitvermerken oder Stempeln hervorgeht. Aus Sicht der Post wird unter Schiffsbrief heute nur eine Sendung verstanden, die mit einem nicht zur regelm. und vertragl. Postbeförderung benutzten Schiff versandt und an Bord eines Schiffes ohne →Schiffspost oder →Seepost einem Besatzungsmitglied zur Übergabe an das nächst erreichbare (auch fremdstaatl.) Postamt ausgehändigt wird. Schiffsbriefe dieser Art hat es schon sehr früh gegeben; sie sind bes. von den großen Seefahrernationen (z.B. Großbritannien, Frankreich) bekannt. Solche Briefe werden auch »Kapitänsbriefe« genannt, weil die Schiffskapitäne für Annahme und Ablieferung vielfach direkt verantwortlich waren und zu ihren Gunsten eine Gebühr erhielten oder – bei Zusammenarbeit mit einer Staatspost – fordern durften. Der bisher nachgewiesene →älteste Schiffsbrief stammt aus 1497; er wurde von Sebenico (heute Sibenik/Jugoslawien) nach Venedig befördert, trägt den Vermerk *Con Nave C. D. S.* (Che Dio Salvi = mit Schiff das Gott beschützen möge) und befindet sich heute im Marinemuseum Greenwich/England.
Die Geschichte der Schiffsbriefe ist ungemein vielseitig und verwickelt und läßt sich auch stichwortartig nicht schildern, weshalb auf das Spezialschrifttum verwiesen werden muß, das aber nur auszugsweise im Anhang angeführt werden kann.
Ein Nebenstempel *Schiffsbrief* wurde 1890–1899 in Hamburg auf Briefen abgeschlagen, die von Schiffen der →Woermann-Linie auf der Rückreise aus Westafrika in Tanger dem dort. Reederei-Agenten in Briefbeuteln verpackt und von diesem dem span. Postamt in Tanger zur Weiterleitung auf dem Landweg nach Hamburg übergeben wurden, was eine um mehrere Tage frühere Zustellung an die Empfänger mit sich brachte; →Paquebot. Auch seitens der →Bodensee-Schiffspost u.ä. wurden gleichartige Nebenstempel verwendet.

Schiffsbriefkasten →Bordbriefkasten.

Schiffsbrieftelegramm →Ozeanbrief.

Schiffspost, amtl. und philat. Begriff für Posteinrichtungen an Bord von Schiffen, die, auch wenn sie regelmäßig zur Beförderung von Postsendungen dienen, nur vom Zahlmeister (oder einem anderen Schiffsoffizier) betreut und nicht von Postbeamten begleitet werden (in letzterem Fall liegt →Seepost vor). Der für die Schiffspost verantwortl. Offizier übernimmt bzw. übergibt ledigl. bereits umgearbeitete, entspr. verpackte und für fremde Postverwaltungen bzw. die Post seines Heimatlandes best. Briefbündel, muß aber auch während der Fahrt Briefmarken an Besatzung und Passagiere verkaufen, in den Schiffsbriefkasten eingeworfene freigemachte Sendungen abstempeln, nach Bestimmungsland ordnen, bündeln und evtl. im nächsten Anlaufhafen der örtl. Post zur Weiterleitung übergeben. Der Markenverkauf muß lt. Bestimmung im Rahmen des Weltpostvereins bei Erreichen eines fremdstaatl. Hafens eingestellt und der Schiffsbriefkasten geschlossen werden. Das Bordpostamt verfügt über einen entspr. beschrifteten Stempel.
Schiffspost im übertragenen Sinn hat es schon in ältesten Zeiten gegeben, d.h. es wurden je nach Gelegenheit Nachrichten der Herrscher, Regierungen, Heerführer und Kaufleute mit Schiffen befördert; sie sind als solche äußerlich nicht

kenntlich und haben nur geschichtl. oder musealen Wert. Der Beginn regelmäßiger Schiffspostdienste konnte noch nicht exakt ermittelt werden, sie scheinen um 1600 aufgekommen zu sein und führten bereits 1664 von Spanien nach Mittelamerika, 1710 von Falmouth nach New York; →Postdampfschiff, →Schiffsbrief. Auch →L: »Das hamburgische Stadtpostamt und seine Beziehungen zu den Vereinigten Staaten von Nordamerika« in Postgeschichtliche Blätter Hamburg, Nr. 19/1976.
Auf einigen dt. u. a. Binnenseen hat es teilweise ebenfalls Schiffspost gegeben (→Bodensee-Schiffspost) oder besteht noch heute.
Im Zeitalter des Flugzeugs hat die Schiffspost nur noch geringe Bedeutung und beschränkt sich meist auf Schiffe, mit denen Reedereien und Touristikunternehmen Kreuzfahrten veranstalten. Zur Geschichte der dt. Schiffs- und Seepost L: Archiv für deutsche Postgeschichte, Hefte 1 und 2/1964, ferner Veröffentl. der Arbeitsgemeinschaft Schiffspost.

Schiffspostbrief, an Bord eines Schiffes mit →Schiffspost aufgegebene und durch Stempel mit entspr. Inschrift kenntl. Sendung; →Seepostbrief.

Schiffspostmarken, Bez. für Marken, die früher in einigen Ländern verwendet werden mußten, wenn die Postbeförderung mit fremden Schiffen erfolgte, z. B. →SOBRE PORTE, →Seepost-Zusatzmarken. Auch die →HAPAG-Marken, →D. D. S. G. u. a. können hierzu gezählt werden.

Schiffspoststempel →Schiffspost.

Schiffstype, Bez. für alle für die ehem. dt. Kolonien verausgabten (oder nur im →Schaltersatz enthaltenen) Marken mit Darstellung der kaiserl. Jacht »Hohenzollern«.

Schlagstempel, weniger gebräuchl. Bez. für →Hammerstempel.

schlecht gemittet, wenig gebräuchl. Ausdruck für →dezentriert.

Schleife, heute nur noch selten gebräuchl. Bez. für →Streifband; auch →Kreuzband.

Schleswig. Marken mit Inschrift SLESVIG/PLEBISCIT wurden Ende Januar 1920 für das Abstimmungsgebiet in Schleswig in 14 Wertstufen verausgabt. Die zur Überwachung der Volksabstimmung von Januar bis Juni eingesetzte internat. Kommission benutzte die gleichen Marken mit Aufdruck C. I. S. (Commission Internationale Slesvig). Nach Ende der Abstimmung kamen in der bei Deutschland verbliebenen sogenannten 2. Zone wieder Marken der Reichspost zur Verwendung; →Nordschleswig, →Schleswig-Holstein. L: 3. 6.

Schleswig 1. Zone →Nordschleswig.

Schleswig-Holstein, zu Altdeutschland zählendes Postgebiet, dessen geschichtl. und postal. Entwicklung durch versch. Besitzverhältnisse verwickelt ist und hier nicht behandelt werden kann. Es gehören hinzu die Herzogtümer

Schleswig, Holstein und Lauenburg, das oldenburg. Fürstentum Lübeck u. a. Gebiete.
Für die Herzogtümer erschienen erstm. im November 1850 zwei Marken, die von der Inschrift her als »Post-Schillinge« zum Begriff in der Sammlersprache geworden und sehr wertvoll sind. Nach dem Krieg Preußen/Österreich gegen Dänemark kamen unter der kommissar. Verwaltung 1864/65 zunächst Mi 3–4 für das Herzogtum Schleswig, danach solche für Holstein und Lauenburg (Mi 5–7) an die Schalter, letztere in den dän. Marken angeglichenem Muster mit Inschrift HRZGL / POST / FRM / SRM und in der Mitte Wertangabe SCHILLING CRT. (= Herzogl. Post Freimarke Schilling Rigs Mint, Schilling Courant). 1855 folgten für das ges. Schleswig-Holstein die Marken Mi 8–12.
Nach Aufteilung der Herzogtümer kam der südlichste Teil Holsteins als Herzogtum Lauenburg zu Preußen, und dessen Marken wurden eingeführt. Der Rest Holsteins kam unter österr. Verwaltung, wofür Mi 19–25 erschienen. Das Herzogtum Schleswig wurde verwaltungsmäßig Preußen zugesprochen, und für dieses Gebiet wurden Mi 13–18 verausgabt. Nach Abtretung des österr. gewordenen Holstein an Preußen kamen in beiden Herzogtümern nochmals die Marken Mi 8–12 in Gebrauch, mit Beginn des Jahres 1868 die des Norddt. Postbezirks.
Die durchstochen erschienenen Marken befinden sich meist in schlechtem Zustand; Durchstichmängel bedingen nur in bes. Fällen einen Abschlag auf den Preis. Mi 1–2 sind oft nur →berührt oder →angeschnitten erhältlich. Spezialsammler suchen auf Mi 1–2 die mögl. Nummernstempel (→Anhang I) sowie die schleswig-holstein. Postorten zukommenden dän. Nummernstempel auf Dänemark Mi 1, 4, 7, 9 sowie andere Stempel. Die Stempel auf Mi 1–2 sind typische →Killer; vom Markenbild ist meist kaum noch etwas zu erkennen. Ganzsachen wurden nicht verausgabt. L: 3. 3.; auch →Nordschleswig, →Schleswig.

Schleswig-Holstein-Nummernstempel →Anhang I.

Schleuderflugpost. Die zunächst amtl. →Vorausflug oder →Katapultpost (so zum philat. Begriff geworden) genannte beschleunigte Postbeförderung in beiden Richtungen auf der nordatlant. Schiffsroute wurde 1931 amtl. in »Deutscher Schleuderflug« geändert.

Schließfach →Postfach

Schlittenpost →Hundeschlittenpost, →Rentierpost.

Schlüsselstempel, Entwertungsstempel der Stadtpostämter Bremerhaven bzw. Vegesack auf Marken der Hansestadt →Bremen mit einer dem Stadtwappen entnommenen und dem Stempel eingearbeiteten Schlüsselzeichnung unten (philat. = großer Schlüsselstempel) bzw. oben (= kleiner Schlüsselstempel).

Schlüsselwert, Bez. aus der Sammlersprache für eine Marke, die den Handelswert eines Satzes bestimmt. Der sog. Schlüsselwert ist keineswegs immer der →Spitzenwert; es kann sich dabei auch um eine dem Posttarif entspr., selten bedarfsmäßig und daher in geringer Menge gedruckte Marke handeln. Oftmals gilt das sogar für die während des Schalterverkaufs vom Nennwert her gesehen billigste Marke eines Satzes (z.B. Schweiz Mi 529 aus dem Satz Mi 529–540). Welche Marke einmal zum Schlüsselwert werden könnte, läßt sich selten voraussagen.

schmale Marken →kleine Marken.

Schmetterlingsbrief, gelegentl., aber nicht beweisbare Bez. für die →Papillon de Metz. Papillon ist zwar franz. = Schmetterling, aber der Initiator dieser Ballonpost hieß Papillon.

Schmetterlingsstempel, Bez. aus der Sammlersprache für eine vor-

wiegend in der vorphilat. Zeit verschiedentlich angewandte Stempelform, die über und unter dem Ortsnamen und Datum Zierstücke aufweist, die aber auch mit der Silhouette eines Vogels im Flug verglichen werden könnten.

Schmidt, Carl, 1866–1945, lange Zeit in Rußland lebender dt. Philatelist und als bis heute unübertroffener Kenner der russ. →Landschafts-(Semstwo-)Marken unvergessen, der seine 18bänd. Spezialsammlung 1934 dem ehem. Reichspostmuseum schenkte und über dieses interessante Gebiet versch. Arbeiten veröffentlichte, darunter einen Katalog. Schmidt war neben Arthur Ernst Glasewald außerdem die bisher größte Kapazität auf dem Gebiet der dt. Privatpostmarken und -ganzsachen; sein umfangr. zweibänd. Katalog (abgeschlossen 1943) wird wohl niemals ein Gegenstück finden. Schmidt war Träger der →Lindenberg-Medaille.

Schmidt, Pater Gabriel, 1887 bis 1965. Gründete trotz Verbotes während der Nazizeit 1942 die bis heute bestehende →Sammlergilde St. Gabriel sowie die Zeitschrift »Gabriel« und verfaßte bedeutsame Artikel, Bücher und Kataloge über Marken mit christlichen Motiven.

Schmiedl, Friedrich, österr. Pionier für die Beförderung von Postsendungen mittels Raketen; →Raketenpost.

Schmiergeld. Dieser noch heute gebräuchliche Ausdruck für nicht regulär bezahlte Dienstleistungen geht auf die Zeit der →Vorphilatelie zurück. Mit dem Postwagen Reisende hatten bei längeren Fahrten einen oder auch mehreren Posthaltern auf den Stationen ein »Schmiergeld« zu zahlen, das oft von vornherein auf dem →Fahrpostschein angeführt und im voraus zu bezahlen war. Es handelte sich dabei um ein echtes Schmiergeld, denn die Achsen des Postwagens mußten ein- oder mehrmals neu geschmiert werden. Es kam natürlich auch vor, daß das Schmiergeld bezahlt wurde, lässige Posthalter die Arbeit aber gar nicht ausführten.

Schmitzdruck, eine Art →Doppeldruck, jedoch nicht inf. zweimal. Durchlaufs des Papiers durch die Druckmaschine entstanden, sondern z.B. durch mangelhaft befestigte Druckplatten, unterschiedl. Ausdehnung des Papiers oder (bei Offsetdruck) des Gummituches, fehlerhaftes Abrollen der Papierbahn u.a. Bei Schmitzdruck ist desh. das zweite Bild nie so scharf ausgeprägt und deutlich wie beim echten Doppeldruck zu sehen. Es ist leicht verschwommen, wirkt mehr wie ein Schattenbild und tritt mit seltenen Ausnahmen nur bei einzelnen Marken nahe dem Bogenrand auf. Für Doppelungen bei Offsetdruck gelten teils andere Maßstäbe, die hier nicht erläutert werden können.
Während echte Doppeldrucke hoch bewertet werden, ist das Interesse an Schmitzdrucken gering; sie sind – wenn vorkommend – weitaus billiger zu haben, weshalb sich der Sammler vor dem Erwerb durch einen Kenner beraten lassen sollte, da ein Schmitzdruck häufig als vermeintl. wertvoller Doppeldruck angepriesen wird; ferner nicht zu verwechseln mit →doppeltem Auf- und Überdruck, →zweifachem Auf- und Überdruck, →Abklatsch. L: 1. 3.

Schmucktelegramm. Für die Übermittlung von Glückwünschen zu freudigen Ereignissen (Hochzeit, Geburtstag, Jubiläum) halten versch. Postverwaltungen Telegrammformulare mit entspr. künstlerisch illustriertem Deckblatt bereit. Der Text des Telegramms wird auf normalem Weg weitergeleitet, vom Empfängerpostamt aber auf das vom Absender gewünschte Schmucktelegramm übertragen. Allein der Größe wegen (meist DIN A 4) werden diese Formulare nur selten gesammelt, können aber eine Ländersammlung recht abwechslungsreich machen.

Schmuckumschlag, allg. Bez. für einen amtl. oder priv. verausgabten Briefumschlag mit einem auf dem linken Drittel der Anschriftseite angebrachten Zudruck, der auf den ersten Ausgabetag einer neuen Marke (→FDC), eine Veranstaltung o.ä. Bezug nimmt und in letzterem Fall häufig mit Wertzeicheneindruck versehen ist (→Ganzsache auf Privatbestellung). Schmuckumschläge privater Herkunft sind, da es allzu viele von versch. Seiten gibt (auch als FDC), später schwer

verkäuflich. Es ist zu empfehlen, möglichst amtl. verausgabte Schmuckumschläge zu sammeln, die es jedoch fast nur als FDC gibt.
Schmuckumschläge im übertragenen Sinne hat es auch schon im vorigen Jh. gegeben. Es handelt sich dabei um im Geschmack der Zeit mit Blumenarrangements u. ä. verzierte Briefbogen (zu Faltbriefen verschließbar) oder Briefhüllen, die besonders bei den Damen beliebt waren, oftmals Kleinformat hatten und in der Sammlersprache Damenbriefe oder →Zierbriefe genannt werden. Sie erzielen auf Auktionen (mit oder ohne Markenfreimachung) recht stattliche Preise. In gewissem Sinne können auch die →Mulready-Briefhüllen und deren Karikaturen als Schmuckbriefe bezeichnet werden.

Schmuggelpost. In der letzten Hälfte des vorigen Jh. wurde sehr oft versucht, Sendungen unter Umgehung der unzuverlässigen türk. Post mit die Levantehäfen anlaufenden Schiffen und privaten Boten zu befördern. Ab 1876 wurden die Kontrollen (auch betr. zollpflich-

tige Waren) verschärft und vorgefundene Briefe, Drucksachen u. a. Postsendungen ohne Freimachung mit hohen Straftaxen belegt, die durch türk. Marken und Handstempel *Kaçak Pullari* bzw. *CONTERBANDE* nachgewiesen wurden. Interessant ist nebenbei, daß die Einnahmen zwischen der Post und demjenigen, der die Schmuggelpost entdeckt hatte, geteilt wurden. Diese Stempel kommen in fünf nur türk. beschrifteten Formen und einer mit zusätzlich franz. Inschrift *CONTERBANDE* in schwarzer, blauer oder roter Farbe auf den türk. Marken der Ausgaben 1868–1892 vor; auf Brief sehr selten und von Spezialsammlern gesucht.

Schnallenstempel, Bez. aus der Sammlersprache für eine in der vorphilat. Zeit verschiedentlich angewandte Stempelform mit einer etwa einer Schnalle ähnelnden Einfassung.

Schneider, Dr. Heinrich, 1907 bis 1974, bedeutender Kenner und Prüfer der Marken des Saarlandes, veröffentlichte zahlreiche wertvolle Forschungsarbeiten.

Schnellpost, zur Personen-, teils auch Briefbeförderung dienende, um Mitte des 18. Jh. verbreitet aufgekommene Einrichtung, die mit bes. leicht gebauten und meist mit vier Pferden bespannten Wagen (Journalieren genannt) betrieben wurde und für gleiche Strecken um die Hälfte der von der →Fahrpost benötigten Zeit schneller war. Die Schnellpost fand mit dem Aufkommen der Eisenbahn nach und nach ihr Ende, lebte aber von der Bez. her für kurze Zeit und gänzl. anders geartet in Berlin als →Postschnelldienst noch einmal auf.

Schnellpressendruck, 1810 von Friedrich Koenig erfundenes Druckverfahren hoher Leistung, das durch Weiterentwicklung heute nach versch. Methoden arbeitet. Das Grundprinzip ist, daß die ebene Druckform auf einem sich hin und her bewegenden Fundament befestigt ist und das Papier in einzelnen Bogen oder in Rollenform (Endlosdruck) zugeführt wird, wobei der erforderl. Preßdruck durch einen über der Druckform befindl. rotierenden Zylinder erzeugt wird (Prinzip Zylinder gegen Fläche). Der Schnellpressendruck wird fast ausnahmslos für Markendrucke im →Buchdruck hoher Auflagen angewendet, ist aber u. U. auch für →Steindruck oder →Tiefdruck geeignet.

Schnitterin-Ausgabe, Bez. aus der Sammlersprache für lt. Michel-Katalog insg. 119 bildgleiche Marken Portugals mit Darstellung einer Schnitterin mit Sichel. Dieses Markenbild wurde von 1912 bis 1931 für die Dauermarken verwendet, wodurch eine Portugal-Sammlung auf den ersten Blick langweilig wirken mag. Diese Marken geben jedoch dem Spezialsammler auf Jahre hinaus Beschäftigung und sind deshalb philat. interessant, was aus dem Michel-Katalog nicht ohne weiteres hervorgeht. Dem beginnenden Sammler bereiten die Schnitterin-Ausgaben einige Schwierigkeiten hinsichtl. der exakten Bestimmung.

Schnittermuster, Bez. aus der Sammlersprache für zahlreiche Marken Ungarns von 1916/25

(ohne oder mit versch. Aufdrukken), die einen Schnitter und eine Schnitterin bei der Getreideernte zeigen.

Schnittlinien. Bei geschnitten verausgabten älteren Marken wurden verschiedentl. zwischen den senkrechten und/oder waagerechten Reihen eines Schalterbogens in der Druckform enthaltene Linien mitgedruckt, die eine exakte Trennung einzelner Marken mit der Schere erleichtern sollten. Einzelmarken mit allseitig oder teilweise vorh. Schnittlinien gelten oft als Luxusstücke und werden von Spezialsammlern hoch bezahlt; →bayernbrüchig.
Bei der sog. Erdbebenausgabe Japans von 1923 (Mi 151–169) wurden wegen Zerstörung der Zähnungsmaschinen als Schnittlinien um jede Marke Punktreihen gedruckt; auch →Trennungsleisten.

Schnörkelbrief, Bez. aus der Sammlersprache für Briefe aus der vorphilat. Zeit mit schwungvoll und vielen Schnörkeln geschriebenen Anschriften, die oft eine Augenweide sind.

Schonfalz, vor über 40 Jahren bekanntgewordener, seit etwa 1945 aber viele Sammler bedrückender Begriff für einen Klebefalz, der die postfrische Erhaltung ungebrauchter Marken zu garantieren versprach, aber ohne vorausgegangenen Langzeittest auf den Markt gebracht wurde und teils nie gutzumachende Schäden an unzähl. Marken hervorgerufen hat. Der Klebstoff auf der Kunststoffolie hatte die Eigenschaft, das Markenpapier allmähl. zu durchdringen, was sich durch vorder- und rückseitig fettartige →Schonfalzflecken bemerkbar machte. Verschiedentl. wurden auch Druckfarben angegriffen und verändert; in diesem Fall gibt es für die betr. Marke keine Rettung mehr.
Die Folienklebstoffe haben inzwischen zwar eine geänderte und verbesserte Zusammensetzung, trotzdem muß dringend vor der Verwendung von Klarsichtstreifen zur Befestigung ungebrauchter Marken (für gestempelte sowieso unbrauchbar) gewarnt werden. Es kann hinsichtl. Verträglichkeit mit Markengummi, -papier und -farben nichts vorausgesagt werden. Bekannt ist, daß Folienklebstoffe mit der Zeit verhärten, die Folie abspringt und der Klebstoff auf dem Gegenstand als ziemlich dicke Schicht haftenbleibt (u.U. im Benzinbad entfernbar). Einsteckbuch oder →Klemmstreifen bleiben das sicherste Mittel zur Unterbringung postfrischer Marken; →Springfalz.

Schonfalzflecke, durch den →Schonfalz entstandene Schäden in Gestalt von auf die Bildseite der Marken fettartig durchschlagenden Stellen in Größe des Falzes. Schonfalzflecke lassen sich u.U. (nicht immer!) durch mehrmal. längeres Baden in Äther in einem geschlossenen Behälter (Vorsicht: äußerst feuergefährlich, manchmal auch die Markenfarbe angreifend!) ganz oder teilweise entfernen. Für diese Arbeit bieten sich in Fachzeitschriften auch Restauratoren gegen Honorierung an, deren Inanspruchnahme jedoch nur lohnt, wenn es sich um bessere Marken handelt; ein absolut positiver Erfolg kann nicht vorausgesagt werden. Wurde durch Einwirkung des Klebstoffes die Druckfarbe verändert, was bei versch. Farben geschehen ist, kommt jede Hilfe zu spät.

Schönheitsfehler, Beeinträchtigung der Erhaltung von Marken, Briefen, Ganzsachen u.a., die aus →stumpfem Zahn, →dezentriert, →Falzrest, Verschmutzung usw. bestehen kann und einen angemessenen Rabatt auf den Preis für ein absolut einwandfreies Stück bedingt. Der Sammler sollte aber auf Stücke mit jeder Art von Schönheitsfehler verzichten und besser bis zum Angebot eines einwandfreien warten; Marken usw. mit Schönheitsfehler lassen sich später schwer wieder verkaufen oder tauschen. Anders ist es, wenn z.B. im Katalog angeführt ist, daß Schönheitsfehler z.B. infolge der Herstellung der Marken unvermeidbar sind (u.a. rauhe Zähnung), also praktisch bei allen betr. Marken vorkommen. Auch →Verschönerung.

Schönheitsreparatur →Verschönerung.

Schottland →Regionalmarken.

Schraubenalbum →Schraubenbinder.

Schraubenbinder, nach Art eines Briefordners gearbeitete Albumdecke mit innen (früher außen) liegenden verschraubbaren Stiften, in welche die gelochten Albenblätter unter Zwischeneinlage gelochter Pappstreifen eingeführt werden. Der Lochabstand entspricht jedoch nicht der DIN-Norm und ist wesentl. weiter. Das einzelne Einlegen der Blätter mag nachteilig sein (einige Verlage liefern passende Abhebebügel zu ihren Alben), doch haben die Schraubenbinder bei entspr. Rückenbreite ein wesentl. größeres Fassungsvermögen, sind billiger als →Klemmalben, und die Blätter verrutschen auch bei häufigem Umblättern nicht. Trotz offensichtl. Vorteile der Schraubenbinder hat sich der Klemmbinder durchgesetzt, so daß einige Verlage nur noch diese herstellen.

Schreibmaschine als »Markendruckerei«, hat es mehrmals gegeben, so z.B. in den Jahren 1894 bis 1962 im unter brit. Schutz stehenden einheim. Königr. Uganda, dessen erste Marken 1895/96 (Mi 1–45) in mühsamer Handarbeit

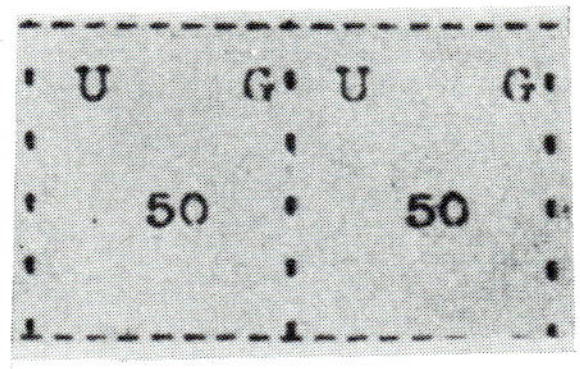

von Reverend E. Millar im Hauptort Kampala als →Bogenzusammendruck (alle Wertstufen in versch. Zahl und Verteilung auf dem Schalterbogen) mit einer Schreibmaschine »gedruckt« wurden, wobei häufig Tippfehler vorkamen, die als Abarten von Spezialsammlern gesucht sind. Interes-

sant ist noch, daß sich die Wertangabe (ohne Münzbezeichnung) nur indirekt auf engl. Pence bezog, vielmehr auf eine best. Zahl von Kaurimuscheln (cowries, auch einfach shells = Muscheln genannt), dem bei den Eingeborenen in Ostafrika übl. Zahlungsmittel. 200 Kaurimuscheln entsprachen 1 ind. Rupie (= 1 s 4 d), d.h. 12–13 Muscheln 1 Penny (die Angabe im Michel-Katalog ist unrichtig). Mit einer alten Schreibmaschine können leicht Fälschungen dieser eigenartigen Marken hergestellt werden.
Das im Verlauf des Balkankrieges 1912/13 unabh. gewordene Albanien hatte bei der Beschaffung

von Postwertzeichen große Schwierigkeiten zu überwinden. Nach versch. Provisorien (Mi 1–17) kam eine weitere Behelfsausgabe heraus, hergestellt in Bogen zu 45 Marken mittels Abdruck des Dienstsiegels der Post und – in einem zweiten Arbeitsgang – des alban. Doppeladlers. Anschließend wurden Wertziffer und Münzbezeichnung (para oder grosh) mit der Schreibmaschine eingetippt (Mi 18–23). Die Zahl der Tippfehler ist bes. groß; es gibt zahlr. Fälschungen.
In Tonga herrschte 1896 Mangel an den häufig gebrauchten Marken zu 1/2 d. Man versah die Schalterbogen der wenig benötigten Marken zu 2 und 7 1/2 d mit neuem Wertüberdruck VAEUA OE BENI (in der

Tonga-Sprache = Wert 1/2), die, da im Ausland unverständlich, mittels einer Schreibmaschine einen zweiten zweizeil. Überdruck *Half-/ Penny-* (völlig sinnlos auch hinter Penny ein Bindestrich) erhielten (Mi 36/7).
Unter den Lokalausgaben Deutschlands 1945/46 finden sich weitere ganz oder teilweise mit der Schreibmaschine »gedruckte« Marken bzw. Gebühr-bezahlt-Zettel, so Eckartsberga, Flensburg, Titisee. Von der zu den Riu-Kiu-Inseln gehörenden Insel Kume ist eine Lokalausgabe bekannt, deren Inschrift teils mittels Schreibmaschine hergestellt wurde. Brit. Sammler beachten aus 1916 stammende Wertzeichen, die wie die aus Uganda gänzl. mit Schreibmaschine angefertigt worden sind und vom 7.–26. 5. auf der türk. Insel Long Island verwendet wurden; die fünfzeil. Inschrift lautet G.R.I. / LONG ISLAND / Postage & / Revenue / ONE PENNY. Von diesen sind 26 verschiedene in den Wertstufen von 1/2 d bis 1 p bekannt. Der Michel-Katalog verzeichnet diese lokale Ausgabe nicht; sie ist im Gibbons-Katalog zu finden und erscheint zu hohen Ausrufpreisen öfter bei Auktionen. L: Der Sammler-Dienst, Nr. 18–19/1967 und Nr. 13/1968.

Schreibpapier, mit blauen Linien wie in Schulheften aushilfsweise von Mexiko (Mi 147/62) und Lettland (Mi 3–5) zum Markendruck verwendetes Papier.
Das hinsichtl. Markenausgaben überaus produktive Königreich Jemen hat den Sammlern vielerlei Sondermarken, Blocks und Goldfolienmarken angeboten. Manchmal aber – und das sind dann die am ehesten bedarfsmäßig verwendeten Ausgaben gewesen – fehlte es an genügenden Mengen einheitl. Papiers. Bes. krasse Beispiele in dieser Beziehung liefern Mi 660–667, die auf allen mögl. Papiersorten vorkommen, darunter gehämmertes Schreibpapier oder solches mit Leinenstruktur sowie maschinell hergestelltes Büttenpapier. Nach neuesten Erkenntnissen handelt es sich vielfach um Phantasieprodukte bzw. Fälschungen.

Schreibschriftstempel, in verschiedenen Ländern früher häufig vorkommende und auch noch zur

Markenentwertung (besonders Österreich) dienender Stempel mit Ortsname und Datum in Schreibschrifttypen. Manche dieser Stempel sehen sehr attraktiv aus und werden gern gesammelt.

Schriftarten. Auf Briefmarken, Ganzsachen u.a. aus aller Welt begegnen dem Sammler die unterschiedlichsten Schriftarten, d.h. die Groß- bzw. Kleinbuchstaben sind bes. gestaltet bzw. in ihrer Form mehr oder weniger stark abgewandelt. In einigen – an sich wenigen – Fällen ist für den Sammler die Kenntnis der Schriftarten wichtig, weil sich daraus (ob feststehende Inschrift oder Auf- bzw. Überdruck) beachtliche Wertunter-

Schriftarten

schiede ergeben können. Beispiele dafür sind u. a. Deutsches Reich Mi 79 (gotische Inschrift) und Mi 82 (Antiqua-Inschrift, im Katalog »lateinisch« genannt), Deutsche Post in Marokko Mi 7–19 und 20–33. Das Gebiet der Schriftarten, -formen und -grade ist derart vielseitig, daß hier nur die wichtigsten erwähnt und auf der Seite 169 beispielhaft wiedergegeben werden können. Bevorzugt verwendet wird heute die Antiquaschrift, die in mehrere Unterarten unterteilt ist (z. B. Mediäval, Grotesk, Egyptienne, Italienne), dasselbe gilt für Frakturschriften (z. B. Gotisch, Schwabacher, Kanzlei), die jedoch auf den Marken weitgehend verschwunden sind, seit einigen Jahren aber von der dt. und österr. Post für manche Gedenkmarken wieder entdeckt worden sind (z. B. BP Mi 843, Österreich Mi 1498). Auch aus Antiqua- und Frakturelementen kombinierte Schriftarten werden häufig angewandt und Bastardschriften genannt. Aus den beiden hauptsächlichsten Schriftarten werden außerdem schöne, teils sehr schwungvolle Schreibschriften (auch als Kursiv bezeichnet) entwickelt; der Phantasie der Schriftkünstler ist hier keine Grenze gesetzt. Auch auf die in einigen fernen Ländern üblichen Schriftarten sei hingewiesen (Arabien, Iran, Indien, Thailand, China, Japan u. a.), die dem Sammler meist unverständlich bleiben. In Europa ist das auch von Irland zu sagen, wo die aus dem alten Keltischen stammende Schrift stark propagiert wird und auf Marken in Erscheinung tritt.

Schriftenreihe, Bez. für in meist zwangloser Folge erscheinende Broschüren, die best. Postgebiete allg. oder nur gewisse Markenausgaben, Stempel usw. in einem Heft abgeschlossen oder über mehrere Lieferungen fortgesetzt ausführl. behandeln und vorw. von Arbeitsgemeinschaften oder bes. Vereinen herausgegeben werden. Die Hefte einer Schriftenreihe können sich u. U. zu (gebunden) umfangreichen, teils einmal. Werken ausdehnen (z. B. →Bochmann-Katalog). Philat. wertvolle Schriftenreihen geben bes. die Poststempelgilde Rhein-Donau und die Arbeitsgemeinschaft Neues Handbuch der Briefmarkenkunde heraus.

Schriftsatz, auch Typen- oder Letternsatz. In Notzeiten oder zur schnellen Herstellung plötzlich erforderl. Postwertzeichen werden nicht in Buch- oder Offsetdruck bzw. aufwendigem Tiefdruck, sondern wie Zeitungsdruck durch Aneinanderreihung von Lettern (evtl. zusätzl. Hinzufügung von Klischees in Form von Wappen, Emblemen u. a.) hergestellt.

Schriftsteller-Marken, gelegentl. Bez. für zwei →Portofreiheitsmarken, die span. Schriftstellern zur portofreien Versendung ihrer Werke zugestanden worden sind.

Schuberth-Block, Bez. aus der Sammlersprache für einen Sonderdruck in Originalfarben auf Büttenpapier der BP-Marken Mi 167/70 anläßlich der Deutschen Verkehrsausstellung 1953 in München. Der damalige Postminister Schuberth veranlaßte den Druck in einer Auflage von nur 100 Stück. Diese Exemplare wurden zur Eröffnungsfeierlichkeit an prominente Personen kostenlos verteilt. Es handelt sich um keinen echten →Block, auch ausgeschnittene Wertzeichen daraus waren zur Frankatur ungültig; der »Block« braucht in einer Sammlung nicht vertreten zu sein. Ab und an wird einer dieser Blocks auf Auktionen angeboten und erreicht dann einen fünfstelligen Preis. Im Lexikon ist der »Block« unter →Ministerdruck abgebildet.

Schuhbriefkasten. In der Mossel-Bay/Südafrika hängte 1501 ein Matrose, der die Katastrophe der Flotte des Bartholomeo Diaz überlebte, an einem Baum einen alten Schuh auf und hinterließ darin für evtl. nachfolgende Schiffe eine Nachricht, die auch gefunden wurde. Dieser Baum soll heute noch stehen, was die südafr. Post Ende 1963 zur Verwendung eines Sonderstempels mit zweisprach. Inschrift »Altes Baumpostamt« veranlaßte. L: Der Sammler-Dienst, Nr. 5/1965; →Steinbriefkasten, →Briefkasten.

Schulen →Postschulen, →Postschulmarken.

Schülke & Mayr, in →Deutsch-Ostafrika tätig gewesene Handelsgesellschaft, die Ende 1891 mit dem

Gouverneur einen Vertrag abschloß, der eine monatl. einmal. Postverbindung durch Boten der Gesellschaft von Daressalam nach Tabora und den Militärstationen Muansa und Bukoba am Victoria-See vorsah. Wegen der Wegeunsicherheit mußte sie jedoch sehr bald eingestellt werden (wurde später aber von der Reichspost bedient). Deshalb kamen die dafür von der Firma bei Giesecke & Devrient in Leipzig in Auftrag gegebenen fünf Privatpostmarken zu 5, 10, 25 und 50 Cents sowie 1 Dollar nicht mehr zur Verwendung. Diese Wertzeichen weisen die Inschrift *Schülke & Mayr's / Afrikanische Seenpost / unter Contract mit dem Kaiserl. Gouvernement in / Deutschostafrika* auf, kommen nur ungebraucht vor und interessieren ledigl. den großen Spezialsammler. Einer Festschrift der Gesellschaft von 1939 war ein Neudrucksatz beigegeben; diese wesentl. billigeren Exemplare unterscheiden sich von den Originalen durch das Fehlen des farbigen Unterdruckes und Zähnung $10^3/_4$ statt $11^1/_2$. L: 3. 6.

Schürfstelle, in Qualitätsbeschreibung anderer Ausdruck für →Abschürfung.

Schutzaufdruck, als Schutz vor Fälschung zum Schaden der Post nach erfolgtem Bilddruck in Form von Wellenlinien oder eines Netzwerkes; →Kreideaufdruck, →Lackstreifen-Aufdruck; auch

→Schutzunterdruck, →Kontrollborte, →Schutzzeichen.

Schutzborte, andere Bez. (bes. bei sehr alten Markenausgaben, z.B. Hannover) für →Schutzleiste. Auch →Kontrollborte, →Schutzzeichen.

Schutzleiste, allg. Ausdruck für im einzelnen Strichel-, Strich-, Punktleiste u.ä. genannte Drucke auf dem Bogenrand zum Schutz der äußeren Markenklischees im Bogen vor Beschädigung während des Druckvorgangs.

Schutzstriche. Bei den Marken zu 2, 6, 24, 30 und 84 Pf der westdt. sog. Bautenserie kommen auf dem Bogenober- oder -unterrand zwei mehr oder weniger sichtbare senkrechte Striche vor (bei 30 Pf nur ein Strich), die die Aufgabe einer →Randleiste oder →Strichleiste erfüllten.

Schutzunterdruck, als Schutz vor Fälschung zum Schaden der Post vor dem eigentl. Bilddruck oder vor Aufbringung eines Auf- bzw. Überdrucks in Form von Wellenlinien (z.B. Danzig Mi 26–31, 41–46), eines Netzwerks, als →Kreideunterdruck u.a. aufgebracht. Früher verschiedentl. auch unsichtbarer Unterdruck, der erst nach Behandlung mit Chemikalien (z.B. Norddt. Postbezirk Mi 13–24 mit Schwefelwasserstoff oder Kaliumchromat) oder auch durch natürl. Oxidation an der Luft hervortritt. Bei DR Mi 45–51 rückseitiger (!) Schutzunterdruck, der bei Behandlung mit Salmiakgeist bei den Auflagen bis etwa 1892 als breite Linien, danach als tapetenartiges Muster aus Krone, Reichsadler und Posthorn rot sichtbar wird; →Schutzaufdruck.

Schutzzeichen, allg. Begriff für alles, was zum Schutz der Marken vor →Postfälschung dient. Hierzu gehören Wasserzeichen, Seidenfadenpapier, Kontrollnummern, geheime Stecherzeichen, Lackstreifenaufdruck, sichtbare oder unsichtbare Unterdrucke, Guillochen, wasserlösl. Druckfarben, Waffeleinpressung usw. Schutzzeichen werden heute seitens der Post meist für überflüssig angesehen, zumal sich früher in vielen Fällen gezeigt hat, daß trotz Schutzzeichen zum Schaden der Post Marken gefälscht und unbemerkt oder erst spät bemerkt verwendet worden sind. Bei Markenfälschungen zum Schaden der Sammler stehen »Könner« dahinter, denen die Nachahmung vom Schutzzeichen keine Schwierigkeiten bereitet.

Schwaneberger, Hugo, 1853 bis 1934, dt. Philatelist, wurde besonders bekannt durch die Herausgabe des Schwaneberger-Albums (ab 1879) und durch die Gründung des Schwaneberger-Verlags in München, in dem bis heute der →Michel-Katalog u.a. philat. Veröffentlichungen erschienen und erscheinen. Die Verlagsrechte (unter Beibehaltung des Namens) wurden allerdings schon 1880 abgetreten.

Schwarzdrucke, bes. bekannt und von Spezialsammlern begehrte Separatdrucke der österr. Post von den für die eigentl. Markenausgabe verwendeten Originaldruckformen in schwarzer Farbe, Originalgröße und nicht gezähnt. Sie werden auf für die Presse bestimmten Informationsblättern mit Erläuterungen zum Ausgabeanlaß und techn. Angaben geklebt verschickt, aber nicht verkauft. Diese Drucke ermöglichen eine gute Reproduktion in Tageszeitungen usw. Österr. Schwarzdrucke gibt es seit 1946 (Mi 791–800); die Auflagezahl betrug bis etwa 1953 nur je 500 bis 800 Exemplare, seitdem ist sie etwa auf 3000 gestiegen. Da nur ein Teil der Schwarzdrucke in den Handel gelangt, ist deren Preis entspr. hoch. Im philat. Sinn ist zu berücksichtigen, daß es »echte« Schwarzdrucke nur von im Stichtiefdruckverfahren erscheinenden Marken gibt; allerdings werden auch von Marken in anderen Druckverfahren Schwarzdrucke hergestellt. Die genannten Schwarzdrucke dürfen nicht mit schwarzen Vergrößerungen verwechselt werden, die den allg. und an österr. Postschaltern käufl. Informationsblättern aufgeklebt sind; diesen kommt keinerlei philat. Interesse zu.
Seit einigen Jahren ist es verbreitet üblich geworden, zu bedeutenden Briefmarkenausstellungen im Auftrag oder mit Genehmigung der Post, d.h. amtlich hergestellte Schwarzdrucke kursierender Marken oder auch abgelehnter Entwürfe dem Ausstellungskatalog direkt oder einen Berechtigungsschein zum Kauf beizulegen oder auf die Eintrittskarte am Sonderpostamt abzugeben. Auch werden Schwarzdrucke verschiedentlich den →Jahressätzen als Kaufanreiz hinzugefügt. Diese Schwarzdrucke werden vielfach in Blockform gedruckt und können für Spezialsammler philat. durchaus von einigem Interesse sein, wenn ihnen Originalplatten zugrunde liegen. Sie werden in den Katalogen aber nur selten und dann bestenfalls in einer Fußnote erwähnt und bleiben im allg. unbewertet, da Schwarzdrucke auch dann nicht frankaturgültig sind, wenn sie bildlich einer noch kursierenden Marke entsprechen; sie werden von den →Versandstellen nicht geliefert.
Es wird um diese Produkte leider allzu viel Aufhebens gemacht, und mancher Sammler, dem der billige Direktbezug über eine Ausstellung nicht möglich war, akzeptiert überhöhte Preise; es hat sich schon mehrfach gezeigt, daß Schwarzdrucke bei späterer Verkaufsabsicht nur für ein paar Groschen oder aber überhaupt nicht abzusetzen sind. Außerdem gibt es aus versch. Anlässen auch von privater Seite erzeugte und vertriebene →Souvenirblocks (meist mehrfarbig), die wesentlich geringer einzuschätzen sind bzw. am besten gar nicht beachtet werden sollten.
Aus anderen Ländern sind mancherlei weitere Schwarzdrucke bekannt, z.B. auch solche, die auf Veranlassung des entwerfenden Künstlers oder Graveurs von einzelnen Arbeitsphasen angefertigt werden, aber nur selten in den Handel gelangen (→Epreuves d'artistes); auch →Instruktionsmarken.

Schwarze Einser, Bez. aus der Sammlersprache für die erste Brief-

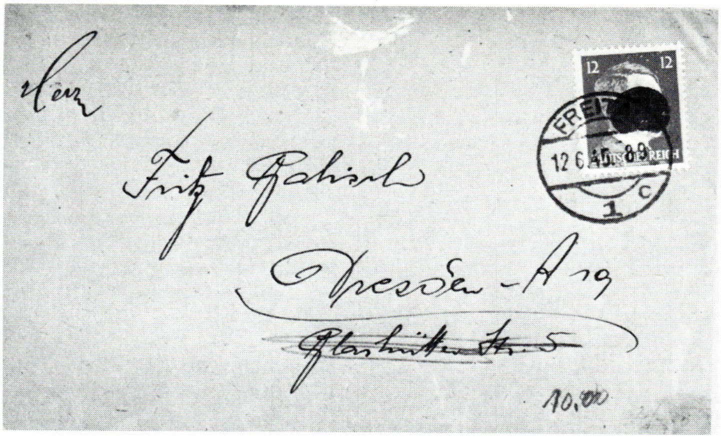

Schwärzungen. Vielleicht tatsächlich beförderter Brief (ein Eingangsstempel fehlt, da nicht per Einschreiben) mit in Freital geschwärzter Hitlermarke zu 12 Pf; diese entsprach dem Tarif für Fernbriefe

marke, die in Deutschland verausgabt wurde. Es ist Bayern Mi 1, die diesen Namen wegen der großen Ziffer 1 als Portowert und der schwarzen Druckfarbe erhielt. Diese Marke ist neben der →Dreier Sachsen der Wunschtraum aller Deutschland-Sammler. Die Nachfrage danach ist immer groß und desh. der Handelspreis entspr. hoch, obwohl vom Schwarzen Einser gegenüber anderen Marken Altdeutschlands verh. viele Exemplare erhalten geblieben sind und der Wert eigentlich geringer sein müßte. Aber abgesehen davon, daß viele Sammler, auch wenn sie Bayern gar nicht sammeln, die erste dt. Marke gern besitzen möchten, widmen sich ihr vermögende Sammler intensiv und suchen ihrem

Album immer mehr Stücke einzuverleiben, um außer den auflagebedingten Farbenunterschieden die zahlr. Druckmängel, mögl. Entwertungsarten usw. zusammenzutragen. Auch →Eichstätt-Brief. L: 3. 3.

Schwarze Kanada, Bez. aus der Sammlersprache für die schwarze Kanada-Marke Mi 6 von 1857, die zwar in einer Auflage von 51000 Stück gedruckt, aber so wenig gebraucht wurde, daß nach drei Jahren nur 1510 Stück verkauft waren; der große Restbestand wurde amtl. vernichtet. Da von diesen 1510 Stück nur wenige ungebraucht oder gestempelt die Zeiten überdauerten, gehört diese Marke zu den großen, auf dünnem gestreiftem statt gewöhnl. Papier zu den größten Raritäten.

Schwarzgrüne Fünf, Bez. aus der Sammlersprache für eine seltene Farbenabart der 5-Pf-Marke von →Ost-Sachsen 1945 (Mi 43 Ac).

Schwarzgrüne Sechs, Bez. aus der Sammlersprache für die Marke →Ost-Sachsen Mi 43 Ac in bes. dunkler grüner Farbe, die sehr selten ist. Vor Erwerb ist die Prüfung anzuraten, da Verwechslung mit der russischgrünen Version Mi 43 Ab leicht möglich ist.

Schwarzlichtlampe, kalt arbeitende →Prüflampe.

Schwärzungen. 1. Nach der Besetzung Deutschlands 1945 und Wiederaufnahme des Postverkehrs wurden die Marken der Hitlerserie von 1941 (Mi 781–802, 826/27) teilweise unter der Bedingung zur Frankatur zugelassen, daß der Kopf durch irgendeinen geeigneten Aufdruck unkenntl. gemacht war. Daraus entstanden bes. in der Sowj. Zone zahlr. Korkstempel-Aushilfsausgaben (z.B. Chemnitz, Dresden, Wittenberg), die im weitesten Sinne als Schwärzungen bezeichnet werden können. Andere wurden mit Buchdruckaufdrucken versehen (z.B. Fredersdorf, Löbau, Döbeln), die alle im Michel-Katalog unter »Deutschland Lokalaus-

Schwärzungen. Typisches Gefälligkeitsprodukt aus Crimmitschau; der Brief wurde nie postalisch befördert

gaben« zu finden sind. Diese Marken wurden am 8. 8. 1945 für ungültig erklärt. Auf bedarfsmäßig gelaufenen Postsendungen sind sie größtenteils selten und werden von Spezialsammlern gesucht. Handstempelaufdrucke dieser primitiven Art lassen sich leicht nachahmen und Phantasieformen erfinden. Desh. sollten derartige Marken nur von einem anerkannten Prüfer als einwandfrei befunden erworben werden. – Ähnl. ging Österreich vor; der schräge Aufdruck ÖSTERREICH (Mi 660–663) erschien nicht ausreichend, weshalb eine zusätzl. Unkenntlichmachung mittels beliebiger Handstempelaufdrucke angeordnet wurde. – **2.** Im →Postkrieg und →Berliner Postkrieg DDR–BRD bzw. West-Berlin wurden (und werden vielleicht gelegentl. auch in Zukunft) unerwünschte westl. Marken seitens der DDR-Post mit Tinte, Tusche u.a. weitgehend unkenntl. gemacht.

Schweden. In Sammlerkreisen heißt es immer, daß die Marken der

skand. Staaten gern gesammelt werden. Da erstaunt es sicher, Schweden in der Beliebtheitsstatistik (→Anhang III) erst im letzten Drittel zu finden. Der Grund dafür ist zweifellos in der gewissen Eintönigkeit zu suchen, die von einer Sammlung Schweden ausgeht, denn erst seit 1967 gibt es hin und wieder einmal zwei- oder mehrfarb. Marken. Viele Sammler schrecken auch die bei vielen Ausgaben vorkommenden zwei, drei oder vier versch. Trennungsarten ab, denn 1920 verausgabte Schweden erstm. Marken in nur zweiseitig gezähnter Rollenform neben vierseitig gezähnten Schalterbogenmarken (die seit langem ganz entfallen sind). Später kamen Markenheftchen mit dreiseitig gezähntem Inhalt hinzu, so daß der Michel-Katalog die meisten Ausgaben in zwei oder mehr Versionen aufführt. Es ist jedoch keinem Sammler vorgeschrieben, alle Ausführungsarten zu berücksichtigen, im allg. genügt eine. Graph. und drucktechn. sind Schwedens Marken hervorragend, und es werden fast ausschl. nur Ausgabeanlässe herangezogen, die mit dem Land selbst zu tun haben. Die jährl. verausgabte Markenzahl ist nicht groß, die Nennwerte der Sondermarken entsprechen den gebräuchlichsten Portosätzen, so daß ein Neuheitenabonnement erschwinglich ist. Wenig schön ist, daß die Post in Heftchen erscheinende Marken (und das geschieht häufig) bis vor wenigen Jahren nur als vollst. Heftchen abgab, was u. U. und auf die Dauer gesehen kostspielig wurde; neuerdings werden von der →Versandstelle aus den Heftchen auch einzelne Marken oder Paare nach Wunsch bzw. nur ein →Heftchenblatt (wenn zwei oder mehr gleiche enthalten sind) geliefert.
Trotzdem kann Schweden als Sammelgebiet empfohlen werden.
Einige der älteren Ausgaben können aus versch. Gründen und weit über die Angaben im Michel-Katalog hinaus stark spezialisiert gesammelt werden (bes. Mi 125–137, 174–207). Aus Schweden ist eine der größten Weltraritäten bekannt, die nur in einem Stück erhalten gebliebene 3-Skilling-Banco (→Skilling-Banco). Marken mit Inschrift LÖSEN (ohne Landesname) sind Portomarken (auch →Svars Lösen). Interessant und nicht alltägl. sind die Militärpostmarken. Diese seit 1929 erscheinenden Marken ohne Wertangabe sind auf der Verschlußkappe der Briefumschläge eingedruckt (und rückseitig gummiert), von denen jeder Einberufene pro Woche ein Stück erhält. Der Empfänger schneidet diese Marke heraus und klebt sie seinem Antwortbrief auf, der dann portofrei an den Soldaten befördert wird. Zur Zeit der Volksabstimmung im Saarland 1934/35 war für die dort stationierten schwed. Truppen ein Feldpostamt mit bes. Stempel tätig (→Saarland); auch hier erhielt jeder Soldat wöchentl. einen solchen Brief mit eingedruckter Portofreiheitsmarke; auch →Karussellbrief. Es besteht eine Forschungsgemeinschaft Nordische Staaten. L: 2. 3. 3. 10.

Schweden-Fehldruck, häufig gebrauchte Bez. für die 3-Skilling-Banco (Mi 1 F); →Skilling-Banco, 3-.

schwefelsaure Gummierung. Dieser Hinweis findet sich in der Literatur immer wieder in bezug auf den Ostropa-Block (Deutsches Reich Mi 576/79) und die Zeppelin-Marken (Mi 606/07), bei denen sich der Gummi mit der Zeit dunkelbraun verfärbte und beim Ostropa-Block zur teilweisen Zerstörung des Papiers geführt hat, d. h., die durch das Wasserzeichen dünneren Stellen brechen aus und machen den Block wertlos. Diese Erscheinung ist jedoch nicht auf direkten Zusatz von Schwefelsäure zurückzuführen, was bereits vor Ablieferung der Marken an die Schalter eine Zerstörung des Papiers verursacht hätte. Der Gummilösung wurden vielmehr aus unbekannt gebliebenen Gründen Sulfatlösungen beigemischt, die, über lange Zeit gesehen und von versch. Umweltbedingungen abhängig, durch chem. Umsetzung Schwefelsäure abspalteten. Es empfiehlt sich die völlige Entfernung des Gummis bzw. das Ablösen von Block und Marken von Ganzbriefen. Der Michel-Katalog nimmt darauf Rücksicht; die Bewertung für ungebrauchte Stücke bezieht sich auf solche ohne Gummi.

Schweiz, auch →Philatelie in der Schweiz. Schon immer eines der beliebtesten Postgebiete der Sammler in Deutschland und Österreich und deshalb in der Beliebtheitsstatistik (→Anhang III) an dritter Stelle stehend. Diese Beliebtheit verteilt sich übrigens gleichmäßig auf vermögende und weniger mit irdischen Gütern gesegnete Sammler. Letztere erfreuen sich an den bildl. und drucktechn. stets vorbildl. ausgeführten Marken, denen fast ausschl. nur das Land selbst betr. Ausgabeanlässe zugrunde liegen. Die Nenn-

Schweiz

werte der Sonder- und Gedenkmarken sind im allg. auf die gebräuchlichsten Portosätze abgestimmt; nur unter den Dauerserien befinden sich teils sehr hohe Wertstufen.
Es erscheinen pro Jahr nicht viele Marken, darunter die stets ansprechende Pro-Patria- und Pro-Juventute-Ausgaben mit reizvollen Motiven und nicht zuletzt die immer begehrten und nach einiger Zeit oft erstaunliche Wertsteigerungen erfahrenden Blocks, so daß der für ein Neuheitenabonnement aufzuwendende Betrag, auf einen Monat umgerechnet, gering ist. Die Schweiz kann als Sammelgebiet bestens empfohlen werden.
Schwierig und kostspielig ist die Vervollständigung einer Schweiz-Sammlung, sollen etwa die seit 1854 verausgabten Marken aufgenommen werden, unter denen sich versch. Serien befinden, die stark spezialisiert gesammelt werden können (z.B. →Sitzende Helvetia, →Stehende Helvetia, →Strubel). Verschiedene dieser Marken sind außerordentlich selten. Die Dienstmarken – teils hergestellt durch Kreuzeinlochung von Freimarken (es gibt hiervon zahllose gefährliche Fälschungen!) –, die Porto- und →Portofreiheitsmarken werden dagegen bei uns weniger gern gesammelt.
Dasselbe gilt für die seit 1922 bek. Ausgaben für versch. in Genf tätige Dienststellen des ehem. Völkerbundes bzw. jetzt der →Vereinten Nationen u.a. internat. Organisationen sowie die sog. halbamtl. Flugpostmarken und die →Hotelpostmarken; auch →Franco-Zettel, →Tickets.
Mit den ersten Marken der Schweiz können sich nur sehr reiche Sammler beschäftigen, was jedoch nicht ausschließt, daß sich auch der kleine Sammler an ihnen auf Ausstellungen oder an Hand von Abbildungen erfreut. Diese Marken sind unter bes. Bez. zu philat. Begriffen geworden; →Zürich 4 und 6 (nach Großbritannien Mi 1 und 2 die nächsten aufklebbaren Postwertzeichen), →Baseler Taube, →Doppelgenf, →Neuenburg, →Rayon-Marken, →Waadt, →Winterthur. Die vorhandene Literatur ist besonders hinsichtlich der klassischen Schweiz-Marken außerordentlich umfangreich; im Anhang kann daher nur eine kleine Auswahl angeführt werden. L: 2. 2., 2. 3., 2. 4., 3. 9., 3. 10.

Schweizerischer Altbriefsammler-Verein, Société Marcophile Suisse, als »Klub der Sammler vorphilat. Briefe« 1935 gegr. überregionaler Verein, dessen Mitglieder sich nicht nur auf die Beschäftigung mit der Vorphilatelie der Schweiz beschränken; diese steht allerdings im Vordergrund. Seit 1956 erscheinen die »Mitteilungen« (»Bulletin«) mit stets interessanten Abhandlungen.

Schweizerischer Ganzsachensammler-Verein, 1926 gegr. überregionale Vereinigung der Sammler von Ganzsachen mit einer eigenen Zeitschrift.

Schweizerischer Motivsammler-Verein, abgek. SMV, überregionale Vereinigung der Motivsammler in der Schweiz. Der Verein ist sehr rührig und bringt außer den SMV-Nachrichten versch. interessante Broschüren über allg. und spezielle Dinge des Motivsammelns heraus.

Schweizer Post Vaduz, sog. Gemeindebotenpost Vaduz-Sevelen und im Michel-Katalog unter Liechtenstein zu finden. Klebeetiketten mit roter Umrandung ähnl. Marmeladenglas-Etiketten (und seinerzeit als solche auch in Papierwarengeschäften besorgt) mit

nachträgl. schwarzem Buchdruck-Eindruck in zwei Zeilen *Schweizer Post / Vaduz,* die den vom Gemeindeboten in Vaduz im August 1918 beförderten Privatsendungen als Nachweis für die entrichtete Zusatzgebühr von 10 Heller aufgeklebt wurden. Die Entwertung erfolgte mit Farb- oder Kopierstift; Poststempel sind sehr selten, gleichfalls Ganzbriefe. Die Sammelwürdigkeit unbenutzter Etiketten wird von versch. Seiten bestritten. Diese Botenpost wurde eingerichtet, um die zeitraubende österr. Postzensur zu umgehen (Liechtenstein war bis Januar 1921 postal. Österreich angeschlossen). Der Bote brachte die gesammelten Sendungen zum Postamt in den jenseits des Rheins gelegenen schweiz. Ort Sevelen und nahm von dort für Empfänger in Liechtenstein postlagernd eingegangene Sendungen mit. Die in Sevelen aufgelieferte Post wurde mit Marken der Schweiz freigemacht. Der Botendienst ist keine Erfindung aus 1918; er bestand ab 1915 für amtl. Sendungen (ohne diese Etiketten). Der Klebezettel ist postal. nicht erforderlich gewesen. L: 3. 9.

schwerlöslicher Gummi. Ältere Marken der Niederlande und Besitzungen u.a. sind mit einem Gummi versehen, der sich im normalen

→Wasserbad nicht entfernen läßt. Hier hilft nur sehr heißes Wasser und u. U. nachfolgendes vorsichtiges Abwischen mit einem Schwamm oder Abschaben mit Falzbein. Aber Achtung: einige Marken der ehem. Kolonien sind zum Schutz vor Wiederverwendung nach Entfernung des Stempels auf sog. gestrichenem Papier gedruckt worden. Bei diesen löst sich das Markenbild auch schon in kaltem Wasser ab! Geringere Schwierigkeiten können Marken mit neuzeitl. →Kunststoffgummi bereiten. Bes. hartnäckig sind viele alte Österreich-Marken, die mit tier. Leim (Knochenleim) gummiert wurden, der im Laufe der Jahrzehnte verhärtet und oft unlöslich geworden ist. Hier führt bestenfalls Geduld und nochmals Geduld zum Ziele: Viele (!) Wochen in mehrmals erneuertem (wichtig wegen evtl. Schimmelbefalls) kaltem Wasser liegen lassen; noch so heißes Wasser bringt selten Erfolg. Selbst wenn sich die Marke danach ohne Beschädigung vom Unterlagepapier abziehen lassen sollte, bleiben erhebliche Gummireste zurück, die mit einem Falzbein vielleicht abgeschabt werden können, wozu jedoch sehr viel Geschicklichkeit gehört, da das durchgeweichte Papier äußerst empfindlich ist und leicht einreißt. Auf Anfrage interessierter Sammler hat das Laboratorium der österr. Staatsdruckerei ein spez. Verfahren zur Entfernung des Knochenleims entwickelt, das aber für den Sammler recht umständlich ist; dazu und weitere Empfehlungen L: DBZ, Nr. 22/1964.
In ererbten alten Sammlungen sind die Marken häufig statt mit Klebefalz mit Mehlkleister, Dextrin u.a. selbst gemischten Klebstoffen befestigt worden. Diese lassen sich oft mit keinem Mittel wieder auflösen; die Marken sind verdorben und nicht mehr zu retten. Manchmal ist das Papier durch solche ungeeigneten Klebstoffe auch schon weitgehend in seiner Struktur verändert oder zerstört, und die Marke verläßt das Wasserbad nur noch als →Knochen.

schwimmende Geldschränke. Auch so etwas hat es schon zur Postbeförderung gegeben, wenn auch diese Bezeichnung etwas weit hergeholt erscheint. Es hat sich dabei um Stahlkästen bes. Konstruktion gehandelt (niederländ.: Brandkasten). Sie waren an Bord von holländ. Schiffen montiert, die zwischen den Niederlanden und dem ehem. Niederländ.-Indien (heute Indonesien) verkehrten. In diese Stahlkästen konnten die mit →Brandkasten-Versicherungsmarken freigemachten eingeschriebenen Sendungen bzw. Wertbriefe, -pakete und -kästchen eingelegt werden. Bei evtl. Untergang des Schiffes öffnete sich die Halterung der Kästen automatisch, wenn sie mehr als 10 m unter Wasser gerieten, und die Kästen schwammen an die Oberfläche. In diesem Moment begann der eingebaute Mechanismus zu arbeiten, durch den im Abstand von drei Minuten eine Minute lang ein grelles Licht aufleuchtete, alle acht Minuten eine Minute lang ein Signalhorn ertönte und alle Stunde zwölf Leuchtraketen abgefeuert wurden.
Die Chance des Auffindens der Kästen mit wertvollen Postsendungen durch an den Ort der Katastrophe eilende Schiffe war durchaus groß, doch trat ein solcher Fall nicht ein. Außerdem war die geforderte und von der Post an den Hersteller der schwimmenden Geldschränke abzuführende Versicherungsgebühr so hoch, daß von dieser Beförderungsmöglichkeit kaum Gebrauch gemacht wurde und die Einrichtung bald wieder aufgegeben werden mußte.

Schwimmkugelpost →Zinkkugelpost.

Schwimmpost →Brandkastenmarken, →Zinndosenpost, →Paris par Moulins.

Schwindelausgaben →Machwerke.

Scinde-Distriktpost. Die brit. Ostindische Kompagnie hatte zur Beförderung der dienstl. Sendungen ganz Brit.-Indien mit einem dichten Botennetz überzogen, das im Scinde-Distrikt (etwa der heutigen Prov. Sind Pakistans entsprechend) auch zur Mitnahme priv. Post herangezogen wurde. Zur Freimachung erschien am 1. 7. 1852 eine bei allen Zoll-, Polizei- und Steuerämtern in Scinde erhältl. eigenartige Marke in farblosem Prägedruck auf zunächst rotem, später weißem bzw. blauem Papier, die mehr einer Siegelmarke als einem Postwertzeichen ähnelt. Die Inschrift lautet SCINDE DISTRICT DAWK (DAWK in diesem Fall = Post), die Wertangabe 1/2 Anna. In der Mitte ist die älteste Form des Wappens der Kompagnie, ein dreigeteiltes Herz mit den Buchstaben EIC

(East India Company), wiedergegeben. Diese Marken waren bis zum Erscheinen der allgemeinen Ausgabe von 1854 (Mi 4–6) in Kurs; es blieben jedoch nur sehr wenige Exemplare erhalten. L: 3. 1.

Scott, 1. John Walter, * 1868 in London, † 1916 in New York, bedeutender Philatelist, der als »Vater der amerik. Philatelie« bezeichnet wird; gab u.a. die hervorragende Zeitschrift »American Journal of Philately« und den →Scott-Katalog heraus.
2. Walter S. Scott, 1891–1948, Sohn von 1., stieg zu einem der bedeutendsten Markenhändler der Welt auf und führte die Arbeiten des Vaters weiter.

Scott-Katalog, alljährl. erscheinender, in zwei Bänden die Marken aus aller Welt verzeichnender (ferner ausführl. US-Spezialkatalog) und bes. in den USA, aber auch internat. verbreiteter Katalog. Der Scott geht hinsichtl. der Katalogisierung teils uns ungewohnte Wege (→Semi-Postal Stamps) und registriert grundsätzl. z.B. auch keine Blocks.

sculpsit →Stecherzeichen.

SDC. Brit. Marken Mi 65 mit Buchstabenlochung SDC sind ungebraucht, lose gestempelt und bes. auf Ganzbrief für Spezialsammler von Bedeutung, denn diese Lochung ist ein Beweis dafür, daß die vorliegende Marke dem ersten →Markenheftchen aus Automaten der Firma Stamp Distribution Machines in London entstammt und von philat. und postgeschichtl. Interesse ist.

S. d. N. = Société des Nations, Aufdruck auf einigen Schweiz-Marken (mit zusätzl. weiterem Aufdruck) für die Dienststelle des Internat. Arbeitsamtes des Völkerbundes in Genf.

S.d.N. Bureau international du Travail, Aufdruck auf versch. Marken der Schweiz, die 1923 bis 1944 für die Dienststellen des Internationalen Arbeitsamtes (B.I.T.) des Völkerbundes verausgabt worden sind. Danach Aufdruck *Courrier du Bureau International du Travail* bzw. Aufdruck oder Inschrift *Bureau International du Travail.*

SE, Aufdruck auf rumän. Marken Mi 197–207; →Ausstellungs-Dienstmarken.

Sealand, im 2. Weltkrieg von Großbritannien auf Betonpfeilern in der Nordsee bei Harwich errich-

tete künstl. Plattforminsel zur Flugabwehr, die sich, da außerh. der brit. Hoheitsgewässer liegend, ein Mr. Roy Bates aneignete und die desh. am 21. 10. 1968 von Großbritannien als »unabhängiger Staat« anerkannt werden mußte. Dieser Inselstaat nennt sich Sealand, hat außer der Familie Bates und ein paar anderen Personen keine Einwohner, dafür aber eine eigene Währung (1 Sealand-Dollar = 1 US-Dollar), eigene Münzen und gibt Pässe sowie Briefmarken heraus. Die brit. Post lehnt die Postbeförderung von und nach Sealand ab. Es bestand eine unregelmäßige Verbindung mit Hubschraubern nach und von Brüssel, hinter der jedoch ein Markenhändler stand. Die vom Besitzer 1969 verausgabten Marken sind bis auf weiteres philat. uninteressant und müssen zu den →Inselausgaben gerechnet werden. Die weitere Entwicklung bleibt abzuwarten.

Seals, im engl. Sprachraum Begriff für →Julmarken.

Sechseckmarken, für Postwertzeichen selten angewendetes Format, z.B. →Telegraphenmarken Belgiens.

Sechseckstempel. Die Stempelformen sind die Jahrhunderte hindurch sehr vielgestaltig gewesen. Teilweise ist die äußere Form des Stempels ein Kennzeichen für die Verwendung einer Marke zu einem best. Zweck gewesen oder ist es noch. Sechseckstempel wurden z.B. von den Bahndienststellen in Belgien zur Entwertung der →Eisenbahnpaketmarken benutzt, bis die querrechteckigen Stempel endgültig zur Einführung gekommen waren, während die Post zur Entwertung Rund- bzw. Achteckstempel verwendete.

Sechserblock, zwei waagerecht oder senkrecht zusammenhängende Markenreihen zu je drei Stück; u.U. für den Spezialsammler wichtig, wenn bei Fehldrucken ein Paar oder Viererblock nicht charakteristisch ist; auch →Neunerblock.

Sedang, der Phantasie des franz. Abenteurers und Schwindlers Louis David de Mayrena entsprungenes angebl. Königreich am Fluß Mekong in Hinterindien, zu dessen »König« Marie I. sich Mayrena selbst erhob.
Er kam nach Paris, um sich seine Würde von eigenen Gnaden durch die damalige Schutzmacht in Hinterindien, Frankreich, bestätigen zu lassen und ließ in Paris sieben Marken mit Inschrift DEH SEDANG und Wertangaben in einer erfundenen Sprache und erfundenen Währung (von 1/2 Math bis 1/2 Dollar) drucken, die er selbst (bzw. durch seine »Minister«) in Paris und Ostende 1889/90 ungebraucht oder mit einem Stempel versehen an Sammler und Händler verkaufte

und reißend loswurde, bis der Schwindel herauskam.
Nach dem Verschwinden Mayrenas hielt sich der Markendrucker mit seinen Forderungen insofern schadlos, als er die noch bei ihm lagernden Bestände (meist entwertet) verkaufte; das Interesse der Sammler an diesen Schwindelprodukten blieb noch einige Zeit erhalten. Diese Marken haben bestenfalls Kuriositätswert; auch →Maluku Selatan, →Nagaland. L: Wir Jungen (Union Verlag Stuttgart, 1971).

Seebeck, Nicolas F. →Seebeck-Ausgaben.

Seebeck-Ausgaben. Der deutschstämmige Nicolas F. Seebeck, durch Tüchtigkeit, Schlauheit und Intelligenz zum Direktor der Hamilton Bank Note Engraving Company in New York aufgestiegen, hat sich durch zahlr. Marken ein ewiges Denkmal errichtet. Seebeck verstand es ausgangs des vorigen Jh., die ständig in Finanznöten befindl. Regierungen von Ecuador, Honduras, Nicaragua und Salvador zu überreden, ihm bzw. der von ihm vertretenen Firma die Herstellung der Postwertzeichen zu übertragen. Bedingung der bis zu zehn Jahren abgeschlossenen Verträge war, daß alljährl. neue Frei-, Dienst-, auch Porto- und Telegraphenmarken verausgabt wurden, die Seebeck den

Seepost

betr. Postverwaltungen kostenlos zur Verfügung stellte, wofür diese als Gegenleistung die Marken nach einem Jahr für frankaturungültig erklärten, durch bildl. andere Seebeck-Ausgaben zu ersetzen bereit waren sowie die Restbestände zu beliebiger Verwertung und die Ori-

ginaldruckplatten zur unkontrollierbaren Herstellung von Neuauflagen je nach Bedarf und Nachfrage seitens der Sammler Seebeck überließen. Auf diese Art brachten es die vier »Seebeck-Länder« innerh. von ca. acht Jahren auf insg. rund 650 versch. Marken. Die nach Bekanntwerden dieser Verträge geharnischten Proteste aus Sammlerkreisen gaben Veranlassung zur vorzeitigen Kündigung bzw. Nichterneuerung der Verträge. Alle Seebeck-Ausgaben gehören ungebraucht und gestempelt (fast nur gefälligkeits- oder nachträglich entwertet) zur billigsten Massenware; auf Bedarfsbrief u. ä. sind sie dagegen teils äußerst selten und von Spezialsammlern gesucht. Die zahlr. nach Außerkurssetzung von den Originalplatten hergestellten Neudrucke sind kenntlich am ausgesprochen weißen und stärkeren Papier sowie an den kräftigeren Farben.
Nachfolger Seebecks in unserer Zeit sind die sog. Agenturen, die im Auftrag von Entwicklungsländern ohne größeres echtes Postaufkommen den Sammlern pausenlos neue Marken anbieten (z. B. Bhutan, Guinea, Scheichtümer am Persischen Golf).

Seebeck-Länder →Seebeck-Ausgaben.

seegrün. Von der brit. Post wurden ab 1862 zum Druck verschiedener Marken bes. wasserempfindliche Anilinfarben verwendet, wodurch die Wiederverwendung schon einmal gebrauchter Marken nach möglicher Entfernung des Stempels im Wasserbad o. a. verhindert werden sollte. Da dieses Seegrün auch lichtempfindlich ist, kann der Sammler nur selten noch ein Exemplar in der ursprünglichen Farbe erhalten, die meisten Stücke sind mehr oder weniger blaß oder nach Blaugrün bzw. Gelbgrün verfärbt, was Wertminderung bedeutet.

Seeporto. Sendungen, die mit Schiffen zu befördern sind, bedingen seit langem keinen Portozuschlag; sie werden lt. Weltpostvereinsvertrag zum normalen Auslandsporto übernommen. Früher wurde dagegen für derartige Sendungen verschiedentl. zusätzl. ein bes. Seeporto verlangt, wofür es in einigen Fällen auch eigene Seeportomarken gegeben hat.

Seeportomarken, zur Entrichtung eines bes. →Seeportos, z. B. →SOBRE PORTE.

Seepost, amtl. und philat. Begriff für Posteinrichtungen an Bord von Schiffen, die von Postbeamten begleitet werden (Unterschied →Schiffspost). Diese nehmen während der Fahrt die Umarbeitung der vom Postamt des Ausgangshafens in Beuteln angelieferten Sendungen nach Postorten (oder einem anderen System) des Bestimmungslandes vor, was eine wesentl. Beschleunigung der Postbeförderung zur Folge hat. Ferner wird der gleiche Dienst für Besatzung und Passagiere wie bei der Schiffspost ausgeübt.
Die Seepost erlangte bes. auf dem Nordatlantikkurs von Deutschland, Frankreich und Großbritannien nach den USA und umgekehrt große Bedeutung. Auf Grund eines Vertrages vom 24. 12. 1890 wurde die erste Seepost auf dem Schnelldampfer »Havel« des Norddt. Lloyd/Bremen am 31. 3. 1891 und am 3. 4. 1891 auf dem Dampfer »Columbia« der Hapag/Hamburg eingerichtet. Diese Seepostkurse unterstanden in Richtung USA deutschen, in Richtung Deutschland amerik. Postbeamten. Nach Ende des 1. Weltkrieges erfolgte die Aufnahme des Seepostverkehrs USA–Deutschland erst wieder im Juni 1921, in Richtung Deutschland–USA Mitte November 1924 mit dem Schnelldampfer »Columbus« von Bremerhaven aus.
Von Kriegsbeginn 1914 bis März 1917 bestand eine Sonderregelung, da dt. Schiffe nicht mehr fuhren. Zur Abfertigung der an Bord aufgelieferten Sendungen (die Postbüros führten dt. und amerik. Postwertzeichen) verfügten die Bordpostämter über bes. Stempel mit unterschiedl. Inschriften (z. B. *Deutsch-Amerikanische Seepost Bremen–New York*), teils auch mit Schiffs- bzw. Reedereinamen in einer links stehenden Fahne. Die Inschrift Seepost erscheint übrigens auch in versch. Stempeln, die mit Seepost gar nichts zu tun hatten und eigentl. Schiffspost genannt werden mußten. Die unterschiedl. Begriffe See- und Schiffspost wurden erst Mitte der 20er Jahre geschaffen.
Seeposteinrichtungen bestanden und bestehen auch auf versch. Fährschiffen. Im Zeitalter des Flugzeugs hat die Seepost für Briefpost stark an Bedeutung verloren, da ein Luftpostbrief bei geringem Zuschlag um Tage oder Wochen, in den Südseeraum u. U. Monate schneller das Ziel erreicht. Die Seepost beschränkt sich heute mehr auf

Segelflugpost

Pakete, schwere und bei Luftpostbeförderung teure Drucksachen u. ä.
Die Geschichte der Seepost insg. und bezogen auf die einzelnen Länder ist zu umfangreich und verwikkelt, um sich in einem Lexikon näher schildern zu lassen. Zur deutsch-amerik. Seepost L: Archiv für Deutsche Postgeschichte, Heft 1 und 2/1964, ferner Veröffentlichungen der Arbeitsgemeinschaft Schiffspost; →Schiffsbrief.

Seepostbrief, an Bord eines Schiffes mit →Seepost aufgegebene und durch Stempel mit entspr. Inschrift kenntl. Sendung; →Schiffsbrief, →Schiffspostbrief.

Seepoststempel →Seepost.

Seepost-Zusatzmarken, in Mexiko 1875 erschienen (Mi 1–12) ferner 14 nicht verausgabte Wertzeichen; waren keine zur Erhebung einer Nachgebühr dienenden Portomarken, sondern als zusätzl. Gebühr für mit franz. oder brit. Schiffen zu befördernde Auslandssendungen; →Auslandsmarken. Infolge der eigenartigen Verwendung (L: Michel-Katalog) sind diese Marken auf Brief sehr selten.

Seezollamtsmarken, Bez. aus der Sammlersprache für die Marken Chinas Mi 1–15 von 1878/96, die nur für Inlandspost gültig waren und namens der für die Kontrolle der – postalisch eigentlich uninteressanten – Grenz- und Transitzölle zuständigen Seezollämter herausgegeben wurden. Für den über China hinausgehenden Postverkehr bestanden in verschiedenen Orten →Auslandspostanstalten europäischer Staaten und der USA mit eigenen Marken und Stempeln. Erst im Jahr 1896 gab es eine Kaiserlich Chinesische Post, die für alle Dienste im Inland und auch für das Ausland Postwertzeichen verausgabt hat (ab Mi 16).

Segelflugpost. Anläßl. priv. Segelflug-Veranstaltungen werden Briefe oder Karten vom Startplatz aus mitgenommen und nach der Landung dem nächsten (oder einem best.) Postamt zugeleitet, das die Weiterbeförderung übernimmt, falls die erforderl. Gebühr durch aufgeklebte Postwertzeichen entrichtet ist. Zu einigen dieser Veranstaltungen in Deutschland hat es Vignetten gegeben, die im Michel-Katalog als halbamtl. →Flugmarken verzeichnet sind.
Der erste Segelflug mit Postbeförderung sollte am 30. 8. 1923 in der Rhön erfolgen, fiel aber aus. Hierzu wurden die Marken DR 218 und 235 mit vierzeil. Aufdruck *Erster / Post- / Segelflug / 1923* versehen als Vignetten verausgabt. Daß es ledigl. Vignetten sind, geht allein daraus hervor, daß die Freimachung durch Barzahlung beglichen und durch roten Stempel »Gebühr bezahlt« bestätigt wurde. Die ersten wirklichen Beförderungen von Segelflugpost fanden vom 24. bis 31. 8. 1924 statt. Hierzu gab es keine besonderen Vignetten mehr, sondern lediglich zwei über mehrere Jahre benutzte amtl. Sonderstempel mit Inschrift *Rhön-Segelflug-Wettbewerb auf der Wasserkuppe / GERSFELD (RHÖN)* bzw. *Fliegerlager Wasserkuppe / b. GERSFELD (Rhön) / Rhön-Segelflug-Wettbewerb.*
Weitere Vignetten sind aus 1924/1930 bekannt, wozu damals längst ungültig gewordene Marken aus der Inflationszeit (Mi 111/12 und versch. aus Mi 215/67) mit einem Aufdruck versehen wurden (Pforzheim, Schneekoppe, Krummhübel); für die Segelflugpost Herchenhain/Oberhessen wurde eine Vignette eigener Gestaltung verausgabt.

Segmentstempel, bes. von Marken Bayerns bek. Stempelform mit je

nach äußerer Einfassung bzw. Stempelelementen versch. Unterarten.

Segnatasse, auch Segna tassa, ital. = Nachgebühr, Inschrift bzw. Aufdruck auf Portomarken Italiens, seiner ehem. Kolonien, San Marinos und des Vatikanstaates. Von

1884 bis 1913 auch auf vier ital. →Verrechnungsmarken.

Segnatasse vaglia, Inschrift auf ital.

Marken zur Freimachung von Postanweisungen von 1924.

SEGURO POSTAL, Inschrift auf mexikan. Marken; →Postversicherungsmarken.

sehr schön, in Auktionskatalog bzw. Angebotsliste →Qualitätsbezeichnung für eine Marke u.ä., die nur →Durchschnittserhaltung entspricht! Kleine Mängel können vorhanden sein.

Seidenfadenpapier →Dickinson-Papier.

Seidenmarken, auf Seide bzw. Kunstseide gedruckte Marken, z.B. Polen-Block Mi 1085, DDR-Block Mi 950/51, Bhutan-Gebetsteppiche usw.

Seidenpapier, in seiner eigentl. extrem dünnen Art (für Verpakkungszwecke) zum Markendruck ungeeignet, in abgewandelter Form z.B. für Teilauflagen Österreich Mi 1–5 mit einer Stärke von 0,05–0,07 mm verwendet; auch →Zigarettenpapier, →Notpapier.

Seilbahnpost. Zugunsten der »SOS-Kinderdörfer« wurde 1975 eine Sonderpostbeförderung mit der österr. Seilbahn von Zwieselalm zum Gosausee durchgeführt und durch entspr. Sonderstempel gekennzeichnet. Auch →Rheinseilbahn.

Seitenrand, Begriff aus der Sammlersprache für die einen Schalterbogen links und rechts seitl. abschließenden beiden Bogenränder, die u.U. durch besondere →Bogenranddrucke oder -inschriften für den Spezialsammler von Interesse sind und dann nicht abgetrennt werden sollten. Die anderen Bogenränder heißen Ober- beziehungsweise Unterrand.

Seitenrandpunktur →Punktleisten. Die Ausführung der Seitenrandpunktur kann sehr verschieden und auch fein gestrichelt sein. L: DBZ, Nr. 5/1969 u.a.

Seitenrandschraffur, Bez. für auf dem Seitenrand eines Schalterbogens vorkommende →Strichelleiste.

Seitenrandschutz →Strichelleiste.

Seitenrandstück, Marke mit noch anhängendem Teil des linken oder rechten →Seitenrandes des Schalterbogens.

Seiyun, Landesangabe mit Zusatz →Aden (bis 1965) bzw. South Arabia (ab 1966) auf Marken für eines der Sultanate im ehemaligen brit. Östlichen Protektorat Aden, dann Teil der →Südarabischen Föderation (später →Südjemen); der volle Landesname lautet Kathiri State of Seiyun.
Es erschienen viel zu viele unnötige Marken, weshalb alle ab Mai 1967 herausgegebenen als →schädliche Ausgaben auf dem Index der FIP stehen; nach Ausrufung des unabhängigen Staates →Südjemen gibt es seit 1968 keine eigenen Marken mehr. →Hadhramaut, →Mahra State, →Upper Yafa. L: Der Sammler-Dienst, Nr. 9–12/1968.

sekundärer Plattenfehler, während des Druckes oder der Zurichtung der Druckform bzw. des Druckwerkes bei einzelnen Klischees auftretende Beschädigung im Markenbild, die das →Bogenfeld der vorliegenden Marke bestimmt bzw. eine →Plattenrekonstruktion erlaubt. Die Suche nach sekundären Plattenfehlern ist bes. für den Spezialsammler der westdt. sog. Bautenserie interessant; →primäre Plattenfehler, →tertiärer Plattenfehler.

Selangor, einheim. Sultanat auf der Malakka-Halbinsel und bis 1957 unter brit. Schutz stehend mit eigenen Marken von 1878 bis 1900; danach wurden bis 1935 die Gemeinschaftsausgaben für den →Malaiischen Staatenbund verwendet. Unterbrochen von der jap. Besetzungsausgabe während des 2. Weltkrieges und den Marken von Straits Settlements mit Aufdruck BMA/MALAYA, kamen ab 1948 wieder bes. Marken für Selangor heraus, das seit 1957 Mitglied des →Malaiischen Bundes bzw. seit 1963 →Malaysias ist; auch →Malaya.

Selbstbedienungspostamt, teilweise mit Automaten versch. Art ausgestattetes Postamt, in dem das Publikum z.B. wegen einer Einschreibesendung (→Gebühren-Einschreibezettel), Paket- oder Telegrammaufgabe u.a. nicht am Schalter anzustehen braucht und sich selbst bedienen kann. In der DDR gibt es seit langem eine große Anzahl Postämter, die oft auch noch nach Schluß der Schalterstunden zugänglich sind.

Selbstbezettler, in Österreich amtl. Bez. für Firmen mit regelmäßig größeren Einlieferungen von eingeschriebenen Sendungen, denen die Verwendung privater R-zettelähnlicher Vordrucke ohne lfd. Nr. auf →Fensterbriefumschlägen gestattet ist. Die gelb und schwarzen Vordrucke weisen die Ortsangabe mit Postleitzahl, darunter *Selbstbezettler* und danach in zwei Zeilen *Aufgabe-Nummer / siehe Fenster* auf. Die Nummer ist also mitsamt der Anschrift im Briefkopf mit Schreibmaschine eingetippt und durch das Umschlagfenster sichtbar. In einigen anderen Ländern sind ähnliche abgewandelte Vordrucke üblich geworden (z.B. BF, Schweiz).

Selbstbuchungs-Einschreibesendung. Verschiedene Postverwaltungen erlauben Firmen mit großem Postaufkommen auf Antrag, Briefumschläge mit Eindruck von →Einschreibezetteln auf eigene Kosten herstellen zu lassen. Im Bereich der BP müssen diese der amtlichen Form entsprechen. In der Schweiz dagegen, wo diese Möglichkeit schon lange besteht, ist für den Eindruck kein Einheitstyp vorgesehen. Die Vordrucke entlasten den Schalterdienst der Post.

Selbstklebeband, aus Kunststofffolie oder Kreppapierband für Paketverschluß u. ä.; kann auf Marken geraten und beschädigt diese beim Versuch des Abziehens. Marken mit dem Klebeband ausschneiden und einige Minuten in →Benzin legen. Das Klebeband kann dann mit der Pinzette leicht abgehoben werden. Danach die Marke in frischem Benzin nochmals baden oder auf sauberer Unterlage (z.B. Glasplatte) mit benzingetränktem Lappen vorder- und rückseitig vorsichtig abwischen, um alle Klebstoffreste zu beseitigen.
Vor der Verwendung eines normalen Selbstklebebandes zur Befestigung von Marken, Briefen u.ä. im Album ist dringend zu warnen. Es entstehen häufig durch Alterungsprozesse (Zersetzung) fettig aussehende und kaum wieder zu beseitigende Flecke (ähnlich wie durch →Schonfalz). Einzig und auf längere Sicht geeignet sind dagegen die Produkte »tesafilm special« oder »tesafilm D 5009«, die dokumentenecht und wasserfest sind, außerdem nicht dunkel werden oder vergilben.

selbstklebende Marken, auf den in Büro und Haushalt vielseitig verwendeten Selbstklebeetiketten einzeln gedruckte und mit abziehbarem Wachs- oder Silikonpapier rückseitig abgedeckte Marken; erstmals 1964 von Sierra Leone (Mi 251 ff.) verwendet.
Sogar in den USA gab es 1974 eine selbstklebende Weihnachtsmarke. Die Post wollte damit verhindern, daß diese mit →Vorausentwertung an den Schaltern abgegebenen Marken vom Brief abgelöst und nochmals verwendet werden konnten; den Sammlern gelingt das aber trotzdem.
Sollen diese Marken vom Brief abgelöst werden, wie bei →Selbstklebeband beschrieben vorgehen, da der Klebstoff wasserunlöslich ist und beim Versuch des trockenen Abziehens Beschädigungen der Marke auftreten können.
Bei allen diesen Marken ist Vorsicht geboten! Der Klebstoff kann sich mit der Zeit mehr oder weniger stark zersetzen, es können ähnliche Auswirkungen wie beim →Schonfalz auftreten. Auch besteht die Gefahr des Austrocknens und Abfallens, wenn die Marken z.B. auf einem Briefumschlag zur Frankatur verwendet wurden. Die Gefahr ist am geringsten bei ungebrauchten Stücken, die auf der Originalunterlage verbleiben.

seltenste Marken. Als solche sind eigentlich nur die →One-Cent-British-Guiana, der Fehldruck →Skilling-Banco, 3, von Schweden mit nur je einem erhalten gebliebenen Exemplar im Gespräch, danach die →Rote Mauritius und die →Blaue Mauritius. Es gibt aber weitaus mehr gleich seltene Marken, die aus unverständlichen Gründen ein Mauerblümchendasein fristen und den wenigsten Sammlern bekannt sind. Hierzu gehören einige →Postmeistermarken der USA und der →Konföderierten Staaten von Amerika, Honduras Mi A 193, Kamerun, franz. Besetzung Mi 19 mit nur je einem Stück, Stadtpost Tiflis von 1957 mit sechs, →I. R. OFFICIAL (Großbritannien Mi D 59) mit zwölf, Tschechoslowakei Mi 61 und 62 mit je 15 Stück usw.

Semi-Postal Stamps, Kurzform Semi-Postals, Begriff für →halbamtlich, im engl. Sprachgebrauch aber teils weit darüber hinausgehend. Der →Scott-Katalog bezeichnet z.B. alle postamtl. zu irgendeinem Anlaß verausgabten Marken mit Zuschlag (auch Wohltätigkeitsausgaben) als halbamtlich und führt diese getrennt von allen anderen als Semi-Postal Stamps auf. Enthält ein Satz nur eine einzige Marke mit Zuschlag, wird diese »herausgerissen« und gesondert katalogisiert!

Semstwomarken, häufig gebrauchte russ. Bez. für die →Landschaftsmarken; →Ruralpost.

Senegal, ehem. franz. Kolonie in Afrika mit eigenen Marken im übl. Kolonialstil von 1887 bis 1944; danach wurden die Ausgaben für →Französisch-Westafrika verwendet. Die Kolonie schloß sich 1959/1960 für kurze Zeit mit →Mali (hervorg. aus Franz.-Sudan) zu einer Föderation zusammen, die jedoch keinen Bestand hatte. Seit 1960 besteht eine selbst. Republik

Posthausschilder *im alten Sinne gibt es schon seit Jahrzehnten kaum noch. Nüchterne Hinweise über der Eingangstür oder ebenso nüchterne Schilder mit dem Symbol der Post (vielfach ein stilisiertes Posthorn) zeigen heute an, daß sich in dem Gebäude Postschalter befinden. Früher zierten künstlerisch gestaltete, heraldisch orientierte und farbenprächtige Posthausschilder diese Gebäude. Da die handgemalten Schilder nicht immer von einer Zentralstelle der Post geliefert wurden, gab es reizvolle, manchmal auch etwas primitiv wirkende Posthausschilder, denn nicht jeder Maler war auch ein versierter Künstler oder gar Heraldiker. Als oft kostbares Gut aus der Postgeschichte der Länder werden erhalten gebliebene Posthausschilder in den Museen gepflegt, gehütet und können dort im Original bewundert werden. Die Farbtafel zeigt in der oberen Reihe links ein besonders schönes deutsches Posthausschild in prächtig leuchtenden Farben von Lippe-Detmold aus dem 19. Jahrhundert, daneben das einer Königlich Sächsischen Briefsammlung (die also keine weiteren Postdienstgeschäfte ausführte), in der unteren Reihe ein Schild von 1686 der Kaiserlichen Reichspost aus Quedlinburg und ein im Ort Schwedt an der Oder um 1720 angebracht gewesenes der Königlich Preußischen Post. Weitere Posthausschilder auf den Seiten 100 und 182*

Königl: Sächs:
Briefsammlung.

Keÿserliche Post

Kön: Württemb: Post-Amt.

POST-EXPEDITION.

Churpfalzbaierisches Postamt Schrobenhau
sen.

Posthilfstelle

Senegal mit zwar recht vielen, aber sehr gefällig gestalteten und vielfach von der Staatsdruckerei Paris hergestellten Postwertzeichen, die gern gesammelt werden, zumal der monatl. Betrag für ein Neuheitsabonnement gering ist.

Senegambien und Niger, ehem. franz. Kolonie, die 1902 inf. einer Neugliederung der Besitzungen in Westafrika entstand und nur bis 1904 eigene 13 Marken erhielt; danach Umbenennung in →Obersenegal-Niger, das 1921 wiederum unter →Französisch-Nigergebiet und →Französisch-Sudan aufgeteilt wurde.

Senf, Louis, *1852 in Leipzig, † 1940, bedeutender dt. Philatelist, Markenhändler, Verleger bzw. Autor zahlr. Bücher und Zeitschriften, gründete mit seinem Bruder Richard Senf die über Jahrzehnte hinaus weltbekannte Firma Gebrüder Senf in Leipzig, die auch das »Illustrierte Briefmarken-Journal« (die bisher langlebigste dt. Sammlerzeitschrift) und den Senf-Katalog herausgab. Louis Senf schied 1890 aus der Firma aus und betätigte sich nur noch als Fachschriftsteller bzw. Redakteur versch. Zeitschriften, von denen »Die Post« zu den wichtigsten und interessantesten ihrer Zeit gehörte.

Senf-Katalog, von 1892–1944 alljährl. erschienener Katalog für die Marken aus aller Welt, der bis Anfang des 20. Jh. auch die Ganzsachen anführte und der verbreitetste Katalog in Deutschland gewesen ist. Der →Michel-Katalog hatte es schwer, gegen den bewährten Senf-Katalog aufzukommen, der sich durch viele interessante und philat. wertvolle (teils noch heute gültige) Fußnoten auszeichnete. Ältere Jahrgänge der Senf-Kataloge können für Spezialsammler noch eine Fundgrube sein. Die ersten Senf-Kataloge entstanden unter wesentl. Mitarbeit von Franz →Kalckhoff im Verlag der bis Ende des 2. Weltkrieges weithin bekannten Markenhandlung Gebrüder Senf in Leipzig (Louis →Senf). Es kann behauptet werden, daß der den Sammlern in der DDR zur Verfügung stehende →Lipsia-Katalog als entsprechend bearbeitete Fortsetzung des Senf-Kataloges anzusehen ist.

Separatistenmarken, während der

Putsche von 1918 bis 1924 in der belgischen und französischen Besatzungszone hergestellte Marken mit Bild- oder Schriftaufdrucken auf verschiedenen deutschen Marken; auch →Räterepubliker, →Rheinische Republik.

Serbien. Dieses ab 1866 Marken verausgabende Königreich ging nach Ende des 1. Weltkrieges in das

später Jugoslawien genannte Staatsgebilde auf. Die bildl. unschönen Marken Serbiens werden bei uns kaum gesammelt, sie sind aber für den philat. Forscher ungewöhnl. interessant und ergiebig, was aus den Anmerkungen im Michel-Katalog nur andeutungsweise hervorgeht. Erwähnenswert mag sein, daß 1911 die großen Restbestände urspr. privater Vignetten, die zu wohltätigen Zwecken vertrieben worden waren, von der serb. Post übernommen und, mit Aufdruck des Staatswappens versehen, als amtl. Zeitungsmarken verausgabt wurden (Mi 107–117). L: Schweizer Briefmarken-Zeitung, Nr. 12/1966.
Nach Ausbruch des 1. Weltkrieges flüchtete die Regierung und fand auf der Insel Korfu Asyl. Aus dieser Zeit sind versch. franz. Marken mit Aufdruck →POSTES SERBES als sog. →Exilmarken bekannt. Während der Besetzung durch Österreich und Übernahme des Postwesens durch die Österr.-ungar. Feldpost wurden 42 ihrer Marken mit Aufdruck SERBIEN in Kurs gesetzt. Im 2. Weltkrieg wurde der jugoslaw. Landesteil Serbien von Deutschland besetzt, und es wurde dort eine sog. →Landespost unter Aufsicht der dt. Militärverwaltung eingerichtet, von der 107 versch.

Posthausschilder Deutschland. *Auf dieser Tafel werden weitere heraldisch, künstlerisch und farblich besonders schöne Posthausschilder gezeigt. Links oben ein solches der Königlich Württembergischen Post aus der Zeit um 1880, daneben eines der Großherzoglich Braunschweigischen Post von etwa 1800 und unten links ein Schild von 1805 der Königlich Bayerischen Post. Daß Posthausschilder auch die Jahrhundertwende überstanden (teils bis in die 20er Jahre hinein), beweist die Abb. rechts unten; sie gibt das Schild einer ländlichen Posthilfsstelle der Deutschen Reichspost um 1900 wieder. Weitere Posthausschilder siehe Farbtafeln auf den Seiten 100 und 181*

Freimarken und einige Porto- sowie eine Dienstmarke verausgabt wurden, die im Michel-Deutschlandkatalog unter »Deutsche Besetzungsausgaben in den besetzten Gebieten 1939/45« verzeichnet und z.T. durch Aufdruck SERBIEN auf versch. jugoslaw. Marken entstanden sind. L: 3. 6.

Serie, seltener gebrauchte Bez. für →Satz.

Serienstempel, Begriff für text-, bild- und formgleiche Sonder- oder Werbestempel, die von Postämtern in mindestens zwei Orten verwendet werden; →Gelegenheitsstempel. L: 2. 4., 3. 10.

seriöse Markenländer, geben nicht zu viele und kostspielige Neuheiten pro Jahr heraus und gehören zu den →beliebten Sammelgebieten. Leider werden die seriösen Länder in Übersee von den Sammlern viel zu wenig beachtet (z.B. Australien, Neuseeland, Südafrika); →ausgabefreudige Länder, →Modegebiete, →Raubstaaten; →Anhang III, Beliebtheitsstatistik.

Service, gelegentl. Aufdruck auf Marken, die für den Dienstgebrauch von Behörden verwendet werden (z.B. Kuwait).

Service de l'Etat, Inschrift auf einigen Dienstmarken von Ägypten.

Services des postes. Eindrucke oder Gummihandstempel (letztere meist

rot) in sehr unterschiedlicher Gestaltung sind häufig zur Kennzeichnung auf Sendungen einer Postdienststelle zu finden, die in jedem Fall – auch im internat. Verkehr – portofrei sind und nicht mit Marken freigemacht werden müssen; →Postsache.

Servicio Aereo, span. = Luftdienst. Inschrift oder Aufdruck bei Marken einiger span. sprechender Länder, die vorzugsweise oder ausschließlich zur Freimachung von Luftpostsendungen dienen. Gleichbedeutend ist Correo Aereo.

Servicio commissioni, Inschrift auf ital. →Verrechnungsmarken von 1913/25, mit denen die entrichtete Gebühr für Beschaffung oder Beglaubigung von Urkunden durch die Post ausgewiesen wurde.

Servicio del Estado, span. = Staatsdienst. Aufdruck auf einigen Marken Chiles, die 1928/34 für die Dienststellen des Außenministeriums verausgabt worden sind.

Servicio Oficial, Aufdruck oder Inschrift auf Dienstmarken span. sprechender Länder (z.B. Mexiko).

Seuchenbrief, bessere, da allg. gehaltene Bez. für alle Postsendungen, die zur Verhinderung der Einschleppung seuchenartiger Krankheiten einer bes. Behandlung unterzogen worden sind (→desinfizierte Post, →Cholerabrief).

Seuchenstempel, allg. Bez. für alle Stempel, die die vorgenommene Behandlung einer Postsendung zur Verhinderung der Einschleppung seuchenartiger Krankheiten kennzeichneten (→desinfizierte Post). Gleichbedeutende Bez. sind Cholera-, Desinfektions- bzw. Sanitätsstempel.

Seychellen, Inselgruppe im Ind. Ozean nordöstl. von Madagaskar und ehem. brit. Kronkolonie mit Marken seit 1890. Vorher wurden die Marken von Mauritius verwendet, kenntl. an der Entwertung mit Balkenovalstempel B 64, der noch viele Jahrzehnte auf den Seychellen-Marken weiterverwendet worden ist. Die Abbildung einer solchen Marke geben die Gedenkmarken der Seychellen Mi 192–194 wieder. Für den Spezialsammler gibt es aus alter Zeit noch manche anderen Stempel zu entdecken, die in Verbindung mit den Seychellen stehen (z.B. auf Ausgaben von Brit.-Indien). Seit 1952 sind einige hübsche Bildermarken erschienen. Auch als unabh. gewordenes Land (1976) befolgen die Seychellen weiterhin die von früher her gewohnte zurückhaltende Ausgabepolitik. Ein Neuheitenabonnement erfordert keine nennenswerten Aufwendungen. Großbritannien erwarb

von der Republik Seychellen und von Mauritius käufl. einige Inseln, aus denen 1965 das →Britische Gebiet im Ind. Ozean (BIOT) gebildet wurde. 1976 kamen die drei Inseln an die Seychellen zurück. L: DBZ, Nr. 24/1967.

S.G., engl. = Sudan Government, Aufdruck auf Freimarken von →Sudan, die als Dienstmarken verwendet wurden (Mi D 12–67).

SH, Landesangabe für →Schleswig-Holstein auf den ersten Marken von 1850.

Shanghai China, mit zusätzlich neuer Wertangabe, Aufdruck auf versch. Marken der USA, die 1919/22 für das amerik. Auslandspostamt in Shanghai verausgabt worden sind.

Shanghai-Lokalpost. Im Kaiserreich China bestanden neben dem vom Seezollamt (→Seezollamtsmarken) betriebenen Postdienst zahlr. Privatpostanstalten, darunter allein in Shanghai 152, von denen die seit 1854 von der Stadtverwaltung eingerichtete Municipal Local Post die bedeutendste war. Interessenten konnten gegen Zahlung einer jährl. Pauschalsumme ihre ges. Post ohne Freimachung befördern lassen. Andere Benutzer

mußten jede Sendung einzeln bezahlen bzw. mit Marken freimachen, die 1865 eingeführt wurden. Bis zur Auflösung aller Privatposten durch die zur Kaiserl. Chines. Staatspost umgewandelte Seezollamtspost im Jahre 1897 verausgabte die Shanghai-Lokalpost 113 versch. Frei- und 18 Portomarken, die im Michel-Katalog im Anschluß an die chines. Provinzausgaben bis 1948 katalogisiert und ein reizvolles Nebensammelgebiet sind. In einer China-Sammlung brauchen diese Lokalmarken jedoch nicht unbedingt enthalten zu sein.

Shanghai Municipality →Shanghai-Lokalpost.

Sharjah, im Michel-Katalog Schardschah geschrieben, eines der sieben →Scheichtümer am Pers. Golf. Nach Lösung des brit. Schutzvertrages (→Trucial States) erschienen die ersten eigenen Marken Mitte 1963. Man bediente sich

einer Agentur, die pausenlos zu allen mögl. und unmögl. Anlässen zahllose Marken, Blocks und geschnittene Parallelausgaben sowie einige Dienstmarken produzierte, so daß Sharjah eindeutig zu den →Raubstaaten gehört; alle seit Mai 1967 erschienenen Marken stehen als →schädliche Ausgaben auf dem Index der FIP, finden aber inf. geschickter Motivwahl immer wieder Käufer. Zu Sharjah gehören drei kleine Exklaven, weshalb die Landesangabe SHARJAH AND DEPENDENCIES lautet; für die Exklave →Khor Fakkan gab es überflüssigerweise bes. Marken. L: Schweizer Briefmarken-Zeitung, Nr. 2 und 6/1966.

Seit 1. 1. 1973 sind alle Scheichtümer polit. – unter Wahrung gewisser Privilegien – zu den →Vereinigten Arabischen Emiraten zusammengeschlossen, die einige wenige Gemeinschaftsausgaben herausbringen.

Shihr and Mukalla, Qu'aiti State of, von 1942 bis 1955 Landesangabe auf den Marken für später →Hadhramaut.

Shkodre, Aufdruck auf versch. Marken Albaniens, die 1915/19 als Lokalausgabe für die Stadt Skutari verausgabt wurden.

Shqiperia, auch Rep. Shqyptare, Shqipni, RPE Shqiperise u.ä., Inschrift auf Marken von →Albanien.

Shqiperise →Shqiperia.

Shqipni →Shqiperia.

S.H.S., auch ohne Punkte, serbokroatisch = Serbien – Kroatien – Slowenien. Aufdruck (mit weiteren Texten) auf versch. Marken von Bosnien-Herzegowina und Ungarn, die im Katalog unter Jugoslawien verzeichnet sind.

Shtator / 14 / 1943, Aufdruck auf 14 albanischen Marken aus Mi 299–320, die 1943/44 während der dt. Besetzung Albaniens von der Landespost verausgabt wurden.

Shuna, kleine Insel vor der Westküste Schottlands, deren Besitzer einige Privatpostmarken verausgabt hat; →Inselausgaben.

Siam, früherer Name für heute →Thailand.

Sicherheitspapier, allg. Bez. für Papiere zum Markendruck, die eine möglichst große Sicherheit gegenüber →Postfälschung bzw. Entfernung von Stempeln bereits gebrauchter Marken und deren Wiederverwendung bieten sollen. Von den Sicherheitspapieren setzte sich nur das Dickinson-Papier (→Seidenfadenpapier) durch, konnte aber nur verwendet werden, solange die Marken noch nicht gezähnt oder durchstochen verausgabt wurden. Das →Douglas-Patentpapier kam aus Kostengründen nicht zur Einführung. Die Postverwaltungen bevorzugten mehr →Schutzaufdrucke oder Schutzunterdrucke verschiedenster Art, das gestrichene Papier u.a. Auch →Francis-Papier.

Sicherungsdurchlochung. Zwecks Vermeidung unrechtmäßiger Verwendung von Postwertzeichen wurden und werden manchmal Lochungen unterschiedlicher Form seitens der betr. Stelle vorgenommen; →Durchlochung, →Firmenlochung. Die tschech. Post z.B. versieht die ihren Pressemitteilungen beigelegten Originalmarken kommender Neuausgaben teils mit einer sternförmigen Lochung, womit Frankaturungültigkeit angedeutet wird. Auch →Sicherungsstempel.

Sicherungsstempel, bes. ausgeführte postamtl. Stempel, die auf Briefen mit →Doppelfrankatur verwendet wurden, um die erst später mit Ortsdatumstempel zu versehenden Marken vor Diebstahl zu

schützen; hierzu auch →I.P.O. Eine andere Art von Sicherungsstempel ist auf Paketkarten zu Paketen zu finden, die bei dt. Auslandspostanstalten oder in den ehem. Kolonien aufgeliefert und mit hohen Frankaturen versehen waren. Nachdem es sich gezeigt hatte, daß diese Marken während des Transportes verschiedentl. entwendet worden waren, erhielten die Paketkarten z.B. einen Hinweisstempel, aus dem durch handschriftl. Eintragung hervorging, mit wieviel Marken beklebt die Paketkarte beim zuständigen Heimatpostamt eingetroffen war. Diese Stempel waren also nur eine nachträgl. Sicherung für die Post; →gelochte Marken.

VERMERK DER ASTRONAUTEN ÜBER DIE MONDLANDUNG 'LANDED AT HADLEY MOON JULY 30 1971 / DAVID SCOTT JAMES IRWIN'.

FLUGPOSTMARKE ZU 10 CENT 'FIRST MAN ON THE MOON' GESTEMPELT 'KENNEDY SPACE CENTER / JUL 26 AM 1971' — DEM TAG DES STARTS.

ABZEICHEN VON APOLLO—15 ENTWORFEN VON EMILIO PUCCI.

UNTERSCHRIFT DER DREI ASTRONAUTEN NACH DER RÜCKKEHR, SCOTT, WORDEN UND IRWIN.

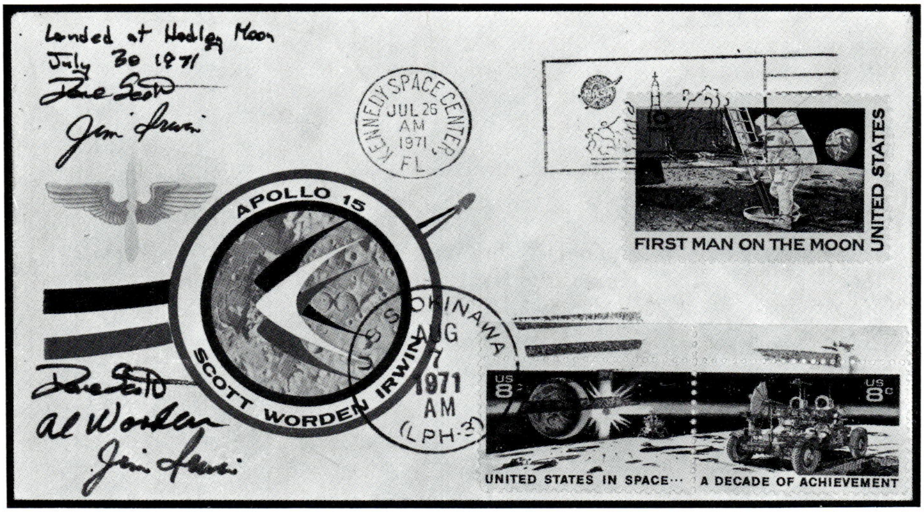

STEMPEL DES BERGUNGS—SCHIFFES 'U.S.S. OKINAWA/ AUG 7 1971 AM / (LPH 3)' AUF DER WÄHREND DES FLUGES ERSCHIENE—NEN DOPPEL—MARKE ZU 8 CENT MIT BILD DES MONDAUTOS.

FORTLAU—FENDE NUMMER, PRÜFUNGS—STEMPEL UND UNTERSCHRIFT H.W. SIEGER

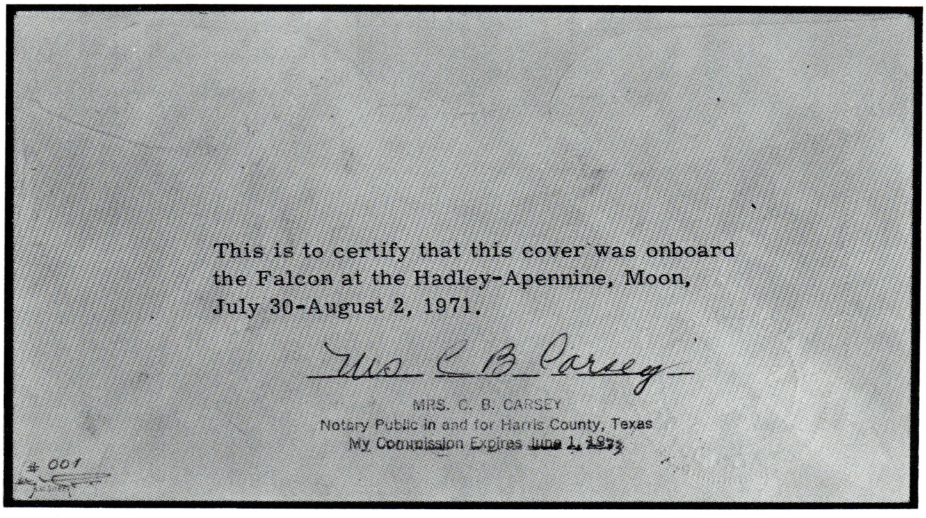

BESTÄTIGUNG DES NOTFALLS MIT DIENSTSIEGEL (TROCKEN—PRÄGE—STEMPEL) UND UNTERSCHRIFT.

Sieger-Mondbriefe

Auch einige →Punktkreisstempel und →Strichkreisstempel können als Sicherungsstempel angesehen werden, wenn sie absichtl. so gestaltet sind, daß die Entfernung des Stempels und Wiederverwendung einer bereits einmal benutzten Marke zum Schaden der Post erschwert oder unmöglich gemacht wird. Ausgesprochene Sicherungsstempel dieser Art sind z.B. die Strichkreisstempel von Niederländ.-Indien gewesen, deren äußere unterbrochene Einfassung messerscharf ausgeführt war, so daß die Stempelfarbe tief in das Markenpapier eindrang und dieses häufig sogar ganz eingeschnitten wurde. Auch →Durchlochung, →Firmenlochung, →Sicherungsdurchlochung.

Sicilia, mit *Bollo della Poste di,* Landesangabe auf den Marken von →Sizilien.

Siegelmarken, Briefverschlußetiketten von Behörden, amtl. Dienststellen u.ä. mit entspr. Inschriften und oft schönen Prägungen, die früher verbreitet verwendet und als Randgebiet von Briefmarkensammlern auch gesammelt werden (auch →Weizensiegel). Die z.B. heute zum Verschluß beschädigt eingegangener Sendungen u.a. von der Post benutzten Zettel werden ebenfalls Siegelmarken genannt.

Sieger, Hermann E., 1902–1954, gründete 1922 die bek. und noch heute bestehende Markenhandlung, die sich auf die Beschaffung von Neuheiten, seinerzeit Zeppelinpost, bes. spezialisiert hat. Sieger trat auch als kenntnisreicher Philatelist hervor (Liechtenstein-Handbuch, Bearbeitung des Buches von Karl Köhler über Altwürttemberg, Zeppelinpost-Katalog u.a.). Das Haus Sieger ist der philat. Literatur nach wie vor zugetan, verlegte das Württemberg-Werk von Wölffing-Seelig und gibt versch. Kataloge heraus. Alljährl. wird der →Siegerpreis für philat. Literatur verliehen. Das 1930 eröffnete Liechtensteinische Postmuseum in Vaduz geht wesentl. auf die Initiative von H. E. Sieger zurück, der dem Land als Grundstock für das Museum seine umfangr. Liechtenstein-Spezialsammlung stiftete und der erste Kurator des Museums war.

Sieger-Kataloge, bei Motivsammlern beliebte Kataloge zu versch. Themen, ferner über Belege der mit der Deutschen Lufthansa beförderten Sendungen u.a., Ersttagsumschläge und -stempel. Der Zeppelinpost-Katalog ist der umfangreichste und vollständigste seiner Art und erscheint in größeren Abständen in Neuauflage. Der gleichgute Deutsche Flugpost-Katalog ist bisher leider noch nicht wieder neu bearbeitet worden.

Sieger-Mondbriefe. Einem bekannten dt. Markenhändler gelang es, den Astronauten anläßl. des Apollo-15-Fluges im August 1971 insgesamt 100 Briefumschläge mitzugeben, die auch auf der Mondoberfläche gewesen sind. Die Entwertung der aufgeklebten USA-Marke Mi 990 erfolgte beim Postamt Kennedy Space Center. Nach Rückkehr der Raumkapsel wurden an Bord des Bergungsschiffes »Okinawa« noch die Marken Mi 1046/47 im Paar hinzugeklebt und mit dem Bordstempel entwertet.
Eine Anschrift enthalten diese Briefe, die ganz selten einmal im Handel und dann für einen fünfstelligen Betrag angeboten werden, allerdings nicht, dafür aber handschriftliche Vermerke der Astronauten, die bestätigen, daß diese Stücke tatsächlich auf der Mondoberfläche gewesen sind. Auch →Mondpostamt, →Mondbriefe.

Siegerpreis für philatelistische Literatur, 1927 von Hermann E. →Sieger gestiftete Auszeichnung. Die Verleihung erfolgt alljährl. an einen Philatelisten, der sich durch eigene Arbeiten in dt. Sprache oder durch eine grundsätzl. bedeutsame Förderung der dt. philat. Literatur im laufenden oder vergangenen Jahr hervorgetan hat; →Hermann Deninger-Literaturpreis. →Kalckhoff-Medaille.

Sierra Leone, ehemal. brit. Protektorat bzw. Kronkolonie in Westafrika mit eigenen Marken ab 1859 im übl. Kolonialstil. Erst seit 1933 hat es hübsche Bildermarken gegeben. Sierra Leone erhielt 1961 die Unabhängigkeit zugesprochen und befolgte zwei Jahre lang die von britischen Besitzungen und einigen Nachfolgestaaten gewohnte zurückhaltende Ausgabepolitik. Dann aber verschrieb sich die junge Republik einer →Agentur, die seitdem zur Schröpfung der Sammler pausenlos gänzl. überflüssige Marken auf den Markt bringt. Diese Agentur »erfand« 1964 u.a. die selbstklebenden Marken im Format einer Landkarte, eines Adlers usw. und sorgte auch durch →Folienmarken für die »Bereicherung« der Sammleralben. Obwohl diese Produkte nicht auf der Indexliste der →FIP stehen (die sowieso voller Widersprüche bzw. unvollkommen ist), muß vor der Aufnahme Sierra Leones als Sammelgebiet gewarnt werden. Es ist schade um das für die Ausgaben seit 1964 hinausgeworfene Geld.

signiert. Auf der Markenrückseite (bei Ganzsachen, Ganzbriefen unterh. der Frankatur) ist mittels Stempel ein Name, Buchstabe oder auch ein Handzeichen angebracht. Das kann ein Eigentumskennzeichen des Vorbesitzers oder das →Garantiezeichen eines Händlers sein, der auf diese Weise zum Ausdruck bringen will, daß die von ihm verkaufte Marke in einwandfreiem Zustand und – obwohl noch keinem Prüfer vorgelegt gewesen – echt ist.
Bei sehr wertvollen Marken genügt signiert nicht, sie müssen geprüft sein und den →Prüferstempel aufweisen. Der Sammler sollte die Anbringung von Eigentumszeichen unbedingt unterlassen; es kann sich bei späterem Verkauf der Marke wertmindernd auswirken.

Silber-Briefmarken. Der silberne Effekt bei Markendrucken wird mit Farbe erzielt, die aus feinst pulverisiertem Aluminium mit einem Bindemittel hergestellt wird. Im allg. wird »Silberfarbe« nur für einzelne Bildpartien verwendet (z.B. Großbritannien, Profil der Königin auf vielen Sondermarken). Es hat auch schon auf dünnste Aluminiumfolie gedruckte Marken gegeben (z.B. Ungarn, Mi 1449). Auch →Gold-Briefmarken 2), →Bronze-Briefmarken, →Messing-Briefmarken, →Folienmarken.

Simi, Aufdruck auf ital. Marken; →Ägäische Inseln.

Simplexstempel, übliche Bez. für die bei uns meist →Solostempel genannten Entwertungsstempel aus Großbritannien mit Einflußgebieten.

Singapore, engl. Bez. für →Singapur und Landesangabe auf den Marken dieser ehem. brit. Kronkolonie seit 1948 bzw. der Stadtrepublik seit 1963.

Singapur, auch Singapore, Insel an der Südspitze der Malakka-Halbinsel, bis 1946 (unterbrochen durch die jap. Besetzung während des 2. Weltkrieges) Teil der brit. Kronkolonie →Straits Settlements, danach mehrfach wechselnder polit. Status. Die →Kokosinseln und die →Weihnachtsinseln gehörten bis 1955 bzw. 1957 zur Kolonie Singa-

pur. Seit 1948 erscheinen eigene Marken. Von 1963 bis 1965 gehörte Singapur →Malaysia an, ist seitdem aber unabh. Republik. Es wurden und werden ansprechende Bildermarken verausgabt, die gern gesammelt werden; den Sonder- und Gedenkmarken liegen fast ausschl. nur die kleine Republik angehende Ausgabeanlässe zugrunde.

Sirmoor, auch Sirmur, ehem. brit.-ind. →Vasallenstaat mit 11 nur für Sendungen im Land selbst gültigen Frei- und 16 Dienstmarken von 1879 bis 1901.

sitzende Britannia, Bez. aus der Sammlersprache für ein von ehemaligen brit. Kronkolonien benutztes Markenbild mit einer der Zeichnung der →Mulready-Briefhüllen nachempfundenen weiblichen Gestalt als Symbol für das damalige Weltreich. Eigenartig an den frühen Ausgaben von Barbados (1852/82), Mauritius (1854/1860) und Trinidad (1851/83) ist, daß diese Marken meist keine Wertangabe enthalten; die Druckfarbe entsprach den gebräuchlichsten Portosätzen. Für Trinidad & Tobago wurde dieses Motiv in verkitschter Ausführung nochmals 1896–1922 verwendet.

Sitzende Helvetia, Begriff aus der Sammlersprache für die Schweiz-Marken aus Mi 101–171 mit sitzender, Helvetia genannter symbol. Frauengestalt, nach rechts gerichtet mit Schwert in der rechten Hand. Die Marken in Ausführung Sitzende Helvetia gehören teils zu Freimarkensätzen, deren niedere Wertstufen den Tellknaben oder Tellkopf, deren Höchstwerte Landschaftsbilder wiedergeben. Es gibt versch. Möglichkeiten zur spezialisierten Sammlung dieser Marken,

bes. durch Papierunterschiede (hierzu Spezialkataloge von Zumstein, Kottelat, Müller). Die Schweiz-Marken Mi 20–44 mit gleichfalls sitzender Helvetia sind unter dem Begriff →Strubel oder Strubeli bekannt.

Sizilien, seit 1816, d.h. z.Z. der Ausgabe von Postwertzeichen mit →Neapel zum »Königreich beider Sizilien« vereinigt. Die graph. schönen sieben Marken sind inf. geringer Auflage und kurzer Verwendungszeit selten und sehr wertvoll; gestempelt sind sie durch den reizvollen →Girlandenstempel von ästhetischer Schönheit, wenn dieser Stempel so abgeschlagen worden ist wie vorgesehen, nämlich das Porträt des Herrschers umrahmend und nicht verunstaltend. Das Königreich beider Sizilien ging 1861 in das Königr. Italien auf; auch →Sizilien-Fehldruck. Von seiten der

brit.-amerik. Militärregierung wurden im Herbst 1943 neun bes. Marken für Sizilien verausgabt. L: 3. 10.

Sizilien-Fehldruck, Bez. für die Marke →Siziliens Mi 1 zu ½ Grano von 1859 in blauer statt gelber Farbe, die in lediglich zwei Exemplaren bekannt ist und von nur wenigen Katalogen angeführt wird (von Michel und Zumstein z.B. nicht).

Skart, auch Postskart, in Österreich Bez. für →Kiloware, bevorz. für von einer Postverwaltung angebotene Kiloware, die meist gutes und hochwertiges Material enthält und häufig gegen Höchstgebot versteigert wird.

Skaut-Post →Pfadfinderpost.

Skilling-Banco, 3-, Bez. aus der Sammlersprache für eine der seltensten Marken der Welt, die (wie die →Cent-Guiana, 1-) in nur einem gestempelten Stück erhalten geblieben ist (Mi 1 F). Es handelt sich um einen Farbenfehldruck, dessen Entstehung nicht nachgewiesen werden konnte. Es ist aber zu vermuten, daß eine Verwechslung in der Druckerei vorgelegen hat (ähnlich →Baden-Fehldruck), indem die Druckplatte der Marke zu 3 Skilling versehentlich einmal statt grün mit der gelben Farbe der 8-Sk-Marke eingefärbt wurde, ein solcher Bogen der Kontrolle entgangen ist und unbeachtet aufgebraucht wurde.
Das Leben ist reich an Zufällen;

nicht zuletzt auch die Philatelie und die »Lebensgeschichte« so mancher seltenen Briefmarke. Als Beispiel mögen die Skilling-Banco und die 1-Cent-Marke von →Britisch-Guiana gelten, denn beide, die nur in je einem Stück erhalten geblieben sind, wurden von Schuljungen aufgefunden, die keine Ahnung haben konnten, welch wertvolle Papierstückchen sie entdeckt hatten, und diese für ein paar Groschen verkauften.
Im Falle der 3-Skilling-Banco war es der Schüler Georg W. Backman aus Stockholm. Dieser hörte 1885, daß der Briefmarkenhändler H. Lichtenstein bes. die Werte zu 3 und 4 Skilling aus der ersten Freimarkenserie Schwedens von 1885 (Mi 1 und 2) zum schon damals stolzen Preis von 7 bzw. 24½ Kronen zu kaufen suchte. Als Backman sich zur Weihnachtszeit 1885 im Haus seiner Großmutter auf dem Land aufhielt, fragte er, ob sie vielleicht alte Briefe mit Marken herumliegen habe, durch deren Verkauf er sein spärliches Taschengeld aufbessern könne. Die gute Großmutter konnte dem Enkel die Bitte nicht abschlagen und holte allerlei Briefe hervor. Darunter befand sich einer, der mit einer 3-Sk-Marke in gelber Farbe freigemacht war.
Der Junge wußte nicht, daß diese eigentlich grün sein mußte und Gelb dem 8-Sk-Wert zukam; er mag aber wohl gedacht haben, 3 ist 3, und hatte nur die 7 Kronen im Kopf. Nach Stockholm zurückgekehrt, ging er zu dem Händler und bot seine Funde an 3- und 4-Sk-Marken (auf Brief!) an. Nach einigem Zögern zahlte Lichtenstein auch für die gelbe Marke den gebotenen Preis.
Dieser Händler verstand natürlich etwas von Briefmarken und hatte einen großen Bekanntenkreis. Er hörte sich überall um und merkte nach längerer Zeit, welchen »Goldfisch« er da gefangen hatte, und bot die Marke 1894 dem damals weltbekannten »Briefmarkenkönig« →Ferrari an, der sie auch für 7000 Kr kaufte; innerhalb von neun Jahren eine kaum glaubliche Wertsteigerung! Lichtenstein wird sich die Hände gerieben haben; zu seinem Glück erfuhr er aber zu Lebzeiten nichts mehr über die sagenhaften Preise, die später für dieses Unikat erzielt wurden.
Die Marke – zu irgendeiner Zeit ist sie bedauerlicherweise vom Brief abgelöst worden, da der Finder Backman in einem Interview 1922 ausdrücklich betonte, die Marke habe sich auf einem Faltbrief befunden – wurde anläßlich der Ferrari-Auktion in Paris 1922 von dem schwed. Baron Erik Leijonhufvud für 12300 Kr erworben, aber bereits ein Jahr später mit guter Verzinsung an C. A. Tamm verkauft. Dieser gab das Stück 1928 an Johan Ramberg ab. Das muß ein cleverer Mann gewesen sein, denn es gelang ihm, die Marke 1937 an König Carol von Rumänien – ein leidenschaftlicher Sammler – zum fast dreifachen des neun Jahre vorher bezahlten Preises zu verkaufen. Im erzwungenen Exil mußte sich der König 1950 von allen wertvollen Stücken trennen; den Schweden-Fehldruck erwarb René Berlingin, ein im Fürstentum Liechtenstein ansässiger Belgier mit größten finanziellen Möglichkeiten. Berlingin soll schon seit 1974 zum Verkauf der Weltrarität bereit gewesen sein und die Marke zu diesem Zweck der Firma Frimärkshuset in Stockholm zur Verwahrung übergeben haben. Ob sich allerdings die Forderung jemals verwirklichen wird (es wird von 1 Mill. Dollar gesprochen!), steht auf einem andern Blatt.
1975/76 tauchte erstmals die Vermutung auf, daß es sich um eine Fälschung handeln könnte. Eine Expertenkommission wurde gebildet, die nach eingehender Untersuchung dieser vom Besitzer zur Verfügung gestellten Marke zu der Auffassung kam, es liege eine Fälschung vor, die durch geschickte Änderung der ursprünglichen »8« in eine »3« entstanden sei. Es wurden auch andere Argumente vorgebracht, die auf eine Fälschung hindeuteten. Nach diesem Ergebnis befaßte sich eine zweite Kommission nochmals mit der Marke (und auch sonstigen Skilling-Werten, die im Postmuseum Stockholm vorhanden sind); der Bericht lag Ende 1976 noch nicht vor.

SKZ, Abkürzung im Katalog vor der Nummer ist Kennzeichnung für aus →Markenheftchen oder →Heftchenbogen stammende →Kehrdrucke, die durch einen →Zwischensteg getrennt sind.

Slesvig, Landesangabe auf den Marken für das Abstimmungsgebiet →Schleswig.

Slogan Postmark, im engl. Sprachraum Bez. für einen Maschinenstempel mit Werbeeinsatz.

Sloper, Josef, Engländer, der als Erfinder der →Firmenlochung zum Schutz von Briefmarken gegen Veruntreuung (1867) gilt.

SLOVENIJA, Aufdruck →Slowenien.

Slovenska Posta, Landesangabe auf den Marken der →Slowakei 1939/42; danach nur *Slovensko*.

Slovensko, auch Slovenska Posta, Landesangabe auf den Marken der →Slowakei.

Slovensky stat/1939. 34 Marken der Tschechoslowakei mit diesem

Aufdruck sind Ausgaben der →Slowakei.

Slowakei, südöstl. Teil der Tschechoslowakei, der nach deren Besetzung durch Deutschland 1939 bis 1945 (→Böhmen und Mähren)

selbständig war. Es erschienen zunächst provisorische Ausgaben, hergestellt durch Aufdruck *Slovensky stat/1939* auf tschech. Marken, danach für die kurze Zeit des Bestehens dieses Postgebietes sehr viele Marken eigener Gestaltung, die nur wenig gesammelt werden.

Slowenien, Landesteil Jugoslawiens, in dem während des 2. Weltkrieges zunächst Marken der ital. Verwaltungsbehörden, danach solche der Landespost unter dt. Aufsicht (→Laibach) und nach der Befreiung 46 weitere erschienen sind, hergestellt durch Aufdrucke auf der letzten dt. Ausgabe für Laibach, zahlr. Marken der Hitlerserie (aus Deutsches Reich Mi 781–827 sowie 514) und zwölf ung. Marken aus Mi 705–758; auch →ISTRA.

SMV, Abk. für →Schweizerischer Motivsammler-Verein.

S.O. 1920., zweizeilig. Aufdruck auf versch. poln. und tschech. (bei

diesen ohne Punkte) Marken für das Abstimmungsgebiet →Ostschlesien.

Soay, kleine brit. Insel in Privatbesitz westl. von →Saint Kilda mit 51 Ew. (1950) und einem inzwischen geschlossenen staatl. Postamt. Der Besitzer verausgabt Privatpostmarken; →Inselausgaben.

Sobetzky, Georg, 1889–1966, bedeutender österr. Philatelist, der sich hauptsächl. mit dem Gebiet der Luftpost beschäftigt hat und darüber wichtige und grundlegende Arbeiten verfaßte.

SOBRE PORTE, Inschrift auf Kolumbien-Marken von 1865 (Mi 36/8) mit Auslands-Zusatzporto

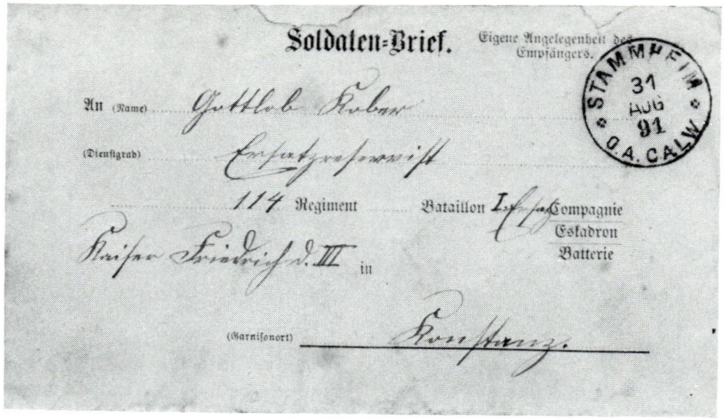

Soldatenbrief

für Post nach Ländern, mit denen Kolumbien keinen Postvertrag abgeschlossen hatte. Die Marken kommen in den meisten Fällen mit →Federzugentwertung vor; →Seeportomarken.

Sobre Tasa, span. = Zusatzgebühr. Inschrift auf einigen →Zwangszuschlagsmarken span. sprechender Länder.

Société des Nations, Aufdruck auf versch. Marken der Schweiz, die 1922–1944 für die Behörden des Völkerbundes in Genf ausgegeben wurden. Danach gab es bis 1946 noch eine Serie mit Aufdruck *Courrier de la / Société des Nations.*

Society of Philaticians, in den USA ansässige Organisation mit eigener Zeitschrift, in der sich philat. tätige Journalisten zusammengeschlossen haben. Auch →A.I.J.P.

Soester Gespräche, vom Soester Briefmarkensammler-Verein erstmals 1970 angeregtes Podiumgespräch (danach 1971, 1972 und 1974), bei dem zwischen eingeladenen Vertretern des →BDPh, →APHV und des Bundespostministeriums versch. Probleme der Sammler und Philatelie diskutiert werden. Die bisherigen Ergebnisse dieser Gespräche werden unterschiedlich beurteilt, haben aber in verschiedenen Beziehungen zweifellos positiv oder richtungweisend gewirkt.

S. Oficial, Abk. für Servicio Oficial; Aufdruck auf einigen argentinischen Marken, die als Dienstmarken verwendet wurden.

Soldaten-Antwortmarken →Soldatenmarken.

Soldatenbrief. Klebezettel priv. Ursprungs (der »Erfinder« soll H. J. →Dauth gewesen sein) in versch. Form und Farbe mit zusätzl. Inschrift *Eigene Angelegenheit des Empfängers* wurden von 1888 bis Ausbruch des 1. Weltkrieges in Kasernenkantinen verkauft und konnten Angehörigen zugestellt werden, die bei dieser Kennzeichnung (auch handschriftl. zugelassen) Sendungen bis 60 g Gewicht portofrei verschicken durften. Die Soldaten dagegen mußten jedem Brief bis 15 g von ihrem geringen Sold eine 10-Pf-Marke aufkleben, bei höherem Gewicht entspr. mehr; auch →Soldatenmarken.

Soldatenmarken, z.B. in Schweden seit 1929 für Einberufene verwendet, und zwar in Gestalt eines Briefumschlags zur Versendung an Angehörige, dessen rückseitige Klappe einen gummierten, markenähnl. Eindruck mit Inschrift FÄLTPOST und SVARS MARKE enthielt, der vom Empfänger ausgeschnitten und zwecks portofreier Beförderung an den Soldaten auf die Antwortsendung geklebt wurde. Auf Ganzbrief sind diese lose gestempelten, meist nied-

rig bewerteten Soldatenmarken selten anzutreffen und werden von Spezialsammlern gesucht.
Die Marke Mi 2 kommt als kleine Rarität auch mit Nebenstempel SVENSKA BATALJONEN / SAAR vor, da jeder Angehörige des schwed. Kontingents (während der Vorbereitung zur Abstimmung über die Zugehörigkeit des Saarlandes und noch kurze Zeit danach waren dort brit., ital., niederländ. und schwed. Truppen stationiert) einen derartigen Umschlag erhielt, der in gleicher Weise verwendet werden konnte. Weitere Sendungen (in beiden Richtungen) mußten mit Marken freigemacht sein. Die bei Sammlern in der Schweiz sehr beliebten Soldaten-Marken, die es in großer Vielzahl bis heute gibt, sind dagegen nur Briefverschlußvignetten. Sie können als →Randgebiet gesammelt werden; auch →Militärpostmarken, →Manövermarken, →Feldpostmarken, →Soldatenbrief.

Soldatenpaketmarke. In Belgien hat es zur Freimachung von Paketen von und an Soldaten 1939 eine bes. Marke gegeben (Mi Postpaket 14).

Solostempel, übliche Bez. im engl. Sprachraum Simplexstempel (= Einfachstempel), philat. Begriff für quer- oder hochformatige →Ovalstempel, die nur zur Entwertung der Marken Großbritanniens und der brit. Besitzungen jahrzehntelang dienten und dem →Killer entsprachen. Der Ortsdatumstempel wurde an anderer Stelle auf der Briefvorderseite abgeschlagen. Die brit. Solostempel enthalten in der ausgesparten Mitte Ziffern und/oder Buchstaben, die an Hand der vorh. Literatur und Stempelverzeichnisse best. Verwendungsorten zugeordnet werden können (→Used abroad). Auch in anderen Ländern sind diesen Solostempeln ähnl. Stempel ausschl. zur Markenentwertung benutzt worden, in den USA teils noch heute in Gebrauch (dort jedoch bevorzugt als Duplexstempel).
Ist der Entwerterteil eines Stempels mit dem Ortsdatumstempel zu einer festen Einheit verbunden, wird von einem →Duplexstempel gesprochen. L: 3. 1.

Somalia, 1960 aus dem ehem. Schutzgebiet →Britisch-Somaliland und der Kolonie →Italienisch-Somaliland entstandene unabh. Republik in Afrika mit seitdem verh. vielen, aber ansprechenden und in den Nennwerten den normalen Portosätzen angepaßten und desh. nicht teuren Neuheiten. Somalia kann als Sammelgebiet durchaus empfohlen werden.

Sommermarken, amtliche Bez. für seit 1935 alljährlich in den Niederlanden im Juni/Juli erscheinende

Marken (meist vier Werte) mit Zuschlag zugunsten sozialer oder kultureller Organisationen, mit denen bildlich oft auf bes. Gedenktage oder Ereignisse hingewiesen wird. Auch →Voor het kind.

Sonderannahme, Inschrift in dt. Stempeln, die im letzten Weltkrieg nach Zerstörung der eigentl. Postämter durch Luftangriff von fahrbaren Aushilfspostämtern verwendet wurden. Nicht zu verwechseln mit Sonderpostamt. L: Der Sammler-Dienst, Nr. 16/1969.

Sondereinschreibezettel, auch »besondere Einschreibezettel« genannt. Vom 29. 12. 1969 bis Anfang 1973 konnte im Bereich der

BP für die bei einem Sonderpostamt verwendeten →Einschreibezettel Antrag auf einen Zudruck gestellt werden, der auf die Veranstaltung hinwies (z.B. Briefmarkenausstellung).
Amtl. wurden diese Sondereinschreibezettel »Einschreibnummernzettel mit die Veranstaltung kennzeichnendem Zusatz« genannt. Der erste Zettel dieser Art wurde vom 20.–22. 3. 1970 in Beckum anl. der JUBRIA des dortigen Sammlervereins verwendet. Seitdem gab es zahlr. (fast schon zu viele!) weitere, die im Rahmen der normalen Einschreibezettel zu einem beliebten Randgebiet der Philatelie geworden sind. Es hat in Deutschland u. a. Ländern aber früher schon ähnl. Zettel mit bes. Zudrucken gegeben.
Herstellung und Verwendung dieser Zettel wurden seitens der BP mit Anfang 1973 eingestellt. Nur für vor dem 7. 12. 1972 genehmigte

Sonderpostämter wurden solche R-Zettel noch zur Verfügung gestellt. Das Sonderpostamt auf der Internationalen Briefmarken-Ausstellung IBRA '73 in München ist wohl das letzte gewesen, das noch entsprechende bedruckte Zettel benutzte. L: 2. 4.

Sonderstempel

Sonderganzsache. Zu versch. Ereignissen wurden und werden von der Post bes. →Ganzsachen (meist als Postkarten) mit entspr. bildlichen Darstellungen, teils auch mit Wertzeicheneindruck bes. Gestaltung, den es als Schalterbogenmarke nicht gibt, verausgabt. Diese amtlichen Sonderganzsachen sind für jeden Sammler zur Auflockerung des Albums bestens geeignet. Weniger die schon allzu vielen Karten und Umschläge, die von privater Seite (bes. Veranstaltern von Briefmarkenausstellungen) vertrieben werden; diese gehören aber zu einer vollständigen →Heimatsammlung. Auch →Bildpostkarte.

Sondermarke, zu einer Ausstellung, Werbung für Institutionen, zu bevorstehenden bes. Ereignissen usw. verausgabte Marke ohne oder mit Zuschlag mit auf den Ausgabeanlaß Bezug nehmendem Bild und/oder Inschrift, häufig auch durch Aufdruck auf irgendeiner kursierenden oder älteren Marke entstanden. Der Begriff Sondermarke wird oft mit →Gedenkmarke gleichgestellt (der Michel-Katalog z.B. kennt nur Sondermarken = So.-Ausg.); die BP z.B. unterscheidet aber streng zwischen beiden Markenarten. In der Schweiz heißen Sondermarken amtl. Werbemarken (auch Propagandamarken). Sondermarken sind wie die Gedenkmarken erst seit dem Weltpostkongreß in Washington 1897 im internat. Verkehr zugelassen.

Sonderpostamt, für einen oder wenige Tage z.B. anl. einer Ausstellung, Tagung o.ä. auf Antrag des Veranstalters provisorisch eingerichtetes Postamt mit begrenzten Postdienstgeschäften (kein Geldverkehr, Paket u.ä.), teils auch als →fahrbares Postamt. Das Sonderpostamt führt einen →Sonderstempel.
Das wohl erste Sonderpostamt (in diesem Fall vielleicht besser besonderes Postamt genannt) war vom 22. 7. bis November 1848 in Wien anl. der Dauersitzungen des Reichstags tätig und benutzte zwei Stempel mit Inschrift *Postbureau des österr. Reichstages* bzw. *Reichstags Post-Amt*. Nach der durch die Unruhen erzwungenen Übersiedlung des Reichstags nach Kremsier/Mähren (heute Kremnica) wurden diese Stempel vom 22. 10. 1848 bis 7. 3. 1849 dort verwendet. L: Edwin Mueller, Handbook of the Pre-Stamp Postmarks of Austria.
Auch die Postämter des ehem. Deutschen Reichstags (1867 eingerichtet) und Peuß. Landtags (1871), der Reichsbank (1894), des Zentralviehhofes (1892) in Berlin u.a. werden oft als frühe Sonderpostämter bezeichnet; sie gehören aber eigentl. zu den →Hauspostämtern.

Sonderpostkarte, Bez. für Postkarten mit Wertzeicheneindruck (= →Ganzsachen), die aus bes. Anlässen von der Post amtlich verausgabt werden und meist mit einer Illustration versehen sind; z.B. Schweiz-Bundesfeierkarten, BP-Dürerjahrkarte.

Sonderpostkarte →Sonderganzsache.

Sondersammlung, allg. Bez. für eine Sammlung, die nach bes. Gesichtspunkten aufgebaut ist, z.B. Heimat-, Feldpost-, Motivsammlung.

Sonderstempel, Begriff für zu zeitl. und örtl. begrenzten Ereignissen eingesetzte Stempel, die durch zusätzl. Inschriften, u.U. auch bildl. Darstellungen dokumentarischen Charakter erhalten; sind auch ohne →Sonderpostamt möglich, jedoch vorw. zu Ausstellungen oder Veranstaltungen (auch nichtphilat. Art) mit einem solchen. Nicht zu verwechseln mit →Werbestempeln, die häufig ähnl. aussehen.
Wer ganz genau sein will, kann – soweit es die BP betrifft (auch übertragbar auf einige andere Länder) – unterscheiden in Sonderstempel, →besondere Stempel, →Erstflug-Sonderstempel, →Ersttagssonderstempel.
Die zeitliche Beschaffungsmöglichkeit ist von Land zu Land sehr unterschiedlich. In Österreich zum Beispiel nur einen oder wenige Tage je nach Dauer der Veranstaltung (nachträglich nicht mehr), bei der BP noch acht Wochen nachher, wobei das Stempeldatum dem Verwendungszeitraum entspricht
Der erste Sonderstempel wurde anl. der International Exhibition im Mai 1862 in London verwendet. Als ältester deutscher gilt ein vom 26. 7. bis 9. 8. 1863 während eines Turnfestes verwendeter Kastenstempel mit dreizeil. Inschrift *Turn- / Fest-Platz / Leipzig*. Es handelt sich dabei genaugenommen nur um einen →Nebenstempel; die Markenentwertung wurde mit dem normalen Ortsdatumstempel vorgenommen; auch →ältester Sonderstempel.

Sondertarif, zusätzl. Inschrift in Ortstagesstempeln der drei Orte im →Kleinen Walsertal sowie Jungholz/Tirol; auch →Postleitzahlen 4).

Sonderumschlag →Sonderganzsache.

Sonntagsmarken, Bez. aus der Sammlersprache für Belgien M. 50–103 (→Anhängsel). Auch die Zwangszuschlagsmarken Bulgariens von 1925 bis 1950 zugunsten der Sanatorien für Postangehörige können als Sonntagsmarken bezeichnet werden, da eine davon der Sendung zusätzl. aufgeklebt sein mußte, wenn der Absender Zustellung an einem Sonntag wünschte. Diese bulgar. Marken dienten ferner auch zur Entrichtung anderer Nebengebühren (z.B. Postlagergebühr).
Die einzige Telegraphenmarke Portugals von 1922/28 wurde Telegrammen als Zusatzgebühr aufgeklebt, wenn diese an Sonntagen aufgegeben und zugestellt wurden.

Sonora. Im mexikanischen Bürgerkrieg erklärte sich die Provinz Sonora für selbständig und es wurden 1913/15 versch. Marken verausgabt, die im Michel-Katalog unter den Nummern 253–331 verzeichnet sind. Es gibt weitere Lokalausgaben mit Aufdrucken aus jener Zeit, die im Katalog am Schluß von

Mexiko (nach den Zwangszuschlagsmarken) zu finden sind. Auch →GCM, →G.P.DE M.

Sortieren der Marken. Im Laufe der Zeit, bes. nach Erwerb von Kiloware, sammeln sich viele Marken an. Oberstes Gebot für den Sammler aber ist größtmögliche Ordnung. Desh. muß der Markenvorrat vor oder nach dem Wasserbad erst einmal grob nach Ländern, bildgleichen Marken usw. vorsortiert werden, wozu →Sortierschalen nützlich sind. Danach folgt u.U. eine Feinsortierung, z.B. Aufteilung einer bildgleichen Dauerserie nach einzelnen Wertstufen u.ä.; der Motivsammler sortiert nach eigenen Gesichtspunkten. Diese Sortierung genügt meist nicht, es muß sich das →Bestimmen der Marken anschließen.

Sortierschalen, aus Preßpappe oder Kunststoff und in- oder übereinander passend beim Händler erhältlich und sehr nützlich, wenn eine große Markenzahl (z.B. aus Kiloware) vor oder nach dem Wasserbad nach Ländern, Sätzen, Wertstufen usw. vorsortiert werden soll. Gleich gut geeignet sind kleine Plastikbehälter, wie sie in jedem Haushalt von abgepackt gewesenen Lebensmitteln u.ä. anfallen. Dieselben Dienste tun notfalls auch Pergamintüten.

Soruth, ehem. brit.-ind. →Vasallenstaat mit von 1864 bis 1950 nur

im Inlandsverkehr gültigen Freimarken (der Gibbons-Katalog bringt es durch Aufnahme von Unterschieden auf 61 Stück) und 22 Dienstmarken, letztere sind durch Aufdruck *SARKARI* gekennzeichnet. Die Ausgaben ab 1929 weisen den neuen Landesnamen Saurashtra auf, dem sich 1948 →Jasdan, →Morvi, →Nawanagar und →Wadhwan anschlossen.

Souvenirblock

SOS-Kinderdörfer, gemeinnütz. österr. Organisation zur Betreuung elternloser Kinder, die sich zur Erlangung von Mitteln oft an die Markensammler wendet und in Zusammenarbeit mit der Post z.B. das →höchste Postamt, das →tiefste Postamt, Postkutschenfahrten u.a. veranstaltete. Die dazu verausgabten Briefumschläge, die amtl. Sonderstempel u.a. sprechen zwar mit Absicht die nach nicht alltägl. Dingen suchenden Sammler an und sind philat. gesehen uninteressant, man sollte aber bedenken, daß der erlöste Überschuß Kindern zugute kommt. Die zu ähnl. Zweck veranstalteten Ballonpostflüge werden von der →Österreichischen Kinderdorf-Vereinigung Pro Juventute durchgeführt; →Wahlwies.

Soudan, auch Soudan Français, →Sudan, →Französisch-Sudan.

Southern Cameroons →Cameroons U.K.T.T., →Kamerun 4.

Souvenirblock, auch Gedenkblatt- oder Vignettenblock, Bez. für einen von priv. Seite z.B. zur Finanzierung einer Briefmarkenausstellung verausgabten Block ohne Frankaturkraft mit meist auf Post oder Marken bezogener Darstellung. Bei Sammlern beliebt sind Souvenirblocks mit Wiedergabe seltener älterer Marken (z.B. zur Wiener Briefmarkenausstellung 1965 mit Mi 555), die für die philat. Forschung sogar von Interesse sein können, wenn der Druck von noch vorhanden gewesenen Originalklischees bzw. Druckformen erfolgte. In diesen Fällen weist der Michel-Katalog mit einer Fußnote unter der entspr. Marke auf solche Drucke hin, die meist vorder- oder rückseitig mit NEUDRUCK o.ä. gekennzeichnet sind, um Täuschung unwissender Sammler zu verhindern. Gleich interessant können Souvenirblocks sein, auf denen die einzelnen Druckphasen für mehrfarbige Marken nebeneinander vor Augen geführt werden. Eine Katalogbewertung von Souvenirblocks unterbleibt im allg.; der spätere Preis richtet sich nach dem einstigen Verkaufspreis und der Nachfrage seitens der Spezialsammler. Auch →Schwarzdrucke.

Sowjetische Zone, allg. übl. Bez. für die Markenausgaben der von der Sowjetunion nach Ende des 2. Weltkrieges besetzten Gebiete Deutschlands (Mi 1–165). Es wird unterschieden in die Marken für →Berlin-Brandenburg, →Mecklenburg-Vorpommern, →Ost-Sachsen, →Prov. Sachsen, →West-sachsen und →Thüringen. Die meisten dieser Marken eignen sich sehr zum spezialisierten Sammeln. Von 1946 bis zur Währungsreform wurden diese →OPD-Ausgaben durch die sog. Gemeinschaftsausgaben abgelöst (Deutschland Mi 911–970), danach kamen die →Bezirkshandstempelmarken usw. (ab Mi 166) zur Verwendung, die wie die OPD-Ausgaben üblicherweise in eine DDR-Sammlung aufgenommen werden, die genaugenommen erst mit der Staatsgründung, d.h. mit Mi 242, zu beginnen braucht.

Sowjetunion, Landesangabe auf den Briefmarken abgekürzt CCCP in kyrillischen Buchstaben (Union der Sozialistischen Sowjetrepubliken = abgekürzt in Deutsch UdSSR). Die nach der Revolution in Rußland erschienenen Marken (beginnend mit Mi 149, frühere Ausgaben →Rußland) werden meist unter dem Landesnamen Sowjetunion oder UdSSR gesammelt.

Trotz teils schlechten Druckes, uns fernliegender oder auch häßlicher Bildgestaltung (darunter die von der Reichsdruckerei Berlin hergestellten Mi 220–223) und allzuviel polit. Propaganda werden die sowj. Marken gern gesammelt, bes. die Ausgaben seit Ende des 2. Welt-

krieges, weshalb die Sowjetunion in der Beliebtheitsstatistik (→Anhang III) eine verh. günstige Position einnimmt. Es erscheinen zwar jährl. sehr viele neue Marken, doch ist deren Nennwert mit wenigen Ausnahmen gering, so daß ein Neuheitenabonnement nicht teuer ist. Abgesehen von Sonder- und Gedenkmarken propagandist. Bildinhaltes werden hauptsächl. auf die Sowjetunion bezogene Anlässe zur Ausgabe von Marken benutzt, die den Motivsammlern versch. Richtungen viel Material bringen.

S.P., franz. = Service Public. Luxemburg-Marken aus Freimarken Mi 23–71 mit diesem Aufdruck sind Dienstmarken.

SPA, Abk. für »Ständeparlamentsangelegenheit«, →Portofreiheit.

Spanien. Die frühen Marken Spaniens sind schwierig zu sammeln und teils sehr wertvoll. Auffallend ist, daß von 1854 bis 1889 jedes oder jedes zweite Jahr neue Marken verausgabt worden sind, was darauf zurückzuführen ist, daß kurz nach Erscheinen einer neuen Serie ab 1854 von den am meisten gebräuchl. Wertstufen →Postfälschungen auftauchten, wogegen sich die Post nur durch häufige Neuausgaben einigermaßen schützen konnte. Dieser häufige Wechsel geht aber auch auf ein Gesetz zurück, nach dem alljährlich neues »Stempelpapier« anzufertigen war. Das wurde sinngemäß auf die Herstellung von Postwertzeichen angewendet. Die neuen Markenbilder für jede Ausgabe waren eine weitere Vorsichtsmaßnahme, die jedoch lange Zeit wenig nutzte.
Auf Ganzbrief sind diese Postfälschungen gesuchte Raritäten. Auf den Marken bis 1864 (Mi 1–60) und einigen späteren ist kein Landesname angegeben. Die mehrmaligen polit. Umwälzungen in Spanien hatten zahlr. Marken zur Folge. Aber auch heute noch ist die span. Post sehr ausgabefreudig, beschränkt die Anlässe jedoch fast ausschl. auf Dinge, die auf das Land selbst bezogen sind. Da die neueren Marken graph. und drucktechn. vorbildlich sind, die Motivsammler versch. Richtungen angesprochen werden (die ersten heute so beliebten Gemäldemarken – darunter »Die nackte Maja« – erschienen bereits 1930, Mi 464–480) und die Nennwerte den normalen Portosätzen entsprechen, so daß ein Neuheitenabonnement einen verh. geringen monatl. Betrag erfordert, werden die Marken Spaniens gern gesammelt. In der Beliebtheitsstatistik (→Anhang III) steht das Land desh. durchaus berechtigt auf einem guten Platz in der mittleren Gruppe. Spanien kann als Sammelgebiet empfohlen werden. Der

Aufbau einer vollst. Spanien-Sammlung ist dagegen kaum möglich. Dienst-, Portofreiheits-, zahllose Zwangszuschlagsmarken u.a. erschweren die Komplettierung zusätzlich. Unter den →Portofreiheitsmarken sind zwei von allg. Interesse, da sie als »Büchermarken« bezeichnet werden könnten. Die sehr vielen Lokalausgaben (bes. während des Bürgerkrieges 1936/

1939 verausgabt) einschl. der Marken für die →Kanarischen Inseln werden wenig gesammelt; dasselbe gilt für die Ausgaben der →Carlistischen Post und die →Spanische Post in Marokko sowie die Spanische Post in →Tanger. Die für die span. Kolonien zu versch. Zeiten erschienenen Marken können zur weiteren Ergänzung einer Spanien-Sammlung dienen, von denen einige aus den letzten Jahrzehnten Motivsammlern viel anschauliches Material geliefert haben; auch →Andorra. L: 2. 2., 3. 2., 3. 10.

Spanische Besitzungen im Golf von Guinea. Die ehem. span. Besitzungen im und am Golf von Guinea, bestehend aus Elobey, Annobon

und Corisco, Fernando Poo und Rio Muni, wurden von 1909 bis 1960 zusammengefaßt, die bis dahin für diese einzelnen Gebiete – außer Rio Muni – erschienenen Marken wurden durch gemeinsame Ausgaben mit Inschrift *Territorias Espanolas del Golfo de Guinea* oder *Golfo de Guinea* oder *Guinea Espanola* ersetzt, die sich z. T. wie diejenigen der anderen span. Besitzungen in Afrika bei den Motivsammlern großer Beliebtheit erfreuten.
Interessant ist, daß alle Wohltätigkeitsausgaben von 1950/52 ab Januar 1955 zum Gesamtbetrag Nennwert + Zuschlag zur Frankatur verwendet wurden, da diese Marken durch die abnorm hohen Zuschläge kaum gekauft wurden und große Restbestände zurückgeblieben waren, die noch einer praktischen Verwendung zugeführt werden sollten. Von 1960 bis 1968 gab es wieder eigene Marken für Fernando Poo und dann auch Rio Muni. 1968 wurden alle diese Gebiete als Republik →Äquatorial-Guinea unabhängig.

Spanische Besitzungen in der Westsahara, 1924–1975 Gemeinschaftsausgaben für die span. Besitzungen in Westafrika (Span.-Sahara) La Agüera, Ifni, Rio de Oro und zeitweise Kap Jubi zunächst mit Inschrift *Posesiones Espanolas del Sahara Occidental*, von 1941 bis 1960, ab dann bis zur Abtretung Sahara Espana bzw. Espana Sahara. 1976 teilten sich Marokko und Mauretanien in die ehem. span. Kolonie Westsahara. Durch viele hübsche Bildermarken mit meist niedrigem Nennwert bei Motivsammlern beliebtes Postgebiet. Interessant ist, daß alle Wohltätigkeitsausgaben von 1950/52 ab Januar 1955 zum Gesamtbetrag Nennwert + Zuschlag zur Frankatur verwendet wurden, da diese Marken durch die abnorm hohen Zuschläge kaum gekauft wurden und große Restbestände zurückgeblieben waren, die noch einer praktischen Verwendung zugeführt werden sollten. 1949 bis 1951 wurden Marken mit Inschrift *Africa Occidental Espanola* (→Span.-Westafrika) verwendet; auch →La Agüera. Seit Mitte 1973 konnten die Kataloge keine neuen Markenausgaben mehr melden.

Spanische Post in Andorra →Andorra.

Spanische Post in Marokko. Aus wirtschaftl. Gründen wurde →Marokko schon frühzeitig von den eur. Großmächten umworben, und es wurden versch. Auslandspostanstalten errichtet, darunter ab 1867 in mehreren Städten solche durch Spanien, die zunächst span. Marken ohne Kennzeichnung benutzten (als Vorläufer mit entspr. Stempeln von Spezialsammlern sehr gesucht). Von 1903 bis 1913 wurden für diese Postämter 36 span. Freimarken mit Aufdruck CORREO ESPANOL MARRUECOS oder TETUAN verausgabt (Europa-Katalog), die nicht mit den Marken für →Spanisch-Marokko (Übersee-Katalog) verwechselt werden dürfen, als Vorläufer aber auch in →Tanger verwendet wurden. 1921/33 hat es aber Marken mit gleichem Aufdruck für Tanger gegeben, die im Katalog unter Tanger/Spanische Post verzeichnet sind.

Spanische Post in Tanger →Tanger 3.

Spanisch-Guinea, zunächst nur den span. Festlandsbesitz am Golf von Biafra (Golf von Guinea) zwischen Kamerun und Gabun umfassend, von 1909 bis 1960 mit Fernando Poo und Elobey, Annobon und Corisco zu →Spanische Besitzungen im Golf von Guinea zusammengelegt, von 1960 bis 1968 als Republik →Äquatorial-Guinea selbständig. In der Hauptstadt Bata gelangten 1901/02 Marken von Fernando Poo mit vierzeil. Aufdruck HABILITADO / PARA / 10 CENTS / BATA in Gebrauch. Von 1902 bis 1909 erschienen 100 Marken für Span.-Guinea, darunter versch. Aufdruckausgaben, aus denen das Ausgabeland nicht hervorgeht (Mi 27–38, 93–100).

Spanisch-Marokko, ehem. span. Protektorat in Nordafrika an der Mittelmeerküste von Tanger bis zur alger. Grenze, das 1956 zusammen mit dem franz. Protektorat →Marokko unabh. Königreich wurde. Für Span.-Marokko erschienen 1914–1956 bes. Marken, zunächst span. Marken mit Aufdruck MARRUECOS u. ä., von 1928 an zahlr. Marken eigener Gestaltung. Nicht zu verwechseln mit den im Michel-Europa-Katalog unter →Spanische Post in Marokko verzeichneten Marken; auch →Kap Jubi.

Spanisch-Sahara →Spanische Besitzungen in der Westsahara.

Spanisch-Westafrika. Für die span. Besitzungen in Afrika wurden 1949–1951 insg. 26 versch. Gemeinschaftsmarken verausgabt, die neben den Ausgaben für die einzelnen Gebiete kursierten; auch →Spanische Besitzungen in der Westsahara.

Spanisch-Westindien. Dieser Name tritt in keiner der von 1855 bis 1873 für die ehemaligen spanischen Kolonien Kuba und Puerto Rico verausgabten 49 Marken auf! Die Marken mit Büste der Königin Isabella II. bzw. allegorischer Figur sind nur an Hand der Münzbezeichnung RL PLATA F, in Verbindung mit Druckfarbe und/oder Bildzeichnung von ähnl. Marken für andere span. Besitzungen zu unterscheiden; sie tragen teils die Inschrift ULTRAMAR. Diese Marken wurden 1861/65 auch in der Dominikan. Republik verwendet. Ab 1873 erhielten →Kuba und →Puerto Rico getrennte eigene Marken. In Span.-Westindien bestanden in acht Städten brit. Auslandspostanstalten (→Used abroad).

Spargummi. Um Gummi zu sparen, wurden Teilauflagen der Marken bzw. Blocks der Oberpostdirektion Erfurt (Sowj. Zone Mi 92–115, Block 4) mittels einer zwischen Markenbogen und Gummiermaschine gelegten durchlöcherten Schablone nur punktartig gummiert. Durch dieses Verfahren sollen angebl. 50% Gummirohstoff eingespart worden sein. Auch bei Teilauflagen der Österreich-Marken von 1945 (Mi 738/66) bekannt. Ferner gibt es verschiedene andere Notmaßnahmen, die unter Umständen auch als Spargummi bezeichnet werden können.

Sparkassenmarken →Postsparmarken.

Spätgebühr, amtl. Bez. der BP für die zusätzliche Gebühr, die zu entrichten ist, wenn eingeschriebene oder Wertsendungen, Pakete oder telegraphische Postanweisungen nach Ende der Schalterstunden noch aufgeliefert werden, was bei bestimmten Postämtern in Großstädten möglich ist. Diesen Dienst gab oder gibt es auch in versch. anderen Ländern; z.B. →Spätlingssendung. Die Gebühr wird im allg. mit normalen Freimarken verrechnet, in Belgien früher aber mit →Telegraphenmarken.

Spätlingssendung, Bez. für eilige

Sendungen (eingeschriebene Briefe, Pakete, Postanweisungen) in Österreich, die außerhalb der normalen Schalterstunden aufgegeben werden. Für diesen besonderen Dienst wird eine Extragebühr erhoben, die bis Mitte 1957 bar zu entrichten war und seitdem mit zusätzlich aufgeklebten Marken verrechnet wird. Zur Kennzeichnung dienen entsprechend handschriftliche Vermerke (zum Beispiel »Spätl.«) oder kleine Stempel unterschiedlichster Form. Österr. Spätlingssendungen gibt es seit etwa 1916. In der Schweiz erhalten ähnliche Sendungen den Vermerk »Dringlich« oder »Urgente«. Auch →Spätgebühr.

S.P. du M Bordeaux, Klebezettel mit dieser Inschrift →Montenegro 1.

Special Delivery, engl. = bes. Zustellung. Inschrift auf einigen →Eilmarken engl. sprechender Länder (z.B. Kanada Mi 209/10). auch →Special Handling.

Special Handling, engl. = bes. Behandlung. Inschrift auf vier Paketmarken der USA von 1925/29 (Mi 13–16), wenn Zustellung mit der schnelleren Briefpost erfolgen sollte. Auch →Special Delivery.

Specimen, engl. = Muster, Aufdruck auf neu erscheinenden Marken, die z.B. zur Kenntnisnahme und Verteilung an die Mitglieds-

länder des Weltpostvereins nach Bern geschickt werden oder sonst. Vorlagezwecken dienen und normalerweise frankaturungültig sind. Dieser Aufdruck ist vorw. auf älteren Marken Großbritanniens und seiner Kolonien zu finden, aber auch auf einigen dt. Marken (z.B. Mi 39–44). Gleichbedeutende Aufdrucke in anderen Sprachen sind Muestra oder Prueba (Spanien), Saggio (Italien), Sample (USA); →Muster, →Cancelled.
Marken mit Aufdruck Specimen sind verschiedentl. in den Handel gelangt, meist recht teuer und im allg. nur für Spezialsammler von Interesse. Es gibt aber auch Fälle, bes. bei älteren brit. Kolonialmarken mit hohem Nennwert, daß ungebrauchte Marken mit Aufdruck *Specimen* billiger sind als ohne und dann in dieser Ausführungsart gern in die Sammlung aufgenommen werden. Krasse Beispiele: Straits Settlements Mi 91 mit Aufdruck nur 1000 statt 18000, Mi 154 und Mi 174 nur 1200 statt 60000 bzw. 50000 Michelmark!
Vorsicht: Abgesehen von Aufdruckfälschungen »Specimen« sind in früherer Zeit verschiedentl. →Ganzfälschungen und →Faksimiles mit Specimen gekennzeichnet worden. Auch Ganzsachen und amtl. Ersttagsumschläge (noch ohne aufgeklebte Marken), die vor dem ersten Verwendungstag zur Information an die Presse verschickt werden, erhalten manchmal ebenfalls diesen Aufdruck (z.B. Großbritannien).

Speditionsbüro, Inschrift in frühen deutschen →Bahnpoststempeln; in Preußen erstmals 1849.

Spekulation, ein in bezug auf Briefmarken seit Anfang der 1960er Jahre viel gebrauchtes, aber auch viel mißverstandenes Schlagwort. Jeder Sammler denkt irgendwie und irgendwann daran, seine in langen Jahren und unter oft viel Geld- und Zeitaufwand zusammengetragene Sammlung gewissermaßen als Sparkasse zu betrachten, die eines Tages mit entspr. Zinsgewinn aufgelöst werden kann. Dazu gehört allerdings systematisches oder gezieltes Sammeln, d.h. nicht Kauf von →Kurzsätzen, Aufbau schnell in Vergessenheit geratender Themen für Motivsammlungen, Abschluß eines Neuheitenabonnements u.ä.
Das durchaus natürliche Denken in bezug auf Wertsteigerung wird leider durch Spekulanten verdorben, die z.B. aus einem neu verausgabten Satz eine Wertstufe – manchmal auch den ganzen Satz – in großen Mengen am Schalter aufkaufen, womit kurzzeitig eine künstl. Verknappung und damit Preissteigerung verursacht wird. Erfreulicherweise hat die Spekulation z.B. mit Marken der BP und West-Berlins empfindliche Rückschläge erfahren, nicht zuletzt durch die von einer Firma gestartete Aktion »Briefmarken am Bankschalter«, die inzwischen kläglich geendet ist. Das andere Schlagwort, Briefmarken seien die »Aktien des kleinen Mannes«, hat sich gleichfalls als unwahr erwiesen. Gehortete Schalterbogen der Ausgaben BP, West-Berlin u.a. sind, wenn nach 1960 erschienen, seit langem meist nur noch unter Nennwert absetzbar.

Wer sein Geld jederzeit gut verzinslich in Postwertzeichen anlegen will, sollte Altdeutschland oder die klass. Ausgaben anderer Länder (in dieser Beziehung sogar heute angebl. uninteressante oder längst tote Postgebiete) berücksichtigen oder eine →Ländersammlung bis auf die erste und letzte Marke zu vervollständigen suchen. Voraussetzung ist allerdings in jedem Fall allererste, absolut fehlerlose Erhaltung. Der Spekulation wurden schon viele Artikel in Fachzeitschriften und Broschüren gewidmet; sie sind mit Vorsicht zu genießen; die gegebenen Empfehlungen gehen häufig an den Tatsachen vorbei. Eine gute Anleitung bietet L: 1. 3.

Spendenmarke Junge Welt. Zu den Welt-Jugendfestspielen 1973 in Ost-Berlin wurde ein Quiz veranstaltet. Die seit September 1972

dazu verausgabten Postkarten mit den Fragen mußten mit einer Spendenmarke (Grundfarben gelb oder lila) zum Preis von 1 Mark beklebt sein, von der die Post 10 Pf Portoanteil erhielt; der Rest fiel dem Festspielfond zu. Auf ganzer Postkarte ein interessanter Beleg für nicht alltägliche, amtlich zugelassene Verwendung von Vignetten zur Frankatur; auch →Lotterielos als Briefmarke. L: Sammler-Dienst, Nr. 18/1973.

Spendenmarken, nicht postalische und nicht zur Freimachung von Postsendungen dienende markenähnl. Erzeugnisse staatl. oder priv. Institutionen, die aber manchmal als Randgebiet gern gesammelt werden (z.B. →Julmarken) und teilweise sogar von den Katalogen geführt werden (z.B. →Legionärsmarken). Spendenmarken kommt nur in Ausnahmefällen und dann nur auf bedarfsmäßig gelaufenen Sendungen philat. Interesse zu.

Sperati, Jean de, 1884–1957. Dieser in Aix-les-Bains/Frankreich als Maler und Graveur lebende gebürtige Italiener verstand es meisterhaft, die seltensten Marken hinsichtl. Bild, Papier und Farbe derart »echt« nachzuahmen, daß die bekanntesten Prüfer Echtheitsatteste für seine Fälschungen ausstellten. Die Produkte verkaufte Sperati an Sammler in aller Welt als →Faksimiles, kennzeichnete sie aber nicht als solche. Durch die Zollbehörde, die eines Tages eine Sendung kontrollierte und die vorgefundene Marke als echt ansah, kamen Speratis Machenschaften ans Licht. Er wurde 1948 vor Gericht gestellt und zu einer Geldstrafe von nur 100 Fr., aber einer Buße von 300000 Fr. verurteilt. Er verkaufte den Bestand seiner Fälschungen von 225 versch. Marken (dagegen →Fournier 3600 verschiedene) und das Handwerkszeug mit dem Versprechen, nie wieder Faksimiles herzustellen, an die British Philatelic Association, die aus dem Material 500 Spezialsammlungen zusammenstellte und diese an Mitglieder der BPA und der Royal Philatelic Society verkaufte. Einige Alben geringeren Umfangs wurden auch anderweitig abgegeben.

Sperrwert, Begriff aus der Sammlersprache für eine Marke aus einem Satz, die absichtl. in geringerer Auflage als die zugehörigen übr. Marken gedruckt, nur pro forma an einigen Postschaltern zum regulären Verkauf gelangt und in der Mehrzahl von der staatl. Vertriebsstelle für Sammlermarken zu einem von vornherein weit über dem Nennwert liegenden Preis in devisenstarke Länder verkauft wird. Derartige Marken gehören im Sinne der FIP zu den →schädlichen Ausgaben und dürfen bei Ausstellungen nach FIP-Reglement nicht gezeigt werden. Diese u.ä. Marken sind im Michel- und Zumstein-Katalog durch eine schwarze Raute vor oder hinter der Katalognummer bzw. durch Schrägschrift in den Bewertungsspalten gekennzeichnet. Auf Bedarfsbrief sind Sperrwerte recht selten.
Am bekanntesten sind Sperrwerte von den Marken der DDR ab Mi 464 A bis heute. Polen, Tschechoslowakei u.a. Ostblockstaaten haben seit langem erkannt, daß Sperrwerte das Sammeln keineswegs fördern, und haben die, philat. gesehen, unerfreuliche Praktik aufgegeben. Die im Katalog hoch angesetzte Bewertung für Sperrwerte ist im Handel oft großen Schwankungen unterworfen und kann nach einigen Jahren u.U. weit unter dem einstigen Gestehungspreis liegen, da die betr. Postverwaltungen Restbestände billig veräußern.

Spezialkataloge, über die Bearbeitung der Marken eines Postgebietes im Normalkatalog hinausgehende umfangr. Kataloge (z.B. Michel-Deutschland-Spezialkatalog ca. 1100, Normalkatalog ca. 480 Seiten) mit ausführl. Angaben und Bewertung von Abarten, Druckmängeln, Farbenunterschieden, Retuschen, Typen usw., teils Stempeln aus älterer Zeit und sonst. Dinge. Die Spezialkataloge erscheinen im allg. nicht alljährlich, sondern in größeren Zeitabständen (z.B. Michel-Deutschland, Zumstein-Schweiz, Gibbons-Großbritannien, Scott-USA, Bolaffi-Kirchenstaat/Vatikan). Außer diesen befassen sich aber auch einige andere und meist alljährl. heraus-

Zeppelinpost *ist für den Luftpostspezialisten ein herrliches Sammelgebiet, das allerdings nicht unbeträchtliche Mittel erfordert, wenn es in großem Stil gepflegt wird. Zwei Belege der sogenannten Vertragsstaatenpost stehen hier als Beispiele: eine US-Karte aus dem Jahre 1926 und eine liechtensteinische Ganzsache von der Ungarnfahrt 1931. Stücke dieser Art bereichern jede Sammlung – ein Hauch von Romantik geht von diesen Belegen aus.*

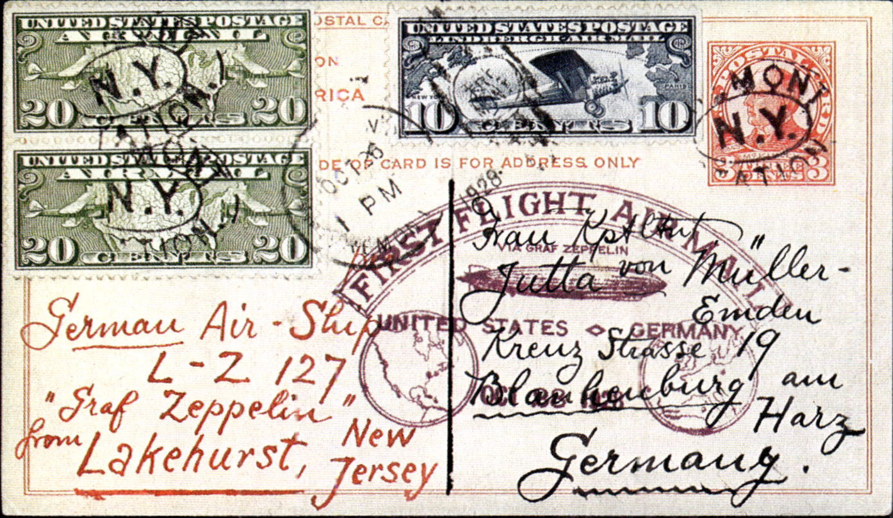
UNITED STATES POSTAGE
20 CENTS 20
LINDBERGH AIR MAIL
10 CENTS 10
N.Y.
1 PM
1928
SIDE OF CARD IS FOR ADDRESS ONLY
FIRST FLIGHT AIR MAIL
VIA GRAF ZEPPELIN
UNITED STATES GERMANY
German Air-Ship
L-Z 127
"Graf Zeppelin"
from Lakehurst, New Jersey
Jutta von Müller-
Emden
Kreuz Strasse 19
am Harz
Germany.
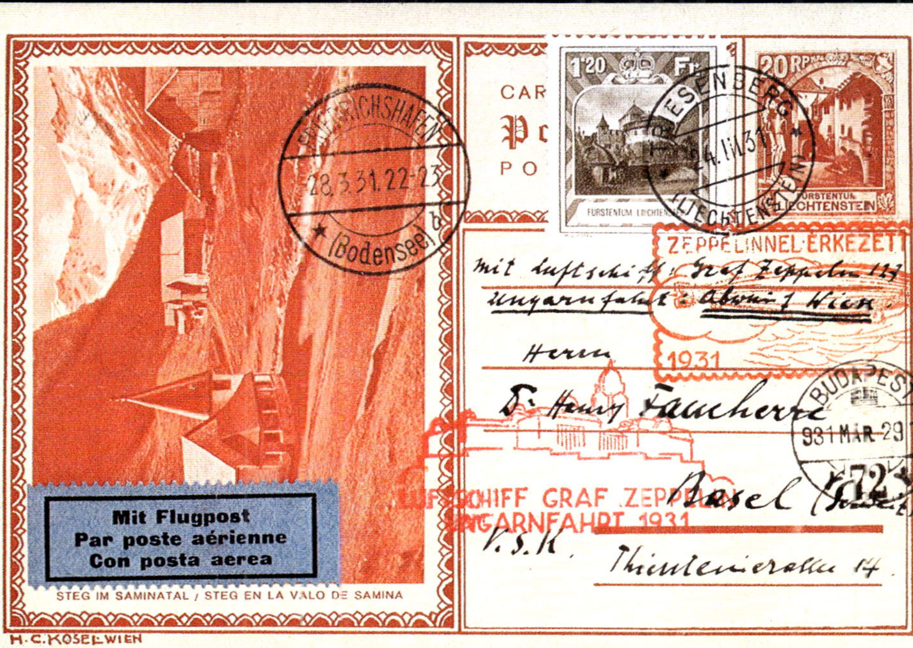
1.20 Fr
FÜRSTENTUM LIECHTENSTEIN
20 RP
FRIEDRICHSHAFEN
28.3.31.22-23
(Bodensee)
ZEPPELINNEL ERKEZETT
1931
BUDAPEST
931 MAR 29
LUFTSCHIFF GRAF ZEPPELIN
UNGARNFAHRT 1931
Mit Flugpost
Par poste aérienne
Con posta aerea
STEG IM SAMINATAL / STEG EN LA VALO DE SAMINA
H. C. KOSEL WIEN

1967

3

Zusammendrucke *entstammen in der Regel – wenn sie nicht aus Blocks herausgetrennt sind – Markenheftchen oder den zu deren Herstellung notwendigen Markenheftchenbogen. Die bunte Vielfalt der Möglichkeiten wird mit Zusammendrucken und Kehrdrucken der Berlin-Serie »Brandenburger Tor« demonstriert. Mehr und mehr aber bürgern sich auch Zusammendrucke verschiedener Anordnung in normalen → Schalterbogen ein (z.B. Paraguay bis zu zehn Werte); auch → Triptychon.*

kommende Kataloge ausführlicher mit den Marken eines Landes (z. B. Müller-Schweiz, Berck-Frankreich, Facit-Skandinavien), während wieder andere thematische oder Sondergebiete behandeln (z. B. Sieger-Lufthansa, Lindner-Vereinte Nationen/Europa-Marken). Dem Sammler wird eine Fülle an Informationsmaterial geliefert; auch →Handbuch, →Monographie.

Spezialprüfer. Aus naheliegenden Gründen (z. B. Zahl der seit 100 und mehr Jahren von vielen Ländern verausgabten Marken) gibt es heute praktisch keinen Prüfer mehr, der jede Marke prüft bzw. dazu überhaupt in der Lage wäre. Die von ihrem Verband zugelassenen Prüfer beschränken sich auf die Prüfung der Marken best. Länder und/oder Zeitabschnitte, Stempel u. a. Wer im Bedarfsfall was prüft, ist aus der Prüferliste ersichtlich oder kann vom zuständigen Verband oder über Sammlervereine erfragt werden.

Spezialsammlung, eine an Hand eines Spezialkataloges, Handbuches, einer Monographie oder nach eigenen Forschungen aufgebaute Sammlung, die auch alle nur denkbaren Nebenerscheinungen (z. B. Druckproben, Ganzsachen, Stempel) berücksichtigt, soweit sie zum gewählten Postgebiet gehören, einen eng begrenzten Abschnitt daraus oder auch nur einzelne Markenausgaben umfassen oder mit dem Postgebiet irgendwie in Zusammenhang stehen (Postanstalten im Ausland, Vorläufer, Vorphilatelie usw.). Auch bei vorhandener ausführl. Literatur soll eine Spezialsammlung nicht nur nach dieser ausgerichtet werden; eigene Forschungsarbeit, die auf fast allen Gebieten noch heute möglich ist, gibt ihr das »gewisse Etwas«. Auch Motivsammlungen lassen sich zur Spezialsammlung ausbauen, bes. z. B. als →Heimatsammlung; →Katalogsammlung.

Spidsbergen, briefmarkenähnl. Drucke mit dieser Inschrift (= Spitzbergen) sind →Vignetten; →Arktispost.

Spinnenstempel, Bez. aus der Sammlersprache für die in Spanien verwendeten Entwertungsstempel, die bei korrektem Abschlag das Porträt der Königin auf den Marken nicht berührten. Spezialsammler legen Wert darauf, daß die »Spitzen« in allen vier Ecken vollständig sichtbar sind; auch →Girlandenstempel.

Spionagefälschung, während eines Krieges von gegnerischer Seite hergestellte Marken, die in Bild und Farbe weitgehend mit kursierenden Dauermarken übereinstimmen und sich dadurch von →Propagandafälschung unterscheiden. Die Spionagefälschungen waren für Postkarten und Briefe mit propagandist. Inhalt gedacht, die z. B. aus Flugzeugen abgeworfen oder auf anderem Weg in den normalen Postweg eingeschleust, unter der Bevölkerung Verwirrung stiften sollten. Bekanntgeworden sind Spionagefälschungen bes. aus dem 2. Weltkrieg, jedoch nur in sehr geringer Zahl auf tatsächl. von der Post beförderten Sendungen. Aus dem 1. Weltkrieg gibt es die Marken DR Mi 86 und 101 als aus brit. Quelle stammende Spionagefälschungen. Auch einige Österreich-Marken aus dieser Zeit sollen aus gleichem Grund gefälscht vorkommen; die Verwendung dieser Marken wird aber bestritten.

Spittaler Brief, vor Jahren Schlagzeilen in den philat. Fachzeitschriften und der Tagespresse machend. Man glaubte, das allererste aufklebbare Postwertzeichen der Welt entdeckt zu haben, das der Großbritannien Mi 1 vom 6. 5. 1840 den Rang streitig machen könnte. Es handelte sich um einen Faltbrief mit österr. Stempel SPITAL / 20. FEB. (heute Spittal geschrieben), der lt. Brieftext 1839 geschrieben worden war. Dieser Brief, angebl. in einem Paket alter Korrespondenz nach über 120 Jahren plötzlich gefunden, war mit einem querformatigen markenähnl. Etikett beklebt, das in der Mitte auf lilabraun gegittertem Grund eine farblos ausgesparte 1 zeigte. Unten links und rechts neben der Ziffer in Schwarzdruck zwei Kreuze sowie die Buchstaben Ö.P. (gedacht für Österreichische Post). Neben dieser Marke war ein kleiner Negativstempel P (= Porto?) abgedruckt. Das Etikett war mit →Federzugentwertung aus je drei sich kreuzenden Strichen versehen. Der an die »Jungfer Konstanzia Egarter in Klagenfurt« gerichtete Brief war von der Mutter der Jungfer geschrieben, deren Vater zur fragl. Zeit nachweislich Postmeister in Spittal gewesen ist; er könnte also durchaus der Erfinder der Briefmarke sein, zumal in einem Postskriptum im Brief auf die angebl. »heutige« Einführung der als »Hebemärke« bezeichneten Etikette hingewiesen wurde.
In philat. Kreisen tauchten von vornherein Bedenken auf, obwohl (oder vielleicht weil) Kaufangebote von 1 Mill. DM und mehr vorgelegen haben sollen. Der Brief wies nämlich den postal. Stempel FRANCO auf, was besagt, daß das Porto vom Absender voll vorausbezahlt war. Die diagonale Durchkreuzung der Briefvorderseite (nicht der Etikette) bewies außerdem, daß auch die Zustellgebühr in Klagenfurt (insg. 4 Kreuzer) vorausbezahlt war.
Die Interessenten wollten natürlich sicher gehen und es wurden von kriminaltechn. Instituten und philat. Experten Untersuchungen angestellt. Danach konnte bewiesen werden, daß die Stempel SPITAL und FRANCO, die Durchkreuzung der Vorderseite sowie der Brief selbst absolut echt, das Postskriptum jedoch weit jüngeren Datums waren und das angebl. älteste Postwertzeichen in neuerer Zeit gedruckt und auf einen Originalbrief manipuliert sein mußte. Seitdem hörte man nichts mehr von diesem ominösen Brief. Interessant ist, daß – noch während die Untersuchungen liefen – ein zweiter ähnl. Brief »gefunden« wurde, der aber keine Beachtung fand und gleich als Fälschung erkannt wurde; auch →Peuerbacher-Brief. L: Collegium philatelicum, Nr. 2/1964 und Austria-Philatelist, Nr. 340/41/1976.

Spitzenwert, Bez. aus der Sammlersprache für den Höchstwert aus einem Markensatz, der durch hohen Nennwert und/oder Zuschlagsbetrag den Schalter- bzw. später den Handelspreis bestimmt; auch →Schlüsselwert.

spitze Zähnung, nach außen in scharfe Spitzen auslaufende Zähnung, die sich bei der Wahl großer Zähnungsnadeln ergibt, was jedoch nicht unbedingt besagt, daß desh. →weite Zähnung vorliegt; die Zähnung kann trotzdem normal eng sein. Bes. der Montenegro-Sammler beachtet gleiche Markenausgaben mit spitzer und →stumpfer Zähnung. Auch →Zahnbrücke.

SPM, Aufdruck mit neuem Wertüberdruck auf einigen Marken der sog. Allgemeinen Kolonialausgabe Frankreichs, die von 1885 bis 1891 für die damal. franz. Kolonie →St. Pierre und Miquelon erschienen sind.

Spoorwegen, flämisch = Eisenbahn. Inschrift (zusätzlich franz. *Chemins de Fer*) auf einigen →Postpaketmarken bzw. →Eisenbahn-Paketmarken Belgiens.

Sport auf Briefmarken →Olympia-Marken.

sprechende Briefmarken. 1973 wurden von der →Agentur für das Königreich →Bhutan sieben Mar-

ken in Form von kleinen Plastikschallplatten mit Selbstklebegummierung (68 bzw. 100 mm Durchmesser) verausgabt, mit denen Volkslieder bzw. die Landesgeschichte unter Umständen abgehört werden können. Mit normalen Abspielgeräten ist das allerdings nicht möglich, da sie infolge des kleinen Durchmessers der »Platten« bereits nach der ersten Tonrille automatisch wieder abschalten.

Sprechkarte →Telephon-Billett.

Springfalz. Es gab und gibt Klebefalze, die sich inf. einer Spezialgummierung von ungebrauchten oder gestempelten Marken bes. leicht und ohne Zuhilfenahme von Wasser ablösen lassen. Die Bez. Springfalz erscheint jedoch übertrieben bzw. irreführend. Die heutigen sog. Springfalze hinterlassen auf der Rückseite auch gestempelter Marken ohne Gummi eine matt sichtbare Stelle, da ein Teil des Klebstoffs beim Abziehen des Falzes zurückbleibt, die Rückseite ungebrauchter Marken bleibt nicht postfrisch. Noch ungeklärt ist, da Langzeittests nicht vorliegen, wie sich der Klebstoff dieser Falze nach jahrelangem Verbleib auf der Marke evtl. auf Papier und Druckfarbe auswirkt. Die Springfalze dürfen allerdings nicht mit dem →Schonfalz verwechselt werden.

Sprung im Korbdeckel. Bei den Inflationsmarken Deutsches Reich Mi 313–319, 321–337 sowie der ersten Rentenpfennig-Ausgabe Mi 338–343 im sog. Korbdeckelmuster (auch Rosettenmuster genannt) kommt bei jeder 13., 18., 63. und 68. Marke im Schalterbogen Mitte links eine typische Beschädigung vor, die als Sprung im Korbdeckel und manchmal sogar als »geheimes Stecherzeichen« bezeichnet wird. Es können zehn verschiedene Typen festgestellt werden (Michel-Deutschland-Spezialkatalog), von denen acht eine verschieden geformte deutl. Unterbrechung der äußersten Korbdeckellinie und zwei eine »verbogene«, nicht unterbrochene Linie zeigen. Dieser Fehler

tritt jedoch nur bei den in Plattendruck hergestellten Marken auf und desh. nicht bei der ledigl. in Walzendruck entstandenen Marke Mi 320. Marken mit Sprung im Korbdeckel sind mit mindestens dem Vierfachen der normalen Katalogbewertung anzusetzen, für Mi 338–343 gelten teils weitaus höhere Preise. L: 3. 4., neueste Forschungsergebnisse in INFLA-Berichte, Nr. 78/1970.

Sri Lanka, mit Inkraftsetzung der republikanischen Verfassung nahm

→Ceylon am 22. 5. 1972 wieder seinen alten Namen Sri Lanka an.

SST / VUJNA, serbo-kroatisch = Freies Territorium/Militärregierung der jugoslaw. Armee, Inschrift bzw. Aufdruck auf 139 Frei-, 18 Porto- und je fünf Zwangszu-

schlags- bzw. Zwangszuschlagsportomarken Jugoslawiens für die unter jugoslaw. Verwaltung stehende Zone B von →Triest; auch →A.M.G. / F.T.T.; →TRIESTE/TRST.

Staatsbehörden-Dienstmarken. Mit dem 1. 4. 1902 verzichtete das Königr. Württemberg auf die Ausgabe eigener Freimarken und benutzte die der Deutschen Reichspost. Für die Behörden dagegen wurden die seit 1875 bzw. 1881 übl. Dienstmarken und Ganzsachen verschiedenster Art bis Ende Juli 1925 beibehalten, darunter die für Staatsbehörden (Mi 201–281) mit Inschrift AMTLICHER VERKEHR, bei den Dienst-Gedenkmarken (Mi 241/50 und 272/81) mit Inschrift STAATSMARKE; →Gemeindebehörden-Dienstmarken.

Staatsdruckereien, in allen industriell voll entwickelten Ländern bestehend; sie führen Wertzeichendrucke u.a. aus, darunter meist auch den Markendruck. Nicht immer entspricht der Name unbedingt der wörtl. Übersetzung Staatsdruckerei. In Deutschland hieß diese früher →Reichsdruckerei, für den Bereich der BRD jetzt →Bundesdruckerei, in der DDR VEB Deutsche Wertpapier-Druckerei. Inf. Überlastung oder Fehlens von für moderne Mehrfarbendrucke oder Stichtiefdrucke geeigneten Maschinen wurden und werden vielfach – teils ausschl. (z.B. Großbritannien) – aber auch Privatdruckereien zur Markenherstellung herangezogen, z.B. von der BP die Firma Bagel, in der Schweiz Courvoisier.

Staatsmarke, Inschrift auf den Dienstmarken für die Staatsbehörden in Württemberg anl. des

25jähr. Regierungsjubiläums des Königs (Mi 241/50) und auf der sog. Abschiedsausgabe (Mi 272/81). Alle anderen Staatsbehörden-Dienstmarken enthalten die Inschrift AMTLICHER VERKEHR und K. WÜRTT. POST; auch →Bezirksmarke.

Staatspräsidentenmarke. So könnte man die Zwangszuschlagsmarke der Dominikanischen Republik von 1935 (MZw 2) bezeichnen, da sie zusätzlich zum normalen Porto allen Sendungen an den Staatspräsidenten und die Minister aufgeklebt sein mußte; auch →Pfadfindermarken.

Stabstempel, besonders bei Sammlern in der Schweiz Begriff für in Länge und Buchstabenhöhe sehr kleine →Einzeiler.

Stadspost. Markenähnl. Zettel mit dieser Inschrift, Ortsname und mit oder ohne Wertangabe sind auf

Ortsbriefen aus einigen holländ. Städten seit 1968 bekannt. Nachdem die niederländ. Post die unlukrative Zustellung von Drucksachen (Massensendungen) Speditionen und Werbeagenturen überlassen und das Briefporto generell auf 25 C. erhöht hatte, trafen Firmen mit umfangr. Ortsbriefverkehr ohne vorherige Zustimmung der Post priv. Abkommen zur stark verbilligten Beförderung der Ortsbriefe durch Speditionen u.a. Das veranlaßte die Post zunächst, den Firmen einen Rabatt von 7 C. je Ortsbrief einzuräumen. Gegen diese Privatpostanstalten hat die niederländ. Post bis Ende 1976 nichts unternommen, sie erfreuen sich beim Publikum teils großer Beliebtheit. Die Stadspost Amsterdam war übrigens auch Vermittlerin von Auslandssendungen von und nach Großbritannien während des dortigen Poststreiks (Januar bis März 1971) in Zusammenarbeit mit einigen Streikpostunternehmen. Einige Stadsposten geben allerdings allzuviele Privatpostmarken heraus, die für den Botendienst

unnötig sind, mit denen die Unternehmen aber ein gutes Geschäft mit den Sammlern zu machen versuchen; →Lokalmarken.

STADT BERLIN, Inschrift auf den Marken für →Berlin-Brandenburg.

Stadtbestellmarken, von der Bestellpostanstalt Warschau (→Deutsche Post in Polen 2) zur Zeit der dt. Besetzung 1915/16 verausgabt. Auch aus vielen anderen Ländern bekannt

Städteboten. Bis zum frühen Mittelalter ließen die Städteverwaltungen den amtl. Schriftwechsel durch Ratsherren, Stadtschreiber oder vertrauenswürdige Bürger befördern. Dieses häufig dem Zufall überlassene System (die betr. Personen konnten allein aus Kostengründen wegen eines Briefes nicht immer auf Reisen geschickt werden, man mußte auf eine günstige Gelegenheit in Verbindung mit einem anderen Reiseanlaß warten) führte schon um die Mitte des 13. Jh. nach und nach zur Einrichtung städt. Botenposten, die ganz bes. für den Rheinischen Städtebund, die der Deutschen Hanse angehörenden Städte und die Reichsstädte wichtig waren. Es wurden örtl. sehr versch. Botenordnungen aufgestellt, in denen Pflichten und Rechte der Botenmeister und Boten genauestens festgelegt waren. Mit dem Ausbau der staatl. Postkurse (auch der von Thurn und Taxis betriebenen) verloren die Städteboten an Bedeutung und wurden nach und nach aufgelöst. Wieder andere erhielten sich in anderer Form bis in das 19. Jh. hinein, denn z.B. die Post der Hansestädte Bremen, Hamburg und Lübeck (die bekanntl. später Briefmarken verausgabten), ist aus dem städt. Botenwesen hervorgegangen. Die Geschichte der Städteboten – in welche teils die →Universitätsboten aufgingen – ist außerordentl. interessant, aber auch äußerst vielseitig und nicht ohne weiteres überschaubar. Belege von Stadtbotenpost sind schwer zu finden; sie werden meist in Archiven und Museen aufbewahrt, und nur selten gelangen sie über eine Auktion zum Angebot. Für eine →Heimatsammlung können solche Briefe zu einer anschaul. Einleitung werden; auch →Klosterboten, →Ordenspost.

Stadtpostbillet. Eine Madame Anne de Longueville soll den franz. König Ludwig XIV. zu dem Erlaß vom 8. 8. 1653 veranlaßt haben, wonach für die durch den Pächter de Vélayer betriebene Pariser Stadtpost Papierstreifen gedruckt wurden, die bei den zahllosen Büros der Stadtpost für 1 Sou erhältl. waren und um den beschriebenen Briefbogen gelegt oder sonstwie befestigt werden sollten. Dieserart gekennzeichnete Sendungen konnten, da durch den Kauf des Streifens das Porto vorausbezahlt war (seinerzeit ungewöhnlich, im allg. zahlte bis 1840 und teils später der Empfänger das Porto), in einen der vielen Stadtpostbriefkästen – vermutl. die ersten postal. Briefkästen – eingeworfen werden. Die Streifen wiesen einen mehrzeil. Vordruck betr. Anschrift des Empfängers und Tag der Auflieferung auf (wurde vom Stadtpostboten ausgefüllt).
Diese Streifbänder können desh. als erste →Ganzsachen (oder überhaupt Postwertzeichen) bezeichnet werden, weil sie außerdem den Vordruck *par billet de Port Payé* enthielten. Aber auch ein Vergleich mit →Barfreimachung ist nicht abwegig. Da die Streifen im Büro der Stadtpost von der Sendung abgerissen wurden, sind nur ganz wenige Exemplare erhalten geblieben.

Stadtpostmarken, von einer Staatspost nur für Ortssendungen verausgabte Marken; nicht zu verwechseln mit →Lokalmarken, →Privatpostmarken. Stadtpostmarken werden im Michel-Katalog innerh. der Freimarken angeführt.

Es hat sie z. B. gegeben für Madrid 1853 (Mi 22/3), Stockholm 1856 bis 1862 (Mi 6, 13), Petersburg und Moskau 1863 (Mi 8), Hamburg 1868 (Norddt. Postbezirk, Mi 12).
Auch z. B. die Marken Mi 360 und 427 für West-Berlin können als eine Art Stadtpostmarken bezeichnet werden. Diese Werte zu 8 und 15 Pf gelangten im Bereich der BRD nicht an die Schalter, sie dien-

ten zur Freimachung von Ortspostkarten und -briefen im Raum West-Berlin, wofür ein ermäßigtes Porto galt, waren aber mit entsprechender Ergänzungsfrankatur auch in der BRD gültig.

Stadtpost Niederlande →Stadspost.

Stafette, Kurzbez. für →Estafette, auch →Stafettenpaß.

Stafettenpaß, Bez. für ein Papier, das der Bote einer →Estafette mit sich führte, in das auf allen Unterwegsstationen Ankunfts- und Abgangszeit, oft auch die Namen der Boten eingetragen wurden. Auch →Stundenpaß, →Courierpost, →Extrapost.

Staffa, in Privatbesitz befindl. brit. Insel der sog. Inneren Hebriden vor Schottlands Küste, die unbewohnt ist, im Sommer aber viele Touristen anlockt.
Auf der Insel befindet sich ein Briefkasten, dessen Inhalt während der Saison zum nächsten brit. Postamt auf Iona gebracht und von dort weiterbefördert wird, wenn die Sendungen mit brit. Marken ordnungsgemäß freigemacht sind. Der Besitzer von Staffa verausgabte für diesen Dienst 1969 vier Privatpostmarken (→Inselausgaben).

Stahl-Briefmarken →Folienmarken.

Stahlhelmsatz, Bez. aus der Samm-

lersprache für die Marken Belgiens Mi 145/58.

Stahlstichtiefdruck, dem älteren →Kupfertiefdruck gleichender Tiefdruck, bei dem das vorgesehene Markenbild in mühsamer Handarbeit oder mit Hilfe eines Pantographen (Storchschnabel) in eine weiche Stahlplatte graviert (gestochen) wird; →Guilloche, →Urstempel.
Die Marke Frankreichs Mi 1540 zeigt die Hände eines Stechers bei der Arbeit.

STALAG, Abk. für »Stammlager« als Vermerk oder in Stempeln von →Zensur- und →Kriegsgefangenenpost. Stalag dienten zur Verwahrung von Gefangenen der Mannschaftsdienstgrade. 1943 existierten in Deutschland und den besetzten Gebieten ca. 70 solcher Lager. Die der Abk. nachgestellte Kombination von römischen Ziffern und Großbuchstaben weist den Standort des Lagers aus, z. B. Stalag II E = Schwerin, Stalag XX A = Thorn usw. Sog. »Frontstalag« wurden im Juni/Juli 1940 als Auffanglager für franz. Gefangene und später hauptsächlich für farbige Truppenteile aus Übersee eingerichtet. Belegstücke aus diesen Lagern sind sehr selten, bekannt wurden solche aus Compiègne mit violettem Rhombenstempel *Frontstalag 122 / Geprüft 6* oder rotem Sechseckstempel *Geprüft 2.* Auch →ILAG, →OFLAG. L: 3. 14.

Stampalia, Aufdruck auf ital. Marken, →Ägäische Inseln.

Stamp Duty →Duty Stamp.

Stamps of the World, neuer Titel für früher »Gibbons Simplified Catalogue«. Es ist der einzige Katalog, der noch heute sämtliche seit 1840 in aller Welt jemals verausgabten Marken in einem einzigen unhandlichen und schweren Großformatband enthält. Das ist nur möglich, weil lediglich die bildverschiedenen Marken aufgenommen sind (1977 immerhin rd. 200000 Stück!!) und auf Farben-, Wasserzeichen-, Zähnungsunterschiede und Fußnoten gänzlich verzichtet wird. Der Katalog ist mit seinen recht guten Abbildungen eine nützliche Hilfe bes. für Motivsammler und zur allg. Unterrichtung.

Standardbriefumschlag, postalische Bez. für Briefumschläge mit vorgeschriebenen Höchstmaßen, die der ersten Gewichtsstufe (bis 20 g) angehören und zum billigsten Tarif befördert werden. Die BP (und viele andere Länder) versteht lt. Abmachung im Rahmen des Weltpostvereins unter Standardbriefumschlägen Briefumschläge, die zwischen 14 und 23,5 cm lang, 9 und 12 cm hoch und nicht mehr als 0,5 cm dick sind; die Länge muß mind. das 1,41fache der Höhe betragen. Auch →Fensterbriefumschlag.

Standardmuster. Für Freimarken verwenden manche Postverwaltungen teils über Jahre und Jahrzehnte (z.B. Norwegen, Posthorn-Ziffer-Zeichnung von 1872 bis heute!) dasselbe Markenbild, höchstens infolge Wechsel des Druckverfahrens diesem kaum merkbar angepaßt. Auch →langlebige Marken.

Stand-by-Marken, engl. = etwa danebenstehende oder wartende Marken. Die Portosätze werden gelegentlich kurzfristig erhöht, es stehen dann aber aus drucktechnischen Gründen nicht gleich den neuen Gebühren entspr. Wertzeichen zur Verfügung. Es kann außerdem geschehen, daß den Postämtern die gängigsten Marken ausgehen und nicht sofort nachgeliefert werden können. Für diese Fälle hat die israelische Post Ende 1975 erstmals eine »Stand-by-Marke« zu IL 1,85 drucken lassen (weitere folgten 1976), die als »Notnagel« dienen soll und auf bedarfsmäßig gelaufenen Briefen möglicherweise selten werden könnte.

Standlupe. Die normale →Lupe kann unhandlich sein; sie muß immer mit einer Hand gehalten und zwecks scharfer Wiedergabe ständig nach oben oder unten bewegt werden. Die (allerdings teurere) Standlupe, bei der die Linse in einem Gestell in Augenhöhe verstellbar oder im richtigen Abstand zum Brennpunkt fest montiert ist, läßt beide Hände frei. Es gibt Modelle mit zusätzl. Beleuchtungseinrichtung oder als →Meßlupe ausgebildet. Für den Sammler genügt 3- bis 6fache Vergrößerung; eine stärkere ist keineswegs immer von Vorteil.

Stanzlöcher. Am Unterrand der →Feuilles de Luxe der franz. Post finden sich eingestanzte Löcher bes. Form, die als Herkunfts- und Echtheitszeichen der Staatsdruckerei Paris anzusehen sind. Ähnl. Ausstiche verschiedenster Gestalt können auf dem Bogenrand der von der niederländ. Firma Enschede en Zonen für die Postverwaltung der Vereinten Nationen gedruckten Freimarken festgestellt werden. Die anfallenden Ausstiche dienen der Druckerei zur Feststellung gleichbleibender Papierqualität. L: 3. 11.

State of Oman, Inschrift auf markenähnl. Drucken, →Maskat und Oman; auch →Oman Imamate State, →Dhufar.

Stationsstempel, auch Postübernahmestempel genannt; gehören zur Gruppe der →Nebenstempel. **1.** Liefert der Absender zwecks beschleunigter Abfertigung Postgut (z.B. Pakete) auf einer Bahnstation direkt beim Bahnpostwagen auf, was teilweise möglich ist, erhält die Sendung den Abdruck eines vielfach keine Datumsangabe aufweisenden Stationsstempels oder wird handschriftl. gekennzeichnet. Auf niederländ. Briefen sind ähnl. Stempel möglich; →Eisenbahnbrief. – **2.** Philat. bes. interessant sind auf Briefen und Marken aus der ehem. dt. Kolonie Togo vorkommende Dienstsiegel-Abdrucke der Regierungs- und Missionsstationen in Orten, die noch nicht von der nächsten Postanstalt betreut wurden und ihre Sendungen mit eigenen Boten dorthin besorgen mußten. Diese Dienstsiegel werden Stationsstempel genannt, weil dem jeweil. Ortsnamen das Wort STATION vorausgestellt war. Sie durften lt. Vorschrift nicht zur Markenentwertung verwendet werden (die Sendung wurde sonst als nicht freigemacht behandelt), kommen aber trotzdem auf Marken vor. Derartige Stempel in versch. Form sind von acht Stationen bekannt. L: 3. 6.

Stati Parmensi, auch abgekürzt *Parm.*, Landesangabe auf den Marken von →Parma.

St. Christoph, auf Marken Inschrift Saint Christopher, früherer Name für jetzt St. Kitts, Insel in der brit.-westind. Gruppe der Leeward-Inseln, 1958–1962 Teil der Westind. Föderation. Bildet mit Nevis den Westind. Assoziierten Staat St. Kitts und Nevis. Vor Einführung bes. Marken (1870) gelangten brit. Ausgaben ohne Kennzeichnung zur Verwendung, die mit Balkenovalstempel A 12 von Spezialsammlern gesucht sind (→Used abroad), da an dieser Entwertung die Verwendung auf St. Christoph bewiesen ist. 1890–1903 wurde die Gemeinschaftsausgabe für die →Leeward-Inseln benutzt, danach erfolgte Zusammenlegung mit →Nevis zum Postgebiet →St. Kitts-Nevis.

Stecherzeichen, Name oder Buchstaben unmittelbar unter dem Markenbild, wodurch ausgesagt wird, wer nach vorliegendem Entwurf das Markenbild in Stahl oder Kupfer graviert (= gestochen) hat. Ist noch ein zweiter Name vorhanden, nennt dieser den entwerfenden Künstler. In diesem Fall finden sich manchmal noch Kleinbuchstaben *sc* vor oder hinter dem Namen; das bedeutet »sculpsit« = er hat graviert. Vor oder hinter dem zweiten Namen ein *del* besagt »delineavit« = er hat gezeichnet, ein *in* oder *inv* ist die Abkürzung für »invenit« = er hat entworfen. Stecherzeichen können auch als eine Art →Geheimzeichen an mehr oder weniger versteckter Stelle im Markenbild selbst erscheinen. Bei Buch-, Offset-, Rastertief- und Steindruckmarken tritt, da diese nicht wie Tiefdruckmarken gestochen werden, nur ein Name auf, näml. der des entwerfenden Künstlers (bei zwei Namen waren zwei am Entwurf beteiligt). Häufig gibt sich am unteren Bildrand die Druckerei namentl. zu erkennen; das ist dann natürl. kein Stecherzeichen.

Steckalbum, Kurzbez. für →Einsteckalbum.

Steckbuch, Kurzbez. für →Einsteckalbum.

Stecktypenstempel, alte Stempelform mit veränderl. Datums- und Stundenangabe, was durch Umstecken entspr. einzelner Lettern ähnl. einem Spielzeugdruckereikasten geschah. Diese Stempelart ist durch den →Typenradstempel (auch Handradstempel) ersetzt worden.

Stehende Helvetia, Begriff aus der Sammlersprache für die Schweiz-

Marken Mi 58–70, 74–81 und 88–94 mit stehender Darstellung der Helvetia genannten symbol. Frauengestalt mit Lanze in der rechten Hand, während die linke das Wappenschild mit dem Schweizer Kreuz hält. Diese Marken auf Papier mit →Preßzeichen, später Wasserzeichen »Schweizerkreuz«, gehören, philat. gesehen, zu den interessantesten und zum Aufbau einer Spezialsammlung bes. geeigneten Marken. Abgesehen von zahlr. Retuschen u.a. können versch. Zähnungen gesammelt werden. Die Aufstellung im Michel-Katalog gibt nur einen ungefähren Anhaltspunkt; der Spezialsammler zieht vorteilhafter die Kataloge von Zumstein, Kottelat oder Müller zur Bearbeitung heran; auch →Sitzende Helvetia.

steiler Aufdruck. Bei den ersten Marken für die ehem. dt. Kolonien Karolinen und Marianen sowie der Deutschen Post in China wurde der Gebietsname im Mai 1900 als →diagonaler Aufdruck aufgebracht, aber schon bald darauf durch Ausgaben mit Aufdruck im Winkel von 56° ersetzt, der als steiler Aufdruck bezeichnet wird. Für den Allgemeinsammler genügt diese billigere zweite Ausgabe. Bestehen hinsichtl. der Aufdruckstellung Zweifel (der Unterschied beträgt nur 8 bzw. 10°), tut ein →Winkelmesser gute Dienste.

Steinbriefkasten. Die Entdeckung des Seeweges nach Indien um das Kap der Guten Hoffnung durch Vasco da Gama 1497/98 führte bald zu einem regen Schiffsverkehr der Seefahrernationen jener Zeit nach und von Indien. Alle Schiffe ankerten während der langen Reise zwecks Trinkwasseraufnahme oder Reparaturen in der Saldanhabai unweit des heutigen Kapstadt. Dort lagernde große und oft mit den Schiffsnamen gekennzeichnete Steine dienten den Kapitänen und Mannschaften als »Briefkasten«. Unter die Steine wurden für nachfolgende Schiffe Nachrichten zur Mitnahme in die Heimat oder nach Indien hinterlassen. Die Kapitäne der brit. Ostindien-Gesellschaft z.B. waren zur regelmäßigen Nachschau sogar verpflichtet; →Briefkasten, →Schuhbriefkasten. L: Der Sammler-Dienst, Nr. 5/1965.

Steindruck, auch Lithographie, ein früher häufig, heute nur noch selten angewandtes Druckverfahren zur Herstellung von Postwertzeichen. Der Steindruck ist ein sog. Flachdruck, d.h. die zu druckenden Stellen liegen praktisch in einer Ebene mit dem Trägermaterial aus Solnhofer Schiefer oder einem gleich geeigneten Stein. Die Übertragung des Bildes erfolgt durch Umdruck über den →Urstein. Der Stein wird so präpariert, daß nur die druckenden Stellen Farbe annehmen. Der Steindruck liefert eine ebenmäßige Vorder- und Rückseite der Marke (es entstehen keine durchgedrückten Stellen wie beim →Buchdruck). Das Bild wirkt gewissermaßen weich, die Konturen treten nicht absolut klar hervor. Einen sehr anschaulichen Vergleich zwischen Stein- und Buchdruck bieten die bildgleichen Marken Bayern Mi 190 und 191 bzw. Deutsches Reich Mi 133 II und 133 I. Der Steindruck, aus dem der Offsetdruck entwickelt wurde, geht auf eine Erfindung von Aloys Senefelder aus dem Jahr 1798 zurück. Auch →Chromolithographie.

Steinway, Theodore E., 1883 bis 1957, Klavierproduzent und bedeutender amerikanischer Phil-

atelist mit überragenden Kenntnissen auf verschiedenen Sammelgebieten, der frühzeitig den Wert der philat. Literatur erkannte und seine umfangreiche Büchersammlung dem Collectors Club in New York vermachte.

Stellaland. Dieser Burenfreistaat in Südafrika mit nicht genau umrissenen Grenzen hat nur von 1882 bis 1884 bestanden und ging dann teils in Betschuanaland, teils in Transvaal auf. 1884 erschienen insg. sechs Marken, die, da Poststempel nicht vorh. waren, durch handschriftl. aufgebrachtes Datum und Namenszug des Postbeauftragten entwertet wurden. Stücke mit Poststempel sind über Nachbarländer gelaufen und dort mit ihnen versehen worden.

Ste.-Marie de Madagaskar, kleine Insel vor der Ostküste →Madagaskars mit einigen eigenen Marken von 1894 bis 1898.

Stempel, aus Metall (Messing, Stahl) Gummi, Holz o. a. geeignetem Material geschnitten und zunächst zur Kennzeichnung von Kurierpost verwendet (→erste Stempel), dann zur Festhaltung des Tags der Auflieferung bzw. postal. Bearbeitung eines Briefes (→Bishop-Stempel), zur Bestätigung des vom Absender vorausbezahlten Portos (→Penny Post), später zur Herkunftsbezeichnung (→Vorphilatelie) und schließlich zur Markenentwertung, außerdem als Bestätigungs-, Nebenstempel u. a. m. Die Zahl der Stempel, →Stempelarten und →Stempelformen ist derart umfangreich und vielseitig (und interessant!), daß in einem Lexikon nur einige beschrieben und abgebildet werden können. Die Stempel werden in Gestalt von →Handstempeln oder →Maschinenstempeln benutzt. Es gibt zahlr. Stempel-Spezialliteratur: 2. 4., 3. 14.

Stempelarten, in so großer Vielzahl für die verschiedensten Zwecke verwendet, daß im Lexikon nur die wichtigsten erwähnt und abgebildet werden können; z. B. →Stempel, →Bestätigungsstempel, →Nebenstempel, →Sonderstempel, →Werbestempel, auch →Stempelformen, →Stempelbenennung.

Stempelausschnitt. Sonder-, Werbe-, Serien- bzw. Bandstempel werden, da Ganzbriefe u. U. zuviel Platz im Album beanspruchen, meist als Briefstück gesammelt, was in jeder Beziehung zu befürworten und von jeder Ausstellungsjury akzeptiert wird. Bei solchen Ausschnitten sollte sich aber jeder Sammler an die internat. gebräuchl. Maße halten. Für →Handstempel (Sonder- und runde Werbestempel) sind 55 × 55 mm große Ausschnitte zu wählen; für →Fahnenstempel gelten je nach deren Länge 87 × 42 oder 138 × 42 mm als Norm, während →Bandstempel in Größe 148 × 42 mm ausgeschnitten werden.
Allgemein gültige Angaben über Ausschnittmaße können allerdings nicht verbindlich gegeben werden, denn einige Postverwaltungen haben immer wieder einmal abnorme Formen und Größen (z. B. Ovalstempel), für die die genannten drei Maße nicht zutreffen. Dasselbe gilt, wenn ein →Eckstempel auf einer Marke vorliegt, die auf dem Ausschnitt erhalten bleiben soll. Im Prinzip gilt die Regel, daß der Schnitt viereckig allseits mit einem Abstand von ca. 1 cm um den Stempel geführt werden soll.
Um immer gleichgroße Ausschnitte zu erhalten, schneidet man sich nach diesen Maßen drei Schablonen zurecht. Am geeignetsten sind dünne, glasklare Kunststoffplättchen, da durch diese Marke und Stempel zu sehen sind und durch Verschieben der Schablone allseits gleiche Randbreite erreicht wird.

Stempelbenennung. Für die →Stempelformen haben sich unter den Philatelisten best. Benennungen herausgebildet, die der Amtssprache folgen, von den Formen abgeleitet oder auch eigene Begriffsschöpfungen sind. Leider sind die Stempelbenennungen je nach Autor selbst im deutschsprachigen Bereich uneinheitlich, teils auch mißverständlich, ganz abgesehen von völlig anderen Benennungen in anderen Ländern. Die Erläuterung der im Lexikon erwähnten Stempel folgt im wesentl. den von der »Poststempelgilde Rhein-Donau« veröffentl. Schriften; diese Sammlergemeinschaft darf in bezug auf Stempel als führend bezeichnet werden, doch herrscht auch dort keine völlige Übereinstimmung. L: 2. 4., 3. 14.

Stempelbogen, frühe Form der Ganzsachen in Gestalt von Postscheinen oder Briefbogen mit Eindrucken, durch welche die Vorausbezahlung der Beförderungsgebühr quittiert wurde; →erste Ganzsachen, →Koperten.

Stempelelemente. Besonders die →Kreisstempel und →Ellipsenstempel enthalten innerh. der äußeren Einfassung die Inschriften, z. B. trennende oder hervorhebende zeichnerische Elemente verschiedenster Art, aus denen sich best. Stempelbenennungen ableiten lassen, die teils zu »Wortungeheuern« führen, da die charakterist. Elemente zusammen mit der Grundform entspr. umschrieben werden müssen. So entstehen z. B. Begriffe wie »Kreissehnenstempel mit Stegbogen« oder »Ellipsenstegstempel mit Gitterbögen«. Da nicht einmal unter den dt. Stempelexperten Einigkeit über die Bezeichnung der versch. Stempelelemente herrscht (von den Sammlern im Ausland ganz zu schweigen), muß im Lexikon auf die Anführung der Begriffe und Definition verzichtet und auf die Stempelliteratur verwiesen werden. L: 2. 4., 3. 14.

Stempelfarbe, zur Markenentwertung im allg. schwarz, in Großbritannien für Mi 1 und 2 z. B. zuerst rot, in Hannover und anderen Ländern blau, seltener grün, häufiger violett. Ungewöhnlich ist ein gold-

bronzener Sonderstempel, der nur am 7. 3. 1935 in Prag zur Entwertung der tschechischen Marken Mi 332/35 zum 85. Geburtstag von Präsident Masaryk verwendet wurde. Ähnliches gilt für einen Stempel zur Briefmarkenausstellung in Zagreb von 1940, der auf mehreren kursierenden Marken Jugoslawiens zu finden ist.
Es haben meist amtl Vorschriften

betr. Stempelfarbe bestanden, die aber manchmal nicht beachtet wurden und dann für den Stempelsammler u. U. eine wertvolle Abart ergeben. Für →Nebenstempel werden öfter auffallende, vom Entwertungsstempel abweichende Farben benutzt. Für Briefe aus vorphilat. Zeit gelten teils andere Maßstäbe hinsichtlich der Stempelfarbe; →mehrfarbige Stempel.

Stempelfehler, Marken mit einem postamtl. nicht zur Entwertung vorgesehenen Stempel (z. B. →Nebenstempel), was im allg. auf Nachlässigkeit des Postpersonals zurückzuführen ist. Wenn derartige Stempel entspr. einer Verfügung aushilfsweise verwendet wurden, liegt selbstverständlich kein Stempelfehler vor.
Andere Stempelfehler sind u. a.: kopfstehende Stundenangabe, falsches Tagesdatum (z. B. 32. 5. 70 statt 31. 5. 70). Bei Stempeln mit seitlichem, auswechselbarem Werbeeinsatz kann dieser kopfstehend vorkommen und liefert dem Sammler einen schönen Stempelfehler.

Stempelformen. Die meisten geometr. Figuren sowie mancherlei eigenwillige andere Formen sind schon für Stempel benutzt worden, so daß im Lexikon nur einige beschrieben und abgebildet werden können. Der überhaupt →erste Stempel war bemerkenswerterweise bereits ein Zweikreisstempel, später setzte sich der Zeilenstempel durch, war aber bei Einführung der Briefmarken vielfach schon wieder vom Kreisstempel abgelöst. Zur eigentl. Markenentwertung wurden lange Zeit bes. Stempel geschaffen (z. B. →Killer). Neueren Sonderstempeln (z. B. Österreich) blieb es vorbehalten, in oft sehr reizvollen Formen zu erscheinen. Für die Stempelformen haben sich best. →Stempelbenennungen herausgebildet.

Stempelgerät. Anstelle der →Buchdruckentwertung wird zur Massenabstempelung von Ersttagsbriefen in verschiedenen Ländern (z. B. BRD, Liechtenstein) seit 1969 eine kleine Maschine verwendet, die saubere, aber nicht durchgedrückte bzw. hochglänzende Stempelabdrucke wie die Buchdruckentwertung liefert.
Diese Stempelgeräte sind mit einer beleuchteten Optik nebst Fadenkreuz ausgerüstet, die auf die Arbeitsfläche einen stempelgroßen Lichtfleck wirft. In diesen wird der Brief mit der Hand so ausgerichtet, daß die Marke winkelrichtig zum Fadenkreuz zu stehen kommt. Der Stempeleinsatz wird durch einen Fußkontakt von der bedienenden Person ausgelöst und schwenkt nach unten auf den zu stempelnden Brief bzw. die Marke. Der Unterschied zwischen Entwertung mittels →Handstempel bzw. Stempelgerät ist nicht immer leicht festzustellen; es müssen meist beide Arten zum Vergleich vorliegen.

Stempelkrone, Bez. aus der Sammlersprache (bes. in der Schweiz) für den Ortsdatumstempelteil in →Maschinenstempeln neben der →Flagge. Unter günstigen Umständen – auf die der Sammler leider keinen Einfluß hat – ergibt auch ein solcher Maschinenstempel die ideale Entwertungsform einer Marke: den →Rundstempel. Auch →Kronenstempel.

Stempelfehler

Stempelmarken, auch Steuer- oder Fiskalmarken genannt, zur Verrechnung fiskal. Gebühren oder Steuern, die in Ausnahmefällen und ohne Kennzeichnung auch schon zur Freimachung von Postsendungen stillschweigend geduldet oder amtl. dafür zugelassen worden (z. B. Neuseeland) und dann für den Philatelisten von großem Interesse sind, bes. wenn derart verwendete Stempelmarken im Katalog Aufnahme gefunden haben. Der postal. Gebrauch muß jedoch durch ein-

wandfreien Poststempel bewiesen sein (Abb. brit. Stempelmarke links postalisch, rechts fiskalisch gebraucht). Werden Stempelmarken durch irgendeinen Aufdruck in Postwertzeichen verwandelt, liegen selbstverständl. Briefmarken vor, die auch ungebraucht gesammelt

werden können und im Katalog Hauptnummern erhalten. Die brit. und viele der in Besitzungen oder Commonwealthländern verausgabten Marken waren bzw. sind gleichzeitig Post- und Stempelmarken; →Postage & Revenue, →fiskalische Entwertung.

Stempelmaschine, wahrscheinlich erstmals von einem Mr. Wake aus Worksop 1826 der brit. Post angebotene Maschine; stempelte handbetrieben 250 Briefe in einer Minute. Wurde mit der Begründung abgelehnt, daß ein geübter Stempler die gleiche Zahl in gleicher Zeit stempeln könne. Wenig Erfolg hatte 1857 zunächst auch Pearson Hill, später auch J. G. Azemar (1869) mit einer Maschine, die Stempelabdrucke nach Art eines rechteckigen →Killers lieferte. Hamburgs Post setzte als erste auf dt. Boden Anfang Dezember 1867 eine Stempelmaschine ein (vermutl. engl. Fabrikat), deren Markenentwerterteil aus zwei parallelen Wellenlinien bestand; links daneben rechteckiger Ortsdatumstempel mit Einfassung. Nach Übernahme der Hamburger Staatspost durch den Norddt. Postbezirk kam Ende Januar 1868 eine andere Stempelmaschine mit drei Reihen kurzer, schräger Striche als Entwerterteil zum Einsatz. In Hamburg wurde 1874 im Postamt Venloer Bahnhof eine von der Firma Robert Hinrichs gebaute Stempelmaschine für Handbetrieb aufgestellt, mit der ein bes. geschickter Mann bis zu 20000

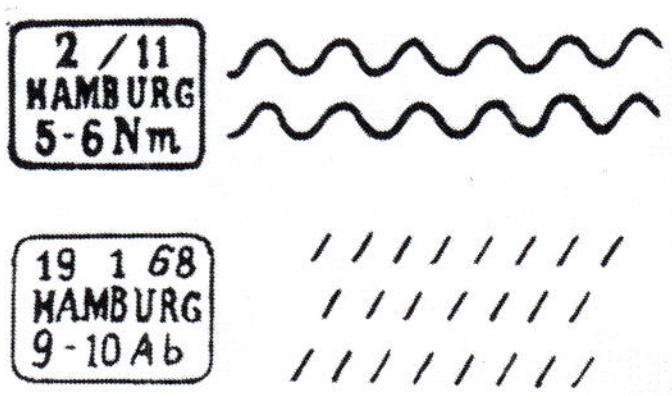

Sendungen in der Stunde stempeln konnte! In den USA wurden bereits 1881 mit elektrisch betriebenen Stempelmaschinen Leistungen bis zu 45000 Stück pro Stunde erreicht. Die Deutsche Reichspost führte erst ab 1898 bei einigen großen Postämtern zunächst amerik. Geräte, ab etwa 1902 dt. Fabrikate offiziell ein. Letztere enthielten zwischen zwei Ortsdatumstempeln mehrere waagerechte oder schräge Striche zur Markenentwertung, DR und Krone (→Kronenstempel) oder eine Flagge (→Flaggenstempel). Viele dieser frühen Maschinenstempel sind sehr selten.

Stempelpapier. In früheren Jahrhunderten war im Rechtsverkehr vielfach die Verwendung von bei bes. Ausgabestellen erhältl. Papierbogen vorgeschrieben, die gedruckte oder geprägte Stempel aufwiesen, aus denen die entrichtete Papiersteuer oder Stempelgebühr hervorging. Tragen solche Dokumente Vermerke, die auf eine postal. Beförderung hinweisen, sind sie für den Vorphilatelisten wichtig. In diesem Zusammenhang sind die unter dem Begriff →Sardinische Pferdchen bek. Briefbogen von bes. Interesse, auf denen durch Eindrucke bzw. Prägungen nach Art der alten Stempelpapiere die Berechtigung zur Beförderung mit priv. Boten nachgewiesen wurde. Auch versch. alte Briefmarken (z.B. Moldau, Rumänien) oder Wertstempeleindrucke auf alten Ganzsachen (z.B. Finnland) erinnern verschiedentl. an die Zeit der Stempelpapiere; auch →Stempelbogen, →Spanien (Ausgaben ab 1850).

Stempelsammlung, von vielen gepflegte Spezialsammelart, bei welcher Briefmarken eine untergeordnete Rolle spielen. Im Vordergrund stehen die Stempel eines Postgebietes in allen ihren äußeren Erscheinungsformen und Inschriften oder nur in bezug auf einen best. Zeitabschnitt usw. Sehr beliebt geworden ist auch das Sammeln von Sonder- und Werbestempeln, die allerdings bes. im Bereich der BP in den letzten Jahren einen kaum noch zu bewältigenden Umfang angenommen haben; es kommen wöchentl. 20 und mehr derartige Stempel in Gebrauch.
Manche Sammler widmen sich vorw. den alten Stempeln und versuchen z.B. die →Nummernstempel der altdt. Staaten, die Stempel der brit. Konsulatspostanstalten in versch. Ländern (→Used abroad) u.a. möglichst lückenlos zusammenzutragen. Zum Aufbau einer Stempelsammlung gehört neben Glück beim »Aufstöbern« lange gesuchter Stempel intensives Studium der sehr umfangr. Stempel-Literatur (→Anhang IX), wozu auch einige Spezialkataloge gehören, die für den Anfang teils ausreichende Hinweise geben.

Stempel-Sonderformen. Die äußere Form der Stempel ist derart vielfältig, daß nicht alle erläutert und abgebildet werden können; einige Beispiele sind unter der betr. Stichworten zu finden. Hinzu kommen mancherlei Stempelelemente, aus denen sich in Verbindung mit der Grundform weitere Unterarten ableiten lassen. Über die treffendste oder beste Benennung der Stempelformen herrschen teils weitgehende Meinungsverschiedenheiten, denen im Lexikon nicht Rechnung getra-

gen werden kann. Stellvertretend für die vielen Stempel-Sonderformen zeigen die Abb. zwei bes. ansprechende Arten. L: 2. 4., 3. 14.

Stenger, Dr. Erich, 1878–1957, bedeutender dt. Philatelist mit bes. Kenntnissen über Bayerns Marken und Stempel, Verfasser zahlr. Artikel und Bücher. Stenger war Träger der →Lindenberg-Medaille.

Stephan, Heinrich von, *7. 1. 1831 in Stolp/Pommern als Sohn einfacher Leute, †18. 4. 1897. 1848 als »Schreiber« (damals gleich Anwärter auf den höheren Postdienst) beim preuß. Postamt Stolp eingestellt, stieg Heinrich Stephan über viele Zwischenstationen, in denen er alle Postdienstgeschäfte von Grund auf erlernte, und nicht zuletzt durch die Beherrschung aller wichtigen Verkehrssprachen, die ihn zu Verhandlungen über Postabkommen auf zwischenstaatl. oder internat. Ebene prädestinierten, zum höchsten Amt im dt. Postwesen auf. Er wurde Generalpostmeister (später umbenannt in Staatssekretär des Reichspostamtes, etwa

Heinrich von Stephan

entspr. dem heutigen Bundespostminister) und erhielt 1885 den erbl. Adelstitel.
Stephan zählt zu den profiliertesten und erfolgreichsten Postreformern und -organisatoren, doch vermeidet die zahlr. vorh. Stephan-Literatur gern den Hinweis darauf, daß Stephan vielfach auf bereits vorhanden gewesene oder von anderer Seite längst angeregte Dinge aufbaute, diese aber, was anderen vor ihm nicht gelungen war, inf. rednerischer Begabung und Verhandlungsgeschick durchzusetzen verstand. Stephan wurde von versch. Ländern durch Ausgabe von Gedenkmarken geehrt.
Aus der Tätigkeit Stephans seien hier nur erwähnt die (allerdings unter milit.-polit. Druck) erfolgte Übernahme der Post von Thurn und Taxis durch Preußen (1867), Postabkommen mit zahlr. Staaten, Verdeutschung von rund 600 bis dahin franz. Begriffen aus dem Postdienst, Vereinfachungen im Postbetrieb, Gründung der Reichsdruckerei und des Reichspostmuseums, erste Anregung zur Schaffung der Postkarte usw. Das größte Verdienst erwarb sich Stephan durch die Zusammenführung der Völker im Weltpostverein, dem bereits früher bestehende Postvereine und vorher gescheiterte Pläne zugrunde lagen, und der zweifellos nur durch Stephans zielstrebige Persönlichkeit 1874 Wirklichkeit werden konnte.
Aus dem umfangr. literarischen Schaffen sei auf die »Geschichte der preußischen Post von ihrem Ursprunge bis zur Gegenwart« (1859), die bis in unsere Tage benutzte Dienstanleitung »Der kleine Stephan« und den zukunftweisenden, in Buchform erschienenen Vortrag »Weltpost und Luftschiffahrt« (1874) hingewiesen. L: 4. 13., 4. 14.

Stephanskrone, bei Einzelmarken Ungarns von 1898 bis 1903 vorkommendes und oft nicht eindeutig zu identifizierendes →Bogenwasserzeichen in fünf versch. Formen. Auch →Patriarchenkreuz.

Stereotypie, Verfahren zur Abformung oder Vervielfältigung von Druckstöcken und Schriftsätzen für den →Buchdruck.

Sternstempel, in Frankreich früher viel benutzte Art der →Punktstempel, in dem die Punkte in Sternform angeordnet waren. Aus Form und

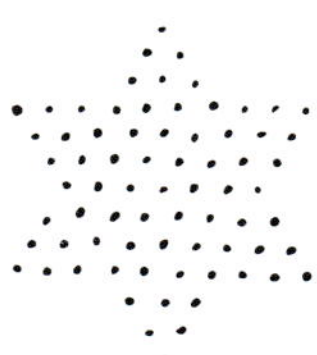

Maßen bzw. Ziffern, Buchstaben oder Zeichen in der Mitte der Sternstempel vermag der Spezialsammler in vielen Fällen den Verwendungsort oder eine bes. Verwendungsart festzustellen.

Steuerämter-Dienstmarken, Bez. für 44 Inflationsmarken Deutschlands (aus Mi 252–329) sowie die erste Rentenpfennig-Ausgabe (Mi 338/41), die von den Steuerämtern im Land Mecklenburg mit acht versch., meist violett abgedrückten Gummihandstempelaufdrucken als eine Art Dienstmarken versehen wurden; die Herkunft weiterer drei Aufdrucktypen ist noch ungeklärt. Diese Marken wurden früher als »Dienstmarken-Notausgabe« bezeichnet, was irreführend ist, da mit

dem Aufdruck keine Dienstmarken im eigentl. Sinne geschaffen werden sollten. Vielmehr konnten zur Verwendung von Dienstmarken berechtigten Stellen in der Turbulenz der tägl. Geldentwertung solche Dienstmarken nicht immer zur Verfügung gestellt werden; man mußte auf normale Freimarken zurückgreifen. Diese wurden zum Schutz vor Veruntreuung mit dem Aufdruck versehen. Die Steuerämter-Dienstmarken interessieren nur den großen Spezialsammler und sind bedarfsmäßig gebraucht (bes. auf Ganzbrief) selten und wertvoll. Vorsicht vor vielen Fälschungen des leicht nachzuahmenden Handstempels; in jedem Fall ist Prüfung anzuraten. L: 3. 4.; auch →Regierung, →Der Landrat, →Landrat Stuhm.

Steuermarken, Begriff für best. Arten von →Zwangszuschlagsmarken (z. B. Kriegssteuermarken, Poststeuermarken), aber vielfach mißverständl. Ausdruck. Zur Verrechnung fiskal. Gebühren dienende Steuermarken sind gelegentl. auch zur Freimachung von Postsendungen amtl. zugelassen oder geduldet worden. Der Philatelist spricht in diesen Fällen jedoch nicht von Steuer-, sondern von →Stempelmarken.

Steuern, ein leidiges Wort, mit dem sich aber die Sammler, die z.B. Auktionen beschicken (bes. auch die Erben größerer Sammlungen) und nicht zuletzt die Vereine, die einen Rundsendedienst unterhalten oder Auktionen nur für ihre Mitglieder veranstalten, u.U. eines Tages befassen müssen. Was bei der aus irgendwelchen Gründen erfolgenden Veräußerung von Sammlungen oder Einzelmarken aus Sicht der Steuerbehörde zu berücksichtigen ist, kann im Rahmen eines Lexikons nicht erläutert werden. Hilfe in dieser Beziehung leistet die →Bundesstelle Steuern, an die sich die Mitglieder eines dem →BDPh angeschlossenen Vereins zwecks Beratung wenden können (Anschrift durch die Geschäftsstelle des Bundes Deutscher Philatelisten, Neue Mainzer Str. 60, D-6000 Frankfurt/M. 1). Ähnl. Beratungsstellen gibt es auch bei den Verbänden in einigen anderen Ländern.

Steuerpostanweisungen wurden von der österr. Postverwaltung als Ganzsachen (mit eingedrucktem Wertstempel) in der Zeit von 1882 bis 1907 ausgegeben. Diese Steuereinzahlungsscheine bestehen aus einer Dienstpostkarte mit Wertstempel wie die gleichzeitigen Postkarten als Quittung und daran anhängenden Einzahlungsformularen. Regelrecht gebrauchte Stücke existieren nur als Postkarten, da die anderen Teile abgetrennt, einbehalten und später vernichtet wurden. In Aschers Ganzsachenkatalog werden 35 Hauptnummern mit etlichen Untertypen aufgeführt. Bei Ganzsachenspezialisten sind Steuerpostanweisungen gesucht und werden entsprechend hoch bewertet. J. BLÖCHL

Steuerstriche, anderer Ausdruck für →Leitstriche.

Steuerzusatzmarke, recht unglückliche, gelegentl. aber immer noch benutzte Bez. für →Zwangszuschlagsmarken, die nur selten zur Erhebung einer Steuer dienen. Die vom Absender gewünschte und früher mögl. Briefzustellung an Sonntagen (→Sonntagsmarken) – ohne Eilzustellung – erforderte ebenfalls keine Steuer im eigentl. Sinne, auch dann nicht, wenn wie z.B. in Portugal zeitweise eine bes. Zusatzgebühr für sonntags zuzustellende Telegramme zu entrichten war und diese Gebühr durch ein eigens dafür geschaffenes Wertzeichen verrechnet wurde. Als Steuerzusatzmarken sollten höchstens die →Kriegssteuermarken bezeichnet werden.

St. Gabriel →Sammlergilde St. Gabriel, →Weltbund St. Gabriel, →Gabriel.

St. Helena, Insel im Südatlantik und brit. Kronkolonie mit eigenen Marken seit 1856. Die erste Ausgabe gehört zu den graph. schönsten Postwertzeichen, die bisher verausgabt worden sind. Seit 1934 gibt es manche hübsche, in neuerer Zeit aber auch ausgesprochen kitschige Bildermarken, die, da Motivsammler ansprechend, gern gesammelt werden. Auf Bedarfsbrief sind alle St. Helena-Marken selten zu finden. Nach einer Naturkatastrophe im Herbst 1962 mußte die

Insel →Tristan da Cunha von den Einwohnern verlassen werden. Aus diesem Anlaß wurden die Marken von Tristan da Cunha Mi 46, 49–51 mit dem Aufdruck ST. HELENA / TRISTAN RELIEF versehen, verausgabt, die im Michel-Überseekatalog unter St. Helena (Mi 142–145) verzeichnet sind und inf. der geringen Auflage von nur 434–527 Stück zu den großen Raritäten gehören, was durch die Bewertung im Michel-Katalog keineswegs richtig zum Ausdruck kommt. Es muß allerdings bemerkt werden, daß diese vier Marken ohne amtl. Genehmigung hergestellt worden sind und nach Bekanntwerden unverzügl. zurückgezogen werden mußten, weshalb ihnen philat. gesehen kein einwandfreier Charakter zugesprochen werden kann. Die Marken von St. Helena Mi 146–158 mit dreizeil. Aufdruck TRISTAN DA CUNHA / RESETTLEMENT / 1963 sind im Katalog unter Tristan da Cunha verzeichnet. L: DBZ, Nr. 4–6/1967.

S. Thomé e Principe, vorher Tomé (ohne h), Inschrift bzw. Aufdruck auf den Marken für →St. Thomas und Prinzeninsel.

Stichtiefdruck, allg. Bez. für einen Tiefdruck, bei dem das vorgesehene Markenbild in eine Metallplatte graviert (gestochen) wird; →Kupfertiefdruck, →Stahlstichtiefdruck.
Ein schönes Beispiel für den Unterschied zwischen den versch. Druck-

arten liefern die bildgleichen österr. Marken Mi 1035 (Stichtiefdruck), Mi 1037 (Buchdruck) und Mi 1045 (Offsetdruck).
Die Marke Frankreichs Mi 1540 zeigt die Hände eines Stechers bei der Arbeit.

Stiftung zur Förderung der Philatelie und Postgeschichte e. V. Die BP verausgabte 1965 anl. einer Briefmarkenausstellung in München und des dort abgehaltenen Kongresses der →FIP zwei schöne Sondermarken (Mi 515/16), deren Zuschlagsbetrag der Philatelie zukommen sollte. Der Erlös aus dem Zuschlag betrug rund 3,3 Mill. DM. Dieses Kapital wurde in die danach gegr. »Stiftung« (so der allg. bekannte und gebräuchl. Kurzname) eingebracht. Als Vorbild diente der

1965 entstandene und mit dem Zuschlagserlös aus dem NABRA-Block der Schweiz ausgestattete →Fonds zur Förderung der Philatelie. Das Kapital der »Stiftung« ist in Wertpapieren bzw. Anleihen festgelegt. Die jährl. Zinsen werden zur Förderung der Philatelie verwendet, d.h., es werden Zuschüsse zu großen Ausstellungen gewährt, es wurden in Zusammenarbeit mit dem schweiz. »Fonds« vorzüglich geeignete Ausstellungsrahmen entwickelt und in großer Stückzahl hergestellt, die den Veranstaltern zur Verfügung gestellt werden, das Erscheinen philat. wertvoller Bücher im Selbstverlag oder seitens der →Arbeitsgemeinschaften wird ermöglicht usw. Nach dem Ende 1976 bekannt gegebenen Geschäftsbericht hat die »Stiftung« im Jahre 1975 insg. rd. 750000 DM zur Förderung der Philatelie zur Verfügung gestellt und ein Vermögen von 8,5 Mill. DM ausgewiesen; auch →Hermann Deninger-Literaturpreis.

St. Kilda →Saint Kilda.

St. Kitts-Nevis, zwei westind. Inseln in der Leeward-Gruppe und aus den früheren Postgebieten →Nevis und →St. Christoph bestehende ehem. brit. Kronkolonie. Nach der Zusammenlegung erschienen ab 1903 entspr. beschriftete Marken. Seit 1967 sind St. Kitts und Nevis (bis 1969 gemeinsam mit Anguilla) Glied der Westind. Assoziierten Staaten und geben im Jahr nur wenige hübsche Bildermarken heraus; auch →Anguilla, →Leeward-Inseln.

St. Lucia, westind. Insel in der Gruppe der Windward-Inseln und ehem. brit. Kronkolonie, seit 1967 Glied der Westind. Assoziierten Staaten. Vor Einführung eigener Marken (1860) wurden brit. Marken ohne Kennzeichnung verwendet, zu deren Entwertung ein Balkenovalstempel A 11 diente, nach dem Spezialsammler sehr suchen (→Used abroad). Seit 1936 sind verh. viele hübsche Bildermarken verausgabt worden, die anges. der hohen Dauerserienwerte recht teuer sind. Dazu gehören auch die in der Zeit von 1881 bis 1884 als Freimarken verwendeten →Stempelmarken mit einwandfrei postal. Entwertung.
Die 1967 verausgabten Marken mit Aufdruck *STATEHOOD / 1st March 1967* (Mi 204–216) stehen

auf dem Index der →FIP und dürfen auf Ausstellungen nicht gezeigt werden. Von dieser Aufdruckserie ist eine nur geringe Stückzahl hergestellt worden, deren rechtmäßiger Verkauf über die Postschalter bisher noch nicht nachgewiesen werden konnte.

St. Nazaire →Saint Nazaire.

Stockach-Provisorium. Die Marke des altdt. Postgebietes Baden Mi 18 wurde aus letztl. nicht ganz geklärten Umständen am Postschalter des Ortes Stockach statt gezähnt geschnitten verausgabt und verwendet. Erhalten geblieben sind von dieser seltenen Abart nur etwa zwölf gestempelte Exemplare, ferner je ein Stück ungebraucht bzw. auf Ganzbrief. Das Stockach-Provisorium erzielt auf Auktionen entspr. Preise.

Stockflecke, bräunl. Verfärbung im Papier von Marken und Ganzbriefen in Form unterschiedl. großer Flecke, die durch zu hohe Luftfeuchtigkeit im Raum (evtl. zu beheben mit →Blaugel) und zu geringe Frischluftzufuhr (desh. Album öfter einmal durchblättern und nur stehend aufbewahren) auftreten und bestenfalls aus gestempelten Marken entfernt werden können. Bei ungebrauchten Marken oder Ganzbriefen ist das unmöglich, da Behandlung in wässerigen Lösungen notwendig ist. Auf evtl. Wasserempfindlichkeit der Druckfarbe ist zu achten.
Manchmal hilft ein etwa 10%iges Natriumbisulfit-Bad (auch Natriumhydrogensulfit genannt, u.U. über eine Drogerie erhältlich), das auch zur Auffrischung der Markenfarben und vergilbten Papieres geeignet ist. Mehr Erfolg verspricht eine Doppelbehandlung. Die Marke zunächst einige Minuten in Wasser legen, in dem ein paar Kristalle Kaliumpermanganat gelöst sind. Die Marke kommt völlig unansehnlich braun aus diesem Bad heraus. Diese vielleicht beängstigende Verfärbung verschwindet aber schnell in einem zweiten Bad mit Natriumbisulfit. In leichten Fällen kann auch Essig oder Salmiakgeist zur Auffrischung und Beseitigung der Stockflecke genügen. Nach jeder Behandlung gründlichst, möglichst unter fließendem Wasser, waschen und danach trocknen.

Stolow, Henry, 1901–1971, in Riga geborener, nach Ende des 1. Weltkrieges in Berlin mit seinem Bruder Julius ansässig gewordener, 1936 nach Brüssel und danach in New York tätig gewordener Markenhändler, der nach dem 2. Weltkrieg nach Berlin, später München zurückkehrte. Henry Stolow, der weltberühmte Sammlungen aufkaufte bzw. zur Versteigerung gebracht hat (z.B. die Sammlungen von König Carol von Rumänien, König Faruk von Ägypten, Präsident Roosevelt, Arthur Hind, Kardinal Spellman) hat sich leider auch dadurch einen – unrühmlichen – Namen erworben, daß er derjenige gewesen ist, der den Druck der »Marken« für den nicht existierenden Staat →Maluku Selatan veranlaßte, die den Sammlern nur Enttäuschung, ihm aber ein Vermögen einbrachten. L: Briefmarken-Mauritius, Nr. 38/1971.

S. Tomé e Principe, S = Abkürzung für portug. Sao; →St. Thomas und Prinzeninsel.

ST-PIERRE M-on, Aufdruck auf einigen Marken der sog. Allgemeinen Kolonialausgabe Frankreichs;

sind 1891/92 Ausgaben für die Kolonie →St. Pierre und Miquelon gewesen; auch →SPM.

St. Pierre und Miquelon, zwei kleine Inseln nahe der Südküste Neufundlands in Nordamerika und bis 1946 franz. Kolonie, seitdem Überseeterritorium Frankreichs. Für diesen Besitz erschienen 1885 die ersten Marken, die durch Aufdruck SPM und neuen Wertüberdruck auf einigen Werten der sog. Allgemeinen Kolonialausgabe Frankreichs hergestellt wurden und von denen einige sehr selten und wertvoll sind. Die Ausgaben von 1891/92 (Mi 17–45) weisen den abgek. Landesnamen ST-PIERRE M-on als Aufdruck auf. Seit neuerer Zeit werden zahlr. ansprechende und von der Staatsdruckerei Paris in vorbildl. Druck erzeugte Sonder- und Gedenkmarken verausgabt, die den Motivsammlern viel Material liefern. Ein Neuheitenabonnement ist auf den Monat umgerechnet nicht teuer; auch →F. N. F. L.

Strafanstalt-Post. In einigen abseits gelegenen Strafanstalten in den USA bestehen seit etwa 1969 Botendienste, die Post der Gefangenen zum nächsten Postamt bringen oder dort abholen. Zu diesem Zweck wurden von markensammelnden Häftlingen Vignetten und Stempel geschaffen und als eine Art Privat- oder Lokalpost verwendet. Diese Vignetten sind nur auf Ganzstück mit der erforderlichen Freimachung durch Postmarken von einigem Interesse.

Strafporto, im Volksmund noch immer Bez. für amtl. →Nachgebühr.

Straits Settlements. Diese ehem. brit. Kronkolonie umfaßte die Inseln →Singapur und Penang, ferner Malakka auf der Malakka-Halbinsel sowie die →Kokosinseln und die →Weihnachtsinsel im Ind. Ozean; zeitweise war auch Labuan der Verwaltung von Straits Settlements unterstellt. Die meisten Gebiete gehören heute zu Malaysia. Von 1867 bis 1942 (bis 1867 Marken von Brit.-Indien) wurde eine ganze Anzahl Marken verausgabt, unter denen sich größte Weltraritäten befinden. Die Höchstwerte zu 25–500 Dollar (!) sind postal. kaum oder überhaupt nicht verwendet worden; sie dienten vorw. fiskal. Zwecken, z. B. zur Entrichtung der Gebühr für eine Genehmigung zur Großwildjagd. Marken mit Aufdruck B

sind 1882–1886 für das Straits-Settlements-Postamt in Bangkok/Thailand verausgabt worden. Während der jap. Besetzung 1942–1945 hat es für Straits Settlements 43 bes. Frei- und 23 Portomarken gegeben, die unter dem Stichwort Japan katalogisiert sind. 1945–1948 kamen die Marken von Straits Settlements mit Aufdruck BMA/MALAYA zur Ausgabe, die auch in allen Malaienstaaten (Johore, Kedah, Kelantan, Negri Sembilan, Pahang, Perak, Perlis, Selangor, Trengganu) sowie den brit. Kronkolonien Malakka und Penang verwendet wurden.

Strandell, Nils, 1876–1963, weltweit bekannter schwed. Philatelist mit überragenden Kenntnissen. Er war Besitzer einer der größten philat. Bibliotheken (über 15000 Titel), die bereits 1943 vom schwed. Postmuseum angekauft wurde und die Strandell bis 1957 weiter betreute und ausbaute.

Straßburger Fälschung. Die Marke Deutsches Reich Mi 41 wurde 1885 in Straßburg zum Schaden der Post (→Postfälschung) gefälscht und durch an sich unschuldige Mittelsmänner in kleinen Geschäften gegen Geld eingewechselt. Es wird vermutet, daß der Fälscher 3000 Stück druckte, wovon eine große Anzahl von der Post unbemerkt zur Frankatur verwendet worden ist. Diese Fälschung wurde bei den Sammlern erst 1923 bekannt. L: 3. 4.

Straßenbahnbriefkasten, Inschrift in Stempeln aus Hamburg; →Straßenbahnpost.

Straßenbahnpost. Eine früher aus Deutschland (Hamburg, Stuttgart), Belgien, den Niederlanden, Schweden und USA bek. Einrichtung zur schnellen Beförderung von Briefsendungen. Nicht damit gemeint sind die bes. Straßenbahnwagen der Post, die in einigen Großstädten zwischen best. Postämtern verkehr-

Straßenbahnpost

ten und zur Beförderung von Paketen und Briefbeuteln dienten. Als Beispiel für die hier gemeinte Straßenbahnpost sei Hamburg angeführt.
Dort wurden am 1. 9. 1920 alle zum Hauptbahnhof fahrenden Straßenbahnen mit Briefkästen ausgestattet (es sind rd. 250 gewesen), die an der Rückseite des Triebwagens oder Anhängers befestigt waren. In den oberen Teil der zweiteil. Kästen konnte jedermann an jeder Haltestelle (jedoch nur in Richtung Hauptbahnhof) gewöhnl. oder durch Eilboten zu bestellende Briefsendungen einwerfen; der untere Teil war (in jeder Richtung) den unter den einzelnen Postämtern auszutauschenden Sendungen vorbehalten. An zentral gelegenen Halte- bzw. Kreuzungsstellen der Straßenbahn standen »Dauerposten«, die dem Briefkasten die für ihr zuständiges Postamt bestimmten Briefbeutel entnahmen und u. U. andere einlegten. Zwischen diesen Dauerposten und dem betr. Postamt pendelten alle 10 Min. Boten hin und her; dadurch war schnellste Beförderung der Eilsendungen gewährleistet. Die Sendungen des Publikums wurden am Hauptbahnhof dem oberen Briefkastenteil entnommen.
Für diesen Sonderdienst verlangte die Deutsche Reichspost bis 1943 (vorläufige Einstellung der Straßenbahnpost) für in den oberen Teil der Kästen eingeworfene gewöhnl. Briefe (ohne Verlangen einer Eilzustellung) eine zusätzl. Gebühr, weshalb derartige Sendungen entspr. gekennzeichnet werden mußten. So sind versch. Nebenstempel mit Inschrift *Aus dem Straßenbahn-Briefkasten* bekannt; der Entwertungsstempel enthielt die zusätzl. Inschrift *Eilbrief*. Später wurden zur schnelleren Abfertigung Rollstempel *Hamburg 1 Straßenbahn* mit Zeitangabe in Minuten benutzt. Nach Wiederaufnahme der Straßenbahnpost 1949 brauchte für gewöhnl. Briefe keine Zusatzgebühr mehr entrichtet zu werden; damit entfielen die bes. Stempel. Nicht zuletzt der wachsende Autoverkehr und die dadurch oft gefährliche Überquerung der Straße zur Haltestelle war Grund für die Aufhebung der Straßenbahnpost mit dem 1. 4. 1958. Einzelheiten über die Abwicklung dieses etwas ungewöhnl. Postdienstes, den Tarif usw. in Der Sammler-Dienst, Nr. 5/1970; auch →Straßenpost.
In einigen Großstädten anderer Länder soll es ähnliche Einrichtungen gegeben haben oder noch geben.

Straßenpost, 1. in Berlin vom 1. 11. 1889 bis 1. 4. 1900 zur schnelleren Beförderung und Zustellung der Stadtbriefsendungen (teils auch Fernverkehr) auf mehreren regelmäßig befahrenen Strecken eingerichtet; unter bes. günstigen Umständen war ein Stadtbrief bereits eine Std. nach der Einlieferung zugestellt. Die von zwei Pferden gezogenen und mit zwei Postangestellten besetzten Wagen waren so gebaut, daß die von den Postämtern eingesammelten oder in den Wagenbriefkasten geworfenen Sendungen während der Fahrt gestempelt und in Fächer verteilt werden konnten. Die Verteilfächer waren an der Außenseite angebracht. Der Postbeamte stand bei jedem Wetter auf einem Trittbrett und war durch einen um die Hüfte gelegten und an der Wagenwand eingehängten Lederriemen gegen das Herunterfallen gesichert. Der zunehmende Verkehr u. a. Schwierigkeiten erzwangen die Stillegung der Straßenpost. Dazu trug nicht zuletzt bei, daß die →Privatpostanstalten in Deutschland mit dem 1. 4. 1900 ihre Tätigkeit einstellen mußten, woraus sich für die Reichspost eine derartige Steigerung der Ortsbriefe ergab, daß diese mit den Straßenpostkursen nicht mehr bewältigt werden konnten. L: zur Streckenführung u. a. DBZ, Nr. 8/70. – **2.** Als Straßenpost sind auch die im 18./19. Jh. in einigen größeren Städten mehrmals tägl. durch die Straßen gehenden Briefeinsammler priv. Stadtpostunternehmen zu bezeichnen. Sie machten sich z. B. in Wien (1772/83) durch eine Klapper dem Publikum bemerkbar, woher die Bez. »Klapperpost« herrührt. Briefkästen gab es noch nicht. Die Boten trugen einen Behälter bei sich, in den die eingesammelten Briefe eingelegt wurden. Diese Wiener Stadtpost (die Staatspost übte diesen Dienst nicht aus) verausgabte übrigens schon damals den →Sardinischen Pferdchen ähnl. Briefbogen, die »Koperten« genannt wurden. In Graz bestand eine ähnl., aber auch weit über den Stadtbezirk hinausgehende Privatpost von 1796 bis 1847. Die »Berliner Fußbotenpost« (1800/06) benutzte beim Gang durch die Straßen eine Glocke. – **3.** Eine modernere Art der Straßenpost hat es z. B. 1920–1958 in Hamburg gegeben; →Straßenbahnpost. Die →Überlandpost wird von der BP auch häufig einfach Straßenpost genannt.

Streckenstempel, wenig gebräuchl. Bez. für →Bahnpoststempel, →Kursstempel, →Stationsstempel.

Streifband, auch Schleife, amtl. Bez. für einen um einzelne Zeitungen oder Zeitschriften gelegten und verklebten Papierstreifen zu deren Versand als Drucksache. Früher war es manchmal auch üblich, zwei Papierstreifen über Kreuz um die Zeitung zu legen, damit diese beim Transport mit Sicherheit nicht herausrutschen konnte; es wurde dann von Kreuzband gesprochen. Streifbänder wurden erstm. 1861 von der US-Post dem Publikum zur Verfügung gestellt. Später sind in vielen Ländern (z. B. Norddt. Postbezirk ab 1. 11. 1868) Streifbänder mit eingedrucktem Wertzeichen verausgabt worden, die sammlerisch zu den →Ganzsachen gehören. Die Deutsche Reichspost gab inf. nachlassender Nachfrage seitens des Publikums die Herstellung von Streifbändern bereits Ende 1890 auf; die übr. Länder schlossen sich nach und nach diesem Vorgehen an. Streifbänder mit Wertstempeleindruck sind in sehr unterschiedlichen Formaten erschienen; die wohl kleinsten sind aus Frankreich bekannt. Übrigens kann die berühmte →Dreier Sachsen als »Streifbandmarke« bezeichnet werden, da sie als Drucksachenporto verausgabt und vorw. zur Freimachung von

Zeitungen unter Streifband benutzt wurde. Dabei klebten die Absender die Marke sehr oft absichtl. so auf, daß ein Teil davon auf die Zeitung übergriff, um eine festere Verbindung zwischen Streifband und Zeitung zu erreichen. Vielfach riß dann der Empfänger achtlos das Streifband ab, wodurch die Marke zerstört wurde. Das ist eine Erklärung dafür, daß von der für die damal. Zeit riesigen Auflage der Dreier Sachsen verh. wenige in einwandfreiem Zustand erhalten geblieben sind.

Streifbänder des »Deutschen und Österreichischen Alpen-Vereins«. In der Zeit von 1903 bis 1938 versandte der D.Ö.A.V. seine »Mitteilungen« – ein zweimal monatlich erscheinendes Heft – an die Vereinsmitglieder als Streifbandsendung. Die Streifbänder – damals kaum beachtete Massenware – erfreuen sich heute bei Philatelisten eines wachsenden Interesses. Vollständige Sammlungen konnte man bereits auf Spezial-Ganzsachen-Ausstellungen sehen; Einzelbelege gehören in thematische Sammlungen der Alpenphilatelie. Spezialsammler unterscheiden bei diesen Streifbändern auf Privatbestellung folgende Perioden:
1. 1903–1909: Stempelentwertung,
2. 1910–1919: Datierte Buchdruck-Vorausentwertung,
3. 1920–1938: Undatierte Buchdruck-Vorausentwertung (in den Jahren 1928 bis 1938 wurden Streifbänder in Freistemplerart verwendet.)

Eine eingehende Beschäftigung mit diesem Spezialsammelgebiet, für das es auch beschreibende und katalogisierende Literatur gibt, ist vor allem dem Ganzsachensammler zu empfehlen. J. BLÖCHL

Streifbandmarke →Streifband.

Streifen, Begriff aus der Sammlersprache für mehr als zwei waagerecht oder senkrecht zusammenhängende Marken gleicher Ausgabe, Wertstufe und Farbe, die aus Schalterbogen oder Markenrollen heraustrennbar sind. Es gibt aber auch aus versch. Marken bestehende Streifen, die aus →Bogenzusammendrucken oder best. Markenrollen gewonnen werden können und dann meist →Zusammendruck bzw. →Automatenstreifen genannt werden; →Paar.

Streifen-Zusammendruck. In neuerer Zeit hat es schon recht oft →Schalterbogen gegeben, in denen bis zu zehn bildversch. Marken neben- oder untereinander enthalten sind, so daß sich eine Fülle von →Paaren, →Dreierstreifen u.ä. heraustrennen läßt (z.B. Paraguay). Durch solche »Mätzchen« kann sich ein Sammelgebiet sehr verteuern. Man sollte sich in diesen Fällen mit einem einzigen Streifen begnügen bzw. diesen in Einzelmarken aufteilen und die Machenschaften der betr. Postverwaltung oder Agentur durch Kauf der vielen möglichen Kombinationen nicht unterstützen. Auch →Schachbrett-Zusammendruck, →Triptychon.

Streikmarken, während Streiks der Verkehrsbetriebe, bes. der Postangehörigen verwendete Marken, meist jedoch priv. Ursprungs und desh. im Normalkatalog nicht erwähnt, auf Ganzbrief aber für den Spezialsammler von Interesse.
Die erste Streikmarke stammt aus Frankreich (Amiens), die unter Mi 24 katalogisiert ist. Mi 127 gehört jedoch nicht hierher (→Handelskammermarke). 1953 sind aus Orléans priv. Streikmarken bekannt, 1962 aus Großbritannien der »Bicycle Express Post« und »The People's League for the Defense of Freedom«, 1968 von zahlr. Orten auf Korsika.
Ungewöhnl. zahlr. sind die Streikmarken 1971 in Großbritannien gewesen. Mit Beginn des sieben Wochen andauernden Poststreiks (Januar–März) wurde das betreffs Postbeförderung seit alters her bestehende Staatsmonopol offiz. aufgehoben, womit privaten Unternehmen eine legale Möglichkeit zur Übernahme und Zustellung von Postsendungen gegeben wurde. Viele der tätig gewordenen Unternehmen ließen sich sogar von der Post eine amtl. Lizenz für die Dauer des Streiks erteilen, arbeiteten zu-

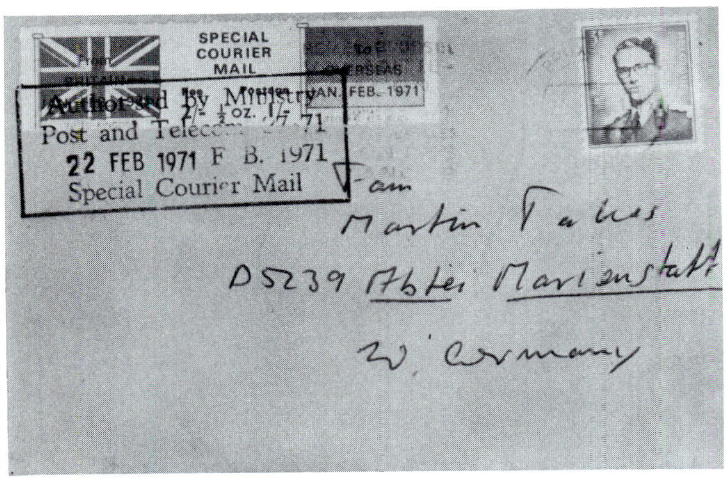

Streikmarken

verlässig und teils ohne Verwendung von Wertzeichen. Sehr viele aber ließen solche drucken (einige zwei Reihen für In- bzw. Auslandspost). Leider hat es zahlr. unseriöse Firmen gegeben (darunter Briefmarkenhändler), die nur pro forma oder gar nicht an echte Postbeförderung dachten, in Mengen ihre angebl. Wertzeichen herausgaben und nur das Geschäft mit den Sammlern im Auge hatten. So brachte z. B. ein einziger Händler innerh. von 47 Tagen insg. 104 versch. priv. Marken auf den Markt! Es wurden auch Ladenhüter in Gestalt unverkäufl. Bestände von →Inselausgaben mit Aufdrucken versehen und als Streikmarken angepriesen. Von vielen Ausgaben hat es auch Ersttagsumschläge gegeben, die nie auch nur bis vor die Haustür befördert worden sind! Damit ist der Charakter versch. Streikmarken deutlich genug gekennzeichnet.

Mit Privatmarken versehene Sendungen in das Ausland wurden durch Kurier mit Flugzeug oder Schiff nach Frankreich, Belgien oder den Niederlanden gebracht und mit den dort gült. Marken freigemacht der Post zur Weiterleitung übergeben. Es hat teilweise auch Beförderung in umgekehrter Richtung gegeben. Über alle Einzelheiten des Postverkehrs während des Streiks kann im Rahmen eines Lexikons nicht berichtet werden.

Zweifellos sind die brit. Streikmarken ein interessantes Gebiet, doch sollten möglichst nur wirklich beförderte Sendungen als Ganzbrief gesammelt werden (keinesfalls Ersttagsbriefe und die auf solchen bekannt gewordenen Wertzeichen ungebraucht). In den normalen Briefmarkenkatalogen finden diese Streikmarken keine Aufnahme. L: 3. 10.

Es sind aber auch drei amtl. Postwertzeichen bekannt, die als Streikmarken bezeichnet werden können. Die an der Aufrechterhaltung des Nachrichtenverkehrs mit Großbritannien interessierte Post der Cook-Inseln verausgabte am 25. 2. bzw. am 8. 3. 1971 die Marken zu 30 und 50 C. aus der Dauerserie mit Aufdruck PLUS 20 c / UNITED KINGDOM / SPECIAL / MAIL SERVICE. Die mit diesen Marken freigemachten Luftpostbriefe (bei Marke mit 50 C. eingeschrieben) wurden bis Amsterdam befördert und dort vom Kurier einer brit. Privatpost übernommen. Sofort nach Streikende wurden diese Marken am 12. 3. von den Schaltern zurückgezogen. Anges. dieser kurzen Verwendungszeit ist das seltene Vorkommen von Bedarfsbriefen mit einer dieser Marken erklärlich. Gleiches gilt für die Marke zu 3 s der Dauerserie von Malawi mit entspr. Aufdruck, die für einen ähnl. Dienst zusätzl. zum normalen Luftpostporto den Sendungen nach Großbritannien hinzugeklebt sein mußte. Auch →Notpost Linz–Wien, →LAKKOPOSTI.

Streikpost. Während eines Streiks der Post- oder Eisenbahnbediensteten u. a. sind schon mehrmals von privater Seite organisierte Beförderungseinrichtungen geschaffen worden, die zur Verrechnung der – teils sehr hohen – Gebühren eigene Wertzeichen verausgabten; →Streikmarken, →Notpost Linz–Wien.

Strichelleiste, auch Randstrichelung, früher amtl. Randanschlag-Schutzleiste. Bei älteren Marken (heute fast nur noch bei →Heftchenbogen) im →Plattendruck je nach Größe bzw. Anordnung des Maschinenbogens auf ein bis vier Bogenrändern vorkommend (bei Zwei- oder Mehrfarbendruck in allen Farben). Die Strichelleisten sollen die äußeren Klischees, die beim Buchdruckverfahren bes. stark beansprucht werden, vor Beschädigungen schützen. Den gleichen Zweck erfüllt die →Strichleiste (aber →Punktleiste). Der Spezialsammler achtet bes. bei Eckrandstücken und, soweit vorkommend, auf die Art des Zusammentreffens bzw. die Abstände zwischen waagerechten und senkrechten Strichelleisten u. a.

Strichkreisstempel. Die äußere Einfassung eines →Kreisstempels besteht aus kurzen Strichen, ein evtl. Innenkreis kann voll ausgezogen, gleichfalls gestrichelt oder punktiert sein. Der Strichkreisstempel wurde von einigen Postverwaltungen gewissermaßen als →Sicherungsstempel betrachtet, da dieser die Marken mehr oder weniger tief einschnitt und Stempelentfernung und Wiederverwendung einer Marke weitgehend verhinderte; →Punktkreisstempel.

Strichleiste, den gleichen Zweck erfüllend wie die →Strichelleiste und bes. bei Marken in Buchdruck anderer Länder häufig zu finden. Auf den Hefträndern von Markenheftchenblättern bzw. auf den Zwischenstegen der Markenheftchenbogen der BP werden lt. amtl. Auskunft Strichleisten verschiedentl. anstelle der →Punktleisten zur Führung der Farbwalzen oder als Hilfsmittel für das exakte Zerschneiden der Bogen zu Heftchenblättern verwendet; →Randleiste, →Schutzstriche.

Strichringstempel. Ein oder mehr der dicht nebeneinanderliegenden konzentr. Kreise eines →Ringstempels sind nicht voll ausgezogen, sondern unterbrochen; →Punktringstempel.

Strichstempel, früher häufig verwendeter Nummern- oder →stummer Stempel aus im Gegensatz zu

→Balkenstempeln feinen Strichen in versch. äußerer Form. Nicht zu verwechseln mit den auf modernen Marken heute verpönten →Wellenstempeln. Die alten Strichstempel mindern den Wert einer Marke nur selten, da sie (z. B. Bergedorf, Hamburg) die postamtl. vorgeschriebene Entwertungsart waren. Auch →Stempelmaschine.

Strohdeckel-Muster, auch Strohhutmuster, Bez. aus der Sammlersprache für die Dienstmarken der Deutschen Reichspost 1927/33 (MiD 114/31).

Strohhutmuster, auch Strohdekkel-Muster, Bez. aus der Sammlersprache für die Dienstmarken Deutsches Reich MiD 114–131.

Stroma, kleine brit. Insel in Privatbesitz zwischen der Nordspitze Schottlands und den Orkney-Inseln im Pentland Firth mit 277 Ew. (1950). Der Besitzer verausgabt Privatpostmarken; →Inselausgaben.

Strubel, auch Strubeli oder Strubli, Begriff aus der Sammlersprache für die Schweiz-Marken Mi 13–44 mit sitzender Darstellung der Helvetia genannten symbol. Frauengestalt mit Lanze in der rechten Hand und mit der linken das Wappenschild mit Schweizerkreuz haltend. Diese Marken sind zu ihrer Bezeichnung gekommen, weil der entwerfende Künstler der Frauengestalt einen unfrisiert, strubbelig aussehenden Kopf mit auf den Weg gab. Es sind fünf Ausgaben zu beachten, die sich durch versch. Einzelheiten zu er-

kennen geben. Wer sich auf die sehr beliebten Strubel-Marken spezialisieren möchte, benutze besser die Kataloge von Zumstein, Kottelat oder Müller.
Die am 15. 9. 1854 erstm. verausgabten und die Übergangsausgaben der 1849 gegr. Schweiz. Bundespost ablösenden Strubel-Marken wurden zunächst in München gedruckt (Mi 13 I–17 I), da die eidgenöss. Münzstätte in Bern erst einige Monate später zur Übernahme der Druckaufträge in der Lage war (Mi 13 II–17 II). Die sog. Berner Drucke wurden auf Papier mit eingelegten verschiedenfarbigen Seidenfäden hergestellt (Münchener Drucke nur mit hellgrünem Seidenfaden), woraus sich teils beachtliche Wertunterschiede ergeben. Es ist jedoch Vorsicht geboten; die Farbe der Seidenfäden läßt sich künstlich leicht verändern oder hat sich durch Umwelteinflüsse im Laufe der Jahre erheblich geändert.
Interessant ist bes. der Ergänzungswert von 1862 zu 2 Rappen (Mi 19), der zusammenhängend mit einer diagonal oder senkrecht halbierten gleichen Marke für ermäßigtes Auslands-Drucksachenporto als große Rarität auf Streifband vorkommt, bis Mi 21 erschienen war. Auch die folgenden drei Ausgaben von 1862 bis 1881 der Strubel-Marken lassen sich an Hand der Spezialkataloge stark spezialisiert sammeln, sind jedoch ungebraucht (Mi 20–28) bzw. gestempelt (Mi 36–44) teuer; →Sitzende Helvetia.

Strubeli →Strubel.

Strubli →Strubel.

St. Thomas und Prinzeninsel, im Golf von Guinea (Westafrika) gelegene Inselgruppe, im Gegensatz zur Bez. im Michel-Überseekatalog allg. Sao Thomé e Principe (heute Tomé ohne »h«) genannt; ehem. portug. Kolonie, dann bis 1975 Überseeprovinz Portugals und seitdem unabhängige Republik. Für dieses Gebiet sind seit 1869 eigene Postwertzeichen erschienen, deren Ausgaben bis Ende der 30er Jahre bildl. gesehen sehr langweilig sind,

zumal es zahlr. Auf- und Überdruckmarken gegeben hat. Seitdem viele ansprechende Bildermarken, die den Motivsammlern versch. Richtungen viel bieten. Die junge Republik verausgabte bisher nur wenige neue Marken.

STT VUJA, auch VUJA STT, Aufdruck bzw. Inschrift 1948/52 auf den Marken für die von Jugoslawien verwaltete Zone B von

→Triest. 1952/54 lautete die Inschrift STT VUJNA.

STT VUJNA, Aufdruck auf den Marken 1952/54 für die von Jugoslawien verwaltete Zone B von →Triest. 1948/52 lautete dieser STT VUJA bzw. VUJA STT.

Stücktausch. Die Sammler tauschen gelegentl. mit einem gleichgesinnten Partner nur Marke gegen Marke, also Stück gegen Stück. Das ist allerdings meist nur bei →Massenware bzw. →Pfennigwerten möglich, da hierbei die Katalogbewertung grundsätzlich außer acht gelassen werden kann. Bei besseren Marken u.a. müssen die Katalognotierungen gegeneinander aufgerechnet werden. Auch →Tausch →Werttausch.

Studiengruppen, Bez. für die innerh. der →Poststempelgilde »Rhein-Donau« bestehenden und den →Arbeitsgemeinschaften des BDPh gleichenden Sondervereinigungen, die mit wertvollen Arbeiten die philat. Forschung weitertreiben. Auch diese Veröffentlichungen sind nur den Mitgliedern der jeweil. Studiengruppe zugänglich.

Stuiver-Stempel, reizvolle vorphilat. Stempel, die in Amsterdam als Ankunftsstempel den Briefen aufgedruckt wurden. Der Buchstabe zwischen den Kordeln des Posthorns oben weist darauf hin, aus welcher Richtung der Brief eingetroffen war (z.B. R = Rotterdam). Ziffer und S rechts und links neben dem Wappen geben den vom Empfänger zu zahlenden Portobetrag

an. Stuiver war eine in den Niederlanden seinerzeit übl. Münzeinheit. Die Stuiver-Stempel kamen um 1667 auf.

stumme Marken, Bez. für Marken ohne Wertangabe in Ziffern bzw. Buchstaben (auch ohne Landesnamen). Bei diesen war der Freimachungswert aus der Druckfarbe ersichtlich (z.B. Barbados Mi 1–3, Trinidad und Tobago Mi 1–7).

stummer Stempel, Begriff für →Balkenstempel, →Killer u.ä., die keinen direkten Hinweis auf den

Verwendungsort enthalten wie z.B. die →Nummernstempel, aber verschiedentl. trotzdem an Hand bes. Merkmale genau identifiziert werden können. Während des 1. Weltkriegs waren in Rußland für priv.

Sendungen stumme Stempel vielerlei Form in Gebrauch, um den Auflieferungsort geheimzuhalten (Tarnstempel). Viele der im letzten Weltkrieg benutzten Feldpoststempel gehören ebenfalls hierher. Auch →Strichstempel.

stummes Druckerzeichen, Bez. für ein aus irgendeiner Figur, Punkt-Strich-Kombination o.ä. bestehendes →Druckerzeichen.

stummes Postamt, gelegentliche volkstümliche Bez. für →Postwertzeichengeber.

stumme Vorausentwertung, Bez. für →Vorausentwertung durch beliebig gestaltete maschinelle oder Handstempel-Aufdrucke (z.B. Linien, Figuren), Tintenkreuze, Pinselstriche usw., woraus Herstellungs- und Verwendungsort nicht unmittelbar hervorgehen. Stumme Vorausentwertungen sind am bekanntesten aus Kanada und den USA, aus letzteren früher mit vielen reizvollen Figuren. Die meisten Vorausentwertungen Frankreichs, Monacos und Belgiens gehören ebenfalls zu den stummen →Vorausentwertungen.

stumpfer Aufdruck. Ein Auf- oder Überdruck kann auch bei an sich gleichen Marken je nach der verwendeten Druckfarbe glänzend, matt, stumpf oder rußig ausfallen, was teils in den Katalogen berücksichtigt und bes. bewertet wird, so daß der Spezialsammler darauf achten muß. Auch →fetter Aufdruck, →magerer Aufdruck.

stumpfer Zahn, auch kurzer Zahn genannt. Ein Zahn (auch mehrere) ist kürzer als die übrigen, was vielfach durch unsorgfältiges Abtrennen einer Marke vom Bogen vorkommt und sich bei neueren Marken stark wertmindernd auswirkt, bei klassischen aber noch →Durchschnittserhaltung sein kann. Vorsicht: der Restaurator setzt unsichtbar eine Zahnspitze an, oder eine ganze Seite der beschädigten Marke kann nachgezähnt werden; →stumpfe Zähnung, →fehlender Zahn, →vollzahnig.

stumpfe Zähnung. Werden zur Perforierung der Schalterbogen dünne Zähnungsnadeln verwendet, ergeben sich kleine Zähnungslöcher und breite (stumpf aussehende) Zahnspitzen, was jedoch nicht besagt, daß desh. →enge Zähnung vorliegt; die Zähnung kann trotzdem normal weit sein. Bes. der Montenegro-Spezialsammler beachtet gleiche Markenausgaben mit stumpfer und spitzer →Zähnung; auch →stumpfer Zahn, →rauhe Zähnung, →Zahnbrücke.

Stundenpaß. Die weit in die Vorzeit der Menschheitsgeschichte hineinreichende →Geschichte der Post hat mancherlei für den posthist. interessierten Sammler wichtige Dinge aufzuweisen, darunter den sog. Stundenpaß, der bei vielen Einrichtungen zur Übermittlung von Nachrichten eine bedeutende Rolle gespielt hat. Die zur unverzügl. Überbringung schriftl. Mitteilungen verpflichteten Boten (über Jahrhunderte hinaus nur für staatl. oder militär. Belange) mußten auf ihren oft langen Wegen irgendwie überwacht werden: Rast in den notwendigen Unterwegsstationen (dort vielfach Ablösung durch ausgeruhte andere Boten), durch Naturereignisse erzwungene Umwege oder Aufenthalte bzw. die Ankunft am Zielort waren zu kontrollieren. Zeitl. Versäumnisse der Boten nicht entschuldbarer Art wurden schwer geahndet. Zum wichtigsten Kontrollinstrument wurde der von den Boten stets mitzuführende Stundenpaß, in dem alle Ankunfts- und Abgangszeiten auf den versch. Stationen festgehalten (oft auch Zahl und Art der dem Boten ausgehändigten Briefe) und durch Unterschrift der Botenmeister oder Posthalter bestätigt wurden. Der bisher älteste aufgefundene Stundenpaß stammt aus der Pharaonenzeit und war als »Hibeh-Papyrus 110« ein Glanzstück des ehem. Reichspostmuseums. Wissenschaftler entzifferten die Hieroglyphenschrift. Der Anfang dieses langen altägypt. Stundenpasses lautet etwa: »Am 16. übergab N. N. dem Alexandros 6 Stück, und zwar: an den König Ptolemäus 1 Briefpaket, an den Finanzminister Apollomios 1 Briefpaket sowie 2 Briefe, die an das Briefpaket angebunden sind, an den Kreter Antiochus 1 Briefpaket,

an Menodoros 1 Briefpaket, an Chel-os 1 Briefpaket vereinigt mit den anderen. Alexandros übergab die Sachen dem Nikodemus am 17. Zur Morgenstunde übergab Phoinix der Jüngere, Sohn des Herakleitos, Mazedonier, dem Aminion 1 Briefpaket sowie dem Phanias den Dienstsold. Aminion übergab das Paket dem Theochrestos . . .«. Es folgen zahlreiche weitere Namen von Boten und Briefempfängern und auch die Tagesdaten, so daß die Aufzählung noch fortgesetzt werden könnte.
In neuester Zeit wird von einigen Ägyptologen die bisherige Auslegung des Hibeh-Papyrus als die früheste Art eines Stundenpasses bestritten; die Forschungen sind noch nicht abgeschlossen. Auch →Stafettenpaß.

Stundensäulen →Stundenstein.

Stundenstein. In verschiedenen Gebieten Deutschlands wurden im 18./19. Jahrhundert anstelle der →Postmeilensäule ähnliche Säulen errichtet, die die Entfernungen in Stunden angaben und deshalb Stundensteine genannt werden; zum Beispiel an Straßen im Westerwald, Taunus und in der Rhön, von denen heute noch etliche am ursprünglichen Platz erhalten sind. L: Hessische Postgeschichte, Nr. 18/1973.

Stundenstempel, eigentl. Halbstundenstempel, Bez. für kleine Ovalstempel der Post in Braunschweig zur Kennzeichnung der erfolgten Briefauflieferung, da im

Ortsdatumstempel keine Zeitangabe enthalten war. Diese Stempel wurden vorderseitig bei Auflieferung bzw. bei Ankunft meist rückseitig von 1842 bis 1851 im allg.

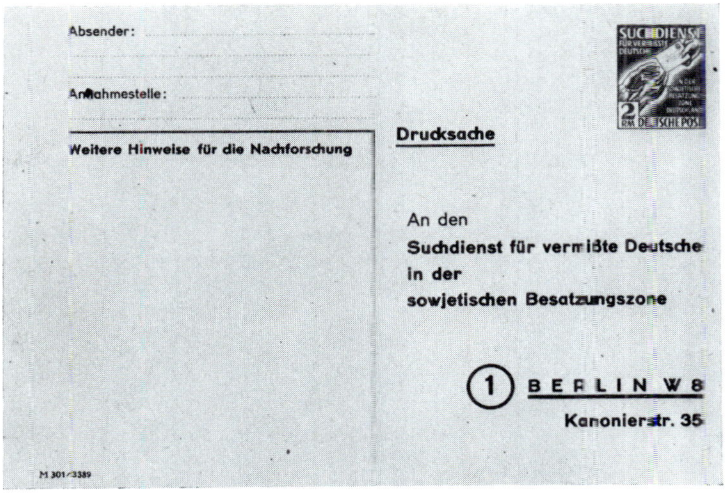

Suchdienstpostkarte

schwarz, von 1851 bis 1857 blau aufgedrückt. Bekannt mit halbstündigen Zeitangaben von 6 ½ bis 8 mit Zusatz *M* (= morgens) bzw. 7 bis 8 mit Zusatz *A* (= abends).

Stützpunktpost →Poststützpunktmarken. Hierzu gehören u. U. auch Boteneinrichtungen von Partisanen oder Befreiungsarmeen, die gelegentl. eigene Wertzeichen verausgaben und dann teils unter →Aufständischen-Marken im Katalog verzeichnet sind.

St. Vincent, westind. Insel in der Windward-Gruppe und ehem. brit. Kronkolonie, seit 1967 Glied der

Westind. Assoziierten Staaten. Vor der Einführung eigener Postwertzeichen (1861), die zu den graph. schönsten bisher erschienenen Marken gehören und teils sehr selten und wertvoll sind, wurden brit. Marken ohne Kennzeichnung verwendet, zu deren Entwertung ein Balkenovalstempel A 10 in Gebrauch war, der von Spezialsammlern sehr gesucht ist (→Used abroad). Bis etwa 1965 bieten die Marken von St. Vincent bildl. wenig Abwechslung. Seitdem sind noch mancherlei hübsche Bildermarken zur Ausgabe gelangt, die im Neuheitenabonnement keinen allzu großen finanziellen Aufwand erfordern und deshalb auch besonders gern gesammelt werden. Auch →Grenadines.

SU, Aufdruck auf Marken der →SCADTA für den Gebrauch in Schweden.

Suaheli-Land →Witu-Schutzgebiet.

Suchdienstpostkarte, in der Sowj. Besatzungszone 1946/48 verausgabte doppelte Postkarte mit Wertstempeleindruck (= Ganzsache) zu 2 RM in zweifacher Gestaltung, innen auf beiden Teilen Vordrucke zur Person des Gesuchten und Suchenden. Über Erfolg oder Mißerfolg des Antrags wurde durch den Suchdienst schriftl. Bescheid gegeben. Von den 2 RM behielt die Post 15 Pf als Drucksachenporto, der Restbetrag wurde an den Suchdienst abgeführt und kam diesem zugute. Auch →Anschriftensuchkarte.

Südafrika, übl. Kurzbez. (auch im Michel-Katalog) für eigentl. Südafrikanische Union bzw. seit 1961 Südafrikanische Republik, 1910 als Commonwealthland aus den ehem. brit. Kolonien →Kap der Guten Hoffnung und →Natal sowie den früheren Burenrepubliken

→Oranjefreistaat und →Transvaal hervorgegangen. Die ersten eigenen Ausgaben erschienen gegen Ende 1910 mit zweisprachiger Landesangabe auf jeder Marke. Von 1926 bis 1951 wurden die Inschriften schachbrettartig im Schalterbogen verteilt, woraus sich zusammenhängende Paare bzw. Streifen erge-

ben. Hier gilt das zu →Südwestafrika Gesagte; es sollten nur Paare gesammelt werden. Versch. Marken erschienen mit entspr. Aufdrucken auch für Südwestafrika. Schwierig zu sammeln sind die Ausgaben Mi 21–66, 75–94 und einige spätere in gleicher bzw. sehr ähnl. Zeichnung, die an vielfach nur unbedeutenden Kleinigkeiten im Markenbild oder der Inschrift unterschieden werden können. Dasselbe gilt für die zahlr. Dienstmarken und einige Portomarken. Interessant sind Mi 153–168 und 205/06. Diese wurden im Bogen als Paare einmal oder als Dreierstreifen zweimal senkrecht (Hochformat) bzw. waagerecht (Querformat) durchstochen und an den übr. Seiten gezähnt verausgabt. Seit 1967 ist als Landesangabe die Abk. RSA üblich. In Südafrika erscheinen pro Jahr verh. wenige Neuheiten im Wert der normalen Portosätze und aus nur das Land selbst angehenden Anlässen. Die Marken sind außerdem schön gestaltet und gut gedruckt, wodurch das Land zu einem recht beliebten Sammelgebiet geworden ist.

Südafrikanische Republik, bei Einführung von Briefmarken Staatsname der vorher →Transvaal genannten Burenrepublik, die nach der Besetzung durch Großbritannien als brit. Kronkolonie und als spätere Provinz der Südafrik. Union wieder Transvaal genannt wurde und deren Marken im Michel-Katalog unter diesem Namen verzeichnet sind.

Südafrikanische Union →Südafrika.

Süd-Albanien →Nord-Epirus.

Südamerikanischer Postverein →Panamerikanischer Postverein.

Sudan, ehem. brit.-ägypt. →Kondominium mit Marken von 1897 bis 1954; die erste Freimarkenserie wurde durch Aufdruck SOUDAN (zusätzl. in arab. Schrift) auf Marken Ägyptens hergestellt. Sudan erhielt 1954/56 die Selbstverwaltung bzw. Unabhängigkeit. Seitdem erscheinen im Jahr nur wenige neue Marken, die im Abonnement nicht viel kosten, so daß dieses Land als Sammelgebiet empfohlen werden kann, obwohl die Marken von der Bildgestaltung her gesehen nicht sonderl. abwechslungsreich sind und Sudan 1971 mit einer unangenehmen Überraschung aufwartete. Die Gedenkmarken »1 Jahr Revolution« (Mi 261–263) erschienen in einer Auflage von nur 920 Sätzen, so daß nur 920 und über ein entspr. Bankkonto verfügende Sammler eine vollst. Sammlung Sudan besitzen können. Bemerkenswert ist, daß die bereits 1898 für die Sudan-Marken eingeführte Darstellung eines Kamelpostreiters bis 1962, also 64 Jahre hindurch, innerh. der versch. Dauerserien immer wieder aufgetaucht ist und vielleicht auch in Zukunft nochmals verwendet werden wird; auch →langlebige Marken, →Deutscher Sudan.

Südarabische Föderation, 1959/60 durch Zusammenschluß der einheim. Sultanate →Adens entstanden, der sich 1963 die Kronkolonie Aden anschloß. Von 1963 bis 1967 erschienen 29 Marken, darunter einige Gedenkmarken in Gestalt der bildgleichen Gemeinschaftsausgaben für die brit. Besitzungen und Schutzstaaten (sog. Omnibusserien). Die Südarab. Föderation einschl. der sog. Östl. Protektorate wurde Ende 1967 als Volksrepublik →Südjemen unabhängig; →Hadhramaut, →Mahra State, →Seiyun, →Upper Yafa. L: Der Sammler-Dienst, Nr. 9–12/1968.

Südaustralien, ehem. brit. Kronkolonie, die sich mit Neusüdwales, Queensland, Tasmanien, Victoria und Westaustralien zum Bundesstaat →Australien zusammenschloß, und für die 1855 die ersten eigenen Marken verausgabt wurden, von denen einige außerordentl. selten sind. Die schwierige und kostspielige Beschaffung der Südaustralien-Marken verbietet es den meisten Sammlern, sie einer Australien-Sammlung voranzustellen, was diese erst wirklich vollständig machen würde.

Südbulgarien →Ostrumelien.

Sudetenland, Bez. für durch das Münchener Abkommen von 1938 an Deutschland abgetretene Gebiete der Tschechoslowakei, in denen bis zum Vorliegen von Reichs-Postmarken tschech. Marken verwendet wurden (bis 10. 10. 1938). In fast 60 Orten des Sudetenlandes wurden Freimarken der Ausgaben ab 1929, aber auch der Portomarken von 1928 und sogar Zeitungsmarken von 1918 mit versch. Aufdrucken versehen an die Schalter gegeben und unbeanstandet verwendet. Als postamtl. Lokalausgaben werden jedoch nur sechs dieser Ausgaben anerkannt, die inf. geringer Auflage durchweg sehr selten sind (bes. auf Ganzbrief). Es sind dies: Asch (nur Wertüberdruck), Karlsbad (Aufdruck *Karlsbad / 1. X. 1938*), Konstantinsbad (Aufdruck *Sudetenland*), Niklasdorf (nur Wertüberdruck), Reichenberg-Maffersdorf und Rumburg (Aufdruck *Wir sind frei* und Hakenkreuz). Da diese Aufdrucke leicht gefälscht werden können, empfiehlt sich vor dem Erwerb Prüfung. Für den Spezialsammler interessant sind die Entwertungen auf diesen Lokalausgaben und den nicht mit Auf- bzw. Überdruck versehenen tschech. Marken. Es wurden unveränderte tschechische, noch vorgefundene alte österr. und meist einzeil. Aushilfsstempel verwendet, ferner →aptierte Stempel mit entfernter tschech. Inschrift und versch. Sonderstempel (meist als Gummihandstempel mit Hinweis auf die spektakulären Ereignisse). Eine weitere Lokalausgabe von 40 Werten mit Aufdruck *Wir sind frei* und Hakenkreuz gibt es von Mährisch-Ostrau aus dem März 1939, die zu Beginn des sog. Ostfeldzuges erschien. Diese Marken sind im Michel-Katalog unter Böhmen und Mähren verzeichnet, werden aber vielfach zu den Sudetenland-Marken gezählt. L: 3. 6.

Südgeorgien, Insel im Südatlantik und brit. Besitz, wofür das unter →Graham-Land Gesagte gilt. Die Marken von 1944/46 weisen den Aufdruck SOUTH GEORGIA / DEPENDENCY OF . . . (Falkland Islands) auf. Nach Bildung der →Britischen Gebiete in der Antarktis erschienen für Südgeorgien und Südsandwich-Inseln 1963 eigene Marken. L: Michel-Rundschau, Nr. 3/1966.

Südjemen →Jemen.

Südkasai, Prov. des ehem. Belgisch-Kongo, die sich während des Bürgerkrieges für selbständig erklärte und 1961 einige eigene Marken verausgabte, teils hergestellt durch Aufdruck ETAT AUTONOME DU SUD KASAI. Alle Marken sind zweifelhaften Ursprungs und waren postalisch international nicht anerkannt, kommen aber auf echt gelaufenen Sendungen vor; auch →Katanga.

Südkorea. Der Korea-Krieg brachte 1946 zwei neue Staaten und Postgebiete hervor: Südkorea und →Nordkorea, die im Michel-Überseekatalog unter →Korea zu finden sind. Beide Länder sind hins. der Markenproduktion außerordentl. rührig. Südkorea kann für sich den »Ruhm« in Anspruch nehmen, die bisher größte Zahl an Blocks verausgabt zu haben. Innerh. von nur 27 Jahren (1948–1975) hat es nicht weniger als 390 Blocks gegeben, von denen inf. teils geringer Auflage viele der älteren Ausgaben ungewöhnl. teuer sind. Diese völlig unnötigen Blocks einschl. der sowieso allzuvielen überflüssigen Marken, die nur zur Schröpfung der Sammler gedruckt werden, geben Veranlassung, das Sammelgebiet Südkorea zu meiden, obwohl ein Neuheitenabonnement nicht teuer ist und den Motivsammlern viele hübsche Marken geboten werden.

Südmolukken →Maluku Selatan.

Südnigeria, 1901 entstandene ehem. brit. Kronkolonie in Westafrika, der →Lagos verwaltungsmäßig angeschlossen wurde. 1914 erfolgte die Vereinigung Südnigerias mit →Nordnigeria zur Kronkolonie →Nigeria. Für Südnigeria hat es 1901–1914 einige wenige Marken im übl. Kolonialstil mit der Inschrift SOUTHERN NIGERIA gegeben; auch →Nigerküste.

Süd-Orkney-Inseln. Für diese gilt das unter →Graham-Land Gesagte. Die Marken von 1944/46 weisen den Aufdruck SOUTH ORKNEYS / DEPENDENCY OF . . . (Falkland-Inseln) auf.

Südpolen. Nach Ausrufung der Republik Polen (1918) wurde in den ehem. österr. bzw. von Österreich besetzten Gebieten die Kronen-, in →Nordpolen die Mark-Währung beibehalten, wodurch zwei Markenreihen notwendig waren. Die Ausgaben für Südpolen lauteten auf H (Halerzy = Hellen) bzw. K (Korona = Krone).

Südrhodesien, ehem. brit. Kronkolonie in Südafrika, für die von 1925 bis 1954 Marken mit Inschrift Southern Rhodesia verausgabt

wurden. Bis dahin waren von 1890 an die Marken der →Britischen Südafrika-Gesellschaft in Gebrauch. Nach erfolgtem Zusammenschluß zu einer Föderation mit →Nordrhodesien und →Nyassaland erschienen Gemeinschaftsausgaben mit Inschrift →Rhodesia & Nyassaland. Nach der Unabhängigkeitserklärung entstand aus Südrhodesien die Republik →Rhodesien, deren Marken sehr gern gesammelt werden, da sich dieses Land einer vernünftigen Ausgabepolitik mit jährl. nur wenigen Neuausgaben befleißigt.

Südrußland. Während des Bürgerkrieges in Rußland 1918/20 wur-

den außer für die Gebiete der →Russischen Armeeposten für versch. Landesteile im südl. Rußland bes. Marken verausgabt, die vorw. deshalb notwendig wurden, weil es an den am meisten gebrauchten Wertstufen mangelte. Desh. sind die Südrußland-Ausgaben vorw. gekennzeichnet durch neue Wertüberdrucke auf russ.

Marken. Zu unterscheiden ist in die Ausgaben des Don-, Krim-, Kuban- und Mariupol-Gebietes.

Süd-Shetland-Inseln. Für diese gilt das unter →Graham-Land Gesagte. Die Marken von 1944/46 weisen den Aufdruck SOUTH SHETLANDS / DEPENDENCY OF . . . (Falkland-Inseln) auf.

Südvietnam, 1954 durch die Teilung →Vietnams bzw. des franz. Besitzes in Indochina entstandener Staat, von 1955 bis 1975 Republik unter dem einheim. Landesnamen Viet Nam Cong Hoa (= Republik Vietnam). Es sind zahlr. hübsche Bildermarken erschienen, die dadurch auffallen, daß mit diesen – im Gegensatz zu →Nordvietnam – keine polit. Propaganda betrieben und auch nicht auf den langen Vietnamkrieg hingewiesen wurde. Die von renommierten Druckereien bezogenen Marken werden verh. gern gesammelt. Es sind auch versch. Marken mit Inschrift Cong Hoa Mien Nam Viet Nam auf Postsendungen verwendet bekannt, die von der versch. Gebiete Südvietnams beherrschenden »Revolutionsregierung« (Viet-Cong) verausgabt wurden; auch →Zentralvietnam. Südvietnam wurde 1975 völlig besetzt und ist in →Nordvietnam aufgegangen.

Südwestafrika, ehem. dt. Kolonie (→Deutsch-Südwestafrika), dann als Völkerbundsmandat der Südafrik. Union unterstellt und seit 1949 eine Provinz von dieser bzw. der heutigen Republik Südafrika. Nach der Besetzung im Juli 1915 gelangten die Marken →Südafrikas Mi 1–21 ohne Kennzeichnung in Verkehr, die mit deutl. lesbaren Stempeln aus den in Betracht kommenden Postorten als Vorläufer sehr gesucht sind, bes. als Ganzbrief oder Briefstück. Es wurden auch versch. erbeutete dt. Stempel meist mit teilweise entfernten dt. Inschriften (→aptierte Stempel) zur Entwertung benutzt. Es sind viele weitere Aushilfsstempel bekannt. 1923 gab es die ersten eigenen Marken für Südwestafrika, hergestellt durch Aufdruck *South West Africa* bzw. (in Afrikaans) *Zuid-West/ Afrika* (später ohne Bindestrich bzw. *Suidwes*) auf der Dauerserie Südafrikas. Inf. des Anbringungsortes des Aufdrucks im Schalterbogen können waagerechte oder senkrechte Paare (auch Streifen) mit abwechselnder Landesangabe gesammelt werden. Es empfiehlt sich, nur Paare zu sammeln, die weitaus höher zu bewerten sind als Einzelstücke; dasselbe gilt für die weiteren ähnl. Ausgaben. Seit 1949, teils

auch schon vorher, ist der zweisprachige Landesname auf jeder Marke untergebracht, und seit 1960 lautet die Inschrift abgek. nur noch SWA. Für die zahlr. Dienst- und Portomarken trifft Gleiches zu. Es erscheinen nur wenige neue Marken pro Jahr, die sich fast ausschl. auf Geschehen im Lande selbst beziehen, weshalb Südwestafrika ein recht beliebtes Sammelgebiet ist. Interessant ist, daß die Gedenkmarken Mi 344–349 dreisprachig gedruckt worden sind; das Spruchband zeigt den Text in Afrikaans, Englisch und Deutsch! Es gab je Wertstufe einen Schalterbogen, aus denen waagerechte Dreierstreifen mit den drei Sprachen herausgetrennt werden konnten.
Seit 1975 sind (auch seitens der UN) Bemühungen in Gang gekommen, dem Land endlich die vom Völkerbund einst vorgesehene Unabhängigkeit zu gewähren, wogegen sich die Republik Südafrika bisher erfolgreich gewehrt hat. Als unabhängiges Land soll es den Namen →Namibia erhalten. Die weitere Entwicklung war bis Ende 1976 noch nicht abzusehen.

Suez-Kanal →Canal Maritime de Suez, →G. B. L. A.

Suezkanal-Gesellschaft. Diese verausgabte noch vor Eröffnung des Kanals am 8. 7. 1868 vier querformatige Privatpostmarken mit Inschrift CANAL MARITIME DE SUEZ im ovalen Schriftband und Schiffszeichnung in der Mitte, die aber auf Einspruch der ägypt. Regierung bereits im Oktober zurückgezogen werden mußten. Gestempelt sind diese Marken wertvoll, auf Ganzbrief Raritäten, die, obwohl keine Staatspostmarken, von Spezialsammlern in einer Ägypten-Sammlung gern berücksichtigt werden. Es gibt viele gefährl. Fälschungen; gestempelte Stücke sind in sehr vielen Fällen mit Falschstempel versehen. Zu den von 1967 bis 1976 im Suezkanal festliegenden 14 Schiffen und deren Post →G. B. L. A.

Sul Bolletino, ital. = auf der Paketkarte (auch nur *Bolletino*), Inschrift unten (oben *Postali*) auf der linken Hälfte der Paketmarken Italiens, San Marinos und des Vatikanstaates. Auch →Pacchi, →Sulla Ricevuta, →Doppelmarken.

Sulla Ricevuta, ital. = auf dem Empfangsabschnitt. Inschrift unten (oben *Postali*) auf der rechten Hälfte der Paketmarken Italiens, San Marinos und des Vatikanstaates, die auf dem für den Empfänger bestimmten Paketkartenabschnitt klebt. Auch →Pacchi, →Sul Bolletino, →Doppelmarken.

Summenziffer, neuerdings vom Michel-Katalog gewählter Ausdruck für →Reihenwertzahl.

Summer Isles, kleine brit. Inselgruppe vor der Westküste Schottlands in der »North-Minch-Straße« in Privatbesitz mit regelmäßiger Bootsverbindung zum bzw. vom nächst gelegenen staatl. Postamt auf dem Festland. Für diesen Dienst wurden 1970 sechs Privatpostmarken verausgabt; →Inselausgaben.

Summierungszahlen →Aufrechnungszahlen.

Sungei Ujong, ehem. einheim. Sultanat und brit. Schutzstaat auf der Malakka-Halbinsel, seit 1896 zu →Negri Sembilan gehörend. Eigene Marken wurden nur 1878–1896 verausgabt. L: 3. 11.

SUOMI, finnischer Landesname auf den Marken Finnlands (zusammen mit schwedisch *FINLAND*).

Suppantschitsch, Victor, 1838 bis 1919, bedeutender österr. Philatelist mit außerordentl. Kenntnissen über die Entwicklung der philat. Literatur und Besitzer der seinerzeit größten Fachbücherei. Er verfaßte mehrere umfangr. Werke von noch heute dokumentar. Wert, die immer wieder für Bearbeitungen über die Geschichte der philat. Literatur herangezogen werden.

Suppantschitsch-Bibliographie, Kurzbezeichnung der »Bibliographie« mit dem Untertitel »Nachschlagebuch der gesamten deutschen philatelistischen Literatur seit ihrem Entstehen bis Ende 1891 nebst einem Abriß der Geschichte der Philatelie mit besonderer Berücksichtigung Deutschlands und einer kurzen Geschichte der philatelistischen Literatur« von Victor →Suppantschitsch aus dem Jahre 1892. Dieses einmalige Buch ist neben den →Literatur-Nachrichten der Bundesstelle Literatur des BDPh das einzige Werk, in dem über einen längeren Zeitraum hinweg alle erreichbaren philat. Druckwerke aufgeführt und vor allem die Zeitschriftenliteratur in größter Ausführlichkeit bibliographisch ausgewertet wurde und deshalb heute noch für den forschenden Philatelisten von entsprechendem Interesse ist. Auf Auktionen ist die Bibliographie gelegentlich noch zu annehmbaren Preisen zu finden.

Sürgös, ungar. = eilig, Inschrift auf →Eilmarken Ungarns von 1916/1922, die zur Freimachung von bes. eiligen Drucksachen verwendet wurden.

Surinam, niederländ. Suriname, zwischen Venezuela und Brasilien gelegene ehem. niederländ. Kolonie (auch Niederländisch-Guayana genannt), die wie →Curaçao – allerdings ohne Namensänderung – 1949 eine Provinz der Niederlande mit gewissen autonomen Rechten wurde und seit Ende 1975 unabhängige Republik ist. Marken er-

scheinen seit 1873. Die alten Ausgaben wurden ungummiert geliefert; die Gummierung holten die einzelnen Postämter nach, oder diese Arbeit blieb dem Publikum überlassen. Ungebrauchte Stücke ohne Gummi sind demnach absolut vollwertig; dasselbe gilt für einige Portomarken. Versch. Marken sind wie bei →Niederländisch-Indien mit wasserlösl. Farben gedruckt worden. Die seit 1949 für Surinam erschienenen hübschen Marken zu fast immer nur das Land selbst oder die Niederlande betr. Anlässen werden gern gesammelt, auch (in Verbindung mit →Niederländische Antillen) als Anhang zu einer Sammlung Niederlande ab 1945.

Susse-Zähnung. Die Erfindung der Zähnung geht zwar auf den Iren →Archer zurück, doch wurde dessen Maschine von vielen Seiten weiterentwickelt oder nachgeahmt, so von der Papierwarenhandlung Susse Frères in Paris, der Anfang 1861 das Patent auf eine Kammzähnungsmaschine erteilt wurde. Sie lieferte aber im Gegensatz zur feinen Zähnung 16 bzw. 14 der Archer-Maschine nur die sehr grobe Zähnung 7, mit der jeweils nur halbe Bogen (50 Marken) gezähnt werden konnten. Versch. Firmen mit großem Postaufkommen ließen 1860/62 die benötigten Marken durch Susse Frères zähnen; es handelte sich dabei um die Marken Mi 10–13, 15, 16. Ähnl. andere →Privatzähnungen bei den gleichen Marken sind bekannt und alle ent-

spr. wertvoll. Nach Verausgabung der amtl. gezähnten Frankreich-Marken (Mi 18–23) ab September 1862 wurden Privatzähnungen nicht mehr vorgenommen.
Die Susse-Zähnungsmaschine wurde von dem seinerzeit bekannten Markenhändler Arthur Maury gekauft, der damit viele Marken der Ausgabe 1853/61 nachzähnte. Kenner vermögen trotzdem echte Susse-Zähnung von der (gleichfalls wertvollen) Maury-Nachzähnung zu unterscheiden.
Vor dem Erwerb von Marken mit einer dieser Zähnungen sollte daher stets ein Prüfer befragt werden. L: 3. 10.

Svarsendingsmerke, Inschrift auf

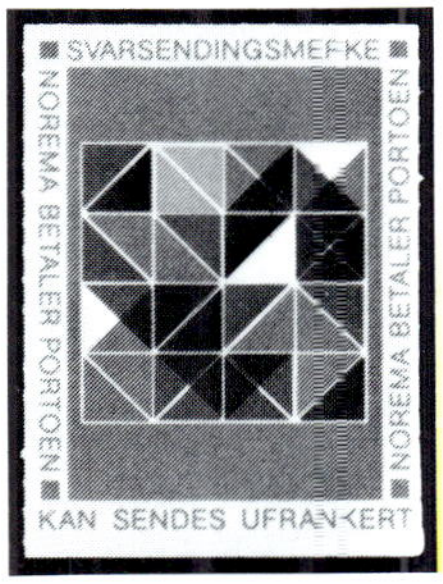

markenähnlichen Klebezetteln ohne Wertangabe, die in Norwegen seit Anfang 1974 von der Post für →Werbeantworten zugelassen sind. Diese Zettel entsprechen den in Schweden gebräuchlichen →Svars Lösen-Marken

Svars Lösen. Markenähnl. Klebezettel mit dieser Inschrift ohne Wertangabe wurden 1969 versuchsweise von der schwed. Post anstelle des (verdeutschten) Eindrucks →»Gebühr zahlt Empfänger« unter der Bedingung genehmigt, daß die Zettel bildl. keine Ähnlichkeit mit kursierenden Marken haben, von der betr. Firma auf eigene Kosten hergestellt und von dieser den →Werbeantworten bereits aufgeklebt der Kundschaft zugeleitet werden. Die Werbewirksamkeit ist unverkennbar. Die ersten Klebezettel dieser Art wur-

den vom Verlag der schwed. Ausgabe »Das Beste« (Det Bästa) verwendet.
Der Michel-Katalog registrierte diese Klebezettel als »Antwort-

Portomarken«, was umstritten bleiben muß. Andere Kataloge erkennen diesen Zetteln keine philat. Existenzberechtigung zu und verweigern die Aufnahme, was ang. der Stellungnahme der schwed. Post, die den Zetteln die Bez. Postwertzeichen abspricht, angebracht erscheint; auch →Lösen, →SVARSMÄRKE, →Svarsendingsmerke.

SVARSMÄRKE. Schwed. Marken (geschnitten, nur in einem Fall durchstochen) mit dieser Inschrift und – mit einer Ausnahme – FÄLTPOST sind Militärpostmarken; →Schweden, auch →Svars Lösen.

SVERIGE, Landesname auf den Marken Schwedens.

SWA, auch S.W.A., Aufdruck auf Marken von Südafrika für die diesem früheren Commonwealthland vom Völkerbund 1920 zur Verwal-

tung anvertraute ehemalige Kolonie Deutsch-Südwestafrika. Seit dem Jahr 1960 etwa erscheinen die meisten Ausgaben für Südwestafrika nur noch mit abgekürztem Landesnamen SWA (ohne Punkte); auch →RSA.

Swaziland, 1889–1893 von Großbritannien und der Burenrepublik →Transvaal (Südafrikanische Republik) gemeinsam verwaltetes Gebiet. Während dieser Zeit gelangten einige Transvaal-Marken mit Aufdruck *Swazieland* in Kurs. Als Folge der Burenkriege wurde Swaziland ein brit. Schutzgebiet, für das jedoch erst 1933 eigene Marken erschienen, die den Motivsammlern versch. Richtungen manches bieten.

1968 wurde dem Land die Unabhängigkeit zugestanden; seitdem sind in Befolgung der früheren zurückhaltenden Ausgabepolitik unter brit. Herrschaft nur wenige Marken herausgekommen. Bleibt es dabei, was z.Z. noch nicht zu übersehen ist, kann Swaziland als Sammelgebiet empfohlen werden; die Marken machen mit Fauna und Flora sowie dem Alltagsleben der Bevölkerung vertraut.

Sydney-Jaluit-Linie. Stempel mit dieser Inschrift und Zusatz DEUTSCHE SEEPOST waren 1901/02 auf den als Postdampfer fahrenden Deutschen Schiffen in Gebrauch, die dreimal jährlich die Route Sydney-Nauru-Jaluit (Marshall-Inseln)-Ponape (Karolinen)-Yap (Karolinen) befuhren, und deren Kurs später als Austral-Japan-Linie bis Hongkong (vorübergehend mit Anlaufen von Herbertshöhe / Deutsch-Neuguinea) verlängert wurde. Spezialsammler suchen entspr. Stempel auf den in Betracht kommenden Marken der ehem. dt. Besitzungen im Pazifik; auch →Jaluit-Linie, →Australische Hauptlinie.

Syke-Provisorium, Bez. für erst um 1920 bekanntgewordene senkrechte Halbierungen der Marken Deutsches Reich Mi 4, 19 und 33 (also nicht nur 19 wie im Michel-Katalog angeführt!) auf portopflichtigen Dienstbriefen des Amthauptmanns von Syke (bei Hannover). Es handelt sich um eine aus unbekannten Gründen vorgenommene persönliche Maßnahme einer Amtsperson, die der Postvorschrift widersprach; Beeinflussung von philat. Seite ist nicht auszuschließen. L: Sammler-Woche, Nr. 49/1925, Die Post, Nr. 11/1933.

Symbolzahlen, seltener Auflagenummern genannt, philat. Begriff für Ziffern oder Zifferfolgen, die auf dem der untersten linken Marke des Schalterbogens (= 91. Marke) anhängenden Bogenrand auftreten, seit 1965 bei versch. Marken der sog. Bautenserie Österreichs (Mi 1044–1055, 1111–1120 u.a. Ergänzungswerte) sowie den Werten

Syke-Provisorium

Symbolzahlen

zu 5 und 7 Schilling der Trachtenserie (Mi 925, 980) und einigen Portomarken (MiP 232–259) zu finden. Diese Ziffern geben einen Hinweis darauf, wie viele Auflagen bereits gedruckt wurden. Die Symbolzahlen beginnen mit 1, jedoch erst ab den Auflagen 1965; vorhergegangene sind nicht durch solche Ziffern gekennzeichnet. Weitere Auflagen geben sich durch anschließende und durch Bindestrich voneinander getrennte Ziffern zu erkennen; nur bei Mi 1115 erfolgte die Trennung durch Komma. Die Symbolzahlen werden mit Hand oder Maschine in die Druckformen eingraviert, wodurch zahlr. Formen, Größenunterschiede usw. möglich sind. Es hat sich daraus ein recht beliebtes Spezialsammelgebiet entwickelt, worüber die österr. Sammlerzeitschriften regelmäßig berichten. Es ist damit zu rechnen, daß in Kürze ein Spezialkatalog erscheint, der eine längst fällige Ordnung und Bewertung der teils schon recht seltenen Symbolzahl-Kombinationen bringt. L: Wiener Briefmarken-Spiegel, Nr. 1/1968 (allg. Abhandlung).

Sympathieausgaben, Bez. aus der Sammlersprache für Marken, die im Anschluß z. B. von →Europa-Marken von Ländern verausgabt werden, die mit dem angesprochenen Thema überhaupt nichts zu tun haben. Solche Marken erscheinen meist nur, um die Kassen dubioser und skrupelloser Länder auf Kosten leichtgläubiger Sammler zu füllen. So »beteiligte« sich z. B. Paraguay 1961 und 1962 unter Verwendung des Motivs der Gemeinschaftsausgaben der →CEPT an den Europa-Marken und schröpfte die Sammler mit 18 Marken und sechs Blocks. Auch aus anderen Anlässen entstehen mehr und mehr Sympathieausgaben (z. B. zu den Olympischen Spielen von Staaten, die gar nicht daran teilnehmen). Vor dem Erwerb dieser Marken kann nur gewarnt werden; sie sind später meist unverkäuflich oder können nur unter dem Einkaufspreis abgesetzt werden.

Syndicato Condor, Inschr. auf Brasilien-Marken →Condor Syndikat.

Syrie – Grand Liban, Aufdruck auf einigen franz. Frei- und Portomarken, die 1923 für den aus →Syrien und Großlibanon gebildeten Schutzstaat verausgabt worden sind. Diese Marken sind im Michel-Überseekatalog unter Syrien verzeichnet (Mi 185–205, Mi P 23–27).

Syrien, ein teils schwieriges und vielfach sehr teures Sammelgebiet, das nur bedingt empfohlen werden kann. Es erscheinen allzu viele Marken, ferner hat es bereits über 60 Blocks gegeben. Es muß allerdings anerkannt werden, daß die Post seit einigen Jahren bemüht ist, die vielen Neuheiten wenigstens vom Nennwert her in erträgl. Grenzen zu halten und die Auflagen dem Bedarf anzupassen. Die Ausgabeanlässe beziehen sich meist auf das Land selbst oder Arabien. Wer die Marken Syriens ab 1942, einem für das Land wichtigen Jahr, sammeln möchte, hat zu beachten, daß die Ausgaben von 1958 bis 1961 im Michel-Katalog unter →Vereinigte Arabische Republik zu finden sind, da Ägypten und Syrien während dieser Zeit eng verbunden waren. Die polit. und postal. Geschichte Syriens, das sich zu Ende des 1. Weltkrieges von der Türkei löste, ist zu verwickelt, um hier geschildert werden zu können. Während der Zeit der Besetzung durch Frankreich bzw. als franz. Schutzgebiet wurden zahlr. franz. Marken mit versch. Auf- und Überdrucken verausgabt (Mi 92–262), darunter solche mit Aufdruck →T. E. O., →O. M. F. und →Syrie-Grand Liban; auch →Alawiten-Gebiet, →Alexandrette.

SZ, Abkürzung im Katalog vor der Nummer zur Kennzeichnung für aus →Markenheftchen bzw. →Heftchenbogen stammende senkrechte Markenpaare oder Streifen, die durch einen oder mehrere →Zwischenstege getrennt sind. Auch →SKZ, →WZ.

Szeged 1919, mit zusätzlich *Magyar Nemzeti Kormany*, Aufdruck auf versch. ungar. Marken, die 1919 von der nach Szeged übergesiedelten nationalen Regierung verausgabt wurden.

T

T, 1. Inschrift, Aufdruck oder Lochung bei vielen Freimarken versch. Länder, die durch das T (= Taxe, Porto) in →Portomarken verwandelt oder von Anfang an als solche verausgabt werden. – **2.** →T-Stempel. – **3.** In alten →Bahnpoststempeln Abkürzung für Tour oder franz. Train, oft mit nachgestellter Ziffer, aus der Hin- bzw. Rückfahrt hervorgeht.

Tab, nach dem engl. Wort tab, das viele Bedeutungen haben kann, im philat. Sinne als »Anhängsel« übersetzt und praktisch ausnahmslos internat. gebräuchl. Bez. für die den Marken Israels anhängenden

bedruckten Bogenränder. Diese Anhängsel wurden von der israel. Post von der ersten Markenausgabe an für notwendig erachtet, da nur wenigen Sammlern und Postbenutzern die hebräischen Motive auf den Marken geläufig sind und somit einer Erläuterung bedürfen. Mit den Tabs wird allerdings (wie mit den früher teils übl. →Gebrauchsanweisungen auf Bogenrändern) nur ein kleiner Teil der Markenkäufer erreicht, da die meisten Marken eines Schalterbogens ohne Anhängsel sind. Israel-Marken mit Tab werden bevorzugt gesammelt und sind wegen der geringeren Häufigkeit ihres Vorkommens entspr. höher zu bewerten.

Tabelle der Markenländer →Anhang IV.

TAG, auch T.A.G., Abkürzung für Companie des Transports Aériens Guyanais. Primitive Wertzeichen mit dieser Inschrift und Flügelhelm, die im Katalog unter Französisch-Guyana verzeichnet sind, wurden 1921 für mit einer privaten Luftfahrtgesellschaft beförderte Sendungen verwendet.

Tag der Briefmarke. Zur Förderung und Verbreitung des Markensammelns und der Philatelie regte erstmals Hans von →Rudolphi anl. des Bundestages der dt. Philatelisten in Danzig 1934 die Schaffung und alljährl. Abhaltung eines Tages der Briefmarke an, vielleicht in Erinnerung an die wenig beachteten gemeinsamen Veranstaltungen, die von den Sammlern in Ungarn 1927 aufgezogen worden waren. Der Gedanke Rudolphis fiel auf fruchtbaren Boden, doch konnte man sich nicht gleich auf einen geeignet erscheinenden Termin einigen, weshalb Österreich, wo der Danzig-Aufruf Rudolphis begeisterte Aufnahme fand, den Ruhm in Anspruch nehmen darf, den ersten eigentl. Tag der Briefmarke am 1. 12. 1935 mit großem Erfolg abgehalten zu haben. Deutschland folgte am 7. 1. 1936, in späteren Jahren am ersten Sonntag im Januar, womit zugleich der Geburtstag Hein-

rich von →Stephans begangen werden sollte. Dieser Termin erwies sich auf die Dauer als ungünstig, weshalb die Sammler in Deutschland sich seit langem auf den letzten oder vorletzten Sonntag im Oktober geeinigt haben. Der internat. anstrebenswerte Tag der Briefmarke hat sich aus versch. Gründen bis heute leider nicht durchführen lassen; einige Verbände stehen dem Gedanken sowieso immer noch fern.
Der Tag der Briefmarke ist durch kleinere örtl. Veranstaltungen und Ausstellungen, aber auch große Kongresse (z.B. Frankreich) gekennzeichnet, wozu es bereits zahlr. Stempel gegeben hat. Die Postverwaltungen versch. Länder nehmen alljährl. oder auch nur gelegentl. Kenntnis von diesem Festtag der Philatelisten und verausgaben dazu Sondermarken, erstmals geschehen am 10. 1. 1937 durch Belgiens Post (Mi 442). Die BP zeigte in dieser Beziehung bisher sehr große Zurückhaltung, anders die österr., belg., ital., span. Post u.a., die zu diesem Tag schon oft schöne Sondermarken verausgabten, die auf alte Marken, Stempel, Posteinrichtungen usw. Bezug nahmen.
Das Thema »Tag der Briefmarke« erscheint zum Aufbau einer Motivsammlung bes. empfehlenswert, in der aber auch wenigstens teilweise die Sonderstempel berücksichtigt werden sollten. Auf die zahllosen aus diesem Anlaß vertriebenen Ganzsachen auf Privatbestellung kann allerdings verzichtet werden, wenn auch nicht verkannt werden soll, daß ihr Verkauf der Finanzierung einer Veranstaltung zum Tag der Briefmarke dient und die Postkarten und Umschläge zu diesem Zweck häufig mit philatelistisch oder postalisch interessanten Zudrucken versehen sind; auch →Tag der Internationalen Philatelie. Auch →Tag der Philatelisten.

Tag der FIP →Tag der Internationalen Philatelie.

Tag der Internationalen Philatelie, kurz auch Tag der FIP genannt. Ähnl. dem →Tag der Briefmarke, der in erster Linie der Werbung für die Philatelie im betr. Land bzw. nur örtl. dient, sollte auf Beschluß der →FIP der jährl. FIP-Kongreß (meist in Verbindung mit einer großen internat. Ausstellung) als Tag der Internationalen Philatelie begangen werden und die Verständigung unter den Völkern fördern. Die Postverwaltungen der Gastländer wurden gebeten, aus diesem Anlaß – wie zum Tag der Briefmarke – jeweils eine oder mehrere Sondermarken zu verausgaben. Diesem Wunsch sind aber bisher nur die Tschechoslowakei 1962 (Mi

1361) und die Türkei (Mi 1884/87 = Block 10) nachgekommen; in einigen wenigen anderen Ländern hat es ledigl. Sonderstempel gegeben.

Tag der Philatelisten, findet seit 1967 in der DDR Ende Oktober jeden Jahres statt und entspricht an

sich dem in anderen Ländern abgehaltenen Tag der Briefmarke. Am Tag der Philatelisten werden aber auch verdiente Philatelisten mit der →Ehrenmedaille der Philatelie oder der →Ehrennadel der Philatelie ausgezeichnet, was in der BRD anläßlich des →Bundestages bzw. →Philatelistentages geschieht.

Tagespreis, in Händler-Angeboten anstelle eines festen Preises zu findende Bemerkung, wenn sofort oder bald nach Erscheinen neuer Marken Spekulanten den Satz oder auch nur einen Einzelwert daraus in großen Mengen aufkaufen, zurückhalten und bei steigender Nachfrage zu von ihnen diktiertem Preis in kleinen Portionen auf den Markt bringen, so daß der Händler kein festes Angebot machen kann. Da der Tagespreis nach Abflauen der Spekulation u. U. wieder beträchtlich sinken kann, sollte man beim Kauf von der Spekulation verfallenen Neuheiten Geduld haben oder ein Abonnement abschließen, durch das man in den Genuß des →Anfangspreises kommt. Aber auch ältere Marken können aus versch. Gründen plötzlich hochgespielt werden und sind nur noch zu einem ständig steigenden Tagespreis zu haben (schon geschehen bei Schweiz-Blocks, Liechtenstein u. a.), was vielen Sammlern erhebl. Verluste gebracht hat. Auch →Kopplungsverkauf.

Tagesstempel, seit Mitte der 1930er Jahre in Deutschland übl. amtl. Bez. für zur Markenentwertung, auf Einlieferungsscheinen u. a. verwendete Stempel mit Ortsnamen und sonst. postal. Angaben. In der philat. Literatur wird meist von Ortsdatumstempel gesprochen, um einen deutl. Unterschied zwischen den früher gebräuchl. Ortsstempeln (ohne Datum), den nur der Markenentwertung dienenden Stempeln (z. B. Nummernstempel), Datumstempeln und vielen sonst. Stempelarten machen zu können. Es gibt je nach Land und Sprache versch. Benennungen für Tagesstempel, die teils auch deren äußere Form berücksichtigen; →Stempelbenennung.

Tagged paper, Bez. für USA-Marken mit vorderseitig vollflächigem Aufstrich eines phosphoresz. Stoffes, der unter Einwirkung von Ultraviolettlicht bestimmter Wellenlänge grün (Freimarken) oder orange (Luftpostmarken) aufleuchtet und zur Steuerung der elektron. Briefaufstell- und Stempelmaschinen dient; erfüllt denselben Zweck wie →fluoreszierendes Papier bzw. Aufdruck; angewandt für viele Markenausgaben (auch Ganzsachen) seit Ende 1968 (erste Marke dieser Art war Mi 836 A; nummernmäßig stehen Mi 654y und 667y zwar vor dieser, doch wurde 836 A wenig früher auf Tagged paper verausgabt), desgl. neuerdings von Japan und Ende 1969 anstelle des →Phosphorstreifen-Aufdrucks versuchsweise in Großbritannien (Mi 464), ferner ähnl. in der Schweiz seit 1963 (Mi 696–712). Dieser Aufdruck ist nur unter einer im kurzwelligen Bereich arbeitenden →UV-Prüflampe oder einer Quarzlampe erkennbar.

Tahiti, Hauptinsel der Kolonie →Französisch-Ozeanien, für welche bis zum Erscheinen der Marken für den ges. Besitz (1893) einige Frei- und Portomarken verausgabt wurden, die mit wenigen Ausnahmen selten und teuer sind, eigentl. aber einer Sammlung Franz.-Ozeanien vorangestellt werden müßten. Die ersten zwei Freimarken von 1882 sind nicht ohne weiteres als zum Postgebiet Tahiti gehörig zu erkennen, da Ausgaben der sog. Allgemeinen Kolonialausgabe Frankreichs einen neuen Wertüberdruck erhielten; eine Herkunftsbezeichnung unterblieb.

Taifunentwertungen, philat. Bezeichnung der →Dienstsiegelentwertungen aus der ehem. dt. Kolonie →Karolinen. Am 20. April 1905 verwüstete ein Wirbelsturm den größten Teil der Insel Ponape, darunter auch das Postgebäude (→Taifunprovisorium). Dabei wurde der Poststempel so stark beschädigt, daß er zur zuständigen OPD Bremen zur Reparatur eingesandt werden mußte. Zwischenzeitlich behalf man sich mit dem Dienstsiegel zur Entwertung der Postwertzeichen, bis ab 14. Nov. 1905 der neue Ortsstempel zur Verfügung stand. Taifunentwertungen wurden noch lange Zeit mißbräuchlich zur Erfüllung von Sammlerwünschen hergestellt. Das Dienstsiegel wurde am 25. Juli 1909 wegen Beschädigung durch ein neues ersetzt, das eine geänderte Gestaltung der Inschrift aufwies. Taifunentwertungen sollten nur auf einwandfrei gelaufenen →Ganzstücken gesammelt werden. L 3. 6.

Taifun-Provisorium, Begriff für die 1. Aushilfsausgabe der ehem. dt. Kolonie Karolinen. Durch einen Taifun soll am 20. 4. 1905 auch das Postamt von Ponape weitgehend zerstört worden sein, darunter ein großer Markenbestand in →Schiffstype. Von der Marke zu 10 Pf (Mi 9) blieben einige 1000 unversehrt, die in der Zeit vom 20. 4. bis 9. 7. (Eintreffen einer neuen Markenlieferung) entgegen der Postvorschrift, die bei Markenmangel ausdrückl. →Barfreimachung bestimmte, in größerer Anzahl senkrecht halbiert als 5-Pf-Marken verwendet wurden. Merkwürdig, im philat. Sinne sehr verdächtig ist, daß nach dem Wirbelsturm die Werte zu 3 und von 10 bis 80 Pf keinen Schaden genommen hatten, nur der gesamte Vorrat an 5-Pf-Marken soll betroffen gewesen und allein 1500 Postkarten mit dem Provisorium sofort en bloc

verkauft worden sein; sie weisen keinen →Ankunftsstempel auf. Dasselbe gilt an bestimmte, immer wiederkehrende Anschriften.
Da auch der Poststempel stark beschädigt und zur Reparatur nach Bremen gesandt worden war, erfolgte die Entwertung mit dem Dienstsiegel der Postagentur (das Wort Karolinen ist kürzer und kleiner als das darüber stehende Ponape).
Jahre später gelangten ferner Machwerke auf den Markt, die Ausschnitte vortäuschen. Ihre typ. Kennzeichen: die halbierte Marke ist auf blau oder rot liniiertes Schreibpapier geklebt und mit dem Dienstsiegel von 1910 versehen (das Wort Karolinen ist länger als das darüber stehende Ponape). L: 3. 6. und Friedemann-Philatelistische Berichte, Nr. 45/1911. →Ponape-Aushilfsausgaben.

Taiwan, chines. Name für →Formosa.

Talkum, in Drogerien und Apotheken erhältl. feinstes Pulver (industriell für Puder und als Füllstoff vielseitig verwendet), das zum Schutz ungebrauchter Marken vor dem Zusammenkleben und Ankleben →klebriger Marken aufgestäubt werden kann. Werden ungebrauchte Marken übereinandergelagert, dürfen nur kleinste Mengen aufgetragen und müssen mit dem Finger leicht verrieben werden, da sich das Talkum sonst kaum wieder entfernbar auf das Markenbild überträgt (bes. bei Tiefdruckmarken) und einen Grauschleier hinterläßt. Die Aufbewahrung ungebrauchter Marken unter →Klemmstreifen ist empfehlenswerter.

Tanganjika, engl. Tanganyika, amtl. Bez. für das von Großbritannien im 1. Weltkrieg besetzte, später zum Mandats- bzw. Treuhandgebiet erklärte und seit Ende 1961 unabh. Republik gewordene ehem. →Deutsch-Ostafrika (ohne →Burundi und →Ruanda). Es gelangten 1915/16 zunächst die unter →Mafia erwähnten Marken zur Verwendung (Mi 1–32), danach solche von Nyassaland mit Aufdruck N.F. (Nyassaland Forces, Mi 33–37) sowie von Britisch-Ostafrika und Uganda mit Aufdruck G.E.A. (German East Africa, Mi 38–62). Für das Mandatsgebiet erschienen 1922–1935 Marken mit Inschrift *Tanganyika* (Mi 63–97). Von 1935 bis 1961 wurden die Marken von →Kenia und Uganda benutzt; Spezialsammler suchen diese mit deutl. lesbaren Stempeln aus Orten in Tanganjika. Nach Ausrufung der Republik Ende 1961 gab es noch zwei Markensätze und einige Dienstmarken mit diesem Landesnamen. Die Vereinigung mit →Zanzibar brachte 1964 die Namensänderung in Republic of Tanganyika and Zanzibar, zusammengefaßte Kurzform Tanzania (→Tansania).

Tanganyika, engl. Schreibweise für →Tanganjika.

Tanger, Hafenstadt in →Marokko, die Ende 1912 zur Internat. Zone unter Verwaltung von Frankreich,

Großbritannien und Spanien erklärt wurde, mancherlei bes. wirtschaftl. Rechte genoß und seit Oktober 1956 zum unabh. Königr. Marokko gehört. Die Internationalität Tangers ist durch Vorläufer und von 1918 bis 1956 durch versch. Marken zum Ausdruck gekommen, die im Michel-Europa- bzw. Übersee-Katalog verzeichnet, teils aber auch zu den Auslandspostanstalten in Marokko von Deutschland, Frankreich, Großbritannien und Spanien gehören und im Anschluß an diese Länder zu finden sind. Das Gesamtgebiet Tanger/Marokko ist für den Sammler sehr unübersichtlich, zumal die Kataloge von Gibbons, Yvert u.a. eine teilweise andere Aufgliederung vornehmen. – **1.** Die Brit. Post benutzte in Tanger von 1907 bis 1927 brit. Marken mit Aufdruck MOROCCO AGENCIES ohne Veränderung der Wertangabe (→Britische Post in Marokko). 1937–1957 waren alle brit. Marken auch ohne jegl. Kennzeichnung in Tanger gültig, die mit entspr. Stempeln von Spezialsammlern gesucht sind. Bes. Marken für das brit. Auslandspostamt in Tanger erschienen ab 1927 mit Aufdruck TANGIER. Das Postamt durfte bis Ende April 1957 amtieren, so daß die Gedenkausgabe an das 100jähr. Bestehen (Aufdruck 1857–1957 / TANGIER) für vier Wochen dort noch verwendet werden konnte. Die meisten dieser Marken kommen mit Stempeln aus Großbritannien vor, da sie dort aufgebraucht werden

durften. – **2.** Die für die →Französische Post in Marokko ab 1912 verausgabten Marken wurden bis 1918 auch in Tanger verwendet und sind dann mit Stempel TANGER als Vorläufer gesucht. Von 1918 bis 1929 gab es mehrere Frei- und Portomarken der Franz. Post in Marokko mit Aufdruck TANGER.

Mit Ausnahme der Wohltätigkeitsserie von 1929 (Mi 19–28) kamen beim franz. Postamt in Tanger seit Oktober 1924 (bis 1956) die Marken des franz. Protektorats →Marokko in Gebrauch. – **3.** Das span. Postamt in Tanger benutzte 1914–1923 die Marken der →Spanischen Post in Marokko, die mit Tanger-Stempel von Spezialsammlern gesucht werden. Von 1923 an gab es versch. Marken mit ähnl. Aufdruck wie für die Span. Post in

Marokko, von 1948 bis zur Ausrufung des unabh. Königreiches bes. Ausgaben. Philat. uninteressante Wertzeichen sind aus der nordmarokkan. Hafenstadt Melilla bekannt. – **4.** Auch die Deutsche Reichspost unterhielt seit 1899 in mehreren Orten Marokkos Auslandspostanstalten, darunter eine erste in Tanger. Da Tanger auch während des 1. Weltkriegs als Internat. Zone neutral und über Spanien erreichbar blieb (desgleichen die deutschen Postämter in Alkassar, Arsila und Tetuan im spanischen Protektorat), waren diese Postanstalten bis Juni 1919 geöffnet und benutzten bis zu diesem Zeitpunkt die Marken der →Deutschen Post in Marokko Mi 46–58. Die im franz. Protektorat Marokko gelegenen dt. Postanstalten mußten ihre Tätigkeit im August 1914 einstellen.

TANGIER, Aufdruck auf brit. Marken für die Auslandspostanstalt in →Tanger.

Tannu Tuwa, bis 1911 Teil der zu China gehörenden Äußeren Mongolei zwischen Altaigebirge und Baikalsee, 1914 unter russ. Oberhoheit, 1921 Volksrepublik und 1944 als Tuwinische ASSR Bestandteil der Sowjetunion. Von 1926 bis 1944 wurden 107 teils eigenwillig gestaltete Marken verausgabt, die bei Motivsammlern gern gesehen und billig, bedarfsmäßig auf Ganzbrief gebraucht aber sehr selten und teuer sind. Außer dem Landesnamen in kyrillischer Schrift ist dieser zusätzlich mit TOUVA angegeben. L: Sammler Expreß, Nr. 6/1962.

Tansania, bei uns übl. Schreibweise für Tanzania, eine aus dem Zusammenschluß von →Tanganjika und →Zanzibar 1964 entstandene Kurzbez. für Republic of Tanganyika and Zanzibar. Die Marken für Tansania werden gern gesammelt; es gibt nur wenige Freimarken. Alle Sonder- und Gedenkmarken erscheinen als Gemeinschaftsausgaben im Rahmen der Ostafrikanischen Postunion für →Kenia, Tansania und →Uganda und sind im Michel-Katalog unter →Kenia und Uganda zu finden.

Tanzania, engl. Schreibweise für →Tansania.

Tapetenablöser. Vor der Verwendung dieser Mittel für den Handwerker zum Ablösen schwer entfernbarer Marken von Briefen u. a., die in Sammlerzeitschriften sogar schon empfohlen wurden, muß dringendst gewarnt werden. Niemand kann voraussagen, welche Druckfarbe oder welches Papier von den enthaltenen sehr aggressiven Chemikalien angegriffen oder gar zerstört werden kann. Auch wenn sich anfänglich keine Schäden zeigen, können diese in Langzeitwirkung später auftreten.

Tapetenaufdruck, auch Teppichaufdruck, wenig gebräuchliche Bez. für →Netzaufdruck.

Tapling, Thomas Keay, 1855 bis 1891, bedeutender engl. Philatelist, der eine zu seiner Zeit einmalig umfangreiche Sammlung seltener Marken aus aller Welt zusammentrug und diese testamentarisch dem British Museum in London vermachte; dort kann man sie noch heute bewundern.

Tapling-Medaille, 1914 zur Erinnerung an Thomas Keay →Tapling von der Royal Philatelic Society/London gestiftete Auszeichnung für hervorragende philat. Leistungen. Tapling war Gründungsmitglied des Vereins, der sich zuerst nur Philatelic Society nannte.

Tarif, seitens der Post aufgestellte Übersicht über die Gebühren, die je nach Sendungsart zu entrichten sind. Im Volksmund anstelle von Postgebühr oder Porto noch oft für den einzelnen Betrag gebraucht; man sagt z. B., der Tarif für einen Inlandsbrief beträgt 50 Pf.

Tarnstempel →stumme Stempel.

Tarp. Zettel mit Inschrift *Ostrigerlejr 1946 Tarp/Esbjerg Danmark* sollen im Interniertenlager für Österreicher auf Briefen als →Lagerpostmarken verwendet worden sein. Die bisherigen Nachforschungen haben ergeben, daß es sich offensichtlich um private Drucke gehandelt hat, die philat. ohne, höchstens für den Spezialsammler von geringem Interesse sind. L: Sammler-Lupe Nr. 3/1954, Briefphila Nr. 1/1974 und 12/1976.

Taschenkatalog, Bez. für einen handlichen Katalog bis höchstens Format DIN A 5, der nur die Markenausgaben eines Landes oder einer Ländergruppe (z. B. Skandinavien) erfaßt, meist einfach geheftet ist und sich infolge geringer Dicke zur Mitnahme in der Rocktasche zu einem Tauschtreffen eignet. An Taschenkataloge können inhaltlich keine großen philat. Ansprüche gestellt werden. Auch →Länderkatalog.

Tasmanien, ehem. brit. Kronkolonie, die sich mit Neusüdwales, Queensland, Südaustralien, Victoria und Westaustralien zum Bundesstaat →Australien zusammenschloß und für die 1853 die ersten eigenen Marken erschienen, von denen verschiedene recht selten sind. Zur Zeit der Markenausgaben Mi 1–8 hieß Tasmanien nach dem Auftraggeber der Entdeckungsreise von Abel Tasman, Anton van Diemen (Gouverneur von Niederländ. Ostindien), noch Van-Diemens-Land; diese Landesangabe wurde auf den Marken 1857 in Tasmania geändert. Die schwierige und teils kostspielige Beschaffung der Tasmanien-Marken verbietet es den meisten Sammlern, sie einer Australien-Sammlung voranzustellen, was diese erst wirklich vollständig machen würde.

Taubenmarke →Taubenpost.

Taubenpost, sehr alte, schon den Ägyptern, Griechen und Römern bek. Beförderungsart für schriftl. Mitteilungen durch Brieftauben. Im 13. Jh. bestand bereits eine regelmäßig »beflogene« Linie Kairo–Bagdad. Diese und die meisten späteren Taubenposten dienten natürl. nur den Herrschern oder Regierungsstellen, wurden auch be-

vorzugt bei Feldzügen eingerichtet.
1. Die Taubenpost erlebte eine kurze, neue Blüte während der Belagerung von Paris im Deutsch-Franz. Krieg 1870/71. Die Verbindung zwischen Paris und dem unbesetzten Frankreich konnte durch die →Ballonpost aufrechterhalten werden, mit dieser aber nicht in umgekehrter Richtung. Desh. wurden mehreren Ballons insg. 363 Tauben nach und nach mitgegeben, von denen 57 nach Paris zurückkehrten. Die erste Taubenpost erreichte Paris am 9. 10. 1870 mit amtl. Mitteilungen; ab 4. 11. wurden auch priv. Nachrichten befördert.
Anfängl. konnte eine Taube nur wenige auf Seidenpapier geschrie-

bene Nachrichten befördern. Dann aber kam ein Monsieur Dragon auf die Idee, die in Tours gesammelten Mitteilungen als Buchdruck gesetzt auf Gallerthäutchen mikrofotografisch zu übertragen, so daß eine einzelne Taube bis zu 40 000 Briefe mit höchstens je 20 Worten tragen konnte und bis zur Kapitulation von Paris rd. 2 Mill. derartige Depeschen (Pigeongramme = Taubentelegramm genannt) dorthin gelangten. Die Mikrofotos wurden in Paris mittels Projektor stark vergrößert auf eine Leinwand geworfen, von Postbeamten auf normale Papierbogen abgeschrieben und den Empfängern zugestellt. Die Gebühr für ein Wort betrug 50 Centimes. Noch seltener als die eigentl. Taubenpostbriefe sind Vordruckkarten, die zur Beantwortung von Ballonpostbriefen dienten und vier Rubriken enthielten, in denen die in Ballonpostbriefen gestellten Fragen in gleicher Reihenfolge mit »Ja« oder »Nein« beantwortet werden konnten. Dadurch war es nach mikrofotograf. Reproduktion möglich, zahlr. Antworten nach Paris zu leiten. Von diesen Vordruckkarten sind naturgemäß nur ganz wenige erhalten geblieben, da die Originale den Empfängern in der Regel nicht zugestellt wurden. L: 3. 12.; auch →Paris par Moulins.
2. Während des 1. Weltkrieges wurden von versch. dt. Heeresteilen (auch in einigen anderen Ländern) ortsgebundene oder auch fahrbare »Brieftaubenstationen« eingerichtet. Die so beförderten Sendungen, die naturgemäß heute sehr selten sind, wurden mit dem Stempel *KGL. PREUSS. BRIEFTAUBENSCHLAG* gekennzeichnet.
3. Die Great Barrier Insel, 60 Meilen von Auckland/Neuseeland entfernt, war ab 1890 durch Holzfäller und Goldsucher dicht besiedelt; alle 16 Tage nahm ein Schiff den Postaustausch vor. Ein Walter Fricker richtete 1896 eine Taubenpost ein, die bis zur Eröffnung der Telegraphenlinie zur Insel 1908 betrieben, nach anderer Lesart aber schon nach einigen Monaten wegen Unrentabilität eingestellt worden sein soll. Die auf Seidenpapier geschriebenen kurzen Briefe wurden am Fuß der Taube befestigt. Auf Anregung des Sammlers Henry Bolitho aus Auckland wurde im November 1898 eine dreieckige Taubenpostmarke verausgabt und verwendet. Darstellung: fliegende Taube mit Brief im Schnabel, Inschrift oben GREAT BARRIER ISLAND, unten SPECIAL POST, seitlich ONE SHILLING. Die Gebühr nach Auckland betrug 1 sh, in umgekehrter Richtung 6 d. Am 19. 11. 1948 wurde ein Gedenkflug veranstaltet, wozu es einen priv. Sonderumschlag gegeben hat. L: Gibbons Stamp Monthly, Vol. 37/No. 5, 1964, und Stamp Magazine, Juli 1969. – **4.** Es sind weitere Taubenposten bekannt, so in Belg.-Kongo 1905 zwischen Boma und Banana; auch Schiffe der HAPAG sollen teils Brieftauben an Bord gehabt haben, um Meldungen in den nächsten Hafen zu befördern. Andere blieben nur Idee, so die Alaska Pigeon Mail Service Company eines gewissen Thomas Arnold von 1897, der fotograf. Verkleinerungen von Briefen mittels Tauben von und zu den Goldfeldern in Alaska befördern wollte. Es sind dafür zwei Marken zu 1 und 2 $ bekannt, jedoch nicht auf geflogenen Briefen.
5. Nach 1945 sind zu einigen philat. Veranstaltungen (z. B. Ausstellung Brünn) Taubenposten eingerichtet worden, die alle mehr als Spielerei zu bezeichnen sind.

Taubentelegramm →Taubenpost.

Tauchbootbrief, Bez. für die mit den sog. Handels-U-Booten beförderten Sendungen; →Ocean-Reederei.

T-Aufdruck, auf Freimarken einiger Länder, wenn bes. →Portomarken nicht übl. sind oder die regulären Portomarken vorübergehend fehlen. Diese provisor. Marken werden im Katalog im allg. nur in einer Fußnote als vorkommend, manchmal überhaupt nicht, erwähnt und sind nur für den Spezialsammler von Interesse. Die Gestaltung des T (= Taxe, Porto) kann auch innerh. eines Landes sehr ver-

schieden sein, da örtl. hergestellte Gummihandstempel verwendet werden. Einigen T-Aufdrucken ist mit Vorsicht zu begegnen, z. B. allen ung. Marken von 1918/19; diese sind – auch mit Aufdruck P oder PORTO vorkommend – meist als Machwerke zu betrachten. Er-

Tauschkontrollmarken

folgte der T-Aufdruck mittels Buchdruck, liegen meist offiziell verausgabte Portomarken vor; →T-Lochung.

Tausch. Das natürl. Bestreben des Sammlers ist, für Marken möglichst wenig Geld auszugeben und die Sammlung durch Tausch mit Gleichgesinnten allmähl. auszubauen, was zweifellos auch die meiste Freude bereitet. Voraussetzung für die Aufnahme von Tauschverbindungen ist allerdings das Vorhandensein von geeignetem Tauschmaterial; bes. bei fortgeschrittenen Sammlern fehlt es meist daran, man hat sich gegenseitig schnell »ausgetauscht«.
Der Tausch vollzieht sich im allg. auf Katalogbasis, d. h., der Wert der zwischen zwei Partnern getauschten Marken usw. wird an Hand des vereinbarten Kataloges zusammen- und gegeneinander aufgerechnet. Dabei sollte darauf geachtet werden, stets etwa gleichwertige Marken zu tauschen (z. B. eine zu 5 DM Katalog gegen eine zu 4–6 DM und evtl. anderweitigem Ausgleich), nicht aber zehn Marken zu 50 Pf oder gar 20 zu 25 Pf gegen eine zu 5 DM, es sei denn, einer der Tauschpartner wünscht das aus irgendeinem Grund. Der Tausch Stück gegen Stück wird nur von Jugendlichen geübt, denen es noch an Erfahrung mangelt.
Ehrensache für jeden Sammler ist, nur einwandfreie Marken anzubieten bzw. auf nicht ohne weiteres sichtbare Mängel (Reparatur, Nachzähnung, Nachgummierung u. a.) hinzuweisen und dann einen entsprechend geringeren Wert anzusetzen, falls der Partner ein solches Stück trotzdem eintauschen möchte. Bei Aufnahme des Tauschverkehrs aufgrund einer Anzeige in Fachzeitschriften ist Vorsicht geboten, ganz bes. bei Postlageranschriften oder Anzeigen aus dem Ausland; in diesen Fällen niemals Erstsendungen machen und zunächst auch keine mit wertvollen Marken. Aus Tauschgesuchen in Zeitschriften hat sich oft ein jahrzehntelanger Tauschverkehr entwickelt.
Neuheiten werden meist im Verhältnis Nennwert zu Nennwert getauscht, wobei sich die Tauschpartner in zwei versch. Ländern über den Wechselkurs einigen müssen. Manchmal ist auch der Tausch aller Neuheiten des einen Landes gegen die des anderen ohne Gegenrechnung üblich; wohl die schönste Form des Tausches, die einem Partner allerdings leicht zum Nachteil gereichen kann. Bei Neuheiten ist der →Zuadressierungstausch sehr beliebt; auch →Rundsendung, →Rundsendezirkel, →Stücktausch, →Werttausch.

Tauschheft →Auswahlheft.

Tauschkontrollmarken, im Michel-Katalog unter Rußland mit Bez. »Gebührenmarken« angeführte 25 versch. Freimarken sowie vier Steuermarken mit mehrzeil. Aufdruck und neuer Wertangabe, die 1922–34 rückseitig auf Markentauschsendungen an Sammlerfreunde aufgeklebt sein mußten.
Die von den Sammlern in der DDR für Tauschsendungen zu verwendenden Klebezettel (der Partner in der BRD oder in einem anderen Land erhält im Brief einen gleichen, der der Gegensendung rückseitig aufgeklebt wird) werden oft fälschl. auch Tauschkontrollmarken genannt. Es sind jedoch keine Marken oder Wertzeichen; sie werden von der für den Wohnsitz des DDR-Sammlers zuständigen Kontrollstelle, die Inhalt und Aufstellung der zu übersendenden Marken im dort offen eingelieferten Brief prüft, aufgeklebt bzw. für die Gegensendung beigelegt. Markentausch ohne diese Zettel zieht in der DDR Bestrafung nach sich; ausgenommen davon ist allerdings der →Zuadressierungstausch.

Távirda, ungar. = Telegraphie, Inschrift auf den →Telegraphenmarken Ungarns von 1873/74, die zur Gebührenverrechnung für Telegramme dienten.

Taxa de Factagiu, Gattungsinschrift auf Paketmarken Rumäniens.

Taxa de Plata, Gattungsinschrift auf Portomarken Rumäniens.

Taxa Devida, Gattungsinschrift auf den Portomarken Brasiliens.

Taxation →Schätzung.

Taxbrief, Bez. für Briefe vorwiegend aus der Zeit der →Vorphilatelie (teils aber auch noch aus der Markenzeit), auf denen die vom Empfänger zu zahlende Gebühr handschriftlich oder mittels Ziffernstempel vermerkt ist. Im übertragenen Sinne gilt die Bez. Taxbrief heute für mit →Nachgebühr belegte Sendungen.

Taxe, alte, in versch. Ländern aber noch heute gebräuchl. Bez. für Postgebühr oder Porto.

Taxe à percevoir, oder nur *à percevoir*, franz. = Gebühr zu erheben.

Inschrift auf Portomarken franz. sprechender Länder.

Taxe payée, wie →Taxe perçue.

Taxe perçue, franz. = Gebühr erhalten, international übliche Inschrift in Stempeln und auf Klebezetteln, mit denen die Bezahlung des Portos bestätigt wird.

Taxe réduite, franz. = zurückgesetztes Porto, Inschrift mit Wertangabe (z.B. *A Of 10*) in kleinen Handstempeln, die zeitweise in Frankreich nach Portoänderungen zwecks Aufbrauch sonst nicht mehr verwertbarer Markenbestände an den Schaltern verwendet wurden.

taxieren, postalische Bez. für das Ausrechnen des fälligen Portos oder der →Nachgebühr für eine Postsendung.

taxierter Brief →Taxbrief.

Taxmarken, in der Schweiz übl. Bez. für →Portomarken.

Taxquadrat, auch Gebührenfeld oder Gebührenfeldnummer. Zur Vereinheitlichung der Gebührenerhebung bei den Fahrpostsendungen (→Fahrpost) wurde am 26. 2. 1857

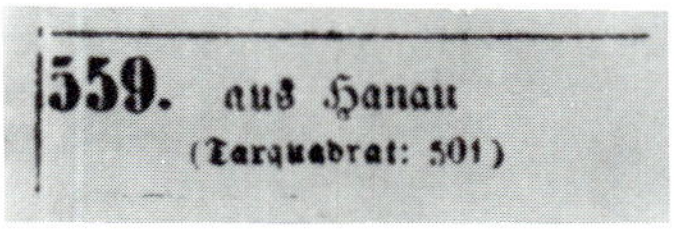

ein »Nachtrag zum revidierten Postvereinsvertrag« (→Deutsch-Österreichischer Postverein) unterzeichnet. § 1 besagte, daß das Porto für alle im Vereinsverkehr vorkommenden Fahrpostsendungen nach der geradlinigen Entfernung zwischen Abgangs- und Bestimmungsort, ohne Rücksicht auf die Gebietsgrenzen und die Spedition, in einer Summe berechnet wird. § 2 bestimmte, daß die Entfernungen bis einschl. 20 Meilen unmittelbar von Ort zu Ort gemessen werden. Bei größeren Entfernungen erfolgt die Messung nach den Mittelpunkten von Quadraten, deren Seiten je eine Länge von vier dt. Meilen haben. Alle in demselben Quadrat gelegenen Orte haben die Taxe des Mittelpunktes. Die von Quadratseiten durchschnittenen Postorte werden dem östl., südl. oder südöstl. angrenzenden Quadrat zugezählt. Die Quadrate waren beziffert. Sie zählten von der nordwestlichsten dt. Grenze von Westen nach Osten beginnend mit 1 (in dem kein Postort lag) und endend in Dalmatien (damals zu Österreich gehörend) mit der Nr. 1474. Letzte Taxquadratnummer war 1475 mit Ferrara im Kirchenstaat, das österr. Postaustauschplatz war. Mit der Bildung der →Norddeutschen Bundespost am 1. 1. 1868 fand der Deutsch-Österr. Postverein zwangsläufig sein Ende. Zur Regelung der postal. Beziehungen zwischen dem Gebiet des Norddt. Bundes und Bayern, Württemberg, Baden, Österreich sowie Luxemburg wurden neue Verträge abgeschlossen, von denen einige schon am 1. 1. 1868 in Kraft traten. Mit diesen neuen Verträgen änderte sich auch die Taxquadrateinteilung. Die Quadrate wurden nun geviertelt. Man verfügte dadurch über 5607 Gebührenfelder. Lombardei-Venetien war bei der Neueinteilung nicht mehr berücksichtigt. Am 1. 1. 1872 traten auch im neuen Reichsland Elsaß-Lothringen die Postgesetze des Deutschen Reiches vom 28. 10. 1871 in Kraft. Das bis dahin in Dalmatien mit 5607 abschließende Quadratnetz wurde, im nördl. Elsaß-Lothringen beginnend und ebenfalls von links nach rechts gezählt, mit den Nrn. 5608–5675 weitergeführt. Das Deutsche Reich war gegenüber Österreich so beziffert, daß das letzte Taxquadrat (ab dann Gebührenfeldnummer genannt) in Deutschland 2640 war; die erste für österr. Gebiet gültige Nr. war 2641 und lag in Galizien. Die Taxquadrat- bzw. Gebührenfeldnummern erscheinen auf den Paketaufklebezetteln, die wohl jedem Sammler bekannt sind, obwohl sich die wenigsten jemals Gedanken über die früher unter oder neben dem Ortsnamen eingedruckte Zahl gemacht haben. Auf älteren Paketzetteln ist dieser Zahl noch das Wort Taxquadrat vorangestellt. Als Randgebiet finden Taxquadrat- bzw. Gebührenfeldzettel bei Spezialsammlern Interesse. Die Quadrateinteilung, die seit ihrer Schaffung im Jahre 1857 manche Wandlung erfahren hatte, wurde erst mit der Postordnung vom 16. 5. 1963, die am 1. 6. 1964 in Kraft trat, hinfällig. Seitdem treten die Gebührenfeldnummern auf Paketzetteln nicht mehr in Erscheinung. L: 3. 14. und Rundbriefe des Deutschen Altbriefsammler-Vereins, Jahrgänge 1969/70.

Taxvermerk →Taxbrief.

Taxverrechnung →Portoverrechnung. Auch →Taxbrief, →taxieren.

Taxzahlen-Stempel, Bez. für Stempel, die in der Schweiz in zahlreichen Formen örtlich angefertigt wurden, um das vom Empfänger zu zahlende Porto kenntlich zu machen. Diese Stempel wurden nach Ausgabe von Briefmarken während der Zeit noch verwendet, in der eine Freimachung der Sendungen durch den Absender noch nicht obligatorisch war.

Taxziffer →Taxbrief.

T.C.D.D., Inschrift zwischen Halbmond und Stern links und rechts sowie dreizeil. weiterer Inschrift, darunter verziertes Monogramm FS bei türk. Wertzeichen (ab 1955), die in keinem Katalog erwähnt sind und als »Motorbootmarken« bezeichnet werden können. Es handelt sich um Marken der Eisenbahnverwaltung zur Begleichung der Zusatzgebühr für Pakete, die in Istanbul zwecks Zustellung mit den Fährschiffen der Bahn über den Bosporus befördert werden müssen. Die Marken sind an allen Postschaltern zu haben und zusätzl. zur normalen Frankatur auf die Sendung selbst oder die Paketkarte geklebt und mit Poststempel entwertet. Diese Wertzeichen sind seit 1905 in bisher sieben bildlich versch. Ausgaben üblich; die ersten beiden sind quadratisch mit stempelartig rundem Druck und Inschrift COLIS POSTAL bzw. COLIS POSTAUX. Diese Marken sind für den Philatelisten interessanter als die im Michel-Katalog aus unlogischen Gründen verzeichneten →Eisenbahn-Paketmarken. L: Die Sammler-Lupe, Nr. 18/1970.

Tchad →Tschad.

TE, mit diesem Aufdruck vorkommende Marken des →Oranjefreistaates sind als Nachweis für bezahlte Telegrammgebühren verwendet worden.

Te betalen, holl. und flämisch = zu bezahlen, Inschrift auf Portomarken der Niederlande und ehemals

niederländ. Gebiete sowie Belgiens. Auch →PORTZEGEL.

Teilauflage. Von einer Marke oder einem Satz werden z.B. 2 Mill. Stück als Gesamtauflage gedruckt, wovon aber nur 1,5 Mill. am Postschalter verkauft werden, der Rest (= Teilauflage, Restauflage) wird aus versch. Gründen später durch Auf- oder Überdruck verändert ausgegeben. Das kann auch von vornherein absichtl. geschehen, um z.B. eine geplante Sonderausgabe (auch Dienst- oder Portomarken) aus Sparsamkeitsgründen durch billigen Aufdruck herstellen zu können.

teilbare Marke, von der Post aus versch. Gründen absichtl. zur Teilung vorgesehene und je nach Tarif geteilt zu verwendende Marke. Klass. Beispiele liefern Braunschweig Mi 9 bzw. Mecklenburg-Schwerin Mi 1 und 5. Diese Marken, die als Viertel verwendet zu den →kleinsten Marken gehören, waren im Schalterbogen gewissermaßen zu Viererblocks vereint gedruckt, bei Mecklenburg-Schwerin Mi 5 zu je vier durch gemeinsamen Durchstich zu einer Einheit verbunden. Einzeln oder als Paar verwendet, wirken die Marken unsymmetrisch, bes. bei Braunschweig Mi 9 durch die Verteilung der Inschriften. Auch die →Doppelgenf gehört zu diesen teilbaren Marken.
Es hat zahlr. weitere in aller Welt gegeben, darunter solche, die als amtl. vorgenommene Aushilfsmaßnahme durch nachträgl. Perforierung regulärer Freimarken und neuen Wertüberdruck auf jeder Hälfte entstanden sind. Bes. ehem. brit. und port. Kolonien bieten viele Beispiele dieser Art (Barbados Mi 31, Dominica Mi 7–9, Macau Mi 159/60, Lourenzo Marques Mi 47–50, 146/47). Die Paketmarken Italiens und San Marinos können im übertragenen Sinne ebenfalls zu den teilbaren Marken gezählt werden, obwohl der Zweck der beiden Hälften ein anderer ist.
In neuerer Zeit verausgabten schon viele Postverwaltungen Marken versch. oder gleicher Wertstufen und/oder Bildzeichnung als →Bogenzusammendruck oder →Automatenstreifen, die jedoch nicht als teilbare Marken definiert werden können. Teilbare Marken dürfen nicht mit →geteilten Marken verwechselt werden.

Teil-Barfrankatur, Bez. für eine Sendung, auf der das Porto teils durch →Barfreimachung und teils durch eine hinzugeklebte Briefmarke beglichen ist. Häufiger auf Belegen der Inflationszeit (1923) und nach 1945 zu finden. →Teilfrankierung.

teildurchstochen, soviel wie →teilgezähnt.

Teilfälschung, an sich echte Marke, die aber mit Falschstempel versehen oder von welcher ein vorhanden gewesener Stempel entfernt wurde, um die Marke als teurere, ungebrauchte an den Mann zu bringen; oder: durch →Nachzähnung geschaffene seltene Zähnungs-»Abart«, abgeschnittener breiter Zähnungsrand zur Vortäuschung einer einseitig geschnittenen Marke, Ausbleichen der Farbe oder deren Änderung durch chem. Mittel; oder: ein Aufdruck ist gefälscht oder entfernt worden usw., usw. Die mögl. Teilfälschungen lassen sich hier nicht alle aufführen; →Fälschung, →Ganzfälschung.

Teilfrankierung, philat. Bez. für eine Frankierungsweise, bei der ein Teil des Portos in Form von Briefmarken, der andere Teil durch →Barfreimachung erhoben wird; auch →Teilbarfrankatur. Teilfrankierungen findet man z.B. auch bei eingeschriebenen Briefen, die in der einfachen Versendungsart portofrei waren, die Einschreibegebühr jedoch mit Postwertzeichen bezahlt werden mußte, z.B. →Feldpost, →Kriegsgefangenenpost, soweit als Einschreiben zugelassen.

teilgezähnt, nur auf einer, zwei oder drei Seiten gezähnte, auf den anderen Seiten ungezähnte Marken, was u.a. auf Fehler während der Herstellung zurückzuführen ist (dann meist wertvolle Abart). Bei einigen älteren Ausgaben rühren teilgezähnte Marken von Schalterbogen her, deren Ränder absichtl. nicht gezähnt wurden. Schwedens Marken sind, da in Rollen- oder Markenheftchenform verausgabt, seit langem nur noch zwei- oder dreiseitig gezähnt. Der Begriff teilgezähnt wird jedoch vorw. für unabsichtl. nur teilweise gezähnt gebliebene Marken angewendet. Sinngemäß gibt es auch teildurchstochen.

Teilgummi, Beschreibung im Auktionskatalog und Angebot für ungebrauchte ältere Marken, die aus irgendeinem Grund nur noch mehr oder weniger große Teile des →Originalgummis aufweisen, was in vielen Fällen akzeptiert werden kann, wenn die Marke sonst einwandfrei und der verlangte Preis in tragbarem Verhältnis zu einem Stück mit vollem Gummi steht. Vorsicht vor nicht gekennzeichneter →Nachgummierung! Eine Marke mit Teilgummi ist einer nachgummierten vorzuziehen. Neuere Marken mit Teilgummi sind mit wenigen Ausnahmen praktisch wertlos. Auch →Gummirest.

Telegramm, in aller Welt bekannte schnelle Nachrichtenübermittlungsform für Kurzmitteilungen. →Schmucktelegramm, →Telegraphenmarken, →Telegraphenstempel, →telegraphische Entwertung, →Telegramm-Ganzsache.

Telegramm-Aufgabescheine wurden von der österreichischen Postverwaltung als Ganzsachen (mit eingedrucktem Wertstempel) in der Zeit von 1873 bis 1924 ausgegeben.

In Aschers Ganzsachen-Katalog werden 64 Hauptnummern mit etlichen Untertypen aufgeführt. Bei Ganzsachenspezialisten sind sie gesucht und werden entsprechend hoch bewertet. J. BLÖCHL

Telegramm-Ganzsachen, z. B. aus Großbritannien bekannt, die inf. des großen Formats aber selten gesammelt werden. Inlandstelegramme mit Wertstempeleindruck sind dort schon seit 1870 üblich, Auslandstelegramme von 1889 bis 1915, bes. Börsentelegramme von 1879 bis 1920.

Telegraphenmarken, zur Verrechnung der Telegrammgebühr früher weit verbreitet übl. gewesen. Zuerst gab es bereits 1851 in Großbritannien Formulare der Electric Telegraph Company mit Wertstempel-

eindruck (= Ganzsache) zu 1 Shilling, 1853 eine aufklebbare 1-s-Marke der English and Irish Magnetic Telegraph Company u. a., die jedoch, da es sich um Privatgesellschaften handelte, von den Sammlern wenig beachtet werden.
Die ersten staatl. Telegraphenmarken sind 1861 im ehem. Brit.-In-

dien erschienen (drei Werte zu 4 Annas, 1 und 4 Rupies); sie wurden nur in Orten ohne Telegraphenamt entspr. der Wortgebühr dem Telegramm aufgeklebt und dieses mit der Post zum nächsten Telegraphenamt geschickt. In Orten mit Telegraphenamt wurden diese Marken nicht verwendet.
Als zweites Land verausgabte Preußen am 15. 6. 1864, zwei Wochen danach Spanien Telegraphenmarken. Bes. ansprechend ausgeführt sind die Ausgaben Bayerns von 1870–76 (L: Archiv für Postgeschichte in Bayern, Nr. 1/1959); andere fallen durch ihre äußere Form auf, so z. B. die sechseckigen Telegraphenmarken Belgiens 1866–98 und der Niederlande

1877–1903. L: Collegium philatelicum, Nr. 1/1966 und Nr. 2/1969.

Telegraphenstempel. Post und Telegraph befanden sich im vorigen Jh. in vielen Ländern nicht immer in einer Hand, d. h. der Post. Der Telegrammdienst wurde teils von einem bes. staatl. (in Bayern z. B. lange Zeit von der Eisenbahnverwaltung) oder auch priv. Unternehmen ausgeübt. Daraus resultieren zahlr. und nicht immer im Briefmarkenkatalog verzeichnete →Telegraphenmarken und -stempel. Wurden Telegraphenmarken auch zur Entrichtung von Sondergebühren der Post (z. B. Auflieferung eines Briefes am Nachtschalter des Telegraphenbüros) verwendet, erfolgte teils auch Entwertung mit einem vom eigentl. Telegraphenstempel versch. Stempel (auch Poststempel), woran der Spezialsammler interessiert ist.

telegraphische Entwertung. Zur Entrichtung der Telegrammgebühr wurden früher teils bes. →Telegraphenmarken verwendet, vielfach waren aber auch normale Freimarken gebräuchlich, die, derart verwendet, manchmal an der Art der Entwertung kenntl. sind. Bekannt und bei den Sammlern unbeliebt sind z. B. die mit Locheisen entwerteten span. Marken, die nur einen Bruchteil des Wertes der mit Poststempel versehenen Marken haben. Bei Freimarken anderer Länder läßt sich die Verwendung zur Verrechnung der Telegrammgebühr weder am Stempel noch sonstwie erkennen.

Telephon-Billet, in Bayern von 1883 bis 1908 zur Bezahlung von Telephongesprächen in einer Zelle im Postamt übl. gewesen. Zunächst nur Wertangabe 10, 25 und 50 Pf bzw. 1 Mark in den vier Ecken, von 1891 an in Form eines Wertstempeleindrucks im Muster der kursierenden Freimarken. Inf. Änderungen des Textvordrucks u. a. sind 17 versch. Telephon-Billets bekannt; die beiden letzten Ausgaben erschienen allseits gezähnt. Diese kleinen Zettel (63×38 mm) sind

eine optisch reizvolle Bereicherung einer Sammlung, werden aber nur vom Spezialsammler berücksichtigt. In Frankreich z. B. hat es ähnl. Zettel gegeben, in Österreich »Sprechkarten«.

T. E. O. = Territoires Ennemis Occupés (Besetzte feindliche Gebiete), Aufdruck mit neuem Wertüberdruck auf franz. Marken, die Ausgaben für →Syrien gewesen sind (Mi 92–111). Auch →T. E. O. Cilicie.

T. E. O. Cilicie, Aufdruck auf versch. türk. Marken →Cilicien; auch →Cilicie, →O. M. F. Cilicie, →T. E. O.

Teppichaufdruck, auch Tapetenaufdruck, wenig gebräuchliche Bez. für →Netzaufdruck.

Terres Australes et Antarctiques Françaises, Landesangabe auf den Marken für →Französische Gebiete in der Antarktis.

Territorias Espanolas del Golfo de Guinea, Landesangabe auf den Marken für →Spanische Besitzungen im Golf von Guinea von 1909 bis 1942.

tertiärer Plattenfehler, während des Druckvorganges aufgetretene Beschädigung im Markenbild einzelner Klischees der Druckform bzw. des Druckwertes, die das →Bogenfeld der vorliegenden Marke zu bestimmen bzw. eine →Plattenrekonstruktion erlaubt. Die Suche nach tertiären Plattenfehlern ist bes. für den Spezialsammler der westdt. sog. Bautenserie interessant; →primärer Plattenfehler, →sekundärer Plattenfehler.

Tete, Bezirk der ehem. portug. Kolonie →Mozambique am Oberlauf des Sambesi mit eigenen Marken von 1914 bis 1920. Vorher wurden die Ausgaben von Mozambique verwendet, desgl. wieder seit 1920; auch →Inhambane, →Lourenzo Marques, →Quelimane, →Zambesia.

Tête-bêche, internat. gebräuchl. Begriff aus dem Franz. für →Kehrdruck.

TETUAN, span. Marken mit diagonalem schwarzem, violettem oder blauem Handstempelaufdruck, die 1909/10 aushilfsweise von der →Spanischen Post in Marokko beim Postamt in Tetuan verwendet wurden. In dieser Stadt amtierte auch eine Postanstalt der Deutschen Post in Marokko bis Juni 1919.

Thailand, früher Siam. Für dieses hinterind. Königreich erscheinen seit 1883 Postwertzeichen, von denen Mi 28–60 und 73–99 von der Firma Giesecke & Devrient in Leipzig (heute Deutsche Wertpapierdruckerei) geliefert worden sind. Die gleiche Firma legte zunächst etwas anders gestaltete Marken vor, die jedoch nicht das Wohlgefallen des Königs fanden und desh. nur ungebraucht bzw. mit Gefälligkeitsentwertung versehen bekannt sind (Mi II–VI nach Mi 27). Thailand verausgabt verh. wenige Marken, die auf die gebräuchlichsten Portosätze ausgerichtet sind, so daß sich der Betrag für ein Neuheitenabonnement in erträgl. Grenzen bewegt. In den Jahren 1944/45 wurden von Thailand für die nach der Besetzung von Japan abgetretenen Malaienstaaten Kedah, Kelantan, Perlis und Trengganu sechs bes. Marken verausgabt.

Thalmann, Friedrich Wilhelm, 1870–1938, bedeutender dt. Philatelist, der sich bes. mit Preußen beschäftigte und – heute allerdings teils überholte – Arbeiten verfaßte.

The Gambia, Landesangabe auf den Marken von →Gambia seit 1966.

Thematische Motivsammlung. Auf Beschluß der →Motivkommission der FIP wurde 1972 ein neues, international gültiges Reglement (und für Ausstellungen ein neues Bewertungsschema) erarbeitet. Die Definition einer thematischen Sammlung lautet nun wie folgt: »1. Eine thematische Sammlung ist eine Sammlung, bei welcher die Aussage auf Briefmarken und philat. Dokumenten gemäß einem bestimmten Plan zur Erläuterung oder Belegung eines Themas oder seines Leitgedankens verwendet wird. 2. Der Plan der Sammlung muß logisch und exakt aufgebaut sein. Die thematische Sammlung beginnt mit der Angabe des verfolgten Planes sowie des Umfanges mit allen Unterabteilungen. 3. Kurze erläuternde Texte sollen dem thematischen Aufbau beigefügt werden. Die Briefmarken und die philat. Dokumente müssen sich auf das Thema beziehen. 4. Die Ausarbeitung eines Themas, die Originalität und die Entwicklung des Themas müssen sich in einer sorgfältigen, tiefgreifenden thematischen Bearbeitung dokumentieren, die die Person des Sammlers hervorheben sollen. 5. Der Umfang der Sammlung muß den thematischen Aufbau gewährleisten. 6. Die Briefmarken und die philat. Dokumente müssen im Mittelpunkt der Sammlung stehen und Hauptgegenstand derselben sein.« Der Kommentar der →DMV dazu besagt unter anderem: »Eine thematische Sammlung ist eine philat. Sammlung. Es dürfen in ihr nur philat. Elemente verwendet werden. Als philat Elemente sind solche postalischen Ursprungs anzusehen, sofern sie zur Nachrichtenübermittlung herangezogen werden. Ansichtskarten und Vignetten, selbst seltene, haben keinen Platz. Von der Verwendung von Maximumkarten ist sparsam Gebrauch zu machen, da sie durch die Farbfreudigkeit die Aufmerksamkeit des Beschauers allzusehr von den wirklichen philat. Elementen ablenken und sie zumindest teilweise als nichtphilat. Beiwerk angesehen werden müssen. Auch die illustrierten Ersttagsbriefe (Schmuck-FDC), selbst die offiziellen, sind mit Vorsicht zu verwenden. Die philat. Bestandteile müssen im Verwendungsfalle einwandfrei zum Thema gehören.« Auch →Dokumentarische Sammlung. L: 3. 13.

Theresienstadt, Inschrift auf einer dunkelgrünen, gezähnten Marke mit Landschaftsdarstellung ohne Wertangabe, die als Zulassungsmarke auf Paketen an Häftlinge des Konzentrationslagers in Theresienstadt ab 1943 verwendet wurde. Ungezähnte Stücke stammen aus Restbeständen, die später auf den Markt kamen. Die Marke ist unter Böhmen und Mähren im Deutschland-Katalog verzeichnet. Vor dem Erwerb ist dringend Prüfung und Studium der Schrift L: 3. 7. anzuraten.

Aus versch. anderen Konzentrationslagern u. ä. sind weitere Marken bzw. Vignetten bekannt.

Thessalien. Im Griech.-Türk. Krieg 1897/98 besetzte die Türkei fast ganz Thessalien und verausgabte für dieses Gebiet →achteckige Marken. Nach der Räumung gelangten wieder griech. Marken zur Verwendung; hierzu →Schatzamtstempel. L: Sammler-Dienst Nr. 9/1958 und Nr. 24/1974.

Thiaude-Katalog, in Frankreich verbreiteter und dort recht beliebter, alljährl. erscheinender Katalog der Marken Frankreichs, der ehem. Kolonien und Nachfolgestaaten.

Thies-Marke. →Perot-Marken.

Thomond Island, kleine britische, in Privatbesitz befindliche Insel (vermutlich vor der Küste Schottlands). Der Besitzer verausgabte 1973 erstmals Privatpostmarken; →Inselausgaben.

Thougra →Tughra.

Thrace Interallié, auch *Thrace Occidentale*, Aufdruck auf Marken

Bulgariens für das nach Ende des 1. Weltkrieges unter brit. und franz. Militärverwaltung 1919/20 gestellte westliche Gebiet →Thrakiens. Es hat aus gleichem Anlaß auch griech. Marken mit Aufdruck gegeben. Ferner während des Balkankrieges 1913 versch. bulg., griech. und türk. Marken mit versch. Aufdrucken.

Thrace Occidentale →Thrace Interallié.

Thrakien, Landschaft im Südosten der Balkanhalbinsel am Ägäischen und Marmara-Meer, geteilt in das heute zu Griechenland gehörende Westthrakien sowie Ostthrakien (eur. Türkei). Von 1913 bis 1920 geriet Thrakien in den Strudel der Politik und Kriege, was drei versch. Markenausgaben zur Folge hatte, die bei uns selten gesammelt werden und durch Aufdrucke auf bulgar.,

griech. und türk. Marken entstanden sind.

Thule, Siedlung im nordwestlichsten Teil der Insel →Grönland. In neueren Atlanten entspricht Thule lagemäßig nicht mehr dem früheren Ort, der als amerik. Militärstützpunkt seit 1954 Dundas heißt; die Bevölkerung wurde evakuiert, es entstand weiter nördl. eine neue Siedlung Thule. Die im Michel-Katalog im Anschluß an Grönland verzeichneten fünf Thule-Marken wurden 1935/36 von einer in Thule ansäss. Handelsgesellschaft verausgabt, die einmal jährl. eine Schiffsverbindung nach Kopenhagen unterhielt, sind also rein priv. Ursprungs.
Diese Marken wurden zwar in Kopenhagen am Sammlerschalter verkauft und kommen mit dän. Zusatzfrankatur auch auf nach Däne-

mark echt gelaufenen Sendungen vor, was jedoch nur als Pseudoanerkennung zu werten ist. Alle Sendungen zwischen Grönland und Dänemark waren näml. bis 1938 gebührenfrei; ab dann standen der Dän.-Grönländ. Post eigene Freimarken zur Verfügung. Die Fußnote im Michel-Katalog ist irreführend. L: 3. 10.

Thüringen, allgemein →OPD-Drucke 2. Unter Thüringen werden die Marken der Sowj. Zone im Bereich der OPD Erfurt verstanden (Mi 92–115). Die acht Freimarken können inf. zahlloser Papier-, Gummi- und Farbenunterschiede, Druckmängel u.a. ungewöhnl. stark spezialisiert gesammelt werden. Durch vier Blocks ist das Gebiet teuer.

Thurn und Taxis. 1. Die Herren derer von Thurn und Taxis (die Führung dieses Namens wurde 1650 von Kaiser Ferdinand III. genehmigt und leitet sich vom Hauswappen – ein Turm und ein Dachs – ab) haben in Europa zwar umfangr. Ländereien besessen, nie aber ein

eigenes Postgebiet im eigentl. Sinne wie eine Landespost; sie erhielten im Namen des Heil. Röm. Reiches deutscher Nation von den Kaisern sowie später von einzelnen Fürsten die Verwaltung der Post zu Lehen. Die Familie der Taxis stammte aus Cornello bei Bergamo in Norditalien und tat sich dort bereits im frühen Botenwesen hervor. Franz von Taxis (1459–1517) wurde zu seinen Lebzeiten bereits als »Erfinder der Post« bezeichnet; schon vor ihm ist ein Johann Daxen als kaiserl. Postmeister dokumentarisch erwähnt. Franz von Taxis richtete ständige Postkurse zwischen den kaiserl. Residenzen in Innsbruck, Brüssel, Mecheln und Mailand, später über Frankreich nach Spanien (das Reich, in dem die Sonne nicht untergeht) ein, die vorerst nur Regierungsstellen zur Verfügung standen, aber schon zu Anfang des 16. Jh. auch priv. Mitteilungen beförderten. Während und nach dem 30jähr. Krieg und den weiteren Wirren in Deutschland und Europa, den durch Napoleon verursachten Veränderungen sowie im Gefolge der wachsenden Bestrebungen einzelner Landesherren, die Post in eigene Regie zu übernehmen, verlor die Taxis-Post allmähl. an Bedeutung und Umfang. Nach Wiederherstellung der polit. Ordnung 1815 wurde dem Haus Thurn und Taxis das Recht zum Abschluß von Lehensverträgen mit den Landesfürsten gegeben, vorher (1806) waren solche bereits mit dem Königreich Bayern und dem Großherzogtum Baden zustande gekommen. In Bremen, Hamburg und Lübeck bestanden neben den Stadtposten Taxis-Postämter. Mit dem 1. 7. 1867 übernahm Preußen die ges. Taxis-Post gegen Zahlung einer Abfindung von 3 Mill. Taler an den Fürsten von Thurn und Taxis; die Verhandlungen führte Heinrich →Stephan. Hauptsitz der Fürsten und der Post war zunächst Brüssel, danach kurze Zeit Frankfurt/M. und ab 1748 Regensburg. Die Bedeutung der Taxis-Post für große Teile Europas geht aus den Ehrungen hervor, die den Fürsten und der damaligen Post noch in un-

serer Zeit durch versch. Gedenkmarken u.a. zuteil geworden sind (z.B. Belgien Mi 929–940, BP Mi 534). Die vorh. Literatur zur Postgeschichte und der vielseitig interessanten vorphilat. Stempel usw. ist sehr groß; das Fürstliche Zentralarchiv in Regensburg ist für den forschenden Philatelisten eine Fundgrube. Thurn und Taxis ist als Sammelgebiet außerordentl. beliebt. –

2. Marken erschienen von 1852 an bis zum Ende der Taxis-Post in fünf Ausgaben mit zus. 54 versch. Marken. Jede Ausgabe ist in zwei Gruppen aufgegliedert, da für die nördl. Länder auf Silbergroschen, für die südl. auf Kreuzer lautende Marken verausgabt werden mußten. Da der Abstand der geschnittenen Marken Mi 1–34 im Schalterbogen höchstens 3/4 mm (teils weit weniger) betrug, sind allseits vollrandige Exemplare selten, Normalerhaltung ist ein- oder mehrseitig →berührt; der Preis der Marken richtet sich daher ausschließl. nach dem Erhaltungszustand. Dasselbe gilt für die durchstochenen Marken Mi 35–44, die gut zentriert kaum zu finden sind; der Durchstich verläuft auf einer Seite stets im Rand des Bilddrucks. Nur die Ausgabe Mi 45–54 mit farbigem Durchstich ist exakt hergestellt und weist allseits gleiche und breitere Markenränder auf, was allerdings Fälscher veranlaßt, den Durchstichrand abzuschneiden, um das Vorliegen der teureren Mi 26–34 vorzutäuschen. Die farbig durchstochene Serie wirkt, rückseitig besehen, fast wie ein Prägedruck, die geschnittene ist rückseitig flach, so daß eine Verfälschung im allg. leicht zu erkennen ist. Mi 45–54 erschien erst ab August 1866 und war nur bis Ende Juni 1867 in Verkehr, weshalb der Restbestand sehr hoch war und diese Marken ungebraucht fast zur Massenware gehören. Von 33 Werten aus Mi 1–41 wurden Neudrucke in etwas von den Originalen abweichenden Farben und auf anderem Papier ohne Gummi angefertigt, die rückseitig mit ND in Schreibschrift gekennzeichnet sind und meist als vollst. ND-Satz gehandelt werden. Sehr gern gesammelt werden die Nummernstempel (→Anhang I) und die mögl. sonst. Stempel und Stempelformen.

Briefumschläge mit Wertstempeleindruck (Ganzsachen) hat es in 34 Hauptnummern und einigen Unterarten gegeben. Ausschnitte der Wertstempel aus nicht benutzten Umschlägen durften ab 1864 zu anderweitiger Frankatur verwendet werden. Der Sammler bevorzugt viereckig ausgeschnittene Stücke; achteckig oder rund ausgeschnitten sind sie weniger wertvoll. Aus dem Jahr 1847 ist ein von der Taxis-Post verausgabter Umschlag mit Inschrift *Frankirter Stadt-Brief* (ohne Wertangabe) bekannt, der in Heilbronn, Ludwigsburg, Reutlingen, Stuttgart und Ulm verwendet wurde (Württemberg übernahm die Post erst wieder 1851 von Thurn und Taxis). Auch →Fischersche Post. L: 3. 2., 3. 3.

Thurn-und-Taxis-Nummernstempel →Anhang I.

Tibet, ehem. Staat im Himalaja-Gebiet mit wechselvoller polit. Vergangenheit, da unter chines., brit. bzw. brit.-ind. Schutzherrschaft stehend, bis Tibet 1959 endgültig der Chines. Volksrepublik einverleibt wurde. Das Reich des Dalai-Lama verausgabte, obwohl das tatsächl. Postaufkommen der weitgehend analphabet. Bevölke-

rung minimal war, von 1911 bis 1959 einige von der Gestaltung her eigenartige Frei-, Dienst- und Telegraphenmarken. Tibet ist ausgespr. ein Gebiet für den forschenden Philatelisten, es gibt noch vieles zu entdecken und zu ergründen, wie einige auf Postwertzeichenausstellungen schon bewiesen haben. Wer über keine entspr. Kenntnisse verfügt, sollte von Tibet unbedingt die Finger lassen; die meisten der im Handel angebotenen Marken erweisen sich letztlich als gute und daher gefährl. Fälschungen.

Die rechtmäßige Verwendung der Dienst- und Telegraphenmarken (letztere als Freimarken auf Brief) wird von versch. Seiten bestritten und auf Ganzbrief als →Machwerke angesehen.

Während der ersten Besetzung 1910/12 gelangten seitens der chines. Post einige China-Marken mit dreisprachigem neuem Wertüber-

druck (Chinesisch, Englisch, Tibetanisch) in Umlauf.
Der seit 1959 in Indien mit seinen Getreuen im Exil lebende Dalai-Lama benötigt trotz Unterstützung von vielen Seiten zur standesgemäßen Hofhaltung Geld. Er ließ sich deshalb von einer →Agentur zur Herausgabe von →Vignetten überreden. So gelangten 1972 vier »Marken« mit Wiedergabe von in Tibet lebenden Wildtieren und 1975 vier Stück zum 100jährigen Jubiläum des Weltpostvereins zum Verkauf. Es handelt sich bei allen um nicht frankaturgültige Etiketten, die eigentlich nur auf die Rückseite der Briefe geklebt werden dürfen, aber in Unkenntnis der Postangehörigen durchaus auch vorderseitig aufgeklebt und dann abgestempelt vorkommen können.

Tickets, seit 1935 in der Schweiz aus spez. Postwertzeichengebern erhältl. Unterart von →Markenheftchen. Die Tickets bestehen aus Streifen mit zehn Marken zu 5, seit 1967 zu 10 Rappen mit entspr. zugeschnittenem schmalem und mit Postreklame bedrucktem Deckel in bis Ende 1970 zehn versch. Ausführungen. Die Markenstreifen werden aus normalen Bogen maschinell abgeschnitten und weisen deshalb meist mehr oder weniger stark beschädigte Zähnung auf. Automaten mit Tickets sind nur an bes. verkehrsreichen Plätzen größerer Städte aufgestellt.

Tiefdruck, Begriff für alle Druckverfahren, bei denen die zu druckenden Stellen im Gegensatz zum →Buchdruck auf der Druckform nicht erhaben hervortreten bzw. zum →Steindruck und →Offsetdruck nicht in einer Ebene mit dem Trägermaterial, sondern vertieft liegen und mit Farbe gefüllt werden. Zum Tiefdruck gehören →Linientiefdruck und →Rastertiefdruck.

tiefstes Postamt, als österr. Sonderpostamt mit Sonderstempel am 17. 9. 1962 im Wodsicky-Schacht der Fohnsdorfer Grube in 1135 m unter der Erde eingerichtet gewesen. Dieses Postamt war zugunsten der SOS-Kinderdörfer tätig.
Das wohl tiefste und ständig regulär arbeitende Postamt befindet sich im israelischen Ort Sodom am Toten Meer, das 397 m unter dem Meeresspiegel liegt.
Aber auch aus den Tiefen des Meeres (z.B. von einem U-Boot) und sogar vom Meeresboden können Briefe kommen (z.B. Unterwasserlabor TEKITE II der USA von 1970), wobei es sich jedoch nicht um dort eingesetzte Poststellen handelt. Die Sendungen werden nur mit einem Cachet versehen und die Marken vom nächst erreichbaren Postamt entwertet. Mit Philatelie haben solche Dokumente nichts zu tun; →höchstes Postamt.

Tiegeldruckpresse, ältestes Druckpressenverfahren für →Buchdruck (1440 Gutenberg), bei dem die ebene Druckform auf dem unteren Fundament fest verankert ist (Prinzip Fläche gegen Fläche) und der erforderl. Preßdruck durch ein nach unten schwingendes, tiegelförmig aussehendes Oberteil erzeugt wird. Zwischen Druckform und dem sog. Tiegel wird das Papier in einzelnen Bogen eingelegt. Die →Ochsenköpfe Rumäniens wurden mit einer Tiegeldruckpresse hergestellt, wobei sogar mit dem →Urstempel gedruckt wurde, so daß nach jedem Niedergang des Tiegels, da immer nur eine Marke gedruckt werden konnte, das Papier mit der Hand um ein Stück weitergeschoben werden mußte, wodurch sehr unregelmäßige Abstände zwischen den einzelnen Marken bzw. Markenreihen entstanden.

Tientsin-Aushilfsausgabe, zu den sog. →Petschili-Notausgaben gehörig; wird unter Sammlern meist einfach »Chinahandstempel« genannt. Die Ausgabe entstand während des von eur. Mächten geführten Krieges im Verlauf fremdenfeindlicher Unruhen (Boxerkrieg) im Raum südl. von Tientsin an der Bucht von Petschili (in heutigen Atlanten Tschili oder Po Hai), wobei dem dt. Postamt in Tientsin die Marken der →Deutschen Post in China (Mi 1–6) ausgingen. Die dt. Feldpostanstalten waren mit →Germaniamarken mit Inschrift

Reichspost (Mi 54–62) der gebräuchlichsten Wertstufen ausgerüstet und konnten solche an das Postamt Tientsin abgeben, die dort mit einem Handstempel mit schrägem Aufdruck *China* versehen und bedarfsmäßig verwendet wurden (Mi 8–14). Die Auflage der Marken zu 30, 50 und 80 Pf betrug nur wenige Hundert Stück, weshalb sie zu den großen Raritäten zählen. Die Herkunft der Marken zu 25 und 40 Pf sowie 2 und 3 Mark mit gleichem Aufdruck (Mi I–IV) ist ungeklärt. L: 3. 6.

tierischer Leim →schwerlöslicher Gummi.

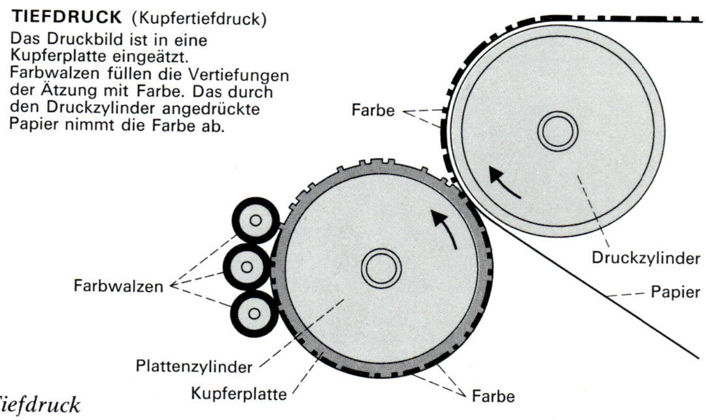

Tiefdruck

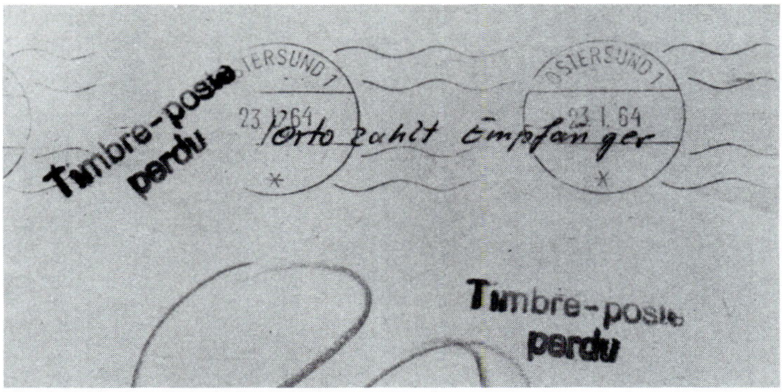

Timbre-poste perdu

TIERRA DEL FUEGO →Popper-Marke.

Tiling, Reinhold, dt. Pionier für die Beförderung von Postsendungen mittels Raketen; →Raketenpost.

Timbre-poste perdu, Stempel mit dieser Inschrift oder gleichbedeutende handschriftl. Vermerke auf nicht freigemachten Sendungen aus dem Ausland, wenn die fehlende Freimachung vom Grenzausgangspostamt bemerkt wurde und die Post im Bestimmungsland auf die Einziehung einer →Nachgebühr beim Empfänger aufmerksam gemacht werden muß. Timbre-poste perdu ist zwar mit »Briefmarke verloren« zu übersetzen, postal. besagt der Stempel allg. »Briefmarke fehlt«.
Im Beispiel der Abb. hat der Absender in Östersund/ Schweden den Brief absichtl. nicht freigemacht und durch den Vermerk »Porto zahlt Empfänger« die Post an diesen verwiesen, der dann das Porto einschl. Nachgebühr zu zahlen hatte; auch →T-Stempel.

Timbre-Taxe, Inschrift auf Portomarken Frankreichs seit 1946, Monacos und frankophoner Gebiete. Vorher vielfach →à percevoir bzw. →Chiffre-Taxe.

Timbrologie, über Frankreich hinaus bek. Begriff für →Briefmarkenkunde; →Philatelie.

Timbrophilie, aus dem franz. Wort »timbre« (Marke) und dem griech. Kunstwort →Philatelie geschaffene Bez., die sich aber nirgends durchzusetzen vermochte.

Timbrul Aviatiei →Fondul Aviatiai.

Timbrul Oficial, Gattungsinschrift auf Dienstmarken Rumäniens.

Timor, eine der Kleinen Sunda-Inseln, bis 1976 geteilt in das indonesische Gebiet (Westteil der Insel) und in die Kolonie Portugiesisch-Timor (Ostteil der Insel), die 1976 von Indonesien annektiert wurde. Postwertzeichen Portugiesisch-Timors wurden seit 1884 verausgabt, die bis etwa 1948 im bildl. langweiligen Kolonialstil gehalten waren. Seitdem war man um gefälligere Bildermarken bemüht, deren Zahl sich in sehr mäßigen Grenzen hielt.

Tin Can Mail →Zinndosenpost.

Tintenentwertung, mit Tinten-, Kopierstiftdurchkreuzung u. a. entwertete Marke, was früher verschiedentl. vorgeschrieben war (→Federzugentwertung); auch →fiskalische Entwertung, →nachträglich entwertet.

Tintenfleck. Im allg. lassen sich Tintenflecke auf Briefmarken schwierig oder nur unter möglicher Schädigung der Marke entfernen. Die vor Jahrzehnten übliche Eisengallustinte löst sich in sog. Kleesalz weitgehend, der neueren Anilinfarbentinte und der Tintenmasse von Kugelschreibern bzw. Filzstiften muß mit geeigneten organischen Lösungsmitteln zu Leibe gegangen werden, die aber nicht jede Druckfarbe ungeschädigt verträgt. Im Fachhandel werden Mittel angeboten, die Erfolg bringen, deren gegenüber aber auch Vorsicht am Platz ist. Auch →Tintenentwertung.

Tintenstiftentfernung, gleich schwierig bzw. unmöglich wie →Tintenfleck.

Tjenestefrimerke, Inschrift bei Dienstmarken Norwegens von

1925/33 (Mi 1–8). Auch →Tjenstefrimärke.

Tjenstefrimärke, Gattungsinschrift auf den Dienstmarken Schwedens. Auch →Tjenestefrimerke.

T-Lochung, bei Freimarken u. a. einiger Länder aus ähnl. Grund wie →T-Aufdruck. Marken Tunesiens mit T-Lochung dagegen sind reguläre →Portomarken gewesen (MiP 1–25).

Tobago, Nachbarinsel von →Trinidad vor der Küste Venezuelas und ehem. brit. Kronkolonie mit einigen Freimarken von 1879 bis 1896. Danach wurden die Ausgaben von Trinidad verwendet, es erschien 1897 nur noch eine Aushilfsmarke. Ab 1913 gab es die gemeinschaftl. Ausgaben →Trinidad und Tobago. Vor Einführung der eigenen Marken waren brit. ohne Kennzeichnung in Kurs, die mit Balkenovalstempel A 14 von Spezialsammlern gesucht werden (→Used abroad). Es waren ferner andere Stempel in Gebrauch, die die vom Absender erfolgte Vorauszahlung des Portos bestätigten.

Tobruch 21-6-41-XX, zweizeil.

Handstempelaufdruck auf Ital.-Ostafrika Mi 55–61 und 63, die auf ein Blatt Papier geklebt und mit einem erbeuteten brit. Kontrollstempel ARMY SIGNALS entwertet sind. Dieses Blatt wurde anl. der Rückeroberung von Tobruk während des Afrika-Feldzuges im 2. Weltkrieg ohne Genehmigung hergestellt und vertrieben. Es handelt sich um ein priv. Gedenkblatt ohne jegl. philat. Interesse; auch →Rommel-Gedenkblatt.

Toga, weniger gebräuchl. Name für

→Tonga und Landesangabe auf den Marken Mi 38–86 von Tonga.

Togo. 1. Aus dieser 1884 von Deutschland in Besitz genommenen Kolonie in Westafrika sind →Vorläufer in Gestalt von zunächst unfrankierten, von Mitte 1882 bis 1888 auch mit →Reichspostmarken ohne Kennzeichnung (Mi 37, 39–45) freigemachten Briefen und Postkarten mit Stempel *Hamburg,*

Kursstempel →*Verviers-Coeln,* Nebenstempel →*Aus Westafrika* u. ä. bekannt. Von März 1888 bis zur Ausgabe bes. Marken für Togo wurden die gebräuchlichsten Wertstufen (andere gelangten durch Sammler oder Geschäftsleute dorthin und wurden unbeanstandet verwendet) der gült. Reichspostmarken bei den bis dahin bestehenden zwei Postanstalten in Klein-Popo und Lome bereitgehalten; sie gelten gleichfalls als Vorläufer (später auch als →Mitläufer bekannt). Eigene Marken mit schrägem Aufdruck Togo erhielt die Kolonie Mitte 1897, sie wurden von November 1900 an durch solche im Muster →Schiffstype abgelöst. Bis zur Kapitulation der dt. Schutz-

truppe Ende August 1914 wurden nach und nach 17 Postanstalten eröffnet. Für den Sammler sind interessant: →Berner Ausgabe, →Deutscher Sudan, →Stationsstempel. L: 3. 6. – **2.** Unter der brit.-franz. Militärverwaltung erschienen die Marken in Schiffstype mit dreizeil. Aufdruck *TOGO / Anglo-French / Occupation* bzw. *TOGO / Occupation / franco-anglaise* in Auflagen von nur 3 bis höchstens 4850 Stück, die im Michel-Deutschlandkatalog aufgeführt sind, in einer Togo-Sammlung jedoch nicht unbedingt enthalten sein müssen. Andere Kataloge verweisen diese Marken mit Recht in den Überseeteil. 1915/16 folgten für den brit. besetzten Teil Marken der →Goldküste, für den franz. besetzten solche von →Dahomey mit gleichem Aufdruck; beide Ausgaben sind im Michel-Überseekatalog unter Togo aufgenommen (Mi 1–24 bzw. 25–41). – **3.** Nach Errichtung des Völkerbundmandats (später UN-Treuhandgebiet) kamen im brit. Teil bis zu dessen Eingliederung in die Republik →Ghana Marken der Kolonie Goldküste ohne Aufdruck an die Schalter, die aus der ersten Gebrauchszeit gelegentl. mit →aptierten deutschen Stempeln entwertet zu finden sind. Im franz. Mandats- bzw. Treuhandgebiet, aus dem 1960 die Republik Togo entstand, gelangten ab 1925 bes. Marken im Stil der franz. Kolonien zur Ausgabe (Mi 42–225). – **4.** Seit Ausrufung des ehem. unter franz. Verwaltung stehenden Teiles zur Republik Togo erschien eine für den normalen Postbedarf unnötig große und vorw. nur für die Sammler geschaffene Zahl an Marken (bis Mitte 1974 ca. 1000 Stück, darunter über 70 Blocks!) und zusätzl. gänzl. überflüssige →Parallelausgaben in ungezähnter Version, die inf. zu geringer Auflage und Zuteilung an Händler und Sammler von vornherein zu überhöhten Preisen gehandelt wurden. Die Republik Togo kann als Sammelgebiet nicht empfohlen werden, bietet allerdings für Motivsammlungen recht viele ansprechende Markensätze.

Togo-Halbierungen, Marken aus der Zeit als dt. Kolonie werden halbiert und mit echten Poststempeln entwertet angeboten. Es handelt sich dabei ausschl. um von interessierten Sammlern fabrizierte Produkte, die entgegen der Postvorschrift mit Gefälligkeitsstempeln (→Gefälligkeitsentwertung) versehen worden sind. L: 3. 6.

Tokayer-Durchstich. Die Marken Österreichs Mi 1–5 sind mit Liniendurchstich 11 bekannt. Es handelt sich dabei vermutl. um den priv. Versuch eines Postmeisters zur leichteren Trennung der einzelnen Marken vom Schalterbogen. Da diese durchstochenen Marken vorw. mit dem Stempel Tokay/Ungarn entwertet vorkommen, kam es zur Bez. Tokayer-Durchstich. Sehr selten ist der Stempel Homonna (auch Varanno). Der Wert dieser Marken schwankt zwischen rund 1000 DM (3 Kreuzer) und 10000 DM (für die seltenste 2-Kr.-Marke). L: Sammler-Dienst, Nr. 6/1976.

Tokelau-Inseln, zur Gruppe der →Gilbert- und Ellice-Inseln gehörende Atolle im Pazifik, die früher Union Islands hießen, 1925 von Großbritannien an Neuseeland abgetreten und 1948 in Tokelau Islands umbenannt wurden. Erst seit dieser Namensänderung hat es einige wenige Bildermarken gegeben. 1966/67 gelangten auch neuseeländ. →Stempelmarken mit Aufdruck versehen zur postal. Verwendung.

Tolima, eines der Departamentos

(Verwaltungsbezirke) →Kolumbiens, das bis 1885 unabh. war und von 1870 an eigene Postwertzeichen verausgabte, die mit ergänzter Inschrift auch nach dem Anschluß an Kolumbien bis Juli 1906 beibehalten wurden. Letztere waren nur in Tolima gültig; für Sendungen darüber hinaus mußten Kolumbien-Marken verwendet werden. Während der Bürgerkriege in Kolumbien hat es einige weitere Marken für Tolima gegeben, die im Michel-Katalog als Anhang unter Kolumbien verzeichnet sind.

Tollur, isländ. = Zoll. Auf den von 1920 bis 1938 kursierenden Marken Islands findet sich öfter ein Kastenstempel mit dieser Inschrift (meist nur teilweise zu sehen), der darauf hinweist, daß die vorl. Marke nicht zur Frankatur einer Postsendung, sondern zur Verrechnung der Zollgebühr verwendet worden ist. Der Michel-Katalog führt für diese Stempelungen bei einigen Ausgaben eine bes. Spalte mit im allg. erhebl. niedrigerer Bewertung als für Stücke mit Poststempel. Alle nicht gesondert genannten Marken sind mit Tollur-Stempel nur 1/10 der Katalognotierung wert. Der Sammler sollte auf solche Marken verzichten.

Tonga, auf den Marken Mi 36–86

Toga, Inselgruppe im Pazifik, einheim. Königreich und bis 1970 brit. Schutzstaat mit Marken seit 1886, die früher gern gesammelt worden sind (auch →Schreibmaschine als Markendruckerei). 1970 wurde Tonga unabhängig innerhalb des Commonwealth. Seit 1963 hat sich die Ausgabepolitik Tongas leider sehr geändert. Tonga ist seitdem nur noch darauf aus, den Sammlern das Geld aus der Tasche zu ziehen. Es wurden zahlr. und unnötige →Folienmarken mit teils sehr hohen Wertstufen verausgabt, so daß ein Neuheitenabonnement nicht billig ist.
Als besonders verwerflich im philatelistischen Sinne sind die Dienstmarken MiD 11–16 aus dem Jahr 1962 anzusehen, die in einer Auflage von nur 900 Sätzen hergestellt worden sind. Von der Aufnahme Tongas als Sammelgebiet muß abgeraten werden; auch →Tongatabu, →Zinndosenpost. L: Die Sammler-Lupe, Nr. 15–19/1966.

Tongatabu. Auf dieser zum Königr. →Tonga gehörenden Insel mit der Hauptstadt Nukualofa wurde nach Eröffnung der →Australischen Zweiglinie 1886 eine →Postdampfschiffsagentur eingerichtet, die mit →Reichspostmarken ohne Kennzeichnung ausgerüstet war und Brief- und Paketsendungen annehmen und weiterbefördern sollte. Dazu kam es inf. eines neuen tonganischen Postgesetzes nicht mehr; der dt. Agentur zugeleitete Briefsendungen mußten der Post des Königreiches übergeben werden. Es liegen keine Beweise dafür vor, daß die Agentur den vom Gesetz nicht betroffenen Paketdienst ausgeübt hat. Trotz allem wurde die scheinbar nie tätig gewordene Agentur Tongatabu erst mit Einstellung der Austral. Zweiglinie 1893 offiziell aufgelöst; auch →Samoa.
Bei dem in der Literatur oft beschriebenen Stempel *TONGATABU / DEUTSCHE / POSTDAMPFSCHIFFSAGENTUR* (ohne Datum) handelt es sich meist um eine Fälschung; der echte Stempel dürfte nie zur Verwendung gekommen sein und wird im Postmuseum Berlin aufbewahrt. L: 3. 6.

To Pay, engl. = zu bezahlen, Inschrift auf vielen Portomarken englischsprechender Länder.

Tort Nicolau, Arturo, 1878–1950, kenntnisreicher spanischer Philatelist, verfaßte ein dreibändiges Standardwerk über die Briefmarken Spaniens aus den Jahren 1850 bis 1900.

Toscano, mit *Francobollo Postale* Landesangabe auf den Marken von →Toskana.

Toskana, ehem. Großherzogtum in Italien, das 1851–1859 insg. 16

Freimarken verausgabte, die inf. geringer Auflage meist selten und wertvoll sind. Eine provisor. Regierung bereitete den Anschluß an das entstandene Königr. Italien vor, unter welcher weitere sieben Marken erschienen.

Totenkopfmarke, Hitler-Totenkopfmarke, Bez. für eine von amerik. Seite im 2. Weltkrieg hergestellte →Propagandafälschung 2) der Marke Deutsches Reich Mi 827 mit Inschrift *FUTSCHES REICH* und teilweiser Veränderung des Hitler-Kopfes in ein Totengerippe, die postal. verwendet nicht bekanntgeworden ist; vorkommende Stempel sind gefälscht. Ferner gibt es drei gefährliche →Ganzfälschungen, diese sogar auf echt aussehende Briefumschläge manipuliert und gestempelt. Da für diese Marke kein anerkannter →Bundesprüfer existiert, sind angebliche Prüfstempel nur wertlose Eigentumskennzeichen; gegenüber zugesicherter Echtheitsgarantie ist größte Vorsicht geboten. L: 3. 14. und Michel-Rundschau, Nr. 4/1977.

totes Sammelgebiet, anderer Ausdruck für →abgeschlossenes Sammelgebiet.

Tougra →Tughra.

Touva, Landesangabe auf den Marken von →Tannu Tuwa.

Trabantenpost →Dragonerpost.

Trachtenserie, Bez. aus der Sammlersprache für schon zahlreiche Marken aus aller Welt mit Wiedergabe von Landestrachten der Frauen und Männer. Unter dieser Bez. sind bes. die Dauermarken Österreichs Mi 893–926 und 978–80 bekannt, die sich infolge langer Kurszeit und mehrerer Nachauflagen durch versch. →Druckmängel, Farbenunterschiede u. a. stark spezialisiert sammeln lassen.

Transitgebühren = Durchgangsgebühren. In früheren Zeiten verlangten die Länder, durch welche Postsendungen (auch Personen) zur Erreichung des Bestimmungsortes befördert werden mußten, teils hohe Gebühren, die das Porto erhebl. verteuerten. Die Transitgebühren konnten, lagen entspr. Postverträge vor, vom Absender vorausbezahlt werden und wurden zwischen den beteiligten Postverwaltungen abgerechnet. Meist aber mußte der Empfänger die Transitgebühren bezahlen; auch →PF. Erst spätere zweiseitige bzw. internat. Postverträge (z.B. →Deutsch-Österreichischer Postverein, →Weltpostverein) beseitigten diese den Postaustausch sehr hindernden Gebühren oder führten sie auf ein pauschal zu verrechnendes Maß zurück.

Transitstempel. Hierzu gehören alle Arten von alten Grenzübergangs-, Durchgangs-, Leitstempeln usw., die dokumentieren, daß z.B. ein in irgendeinem Land aufgelieferter Brief ein oder mehrere Länder passieren mußte, um den Empfänger erreichen zu können, und desh. lange Zeit mit im allg. vom Empfänger zu zahlenden zusätzl. Gebühren belastet war. Transitstempel finden sich auch auf der Briefrückseite; sie sind, gleich ob während der Zeit der →Vorphilatelie oder der Markenzeit verwendet, oft schwierig zu bestimmen, da hierzu Kenntnisse der versch. und selten ohne weiteres überschaubaren Verkehrswege, Postverträge usw. erforderl. sind.

Transjordan, Landesangabe auf den Marken für →Jordanien von 1927 bis 1947.

Transkaukasien. 1922 entstand durch Zusammenschluß der 1919 von Rußland unabh. gewordenen Republiken Armenien, Aserbeidschan, Georgien sowie der Berg-Republik und Batum die Transkaukasische Sozialistische Föderative Sowjetrepublik, für welche 33 versch. Marken verausgabt wurden, die bei uns kaum jemand sammelt.

Transkei. Dieses Postgebiet ist erst am 26. Oktober 1976 durch die Unabhängigkeit der Republik

Transkei in Südafrika entstanden. Dem »Homeland der Xhosa«, das zwischen den Hafenstädten East London und Durban am Indischen Ozean liegt, wurde als erstem von 9 Homelands Unabhängigkeit von der Südafrikanischen Union zugestanden. Hinsichtlich der Postwertzeichen wurde eine →Agentur engagiert, die eine maßvolle Ausgabepolitik für neue Marken versprochen hat. L: DBZ, Nr. 17/1976.

Transparentwasserzeichen, weniger gebräuchliche Bez. für →Preßzeichen.

Transvaal, ehem. Burenrepublik in Südafrika mit wechselvoller Geschichte, die nach Ende des Burenkrieges 1902 brit. Kronkolonie und 1910 als Provinz der Südafr. Union angeschlossen wurde. Zur Zeit des Erscheinens eigener Marken (1869) war Transvaal bereits in Südafr. Republik (Zuid Afrikaansche Republiek) umbenannt. Die ersten Marken wurden von der dt. Druckerei Adolf Otto in Güstrow/Mecklenburg geliefert (Mi 1–3 und 4–6). Von 1877 bis 1882 war die Südafr. Republik von Großbritannien besetzt; während dieser Periode kamen vorhandene Markenbestände mit Aufdruck V. R. / TRANSVAAL sowie eine Ausgabe in neuer Zeichnung mit Inschrift TRANSVAAL heraus (Mi 63–83). Danach erlangte die Republik bis zum Ausbruch des Burenkrieges wieder ihre Unabhängigkeit, und es erschienen die Marken Mi 7–56 sowie die sogenannte →Pietersburg-Notausgabe (Mi 57–62).
1900 wurde das Land erneut und endgültig von Großbritannien besetzt. Zwischen 1900 und 1902 wurden versch. Marken der Republik, mit Aufdruck →V. R. I. bzw. →E. R. I. versehen, in Verkehr gebracht, bis die endgültigen Ausgaben der brit. Kolonie Transvaal erschienen (Mi 84–134). Von diesen kommen einige Werte mit Aufdruck →C. S. A. R. vor und sind dann als Eisenbahn-Dienstmarken verwendet worden. Bekannt und selten sind mehrere von brit. Militärbehörden veranlaßte Lokalausgaben, ferner die →Vryburg-Ausgabe.
Gegenüber allen Transvaal-Marken ist größte Vorsicht geboten, es wimmelt von Ganz- bzw. Stempelfälschungen. Einige Transvaal-Marken aus Mi 12–23 sind mit Aufdruck *Swazieland* versehen für das von 1889 bis 1893 von Großbritannien und Transvaal gemeinsam verwaltete Schutzgebiet →Swaziland verausgabt worden.

Trasporto Pacchi in Concessione, ital. = konzessionierte Paketbeförderung, mit *Sulla Matrice* (links unten) bzw. *Sulla Figlia* (rechte Hälfte). Inschrift auf →Doppelmarken Italiens, die bei Beförderung von Paketen durch eigene Boten privater Unternehmen verwendet werden müssen. Im Michel-Katalog sind sie unter Gebührenmarken verzeichnet. Auch →Recapito Autorizzato.

Trauermarken, Bez. für Marken, die anl. des Todes eines Staatsoberhauptes oder einer anderen weithin bek. Persönlichkeit kurz nach dem Ableben als Gedenkausgabe oder Dauerserie verausgabt werden. Diese Marken sind vielfach in Schwarzdruck gehalten, oder die regulären Marken werden mit einem Trauerrand versehen. Trauermarken haben mit Gedenkmarken zu einem Jahre zurückliegenden Todestag nichts zu tun.

Trauerrand →Trauermarken.

Travancore, ehem. brit.-ind. →Vasallenstaat mit nur für Sendungen im Land selbst gültigen Marken von 1888 bis 1949, weitere erschienen bis 1950 nach Zusammenschluß mit →Cochin. Der Michel-Katalog registriert insgesamt 63 Frei- und 61 Dienstmarken, der Gibbons-Katalog bringt es durch Aufnahme von mancherlei Unterschieden auf 74 bzw. 114.

TREASURY, Inschrift auf elf USA-Marken ähnl. Muster der Freimarken Mi 36–46; es handelte sich um Dienstmarken des Finanzministeriums.

Treffenberg, Curry Gabriel, 1791–1875, schwed. Offizier und Beamter, der 1823 der Reichsstände-Versammlung eine Eingabe vorlegte, in der er die Schaffung sog. Portoumschläge mit Wertstempeleindruck auf der für die Anschrift gedachten Stelle des Briefbogens vorschlug. Es bestand eine gewisse Ähnlichkeit mit den →Sardinischen Pferdchen und →Mulreadys. Das vorgesehene Verfahren für Verkauf, Abrechnung usw. war jedoch derart umständlich, daß es zur Ablehnung des Vorschlags kam. L: DBZ, Nr. 12/1965.

Treinbrieven →Eisenbahnbrief.

Trengganu, einheim. Sultanat auf der Halbinsel Malakka mit eigenen Marken seit 1910. Dem →Malaiischen Staatenbund gehörte Trengganu, das bis 1909 unter der Oberherrschaft →Thailands und danach unter brit. Schutz stand, nicht an; ist aber seit 1957 Mitglied des →Malaiischen Bundes bzw. seit 1963 →Malaysias; während der Besetzung im 2. Weltkrieg 1942/45 kamen Marken von Trengganu mit japanischen Aufdrucken, danach solche von →Straits Settlements mit Aufdruck *BMA MALAYA* zur Ausgabe. Auch →Malaya.

Trennungsarten. In Schalterbogen verausgabte Postwertzeichen können je nach Ausführung auf versch. Art einzeln herausgetrennt werden; →Zähnung, →Durchstich; anfängl. war Scherenschnitt erforderlich (→geschnitten).

Trennungsleisten, weniger gebräuchl. Bez. für →Trennungslinien bzw. →Schnittlinien auf Schalterbogen →geschnitten verausgabter Marken, die nicht aus dünnen Linien, sondern dickeren Leisten bestehen und dem leichteren Abschneiden einzelner Marken mit der Schere dienen.

Trennungslinien, gelegentl. Bez. für die →Strichleisten und →Punktleisten auf Markenheftchenbogen der BP, die als Hilfsmittel für das exakte Zerschneiden in Heftchenblätter dienen, aber auch zur Führung der Farbauftragwalzen; →Schnittlinien, →Randleiste, →Trennungsleisten.

Treppenfrankatur, in der Sammlersprache auch Dachziegelfrankatur. Sind keine hohen Wertstufen vorhanden, mit denen das erforderl. Porto durch ein oder zwei Marken dargestellt werden kann, muß zur →Mehrfachfrankatur bzw. →Vielfachfrankatur gegriffen werden. Während der Hochinflation in Deutschland 1923 mit den sich inf. des tägl. Währungsverfalls ständig ändernden Portosätzen wurde von Firmen und auch priv. Seite versucht, in größeren Mengen noch lagernde Markenbestände früherer Ausgaben zu verwerten, indem diese sich etwa zur Hälfte überdeckend verklebt wurden, wozu verschiedentl. noch die Briefrückseite benutzt werden mußte. Es ist auch vorgekommen, daß mehrere vollst. Schalterbogen der Sendung rückseitig angeheftet wurden. Derartige Briefe sind begehrt und werden von Spezialsammlern gut bezahlt. Treppenfrankaturen sind postal. Dokumente einer verworrenen Zeit und sollten unbedingt als Ganzes erhalten bleiben; →Einzelfrankatur, →Mischfrankatur

Tre-Skilling-Banco →Skilling-Banco, 3–.

Triest, nach Ende des 2. Weltkrieges entstandenes kurzlebiges Postgebiet (1945–1954). Bis 1947 wurden ital. Marken mit Aufdruck →A.M.G. / V.G. bzw. →TRIESTE/TRST verwendet. Danach erfolgte die Bildung des Freistaates Triest mit Teilung in die unter brit.-amerik. Aufsicht stehende Zone A und die Zone B, die Jugoslawien unterstellt war. Für die Zone A, die 1954 Italien zugesprochen wurde, erschienen zahlr. ital. Marken mit Aufdruck →A.M.G. / F.T.T. In der Zone B (seit 1954 zu Jogoslawien) kamen zunächst Freimarken eigener Gestaltung zur Verwendung, dann zahlr. jugoslaw. Ausgaben mit Aufdruck →STT/VUJA. Bes. die Marken der Zone A fielen Anfang der 60er Jahre der Spekulation anheim; anges. der teils sehr niedrigen Auflagenzahlen wurden diese Ausgaben hochgespielt. Heute spricht kaum noch jemand von Triest als Sammelgebiet. Viele Italien- bzw. Jugoslawien-Sammler nehmen aber diese Marken gern als Anhang zu diesen Postgebieten hinzu.

TRIESTE / TRST, und *1. V. 1945*, Aufdruck mit neuem Wertüberdruck auf elf ital. Marken, die 1945 von der jugoslaw. Militärregierung für →Triest verausgabt wurden.

Trinacria, Begriff aus der Sammlersprache für die Marke Mi 8 des ehem. Königr. Neapel, die nach der Volkserhebung unter der Provisor. Regierung am 6. 11. 1860 erschien. Zur Herstellung der Marke wurde die Druckplatte für Mi 1 verwendet und in dieser nur das G der Münzbezeichnung (= Grano) beseitigt und ein T nachgestochen, da die Revolution eine Währungsumstellung in Tornese gebracht hatte. Die Bez. Trinacria leitet sich von dem dreigeteilten Wappen in Bildmitte ab, könnte also auch auf die sieben Marken der königl. Post angewendet werden, doch wird unter einer Trinacria nur die blaue Marke verstanden, die schon nach wenigen

Wochen durch Mi 9 (mit Savoyer-Kreuz) ersetzt wurde, weshalb die Trinacria ungebraucht zu den größten Welträritäten und gestempelt zu den großen Seltenheiten gehört. Aber auch Mi 9 ist bes. ungebraucht mit vollem Gummi außerordentl. wertvoll.

Trinidad, westind. Insel vor der Küste Venezuelas und ehem. brit. Kronkolonie mit Marken von 1851 bis 1913, von denen die teils recht wertvollen Mi 1–7 keine Wertangabe aufweisen; sie galten ohne Rücksicht auf die Druckfarbe alle 1 Penny. Die Marken von Trinidad gelangten von 1896 an auch auf der Nachbarinsel →Tobago in Kurs. Beide Inseln wurden 1888 zu einer Kolonie vereinigt, doch erschienen gemeinschaftl. Postwertzeichen mit Inschrift →Trinidad und Tobago erst ab 1913; auch →Lady McLeod.

Trinidad und Tobago. Nach der bereits 1888 erfolgten Vereinigung beider Inseln zu einer brit. Kronkolonie erschienen Marken mit In-

schrift TRINIDAD & TOBAGO erst ab 1913; seit 1935 hat es einige hübsche Bildermarken gegeben. 1962 wurde den Inseln die Unabhängigkeit im Commonwealthverband zuerkannt. Es werden nur wenige und bildl. ansprechende Marken im Jahr herausgegeben; ein Neuheitenabonnement ist nicht teuer, weshalb die Marken gern gesammelt werden; auch →Tobago, →Trinidad, →Lady McLeod.

Tripoli di Barberia, Aufdruck auf ital. Marken, die 1909 für →Italienisch-Tripolitanien verausgabt wurden.

Tripolitania, Landesangabe auf den Marken von →Italienisch-Tripolitanien.

Triptychon, von den dreiteil. Altarbildern abgeleitete Bez. für Marken, die so gedruckt und zusammengestellt sind, daß aus dem Schalterbogen waagerechte Dreierstreifen mit je drei bildl. miteinander in Zusammenhang stehenden Marken herausgetrennt werden können, die auch einzeln zur Frankatur benutzt werden können. Bevorzugt werden christl. Motive, womit die Sammler dieses Themas absichtl. angesprochen werden. Wieder andere Länder stellen weiträum. Landschaften (z.B. China) oder z.B. Großbritannien den »Hintergrund« der Investitur des Prinzen von Wales als Triptychon dar (Mi 522/24). Für die Sammlung wird die unzertrennte Einheit bevorzugt. Einzelmarken lose oder auf Ganzbrief kommt aber selbstverständl. die gleiche Sammelberechtigung zu; sie sind auch einzeln im Katalog bewertet. Außer Dreierstreifen hat es mehrfach größere Einheiten als Bogenzusammendruck gegeben, z.B. Großbritannien Mi 434/39 mit Wiedergabe einzelner Szenen aus dem 70 m langen »Wandteppich von Bayeux«.

Triptychon

Triquérat-Marke, Begriff aus der Sammlersprache für die erste Marke →Neukaledoniens von 1860, die im primitiven Steindruck im Lande hergestellt wurde, indem der Sergeant Triquérat jede einzelne Marke des 50 Stück umfassenden Schalterbogens einzeln auf den Stein zeichnete, so daß keine der anderen vollkommen gleicht und der Spezialsammler desh. 50 Typen berücksichtigen kann.

Tristan da Cunha, einsam im Südatlantik gelegene Insel (mit drei weiteren unbewohnten zugehör. Eilanden) und brit. Kronkolonie, die von →St. Helena verwaltungsmäßig betreut wird. Für die kaum 300 Personen umfassende Bevöl-

kerung mit geringem Postaufkommen sind seit 1952 übermäßig viele Marken verausgabt worden, mehrfach verursacht durch Währungsumstellung. Inf. der anschaulichen Bildgestaltung, die den Motivsammlern versch. Richtungen viel bietet, werden die Marken trotzdem gern gesammelt. Auf Bedarfsbrief sind alle selten zu finden. Nach einer Naturkatastrophe mußte die Insel 1961 von der Bevölkerung geräumt werden, was vier amtl. nicht genehmigte und im Michel-Überseekatalog unter St. Helena verzeichnete Tristan-Marken (Mi 142–145) mit Aufdruck ST. HELENA / TRISTAN RELIEF zur Folge hatte, die zu den großen Raritäten zählen. Im Frühjahr 1963 kehrten die meisten der bis dahin nach Großbritannien evakuierten Bewohner zurück. Die einzige kleine Poststelle nahm ihre Arbeit wieder auf und erhielt zunächst 13 St.-Helena-Marken mit dem dreizeiligen Aufdruck TRISTAN DA CUNHA / RESETTLEMENT / 1963. Seitdem sind noch viele weitere hübsche Bildermarken verausgabt worden. L: DBZ, Nr. 20–21/1966.

TRISTAN RELIEF, engl. relief = Hilfe, Unterstützung, Aufdruck (in der ersten Zeile zusätzl. ST. HELENA) auf vier Marken von →Tristan da Cunha, die im Michel-Katalog unter →St. Helena (Mi 142–145) verzeichnet sind.

Trockenbuch, im Markenhandel erhältl. Heft mit mehreren Lagen dicken Filtrierpapiers (teils einseitig auch Plastikfolien, →Kunststoffgummi), zwischen welche im Wasserbad behandelte Marken zur Trocknung gelegt werden. Die Beschwerung mit einem dicken Buch oder Spannung durch Gummiringe ist vorteilhaft, damit Verwerfungen des Markenpapiers verhindert werden.
Den gleichen Zweck erfüllt selbst zugeschnittenes Filtrierpapier, das zwischen zwei starke Kartonplatten gelegt wird. Bequemer ist die →Trockenpresse.

Trockengummi, kaum sichtbare, matte Spezialgummierung, die versuchsweise bei einer Teilauflage der 6-Pf-Marke der sog. Bärenausgabe der Oberpostdirektion Berlin (Deutschland, Sowj. Zone Mi 2 A), in neuerer Zeit für einige →Folienmarken (z.B. Tonga Mi 128–139 ff.) verwendet wurde. Der neuartige →PVA-Gummi ähnelt dem Trockengummi sehr; letzterer läßt sich aber im Wasserbad müheund rückstandslos entfernen. Auch →unsichtbare Gummierung.

Trockenmittel. Zur Beseitigung von erhöhter Luftfeuchtigkeit in Räumen oder Schränken, in denen Markensammlungen aufbewahrt werden, gibt es auf der Basis Kieselgel, Aluminiumsilikat, Aktivton oder Tonerdegel beruhende Mittel, von denen einige nach Sättigung mit Feuchtigkeit wieder regeneriert werden können. Zu bevorzugen ist das sogenannte →Blaugel, das durch einen eingearbeiteten Indikator auf Kobaltchloridbasis den Sättigungsgrad durch Rosafärbung anzeigt.

Trockenpresse, im Prinzip ein →Trockenbuch, doch ist der broschürenartige Einband durch Metallplatten ersetzt, zwischen welche die Trockenblätter einzeln gelegt werden. Durch Flügelschrauben oder Federdruck wird die erforderl. Pressung während des Trocknens erreicht. Trockenpressen sind in versch. Ausführungen im Handel; mit einiger handwerkl. Geschicklichkeit kann sie sich der Sammler auch selbst anfertigen.
Liegen Marken mit Prägedruck vor, ist darauf zu achten, daß der Schrauben- oder Federdruck nicht zu kräftig ist, da dann die Prägung weitgehend oder gar ganz verschwinden kann.
Eine recht elegante Lösung zur schnellen und gefahrlosen Trocknung der Marken gibt die sog. Schnelltrockenpresse, wie sie der Fotoamateur zu Hause zur Trocknung von Papierbildern mit Hochglanz benutzt und die nicht viel teurer ist als eine speziell entwickelte Presse. Dieses in versch. Größen käufliche Gerät besteht aus einer schwach gewölbten und elektr. heizbaren Grundplatte (die Temperatur erreicht automatisch eine keinem Papier schadende Höhe), auf die eine hochglanzpolierte verchromte, dünne und biegsame Federstahlplatte mit dem zu trocknenden Papier gelegt wird. Danach wird mit einem einfachen Handgriff ein am Gerät drehbarer und mit einem stabilen Leinentuch bespannter Bügel heruntergedrückt, das einen leichten Druck auf den Trokkengegenstand ausübt. Innerhalb von 5 oder wenig mehr Minuten sind die Marken trocken und können mit der Pinzette abgehoben werden. Trotz des auf den ersten Blick etwas umständlichen Verfahrens und der Tatsache, daß immer nur eine begrenzte Markenzahl auf der Platte untergebracht werden kann, bringt eine solche Trockenpresse erheblichen Zeitgewinn gegenüber allen anderen Methoden, denn es lassen sich innerhalb einer Stunde bis zu 1000 Marken trocknen; man muß nicht tagelang warten wie bei einer der konventionellen Trocknungsarten, zumal die Marken ohne weiteres triefend naß auf das Blech aufgelegt werden können. Man lasse sich vor dem Kauf die erforderlichen Handgriffe erläutern.

Trockenstempel, farblos geprägte Stempel sehr versch. Aussehens mit Inschriften, Wappen, Initialen u.a., die z.B. auf Briefbogen des 15. Jh. und später bes. aus einigen Städten Italiens (vorw. Venedig und Mailand) bekannt sind, aber, da von Handelshäusern oder Privatpersonen herrührend, nur in seltenen Fällen mit einer Botenbeförderung in Zusammenhang gebracht werden können. Die Trockenstempel interessieren den Freund der Vorphilatelie und vermitteln u.U. Rückschlüsse auf frühen Nachrichtenaustausch. Als Trockenstempel können auch die farblos geprägten →Sardinischen Pferdchen bezeichnet werden; auch →Stempelbogen, →Stempelpapier.

Trockenwasserzeichen, wenig gebräuchl. Bez. für das →Kontrollzeichen (Preßzeichen) »Kreuz im Doppeloval« der Schweiz-Marken Mi 20–73.

Trocknen der Marken. Gestempelte Marken werden – soweit die Erhaltung auf Ganzbrief oder als Briefstück nicht vorteilhafter erscheint – im →Wasserbad von Papierunterlage und Gummi befreit. Anschließend ist sorgfältige Trocknung erforderlich, die nicht an freier Luft erfolgen darf, da sich dann das Markenpapier verziehen würde und für eine gepflegte Sammlung oder zum Tausch ungeeignete Marken das Ergebnis wären. Die Trocknung geschieht grundsätzl. nur in einem →Trockenbuch oder einer →Trockenpresse. Zeitungspapier sollte vermieden werden.

Tropengummi. Die normale Gummimischung aus Gummiarabikum und Dextrin ist für heiße und feuchte Zonen wenig brauchbar und führt leicht zum Zusammenkleben der Schalterbogen. Länder in tropischen Gebieten gehen daher mehr und mehr zu →PVA-Gummi u. ä. Mischungen auf Kunststoffbasis über. Diese Gummisorten wirken meist matt, teilweise sind sie auch fast unsichtbar.

Trucial States = Vertragsstaaten, im Michel-Katalog Trucial-Staa-

ten, Inschrift auf elf Marken, die 1961–1963/64 für die →Scheichtümer am Persischen Golf Abu Dhabi, Ajman, Dubai, Fujeira, Ras al Khaima, Sharjah und Umm al Qiwain verausgabt wurden, aber nur in Dubai, der gleichnam. Hauptstadt des Scheichtums, am Postschalter zu haben waren, da in den übrigen Scheichtümern noch keine Posteinrichtungen bestanden. Auf welchem Weg anfallende Postsendungen nach Dubai oder von dort in die Scheichtümer gelangten, konnte bis heute noch nicht einwandfrei geklärt werden. Da die Namen der sieben Länder auf den Marken nicht untergebracht werden konnten, wählte man die neutrale »Landesangabe« und für die niedrigen Wertstufen eine symbol. Darstellung in Gestalt von sieben Dattelpalmen; auf den vier hohen Werten ist eine arab. Dhau zu sehen. Nachdem die Scheichtümer ihre Unabhängigkeit erlangt hatten, gaben sie ab 1963/64 eigene Marken heraus. L: Schweizer Briefmarken-Zeitung, Nr. 2 und 6/1966.

TS, Stempel oder handschriftl. auf alten Briefen, die über die Schweiz in ein drittes Land befördert wurden (z. B. von Deutschland nach Italien). Es handelt sich um einen sog. Durchgangsstempel (TS = Transit). Ferner kommen TS-Stempeln nachgestellte Ziffern 1, 2 oder 3 vor, die besagen, daß ein Brief aus dem Großherzogtum Toskana über das Königr. Sardinien (TS 1), aus dem Kirchenstaat (TS 2) bzw. aus dem Königreich beider Sizilien (TS 3) an einen Empfänger in der Schweiz gerichtet gewesen ist.

Tschad, ehem. franz. Kolonie in Afrika und bis 1922 zum Postgebiet →Ubangi-Schari-Tschad gehörend, dann bis 1936 versch. eigene Marken, die danach bis 1959 durch die Ausgaben von →Französisch-Äquatorial-Afrika ersetzt wurden. Tschad erlangte 1960 die Unabhängigkeit und verausgabt seitdem zwar recht ansprechende, aber doch viel zu viele neue Marken, weshalb dieses Land nur bedingt als Sammelgebiet empfohlen werden kann.

Tschechoslowakei, übliche Abkürzung CSSR (= Tschechisch-Slowakische Sozialistische Republik). Trotz ansprechender Gestaltung und hervorragendem Druck werden die neueren Marken der Tschechoslowakei verh. wenig gesammelt (→Beliebtheitsstatistik, Anhang III), was nicht zuletzt an den jährl. sehr zahlr. Ausgaben mit häufig teuren Blocks liegt. Den Motivsammlern versch. Richtungen bie-

ten die tschech. Marken viel Material. Die ersten Ausgaben können ungewöhnl. stark spezialisiert gesammelt werden, was aus dem Michel-Katalog nur andeutungsweise hervorgeht. Unter den österr. Marken mit Aufdruck POSTA / CESKOSLOVENSKA / 1919 (Mi 51–103) befinden sich zwei, die zu den größten Weltraritäten gehören (Mi 61 und 62; es wurden nur je 15 Stück hergestellt!), von denen aber, da sie keinen zum Begriff gewordenen Eigennamen erhalten haben, kaum gesprochen wird. Marken mit Aufdruck SO 1920 bzw. SO →Ostschlesien. Seitens der Militärpost der tschechoslow. Armeen in Sibirien wurden 1918/20 versch. Marken verausgabt und im beherrschten Gebiet zur Freimachung der Sendungen von Soldaten und der Zivilbevölkerung verwendet.

Tsingtau-Aushilfsausgaben. Aus versch. nicht voraussehbaren Gründen entstand im Mai und Juli 1900 beim Postamt im ehem. dt. Pachtgebiet Kiautschou ein Mangel an Marken zu 5 Pf mit Aufdruck

China (in Kiautschou wurden bis Ende 1900 die Ausgaben der Deutschen Post in China verwendet), weshalb die 10-Pf-Marken Mi 3 I und Mi 3 II durch Überdruck in solche zu 5 Pf verwandelt wurden. – **1.** Bei der ersten Aushilfsausgabe vom 9. 5. 1900 erhielten die Marken den Überdruck *5 Pfg* mittels Buchdruck (Mi 1 I und 1 II), wozu beide China-Urmarken herangezogen wurden. Der Überdruck sollte auf das untere Wertschild zu stehen kommen, doch gab es inf. der unzulängl. Einrichtung der Missionsdruckerei, die den Überdruck besorgte, mehr oder weniger starke Verschiebungen (auch doppelte und kopfstehende Überdrucke). – **2.** Wohl weil dann die alte Wertangabe sichtbar blieb, wurde bei einem Teil der Marken mit mangelhaftem Überdruck die alte Wertangabe mit Blaustift durchgestrichen oder die neue Wertangabe unterstrichen. – **3.** Da diese individuelle Behandlung jeder einzelnen Marke zu zeitraubend war, ging man dazu über, die waagerechten Markenreihen der Schalterbogen mit einem etwa in der Mitte liegenden blauen oder violetten Strich zusätzl. als Aushilfsausgabe zu kennzeichnen. – **4.** Ein neuerlicher Mangel an 5-Pf-Marken trat in Tsingtau am 19. 7. 1900 auf, der wiederum durch Überdruck auf China-Marken zu 10 Pf (jetzt nur solche mit diagonalem Aufdruck, Mi 3 I) behoben wurde (Mi 2). Kenntl. ist diese »2.

Aushilfsausgabe« genannte Marke daran, daß der Überdruck nur *5 Pf* lautet (ohne g). – **5.** Herstellungsbedingt geriet der Überdruck bei einem Teil der Marken in den Aufdruck *China* und wurde dadurch unleserlich. Diese Stücke erhielten zunächst einen zweiten Überdruck 5 mittels Handstempel (Mi 3). – **6.** Weil die Ziffer zu klein war, wurde in aller Eile ein größerer Handstempel *5 Pf* angefertigt und dieser zum zweiten Überdruck benutzt, woraus die Marke Mi 4 entstand. – Alle Marken der 2. Aushilfsausgaben zählen zu den großen Raritäten. L: 3. 6.

T-Stempel. Aus dem Ausland eingehende und zu gering freigemachte Sendungen, die mit einer vom Empfänger einzuziehenden →Nachgebühr zu belasten sind (T = Taxe à payer), werden seit einigen Jahren durch Stempel mit einem Strich hinter dem T und handschriftl. zwei Zahlen gekennzeichnet. Über dem Strich wird das Doppelte der fehlenden Gebühr, darunter das Porto für einen Auslandsbrief der ersten Gewichtsstufe eingetragen; beide Angaben erfolgen in der Währung des Absenderlandes. Diese einfache Bruchrechnung erleichtert die Feststellung der im Bestimmungsland einzuziehenden Nachgebühr. Ist z. B. ein Brief aus der BRD in die Schweiz nur mit einer 30-Pf-Marke freigemacht, fehlen 20 Pf; das Doppelte sind 40

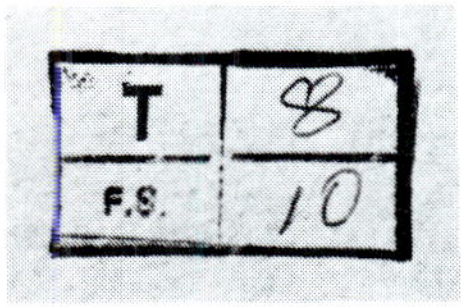

Pf, das richtige Porto beträgt 50 Pf. Als Zähler des Bruchs steht dann 40, als Nenner 50. Das Ergebnis 0,8 wird nur noch mit dem in der Schweiz gültigen Porto für einen gewöhnl. Auslandsbrief multipliziert, das 50 Rappen beträgt: $0{,}8 \times 50 = 40$. Der Empfänger hat demzufolge 40 Rappen Nachporto zu zahlen. Diese Nachgebührstempel sind international anwendbar, die früher notwendige Umrechnung in die Landeswährung entfällt; auch →Timbre-poste perdu, →Portostempel.

Tughra, auch Thougra oder Tougra; Bez. für das Hoheitszeichen der Sultane, das auf den Marken der Türkei von 1863 bis 1897 und – da jeder Sultan sein eigenes Zeichen besaß – in anderer Gestaltung von 1898 bis 1922 erschien.

Tunesien, Staat in Nordafrika, bis 1956 unter franz. Schutzherrschaft, seitdem unabhängig. Postwertzeichen werden seit 1888 verausgabt, die bis etwa 1947 bildl. recht langweilig gestaltet und oft auch minderwertig in der Druckausführung gewesen sind. Die Portomarken MiP 1–25 sind aus den Freimarken durch Lochung mit einem T entstanden, wozu ein Locheisen mit übermäßig großen Nadeln verwendet wurde, so daß vom Markenbild nicht viel übrigblieb. Diese Marken müssen bes. im Wasserbad sehr vorsichtig behandelt werden, da die Gefahr des Einreißens besteht. Einige der Sondermarken Frankreichs zum »Tag der Briefmarke« von 1945 bis 1954 sind mit Aufdruck TUNISIE in Tunesien erschienen, andere bildl. mit Frankreich übereinstimmend, jedoch zusätzl. Inschrift in Französisch und Arabisch. Seit der Unabhängigkeit werden nicht allzu viele, dafür hübsche Bildermarken verausgabt, die, da deren Nennwert auf die gebräuchlichsten Portosätze ausgerichtet ist, im Neuheitenabonnement nur geringe Aufwendungen erfordern. Tunesien kann als Sammelgebiet empfohlen werden.

Tunis-Marke, Bez. für eine Marke ohne Inschriften und Wertangabe; von einem Mäandermuster umgeben, sind in der Mitte eine Dattelpalme und ein Hakenkreuz zu sehen. Diese Marke wurde während des Rückzugs der dt. Heeresgruppe Afrika auf Befehl des Feldpostmeisters unter primitiven Verhältnissen hergestellt. Die 1. Aufl. entstand in Steindruck in einer franz. Missionsdruckerei in Tunis (Mi 5a, Papier weiß und dick, mit Gummierung.

Verwendung Mitte März bis Mitte Mai 1943), die 2. Aufl. in Offsetdruck bei der fahrbaren Druckerei der Soldatenzeitung »Die Oase« (Mi 5b, Papier weich und porös, ohne Gummi, verausgabt im April 1943 und bis Ende des Monats verwendet). Keine Tunis-Marke gleicht der anderen!
Zwei dieser Marken sollten an jeden Soldaten ausgegeben werden und den Päckchenverkehr in Richtung Heimat regulieren; es handelt sich demnach um eine Feldpostpäckchen-Zulassungsmarke. Die vorgeschriebene Gebühr war durch Hinzukleben einer Hitler-Marke zu 20 Pf zu begleichen. Inf. des schnellen Rückzugs kamen aber nur noch die in der Nähe von Tunis liegenden

Truppenteile in den Genuß dieser Möglichkeit. Zur Entwertung diente ein zweizeil. Gummihandstempel *Bei der Feldpost / eingeliefert*; auch der normale runde Feldpoststempel kommt vor; →Palmenstempel. Es besteht seit 1943 eine bes. Prüfungs- und Registrierstelle für diese Marke (und die Palmenstempel) beim Verein für Briefmarkenkunde Mainz (Anschrift: Gustav Volz, Heinrich-Woht-Str. 6, D-6500 Mainz), die vor dem Erwerb einer Tunis-Marke, für welche noch kein Attest vorliegt, befragt werden sollte.

Türckheim-Briefe, nach der Anschrift benannte und mit dem →Baden-Fehldruck freigemachte Briefe, von denen es nur zwei Stück gibt.

Türkei. Obwohl zur Türkei nur noch ein sehr geringer Teil Europas gehört, wird dieses Land seit eh und je zu den eur. Postgebieten gezählt, aber ungern gesammelt; es steht in der Beliebtheitsstatistik (→Anhang III) an ungünstiger Stelle. Die Ausgabeanlässe vieler Marken liegen uns fern, und es erscheinen zu viele Neuheiten. Daran kann auch nichts ändern, daß sich die Türkei an den →Europa-Marken und Ausgaben zu vielen internat. Ereignissen oder Festtagen beteiligt. Die Zahl der Zwangszuschlagsmarken ist sehr groß. Die Marken bis etwa 1920 bereiten dem Sammler allein schon durch die türk. Schriftzeichen und Aufdrucke (→Béhie-Aufdruck, →Käferaufdruck, →Rabatt bei Markenkauf) Schwierigkeiten, sind aber zum Aufbau einer sehenswerten Spezialsammlung bestens geeignet. Interessant sind die Privatmarken der versch. Schiffahrtsgesellschaften; auch →T. C. D. D., →Levante.

TURKS ISLANDS, Marken mit dieser Inschrift →Turks- und Caicos-Inseln; sie sind auch im Michel-Überseekatalog unter diesem Doppelnamen verzeichnet.

Turks- und Caicos-Inseln, zwei Inselgruppen südöstl. der Bahama-Inseln, bis 1962 der Verwaltung der ehemaligen britischen Kronkolonie Jamaika unterstellt, seitdem gesonderte Kronkolonie. 1867–1900 gab es für die Inseln Marken im übl. Kolonialstil nur mit Inschrift TURKS ISLANDS; erst ab 1900 lautet der Landesname TURKS & CAICOS ISLANDS. Seit etwa 1948 erscheinen ansprechende Bildermarken, häufig mit Darstellungen aus dem Leben auf den Inseln, die bei Motivsammlern versch. Richtungen besonders beliebt sind.

Turul-Muster, allgemein übliche Bez. für viele Marken Ungarns von 1900 bis 1916 in Zeichnung »Turul über der Stephanskrone« (der Turul ist eine Falkenart). Diese Marken können stark spezialisiert gesammelt werden.

Tuvalu. Nach der Trennung der →Gilbert- und Ellice-Inseln 1976 wurden die Ellice-Inseln in Tuvalu umbenannt, und es erscheinen seitdem Marken mit dieser Landesangabe. Tuvalu ist der melanesischen Eingeborenensprache entnommen und bedeutet »Gruppe der Acht«, obwohl es mehr als acht Inseln dort gibt. Die Bewohner der Gilbert-Inseln gehören der mikronesischen Rasse an.

Typen, Bez. für →Abarten, die durch Verwendung mehrerer, unabhängig voneinander hergestellter →Urstempel (auch →Urstein, Urstich, Urstöckel) entstehen, die ohne →Retusche in die endgültige Druckform übernommen werden, so daß einzelne Marken des Bogens kleine Abweichungen im Markenbild zeigen, die der »Normalsammler« nicht zu beachten braucht, die dem Spezialsammler aber u. U. eine →Plattenrekonstruktion erlauben, da die einzelnen Typen stets an derselben Stelle im Bogen auftreten. Auch →Untertype.

Typenradstempel, auch Handradstempel. Die notwendigen und veränderl. Angaben hinsichtl. Tag und Stunde der Verwendung eines Ortstagesstempels werden durch Betätigung von Handrädchen bewerkstelligt. Diese z. B. von der Deutschen Reichspost 1887 eingeführte Stempelart entspricht den im Büro gebräuchl. Datumstempeln. Die einzelnen Typen bestehen jedoch nur in ganz seltenen Fällen aus Gummi, sie sind meist aus Metall gefertigt; →Stecktypenstempel.

Typensatz →Schriftsatz.

Typenstempel, →Notstempel, die aus einzelnen Gummibuchstaben aus Handdruckkästen (Handdruckkastenstempel), seltener aus Metallettern zusammengesetzt sind. In Deutschland waren Typenstempel bes. 1923 und nach 1945 als →Gebühr-bezahlt-Stempel bzw. →Freivermerkstempel, seltener als →Ortsnotstempel zur Verwendung gekommen. Auch →Wanderstempel.

Typographie, weniger gebräuchl., vom Aneinanderreihen einzelner Typen (Lettern) abgeleitete Bez. für →Buchdruck (Satz).

U

U. Dieser einer Katalognummer nachgestellte Buchstabe kennzeichnet eine Marke, die als Fehlart ungezähnt oder undurchstochen bekannt ist.

UAE, 1. engl. = United Arab Emirates; →Vereinigte Arabische Emirate. Die Abkürzung ist in letzter Zeit manchmal anstelle des ausgeschriebenen Landesnamens auf den Marken zu finden. – **2.** Aufdruck auf einigen Marken von →Abu Dhabi nach der Vereinigung der →Scheichtümer am Persischen Golf zu den Vereinigten Arabischen Emiraten, die jedoch nur im Postgebiet Abu Dhabi verwendet worden sind.

UAMPT, Abkürzung für »Union Africaine et Malgache des Postes et Télécommunications« = Afrikanische und madagassische Union für das Post- und Fernmeldewesen. Diesem 1961 gegründeten Zusammenschluß gehören folgende Länder an: Bénin (früher Dahomey), Elfenbeinküste, Gabun, Kamerun, Kongo (Brazzaville), Madagaskar, Mauretanien, Niger, Obervolta, Ruanda, Senegal, Togo, Tschad, Zentralafrikanische Republik (Stand Ende 1976). →Afrikanische Postvereine.

UAR, Abk. für United Arabic Republic (→Vereinigte Arabische Republik) und von 1958 bis Mitte 1971 auf den Marken Ägyptens (auf denen von Syrien nur 1958–1961) als Landesangabe zu finden. Nach Auflösung der Gemeinschaft lautet die Landesangabe seit Herbst 1971 *AR Egypt.*

Ubangi-Schari →Ubangi-Schari-Tschad.

Ubangi-Schari-Tschad, ehem. franz. Kolonie mit eigenen Marken von 1915 bis 1922. Dieses Postgebiet wurde 1922 in Ubangi-Schari und →Tschad geteilt, bis 1936 wurden Marken von Mittelkongo mit Aufdruck bzw. Inschrift OUBANGUI CHARI verwendet. Danach kamen die Ausgaben von →Französisch-Äquatorial-Afrika in Kurs. Aus Ubangi-Schari entstand 1958 die →Zentralafrikanische Republik.

überbewertet. Im Katalog, bei Sammlern und Händlern werden manche Marken, Stempel oder Briefe zu hoch bewertet und nicht entspr. der Häufigkeit ihres Vorkommens bzw. der wechselnden Beliebtheit des betr. Postgebietes; es müssen dann bei Kauf, Verkauf oder Tausch letzten Endes mehr oder weniger große Abschläge auf den Katalogwert zugestanden werden. Einer Überbewertung erliegen bes. Sammler bzw. deren Erben bei der Wertbestimmung einer Sammlung; die spätere Enttäuschung bleibt dann nicht aus. Auch nicht katalogisierte Farbenunterschiede u.ä. werden vom Besitzer meist überbewertet. Auch →Bewertung, →unterbewertet, →Katalogschlager, →Katalogwert.

überbreite Marken, vorkommend

bei den britischen Ausgaben 1862–1880/81 (Mi 18–64), gleichfalls bei von der Firma De La Rue gedruckten Marken für einige Kolonien. Die Druckplatten waren zu drei Gruppen Markenklischees zusammengestellt und zwischen der 4. und 5. sowie der 8. und 9. senkrechten Reihe im Schalterbogen (mit insg. zwölf Marken in der waagerechten Reihe) durch je einen breiten Zwischensteg getrennt. Die Zwischenstege wurden in der Mitte nur einmal perforiert, so daß sich in jeder waagerechten Bogenreihe vier einseitig überbreite Marken ergaben, und zwar sind zwei Marken links- und zwei Marken rechtsseitig um etwa 4 mm breiter als üblich. An Hand der →Eckbuchstaben kann vorausgesagt werden, wann überbreite Marken auftreten müssen. Rechts überbreit sind alle Marken mit den Buchstaben D bzw. H in der rechten unteren Ecke und links überbreit mit den Buchstaben E bzw. I in der linken oberen Ecke. Das gilt aber nur für die Wertstufen 3, 6, 9, 10d und 1/2s. Inf. anderer Bogenaufteilung bei den Marken zu 4 und 8d gibt es bei diesen rechts überbreite Stücke nur in Verbindung mit F und links überbreite mit G. Für Kolonialmarken trifft diese einfache Regel inf. Fehlens von Eckbuchstaben nicht zu.
Diese überbreiten Marken sind nur bei Spezialsammlern beliebt, im normalen Album stören sie durch das in kein vorgezeichnetes Feld passende Format. Desh. haben manche Sammler in früheren Jahrzehnten die überbreiten Ränder abgeschnitten. Zahnfehler auf dieser Seite fordern direkt zur →Nachzähnung nahe der Bildbegrenzung heraus. Solche Fälschungen können leicht erkannt werden, wenn man sich die Eckbuchstaben merkt, bei denen links oder rechts überbreite Ränder unabdingbar auftreten müssen. Durch Abschneiden des breiten Zähnungsrandes versuchen »Filutelisten« unwissenden Sammlern auch einseitig ungezähnte »Raritäten« aufzureden, und das sehr häufig mit Erfolg; →überrandig.

Überdruck, aus bes. Grund mit

neuer Wertangabe versehene Marke, manchmal mit Zeitabstand nacheinander auch mit zwei oder

mehr verschiedenen. In der Sammlersprache wird allerdings meist kein Unterschied zwischen Überdruck und →Aufdruck gemacht und einmal dieser, einmal jener Begriff für beide Veränderungsmöglichkeiten auf einer Marke benutzt; →erste Überdruckmarke.

Überdruckfehldruck, analog →Aufdruckfehldruck, nur ist der Überdruck fehlerhaft, d.h. er ist z.B. seitenverkehrt, kopfstehend, in falscher Farbe angebracht oder mit einer für die betr. Urmarke nicht beabsichtigten neuen Wertangabe versehen usw.

Überfrankatur. Die Sendung ist mit einer oder mehreren Marken freigemacht, deren Nennwert mehr als das erforderl. Porto beträgt. Praktisch alle →Satzbriefe weisen trotz bes. Sendungsart (z.B. Einschreiben mit Eilboten) Überfrankatur auf, aber auch viele sonst. Briefe und Karten, mit denen man einen Sammler erfreuen möchte. Überfrankierte Sendungen sehen zwar attraktiv aus (können bei alten Markenausgaben für die Forschung hinsichtl. →FD u.a. sogar wichtig sein), sind jedoch bei Philatelisten wenig beliebt; →Einzelfrankatur, →Mehrfachfrankatur, →Mischfrankatur, →Treppenfrankatur, →Vielfachfrankatur.

Übergangsausgabe, allg. Marke oder Satz mit provisor. Charakter bis zum Erscheinen der endgült. Ausgabe, was aus versch. Gründen häufig der Fall war und ist (z.B. Revolution, Währungsumstellung), insbes. aber Bez. für die Marken der Schweizerischen Bundespost 1849 bis zur Verausgabung der →Strubel-Marken 1854. Diese Marken der Übergangsperiode (Mi 1–12) haben Eigennamen erhalten (Waadt, Neuenburg, Winterthur, Rayonmarken).

übergehender Stempel, Begriff aus der Sammlersprache für eine Marke auf Ganzbrief oder Briefstück, auf welcher der Stempel so abgeschlagen ist, daß ein mehr oder weniger großer Teil auf den Umschlag übergreift. Das ist oft wichtig für die Echtheit einer auf Brief seltenen Frankatur. Aber abgesehen davon, daß Falschstempel aufgebracht sein können, verstehen geschickte Fälscher eine lose gestempelte Marke auf einen normal frankierten Brief zu praktizieren, den fehlenden Stempelteil auf dem Umschlag täuschend echt nachzuziehen und so eine wertvolle Mischfrankatur o.a. herzustellen.

Überklebemarken. Nach Gründung des Norddt. Bundes wurden die Briefumschläge mit Wertstempeleindruck (Ganzsachen) der nicht mehr bestehenden und im →Norddt. Postbezirk aufgegangenen Postverwaltungen von Braunschweig, Meckl.-Strelitz, Oldenburg, Preußen und Sachsen mit dem 31. 12. 1867 zwar zurückgezogen, aber nicht vernichtet. Vielmehr wurden nicht gezähnte und mit überbreiten, abgerundeten Rändern versehene Marken im Muster Norddt. Postbezirk Mi 4, 5 und 9 hergestellt, diese, die alten Wertstempel überdeckend, auf die Ganzsachen geklebt und danach einzeln mit silbergrauem Aufdruck NORDDEUTSCHER POSTBEZIRK in Diamantschrift und vielfacher Wiederholung bedruckt und so verändert aufgebraucht. Für die bes. großen Wertstempeleindrucke der oldenburg. Umschläge mußten noch breitrandigere Überklebemarken hergestellt werden. Die Überklebemarken sollten niemals abgelöst werden, da in losem Zustand nicht festgestellt werden kann, auf welcher der mögl. Ur-Ganzsachen sie geklebt haben, der Wert sich aber nach letzteren richtet; einige sind recht wertvoll. Um festzustellen, welcher Wertstempel sich unter der Überklebemarke verbirgt, löst man durch Auflegen eines feuchten Papierstückchens auf eine Ecke der Überklebemarke diese nur so weit ab, daß man darunter schauen und den Eindruck identifizieren kann; auch →Adenauer-Marke 1). L: Die Sammler-Lupe, Nr. 10/1973.

Überkleber, auch Abdecker genannt. Werden oft fälschlich als →Gebührenzettel aufgefaßt. Es handelt sich dabei jedoch um Blankoklebezettel oder Etiketten, die nach 1945 in Deutschland zur Abdeckung des Hitlerkopf-Wertzeicheneindrucks und nationalsozialist. Parolen und Embleme dienten, damit die alten Reichspostkarten entsprechend dem →Kontrollratsgesetz Nr. 48 aufgebraucht werden konnten (→Aufbrauchsganzsachen). Auf diese Zettel wurden dann in der Regel die →Gebühr-bezahlt-Stempel usw. gesetzt, da sie sich günstig als Freiplätze anboten. Bei Postkarten ohne ursprünglichen Wertzeicheneindruck und Parolen bzw. bei Briefen kam der gleiche Gebühr-bezahlt-Stempel direkt auf die Sendung. Bei den im Michel-Deutschland-Spezial-Katalog aufgeführten →Lokalausgaben von Langenargen und Globig handelt es sich um solche Überkleber, also um normale Gebühr-bezahlt-Stempel oder -vermerke auf Papierstücken, die zu Abdeckungszwecken dienten. Abgelöste Überkleber sind daher keine Gebührenzettel. →Aufkleber, auch →Überklebemarken.
Als Überkleber bezeichnet man auch größere Papierstücke auf Briefvorderseiten, die in Notzeiten angebracht wurden, damit ein Briefkuvert nach dem Abdecken der vorherigen Anschrift mehrfach verwendet werden konnte. Da in der Regel bei einem solchen Verfahren die Briefmarken nicht abgelöst wurden, ergeben sich bei solchen Briefen interessante Ansatzpunkte zur philat. Forschung.

L. TRÖNDLE

überklebt →Überklebemarken.

überkomplett, Bez. für eine Sammlung, in der außer den im Katalog verzeichneten Marken zusätzlich noch zahlreiche nicht katalogisierte Farben-, Gummi-, Papier- u.a. Unterschiede, Stempel usw. aufgenommen sind.

Überlandpost, auch Straßenpost genannt, amtl. Abk. ÜpU (Überlandpost mit Briefumarbeitung). Busähnl. Fahrzeuge sind wie ein Bahnpostwagen eingerichtet, die nach festem Fahrplan verkehren und unterwegs von zentralen Sammelstellen Sendungen übernehmen, die während der Fahrt nach Leitgebieten zu sog. Briefbündeln »umgearbeitet« werden. Noch nicht entwertete Marken werden mit einem Ovalstempel mit Kursangabe ähnl. den Bahnpoststempeln versehen. Die Überlandpost dient in erster Linie dem Zubringerdienst der →Nachtluftpost, d.h., die Fahrzeuge verkehren vorwiegend nachts und fahren zwecks direkter Umladung in die Flugzeuge unmittelbar an diese heran; →Kraftpostkurs.

übermalt. 1. Fehlerhafte Stellen im Markenbild (z.B. entstanden durch →Abschürfung) werden von geschickten Restauratoren fast unsichtbar übermalt oder nachgemalt, meist nicht als repariert gekennzeichnet, und die Marke wird dann unwissenden Sammlern als Prachtstück angepriesen. Übermalungen geben sich jedoch unter der Prüflampe durch anderes Aufleuchten fast immer zu erkennen, da es praktisch unmöglich ist, die Originalfarbe nachzumischen. – **2.** Übermalt ist ferner ein philat. Begriff für die Marke Deutsches Reich Mi 66 (5-Mark-Reichspost) in sog. Type IV/Ib, eine durch versch. Merkmale für den beginnenden Sammler sowieso etwas schwierige Marke. Die Reichsdruckerei in Berlin (heute Bundesdruckerei) beherrschte den Zweifarbendruck damals noch nicht recht, so daß trotz →Passerkreuzen Bildverschiebungen zwischen dem zuerst gedruckten grünschwarzen Rahmen und dem nachfolgenden karminroten Mittelstück häufig vorkamen. Diese eigentlich als Makulatur zu vernichtenden Fehldrucke versuchte die Reichsdruckerei durch mühsame Übermalung mit Deckweiß (das an einzelnen Stellen später absprang) des in den Rahmendruck übergreifenden Mittelstücks zu vertuschen. Ähnl. wurde vorgegangen, wenn zwischen Rahmen und Mittelstück unbedruckte Stellen aufgetreten waren, wozu man dann aber →nachgemalt sagt. Übermalungen sind auch bei der gleichen Wertstufe für die Auslandspostanstalten und Kolonien bekannt. L: 3. 4.

überrandig, Bez. für eine geschnitten verausgabte Marke, die durch Zufall oder absichtl. so aus dem Schalterbogen herausgeschnitten wurde, daß sie allseits von der ganzen Breite des Zwischenraumes zu den Nachbarmarken umgeben ist (was auch nur auf ein, zwei oder drei Seiten der Fall sein kann); dabei kann eine Nachbarmarke angeschnitten sein. Allseits überrandige Marken gelten bes. dann als Luxusstück, wenn es sich um solche handelt, die mit sehr engem Abstand im Bogen gedruckt wurden (z.B. Baden, Thurn und Taxis). Bei diesen sind die umgebenden Ränder naturgemäß sehr schmal, man sagt aber trotzdem überrandig. Nicht zu verwechseln mit →dezentriert bei gezähnten oder durchstochenen Marken; auch →überbreite Marken.

Überroller, philat. Bezeichnung für Poststücke, die kurz vor dem Ende des Zweiten Weltkrieges in Deutschland oder den besetzten Gebieten aufgegeben und vor ihrer Zustellung von den alliierten Mächten erbeutet und zensuriert oder aber auch ungeöffnet meist mit erheblicher Verspätung erst nach der dt. Kapitulation den Empfängern übergeben wurden. Solche Belege sind an den Aufgabedaten im Zusammenhang mit der Kenntnis der geschichtl. Abläufe erkennbar, vielfach auch an den Zensurvermerken, →Verzögerungsstempeln usw. Erste Überroller gab es in Deutschland schon im Herbst 1944 im Raum Aachen, die wegen ihrer Seltenheit sehr gesucht sind. Bes. selten sind jedoch solche, die bereits zuvor von den dt. Behörden zensuriert und dann von den alliierten Mächten noch einmal kontrolliert wurden, die also eine Doppelzensurierung aufweisen. Die Hitlermarken blieben anfangs unbeanstandet, später machte man sie meistens unkenntlich. L. TRÖNDLE

Übersee, Bez. aus der Sammlersprache in Europa für die Marken aller selbständigen Staaten und Kolonien außerh. Europas, die von den Katalogen in bes. Bänden verzeichnet sind (z.B. Michel-Übersee). Teils gehen die Kataloge andere Wege und bringen die Marken der ehem. oder heutigen Besitzungen sowie der →Nachfolgestaaten zusammengefaßt mit denen des einstigen Mutterlandes, andere müssen entspr. ähnl. Unterteilungen vornehmen (z.B. Scott-Katalog). Die Einhaltung einer konsequenten Linie bei der Einteilung der Kataloge ist durch hist., polit. und postal. Dinge nicht immer möglich. Der Begriff Übersee muß demnach versch. ausgelegt werden, je nachdem wo der Sammler beheimatet ist bzw. was er sammelt. Die übergroße Zahl an Marken aus Übersee erlaubt es heute keinem Sammler mehr, alle Länder oder die eines Kontinentes zu berücksichtigen; man sucht höchstens eines oder einige wenige aus, die aus diesem oder jenem Grund besonders interessant erscheinen, oder man begnügt sich mit einem bestimmten Zeitabschnitt.

U-Boot-Marken →Hela-Marke, →Ocean-Reederei, →U-Boot-Post.

U-Boot-Post. Während des Bürgerkrieges in Spanien versuchte die republikan. Regierung die durch Francos Truppen unterbrochene Postverbindung zwischen Barcelona und Valencia durch U-Boote wiederaufzunehmen, was jedoch durch die Erfolge Francos nicht mehr zum Tragen kam. An diesen Versuch erinnern sechs span. Marken mit Darstellungen von U-Booten und Inschrift CORREO SUBMARINO (Mi 721–726). Daß die republikan. Post dabei aber in erster Linie wohl an die Sammler dachte, geht daraus hervor, daß gleichzeitig ein Block verausgabt wurde (Mi 727/29). Es hat sich inzwischen herausgestellt, daß die Marken auf Initiative der Philat. Abteilung der spanischen Post zwecks Devisenbeschaffung entstanden sein sollen. Es fuhr nur einmal ein U-Boot von Barcelona nach Mahón auf der Insel Menorca (12. 8. 1938, zurück 13. 8.). Nach bzw. von Valencia hat eine Fahrt nie stattgefunden. →Hela-Marke, →Ocean-Reederei.

UdSSR, übliche Abkürzung für Union der Sozialistischen Sowjetrepubliken; in kyrillischen Buchstaben CCCP als Landesangabe auf den Briefmarken.

Uganda, in Ostafrika gelegenes ehem. einheim. Königreich unter brit. Schutz mit 1895/96 bes. eigenartigen Marken (→Schreibmaschine als Markendruckerei). Das Gebiet gehörte 1903–1922 zu Britisch-Ostafrika und Uganda, 1922–1962 zu Kenia und Uganda und benutzte die unter dieser Überschrift im Michel-Katalog verzeichneten Marken. Uganda ist seit Oktober 1962 unabh. im Commonwealth, seit 1967 Republik und verausgabt seitdem nur einige wenige reizvolle Freimarkensätze. Die Sonder- und Gedenkmarken erscheinen als Gemeinschaftsausgaben im Rahmen der Ostafrikan. Postunion für →Kenia, →Tansania und Uganda und sind im Michel-Katalog unter →Kenia und Uganda zu finden. Die Uganda-Marken werden sehr gern gesammelt.

Uhrradstempel, Bez. für einen →Einkreisstempel, der aus einem mit vielen kleinen Zacken besetzten

Kreis ähnl. den Rädern einer Uhr besteht. In der Mitte können Ziffern, Buchstaben u.a. stehen. Uhrradstempel wurden z.B. von Baden für →Postladen (Briefladen) entnommene Sendungen verwendet; →Zahnradstempel.

Uhrstempel, selten angewendete Stempelform (z.B. für Telegramme) mit einem Zifferblatt und zwei verstellbaren Zeigern, die nach Bedarf auf Stunden und Minuten eingestellt werden können. Die normalen Stempel geben nur ungefähr die Behandlungszeit an (beispielsweise 15–16). Auch →Minutenstempel.

UIT →Union Internationale des Télécommunications.

Ukraine, 1. 1918/19 während des Bürgerkrieges in Rußland (→Russische Armeepost) für kurze Zeit entstandenes Postgebiet mit zahllosen bes. Marken, vorw. hergestellt durch örtl. Aufdrucke des ukrain. Hoheitszeichens auf russ. Marken. Die Unterscheidung der einzelnen

Bezirksaufdrucke und innerh. dieser der versch. Typen ist außerordentl. schwierig und erfordert jahrelanges Studium sowie umfangreiches Vergleichsmaterial. Hinzu kommen viele Aufdruckfälschungen und gefälligkeitshalber erzeugte Aufdrucke, die dem Sammler weitere Schwierigkeiten bereiten. Es ist desh. verständlich, daß die Marken der Ukraine wenig gesammelt werden; sie geben aber dem Philatelisten weitgehende Möglichkeiten zu forschender Tätigkeit. Auf Bedarfsbrief sind sämtl. Ukraine-Marken sehr wertvoll, teils große Raritäten. Eine 14 Werte umfassende Bildermarkenserie von Ende 1920 gelangte nicht mehr in Verkehr. Es besteht eine Arbeitsgemeinschaft Ukraine; die vorhandene Literatur ist erstaunlich umfangreich und kann im Anhang nur auszugsweise angeführt werden. L: 3. 10. – **2.** Aus der Hitler-Dauerserie wurden 20 Werte mit Aufdruck UKRAINE für die im 2. Weltkrieg von Deutschland besetzte Ukraine verausgabt, die Mitte November 1941 in Verkehr gelangten; vorher wurden dt. Frei- und Dienstmarken ohne Kennzeichnung verwendet, die auch nach Erscheinen dieser bes. Marken gültig blieben, jedoch nicht mehr am Postschalter abgegeben wurden; auch →Deutsche Hilfspost Ukraine.

Ultramar, statt eines Landesnamens Inschrift auf den Marken Mi 26–41 und 46–49 für →Spanisch-Westindien von 1868 bis 1873, danach auf den unter →Kuba katalogisierten Marken Mi 1–16 sowie Mi 1 für →Fernando Poo

Ultraviolett-Lampe, die gewissermaßen »klassische« Form der Prüflampe mit heiß arbeitendem Quarzbrenner, aber heute durch die kalt arbeitenden Lampen fast ganz verdrängt; für den Prüfer jedoch oft noch unentbehrlich.

Umarbeitung, Begriff des innerbetriebl. Postwesens, welcher besagt, daß unsortierte oder nur grob sortierte Sendungen z.B. im Bahnpostwagen während der Fahrt nach best. Richtlinien sortiert, d.h. umgearbeitet werden.

Umdruck. Vom Urstein wird mit Umdruckpapier ein Abzug hergestellt und dieser in der für den Schalter- bzw. Maschinenbogen gewünschten Markenzahl auf eine Steinplatte übertragen (umgedruckt).

umgeschlagene Bogenecke. Während des Druckvorganges kann es vorkommen, daß sich das Papier unbeobachtet an einer Stelle (meist nur am Rand) umschlägt, so daß die Schalterbogenecke keinen Druck aufweist. Solche Marken sind Makulatur und seitens der Druckerei und Post zur Vernichtung bestimmt, gelangen aber immer wieder einmal durch dunkle Kanäle in den Handel und werden von Spe-

umgeschlagene Bogenecke

zialsammlern zu meist ungerechtfertigt hohen Preisen gekauft. Ungerechtfertigt deshalb, weil diese Fehler nicht als Abart, sondern nur als →Druckmangel anerkannt werden und im Katalog keine Erwähnung finden können; auch →ausgefallener Druck. L: 1. 3.

umkleben, Tätigkeit, mit der sich der Sammler u. U. mehrmals in seinem Leben beschäftigen muß, weil bes. eine spezialisierte Sammlung durch hinzukommende Abarten, Druckmängel u.a. (auch Nummernumstellungen im Katalog) wächst und der urspr. gedachte Rahmen des Albums gesprengt wird. Es müssen eines Tages mehr oder weniger Blätter neu gestaltet bzw. die hinzugekommenen Marken mit den bereits vorhandenen auf mehrere Blätter neu verteilt werden (teils bei Vordruckalben ebenfalls erforderlich). Handelt es sich dabei um gestempelte Marken, sollten die unter →Klebefalz gegebenen Empfehlungen beachtet werden. Ungebrauchte Marken werden mit größerem finanz. Aufwand durch Verwendung neuer Klemmtaschen umgeklebt.

Umm al-Kawein, vom Michel-Katalog gewählte Schreibweise für →Umm al Qiwain.

Umm al Qiwain, im Michel-Katalog Umm al-Kawein geschrieben, eines der sieben →Scheichtümer am Pers. Golf. Nach Lösung des brit. Schutzvertrages (→Trucial States) erschienen die ersten eigenen Marken Mitte 1964. Man bediente sich einer Agentur, die pausenlos und zu allen mögl. und unmögl. Anlässen zahllose Marken, Blocks und geschnittene Parallelausgaben sowie einige Dienstmarken produzierte, so daß Umm al Qiwain eindeutig zu den →Raubstaaten gehört. Alle seit Mai 1967 verausgabten Marken stehen als →schädliche Ausgaben auf dem Index der FIP, finden aber inf. geschickter Motivwahl immer wieder Käufer. Seit 1. 1. 1973 schlossen sich alle Scheichtümer polit. und postal. zu den →Vereinigten Arabischen Emiraten zusammen. L: Schweizer Briefmarken-Zeitung, Nr. 2 und 6/1966.

Umsturzmarken, auch →Aufständischen-Marken, Bez. für Marken, die während innerpolitischer Unruhen oder auch Bürgerkriege von revolutionären Gruppen in ihrem Herrschaftsbereich verausgabt wurden; zum Beispiel →Arbeiter- und Soldatenräte-Marken, →Rheinische Republik, →Korfanty-Marken. Viele dieser Marken sind nie oder nur vereinzelt bedarfsmäßig benutzt worden und gehören dann zu den →Vignetten oder →Propagandamarken.

Umtausch. Ist die Gültigkeitsdauer auf eine best. Zeit befristet – viele Postverwaltungen sind inzwischen davon abgegangen und die Marken bleiben unbeschränkt frankaturgültig –, wird für einige Wochen oder Monate eine Umtauschmöglichkeit der alten gegen neue Marken im gleichen Nennwert vorgesehen; bei Marken mit Zuschlag wird der Zuschlagsbetrag jedoch auch dann nicht vergütet, wenn ähnl. neue Zuschlagsmarken erschienen sind. Abweichend von dieser an sich übl. Regelung ging die brit. Post anl. der im Februar 1971 erfolgten Umstellung auf Dezimalwährung vor. Die auf alte Währung lautenden Marken konnten zwar bis 15. 10. 1972 umgetauscht werden (nicht an Postschaltern, nur beim Postal Finance Department), doch wurden 15% vom Nennwert in Abzug gebracht.

Umtauschfrist, wird von der Post für Marken mit begrenzter Gültigkeitsdauer oder nach einer Währungsumstellung (z.B. Großbritannien 1971) festgesetzt. Solche Marken können vom Tag der Frankaturungültigkeit an für unterschiedl. lange Zeit am Postschalter gegen weiterhin gültige Marken im gleichen Nennwert (Zuschlagsmarken nur im Betrag des Nennwertes) oder nach einem anderen Modus umgetauscht werden. Ist die für den Umtausch vorgesehene Frist abgelaufen, ist die betr. Marke postal. gesehen wertlos, für den Sammler später einmal u. U. recht wertvoll, bes. wenn es sich um gesuchte Wertstufen aus Dauerserien oder hohe Werte von Sonder- und Gedenkmarken handelt. Die Sammler machen desh. von der Umtauschfrist nur selten Gebrauch.

UN →Vereinte Nationen.

unanbringliche Sendungen. Sind Anschriften unvollständig oder fehlerhaft und ist eine Sendung nicht ohne weiteres zustellbar, bemüht sich die Post in zeitl. oft aufwendiger Arbeit um die Ermittlung des rechtmäßigen Empfängers oder, wenn dies unmöglich ist, um Ausfindigmachung des Absenders, wenn dieser seine Anschrift anzugeben vergessen hat, was durch amtl. Öffnung durch die →Rückbriefstelle versucht wird. Hierfür hat es früher sogar →Rückbriefmarken gegeben. Heute sind Klebestreifen u.ä. üblich. Kann der Empfänger an Hand polizeil. Melderverzeichnisse, Adreßbuch usw. aber ausfindig gemacht werden, was oft längere Zeit in Anspruch nimmt, wird die verzögerte Zustellung bei der BP durch bes. Stempel mit handschriftl. beigefügtem Datum und evtl. Handzeichen des Bearbeiters dokumentiert. Für die Kennzeichnung unanbringlicher oder verspätet zustellbarer Sendungen gibt es versch. Vorschriften. Zur Kennzeichnung dienen mancherlei Klebezettel. Auch →Postgeheimnis.

undurchstochen, soviel wie →ungezähnt.

unerwünschte Ausgaben, allg. hierzu →schädliche Ausgaben. Die von der FIP-Kommission gegebene Definition hinsichtl. unerwünschter

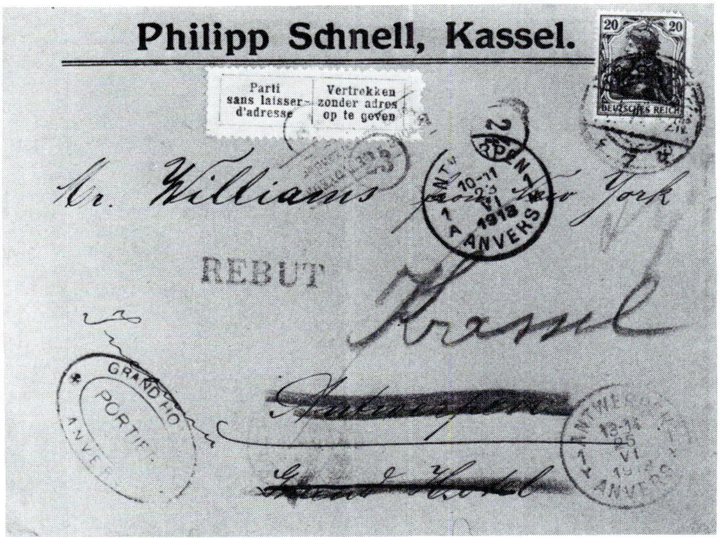

unanbringliche Sendung

Ausgaben lautet: »Die Briefmarke ist in erster Linie eine Postquittung. Als unerwünscht werden alle Ausgaben betrachtet, die dieser Bestimmung offensichtlich nicht mehr entsprechen.« – **1.** »Zu lange Serien von Gedenk- und Sondermarken.« Für aus sehr vielen Wertstufen bestehende Dauerserien gilt die Definition nur in seltenen Ausnahmefällen, da lange Kurszeit, mehrmal. Tarifänderung u.ä. zu einer ungewöhnl. langen Serie zwingen können (z.B. Schweiz ab Mi 696, →Bandwurmsatz). – **2.** »Zu hohe Nennwerte.« Gemeint ist hier ein übermäßig hoher Frankaturwert, der für Gedenk- und Sondermarken widersinnig ist. Marken mit abnorm hohem Zuschlag fallen unter die schädl. Ausgaben (Punkt 3). – **3.** »Blocks, bes. in zu großen Formaten.« Ein bes. krasses Beispiel ist: DDR Mi 1059–1073 B im Format DIN A 4. – **4.** »Ausgaben, deren Thema mit dem Ausgabeland nichts zu tun hat.« Erwähnt seien hier nur die →Scheichtümer am Pers. Golf, in deren Namen Agenturen z.B. Weihnachtsmarken verausgaben, obwohl das Weihnachtsfest dort unbekannt ist, oder Muttertagsmarken, obwohl in arab. Ländern die Frau noch weitgehend als untergeordnetes Wesen behandelt wird. – **5.** »Ausgaben, deren Auflage absichtl. zu niedrig gehalten ist.« Wo in bezug auf die Auflagenhöhe Absicht vorliegt, läßt sich nicht immer ohne weiteres entscheiden. Außer der FIP-Kommission ergreifen auch große Sammlerorganisationen in bezug auf unerwünschte Ausgaben die Initiative, veröffentlichen entspr. eigene Listen und empfehlen ihren Mitgliedern, die Marken gewisser Länder bzw. best. Ausgaben zu meiden. Vorbildl. in dieser Beziehung ist die American Philatelic Society mit einer ständig ergänzten Schwarzen Liste; →mißbräuchliche Ausgaben. L: Fédération Internationale de Philatélie, Annuaire 1967.

UNESCO, Inschrift und zusätzl. République Française auf Marken, die von der franz. Post seit 1961 als

Dienstmarken für diese Unterorganisation der Vereinten Nationen mit Sitz in Paris verausgabt werden.

unfertige Marken. Bei in zwei oder mehr Arbeitsgängen herzustellenden Marken ist einer noch nicht ausgeführt, die Zähnung noch nicht oder unvollständig vorgenommen o.a., doch entgehen sie der Kontrolle und werden am Postschalter verkauft oder gelangen durch Diebstahl oder dunkle Kanäle aus der Druckerei in den Handel. Solche unfertigen Marken gelten dann als Abarten, werden von Spezialsammlern gesucht und teuer bezahlt, obwohl es sich genaugenommen um Makulatur handelt

Ungarn. Die ung. Post versteht es, die Sammler allg. und bes. die Motivsammler versch. Richtungen durch hübsche und gut ausgeführte Bildermarken anzusprechen. Wenn

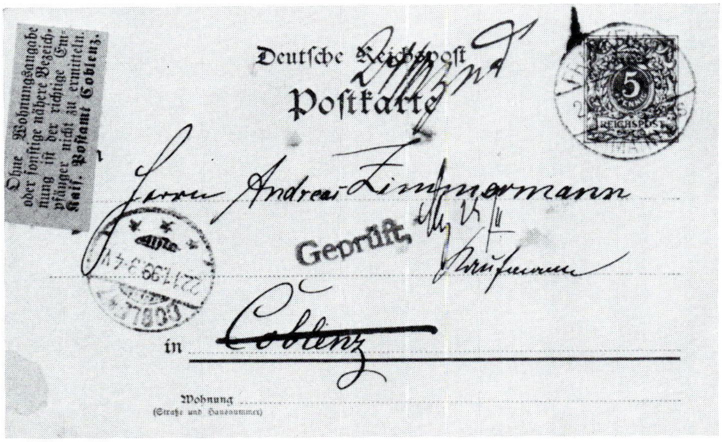

unanbringliche Sendung

Ungarn in der Beliebtheitsstatistik (→Anhang III) trotzdem weit hinten steht, so liegt das in erster Linie daran, daß es ein Ostblockstaat ist und außerdem unter Ausnutzung aller nur denkbaren Ausgabeanlässe jährlich allzu viele neue Marken und Blocks herausbringt. Hinzu kommen die geschnittenen Parallelausgaben zu von vornherein überhöhtem Abgabepreis, die jedoch niemand zu sammeln gezwungen ist. Die alten Marken, bes. Mi 15–127 und einige weitere, sind schwierig zu sammeln, da die exakte Feststellung der Wasserzeichenform an Einzelmarken häufig unmöglich ist. Bis 1871 wurden in Ungarn österr. Postwertzeichen

verwendet, die mit deutl. lesbaren Stempeln aus kleineren ung. Orten von Spezialsammlern gesucht sind. Interessant sind die Marken Mi 852–877, auf denen inf. der sich durch die Inflation ständig ändernden Portosätze auf eine Wertangabe verzichtet wurde. An deren Stelle trat ein Aufdruck, der den Verwendungszweck angab; diese Marken wurden zur jeweil. Gebühr für Drucksachen, Ortspostkarten, Ortsbriefe, Postkarten, gewöhnl. bzw. eingeschriebene Briefe sowie Pakete bis 5 bzw. 10 kg Gewicht am Schalter abgegeben.
Es hat einige Dienst- und bis heute sehr viele Portomarken gegeben. Unter letzteren ist vor Freimarken mit verschiedenart. Handstempelaufdrucken zu warnen; sie sind zwar 1918/19 amtl. verwendet worden, doch existieren unzähl. gefälligkeitshalber aufgebrachte Aufdrucke sowie Fälschungen. Für die nach Ende des 1. Weltkrieges von den Alliierten besetzten Landesteile gelangten zahllose ung. Marken mit versch. Aufdrucken zur Ausgabe, die prakt. nur gefälligkeitsentwertet zu finden sind und von denen es gleichfalls viele mit Falschaufdrukken gibt; auch →Westungarn; zur sog. Dreipunktlochung →Durchlochung. L: 2. 3., 3. 10.

ungebraucht, Begriff aus der Sammlersprache für eine Marke oder Ganzsache, die der postal. Verwendung nicht zugeführt worden ist. Ungebraucht besagt im allg., daß die Marke auch mit Klebefalz oder Falzrest versehen sein kann, was heute nur noch bei älteren Ausgaben akzeptiert wird, sonst muß mit einer Wertminderung gerechnet werden; →postfrisch.

Ungebraucht-Sammlung. Alle Marken der Sammlung sind ungebraucht und nicht gestempelt (auch →gemischter Satz). Eine Ungebraucht-Sammlung kann mit Klebefalz befestigte Marke enthalten (→ungebraucht).

ungestempelt, seltener gebrauchte Bezeichnung für →ungebraucht, aber auch für Marken auf Brief angewendet, die der Entwertung durch die Post aus irgendwelchen Gründen entgangen sind.

ungezähnt, philat. Begriff für aus Versehen oder inf. Versagens der Zähnungsmaschine nicht gezähnte Marken, die aber von der Post als gezähnt zur Ausgabe vorgesehen und desh. eigentlich Makulatur sind, der Kontrolle entgingen oder auf dunklen Wegen aus der Druckerei in den Handel gelangten. Es können ganze Schalterbogen allseitig, aber auch in einzelnen Reihen nur eine oder mehrere Seiten ungezähnt geblieben sein. Derartige Stücke zählen im Gegensatz zu den →geschnitten verausgabten Marken zu den Abarten.
Bei Blocks bleiben die eingedruckten Marken öfter absichtlich ohne Perforation, sind also eigentlich im Sinne der Philatelie geschnitten, doch spricht man in diesem Fall allgemein von einem ungezähnten Block; →gezähnt, →durchstochen.

UNGÜLTIG, Stempel auf schweiz. Portomarken, der dann angebracht wurde, wenn eine mit →Nachgebühr belastete Sendung vom Empfänger nicht angenommen wurde, d.h. wenn dieser nicht bereit war, das Nachporto zu bezahlen. In solchen Fällen gehen die betr. Sendungen (in allen Ländern auch heute noch) an den Absender zurück, der zur Zahlung des Nachportos verpflichtet ist. Ist dieser nicht zu ermitteln, trägt die Post den »Verlust«. In der Schweiz wurde in diesem Fall der Stempel UNGÜLTIG (in der franz. sprach. Schweiz ANNULÉ) zusätzl. zum Ortstagesstempel auf die Portomarke gesetzt. In anderen Ländern sind für derartige Rücksendungen versch. sonstige Kennzeichnungen üblich, die hier nicht im einzelnen erläutert werden können; auch →entlastet. L: Schweizer Briefmarken-Zeitung, Nr. 10/1971.

ungummiert. Nicht gebrauchte Marken ohne Gummi sind anges. der seit über 20 Jahren propagierten Forderung →postfrisch angebl. uninteressant, auf jeden Fall aber im Wert stark gemindert, was die →Nachgummierung in einem kaum noch vertretbaren Umfang gefördert hat. Abgesehen davon, daß diese Forderung in vielen Fällen überspitzt erscheint, bleibt festzuhalten, daß Marken aus versch. Gründen postamtl. auch ungummiert an die Schalter gelangt sind; so z.B. einige Ausgaben der ehem. niederländ. Kolonien, versch. süd- und mittelamerik. Länder, in unserer Zeit zahlr. Ausgaben von Rotchina, Vietnam u.a., was aus Rohstoffmangel (z.B. auch Japan Mi 161/69) oder mit Rücksicht auf trop. Verhältnisse (durch hohe Luftfeuchtigkeit mögl. Zusammenkleben gummierter Bogen) geschehen ist. Auch die Marken der Hansestadt Lübeck Mi 1–7 wurden ungummiert verausgabt und die Bogen erst kurz vor dem Verkauf von Postangestellten gummiert. Die zahlr. Lübeck-Marken, aus an Händler verkauften Restbeständen stammend, sind demnach ohne Gummi durchaus vollwertig, worauf sich die Katalogbewertung bezieht; gummiert erhalten gebliebene Stücke dieser Ausgaben sind selbstverständl. höher zu bewerten (Vorsicht vor Nachgummierung).

Unikat →Unikum.

Unikum, auch Unikat, allg. Bez. für eine Marke, einen Stempel u. a., die aus irgendeinem Grund in nur einem Exemplar erhalten geblieben sind. Das trifft häufig auf →Ganzbriefe mit seltenen →Mehrfachfrankaturen, →Mischfrankaturen u. ä. zu.

Union Internationale des Télécommunications, abgekürzt UIT, Inschrift auf einigen Marken, die 1958/68 für die Dienststellen der Internationalen Fernmelde-Union bei den Vereinten Nationen in Genf verausgabt wurden und im Katalog unter Schweiz zu finden sind.

Union Postale Universelle, abgekürzt UPU, Inschrift auf einigen Marken, die 1957/60 für das Internationale Büro des Weltpostvereins in Genf verausgabt wurden und im Katalog unter Schweiz zu finden sind.

United Arab Emirates, Inschrift auf Marken →Vereinigte Arabische Emirate.

Universitätsboten. Neben den Klöstern (→Klosterboten) unterhielten auch viele Universitäten schon bald nach ihrer Gründung eigene Boten, die für die Studenten und Lehrkräfte Briefe, Geld und Pakete, teils sogar Personen über oft weite Strecken (z. B. von Paris bis nach Finnland und Rußland) beförderten und alle Privilegien wie die Studenten genossen sowie von Abgaben befreit waren. Im allg. war es so, daß jede der einzelnen sog. Landsmannschaften ihre eigenen Boten besaß. Die Universitätsboten dienten fast ausschl. der Aufrechterhaltung der Verbindung zwischen den Studenten und ihrem Heimatort bzw. umgekehrt; im direkten Auftrag der Universitäten waren nur wenige tätig. Für jede Sendung mußte der Student eine gestaffelte Gebühr entrichten, die zum Unterhalt der Boten verwendet wurde. Den Boten war es verschiedentl. gestattet, gegen Bezahlung priv. Briefe von anderen Personen mitzunehmen. Als älteste Universitätsbotenpost ist diejenige der Pariser Universität (Sorbonne) aus dem Jahr 1297 beurkundet. Im Auftrag der Universitätsverwaltung Heidelberg waren ab 1397 Boten unterwegs. Die Boteneinrichtungen gingen fast überall schon frühzeitig in den →Städteboten auf; auch →Ordenspost, →Universitätsmarken.

Universitätsmarken, engl. College stamps, von versch. Colleges der Universitäten Oxford und Cambridge 1871 für den internen College-Botendienst verausgabte und bis zum Verbot durch die brit. Post verwendete Wertzeichen, die den Privatpostmarken gleichzusetzen sind; auch →Universitätsboten.

UNO →Vereinte Nationen.

unregelmäßige Zähnung. Durch Fehler an der Zähnungsmaschine kann z. B. die Zähnung nicht linealgerade ausfallen, d. h. stellenweise mehr oder weniger stark abweichen, was bei älteren Markenausgaben gelegentl., bei neueren kaum noch vorkommt. Unregelmäßige Zähnung ist nicht mehr als eine Zufälligkeit, wird aber vom Spezialsammler beachtet.

unsichtbare Gummierung. Bei einigen Markenausgaben verschiedener Länder aus neuerer Zeit ist bei postfrischen Exemplaren mit dem Auge keine Gummierung zu erkennen. Es handelt sich dabei (z. B. Dänemark 1972) um neuartige, meist auf Kunststoffbasis beruhende Gummiarten, die absolut matt aussehen. Leider geben die Kataloge keinen Hinweis auf diese Tatsache, so daß mancher Sammler versucht ist anzunehmen, es liege eine vom Gummi befreite und daher wertlose ungebrauchte Marke vor. Auch →Trockengummi.

UNTEA, Aufdruck auf 19 versch. Marken der ehem. Kolonie →Niederländisch-Neuguinea, die 1962/1963 für einige Monate von den Vereinten Nationen verwaltet wurde, bis dieses Gebiet als West-irian ein Teil →Indonesiens wurde. Diese Marken können an Hand des Aufdrucks spezialisiert gesammelt werden und sind im Überseekatalog unter Vereinte Nationen verzeichnet. Der Aufdruck bedeutet: United Nations Temporary Executive Authority (= etwa vorübergehende ausübende Oberhoheit durch die Vereinten Nationen).

Unterart →Unternummer.

unterbewertet. Auch das Gegenteil von →überbewertet kommt vor und wird bes. von unseriösen Händlern bei Ankauf von Sammlungen praktiziert, indem auf winzigste, keinen Sammler wirklich störende angebliche Mängel hingewiesen wird. Andererseits kann auch ein Katalog (manchmal über mehrere Jahre hinaus) eine Unterbewertung bringen, so daß zum Katalogpreis ein mehr oder weniger großer Zuschlag gewährt werden muß. Auch →Bewertung, →Katalogschlager, →Katalogwert.

Unterbogen, Gegenstück zum →Oberbogen in einem Maschinenbogen mit vier oder seltener zwei Schalterbogen. Liegt ein Maschinenbogen mit zwei waagerecht nebeneinander stehenden Schalterbogen vor, kann es keinen Unter- oder Oberbogen geben. Auf dem Unterrand des Unterbogens finden sich verschiedentl. den Spezialsammler interessierende Druckvermerke, Plattennummern, Bogensignaturen, Symbolzahlen u. a. Sinngemäß gelten die unter Oberbogen gemachten Angaben.

Unterdruck, vor dem eigentl. Bilddruck auf die Druckbogen oder Papierbahn aufgebrachter vollflächiger Farbdruck (→einseitig farbiges Papier), aber auch als Schutz vor Fälschungen zum Schaden der Post vorgenommen. Diese Art des Unterdrucks wird seit etlichen Jahren von einigen Postverwaltungen öfter praktiziert, weil damit u. U. auch ein bes. künstlerischer Effekt erzielt werden kann; →Schutzunterdruck.

unterfrankiert, nicht in Höhe des in Betracht kommenden Portosatzes mit Marken oder Absenderfreistempel freigemachte Sendung. Der fehlende Betrag wird beim Empfänger als →Nachgebühr erhoben (auch →T-Stempel) bzw. beim Absender eingezogen, wenn die Post (bes. bei Auslandssendungen) zwecks sofortiger Weiterleitung eine Nachfrankatur vorgenommen hat.

Untergebot. In Auktionskatalogen wird für jedes Los ein Ausrufpreis (auch Limit genannt) angegeben, der u. U. unterboten werden kann, wenn sich kein Interessent findet, der mindestens den Ausrufpreis bietet. Obwohl die Auktionsfirmen in ihren Bedingungen vielfach Gebote unter Ausrufpreis ablehnen, werden doch häufig Untergebote bis zu etwa 10% (im Einverständnis mit dem Einlieferer) akzeptiert, wodurch eine Marke, bes. aber Sammlungen, oft recht vorteilhaft erworben werden können.

Untergrundbahn →Briefpost-Untergrundbahn, →Rohrpost.

unterlegt, gelegentl. gebrauchter anderer Ausdruck für →hinterlegt.

Unternummer. Abarten, beachtenswerte Farbunterschiede u. ä. werden im Katalog anschl. an die →Hauptnummer mit zusätzlichen kleinen oder großen Buchstaben des Alphabets, römischen Ziffern usw. registriert. Leider konnten sich die Herausgeber der am meisten benutzten Kataloge (z. B. Michel, Gibbons, Scott, Yvert, Zumstein) bisher nicht auf eine einheitliche Hauptnumerierung, noch weniger auf einheitliche Kennzeichnung der Unternummern einigen. Im Rahmen des Lexikons kann unmöglich darauf eingegangen werden, wie jeder Katalog vorgeht; das genaue Studium der Einleitung, die jeder Katalog enthält, ist unerläßlich, worauf wegen der teils beträchtlichen Unterschiede bes. im internat. Tausch zu achten ist.

Unterrand, Begriff aus der Sammlersprache für den einen Schalterbogen nach unten abschließenden Bogenrand, der u. U. durch bes. →Bogenranddrucke oder -inschriften für Spezialsammler von Interesse sein kann und dann nicht abgetrennt werden sollte. Die anderen Bogenränder heißen Ober- bzw. Seitenrand.

Unterrandschutz →Strichelleiste.

Unterrandstück, Marke mit dem noch anhängenden zugehörigen Teil des →Unterrandes.

Unterscheidungsbuchstaben. Sind bei einem Postamt zwei oder mehr Stempel gleicher Ausführung in Gebrauch, wurden und werden diese aus innerbetriebl. Gründen durch an geeigneter Stelle eingearbeitete Buchstaben a, b, c oder A, B, C usw. voneinander unterschieden, was auch bei mehreren gleichen Sonderstempeln geschehen kann. Unterscheidungsbuchstaben werden nur von Spezialsammlern beachtet. Manche ältere Stempel einiger Länder sind mit best. Unterscheidungsbuchstaben gesuchte kleine Raritäten, bes. auf Ganzbrief oder Briefstück.

unterschiedliche Erhaltung, in Auktionskatalog bzw. Angebotsliste →Qualitätsbezeichnung für Sammlungen aus Privatbesitz, die vom Händler inf. Umfangs und Zeitmangels hinsichtl. des Erhaltungszustandes des ges. Inhaltes nicht genau geprüft und beurteilt werden können.
Es muß neben →Prachtstücken mit reparierten und Marken →zweiter Wahl, u. U. auch mit Fälschungen gerechnet werden. Derartige Sammlungen sollten vor Abgabe eines Gebots gründlich besichtigt werden, zumal Sammlungen von jeder späteren Reklamation ausgeschlossen sind.

Untertypen, Bez. für →Typen, die durch Überarbeitung (= →Retusche) der →Urstempel (auch →Urstein, Urstich, Urstöckel) entstehen und, da sie stets an derselben Stelle im Bogen auftreten, dem Spezialsammler zur →Plattenrekonstruktion dienen können.

Unterwasserpost →Ocean-Reederei, →U-Boot-Post, →Zinkkugelpost.

Unverkäuflich, amtlich angebrachter blauer Aufdruck auf der Rückseite aller Marken Württembergs Mi 52 von 1879, die an das Publikum nicht abgegeben werden durften und nur im inneren Postdienst verwendet wurden (z. B. für Telegrammgebühr).

unzustellbar. Postsendungen können aus versch. Gründen dem Empfänger nicht zugestellt werden; er ist z. B. unbekannt verzogen, verstorben, holt einen postlagernd aufgegebenen Brief nicht innerh. der gesetzten Frist ab usw. Derartige Sendungen werden dem Absender (soweit ermittelbar, →Rückbriefstelle) mit Stempeln oder bes. Klebezetteln entspr. gekennzeichnet (auch handschriftl.) wieder zurückgegeben; →unanbringliche Sendungen.

UPAF →Afrikanische Postvereine.

Upper Yafa, State of. Marken mit diesem Landesnamen und Zusatz South Arabia erschienen seit September 1967 für eines der Sultanate von →Südjemen (vorher →Südarabische Föderation) und wurden vom Michel-Katalog zunächst nicht aufgenommen (L: Michel-Rundschau, Nr. 6/1968), sind nun aber dort zu finden, obwohl alle Marken als →schädliche Ausgaben auf dem Index der FIP stehen; nach Ausrufung des unabhängigen Staates →Südjemen gibt es seit 1968 keine eigenen Marken mehr. →Aden, →Hadhramaut, →Mahra State, →Seiyun. L: Der Sammler-Dienst, Nr. 9–12/1968.

UPU, internat. gebräuchl. Abk. für →Weltpostverein, dessen Verkehrssprache das Franz. ist und desh. Union Postale Universelle heißt. Die Buchstaben UPU sind auf Gedenkmarken für den Weltpostverein vieler Länder zu finden.

Urdruck, Begriff aus der Sammlersprache für die mit neuem Wertüberdruck versehenen Marken des

Saarlandes Mi 226–238 auf der Restauflage aus Mi 206–222. Da die Restbestände zur Deckung des Bedarfs bis zum Erscheinen der Marken Mi 239–251 nicht ausreichten, wurde eine Neuauflage der Urmarken veranstaltet und mit gleichem Überdruck verausgabt. Die an versch. Merkmalen kenntl. Urdrucke (im Michel-Katalog mit I gekennzeichnet) sind ein Vielfaches der Überdrucke auf der Neuauflage (mit II gekennzeichnet) wert. Vor dem Erwerb des Urdruck-Satzes ist Prüfung unbedingt erforderlich.

Urgencia, gleichbedeutend mit →Urgente.

Urgente, auch Correspondencia Urgente, Inschrift in Marken bzw.

Stempeln Spaniens sowie einiger span. Besitzungen, span. sprechender mittel- und südamerik. Staaten und teils Italiens als Kennzeichnung, daß die Sendung per Eilboten zu befördern bzw. das erforderl. Zusatzporto vom Absender vorausbezahlt ist. Auch →Espresso, →Exprès.

Urkunden-Verrechnungsmarken, aus Italien 1913/25 bek. Markenart zur Verrechnung für durch die Post beschaffte oder beglaubigte Urkunden u. ä.

Urlaubsmarken →ORLOF.

Urmarke, philat. Begriff für eine Marke, die aus versch. Gründen durch Auf- oder Überdruck verändert nochmals verausgabt wird. Dazu werden Restbestände oder Teilauflagen herangezogen, andererseits aber kann auch eine Neuauflage von den Originaldruckformen hergestellt und diese dann mit Auf- bzw. Überdruck versehen zur Verwendung kommen. Verschiedentl. sind solche Neuauflagen in gänzl. anderen Farben gedruckt worden (z. B. Deutsches Reich Mi 284/88).

Urstein. Für Marken in →Steindruck wird das vorgesehene Bild spiegelverkehrt auf einen geschliffenen und polierten Stein aus Solnhofener Schiefer mit sog. lithograph. Tusche gezeichnet, nach best. Verfahren die freien Stellen geätzt und eingefärbt, wobei nur die zu druckenden Stellen Farbe annehmen; die übrigen werden angefeuchtet. Durch Aufdrücken eines bes. Umdruckpapieres erhält man einen seitenrichtigen Abzug, der unter Einhaltung der im späteren Schalterbogen erforderl. Abstände in der gewünschten Anzahl auf eine entspr. große Platte aus gleichem Stein übertragen wird (→Umdruck).

Urstempel, auch Urstöckel. Das Markenbild für Buchdruck in Strichmanier bzw. für Tiefdruck wird nach der vergrößerten Vorlage des Künstlers mit Hilfe eines Pantographen (Storchschnabel) spiegelbildl. auf eine kleine Stahlplatte übertragen (gestochen), und zwar liegen in dieser bei Buchdruck die nicht zu druckenden Stellen vertieft, bei Tiefdruck erhöht. Der Urstempel wird gehärtet und das Bild durch Abrollen eines weichen Stahlringes (→Molette) auf diesen übertragen. Vom Urstempel können jederzeit neue Moletten nach deren Abnutzung angefertigt werden. Der Urstempel wurde auch direkt zum Druck verwendet, so z. B. bei den →Ochsenköpfen Rumäniens (→Tiegeldruckpresse); auch →Urstein. Die Marke Frankreichs Mi 1540 zeigt die Hände eines Stechers bei der Arbeit.

Urstöckel, andere Bez. für →Urstempel.

Uruguay, ein Land mit recht vielen Markenausgaben (einschl. Dienst-, Porto- und Paketmarken). Die älteren Ausgaben bereiten aus versch. Gründen (z. B. genaue Bestimmung des Wasserzeichens oder Druckverfahrens) teils Schwierigkeiten. Die ersten Marken von 1856/57 (Mi 1–4) sind unter der Bez. Diligencia (obere Inschrift) ein philat. Begriff; sie sind sehr selten und wertvoll. Die Ausgaben bis 1866 lassen sich nicht ohne weiteres als zu Uruguay gehörig erkennen, denn die Herkunftsbezeichnung lautete nach →*Diligencia* nur *Montevideo* bzw. *Republica Oriental*. In Montevideo haben ein brit., franz. und ital.

Postamt bestanden, die Mutterlandmarken ohne Kennzeichnung (bzw. Italien Marken mit Aufdruck ESTERO) verwendeten; das brit. Konsulatspostamt verfügte zur Entwertung über einen Balkenovalstempel C 28, der von Spezialsammlern sehr gesucht wird (→Used abroad).
Bis Anfang 1975 war das Land als Sammelgebiet durchaus zu empfehlen, es erschienen jährlich zwar recht viele, aber nur auf die Nennwerte der gebräuchlichsten Portosätze lautende und vorwiegend auf das Land selbst Bezug nehmende Sondermarken. Seitdem gibt es jedoch allzu viele Ausgaben und bes. Blocks, mit deren Ausgabenanlaß oft gleich mehrere Motivgebiete auf einmal angesprochen werden, was dann angesichts der niedrigen Auflage zu schneller Erhöhung des →Tagespreises führt. Hinzu kommt, daß beträchtliche Teile der Auflage postseitig direkt an einen Markenhändler verkauft wurden, der dann den Preis diktieren konnte. Vorläufig kann Uruguay als Sammelgebiet nicht als empfehlenswert angesehen werden. L: 3. 11.

Urundi →Burundi.

Used abroad, internat. gebräuchl. Begriff aus dem Engl. für →im

Ausland gebraucht, aber bes. bezogen auf eine breite Skala brit. Marken (auch Kolonialmarken, z. B. Hongkong), die als Vorläufer von →Auslandspostanstalten oder Kolonien, aber auch in Ländern verwendet worden sind, in denen nur in Konsulaten und von den dort Bediensteten betriebene Poststellen bestanden, die nie zu regulären Auslandspostanstalten mit eigenen Marken erhoben wurden.
Die meisten brit. Poststellen dieser Art haben in Mittel- und Südamerika gearbeitet, wurden mit den gängigsten Werten der brit. Marken ausgestattet und entwerteten mit quer- oder hochovalen →Nummernstempeln (als →Solostempel oder →Duplexstempel). Sind diese

Stempel gut zentriert abgeschlagen, kann an Hand von Nummer und/ oder Buchstabe auch bei losen Marken der Verwendungsort festgestellt werden.
Ein sehr reizvolles, teils schwieriges, u. U. kostspieliges, aber Entdeckerfreude versprechendes Spezialsammelgebiet. Viele Stempel sind selten, in Verbindung mit best. Markenwerten große Raritäten, doch genügen zur Anlage einer schönen Stempelsammlung die billigen Wertstufen. Der interessierte

Sammler sollte sich die in Betracht kommenden Nummernstempel gut merken, denn Marken mit diesen Stempeln finden sich – vom Besitzer nicht erkannt – gelegentl. zum normalen Preis der Marke ausgezeichnet in Auswahlheften.
Die Literatur ist umfangreich (vorwiegend in englischer Sprache). Zur Einführung immer noch bestens geeignet sind die Werke unter L: 3. 1. und der Sammler-Dienst, Nr. 22/1958–Nr. 11/1959.
Nachstehend folgt die Liste der als Used abroad vorkommenden Nummernstempel auf britischen Marken (die Aufstellung im Michel-Europa-Katalog ist nicht ganz korrekt).

Welche Stempelform (queroval mit dünnen oder dicken Balken, hochoval mit vier bzw. drei Balken über und unter der Nummer sowie einige Sonderformen) vorliegen muß, was von der Verwendungszeit abhängt, um als Used-abroad-Stempel gelten zu können, ist am zweckmäßigsten dem Gibbons-Katalog zu entnehmen; der Michel-Katalog ist in dieser Beziehung ungenau und unvollständig.

C	Constantinopel/Türkei
G	Gibraltar
M	Malta
S	Stamboul (Constantinopel)/Türkei
A 01	Kingston/Jamaika
A 02	St. John's/Antigua
A 03	Georgetown (früher auch Demerara) / Britisch-Guyana
A 04	New Amsterdam (früher auch Berbice)/Britisch-Guyana
A 05	Nassau/Bahamas
A 06	Belize/Britisch-Honduras
A 07	Roseau/Dominica
A 08	Montserrat
A 09	Charlestown/Nevis
A 10	Kingstown/St. Vincent
A 11	Castries/St. Lucia
A 12	Basseterre/St. Kitts
A 13	Tortola/Jungfern-Inseln
A 14	Scarborough/Tobago
A 15	St. George/Grenada
A 18	English Harbour/Antigua
A 25	Malta
A 26	Gibraltar
A 27– A 78	versch. Orte auf Jamaika (A 50 ist bisher noch nicht aufgefunden worden)
B 01	Alexandria/Ägypten
B 02	Suez/Ägypten
B 32	Buenos Aires/Argentinien
B 53	Mauritius
B 62	Hongkong (auch 62 B)
B 64	Seychellen
C 28	Montevideo/Uruguay
C 30	Valparaiso/Chile
C 35	Panama (seinerzeit zu Kolumbien)
C 36	Arica/Peru (später zu Chile)
C 37	Caldera/Chile
C 38	Callao/Peru
C 39	Cobija/Bolivien
C 40	Coquimbo/Chile
C 41	Guayaquil/Ecuador
C 42	Islay/Peru
C 43	Paita/Peru
C 51	St. Thomas/Dänisch-Westindien
C 56	Cartagena/Kolumbien (als Stempelfehler C 65 vorkommend)
C 57	Greytown/Nicaragua
C 58	Havanna/Kuba
C 59	Jacmel/Haiti
C 60	La Guayra/Venezuela
C 61	San Juan/Porto Rico
C 62	Santa Martha/Kolumbien
C 63	Tampico/Mexiko
C 65	Cartagena/Kolumbien (wie C 56)
C 81	Bahia/Brasilien
C 82	Pernambuco/Brasilien
C 83	Rio de Janeiro/Brasilien
C 86	Porto Plata/Dominikanische Republik
C 87	San Domingo/Dominikanische Republik
C 88	Santiago de Cuba (auch St. Iago)/Kuba
D 22	Ciudad Bolivar (auch Angustora genannt)/Venezuela
D 26	St. Thomas/Dänisch-Westindien (der Stempel wurde verwendet von den Postschiffen der Reederei Spanish Mail Packet)
D 47	Polymedia/Zypern
D 48	Headquarter Camp/Zypern
D 74	Pisco/Peru
D 87	Iquique/Peru (später zu Chile)
E 53	Port au Prince/Haiti

E 88 Aspinwall (später Colon, seinerzeit zu Kolumbien, jetzt Panama)
F 69 Savanilla/Kolumbien
F 83 Arroyo/Porto Rico
F 84 Aguadilla/Porto Rico
F 85 Mayaguez/Porto Rico
F 87 Smyrna/Türkei
F 88 Ponze/Porto Rico
G 06 Beyrout/Türkei
247 Fernando Poo/Spanische Kolonie
582 Naguabo/Porto Rico
942 Larnaca/Zypern
969 Nicosia/Zypern
974 Cyrenia/Zypern
975 Limassol/Zypern
981 Papho/Zypern
982 Famagusta/Zypern

Einige in älterem Schrifttum bzw. noch heute im Michel-Katalog angeführte Stempel werden aufgrund neuerer Forschung nicht mehr als Used-abroad-Stempel anerkannt. Es handelt sich um A 80–A 99, B 03, B 12, B 56, B 57, C 64 und C 79.

USE ZIP CODE (ZIP = Zone Improvement Plan), →ZIP CODE.

U.S. Postage, U.S. engl. = United States. Abgekürzte Landesangabe auf den Marken der Vereinigten Staaten von Amerika.

UV-Lampe →Ultraviolett-Lampe, →Prüflampe.

£.50
POSTE VATICANE
FRANCOBOLLO POSTALE
BAJ. 50
1852-1952
Centenario del I Francobollo
C MEZZANA DIS
IST POL STATO OFF CARTE VALORI
CANFARINI INC

V

v, nach einer Katalognummer Kennzeichnung für vorkommende Papier- oder Gummiunterschiede bei bildgleichen Marken; es werden hierzu die Kleinbuchstaben v bis z verwendet.

V. 1. Aufdruck auf Marken der →SCADTA für den Gebrauch in Venezuela. – **2.** Internat. gebräuchliche Kennzeichnung auf Klebezetteln für →Wertsendungen und Abkürzung für franz. valeurs = Wert; →V-Zettel. – **3.** Hinter der Zeitangabe in früheren dt. und österr. Ortsdatumstempeln mit 12-Stunden-Zählung Hinweis, daß die Sendung am Vormittag postalisch behandelt wurde (sonst N = Nachmittag); wichtig für Marken aus der dt. Inflationszeit, die mit Stempelfälschungen bekannt sind. – **4.** Nach einer Katalognummer Kennzeichnung für vorkommende Wasserzeichenunterschiede bei bildgleichen Marken; es werden hierzu die Großbuchstaben V bis Z verwendet.

Vaduz-Block, Bez. aus der Sammlersprache für den Block Mi 125 von Liechtenstein 1934 zur 1. Briefmarkenausstellung in der Hauptstadt Vaduz.

Vale, span. = Wert. Aufdruck mit zusätzlich neuem Wertüberdruck auf versch. Marken einiger span. sprechender Länder, die als →Aushilfsausgabe erschienen sind (z.B. Nicaragua).

Valenciennes →Handelskammermarke, →Etappengebiet West, →Ballonpost.

Vallées d'Andorre, franz. = Täler von Andorra. Landesangabe (auch nur Andorre) auf den Marken der Französischen Post in →Andorra.

Van-Acker-Ausgabe, Bez. für Belgiens Marken Mi 736/50 (→Minus-10%-Marken), benannt nach dem damaligen belg. Ministerpräsidenten van Acker, der die Gebührensenkung veranlaßte.

Vancouver-Insel →Britisch-Columbia und Vancouver-Insel.

Vancouver Island, Marken mit dieser Inschrift →Britisch-Columbia und Vancouver-Insel.

Van-Diemens-Land, frühere Bez. für →Tasmanien und Landesangabe auf dessen ersten Marken Mi 1–8.

VARIG, Abk. für Viacao Aerea Riograndense, 1927 gegr. Schwestergesellschaft des →Condor-Syndikates, später verstaatlicht und noch heute bestehende brasilian. Luftverkehrsgesellschaft, die zunächst nur im Süden des Landes arbeitete und dort auch Luftpostsendungen beförderte, wofür von November 1927 bis Mitte 1935 eigene Luftpostzusatzmarken verausgabt wurden. Diese entstanden bis April 1931 durch Aufdrucke auf einer vom Condor-Syndikat nicht in

Verkehr gesetzten Marke (Mi C VIII). Danach folgten Marken eigener Gestaltung in mehrmal. Farbänderungen und mit versch. Auf- bzw. Überdrucken; →E.T.A., →Luftschiffbau Zeppelin.

Vasallenstaaten, auch Feudalstaaten genannt. Während der Zeit des brit. Kaiserreiches Indien bestanden 617 einheim. Staaten mit teils weitgehenden Rechten; einige von diesen bewahrten sich auch die eigene Posthoheit. Dabei wurde in Vasallen- und →Vertragsstaaten unterschieden.
Die Vasallenstaaten verausgabten zu versch. Zeiten und unterschiedl. lange Postwertzeichen eigener Gestaltung, die jedoch nur für Sendungen innerh. des Staates selbst frankaturgültig waren. Darüber hinausgehende Post (und selbstverständl. alle Auslandssendungen) mußten mit Marken Brit.-Indiens freigemacht werden. Zu den Vasallenstaaten mit eigenen Marken haben insg. 32 Reiche gehört, die im Michel-Katalog, der den Unterschied zwischen Vasallen- und Vertragsstaaten seit der ersten Auflage nach Kriegsende nicht mehr berücksichtigt, sämtl. verzeichnet sind. Es sind alle, die im Lexikon nicht unter Vertragsstaaten angeführt sind. Das Sammeln der Vasallenstaaten-Marken ist in vielen Fällen äußerst schwierig, zumal verschiedene nur einheim. Schriftzeichen aufweisen, die ohne entspr. Sprachkenntnisse kaum zu entziffern sind. Es ist aber ein äußerst reizvolles Sammelgebiet, worüber auch einige – allerdings meist engl. – Literatur vorhanden ist. L: 3. 1.

Vathy, Hafenstadt auf der Insel Samos im Ägäischen Meer. Für die dortige franz. Postdampfschiffsagentur wurden 1893–1914 einige Marken Frankreichs mit diesem Aufdruck verausgabt.

Vatikanstaat. Dieses erst 1929 entstandene und räuml. gesehen kleinste Postgebiet der Welt ist gewissermaßen die Fortsetzung des →Kirchenstaates. Die Marken des Vatikanstaates werden in aller Welt sehr

gern gesammelt (→Anhang III, Beliebtheitsstatistik). Man befleißigt sich einer vernünftigen Ausgabepolitik; ein Neuheitenabonnement strapaziert den Sammler nicht. Einige Ausgaben bzw. Einzelmarken bis in die 50er Jahre hinein sind inf. niedriger Auflagen recht teuer. Verausgabt werden nur Marken mit auf den Vatikan bzw. kirchl. Ereignisse, Gedenktage usw. bezogenen Themen, weshalb die Vatikan-Marken bes. bei Motivsammlern entspr. Richtung begehrt sind. Mit einigen Paket- und Portomarken kann dieses Sammelgebiet vervollständigt werden. Es besteht eine Arbeitsgemeinschaft »Kirchenstaat mit Vorphilatelie und Vatikan«. L: 2. 3., 3. 10.

VD →Vertrauliche Dienstsache.

VDB, Abkürzung für →Verband Deutscher Berufsphilatelisten.

VE, unter dt. Sammlern allg. gebräuchl. Abk. für →Vorausentwertung.

Veglia, früherer Name für die jugoslawische Insel Krk in der Kvarner Bucht, die 1920 kurze Zeit von ital. Freischärlern besetzt war. Es gab Marken mit Aufdruck *Veglia*, die am Schluß von →Fiume verzeichnet sind. Auch →Arbe, →Reggenza Italiana del Carnaro.

VEHA-Streifen, aus Österreich kommende Neuheit zur Befestigung von Ganzsachen, Briefen, Blocks, Kleinbogen u. ä. im Album anstelle von →Fotoecken. Die aus einer doppelten Kunststoffolie bestehenden und selbstklebenden Streifen sind zweifellos für alle Formate bestens geeignet, verbürgen sicheren Halt für das Objekt und verdecken nichts. Wie lange diese Streifen jedoch auf dem Albumblatt fest haften bleiben, ist noch nicht getestet worden. Bekanntl. verhärtet sich der Klebstoff derartiger Folien nach einiger Zeit gern, so daß auch die VEHA-Streifen u. U. später einmal »abspringen« können, was bei Fotoecken mit normaler Gummierung niemals der Fall ist. Immerhin ist es möglich, daß die Herstellerfirma einen neuen Klebstoff verwendet, der dauerhaften Bestand hat.

Venezia Giulia, Aufdruck auf österreichischen und italienischen Marken, die 1918/19 für die von

Italien besetzten Gebiete der Julischen Alpen, Istrien und Triest verausgabt worden sind. Auch →Venezia Tridentina, →centesimi di corona, →A.M.G./V.G.

Venezia Tridentina, auch *Regno d'Italia Trentino*, Aufdruck auf ital.

Marken, die 1918/19 für das besetzte Südtirol verausgabt worden sind. Auch →Venezia Giulia, →centesimi di corona, →A. M. G./ V. G.

Venezuela. Unter den 1859–1948 verausgabten Marken befinden sich nur wenige ansprechend gestaltete und gedruckte Marken. Seitdem hat man es aber oft verstanden, die Sammler zu erfreuen, weshalb Venezuela ein verh. gern gesammeltes Gebiet ist; der für ein Neuheitenabonnement monatl. aufzuwendende Betrag bewegt sich in erträgl. Grenzen. Es ist allerdings nicht zu verkennen, daß verschiedentl. über das Ziel hinausgeschossen wurde und schon mehrmals allzu umfangr. Sätze erschienen sind oder nicht ohne weiteres verständl. Ausgabeanlässe herangezogen wurden. Venezuela verläßt sich beim Bezug seiner Postwertzeichen weitgehend auf internat. anerkannte Unternehmen; seit 1957 sind die meisten Marken von der Bundesdruckerei Berlin hergestellt worden. Es hat zahlr. Dienstmarken und während des Bürgerkrieges 1902/03 Lokalausgaben gegeben. Von 1871 bis in unsere Tage sind mehrfach Stempelmarken als Freimarken verwendet worden, bis 1904 ohne Landesname (→ESCUELAS, →INSTRUCCION). Diese Marken sind im Michel-Katalog am Schluß der Bearbeitung gesondert verzeichnet und werden auf Ganzbriefen von Spezialsammlern gesucht. Im vorigen Jh. haben auf venezolan. Boden zwei brit. Auslandspostanstalten bestanden, die brit. Marken ohne Kennzeichnung und zu deren Entwertung Balkenovalstempel C 60 bzw. D 22 benutzten, die bei Spezialsammlern begehrt sind (→Used abroad); auch →La Guaira. L: 3. 11.

Verausgabung. Damit ein →Postwertzeichen als solches im postal., juristischen und philat. Sinn anerkannt werden kann, muß es u. a. »verausgabt« worden sein. Eine ordnungsgemäße Verausgabung setzt die ganze Beratungs-, Planungs- und Beschlußprozedur des Bundespostministers bzw. der dafür zuständigen Gremien sowie den Auftrag an die Druckerei, die Ankündigung der Verausgabung im Amtsblatt und letztlich den freien Verkauf am Postschalter voraus. Alle verausgabten Postwertzeichen sind voll frankaturgültig, nicht hingegen die meisten →Abarten, die in ihrer Form weder geplant noch genehmigt oder von der Post bestellt bzw. frei am Schalter zu bekommen sind. Gelangen Abarten über Postschalter oder die Versandstellen für Sammlermarken ungewollt in die Öffentlichkeit, dann erfolgt eine →Abgabe, keinesfalls aber eine Verausgabung. Auch →Makulatur. Die strenge Unterscheidung zwischen »Abgabe« und »Verausgabung« ist für die Philatelie von großer Bedeutung zur Charakterisierung von Postwertzeichen und Abarten, aber auch von →Lokalausgaben und →Aushilfsausgaben. Abgegebene Stücke können zwar gesammelt werden, doch sollte man sich hüten, ihren materiellen und vor allem ihren philat. Wert zu überschätzen. L. TRÖNDLE

Verband Deutscher Berufsphilatelisten, Abkürzung VDB, 1965 gegründeter Zusammenschluß selbständiger Briefmarkenhändler, die als Mitglieder dazu verpflichtet sind, die →»Berufsgrundsätze des deutschen Briefmarkenhandels« strikt einzuhalten. Darüber hinaus wird für die Echtheit gelieferter Marken bis zu 5 Jahren garantiert. Bei An- und Verkauf müssen angemessene Preise festgesetzt werden.

Auch →APHV. Im übrigen dient der Verband den Interessen des Einzelhandels mit Briefmarken und der Förderung der Philatelie.

Verbände. In fast allen Ländern, in denen mehrere Sammlervereine bestehen, haben sich diese in einem nationalen Dachverband zusammengeschlossen, der meist Mitglied der →FIP ist und die Gesamtinteressen aller Sammler vertritt, Verbindung zur Post unterhält und auf deren Ausgabepolitik Einfluß zu gewinnen sucht (was nur selten gelingt), die Ausrichtung großer Ausstellungen unterstützt, den Sammlern Informationen aller Art zukommen läßt und sich allg. oder speziell die Förderung und Verbreitung der Philatelie zur Aufgabe gestellt hat. Im deutschsprachigen Raum bestehen: Bund Deutscher Philatelisten (BRD), Verband Österr. Philatelisten-Vereine, Verband Schweizer. Philatelisten-Vereine. Die Verbände halten alljährl. einen Kongreß ab (z.B. Bundes- und Philatelistentag des BDPh), meist verbunden mit einer großen Ausstellung. In einigen Ländern gibt es noch Zwischenorganisationen (→Landesverbände) zwischen den Vereinen und dem Dachverband.

Verband Österreichischer Philatelisten-Vereine, Abk. VÖPhV, 1921 gegr. und nur während des 2. Weltkrieges außer Tätigkeit gesetzter Zusammenschluß ähnl. dem →BDPh. Bis 1966 bestand daneben noch der Bundesverband österr. Briefmarkensammler-Vereine, der dann in den älteren Verband überging, so daß es seitdem in Österreich nur noch einen Dachverband gibt. Anschrift: Heumarkt 1, Wien 62. Auch →Edwin-Mueller-Gedächtnisgesellschaft. →Philatelie in Österreich.

Verband Schweizerischer Philatelisten-Vereine, Abk. V. S. Ph. V., bereits 1895 gegr. Zusammenschluß der Sammlervereine zu gemeinsamer Interessenwahrung. Innerh. des Verbandes besteht eine Jugendkommission zur Betreuung junger Sammler, ferner eine Sammlerschutzstelle und eine Verbandsprüfungskommission. Der Verband verleiht – im Gegensatz zu vielen Verbänden ähnl. Art – keine Medaillen oder sonst. Auszeichnungen für Verdienste um die Philatelie. Auch →Philatelie in der Schweiz.

Verbandsmedaille, 1928 vom →Verband Österreichischer Philatelisten-Vereine gestiftete und in unregelmäßigen Abständen verliehene Auszeichnung »Für Verdienste um die philatelistische Forschung«.

Verbindungspost Grodno →Grodno.

Vereine. Jeder Sammler sollte sich einem Verein anschließen, um im Kreise Gleichgesinnter zu sein und an den gebotenen Vorteilen teilzuhaben, die in vermehrter Tauschmöglichkeit, Rundsendedienst, billigem Bezug von Neuheiten, philat. Belehrung durch Fachvorträge, Benutzung der Bücherei, einer Prüflampe usw. bestehen. Versch. Vereine geben Mitteilungsblätter oder kleine Zeitschriften heraus; andere warten regelmäßig oder nach Bedarf mit wertvollen Veröffentlichungen auf (z.B. Berliner Philatelisten-Klub, Deutscher Altbriefsammler-Verein). Für Motiv-, Stempel- und Ganzsachensammler bestehen besondere, im allg. überregionale Vereine, zu denen auch die →Arbeitsgemeinschaften gehören.
Die Geschichte der Vereine für Briefmarkensammler hat, so weit sie sich zurückverfolgen läßt, 1856 mit dem →Omnibusclub begonnen. Als nächster ist der brit. Verein The Bridlington Amateur Association von 1865 überliefert. Beide befaßten sich jedoch nur am Rande mit Postwertzeichen, im Vordergrund standen alle möglichen anderen Sammelgegenstände, die seinerzeit gerade hoch im Kurs standen. Desh. darf angenommen werden, daß der eigentlich erste Markensammlerverein The Excelsior Stamp Association in St. John/Neubraunschweig (heute eine Provinz Kanadas) gewesen ist, der am 1. 5. 1866 gegründet wurde und sogar eine eigene Zeitschrift herausbrachte (The Postman's Knock).
Ende der 60er und zu Beginn der 70er Jahre des vorigen Jh. setzte gewissermaßen die Gründerzeit der Markensammlervereine ein, von denen sich aber nur ganz wenige bis in unsere Zeit erhalten haben. Der älteste noch bestehende Verein ist die Royal Philatelic Society (seit 1906 unter diesem Namen), die am 10. 4. 1869 als London Philatelic Society gegründet wurde (seit 1892 äußerst wertvolle eigene Zeitschrift »The London Philatelist«). Dieser Verein ist der exklusivste der Welt; es wird nicht jeder als Mitglied aufgenommen.
In Deutschland wurde die Gründung von Sammlervereinen 1869 durch einen cand. jur. Faber in Heidelberg eröffnet; der Verein, der sich »Süddeutscher Philatelisten-Verein« nannte, hatte jedoch nur einen kurzen Bestand. Etwas länger hielt sich der am 1. 1. 1871 gegründete Berliner Briefmarkenverein. Diesen folgten bis 1880:

1871: Verein Deutscher Philatelisten, Dresden
1872: Hamburger Philatelisten-Club
1873: Briefmarkenclub Bremerhaven
1876: Verein Leipziger Briefmarkensammler
Verein Schlesischer Philatelisten zu Breslau
1877: Internationaler Philatelistenverein Dresden
Dresdner Philatelistenclub
Philatelistenverein Köthen
Briefmarken-Sammler-Verein »Union«, Straßburg
1878: Verein Rheinisch-Reichsständiger Philatelisten »Concordia«, Kolmar/Elsaß
Philatelistenverein Wiesbaden
Verein für Briefmarkenkunde, Frankfurt am Main
Verein schlesischer Philatelisten, Hirschberg
Hildesheimer Philatelisten-Verein
1879: Verein Magdeburger Briefmarkensammler

Verein »Philatelie« für Geithain und Umgebung
Verein für Briefmarkenkunde, München
Verein Karlsruher Briefmarkensammler
Verein »Philatelie«, Chemnitz
Verein Stettiner Briefmarkensammler

1880: Verein für Briefmarkenkunde, Essen
Verein Würzburger Philatelisten
Verein für Briefmarkenkunde, Würzburg
Kölner Verein für Briefmarkenkunde.

Von all diesen bestehen heute nur noch ganz wenige, als ältester der Verein für Briefmarkenkunde Frankfurt am Main von 1878.

Viele der in der BRD tätigen Vereine können bereits auf ein 75 oder mehr Jahre währendes Bestehen zurückblicken, zu denen – soweit in ihrem Namen das Gründungsjahr festgehalten ist – u.a. folgende gehören:

1878: Verein für Briefmarkenkunde Frankfurt a.M.

1880: Verein für Briefmarkenkunde Würzburg

1881: Verein für Briefmarkenkunde Kassel

1882: Dortmunder Briefmarkensammler-Verein
Württembergischer Philatelisten-Verein Stuttgart

1883: Verein für Briefmarkenkunde Ulm
Bayerischer Briefmarken-Sammler-Verein München

1885: Verein Braunschweiger Briefmarken-Sammler
Verein für Briefmarkenkunde Mainz
Wiesbadener Briefmarkensammler-Verein

1886: Briefmarken-Club Hannover

1888: Berliner Philatelisten-Klub
Hamburg-Altonaer Verein für Briefmarkenkunde
Verein der Briefmarkenfreunde Oldenburg

1889: Briefmarken-Sammler-Verein Bonn
Verein der Briefmarkensammler Bremerhaven

1890: Briefmarkenfreunde Aachen
Verein für Briefmarkenkunde Kiel
Verein der Briefmarkensammler Hanau
Verein Mannheimer Briefmarken-Sammler

1891: Philatelisten-Klub Nürnberg

1892: Essener Philatelisten-Verein
Verein für Briefmarkenkunde Marburg/Lahn

1893: Briefmarken-Sammler-Verein Eßlingen

1894: Heilbronner Philatelisten-Verein
Philatelistenvereinigung Regensburg
Verein für Postwertzeichensammler Hamburg.

Die Anschriften dieser und der zahlr. anderen Vereine sind über die →Landesverbände zu erfahren. Ohne Rücksicht auf die Dauer ihres Bestehens nachfolgend noch traditionsreiche Vereine aus dem Ausland (teils im Lexikontext unter dem entspr. Stichwort aufgeführt):

Briefmarkensammler-Verein »Donau«, Wien
Briefmarkensammler-Verein »Wien«, Wien
Erster Österreichischer Arbeiter-Briefmarken-Sammler-Verein, Wien
Österreichische Forschungsgesellschaft für Philatelie und Postgeschichte, Graz
Österreichischer Philatelisten-Klub »Vindobona«, Wien
Philatelisten-Verein Bern
Schweizerischer Philatelisten-Verein Basel
Schweizerischer Philatelisten-Verein Zürich
Société Lausannoise de Timbrologie, Lausanne
Société Philatélique de Bienne, Biel.

Von den vielen Vereinen, deren Mitglieder sich mit Spezialgebieten beschäftigen, jedoch nicht als →Arbeitsgemeinschaften gelten, seien einige wenige angeführt.

Bundesrepublik Deutschland:
Berliner Ganzsachen-Vereinigung, Berlin
Deutsche Motivsammler-Vereinigung, Hamburg 54
Erinnophilie Internat. Sammler-Union zur Erforschung, Archivierung und Katalogisierung von nichtpostalischen Marken, Coburg
Internationaler Aerophilatelisten Club, Berlin
Merkur, Verein zur Pflege der Privatpostmarken, Düsseldorf-Nord
Motivsammlergilde, Düsseldorf
Münchener Ganzsachen-Sammlerverein von 1912, München
Philatelisten-Verein Vereintes Europa, Hannover-Waldheim
Poststempelgilde »Rhein-Donau«, Düsseldorf
Sammlergilde St. Gabriel, Essen-Werden.

Österreich:
Erster österreichischer Rekozettelsammler-Verein, Wien
Motivsammler in Österreich. Interessengemeinschaft für Briefmarkensammler, Wien
Österreichischer Flugpostsammlerverein, Wien
Wiener Ganzsachen- Frei- und Poststempelsammlerverein, Wien

Schweiz:
Cercle d'étude philatélique du Léman, Lausanne
Philatelisten-Club Swissair, Zürich-Flughafen
Schweizerischer Aerophilatelisten-Verein, Zürich
Schweizerischer Altbriefsammler-Verein, Biel
Schweizerischer Ganzsachensammler-Verein, Biel
Schweizerischer Motivsammler-Verein, Lys
Schweizerischer Verein der Israel-Philatelisten, Chur
Schweizerischer Verein von Viererblock-Sammlern, Beromünster
Verein Schweizerischer Maschinenstempelsammler, Zürich

Übrige europäische Länder und die USA:
Association Belge de Philatélie Thématique, Mechelen
Association Française de Philatélie Thématique, Paris

Internationaler Verein für Ballonpost, Den Haag
American Topical Association, Milwaukee
Germany Philatelic Society, Geschäftsstelle in der BRD: Heidelberg-Rohrbach
The Rossica Society of Russian Philately, New York.

Noch einige Anschriften, die für den Sammler unter Umständen wichtig sein können:

Österreich:
Jugendkommission im Verband Österreichischer Philatelisten-Vereine, Heumarkt 1, Wien 62
Österreichischer Briefmarkenhändler-Verband, Mariahilferstr. 105, A-1060 Wien
Ring Österreichischer Philatelisten-Jugend, Pappenheimgasse 24–28/16, A-1200 Wien
Verband Österreichischer Briefmarkenprüfer, Heumarkt 1, Wien 62
Verband Österreichischer Philatelisten-Vereine, Heumarkt 1, Wien 62

Schweiz:
Jugendkommission des Verbandes Schweizerischer Philatelisten-Vereine, Steinhaufenweg 13, Ch-3645 Gwatt bei Thun
Sammlerschutzstelle, Dr. Peter Mayer, Neuwilerstr. 20a, CH-4104 Oberwil
Verband Schweizerischer Philatelisten-Vereine, Sekretariat, Löwenstr. 14, CH-8001 Zürich
Verbandsprüfungskommission, Sekretariat, Georges Schild, Rainmattstr. 3, CH-3011 Bern
Zentralstelle für Auskünfte der Motivgruppen in der Motivkommission der FIP, Inselstr. 51, CH-4057 Basel.

Verein für Briefmarkenkunde Frankfurt am Main, gegr. 1878, ältester noch heute bestehender Verein in Deutschland, aus dessen Reihen bedeutende und weit über die Grenzen bekannte und in versch. Organisationen an führender Stelle tätige Philatelisten hervorgegangen sind. Der Verein besitzt mit über 9000 Bänden die umfangreichste und wertvollste vereinseigene Bibliothek in der BRD; →Baurat-Luce-Medaille.

Vereinigte Arabische Emirate, United Arab Emirates, offizielle Bez. für die →Scheichtümer am Persischen Golf, die sich 1971 politisch, wirtschaftlich und postalisch zusammengeschlossen haben. Es werden seitdem nur noch wenige gemeinsame Marken verausgabt, so daß diese Gebiete jetzt nicht mehr zu den →Raubstaaten zählen. Im Handel werden allerdings weiterhin viele neue »Marken« und »Blocks« für die einzelnen Länder angeboten, die jedoch ohne Genehmigung von den früher mit Herstellung und Vertrieb von Postwertzeichen der Scheichtümer betrauten →Agenturen stammen und kaum mehr als →Vignetten sind. In Unkenntnis der Situation seitens der Postange-

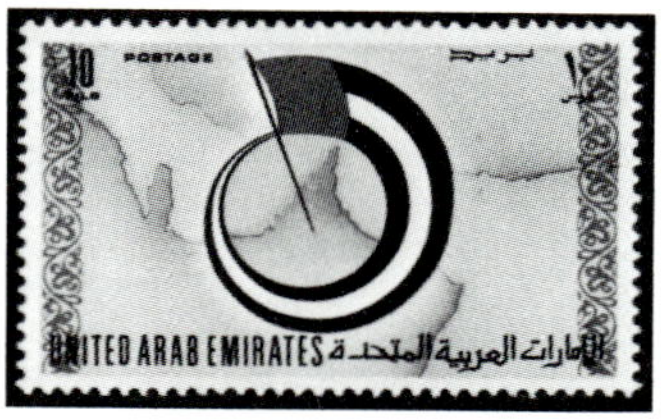

hörigen in aller Welt kommen aber auch diese Vignetten noch auf echt gelaufenen Briefen vor, haben dann aber bestenfalls nur Kuriositätswert.

Vereinigte Arabische Republik. Nachdem sich →Syrien 1958 polit. eng Ägypten angeschlossen hatte, bezeichneten sich beide Länder als Vereinigte Arabische Republik, was auf den Marken Ägyptens durch die abgek. Landesangabe UAR (= United Arab Republic) zum Ausdruck kam. Dieser Zusammenschluß hatte nur bis Herbst 1961 Bestand; trotzdem ist die Abk. UAR auf den Marken Ägyptens bis Mitte 1971 erhalten geblieben. Die Marken der UAR, d.h. Ägyptens seit 1958, werden, obwohl häufig polit. Propaganda betrieben wird, verh. gern gesammelt. Sie bieten auch den Motivsammlern viel, bes. weil für die Markenbilder häufig Vorlagen aus der langen Kulturgeschichte der ehem. Pharaonenreiche herangezogen werden. Aus naheliegenden Gründen werden die im Michel-Katalog unter Ägypten verzeichneten Marken der Republik (Mi 391–528) oft mit in eine solche Sammlung aufgenommen. Eine weitere Ergänzungsmöglichkeit besteht durch die sehr vielen bes. Marken für den von Ägypten besetzt gewesenen Gaza-Streifen in Palästina. Nicht übersehen werden darf, daß in Syrien 1958–1961 rund 100 Marken und einige Blocks mit Inschrift UAR als Landesangabe in Kurs gewesen sind. Die früher übliche Aufteilung der Marken im Michel-Katalog unter den Überschriften »Ägypten« bzw. »Vereinigte Arabische Republik« ist seit mehreren Jahren wieder fallengelassen worden; die Ausgaben sind entspr. der Landesangabe jetzt unter Ägypten bzw. Syrien verzeichnet. L: 3. 1.

Vereinigte Staaten von Amerika. Die USA sind eines der beliebtesten Sammelgebiete, die Ausgaben ab etwa 1920 und verstärkt seit 1945 sind ansprechend gestaltet und drucktechn. vorbildlich, außerdem sind diese inf. ungewöhnl. hoher

Auflagen mit wenigen Ausnahmen zu erschwingl. Preis erhältlich. Abgesehen von den Höchstwerten der Dauerserien haben Sonder- und Gedenkmarken geringe Nennwerte und strapazieren den Sammler finanziell nicht. Die Marken berichten eindrucksvoll, teils auch eigenwillig, von Geschehnissen aus Vergangenheit und Gegenwart, machen mit der reichen Fauna und Flora bekannt usw.; der Sammler lernt die USA auf dem Weg über die Briefmarken kennen.
Das alles gilt jedoch nur ohne die Zeit von etwa Mitte 1975 bis Ende 1976, denn in dieser gelangten allzu viele Gedenkmarken und Blocks

zur 200jährigen Unabhängigkeit zur Ausgabe, darunter allein ein Schalterbogen mit 50 versch. Marken mit Wiedergabe der Flaggen und Wappen der 50 Bundesstaaten. Der Traum vieler Sammler ist der Kolumbus-Satz von 1893 (Mi 73–88), der mit zu den frühesten Gedenkausgaben gehört. Bemerkenswert ist, daß die US-Post in ihrer langen Markengeschichte bisher nur drei Aufdruck- und überhaupt noch keine Überdruckmarken kennt (Mi 311–313). Die Freimarken mit Aufdruck →Kans. bzw. →Nebr. gehen auf eine Kontroll-

maßnahme zurück, während der Aufdruck R. F. auf Mi 500 eine Feldpostmarke gewesen ist, die nur von im 2. Weltkrieg unter amerik. Kommando in Afrika kämpfenden franz. Truppen verwendet wurde. Bei Spezialsammlern beliebt sind Marken mit anhängendem Bogenrand (gern als Viererblock gesammelt) mit Plattennummer; →ZIP CODE oder MAIL EARLY IN THE DAY. Auch mit den →Vorausentwertungen beschäftigen sich sehr viele; den Paket- und Portomarken und den für versch. Behörden erschienenen zahlr. Dienstmarken, ferner den Zeitungsmarken (Mi 1–4 gehören vom Format her zu den größten Postwertzeichen) wird weniger Aufmerksamkeit geschenkt. Schwierig und teuer zu sammeln sind die frühen Ausgaben; es gehört für den Sammler schon viel Erfahrung dazu, um die Typen-, Platten- und Wasserzeichenunterschiede zuverlässig bestimmen zu können.
Gelegentl. werden in eine USA-Sammlung auch die Marken für die →Panamakanalzone, →Puerto Rico, →Hawaii und die der →Konföderierten Staaten von Amerika aufgenommen. Dagegen muß auf die →Postmeistermarken und die →Carriermarken, die außerordentl. selten und wertvoll sind, meist verzichtet werden. Dasselbe gilt für Marken oder sonstige Belege der Privatpostunternehmen (→Pony Express, →Wells, Fargo & Co.). Eine weitere Abrundung kann durch Hinzunahme best. Markenausgaben der Philippinen und Porto Ricos, ferner solcher von Hawaii, Guam und den Riu-Kiu-Inseln erfolgen. Auch →Farley's Follies. Die Literatur über Post, Marken und Stempel der USA ist sehr umfangreich, die wichtigsten Werke erscheinen in engl. Sprache. L: 2. 3., 3. 11.

Vereinsfarben, zwischenstaatl. oder internat. vereinbarte Farben für Marken best. Portosätze, um die richtige Freimachung von Auslandssendungen an Hand der Markenfarbe schnell erkennen zu können, was natürl. nur dann möglich ist, wenn die Sendung mit einer einzigen dem Portosatz entspr. Marke frankiert ist; →Postvereinsfarben, →Deutsch-Österreichischer Postverein.

Vereinte Nationen. 1. Bis zur Ausgabe bes. Marken für die Vereinten Nationen benutzte diese Organisa-

tion Postwertzeichen und Absenderfreistempel der USA. Es besteht ein Abkommen zwischen UN und USA, wonach die UN-Marken und -Ganzsachen nur dann gültig sind, wenn die damit freigemachten Sendungen im UN-Gebäude aufgegeben werden; sie werden dann von der US-Post übernommen und weiterbefördert. Die ersten eigenen Marken für die UN erschienen in Dollarwährung am 24. 10. 1951, die erste Ganzsache (Postkarte zu 2 C.) am 18. 7. 1952 und das erste →Aerogramm am 29. 8. 1952. Die UN-Postwertzeichen einschl. der Ersttagsumschläge stehen hinsichtl. Beliebtheit bei den Sammlern an der Spitze der außereur. Länder; sie lassen sich an Hand der vorhandenen umfangr. Kataloge und des sonst. Schrifttums teils stark spezialisiert sammeln. Es besteht eine Arbeitsgemeinschaft Vereinte Nationen – Vereintes Europa; auch →UNTEA. L: 2. 3., 3. 11. – **2.** Ein Ende 1968 abgeschlossener ähnl. Vertrag zwischen den UN und der Schweiz brachte ab 4. 10. 1969

bildl. mit den Ausgaben der UN-Post in New York übereinstimmende, jedoch auf Franken-Währung lautende Marken für die Postverwaltung der UN in Genf, die im Michel-Europakatalog für sich verzeichnet sind. Diese Marken werden entweder in Verbindung mit den New Yorker Ausgaben gesammelt oder in eine Schweiz-Sammlung mit aufgenommen, und zwar unter Dienstmarken bzw. »Ausgaben für die internationalen Organisationen«, was durchaus berechtigt ist, da die schweiz. Post dem Europäischen Amt der Vereinten Nationen in Genf schon vom 1. 2. 1950 an bes. Marken zur Freimachung zur Verfügung stellte, die im Rahmen einer Schweiz-Sammlung berücksichtigt werden. Die seit 1969 von UN-Genf verwendeten Marken stellen demnach eine Art Fortsetzung der vorhergegangenen dar. Auch →Völkerbund-Marken.

verfälscht. Es gibt viele Möglichkeiten zur Verfälschung einer Marke, d.h. Veränderung z.B. in eine seltene Farbenabart durch Ausbleichung mittels Sonnenbestrahlung oder Chemikalien, kunstvolle Abänderung eines Stempeldatums usw.; auch die →Gefälligkeitsentwertung gehört z.T. hierher. Sehr oft kommt verfälscht schon mehr einer →Teilfälschung gleich. Der Ausdruck verfälscht ist eine Verniedlichung, sollte möglichst vermieden und durch das Wort Fälschung ersetzt werden.

verfärbt. Durch längere Tageslichteinwirkung (bes. direktes Sonnenlicht), aber auch durch Umwelteinflüsse (z.B. Industrieluft) können sich Druckfarben und Papier verfärben, bei mit sog. Erdfarben gedruckten älteren auch durch natürl. Oxidationsvorgänge im Laufe der Jahre. Anfällig sind vorw. Mischfarben, bei denen sich eine Komponente verändern kann. Wieder andere Markenfarben sind nicht wasser- oder benzinbeständig und verfärben sich bei entspr. Behandlung. In nur ganz wenigen Fällen ist eine Auffrischung verfärbter Marken möglich, was einem Restaurator überlassen werden muß. Bei durch Sonnenlicht entstandener Ausbleichung ist an die Wiederherstellung des einst. Zustandes nicht mehr zu denken; auch →vergilbt, →auffrischen.

vergilbt. Papier (bes. holzhaltiges u.a. minderwertiger Qualität, das verschiedentl. für Marken bzw. Ganzsachen verwendet worden ist) hat die Eigenschaft, inf. versch. Umwelteinflüsse zu altern und kann mit der Zeit bräunlich oder schmutziggrau werden. Das geschieht auch bei gutem Papier nicht zuletzt dann, wenn Marken, Briefe usw. lange Zeit unter Luftabschluß und vielleicht gar dicht aufeinandergepackt in einem Karton lagern. Wichtiges Gebot für jeden Sammler ist deshalb, die Alben stets senkrecht aufzustellen und öfter einmal durchzublättern, damit frische Luft zwischen die Seiten gelangt; auch mit Dubletten sollte man sich aus gleichem Grund ab und zu einmal beschäftigen. Vergilbtes Papier kann u.U. nach dem unter →Stockflecke gegebenen Rezept wieder aufgefrischt werden, was allerdings nur bei lose gestempelten Marken möglich ist. Für ungebrauchte Marken mit Gummi, für Ganzbriefe u.ä. scheidet eine Behandlung aus; auch →verfärbt, →auffrischen.

Vergleichsmaterial. Der Spezialsammler benötigt zur möglichst exakten Bestimmung von Abarten, Farben- und Zähnungsunterschieden, Druckzufälligkeiten usw. viele Marken gleicher Ausgabe und Wertstufe, ohne die das sonst meist unmöglich ist und zu Trugschlüssen führen kann. Für den →Prüfer ist bes. umfangreiches Vergleichsmaterial unerläßlich; er muß dieses sogar vorweisen können, wenn er nach einer Eignungsprüfung offiziell anerkannt und zugelassen werden will.

Verkaufsauflage. Von der Gesamtauflage einer Marke oder eines Satzes wurde aus versch. Gründen nur ein Teil verkauft; die übriggebliebenen Marken (→Restauflage) wurden vernichtet, durch Auf- bzw. Überdruck später noch einmal verwendbar gemacht, früher auch zum Nennwert oder darunter an Händler verkauft.

Verkaufspreis →Ankaufspreis.

Verkaufsstelle für Kolonialpostwertzeichen, offiz. Bez. (Kurzname: Kolonialschalter) der Ende 1900 eröffneten und Mitte Juni 1919 geschlossenen Dienststelle des Reichspostamtes in Berlin, die den heutigen Sammlerschaltern bzw. Versandstellen entsprach und für die Abgabe ungebrauchter Marken der Deutschen Postanstalten im Ausland und in den Kolonien für Sammelzwecke zuständig war. Nach Ausbruch des 1. Weltkrieges gab diese Verkaufsstelle nur noch die vorrätigen Marken, darunter den →Schaltersatz ab (auch →Berliner Ausgabe). Die Restbestände der Verkaufsstelle wurden 1919–1924 auf dem Wege der Versteigerung an den Handel verkauft (Angaben über die dabei veräußerten Mengen der einzelnen Wertstufen u.a. L: 3. 6.).

Verkehrsware, in Händlerangeboten für bes. billige →Kiloware bzw. →Missionsware gebräuchl. Begriff, der besagt, daß an den Inhalt keine sonderl. hohen Anforderungen hinsichtl. Qualität und Sortenreichtum der enthaltenen Marken gestellt werden können. Verkehrsware besteht aus Marken, die von Sendungen aus dem normalen Postverkehr stammen, d.h. im wesentl. aus zur Freimachung von Briefen, Postkarten und Drucksachen vorgesehenen Wertstufen der Dauerserien; bestenfalls sind einige in sehr großen Auflagen erschienene Sondermarken enthalten. Mit vielen beschädigten oder schlecht gestempelten Stücken ist zu rechnen. Verkehrsware kann höchstens für Spezialsammler interessant sein, die nach Druckmängeln suchen; →Massenware.

verkehrt geschnittene Doppelgenf, Bez. aus der Sammlersprache für ein waagerechtes Paar der →Doppelgenf, das aus versch. Gründen so aus dem Schalterbogen geschnitten wurde, daß in der gemeinsamen Kopfleiste über je zwei Marken die Inschrift nicht PORT CANTONAL, sondern CANTONAL PORT lautet, was z.B. dadurch entstanden ist, daß am Schalter gerade eine →Halbe Doppelgenf zur Freimachung eines Ortsbriefes verkauft worden war, kurz darauf ein Paar für einen Kantonsbrief; dabei gerieten die Inschriften der Kopfleiste gelegentl. durcheinander. Derartige Paare gehören zu den großen Welträritäten; auch →Großer Adler, →Kleiner Adler.

Verlagsstück, priv. Vordruck auf Streifbändern oder Umschlägen in der Schweiz zum Versand von abonnierten Zeitschriften; gibt wie »A. Z.« Hinweis auf ermäßigtes Porto. Ähnl. »Gebühr bezahlt beim Postamt . . .« im Bereich der BP und →»Pauschalfrankiert«.

Vermillon, Bez. aus der Sammlersprache für die Marke Frankreichs Mi 6 vom 1. 1. 1849, die zunächst in einer zwischen orangerot und fahlrot schwankenden Farbe gedruckt wurde und daher diese Bez. erhalten hat, obwohl vermillon (franz.) eigentl. mit zinnoberrot zu übersetzen ist. Bereits ab 1. 12. 1849 wurde dieselbe Marke in

Farbe Karmin verausgabt (Mi 7), weil Anfang 1850 ein Wert zu 50 Centimes in Rotorangefarbe erscheinen sollte (Mi 5), was zur Verwechslung mit der ersten Ausgabe der 1-Franc-Marke (Mi 6) hätte führen können. Die Vermillon gehört zu den großen Raritäten. Auch →Vervelle.

Vernichtungsstempel, dt. Bez. für →Killer; auch →Glühstempel.

Veroneser Fälschung, Bez. für die Marken Mi 3 und 4 von Lombardei-Venetien (Österreich), die 1853 in Kupfertiefdruck statt Buchdruck als →Postfälschung teils unerkannt verwendet wurden und gestempelt bzw. auf Ganzbrief äußerst selten und wertvoll sind; →Mailänder Postfälschung.

Verrechnungsmarken, in versch. Ländern übl. gewesene Markenart (heute selten) zur Verrechnung bes. Gebühren und desh. am besten der

großen Gruppe der →Gebührenmarken einzugliedern. Aus Dänemark z.B. sind solche Marken mit Inschrift →Avisporto zur Zeitungsgeldverrechnung bekannt. Die anschließenden Marken Mi 14–18 dienten zur Verrechnung der Gebühr, die zu entrichten war, wenn der Schalterbeamte auf Wunsch des Postkunden z.B. eine Postanweisung ausfüllte.

Versandgeschäft. Es gibt zahlreiche Markenhändler, die kein Ladengeschäft betreiben und ihre Kunden von der Wohnung u.a. aus und nur auf dem Postweg bedienen, wobei das Hauptgewicht auf der Erledigung eingesandter →Fehllisten oder Beschaffung von Neuheiten im Abonnement liegt. Die meisten dieser Händler sind absolut seriös und liefern seit Jahrzehnten zuverlässig und wegen geringerer Unkoster preiswert. Es tauchen leider aber auch immer wieder unsaubere Elemente auf; man sollte deshalb bei einem Versandgeschäft zunächst nur kleinere Bestellungen als Test aufgeben. Vorsicht ist bes. bei Postfachanschriften ohne Straßenangabe gegeben, jedoch sind alle Schutzvorschläge relativ, da auch eine noch so sicher erscheinende Anschrift in einer Anzeige fingiert sein kann.

Versandstellen. Solche werden von fast allen Postgebieten unterhalten – soweit kein Vertrag mit einer Agentur besteht, die für Herstellung und Vertrieb neuer Marken zuständig ist – zur Entgegennahme und Ausführung von Einzelbestellungen auf noch vorrätige Marken und Ganzsachen (teils noch auf mehrere Jahre zurückliegende Ausgaben, z.B. Finnland, Schweden) oder Lieferung aller Neuheiten im Abonnement; einige Versandstellen erfüllen auch Sonderwünsche (z.B. Eckrandstücke). In Deutschland wurde die erste Versandstelle für Sammlermarken 1920 in Berlin eingerichtet; auch →Sammlerschalter, →Crown Agents, →Verkaufsstelle für Kolonialpostwertzeichen.
Für den einzelnen Sammler ist Markenbezug oder das Neuheitenabonnement bei einer Versandstelle nicht immer vorteilhaft. Das Abonnement bei einem Händler kann preislich günstiger sein, da die meisten Versandstellen noch eine Bearbeitungsgebühr und für Ausländer die Unterhaltung eines ständig aufzufüllenden Kontos verlangen. Hinzu kommen hohe Nebenkosten durch Versand per Einschreiben oder Nachnahme usw. Einige Versandstellen geben dem Sammler zum Direktbezug dadurch einen Anreiz, daß die Portokosten in Form von gestempelt beigelegten Marken ausgeglichen werden (selbstverständl. nur →Gefälligkeitsentwertung, neuerdings auch minderwertige →Buchdruckentwertung), die der Sammler als Tauschobjekt verwenden kann. Diese den Sammlern entgegenkommende Geste wird allerdings mehr und mehr aufgegeben, da sie die Versandstellen Zeit und damit Geld kostet; es wird desh. schon verschiedentl. auf die Berechnung jegl. Versandgebühren verzichtet. Der am Markenbezug über eine Versandstelle interessierte Sammler sollte zunächst die teils sehr unterschiedl. Bedingungen anfordern und genau studieren, um sich über die Nebenkosten zu unterrichten. Auch →Jahressatz. Anschriftenliste von rd. 170 Versandstellen aus aller Welt →Anhang V.

Verschlußmarken, markenähnl. Klebezettel, die früher zum Verschließen von z.B. zur Ermittlung des Absenders durch die Post geöffneten unzustellbaren Briefen verwendet wurden; →Rückbriefmarken, auch →Verschlußzettel, →Instruktionsmarken.

Verschlußstreifen, zum Verschließen von seiten der Post oder z.B. einer Zensurstelle geöffneten oder auch →beschädigten Sendungen dienend. Es sind je nach Land und Verwendungszweck viele Ausführungsformen bekannt.

Verschlußzettel, →Verschlußmarken, aber in einfacherer Ausführung und auch zum Verschließen von →beschädigten Sendungen durch die Post. Es sind je nach Land viele Ausführungsformen bekannt.

verschnitten, Ausdruck für geschnitten verausgabte Marke, die mit der Schere so unsorgfältig aus dem Bogen herausgeschnitten wurde, daß zwei oder mehr Seiten stark →angeschnitten sind.

verschobener Druck. Durch Unachtsamkeit während des Druckablaufes, Maschinenschaden usw. können bei mehrfarbigen Marken mehr oder weniger starke Verschiebungen der einzelnen Bildpartien vorkommen, die höchstens dann als katalogisierfähige Abart gelten, wenn die Verschiebung ungewöhnl. groß ist, d.h. eigentl. Makulatur vorliegt oder →nachgemalt bzw. →übermalt wurde. Im allg. wird verschobener Druck nur als Druckmangel betrachtet, wofür ledigl. der Spezialsammler u. U. einen geringen Aufpreis bewilligt. Verschobener Druck darf nicht mit →dezentriert verwechselt werden. L: 1. 3.

verschobenes Wasserzeichen, durch ungenaue Einlage der Papierbogen mit →Einzelwasserzeichen möglich. Bei diesem ist vorgesehen, daß auf jede einzelne Marke im Schalterbogen eine Wasserzeichenform (z.B. eine Krone) entfällt, beim verschobenen Wasserzeichen sind aber z.B. auf einer Marke zwei Hälften der Wasserzeichenform links und rechts oder oben und unten festzustellen, was nur der Spezialsammler beachtet und nur in seltenen Fällen von Katalogen registriert wird. Bei Bogen- und Mehrfachwasserzeichen ist verschobenes Wasserzeichen unmöglich.

Verschönerung, verschmutzt gewesene Marke, die mit irgendeinem wirksamen Mittel gesäubert wurde, bei der Stock- oder Schonfalzflecke entfernt, ein Bug ausgebügelt, kleine Mängel beseitigt wurden u.ä., es wurde jedoch keine →Reparatur vorgenommen. Eine Verschönerung mindert den Wert einer Marke nur in bes. Ausnahmefällen.

verschönt →Verschönerung.

Versicherungsdienstmarken. Zur Freimachung ihrer dienstlichen Korrespondenz verwendet die neuseeländische Government Life Insurance (= Staatliche Lebensversicherung) seit 1891 eigene Marken mit entspr. Inschrift; ihr Wahrzeichen ist stets ein Leuchtturm. In den Katalogen sind diese Wertzeichen unter Dienstmarken aufgeführt. Sie haben natürlich nichts mit den →Brandkastenmarken oder den →Postversicherungsmarken zu tun.

Versicherungsmarken →Brandkastenmarken, →Post-Versicherungsmarken.

Versicherungsscheine →Cubiertas, →Ocean-Reederei.

Verspätungsmarken, früher für nach Schalterschluß aufgelieferte Sendungen verschiedentl. üblich gewesene Marken, mit denen der personelle Mehraufwand der Post zu begleichen war. Die erste Verspätungsmarke verausgabte 1855 die ehem. brit. Kronkolonie Victoria/Australien (Mi 10), die aus dem Holzschnitt-Druckstock der Einschreibemarke Mi 9 entstand, indem die Inschrift REGISTERED in TOO LATE (= zu spät) und die Wertangabe von ONE SHILLING in SIX PENCE geändert wurden, wobei die alte Wertangabe nicht ganz entfernt wurde, so daß diese auf der Verspätungsmarke teilweise noch zu sehen ist. Kolumbien ver-

ausgabte 1887–1921 Verspätungsmarken, kenntlich an der Inschrift RETARDO; weitere sind aus Antioquia, Bolivar und Panama bekannt. In Uruguay gab es für einen besonderen Zubringerdienst zum Postdampfer sechs Marken mit Inschrift SERVICIO DE ALLANCEY UH (UH = ultimo hora = Anschlußdienst in letzter Stunde, Mi 557–562); auch →Verspätungsstempel.

Verspätungsstempel. Marken von Trinidad mit Handstempelaufdruck TOO LATE, von Uruguay und Venezuela mit FUERA DE'HORA (nicht immer voll auf der Marke abgeschlagen) entsprechen hinsichtl. Verwendung den →Verspätungsmarken. Im übertragenen Sinne kann auch der Abdruck des achteckigen Telegraphenstempels Belgiens auf Marken Belgiens Mi 97–99 als Verspätungsstempel bezeichnet werden, da nach Schließung der Postschalter einige Telegrammschalter gegen Zahlung einer Sondergebühr noch Briefe annahmen und die zur Freimachung verwendeten Marken mit dem Telegraphenstempel entwerteten.

Versteigerung, dt. Bez. für →Auktion.

verstempelt, Begriff aus der Sammlersprache für gebrauchte Marken, die durch verschmierten Stempelabdruck, Killer, Werbeeinsatz eines Maschinenstempels, zu fettige Stempelfarbe u. a. vom Markenbild nicht mehr viel erkennen lassen, häßlich aussehen und für eine gepflegte Sammlung unbrauchbar sind. Spezial-Stempelsammler akzeptieren verstempelte Marken oft, da es ihnen nicht auf die Marke, sondern auf einen gut lesbaren Stempel ankommt.

Verstümmelung. Häufig sind in einer Markeninschrift, einem Auf- oder Überdruck verstümmelte Buchstaben, aber auch Bildteile festzustellen, die auf versch. Ursachen zurückzuführen sind und nur als →Druckmangel anerkannt werden können. Verstümmelungen können bei in Tiefdruck hergestellten Marken durch zu spröde Farbe (die bei dieser Druckart leicht erhaben auf dem Papier auftrocknet) oder zu hartes Papier entstehen. Die Farbe springt in kleinsten Partikelchen ab, was sich mit einer guten Lupe meist ohne weiteres zu erkennen gibt, da die Konturen des Buchstabens usw. noch schwach sichtbar sind. Auch während des Druckvorganges in die Maschine bzw. auf das Papier geratene winzigkleine Fremdkörper (z.B. Staubkörnchen) können Verstümmelungen verschiedenster Art hervorrufen und u.U. eine Abart vortäuschen. Dasselbe geschieht, wenn die vom Farbwerk auf die Druckform aufgetragene Farbe z.B. inf. Eindickung nicht einwandfrei abgewischt werden konnte und verschmiert wurde usw.; auch →Kringel, →Farbstreifen.

Versuchsbriefmarken →entwertet.

Versuchsdurchstich, erster 1847 in Großbritannien durch →Archer.

Versuchsmaschinendruck →Maschinenprobe.

Versuchsstempel, Bez. für Entwertungsstempel, die teils nur kurze Zeit und nur von einem oder wenigen Postämtern verwendet wurden, um aus der Praxis heraus die beste und sicherste Markenentwertung zu finden, worauf die Postverwaltungen nach Einführung von Briefmarken sehr bedacht waren, weil die Sorge vor mögl. Entfernung eines Stempelabdruckes und Wiederverwendung einer Marke zum Schaden der Post allg. groß war, was z.B. die →Killer zur Folge hatte. Versuchsstempel erfreuen sich bei Spezialsammlern großer Beliebtheit und sind teils recht wertvoll. Über evtl. Vorkommen und Aussehen unterrichten Spezialkataloge und Handbücher zu den betr. Ländern.

Versuchszähnung, erste 1848 in Großbritannien durch →Archer. Auch in Österreich wurden ab 1852 mit Bogen der 1-Kr.-Marke (Mi 1) Versuchszähnungen durchgeführt, wobei die ungewöhnl. feine Zähnung $18^{1}/_{2}$ angewendet wurde. Es wird vermutet, daß einige Stücke dieser Art erhalten geblieben sind.

Vertauschung. Die Gefahr der Vertauschung von Marken ist bes. bei Einlieferung von Auswahlheften zu →Rundsendezirkeln sehr groß, da niemand die einzelnen Teilnehmer persönl. kennt (ausgenommen kleinere Vereine). Die Feststellung, wer Vertauschungen vornimmt, ist nur selten möglich, desgl. eine strafrechtl. Verfolgung. Einwandfreie ungebrauchte oder postfrische Marken, die in Heften mit Klemmstreifen eingesteckt sind, werden bes. gern gegen gleiche mit Falz oder ohne Gummi, sauber gestempelte gegen stark verstempelte usw. ausgetauscht (manchmal sogar trotz Angabe der Michel-Nummer gegen gänzl. andere). Bei mit Klebefalz befestigten gestempelten Marken kann man sich schützen, indem die bis zum Markenrand gehenden Stempelteile mit Kugelschreiber auf dem Feld des Auswahlheftes einige Millimeter verlängert nachgezogen werden.

Vertragsstaaten, auch Konventionalstaaten genannt, zur Einführung →Vasallenstaaten. Die Post der Vertragsstaaten benutzte Marken von Brit.-Indien mit Aufdruck des Landesnamens in Engl. (teils zusätzl. in einheim. Schrift), einige wurden zur Verwendung als Dienstmarken noch mit Aufdruck SERVICE versehen. Die Marken der Vertragsstaaten waren im Gegensatz zu denen der Vasallenstaaten innerh. ganz Indiens gültig, nur Auslandspost war mit Marken von Brit.-Indien freizumachen. Vertragsstaaten waren (Schreibweise nach Michel-Katalog): Burma, Chamba, Faridkot, Gwalior, Jind, Nabha, Patiala. Alle im Michel-Katalog weiter angeführten Marken gehören zu den Ausgaben der Vasallenstaaten. Burma ist im Katalog jetzt nicht mehr unter Indien, sondern als selbst. Postgebiet angeführt; aber →Vertragsstaatenpost. Auch die nicht mehr in alter Form bestehenden →Trucial States werden noch oft als Vertragsstaaten bezeichnet. L: 3.1.

Vertragsstaatenpost, zur →Zeppelinpost gehörender Begriff, worunter solche Sendungen zu verstehen sind, die aus Staaten stammen, die mit der Deutschen Reichspost einen die Beförderung der Post betr. Vertrag abgeschlossen hatten, was seinerzeit von 43 Ländern geschehen ist. Diese Sendungen mußten lt. Tarif mit Marken des Absenderlandes freigemacht und dort entwertet sein, zunächst nach Friedrichshafen oder Berlin geleitet werden und erhielten dort Bestätigungs- oder Sonderstempelabdrucke. Die meisten Belege für Vertragsstaatenpost sind sehr selten. Heute ist vielfach ähnl. Beförderung mit Flugzeugen (bes. anl. eines →Erstfluges) möglich; diese Belege werden gern gesammelt. L: 3. 12.; auch →Mitläuferpost.

Vertrauliche Dienstsache. Bes. Stempel mit dieser Inschrift wurden 1956/65 für solche Sendungen der →Verwaltungspost A in der DDR verwendet, die nur einem best. Personenkreis zur Kenntnis gelangen durften. Gesammelt werden Ganzstücke, die mit →ZKD-Streifen oder durch →ZKD-Absenderstempel gekennzeichnet sind. Seit 1. 4. 1965 werden braunrot/schwarze senkrecht, später allseits gezähnte Klebestreifen mit Hoheitszeichen der DDR rechts und Inschrift DDR / ZKD / VD / *Vertrauliche Dienstsache* verwendet. Für diesen zusätzl. Dienst ist an die Post eine Gebühr von 20 Pf abzuführen. Die Zettel enthalten eine Wertangabe in Form einer kleinen 20 unter dem Hoheitszeichen und sollten daher in einer DDR-Sammlung enthalten sein; sie sind inzwischen durch Abdruck eines Kastenstempels ersetzt worden.

Ist eine solche Sendung aus irgendeinem äußeren Grund zu beanstan-

Vertragsstaatenpost

den, wird sie durch die Überwachungsstellen in eine →Ersatzbriefhülle gesteckt, die bis 15. 11. 1967 mit einem dieser Klebestreifen, jedoch mit Aufdruck *ZKD 4a* unter der durchbalkten Wertangabe 20 versehen war; die Wertangabe wurde also ungültig gemacht, da die Extragebühr vom Absender bereits bezahlt worden war. Seitdem wird auch hierfür ein roter Kastenstempel ähnl. ZKD-Absenderstempel benutzt und die Gebühr nach dem Ausgangsbuch verrechnet.
Äußerst selten ist eine Sonderart der Vertraulichen Dienstsachen, die nicht mit der Post, sondern mit eigenen Kurieren der DDR-Volkspolizei befördert werden; →Vertrauliche Verschlußsache.

Vertrauliche Verschlußsache, Kennzeichnung von Sendungen mit Schiebebild-Siegeln mit dieser Inschrift und versch. Gestaltung, die ohne Inanspruchnahme der Post durch die Volkspolizei-Dienststellen der DDR mit eigenen Kurieren befördert werden und desh. nicht gebührenpflichtig sind. Belege dieser Art sind sehr selten und werden nur als Randgebiet der →Verwaltungspost A berücksichtigt; →Vertrauliche Dienstsache, →Mit Zustellungsurkunde, auch →Polizei-Kurierpost.

Vervelle, Bez. für die in Restbeständen und Druckproben mit 139 Stück durch den franz. Markenhändler Vervelle entdeckte und verkaufte Marke Frankreichs Mi I in zinnoberroter Farbe, die nicht zur Ausgabe gelangte, äußerst selten und nur ungebraucht bekannt ist. Auch →Vermillon.

VERVIERS-COELN. Ein Kastenstempel mit dieser Inschrift findet sich auf aus dt. und anderen westafr. Kolonien kommenden Sendungen, die von den →Postdampfern der →Woermann-Linie zwecks beschleunigter Weiterleitung bereits in Le Havre von Bord gegeben und mit dem Bahnpostkurs 10 von Verviers nach Köln gelangten. Bei mit dt. Kolonialmarken freigemachten Sendungen wurden die Marken mit diesem Stempel entwertet, mit fremdländ. Marken versehene als nicht freigemacht behandelt und der Stempel daneben gesetzt. L: 3. 6. und Der Deutschland-Sammler, Jahrgang 1967; auch →Aus Westafrika, →Landungsstempel.

Verwaltungspost A. Die für sie verausgabten Marken sind im Michel-Katalog unter DDR »Dienstmarken B. Für Innendienst« ver-

zeichnet. Auf Grund der Inschriften ab Mi 6 wird allerdings allg. von Zentraler Kurierdienst, abgek. ZKD gesprochen. Der Verwaltungspost A gingen die →Verwaltungswertpost, →Verwaltungspost Berlin und →Verwaltungspost B voraus; sie dient der mehrfach kontrollierten Beförderung von Postsendungen staatl. Behörden und Organe sowie wichtiger VEB-Betriebe. Nach Freimachung mit den bes. Marken oder speziellen Absenderfreistempeln mit Inschrift *Zentraler Kurierdienst* (dazwischen Wertziffer) rechts, links Ortstagesstempel und Werbeeinsatz in der Mitte mußte jede Sendung in ein Postausgangsbuch eingetragen werden und die tägl. anfallenden Briefe usw. durch eine Vertrauensperson an einem Sonderschalter des Postamts abgeliefert werden. Ankunfts- und evtl. Durchgangsstempel weisen auf weitere Kontrollen hin. Vom Bestimmungspostamt müssen die Sendungen von einer dazu berechtigten Person abgeholt und im Posteingangsbuch eingetragen werden. Es bestanden und bestehen versch. Sondervorschriften für die Behandlung. Während der Verwendungszeit der Marken war z. B. vorgeschrieben, nach Erhalt der Sendung die Frankatur für Sammelzwecke sofort irgendwie unbrauchbar zu machen; Briefumschläge mußten zunächst vier Wochen, später drei Monate aufbewahrt und dann vernichtet werden. Jede Abgabe an Sammler (auch unbenutzter ZKD-Marken) wurde streng bestraft. Die Verwendung der Marken wurde im September 1960 eingestellt, nur noch besondere Stempel wurden zur Kennzeichnung benutzt. Später gelangten für einige Zeit Zettel für Sendungen →Mit Zustellungsurkunde und →Vertrauliche Dienstsache in Gebrauch.
Für die Verwaltungspost A erschienen am 1. 4. 1956 fünf Marken in Schwarzdruck mit Inschrift DIENSTMARKE, am 1. 10. abgelöst durch violett/schwarze querformatige mit Inschrift ZENTRALER KURIERDIENST über farblosen Buchstaben DDR (ZKD-Streifen genannt). Zu weiteren Kontrollzwecken erhielten diese Marken ab 1. 4. 1957 schachbrettartig über den Bogen verteilt vierstell. Zahlenaufdrucke, deren erste zwei Ziffern den DDR-Kreis, die letzten zwei Ziffern den DDR-Bezirk angaben. Die beiden letzten Ziffern 00 kamen der gleichnamigen Kreishauptstadt zu, z. B. 70 Kreis Magdeburg, demnach 7000 Kreishauptstadt Magdeburg, 7001 Bezirk Burg, 7002 Bezirk Gardelegen usw. bis 7021 Bezirk Zerbst. Es hat folgende 15 Kreisnummern gegeben (in Klammer Zahl der Bezirke):
1000 Rostock (9)
2000 Schwerin (9)
3000 Neubrandenburg (13)
4000 Potsdam (14)
5000 Frankfurt/Oder (9)
6000 Cottbus (13)
7000 Magdeburg (21)

Vertrauliche Verschlußsache

Verwaltungspost A

8000 Halle/Saale (20)
9000 Erfurt (12)
1100 Gera (10)
1200 Suhl/Thür. (7)
1300 Dresden (14)
1400 Leipzig (11)
1500 Karl-Marx-Stadt (22)
1600 Berlin (10; 1609 hat bisher nicht vorgelegen)

Da auch dieses nicht ausreichend erschien, um Veruntreuungen u.a. auf die Spur zu kommen, gelangten am 2. 1. 1958 neue ZKD-Streifen in Rollenform und in bis Herbst 1960 mehrmals wechselnden Farben zur Ausgabe (Mi 16–31), die statt einer Wertziffer einen bzw. zwei kurze Balken aufwiesen. Ein Balken entsprach der Wertstufe 10 Pf, zwei galten für 20 Pf.

Der Kontrolleindruck bestand aus einem, später manchmal auch aus zwei Buchstaben und fünf- bis siebenstelliger fortlaufender Numerierung. Aus den Buchstaben ging der Bezirk nach folgendem Schema hervor (Tabelle).

Anmerkung zur Tabelle: Die in Spalte Mi 30–31 in Klammer gesetzten Buchstaben sind bedarfsmäßig gebraucht nicht bekanntgeworden und nur auf zu Sammelzwecken mit Ungültig-Stempel entwerteten Stücken zu finden. Dasselbe gilt für Mi 24-T, 30 I–E, D und L, 30 II–A und E, 31 I–D, 31 II–A, D und J; bei diesen handelt es sich jedoch nicht um Nachdrucke, sondern um Originalmarken. Alle übrig. Buchstabenaufdrucke auf Mi 16–31 kommen echt gebraucht sowie mit Ungültig-Stempel vor.

An Hand der Zahlen konnte stets die rechtmäßige Verwendung eines ZKD-Streifens geprüft bzw. die Quelle einer evtl. Veruntreuung ermittelt werden. Bei Abgabe der Streifen wurden gegen Quittung niedrigste und höchste Nummer und empfangende Stelle notiert; bei Gebrauch war Eintrag im Postausgangs-, nach Erhalt der Sendung im Posteingangsbuch vorgeschrieben. Die Benutzung der ZKD-Streifen endete am 15. 6. 1960 (Restbestände sollen teils bis 1. 10. aufgebraucht worden sein); →ZKD-Absenderstempel.

Die Wertzeichen der Verwaltungspost A sind ein durch versch. Umstände zwar sehr interessantes, aber auch kostspieliges und teils schwieriges Sammelgebiet. Zu achten ist bes. auf minderwertige amtl. Nachdrucke und Gefälligkeits- bzw. →Buchdruckentwertung zu Sammelzwecken.

Echt gebrauchte Marken und Streifen sind selten, auf Bedarfsganzbrief teils Raritäten. Ungebraucht und gefälligkeitsentwertet kamen sie nach Außerkurssetzung durch die staatliche Markenverkaufsstelle in den Handel; auch eine Anzahl nie zur Verwendung gekommener ZKD-Streifen stammt aus dieser Quelle (Mi 32/33, I/II, III–X). Es sind zahlreiche Ganz-, Aufdruck- und Stempelfälschungen bekannt.

Spezialsammler berücksichtigen noch mancherlei Klebezettel oder Handstempel auf gelaufenen Sendungen, z. B. *Zurück an Absender, Empfänger ist kein Teilnehmer am Zentralen Kurierdienst* mit teils langen, erklärenden Texten, ferner Zensur- und Beanstandungsvermerke. Es bestehen zwei Arbeitsgemeinschaften; auch →Vertrauliche Dienstsache, →Vertrauliche Verschlußsache, →Laufkontrollzettel.
L: 3. 5. und Der Sammler-Dienst, Nr. 13/1970.

Verwaltungspost B. Die für sie verausgabten Marken sind im Michel-Katalog unter DDR »Dienstmarken A. Für Behördenpost« verzeichnet. Mit Verfügung vom 20. 7. 1954 mußten alle Inlandssendungen staatl. Behörden und Organe sowie der VEB-Betriebe mit Dienstmarken freigemacht

Ausgabe 1958 (Mi 16–23)	Ausgabe 1959 (Mi 24–25)	(Mi 26–27)	(Mi 28–29)	(Mi 30–31)	Bezirk
A	A	–	BC	(G)	Magdeburg
B	U	–	U	F	Potsdam
C	Q	–	Q	E	Cottbus
D	DA	–	DA	A	Rostock
E	X	–	X	B	Leipzig
F	–	V	V	C	Halle/Saale
G	–	GF	–	(D)	Suhl/Thür.
H	Z	–	Z	P	Karl-Marx-Stadt
J	–	S	–	(O)	Schwerin
K	–	Y	–	(N)	Frankfurt/Oder
L	L	–	HP	M	Berlin
M	M	–	NK	L	Dresden
N	R	–	R	K	Erfurt
O	–	W	–	(J)	Neubrandenburg
P	T	–	–	H	Gera

werden, die ab 15. 8. 1954 erhältl. waren, und deren Verbrauch mehrfach kontrolliert wurde. Es konnten aber auch Absenderfreistempel verwendet werden, die jedoch blau statt üblicherweise rot abgedruckt sein mußten.
Dienstsendungen waren durch eine beauftragte und mit Ausweis versehene Person an einem bestimmten Postschalter aufzuliefern; in Briefkästen vorgefundene Sendungen gingen gleich an den Absender zurück. Die Dienstmarken für die Verwaltungspost B und diese selbst fanden mit dem 6. 7. 1960 ihr Ende. Sendungen dieser Art konnten von diesem Zeitpunkt an normal freigemacht über Briefkästen aufgeliefert werden.
Unberührt davon blieb die 1956 geschaffene →Verwaltungspost A. Für die Verwaltungspost B wurden

insgesamt 41 Dienstmarken verausgabt, die sich durch gewollte Druck-, Papier- und Wasserzeichenunterschiede sowie Stellung des Zirkelbogens unterscheiden. Diese Marken lassen sich weitgehend spezialisiert sammeln, wobei neben verschiedenen Typen auf Druckvermerke und zahlr. Druckmängel geachtet werden kann.
Die Dienstmarken wurden ungebraucht für Sammelzwecke erst nach Außerkurssetzung gegen Devisen amtl. in das Ausland verkauft. Zur Deckung des Sammlerbedarfs wurden von Mi 1–17 (ohne 13) ungummierte amtl. Nachdrucke angefertigt und diese (wie auch viele Originalmarken) mit →Buchdruckentwertung versehen in den Handel gebracht. Bei allen losen Marken, aber auch Briefstücken und Ganzbriefen ist Prüfung anzuraten. Es bestehen zwei →Arbeitsgemeinschaften; auch →Verwaltungspost Berlin, →Verwaltungswertpost. L: Collegium philatelicum, Nr. 1/1971.

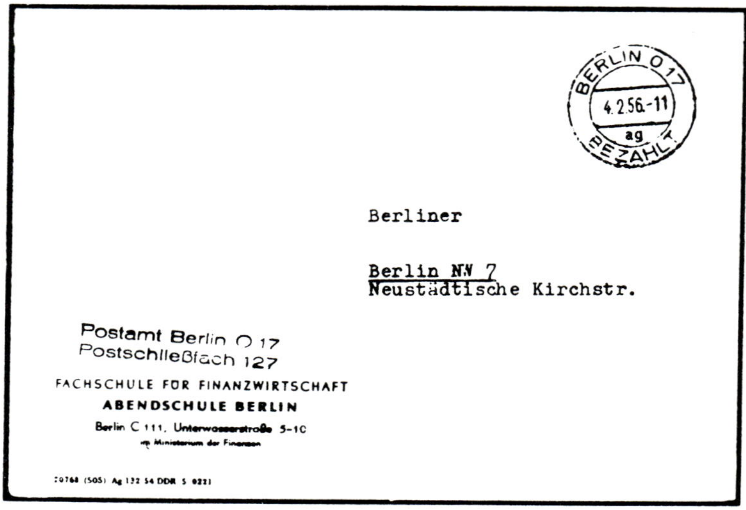

Verwaltungspost Berlin

Verwaltungspost Berlin, Vorläufer der →Verwaltungspost A in der DDR, eingeführt am 10. 10. 1955, um die zeitraubende Behandlung der Sendungen mit der →Verwaltungswertpost zu umgehen und gültig für von Ost-Berlin in die DDR gehende Sendungen. Die Beförderung war gebührenfrei, die Annahme erfolgte ausschl. an einem best. Schalter des Postamts Berlin O 17, wo Zweikreisstempel in Rot mit Inschrift BERLIN O 17 / BEZAHLT und Kennbuchstaben a, ag, ah, ai oder ak nur bis 31. 3. 1956 verwendet wurden, die als einwandfreie Belege dieser Postart gelten. Gesammelt werden selbstverständl. nur Ganzbriefe, vollst. Streifbänder u.ä.; sie sind selten und je nach Kennbuchstabe teuer. Es hat derartige Verwaltungspostsendungen in geringer Zahl aber auch aus der DDR nach Ost-Berlin gegeben, die jedoch nur mit einem normalen Ortsdatumstempel versehen wurden; →Verwaltungspost B.

Verwaltungswertpost, Vorläufer der →Verwaltungspost Berlin bzw. →Verwaltungspost A in der DDR, eingeführt am 1. 10. 1952 für Sendungen staatl. Behörden und Organe sowie wichtiger VEB-Betriebe. Mit *Verwaltungswertpost*

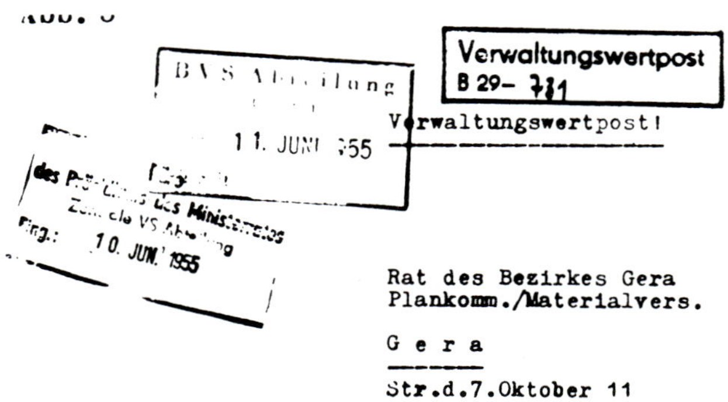

Verwaltungswertpost

handschriftl. oder mit bes. Stempeln gekennzeichnete, mit Absenderfreistempel, normalen Freimarken, ab Mitte 1956 auch mit Dienstmarken der →Verwaltungspost B freigemachte Sendungen mußten durch dazu berechtigte Personen am Schalter aufgeliefert werden; Sendungen von Regierungsdienststellen an Bezirksräte und umgekehrt waren gebührenfrei. Bis Mitte 1954 betrug die Behandlungsgebühr in anderen Fällen 40 Pf, danach 60 Pf. Die Briefe (nur im Verkehr innerh. der DDR zugelassen) brauchten nicht wie Wertsendungen versiegelt zu werden, wurden aber mit →V-Zettel (teils auch →W-Zettel) versehen und entspr. behandelt (z. B. rückseitig Ankunftsstempel). Die Verwaltungswertpost wurde mit Einführung der Verwaltungspost A und ihrer Dienstmarken mit dem 31. 3. 1956 eingestellt. Die meisten Belege der Verwaltungswertpost sind selten, einige sind auch äußerst wertvoll. L: 3. 5.

verwaschen →ausgewaschen.

verzähnt →Fehlzähnung; →auch dezentriert.

verzierter Bogenrand. Auf den Bogenrändern sind nicht nur Strichelleisten, Aufrechnungszahlen, Reklamedrucke u. a. zu finden, sie werden manchmal auch mit Landeswappen (z. B. Liechtenstein), zum Ausgabeanlaß passenden Ornamenten usw. verziert, was bes. bei →Kleinbogen vielfach übl. geworden ist und viele Sammler zu Kauf und Aufbewahrung ganzer Bogen oder zumindest einer ganzen Markenreihe (Streifen) mit entspr. verziertem Rand veranlaßt, die optisch gesehen als Bereicherung einer Sammlung gelten können. Darauf, d. h. auf vermehrten Umsatz ohne Gegenleistung, spekulieren die betr. Postverwaltungen bei Ausgabe von Schalterbogen mit verziertem Bogenrand. Der Wert solcher Bogen oder Streifen aus neuerer Zeit ist selten höher als die Summe der enthaltenen Marken. Für alte Marken – z. B. mit →Bordüre oder Gebrauchsanweisung auf dem Bogenrand – gelten wertmäßig auch dann andere Maßstäbe, wenn nur Einzelmarken vorliegen.

verzierter Bogenrand

Verzögerungsstempel, als →Nebenstempel auf Postsendungen, wenn z. B. durch einen Hafenarbeiterstreik (in den USA bes. häufig) Briefe lange liegenbleiben und erst nach Wochen oder gar Monaten dem Empfänger zugestellt werden können. Solche verzögerten Sendungen werden mit Stempel »Delayed by Stoppage in Steamship Operations«, »Mail Embargo« u. ä. gekennzeichnet. Andere Stempel (auch Klebezettel) lauten z. B. »Verzögert wegen ungenügender Anschrift«.
Die Zahl der Verzögerungsstempel ist groß, bes. hinsichtl. der vielseitigen Inschriften, da sie von Fall zu Fall örtl. hergestellt werden und keine exakten Vorschriften bestehen. Auch ein Teil der Stempel für →Katastrophenpost kann zu den Verzögerungsstempeln gezählt werden, da beispielsweise durch eine Schiffshavarie bis zur Bergung der Postsendungen längere Zeit vergeht.

Vexierbild-Marken →changierende Marken.

Vichy-Ausgaben, Bez. für bildgleiche Marken (→Omnibusserien), die für viele ehem. franz. Kolonien 1942/44 von der in Vichy amtierenden Pétain-Regierung im nicht von Deutschland besetzten Frankreich gedruckt wurden, postalisch aber nicht mehr zur Verwendung kamen und daher praktisch nur ungebraucht vorkommen (z. B. Französisch-Guyana). Einige dieser Ausgaben wurden nach Kriegsende mit neuen Wertüberdrucken versehen aufgebraucht (z. B. Französisch-Ozeanien).

Victoria, ehem. brit. Kronkolonie, die sich mit Neusüdwales, Queensland, Südaustralien, Tasmanien und Westaustralien zum Bundesstaat →Australien zusammenschloß. Für kurze Zeit wurden 185[illegible] in Victoria die Marken von Neusüdwales verwendet (mit entsprechenden Stempeln von Spezialsammlern gesucht). Von 1850 an hat es zahlreiche eigene Marken gegeben, darunter die überhaupt erste →Einschreibemarke und →Verspätungsmarke.
Die schwierige und kostspielige Beschaffung der Victoria-Marken verbietet es den meisten Sammlern, diese einer Australien-Sammlung voranzustellen.

VICTORIALAND, Aufdruck auf den Neuseeland-Marken Mi 122/123, die 1911 anl. der tragisch ausgegangenen Südpolexpedition von Robert Falcon Scott amtl. verausgabt und von dem in Victorialand, einer Expeditionsbasis, für die Teilnehmer provisorisch errichteten Postamt verwendet worden sind. Anges. der geringen Auflage ist die Neuseeland-Marke Mi 122 mit diesem Aufdruck auch ungebraucht eine Rarität; auf einwandfreiem Ganzbrief sind beide Marken äußerst selten.

Vielfachfrankatur, sinngemäß der →Mehrfachfrankatur entsprechend, nur ist eine Vielzahl von Marken gleicher Wertstufe und Ausgabe zur Begleichung des Portos verklebt worden; u. U. liegt →Treppenfrankatur vor, oder es sind der Sendung ganze Schalterbogen angeheftet. Derartig freigemachte Sendungen sollten als Ganzes erhalten bleiben; sie werden teils von Spezialsammlern gesucht; →Einzelfrankatur, →Überfrankatur, →Mischfrankatur.

Vielfachwasserzeichen, weniger gebräuchliche Bez. für →Mehrfachwasserzeichen.

vielsprachige Marken. Außer den →mehrsprachigen Marken hat es auch ausgespr. vielsprachige gegeben, wobei sich die Vielsprachigkeit nicht auf den Landesnamen bezieht. Auf Leerfeldern im Schalterbogen der Marke Rumänien Mi 1578 (als Zusammendruck zu sammeln) erscheint das Wort »Frieden« in zehn versch. Sprachen. Den Rekord hält bis jetzt Dänemark mit Mi 438/39. Auf diesen Marken ist »Rotes Kreuz« in nicht weniger als 32

Sprachen aus aller Welt in elf Zeilen angegeben, dazu der Wahlspruch der Organisation in Latein; →wortreiche Marken.

Viererblock, zwei neben- und übereinander zusammenhängende Marken gleicher Ausgabe und Wertstufe, die aus einem Schalterbogen herausgetrennt werden können und bes. bei Sammlern der Schweiz-Marken sehr beliebt sind. Seit kurzem gibt es in der Schweiz sogar einen überregionalen Verein der Viererblocksammler; die Kataloge dort bewerten die Viererblocks. Auch in Spezial-Altdeutschland-Katalogen sind mögl. Viererblocks erfaßt, die ungebraucht und/oder gestempelt inf. relativer Seltenheit oft sehr wertvoll sind; die Aufteilung in Einzelstücke sollte möglichst vermieden werden. Aus neuerer Zeit sind auch Viererblocks mit bildversch. Marken möglich. Es handelt sich dabei um sog. →Bogenzusammendrucke (z.B. Großbritannien Mi 446/49). Größere Einheiten werden Sechseroder Achterblock usw. genannt (auch →Neunerblock). Ein Viererblock darf nicht mit →Block verwechselt werden!

Vierringstempel, Bez. für einen aus vier dicht nebeneinanderliegenden konzentr. Kreisen gebildeten

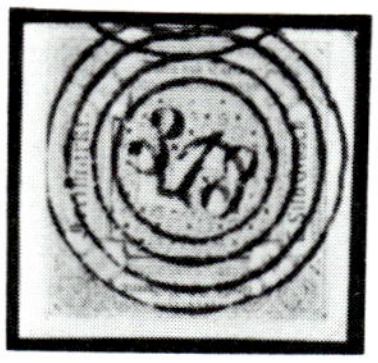

→Ringstempel. In der Mitte können Ziffern, Buchstaben u.a. stehen. Vierringstempel wurden z.B. von Preußen zur Markenentwertung verwendet.

Vierzeiler, Bez. für einen →Zeilenstempel mit unter dem Ortsnamen in weiteren drei Zeilen untergebrachten postal. Angaben (Datum u.ä.) ohne Einfassung. Mit Einfassung gehören solche Stempel zur Gruppe der Rechteck- oder Kastenstempel.

Vietcong-Aufständischenmarken. Für die vom Vietcong beherrschten Gebiete in →Südvietnam wurden seit 1963 versch. Marken verausgabt, die im Michel-Katalog im Anschluß an →Vietnam verzeichnet sind.

Vietnam, aus den histor. Landesteilen Annam, Cochinchina und Tongking der ehem. Kolonie Franz.-Indochina entstandener Staat, der sich bereits 1945 zu konstituieren versuchte, woran 60 Marken, teils hergestellt durch versch. Auf- und Überdrucke auf Ausgaben von Franz.-Indochina, erinnern. Die von Ho-Chi-Minh damals ausgerufene Republik fand keine internat. Anerkennung; die Marken waren desh. nur in den von den Revolutionären beherrschten Gebieten gültig. 1950 wurden unter franz. Schutz die unabh. Teilstaaten Laos, Kambodscha und Vietnam errichtet; für letzteren erschienen 1951–1954 einige wenige Marken. Nachdem sich Frankreich ganz aus Indochina hatte zurückziehen müssen, erfolgte 1954 die Teilung Vietnams in →Nordvietnam und →Südvietnam; auch →Zentralvietnam; seit 1976 ist Vietnam wieder vereint. L: Sammler-Dienst, Nr. 23/1974ff.

Viet Nam Cong Hoa = Republik Vietnam; auf den Marken von →Südvietnam als Landesangabe zu finden.

Viet Nam Dan Chu Cong Hoa = Demokratische Republik Vietnam; auf Marken von →Nordvietnam als Landesangabe zu finden.

Vignetten, priv. hergestellte und vertriebene markenähnl. Drucke, oft mit »Wertangabe«, aber ohne postal. Frankaturkraft, die zur Finanzierung einer Veranstaltung, Unterstützung einer wohltätigen Organisation u.ä. verausgabt werden; die →Julmarken, →Souvenirblocks und →Spendenmarken gehören hierher. Vignetten werden von einigen Sammlern als Randge-

biet beachtet, gewinnen aber an philat. Bedeutung, wenn sie einer Sendung aufgeklebt sein müssen, die auf kurzer Strecke zunächst einem priv. Beförderungsmittel und danach – entspr. dem Tarif zusätzl. mit Staatspostmarken freigemacht – vom Veranstalter dem nächsten Postamt zur Weiterleitung an den

Postkarten *mit eingedruckten Wertzeichen gibt es seit über einhundert Jahren. 1869 führte Österreich auf Vorschlag von Dr. E. Herrmann die »Correspondenz-Karte« ein. Die Schweiz folgte 1870. Die Postkarte Nr. 1 des Deutschen Reiches kam 1873 zur Ausgabe. Um die gleiche Zeit erschienen in anderen europäischen und außereuropäischen Ländern die ersten Ganzsachen dieser Art.*

Correspondenz-Karte
WIEN
FILIALE
An Herrn Klemm
in Landstrasse

Carte-correspondance.
Raum für schriftliche Mittheilungen auf der Rückseite.
Le revers de la carte est réservé pour les communications manuscrites.
Il tergo della cartolina è riservato alle communicazione in iscritto
Adresse. — Indirizzo.
ZURICH
5 X 70 6
BR EX
Herrn Franz Link
Romanshorn

Deutsche Reichs-Post.
Postkarte.
Auf die Vorderseite ist nur die Adresse zu schreiben.
DUISBURG
13 AUG. 74
7-8N.
Ernst & Korn
(Bestimmungsort)
Berlin. W.
(Wohnung)

Deutschland. — Allemagne.
Bayern — Bavière.
Germany.
Postkarte — Antwort. — Carte postale — réponse.
Weltpostverein. — Union postale universelle.
Herrn H. Bertele med. Droguist
Allemagne
TOKIO JAPAN
Nur für die Adresse.
Côté réservé à l'adresse.
91

MIT LUFTPOST
PAR AVION
BARROW
12 FEB 1963 10 A.M.
ALASKA
DEUTSCHE DEMOKRATISCHE REPUBLIK
15
Straße, Hausnummer, Gebäudeteil, Stockwerk oder Postschließfachnummer;
bei Untermietern auch Name des Vermieters
Herrn
Ernst Laube
Radebeul II
Herm. Ilgenstr. 48
Germany
PT. BARROW
CHAMBER OF COMMERCE

PAR AVION
LUFTPOST
VIA AEREA
25
Fürstentum Liechtenstein
REPLY C
THIS SIDE OF CARD IS FOR ADDRESS
-1. VI. 71-10
9a
F. LIECHTENSTEIN
WASHINGTON 5c
UNITED STATES
Herrn
Dr. Rudolf Hecht,
1563 Beacon Street
Waban / Mass 02168.

Empfänger übergeben werden. Dieserart benutzte Vignetten werden manchmal auch dann als »halbamtliche« Ausgaben bezeichnet, wenn die Post an der betr. Veranstaltung in keiner Weise direkt oder indirekt beteiligt war; sie finden teils Aufnahme im Katalog, so die priv. →Flugmarken Deutschlands und der Schweiz; auch →Kocher-Marken, →Reklamemarken.

Vignettenblock, in Blockform verausgabte →Vignetten; auch →Gedenkblatt, →Souvenirblock.

Villayer, Jean Jacques Renouard, Gründer der →Pariser Stadtpost, führte die Billets de port payé ein. Sein Hauswappen ist auf der Frankreich-Marke Mi 672 wiedergegeben.

VILNIUS, Aufdruck auf neun russ. Marken; →Litauen 2).

Vindobona →Österr. Philatelisten-Klub Vindobona.

Vineta-Provisorium. Im Michel-Deutschlandkatalog ist unter Nr. 67 eine halbierte und mit Handstempelüberdruck *3 Pf* versehene Germania-Marke (Mi 55) verzeichnet, die als Vineta-Provisorium zum philat. Begriff geworden ist und bevorzugt auf Streifband oder Briefstück mit Stempel der Deutschen Marine-Schiffspost No. 1 entwertet gesammelt wird. Die Marke wurde in dieser Form vom Zahlmeister des dt. Kreuzers »Vineta« im April 1901 während einer Auslandsreise in einer Auflage von angeblich 600 Stück hergestellt und sollte zur Freimachung von Drucksachensendungen der Besatzung in die Heimat dienen, die in großer Zahl bei der Schiffspost aufgeliefert wurden, nachdem Zeitungen über den Besuch des Schiffes in New Orleans/USA nach Port of Spain/Trinidad nachgeschickt worden waren. Zur Ausrüstung der Marine-Schiffspostämter gehörten damals noch keine Marken zu 3 Pf für Drucksachen; das geschah erst nach dem »Fall Vineta«. Die Herstellung dieses Provisoriums widersprach den klaren Bestimmungen der Post, wonach bei Markenmangel Barfreimachung anzuwenden war. Deshalb wurden anfangs von den beim →Marine-Postbüro eingehenden Drucksachen die →Streifbänder einbehalten und die Sen-

dungen mit »Ersatzstreifbändern« versehen dem Empfänger zugestellt; dieser konnte später die Originalstreifbänder mit schriftl. Antrag in Berlin anfordern. Postkarten und Briefe, die ohne Beanstandung seitens des Marine-Postamtes zugestellt wurden, müssen einen dt. →Ankunftsstempel aufweisen.
Auch sonst ist vieles, was im Zusammenhang mit dem Vineta-Provisorium steht, merkwürdig oder dubios, worüber im Rahmen eines Lexikons nicht ausführlich gesprochen werden kann. Der mit der Abstempelung der Post betraute Obermaat nahm auch mit zwei oder mehreren Markenhälften (darunter Viererblocks) freigemachte Postkarten und Briefe an, obwohl für diese 5- bzw. 10-Pf-Marken genügend zur Verfügung standen, und das Provisorium nur für Streifbandsendungen gedacht gewesen war. Der gleiche Mann fertigte nach Rückkehr in die Heimat Überdruckfälschungen an und entwertete diese mit dem echten und rückdatierten Schiffspoststempel, zu dem er offensichtlich noch Zugang hatte. Das Vineta-Provisorium ist zwar stets ein Renommierstück jeder Auktion und erzielt hohe Preise, doch sind Grund und Art der Entstehung postalisch und philat. nicht einwandfrei. Außerdem dürfte die Halbierung nicht unter den Freimarken Deutschlands mit einer Hauptnummer katalogisiert werden; sie gehört bestenfalls zur Rubrik »Deutsche Schiffspost im Ausland«. L: Mauritius, Nr. 11/1966, DBZ, Nr. 10–13/1975, Der Philatelist, Nr. 9–10/1907, Friedemann-Philatelistische Berichte, 1907–1914.

Virgin Islands, engl. Bez. für →Jungfern-Inseln und Inschrift auf den Marken für dieses Postgebiet.

Visitenkartenmarken →Besuchskartenmarken.

Visolett-Lupe, Bez. für Lupen würfelförmiger Art, die auf den zu betrachtenden Gegenstand direkt aufgesetzt werden, so auch auf im Album befestigte Marken. Bei normalformatigen Marken kann meist das gesamte Markenbild überblickt werden. Einziger Fehler: Visolett-Lupen lassen sich infolge der Ausmaße nicht bequem in der Jackentasche mitnehmen.

VIVA ESPANA, auch *ARRIBA ESPANA*, Aufdruck auf vielen span. Marken, die während des Bürgerkrieges 1936/37 von beiden kämpfenden Parteien in sechs Städten verausgabt wurden und als →Zwangszuschlagsmarken verwendet werden mußten. Teils gab es auch bes. gedruckte Marken mit dieser o. ä. Inschrift. Die Zahl dieser

Postkarten mit bezahlter Antwort *waren bis 30. 6. 1971 auch im internationalen Verkehr zugelassen. Dies ergab reizvolle Möglichkeiten, auf den Antwortkarten Stempel fremder Postverwaltungen zu bekommen: eine Bayernkarte mit japanischer Entwertung – eine Antwortkarte der DDR mit amerikanischem Maschinenstempel – eine ältere US-Antwortkarte mit moderner Zusatzfrankatur für Porto und liechtensteinischem Luftpostzuschlag. Der Möglichkeiten gab es viele; doch nun ist es ein abgeschlossenes Sammelgebiet für die Spezialisten unter den Ganzsachen- und Stempelsammlern.*

Marken ist außerordentlich groß, sie müssen aber nicht in einer Spanien-Sammlung enthalten sein, da es sich nicht um staatlich verausgabte Wertzeichen handelt. Auch →Kanarische Inseln.

V . . . – Mail-Dienst, Bez. für den →Airgraph-Dienst der amerikanischen Truppen im Zweiten Weltkrieg; geht auf das V oder V-Morsezeichen zurück, das auf den Formularen vorgedruckt war und in der Propaganda allgemein ein vielfach angewandtes Symbol für den Sieg war (V = victory).

V-Marken, Bez. aus der Sammlersprache für Marken 1941/45 und

später, die das von Winston Churchill propagierte V (= victory = Sieg) als Aufdruck (z. B. Norwegen Mi 237/57) oder als Bildbestandteil (z. B. Belgien Mi 692–707) zeigen.

Vogt, Artur, 1894–1964, bedeutender Philatelist in der DDR, der sich besonders um den Aufbau der Sammlerorganisation (bis 1969 »Zentrale Kommission Philatelie«, seitdem →Philatelistenverband im Kulturbund der DDR), als deren Vorsitzender er bis zu seinem Tod wirkte, verdient gemacht hat.

Völkerbund-Marken. Für die nach Ende des 1. Weltkrieges in Genf eingerichteten Dienststellen des Völkerbundes hat es von 1922 bis 1947 versch. Marken der Schweiz mit Aufdruck *Société des Nations, S. d. N. Bureau international du Travail* u. ä. gegeben, die im Katalog unter Schweiz verzeichnet sind. Ferner sind für versch. Organisationen des Völkerbundes Dienstmarken herausgekommen. Auch →Vereinte Nationen.

voller Rundstempel, oft übertriebene Forderung vieler Sammler und Händler, wonach eine gebrauchte Marke nur dann vollwertig sein soll, wenn sie mit einem Rundstempel entwertet ist, der Ortsname und Datum voll lesbar erkennen läßt; →Wellenstempel, →Strichstempel.

Vollgitterstempel, Bez. für einen von der Post Sachsens zur Markenentwertung benutzten Zweikreisstempel, der ganz mit sich diagonal kreuzenden Linien ausgefüllt ist und in der Mitte keine Nummer aufweist; auch →Nummernstempel.

vollrandig, Qualitätsbez. für eine geschnitten verausgabte Marke mit allseits vollem unbedrucktem Rand, der je nach Abstand der Marken im Schalterbogen breit oder sehr schmal sein kann. Vorsicht: vollrandig kann durch fast unsichtbares Ansetzen aus gleichem Papier vorgetäuscht werden, eine (meist nicht gekennzeichnete) Reparatur, die keine Marke aufwertet; →angeschnitten, →berührt, →Lupenrand, →überrandig.

Vollstempel →voller Rundstempel.

vollzahnig, an sich häßliches, aber als Qualitätsbez. verschiedentl. gebrauchtes Wort für eine gezähnte Marke, die hinsichtl. der Zähnung absolut einwandfrei ist, also weder einen →stumpfen Zahn (kurzen Zahn) oder →fehlenden Zahn aufweist. Vorsicht: eine schadhafte Marke kann durch Ansetzen von Zähnen ohne große Schwierigkeit vollzahnig gemacht werden.

Voor het kind, holländ. = Für das Kind, Inschrift auf seit 1924 jährlich im Dezember erscheinenden Marken der Niederlande mit Zu-

schlag zugunsten von Organisationen zur Jugendpflege. In der Sammlersprache werden sie »Kin-

dermarken« genannt. Auch →Sommermarken.

VÖPhV, offiz. Abk. für →Verband Österreichischer Philatelisten-Vereine.

Vorausauflage, vor der eigentl. →Gebrauchsauflage z. B. für das ständige Büro des Weltpostvereins in Bern zur Kenntnisnahme einer kommenden Ausgabe und Verteilung an die Mitgliedsländer extra gedruckte Auflage, die sich durch geringe Unterschiede in der Farbe des Markenbildes, Aufdrucks o. a. dem Fachmann zu erkennen geben kann. Zu Vorausauflage-Marken gehören vermutl. alle unter →Berner Ausgabe genannten Marken für die dt. Auslandspostanstalten und Kolonien; →Specimen. L: 3. 6.

Vorausentwertung, abgek. VE, engl. Precancel, franz. Préoblitération. Unter diesem postal. und philat. Begriff ist jedwede Entwertung von Postwertzeichen (vorw. in Bogenform seitens der Post) zu verstehen, die vor dem Aufkleben der Marken auf eine Sendung erfolgt (auch auf Ganzsachen möglich) und die einzige und endgültige Entwertung darstellt, d. h. eine weitere Entwertung z. B. durch Ortstagesstempel unterbleibt. Die VE kann durch Aufdrucke, spez. dafür geschaffene Handstempel u.ä. erfolgen. Andere Arten der VE sind nicht an Schalterbogen gebunden, da früher z.B. einzeln herausgetrennte Marken in best. Abständen den Papierrollen für Zeitungsdruck aufgekebt und die Marken dann durch den Zeitungstext entwertet wurden. Eine früher teilweise übl. weitere Möglichkeit der VE war Entwertung mittels Tintenstrichen, die jedoch meist unter den Begriff →Vorentwertung fällt. Die VE wurde in versch. Ländern zur Vereinfachung des Schalterbetriebs und – da die zeitraubende Abstempelung umgangen wird – beschleunigten Abfertigung und Beförderung von Massensendungen (bevorzugt Drucksachen, Pakete, Päckchen und Zeitungen unter Streifband u.ä.) durch direkte Verladung in die Postwagen eingeführt, wozu der Absender im Besitz einer Lizenz sein muß (Ausnahme neuerdings USA). Es besteht eine gewisse Parallele zu den →Absenderfreistempeln und →Absendermarken, →auch Frankiermaschine. **1.** Am bekanntesten ist die VE auf US-Marken (dort auch Ganzsachen, Sonder-, Paket-, Portomarken), die als Spezialgebiet stark verbreitet und gern gesammelt werden. Anges. der Fülle an mögl. VE ist jedoch eine Begrenzung empfehlenswert. Bevorzugt gesammelt werden die sog. Bureau-VE, abgek. Bureaus, die im Anschluß an den Druck des Markenbildes im gleichen Arbeitsgang (danach Gummierung und Perforierung) vom Bureau of Engraving and Printing (Staatsdruckerei) hergestellt werden. Die Bureaus werden auf Antrag der Verbraucher in Mindestauflagen von 500000 bei Bogen- bzw. 250000 Stück bei Rollenmarken geliefert (es gibt sie erst seit 1923 und in bisher etwa 9000 Arten). Spezialsammler beachten die durch hand- und maschinengesetzte bzw. Metall- oder Kunststoff-Aufdruckplatten entstehenden mehr oder weniger auffallenden Aufdruckunterschiede.

Infolge geringer praktischer Verwendung sind VE aus den USA-Territorien Hawaii, Puerto Rico, Panamakanalzone, US-Teil der Jungfern-Inseln, Guam, Phoenix- und Caroline-Inseln sowie Samoa selten und gesucht. Das Interesse an den sog. Lokal-VE, abgek. Locals, die in teils sehr kleinen Auflagen mit von der Post gelieferten Aufdruckplatten oder auch nur mittels Handstempel, im Hektographierverfahren u.ä. örtl. angefertigt vorkommen können, hat sich, nachdem die Bureau-VE weitgehend uniform und dadurch langweilig geworden sind, neuerdings mehr und mehr verstärkt, obwohl kein Sammler jemals absolute Vollständigkeit erreichen kann, denn bis jetzt sind rd. 600000 Arten aus etwa 18000 Orten und in über 30000 Typen bekannt! Die vom Sammler hierbei u.U. zu berücksichtigenden Unterschiede sind weitaus zahlreicher als bei den Bureaus, trotzdem aber sind auch alle Locals in Spezialkatalogen festgehalten. Die Lokal-VE sind seit etwa 1851 nachweisbar (Berlin, Vt., als aus Linien bestehende →stumme VE); auf USA Mi 1 u. 2 ist aus Wheeling, W. Va., nur eine Art →Vorentwertung bekanntgeworden. Ein zeitlich genau definierter Beginn der VE hat sich nicht ermitteln lassen. Die allererste VE ist auf Privatpostmarken der Firma Hale in Boston, Mass., aus 1844 bekannt.

Die Verwendung vorausentwerteter Marken ist an den durch die VE namentl. genannten oder anderweitig gekennzeichneten Ort und an eine Lizenz des Verbrauchers gebunden. Zur Reduzierung der Stempelarbeit bei den immer umfangreicher werdenden Weihnachtsgrüßen wurde erstmals 1969 davon abgegangen. Die Postämter Atlanta, Baltimore, Memphis und New Haven erhielten von Privatfirmen im Auftrag der Postbehörde hergestellte VE-Aufdruckplatten für Mi 995. Diese Marke konnte vorausentwertet freizügig von jedermann in ganz USA benutzt und von Sammlern über diese Postämter bezogen werden. Damit wurde gewissermaßen eine neue Periode der VE eingeleitet, die zur Verbreitung des Sammelns dieser Entwertungsart beitragen kann. Auch die Weihnachtsmarken 1970 wurden mit VE und überall verwendbar verausgabt, jedoch einheitl. nur mit Wellenlinien ohne Ortsangabe entwertet. Die Literatur ist spez. über die USA-VE sehr umfangreich. In diesem Zusammenhang ist auch auf VE bei Mi 2 der Vereinten Nationen zu achten.

2. Allg. üblich sind VE noch heute auch in Kanada (seit 1868, erstm. auf Mi 24), dort zunächst für kleinere Orte als stumme VE in Gestalt von aufgedruckten, waagerecht durchgehenden bzw. unterbrochenen oder gewellten Linien, für größere Städte mit Ortsnamen, für diese ab 1931 zeitweise mit Kennziffer; seit langem gibt es jedoch generell nur noch stumme VE. Frankreich führte die VE 1893 zunächst durch Rollstempel für Frei- und Portomarken ein, dem Sammler besonders bekannt in Form von kleinen Dreieck- oder Einkreisstempeln mit Kennbuchstabe oder -zahl. Später folgte Buchdruckaufdruck, seit 1922 ist der halbkreisförmige Aufdruck →AFFRANt POSTES üblich. Diese Marken gibt es (auch in Monaco) seit einigen Jahren nur noch mit diesem Aufdruck. Weitere VE nach franz. Art sind aus Algerien und Tunesien bekannt, in Tunesien 1888–1901 durch mit Lineal kreuzweise über den Bogen der Portomarken gezogene Linien. In Belgien sind seit 1894 VE versch. Form gebräuchlich. Handrollstempeln folgte Kastenaufdruck mit Ortsname und Verwendungsjahr, 1939 Posthorn mit erstem und letztem Gültigkeitstag der betr. vorausentwerteten Marke, 1955 mit zwei Jahreszahlen, 1964 mit nur einer Jahreszahl und seit 1967 mit nur noch einem Posthorn.

3. Der Vergangenheit gehören die VE von Luxemburg als Handroll-stempel- oder Buchdruck-VE (1900–1925) an. In den Niederlanden wurden 1912–1923 (Marken ab Mi 13) für den Zeitungsversand unter Streifband dem jeweil. Postamt in 88 Städten von den Verlagen mit Anschriften versehene und mit Marken beklebte Papierstreifen übergeben und letztere von der Post

BRUXELLES 1937 BRUSSEL
1962
1963
POSTES
ANVERS
NE PAS LIVRER LE DIMANCHE
NIET BESTELLEN OP ZONDAG
1905
LUXEMBOURG
16
4 CENT 4
POSTES
PARIS
1921
REPUBLIQUE FRANÇAISE
POSTES
45
POSTES
REPVBLIQVE·FRANÇAISE
POSTES
FRANÇAISE 24F
CANADA POSTAGE
ONE CENT
CANADA POSTAGE
20 TWENTY CENTS 20
NEDERLAND
CANADA POSTAGE
1 CENT 1
CANADA
2¢
POSTES
DE TUNIS
Budapesti
Hirlap
1903
Jul. 15
ALGERIE
POSTES
AFFRANCHT POSTES
8 CENTS 8
LOUISVILLE
KY.
8 CENTS 8
SALT LAKE
CITY
UTAH
8 CENTS 8
DETROIT
MICH.
13 CENTS 13
Mitteilungen des Deutschen und
WIEN 101
MITTE JUNI
1913
Österreichischen Alpen-Vereines
UNITED STATES OF AMERICA
New Salem
Mass
FOR DEFENSE
POSTAGE 1 CENT
SCPC Sept. '68
COVINA
Calif.
GALLATIN

mit einem bes. Handrollstempel kleinen Durchmessers vorausentwertet an den Verlag zurückgegeben. Seltener wurden zum gleichen Zweck auch ganze Schalterbogen so entwertet (diese Stempel dienten gelegentl. auch zur Entwertung von Marken auf Paket- und Postsparkarten). Aus Österreich sind bes. die Zeitungsstempelmarken mit Zeitungsstempeldruck-VE bekannt; aus Ungarn ebenfalls, dort jedoch nicht als Zeitungsdruck-VE, sondern mit Handstempel oder bes. Buchdruck vorausentwertet. Eine bes. VE-Art stellen die Streifbänder mit Wertstempeleindruck (Ganzsachen) des Deutschen und Österr. Alpenvereins für den Versand der Monatszeitschrift dar, die mittels Buchdruck, der nur Monats- und Jahresangabe aufwies, vorausentwertet wurden. Von den altdt. Staaten sind VE aus Hannover (dort meist als Vorentwertung) und vereinzelt aus Bayern, Braunschweig, Hamburg, Oldenburg sowie Thurn und Taxis, ferner aus Finnland (auf Mi 2), der Schweiz und dem Kirchenstaat bekannt; auch →Bos'sche Zähnung. –
4. Im übertragenen, nicht unbedingt philat. Sinn gehören auch die mit →Frankiermaschinen aufgeklebten und gleichzeitig entwerteten Marken des Deutschen Reiches hierher, außerdem die durch Absenderfreistempel entwerteten Zwangszuschlagsmarken »Notopfer Berlin« sowie →»Wohnungsbau-Abgabe« (Württ.-Hohenzollern) und die leider Mode gewordene →Vorausstempelung von mit Marken freigemachten Sendungen der Versandstellen für Sammlermarken und FDC (z.B. Niederlande, Liechtenstein, Israel). L: 3. 3., 3. 7., 3. 14.

Vorausflug, amtl. Bez. der Deutschen Reichspost für den philat. Begriff →Katapultpost oder Schleuderflugpost; auch →Nachbringeflug.

Vorausfrankierung. Von Anfang bis Mitte 1916 war es in →Deutsch-Ostafrika zwecks Einsparung der knapp werdenden niedrigen Freimarkenwerte möglich, Briefumschläge u. ä. nach Morogoro, Daressalam oder Tanga einzusenden und dort mit dem roten Abdruck eines Vorausfrankierungsstempels (z.B. mit Inschrift: *Frankiert/mit 7 1/2 H*) versehen zu lassen, dessen Gültigkeit als Freimachungsersatz durch das beigesetzte Postamtssiegel bestätigt wurde. Solche Umschläge sind im übertragenen Sinne als Ganzsachen anzusehen und können auch ungebraucht gesammelt werden. Ähnliches ist heute z.B. in der Schweiz üblich; dort können Briefhüllen dem Postamt zur Anbringung eines →Barfreimachungsstempels übergeben werden.

Vorausstempelung. Wochen oder Monate vor dem Ausgabetag neuer Marken werden Ersttagsbriefe und Schalterbogen postseitig vorbereitet und gestempelt, was beides außer mit Handstempel mehr und mehr mittels →Buchdruckentwertung geschieht. Dafür hat sich in der Sammlersprache noch kein allg. gebräuchl. Begriff eingebürgert. Vielleicht könnte man Vorausstempelung sagen; dieses Wort drückt in etwa aus, um was es sich handelt. Es besteht allerdings leicht die Gefahr der Verwechslung mit den Begriffen →Vorausentwertung bzw. →Vorentwertung, die beide reeller Natur sind und auf ganz anderen postal. Maßnahmen beruhen.

Vorbezug. Einige Postverwaltungen (z.B. Österreich, Schweiz) geben neue Marken bereits drei oder mehr Tage vor dem ersten Gültigkeitstag zum Verkauf an den Postschaltern und der Versandstelle für Sammlermarken frei, eine Sammlern und Händlern entgegenkommende Geste, um ihnen in Ruhe die Vorbereitung von Ersttagsumschlägen und deren rechtzeitige Auflieferung zur Abstempelung zu ermöglichen. Es besteht dabei die Gefahr, daß durch Unachtsamkeit eines Postangestellten Marken vor dem tatsächl. ersten Gültigkeitstag abgestempelt und unbeachtet auf Bedarfs- oder Sammlerbrief alle Stationen der Beförderung durchlaufen. Solche Frühdaten sind wohl interessant; ein bes. Wert kommt ihnen jedoch nicht zu.

Vordruckalbum, beliebte Form für eine →Katalogsammlung, das dem Sammler nur noch das Einkleben der Marken abfordert, da für die Marken eines Landes auf jedem Blatt optisch vorteilhaft aufgeteilt vorgedruckte Felder vorhanden sind. Die in die Felder hineingehörenden Marken sind – soweit bildverschieden – in Schwarzdruck abgebildet; manchmal werden auch die Katalognummern im Feld angegeben, darüber Ausgabedatum und evtl. Hinweise auf Druckart, Zähnung u. a., so daß sich die Benutzung eines Kataloges u. U. erübrigt. Für Postfrisch-Sammlungen sind bes. Alben mit eingearbeiteten Klemmtaschen auf dem Markt. Die Auswahl an Vordruckalben ist groß; es gibt sie für einzelne Länder, beliebte Ländergruppen und Erdteile, auch von einem best. Zeitabschnitt ab, ferner einige bevorzugte Motivgebiete. Für jugendliche Sammler werden auch sog. gekürzte Vordruckalben angeboten (besonders als Album Gesamteuropa), die jedoch nicht zu empfehlen sind, da bei vielen Sätzen nur für einen Teil der zugehörigen Marken Felder vorgesehen sind, was meist die Anschaffung eines neuen Albums zur Folge hat.
Zu den Vordruckalben erscheinen alljährl. Nachträge für die inzwischen neu verausgabten Marken. Mit eingefügten vordrucklosen Blättern, auf denen Abarten, Druckmängel u.a. sowie Ganzbriefe oder Briefstücke untergebracht werden können, läßt sich ein Vordruckalbum auch zu einer Spezialsammlung ausbauen. Vordruckalben sind herstellungsbedingt teuer, ganz bes. die jährl. Nachträge; →vordruckloses Album, →Klemmalbum, →Schraubenbinder, →Jugendalbum.

Die Tafel auf S. 286 zeigt verschiedene Arten der Vorausentwertung

vordruckloses Album, aus Blankoblättern bestehend zur bequemeren und gefälligen Verteilung der Marken teils mit schwach sichtbarem Netz- oder Punktvordruck versehen (sonst →Felderzeichner), die im Gegensatz zum →Vordruckalbum die Anlage einer Sammlung nach eigenen Gesichtspunkten gestatten; bes. oder einzig geeignet für Spezial-, Motiv-, Stempelsammlung u. ä. Die ersten käufl. Alben waren vordrucklos oder besaßen nur eine quadrat. Feldeinteilung; →Albumblattgestaltung, →Klemmalbum, →Schraubenbinder, →Jugendalbum.

Vorentwertung, nicht zu verwechseln mit →Vorausentwertung! Vorentwertung haben z. B. in Hannover (bes. Hildesheim) Postangestellte in Eigeninitiative durch meist

mit dem Lineal gezogene senkrechte oder diagonale Tintenstriche über alle Reihen des Schalterbogens vorgenommen. Die am Schalter abgegebenen und noch nicht freigemachten Sendungen wurden mit einer solchen vorentwerteten Marke beklebt, die durch Abschlag des Ortstagesstempels endgültig entwertet wurde. Die zweimal. Entwertung unterscheidet die Vorentwertung grundsätzl. von der Vorausentwertung. Der Nachweis einer echten Vorentwertung kann im allg. nur auf Ganzbrief, zumindest größerem Briefstück erbracht werden. Der Tintenstrich muß bis an beide Markenränder verlaufen und darf nicht auf den Umschlag übergehen. Nach den bish. Forschungsergebnissen ist die Vorentwertung schon sehr alt. Im Gunesch-Handbuch wird eine Art Vorentwertung registriert, die aus dem USA-Ort Wheeling/W. Va. auf USA Mi 1 und 2 in Form eines auf je einem Viererblock des Schalterbogens angebrachten Roststempels bekannt ist; die endgültige Entwertung erfolgte später. L: Berliner Philatelisten-Klub, Mitteilungen, Neue Folge, Nr. 9/1950.

vorgedruckte Zähnung →vorgetäuschte Zähnung.

vorgetäuschter Durchstich, vorgetäuschte Zähnung. Der angebl. Durchstich ist Bestandteil des Markenbildes, also gedruckt und wurde absichtl. nicht ausgeführt; vielmehr mußten die Marken mit der Schere vom Bogen getrennt werden; →farbiger Durchstich.

vorgetäuschte Zähnung →vorgetäuschter Durchstich. Sogar auf Ganzsachen ist vorgetäuschte Zähnung verschiedentl. vorgekommen (z. B. Brasilien), in neuerer Zeit beim Wertstempeleindruck des Weihnachts-Aerogramms der brit. Post von 1970, der mit eine Zähnung nachahmendem hellem Rand umgeben wurde. Auch →gestanzte Marken.

Vorlagebogen, auch Vorlagedruck; vor Ausgabe einer neuen Marke auf amtl. Papier und in den vorgesehenen Farben in Schalterbogengröße oder auch kleiner hergestellter Druck zur endgültigen Entscheidung, ob mit dem Druck der Auflage begonnen werden kann oder noch Änderungen an der Druckform vorgenommen werden sollen. Vorlagebogen befinden sich oft in Postmuseen; sie können durch Randnotizen, Unterschriften u. a. von hist. oder philat. Interesse sein. Hat keine Instanz mehr etwas gegen die Ausführung einzuwenden, erhält der Vorlagebogen die Imprimatur (= es kann gedruckt werden, gut zum Druck) durch den zuständigen Beamten, das Staatsoberhaupt o. a.

Vorlagedruck →Vorlagebogen.

Vorlagemarken, Bez. für →Vorlagebogen, aber vorw. gebrauchte Bez. für Marken mit Aufdruck →Specimen, →Muster u. ä.

Vorläufer, philat. Begriff für Postwertzeichen, die unter versch. Voraussetzungen ohne Kennzeichnung durch Aufdruck in zwei oder mehr Postgebieten verwendet werden, was bes. bei Postanstalten im Ausland oder in Kolonien oft geschehen ist, die die Marken des Mutterlandes so lange benutzten, bis für diese Gebiete eigene Marken erschienen. Auch Liechtenstein bietet viele interessante Beispiele, da dort bis 1912 nur österr. Marken am Schalter waren.
Eine andere Gruppe der Vorläufer entsteht, wenn eine Postverwaltung die von einer vorangegangenen und aufgelösten verausgabten Marken für einige Zeit weiterverwendet, wofür besonders zahlreich die aus ehemaligen Kolonien entstandenen →Nachfolgestaaten in Afrika, ferner besetzte Gebiete usw. Beispiele liefern.
Bedingung zur Anerkennung als Vorläufer ist, daß die betr. Marke tatsächl. am Schalter verkauft wurde und zur Freimachung einer Sendung zugelassen war. Nur gewissermaßen »halbe Vorläufer« und philat. ledigl. am Rande interessant sind z. B. Marken des Mutterlandes, die von dort absichtl. an einen Bekannten in einer Kolonie geschickt wurden, um nicht alltägl. frankierte Briefe zu erhalten, die zur Freimachung geduldet oder aus Gefälligkeit abgestempelt und befördert worden sind. Vorläufer geben sich durch in Betracht kommende Stempel zu erkennen; sie sind in Spezialkatalogen und Handbüchern festgehalten. Marken, die an Hand des Stempels einwandfrei als Vorläufer identifiziert werden können, sind stets begehrt. Selbst bei einigen thematischen Motivsammlungen muß der Sammler auf Vorläufer achten. So soll z. B. die Kreta-Marke Mi 25 zu einer absolut vollständigen Sammlung →Europa-Marken als »Vorläufer« gehören, weil das Bild die Entführung der Europa durch den in einen Stier verwandelten Zeus darstellt. Über die Berechtigung dieser Vorläufer-Auslegung muß jeder Sammler selbst entscheiden; →Mitläufer, →Nachläufer.

Vorläufer der Briefmarken →Geschichte der Briefmarken.

Vormarkenzeit, selten gebrauchter verdeutschter Ausdruck für →Vorphilatelie (Altbriefkunde).

Vorphilatelie, auch Vormarkenzeit oder Altbriefkunde. Der Sammler (Vorphilatelist) beschäftigt sich mit Postsendungen und zugehörigen Formularen aus der Zeit vor Erscheinen aufklebbarer Postwertzeichen, d.h. ausschl. mit den ungemein abwechslungsreichen und reizvollen handschriftl. Vermerken, Stempeln u.ä. Teils werden aber auch noch spätere Briefe berücksichtigt, da mit der Einführung von Marken nicht immer sofort die Freimachungspflicht verbunden war bzw. Stempel aus der Vormarkenzeit vielfach noch länger weiterverwendet worden sind. Als Ende der eigentlichen Vorphilatelie gilt im allg. der Tag, an dem die jeweils ersten Postwertzeichen gültig wurden (z.B. Großbritannien am 5. 5. 1840, in der Schweiz am 28. 2. 1843, in Österreich am 31. 5. 1850, in Monaco am 30. 6. 1885).
Das ist jedoch nur bedingt richtig, denn in vielen Ländern bestand danach noch lange kein Zwang zur Verwendung von Marken – in einigen Fällen war das sogar unzulässig! – und das Porto wurde weiter am Schalter bar verrechnet (z.B. in Baden möglich von 1851 bis zur Aufgabe der Posthoheit 1871). Die Grenze zwischen Vorphilatelie und Markenzeit sollte deshalb besser durch die Art der Portoverrechnung (Beginn der Freimachungspflicht mit Marken) gekennzeichnet werden. Jede →Ländersammlung sollte mit einigen vorphilat. Briefen eingeleitet werden, was heute fast schon eine Voraussetzung für die erfolgr. Beteiligung an einer Ausstellung ist. Es bestehen überregionale Vereine, die sich der Vorphilatelie widmen und durch vielseitig interessante Rundbriefe u.ä. dieses Gebiet pflegen (→Deutscher Altbriefsammler-Verein, →Schweizerischer Altbriefsammler-Verein), außerdem gibt es zahlr. einschlägige allg. und auf Spezialthemen ausgerichtete Literatur. L: 3. 2.
In bezug auf die »Grenzen der Vorphilatelie« bestehen bisher hier und da noch kleine Meinungsverschiedenheiten, denn je nach Land bzw. Postgebiet können u.U. tatsächlich versch. Auslegungen vertreten werden. An dieser Stelle soll die Meinung eines der prominentesten Vorphilatelisten, des Präsidenten des →Deutschen Altbriefsammler-Vereins, Professor Dr. H. A. Weidlich, anhand eines Vortrages wiedergegeben werden, die unter allen Umständen richtungweisend ist, aber je nach persönlicher Auffassung auch anders kommentiert werden könnte.
»Sammeln kann jeder alles, was er nur will, hierfür gibt es keine Vorschriften und keine Grenzen. Will ein Sammler aber mit anderen Sammlern zusammenarbeiten oder will er sich mit anderen vergleichen, so muß er an seine Tätigkeit Maßstäbe anlegen, muß er bestimmte Regeln anerkennen. Innerhalb eines Sammelgebietes muß es gemeinsame Grundbegriffe, Ziele, Maßstäbe geben, mit andern Worten: das Sammelgebiet muß durch seine Grenzen definiert werden. Solche Grenzen können sich mit der Zeit ändern; die Grenzen der Philatelie haben sich mit den Jahren erheblich erweitert – ein Beweis für die große Dynamik dieses Sammelgebietes.
›Grenzen‹ sind ein Begriff aus der Länderkunde; die Bundesrepublik ›Philatelie‹ enthält zahlreiche Bundesländer, die miteinander eng verbunden, aber doch gegeneinander abgegrenzt sind. Das Bundesland ›Vorphilatelie‹ liegt völlig in den Grenzen der Philatelie, es unterhält enge Beziehungen zu manchen anderen Gebieten, dennoch muß es auch seine Abgrenzung finden.
Irreführend und unschön ist die Abgrenzung, die durch den Namen gegeben zu sein scheint: ›Vorphilatelie‹ könnte bedeuten, daß sie vor, d.h. außerhalb der Philatelie steht, was natürlich nicht der Fall ist. Gemeint ist doch ›Philatelie der Vormarkenzeit‹. Es wäre schön, einen besseren Namen zu finden. ›Altbriefkunde‹ kommt der Sache schon näher, deckt sich aber nicht mit dem bisherigen Namen (man kann nicht von einem ›altbriefkundlichen Stempel‹ sprechen!). Vorphilatelie bedeutet die Erkenntnis, daß die Philatelie nicht zu denken ist ohne ihre Entwicklung aus der Vormarkenzeit, und daß das Verständnis der postalischen Gegenwart nur aus dem Wissen um ihre Wurzel in der Vergangenheit erwächst. Dafür aber setzt sich der Vorphilatelist ein.
Grundbegriffe, die der gesamten Philatelie angehören, gelten natürlich auch für die Vorphilatelie. Wesentliches Merkmal der Belege, die wir in unseren Sammlungen zusammentragen, ist der direkte unmittelbare Zusammenhang mit der ›Post‹, seien dies staatliche oder private Beförderungsinstitute. Bei Altbriefen mit ihren Kennzeichnungen und Stempeln ist dieser Zusammenhang ebenso offensichtlich wie etwa bei Formularen und Quittungen, die für postalische Beförderungsleistungen ausgestellt und von Postdienststellen unterzeichnet sind. Auch alles Beiwerk, das in die Sammlung aufgenommen werden soll, muß im gleichen Zusammenhang stehen, seien es Verordnungen, Bilder oder ähnliches.
Das Bild einer Kirche etwa gehört nicht in eine vorphilatelistische Sammlung. Ein Bild des Straßburger Münsters mit der Wiedergabe des darauf befindlichen optischen Telegraphen kann jedoch ein entsprechendes Thema gut belegen. Das Bild eines Marktplatzes kann in einer postgeschichtlichen Sammlung nur dann eine Berechtigung haben, wenn darauf etwa das Posthaus oder eine Postkutsche zu sehen ist.
Eine Verordnung, etwa ›Bekanntmachung, wie mit umherlaufenden kranken Hunden zu verfahren ist‹, mag zeitgeschichtlich interessant sein, sie sollte aber ebensowenig wie die ›Erneuerte Feuerordnung‹ in einer postgeschichtlichen Sammlung Aufnahme finden. Dagegen können ›Bestimmungen für den Fall des Ausbruchs der Cholera‹ wegen ihrer Bedeutung für den Verkehr in einer entsprechenden Sammlung instruktiv und nützlich sein. Schwieriger ist die Entscheidung manchmal bei Briefen. Der beschriebene Briefbogen ist ja der übliche Träger für zu befördernde Nachrichten. Er dient aber auch oft

der Festhaltung einer Information, etwa bei Verträgen, Gerichtsprotokollen usw., die nicht zur postalischen Beförderung bestimmt sind. Sofern ein solches Dokument keine Merkmale einer Beförderung trägt, sollte es keinen Platz in einer philatelistischen Sammlung finden.
Vielfach steht bei alten Briefen zwar die Tatsache einer Beförderung außer Zweifel, aber es ist nicht erkennbar, auf welche Art der Brief befördert wurde. War er einem privaten Überbringer, einem ›Dienstboten‹ anvertraut, so ist das zwar für frühere Verhältnisse charakteristisch, aber nicht postalisch. Als ›Privatbotenbrief‹ kann er in der Sammlung nur als Gegenstück zu solchen Briefen gezeigt werden, die eine postalische Beförderung erkennen lassen. Das braucht nicht eine staatliche Post sein; die Geschichte der Post geht auf andere Organisationen zurück, etwa die ›Reiheboten‹, die ›Metzgerposten‹ usw. Wesentlich bei all solchen Belegen ist, daß sie in den Sammlungen möglichst richtig definiert und sinnvoll eingeordnet werden. Hier muß der Sammler lernen, kritisch zu prüfen, denn nicht alles, was als alter Brief angeboten wird, verdient diesen Namen und den dafür geforderten Preis.
So erschienen jahrelang im Handel immer wieder ›Altbriefe aus dem 15. Jahrhundert auf Pergament‹: zumeist handelte es sich dabei aber um alte französische Kaufverträge, von denen die Erwerber außer dem Datum nichts entziffern konnten und sie dennoch teuer bezahlten. Aber auch Angebote von Briefen, auf denen sich irgendwelche Vermerke befinden, für die eine phantasievolle Deutung gesucht und dem Käufer suggeriert wird, sollten mit mehr Kritik geprüft werden. Da werden Registraturzeichen zu ›Déboursés‹, Präsentationsvermerke zu einmaligen Feldpost-Raritäten. Wenn die Bedeutung nicht sicher ist, ist es besser, auf den Ankauf zu verzichten.
In den vergangenen Jahren haben die →Postscheine eine außerordentliche Zunahme an Beliebtheit erfahren; sie sind heute nur zu sehr hohen Preisen zu erwerben. Dafür werden ständig alte Quittungen angeboten, die sich früher allgemein ›Récépisse‹ = Empfangsbestätigung nannten. Da verständlicherweise auch bei der Post diese Bezeichnung gebraucht wurde, wird heute vielfach der umgekehrte Schluß gezogen: Récépisse = postalischer Beleg. Daß dies keinesfalls so ist, sei mit einigen Beispielen erläutert: Den Eingang einer Stiftungsurkunde bestätigt eine Regierungsstelle. Mit der Post hat das nichts zu tun, ebensowenig wie eine Récépisse, mit der das kgl. württ. Amt Möckmühl z.B. den Eingang eines Schreibens bestätigt. Solche Formulare bescheinigen weder die Übergabe eines Briefes zur weiteren Beförderung, noch hat das Amt den Brief von der Post erhalten.
In Auktionen werden seit Jahren Scheine angeboten, die handschriftlich ausgestellt sind und teilweise ein beträchtliches Alter besitzen. Sie werden als →Boten-Récépisse, manchmal auch als Postscheine bezeichnet. Betrachten wir folgendes Beispiel:
›Zeiger hat ein verschlossen Schreiben von der löbl. Ersherzogl. Bischl. Halberstadter Regierung an den Herrn Erbmarschall Jahn von Rössing . . . wol eingehendigt, ist wegen abwesent. des von Rössing dieses loco repcepisse ertheilet. Osterwiegk den 4. Febr. A°1647. Rössingsche Schreiberei daselbst‹
Unter der Bezeichnung ›Postschein‹ kann solch eine Récépisse unmöglich laufen; alle Postscheine enthalten das Wort ›Post‹. Steht in einer Récépisse die Bezeichnung ›Amt‹ ohne den Zusatz ›Post‹, so handelt es sich in keinem Fall um einen Postschein. Daß die ›Rössingsche Schreiberei‹ das Sekretariat des Herrn von Rössing und nicht die Post ist, bedarf wohl keiner Erläuterung. Dagegen wäre die Bezeichnung ›Boten-Récépisse‹ nicht zu beanstanden, sofern damit die Erkenntnis verbunden ist, daß es sich nicht um Postboten handelt und daß die ausstellende Behörde keine postalische Dienststelle ist.
Immer wieder werden solche nichtpostalischen Belege unter dem Motto ›Vorphilatelie‹ angeboten und gekauft! Unwissenheit oder Unüberlegtheit, oft auch die Unfähigkeit, die Texte zu lesen und zu deuten, sind schuld daran, daß viel unnützes Lehrgeld gezahlt werden muß und manche Enttäuschung unausbleiblich ist.
Eine andere oft diskutierte Grenzziehung betrifft die Zeit, aus der ein vorphilatelistischer Beleg stammt. Wann ist die ›vorphilatelistische Zeit‹ zu Ende gegangen? Oft liest man z.B. ›Ende der vorphilatelistischen Zeit in Baden ist der 1. Mai 1851, an welchem Tage die badischen Briefmarken an den Schalter kamen‹. Briefe nach diesem Datum wären nichtvorphilatelistisch, auch wenn sie keine Marken tragen; eben deshalb sind sie aber auch nicht den Markenbriefen zuzuordnen.
Eine solche Abgrenzung widerspricht jeder logischen Überlegung. Die Einführung der Briefmarken bedeutete nirgends, daß alle Briefe mit Marken freigemacht werden mußten, vielfach konnten noch viele Jahre lang die Marken gar nicht zur Freimachung aller Sendungen verwendet werden. Noch 20 Jahre nach Einführung der Marken, im letzten Jahr der badischen Marken (1871) wurden in Baden ohne Verwendung von Marken versandt: 10% aller Lokalbriefe, 4% aller Inlandsbriefe, 2% aller Briefe nach Deutschland und Österreich und 15% aller Auslandsbriefe. Bei ihnen wurde das Porto wie in der Vormarkenzeit auf dem Umschlag notiert und vom Empfänger eingezogen. Die Grenze zwischen Vorphilatelie und Markenzeit ist durch die Art der Portoverrechnung, nicht aber durch eine Jahreszahl bestimmt. Das gleiche gilt für sog. vorphilatelistische Stempel, die in der Markenzeit weiterverwendet wurden. Der Abschlag nach einem gewissen Datum kann den Stempel nicht plötzlich zu etwas ganz anderem machen. Wichtig für den Sammler ist allein die richtige Erkennung und Beschreibung, und damit letzten Endes auch die richtige Bewertung des Belegs.
Lassen Sie es mich nochmals deutlich sagen: Die Philatelie und damit auch die Vorphilatelie und die postgeschichtlichen Sammelgebiete

befassen sich ausschließlich mit staatlichen oder privaten Posten. In jedem Fall muß es die Aufgabe des Sammlers sein, das Verhältnis eines Belegs zur Post richtig zu erkennen und zu beschreiben. Alles was außerhalb dieser Grenzen liegt, und mag es zeitgeschichtlich noch so interessant sein, kann nicht unter der Bezeichnung ›Vorphilatelie‹ oder ›Postgeschichte‹ gesammelt und gezeigt werden. Solches Material wird in anderen Sammlungen, die außerhalb der Philatelie angesiedelt sind, seinen wohlverdienten Platz finden – dazwischen aber liegen unsere Grenzen.«

PROF. DR. WEIDLICH

Vorratslisten. Die meisten →Versandstellen verschicken auf Anforderung an jeden Sammler Listen, in denen die zur Zeit noch lieferbaren Marken usw. aufgeführt sind. Es handelt sich meist nur um die in den letzten 2–3 Jahren erschienenen Ausgaben, selten sind noch ältere vorrätig.

Vorverkauf. In verschiedenen Ländern ist es üblich, neu erscheinende Postwertzeichen zwei bis vier Tage (zum Beispiel Frankreich, Schweiz), in Österreich bis zu einer Woche, vor dem →ersten Gültigkeitstag über die →Versandstellen oder auch nur bei bestimmten Postämtern zu verkaufen. Damit soll Sammlern und Händlern die Möglichkeit gegeben werden, zur Entwertung mit dem →Ersttagsstempel vorgesehene Sendungen vorzubereiten. Im Bereich der BP ist Vorverkauf nicht erforderlich, da Ersttagsabstempelung noch acht Wochen nach offizieller Zurückziehung des Stempels angefordert werden kann.

Vorzeigegebühr, postamtl. Bez. der bes. Gebühr für Nachnahmen. Die Sendung wird dem Empfänger »vorgezeigt«, der sie durch Zahlung des Nachnahmebetrages einlösen oder auch ablehnen kann.

Voß, Werner, 1897–1941, gilt als Wegbereiter der Liechtenstein-Philatelie und zählt zu den Gründungsmitgliedern des →»Ring der Liechtensteinsammler« (1930). Seine Sammlungen und philat. Publikationen wurden zu seinen Lebzeiten vielfach prämiert.

VP Grodno, Handstempelaufdruck auf russischen Marken; →Grodno.

V-Post, verschiedentlich angewendete, aber etwas unglückliche Bezeichnung für →Airgraph-Dienst; auch →V . . . Mail-Dienst.

V. R. = Victoria Regina, Aufdruck auf versch. Aushilfsmarken, die während der Regierungszeit der brit. Königin Victoria in von Großbritannien besetzten Gebieten erschienen sind (z.B. Transvaal); auch →V. R. I.

V. R. I. = Victoria Regina Imperatrix, Aufdruck auf versch. Marken (z.B. Oranjefreistaat), die als Aushilfsausgaben während der Regierungszeit Königin Victorias in von Großbritannien besetzten oder in Protektorats-Gebieten erschienen sind; auch →E. R. I., → V. R.

Vryburg-Ausgabe. Im Michel-Katalog sind je vier Marken einmal unter Kap der Guten Hoffnung als »Englische Notausgaben während des Burenkrieges« und einmal unter Transvaal als »Besetzungs-Ausgaben der Transvaal-Regierung« angeführt. Im ersten Fall handelt es sich um Urmarken von Kap der Guten Hoffnung mit Aufdruck V. R./SPECIAL/POST, im zweiten um einen neuen Wertüberdruck in PENCE sowie Z. A. R. (Zuidafrikaansche Republiek). Die Rechtmäßigkeit der ersten Ausgabe ist umstritten. Vryburg war ein damals wichtiger Ort im ehem. →Betschuanaland, der sich in der Zwischenzeit zu einer größeren Stadt innerhalb der Republik Südafrika entwickelt hat.

VUJA STT →STT VUJA.

V-Zettel, orangerote Klebezettel ähnl. →Einschreibezettel mit großem V links, internat. zur Kennzeichnung von Wertsendungen üblich, in Deutschland 1926 eingeführt. Das V besagt franz. valeur (= Wert), genauer valeur déclarée (= erklärter Wert). Für Wertpakete größere Zettel. Die V-Zettel gelten als Randgebiet der Philatelie und werden ebenfalls gesammelt. L: 2. 4; →W-Zettel.

W

w, nach einer Katalognummer Kennzeichnung für vorkommende Papier- und Gummiunterschiede bei bildgleichen Marken; es werden hierzu die Kleinbuchstaben v bis z verwendet.

W, 1. Vor der Katalognummer Kennzeichnung für waagerecht zusammenhängende Paare, Dreierstreifen usw. aus →Rollenmarken, →Markenheftchen bzw. →Heftchenbogen. Bei senkrechten Paaren steht ein S vor der Nummer. – **2.** Abkürzung für →Walzendruck. – **3.** Nach einer Katalognummer aber auch Kennzeichnung für vorkommende Wasserzeichenunterschiede bei bildgleichen Marken; es werden hierzu die Großbuchstaben V bis Z verwendet. – **4.** Auch »West«, Handstempelabdruck in Rot, Blau oder Violett auf Einschreibzetteln bei Sendungen, die zwischen 28. 12. 1948 und 19. 1. 1949 in Ost-Berlin nach Westdeutschland aufgegeben wurden. Infolge des Währungsgefälles konnten für R-Briefe bei Freimachung durch Marken mit schwarzem Aufdruck BERLIN 60 Pf gespart werden. Nach Einführung der Marken mit gleichem Aufdruck in Rot war das nicht mehr möglich. Die R-Zettel waren aber teils voraus mit »W« gestempelt worden und wurden aufgebraucht. Auf Sendungen mit Daten nach dem 19. 1. 1949 gebraucht ist der Wert wesentlich geringer.

Waadt, Begriff aus der Sammlersprache für die Schweiz-Marken Mi

1 und 2 (nach den Kantonalmarken), die nach Gründung der Schweizer. Bundespost im Oktober 1849 für den Postkreis I (Genf) mit dem waadtländ. Kreis Nyon verausgabt wurden. Mi 1 gehört zu den großen Raritäten. Mi 2 ist desh. interessant, weil dafür der Druckstein des 4-C.-Wertes verwendet und auf diesem die 4 durch Handzeichnung in eine 5 geändert wurde, so daß auf dem Bogen mit 100 Marken jede 5 etwas anders aussieht und (theoretisch) aus Einzelmarken ein Schalterbogen rekonstruiert werden könnte. Die Restbestände der 4-C.-Marken wurden ohne Änderung der Wertangabe als solche zu 5 C. aufgebraucht. Auch Mi 3 kam für den Postkreis I zur Ausgabe, ist jedoch als →Neuenburg zum philat. Begriff geworden.

wachsende Marken. Von Münzen und vielfach auch Papiergeld ist bekannt, daß diese mit steigendem Wert an Größe zunehmen (bei Münzen im allg. nur dann, wenn gleiches Metall verwendet wird). Es hat aber auch schon Marken gegeben, die mit steigendem Nennwert ein größeres Format hatten, was den Sammler hinsichtl. harmonischer Unterbringung eines Satzes auf dem Albumblatt in Verlegenheit bringt.
Die ersten »wachsenden Marken« brachte das kleine altdt. Postgebiet Bergedorf 1861/67 heraus. Die niedrigste Wertstufe zu ½ Schilling weist eine bedruckte Fläche von nur 2,25 qcm auf; wird bei 1, 1½ und 3 Schilling jeweils um ein geringes größer und erreicht bei der Marke zu 4 Schilling schließlich 4,85 qcm. Auffällig ist das Wachstum bei zwei Marken von Obock (Mi 37/38), desgl. Mi 52–56, nur dort etwas weniger auffällig.
Ähnlich ist es bei den Marken der Mongolei Mi 1–7, die von Nennwert zu Nennwert größer ausgefallen sind. Zu erwähnen wären vielleicht noch die runden Marken Tongas (Mi 128–139) u.a., die allerdings nicht so konsequent einen nach und nach größeren Durchmesser aufweisen. An sich ist häufig üblich, den Marken mit hohem Nennwert ein größeres Format zuzuordnen, die dann nicht unbedingt zu den »wachsenden Marken« gezählt werden können. Daß es aber auch im umgekehrten Sinne möglich ist, zeigte Afghanistan mit der Dauerserie aus dem Jahr 1951 (Mi 343–359); bei dieser sind die drei Höchstwerte gegenüber den anderen recht klein.

Wadhwan, ehem. brit.-ind. →Vasallenstaat mit nur im Inlandsverkehr gültigen zwei Freimarken von 1888 bis 1892. Wadhwan schloß sich 1948 →Soruth an.

Waffeleinpressung, auch Gaufrage; bei Postwertzeichen selten angewandtes Verfahren zum Schutz vor Entfernung des Stempels und Wiederverwendung einer Marke zum Schaden der Post. Mittels einer entspr. gestalteten Platte wird in jede Marke der fertigen Bogen bildseitig ein waffelartiges Muster von ca. 1–2 cm² unter starkem Druck eingepreßt. In den Vertiefungen setzt sich die Stempelfarbe kaum entfernbar fest und schlägt außerdem auf die Markenrückseite durch. Waffeleinpressung ist zu finden bei USA Mi 16–25 (mit sechs versch. großen Waffeln, bei Mi 18, 19 und 24 ferner auch über die ganze Fläche gewaffelt) und Peru Mi 19–36, MiP 1–32.

Wagner, Hans, 1852–1940, kenntnisreicher dt. Philatelist, der sich seinerzeit durch zahlreiche Arbeiten in Fachzeitschriften einen Namen machte und bes. als Initiator der →Philatelistentage unvergessen bleibt. Als Vorsitzender des Vereins für Briefmarkenkunde von 1885 Mainz regte Wagner anl. der 100. Vereinssitzung die Einladung zum »Rheinischen Philatelistentag« an, der 1889 in Mainz mit überraschend großer Beteiligung stattfand und als 1. Deutscher Philatelistentag in die Geschichte eingegangen ist, denn diese Veranstaltung (später verbunden mit dem →Bundestag) wurde – nur unterbrochen durch die Kriegsjahre – zu einer ständigen Einrichtung; →Hans-Wagner-Medaille.

Wagner-Medaille →Hans-Wagner-Medaille.

Wahlwies, Ort in Nähe des Bodensees mit Pestalozzi-Kinderdorf, dessen Verwaltung von Zeit zu Zeit Ballonpostflüge durchführt, wozu es Sonderumschläge, -stempel u.a.

gibt. Der Erlös aus diesen nur für Sammler geschaffenen Belegen dient der Erhaltung und dem Ausbau des Kinderdorfes. Anschrift: Ballon Kurier, Pestalozzi-Kinderdorf D-7761 Wahlwies; →Österreichische Kinderdorf-Vereinigung Pro Juventute, →SOS-Kinderdörfer.

Währungsangaben. Die auf Postwertzeichen zu findenden Angaben betr. Art und Name der Währung sind von Land zu Land und von Zeit zu Zeit schon immer derart verschieden gewesen, daß in einem Lexikon nicht näher darauf eingegangen werden kann. Dasselbe gilt hinsichtl. der Abk. der Währungseinheiten, die vor oder hinter der Wertziffer auftreten, oft aber auch fehlen, da die Postverwaltungen voraussetzen, daß Postpublikum und Postangehörige darüber ausreichend unterrichtet sind. Es hat teils ungewöhnl. Währungs- bzw. Wertangaben gegeben, z. B. →Reiswährung, →Muschelwährung, →Anhang VI.

Währungsmischfrankatur, mit zwei oder mehr Marken freigemachte Sendung, die inf. Währungsänderung versch. Münzangaben enthalten. Die alte Ausgabe ist aber noch eine Zeitlang neben der neuen gültig, u. U. zu einem best. Umrechnungsfaktor. So blieben z. B. Österreich Mi 50–68 (Kreuzer und Gulden) vom 1. 12. 1899 bis 30. 9. 1900 neben Mi 69–83 (Heller und Kronen) gültig, Mi 697–712 (Pfennig und Mark) vom 24. 11. bis 20. 12. 1945 neben Mi 738–770 (Groschen und Schilling, natürlich nur die bis 20. 12. 1945 verausgabten Werte aus diesem langen Satz). Die Währungsmischfrankatur ist demnach nur eine Unterart der →Ausgaben-Mischfrankatur. Auch die →Zehnfachfrankatur u. ä. gehört hierher; →Mischfrankatur.

Währungsreformbelege, philat. Bez. für Poststücke, die aufgrund von Änderungen der Zahlungsmittel eine Frankatur in zwei verschiedenen Währungen aufweisen. Bekannte dt. Beispiele stellen die →Mischfrankaturen der Ausgaben Brustschild/Pfennige (Groschen, Kreuzer/Mark, Pfennige) von 1875 und die →Dezemberbriefe (Mark, Pfennig/Rentenmark, Rentenpfennig) von 1923 dar. Am häufigsten gebraucht wird der Begriff jedoch im Zusammenhang mit den Währungsreformereignissen im Juni 1948, als in den alliierten Besatzungszonen Deutschlands die bisher kursierenden Postwertzeichen der Reichsmarkwährung ihre Gültigkeit verloren und die sich in Händen des Publikums befindlichen Marken mit nur noch 1/10 ihres ursprünglichen Wertes aufgebraucht werden konnten; →Zehnfachfrankatur. L: 3. 5.

WAIKOA ISLAND →Mevu.

Wales mit Monmouthshire →Regionalmarken.

Wallis- und Futuna-Inseln, zwei im Pazifik zwischen den Fidschi- und Samoa-Inseln gelegene Inselgruppen (auch Wallis- und Horn-Inseln genannt), die bis zum Jahr 1959 verwaltungsmäßig der französischen Kolonie Neukaledonien un-

terstellt waren und bis 1920 deren Marken verwendeten.
Seit 1920 erscheinen für diese Inseln eigene Ausgaben, auch heute noch, obwohl die Wallis- und Futuna-Inseln ab 1959 ein Überseeterritorium Frankreichs sind. Die Marken bieten reizvolle Darstellungen aus dieser fernen Welt, die, im Neuheitenabonnement bezogen, nur selten einen größeren finanz. Aufwand erfordern.

Wallonien →Flandern; auch →Germania-Marken; →Wallonische Legion.

Wallonische Legion. Für die im 2. Weltkrieg unter dt. Kommando eingesetzten belg. Freiwilligen aus dem franz. Sprachraum wurden 1942 vier Spendenmarken verausgabt, die als Zusatzmarken für Luftpostsendungen, aber auch auf gewöhnl. Briefen an Angehörige der Legion vorkommen und von der dt. Feldpost aus propagandist. Gründen nicht beanstandet und mit dt. Feldpoststempeln entwertet wurden. Diese Spendenmarken sind im Michel-Katalog unter »Deutsche Besetzungsausgaben in den besetzten Gebieten 1939/45« verzeichnet und nur auf Ganzbrief für Spezialsammler von einigem philat. Interesse. Alle angeblich bedarfsmäßig gelaufenen Sendungen mit diesen Spendenmarken sollen sich als →Machwerke herausgestellt haben. L: Sammler-Dienst, Nr. 24/1974. →Flämische Legion, →Französische Legion.

Walsertal →Kleines Walsertal.

Walzendruck, bei den Sammlern übl. Bez. für →Rotationsdruck, dessen Prinzip es ist, daß zwischen zwei gegenläufig rotierenden Walzen (Prinzip Zylinder gegen Zylinder) das Papier in Rollenform (Endlosdruck) mit hoher Geschwindigkeit hindurchgeführt wird. Der Walzendruck, am bekanntesten durch den Zeitungsdruck, ist das leistungsfähigste Druckverfahren für →Buch-, →Offset- und →Tiefdruck (nicht dagegen für →Steindruck) und wird vorzugsweise für Massenauflagen angewendet.
Für den Sammler liefern Marken im Walzendruck vielfach typische →Bogenranddrucke, die diesen vom →Plattendruck unterscheiden (z. B. →Bogenzähler, →Walzenstriche), wenn Stücke mit anhängendem Ober-, Unter- oder Seitenrand vorliegen. Marken, die täglich in Millionenstückzahlen gebraucht werden (z. B. die gängigsten Wertstufen der Dauerserien), werden oft außer in Walzendruck auch auf Schnellpressen in Plattendruck hergestellt, woraus sich für den Spezialsammler durchaus interessante Unterschiede ergeben.

Walzenstriche. Der Ober- und Unterrand des Schalterbogens von Marken in →Walzendruck ist mit Strichen in der Markenfarbe ausgefüllt (bei mehrfarbigen in den entspr. Farben). Die Strichstärke ist absichtl. unterschiedlich oder beruht auf Abnutzungserscheinungen oder Druckmangel; es kommen sogar ausgespr. Fehldrucke vor. Die Walzenstriche sind bes. typisch für dt. Buchdruckausgaben, bei denen sich über die Breite des anhängen-

den Ober- oder Unterrandes einer normal hochformatigen Marke seit 1914 jeweils 13 Walzenstriche auszählen lassen. Bei zweifarbig gedruckten Marken entfallen mehr oder weniger exakt nebeneinander liegend oder ineinander übergehend sechs Walzenstriche auf die eine und sieben auf die zweite Farbe. Bogenränder mit nur sieben Walzenstrichen u.a. Abweichungen, die den Spezialsammler interessieren und

teils sehr selten und wertvoll sind, sind aus der Inflationszeit bekannt. Bei späteren Ausgaben (Mi 692/93) sind 19 Walzenstriche vorhanden, die aber nur scheinbar auf dem Seitenrand stehen, denn diese Marken wurden im Bogen »liegend« gedruckt.
Wird eine Marke in Walzendruck mit anhängendem Unterrand direkt an eine solche mit anhängendem Oberrand angelegt, zeigt sich – wenn beide aus demselben Markenpaket stammen, sonst nicht immer –, daß beide Teile der Walzenstriche zusammen genau die Höhe einer Marke ergeben. Die Erklärung dafür ist, daß zwischen den zwei halbkreisförmig gebogenen und zum Druckzylinder vereinigten Druckformen ein Zwischenraum in Höhe einer Marke besteht, und dieser (vorw. zur Schonung der Randklischees) mit Walzenstrichen ausgefüllt wird. Die Trennung der Maschinenbogen durch die anschl. Trennmaschine kann sehr exakt ausfallen, d.h. Ober- und Unterrand zweier Schalterbogen sind gleich, können aber auch unterschiedl. groß sein. Das alles trifft jedoch nur für Marken in Schalterbogen zu. Werden Marken für Wertzeichengeber (→Rollenbahnbogen)

hergestellt, wird der Zwischenraum statt mit Walzenstrichen mit einer waagerechten Reihe weiterer Markenklischees ausgefüllt. Es muß darauf hingewiesen werden, daß die Druckereien für die Markenherstellung teils andere Wege gehen; die hier genannten Kennzeichen für den Walzendruck (bzw. Plattendruck) gelten nicht für alle Marken. Auf dem Oberrand sind die Walzenstriche zur Unterbringung der →Reihenwertzahl ausgespart (bei Plattendruck stehen diese frei), wodurch sich je nach Länge der Reihenwertzahl eine unterschiedl. Zahl an kurzen bzw. langen Walzenstrichen ergibt. Die dt. Inflationsmarken sind bes. reich an allen mögl. Bogenrandunterschieden, da z.B. neue Wertüberdrucke teils auf Urmarken in Walzendruck in Plattendruck, teils auf Plattendrucken in Walzendruck gefertigt wurden, was an Hand von Marken mit anhängendem Ober- oder Unterrand nachweisbar ist. L: 3. 4.

Wanderbrief, Bez. aus der Sammlersprache für eine Sendung, die aus gleichen oder auch versch. Anlässen zwei oder mehr Sonderpostämtern vorgelegen hat und u.U. mit zwei oder mehr Marken versch. Länder freigemacht ist. Als Beispiel sei die Faltkarte privater Herkunft erwähnt, die Ende Januar 1964 mit griech. Marken beklebt am Tag der Entzündung der Olympischen Fakkel in Olympia für die Eröffnung der Winterslìele nach Wien und von dort nach Innsbruck befördert wurde, dort die erforderliche Frankatur mit österr. Marken erhielt und so endlich den Empfänger (auch im Ausland) erreichte. Zur Vorbereitung und Werbung für die große Briefmarkenausstellung WIEN '75 wurden in den neun österr. Bundesländern nacheinander Ausstellungen veranstaltet. Dazu gab es Wanderbriefe, die mit allen neun Sonderstempeln versehen sind. Solche Belege sind nicht mehr als nette Souvenirs, die bestenfalls Sammler entspr. Motivgebiete interessieren; philat. gesehen sind es nur Spielereien.

Wanderstempel, Aushilfsstempel zur Markenentwertung, die je nach Bedarf vom einen zum anderen Postamt »wandern«, wenn z.B. der

eigentl. Ortstagesstempel beschädigt ist und sich in Reparatur befindet oder bei Neueröffnung eines Postamtes noch nicht vorhanden ist. Beispiele für Wanderstempel aus neuerer Zeit sind bes. aus Liechtenstein und Österreich bekannt.
In Österreich gibt es Wanderstempel, die von Spezialsammlern gern

berücksichtigt werden, seit 1968. Sie werden von den einzelnen Postdirektionen ausgegeben und enthalten oben nur die Inschrift POSTAMT; die beiden kleinen Buchstaben darunter weisen auf die zuständige Postdirektion hin (in der Abb.: lc = Linz; weitere Kennbuchstaben beginnen mit g = Graz, j = Innsbruck, k = Klagenfurt usw.). Die Postleitzahl unten ist in jedem Wanderstempel auswechselbar, so daß aus dieser an Hand des Postleitzahlverzeichnisses jederzeit auch ohne Absenderangabe der Auflieferungsort einer Sendung festzustellen ist (in der Abb.: 4240 = Freistadt). Die amtl. Bez. für diese Stempel, die nur für Inlandssendungen verwendet werden, lautet »Ersatz-OT-Stempel« (OT = Ortstagesstempel).
Aus dem Bereich des Deutschland-Sammlers sind Wanderstempel in fünf versch. Typen aus der ehem. Kolonie Deutsch-Südwestafrika bekannt. Dort erhielten einige Postanstalten, denen nach der Eröffnung nicht gleich reguläre

Stempel zur Verfügung gestellt werden konnten, zunächst nicht mehr benötigte Stempel anderer Postämter, aus denen der Ortsname entfernt war. Wieder andere Wanderstempel wurden als solche ohne Ortsnamen extra angefertigt. Nach Abschlag dieses Stempels wurde der jeweil. Ortsname handschriftl. oder mittels Gummistempel hinzugefügt. L: 3. 6.

WAR DEP^{T}, Inschrift auf elf USA-Marken ähnl. Muster der Freimarken Mi 36–46; waren Dienstmarken des Kriegsministeriums.

Warndienst. In Hamburg und Hannover bestehen zwei Warndienste, priv. Unternehmen, die ähnl. einem Verein geführt werden

WASA

und Sammler, bes. Händler, durch Bekanntgabe der Namen und Anschriften (auch Decknamen und -anschriften) unlauterer Elemente und Betrüger vor Schaden bewahren wollen. Die Mitglieder der Warndienste werden durch Rundschreiben laufend über Vorkommnisse unterrichtet, einige Meldungen werden über die Fachzeitschriften auch einem breiteren Kreis zugänglich gemacht.

Warnkarton →Hannover-Fälschung.

War Stamp, Aufdruck bzw. Inschrift bei vielen Marken aus dem ehemaligen britischen Weltreich, die während des Ersten Weltkrieges verausgabt wurden und als →Kriegssteuermarken zu gelten haben; auch →War Tax.

War Tax, sinngemäß wie →War

Stamp und als Aufdruck auf versch. Marken brit. Besitzungen vorkommend.

WASA, Aufdruck auf älteren Schweden-Marken oben und REDIVIVA unten bogenförmig über dem Landesnamen (z. B. Mi 64–67); sind keine Postwertzeichen mehr. Es handelt sich um Spendenmarken, deren Erlös zur Wiederherstellung des 1628 im Hafen von Stockholm gesunkenen, 1956 wiedergefundenen und 1961 gehobenen und seitdem in noch viele Jahre erfordernder Arbeit renovierten Kriegsschiffes »Wasa« verwendet wird; die schwed. Post erinnerte 1969 mit den Marken Mi 644/49 daran.
Die schwedischen Spendenmarken sind am Aufstellungsplatz des Schiffes lose oder bereits auf Schmuckumschlag geklebt und dann mit Privatstempel versehen erhältlich; bei Postversand des Umschlags ist Freimachung nach Tarif erforderlich. Der Aufdruck bedeutet: *Die Wasa kehrt wieder.*

Waschen der Marken →Wasserbad.

Wasser. Für das →Wasserbad wird im allg. normales Leitungswasser genommen, das örtl. bes. hinsichtl. des Härtegrades sehr unterschiedl. sein kann. Aus versch. Gegenden Deutschlands berichten Sammler, daß Marken auf dem alten gelblichen, fluoresz. Papier der BP nach der Wasserbadbehandlung fleckig wurden. Das kann auf teilweise ausgewaschenen Fluoreszenzfarbstoff zurückgeführt werden. Andere Sammler behaupten, diese Erscheinung – wenn sie aufgetreten war – durch Verwendung von destilliertem Wasser (in Drogerien und an Tankstellen erhältl.) nicht mehr gehabt zu haben; auch abgekochtes Wasser wird empfohlen.

Wasserbad. Gestempelte Marken müssen – soweit sie nicht auf Ganzbrief oder Briefstück erhalten bleiben sollen, was aus versch. Gründen ratsam oder wichtig sein kann – im Wasserbad von Papierunterlage und Gummiresten in einem geeignet erscheinenden →Wasserbadbehälter befreit werden, wozu eine etwa 1 cm hohe Schicht kalten oder besser lauwarmen Wassers genügt; die meisten Marken vertragen auch 50–60 °C warmes Wasser, das die Ablösung beschleunigt.
Die Marken werden mit der Bildseite nach oben vorsichtig und einzeln nebeneinander auf die Wasseroberfläche gelegt, so daß sie schwimmen. Niemals einfach eine ganze Handvoll Marken wahllos in das Wasser werfen und untertauchen! Farbige Briefumschläge, Paketkartenausschnitte, Kugelschreiberschrift auf der Rückseite von Postkarten usw., nicht zuletzt farbige statt schwarze Stempel können auslaufen und viele Marken schnell verderben; das Seidenpapierfutter in Umschlägen sollte stets entfernt werden. Deshalb – auch weil einige Markenfarben wasserempfindlich oder gar wasserlöslich sind – ständig auf farbl. Veränderung des Wassers achten! Andere Marken evtl. gefährdende Stücke sofort herausnehmen und für sich allein behandeln. Je nach Papierart und -stärke sowie Gummiqualität läßt sich die Marke nach einigen Minuten mit dem Finger vom Papier abschieben oder besser mit der Pinzette abheben, wenn dieses nicht von selbst zu Boden sinkt. Danach mindestens ein lauwarmes Nachbad zur Entfernung der letzten Gummireste anschließen.
Ist trotz aller Umsicht einmal eine Marke durch das Unterlagepapier verfärbt, mehrmals längere Zeit in heißem Wasser belassen, evtl. unter Zusatz eines bes. Waschmittels für Briefmarken (beim Händler erhältlich), über dessen Einfluß auf versch. Druckfarben allerdings nichts ausgesagt werden kann. Auf gar keinen Fall Haushaltswaschmittel verwenden; sie enthalten bleichende Stoffe mit auf Marken unbekannter Wirkung.
Bei früheren Marken auf fluoreszierendem Papier kann je nach Wasserhärte und örtlichen Verhältnissen eine mehr oder weniger starke gelbliche Verfärbung auftreten. In diesem Fall ist der Zusatz von einigen Millilitern Essig zum Wasserbad empfehlenswert. Auch die Verwendung von destilliertem Wasser kann Erfolg bringen.
Marken mit wasserempfindlichen Farben mit der Bildseite nach unten auf eine saubere Glas- oder Tischplatte legen und das Unterlagepapier mehrmals mit Wasser betupfen und darauf achten, daß kein Wasser unter die Marke kriecht; oder auch, was sicherer ist, den Ausschnitt – dann aber mit der Bildseite nach oben – auf eine Schicht nasses Filtrier- oder Zeitungspapier legen. Nach längerer Zeit ist das Papier aufgeweicht, und die Marke kann abgehoben werden. Verbliebene Gummireste mit einem schwach angefeuchteten Stück Schwamm vorsichtig abwischen; auch →schwerlöslicher Gummi.
Rollenmarken, deren rückseitig auf der Gummierung gedruckte Zählnummern erhalten bleiben sollen, können nicht in einem normalen Wasserbad behandelt werden, da die Nummern dann verschwinden würden. Die BP hat den Sammlern vor einiger Zeit die Verwendung einer Mischung aus 6 Teilen Alkohol und 4 Teilen Wasser empfohlen. Dem Wasserbad schließt sich das →Trocknen der Marken an. Auch →Markenablöser, →Brechen der Zähnung.

Wasserbadbehälter. Zur Befreiung gestempelter Marken von der Papierunterlage ist ein →Wasserbad erforderlich. Dazu werden keine aufwendigen Utensilien benötigt, es genügt eine beliebige flache Schüssel, notfalls ein Suppenteller; auch Kunststoffschalen zur Entwicklung von Fotobildern tun hierfür beste Dienste.

wasserempfindlich. Versch. Marken aus älterer Zeit sind absichtl. mit gegen Wasser empfindl. Farben gedruckt worden, um die Entfernung von Stempeln bereits einmal benutzter Marken und deren Wiederverwendung zum Schaden der Post unmöglich zu machen. Am bekanntesten in dieser Beziehung sind die Marken Großbritanniens Mi 77–81 und alle folgenden in Farbe »Seegrün« (die außerdem lichtempfindlich sind), ferner viele Marken Niederländisch-Indiens zwischen Mi 107 und 194, bei denen die Farbe bei der Behandlung mit Wasser in kleinen Stückchen »davonschwimmt«. Ähnlich verhalten sich viele Marken auf →gestrichenem Papier, beispielsweise DR Mi 39–44.
Aber auch neuere Markenausgaben sind teils wasserempfindlich, so daß sie, mit anderen Marken zusammen in ein Wasserbad gebracht, auch diese verfärben können (z. B. Belgien Mi 1407); bei BP Mi 585 hebt sich der Goldbronzedruck gern vom Papier ab usw. Die Kataloge weisen nicht in allen Fällen auf eine Wasserempfindlichkeit hin. Deshalb in das Wasserbad immer nur so viele gestempelte Marken geben, daß alle beobachtet und gefährdet erschei-

Katapultpost *ist ein hochinteressantes Kapitel in der Geschichte der deutschen Luftpost. 103 Schleuderflüge von den Dampfern BREMEN und EUROPA sind in der Zeit vom 1. 10. 1929 bis 2. 10. 1935 registriert. Ihre Belege mit eindrucksvollen Zusatzstempeln werden von Spezialisten unterschiedlicher Gebiete gesucht.*
Luftpostzettel, *die in der Regel auf Luftpostsendungen aufgeklebt werden, sind in ihrer Buntheit ein reizvolles Randgebiet der Aerophilatelie.*

1832 1932
DEUTSCHER SCHLEUDERFLUG
D. „EUROPA“-NEW-YORK
15.-16. JULI 1932
Postkarte
Deutsches Reich
DEUTSCH-AMERIKANISCHE-SEEPOST
BREMEN-NEW YORK
10.7.32
D. EUROPA
NORDDEUTSCHER LLOYD
50 50
Mit Katapult
befördern !
Herrn
Alfred Klimpel,
395 Prospect Ave.
Brooklyn. N.Y.
U.S.A.
MIT LUFTPOST
PAR AVION

AIR MAIL
PAR AVION
MIT LUFTPOST
PAR AVION
BY AIR MAIL PAR AVION
PAR AVION
LETECKY
דואר אויר
PAR AVION
PAR AVION
LUFTPOST
PER LUCHTPOST
PAR AVION
P 37 AA 201032
AIR MAIL
Par Avion
Mit Luftpost
Par avion
Per aeroplano
VIA AIR MAIL
CORREO AEREO
LUFTPOST
PAR AVION - VIA AEREA
Luftpost
Par avion - Via aerea
FLUGPOST
AIR MAIL
PAR AVION
P.Flug 2-581 A
PAR AVION
ΑΕΡΟΠΟΡΙΚΩΣ

LUFT POST
25 PF
Zur Förderung der Luftfahrt u. zum Besten des Jugend-Fürsorge-Verbandes unter dem Protektorate S. K. H. des Prinzen Ludwig von Bayern.
Flugpostkarte
MÜNCHEN
Wohlgeboren
Herrn
Georg Eckert,
K.Oberstlandesgerichts-
Assistent
in
München.
Implerstrasse 34/I m.

Luftp
(Zum Besten de
50 PFENNIG
Flugpostkarte
(Zum Besten der Nationalflugspende)
1 MARK
5 5
DEUTSCHES REICH
LUFTPOST
14.10.12
Herrn Emil Romig
Charlottenburg -
Berlin
Grolmannstr 53/54 I

OFFICIELLE POSTKARTE
POSTKARTENWOCHE DER GROSSHERZOGIN 1912
Worms
12.6.12
Flugpost am Rhein
DEUTSCHES REICH
Landau Pfalz

nende sofort entfernt und einzeln für sich behandelt werden können.

Wasserlinie →Wasserzeichenlinie, →Nahtwasserzeichen.

wasserlöslich. Manche Marken sind →wasserempfindlich, einige ausgespr. wasserlöslich, z.B. die früher ab und zu benutzten Anilinfarben, ferner Drucke auf →gestrichenem Papier. Beim Ablösen gestempelter Marken im Wasserbad aber auch darauf achten, daß die Stempelfarbe u. U. wasserlöslich ist. Das gilt teils auch für das Unterlagepapier; farbige Paketkarten u. a. Formulare laufen häufig aus. Das Seidenpapierfutter in Briefumschlägen ist selten gegen Wasser beständig und sollte vor dem Wasserbad unbedingt entfernt werden.
Zu Marken Großbritanniens und der Kolonien in wasserlöslicher (auch im Laufe der Zeit veränderter) seegrüner Farbe, →L: Collegium philatelicum, Heft 2/1970.

Wasserzeichen, zur Erschwerung der Fälschung von Marken zum Schaden der Post in das Papier eingearbeitetes Zeichen beliebiger Form. Bei Maschinenpapier wird das Wasserzeichen mit der →Wasserzeichenwalze hervorgerufen, bei Handpapier ist die vorgesehene →Wasserzeichenform auf dem Siebboden der sog. Schöpfbütte befestigt. Je nach Ausführung entsteht ein →negatives Wasserzeichen oder ein →positives Wasserzeichen. Philat. ist zu unterscheiden in →Bogenwasserzeichen, →Einzelwasserzeichen und →Mehrfachwasserzeichen; auch →Papierzeichen, →Preßzeichen.
Die meisten Postverwaltungen sind inzwischen vom Wasserzeichenpapier abgekommen (einige haben solches niemals verwendet). Der Schutz vor Postfälschung durch ein Wasserzeichen wurde überschätzt. Auf eine Sendung geklebt, ist das Wasserzeichen der Marke bildseitig nur in seltensten Fällen zu erkennen, was die Feststellung einer Fälschung durch die Post praktisch unmöglich macht. Erwirbt jemand gutgläubig die Fälschung einer kursierenden Marke, wird – außer dem Sammler – niemand auf den Gedanken kommen, die Richtigkeit des Wasserzeichens (das er meist gar nicht kennt) zu prüfen.

Wasserzeichenabart, mehr oder weniger auffallende Abweichung des Wasserzeichens von der regulären Form, was z.B. durch Beschädigung der →Wasserzeichenwalze während der Papierherstellung geschehen kann. Eine andere und äußerst seltene Wasserzeichenabart stellt z.B. die Marke Deutsches Reich Mi 96W auf Papier für Versicherungsmarken mit Mehrfachwasserzeichen »Ringe« dar. Der Reichsdruckerei war freigestellt, im Notfall dieses Papier auch für Postwertzeichen zu verwenden, weshalb also in diesem Fall kein →Wasserzeichenfehldruck vorliegt. Das geschah bei der 3-M.-Marke der Germaniaserie, die nur bei den Postämtern Berlin-Wilmersdorf 1 und Chemnitz in je einem Bogen am Schalter gewesen ist, woraus sich der außergewöhnlich hohe Preis für diese Rarität erklärt. Eine weitere Wasserzeichenabart ist Mi 85W auf Papier »Kreuze und Ringe« für fiskalische Wertzeichen, die lediglich ungezähnt, d.h. unfertig vorkommt.
Auch die Griechenland-Marken mit Wasserzeichen »Krone mehrfach« können als Wasserzeichenabarten gesammelt werden, denn dieses Wasserzeichen kommt in vier versch. Stellungen vor. Im Katalog wird in diesem Fall jedoch keine bes. Bewertung vorgenommen, da nach Auskunft der griech. Post beim Druck der Marken auf die richtige Einlage des Papiers nicht geachtet wurde. Es gibt aus aller Welt viele weitere Beispiele für Wasserzeichenabarten. L: 1. 3.

Wasserzeichenbestimmung. Bildgleiche Marken können auf Papier mit bzw. ohne oder versch. →Wasserzeichen gedruckt sein (bei den Marken Großbritanniens hat es insg. 22 versch. Wasserzeichen gegeben!), woraus im Katalog Hauptnummern und oft beträchtl. Wertunterschiede entstehen. Das Wasserzeichen wird von der Rückseite der Marke her gesehen bestimmt und gibt sich vielfach ohne weiteres zu erkennen, wenn die Marke gegen Licht betrachtet wird, oft noch besser im Halbschatten einer künstl. Lichtquelle auf dunkler Unterlage. Auch die dem Wasserbad entnommenen Marken verraten im nassen Zustand oft sehr deutlich ihr »Geheimnis«. Ist das nicht der Fall, wird der →Wasserzeichensucher zu Hilfe genommen. Es gibt jedoch derart schwach ausgeprägte Wasserzeichen, daß sie auch mit allen nur denkbaren Tricks nicht oder nur unvollkommen identifiziert werden können.
Bei Marken auf →gestrichenem Papier kommt das Wasserzeichen im Benzinbad nicht immer sofort zum Vorschein. Dann bis zu 10 Minuten warten, damit auch die Oberflächenschicht von Benzin ganz durchdrungen ist.

Wasserzeichenfehldruck, etwas mißverständlicher philat. Begriff, denn ein Wasserzeichen wird weder richtig noch fehlgedruckt. Man versteht unter diesem Ausdruck Marken, die versehentl. auf Papier mit einer Wasserzeichenform gedruckt wurden, das für die vorliegende Marke gar nicht gedacht war. Bes. bekannte Beispiele hierfür liefern einige Marken von Neusüdwales aus Mi 12–37, die auf Papier mit →Einzelwasserzeichen hergestellt sind, das aus einer dem Frankaturwert der betr. Marke entspr. Ziffer

Klassische Flugpost *ist ein begeisternd schönes Sammelgebiet. Bei der Bayern-Ganzsache handelt es sich um eine halbamtliche Flugpostkarte, die vom Bayrischen Aeroklub (→BAEC) herausgegeben wurde. Auch die beiden Ganzsachen des Deutschen Reiches erschienen als halbamtliche Sonderkarten – »Zum Besten der Nationalflugspende« – mit Angabe des Spendenbetrages. Ein Spezialsammelgebiet, das viele Anhänger hat, ist die »Flugpost am Rhein und Main«; die abgebildete Karte trägt den gesuchten Stempel Worms 12. 6. 12.*

besteht. Es ist häufig vorgekommen, daß die Papierbogen verwechselt und mit »falschem« Markenbild bedruckt wurden; z.B. Marke zu 2d (Mi 14) statt auf Papier mit Wasserzeichen 2 mit 1, 5 oder 8, Marke zu 3d (Mi 25) statt 3 eine 6. Bei der Herstellung des Papiers für Marken brit. Besitzungen für die Ausgaben 1950/52 (Krone und CA mehrfach) fiel aus der Wasserzeichenform zunächst unbemerkt eine Krone heraus. Die Lücke wurde später, da eine Form St.-Eduards-Krone anscheinend gerade nicht greifbar war, mit einer Form des vorher verwendeten Wasserzeichens, der sog. Kolonialkrone, ausgefüllt. Der Spezialsammler kann desh. bei einigen Marken nach Stücken mit fehlender bzw. falscher Krone im Wasserzeichen suchen, die als große Raritäten gelten. Die Seychelles-Marken Mi 154–168 z.B. gibt es mit beiden Wasserzeichenfehldrucken, ferner versch. bei Bahamas, Johore, St. Kitts-Nevis und Singapur. Bei Deutsches Reich Mi W85 und W96 dagegen liegt kein Wasserzeichenfehldruck, sondern eine →Wasserzeichenabart vor.

Wasserzeichenform. Es gab und gibt derart viele versch. Formen des Wasserzeichens im Papier der Briefmarken, daß diese hier nur andeutungsweise genannt werden können, zumal zwischen Bogen-, Einzel- und Mehrfachwasserzeichen zu unterscheiden ist. So kann der Sammler direkt oder mit Hilfe des →Wasserzeichensuchers neben Wellenlinien, Rauten und Waffeln (Waben) vielgestaltige Kronen und Wappentiere oder -symbole, Buchstaben, Worte, Ziffern oder ein Posthorn (teils kombiniert), heraldische Blumen, Lorbeerkranz, den Hosenbandorden, Schildkröten, Anker, Reichsapfel, Lotosblume, eine Sonne, Elefantenkopf, Ananas oder gar einen Sonnenschirm usw. feststellen.

Wasserzeichenlinie. Dort, wo die Enden des Filzbandes, das zum Transport der noch feuchten Papierbahn auf der Papiermaschine dient, miteinander verbunden werden, entsteht manchmal eine schmale Verdickung, die sich in das Papier eindrückt und über die ganze Breite der Papierbahn eine unbeabsichtigte Wasserzeichenlinie hervorruft; →Nahtwasserzeichen.

Wasserzeichen mehrfach, in Katalogen häufig benutzte Bez. für →Mehrfachwasserzeichen.

Wasserzeichenrichtung →Wasserzeichenstellung.

Wasserzeichenstellung, auch Wasserzeichenrichtung. Es sind je nach äußerer Gestaltung des Wasserzeichens mehrere Stellungen möglich, aus denen sich u.U. wertvolle Abarten ergeben können. Zu nennen sind folgende acht Möglichkeiten: Wasserzeichen richtig stehend, kopfstehend, seitenverkehrt, liegend (in einigen Fällen ab- oder aufwärts liegend), seitenverkehrt liegend (ab- oder aufwärts), seitenverkehrt kopfstehend. Bei bestimmten Wasserzeichen gibt es noch die Stellungen steigend oder fallend (z.B. →Provinz Sachsen, Mi 66–84).

Wasserzeichenstrich, auch Bogenteilungsstrich, selten vorkommend z.B. bei Montenegro-Marken (Mi 1–7 der Auflage 1879/83) und von zwei T-förmigen auf der →Wasserzeichenwalze aufgelöteten Drähten herrührend. Mit diesem zusätzl. →Randwasserzeichen sollte die spätere Teilung der Druckbogen in Schalterbogen erleichtert werden. Wurde das Papier ungenau eingelegt, erscheinen auf Randmarken Teile der Wasserzeichenstriche (von Spezialsammlern gesucht).

Wasserzeichensucher, beim Markenhändler erhältl. flache Schale aus schwarzem Kunststoff (früher Glas), in welche etwas →Benzin gegeben und die trockene Marke mit der Bildseite nach unten kurz eingetaucht wird, wobei sich ein Wasserzeichen meist deutlich zu erkennen gibt (→Wasserzeichenbestimmung). Man darf jedoch von Wasserzeichensucher und Benzin keine Wunder erwarten. Bei Marken auf →gestrichenem Papier wird das Wasserzeichen in Benzin oft nicht so schnell erkennbar; die Marke muß dann mehrere Minuten im Bad verbleiben. U.U. hilft Spiritus weiter, der ganz schnell auf die im Wasserzeichensucher liegende, absolut trockene Marke gegossen wird; für den Bruchteil einer Sekunde gibt sich dann das Wasserzeichen vielleicht besser zu erkennen. Für schwierige Fälle kann sich der Bastler unter den Sammlern einen Lichtkasten mit Glas- oder Kunststoffabdeckung in den sog. Signalfarben Rot, Gelb (oder Orange), Grün, Blau sowie Milchglas selbst anfertigen. Wird eine Marke auf die Scheibe mit der Komplementärfarbe der Markenfarbe gelegt, tritt ein Wasserzeichen oft erstaunl. deutlich hervor. L: DBZ, Nr. 6–7/1969.

Wasserzeichenteile. Marken aus Schalterbogen mit →Bogenwasserzeichen weisen nur einen kleinen Teil des ges. Wasserzeichens auf (oder auch nichts davon).

Wasserzeichenwalze, auch Egoutteur oder Dandywalze. An best. Stelle der Papiermaschine ist ein rotierender Zylinder angebracht, auf welchem die aus Draht gestaltete vorgesehene →Wasserzeichenform in entspr. Vielzahl und bei →Einzelwasserzeichen mit notwendigem Abstand voneinander aufgelötet ist. Diese Formen drücken sich in die noch feuchte, aber bereits leicht verfilzte Papierbahn ein, und es entstehen dort im Papier dünnere Stellen, die sich, gegen Licht betrachtet, hell vom umgebenden Papier abheben (negatives Wasserzeichen). Seltener wird die Form so gearbeitet, daß eine Verdickung eintritt (positives Wasserzeichen). Bei →Handpapier ist die Wasserzeichenform auf dem Siebboden der sog. Schöpfbütte aufgelötet; →Wasserzeichenabart, →Wasserzeichenfehldruck.

wechselseitige Perforierung, bisher nur von Südafrika 1942/44 angewandte Trennungsart, wobei die waagerechten bzw. senkrechten Paare oder Dreierstreifen abwechselnd zwei- bzw. dreimal einseitig

links oder rechts bzw. unten oder oben →durchstochen, die übrigen drei Seiten gezähnt sind (Mi 153/168).

Weekend-Post. Im November 1972 stellte die österr. Post den Zustelldienst an Sonntagen ein. Als (letzten Endes nutzlosen) Protest wurde am 4. 11. 72 von privater Seite in der Wiener Innenstadt und auf der langen Mariahilfer Straße eine Postzustellung mittels Pferdekutsche durchgeführt. Für die so beförderten Sendungen gab es einen bes. Umschlag mit Zeichnung einer Postkutsche, der mit Gummihandstempel *Sonntags-Zustellung / per Pferdekutsche ; Anno economico 1972* und *AKTION PRIVATPOST* gekennzeichnet wurde. L: Austria-Philatelist, Nr. 317–19/1972.

weichmacherfrei. Zur Unterbringung von Marken, besonders aber Ganzbriefen u.ä. werden vielfach Plastikhüllen verwendet. Hier ist Vorsicht geboten! Das Material enthält zur Erzielung von Geschmeidigkeit oft sogenannte Weichmacher. Diese chemischen Stoffe verflüchtigen sich nach und nach und können nach bisherigen Erfahrungen auf die Druckfarben unter Umständen einwirken. Es empfiehlt sich, von der Lieferfirma eine Garantie für »weichmacherfreie« Plastikhüllen zu verlangen, trotzdem aber öfter zu kontrollieren und auf farbliche Veränderungen der Marken zu achten. Werden solche beobachtet, sofort das Fabrikat wechseln. Es sei bemerkt, daß sich die →Klemmtaschen (auch →HAWID) seit vielen Jahren absolut bewährt haben; sie enthalten keine Weichmacher.

WEIHNACHTEN 1944, Aufdruck in vier versch. Typen auf der Marke Ägäische Inseln Mi 105, veranlaßt vom Kommandeur der noch auf den Dodekanes-Inseln Rhodos, Leros und Kos befindl. dt. Truppen. Zwei Stück dieser Marken wurden an jeden Soldaten zusätzl. zu den Inselpost-Marken für Briefe in die Heimat zu Weihnachten 1944 abgegeben. Die erste Briefladung – und damit viele dieser Marken – ging durch Absturz des Flugzeugs verloren. Gleicher Aufdruck kommt auch auf anderen Marken der Ägäischen Inseln sowie der braunen Feldpostpäckchen-Zulassungsmarke Mi 2B vor; es handelt sich dabei ausschl. um Machwerke ohne jeden Wert; auch →Weihnachtsmarken.
L: Collegium philatelicum, Nr. 1/1963.

Weihnachtsaerogramm, bes. bekanntgeworden durch die alljährl. Luftpostleichtbriefe der britischen Post mit weihnachtl. Motiv des Wertstempeleindrucks (= Ganzsache) und weihnachtl. Illustration auf dem linken Drittel der Anschriftseite sowie auf der Rückseite des vorschriftsmäßig gefalteten Briefbogens. Diese Aerogramme werden nur einige Wochen vor Weihnachten verkauft; →Weihnachtsbriefumschlag.

Weihnachtsblock, Bez. aus der Sammlersprache für den Block Mi 103/06 von 1945 der OPD →Thüringen, der infolge niedriger Auflage in allen drei vorkommenden Ausführungen (dünnes bzw. kartonartiges Papier sowie nicht durchstochen) recht wertvoll geworden ist. Inzwischen sind von schon sehr vielen Ländern ebenfalls zahlreiche Weihnachtsblocks herausgegeben worden.

Weihnachtsbriefumschlag, bereits seit 1840 bekannt und in Großbritannien von Richard Doyle als Serie von zwölf versch. Umschlägen nach Art der →Mulreadys hergestellt, die mit Marken freigemacht werden mußten, also nicht zu den Ganzsachen gehören. Briefumschläge mit weihnachtl. Motiven sind in Verbindung mit →Weihnachtsmarken und/oder →Weihnachtsstempeln seit einigen Jahren bei den Sammlern sehr beliebt, doch handelt es sich meist um priv. Ersttagsbrief-Erzeugnisse. Zu den bisher wenigen amtl. Weihnachtsbriefen zählen die

Weihnachtsaerogramme

→Weihnachtsaerogramme Großbritanniens.

Weihnachts-Ganzsachen. Außer den →Neujahrs-Ganzsachen gab und gibt es solche mit entspr. Illustrationen und/oder Wertzeicheneindrucken auch zum Weihnachtsfest, deren Zahl erheblich geringer ist. Am bekanntesten sind wohl die von der brit. Post seit etlichen Jahren regelmäßig verausgabten →Aerogramme mit weihnachtlichen Darstellungen und einem bes. gestalteten Werteindruck.

Weihnachtsinsel, Insel im Ind. Ozean, die bis 1946 zur früheren brit. Kronkolonie Straits Settle-

ments, dann bis Ende 1957 zur ehem. brit. Kronkolonie Singapur und seitdem zu Australien gehört. Bis 1957 wurden die betr. Marken der Kronkolonien ohne Kennzeichnung verwendet. Mit der Übernahme durch Australien erschien für die Weihnachtsinsel eine erste Dauerserie, hergestellt durch Aufdruck CHRISTMAS/ISLAND und Wertüberdruck auf austral. Marken. Seit 1963 hat es einige recht ansprechende Bildermarken gegeben.
Zur Gruppe der →Gilbert- und Ellice-Inseln gehört eine weitere Weihnachtsinsel, für die es 1917 und 1936 je eine Privatpostmarke gegeben hat. L: DBZ, Nr. 8–9/1967.

Weihnachtsmarken, ein schönes und vorläufig auch noch empfeh-

lenswertes Motivsammelgebiet. Es besteht jedoch die Gefahr, daß allzu viele Länder merken, welches Geschäft mit solchen Marken gemacht werden kann. Die ersten eigentl. Weihnachtsmarken verausgabte 1943 Ungarn (Mi 742–744), 1945

gab es in →Thüringen den sog. Weihnachtsblock, 1951 beteiligte sich Kuba mit zwei Marken (Mi 301/02), und 1953 und 1954 folgte Österreich (Mi 994 und 1009). Genaugenommen müssen allerdings andere Marken als tatsächlich erste Weihnachtsausgabe gelten. Es handelt sich dabei um zwei Blocks mit

Aufdruck NAVIDAD 1941, die unter »Zwangszuschlagmarken für Barcelona« im Michel-Katalog unter Mi 29/30 verzeichnet sind.
Seit 1957 erscheinen in Australien (Mi 279/80) alljährl. Weihnachtsmarken, desgl. in Spanien (Mi 1150) und in der Vatikanstadt (Mi 327/29) seit 1959. Die US-Post u.a. Länder verausgabten seither schöne Weihnachtsmarken meist ohne Zuschlagsbetrag. Die BP »entdeckte« die Weihnachtsmarken mit Zuschlag für die Freie Wohlfahrtspflege erst 1969 und 1970 (Mi 610 und 655). In einer Sammlung können auch die für die Brit. Militärpost in Ägypten 1932–1935 herausgegebenen Marken für Glückwunschkarten zu Weihnachten und Neujahr mit Inschrift XMAS SEAL u.a. sowie die dt. Feldpostmarke Mi 12 mit Aufdruck →WEIHNACHTEN 1944 aufgenommen werden. Auch die Feldpostmarke Deutschlands Mi 4 muß als Weihnachtsmarke bezeichnet werden, da sie eine Zulassungsmarke für Feldpostpäckchen gewesen ist, die ganz speziell nur zu Weihnachten 1944 verschickt werden durfte.
Manchmal wird behauptet, Kanadas Marke Mi 74 sei die allererste Weihnachtsmarke. Das ist unrichtig! Die Marke erschien zwar am 7. 12. 1898, es war aber lediglich eine Gedenkausgabe zur Einführung des →Penny Porto System in Großbritannien Ende 1838!
Beim Aufbau einer Sammlung Weihnachtsmarken sollte an die Hinzunahme der →Weihnachtsstempel u.a. (z.B. →Weihnachtsaerogramm) gedacht werden, vielleicht auch an die dt. Privatpostanstalten, von denen einige lange vor der Jahrhundertwende Weihnachts- bzw. →Neujahrsmarken verwendeten, dazu ferner Postkarten mit Wertstempeleindruck. L: 2. 4., 3. 13.

Weihnachtsstempel. Beim Aufbau einer Sammlung »Weihnachten auf Briefmarken« o.ä. sollten entspr. Stempel, die wesentl. älter als die →Weihnachtsmarken sind, berücksichtigt werden. Aus neuerer Zeit sind viele derartige Stempel

bekannt; z.B. BRD Himmelpforten, Himmelreich, Himmelsthür; Österreich bes. →Christkindl; Bethlehem in der Schweiz, Großbritannien usw. Diese Orte verwenden zur Weihnachtszeit Sonderstempel mit bildl. Darstellungen, daneben gibt es bildlich andere Stempel für die Tage vom 1.–6. Januar (z.B. Christkindl).
Der wohl erste Weihnachtsstempel wurde von der brit. Post am 22. 12.

1902 in Rochdale benutzt *Posted in advance / for delivery / on / Christmas Day*, ein Stempel, der, da seinerzeit kaum beachtet, äußerst selten ist. Bis 1909 kamen ähnl. Stempel in kleinen Orten in der Umgebung von Manchester zum Einsatz, wurden dann aber inf. zu geringen Interesses zurückgezogen. Diese Stempel wurden allen vom 17. bis 22. Dezember aufgelieferten Sendungen aufgedrückt, bei denen der Absender Zustellung am Weihnachtsmorgen wünschte. Nach an-

fänglichem Erfolg wurde dieser Kundendienst auf Manchester und viele dieser Postdirektion unterstellte Orte ausgedehnt. Die Abb. zeigen den ersten Weihnachtsstempel von Rochdale und einen der letzten von Manchester sowie eine nicht alltägliche Ausführung von

Wigan. L: Philatelic Journal of Great Britain, Mai/Juni, 1966.
Seit 1963 ist in Großbritannien zur Weihnachtszeit ein Sonderstempel *Reindeerland* (Rentierland mit Bezug auf Father Christmas) sehr beliebt; Kinder schreiben ihre Wünsche dorthin und bekommen von der Post eine vorgedruckte Antwort mit diesem Stempel.
Wird die Inschrift im Rochdale-Stempel als zu allg. angesehen, beginnt eine Sammlung Weihnachtsstempel erst 1915. Im »Großen Saal« der weltberühmten Adelsberger Grotten (heute Postojna in Jugoslawien) wurde damals eine Weihnachtsfeier abgehalten. Ein Sonderpostamt (ein solches besteht zu versch. Zeiten für die Besucher der Grotten noch heute) benutzte am 24. 12. 1915 Sonderstempel mit Inschrift *K. u. K. Grottenfeldpost 81* bzw. *k. u. k. Grottenfeldpostamt 81* ohne Datum, aber mit Zusatz KRIEGSWEIHNACHTEN 1915

und Wiedergabe des österr.-ung. Wappens sowie Wahlspruch *Unteilbar und untrennbar* in Lateinisch. Auch dieser Stempel ist überaus selten und wertvoll.
Bei der Suche nach frühen Weihnachtsstempeln stößt der Sammler gelegentl. auf eine weihnachtl. Ansichtskarte, die durch das österr. Postamt Jerusalem befördert worden ist und links oben den Eindruck BETLEEM und Datum 24. 12. 1899 darunter zeigt. Es handelt sich hierbei nicht um einen postal. Nebenstempel, vielmehr nur um einen (allerdings von der Post genehmigten) in Wien angefertigten Aufdruck, was aus den zwei Zeilen darunter hervorgeht.

Weißmacher →Aufheller.

Weiterporto, auch Weiterfranco genannt. Bis zum Abschluß bi- oder multilateraler Postabkommen zwischen den einzelnen Staaten konnte der Absender von Auslandsbriefen das Porto bestenfalls bis zur Landesgrenze vorausentrichten, die im grenzüberschreitenden Verkehr fremdstaatlichen Postverwaltungen zukommenden Gebühren wurden vom Empfänger als Weiterporto eingezogen und u. U. zwischen mehreren Durchgangsländern postalisch verrechnet, d. h. zurückvergütet. Dasselbe geschah, wenn das Porto für Auslandssendungen vom Absender überhaupt nicht bezahlt werden durfte, was vielfach üblich war. Für den Sammler ergeben sich daraus höchst interessante und oft recht seltene →Ganzbriefe mit u. U. mehreren Gebührenvermerken handschriftlich oder in Form von Stempeln der verschiedensten Länder.

weiterverwendet, anderer Ausdruck für →nachverwendet.

weiterverwendete Stempel, Stempel aus einer dem aktuellen Zeitgeschehen nicht mehr entspr. Epoche, die infolge fehlenden Ersatzes →nachverwendet oder als →Notstempel weiterverwendet werden. In der Deutschlandphilatelie am bekanntesten sind die nachverwendeten Stempel der altdeutschen Staaten auf den Marken des Norddeutschen Postbezirks und des Deutschen Reichs und solche der dt.

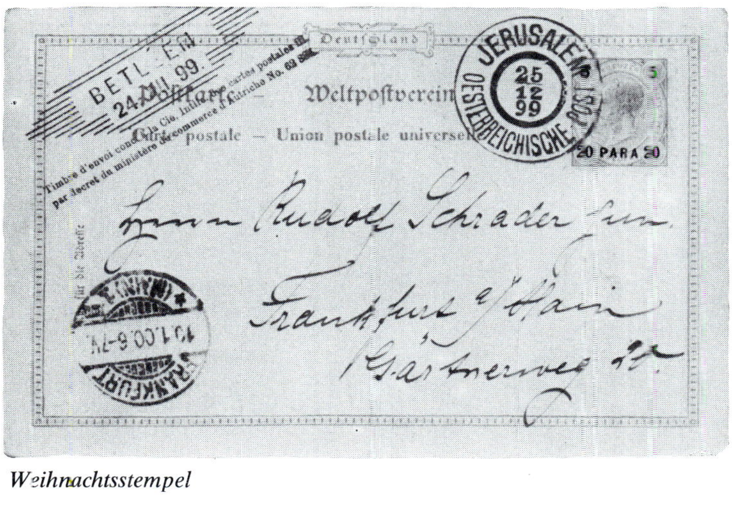

Weihnachtsstempel

Reichspost auf Marken und Poststücken nach 1945. Die urspr. Stempel können auch als →aptierte Stempel weitere Verwendung finden. Im Gegensatz dazu →wiederverwendete Stempel.

weite Zähnung, Begriff für eine Marke mit wenigen (etwa 11 und darunter) nebeneinanderliegenden Zähnungslöchern bzw. Zahnspitzen auf 2 cm Seitenlänge (→Zähnungsschlüssel). Die weiteste Zähnung (etwa 5, meist nicht exakt ausmeßbar) ist von primitiven Marken einiger ind. Kleinstaaten bekannt; gezähnt $5^{1}/_{2}$ (als →Mischzähnung) findet sich bei Brasilien (einige Werte aus Mi 103–114 der Aufl. 1899), $6^{1}/_{2}$ (ebenfalls als Mischzähnung) bei versch. Marken für Bosnien-Herzegowina; →enge Zähnung.

Weizensiegel, Bez. für aus Weizenmehl gebackene, u. U. auch gefärbte dünne Oblate mit hoher Klebkraft (ohne Gummi), zum rückseitigen Briefverschluß anstelle von Siegellack und Petschaft oder →Siegelmarke in früheren Jahrhunderten verschiedentl. benutzt.

wellenförmig durchstochen, selten angewendete Form des Durchstichs (Finnland Mi 3, 4), wobei die Messer der Durchstichleiste so gestaltet sind, daß abwechselnd nach oben und unten gerichtete bogenförmige Einschnitte im Papier entstehen. Eine bes. Art des wellenförm. Durchstichs wurde 1853 in Großbritannien erstmals erprobt (Treasury Roulette); →Archer, Henry.

Wellenkreisstempel. Die äußere Einfassung eines →Kreisstempels ist wellenförmig gestaltet.

Wellenstempel. In Stempelmaschinen oder →Rollstempeln sind die auf einer Walze montierten zwei Ortsstempel (selten nur einer) durch Wellenlinien oder Strichlinien (aber auch durch Werbetexte) verbunden, von denen die Marken auf einer Sendung getroffen werden können. Nach heutiger Ansicht mindern Wellenstempel den Wert

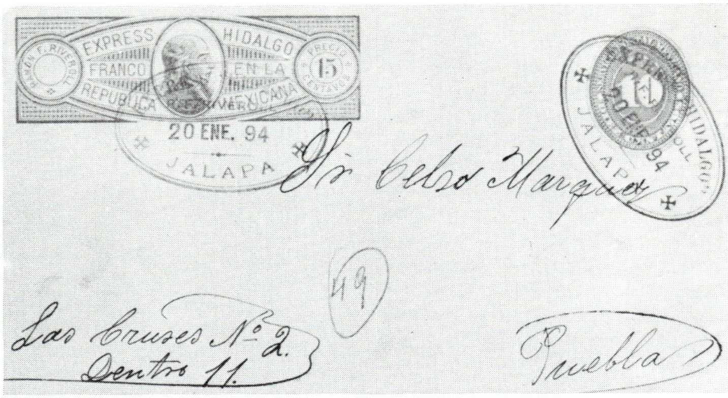

Wells, Fargo & Co.

einer gebrauchten Marke erheblich (→voller Rundstempel). Das gilt jedoch nicht für alte Marken, bei denen beispielsweise →Strichstempel zur Entwertung vorgeschrieben waren.
Von der Deutschen Reichspost wurden Stempelmaschinen mit Welleneinsatz erst ab 1925 nach und nach verwendet, bis dahin waren Stricheinsätze üblich. Demnach sind alle mit Wellenstempel entwerteten →Infla-Marken ausnahmslos Fälschungen.

Wells, Fargo & Co. Dem Sammler in Deutschland sind die Wertzeichen der →Privatpostanstalten, in der Schweiz die der →Hotelposten und einige andere zumindest dem Namen nach oder aus Abbildungen bekannt, die mit amtl. Duldung oder Genehmigung Briefe u.a. beförderten. Mit ganz wenigen Ausnahmen befaßten sich diese (bzw. durften sich nur befassen) mit der Besorgung von Ortspost. Ganz anders verhielt es sich bes. im Westen der USA, in den sich der Goldfunde wegen ein ungeheurer Menschenstrom ergoß, mit dessen Schreibbedürfnis die Staatspost allein nicht Schritt halten konnte. So entstanden zahlr. sog. Expreßgesellschaften, die den Westen der USA, teils auch weit über die Landesgrenzen hinaus, postal. vorbildlich betreuten. Aus der großen Zahl dieser Gesellschaften (einige hatten aus versch. Gründen nur kurzen Bestand) seien hier ledigl. erwähnt: Adams & Co's Express, California Penny Post Co., Union Pacific Express Co. und Wells, Fargo & Co. Letztere war das größte Unternehmen dieser Art, weshalb es als Stichwort gewählt wurde; es ist mit der Geschichte Kaliforniens und der US-Post engstens verbunden.
Diese 1852 gegr. Gesellschaft überließ die Potbeförderung zu den abgelegenen Minen kleineren Expreßgesellschaften und bediente in Zusammenarbeit mit der Reederei Wilcox and Pacific Mail Steam Ship Co. die gesamte Pazifikküste bis Britisch-Kolumbien im Norden und Mexiko im Süden und übernahm schließlich mit eigenen Schiffen auch Post nach Hawaii, Japan, China usw.
An sich waren die Expreßgesellschaften seitens der US-Post verpflichtet, die von dieser verausgabten Briefumschläge mit Wertzeicheneindruck (Ganzsachen) zu verwenden, d.h. der Kundschaft zu verkaufen. Natürlich wollten und mußten die Unternehmen verdienen, so daß das vom Absender zu zahlende Porto im allg. das Doppelte des Tarifs der Staatspost betrug. Für Postkurse, die z.B. schwierig zu bewältigen waren oder durch unsichere Gegenden führten, mußte je Brief der für damal. Zeit äußerst hohe Betrag von 1 Dollar und mehr entrichtet werden. Dieses den Expreßgesellschaften zukommende Porto wurde durch Zudrucke auf den amtl. Ganzsachen ausgewiesen. Das geschah zunächst durch Angabe des Namens der Gesellschaft, danach Zudruck PAID

und schließl. auch mit Wertangabe. Diese Umschläge sind als »Western Franks« oder einfach »Franks« zu einem philat. Begriff geworden. Von Wells, Fargo & Co. sind über 100 versch. derartige Umschläge bekannt, die mit wenigen Ausnahmen selten und wertvoll sind, bes. die sog. »Jubiläums-Franks« aus Anlaß der 400-Jahr-Feier der Entdeckung Amerikas, woraus nebenbei hervorgeht, daß die Expreßgesellschaften teils lange, verschiedentl. über die Jahrhundertwende hinaus tätig gewesen sind (ihr Beginn lag teils bereits in den 30er Jahren des vorigen Jh.). Einige Franks sind bes. begehrt, wenn nämlich aus dem Zudruck ein weiterer Beförderungsweg hervorgeht, die dann z. B. »Mexiko-Franks« oder »Hawaii-Franks« genannt werden; auch einige andere Franks sind sehr begehrt, wenn sie etwa die Inschrift OVER OUR CALIFORNIA ROUTES oder THROUGH OUR CALIFORNIA AND ATLANTIC EXPRESS aufweisen; auch →Pony Express. L: DBZ, Nr. 4/1969.

Weltausstellung, immer mehr sich durchsetzende Bez. für bes. weiträumige und an Objekten reiche Ausstellung, an der sich aber selbstverständlich weder Sammler noch Postverwaltungen aus wirklich aller Welt beteiligen.

Weltbund St. Gabriel, Zusammenschluß der zur Zeit in 21 Ländern bestehenden Gruppen der →Sammlergilde St. Gabriel. Auskunft über diese internationale Organisation erteilt Joseph Eusebio, Tessin 66 Greenways, Esher, Surrey KT 10 OQJ, England. Im Rahmen der Vereinigung besteht die Intern.-Philatel. Akademie St. Gabriel mit zur Zeit 41 Mitgliedern, die sich die Ergründung und Erforschung christlicher Motive auf Briefmarken zum Ziel gesetzt hat. Die Ergebnisse werden in verschiedenen Zeitschriften veröffentlicht.

Weltpostkarte →Antwortpostkarte, →Postkarte.

Weltpostkongresse, finden in an sich regelmäßigen, durch Kriege aber öfter unterbrochenen Abständen statt, auf denen die Vertreter der Mitgliedstaaten des →Weltpostvereins über notwendige Reformen des Weltpostvertrages beraten und Beschlüsse fassen, um der modernen Entwicklung im internat. Postverkehr gerecht zu werden. Die erste Konferenz dieser Art fand 1878 in Paris statt, wo u. a. die Umbenennung des bis dahin »Allgemeiner Postverein« genannten Zusammenschlusses in Weltpostverein erfolgte.

Weltpostverein, internat. gebräuchl. Abk. UPU (Union Postale Universelle), Zusammenschluß der

dem Weltpostvertrag beigetretenen Länder, mit dem der Postaustausch u. a. internat. erleichtert und geregelt wird. Vorläufer des Weltpostvereins waren zwei- und mehrseitige Abkommen zwischen versch. angrenzenden Ländern (z. B. →Deutsch-Österreichischer Postverein), die jedoch den zwischenstaatl. Verkehr nicht berücksichtigten, so daß die außerordentl. hohen Durchgangsgebühren für viele grenzüberschreitende Sendungen bestehen und das umständl. Abrechnungsverfahren zwischen den beteiligten Postverwaltungen erschwert blieben. Einige weitsichtige Postangehörige beschäftigten sich schon frühzeitig mit Gedanken und Vorschlägen zu einer internat. Postgemeinschaft, so der preuß. Staatsrat Klüber (1811), der Deutsch-Österreichische Postverein, der Däne Michaelsen (1859) und der amerik. Generalpostmeister Montgomery Blair (USA Mi 840), auf dessen Initiative hin 1863 eine von vielen Ländern beschickte Postkonferenz in Paris stattfand, die jedoch geringen Erfolg zeitigte. Es kam zu keinen Beschlüssen; man beschränkte sich auf die Feststellung von Grundsätzen, die bei Abschluß künftiger Postverträge tunlichst beachtet werden sollten. Immerhin ist diese Konferenz Wegbereiter des Weltpostvereins gewesen, weshalb auch Dänemark dieses Ereignisses mit einer Marke gedachte (Mi 414). Die BP beteiligte sich an diesem Gedenkjahr ebenfalls, die Marke Mi 398 gibt die Staatswappen der vertretenen 18 Länder wieder.

Erst Heinrich →Stephan ging so weit, in einer 1868 veröffentl. Denkschrift die Berufung eines allg. Postkongresses und die Schaffung eines Postvereins auf breitester Grundlage anzuregen. Dieser Vorschlag fand bei vielen Postverwaltungen Gehör, konnte aber durch den Ausbruch des Deutsch-Französischen Krieges erst 1874 verwirklicht werden. Der Einladung zum Postkongreß in Bern folgten zahlr. Länder, die am 9. 10. 1874 einen »Allgemeinen Postvereinsvertrag« abschlossen, der als Vor-

läufer des am 1. 6. 1878 in Paris zustande gekommenen und in seinen Grundlagen noch heute gült. Weltpostvertrages gilt. In Bern wurde gleichzeitig der »Allgemeine Postverein« gegründet, der seine Tätigkeit am 1. 7. 1875 aufnahm und alle eur. Länder sowie die USA und Ägypten umfaßte. Nachdem sich diese Institution anl. des Postkongresses in Paris (1878) in Union Postale Universelle (= Weltpostverein; die Amtssprache ist das Französische) umbenannt hatte, traten nach und nach alle unabh. Staaten dieser Organisation bei; Kolonien, Schutzstaaten u. ä. werden von der jeweil. Macht vertreten. Ende 1976 betrug die Zahl der Mitgliedstaaten 156. Da der erste Postkongreß in Bern nur durch das unermüdliche Wirken Stephans und unter dessen Vorsitz stattfand, gilt der spätere dt. Staatssekretär (heute dem Postminister entspr.) als Begründer des Weltpostvereins, dem schon viele fremde Länder Gedenkmarken gewidmet haben. Ständiger Sitz des Weltpostvereins ist Bern, dem Sammler durch schon zahlr. Marken mit dem oft wiedergegebenen Denkmal bekannt. 1970 wurde ein neues Bürogebäude bezogen, zu dessen Einweihung von versch. Ländern Sondermarken verausgabt wurden; →CEPT, →Weltpostkongresse, →Postvereinsfarben, →engere Postvereine. L: Archiv für deutsche Postgeschichte, Nr. 2/1974 und 1/1975.

Weltpostvereinsfarben →Postvereinsfarben.

Weltpostwertzeichen. Bereits anl. der Zusammenkunft in Bern 1874, die zur Gründung der später →Weltpostverein genannten Organisation führte, wurde die Schaffung von Postwertzeichen angeregt, die in allen Mitgliedstaaten frankaturgültig sein sollten. Der Verwirklichung dieses Gedankens stellten sich in erster Linie Währungs- bzw. Verrechnungsprobleme entgegen. Wie schwierig es ist, in dieser Beziehung zu einer alle Postverwaltungen befriedigenden Lösung zu kommen, beweisen die seit 1956 erscheinenden →Europa-Marken; aus diesen Gemeinschaftsausgaben sollten schon lange wenigstens in den daran beteiligten Ländern freizügig gültige Marken werden, was bisher und sicher noch für lange vergebliches Ziel ist.

Weltraum-Marken, Bez. für die inzwischen schon mehr als zahlr. gewordenen Marken mit auf Geschehnisse in der Weltraumfahrt oder -forschung Bezug nehmenden Darstellungen. In diesem Zusammenhang sind auch die sog. Raumfahrtbelege in Gestalt von illustrierten Briefumschlägen (von priv. Seite häufig angefertigt) beliebt, die mit entspr. Marken freigemacht und gefälligkeitshalber mit dem Stempeldatum des Starttages z.B. von Cap Kennedy oder des Bergungsschiffes entwertet sind. Das Thema Weltraumfahrt beschäftigt viele Sammler, doch muß darauf hingewiesen werden, daß die Beschaffung der Briefbelege nicht billig ist und eine Wertsteigerung keineswegs als sicher gilt; auch →Mondpostamt. L: 3. 13., 3. 14.; Die Briefmarke (Wien), Nr. 191/1975.

Weltraum-Marken

Wendensche Kreispost, einzige der russ. →Landschaftsmarken, die im Michel-Katalog mit der Begründung verzeichnet sind, daß diese Posteinrichtung der Livländischen Ritterschaft von bes. Bedeutung gewesen sein soll. Die Wendensche Kreispost benutzte bereits ab 1862 eigene Wertzeichen, die übr. Landschaftsposten in Rußland erst ab 1870.

Werbeantwort, in vielen Ländern übl. Sendungsart zur Bestellung von Waren oder Anforderung von Firmenprospekten, Mustern usw. Der Werbung werden Vordruckpostkarten (im Ausland verbreitet auch offene Faltbriefe in Zeitungsreklamen gedruckt) beigefügt, die ohne Freimachung seitens des interessierten Absenders verschickt werden können. Derartige Karten sind in der BRD z.B. durch Eindruck *Gebühr zahlt Empfänger* u.a. in der rechten oberen Ecke und *Werbeantwort* gekennzeichnet; die Firma zahlt der Post für jede zurückkommende Karte eine ermäßigte Gebühr. Im Ausland entspr. andere Vordrucke, z.T. mit Zulas-

Werbeantwort

sungsnummer u.a.; auch →Svars Lösen.

Werbedatumstempel, bes. in der Schweiz gebräuchl. Bez. für →Ortswerbestempel.

Werbefahne, auch Werbeflagge, Bez. für Maschinenstempel mit links oder rechts neben dem Ortsdatumteil eingesetztem Reklamestück; →Fahnenstempel, →Flaggenstempel.

Werbeflagge →Werbefahne, auch →Fahnenstempel, →Flaggenstempel.

Werbemarke, auch Propagandamarke, Bez. der schweiz. Post für →Sondermarke.

Werbestempel, Bez. für Stempel, die durch Text und/oder Bild für irgend etwas werben, was in versch. äußerer Stempelform geschehen kann (→Gelegenheitsstempel). Die ersten dt. Werbestempel wurden 1918 als →Maschinenstempel mit dreizeil. Text *Hilf siegen! / Zeichne / Kriegsanleihe*, der nächste Ende 1919 mit *Nimm ein / Postscheck- / Konto!* verwendet; auch →erster Werbestempel. L: 2. 4.

Wertangabe, Begriff aus der Sammlersprache für im Markenbild oder als Überdruck vorhandene Ziffern oder Zahlworte (mit oder ohne Währungsangabe), die den Betrag angeben, zu dem eine Marke zur Freimachung einer Postsendung verwendet werden kann. Es hat auch →Marken ohne Wertangabe gegeben, ferner solche mit →mehreren Wertangaben.

Wertaufdruck →Überdruck.

Wertbrief →Wertsendung.

Wertbriefmarken →Geldbriefmarken.

Wertbriefversicherungsscheine →Cubiertas.

Wertkästchen, zum Versand von Schmuckwaren und anderen wertvollen Gegenständen (jedoch kein

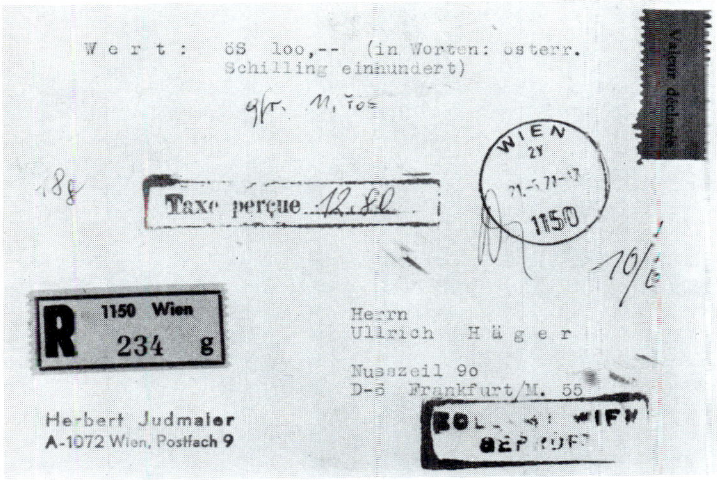

Wertsendung

Münzgeld und Banknoten) im internat. Verkehr seit dem Weltpostkongreß in Wien 1891 zugelassene Wertsendungsart in bes. gesicherten Holz- oder Metallkästchen bis zum Höchstgewicht von 1 kg und Höchstmaßen 30×20×10 cm. Auf Beschluß des Weltpostvereins gibt es diese spezielle Versendungsart seit 1. 1. 1976 nicht mehr; wertvolle Gegenstände können nur noch als →Wertsendung verschickt werden.

Wertpaket →Wertsendung, →Investment, →Spekulation mit Briefmarken.

Wertsendung. Gegen Entrichtung einer gestaffelten Zusatzgebühr erstattet die Post bei Verlust den vom Absender angegebenen vollen Wert der Sendung. Vor Einrichtung der →Fahrpost kaum, dann als →beschwerte Briefe (auch Pakete) allg. üblich mit Aushändigung eines →Postscheines an den Absender. Die versiegelte Wertsendung wurde nach und nach in allen Ländern eingeführt und auch im Auslandsverkehr zugelassen. Als zusätzl. Kennzeichnung wird ein →V-Zettel aufgeklebt. Neben diesen versiegelten Wertsendungen kennt z.B. die BP auch unversiegelte Wertbriefe bzw. Wertpakete mit Wertangabe bis 100 bzw. 500 DM; →W-Zettel, →Wertkästchen, →Cubiertas.
Daß die Richtlinien des Weltpostvereins für Wertsendungen (z.B. Verwendung der V-Zettel) nicht von allen Ländern übernommen worden sind und daß teils eigene Vorschriften bestehen, mag am Beispiel eines Wertbriefes aus Österreich dargestellt sein. Dort ist Freimachung mit Marken unzulässig, das Porto wird bar vereinnahmt und durch Stempel *Taxe perçu* mit handschriftl. Eintragung bestätigt; es wird ein eigener roter Klebezettel mit Inschrift *Valeur déclarée* verwendet, und der Brief erhält außerdem den R-Zettel für eingeschriebene Sendungen. Es gibt in Österreich auch noch andere Wertbriefklebezettel. L: Die Briefmarke, Nr. 133/1970.

Wertsendungszettel →V-Zettel, →W-Zettel.

Wertstempeleindruck, andere Bez. für →Wertzeicheneindruck.

Wertstufe, Bez. aus der Sammlersprache für den Frankaturwert (Nennwert) einer Marke. Ein →Satz besteht aus zwei oder mehr Wertstufen, da die Postverwaltungen bei Sonder- und Gedenkmarken häufig, bei Dauerserien immer Marken herausgeben, deren Nennwert den am häufigsten vorkommenden Portosätzen entsprechen. Dauerserien können desh. viele Wertstufen umfassen oder sich zu

→Bandwurmsätzen auswachsen. Aus neuerer Zeit gibt es aber auch viele Sätze, die, bildverschieden oder bildgleich (in letzterem Fall farbl. verschieden), auf denselben Nennwert lauten.

Wertstufen-Mischfrankatur, mit zwei oder mehr Marken versch. Wertstufen freigemachte Sendung, die aber zu einem Satz (= Ausgabe) gehören; z.B. bei 30 Pf Porto eine Marke zu 10 Pf und eine zu 20 Pf aus derselben Dauerserie; →Mischfrankatur, auch →Satzbrief.

Werttausch. Hierbei rechnen die Tauschpartner den Katalogwert, den Nettohandelspreis oder – bei neueren Ausgaben – auch den →Nennwert der zum Tausch stehenden Marken u.a. gegeneinander auf, wobei meist darauf geachtet wird, daß in etwa gleichwertige Stücke getauscht werden, also nicht 100 Marken zu insgesamt 10,– DM gegen eine zu diesem Betrag, sondern wenigstens zwei zu je 5,– DM gegen eine zu 10,– DM. Auch →Stücktausch.

Wertzeichen, von →Postwertzeichen abgeleitete Kurzbez., die bes. der Sammler anstelle von Briefmarken gern benutzt.

Wertzeicheneindruck, auch Wertstempeleindruck oder einfach Wertstempel, Bez. für den Frei- oder Dienstmarken u.a. bildl. gleichen oder ähnl. Eindruck im Nennwert des entspr. Portos auf Postkarten, Briefumschlägen und sonstigen postal. Formularen, die von den Sammlern →Ganzsachen genannt werden.

Wertzeichengeber, Kurzbez. für amtl. →Postwertzeichengeber, im Volksmund und bei den Sammlern Markenautomat; es dürfte keinem Sammler einfallen, von Postwertzeichengebermarken zu sprechen. Sie werden einfacher Automaten- oder Rollenmarken genannt.

Wertzeichenzudruck. Um nach Portoerhöhungen bzw. der Übernahme der württembergischen und bayrischen Staatsposten durch die dt. Reichspost die nicht mehr verwendbaren →Ganzsachen aus Sparsamkeitsgründen weiter benutzen zu können, wurde vielfach der alte →Wertzeicheneindruck durchbalkt und daneben ein neuer angebracht, bzw. der alte durch einen neuen Eindruck bis zur Höhe des augenblicklich gültigen Portosatzes ergänzt. Solchermaßen hergestellte →Aufbrauchsganzsachen existieren aus den Jahren 1906/08 und 1920/22. Es wurden durch entspr. Zudrucke auch Drucksachenkarten in Postkarten umgewandelt. Die Wertzeichenzudrucke sind eng verwandt mit den →Auf- und →Überdrucken bei Postwertzeichen. Auch →Rosettenzudruck.

Wertziffer, allg. gebräuchl. Bez. für die Ziffer auf einer Marke, die den Frankaturwert ausdrückt. Der →Weltpostverein fordert von seinen Mitgliedern die deutl. lesbare Angabe des Freimachungswertes in arab. Ziffern, sofern die Marken nicht nur für den Inlandsverkehr vorgesehen sind. Der Sammler findet jedoch manche Marken, auf denen die Wertangabe ausgeschrieben (z.B. St. Vincent, Mi 168–179) oder in einheim. Schriftzeichen angegeben ist. Letzteres ist bes. aus asiat. Ländern bekannt; nach Aufnahme der Mitgliedschaft im Weltpostverein erschien die Wertangabe verschiedentl. zweifach, nämlich in arab. Ziffern und einheim. Schriftzeichen.

WEST, Handstempel auf Einschreibezetteln aus Ostberlin →W 4).

Westarmee. Für das 1919 von Truppen des russ. Generals Awaloff-Bermondt während des Bürgerkrieges beherrschte Gebiet (→Russische Armeepost) wurden

36 versch. Marken verausgabt, die ungebraucht oder gestempelt verh. teuer, auf echt gelaufenen Briefen Raritäten sind. Diese Marken entstanden durch Aufdruck eines russ. Kreuzes auf Urmarken von Lettland bzw. Rußland; bei letzteren wurde auch die Wertangabe geändert. Der General hinterließ in Lettland große Bestände an halbfertigem (erst einseitig bedrucktem) Papiergeld; diese Bogen wurden für einige Lettland-Marken verwendet (→Geldscheinpapier).

Westaustralien, ehem. brit. Kronkolonie, die sich mit Neusüdwales, Queensland, Südaustralien, Tasmanien und Victoria zum Bundesstaat →Australien zusammenschloß, und für die 1854 die ersten eigenen Marken erschienen. Die schwierige und teils kostspielige Beschaffung der Westaustralien-Marken verbietet es den meisten Sammlern, sie einer Australien-Sammlung voranzustellen, was diese erst wirklich vollständig machen würde.

Westermann. Die Firma Georg Westermann, Braunschweig, stellte außer dem Deutschen Druck (→AM Post) der AM-Post-Marken Teilauflagen der Bautenserie, z.B. auch BP Mi 139/40, her.

Western Franks, auch einfach Franks, Bez. für die Briefumschläge der USA mit Zudrucken der sog. Expreßgesellschaften; →Wells, Fargo & Co.

Western Samoa, Landesangabe auf den Marken von →Samoa 4) während der neuseeländischen Mandatszeit von 1935 bis 1958 (Mi 75–108). Die östlichen Samoa-Inseln sind nach wie vor Bestandteil der USA. Auch →Samoa i Sisifo.

Westindische Föderation, auch Karibische Föderation, von 1958 bis 1962 autonomer Bundesstaat im Commonwealthverband der seinerzeit bereits unabh. gewordenen ehem. brit. Kolonien bzw. einiger damals noch unter der Verwaltung Großbritanniens stehenden westind. Inseln. Der Föderation haben

angehört: Jamaika, St. Christopher-Nevis-Anguilla, Antigua, Montserrat, Dominica, Barbados, St. Lucia, St. Vincent, Grenada, Trinidad & Tobago. Alle diese Postgebiete verausgabten 1958 eine bildgleiche Gemeinschaftsausgabe zur Gründung der Föderation mit Inschrift THE WEST-INDIES FEDERATION 1958 und jeweil. Landesnamen.
1967 erhielten die Staaten als »Westindische Assoziierte Staaten« die volle innere Autonomie, Großbritannien behielt jedoch die Zuständigkeit für Fragen der Außenpolitik und Verteidigung.

Westirian, indones. Bez. für den ehemaligen niederländischen Westteil der Insel Neuguinea; →Indonesien, →IRIAN BARAT, →UNTEA.

Westsachsen, allg. →OPD-Drucke 2). Unter Westsachsen werden die Marken der Sowj. Zone im Bereich der OPD Leipzig verstanden (Mi 116–165). Papier- und Wasserzeichenunterschiede sowie einige andere Besonderheiten ermöglichen den Aufbau einer Spezialsammlung. Mi 116–119 sind mit versch. Postmeisterzähnungen bzw. durchstochen bekannt (Vorsicht, diese lassen sich leicht fälschen!). Die Inschrift auf allen Marken lautet DEUTSCHE POST. Mi 123 wurde anl. der 750-Jahr-Feier der Stadt Roßwein im Viererblock durchstochen und mit einem Aufdruck über die vier Marken als Spendenmarken verkauft; →Großbogen.

Westsamoa →Samoa 4).

Westukraine. Nach Ende des 1. Weltkrieges entstand aus Teilen des ehem. österr. Galizien und der Bukowina die Westukrainische Volksrepublik mit der Hauptstadt Lemberg, die jedoch schon nach kurzer Zeit von Rumänien (→C. M. T.) bzw. Polen besetzt und eingegliedert wurde. Für die Westukraine erschienen 91 Marken mit verschiedenen Auf- bzw. Überdrucken auf österreichischen Ausgaben, darunter solche mit dem Hoheitszeichen der →Ukraine, von denen jedoch nur wenige an die Postschalter und zur postal. Verwendung gelangt sind.
Die meisten Marken sind nur zum Verkauf an Sammler und Händler

produziert worden, um die leere Staatskasse zu füllen.

Westungarn. Nach dem 1. Weltkrieg sollte eine Volksabstimmung über die Zugehörigkeit der westlichen Teile Ungarns zu Österreich

oder Ungarn entscheiden, was 1921 von ungarischen Aufständischen zu verhindern versucht wurde. Dies war der Hintergrund für die Ausgabe von 79 Frei- und sechs Portomarken innerhalb von nur neun Wochen!
Hergestellt wurden diese Marken durch versch. Aufdrucke auf ung. Marken; es erschien aber auch noch eine sog. endgültige Ausgabe. Die wenigsten dieser Marken sind zu bedarfsmäßigem Gebrauch auf Briefen usw. gekommen. L: DBZ, Nr. 23/1961, Wiener Briefmarken-Spiegel, Nr. 4/1971.

wiederverwendete Stempel, alte Stempel aus früheren Zeiten, die vorübergehend als →Notstempel herangezogen werden, bis entsprechender Ersatz greifbar ist. So kamen z. B. in Deutschland nach 1945 noch erhalten gebliebene Stempel der früheren altdeutschen Kleinstaaten zum Einsatz. Nicht zu verwechseln mit →weiterverwendeten Stempeln; auch →aptierter Stempel.

Wiegestempel, Bez. für →Einzeiler, die links und rechts etwas nach oben gebogen waren und wiegeartig abgedrückt werden mußten (zum Beispiel Thurn und Taxis). Bei unsorgfältiger Handhabung fiel der Stempelabdruck unvollständig aus.

Wiener Briefmarken-Katalog, seit 1946 erscheinender Europa- und Österreich-Katalog im fortschrittlichen Lose-Blatt-System, d. h. der Sammler braucht nicht jedes Jahr für teures Geld einen vollst. Katalog, der sich bis auf die Neuheiten und einige wenige Bewertungsänderungen ständig gleichbleibt, zu kaufen; es genügt einmalige Anschaffung des Grundkataloges und der regelmäßige Bezug der Nachtrags- bzw. Änderungsblätter und Austausch im zugehörigen Ringbinder.

Wiener Ganzsachensammler-Verein, seit 1913 bestehender Verein, dessen Mitglieder sich vornehmlich mit der Sammlung von →Ganzsachen beschäftigen.

Wilhelmshavner Aufbrauchsausgabe, philat. Bez. für Postwertzeichen der →Deutschen Post in China zu 5 und 10 Pf (Mi 16, 17), die mit den Truppentransportschiffen 1901 aus China zurückgebracht und dem zuständigen Postamt in Wilhelmshaven abgeliefert wurden. Diese Marken kamen ordnungsgemäß als →Aufbrauchsmarken in der Zeit von Sept. bis Nov. 1901 an den dortigen Postschaltern zum Verkauf und sind auf →Ganzstükken mit Stempeln von dt. Postämtern sehr gesucht.

Winkelmesser. Diagonal aufgebrachte Auf- oder Überdrucke können in versch. Winkelstellungen zur Basis der Marke vorkommen, woraus sich bei bildgleichen Marken Typen, manchmal sogar zwei versch. Hauptnummern im Katalog ergeben. Als Beispiel seien die Marken der Deutschen Post in China genannt; bei der ersten Ausgabe der Reichspostmarken mit Aufdruck *China* (Mi 1 I–5 I) wurde der Landesname in einem Winkel von 45 Grad (diagonaler Auf-

druck), bei der zweiten Ausgabe (Mi 1 II–6 II) im Winkel von 56 Grad (steiler Aufdruck) aufgedruckt.
Zur exakten Bestimmung des Winkels (wobei kleinere Abweichungen von ±1–2 Grad keine Rolle spielen) ist für den beginnenden Sammler, der nicht über genügend Vergleichsmaterial verfügt, ein Winkelmesser, den die Schüler im Geometrieunterricht verwenden, oft nützlich. Diese einfachen Geräte aus Metall oder Karton sind in jedem größeren Schreibwarengeschäft erhältlich.

Winkelzähnung, bei einigen schwed. Freimarken aus Markenheftchen vorkommende zweiseitige Zähnungsart, die auch bei gängigen Wertstufen der USA-Marken aus Heftchen gesammelt werden kön-

nen. Je eine Seite ist senkrecht und waagerecht gezähnt (je nach Stellung der Marken im Heft links oder rechts bzw. unten oder oben), und die gezähnten bzw. nicht gezähnten Seiten stoßen rechtwinklig zusammen. Es handelt sich dabei stets um Marken von Ecken des Heftchenblattes, die in der Minderheit und desh. etwas teurer sind als die übrigen.
Während die schwed. Marken mit Winkelzähnung gern gesammelt werden, um alle Zähnungsmöglichkeiten zu besitzen, sind ähnl. Stücke aus anderen Ländern unbeliebt; sie stammen von Bogen, bei denen die Randmarken den Bogenrand entlang aus techn. o. a. Gründen nicht perforiert wurden.

Winkler, Jean-Louis, 1893–1973, bedeutender schweiz. Philatelist und Postgeschichtsforscher, der sich bevorzugt mit der Vorphilatelie der Schweiz beschäftigte und darüber mehrere richtungweisende Bücher veröffentlichte (zum Beispiel Handbuch der Schweizer Vorphilatelie 1695–1850, Das Zürcher Postwesen von den Anfängen bis 1803).

Winterthur, Begriff aus der Sammlersprache für die Schweiz-Marke Mi 4 (nach den Kantonalmarken), die nach Gründung der Schweizer. Bundespost 1850 für den Postkreis VIII (Zürich) verausgabt wurde. Die Bezeichnung Winterthur ist im Grunde irreführend, da diese

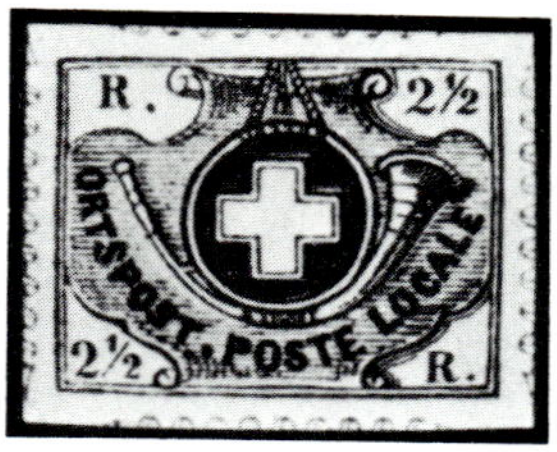

Marke nicht etwa nur zur Verwendung in dieser nahe Zürich gelegenen Stadt erschienen ist.
Die geschnitten verausgabte Marke ist desh. interessant, weil anstelle normaler →Schnittlinien zwischen den Marken im Schalterbogen senkrecht und waagerecht Äskulapstäbe gedruckt wurden.

WIPA-Block, übliche Bez. für den Block Österreichs Mi 556A von 1933 zur Wiener Internationalen Postwertzeichen-Ausstellung (Auflage: 10000 Stück). Es gab gleichzeitig noch zwei Sondermarken in Schalterbogen (Mi 555/56). Zur WIPA '65 wurde ein zur Freimachung nicht zugelassener →Neudruck in anderer Farbe als Souvenir hergestellt, der ohne bes. philatelistisches Interesse ist.

Wir sind frei, mit Hakenkreuz darunter. Aufdruck auf versch. Marken der Tschechoslowakei, die nach der Besetzung des →Sudetenlandes durch Deutschland 1939 in den Orten Reichenberg-Maffersdorf und Rumburg bzw. Mährisch-Ostrau verwendet wurden und unter Deutschland bzw. Böhmen und Mähren registriert sind.

Witu-Schutzgebiet, auch Suaheli-Land genannt, ehem. einheim. Sultanat an der Mündung des Flusses Tana (Kenia) nahe der Insel →Lamu. Die Deutschen Clemens und Gustav Dehnhardt schlossen mit dem Sultan einen Vertrag ab, der die wirtschaftl. Nutzung des Landes durch sie und die Unterstellung unter dt. Schutzherrschaft vorsah; letztere bestand von 1885 bis 1890 und führte zur kurzzeitigen Errichtung der dt. Postagentur auf Lamu. Im Rahmen des sog. Helgoland-Vertrages von 1890 verzichtete Deutschland auch auf seine Interessen in Witu.
Die Brüder Dehnhardt veranlaßten den Sultan, ihnen die Postrechte zu verpachten und 60 Frei- und 36 Dienstmarken herstellen zu lassen, die gänzl. überflüssig und offensichtl. nur als einträgl. Nebengeschäft gedacht waren und nicht zur bedarfsmäßigen Verwendung gekommen sind, da im Wituland kein organisierter Postdienst bestanden hat. Die Wertzeichen mit ausschl. in Suaheli gehaltenen Inschriften und auch mit Stempel WITO, WITU oder nur W entwertet bekannt, wurden 1929 in großen Mengen im Nachlaß von Konsul Dehnhardt aufgefunden und geistern seitdem als Sätze oder vollst. Sammlungen von 96 Stück immer wieder durch die Auktionen.
Es hat sich aber inzwischen doch herumgesprochen, daß es sich bei diesen Wertzeichen nicht einmal um Privatpostmarken gehandelt hat, die zwar im Michel-Deutschland-Spezialkatalog angeführt werden, jedoch mit Recht vom Friedemann-Handbuch u. a. übergangen werden. Vor dem Erwerb dieser Pseudomarken ist ganz entschieden zu warnen; auch →Malakote. L: 3. 6. und Festschrift 50 Jahre Verein für Briefmarkenkunde Frankfurt/M. (1928).

Wlzek, Wenzel →Briefkasten.

Woermann-Linie. Die Reederei Carl Woermann eröffnete 1882 eine regelmäßige Dampfschifflinie Hamburg–Westafrika, deren Schiffe auch als →Postdampfer fuhren und die Verbindung mit den Handelsniederlassungen in den späteren dt. Besitzungen Togo und

Wohlfahrtsmarken: Jugendmarken der Deutschen Bundespost 1972

Kamerun aufrechterhielten. Die Anlandung der Post in Richtung Deutschland erfolgte in Hamburg (→Aus Westafrika) oder bereits in Le Havre mit Weiterbeförderung durch den Bahnpostkurs →Verviers-Coeln. L: 3. 6.

Wohlfahrtsmarken, anderer Ausdruck für →Wohltätigkeitsmarken, der amtl. für viele im 3. Reich verausgabte Zuschlagsmarken verwendet worden ist.

Wohltätigkeitsmarken, auch Wohlfahrtsmarken, Postwertzeichen mit Zuschlag zugunsten wohltätiger Institutionen u. ä., an welche die vereinnahmten Zuschlagsbeträge von der Post abgeführt werden. Das geschieht teils auch bei Sonder- oder Gedenkmarken mit Zuschlag. Die ersten zwei Wohltätigkeitsmarken verausgabte 1898 Neusüdwales, der Zuschlag kam dem Baufonds für Krankenhäuser zugute. Der Frankaturwert betrug 1d und 2½d, der Verkaufspreis 1s bzw. 2s 6d, so daß diese Marken, würden sie jetzt herausgegeben, auf die Boykottliste der FIP für →schädliche Ausgaben kämen, da der Zuschlagsbetrag 50% des Frankaturwertes weit überschritt.
In der Schweiz wurden die bis heute erscheinenden Pro-Juventute-Marken 1912 mit drei sog. Vorläufern eingeleitet (nach Mi 116), die jedoch keinerlei Frankaturkraft besaßen und genauer den →Julmarken einzureihen sind. Sie werden aber trotzdem in eine Spezialsammlung gern aufgenommen, sind jedoch sehr selten und teuer. Die erste eigentl. Wohlfahrtsmarke der Schweiz folgte am 1. 12. 1913 (Mi 117). Österreichs Post verausgabte 1914/15 zwei Kriegs-Wohltätigkeitsausgaben (Mi 178–184). In Deutschland gab es die ersten Wohltätigkeitsmarken im Jahr 1919 zugunsten der Kriegsbeschädigten (Mi 105/06), schon 1914 aber eine Postkarte mit Zuschlag und der Aufschrift *Deutsche Kriegskarte 1914*.

Wohlfahrtsmarken waren lange Zeit nur im Inlandsverkehr gültig, und der Zuschlagsbetrag war nicht immer aus der Marke zu ersehen (z. B. Österreich Mi 173/79). Erst anl. des Weltpostkongresses in Madrid 1920 einigte man sich über Zulässigkeit dieser Markengattung im internat. Postverkehr; dieses Abkommen trat am 1. 1. 1922 in Kraft. Bestimmung ist: »... Gedenk- und Wohltätigkeitsmarken, für die unabhängig vom Freimachungswert ein Zuschlag zu zahlen ist, müssen so beschaffen sein, daß über den Freimachungswert kein Zweifel aufkommen kann ...« Desh. ist der Frankaturwert bei den meisten Wohltätigkeitsmarken u. ä. in größeren Ziffern angegeben als der Zuschlagsbetrag; →Semi-Postal Stamps.

Mit den Wohlfahrtsmarken 1977 gibt die Deutsche Bundespost die 28. Wohlfahrtsmarken-Serie mit Zuschlägen zugunsten der Wohlfahrtsverbände heraus

Statistische Angaben:

Wohlfahrtsmarken-Serie		Gesamtauflage in Mio. Stück	Zuschlagserlös rund DM
1949		20,00	500 000
1951		11,50	350 000
1952	Kopfbilder »Helfer der Menschheit«	10,30	565 000
1953		11,40	500 000
1954		13,40	791 000
1955		16,10	971 000
1956	Semmelweis	17,10	1 164 000
1957	Bergmann	22,50 dazu 5,20 Saarland	1 630 000
1958	Raiffeisen	26,30 dazu 4,80 Saarland	1 959 000
1959	Sterntaler	29,45	1 937 000
1960	Rotkäppchen	36,34	3 000 000
1961	Hänsel und Gretel	43,00	3 377 000
1962	Schneewittchen	51,10	3 806 000
1963	Der Wolf und die sieben Geißlein	53,60	4 738 000
1964	Dornröschen	99,00	7 600 000
1965	Aschenputtel	110,00	9 200 000
1966	Froschkönig	98,30	11 800 000
1967	Frau Holle	79,30	9 738 000
1968	Puppen	81,90	10 170 000
1969	Zinnfiguren	98,38	11 056 000
1970	Marionetten	96,15	10 700 000
1971	Holzspielzeug	93,38	12 336 000
1972	Schachfiguren	80,11	14 092 000
1973	Musikinstrumente	78,82	13 984 000
1974	Blumen	76,29	16 880 000
1975	Alpenblumen	79,64	17 733 000
1976	Gartenblumen	91,46	20 771 000
1977	Wiesenblumen		
		1 524,82	191 348 000

Wohnungsbau-Abgabe, zweizeil. roter Aufdruck auf der Zwangszuschlagsmarke →Notopfer Berlin. Diese Marken mußten im Land →Württemberg-Hohenzollern vom 1. 7. 1949 an für Inlandssendungen zusätzl. zur Frankatur aufgeklebt sein; der Erlös kam dem dortigen Wohnungsbau zugute. Auch diese Marken kommen mit ähnlich vielen Unterarten (Wasserzeichen, Zähnungen u.a.) vor wie die Urmarken; sie sind zum größten Teil außerordentlich selten und sollten daher nur geprüft erworben werden.

Am 23. 8. 1949 wurde für Württemberg-Hohenzollern eine

Wiesenblumen auf Wohlfahrtsmarken der Deutschen Bundespost Berlin 1977

Wohltätigkeitsmarken: Neusüdwales gab 1898 die ersten Wohltätigkeitsmarken heraus

Zwangszuschlagsmarke für den Wohnungsbau in eigener Gestaltung verausgabt, die in drei markanten Farben (mit vielen Zwischentönen) bekannt ist und bis zum 31. 12. 1949 verwendet werden mußte. Danach kam bis 31. 3. 1956 die allgemeine Zuschlagsmarke Notopfer Berlin in Württemberg-Hohenzollern wieder in Gebrauch. L: 3. 5.

Wolf, Dr. Paul, 1901–1972, bedeutender österreichischer Philatelist (bis 1938 Händler).

Woodstock-Katalog, beliebter engl. Katalog, der stark spezialisiert nur die während der Regierungszeit der Königin Elisabeth II. in Großbritannien, den Besitzungen und Commonwealthländern verausgabten Marken behandelt; ähnlich →Commonwealth Queen Elizabeth-Catalogue.

wortreiche Marken. Es gibt →mehrsprachige Marken und →vielsprachige Marken, aber auch ungewöhnl. großer Wortreichtum ist zu finden, so z. B. bei der DDR-Marke Mi 1154 (Block 25) mit Reproduktion eines Spartakus-Briefes und Türkei Mi 2111 mit dem Text des Aufrufes Atatürks an die Jugend u. a.
Den Rekord an Wortreichtum auf Marken hält Griechenland mit dem Satz Mi 618–623. Darauf ist in winziger, mit der Lupe aber gut entzifferbarer Diamantschrift das Protokoll zum offiz. Zypern-Bericht im brit. Unterhaus wörtlich wiedergegeben. Auf $4^1/_2$ cm² lassen sich bei Mi 619, 622 und 623 in der engl. Originalfassung 49 Zeilen mit 746 Worten auszählen; bei Mi 618 in griechischer sowie Mi 620 und 621 in französischer Sprache sind es nicht viel weniger. Die Debatte fand in Griechenland keine gute Aufnahme, was symbolisch durch den »Tintenklecks« auf jeder Marke zum Ausdruck gebracht werden sollte.

WPK, Abk. für →Weltpostkongreß.

Wrangel-Armee. Für das 1920 von den Truppen des russ. Generals Wrangel während des Bürgerkrieges beherrschte Gebiet (→Russische Armeepost) wurden sechs bes. Marken verausgabt, hergestellt durch Auf- und Überdruck auf Rußland-Marken, die auf echtem

Bedarfsbrief sehr selten gefunden worden sind.
Nach der Niederlage der Wrangel- und →Denikin-Armee überschritten die Resttruppen beider die türk. Grenze und wurden in Lagern in der Türkei, Bulgarien, Griechenland und dem ehem. Serbien interniert. Zwischen diesen Lagern soll von Ende 1920 bis Mitte 1921 ein reger Postaustausch stattgefunden haben, wofür nicht weniger als 192 versch. Aufdruckmarken verausgabt wurden. Allen diesen kommt aber nur dann ein geringes philat. Interesse zu, wenn sie auf Ganzbrief vorhanden sind, und dieser durch Stempel, Zensurvermerke u. a. eindeutig als Interniertenpost identifiziert werden kann. Sonst sind diese Produkte wertlos. L: DBZ, Nr. 20/1975.

Wuga-Notausgabe. Bevorstehender Markenmangel in →Deutsch-Ostafrika veranlaßte die Druckerei der Ev. Mission in Wuga Anfang 1916, der Postdirektion die Herstellung einer Notausgabe im einfachen Buchdruck-Typensatz mit Liniendurchstich vorzuschlagen. Gedruckt wurden die Wertstufen zu $2^1/_2$ und $7^1/_2$ Heller sowie 1 Rupie, die jedoch nicht mehr zur Verwendung gelangten, da bis zur Fertigstellung der Auflage das Hilfsschiff »Marie« eingetroffen war, das u. a. auch einen ausreichenden Vorrat an Deutsch-Ostafrika-Marken an Bord hatte.

Die Wuga-Marken wurden vergraben und einige Zeit nach Kriegsende mit britischer Genehmigung nach Deutschland geholt, wo sie namens der Reichsregierung zur Versteigerung kamen. Der größte Teil des Bestandes war jedoch durch die lange Lagerung unbrauchbar geworden, so daß von der Gesamtauflage nur noch rund 10000 Marken zu $2^1/_2$, 19000 zu $7^1/_2$ Heller und 470 Stück zu 1 Rupie verwertet werden konnten, deren Papier durch die lange Lagerung in feucht-dumpfer Umgebung gelitten hat; es ist sehr brüchig geworden, außerdem mehr oder weniger bräunlich verfärbt. Diese Marken sollten daher mit größter Vorsicht behandelt werden. L: 3. 6.

Wuhu, Inschrift auf Privatpostmarken aus der chinesischen Stadt Wuhu in den Jahren 1893 bis 1897. L: 3. 6.

Wülbern, Arthur, 1869–1926, bekannter dt. Philatelist und Markenhändler, der sich durch seine Forschungsarbeiten und Bücher (bes. über Helgoland) einen Namen machte.

Wunderkiste, Schlagwort aus Angeboten einiger Händler. Der auf den ersten Blick äußerst günstige Preis erweist sich bei näherer Durchsicht häufig als Fehlinvestition. Wunderkisten enthalten in der Regel nur →Massenware, →Katalogschlager, »ausgeraubte« Auswahlhefte u. ä. und bieten höchstens für eine Anfangssammlung etwas Material, für Tauschzwecke nicht viel mehr, gelegentlich für Spezialsammler ein paar auffallende Farbenunterschiede u. a. unter Dauermarken, die aber im Katalog nicht bewertet werden. Auch →Kiloware.

Wurststempel, andere Bez. für →Nierenstempel, die manchmal tatsächl. Würsten ähnlicher sehen als Nieren. Auch →Abb. Postvorschuß.

Württemberg. 1. Lange Zeit bestanden neben der Thurn und Taxis-Post Botendienste und landesherrliche Posteinrichtungen (auch →Metzgerpost), was zu vielen Streitigkeiten führte. Der Lehensvertrag mit Thurn und Taxis wurde 1851 gelöst. Die württembergische Landespost bestand wie in Bayern auch nach der Gründung der Deutschen Reichspost bis zum 1. 4. 1920 weiter; sie verzichtete jedoch schon 1902 auf eigene Freimarken und verausgabte bis 1920 nur noch Dienstmarken.
Die ersten Freimarken erschienen 1851; es sind einige amtl. Neu- bzw. Nachdrucke von Mi 1–10 bekannt. Die geschnittenen Ausgaben kommen inf. geringen Abstandes im Schalterbogen (teils nur 1/4 bis 1/2 mm) meist ein- oder mehrseitig →berührt bzw. →angeschnitten vor; allseits vollrandige Stücke verdienen Aufschlag zum Katalogpreis, ausgenommen Mi 42, die im Kleinbogen zu sechs Stück mit weitem Abstand und einer, später doppelliniger Schnittpunktur gedruckt wurde. Auch die Erhaltung der gezähnt verausgabten Mi 16–29 ist vielfach mangelhaft; es fehlen oft

einige Zähne oder diese sind stumpf. Bis Mi 43 werden die Württemberg-Marken zu Altdeutschland gerechnet. Spezialsammler achten auf die möglichen Stempel und teils reizvollen Stempelformen sowie auf die sehr seltenen Versuchsstempel. L: 3. 3.
2. 1875 erfolgte Angleichung an die Währung des Deutschen Reiches (Mi 44–62). Von diesen Marken ist Mi 52 desh. vielleicht interessant, weil sie rückseitig den Aufdruck *Unverkäuflich* trägt; sie wurde – wie auch Mi 50, 53, 54 – nicht an das Publikum abgegeben und nur im sog. Innendienst verwendet.
Dienstmarken erschienen 1875 für →Gemeindebehörden und 1881 für →Staatsbehörden, die nach 1902 bis 1920 mit Zustimmung der Deutschen Reichspost beibehalten wurden. Die Marken Mi 104–158 und 214–281 kommen mit wenigen Ausnahmen fast nur mit auffallend sauberer Gefälligkeitsentwertung vor und sind dann wertmäßig geringer anzusetzen. Dasselbe gilt für Mi 159–188, die früher in Katalogen und Vordruckalben oft unter den Dienstmarken des Deutschen Reiches verzeichnet waren, was insofern berechtigt wäre, als Württemberg 1920 die Verwendung eigener Dienstmarken einstellte und diese Ausgaben von 1922/23 unter Verwendung von Restbeständen namens der Reichspost erschienen. Da sie jedoch nur von württembergischen Gemeindebehörden benutzt wurden, stehen sie durchaus rechtmäßig unter Württemberg im Katalog. Auf bedarfsmäßig gelaufenen und geprüften Ganzbriefen sind diese Marken sowie einige andere Dienstmarken selten und dementsprechend wertvoll.
Es gelangten zahlr. Brief- und Postanweisungsumschläge, Postkarten und Postanweisungsformulare mit Wertstempeleindruck (Ganzsachen) für priv. und dienstl. Gebrauch in Verkehr. Ausschnitte

aus diesen waren zeitweise zu anderweitiger Frankatur zugelassen. Aus der Taxis-Zeit gibt es einen Umschlag (1847) mit Inschrift *Frankirter Stadt-Brief* (ohne Wertangabe), der in Heilbronn, Ludwigsburg, Reutlingen, Stuttgart und Ulm gültig war. –
3. Als franz. Besatzungszone trat Württemberg 1947/49 nochmals als Markenland in Erscheinung. Das Postgebiet umfaßte Südwürttemberg, Hohenzollern und den bayer. Kreis Lindau. Es wurden 52 Marken mit meist sehr reizvollen Darstellungen verausgabt, die inf. geringer Auflage teils recht teuer sind. Die Dauerserien lassen sich bei Berücksichtigung zahlr. Druckmängel, Papierunterschiede u. a. stark spezialisiert sammeln. Vor Erscheinen der Marken mit Inschrift WÜRTTEMBERG war die 13 Werte umfassende Gemeinschaftsausgabe für alle franz. besetzten Gebiete in Gebrauch. Die Württemberg-Marken konnten,

Klassische Philatelie auf modernen Marken – *mit diesem Thema bewegt sich der Philatelist auf seinem ureigenen Motivgebiet. Die großen Raritäten der Welt und die Schönheit alter Marken können jeden Sammler begeistern. Briefmarkenjubiläen und große Ausstellungen sind für die Postverwaltungen aller Länder immer wieder Anlaß, dieses Sammelgebiet zu bereichern.*

DEUTSCHE POST 10 +2
BAYERN
EIN FRANCO KREUZER
1849 1949
100 JAHRE DEUTSCHE BRIEFMARKEN
DEUTSCHE BUNDESPOST 30
NORDDEUTSCHER POSTBEZIRK 1868
Deutsche 30 Bundespost
HAMBURG
POSTMARKE
DEUTSCHE BUNDESPOST 10 +5
DEUTSCHE BUNDESPOST 20 +10
CENTENADIUM
4 6
HELVETIA
2 KREUZER
1s Republik Österreich
CONFOEDERATIO HELVETICA
POSTES
1 CENTIME 1
BELGIE-BELGIQUE
SUOMI 30 MK 30 MK FINLAND 1856 1956
ΕΛΛΑΣ ΔΡ. 4,50
5d Philympia 1970
POSTAGE
ONE PENNY
1840 first engraved issue
9d Philympia 1970
POSTAGE ONE SHILLING
1847 first embossed issue
1/6 Philympia 1970
POSTAGE
FOUR PENCE
1855 first surface printed issue
POSTE ITALIANE L.25
POSTA
GR. 2
1° CENTENARIO 1859-1959
POSTE ITALIANE L.60
GR. 5
1° CENTENARIO 1859-1959
FRANCOBOLLO ROMAGNE 1859-CENTENARIO-1959
8 BAI.
L.25 POSTE ITALIANE
FRANCOBOLLO ROMAGNE 1859-CENTENARIO-1959
20 BAI.
L.60 POSTE ITALIANE
POSTE ITALIANE L.25
PRIMO CENTENARIO 1858 1958
POSTE ITALIANE L.60
PRIMO CENTENARIO 1858 1958
6 PTAS
ESPAÑA
1,50 PTAS
Puebla
ESPAÑA
SVERIGE 25 25
1855 1955
TÜRKIYE CUMHURIYETI POSTALARI
10 KURUŞ 1863 1963
TÜRKIYE CUMHURIYETI POSTALARI
30 KURUŞ 1863 1963

ESPAÑA
CORREOS
CUBA
3
POLSKA
60 gr
LEONID TELIGA - 28 000 MIL NA S/Y „OPTY"
EUROPA
L 200
REP. S. MARINO
15th APRIL 1961
2/-
AFRICA FREEDOM DAY
GHANA
OPERACION 90° POLO SUR (DEL EJERCITO)
ANTARTIDA ARGENTINA
10 PESOS
REPUBLICA ARGENTINA
75
POSTAGE REVENUE
Bangladesh
BAY OF BENGAL
VENEZUELA
0.05
AEREO
ESTADO APURE
0.15
REPUBLIC OF CHINA
1945-1955
NATIONS UNIES
HELVETIA
40
700 ÉVE VÁROS GYŐR
MAGYAR POSTA
ΕΛΛΑΣ - HELLAS
ΔΡ. 4.50
DELTAPLAN
20 C
NEDERLAND
R.P. SHQIPERISE
CCCP
ПОЧТА
КАНАЛ МОСКВА-ВОЛГА
XXIX RALLYE MONTE-CARLO
0,25
POSTLEIT-ZAHLEN!
S 1.50
REPUBLIK ÖSTERREICH
1969
ΚΥΠΡΟΣ
CYPRUS KIBRIS
ESPAÑA
CORREOS
QUINTO CENTENARIO DO NASCIMENTO DE VASCO DA GAMA
1469 1969
PORTUGAL

soweit noch frankaturgültig, vom 3. 10. bis 31. 12. 1949, die Sondermarken bis 31. 3. 1950 im ges. Bundesgebiet aufgebraucht werden (in West-Berlin ab 1. 11. 1949), woraus sich interessante, aber meist von Sammlern zurechtgemachte Mischfrankaturen ergeben haben, zumal die dort kursierenden Marken in Württemberg verwendet werden durften. Hinsichtl. der Zwangszuschlagmarke »Notopfer Berlin« ging Württemberg zeitweise eigene Wege (→Wohnungsbau-Abgabe). L: 3. 5.

Württemberg-Hohenzollern →Württemberg 3), →Wohnungsbau-Abgabe.

Wz, Abkürzung in philat. Literatur für →Wasserzeichen.

WZ, Abkürzung im Katalog vor der Nummer ist Kennzeichnung für aus →Markenheftchen bzw. →Heftchenbogen stammende waagerechte Markenpaare (oder Streifen), die durch einen oder mehrere →Zwischenstege getrennt sind. Auch →SZ.

W-Zettel, in Deutschland nach 1945 in versch. Oberpostdirektionsbezirken gedruckte und zur Kennzeichnung von →Wertsendungen verwendete Zettel mit einem großen W (= Wert) statt des internat. üblichen V (= V-Zettel).

Die Abb. zeigt einen W-Zettel für Paketsendung; die W-Zettel für Briefpost entsprachen in der Größe den V-Zetteln.

Landkarten und Globen auf Briefmarken – *ein Motivgebiet, das noch nicht hoffnungslos überbesetzt ist. Und Marken dieses Themas gibt es viele. Neben Erdarstellungen (1. Reihe) stehen Kontinent- und Länderwiedergaben (2. und 3. Reihe), zumeist politisch akzentuiert, im Vordergrund. Oft handelt es sich gleichzeitig um mehrere Motive (2. Reihe Mitte) oder um emblemhafte Darstellungen (4. Reihe, 1. Marke), noch häufiger aber um eine weitgefächerte Thematik: Aufrißbilder und bildhaft plastische Wiedergaben (4. Reihe Mitte) sowie um solche aus dem Bereich der Wirtschaft (4. Reihe, 4. Marke), des Verkehrs (5. Reihe) und der Geschichte (6. Reihe).*

XY

x, nach einer Katalognummer Kennzeichnung für vorkommende Papier- und Gummiunterschiede bei bildgleichen Marken; es werden hierzu die Kleinbuchstaben v bis z verwendet.

X, nach einer Katalognummer Kennzeichnung für vorkommende Wasserzeichenunterschiede bei bildgleichen Marken; es werden hierzu die Großbuchstaben V bis Z verwendet.

Xmas, in Literatur und Sprachgebrauch der engl. sprechenden Länder übl. und schon auf manchen Marken oder illustrierten Ersttagsbriefen zu finden gewesene Abk. für Christmas = Weihnachten.

Xylography, engl. Ausdruck für →Holzschnitt.

y, nach einer Katalognummer Kennzeichnung für vorkommende Papier- und Gummiunterschiede bei bildgleichen Marken; es werden hierzu die Kleinbuchstaben v bis z verwendet.

Y, nach einer Katalognummer Kennzeichnung für vorkommende Wasserzeichenunterschiede bei bildgleichen Marken; es werden hierzu die Großbuchstaben V bis Z verwendet.

Y 1/4, Aufdruck (genaugenommen ein Überdruck) auf einer Marke ohne Landesangabe mit Inschrift oben CORREOS, unten Münzbezeichnung R^L PLATA F und Profilbild der Königin Isabella von Spanien auf bläul. getöntem Papier mit Wasserzeichen »verschlungene Linien«. Diese Marken (später Inschrift ULTRAMAR) wurden 1855 (bis 1873) für die ehem. Kolonien Kuba und Puerto Rico verausgabt (→Spanisch-Westindien). Da die Wertangabe der Urmarke für Span.-Westindien Mi 4 nicht annulliert ist, glaubten und glauben viele Sammler, daß dieser Marke eine Frankaturkraft von 2 (Urmarke) »und 1/4« (Überdruck) = 2 1/4 Reales zugekommen sei, da »y« an sich mit »und« zu übersetzen ist. Erst viele Jahre später stellte sich heraus, daß das große »Y« die in Kuba und Puerto Rico, nicht aber sonstwo bek. Abkürzung für die Münzeinheit »Real de Plata fuerte« gewesen ist. Diese Marke hat demnach nur einen Freimachungswert von 1/4 Real gehabt und erhielt den Überdruck, um das Ortsporto darstellen zu können, woran bei Planung der ersten drei Marken für Span.-Westindien nicht gedacht worden war.

YAR, Abk. für Yemen Arab Republic und neben dem Landesnamen in Arabisch auf Briefmarken von →Jemen zu finden.

Yemen, übl. engl. Schreibweise für →Jemen, die aber auch im Deutschen noch häufig gebraucht wird; →YAR.

Yvert-Katalog, seit 1896 erscheinender bekanntester und verbreitetster franz. Katalog, der alljährl. in drei Bänden erscheint (Frankreich mit Gebieten bzw. Nachfolgestaaten, Europa und Übersee). Dieser Katalog, im wesentl. das Werk von Théodore →Champion, ist nur im Frankreich-Teil etwas spezialisiert bearbeitet; die beiden anderen Bände entsprechen mehr einer Lagerliste, d.h., es wird auf Fußnoten usw., die der Sammler vom Michel-Katalog gewohnt ist, weitgehendst verzichtet. Bei der Aufnahme von Tauschverbindungen mit Sammlern im Ausland ist der Yvert-Europa- und bes. der Übersee-Katalog unentbehrlich.

Z

z, nach einer Katalognummer Kennzeichnung für vorkommende Papier- und/oder Gummiunterschiede bei bildgleichen Marken; es werden hierzu die Kleinbuchstaben v bis z verwendet.

Z, 1. Vor der Katalognummer Kennzeichnung für Markenpaare oder -streifen, die aus →Markenheftchen bzw. →Heftchenbogen mit senkrechtem oder waagerechtem →Zwischensteg herausgetrennt werden können. Auch →SZ, →SKZ. – **2.** Nach einer Katalognummer Kennzeichnung für vorkommende Wasserzeichenunterschiede bei bildgleichen Marken; es werden hierzu die Großbuchstaben V bis Z verwendet.

Zackenkranzstempel, andere Bez. für →Zahnradstempel.

Z. Afr. Republiek, kapholländ. = Südafrikanische Republik und Landesangabe auf den Marken von →Transvaal.

Zähldienstmarken, nur aus Deutschland 1903 und 1905 bek. Markenart im Rahmenmuster der →Germaniamarken mit Inschrift FREI DURCH ABLÖSUNG Nr. 21 bzw. Nr. 16 (MiD 1–14), die jedoch nicht zur Freimachung von Dienstsendungen verwendet wurden; sie dienten für je ein Jahr nur zur Neufestsetzung des von preuß. (Nr. 21) bzw. bad. (Nr. 16) Behörden jährl. zu zahlenden Pauschalbetrages. An Hand des Verbrauchs dieser Marken wurde seinerzeit festgestellt, daß von den Behörden bis dahin eine viel zu hohe jährl. Pauschalsumme gezahlt worden war; →Ablösungsvertrag, →Pauschalzahlung, →Zählmarken. L: DBZ, Nr. 17–18/1976.

Zählmarken. Für die ehem. Kolonie Niederländ.-Indien wurde 1908 die 18 Werte umfassende Dauerserie mit waagerechtem Aufdruck JAVA bzw. mit zweizeil. senkrechtem Aufdruck BUITEN/BEZIT (Abkürzung für Buiten Bezittingen = niederl. Äußere Besitzungen) verausgabt. Erstere Marken kamen bei den Postämtern auf den Inseln Java und Madura, die anderen auf den übr. Inseln der Kolonie in Verwendung und dienten während einer festgesetzten Zeit statist. Zwekken, d.h. man versuchte auf diese Art das unterschiedl. Postaufkommen zahlenmäßig zu erfassen. Nach Abschluß der Zählung wurden beide Aufdruckserien (Mi 61–96) aufgebraucht. Die Wertstufe zu 15 C. kommt – wie die Freimarke ohne Aufdruck (Mi 58) – nur mit Buchdruckaufdruck zweier waagerechter Linien vor. Dieser Aufdruck ähnelt zwar einer →Vorausentwertung und wird von den Sammlern oft mit einer solchen verwechselt, doch handelt es sich lediglich um eine bewußt vorgenommene Kennzeichnung zur Vermeidung von Verwechslungen mit der etwa farbgleichen Marke zu 30 C. (Mi 75, 93 bzw. 51); auch →Zähldienstmarken.

Zählnummern. Zur leichteren Abrechnung angebrochener Marken in Rollenform für Automaten und Handabrollgeräte am Schalter werden die Rollen verschiedentlich (z.B. BP, Schweiz) rückseitig auf der Gummierung in Abständen von je fünf oder zehn Stück fortlaufend mit Ziffern bedruckt; →Rollenmarken, →Rollenmarken ablösen.

Zahnbrücke, gelegentl. Bez. für die Verbindung zweier oder mehrerer gezähnter Marken, d.h. die nach der Perforierung stehengebliebenen Teile des Papierbogens. Es gibt breite Zahnbrücken, wobei meist →stumpfe Zähnung entsteht, und enge mit →spitzer Zähnung.

Zahnradstempel, auch Zacken-

kranzstempel; ähnl. →Uhrradstempel, nur mit größeren Zacken und u.U. innen einem oder mehreren konzentr. Kreisen. In der Mitte können Ziffern, Buchstaben u.a. stehen. Zahnradstempel wurden z.B. von einigen Postorten Badens verwendet.

Zahnspitzen →spitze Zähnung, →stumpfe Zähnung.

Zähnung. Die Bogen werden zur bequemeren Abtrennung einzelner Marken zwischen den waagerechten und senkrechten Reihen mittels bes. Maschinen perforiert, d.h. es werden in best. Abständen kleine Löcher eingestanzt (dagegen →Durchstich). Es werden drei Zähnungsarten angewendet: →Kammzähnung, →Linienzähnung und →Kastenzähnung, die zwar typ. Merkmale haben, aber an Einzelmarken u.U. nicht immer exakt bestimmt werden können. Kommen gleiche Marken einmal in Kamm- und einmal in Linienzähnung vor (die Kastenzähnung entspricht im Aussehen der Kammzähnung), muß gelegentl. längere Zeit nach beiden Ausführungen gesucht werden, um absolut charakterist. Stücke in die Sammlung aufnehmen zu können. Die Suche lohnt sich anges. des verschiedentl. beachtl. Wertunterschiedes (z.B. Deutschland-Westzonen, sog. Bautenserie von 1948).
Bisher sind praktisch alle Zähnungsmöglichkeiten zwischen 5 (→weite Zähnung) und 18 (→enge Zähnung) angewendet worden; die ersten Versuche in Österreich wurden mit Zähnung 18 ½ vorgenommen. Die Zähnung wird mit dem →Zähnungsschlüssel ausgemessen. Erfinder der Zähnung war Henry →Archer. Er kam im Verlauf seiner wenig befriedigenden Durchstichversuche bereits 1848 auf diese Trennungsmöglichkeit, die im Auftrag des Schatzamtes durch die Firma David Napier & Sons soweit vervollkommnet wurde, daß die brit. Marken als erste ab März 1854 nur noch gezähnt verausgabt werden konnten. Bemerkenswert ist, daß Archer gleich die Kammzähnung erfand und nicht die an sich einfachere Linienzähnung.

Zähnungsabart, aus versch. Gründen versehentl. oder auch absichtl. anders als vorgesehen gezähnte

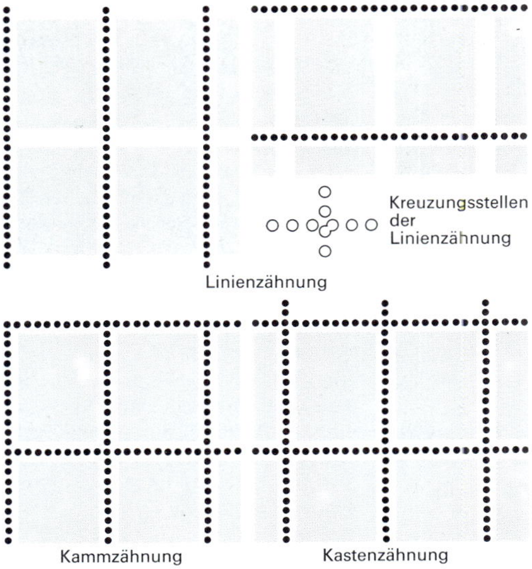

Zähnungsarten

Marke, z. B. statt Linienzähnung 12 Kammzähnung 14. Hierzu liefert die sog. Bautenserie Westdeutschlands von 1948 bes. viele Beispiele; auch →Zähnungsfehler, →Fehlzähnung.

Zähnungsarten. Philat. gesehen sind grundsätzl. drei Zähnungsarten zu unterscheiden: →Kammzähnung, →Linienzähnung und →Kastenzähnung. Varianten sind →Doppelkammzähnung und →Kreuzzähnung; auch →Mischzähnung.

Zähnungsbogen. Werden Marken nicht einzeln in Schalterbogengröße, sondern – was verbreitet übl. ist (bes. bei →Walzendruck) – in zwei oder meist vier (selten mehr) Schalterbogen umfassenden sog. →Maschinenbogen gedruckt, muß letzterer je nach vorh. Zähnungsmaschine u. U. in kleinere Einheiten (z. B. Einzelbogen oder zwei nebeneinanderliegende Bogen) zerschnitten werden, die Zähnungsbogen genannt werden. Besteht der Zähnungsbogen aus zwei Schalterbogen, werden diese anschließend an die Zähnung getrennt. Bei Walzendruck wird die endlose Bahn auch unmittelbar dem Markendruck folgend gezähnt, so daß eine Teilung in Zähnungsbogen manchmal entfällt. Aber auch beim modernen Schnellpressendruck (→Plattendruck) ist Zähnung eines Maschinenbogens möglich, was der Sammler z. B. am senkrecht →durchgezähnten oberen sowie unteren Bogenrand feststellen kann.

Zähnungsfehler. Während des Zähnungsvorgangs ist eine Zähnungsnadel abgebrochen, es fehlt an irgendeiner Seite ein Zähnungsloch oder ist nur als →Blindzähnung zu sehen oder die Marke ist stark verzähnt; gilt als nur den Spezialsammler evtl. interessierender und nicht als Abart zu bewertender Mangel; →Zähnungsabart, →Fehlzähnung.

Zähnungskamm, mit gehärteten Stahlstiften (Zähnungsnadeln) in best. Abständen besetzte kammartige Stahlleiste, mit der die →Kammzähnung durchgeführt wird; →Doppelkammzähnung, →Kreuzzähnung; ferner →Zähnungsleiste, →Kastenzähnung.

Zähnungsleiste, mit gehärteten Stahlstiften (Zähnungsnadeln) in best. Abständen besetzte Stahlleiste, mit der die →Linienzähnung durchgeführt wird.

Zähnungslöcher. Durch die →Zähnungsnadeln entstehen je nach deren Durchmesser große oder kleine Zähnungslöcher, was jedoch keineswegs immer mit →weiter Zähnung oder →enger Zähnung identisch ist. Vielmehr kann trotz versch. großer Zähnungslöcher mit dem →Zähnungsschlüssel gleiche Zähnungsgröße festgestellt werden. Aus der Größe der Zähnungslöcher können sich aber für den Spezialsammler interessante →spitze Zähnung oder →stumpfe Zähnung ergeben.

Zähnungsmaß. Die Zähnung wird auf eine gedachte Länge von 2 cm ausgezählt (→Zähnungsschlüssel) und kann allseits gleich, aber auch z. B. auf zwei gegenüberliegenden oder sogar allen Seiten usw. versch. groß sein, was im allg. herstellungsbedingt ist. Hat eine Marke zwei Zähnungsmaße, werden diese in Katalog für oben und unten, danach durch Doppelpunkt davon getrennt für die Seiten angegeben, wenn diese jeweils gleiche Zähnung haben. Sind drei oder vier Zähnungsmaße zu beachten, wird oben beginnend im Uhrzeigersinn ausgemessen.
Im Katalog »gez. 10½« besagt, daß die Marke auf allen Seiten 10½ gezähnt ist, bei »gez. 10:11« liegt waagerecht oben und unten Zähnung 10, an beiden senkrechten Seiten Zähnung 11 vor. »gez. 10¾:12:11:11½« heißt oben Zähnung 10¾, rechte Seite 12, unten 11, linke Seite 11½. Gelegentl. findet man auch die Angabe etwa »gez. 10½–13½« (z. B. Bosnien-Herzegowina). Der Doppelpunkt ist durch Bindestrich ersetzt, was darauf hinweist, daß die Marke in mehr oder weniger vielen Zähnungsmaßen zwischen 10½ und 13½ vorkommen kann, die ein Normalkatalog nicht getrennt aufführt, meist aber ein Spezialkatalog, bestimmt das Handbuch. Es gibt ferner ein- oder zwei-, selten dreiseitig nicht gezähnte Marken. Das Kurzzeichen dafür ist z. B. »□: gez. 13« (= oben und unten geschnitten, beide Seiten gezähnt 13) oder sinngemäß umgekehrt »gez. 13:□« (z. B. Schweden). Auch die Kombination durchstochen und gezähnt ist möglich, es heißt dann

»[]:13«. Wenn notwendig, wird das Kurzzeichen für die →Zähnungsart dem Zähnungsmaß noch vorangestellt, z. B. L 10 : K 11 (waagerecht Linienzähnung 10, senkrecht Kammzähnung 11); →Mischzähnung.

Zähnungsnadeln, gehärtete Stahlstifte, die im →Zähnungskamm oder in der →Zähnungsleiste befestigt sind.

Zähnungspasserkreuz → Passerkreuz.

Zähnungspunktur, gelegentl. benutzte Bez. für →Nadelpunkt, wenn dieser nur zur exakten Einlage der fertigen Druckbogen in die Zähnungsmaschine dient, um allseits gleichmäßigen Abstand zwischen Markenbild und Zähnungsrand zu erreichen; →Leitstriche.

Zähnungsrand, unbedruckter Rand zwischen den Bilddrucken der Markenreihen, der für die Anbringung der Zähnung oder des Durchstichs benötigt wird, teils auch zur Unterbringung des →Stecherzeichens oder des Namens der Druckerei dient; →Markenrand.

Zähnungsschlag, Fachausdruck für das in best. Rhythmus erfolgende maschinelle Durchdrücken von →Zähnungskamm oder →Zähnungsleiste durch das Papier zur Erzeugung der →Zähnung.

Zähnungsschlüssel, unentbehrl. für jeden Sammler, der auf die bei manchen Marken vorkommenden versch. →Zähnungsmaße achtet, was u. U. wichtig für die Bewertung ist (die Unterschiede zwischen Kamm- und Linienzähnung gehören nicht hierher). Zur Ausmessung der Zähnung haben sich die Sammler aller Länder (auch die im engl. Sprachraum mit nicht metrischem Maßsystem) darauf geeinigt, daß die auf eine gedachte Länge von 2 cm entfallenden Zähnungslöcher gezählt werden. Da nicht alle Marken auf jeder Seite 2 cm oder mehr messen, wurde der Zähnungsschlüssel erfunden, der bereits seit 1866 bekannt ist (L: Der Sammler-Dienst, Nr. 26/1966) und die Ausmessung jeder Zähnung gestattet, ganz gleich, ob die zu messende Seite der vorliegenden Marke 1 oder 5 cm lang ist. Die Marke wird so lange auf dem Zähnungsschlüssel hin und her geschoben, bis deren Zähnungslöcher haargenau von den eingedruckten weißen (oder auch schwarzen) Punkten ausgefüllt sind und sich die Mitten der Zahnspitzen mit den schwarzen (oder auch weißen) Strichen dazwischen decken. Es braucht dann nur noch die zugehörige Ziffer auf dem Zähnungsschlüssel abgelesen zu werden, ob die Marke $10\,^1/_2$, $11\,^3/_4$, $12\,^1/_4$ oder 14 usw. gezähnt ist.

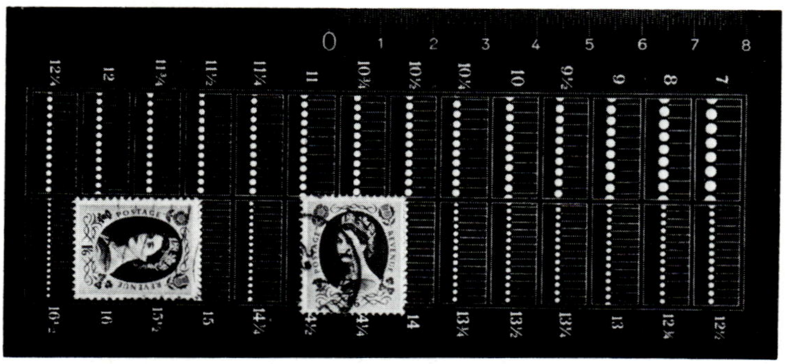

Zähnungsschlüssel

Es sind zahlr. Zähnungsschlüssel versch. Fabrikate auf dem Markt, mit denen herstellungsbedingt allerdings einmal $12\,^1/_2$ und einmal $12\,^1/_4$ oder $12\,^3/_4$ u. ä. gezähnt ausgemessen werden kann, ein an sich geringfügiger Unterschied, der aber wichtig sein kann. Absoluter Verlaß ist auf keinen Zähnungsschlüssel; im Streitfall muß ein Prüfer entscheiden. Der augenblicklich genaueste ist zweifellos der vom Niederländischen Philatelistenverband nach exaktesten Methoden hergestellte und vom →BDPh übernommene, über diesen und angeschlossene Vereine beziehbare Zähnungsschlüssel.

Sehr zu empfehlen ist ein neuer Zähnungsschlüssel der Firma Stanley Gibbons, London, der allerdings nicht mehr in $^1/_4$, $^1/_2$ und $^3/_4$, sondern in Zehntel eingeteilt ist, was verschiedene Vorteile bringt, den Sammler aber zum Umdenken zwingt, besonders bei Benutzung des Michel-Kataloges. Gleich genau – jedoch sehr teuer – ist das Gerät einer schweiz. Firma, mit dem andere Untersuchungen an Marken vorgenommen werden können. Die Zähnungsschlüssel erfordern, daß die lose Marke darauf gelegt wird. Es gibt aber auch solche aus glasklarem Plastikmaterial, die zur Zähnungsmessung von im Album eingeklebten Marken gedacht sind; sie sind sehr praktisch, bisher aber die ungenauesten.

Zähnungsverschnitt, bei →Heftchenblättern häufig vorkommend, da die Maschine, mit der die →Markenheftchenbogen zerschnitten werden, nicht immer absolut exakt gesteuert werden kann und der Schnitt dann nicht genau in Mitte der Zähnung zwischen den Markenreihen erfolgt. Dasselbe tritt bei →Automatenmarken auf, desgl. bei →Frankiermaschinen. Marken mit Zähnungsverschnitt sind nur in seltenen Ausnahmefällen für Spezialsammler interessant, im allg. sind sie (auch als ganzes Heftchenblatt) minderwertig oder auch wertlos.

Zaire, seit Mitte 1971 neuer Landesname für die aus dem ehem.

belg. Besitz hervorgegangene Republik →Kongo (Kinshasa).

Zambesia, beiderseits des Flusses Sambesi gelegener Distrikt der früheren portug. Kolonie →Mozambique (später bis 1975 Prov. Portugals), für den 1893–1917 einige bes. Freimarken verwendet worden sind. Vor und nach diesen waren Ausgaben von Mozambique in Gebrauch.

Zambia, engl. Schreibweise und auf den Marken von →Sambia als Landesname zu finden.

Zante, griech. Sakynthos (auch Zakyntos), im Westen dem Peleponnes vorgelagerte, zur Gruppe der →Ionischen Inseln gehörende und im 2. Weltkrieg zunächst von Italien, im Oktober 1943 von Deutschland besetzte Insel, für deren Landespost drei Marken der ital. Besetzungsausgabe mit zweizeil. Handstempelaufdruck im Kastenrahmen (Zante in griech. Buchstaben und *2. X. 43*) erschienen, die inf. des Rückzuges nur acht Tage in Verkehr waren und gestempelt meist gefälligkeitsentwertet sind.

Zanzibar, heutige Schreibweise

vielfach Sansibar; dem Sammler ist jedoch durch Inschriften auf Marken und in Stempeln Zanzibar geläufiger. Die Inseln Sansibar und Pemba vor der Küste Ostafrikas zwischen Daressalam und Tanga gehörten früher zum Sultanat Maskat, waren für einige Zeit auch dt. Interessengebiet, gelangten aber durch den sog. Helgoland-Vertrag von 1890 bis 1963 unter brit. Schutzherrschaft. – **1.** Die Deutsche Reichspost richtete Ende August 1890 in Sansibar eine Postagentur ein, die mit Reichspostmarken Mi 37 und 45–51 und einem Stempel ZANZIBAR / KAISERL. DEUTSCHE / POSTAGENTUR ausgerüstet wurde, die jedoch nur bis 31. 7. 1891 tätig war. Marken mit diesem Stempel sind sehr selten und wertvoll und werden von Spezialsammlern als Vorläufer in einer Sammlung Deutsch-Ostafrika berücksichtigt. Zu warnen ist vor minderwertigen nachträgl. Entwertungen; es empfiehlt sich Prüfung. L: 3. 6.
2. Unter brit. Schutzherrschaft wurden Ende 1895 Marken von Brit.-Indien und Mitte 1896 solche von Brit.-Ostafrika und Uganda mit Aufdruck ZANZIBAR verausgabt. Für den Spezialsammler sind Marken von Brit.-Indien ohne Kennzeichnung mit entspr. Stempeln sowie Marken Frankreichs mit Wertüberdruck in Anna von 1894 und später zusätzl. Aufdruck bzw. Inschrift ZANZIBAR von Interesse. Bis Ende 1963 erschienen für das Sultanat zahlreiche weitere eigene Ausgaben; Sansibar-Marken mit Aufdruck BRITISH EAST AFRICA →Britisch-Ostafrika.
3. 1963 wurde Sansibar unabhängig, 1964 wurde es der Republik →Tanganjika angeschlossen; es entstand die United Republic of Tanganyika and Zanzibar, kurz darauf offiziell in die Kurzform Tanzania geändert (→Tansania). Ab 1965 erschienen einige im Michel-Katalog unter Zanzibar verz. Marken mit Inschrift ZANZIBAR-TANZANIA sowie vier mit Inschrift TANGANYIKA-ZANZIBAR, die unter Tansania katalogisiert sind.
4. Aufdruck auf Frankreich-Marken (anfänglich nur Wertüberdruck in Anna) von 1894 bis 1904 für das dortige franz. Auslandspostamt.

ZAR, Abk. des Landesnamens auf Marken →Südafrikas seit 1966 in der auf die niederländ. Vergangenheit zurückgehenden und neben Englisch gleichberechtigten Burensprache Afrikaans. ZAR bedeutet Zuid Afrika Republiek. Auf den Portomarken lautet die voll ausgeschriebene und richtigere Inschrift Republiek van Suid-Afrika.

Zara, Stadt in Dalmatien, die mit etwas Hinterland vor dem Weltkrieg eine ital. Exklave war und nach dem Abfall Italiens von Deutschland besetzt wurde. Die seit Kriegsanfang bestehende Landes-

post konnte weiterarbeiten und verausgabte ab 1. 10. 1943 Restbestände ital. Marken mit dreizeil. Aufdruck *Deutsche / Besetzung / Zara*, später ZARA zwischen waagerechten Linien. Es gibt 38 versch. Frei-, Luftpost- und Eilmarken sowie elf Portomarken. Die Auflagen der einzelnen Wertstufen waren sehr unterschiedlich; sie betrugen z. B. bei Mi 17 nur 71, Mi 18 nur 32 und Mi 19 nur 47 Stück, woraus sich der außerordentl. hohe Handelspreis erklärt. Die Zara-Marken sind mehrfach und teils schwer erkennbar gefälscht worden; vor Erwerb ist die Einholung eines Gutachtens bei einem Spezialprüfer unerläßlich. L: 3. 6.

ZAW = Zentralamt für Werbung. Eindruck in Einschreibezetteln auf Sendungen der Versandstelle für Sammlermarken aus Ostberlin bis Ende 1972. Danach lautet der Eindruck →ZPA.

Zehnerstreifen, Bez. für zehn waagerecht oder senkrecht zusammenhängende Marken. Eine Sonderart Zehnerstreifen liegt bei der DDR-Marke Mi 805 vor, die nicht nur in gezähnten Bogen, sondern auch in ungezähnten senkrechten Streifen zu je zehn Stück mit breitem, unbedrucktem Seitenrand (oberste und unterste Marke auch waagerecht oben und unten) verausgabt wurde. Da diese Version wesentl. wertvoller ist (auch als Einzelstück) als die gezähnte, schneiden Fälscher allseits die Zähnung von Mi 805 A ab. Typ. Kennzeichen für Mi 805 B sind aber stets die beiden senkr. breiten Ränder, die sich aus Schalterbogenmarken nicht gewinnen lassen. Vollst. Zehnerstreifen sind selten, gestempelt und bes. auf Ganzbrief kleine Raritäten.

Zehnfachfrankatur. Nach Umstellung oder Reform einer Währung bleiben die bish. Marken u. U. noch für einige Tage oder längere Zeit unverändert zu einem festgesetzten Teilbetrag der alten Wertangabe gültig und können auch neben evtl. bereits erschienenen neuen Marken zur Freimachung verwendet werden. Das bekannteste Beispiel hierfür bieten die amerik., brit. und franz. Besatzungszonen Deutschlands, wo nach der Währungsreform von 1948 die Marken der →Kontrollratsausgaben am 21. und 22. 6. zu 1/10 ihres Nennwertes benutzt werden durften; in der franz. Zone war gleiches an sich nicht zulässig, doch blieben trotzdem vorgenommene Zehnfachfrankaturen mit den Marken für Baden (Mi 1–13), Rheinland-Pfalz (Mi 1–15) und Württemberg-Hohenzollern (Mi 1–13) am 21. 6. unbeanstandet. Es war daneben auch Mischfrankatur mit alten Marken zu 1/10 des Nennwertes und den am 21. 6. überall an den Schaltern vorliegenden neuen Marken (Posthorn-Aufdrucke, in der franz. Zone bildgleiche Marken in anderen Farben bzw. mit Münzbezeichnung DPF. oder DM) möglich. In West-Berlin waren Zehnfachfrankaturen bzw. Mischfrankaturen versch. Art vom 24. 6.–31. 7. erlaubt; in der Sowj. Zone während derselben Zeit Marken der Kontrollratsserie. Daraus haben sich interessante Zeitdokumente ergeben, die gern gesammelt werden und teils recht selten sind.

Zehn-Prozent-Marken →Minus-10%-Marken.

Zeilenstempel, andere und vielleicht bessere Bez. für →Langstempel, da darunter nicht nur →Einzeiler zu verstehen sind; es können dem Ortsnamen in einer zweiten oder in mehreren Zeilen weitere Angaben folgen (z. B. Datum). Charakteristisch ist das Fehlen einer Einfassung wie beim →Rechteckstempel.

Zeitschriften. Einen Katalog benötigt jeder Sammler, auf Spezialwerke, die in die Tiefe der Philatelie dringen (→Handbuch, →Monographie), wird leider weitgehend verzichtet. Auch die Fachzeitschriften finden nicht das gebührende Interesse, weshalb viele nur einen kurzen Bestand gehabt haben. Dabei ist es außerordentl. wichtig, über neueste Forschungsergebnisse laufend unterrichtet zu werden, allg. Länderbeschreibungen an Hand der Marken und Stempel lesen zu können, auftauchende Probleme beim Markensammeln von versch. Seiten erörtert zu sehen, von den →Neuheiten rechtzeitig zu erfahren und schließlich durch den Anzeigenteil auf vorteilhafte Kauf-, Verkaufs- oder Tauschangebote aufmerksam gemacht zu werden. Den auf den Monat umgerechnet geringen Abonnementspreis für eine Zeitschrift sollte kein Sammler scheuen; es zahlt sich vielfältig aus. Das haben bes. die Motivsammler erfaßt, die zu den eifrigsten Zeitschriftenlesern gehören.
Dem bish. Wissen nach hat die Geschichte der Sammlerzeitschriften am 15. 12. 1862 begonnen, ein Jahr nach dem ersten Katalog von →Berger-Levrault. An diesem Tag erschien in Liverpool der »Monthly Advertiser«, der bereits mit Nr. 2 in »Stamp Collector's Monthly Advertiser« umbenannt wurde und mit Nr. 3 seinen endgültigen Titel »Stamp Collector's Review and Monthly Advertiser« erhielt; dieses Blatt mit wenigen Seiten stellte schon 1864 nach 19 Heften das Erscheinen ein. Vorausgegangen war »Monthly Intelligencer« von 1862 aus Birmingham, der jedoch vorw. anderen Inhalt hatte und nur ganz wenig auch über Briefmarken enthielt (auch →Omnibusclub). Am 1. 2. 1863 kam das erste Heft von »Le Timbre-Poste« heraus; Verleger war der wohl bedeutendste Händler

Zehnfachfrankatur

seiner Zeit, J. B. Moens, Brüssel. Diese Zeitschrift hatte über Jahrzehnte Bestand. Etwa gleichzeitig konnten brit. Sammler ihr Wissen durch das kurzlebige »The Stamp Collector's Magazine« bereichern.
Die erste dt. Zeitschrift wurde im Verlag von Zschiesche & Köder, Leipzig, unter der Federführung von Alfred →Moschkau am 1. 5. 1863 herausgegeben; der Titel dieses mit Nr. 48 bereits im April 1867 eingegangenen Blattes war »Magazin für Briefmarken-Sammler. Ein Organ zur Vermittelung des Briefmarkenverkehrs, behufs der Anlage von Albums, für Liebhaber und Händler«. Die früheste Zeitschrift in Österreich war die »Wiener Illustrierte Briefmarken-Zeitung« (1876), die 1880 in »Weltpost« umbenannt wurde, des Markenhändlers Sigmund Friedl, die später (bis 1896) nur noch als reines Anzeigenblatt erschien. In der Schweiz war es Robert Deyle, Bern, der es 1879 wagte, bis 1887 die »Schweizer Briefmarken-Zeitung« (später mit Zusatz »Illustrierte«) herauszugeben.
Die langlebigste deutschsprachige Sammlerzeitschrift war »Illustriertes Briefmarken-Journal« aus dem Verlag der Gebrüder →Senf, Leipzig, die ohne Besitzer- und Titelwechsel vom 1. 1. 1874 bis Anfang 1944 erschienen ist. Zwei andere leben dem Titel oder Untertitel nach bis heute fort; es sind dies die »Schweizer Briefmarken-Zeitung«, das inhaltl. immer wertvolle Organ des Verbandes Schweizerischer Philatelisten-Vereine (1977 im 90. Jahrgang) und die »Deutsche Briefmarken-Zeitung« (Untertitel »DBZ«), die allerdings nicht direkt auf die Zeitschrift gleichen Namens von 1890 zurückgeht. Ähnlich ist es bei einigen im Ausland erschienenen bzw. unter gleichem Namen noch heute erscheinenden Zeitschriften, z.B. »Stanley Gibbons Monthly Journal« (seit 1890, heute »Stamp Monthly«), »The London Philatelist« (seit 1892, Organ der →Royal Philatelic Society) usw.
Die Erscheinungsweise der Zeitschriften war und ist sehr verschieden. Die meisten der heutigen stehen den Sammlern zweimal monatl. zur Verfügung, was bes. für an aktuellen Informationen (z.B. Neuheiten) interessierten Sammlern von Vorteil ist. Noch aktueller können wöchentl. erscheinende Zeitschriften sein, die sich bis jetzt allerdings nur in Frankreich, Großbritannien und den USA erfolgreich durchgesetzt haben (z.B. »Le Monde des Philatélistes«, »Stamp Collecting Weekly«, »Linn's Weekly Stamp News«). Einige dieser Wochenzeitschriften entsprechen äußerl. Tageszeitungen, sind also auf gewöhnl. Zeitungspapier gedruckt und hinsichtl. Inhalt oft als »Sensationsblättchen« zu klassifizieren.
Großen Erfolg haben die seit wenigen Jahren hier und da herausgegebenen farbigen Sammlerzeitschriften. Diese stellen die Neuheiten in weitgehend natürl. Farben vor und bringen auch philat. Artikel mit farb. Abbildungen.
Der am Bezug einer Fachzeitschrift interessierte Sammler sollte sich von den versch. Verlagen Probeexemplare kommen lassen und die Hefte hinsichtl. des Inhalts und der Erscheinungsweise kritisch miteinander vergleichen; die eine Zeitschrift spricht den philat.-wissenschaftl. orientierten Sammler an, die andere zeichnet sich durch vorbildlich aktuelle und reich bebilderte Neuheitenberichte aus, wieder eine andere durch bes. umfangreiche Anzeigenseiten; →Literaturverzeichnis, Anhang IX.

Zeitstempel, auf Telegrammen, Eil- und Rohrpostsendungen nach Tag, Stunde und Minute angegebene Zeit der Auflieferung bzw. Ankunft bei den betr. Postämtern, wenn erforderl. auch die Zeiten bei Durchgangspostämtern. Die Zeitstempel sind normalerweise philat. ohne Interesse, höchstens auf Ganzstücken zur Verfolgung des Laufweges.

Zeitungs-Adreßzettel, von der österreichischen Postverwaltung in den Jahren 1904 und 1908 als Ganzsachen (mit eingedrucktem Wertstempel) ausgegeben; sie wurden nur an die Expeditionen der Zeitungen verkauft, dort mit Adressen beschrieben und auf die zum Versand bestimmten Zeitungen aufgeklebt. Die Zettel erhielten keinen Stempel des Aufgabepostamtes, kommen jedoch häufig mit dem Stempel des Zustellpostamtes vor. In der Regel sind allerdings auch die gebrauchten Stücke ohne Stempel. J. BLÖCHL

Zeitungsdruckentwertung. Zur beschleunigten Beförderung von Zeitungssendungen unter →Streifband ist es in versch. Ländern übl. gewesen, die zur Entrichtung des Portos notwendigen Freimarken (in Frankreich bereits ab 1860), →Zeitungsmarken oder →Zeitungsstempelmarken (z.B. Österreich) seitens der Druckerei so auf die Papierbahn zu kleben, daß die Marken vom Zeitungsdruck getroffen und damit für nochmal Verwendung unbrauchbar gemacht wurden; die Post sparte die Zeit für Stempelentwertung. Es handelt sich also um eine Art →Vorausentwertung, die auf in Betracht kommenden Marken als absolut vollwertig zu gelten hat und von Spezialsammlern bes. dann sehr gesucht ist, wenn die Zeitungsdruckentwertung auf normalen Freimarken vorkommt.

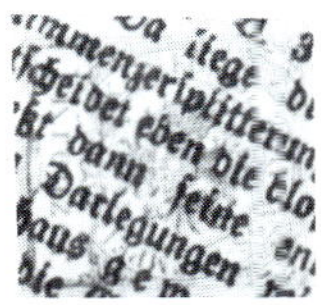

Zeitungsgeld-Verrechnungsmarken, in versch. Ländern früher übl. gewesene Markenart für durch die Post zu versendende Zeitungen in Einzelexemplaren oder als Zeitungspaket. Die Art der Verwendung war sehr unterschiedlich. USA Mi 1–4 (1865–1875), Dänemark →Avisporto u.a. wurden direkt auf die Sendung, USA Mi 5–53 (1875–1898) nur in ein am Schalter ausgefülltes Quittungsbuch zur Verrechnung der Gesamtgebühr geklebt (daher Wertstufen bis 100 $). In Argentinien wurden 1892–1925 zum gleichen Zweck Freimarken benutzt und dann mit runder oder sternförm. Lochung einzeln, später durch Bogenlochung INUTILIZADO (= ungültig) entwertet, wobei auf eine Marke nur Teile der Gesamtlochung entfielen; auch →Zeitungsmarken, →Zeitungsstempelmarken, →Zeitungs-Paketmarken.

Zeitungsmarken. Diese bes. Markenart kann in mehrere Unterarten aufgegliedert werden (z. B. Zeitungs-Paketmarken, Zeitungsstempelmarken, Zeitungsgeld-Verrechnungsmarken). Zu den bekanntesten Zeitungsmarken gehören die »Merkure« Österreichs (z. B. →Zinnober Merkur). Die Katalogisierung ist nicht einheitlich; einmal werden Zeitungsmarken (obwohl teils nur für umfangr. Zeitungspakete verwendbar, also eigentl. Zeitungs-Paketmarken) innerh. der Freimarken (z. B. Österreich Mi 7–9), in anderen Fällen wieder getrennt angeführt, wieder andere werden überhaupt nicht katalogisiert.
Die USA-Zeitungsmarken Mi 1–4 (sie gehören übrigens zu den bisher →größten Marken) wurden den Sendungen direkt aufgeklebt, weshalb sie gebraucht meist nur beschädigt und mit Klecksstempeln entwertet erhalten geblieben sind; die Zeitungsmarken USA Mi 6–53 dagegen dienten Verrechnungszwecken. Bei Auflieferung der Zeitungssendungen im Umfang von einem Exemplar bis zum beliebig umfangr. Paket wurde dem absendenden Verlag eine Quittung über das entrichtete Porto ausgehändigt und letzteres auf einer bei der Post verbleibenden Zweitschrift durch Aufkleben einer solchen Marke verrechnet. Daraus erklären sich die ungewöhnl. hohen Nennwerte dieser Marken bis zu 100 Dollar.
Anders ging Brasiliens Post von 1892 bis 1925 vor. Dort wurden zur Entrichtung des Zeitungsportos Freimarken zunächst durch runde oder sternförmige Lochung, später durch Lochung INUTILIZADO (= entwertet) entwertet. Da es sich bei letzterer um Lochung über den ganzen Schalterbogen handelte, weisen Einzelmarken nur undefinierbare Löcher auf, die aber eine solche Marke als für Zeitungssendungen verwendet ausweisen und nicht wertlos sind. Unter den hohen Markenwerten finden sich derart gelochte Marken öfter als mit Poststempel entwertet. Die unter Deutsches Reich Mi Z. 738/39 katalogisierten Marken weisen zwar die Inschrift ZEITUNGSMARKE auf und waren zur Freimachung von Streifbandsendungen in das Ausland gedacht, doch konnten sie auch für alle anderen Sendungsarten verwendet werden und sind desh. keine »echten« Zeitungsmarken; auch →Zeitungs-Paketmarken.

Zeitungs-Paketmarken. In einigen Städten Deutschlands wurden (bzw. werden noch heute) bei Benutzung öffentl. Verkehrsmittel für die Beförderung von Zeitungspaketen verschiedentl. Wertmarken zur Verrechnung der Gebühr verwendet, z. B. Rheinische Bahngesellschaft in Düsseldorf seit etwa 1927 mit mehreren Wertstufen, ferner Wuppertaler Stadtwerke mit Schwebebahn, Kraftwagengesellschaft Ruhr-Wupper mbH. Es handelt sich dabei natürl. nicht um Postwertzeichen, vielmehr um Gebührenzettel mit nüchternen Zweckinschriften z. B. »Je 1 Wertmarke für Beförderung von Zeitungen in Rollenform« oder »Je 2 Wertmarken für Beförderung von unverschlossenen Zeitungsbriefen«. Das Format ist 7×5 cm und größer. Diese Gebührenzettel sind für eine →Heimatsammlung interessant und wichtig; auch →Eisenbahn-Zeitungspaketmarken. L: Merkur. Privatpostgeschichtliche und postgeschichtliche Mitteilungen, 1954 und 1962; DBZ, Nr. 11/1970.

Zeitungsquittung. Für im Postabonnement bezogene Zeitungen wird der Bezugspreis einschl. Zustellgebühr von der Post eingezogen. Solche Quittungen interessieren den Vorphilatelisten, die anderen Sammler nur dann, wenn sie mit Marken frankiert vorkommen, was früher auch übl. gewesen ist.
Auch der für eine Zeitungsanzeige zu zahlende Betrag wurde früher manchmal durch die Post vereinnahmt; diese Formblätter werden Insertionsgebühren-Quittungen genannt.

Zeitungsschein. Die ersten Zeitun-

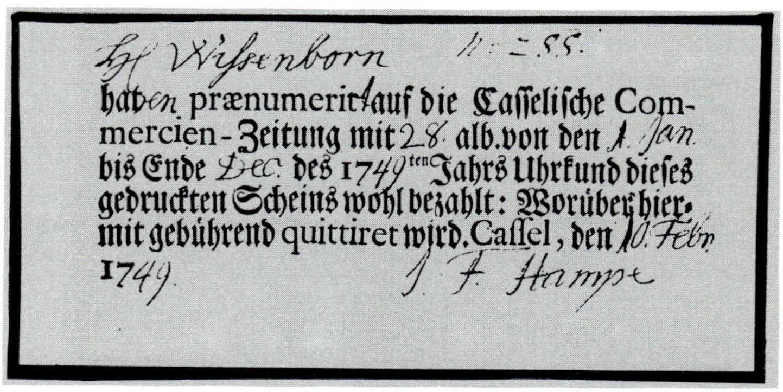
Hl. Wissenborn 11: = 55.
haben praenumerirt auf die Casselische Commercien-Zeitung mit 28. alb. von den 1. Jan. bis Ende Dec. des 1749ten Jahrs Uhrkund dieses gedruckten Scheins wohl bezahlt: Worüber hiermit gebührend quittiret wird. Cassel, den 10. Febr. 1749. J. F. Hampe

Zeitungsschein

gen wurden von Postbeamten, die als erste Neuigkeiten aus aller Welt erfuhren, auf eigene Rechnung herausgegeben. Als Rechnung für die Bezugsgebühr bzw. als Quittung ließen diese Vordruckzettel drukken, die wie →Postscheine gesammelt werden; →Zeitungsquittung. L: Rundbriefe des Deutschen Altbriefsammler-Vereins, Nr. 6/1968 und 7/1973.

ZEITUNGS STÄMPEL, Markeninschrift →Merkure.

ZEITUNGS/STEMPEL, Inschrift auf der Zeitungsmarke Österreichs von 1863.

Zeitungsstempelmarken, keine Postwertzeichen, sondern zur Gruppe der Stempelmarken (Steuermarken) gehörend, da der auf diesen Marken angegebene Betrag an die Finanzbehörde abgeführt wurde. Zeitungen unterlagen früher einer Steuer; die Abgabe der dafür erforderl. Wertzeichen an die Ver-

lage erfolgte durch die Post. Aus diesem Grund haben einige Zeitungsstempelmarken Aufnahme in die Briefmarkenkataloge gefunden, werden jedoch nur vom Spezialsammler beachtet. Zur Entwertung dienten Poststempel, vielfach →Zeitungsdruckentwertung, aber auch fiskal. Stempel der Finanzämter.

Zensur →Postzensur.

Zensurmarken, sechs versch. Türkei-Marken aus Mi 261–639, die 1917/18 mit Handstempelaufdruck eines fünfstrahl. Sterns und darüber Halbmond ohne Jahreszahl versehen wurden und gegen Bezahlung an solche hochgestellte türk. Personen abgegeben wurden, deren Post nicht zensiert zu werden brauchte. Nach Kriegsende wurden die noch vorh. Bestände an die Schalter ge-

Zensurstempel

geben und als reguläre Marken aufgebraucht. Diese eigenartigen Marken, deren Funktion nicht ohne weiteres zu erkennen ist, sind auf Bedarfsbrief eines zur Verwendung berechtigten Absenders sehr wertvoll. L: Michel-Rundschau, Nr. 5/1966.

Zensurpost. In Kriegs-, Besetzungs- und polit. Krisenzeiten unterliegen Postsendungen aller Art der Zensur durch milit. oder staatl. Stellen, d.h., die Mitteilungen werden daraufhin geprüft, ob sie inhaltl. der die Zensur veranlassenden Macht abträglich sein können; trifft das zu, werden solche Sendungen vernichtet oder dem Absender postwendend zurückgegeben. So durften beispielsweise 1945 nach Wiederaufnahme des Postverkehrs in Deutschland zunächst nur Postkarten verschickt werden, die in Blockschrift geschrieben sein mußten.
Unter Zensurpost werden alle Postsendungen verstanden, die durch von irgendeiner Seite eingesetzte Kommissionen inhaltlich überprüft wurden und dann an Stempeln, Verschlußstreifen u.a. kenntl. sind; auch →Postzensur. L 3. 7., 3. 14.

Zensurstempel, zur Kennzeichnung zensurierte Privat- oder Feld- und Kriegsgefangenenpost u.a. Die ältesten Zensurstempel sind aus der Zeit der Franz. Revolution 1789, 1794 bekannt. Die für den Zensurstempel-Sammler ergiebige Periode beginnt jedoch erst im Jahr 1899, da erstmalig während des 2. Burenkrieges auf beiden Seiten die Kennzeichnung aller zensurierten Post mittels besonderer Stempel eingeführt wurde.
Seitdem läßt sich aus vielen Ländern eine derartige Fülle verschiedenster Zensurstempel zusammentragen, daß der interessierte Sammler auf das Spezialschrifttum verwiesen werden muß. L: 3. 14. →Zensurverschlußzettel.

Zensurstreifen →Zensurverschlußzettel.

Zensurverschlußzettel, zum Verschließen der von Zensurstellen geöffneten Sendungen erstm. eingeführt während des 2. Burenkrieges 1899–1902 (→Postzensur). Seit-

Zensurverschlußzettel

dem läßt sich aus vielen Ländern eine derartige Fülle verschiedenster Zensurverschlußzettel zusammentragen – die jedoch nicht so häufig gesammelt werden wie →Zensurstempel –, daß der interessierte Sammler auf das Spezialschrifttum verwiesen werden muß. L: 3. 14.

Zentralafrikanische Republik, ehem. franz. Kolonie →Ubangi-Schari (→Tschad), die 1958 innerhalb der Franz. Gemeinschaft au-

tonom wurde und 1960 unter dem Namen Zentralafrikanische Republik die Unabhängigkeit erhielt. Seitdem erschienen allzu viele eigene Marken, weshalb dieses Postgebiet weniger empfehlenswert ist.

Zentraler Kurierdienst, abgekürzt ZKD, seit 1955 Bezeichnung für die bes. Beförderung dienstlicher Sendungen in der DDR, die in einigen ZKD-Streifen, →Absenderstempeln und Kennzeichnungsstempeln erscheint. Trotzdem wird in der Literatur mehr der Begriff →Verwaltungspost A angewendet; auch →Mit Zustellungsurkunde, →Vertrauliche Dienstsache, →Vertrauliche Verschlußsache.

Zentraler Philatelistischer Vermittlungs-Warndienst →ZPVW.

Zentralvietnam, in der Landessprache Mien Trung Bo (= Süden von Zentralvietnam), amtl. Bez. für ein Gebiet in →Vietnam, das 1950–1954 verwaltungsmäßige und postal. Sonderrechte besaß und für das acht sehr seltene, den Ausgaben für das damalige →Nordvietnam gleichende Frei- und neun Dienstmarken erschienen sind (letztere wie in Nordvietnam auf →Reiswährung lautend).

zentriert, Begriff aus der Sammlersprache, der besagt, daß der Bilddruck einer Marke allseits von einem gleich breiten unbedruckten Rand umgeben ist, der bei geschnittenen Marken je nach Abstand im Schalterbogen versch. breit sein kann (→berührt, →angeschnitten). Bei älteren gezähnten Marken ist inf. mangelhafter Zähnungsmaschinen oder unsorgfältiger Einlage der Bogen zentriert die Ausnahme und →dezentriert der normale Erhaltungszustand.

Zeppelinmarken. Zu den versch. Fahrten der dt. Luftschiffe mit Postbeförderung haben insg. 22 Länder Sondermarken verausgabt, die teilweise sehr wertvoll, auf mit einem der Luftschiffe beförderten Sendungen oft kleine Raritäten sind. Am bekanntesten sind die Marken der Deutschen Reichspost in Gestalt der allg. Ausgabe Mi 423/24 und 455 sowie die Sonderausgaben zur 1. Südamerika-Fahrt (Mi 438/39), Polarfahrt (Mi 456–458) und Chicago-Weltausstellungs- einschl. Weltrundfahrt (Mi 486–498).

Zeppelinpost, mit Luftschiff beförderte Sendungen, die an Hand von Bestätigungs-, Bord-, Sonder- oder Leitstempeln zu Sonderfahrten bzw. nach Aufnahme des fahrplanmäßigen Luftschiffsverkehrs nach Süd- und Nordamerika zu erkennen sind, in letzterem Fall verschiedentl. nur am Datum des verwendeten Stempels. Das außerordentl. umfangreiche Gebiet der Zeppelinpost beginnt in Deutschland 1908 und endet 1939. Nach dem 2. Weltkrieg sind mit kleineren Reklame-Luftschiffen beförderte Sendungen bekanntgeworden (auch aus anderen Ländern). Es handelt sich dabei fast ausschl. um mit sog. »Blimps« der US-Gummifirma Goodyear beförderte Sendungen zu wohltätigen Zwecken (→SOS-Kinderdörfer). Die Luftschiffe führten mehrere Sonderfahrten durch, wozu die Deutsche Reichspost, teils auch andere Postverwaltungen, Sondermarken verausgabten. Das Thema Zeppelinpost kann in einem Lexikon nur gestreift werden; gesammelt werden selbstverständlich nur Ganzbriefe, bei Belegen aus der Frühzeit notfalls auch Briefstücke; →Abwurfpost, →Flugpost am Rhein und am Main, →Mitläuferpost, →Vertragsstaatenpost; auch →Heeres-Luftschiffpost, →Marine-Luftschiffpost.
Unter den Zeppelinpost-Sammlern wird mit seltenen Ausnahmen vorwiegend nur von den Belegen zu Fahrten der dt. Zeppeline gesprochen. Deshalb sei an dieser Stelle einmal an im europäischen Ausland

gebaute Luftschiffe erinnert, die ausgesprochene Pionierfahrten durchführten, und zwar nur solche, die offiziell oder nur aus Gefälligkeit Post mitnahmen, was mit oft nur in wenigen Stücken erhalten gebliebenen Briefen oder Karten bewiesen werden kann. Diese Belege sehen, da mit normalen Freimarken frankiert, recht unscheinbar aus; es kommt in erster Linie auf die Stempel an (oft lediglich normale Ortsdatumstempel, so daß die Stempeldaten einen Anhaltspunkt geben). Die erste Ost-West-Überquerung des Nordatlantiks erfolgte bereits im Juli 1919 mit dem brit. Luftschiff »R 34« von Schottland nach New York mit Rückfahrt wenig später. Die Abb. oben auf der Seite zeigt Vorder- und Rückseite eines solchen R-34-Briefes. Das ebenfalls brit. Luftschiff »R 100« bewältigte den Atlantik 1930 in beiden Richtungen. Das auf Reparationskonto in Deutschland erbaute Luftschiff »Z.R. III« wurde in Direktfahrt im Oktober in die USA überführt; Vorder- und Rückseite eines mitgenommenen Briefes sind in der Mitte und unten zu sehen.

Eine weitere Pionierfahrt wurde 1926 mit dem Luftschiff »Norge« unter Amundsen und dem ital. General Nobile unter Teilnahme des amerik. Flugpioniers Ellsworth zur Erkundung des Nordpolarraums durchgeführt; Expeditionspost ist bekannt. Desgl. von der tragisch verlaufenen Nordpolfahrt des ital. Luftschiffes »Italia« unter Nobile 1928. An über kurze Strecken führenden Pionierfahrten von Zeppelinen unter Postmitnahme seien

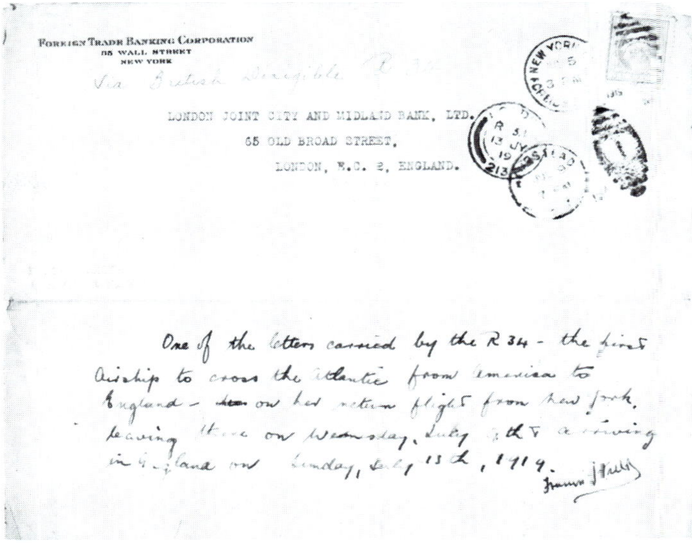

Oben: Seltener Beleg von der Rückfahrt des englischen Luftschiffes »R 34« USA–England vom Juli 1919. Auf der Rückseite (unten) handschriftliche Bestätigung mit Unterschrift nach der Ankunft (vermutlich durch ein Besatzungsmitglied). – Mitte: Mit dem auf Reparationskonto gebauten deutschen Luftschiff »Z. R. 3« anläßlich der Überführungsfahrt nach New York 1924 beförderter Brief. – Unten: Rückseite mit Bestätigungsstempel und Ankunftsstempel des Z. R. 3-Briefes

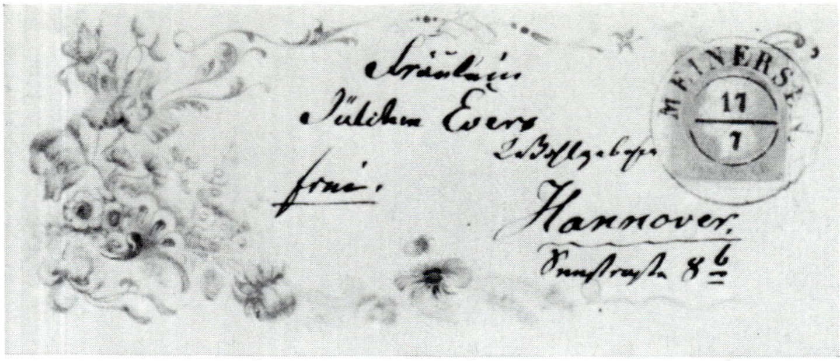

Zierbrief

noch erwähnt: das in Frankreich erbaute Luftschiff »Ville de Lucerne« (1910), das dt. halbstarre Luftschiff »Parseval VI« (1912) und die ital. Militär- bzw. Marine-Luftschiffe »M 1« (1919) und »F 6« (1919/1921). L: 3. 12.

Zf, im Michel-Katalog Kennzeichnung für Marken, die im Schalterbogen unmittelbar mit einem →Zierfeld zusammenhängend vorkommen.

Ziegenaugen, Begriff aus der Sammlersprache für Brasiliens zweite Markenausgabe (Mi 4–6). Der Vergleich rührt von den schmalen, schrägstehenden Ziffern und bes. den Nullen her (jede Wertstufe endet mit einer 0); die übrige Bildgestaltung hat mit einem Ziegenauge kaum etwas gemeinsam; →Katzenaugen, →Ochsenaugen.

Zierbogen, Bez. aus der Sammlersprache für Schalterbogen (nicht →Block!) mit verzierten und/oder beschrifteten Bogenrändern. Im allg. meist nur bei →Kleinbogen vorkommend.

Zierbrief, in der Biedermeierzeit um 1820/50 entstandene und bis gegen Ende des vorigen Jh. bes. von Damen zur Korrespondenz gern benutzte Form von Faltbriefen, später Briefumschlägen mit gedruckten Blumen, geprägten oder durchbrochenen Stickereimustern u. ä. auf der Anschriftseite, bei Faltbriefen u. U. zusätzl. auch auf dem für Mitteilungen best. Innenteil. Zierbriefe sind nicht nur philat., sondern auch kulturhist. wertvoll und interessant und erzielen auf Auktionen teils beachtl. Preise, bes. wenn es sich um Kleinstformate (sog. Damenbriefe) handelt. Diese Zierbriefe haben in unserer Zeit als →Schmuckumschläge – künstlerisch nicht immer ansprechende – Nachfolger gefunden.

Zierfeld, anderer Ausdruck für →Legende.

Ziffer-Muster, allg. Bez. für viele Marken versch. Länder, deren Bildinhalt nur aus Landesname, dem jeweiligen Frankaturwert in Ziffern und evtl. einem Symbol besteht; z. B. BP Mi 123/38. Marken dieser Art sind bei manchen Sammlern unbeliebt; bevorzugt werden mehrfarbige Bildermarken. Das Ziffer-Muster weist aber eindeutig auf ein rein postalischen Zwecken dienendes Wertzeichen hin. Auch →langlebige Marken.

ZIG. In Österreich waren ab 1947 bei jedem Postamt Briefumschläge mit Eindruck ZIG (= Zeit ist Geld) erhältlich, die nach Anbringung der Anschrift und Freimachung in den Briefkasten geworfen werden konnten und dann automatisch wie eingeschriebene Sendungen behandelt wurden. Obwohl der Absender den Weg zum Postschalter sparte, hatten diese Umschläge keinen sonderl. Erfolg; die Ausgabe wurde 1957 eingestellt.

Zigarettenpapier. Die nach Ende des 1. Weltkrieges gegr. balt. Staaten (Estland, Lettland, Litauen) nahmen aus Rohstoffmangel alles geeignet erscheinende und teils von den dt. Truppen zurückgelassene Papier für den Markendruck; so Estland (Mi 9–11 u. a.) und Lettland (Mi 24) extrem dünnes, sog. Zigarettenpapier; →Notpapier, →Pergamentpapier.

Zimbabwe, für →Rhodesien vorgesehener neuer Landesname nach Übernahme der Regierung durch die schwarze Bevölkerung. Zu gegebener Zeit (Ende 1976 war die künftige polit. Entwicklung noch unklar) ist mit Marken mit dieser Inschrift zu rechnen.

Zinkgraf-Medaille →Friedrich-Heinrich-Zinkgraf-Medaille.

Zinkkugelpost, auch Schwimmkugelpost. Während der Belagerung von Paris im Deutsch-Franz. Krieg 1870/71 gelangten mit der →Ballonpost zwar zahlr. Sendungen aus Paris in das unbesetzte Frankreich, die Verbindung in umgekehrter Richtung dagegen war von noch mehr Zufällen abhängig, außerdem konnten nur Nachrichten im Telegrammstil verschickt werden (→Taubenpost). Es wurden viele

Süd- und Mittelamerika werben. *Sehr oft noch konservativ gestaltet sind die Marken der Länder auf diesem Kontinent und locken deshalb nicht allzu viele Sammler an. Die Ausgabeanlässe betreffen mit wenigen Ausnahmen vorwiegend das Land selbst oder beziehen sich auf die gemeinsame Vergangenheit während der Entdeckungsgeschichte und auf dem Weg zur Unabhängigkeit, was schon zahllose Gedenkmarken gebracht hat. Aber auch die nach der Eroberung durch die Spanier untergegangenen Reiche zwischen Mexiko und Chile bringen durch Wiedergabe stolzer Ruinen und handwerklicher Arbeiten aus der Zeit der Azteken, Maya und Inka viel Abwechslung in ein Album. Mit einigen wenigen Beispielen aus Chile, Argentinien, Mexiko, Uruguay, Brasilien, Kuba und Nicaragua auf der Farbtafel sei das angedeutet.*

CORREOS DE CHILE
IAVCEI
SYMPOSIUM INTERNACIONAL DE VOLCANOLOGIA
9-14-IX-1974-STGO-CHILE
Eº 500
4º CENTENARIO ARCHIPIELAGO JUAN FERNANDEZ 1574-1974
Eº200
CORREOS DE CHILE
CHONTA
CABRA
LANGOSTA
CENTENARIO DEL NACIMIENTO DEL DR. ALBERT SCHWEITZER
CORREOS DE CHILE
Eº 500
PIONEROS AUSTRALES
REPUBLICA ARGENTINA
CAP. DE FRAGATA CARLOS M. MOYANO
2 PESOS
CASA DE MONEDA 1975
SANTA CRUZ CERRO TORRE
E. MILIAVACA Db
REPUBLICA ARGENTINA
EL LAMA
JUAN BATLLE PLANAS 70c.+30c.
CASA DE MONEDA - 1974
CAFE
MEXICO EXPORTA
40¢
CORREOS
XXX congreso internacional de ciencias humanas en asia y africa del norte
平
和
שלום
MEXICO AEREO
GUADALUPE NORMA
1978
LEONARDO OLIVERA
SESQUICENTENARIO DE LOS HECHOS HISTORICOS 1825
31 DICIEMBRE, TOMA DE LA FORTALEZA SANTA TERESA
CORREOS
N$ 0.10 URUGUAY
1775-BICENTENARIO DE ROSARIO-1975
URUGUAY
CORREOS
$150
MEDINA VIDAL
IMP. NACIONAL 1975
$4.50
CORREO AEREO
REPUBLICA O. DEL URUGUAY
DIA DEL SELLO URUGUAYO
N$ 1.00
CORREO AEREO
MEDINA
Brasil 75
0,50
FORTE DE MONTE SERRAT - BAHIA
Brasil 75
0,90
CUBA
CORREOS 1974
HELICONIA
1
CUBA
CORREOS 1974
ANTURIUM
Anthurium andreanum
2
POLICROMA DE NICARAGUA
700 A.D. - 1200 A.D.
AEREO CENTAVOS
NICARAGUA
10
20
35

PAPUA NEW GUINEA
7
PAPUA NEW GUINEA
10
PAPUA NEW GUINEA
25
ARAMIA RACING CANOE
PAPUA NEW GUINEA
30
8 sene
'Pate' drum
SAMOA I SISIFO
20 sene
'Lali' drum
SAMOA I SISIFO
22 sene
'Logo' drum
SAMOA I SISIFO
30 sene
'Pu' shell horn
SAMOA I SISIFO
Alcedo atthis salomonensis
Solomon Islands
RIVER KINGFISHER
2c
Rhipidura leucophrys
Solomon Islands
WILLIE WAGTAIL
5c
Trichoglossus haematodus
Solomon Islands
COCONUT LORY
12c
Fregata minor
Solomon Islands
$5
Pitcairn Islands
10c
Pitcairn Islands
18c
Pitcairn Islands
50c
EVENING SCENE
15c
THE GILBERT ISLANDS
Coconut Body Armour
Gilbert Islands
35c
10c
THE GILBERT ISLANDS
10c
THE GILBERT ISLANDS

Vorschläge gemacht, um Post durch den dichten Belagerungsgürtel nach Paris zu bringen. Die meisten erwiesen sich als undurchführbar. Nur der von den Erfindern Delort, Robert und Vonoven eingebrachte Vorschlag fand praktische Verwendung, jedoch keinen Erfolg im gedachten Sinne.
Es handelte sich um verzinkte und wasserdicht verschließbare kleine Kugeln, die maximal 600 Briefe aufnehmen konnten. Durch einen an sich gut durchdachten Mechanismus sollten diese Kugeln wenig unter dem Wasserspiegel in der Schwebe gehalten werden und dadurch dem Feind unsichtbar bleiben; als »Transportmittel« der Kugeln war nämlich das Wasser der Seine ausersehen.
Als Sammelstelle für Zinkkugelpost wurde von der franz. Post die Stadt Moulins im Dep. Allier (süd-östl. von Bourges) bestimmt, weshalb die für diese Beförderungsart vorgesehenen Briefe mit »Paris par Moulins« gekennzeichnet sein mußten. In Moulins wurden die Briefe in die Kugeln verpackt (desh. auch »Boules de Moulins« = Kugeln von Moulins genannt) und diese, da die Allier in die Loire mündet, zur Ortschaft Braye-sur-Seine gebracht und dort der Seine anvertraut. Das Porto für einen Zinkkugelbrief betrug 1 Franc, wovon die franz. Post nur 20 Cent beanspruchte und 80 Cent den Erfindern zukommen sollten. Man war jedoch hinsichtl. der Ankunft der Briefe unsicher, weshalb die Erfinder für jeden angenommenen Brief nur 40 C. Vorschuß erhielten, die restl. 40 C. sollten nach Ankunft der Kugeln in Paris ausgezahlt werden, wozu es in keinem Fall gekommen ist.
Mit vier Kugeln startete das inf. Beendigung der Belagerung nur 27 Tage dauernde Unternehmen »Paris par Moulins« am 4. 1. 1871. Insg. wurden 55 Kugeln abgelassen, von denen jedoch an der Tag und Nacht besetzten Auffangstelle am Place Port-à-l'Anglais in Paris keine einzige eintraf. Erst lange nach Ende der Belagerung und des Krieges, im Mai 1871, wurde die erste Kugel gefunden. Die Schwimmfähigkeit ist wohl unterschätzt worden; viele sanken auf den Seinegrund, andere blieben im Ufergestrüpp hängen oder passierten Paris unbemerkt. Von den 55 Kugeln sind nicht einmal 20 entdeckt worden, die bisher letzte 1969 in der Nähe von Rouen.
Sehr viele der ans Tageslicht gekommenen und äußerl. unscheinbaren Zinkkugelpostbriefe wurden in Unkenntnis der Bedeutung des Vermerks »Paris par Moulins« vernichtet, von anderen wurden die Marken abgerissen, um eine Lücke im Markenalbum zu schließen. Aber auch die der Marken beraubten Briefe finden noch Interesse und sind als seltene Dokumente einer ungewöhnlichen Postbeförderung wertvoll.

Zinkkugelpost

L: 3. 14.; auch →Kugelpostwagen, →Zinndosenpost.

Zinndosenpost, eigentl. bekannter unter der engl. Bezeichnung Tin Can Mail. Die zu →Tonga gehörende Insel Niuafoou verfügt über keinen Hafen und keine Ankermöglichkeit für größere Schiffe. Von diesen wurden die für Niuafoou best. Briefe in verzinnten und wasserdicht verschlossenen Blechbüchsen eingelegt und über Bord geworfen, sobald sich ein einheimischer »Briefträger« nach Überwindung der Brandung schwimmend dem Schiffe näherte, so daß er die Büchse greifen konnte. Dieser ließ seinerseits eine gleiche Zinndose mit der nach anderen Tonga-Inseln oder in das Ausland gerichteten Sendungen in Schiffsnähe treiben, die vom Schiff aus aufgenommen wurde. Da die geschickten Einheimischen aber auch mit ihren Booten ohne weiteres auf das freie Meer gelangen, kann die Zinndosenpost, von der Belege bis Ende der 1930er Jahre bekannt sind, nur als Spielerei und Geschäft mit den Sammlern angesehen werden. Das wird besdeutlich, wenn man einen solchen

Zauber der Südsee. *Kaum ein Sammler kann sich eine Schiffskreuzfahrt oder einen Trip von Insel zu Insel im Pazifik mit einem Jet erlauben. Das bleiben Träume, ausgelöst durch mit verführerischen Farbfotos ausgestattete Zeitschriftenberichte. Dem Briefmarkensammler aber ist es möglich, diese Traumwelt in einem kleinen Album vielfältig immer vor Augen zu haben und dann und wann durch neue interessante Marken zu ergänzen, die auch ein Marken sonst fern stehender Freund sicher gern betrachtet. Man braucht beim Aufbau einer solchen Sammlung nicht stur dem Katalog zu folgen, der chronologisch alle – oft recht teuren – Ausgaben anführt; es genügt vollauf, wenn nur die neuen Marken aufgenommen werden, die gefallen und einen geringen finanziellen Aufwand erfordern. Die Farbtafel zeigt beispielhaft einige Sondermarken aus Papua-Neuguinea, Samoa, Salomon-Inseln, Pitcairn und von den Gilbert-Inseln.*

Brief betrachtet, der mit bis zu 20. (!) versch. Stempeln in mehreren Sprachen (darunter auch in Deutsch und sogar Griechisch) versehen ist; die weitaus meisten davon sind lediglich priv. Bestätigungsstempel. Ein philat. Wert kommt den Zinndosenbriefen nicht zu; dagegen →Zinkkugelpost. L: Gibbons Stamp Monthly, No. 7/1973.

Zinnober Merkur, Begriff aus der Sammlersprache für die Österreich-Marke Mi 9 aus der Reihe der vier →Merkure, die 1856 anstelle der bis dahin gelben bildgleichen (→Gelber Merkur) verausgabt wurde und wie diese zum Versand von zehn zusammen verpackten Zeitungen (nur im Inlandsverkehr) benötigt wurde. Aus der zinnoberroten Druckfarbe ging für Verwender und Post der Frankaturwert von 6 Kreuzer hervor. Vom Zinnober Merkur sind nur so wenige Exemplare erhalten geblieben, daß jedes Stück bes. ungebraucht mit vollem Gummi oder gestempelt zu den größten Weltraritäten gehört; →Blauer Merkur, →Rosa Merkur.

ZIP CODE, amerik. ZIP = Zone Improvement Plan (= verbessertes Zonenleitverfahren; manchmal wird statt Zone auch Zoning geschrieben). Mit diesem Schlagwort warb und wirbt die US-Post für die

Benutzung der fünfstelligen, dem Ortsnamen nachgestellten →Postleitzahlen, was zunächst auf dem →Leerfeld der Markenheftchen mit Mi 817 und 836 von 1962/63 zieml. wortreich geschah. Seit 1964 bis heute ist eine wesentl. einprägsamere Werbung für die Postleitzahlen üblich; sie findet sich allerdings je Schalterbogen nur einmal auf einem Eckrandstück und lautet USE ZIP CODE, neuerdings auch USE ZIP CODES. Ein lustiges Männlein in bisher bekanntgewor-

denen vier versch. Ausführungen bzw. Stellungen (je nach Markenformat) unterstützt den Aufruf, der jedoch das eigentl. angesprochene Publikum wegen des seltenen Vorkommens im Bogen kaum erreicht. Daneben gibt es gleiche Werbung

auch ohne zusätzl. Zeichnung. Für den Spezialsammler sind Bogenrandstücke mit diesem Zudruck interessant und werden höher bewertet (ab Mi 855). Genauso gesucht sind übrigens Marken (ab Mi 894) mit anhängendem Bogenrand und Text MAIL EARLY IN THE DAY (etwa = Gib die Post frühzeitig auf) sowie Randstücke mit Plattennummern, bes. wenn diese in zwei oder mehr Farben vorkommen.

Zirkenbach, Kurt, 1895–1972, in der DDR beheimatet gewesener bedeutender Philatelist mit überragenden Kenntnissen auf verschiedenen Spezialgebieten (zum Beispiel Poststempelkunde, Bahn- und Feldpost). Besonders verdient um den Aufbau philatelistischer Bibliotheken. Träger der →Kalckhoff-Medaille. Auch →Kurt-Zirkenbach-Medaille.

Zivilarbeiterpostkarte. Diese nicht alltägl. Ganzsache wurde 1916/18 im →Etappengebiet West für die bei dt. Militärstellen tätigen Einheimischen mit Wertstempeleindruck zu 10 Pf im Germaniamuster und Überdruck 10 Cent veraus-

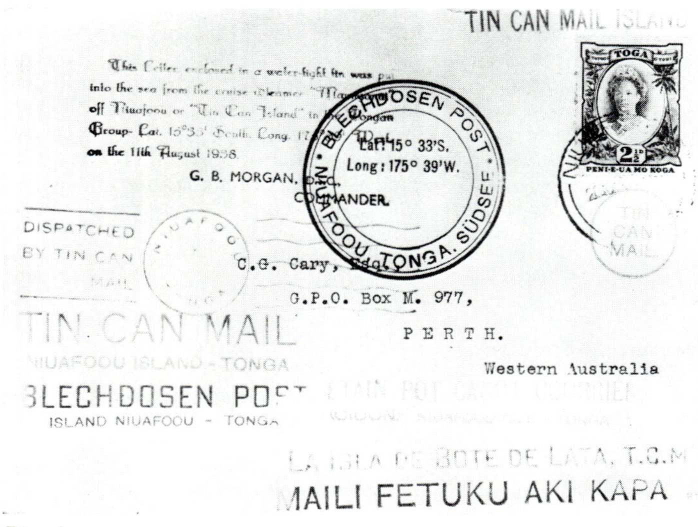

Zinndosenpost

gabt. Vordrucke und Linien auf der Rückseite sind rot; es gibt drei versch. Ausführungen der Karten für Mitteilungen der Zivilarbeiter an Angehörige. Für Nachrichten an Zivilarbeiter kam eine Karte mit blauen Vordrucken sowie zusätzl. dreizeil. Vordruck *Z. A. B. Nr. / Komp. Nr. / Deutsche Feldpost Nr.* zur Ausgabe.

ZKD, Abk. für →Zentraler Kurierdienst.

ZKD-Absenderstempel, seit 15. 6. 1960 anstelle der ZKD-Streifen von den Teilnehmern am Zentralen Kurierdienst (→Verwaltungspost A) zur Kennzeichnung der Sendungen verwendet. Es handelt sich um Kastenstempel mit Name und Sitz des Teilnehmers, darunter ZKD in violetter oder blauer Farbe (andere Farben unzulässig, aber vorkommend); teils wurden auch Maschinenstempel mit Werbeeinsatz daneben benutzt. Der Stempel war zunächst rechts oben, seit 1. 9. 1960 links oben anzubringen. Bei Auslieferung wurde vom Postamt der Ortsdatumstempel abgeschlagen.

ZKD-Marken, Bezeichnung für die Marken Mi 1–5 der →Verwaltungspost A.

ZKD-Stempel →ZKD-Absenderstempel.

ZKD-Streifen, Bez. für die querformatigen Wertzeichen der →Verwaltungspost A in der DDR (Mi 6–31).

Zollausschlußgebiete. Verkehrstechnische Gründe sind meist ausschlaggebend, wenn ein Gebietsteil eines Staates währungsmäßig und zollrechtlich zum Ausland gehörig betrachtet wird. Postalisch und philat. interessant sind in diesem Zusammenhang die beiden staatsrechtlich zu Österreich gehörenden Gebiete Jungholz/Tirol und Kleines Walsertal, die dem Währungs- und Wirtschaftsgebiet der BRD angeschlossen sind. Die österr. Postämter dieser Gebiete – im →Kleinen Walsertal liegen sie in den Orten Hirschegg, Mittelberg und Riezlern – berechnen ihre Dienstleistungen in DM; die Poststücke werden jedoch mit österr. Wertzeichen freigemacht. Für Sendungen in die BRD gelten Sondertarife; die Postwertzeichen werden in diesem Fall mit einem speziellen Stempel entwertet, der im unteren Teil das Wort »Sondertarif« aufweist. Die Orte in den genannten Gebieten führen zwei Postleitzahlen: eine allgemeingültige österr. und eine für Sendungen aus der BRD gültige deutsche. Auch →Jungholz. J. BLÖCHL

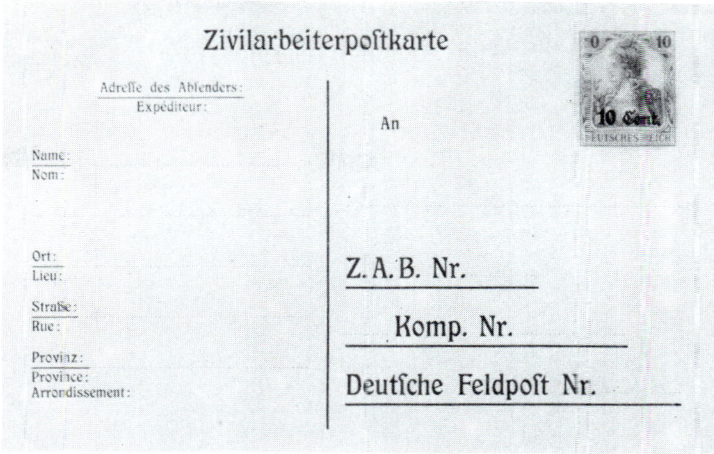

Zivilarbeiterpostkarte

Zollstempel, im allg. den Sammler höchstens in Verbindung mit Poststempeln interessierend, und wenn aus dem Zollstempel z. B. ein bes. Leitweg rekonstruiert werden kann, der sonst nicht ersichtl. wäre; auch →Tollur.

Zona Occupata Fiumane Kupa →Fiumerland-Kupa.

Zone, 1. Zone →Nordschleswig.

Zone Française/Briefpost, Landesangabe auf den ersten allgemeinen Marken für die →Französische Zone in Deutschland.

Zonenausgaben, auch Zonenmarken, allgemein übliche Bezeichnung bes. für die Marken, die 1945/48 im sowjetisch besetzten Teil Deutschlands von den einzelnen Oberpostdirektionen bzw. danach für die gesamte Ost- und Westzone als Einheitsausgabe bis zur Ausrufung der Bundesrepublik Deutschland (Mi 1107) bzw. der DDR (bis Mi 241) erschienen sind.
Man kann natürlich auch in anderen Ländern ebenfalls Marken finden, die unseren Zonenmarken gleichkommen (z. B. Österreich Mi 660–719 bzw. 721/37).

Zonenmarken →Zonenausgaben

ZPA, Abk. für Zentrales Postverkehrsamt. Seit Januar 1973 Ein-

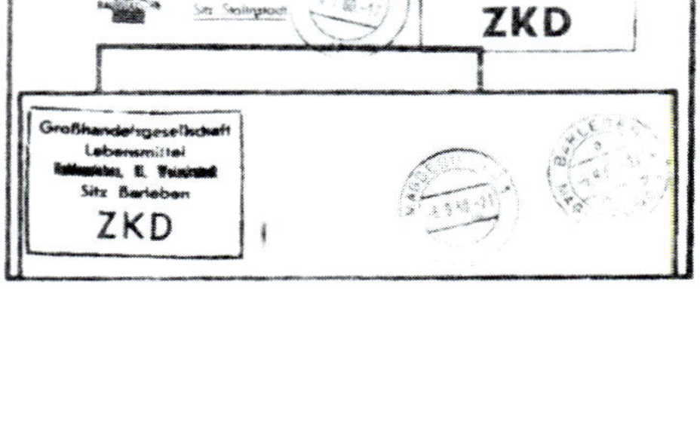

ZKD-Absenderstempel

druck in Einschreibezetteln wie vorher →ZAW.

ZPVW, Abk. für Zentraler Philatelistischer Vermittlungs-Warndienst (D-2000 Norderstedt), ein in der Bundesrepublik seit 1959 tätiges priv. Unternehmen, das sich bemüht, Sammler und Händler vor betrügerischen Elementen zu schützen.
Es werden sog. Warnmeldungen herausgegeben, teils auch in Zeitschriften veröffentlicht, in denen z. B. Namen und Anschriften solcher Personen mitgeteilt werden, denen gesetzeswidrige Handlungen nachgesagt werden müssen. In manchen Fällen kann jedoch nur vor häufig fingierten Anschriften gewarnt werden. Der ZPVW kann allerdings – wie auch die BDPh-Bundesstelle →Sammlerschutz – keine Prozesse einleiten oder durchführen, er sammelt aber entspr. Unterlagen und übermittelt sie den Staatsanwaltschaften oder polizeil. Ermittlungsstellen.

Zschiesche & Köder, Marken-, Münzen- und Antiquitätenhandlung in Leipzig, die 1863/67 die erste dt. Sammlerzeitschrift (»Magazin für Briefmarken-Sammler«) und gleichzeitig einen der frühesten dt. Markenkataloge herausbrachte. Inhaber war der an Briefmarken interessierte Alwin Zschiesche, 1843–1929.

Z.S.G.T. = Zala Somogyi Steam-

ship Company. Inschrift mit Anker auf →Privatpostmarken einer ungarischen Gesellschaft, die 1873 gegründet wurde und auf dem Plattensee zwischen Boglár und Fülöprév Post besorgte. Die rechtmäßige Verwendung ist umstritten.

ZU →Mit Zustellungsurkunde.

Zuadressierungstausch, auch Frankaturtausch genannt. Zwei Sammler, die sich zum →Tausch zusammengefunden haben, schikken sich gegenseitig die in ihrem jeweil. Heimatland erscheinenden neuen Marken auf Brief geklebt zu, je nach Vereinbarung auch als FDC. Eine gegenseitige Verrechnung des Nennwertes der Marken kann erfolgen, ist in diesem Fall jedoch nicht allg. üblich. Mit Sammlern in Ostblockländern ist der Zuadressierungstausch oft die einzige bzw. unkomplizierteste Tauschmöglichkeit, da verschiedentlich strenge Bestimmungen hinsichtl. des Austausches postfrischer Marken bestehen, der Zuadressierungstausch dagegen ohne Behinderung zugelassen ist.

Zubringerdienst →Zubringerpost.

Zubringermarken, nicht übliche, aber z. B. den Charakter der →Inselausgaben umreißende Bezeichnung, die für Sendungen verwendet wurde oder wird, die von einer priv. Beförderungseinrichtung zum nächsten Staatspostamt zu bringen oder von dort abzuholen sind; →Zubringerpost.

Zubringerpost. Unter diesem Begriff können alle amtl. und priv. Beförderungsarten verstanden werden, mit denen Sendungen zum nächsten Postamt, zu einem Schiffs- oder Fluganschluß usw. zur Weiterleitung gebracht werden. Die Möglichkeiten für Zubringerpost sind sehr groß und greifen in weite Gebiete der Philatelie hinein. Als Beispiel für amtl. Zubringerpost →Anschlußflug, →Nachbringeflug; für priv. Zubringerpost →Inselausgaben, →Hotelpostmarken. Amtl. Zubringerpost weist oft einen Leitvermerk oder Sonderstempel auf, privat beförderte kann mit priv. Wertzeichen oder Stempeln versehen sein.

Zubringerstempel, Leitvermerke in Stempelform oder Sonderstempel auf →Zubringerpost.

Zudruck, Bez. für →Ganzsachen, die nachträglich (meist von privater Seite) auf dem freien Teil noch mit irgendeinem Aufdruck versehen werden; →privater Zudruck.

Zugbrief →Bahnpost, →Eisenbahnbrief.

Zugstempel, weniger gebräuchl. Bez. für →Bahnpoststempel; →Kursstempel.

Zulassungsmarken. Zu best. Zeiten und aus versch. Gründen machte oder macht die Post die Beförderung der Sendungen von der Verwendung bes. Zulassungsmarken abhängig. Am bekanntesten geworden sind die Feldpost-Zulassungsmarken während des 2. Weltkrieges. Die meisten →Zwangszuschlagsmarken gehören gleichfalls hierher (z. B. »Notopfer Berlin«); auch →JEIA-Marke.

Zululand, teilautonomes Bantuland, ehem. brit. Schutzgebiet in Südostafrika am Ind. Ozean und vom Gebiet der ehem. brit. Kronkolonie Natal umgeben, für das 1888–1896 einige eigene Marken verausgabt worden sind, die bis 1894 durch Aufdruck ZULULAND auf versch. Marken Natals oder Großbritanniens hergestellt worden sind. Zululand wurde mit Natal 1910 ein Teil →Südafrikas.

Zumstein, Ernst, 1880–1918, Philatelist und 1905 Gründer der Firma dieses Namens in Bern mit weltweitem Ruf, gab 1907 die »Philatelistischen Börsennachrichten« heraus, die seit 1915 als »Berner Briefmarken-Zeitung« bis heute erscheinen. 1909 kam der erste Schweiz-Spezialkatalog als Handbuch heraus, 1910 folgte der erste →Zumstein-Katalog.

Zumstein-Katalog, seit 1910 von der Firma Zumstein & Cie, Bern, mit wenigen Unterbrechungen alljährl. herausgegebener Katalog mit Bearbeitung der Marken aller eur. Länder, der sich durch Zuverlässigkeit internat. Beliebtheit erfreut. 1909 erschien erstm. ein Zumstein-Schweiz-Handbuch, das später in Form des Schweiz-Spezialkataloges mit Neuauflage nach Bedarf bis heute fortgesetzt wurde. Ferner gibt es den zweisprachig (dt.-franz.) abgefaßten Schweiz-Liechtenstein-Katalog.

zungenförmig durchstochen, auch lappenförmig durchstochen oder scherzhaft »Elchschaufeln« genannt. Bei den Marken Finnlands

Mi 5–10 angewendete Form des →Durchstichs, wobei die Messer der Durchstichleiste so gestaltet waren, daß zungenförm. Einschnitte im Papier entstanden (die fünf versch. Arten sind im Michel-Katalog abgebildet). Beim Abtrennen der Marken vom Bogen wurden häufig einzelne Zungen abgerissen bzw. blieben zwischen den Zungen der Nachbarmarke hängen, weshalb Marken mit allseitig vollst. Zungen selten anzutreffen sind und den Wert der teils an sich schon teuren Marken beträchtl. erhöhen; für solche Stücke kann ein Aufschlag von 500% zur Katalognotierung verlangt werden. Marken mit zwei oder drei fehlenden Zungen gelten noch als →Durchschnittserhaltung.

Zürich 4 und 6, Begriff aus der Sammlersprache für die beiden er-

sten Marken der Schweiz, die von der →Kantonalpost Zürich am 1. 3. 1843 verausgabt wurden. Zürich kann damit für sich den Ruhm in Anspruch nehmen, das nach Großbritannien (6. 5. 1840) zweite Postgebiet gewesen zu sein, das aufklebbare Postwertzeichen verwendet hat (Brasilien folgte als drittes Land vier Monate später, Genf als viertes vier Monate nach Brasilien). Die Bez. »Zürich 4 und 6« rührt von den übergroßen Wertziffern her, die das Markenbild beherrschen; sie gehören wohl zu den graph. schönsten Marken, die je erschienen sind, leider aber auch zu den teuren Raritäten. Die Marke zu 4 Rappen war für den Ortsverkehr, die zu 6 Rappen für einen Brief innerh. des Kantons bestimmt. Spezialsammler (mit entspr. Vermögen) berücksichtigen zwei Unterarten; die roten Unterdrucklinien kommen senkrecht oder waagerecht stehend vor. Auch die Neudrucke – kenntl. am dünneren Papier und dem Fehlen der roten Untergrundlinien – sind sehr teuer.

Züricher Rosette, philat. Begriff für die von der Kantonalpost Zürich verwendeten →Rosettenstempel zur Markenentwertung.

Zürner, Adam Friedrich, 1679–1747, Landvermesser in Sachsen, der den »Atlas Augusteus der Chursächsischen Lande« schuf und auf den die Errichtung von →Postmeilensäulen zurückgeht.

Zusammendruck, zwei oder mehr Marken verschiedener Wertstufen (versch. oder gleicher Farbe) hängen waagerecht oder senkrecht unmittelbar zusammen; es kann sich zwischen ihnen aber auch ein →Zwischensteg oder →Leerfeld befinden. In diesem Fall gelten auch Marken gleicher Wertstufe und Farbe als Zusammendruck; dasselbe gilt für →Kehrdruck. Die gewissermaßen klass. Form des Zusammendrucks ist der →Bogenzusammendruck, der damals aus praktischen Erwägungen heraus entstand und seit einigen Jahren von vielen Postverwaltungen neu »entdeckt« wurde, um aus den Sammlern mehr Geld herauszulokken. Sonst gab und gibt es Zusammendrucke nur oder vorw. aus →Markenheftchen, →Heftchenbogen und – selten – →Markenrollen. In Markenheftchenbogen können sich auch die unmittelbaren oder durch Zwischensteg getrennten Kehrdrucke ergeben. Die richtige bzw. sinnvolle Aufteilung der Markenheftchenbogen erfordert oft gute Überlegung, da gewisse Zusammendrucke nur wenige Male herausgetrennt werden können und bei einem Fehler viel sammlerisch unverwertbarer »Abfall« entsteht. Es empfiehlt sich, die Zerlegung des Bogens an Hand einer Skizze vorher genau festzulegen; →Ergänzungsmarken, →Reklameanhängsel, →Legende. Wieder andere Zusammendruckarten sind von den Marken für die ehem. dt. Kolonien mit diagonalem Aufdruck des Landesnamens auf wertgleichen Marken als Probedrucke bekannt; es sind dies waagerechte Fünferstrei-

fen mit Aufdrucken Deutsch-Neuguinea, Deutsch-Südwestafrika, Marshall-Inseln, Kamerun und Togo (1897) bzw. Viererblocks in Schiffszeichnung mit Inschrift Deutsch-Südwestafrika, Samoa, Karolinen und Kamerun. Diese sehr seltenen Zusammendrucke sollten niemals in Paare o. ä. zertrennt werden.

Zusammendruckbogen →Bogenzusammendruck.

zusammengeklebte Marken. Sind ungebrauchte Marken durch lange Lagerung in klimatisch ungünst. Räumen (hohe Luftfeuchtigkeit evtl. zu beheben durch →Blaugel) zusammengeklebt, kann die Loslösung nach versch. Methoden versucht werden; ein Erfolg hängt jedoch von vorher nicht zu übersehenden Faktoren ab. So kann u. U. ein längeres Bad in →Benzin helfen, oder man versucht es mit dem heißen Bügeleisen, wobei zwischen

das Eisen und die Marken Seidenpapier gelegt wird. Beide Möglichkeiten haben den Vorteil, daß Gummi und evtl. Riffelung keine oder nur geringe Veränderung erfahren.
Diese Gefahr besteht bei der meist angewandten Loslösung in feuchter Atmosphäre, die in einem verschließbaren Behälter durch auf den Boden gelegtes nasses Papier erzeugt wird. Die loszulösenden Marken werden auf ein darüber befindliches Kunststoffsieb gelegt und bleiben – je nachdem – mehrere Stunden oder Tage im Behälter, den es fertig beim Markenhändler gibt oder der z.B. aus einem Einmachglas, Korkstopfen und zugeschnittenem Sieb leicht selbst gebastelt werden kann. Bei diesem Verfahren leidet naturgemäß die Struktur des Gummis, außerdem ist die Bildseite der unteren Marke mit einer dünnen Gummischicht überzogen. Sind viele Marken zu einer Art Pappe zusammengeklebt, ist das Wasserbad die einzige Rettung, was aber zur Reparatur durch →Nachgummierung verleitet.

Zusatzfrankatur, in bes. Fällen müssen Postsendungen außer der Freimachung nach Tarif noch mit anderen Wertzeichen versehen sein, da sonst der Wunsch nach einer best. Beförderungsart nicht gewährleistet ist. Die Zusatzfrankatur kann oder muß sogar u.U. in Marken eines fremden Landes erfolgen, z.B. →Antwortpostkarte (nur bis 1. 7. 1971 möglich); auch →Luftpost-Zusatzmarken, →Zwangszuschlagsmarken.

Zusatzmarken, allg. Bez. für Postwertzeichen (nicht Klebezettel), die zur Verrechnung einer zusätzlichen Gebühr für Sonderleistungen der Post der betr. Sendung noch hinzugeklebt werden müssen (z.B. Eil-, Verspätungsmarken).

Zusatzstempel, gelegentl. benutzte Bez. für →Nebenstempel, →Bestätigungsstempel u.ä.

Zuschlag. Auf einer Auktion erhält derjenige, der das höchste bzw. letzte →Gebot abgibt, den Zuschlag und wird dadurch zum Käufer einer Marke o.a.

Zuschlagsmarken, zur Freimachung beliebiger Sendungen zum angegebenen Frankaturwert verwendbare Marken, die mit einem Zuschlagsbetrag für versch. Zwecke belastet sind und von der Post zum Gesamtpreis abgegeben werden; der Zuschlagsbetrag wird an die vorgesehene Stelle abgeführt. Am bekanntesten sind die →Wohlfahrtsmarken, aber auch zugunsten philat. oder sportl. Veranstaltungen (z.B. Olympia-Marken) werden oft Zuschlagsmarken verausgabt, die jedoch alle erst seit 1. 1. 1922 im internat. Verkehr zugelassen sind; die früher erschienenen konnten nur im Inlandsverkehr benutzt werden. Nicht zu verwechseln mit →Zusatzmarken; auch →Zwangszuschlagsmarken, →Semi-Postal Stamps.

Zuschlagsportomarken
→Zwangszuschlags-Portomarken.

Zustellgebühr bezahlt, zweiteiliger Klebezettel mit gelber Inschrift auf weißem Papier und lfd. Nummer, der Anfang 1977 von der BP versuchsweise im Bereich des Postleitzahlraumes 8000 (Bayern) eingeführt wurde, um den Absendern von Paketen die Vorauszahlung der sonst vom Empfänger einzuziehenden Zustellgebühr zu ermöglichen. Bei einem deutlichen Erfolg dieses Verfahrens ist an die allgemeine Einführung gedacht.
Der größere Teil (links) des Klebezettels verbleibt zwecks Abrechnung beim Postamt, der kleine rechte Abschnitt wird auf die Paketkarte geklebt. Ein Verkauf der Zettel an Sammler ist nicht beabsichtigt.

Zustellpostamt, auch Bestimmungspostamt, allg. Bez. für dasjenige Postamt, das für die Zustellung einer Sendung am Wohnsitz des Empfängers zuständig ist. In Großstädten gibt es mehrere Zustellpostämter, die heute meist durch eine Ziffer nach dem Ortsnamen gekennzeichnet werden (z.B. Frankfurt/M. 50).

Zustellung. Wir sind daran gewöhnt, daß uns voll adressierte Postsendungen durch Briefträger oder Paketzusteller ins Haus gebracht werden. Das war jedoch früher keineswegs üblich, vielmehr mußte derjenige, der einen Brief usw. erwartete, bei seinem Postamt nachfragen oder die dort ausgehängte Liste der eingegangenen Sendungen einsehen (→postlagernd) und – teils erst nach Erledigung umständl. Formalitäten – persönlich in Empfang nehmen. Das hat z.B. in den USA zur Schaffung zahlr. Privatbotenanstalten (oft von Posthaltern auf eigenes Risiko betrieben) geführt, die verschiedentl. sog. →Carriermarken benutzten, die jedoch nicht mit →Privatpostanstalten zu verwechseln sind, da sich die Botenposten nur mit der Zustellung der beim staatl. Postamt eingehenden Sendungen an den Empfänger befaßten. Ähnl. Einrichtungen hat es verschiedentl. bis in unsere Zeit gegeben (z.B. Bestellpostanstalt Warschau, →Deutsche Post in Polen). Der Sammler kann aus vielen Ländern →Zustellungsmarken bzw. Zustellungs-Gebührenmarken zusammentragen.

Zustellungsgebühr, früher für viele Sendungsarten üblich und vom Absender voraus oder vom Empfänger nachträglich zu entrichten und dazu →Zustellungsmarken. Am bekanntesten ist heute die von der BP erhobene Paketzustellgebühr, für die jedoch nur eine vorgedruckte und handschriftl. ausgefüllte Quittung ohne Marken ausgehändigt wird. Auch →Bestellgeld, →Bestellgeld-frei.

Zustellungs-Gebührenmarken,
→Zustellungsmarken.

Zustellungsgebühren-Portomarken, bisher einmalig in ihrer Art in der Tschechoslowakei (Mi 360) und im dt. Besetzungsgebiet Böhmen-Mähren (MiP 15); verwendet für die bes. zu entrichtende Gebühr, wenn der Absender die Aushändigung der Sendung an den Empfänger persönl. verlangte (ohne Rückschein). Hatte der Absender die

Vorauszahlung der Zustellgebühr nicht durch Mi 359 bzw. MiP 14 nachgewiesen, aber durch Vermerk die Ablieferung zu eigenen Händen gewünscht, klebte die Post die blaue Marke hinzu und zog die Gebühr beim Empfänger ein; das soll häufig bei Liebesbriefen geschehen sein,

wenn ein Partner gerade nicht genug Geld hatte. Die Marke Tschechoslowakei (Mi 360) ist im Michel-Katalog falsch eingeordnet; sie gehört zu den Portomarken (unter Böhmen-Mähren richtig); →Zustellungsmarken, →Landpost-Portomarken, →Poststützpunktmarken.

Zustellungsmarken. Außer dem Porto nach Tarif war früher häufig, heute nur noch in seltenen Fällen, eine besondere Zustellungsgebühr zu entrichten, die durch das Hinzukleben spezieller Marken verrechnet wurde.
Von den zahlr. Marken dieser Art seien beispielhaft erwähnt: Bulgarien (Zwangszuschlagsmarken) und Portugal Telegraphenmarke für an Sonn- und Feiertagen zuzustellende Briefsendungen bzw. Te-

legramme; Tschechoslowakei Mi Zu 359 und Böhmen-Mähren Mi 52 für Aushändigung der Sendung an den Empfänger persönl. ohne →Rückschein, wenn der Absender die Zustellungsgebühr vorausbezahlt hatte (zu den blauen Dreieckmarken →Zustellungsgebühren-Portomarken); auch →Landpost-Portomarken, →Poststützpunktmarken, →Gerichts-Zustellungsmarken.

Zwangsbeisteuermarken →Zwangszuschlagsmarken.

Zwangszuschlagsmarken, in manchen Ländern übl. gewesen oder noch üblich, müssen vom Absender zusätzl. zum normalen Porto allen oder best. Sendungen (im allg. nur im Inlandsverkehr) hinzugeklebt werden, sonst erfolgt keine Beförderung, oder der Empfänger hat den Zuschlag zu zahlen (→ Zwangszuschlags-Portomarken).

Die bildl. Gestaltung ist vielfach nüchtern-sachlich (z.B. Ecuador, Tabaksteuerbanderolen mit Aufdruck, auch →»Notopfer Berlin«), aber auch recht ansprechend. Der Erlös fließt wohltät. Einrichtungen, der Errichtung von neuen Postgebäuden (z.B. Kolumbien) u.a., aber auch kriegerischen Zwekken zu (→Kriegssteuermarken). Die zwangsweise Verwendung dieser Marken erstreckt sich über eine oder zwei Wochen (z.B. Jugoslawien) oder ununterbrochen über Jahre (z.B. Spanien, Zwangszuschlagsmarken für Barcelona und Valencia, »Notopfer Berlin« von 1948 bis 1956).

Zwangszuschlags-Portomarken, verwendet für Sendungen ohne

vorschriftsmäßig zusätzlich zum normalen Porto hinzugeklebte →Zwangszuschlagsmarke, wird postseitig hinzugefügt und der Betrag vom Empfänger eingezogen

zweifacher Aufdruck. Restbestände einer Aushilfsausgabe, die

inzwischen aus versch. Gründen ungültig geworden ist, werden zwecks erneuter Verwendung mit einem zweiten Aufdruck versehen. Das geschieht aber auch gelegentlich, wenn der erste Aufdruck fehlerhaft ist oder an falscher Stelle steht; nicht zu verwechseln mit →doppeltem Aufdruck; →Doppeldruck.

zweifacher Überdruck, entspricht dem →zweifachen Aufdruck, nur ist einer Aushilfsausgabe ein zweiter, anderer Wertüberdruck hinzugefügt, um die Markenbestände wieder verwendbar zu machen; nicht zu verwechseln mit →doppelter Überdruck; →Doppeldruck.

Zweifachfrankatur →Doppelfrankatur.

Zweiglinie, amtl. Bez. für von →Reichspostdampfern im Ostasien-, Australien- und Ostafrikadienst im Anschluß an die →Hauptlinien befahrene Kurse und Inschrift in von diesen Schiffen benutzten Stempeln.

Zweikreisstempel, Bez. für einen →Kreisstempel mit kreisförm. Einfassung und einem von dieser in größerem Abstand angeordneten zweiten Kreis; zwischen beiden hat der Ortsname u.a. Platz. Weitere Inschriften im mittl. Teil müssen nicht unbedingt der Kreisform folgen.
Die Zweikreisstempel können je nach den versch. gestalteten Stempelelementen in mehrere Unterar-

ten eingeteilt werden, was jedoch nur den Stempel-Spezialsammler interessiert; nicht zu verwechseln

mit →Doppelkreisstempel; →Ringstempel. L: 3. 14.

Zweiringstempel, noch häufig gebrauchte Bez. für einen →Zweikreisstempel z. B. in Form eines →Nummernstempels. Stempelexperten sind jedoch der Meinung, daß als Ringstempel nur solche Stempel zu gelten haben, die aus zwei oder mehr dicht aneinanderliegenden konzentr. Kreisen gebil-

det sind; alle anderen gehören zum Begriff →Kreisstempel; →Doppelkreisstempel. L: 3. 14.

zweiseitig geschnitten →einseitig geschnitten, →Winkelzähnung.

zweiseitig gezähnt. Es gab und gibt viele Marken, die z. T. oder ausschl. nur auf zwei Seiten gezähnt sind, was im allg. herstellungsbedingt ist. Kommen solche zweiseitig gezähnten Marken gleichzeitig aber auch auf allen Seiten gezähnt vor, registrieren das die Kataloge mit Unternummern. Auch →Winkelzähnung, →Mischzähnung, →dreiseitig gezähnt.

zweisprachige Marken →mehrsprachige Marken.

zweisprachige Paare. In Ländern mit zwei Amtssprachen bzw. gleichberechtigten Schriften hat es nicht nur →mehrsprachige Marken einzeln in Schalterbogen gegeben, auch einige wenige Zusammendrucke sind bekannt. So z. B. Jugoslawien Mi 15/20 einmal mit Landesname in lateinischen und einmal in kyrillischen Buchstaben sowie Südafrika (Mi 21–210 und 220/23) und Südwestafrika (Mi 1–167 und 172–265). Solche Marken werden bevorzugt als zusammenhängende Paare (auch Dreierstreifen und Viererblocks sind möglich) gesammelt und sind dann mehr wert als zwei bzw. drei Einzelmarken.

zweisprachige Stempel, in Ländern mit zwei oder mehr Amtssprachen verschiedentl. üblich gewesen (z. B. Österreich, Tschechoslowakei, Böhmen und Mähren) mit Ortsnamen in der ersten Amtssprache und der der Minderheit. Heute noch für Orte in Teilen der Nieder- und Oberlausitz (DDR, Postleitzahlen

75, 76, 77, 82, 86, 89) mit sorbischer (wendischer) Bevölkerung gebräuchlich; z. B. Lübbenau = Lubujow, Bautzen = Budysin, Hoyerswerda = Wojerecy; dort hat es auch einige zweisprachige Sonderstempel gegeben. In diesem Gebiet soll es noch ca. 38000 sorb. sprechende Menschen geben. Es ist ferner eine ganze Anzahl zwei- bzw. →mehrsprachiger Marken bekannt, die eine ähnl. Ursache gehabt haben. Auch →mehrsprachige Stempel.

zweisprachige Stempel

zweisprachige Paare

zweiteilige Marken →Doppelmarken.

zweite Wahl, eine →Qualitätsbezeichnung für mit auffälligen Fehlern behaftete Marke, z. B. fehlende Zähne, Riß, Verfärbung, bes. kräftig gestempelt (→Killer) u. a. Nur bei alten und wertvollen Marken kann zweite Wahl bei entspr. geringem Preis u. U. akzeptiert werden; bei neueren Ausgaben ist dieser Erhaltungszustand grundsätzl. abzulehnen. Eine gepflegte Sammlung sollte keine Marke zweiter Wahl enthalten.

Zweitfalz. Eine ungebrauchte Marke weist über dem →Falzrest vom ersten Klebefalz einen zweiten Falzrest oder ganzen Klebefalz auf. Ein Zweitfalz bedeutet je nach Alter der vorliegenden Marke eine mehr oder weniger große Wertminderung; nach Möglichkeit sollte auf den Erwerb solcher Marken verzichtet werden. Zwar lassen sich auch zwei Falzreste durch vorsichtiges Betupfen mit Wasser nach und nach entfernen, die Gummierung erleidet dabei aber sichtbare Schäden. Bei gestempelten Marken lassen sich zwei Falzreste übereinander leicht im Wasserbad beseitigen. Doch ist hier Vorsicht geboten, denn wenn der Versuch, ein →Fenster oder einen Riß durch einen Klebefalz zu verdecken, unbefriedigend ausfällt, befestigen skrupellose Sammler einen zweiten Klebefalz auf dem Rest des ersten. Diese Täuschung kommt erst nach dem Wasserbad zu Hause zutage.

Zweizeiler, Bez. für einen →Zeilenstempel mit z. B. Datum in einer zweiten Zeile unter dem Ortsnamen und ohne Einfassung. Mit Einfassung gehören solche Stempel zur Gruppe der →Rechteck- oder Kastenstempel.

Zwergstempel, anderer Ausdruck für →Fingerhutstempel.

Zwillingsmarken, Bez. aus der Sammlersprache für zwei Marken, die (meist waagerecht) im Schalterbogen zusammengedruckt, aber durch Perforation auch in Einzelmarken getrennt werden können und zusammen ein einheitliches Bild ergeben, auch →Triptychon.

Zwischensteg. Zwischen zwei Marken oder seitlich bzw. oben oder unten einer Marke anhängend, befindet sich ein →Leerfeld (manchmal auch zwei oder mehr) ohne oder mit einem Zudruck in Markengröße oder nur in Form eines schmalen unbedruckten Streifens. Zwischenstege in Markengröße sind vorw. in →Heftchenbogen zu finden. Im Schalterbogen kommen sie bei Aufteilung der Druckform in zwei oder mehr Gruppen in oft nur

Zweizeiler

halber Markengröße oder noch kleiner vor. Gerade bei älteren Marken – auch einzelnen – sollten anhängende Zwischenstege niemals entfernt werden; es gibt dafür Spezialsammler, die in Kauf oder Tausch oft viel für solche Stücke geben; →Brücke, →Ergänzungsmarken, →Legende.

Zwischentype, philat. Bez. für die 5-Mark-Marke der dt. Reichspost der Ausgabe von 1900 (Mi 66), bei der das Markenbild aus dem Rahmen der Type I (dicke Wertziffern in den Eckschildern, die Spitze der 5 links oben abgestumpft) und dem Mittelstück der Type II (Kopf des Ministers Bötticher vollständig sichtbar, →Bötticher mit Ohr) besteht.
Auch die Mi 81 (Rahmen der Nr. 81, Mittelstück der Nr. 66 II) und die Nr. 82 (Rahmen der Nr. 82, Mittelstück der Nr. 79, langgestreifte Strahlen) existieren als Zwischentypen. →Typen.

Zwyczajna, auch Zwykla, polnisch = Normalsendung; Inschrift auf Dienstmarken Polens MiD 17–19. Auch →Polecona.

Zwykla, auch Zwyczajna, polnisch = Normalsendung; Inschrift auf Dienstmarken Polens MiD 20, 22 24, 25, 26, 28. Auch →Polecona.

Zylindernummer, denselben Zweck erfüllend wie die →Plattennummer, wenn zur Markenherstellung zwei oder mehr Druckzylinder verwendet werden; ist an irgendeiner oder einer best. Stelle auf dem Bogenrand zu finden. Das Sammeln von Zylindernummern ist bes. bei neueren Großbritannien-Marken beliebt geworden.

Zypern. Diese nahe der Küste Kleinasiens gelegene Insel wird, da sie eine ehem. brit. Kronkolonie war und der →CEPT sowie anderen westl. Organisationen angehört, im

Zwischensteg

Europa-Katalog geführt. Die Markenausgaben bis 1960 wurden und werden bei uns selten gesammelt, obwohl teils recht anschauliche Bildermarken verausgabt wurden. Die

bis 1928 erschienenen Marken sind allerdings vom Bild her langweilig. Um so interessanter sind die vor der Besetzung der Insel durch Großbritannien (1878) bis zur ersten Markenausgabe (1881, Aufdruck CYPRUS auf versch. brit. Ausgaben) dort verwendeten brit. Marken ohne Kennzeichnung. Sie sind kenntlich an der Entwertung mit hochovalen Nummernstempeln, die den Postämtern zugeteilt waren (→Used abroad). Zypern wurde 1960 eine selbst. Republik und verausgabte seitdem ansprechende Marken mit häufig auf die kulturgeschichtl. reiche Vergangenheit der Insel Bezug nehmenden Darstellungen. Unerfreulich sind die in viel zu geringer Auflage gedruckten Blocks, die bereits am Ausgabetag zu überhöhten Preisen gehandelt wurden. Trotzdem kann Zypern, das in der Beliebtheitsstatistik (→Anhang III) an noch vorteilhafter Mittelstellung steht, als Sammelgebiet empfohlen werden.

1974 besetzte die Türkei den vorwiegend von Türken bewohnten nordöstlichen Teil der Insel. Es bestehen seitdem postal. und polit. zwei Zypern, was in zwei Markenausgaben zum Ausdruck kommt. Die dreisprachige Landesangabe (griech., engl., türk.) ist auf den Marken für den griech.-sprach. Teil unverändert geblieben, auf denen für den türk.-sprach. Teil lautet sie *KIBRIS TÜRK YÖNETIMI*. Da anfänglich keine postamtlichen Wertzeichen vorhanden waren und die der Türkei – wohl aus außenpolit. Gründen – nicht verwendet werden sollten, gelangten ab Ende Juli 1974 für Frankaturzwecke seit Oktober 1973 erhältlich gewesene Propagandavignetten in sieben Wertstufen offiziell zur Ausgabe, von denen der niedrigste und der

höchste Wert infolge geringer Auflage und Spekulationskäufen recht hoch notiert werden. Mit der Ausgabe bes. Marken wurde erst im Frühjahr 1975 begonnen. →Ruralpost. L: DBZ, Nr. 17–20/1968.

Anhang I

Die Nummernstempel der altdeutschen Staaten

An Hand der Nummernstempel kann der Verwendungsort einer Marke festgestellt werden, da jeder Postanstalt eine bestimmte Nummer zugeteilt war. Die Zuteilung erfolgte in alphabetischer Reihenfolge, die jedoch durch das spätere Hinzukommen oder die Schließung von Postorten teilweise unterbrochen wurde und z.B. in Bayern zu einer zweiten Verteilung der ersten Stempeltype führte.
In einigen Fällen gibt der Nummernstempel auf einer →losen Marke keinen Aufschluß über den Verwendungsort. Zur Identifizierung muß dann ein →Ganzbrief vorliegen, der den →Ortsstempel aufweist.

Großherzogtum Baden

Die Farbe der badischen Nummernstempel ist vorwiegend schwarz, kann aber je nach Verwendungsort auch blau oder rot sein, was meist mit einem höheren Wert verbunden ist.

1 Aach
2 Achern
3 Adelsheim
4 Aglasterhausen
5 Allensbach
6 Altbreisach
7 Appenweier
8 Baden
9 Berolzheim
10 Beuggen (bis 1856), dann Rheinfelden
11 Biberach
12 Bischofsheim/Rh.
13 Bischofsheim/Tauber
14 Blumberg
15 Blumenfeld
16 Bonndorf
17 Boxberg
18 Bretten
19 Bruchsal
20 Buchen
21 Bühl
22 Burg
23 Burkheim
24 Carlsruhe
25 Constanz
26 Dinglingen
27 Donaueschingen
28 Durlach
29 Durmersheim
30 Dürrheim
31 Eberbach
32 Efringen
33 Eichtersheim
34 Eigeltingen
35 Elzach
36 Emmendingen
37 Endingen
38 Engen
39 Eppingen
40 Ernstthal
41 Ettenheim
42 Ettlingen
43 Freiburg
44 Freudenberg
45 Furtwangen
46 Gaggenau
47 Geisingen
48 Gengenbach
49 Gerlachsheim
50 Gernsbach
51 Graben (bis 1859), dann Neckarelz
52 Griesbach
53 Haltingen
54 Hardheim
55 Haslach
56 Hausach
57 Heidelberg
58 Heiligenberg
59 Heitersheim
60 Hilzingen
61 Höllsteig
62 Hornberg
63 Hüfingen
64 Hundsheim (bis 1859), dann Hemsbach
65 Ichenheim
66 Jestetten
67 Kandern
68 Kehl
69 Kenzingen
70 Kippenheim
71 Kleinlaufenburg
72 Kork
73 Krautheim
74 Krotzingen
75 Königsschaffhausen
76 Königshofen
77 Külsheim (bis 1859), dann Meckesheim
78 Ladenburg
79 Lahr
80 Langenbrücken
81 Langendenzlingen
82 Lenzkirch
83 Löffingen
84 Lörrach
85 Ludwigshafen
86 Malsch
87 Mannheim
88 Markdorf
89 Meersburg
90 Merchingen
91 Möhringen
92 Mößkirch
93 Mosbach
94 Mühlburg
95 Müllheim
96 Muggensturm
97 Munzingen
98 Neckarbischofsheim
99 Neckargemünd
100 Neustadt
101 Oberkirch
102 Oberlauchringen
103 Oberschefflenz
104 Offenburg
105 Oppenau
106 Orschweier
107 Osterburken
108 Petersthal
109 Pforzheim
110 Pfullendorf
111 Philippsburg
112 Radolfzell
113 Randegg (bis 1863), dann Gailingen
114 Rappenau
115 Rastatt
116 Renchen
117 Riedern (bis 1863), dann Gottmadingen
118 Riegel
119 Rippoldsau
120 Rothenfels
121 Säckingen
122 Salem
123 St. Blasien

124 St. Georgen
125 Schallstadt
126 Schapbach
127 Schiltach
128 Schliengen
129 Schönau
130 Schopfheim
131 Schwetzingen
132 Singen
133 Sinsheim
134 Stadel (bis 1853), dann Brennet
135 Staufen
136 Steinen
137 Steißlingen
138 Stetten am kalten Markt
139 Stockach
140 Stollhofen (bis 1854), dann Lichtenau
141 Stühlingen
142 Sulzburg
143 Todtnau
144 Thiengen
145 Tryberg
146 Ueberlingen
147 Uihlingen (bis 1859), dann Albbruck
148 Villingen
149 Vöhrenbach
150 Waghäusel
151 Waibstadt
152 Waldkirch
153 Waldshut
154 Walldürn
155 Weingarten
156 Weinheim
157 Wertheim
158 Wiesenbach
159 Wiesloch
160 Wilferdingen
161 Wolfach
162 Zell a. Harmersbach
163 Zell i. Wiesenthal
164 Eisenbahn-Bureaux (Wanderstempel)
165 Rittersbach
166 Gondelsheim
167 Heidelsheim
168 Dertingen
169 Werbach
170 Basel Bad. Bahnhof
171 Badenweiler
172 Weiterdingen
173 Steinbach
174 Mannheim Bahnhof
175 Baden Bahnhof
176 Bronnbach
177 Karlsruhe Stadt-Postamt

Königreich Bayern

Bei der ersten (1. 8. 1850–20. 11. 1856) und der zweiten Verteilung (1. 12. 1856–9. 3. 1869) gelangten →geschlossene Mühlradstempel in zwei Typen zur Ausgabe. Die eine Type hat normal 16 (selten zwischen 13 und 19) auf dem Innenkreis aufsitzende lange Schaufeln, die andere mit etwas größerem Innenkreis kürzere und nicht aufsitzende Schaufeln.
Schon bei der ersten Verteilung konnte die alphabetische Reihenfolge nach Ortsnamen nicht exakt eingehalten werden.
Auf losen Marken (Mi 1–5, 7) können Zweifel entstehen, welchem Postort der vorliegende Nummernstempel zuzuordnen ist; in diesem Fall muß zur genauen Identifizierung ein →Ganzbrief mit neben der Marke abgeschlagenem Ortsstempel vorliegen.
Für geschlossene Mühlradstempel auf Marken Mi 6 und 8–21 darf immer angenommen werden, daß sie aus der zweiten Verteilung stammen (neue Forschungen können u. U. zu anderen Schlüssen führen).
Die →offenen Mühlradstempel gelangten zu nicht genau festzulegender Zeit zum Einsatz, wenn bei einer Postanstalt der geschlossene Mühlradstempel unbrauchbar geworden war, ferner wurden alle von 1857 an neu eröffneten Postanstalten mit dieser Stempelform ausgerüstet (ab Nr. 607).
Die Stempelfarbe ist schwarz; blaue oder rote Stempel sind vereinzelt bekannt und bedingen einen Aufschlag zum normalen Wert des Stempels.
Mit dem 10. 3. 1869 wurden die Nummernstempel zurückgezogen und die Marken nun mit dem Ortsdatumstempel entwertet.

Geschlossener Mühlradstempel

Ein »*« vor der Stempelnummer besagt, daß diese auch als offener Mühlradstempel vorkommt und in der Aufstellung nach Nr. 606 nochmals erscheint.

	1. Verteilung	2. Verteilung
1	Abensberg	Abbach
*2	Aibling	Abensberg
3	Aichach	Affing
4	Allersberg	Aibling
*5	Alsenz	Aichach
6	Altdorf b. Nürnberg	Aidenbach
7	Altötting	Aitrang
*8	Amberg	Albersweiler
9	Amorbach	Allersberg
10	Ampfing	Alsenz
11	Annweiler	Altdorf b. Nürnberg
12	Ansbach	Altötting

	1. Verteilung	2. Verteilung
13	Arnstein	Altusried
14	Aschaffenburg	Alzenau
*15	Au b. Landshut	Amberg
16	Au b. München	Amorbach
*17	Aub	Ampfing
*18	Augsburg	Annweiler
*19	Baiersdorf	Ansbach
20	Bamberg	Arnstein
21	Baunach	Aschach
*22	Diessen	Aschaffenburg
*23	Bayreuth	Au b. Landshut
24	Beilngries	Au b. Freising
*25	Benediktbeuren	Au b. München
26	Berching	Aub
27	Berchtesgaden	Auerbach
*28	Bergzabern	Augsburg
29	Berneck	Babenhausen
30	Bischofsheim	Bärnau
31	Blieskastel	Baiersdorf
*32	Bobingen	Bamberg
33	Böhl	Baumgarten
34	Breitengüßbach	Baunach
35	Bruchmühlbach	Baierbrunn
*36	Brückenau	Diessen
*37	Buchloe	Bayreuth
38	Burgau	Bechhofen
*39	Burghausen	Beilngries
40	Burgheim	Benediktbeuren
*41	Burgkundstadt	Berching
*42	Burglengenfeld	Berchtesgaden
43	Burgwindheim	Bergrheinfeld
		Hesselohe
44	Cham	Bergtheim
*45	Kusel	Bergzabern
46	Dachau	Berneck
*47	Dahn	Biessenhofen
*48	Daßwang	Bischofsheim
49	Deggendorf	Bissingen
*50	Deidesheim	Blieskastel
51	Deining	Bobingen
52	Dettelbach	Bodenmais
*53	Dettingen	Böhl
*54	Dietfurt	Bogen
	b. Treuchtlingen	
	Treuchtlingen	
55	Dillingen	Bonnland
56	Dingolfing	Breitenberg
*57	Dinkelsbühl	Breitengüßbach
*58	Donauwörth	Bruchmühlbach
59	Dürkheim	Bruck b. Nittenau
60	Ebensfeld	Brückenau
*61	Ebermannstadt	Buchloe

	1. Verteilung	2. Verteilung
62	Ebern	Burgau
63	Ebersberg	Burgebrach
64	Edenkoben	Burghaslach
65	Eggenfelden	Burghausen
66	Eggmühl	Burgheim
*67	Eglofsheim	Burgjoß
	Köfering	
*68	Eichendorf	Burgkundstadt
*69	Eichstätt	Burglengenfeld
70	Ellingen	Burgsinn
*71	Eltersdorf	Burgwindheim
*72	Eltmann	Cham
73	Emskirchen	Kusel
74	Erbendorf	Dachau
*75	Erding	Dahn
76	Ergoldsbach	Daßwang
	Neufahrn	
77	Erkheim	Deggendorf
*78	Erlangen	Deidesheim
79	Ermershausen	Deining
80	Eschenau	Dettelbach
81	Esselbach	Dettingen
*82	Euerhausen	Deuerling
		Etzenricht
83	Farrnbach	Dietfurt
84	Feucht	Dietmannsried
85	Feuchtwangen	Dietramszell
*86	Fischbach	Dillingen
87	Fladungen	Dingolfing
*88	Forchheim	Dinkelsbühl
89	Frankenthal	Dinkelscherben
90	Freilassing	Donaustauf
*91	Freising	Donauwörth
92	Freystadt	Dorfen
*93	Fremdingen	Dürkheim
94	Freyung v. Wald	Ebelsbach
95	Friedberg	Ebenhausen
96	Frontenhausen	Ebensfeld
*97	Fürstenfeldbruck	Ebermannstadt
*98	Fürth i. B.	Ebern
99	Füssen	Ebersberg
100	Furth i. Wald	Ebrach
101	Gallertsham	Edenkoben
102	Gangkofen	Eggenfelden
103	Garching	Eggmühl
*104	Gefrees	Eibelstadt
		Rettenbach
105	Geisenfeld	Eichendorf
*106	Gemünden	Eichstätt
107	Georgensgmünd	Ellingen
108	Germersheim	Eltersdorf
109	Gersfeld	Eltmann

	1. Verteilung	2. Verteilung
110	Gleusen	Emskirchen
111	Göllheim	Erbendorf
112	Gräfenberg	Erding
113	Grafenau	Erkheim
*114	Grünstadt	Erlangen
115	Grünwald	Ermershausen
116	Günzburg a.d. Donau	Eschenau
117	Gundelfingen	Eschenbach
118	Gunzenhausen	Eslarn
119	Haag	Esselbach
120	Hain	Essenbach
	Laufach	Ergoldsbach
*121	Hammelburg	Euerdorf
*122	Harburg	Euerhausen
123	Hartmannshof	Falkenberg
*124	Haßfurt	Falkenstein
125	Haßloch	Farrnbach
*126	Heilsbronn	Feucht
*127	Hersbruck	Feuchtwangen
128	Hessenthal	Fichtelberg
129	Hilders	Fischbach
130	Hirschaid	Fladungen
*131	Hirschau	Floß
*132	Hochstadt a. Main	Forchheim
*133	Höchstadt/Aisch	Frabertsham
*134	Höchstädt/Donau	Frankenthal
135	Hof	Freilassing
136	Hofheim	Freinsheim
*137	Hohenlinden	Freising
138	Hollfeld	Freystadt
139	Holzkirchen	Fremdingen
140	Homburg	Freyung v. Wald
*141	Hornbach	Friedberg b. Augsburg
142	Illertissen	Frontenhausen
143	Immenstadt	Fuchsmühl
*144	St. Ingbert	Fürstenfeldbruck
*145	Ingolstadt	Fürth
*146	Inning	Füssen
147	Inzell	Furth i. Wald
*148	Kaiserslautern	Gangkofen
149	Karlstadt	Garching
150	Karpfheim	Gefrees
151	Kastl	Geiselhöring
152	Kaufbeuren	Geisenfeld
153	Kelheim	Gemünden
*154	Kemnath	Georgensgemünd
*155	Kempten	Germersheim
156	Kipfenberg	Gerolzhofen
*157	Kirchenlamitz	Gersfeld
158	Kirchheimbolanden	Gessertshausen
159	Kissingen	Giebelstadt

	1. Verteilung	2. Verteilung
160	Kitzingen	Gleussen
161	Königsdorf	Göggingen
162	Königshofen	Göllheim
163	Kötzting	Gößweinstein
*164	Colmberg	Gräfenberg
165	Creussen	Grafenau
166	Kreuth	Grassau
167	Kronach	Greding
*168	Krumbach	Griesbach
169	Kürn	Grönenbach
*170	Kulmbach	Grünstadt
171	Lambrecht-Grevenshausen	Grünwald
172	Landau a. Inn	Günzbach
*173	Landau (Pfalz)	Günzburg
*174	Landsberg	Gundelfingen
*175	Landshut	Gunzenhausen
*176	Landstuhl	Haag
177	Langenfeld	Hahnbach
*178	Kandel	Hammelburg
179	Langenzenn	Harbatzhofen
180	Lauf	Harburg
181	Laufen	Hartmannshof
*182	Lauingen	Haspelmoor
183	Lauterecken	Haßfurt
*184	Lechfeld	Haßloch
185	Leupoldstein	Haunersdorf
186	Leutershausen	Hauzenberg
*187	Lichtenfels	Heideck
188	Lindau	Heidenheim
189	Lohr	Heidingsfeld
190	Ludwigshafen	Heigenbrücken
191	Ludwigstadt	Heiligenstadt
192	Mainbernheim	Heilsbronn (Kloster)
193	Mainleus	Helmbrechts
194	Maisach	Hemau
195	Malching	Hengersberg
*196	Marktbreit	Hergatz
*197	Marktbergel	Heroldsberg
198	Markt-Erlbach	Herrieden
*199	Marktheidenfeld	Hersbruck
200	Marktl	Herzogenaurach
201	Marktschorgast	Hessenthal
*202	Marktsteft	Hilders
*203	Meitingen	Hilpoltstein
204	Mellrichstadt	Hindelang
205	Memmingen	Hirschaid
206	Mengkofen	Hirschau
207	Mering	Hochspeyer
208	Miesbach	Hochstadt a. Main
209	Miltenberg	Höchstadt a.d. Aisch
210	Mindelheim	Höchstädt a.d. Donau

1. Verteilung		2. Verteilung
*211	Mittenwald	Hof
*212	Mitterteich	Hofheim
213	Monheim	Hohenburg
*214	Moosburg	Hohenkammer
215	Mühldorf	Hohenlinden
216	Münchberg	Hollfeld
217	München	Holzkirchen
*218	Münnerstadt	Homburg
219	Murnau	Hornbach
*220	Mutterstadt	Ichenhausen
221	Nabburg	Jettingen
222	Naila	Illertissen
223	Nannhofen	Illerzell
		Senden
224	Nellenbruck	Immenstadt
*225	Nesselwang	St. Ingbert
*226	Neuburg a.d. Donau	Ingenheim
*227	Neuenmarkt	Ingolstadt
228	Neuhaus	Inning
229	Neukirchen-Balbini	Inzell
230	Neumarkt a.d. Rott	Ipsheim
231	Neumarkt Opf.	Cadolsburg
*232	Neunburg v. Wald	Kaiserslautern
233	Neuses am Berg	Kaisheim
234	Neustadt a.d. Aisch	Karlstadt
235	Neustadt a.d. Donau	Karpfheim
*236	Neustadt a.d. Haardt	Kastl
*237	Neustadt a.d. Saale	Kaufbeuren
238	Neustadt a.d. Waldnaab	Kelheim
239	Neu-Ulm	Kemnath
*240	Nittenau	Kempten
*241	Nördlingen	Kimratshofen
242	Nordalben	Kinding
*243	Nürnberg	Kipfenberg
244	Oberdorf	Kirchdorf (Wald)
245	Obergünzburg	Kirchenlamitz
246	Obernburg	Kirchheim (Schwarzw.)
*247	Obernzell	Kirchheimbolanden
*248	Oberviechtach	Kissingen
*249	Ochsenfurt	Kitzingen
250	Oettingen	Kleinheubach
*251	Oggersheim	Klingenberg
252	Opferbaum Bergrheinfeld	Köfering
*253	Osterhofen	Königsdorf
254	Otterberg	Königshofen
255	Ottobeuren	Kötzting
256	Pappenheim	Colmberg
257	Parsdorf	Kraiburg
258	Partenkirchen	Creussen
*259	Pasing	Kreuth
260	Passau	Kreuzwertheim
*261	Pegnitz	Kronach
262	Peiß	Krumbach
*263	Pfaffenhofen/Ilm	Kürn
*264	Pfarrkirchen	Kulmbach
265	Pfatter	Lambrecht-Grevenhausen
266	Pfeffenhausen	Landau/Isar
*267	Pilsting	Landau/Pfalz
*268	Pirmasens	Landsberg
*269	Plattling	Landshut
*270	Pleinfeld	Landstuhl
271	Pleß	Langenfeld
*272	Pörnbach	Langenkandel
273	Pöttmes	Langenzenn
274	Poppenhausen	Langquaid
275	Possenheim	Lauf
276	Pressath	Laufach
277	Rain	Laufen
278	Rattelsdorf	Lauingen
*279	Marktredwitz	Laumersheim
*280	Regen	Lauterecken
281	Regensburg	
282	Regenstauf	Leipheim
283	Rehau	Lenggries
*284	Reichenhall	Leupoldstein
285	Reichertshofen	Leutershausen
286	Reisbach	Lichtenau
287	Remlingen	Lichtenberg
*288	Riedenburg	Lichtenfels
*289	Rockenhausen	Lindau
290	Roding	Lohr
*291	Röhrnbach	Ludwigshafen
292	Röthenbach/Allgäu	Ludwigstadt
293	Rötz	Luhe
294	Rosenheim	Mainbernheim
295	Roßbrunn	Mainburg
296	Roßhaupten	Mainleus
297	Roth	Maisach
298	Rothenburg o.d.T.	Malching
299	Rothenkirchen	Mallersdorf
300	Rüdenhausen	Markt Bibart
*301	Saal Ndb.	Marktbreit
302	(Hohen-)Schambach	Markt Bergel
303	Scheßlitz	Markt Erlbach
304	Schifferstadt	Marktheidenfeld
305	Schillingsfürst	Marktl
306	Schönberg	Marktleuthen
307	Schönenberg	Marktschorgast
308	Schönficht	Marktsteft
309	Schongau	Meitingen
310	Schrobenhausen	Mellrichstadt

	1. Verteilung	2. Verteilung
*311	Schabach	Memmingen
312	Schwabhausen	Menghofen
313	Schwabmünchen	Mering
*314	Schwandorf	Miesbach
315	Schwarzenbach a.d. Saale	Miltenberg
316	Schwarzenfeld	Mindelheim
*317	Schweinfurt	Mittelbexbach
*318	Selb	Mittenwald
319	Seybothenreuth	Mitterfels
*320	Simbach a. Inn	Mitterteich
321	Simbach b. Landau	Monheim
322	Sommerhausen	Moosburg
*323	Sonthofen	Mühldorf
*324	Spalt	Münchberg
*325	Speyer	München
*326	Stadtlauringen	Münchweiler
327	Staffelstein	Münnerstadt
328	Stallwang	Murnau
329	Starnberg	Mutterstadt
330	Stein	Nabburg
331	Steingaden	Naila
*332	Steinhöring	Nannhofen
333	Steinwiesen	Nellenbruck
334	Stierhof	Nersingen
335	Straßkirchen	Nesselwang
*336	Straubing	Neuburg a.d.D.
337	Streitberg	Neuenmarkt
338	Sulzbach	Neufahrn
339	Sulzheim	Neuhaus
340	Tann	Neukirchen-Balbini
341	Taufkirchen	Neunkirchen a. Brand
342	Tegernsee	Neumarkt a.d. Rott
343	Teisendorf	Neumarkt Opf.
344	Thiersheim	Neunburg v. Wald
345	Thumbach (Kirchen)	Neuötting
346	Thurnau	Neuses am Berg
347	Tirschenreuth	Neustadt a.d. Aisch
*348	Tittling	Neustadt a.d. Donau
*349	Tittmoning	Neustadt a.d. Haardt
*350	Tölz	Neustadt a.d. Saale
*351	Traunstein	Neustadt a.d. Waldnaab
*352	Triesdorf	Neu-Ulm
353	Türkheim	Nittenau
*354	Uhlfeld	Nördlingen
355	Uffenheim	Nordhalben
*356	Unterbruck	Nürnberg
*357	Unterneuses	Oberammergau
*358	Untersteinach	Oberau
359	Velden a.d. Vils	Marktoberdorf
360	Viechtach	Obergünzburg

	1. Verteilung	2. Verteilung
*361	Vilsbiburg	Obermoschel
362	Vilshofen	Obernburg
363	Vohburg	Obernzell
364	Vohenstrauß	Obernzenn
365	Volkach	Oberschneiding
366	Waging	Oberstaufen
*367	Waidhaus	Oberstdorf
368	Waischenfeld	Oberviechtach
369	Waldfischbach	Oberzeitelbach
370	Waldmünchen	Ochsenfurt
371	Waldsassen	Oettingen
*372	Wallerstein	Offingen
373	Wasserburg	Oggersheim
*374	Wassertrüdingen	Orb
375	Wegscheid	Ortenburg
*376	Weiden	Osterhofen
377	Weilheim	Otterberg
378	Weingarten	Ottobeuren
379	Weisham	Pappenheim
380	Weißenburg	Parsberg
381	Weißenhorn	Parsdorf
382	Weißenstadt	Partenkirchen
383	Wemding	Partenstein
*384	Wernberg	Pasing
*385	Werneck	Passau
386	Wertingen	Pegnitz
*387	Weyhers	Peiß
388	Wilhermsdorf	Peiting
*389	Windsheim	Pfaffenhofen a.d. Ilm
390	Winnweiler	Pfaffenhofen am Parsberg
391	Wirtheim Stadtprozelten Röthenbach-Bhf.	Pfarrkirchen
*392	Wörth a.d. Isar	Pfatter
393	Wolfertschwenden	Pfeffenhausen
394	Wolfratshausen	Pfreimdt
395	Wolfstein	Pfronten
396	Würzburg	Pilsting
*397	Wüstensachsen	Pirmasens
398	Wunsiedel	Planegg
399	Zorneding	Plattling
*400	Zusmarshausen	Pleinfeld
*401	Zweibrücken	Pleß
402	Zwiesel	Pliening Schliersee
403	Gerolzhofen	Plößberg
404	Helmbrechts	Pocking
405	Herzogenaurach	Pörnbach
406	für Bahnpost	Pöttmes
407	Hilpoltstein	Poppenhausen

	1. Verteilung	2. Verteilung
408	Aschach	Possenheim
		Possenhofen
409	Auerbach	Pottenstein
410	Babenhausen	Pressath
411	Bogen	Presseck
412	Burgebrach	Prien
413	Burghaslach	Rain
414	Burgsinn	Randersacker
		Ronsberg
415	Dietmannsried	Rattelsdorf
416	Eschenbach	Marktredwitz
*417	Euerdorf	Regen
*418	Geiselhöring	Regensburg
419	Göggingen	Regenstauf
420	Greding	Rehau
*421	Heidenheim	Reichenhall
422	Heidingsfeld	Reichertshofen
423	Hemau	Reisbach
*424	Hengersberg	Remlingen
425	Herrieden	Retzbach
426	Hochspeyer	Rheinzabern
427	Ichenhausen	Riedenburg
428	Cadolzburg	Rieneck
429	Kleinheubach	Rockenhausen
430	Klingenberg	Rocksdorf
*431	Kreuzwertheim	Roding
432	Mainburg	Röhrnbach
433	Mallersdorf	Röthenbach-Bahnhof/ Allgäu
434	Markt Bibart	Röthenbach/Allgäu
435	Oberammergau	Röttingen
436	Oberau	Rötz
*437	Orb	Rosenheim
438	Ortenburg	Roßbrunn
439	Pfreimdt	Roßhaupten
*440	Pliening	Roth
*441	Pottenstein	Rothenburg o.d.T.
442	Prien	Rothenfels
443	Rheinzabern	Rothenkirchen
444	Rineck	Rott a. Inn
445	Rottenbuch	Rottenbuch
446	Rottenburg a.d. Laaber	Rottenburg a.d. Laaber
447	Rotthalmünster	Rottendorf
*448	Siegenburg	Rotthalmünster
449	Stadtsteinbach	Rüdenhausen
450	Thannhausen	Ruhmannsfelden
451	Trostberg	Saal Ndb.
452	Velburg	Sauerlach
453	Weidenberg	Schambach
454	Weiler	Schamhaupten
455	Weismain	Schauenstein

	1. Verteilung	2. Verteilung
456	Windsbach	Scheßlitz
*457	Wörth a.d.D.	Schifferstadt
458	Wörth a. Main	Schillingsfürst
459	Zeil	Schirnding
460	Seßlach	Schlachters
*461	Pfaffenhofen am Parsberg	Schmalnau
462	Luhe	Schmidtmühlen
463	Abbach	Schnaittach
464	Affing	Schnaittenbach
465	Au b. Freising	Schöllkrippen
466	Burgjoß	Schönberg
467	Deuerling	Olsbrücken
		Schönenberg
468	Floß	Schönficht
*469	Ingenheim	Schönsee
470	Langquaid	Schongau
*471	Laumersheim	Schonungen
472	Mittelbexbach	Schrobenhausen
*473	Münchweiler	Schwabach
474	Röttingen	Schwabhausen
*475	Rothenbuch	Schwabmünchen
	Heigenbrücken	
476	Sauerlach	Schwandorf
477	Thalmässing	Schwarzenbach a. d. Saale
478	Wolnzach	Schwarzenfeld
*479	Kimratshofen	Schweinfurt
480	Albersweiler	Selb
481	Bissingen	Selbitz
482	Donaustauf	Seligenstadt
483	Kirchdorf i. Wald	Sembach
484	Mitterfels	Seßlach
485	Oberschneiding	Seybottenreuth
486	Parsberg	Siegenburg
487	Patersdorf	Siegsdorf
488	Retzbach	Simbach a. Inn
489	Rothenfels	Simbach b. Landau
490	Thann b. Eggenfelden	Sommerhausen
491	Aitrang	Sonthofen
492	Altusried	Spalt
*493	Bärnau	Speyer
494	Biessenhofen	Stadtamhof
495	Bruck b. Nittenau	Stadtlauringen
496	Griesbach	Stadtprozelten
497	Günzach	Stadtsteinach
498	Hohenburg	Staffelstein
499	Neunkirchen am Brand	Stallwang
500	Oberstaufen	Stammbach
*501	Schönsee	Starnberg

1. Verteilung	2. Verteilung
502 Sembach	Stein a.d. Traun
*503 Stadtamhof	Steingaden
504 Wildpoldsried	Steinhöring
505 Kraiburg	Steinwiesen
506 Plößberg	Stierhof
507 Gößweinstein	Straßkirchen
*508 Falkenstein	Straubing
509 Fuchsmühl	Streitberg
510 Marktleuthen	Sulzbach
511 Neuötting	Sulzheim
*512 Schnaittenbach	Tann
513 Schamhaupten	Taufkirchen
514 Ebelsbach	Tegernsee
515 Essenbach	Teisendorf
516 Schonungen	Thalmässing
517 Ebrach (Kloster)	Thann b. Eggenfelden
518 Falkenberg	Thannhausen
519 Hahnbach	Thiersheim
520 Schnaittach	Kirchenthumbach
521 Triftern	Thurnau
522 Aidenbach	Tirschenreuth
523 Baumgarten	Titting
524 Dietfurt/Opf	Tittmoning
525 Pocking	Tölz
*526 Obernzenn	Traunstein
527 Pfronten-Ried	Treuchtlingen
528 Wiesentheid	Triesdorf
529 Breitenberg	Triftern
*530 Dinkelscherben	Trostberg
*531 Fichtelberg	Türkheim
532 Gessertshausen	Uehlfeld
533 Grassau	Uffenheim
534 Hauzenberg	Unsleben
535 Heiligenstadt	Haimhausen
	Unterbruck
536 Leipheim	Unterneuses
537 Lichtenau	Untersteinach
538 Nersingen	Unterwössen
539 Offingen	Veitshöchheim
540 Schöllkrippen	Velburg
541 Siegsdorf	Velden b. Hersbruck
542 Waldkirchen	Velden a. Vils
*543 Weisendorf	Viechtach
544 Westheim	Vilsbiburg
545 Bechhofen	Vilshofen
546 Dietramszell	Vohburg
547 Dorfen	Vohenstrauß
548 Eslarn	Volkach
*549 Grönenbach	Wachenheim
*550 Harbatshofen	Waging
*551 Hergatz	Waidhaus
*552 Hindelang	Waischenfeld
553 Hohenkammer	Waldfischbach
554 Oberstdorf	Waldkirchen
555 Schirnding	Waldmohr
556 Schlachters	Waldmünchen
557 Schmidtmühlen	Waldsassen
558 Stammbach	Wallerstein
559 Unterwössen	Wallhalben
*560 Velden b. Hersbrück	Wasserburg a. Inn
561 Winklarn	Wassertrüdingen
562 Oberzeitlbach	Wegscheid
*563 Lichtenberg	Weiden
564 Schauenstein	Weidenberg
565 Selbitz	Weigoldshausen
566 Heideck	Weiler
*567 Kaishaim	Weilheim
568 Lenggries	Weingarten
569 Presseck	Weisham
*570 Rocksdorf	Weißenburg
571 Jettingen	Weisendorf
572 Bergtheim	Weißenhorn
573 Rottendorf	Weißenstadt
574 Seligenstadt	Weismain
575 Unsleben	Weitnau
576 Wachenheim	Wemding
577 Weigoldshausen	Wernberg
578 Veitshöchheim	Werneck
579 Ziemetshausen	Wertingen
580 Partenstein	Westheim
*581 Kinding	Weyhers
582 Alzenau	Wiesentheid
583 Haunersdorf	Wildpoldsried
584 Baierbrunn	Wilhermsdorf
585 Ebenhausen	Herxheim
	Winden
586 Haspelmoor	Windsbach
587 Heroldsberg	Windsheim
588 Obermoschel	Winklarn
589 Planegg	Winnweiler
590 Rott a. Inn	Wittelshofen
591 Wittelshofen	Wörth a.d. Isar
592 Wallhalben	Wörth a.d. Donau
593 Peiting	Wörth a. Main
594 Randersacker	Grönbach-Bahnhof
	Wolfertschwenden
595 Waldmohr	Wolfratshausen
596 Weitnau	Wolfstein
597 Illerzell	Wolnzach
*598 Bonnland	Würzburg
*599 Kirchheim/Schwarzwald	Wüstensachsen

1. Verteilung	2. Verteilung
600 Winden	Wunsiedel
601 Bodenmais	Zeil
*602 Freinsheim	Ziemetshausen
603 Ipsheim	Zorneding
604	Zusmarshausen
*605	Zweibrücken
606	Zwiesel

Offener Mühlradstempel

2 Abensberg
5 Aichach
8 Albersweiler
15 Amberg
17 Ampfing
18 Annweiler
19 Ansbach
22 Aschaffenburg
23 Au b. Landshut
25 Au b. München
28 Augsburg
32 Bamberg
36 Diessen
37 Bayreuth
39 Beilngries
41 Berching
42 Berchtesgaden
45 Bergzabern
47 Biessenhofen
48 Bischofsheim
50 Blieskastel
53 Böhl
57 Breitengüßbach
58 Bruchmühlbach
61 Buchloe
65 Burghausen
67 Oberreitnau
68 Burgkundstadt
69 Burglengenfeld
71 Burgwindheim
72 Cham
75 Dahn
78 Deidesheim
82 Iphofen
86 Dillingen
88 Dinkelsbühl
91 Donauwörth
93 Dürkheim
97 Ebermannstadt
98 Ebern
104 Rettenbach
106 Eichstätt
114 Erlangen
121 Euerdorf
122 Euerhausen
124 Falkenstein
126 Feucht
127 Feuchtwangen
131 Floß
132 Forchheim
133 Frabertsham
134 Frankenthal
137 Freising
141 Friedberg
144 Fürstenfeldbruck
145 Fürth
146 Füssen
148 Gangkofen
154 Georgensgemünd
155 Germersheim
157 Oy
164 Gräfenberg
168 Griesbach
170 Grünstadt
173 Günzburg
174 Gundelfingen
175 Gunzenhausen
176 Haag
178 Hammelburg
182 Haspelmoor
184 Haßloch
187 Heideck
196 Hergatz
197 Heroldsberg
199 Hersbruck
202 Haunstetten
203 Hilpoltstein
211 Hof
212 Hofheim
214 Dachau-Bahnhof
218 Homberg
220 Ichenhausen
225 St. Ingbert
226 Ingenheim
227 Ingolstadt
232 Kaiserslautern
236 Kastl
237 Kaufbeuren
240 Kempten
241 Kimratshofen
243 Kipfenberg
247 Kirchheimbolanden
248 Kissingen
249 Kitzingen
251 Klingenberg
253 Königsdorf
259 Kreuth
261 Kronach
263 Kürn
264 Kulmbach
267 Landau
268 Landsberg
269 Landshut
270 Landstuhl
272 Langenkandel
274 Langquaid
279 Laumersheim
280 Lauterecken
284 Schaidt
288 Lichtenfels
289 Lindau
291 Ludwigshafen
301 Marktbreit
311 Memmingen
314 Miesbach
317 Mittelbexbach
318 Mittenwald
320 Mitterteich
323 Mühldorf
324 Münchberg
325 München
326 Münchweiler
332 Nannhofen
336 Neuburg/Donau
348 Neustadt a.d. Donau
349 Neustadt a.d. Haardt
350 Neustadt/Saale

351 Neustadt a.d. Waldnaab
352 Neu-Ulm
354 Nördlingen
356 Nürnberg
357 Oberammergau
358 Oberau
361 Obermoschel
367 Oberstdorf
372 Offingen
374 Königstein
376 Osterhofen
384 Pasing
387 Pleinting
389 Pfaffenhofen a.d. Ilm
392 Untergriesbach
397 Pirmasens
400 Pleinfeld
401 Pleß
417 Regen
418 Regensburg
421 Reichenhall
424 Remlingen
431 Roding
437 Rosenheim
440 Roth
441 Rothenburg o.d. Tauber
448 Rotthalmünster
457 Schifferstadt
461 Haidhausen
469 Schönsee
471 Schonungen
473 Schwabach
475 Schabmünchen
479 Schweinfurt
493 Speyer
501 Starnberg
503 Steingaden
508 Straubing
512 Brugg
526 Traunstein
530 Trostberg
531 Türkheim
543 Viechtach
549 Wachenheim
550 Waging
551 Waidhaus
552 Waischenfeld
560 Wasserburg a. Inn
563 Weiden
567 Weilheim
570 Weißenburg
581 Contwig
598 Würzburg
599 Goldramstein
602 Reuth b. Erbendorf
605 Zweibrücken

Ab 607 nur offene Mühlradstempel

607 Castell
608 Burgbernheim
609 Vilseck
610 Altenstadt
611 Seeshaupt
612 Westerham
613 Fellheim
614 Metten
615 Neubeuern
616 Perlesreuth
617 Scheinfeld
618 Unterröslau
619 Welchenberg
620 Kaltenbach
621 Brannenburg
622 Kiefersfelden
623 Oberaudorf
624 Antdorf
625 Landsham
626 Mittersendling
627 Schwabing
628 Bruckmühl
629 Muggendorf
630 Schwaben
631 Beuerberg
632 Ismaning Nymphenburg
633 Triesdorf (Bahnhof)
634 Aurach
635 Ismaning Nymphenburg
636 Kleinostheim
637 Saal a.d. Saale
638 Stadtschwarzach
639 Doos-Fürther Kreuzung
640 Mirskofen
641 Kohlberg
642 Markt Indersdorf
643 Isen
644 Kreuzstraße-Hub
645 Neukirchen b. Hl. Blut Nordendorf
646 Schleißheim
647 Bergen
648 Bernau
649 Endorf
650 Übersee
651 Denklingen
652 Waal
653 Wiesmühl (Alz.)
654 Fischen
655 Rennertshofen
656 Ensdorf
657 Niederaschau
658 Pommersfelden
659 Pfaffenhausen
660 Arnschwang
661 Brand (Opf.)
662 Fischach
663 Freihung
664 Grafenkirchen
665 Grafenwöhr
666 Grafing
667 Großweismannsdorf
668 Haidhof
669 Hohenfels
670 Jetzendorf
671 Illschwang
672 Kallmünz
673 Mähring
674 Moorenweis
675 Neuhaus Waldersdorf
676 Neukirchen
677 Oberferrieden
678 Obernsees
679 Ostermünchen
680 Platz
681 Rügland
682 Schindellohe
683 Sünching
684 Tännesberg
685 Tiefenbach
686 Titting
687 Waldeck
688 Walderbach
689 Waldthurn
690 Wilting
691 Zeitlofs
692 Euschertsfurth
693 Binswangen
694 Buchenberg
695 Eitensheim
696 Eschlkam
697 Mainstockheim
698 Markt Einersheim
699 Rott b. Landsberg
700 Schierling

701 Schnabelwaid
702 Untersteinbach
703 Wertach
704 Bodenwöhr
705 Schwarzenbach a. Wald
706 Straßbessenbach
707 Gundelsdorf
708 Küps
709 Passau-Ilzstadt
710 Altleiningen Wattenheim
711 Altmannstein
712 Appersdorf Eschau
713 Erharting
714 Höhenstadt
715 Kühbach
716 Lechhausen
717 Lingenfeld
718 Maroldsweisach
719 Moosbach
720 Motten
721 Mußbach
722 Pleystein
723 Rimpar
724 Rülzheim
725 Schellenberg
726 Trauchgau
727 Unterrodach
728 Weidenthal
729 Winden
730 Zandt
731 Berolzheim
732 Geisenhausen
733 Kößlarn
734 Altdorf b. Landshut
735 Arnbruck
736 Dachsbach
737 Dreisen
738 Egglham
739 Ensheim
740 Ering
741 Etterzhausen
742 Ganacker Wallersdorf
743 Mangolding
744 Prichsenstadt
745 Schweinau
746 Simmershofen
747 Solnhofen
748 Zeilitzheim
749 Steben
750 Abenberg
751 Arnstorf
752 Ascha
753 Bellheim
754 Birnbach
755 Flachslanden Gersthofen
756 Kleinhangheim
757 Lehrberg
758 Lohhof
759 Reckendorf
760 Rheingönheim
761 Schopfloch
762 Thyrnau
763 Feldkirchen
764 Heufeld
765 Thalham
766 Ulmet
767 Höchstädt b. Thiersheim Unterwindbach
768 Langenisarhofen
769 Untermerzbach
770 Deisenhofen
771 Lam
772 Schöllnach
773 Greifenberg
774 Tutting
775 Amerdingen
776 Fridolfing
777 Gmund
778 Lindenberg
779 Odelzhausen
780 Pretzfeld
781 Scheidegg
782 Schwarzhofen
783 Seeon
784 Teuschnitz
785 Zapfendorf
786 Erling
787 Kaulsdorf Thaleischweiler
788 Kolbermoor
789 Althegnenberg
790 Buchbach
791 Kellmünz
792 Lautrach
793 Mitwitz
794 Mögelsdorf
795 Sulzdorf
796 Tapfheim
797 Osterberg
798 Langenbach
799 Mundenheim
800 Stockheim
801 Unterpeissenberg
802 Plech
803 Möttingen
804 Albisheim
805 Eisenberg
806 Ottensoos
807 Dirlewang
808 Frankenstein
809 Großostheim
810 Lambsheim
811 Altdrosselfeld
812 Arzberg
813 Ermetzhofen
814 Glonn
815 Herrenbergtheim
816 Oberdachstetten
817 Ruhpolding
818 Steinach a.d. Ens
819 Sugenheim
820 Winterhausen
821 Großhöhenrain
822 Maximiliansau
823 Ponholz
824 Sulzfeld
825 Kirchenlaihbach
826 Kleinwallstadt
827 Parkstein-Hütten
828 Roggenburg
829 Sommerach
830 Windischeschenbach
831 Aufseß
832 Barthelmesaurach
833 Betzenstein
834 Bad Brückenau
835 Burgpreppach
836 Dettelbach (Bahnhof)
837 Feldafing
838 Anzing
839 Fürstenzell
840 Gleisweiler
841 Hagenbüchach
842 Langenzenn (Bahnhof)
843 Nennslingen
844 Offenbach a.d. Queich
845 Ruderartshofen
846 Tutzing
847 Bernried
848 Hettenbach
849 Neuburg a. Rhein
850 Neulauterburg
851 Odernheim

852 Penzberg
853 Pfersee
854 Staltach
855 Wittislingen
856 Oberkotzau
857 Selb (Bahnhof)
858 Wilzhofen
859 Berg b. Hof
860 Mühlhausen (Ofr.)
861 Schlüsselfeld
862 Steppach
863 Buttenwiesen
864 Dollnstein
865 Kochel
866 Nasenfels
867 Rothenbuch
868 Sonnen
869 Wessobrunn
870 Hammerau
871 Krugzell
872 Wengen i. Allgäu
873 Egloffstein
874 Adelsdorf
875 Kirchheim (Ufr.)
876 Bütthart
877 Gaukönigshofen
878 Neuendettelsau
879 Hohenberg
880 Essingen
881 Gaugrehweiler
882 Wilgartswiesen
883 Röthenbach b. Lauf
884 Garmisch
885 Geroldsgrün
886 Warmensteinach
887 Breitenbrunn
888 Neuhaus
889 Pfatter
890 Thüngen
891 Niederkirchen
892 Ruhstorf
893 Pielenhofen
894 Dittenheim
895 Bobenheim a. Rhein
896 Odenbach
897 Reichelsdorf
898 Altenmuhr
899 Giesing
900 Ramstein
901 Röhrmoos
902 Petershausen
903 Hohenwart
904 Wolnzach (Bahnhof)
905 Tussenhausen
906 Heilbrunn
907 Hüttenbach
908 Kirchsittenbach
909 Bischofsgrün
910 Staffelbach
911 Wendelstein
912 Rodalben
913 Lachen
914 Denkendorf
915 Altenglan
916 Großkarlbach
917 Kirchheim a. Eck
918 Frammersbach
919 Hördt
920 Dirmstein
921 Katzweiler
922 Nehofen (Pfalz)
B. P. Bahnpost

Die Stempel 903, 921, 922 gelangten nicht zur Verwendung.

Herzogtum Braunschweig

Die Stempelfarbe ist schwarz oder blau (nur von Braunlage in Rot bekannt).

1 Badenhausen
2 Bahrdorf
3 Bevern
4 Blankenburg
5 Bodenburg
6 Boerssum
7 Braunlage
8 Braunschweig, Hofpostamt
9 Braunschweig, Bahnhof (kleine 9 bis 1863, dann große 9 bis 1867)
10 Calvörde
11 Delligsen
12 Eschershausen
13 Fürstenberg
14 Gandersheim
15 Gittelde
16 Greene (bis 1865), dann Naensen
17 Groß Winnigstedt
18 Halle a.d. Weser
19 Harzburg
20 Hasselfelde
21 Helmstedt
22 Hessen
23 Hohegeiß
24 Holzminden
25 Jerxheim
26 Immendorf (bis 1860), dann Hehlen
27 Klein-Rhüden (bis 1864), dann Bornum b. Seesen
28 Königslutter
29 Kreiensen
30 Langelsheim
31 Lehre
32 Lutter a. Berge
33 Oker
34 Ottenstein
35 Rübeland
36 Salder
37 Schoeningen
38 Schoeppenstedt
39 Seesen
40 Stadtoldendorf
41 Tanne
42 Thedinghausen
43 Vechelde
44 Velpke
45 Vorsfelde
46 Walkenried
47 Wolfenbüttel
48 Zorge
49 Mainzholzen (bis 1865) dann Vorwohle
50 Braunschweig

Der Stempel Nr. 50 wurde nur aushilfsweise verwendet und ist eine der größten Stempelseltenheiten (nur 4 Stück bekannt).

Königreich Preußen

Die Verteilung der preußischen Nummernstempel (Vierringstempel) erfolgte Ende 1850 bis einschl. Nr. 1725 in alphabetischer Reihenfolge der Ortsnamen in der seinerzeitigen Schreibweise. Vorkommende Abweichungen sind darauf zurückzuführen, daß die betreffenden Postanstalten bis zur Einführung der Stempel bereits wieder geschlossen waren oder später geschlossen und die frei gewordenen Nummern anderen Orten zugeteilt wurden. Die Nr. 1726–1987 erhielten nach der ersten Verteilung eröffnete oder wieder eröffnete Postanstalten; z. B. Aplerbeck erst Nr. 41, geschlossen April 1852 (Stempel an Dahl), Oktober 1852 wiedereröffnet mit Nr. 1780.
Verschiedene Stempel kommen in zwei oder mehr Typen vor. Die Stempelfarbe war schwarz, von einigen Orten sind auch rote, selten blaue oder blauviolette Stempelabdrucke bekannt; diese sind erheblich wertvoller als die schwarzen.

1 Aachen
2 Abbenrode, ab 1851 Hohenkrug
3 Adelnau
4 Adenau
5 Ahaus
6 Ahlen
7 Ahrweiler
8 Ahsen, 1854 Czychen, ab 1855 Lupow
9 Aken
10 Aldekerk
11 Aldenhofen
12 Alexisbad
13 Alf
14 Allenburg
15 Allendorf (Westfalen)
16 Allenstein
17 Allstedt (Allstädt)
18 Alpen, ab 1855 Meisdorf
19 Alsdorf
20 Alsleben
21 Altdamm
22 Altdöbern
23 Altefähre (Altefähr)
24 Altena
25 Altenahr
26 Altenberge
27 Altenhundem
28 Altenkirchen bei Koblenz
29 Altenkirchen auf Rügen
30 Altwasser, später Waldenburg
31 Anclam
32 Andernach
33 Angerburg
34 Angermünde
35 Anholt
36 Ankerholz, später Klein-Ankerholz
37 Annaburg
38 Anrad (Anrath)
39 Anröchte
40 Apenburg
41 Aplerbeck (ab 1852 Nr. 1780), ab 1852 Dahl
42 Appelhülsen
43 Arendsee
44 Arneburg
45 Arnsberg
46 Arnsfelde
47 Arnswalde
48 Arolsen
49 Artern
50 Arweiden, ab 1857 Wittenberg i. Ostpreußen
51 Arys
52 Asbach
53 Ascheberg
54 Aschersleben
55 Assinghausen
56 Attendorn
57 Atzendorf, ab 1857 Förderstedt
58 Aulowöhnen
59 Auras
60 Aweyden, ab 1856 Peitschendorf
61 Bacharach
62 Bahn
63 Baldenburg
64 Balesfeld
65 Ballenstedt
66 Balve
67 Balz, ab 1857 Vietz
68 Barby
69 Barcyn (später Bartschin)
70 Barmen
71 Barten
72 Bartenstein
73 Barth
74 Baruth
75 Bärwalde in Pommern
76 Bärwalde bei Frankfurt/Oder
77 Basdorf
78 Baudis, Groß
79 Bauerwitz
80 Baumholder
81 Beckum
82 Bedburg
83 Beek (später Beeck)
84 Beelen
85 Beelitz
86 Beeskow
87 Belecke
88 Belgard
89 Belgern
90 Belzig
91 Bendorf
92 Bengheim (Benkheim)
93 Benninghausen (nicht eröffnet), deshalb an Cordeshagen (später Kordeshagen)
94 Benneckenstein
95 Bennshausen (später Benshausen)
96 Benrath (jetzt Düsseldorf-Benrath)
97 Bensberg
98 Bentschen
99 Berent
100 Bergen auf Rügen
101 Bergheim
102 Berleburg
103 Berlin
104 Berlin, Post-Sped.-Amt Nr. I
105 Berlin, Post-Sped.-Amt. Nr. II
106 Berlin, Post-Sped.- Amt Nr. III
107 Berlin, Post-Sped.-Amt Nr. IV
108 Berlinchen
109 Bernau
110 Bernburg
111 Berncastel
112 Bernstadt
113 Bernstein
114 Bertrich
115 Berun, Neu-

116 Betsche
117 Beuel
118 Beuthen a.d. Oder
119 Beuthen (Oberschlesien)
120 Bevergern
121 Beverungen
122 Beyenburg
123 Bialla
124 Bibra
125 Bielefeld
126 Biesenthal
127 Bigge
128 Billerbeck
129 Billstein
130 Bingerbrück
131 Birkenfeld
132 Birnbaum
133 Bischofsburg
134 Bischofsstein
135 Bischofswerder
136 Bislich
137 Bismark
138 Bitburg
139 Bitterfeld
140 Blankenheim
141 Blankenstein
142 Bleicherode
143 Blesen
144 Bobersberg
145 Bocholt
146 Bochum
147 Bockum (Krefeld), ab 1855 Kupferdreh (jetzt Essen-Kupferdreh)
148 Boedefeld
149 Bodungen, Groß-
150 Bohrau
151 Bojanowo
152 Boitzenburg
153 Bolkenhain
154 Bomst
155 Bonn
156 Boppard
157 Borbeck (später Berge-Borbeck, jetzt Essen-Borbeck)
158 Borek
159 Borgentreich
160 Borgholz
161 Borgholzhausen
162 Borghorst
163 Bork
164 Borken
165 Born (bei Bad Pyrmont), ab 1853 Stößen
166 Born (Darß)
167 Bornheim, ab 1856 Roisdorf
168 Bottrop
169 Bourscheid (später Burscheid)
170 Boyadel
171 Bracht, ab 1855 Dahlbruch
172 Brackel
173 Bralin
174 Brandenburg
175 Brandenburg (Ostpreußen)
176 Brätz
177 Braunfels
178 Braunsberg
179 Breckerfeld
180 Bredelar
181 Brehna
182 Bremen
183 Breslau
184 Breslau, Post-Sped.-Amt Nr. V
185 Breyell
186 Brieg
187 Briesen (Frankfurt/Oder)
188 Briesen (Westpreußen)
189 Brilon
190 Brodenbach
191 Bromberg
192 Brück bei Köln, ab 1851 Podejuch
193 Brück (Brandenburg)
194 Brüggen
195 Brühl
196 Brüssow
197 Bubainen (später Groß-Bubainen)
198 Bublitz
199 Buchenbeuern (später Büchenbeuren)
200 Buchholz
201 Buckow
202 Büderich, ab 1855 Berga
203 Budwethen, ab 1851 Budow
204 Budzyn
205 Buer (jetzt Gelsenkirchen-Buer)
206 Buir (ab 1855 Nr. 998), ab 1851 Döhlau
207 Buk
208 Buldern
209 Bünde
210 Bunzlau
211 Burbach
212 Büren
213 Burg bei Magdeburg
214 Burg (Wupper)
215 Burgsteinfurt
216 Burgwaldniel (jetzt Waldniel)
217 Burtscheid (jetzt Aachen-Burtscheid)
218 Burxdorf
219 Bütgenbach
220 Bütow
221 Calau
222 Calbe an der Milde
223 Calbe an der Saale
224 Calcar
225 Call (später Kall)
226 Callies (später Kallies)
227 Camen (später Kamen)
228 Camenz
229 Cammin (Westpreußen)
230 Cammin (Pommern)
231 Camp
232 Canth (später Kanth)
233 Capellen
234 Cappeln (später Westercappeln)
235 Carden
236 Carlowitz (ab 1855 Nr. 1807), ab 1851 Glowitz
237 Carlshöhe
238 Carlsruh (später Karlsruhe)
239 Carolath
240 Carolinenhorst (später Karolinenhorst)
241 Carthaus (später Karthaus)
242 Castellaun
243 Castrop (jetzt Castrop-Rauxel)
244 Caymen, ab 1853 Wulfshöfen
245 Charlottenbrunn
246 Charlottenburg (heute Berlin-Charlottenburg)
247 Chodziesen
248 Christburg
249 Chrzelitz (später Schelitz)
250 Kirchhundem (anstelle von Clarholz)
251 Cleve
252 Coblenz
253 Cochem
254 Coesfeld
255 Colberg (später Kolberg)
256 Colbitz
257 Cölleda (jetzt Kölleda)
258 Cöln (jetzt Köln)
259 Commeren
260 Cönnern (jetzt Könnern)

261 Constadt (später Konstadt)
262 Corbach (später Korbach)
263 Cörlin
264 Cornelymünster
265 Cosel
266 Cöslin (später Köslin)
267 Coswig
268 Cöthen (jetzt Köthen)
269 Cöthen Bahnhof
270 Cottbus
271 Cranenburg
272 Cranz
273 Crefeld (später Krefeld)
274 Cremerbruch
275 Cremmen (jetzt Kremmen)
276 Creuzburg (Ostpreußen)
277 Creutzburg
278 Creutzburgerhütte
279 Creutztahl (spät. Kreuztal)
280 Creuznach (jetzt Bad Kreuznach)
281 Crone, Deutsch-
282 Crone, Polnisch-
283 Cronenberg (jetzt Wuppertal-Cronenberg)
284 Croppenstedt (später Kroppenstedt)
285 Crossen
286 Crössin
287 Cudowa
288 Culm
289 Culmsee
290 Cumehnen
291 Cüstrin
292 Czapielken, Groß-, ab 1852 Mariensee
293 Czarnikau
294 Czempin
295 Czerniejewo
296 Czerk
297 Daaden
298 Daber
299 Dabringhausen
300 Dahlen (jetzt M.-Gladbach-Rheindahlen)
301 Dahlwitz (jetzt Dahlwitz-Hoppegarten)
302 Dahme
303 Damgarten
304 Danzig
305 Dardesheim
306 Darfeld
307 Darkehmen
308 Datteln
309 Daun
310 Dellbrück
311 Delitzsch
312 Demmin
313 Derenburg
314 Derschlag
315 Dessau
316 Deutz (jetzt Köln-Deutz)
317 Deutz, Post-Sped.-Amt Nr. VIII
318 Dhünn, ab 1855 Habenichts
319 Dielingen
320 Dierdorf
321 Diestedde, ab 1854 Grabowen
322 Dingden, 1852/53 Colonnowska, ab 1854 Konarczyn
323 Dingelstaedt (jetzt Dingelstädt)
324 Dinslaken
325 Dirschau
326 Dobrilugk
327 Dobrzyce
328 Dodendorf, ab 1858 Ottersleben, Groß-
329 Doelitz (später Dölitz)
330 Dolle
331 Dolzig
332 Dommitzsch
333 Domnau
334 Domslau
335 Dormagen
336 Dorsten
337 Dortmund
338 Dramburg
339 Dratzig, ab 1851 Brückenkrug
340 Drebkau
341 Drehna
342 Dreis (ab 1854 Nr. 1733), ab 1855 Offenbach/Glan
343 Drengfurt
344 Drensteinfurt
345 Driesen
346 Driburg
347 Dringenberg
348 Drolshagen
349 Drossen
350 Düben
351 Dudeldorf
352 Dülken
353 Dülmen
354 Dumröse, ab 1854 Denzin
355 Düren
356 Dürrenberg
357 Dürwiss
358 Duisburg
359 Düsseldorf
360 Dyhernfurth
361 Ebeleben
362 Echternacherbrück
363 Eckartsberge (jetzt Eckartsberga)
364 Eckenhagen
365 Egeln
366 Ehrenbreitstein
367 Ehringshausen
368 Eichenbarleben
369 Eilenburg
370 Eilpe
371 Eisleben
372 Eitorf
373 Elberfeld
374 Elbing
375 Ellrich
376 Elspe
377 Elsterwerda
378 Elten
379 Emmerich
380 Emsdetten
381 Engelskirchen
382 Enger
383 Hachen (für Enschede)
384 Epe
385 Erdmannsdorf
386 Erfurt
387 Erkelenz
388 Erkner
389 Erkrath
390 Ermsleben
391 Erndtebrück
392 Erwitte
393 Erxleben
394 Eschweiler
395 Eslohe
396 Essen
397 Eupen
398 Euskirchen
399 Exin
400 Eylau, Deutsch-
401 Eylau, Preußisch-
402 Eynatten
403 Falkenberg (Oberschlesien)
404 Falkenberg (Mecklenburg)
405 Falkenburg
406 Fehrbellin
407 Festenberg
408 Fiddichow

409 Filehne
410 Finkenbrück
411 Finsterwalde
412 Fischau, ab 1852 Altfelde
413 Fischbach, Nieder-, ab 1851 Grabow
414 Fischerwall
415 Fischhausen
416 Flammersheim (jetzt Flamersheim)
417 Flatow
418 Flinsberg
419 Fordon
420 Forste (jetzt Forst/Lausitz)
421 Frankenfelde
422 Frankenhausen
423 Frankenstein
424 Frankfurt/Oder
425 Franzburg
426 Frauenburg
427 Fraustadt
428 Frechen
429 Freckenhorst
430 Fredeburg
431 Freiburg/Schlesien
432 Freiburg an der Unstrut (jetzt Freyburg)
433 Freienohl
434 Freienstein (jetzt Freyenstein)
435 Freienwalde (jetzt Bad Freienwalde)
436 Freienwalde (bei Stettin)
437 Freudenberg
438 Freyhan
439 Freystadt/Schlesien
440 Freystadt (Westpreußen)
441 Freywaldau
442 Friedeberg (Neumark)
443 Friedeberg/Schlesien
444 Friedland/Breslau
445 Friedland/Oberschlesien
446 Friedland/Lausitz
447 Friedland (Ostpreußen)
448 Friedland, Märkisch-
449 Friedland, Preußisch-
450 Friedrichsbruch
451 Friedrichshoff (Ostpreußen)
452 Friesack
453 Fuhlbeck
454 Fürstenberg an der Oder
455 Fürstenberg/Westfalen
456 Fürsten-Ellguth, ab 1854 Mangschütz, ab 1855 Schwirz
457 Fürstenfelde
458 Fürstenwalde
459 Fürstenwerder
460 Fürth bei Düsseldorf
461 Gangelt
462 Gardelegen
463 Garnsee
464 Garz a.d. Oder
465 Garz auf Rügen
466 Garzweiler
467 Gassen
468 Gay, ab 1854 Tarnowo
469 Gebesee
470 Gefell
471 Gehrden, ab 1851 Locken
472 Geilenkirchen
473 Geldern
474 Gelsenkirchen
475 Gemünd
476 Genthin
477 Gerbstädt (jetzt Gerbstedt)
478 Gerdauen
479 Gernrode
480 Gerolstein
481 Gerresheim bei Düsseldorf
482 Gerswalde
483 Gescher
484 Geseke
485 Gevelsberg
486 Giesenkirchen
487 Gilgenburg
488 Gingst
489 Gladbach, Bergisch-
490 Gladbach, M.-
491 Glaz (später Glatz)
492 Glehn
493 Gleissen, ab 1855 Reinfeld
494 Gleiwitz
495 Glogau
496 Glöwen
497 Gnadau
498 Gnadenfeld
499 Gnadenfrey
500 Gnesen
501 Gniewkowo
502 Goar, St.
503 Goch
504 Godesberg
505 Gogolin
506 Golanz
507 Goldap
508 Goldbach
509 Goldberg
510 Gollnow
511 Gollub
512 Golssen
513 Gommern
514 Gonzawa
515 Görchen
516 Göritz
517 Görlitz
518 Gorzyn
519 Gostyn
520 Gottesberg
521 Grabow
522 Grabowo, ab 1851 Haan
523 Gräfenhaynichen
524 Gräfrath b. Solingen
525 Gramenz
526 Gramzow
527 Gransee
528 Grätz
529 Graudenz
530 Greffrath (jetzt Grefrath)
531 Greifenberg (Schlesien)
532 Greifenberg (Uckermark)
533 Greifenberg (Pommern)
534 Greifenhagen
535 Greifswald
536 Greussen
537 Greven
538 Grevenberg, ab 1852 Wulfen (später Nr. 1679)
539 Grevenbroich
540 Grimmen
541 Gröbzig
542 Gröditzberg
543 Gronau
544 Gröningen
545 Großgottern (jetzt Großengottern)
546 Großkreuz
547 Grottkau
548 Grumbach
549 Grünberg
550 Grüne
551 Grünhof, ab 1851 Lesgewangminnen, ab 1853 Rautenberg
552 Grünthal
553 Gruppe, danach Braunsberg-Bahnhof, ab 1853 Hohenmocker
554 Guben
555 Guhrau
556 Gülzow
557 Gumbinnen
558 Gummersbach
559 Gruczno

560 Güsten
561 Guttentag
562 Gütersloh
563 Gutstadt
564 Gützkow
565 Haaren
566 Habelschwert
567 Hadmersleben
568 Hagen (Westfalen)
569 Hagen-Bahnhof
570 Halbau
571 Halberstadt
572 Halle (Saale)
573 Halle (Saale), Post-Sped.-Amt Nr. VI
574 Halle (Westfalen)
575 Hallenberg
576 Haltern
577 Halver
578 Hamburg
579 Hamm (Westf.)
580 Hammerstein
581 Hamminkeln, ab 1851 Ringenberg
582 Hansdorf
583 Harsewinkel
584 Harzgerode
585 Haspe (jetzt Hagen-Haspe)
586 Hattingen
587 Hausberge
588 Havelberg
589 Haynau
590 Heedfeld
591 Heessen
592 Heiden, ab 1854 Altenessen
593 Heidersdorf
594 Heiligenbeil
595 Heiligenhaus
596 Heiligenstadt
597 Heilsberg
598 Heinrichau
599 Heinrichswalde (Schlesien), ab 1850 Slawentzitz
600 Heinrichswalde (Ostpreußen)
601 Heinsberg
602 Heldrungen
603 Helenenberg
604 Hemer
605 Hennef
606 Hennigsdorf
607 Herbede
608 Herbern
609 Herdecke
610 Herdorf, ab 1854 Paulinenaue
611 Herford
612 Hermeskeil
613 Hermsdorf
614 Herne
615 Herrnstadt
616 Herrstein
617 Herscheid
618 Herstelle
619 Herzberg
620 Herzebrock
621 Herzogenrath
622 Hettstädt
623 Hetzerath
624 Heusweiler
625 Heydekrug
626 Hilchenbach
627 Hilden
628 Hille, ab 1854 Kohlscheidt (jetzt Kohlscheid)
629 Hillesheim
630 Hirschberg
631 Hochzeit
632 Hofstadt (jetzt Hovestadt)
633 Höhe, auf der
634 Hohenfriedeberg
635 Hohenmölsen
636 Hohenstein
637 Holland, Preuß.-
638 Holten (jetzt Oberhausen-Holten)
639 Holzdorf
640 Homberg (später Nr. 1679), ab 1851 Schmiedefeld
641 Honnef
642 Hönningen
643 Hopsten
644 Hörde
645 Hornburg
646 Hornskrug, ab 1855 Altdamm-Bahnhof
647 Horrem, ab 1854 Münster am Stein
648 Horstmar
649 Hötensleben
650 Höxter
651 Herzberg/Mark (an Stelle von Hotzenplotz)
652 Hoyerswerda
653 Hoym
654 Hückelhoven
655 Hückeswagen
656 Huckingen
657 Hüls
658 Hülsenbusch
659 Hultschin
660 Hundsfeld
661 Hüsten
662 Hütte, ab 1852 Grunau
663 Jackerath
664 Jacobshagen
665 Jacobswalde
666 Janowice
667 Jaraczewo
668 Jarmen
669 Jarocin
670 Jasenitz
671 Jastrow
672 Jauer
673 Ibbenbüren
674 Idar
675 Jerichow
676 Jessen
677 Jessnitz/Lausitz
678 Jessnitz/Anhalt
679 Ilsenburg
680 Imgenbroich
681 Inowraclaw
682 Insterburg
683 Joachimsthal
684 Johannisburg
685 Jordansmühl
686 Iserlohn
687 Isselburg
688 Issum
689 Jüchen
690 Jülich
691 Juliusburg
692 Jüterbog
693 Jutroschin
694 Kackerbeck (jetzt Kakerbeck)
695 Friedrichshuld (an Stelle von Kahlberg)
696 Kaisersesch
697 Kaiserswerth
698 Kaldenkirchen
699 Kandrzin
700 Karge (1854) in »Unruhstadt« umbenannt)
701 Katholisch-Hammer
702 Katscher
703 Kattowitz
704 Katz
705 Kaukehmen
706 Kaunitz, ab 1852 Verl
707 Kelberg
708 Kelbra
709 Kellminen

710 Kemberg
711 Kempen b. Düsseldorf
712 Kempen bei Posen
713 Kempfeld
714 Kerpen
715 Kervenheim
716 Ketschdorf
717 Kettwig
718 Keula, Groß-
719 Kevelaer
720 Kieferstädtel
721 Kienau
722 Kierspe
723 Kindelbrück
724 Kirchberg
725 Kirchen
726 Kirchhayn (Kirchhain-Doberlug)
727 Kirn
728 Kirschseifen
729 Klecko
730 Kleinitz
731 Kleinkrug
732 Klezke (jetzt Kletzke), ab 1852 Groß Welle
733 Klitschdorf
734 Klitten, ab 1857 Creba (jetzt Kreba)
735 Klopschen
736 Klötze
737 Köben
738 Kobylin
739 Kohlfurth
740 Kölln (bei Danzig)
741 Königsberg/Dosse
742 Königsberg/Ostpreußen
743 Königshütte
744 Königswinter
745 Königswusterhausen
746 Königszelt
747 Konitz
748 Kontop
749 Köpenick
750 Koschentin
751 Kösen (jetzt Bad Kösen)
752 Kosten
753 Kostenblut
754 Kostrzyn
755 Kotzenau
756 Kowalewo (später Schönsee)
757 Kozmin
758 Krappitz
759 Kraupischken
760 Kreckersweg, ab 1855 Charlottenhof
761 Kriescht
762 Kriewen
763 Kröben
764 Krojanke
765 Krombach
766 Kropstädt, ab 1855 Thale
767 Krotoschin
768 Kruschwitz
769 Krzizanowitz (später Kreutzenort)
770 Kupferberg (später Schönau)
771 Kupp
772 Kurnik
773 Kussen (1858 Nr. 1957), ab 1853 Lengwethen (vorher Nr. 827)
774 Kwieciszewo
775 Kyllburg
776 Kyritz
777 Laasphe
778 Labes
779 Labiau
780 Labischin
781 Laer
782 Lagow
783 Lahde, ab 1854 Gonsken
784 Lähn
785 Lamscheid, ab 1853 Gemünden
786 Landeck-Stadt
787 Landeck-Bad
788 Landeck (Westpreußen)
789 Landshut
790 Landsberg
791 Landsberg (Ostpreußen)
792 Landsberg b. Halle
793 Landsberg/Oberschlesien
794 Landsberg a.d. Warthe
795 Langenau
796 Langenberg
797 Langenbielau, Unter-
798 Langenbielau, Ober-
799 Langenbogen
800 Langenfeld
801 Langensalza
802 Langenweddingen
803 Langerfeld (Wuppertal)
804 Langerwehe
805 Langheim
806 Lasdehnen
807 Lassan
808 Latum (jetzt Lank)
809 Lauban
810 Laucha
811 Lauchstädt
812 Lauenburg
813 Laugszargen
814 Lautenburg
815 Leba
816 Lebach
817 Lebus
818 Lechenich
819 Leesen, Groß-, ab 1851 Zuckau
820 Legden
821 Lehnin
822 Leichlingen
823 Leinefelde
824 Leitersdorf
825 Leitzkau
826 Lengerich
827 Lengwethen (1853 Nr 773), ab 1851 Pielburg
828 Lenhausen
829 Lennep (jetzt Remscheid-Lennep)
830 Lenzen
831 Leobschütz
832 Leschnitz
833 Lessen (Westpreußen)
834 Lessen, Groß-
835 Letschin
836 Leubus
837 Levern
838 Lewin
839 Liblar, ab 1852 Muldszen
840 Lichtenau
841 Lichtenow
842 Lichtenrade
843 Liebau
844 Liebenau
845 Liebenthal
846 Liebenwalde
847 Liebenwerda
848 Lieberhausen, ab 1851 Lopienno
849 Lieberose
850 Liebmühl
851 Liebstadt
852 Liegnitz
853 Lienen
854 Limburg
855 Limritz
856 Linden
857 Lindlar
858 Lindow

859 Linn, ab 1855 Stolzenberg
860 Linnich
861 Linz
862 Lipke
863 Lippborg
864 Lippehne
865 Lippspringe
866 Lippstadt
867 Lissa bei Breslau
868 Lissa (Schlesien)
869 Löbau
870 Lobberich
871 Löbejün
872 Löbnitz
873 Lobsens
874 Lohburg
875 Löcknitz
876 Loitz
877 Losheim (Eifel)
878 Losheim (Saar)
879 Loßlau
880 Lossen (später Nr. 1112), ab 1854 Drygallen
881 Lötzen
882 Lövenich
883 Löwen
884 Löwenberg (Schlesien)
885 Löwenberg (Mark)
886 Lübbecke
887 Lübben
888 Lübbenau
889 Lüben
890 Lublinitz
891 Luckau
892 Luckenwalde
893 Lüdenscheid
894 Lüderitz
895 Lüdinghausen
896 Ludwigsfelde
897 Lügde
898 Lünen
899 Lüttringhausen (jetzt Remscheid-Lüttringhausen)
900 Lützen
901 Lutzerath
902 Lychen
903 Lyck
904 Mackenrode
905 Maerl (jetzt Marl)
906 Magdeburg
907 Magdeburg, Post-Sped.-Amt Nr. VII
908 Mahlwinkel
909 Malapane
910 Mallwischken
911 Malmedy
912 Maltsch
913 Manderscheid
914 Mansfeld
915 Marggrabowa
916 Margonin
917 Marienburg (auch Nr. 1781), ab 1854 Hürtgen
918 Marienheide
919 Marienwalde
920 Marienwerder
921 Marklissa
922 Massow
923 Mayen
924 Meckenheim
925 Medebach
926 Medzibor (Schlesien)
927 Mehlauken
928 Mehlawischken
929 Mehlsack
930 Meinerzhagen
931 Memel
932 Menden
933 Mengede (jetzt Dortmund-Mengede)
934 Mengeringhausen
935 Mensguth
936 Merseburg
937 Merzig
938 Meschede
939 Meseritz
940 Metelen
941 Mettingen
942 Mettkau
943 Mettlach
944 Mettmann
945 Meurs (jetzt Moers)
946 Mewe
947 Meyenburg
948 Michelau, ab 1855 Bodzanowitz (Oberschlesien)
949 Mierunsken
950 Militsch
951 Miloslaw
952 Milspe
953 Minden
954 Mirchau
955 Misdroy
956 Mittelwalde
957 Mittenwalde
958 Möckern
959 Möckow
960 Mogilno
961 Mohrin
962 Mohrungen
963 Montjoie (jetzt Monschau)
964 Morsleben
965 Morbach
966 Mörschelwitz
967 Moschin
968 Mroczen
969 Much
970 Mücheln
971 Mückenberg
972 Mühlberg
973 Mühlhausen/Thüringen
974 Mühlhausen/Ostpreußen
975 Mülheim/Rhein
976 Mülheim/Ruhr
977 Mühlingen
978 Mülheim/Mosel
979 Müllrose
980 Mülsen, ab 1853 Laptau, ab 1858 Schugsten
981 Müncheberg
982 Münster/Westfalen
983 Münsterberg
984 Münstereiffel
985 Münstermayfeld
986 Murowana-Goslin
987 Muskau
988 Myslowitz
989 Nakel
990 Namslau
991 Nassawen, ab 1851 Mehlkehmen
992 Nauen
993 Naugard
994 Naumburg am Bober
995 Naumburg an der Queis
996 Naumburg/Saale
997 Nebra
998 Neersen, ab 1855 Buir
999 Neheim
1000 Neidenburg
1001 Neisse
1002 Netphen
1003 Neudamm
1004 Neudorf, Groß-
1005 Neuenburg
1006 Neuenkirchen bei Bramsche
1007 Neuenkirchen (Münsterland)
1008 Neuenrade
1009 Neuerburg
1010 Neufahrwasser (Danzig)

1011 Neuguth, ab 1853 Haberberg (1855 Karpno), ab 1857 Gruenchotzen
1012 Neuhaldensleben
1013 Neuhaus
1014 Neukirchen (jetzt Hochneukirch)
1015 Neukirchen (jetzt Bergisch-Neukirchen)
1016 Neumagen
1017 Neumark (Westpreußen)
1018 Neumark bei Stettin
1019 Neumarkt
1020 Neumühl, ab 1854 Nideggen
1021 Neunkirchen bei Köln
1022 Neunkirchen/Saar
1023 Neurode
1024 Neusalz
1025 Neuss
1026 Neustadt an der Dosse (Bahnhof)
1027 Neustadt an der Dosse (Stadt)
1028 Neustadt-Eberswalde (jetzt Eberswalde)
1029 Neustadt-Magdeburg
1030 Neustadt (Oberschlesien)
1031 Neustadt (jetzt Bergneustadt)
1032 Neustadt bei Danzig
1033 Neustadt bei Posen
1034 Neustadt a.d. Warthe
1035 Neustädtel
1036 Neustettin
1037 Neuteich bei Danzig
1038 Neuteich bei Frankfurt/Oder
1039 Neutomischel
1040 Neuwarp
1041 Neuwedel
1042 Neuwied
1043 Neuzelle
1044 Neviges
1045 Nickelswalde, ab 1853 Ludwigsort-Bahnhof
1046 Nicolai
1047 Niederberge, ab 1852 Grevenbrück
1048 Niederbreisig
1049 Niederkrüchten
1050 Niedersessmar (ab 1857 Nr. 1931), ab 1851 Stegers
1051 Niedersfeld
1052 Niederzerf
1053 Nieheim
1054 Niemegk
1055 Nienborg
1056 Nienburg/Saale
1057 Niesky
1058 Nieukerk
1059 Niewiesczyn, ab 1853 Marienbaum
1060 Nikolaiken
1061 Nimkau
1062 Nimptsch
1063 Nohfelden
1064 Nordenburg
1065 Nordhausen
1066 Nordkirchen
1067 Nordwalde, ab 1854 Cürten (jetzt Kürten)
1068 Nörnberg
1069 Norkitten
1070 Nottuln
1071 Nümbrecht
1072 Oberfell
1073 Oberglogau
1074 Oberhausen-Bahnhof
1075 Oberkirchen
1076 Obersitzko
1077 Oberstein
1078 Oberwesel
1079 Oberwinter
1080 Öbisfelde
1081 Obornik
1082 Ochtrup
1083 Odenkirchen
1084 Oderberg
1085 Oderberg/Oberschlesien (später Annaberg)
1086 Ödt
1087 Ohlau
1088 Ohligs
1089 Oelde
1090 Oldendorf, Preuß.-
1091 Olfen
1092 Olpe
1093 Öls/Schlesien
1094 Olsberg
1095 Opladen
1096 Oppeln
1097 Oranienburg
1098 Orsoy
1099 Ortelsburg
1100 Ortrand
1101 Osan (jetzt Osann)
1102 Osche
1103 Oschersleben
1104 Ossendorf, ab 1855 Coadjuthen
1105 Ostbevern
1106 Osterath
1107 Osterburg
1108 Osterode/Ostpreußen
1109 Osterwick
1110 Osterwieck
1111 Ostrowo
1112 Ottenstein, ab 1854 Losser (davor Nr. 880)
1113 Ottmachau
1114 Ottmarsbocholt, ab 1854 Golzow
1115 Ottweiler
1116 Otzenrath
1117 Overath
1118 Paderborn
1119 Pakosc
1120 Panknin
1121 Parchwitz
1122 Parey
1123 Pasewalk
1124 Passenheim
1125 Passow
1126 Patschkau
1127 Peckelsheim
1128 Peddenberg
1129 Peiskretscham
1130 Peitz
1131 Pelplin
1132 Penkun
1133 Perl
1134 Perleberg
1135 Petershagen
1136 Peterswaldau
1137 Peterswalde
1138 Pförten
1139 Pilgramsdorf
1140 Pillau
1141 Pillkallen
1142 Pinne
1143 Pitschen
1144 Plathe
1145 Plaue a.d. Havel
1146 Pleschen
1147 Pless/Oberschlesien
1148 Plettenberg
1149 Podelzig
1150 Pogauen
1151 Pogorzelice
1152 Polch
1153 Pölitz
1154 Pogorzela

1155 Polkwitz
1156 Pollnow
1157 Polzin
1158 Posen
1159 Potsdam
1160 Prausnitz
1161 Prenzlau
1162 Prerow
1163 Prettin
1164 Pretzsch
1165 Prieborn
1166 Priebus
1167 Primkenau
1168 Pritzerbe
1169 Pritzwalk
1170 Pröculs
1171 Proskau
1172 Prüm
1173 Pudewitz
1174 Pulverkrug
1175 Punitz
1176 Putbus
1177 Putlitz
1178 Putzig
1179 Pyritz
1180 Pyrmont
1181 Quaritz
1182 Quartschen
1183 Quedlinburg
1184 Querfurt
1185 Quiliten, ab 1853 Rommerskirchen
1186 Radegast
1187 Radenickel
1188 Radevormwald
1189 Raesfeld
1190 Ragnit
1191 Raguhn
1192 Rahden
1193 Rackwitz
1194 Ramsdorf
1195 Randerath
1196 Ranis
1197 Raszkow (später Raschkow)
1198 Rastenburg
1199 Rathenow
1200 Ratibor
1201 Ratiborhammer
1202 Ratingen
1203 Ratzebuhr
1204 Rauden
1205 Raudten
1206 Rauscha
1207 Rawitsch
1208 Recke
1209 Recklinghausen
1210 Rees
1211 Reetz
1212 Regenwalde
1213 Rehden (später Rheden)
1214 Rehme, ab 1855 Bad Oeynhausen
1215 Reichenau
1216 Reichenbach/Ostpreußen
1217 Reichenbach/Lausitz
1218 Reichenbach/Schlesien
1219 Reichenstein
1220 Reichthal
1221 Reinberg
1222 Reinerz-Stadt (später Bad Reinerz)
1223 Reinerz-Bad
1224 Reisen
1225 Rellinghausen
1226 Remagen
1227 Remlingrade, ab 1852 Jodlauken
1228 Remscheid
1229 Rennebaum (1856 umbenannt in Haßlinghausen)
1230 Reppen
1231 Reselkow
1232 Rhaunen
1233 Rheda
1234 Rhede
1235 Rhein
1236 Rheinbach
1237 Rheinberg
1238 Rheinböllen
1239 Rheine
1240 Rheinsberg
1241 Rheydt
1242 Rhoden
1243 Richtenberg
1244 Riesenbeck
1245 Riesenburg
1246 Rietberg
1247 Ringenwalde
1248 Ristow, ab 1859 Woldisch-Tychow
1249 Ritteln
1250 Rittershausen (später Wuppertal-Oberbarmen)
1251 Robakowo
1252 Rogasen
1253 Rogowo
1254 Rohrberg
1255 Rönsahl
1256 Ronsdorf (später Wuppertal-Ronsdorf)
1257 Rosenberg bei Danzig, ab 1852 Güldenboden
1258 Rosenberg/Ostpr.
1259 Rosenberg/Oberschlesien
1260 Roßlau
1261 Rössel
1262 Roßla
1263 Rötgen
1264 Roth
1265 Rothenburg b. Görlitz
1266 Rothenburg (a.d. Oder)
1267 Ruda
1268 Rudzinitz
1269 Rüggeberg
1270 Rügenwalde
1271 Ruhland
1272 Ruhrort (später Duisburg-Ruhrort)
1273 Rummelsburg
1274 Ründeroth
1275 Ruppin, Alt-
1276 Ruppin, Neu-
1277 Ruschendorf
1278 Russ
1279 Rüthen
1280 Rybnik
1281 Ryczywol (später Ritschenwalde)
1282 Saabor
1283 Saalfeld
1284 Saalhausen
1285 Saarbrück (jetzt Saarbrükken)
1286 Saarburg
1287 Saarlouis
1288 Saarmund, ab 1855 Illingen
1289 Saarn, später Mülheim (Ruhr)-Saarn
1290 Sachsa (jetzt Bad Sachsa)
1291 Sachsenberg
1292 Sachsenburg
1293 Sachsenhausen/Hessen
1294 Saerbeck
1295 Sagan
1296 Sagard
1297 Salzbrunn
1298 Salze (jetzt Schönebeck/Elbe)
1299 Salzkotten
1300 Salzwedel
1301 Samoczin
1302 Samter

1303 Sandau
1304 Sandersleben
1305 Sangerhausen
1306 Santomischel (Santomysl
1307 Sarne
1308 Sassenberg, ab 1854 Speicher
1309 Sassendorf
1310 Saviat, ab 1854 Dambee
1311 Sayn (jetzt Bendorf)
1312 Schaacksvitte, ab 1851 Trömpau
1313 Schafstädt
1314 Scharlibbe, ab 1853 Klietz
1315 Scherfede, ab 1853 Troplowitz
1316 Schermbeck
1317 Schermeisel
1318 Schildau
1319 Schildberg
1320 Schildesche bei Bielefeld
1321 Schillehnen
1322 Schippenbeil
1323 Schirwindt
1324 Schivelbein
1325 Schkeuditz
1326 Schlawa
1327 Schlawe
1328 Schlebusch b. Leverkusen
1329 Schleiden
1330 Schleusingen
1331 Schlichtingsheim
1332 Schlieben
1333 Schliesa/Schlesien
1334 Schlochau
1335 Schloppe
1336 Schlotheim
1337 Schlüsselburg
1338 Schmalleningken
1339 Schmallenberg
1340 Schmiedeberg (Riesengebirge)
1341 Schmiedeberg (jetzt Bad Schmiedeberg)
1342 Schmiegel
1343 Schmittseifen
1344 Schneidemühl
1345 Schocken
1346 Schömberg
1347 Schönau
1348 Schönbaum
1349 Schönberg
1350 Schönbeck/Elbe
1351 Schönbeck, Groß-/bei Potsdam
1352 Schöneck
1353 Schönecken
1354 Schönewalde
1355 Schönfließ
1356 Schönlanke
1357 Schönthal
1358 Schöppingen
1359 Schraplau
1360 Schrimm
1361 Schroda
1362 Schubin
1363 Schulitz
1364 Schurgast
1365 Schwanebeck
1366 Schwanenberg
1367 Schwarza
1368 Schwarzenborn
1369 Schwedt
1370 Schweich
1371 Schweidnitz
1372 Schweinitz
1373 Schwelm
1374 Schwerin/Warthe
1375 Schwersenz
1376 Schwerte
1377 Schwetz, ab 1852 Schlobitten
1378 Schwetz, Stadt
1379 Schwiebus
1380 Schwientochlowitz
1381 Schwölmen
1382 Seckenburg
1383 Seeburg
1384 Seehausen/Altmark
1385 Seehausen/Börde
1386 Seelow
1387 Seidenberg
1388 Senden
1389 Sendenhorst
1390 Senftenberg
1391 Sensburg
1392 Seppenrade
1393 Seyda
1394 Siegburg
1395 Siegen
1396 Sien
1397 Sierakowitz
1398 Silberberg
1399 Simmern
1400 Sinzig
1401 Skaisgirren
1402 Sobernheim
1403 Soest
1404 Sohrau
1405 Soldau
1406 Soldin
1407 Solingen
1408 Sömmerda
1409 Sommerfeld
1410 Sondershausen
1411 Sonnenburg
1412 Sonnenwalde
1413 Sonsbeck
1414 Sorau
1415 Sorau-Bahnhof, ab 1852 Petershagen
1416 Spandau
1417 Spenge
1418 Spiller
1419 Spremberg
1420 Sprockhövel
1421 Sprottau
1422 Stadtberge (jetzt Nieder- und Obermarsberg)
1423 Stadtkyll
1424 Stadtlohn
1425 Stallupöhnen
1426 Stargard/Pommern
1427 Stargard, Preuß.-
1428 Staßfurt
1429 Steele
1430 Steimke, ab 1854 Waldböckelheim (ab November 1854 Nr. 1569)
1431 Steinau/Schlesien
1432 Steinau/Obersch.
1433 Steinheim
1434 Stendal
1435 Stenschewo
1436 Stepenitz
1437 Sterkrade (jetzt Oberhausen/Rheinland)
1438 Sternberg
1439 Stettin
1440 Stoberau
1441 Stollberg (jetzt Stolberg/Rheinland)
1442 Stollberg (jetzt Stolberg/Harz)
1443 Stolz
1444 Stolpmünde
1445 Stolzenbach
1446 Stommeln
1447 Storchnest
1448 Storkow
1449 Straelen

1450 Stralsund
1451 Strassburg/Westpr.
1452 Strassburg/Uckermark
1453 Strasserhof
1454 Straupitz
1455 Strausberg
1456 Strehlen
1457 Strehlitz, Groß-
1458 Striegau
1459 Stromberg bei Koblenz
1460 Stromberg (über Oelde)
1461 Stroppen (1857 Nr. 1951), ab 1856 Gellendorf
1462 Strzalkowo
1463 Srzelno
1464 Stubendorf
1465 Stuhm
1466 Stutthof
1467 Süchteln
1468 Sudenburg b. Magdeburg
1469 Südlohn
1470 Suhl
1471 Sulau
1472 Sundern
1473 Swinemünde
1474 Szameitkehmen
1475 Szillen
1476 Szittkehmen
1477 Tangermünde
1478 Tannhausen
1479 Tantow
1480 Tapiau
1481 Taplacken
1482 Tarnowitz
1483 Techow
1484 Tecklenburg
1485 Telgte
1486 Teltow
1487 Tempelburg
1488 Templin
1489 Tennstädt (jetzt Bad Tennstedt)
1490 Teupitz
1491 Teutschenthal
1492 Thalfang
1493 Thiergarth, ab 1853 Bonenburg
1494 Tholey
1495 Thönis (jetzt St. Tönis)
1496 Thorn
1497 Thule, ab 1853 Sausenberg
1498 Tiegenhof
1499 Tietz
1500 Tilsit
1501 Tirschtiegel
1502 Titz
1503 Tolkemit
1504 Torgau
1505 Torgelow
1506 Tost
1507 Trachenberg
1508 Trakehnen
1509 Trarbach (jetzt Traben-Trarbach)
1510 Trebatsch
1511 Trebbin
1512 Trebnitz
1513 Treffurt
1514 Trempen
1515 Treptow a.d. Rega
1516 Treptow a.d. Tollense
1517 Treuenbrietzen
1518 Triebsees
1519 Triebel
1520 Trier
1521 Trutnowo
1522 Trzesmeszno
1523 Tshichertzig
1524 Tschirnau
1525 Tuchel
1526 Tychow
1527 Uebigau
1528 Uckerrath
1529 Uckermünde
1530 Uedem
1531 Unna
1532 Ujest
1533 Unkel
1534 Unter-Barmen (jetzt Wuppertal)
1535 Uerdingen
1536 Uertzig (jetzt Ürzig)
1537 Usedom
1538 Uszcz
1539 Valbert
1540 Vallendar
1541 Vandsburg
1542 Velbert
1543 Velen
1544 Stumsdorf Bahnhof (vorgesehen gewesen für Venlo)
1545 Venrath
1546 Versmold
1547 Vetschau
1548 Vierraden
1549 Viersen
1550 Vith, St.
1551 Vlotho
1552 Vluyn
1553 Vogelsang, ab 1851 Widitten
1554 Vohwinkel bei Wuppertal
1555 Völklingen
1556 Volmarstein
1557 Volpersdorf
1558 Vörde
1559 Vorst
1560 Vorweiden
1561 Vreden
1562 Wachtendonk
1563 Wadern
1564 Wadersloh
1565 Wahlstatt
1566 Wahn
1567 Wald bei Solingen
1568 Waldau
1569 Waldböckelheim (1854 Nr. 1430), 1852 Falkenberg, ab 1853 Buke
1570 Waldbreitbach
1571 Waldbröl
1572 Waldenburg
1573 Waldowstrenk
1574 Wallhausen
1575 Waltrop
1576 Wandersleben
1577 Wangerin
1578 Wansen
1579 Wanzleben
1580 Warburg
1581 Warendorf
1582 Warmbrunn
1583 Warnow, Wendisch-
1584 Warstein
1585 Wartenberg, Deutsch-
1586 Wartenberg, Polnisch-
1587 Wartenburg
1588 Wartha
1589 Wassenberg
1590 Wattenscheidt
1591 Waxweiler
1592 Weeze
1593 Weferlingen
1594 Wegberg
1595 Wegersleben
1596 Wehdem
1597 Wehlau
1598 Wehr
1599 Weissenfels
1600 Weissensee
1601 Weissenthurn
1602 Welschen Ennest
1603 Wendel, St.

1604 Werben
1605 Welver (bis 1861 postamtlich Kirchwelver)
1606 Werden bei Essen
1607 Werdenberg, ab 1854 Boisheim
1608 Werder
1609 Werdohl
1610 Werl
1611 Wermelskirchen
1612 Werne
1613 Werneuchen
1614 Wernigerode
1615 Werth
1616 Werther
1617 Wesel
1618 Wesslingen (jetzt Wesseling)
1619 Wessum
1620 Westheim
1621 Westhoven
1622 Wetter
1623 Wettringen
1624 Wettin
1625 Wetzlar
1626 Wevelinghoven
1627 Wichlinghausen bei Wuppertal
1628 Wickrath
1629 Wickrathberg
1630 Widminnen
1631 Wiedenbrück
1632 Wigandsthal
1633 Wiehe
1634 Wiehl
1635 Wierzyce
1636 Wildberg
1637 Wildungen (jetzt Bad Wildungen)
1638 Wilhelmsthal, ab 1852 Bernsdorf
1639 Wilhelmsthal/Schlesien
1640 Willebadessen
1641 Willenberg
1642 Willich
1643 Willkischken
1644 Wilsnack (jetzt Bad Wilsnack)
1645 Wimbern
1646 Windheim, ab 1854 Saarau
1647 Winningen
1648 Winterberg
1649 Winzig
1650 Wipperfürth
1651 Wirsitz
1652 Wischwill
1653 Wissen
1654 Witten
1655 Wittenberg
1656 Wittenberge
1657 Wittenberge-Bahnhof
1658 Wittichenau
1659 Wittkowo
1660 Wittlich
1661 Wittstock
1662 Witzhelden
1663 Wohlau
1664 Woischnik
1665 Wolbeck
1666 Woldenberg
1667 Wolfen, ab 1851 Uderwangen
1668 Wolfshagen
1669 Wolgast
1670 Wollin
1671 Wollmirstädt
1672 Wollstein
1673 Wongrowic
1674 Worbis
1675 Wormditt
1676 Wreschen
1677 Wriezen
1678 Wronke
1679 Wulfen (1852 Nr. 538), ab 1851 Homberg (bis 1851 Nr. 640)
1680 Wülfingerode
1681 Wülfrath
1682 Wünschelburg
1683 Wupperfeld
1684 Wusterhausen
1685 Wüstewaltersdorf
1686 Xanten
1687 Xions
1688 Zachan
1689 Zahna
1690 Zanow
1691 Zauditz
1692 Zduny
1693 Zechlin
1694 Zehden
1695 Zehdenick
1696 Zehlendorf b. Berlin
1697 Zeitz
1698 Zelasen
1699 Zell
1700 Zellin
1701 Zeltingen
1702 Zempelburg
1703 Zerbst
1704 Zerkowo
1705 Zernitz
1706 Ziebingen
1707 Ziegelrode (jetzt Ziegelroda), ab 1853 Rossleben
1708 Ziegenhals
1709 Ziegenrück
1710 Zielenzig
1711 Ziesar
1712 Zilly
1713 Zinna (jetzt Kloster Zinna)
1714 Zinten
1715 Zirke
1716 Znin
1717 Zobten
1718 Zoppot
1719 Zörbig
1720 Zossen
1721 Zuckers
1722 Züllichau
1723 Zülpich
1724 Zülz
1725 Zützer
1726 Clempenow
1727 Dortmund Bahnhof, ab 1855 Germau
1728 Rhinow
1729 Nidden, ab 1852 Teuchern
1730 Maldeuten
1731 Neukuhren
1732 Jordan
1733 Miechowitz, ab 1854 Dreis (vorher Nr. 342)
1734 Neudeck
1735 Siemianowitz (später Laurahütte)
1736 Zabrze (später Hindenburg/Oberschlesien)
1737 Bialosliwe
1738 Kreuz
1739 Miasteczko
1740 Osiek
1741 Morgenstern
1742 Linum
1743 Zandowitz, ab 1858 Zawadzki
1744 Wengern
1745 Dortmund u. Soest, Post-Sped.-Amt. Nr. IX
1746 Dönhofstädt
1747 Liepe
1748 Coeln, Post-Sped.-Amt Nr. X

1749 Klingebeutel
1750 Herbesthal
1751 Bartin
1752 Pustamin
1753 Gnadenberg
1754 Sulmierzyce
1755 Rynarzewo
1756 Wippra
1757 Wüste-Giersdorf
1758 Kotomierz
1759 Skurcz
1760 Dusznik
1761 Owinsk
1762 Wielichowo
1763 Rüdersdorf
1764 Oranienbaum
1765 Wörlitz
1766 Wissek
1767 Cavelpaß
1768 Bromberg, später Königsberg und Dirschau, Post-Sped.-Amt Nr. XI
1769 Wusterwitz
1770 Praust
1771 Terespol
1772 Laskowitz
1773 Warlubien
1774 Czerwinsk
1775 Hohenstein
1776 Rokietnica
1777 Kowahlen
1778 Herzberg, ab 1854 Groß-Zünder
1779 Stüblau, ab 1854 Longcamp
1780 Aplerbeck
1781 Marienburg, Post-Sped.-Amt XII Königsberg, ab 1858 Neu-Trebbin
1782 Marienburg-Bahnhof
1783 Wankum
1784 Breitenworbis
1785 Saarbrück-Bahnhof (jetzt Saarbrücken)
1786 Ketzin
1787 Falkenrehde
1788 Dzieschowitz
1789 Aachen, später Düsseldorf, Post-Sped.-Bureau Nr. XIII
1790 Zechin
1791 Königswalde
1792 Luschwitz
1793 Ostswine
1794 Zurstraße
1795 Sulzbach
1796 Brügge
1797 Tollmingkehmen
1798 Antonin (1857 Nr. 1952), ab 1856 Mixstadt
1799 Pribbernow
1800 Fischeln
1801 Cröv
1802 Kobbelbude
1803 Wolittnick
1804 Kallinowen, später Borszymmen
1805 Setterich
1806 Kinten
1807 Carlowitz
1808 Alt-Ukta
1809 Dasburg
1810 Beetzendorf
1811 Heringen
1812 Sobotka
1813 Polajewo
1814 Sechtem
1815 Schkölen
1816 Drüggelte
1817 Benz
1818 Codram
1819 Zitzmar
1820 Krockow
1821 Louisenfelde
1822 Nohbollenbach (jetzt Nahbollenbach)
1823 Staffelstein
1824 Kruglanken
1825 Skalmierzyce
1826 Rosengarten
1827 Neiße-Bahnhof, dann Obernigk
1828 Hornhausen
1829 Altkloster
1830 Monkowarsk
1831 Havixbeck
1832 Gramschütz
1833 Kuttlau
1834 Lippusch, ab 1857 Kalisch
1835 Neu Palleschken
1836 Schönberg
1837 Neukrug
1838 Stangenwalde
1839 Gora
1840 Manschnow
1841 Kruft
1842 Woycin
1843 Modlau
1844 Buckau bei Magdeburg
1845 Hörstel
1846 Burg
1847 Linderode
1848 Rietschen
1849 Kittlitztreben
1850 Milken
1851 Neuhoff
1852 Orlowen
1853 Väthen
1854 Görzke
1855 Penzig
1856 Neunkirchen bei Köln
1857 Zingst
1858 Tiefenfurt
1859 Heringsdorf
1860 Powidz
1861 Nekla
1862 Kischkowo
1863 Hohenbucko
1864 Dombrowken
1865 Zerpenschleuse
1866 Vietzig
1867 Dubeninken
1868 Neukirch/Ostpreußen
1869 Pictupönen
1870 Szabienen
1871 Lappienen
1872 Barleben
1873 Dombrowken
1874 Claushagen (jetzt Klaushagen)
1875 Schmolsin
1876 Silkow (später Wendisch-Silkow)
1877 Groß-Ammensleben
1878 Kaczkowerdorf
1879 Königshuld
1880 Kleinenbroich
1881 Tönnishäuschen
1882 Leidenborn
1883 Groß-Peterwitz, ab 1859 Weilerswist
1884 Schreiberhau
1885 Lekno
1886 Orzesche
1887 Miescisko
1888 Sodehnen
1889 Breslau Eisenbahn-Post-Bureau XIV
1890 Podgurz
1891 Empel-Bahnhof
1892 Wurchow
1893 Varzin
1894 Chelmce
1895 Flötenstein

1896 Groß-Schliewitz
1897 Zippnow
1898 Appelwerder
1899 Kramske
1900 Krischa
1901 Bythin
1902 Podzamce (später Wilhelmsbrück)
1903 Waitze
1904 Alt-Boyen
1905 Abtshagen
1906 Embken
1907 Pobethen
1908 Wallendorf
1909 Inden
1910 Jablonow
1911 Neudörfchen
1912 Wrotzk
1913 Eisenbahnpostamt 14 (Breslau)
1914 Kösternitz
1915 Kallningken
1916 Obersgegen
1917 Wallendorf
1918 Birresborn
1919 Samtens
1920 Ullersdorf
1921 Altmark
1922 Groß-Mausdorf
1923 Sagorsz
1924 Spittelndorf-Bahnhof
1925 Middelhagen
1926 Sorquitten
1927 Nieder-Fischbach (bis 1851 Nr. 413)
1928 Boxberg
1929 Saugen
1930 Denklingen
1931 Niedersessmar (bis 1851 Nr. 1050)
1932 Conz (jetzt Konz)
1933 Leibitsch
1934 Groß-Mölln
1935 Bleialf
1936 Casekow
1937 Neu-Lewin
1938 Tutschen
1939 Wigodda
1940 Sodargen
1941 Wutschdorff
1942 Zantoch
1943 Jedwabno
1944 Laukischken
1945 Nemonien
1946 Sevelen
1947 Möhlten
1948 Nemmersdorf
1949 Biesenthal-Bahnhof
1950 Kaiserswaldau
1951 Stroppen (bis 1856 Nr. 1461)
1952 Antonin (bis 1853 Nr. 1798)
1953 Friedeberg-Bahnhof
1954 Urft
1955 Droyssig
1956 Tworog
1957 Kussen
1958 Plaschken
1959 Neunischken
1960 Wusterhusen
1961 Ershausen
1962 Schweinitz
1963 Rolandseck
1964 Willunen
1965 Lichtenberg
1966 Langenöls
1967 Obergebra
1968 Schwarzenau
1969 Schimonken
1970 Worringen (jetzt Köln-Worringen)
1971 Deutsch-Crottingen
1972 Züllchow
1973 Driebitz
1974 Dillingen
1975 Friedrichsthal
1976 Dudweiler
1977 Lenken
1978 Duneyken
1979 Nuttlar
1980 Quakenburg
1981 Sparsee
1982 Augustwalde
1983 Dühringshof
1984 Wapno
1985 Groß-Tinz
1986 Rengersdorf
1987 Sullenczyn

Ein großer Teil der aufgeführten preußischen Postorte liegt heute östlich der Oder-Neiße-Grenze, ist umbenannt worden und meist nur auf älteren Landkarten zu finden.

Königreich Sachsen

Die Nummernstempel Sachsens (in Form von →Gitterstempeln) wurden von November 1852 an nach und nach eingeführt und sind deshalb nicht konsequent alphabetisch verteilt worden. Man begann beim Hofpostamt Dresden, schloß diesem das Oberpostamt in Leipzig und bis Nr. 7 die bereits bestehenden Bahnpostämter bzw. Bahnpostkurse an. Danach hielt man sich an kein System und vergab die Nummern bis 1861 mehr oder weniger willkürlich bzw. je nach Eröffnung neuer Postämter; teils wurde auf Einwohnerzahl oder Bedeutung des Ortes Rücksicht genommen.
Die Nummernstempel kommen je nach erfolgter Verteilung auf den Marken Mi 8–13 sowie Mi 14–19 vor. Auf letzteren sind sie wegen der späten Inkurssetzung der Wappenserie seltener als auf der Ausgabe König Johann nach links.

1 Dresden Hofpostamt
2 Leipzig Oberpostamt
3 Dresden, Neustädter-Bahnhof
4 Leipzig Bahnhof
5 Leipzig-Hof Bahnpost
6 Leipzig-Dresden Bahnpost
7 Chemnitz-Riesa Bahnpost (große Ziffer), Riesa-Zwikkau Bahnpost
8 Chemnitz (kleine Ziffer), Chemnitz Bahnhof (große Ziffer)
9 Zwickau (große Ziffer), Zwickau Bahnhof (kleine Ziffer)
10 Annaberg

11 Altenburg
12 Freiberg
13 Schneeberg, ab Jan. 1861 Schneeberg-Neustädtel
14 Bautzen
15 Zittau (große Ziffer), Zittau Bahnhof (kleine Ziffer)
16 Borna
17 Glauchau
18 Grossenhain
19 Meissen
20 Oschatz
21 Pirna
22 Reichenbach
23 Rochlitz
24 Wurzen
25 Kötzschenbroda
26 Deutsch-Einsiedel
27 Hartenstein
28 Neukirchen
29 Wildenfels
30 Adorf
31 Auerbach
32 Camenz
33 Colditz
34 Crimmitschau
35 Döbeln
36 Eibenstock
37 Frankenberg
38 Lichtenstein, später Lichtenstein-Callnberg
39 Dohna
40 Glashütte
41 Lauenstein
42 Mülsen-St. Jakob
43 Weesenstein
44 Grimma
45 Löbau
46 Plauen
47 Waldheim
48 Bischofswerda
49 Hainichen
50 Hohenstein, ab 1858 Hohenstein-Ernstthal
51 Leisnig
52 Limbach
53 Meerane
54 Mittweida
55 Penig
56 Ronneburg
57 Rosswein
58 Werdau
59 Zschopau
60 Elsterberg
61 Harthau
62 Burgstädt
63 Dippoldiswalde
64 Eisenberg
65 Herrnhut
66 Johanngeorgenstadt
67 Kahla
68 Königsbrück
69 Königstein
70 Lengenfeld
71 Lössnitz
72 Marienberg
73 Neustadt
74 Nossen
75 Oederan
76 Oelsnitz im Voigtland
77 Pegau
78 Potschappel
79 Radeberg
80 Riesa Stadt
81 Schandau
82 Schwarzenberg (Stadt)
83 Stollberg
84 Tharandt
85 Waldenburg
86 Altenberg
87 Ehrenfriedersdorf
88 Frohburg
89 Großschönau
90 Grünhain
91 Kirchberg
92 Lommatzsch
93 Luppa-Dahlen, ab 1865 Dahlen Bahnhof
94 Markneukirchen
95 Mügeln
96 Neusalza
97 Olbernhau
98 Pulsnitz
99 Rötha
100 Sayda
101 Schellenberg
102 Schmölln
103 Schönhayda
104 Sebnitz
105 Strehla
106 Treuen
107 Wermsdorf
108 Wilsdruff
109 Wechselburg
110 Aue Stadt (große Ziffer), Bahnhof (kleine Ziffer)
111 Bernstadt
112 Sächsisch-Bodenbach
113 Ebersbach
114 Eybau
115 Falkenstein
116 Frauenstein
117 Geithain
118 Geringswalde
119 Grüna
120 Jöhstadt
121 Klingenthal
122 Lausigk
123 Lengefeld
124 Lucka
125 Neugersdorf
126 Radeburg
127 Roda
128 Scheibenberg
129 Stolpen
130 Thum
131 Wolkenstein
132 Zöblitz
133 Zwenkau
134 Wehlen
135 Ostrau
136 Geyer
137 Brand
138 Brandis
139 Burkhardsdorf
140 Einsiedel
141 Lunzenau
142 Berggiesshübel
143 Brambach
144 Elster
145 Gössnitz (große Ziffer), Bahnhof (kleine Ziffer)
146 Grosshartmannsdorf
147 Hartha/Waldheim
148 Hirschfelde
149 Hohnstein
150 Königswartha
151 Langenlungwitz, ab 1861 Oberlungwitz
152 Liebertwolkwitz
153 Liebstadt
154 Markranstädt
155 Meuselwitz
156 Moritzburg
157 Mühltroff
158 Oberkunnersdorf
159 Oberwiesenthal
160 Oderwitz, ab 1865 Niederoderwitz
161 Ostritz
162 Panschwitz
163 Pausa

164 Reichenau
165 Riesa Bahnhof
166 Schirgiswalde
167 Schlettau
168 Schönberg
169 Schöneck
170 Seifhennersdorf
171 Siebenlehn
172 Silberstraße, ab 1859 Wiesenburg
173 Sohland
174 Taucha
175 Weissenberg
176 Wildenthal, ab 1863 Crottendorf
177 Zwönitz
178 Oelsnitz bei Lichtenstein
179 Kieritzsch
180 Neukirch am Hochwald, ab 1864 Neukirch bei Bischofswerda
181 Rothenkirchen
182 Elterlein
183 Trebsen
184 Flöha
185 Dresden-Görlitz Bahnpost
186 Pomssen
187 Uhlstädt
188 Mehltheuer
189 Kreischa
190 Laubegast
191 Lockwitz
192 Loschwitz
193 Pillnitz
194 Schönfeld
195 Lohmen
196 Mylau
197 Netzschkau
198 Grossröhrsdorf
199 Guttau
200 Seitschen
201 Mutzschen
202 Krögis
203 Waldkirchen
204 Kohren
205 Hummelshain, 1858 in Schwarzenberg Bahnhof
206 Jägergrün
207 Herlasgrün
208 Klosterlausnitz
209 Stauchitz
210 Buchholz
211 Schmiedeberg
212 Leipzig, Berliner Bahnhof
213 Siegmar
214 Reitzenhain
215 Possendorf
216 Pommritz
217 Hainsberg-Deuben
218 Lausa, ab 1866 Hermsdorf
219 Reuth
220 Cunewalde

Herzogtümer Schleswig, Holstein und Lauenburg

Die historische und damit postalische Entwicklung der Herzogtümer steht u. a. in Zusammenhang mit den Kriegen von 1848/51, 1863/64 und 1866 und ist zu verwickelt, um hier geschildert werden zu können. Für den Sammler genügt zu wissen, daß die Marken Mi 1 und 2 entgegen der Überschrift im Michel-Katalog nur in Holstein verwendet werden konnten und mit folgenden Rost-Nummernstempeln entwertet vorkommen.
In den nicht zu den Herzogtümern gehörenden Orten haben Auslandspostanstalten bestanden; der oldenburgische Teil Holsteins wurde von der dänisch-holsteinischen Post betreut.

1 Ahrensböck
2 Ahrensburg
3 Altona
4 Barmstedt
5 Bornhöved
6 Bramstedt
7 Brunsbüttel
8 Crempe
9 Elmshorn
10 Eutin
11 Glückstadt
12 Hamburg
13 Heide
14 Heiligenhafen
15 Horst
16 Itzehoe
17 Kellinghusen
18 Kiel
19 Kiel-Bahnhof
20 Lübeck
21 Lunden
22 Lütjenburg
23 Meldorf
24 Neumünster
25 Neustadt
26 Nortorf
27 Oldenburg
28 Oldesloe
29 Pinneberg
30 Ploen
31 Preetz
32 Reinbeck
33 Remmels (später auch Hohenwestedt)
34 Rendsburg
35 Segeberg
36 Uetersen
37 Wandsbeck
38 Wilster
39 Eisenbahn-Post-Speditions-Bureau
40 wie 39
41 Feldpostamt
42 Schwartau

Von 1851 bzw. 1853 bis 1864 waren in den Herzogtümern sowie den dänischen Postanstalten in Hamburg und Lübeck nur dänische Marken (Mi 1 II, 4, 7 und 9) in Gebrauch. Zur Entwertung wurden Vierringstempel mit Punkt in der Mitte für alle Postorte, Fünfringstempel nur im Ort Hadersleben sowie Dreiring-Nummernstempel verwendet. Letztere kommen folgenden Postorten zu:

2 Hamburg
3 Lübeck
6 Apenrade
9 Bredstedt
10 Burg
11 Cappeln
12 Christianfeld
14 Eckernförde
16 Flensburg

21 Friedrichstadt
23 Hadersleben
31 Husum
48 Wesselburen (Vierring kein dän. Stempel)
54 Rendsburg
66 Schleswig
71 Sonderburg
73 Tondern
74 Tönning
79 Wyck
80 Aeröskjöbing
81 Aerösund
83 Garding
85 Hoyer
86 Leck
87 Lügumkloster
89 Marstal
97 Augustenburg
101 Gravenstein
105 Norburg
113 Altona
114 Elmshorn
115 Eutin
116 Glückstadt
117 Heide
118 Heiligenhafen
119 Itzehoe
120 Kellinghusen
121 Kiel
122 Lütjenburg
123 Meldorf
124 Neumünster
125 Neustadt
126 Nortorf
127 Oldenburg
128 Oldesloe
129 Pinneberg
130 Plön
131 Preetz
132 Remmels
133 Segeberg
134 Uetersen
135 Ahrensböck
136 Ahrensburg
137 Barmstedt
138 Bornhöved
139 Bramstedt
140 Brunsbüttel
141 Crempe
142 Horst
143 Lunden
144 Reinbeck
145 Schwartau
146 Wandsbeck
147 Wilster
148 Lauenburg
149 Mölln
150 Ratzeburg
151 Büchen
152 Schwarzenbeck
153 Friedrichsruhe
154 Blankenese
155 Bordesholm
156 Hanerau
157 Kaltenkirchen
158 Lensahn
159 Schenefeld
160 Schönwalde
161 Ballum, später Rendsburg-Bahnhof
162 Röm, Altona-Elmshorn-Neumünster-Bahnhof
163 Kiel Bahnhof
168 Holsteinisches Eisenbahn-Post-Speditionsbüro in mehreren Orten
169 wie 168
170 wie 168
171 Gettorf
172 Marne
173 Trittau
182 Arnis
183 Glücksburg, Tönning und verschiedene Schleswigische Post-Speditionsbüros
184 verschiedene Schleswigische Post-Speditionsbüros
185 wie 184
192 wie 184 und Neumünster-Rendsburg-Bahnhof
193 wie 192
194 wie 184 und Rendsburg-Bahnhof
195 Büttel-Bahnhof
196 Klosterkrug-Bahnhof
199 Sterup
206 Elmshorn-Itzehoe, Eisenbahn-Postspeditionsbüro
213 Nordstrand
214 Pellworm
221 Feldpost 1 und 3
222 Feldpost 2
223 Feldpost 1
224 Feldpost 3
225 Feldpost 4

Postgebiet Thurn und Taxis

Ring-Nummernstempel wurden Ende Januar 1853 – ein Jahr nach Ausgabe der ersten Briefmarken für die nur noch auf verhältnismäßig kleine Gebiete beschränkte Thurn-und-Taxis-Post – normalerweise als Vierringstempel zur Entwertung eingeführt. Bei diesen können in einigen Fällen zwei Typen berücksichtigt werden, zu unterscheiden durch Größe des Durchmessers und der Ziffern; teils können die Typen bestimmten Postämtern zugeordnet werden (z.B. Type I: Treysa-Stadt, Type II: Treysa Bahnhof; Nr. 80 I Westuffeln, II Körner). In einigen wenigen Orten kamen Dreiringstempel zum Einsatz. Diese Feinheiten müssen der Spezialliteratur entnommen werden.
Die Stempelfarbe ist im allgemeinen schwarz, es kommen aber auch blaue oder rote Stempel vor, die fast immer höher zu bewerten sind.

1 Abterode
2 Allendorf
3 Amöneburg
4 Barchfeld Herrenbreitungen
5 Bebra
6 Bergen
7 Birstein
8 Bischhausen
9 Bockenheim
10 Borken
11 Breitenbach am Herzberg
12 Brotterode
13 Carlshafen
14 Cassel
15 Eiterfeld
16 Eschwege
17 Felsberg
18 Frankenberg

19 Friedewald
20 Frielendorf
21 Fritzlar
22 Fronhausen
23 Fulda
24 Gelnhausen
25 Grebenstein
26 Großallmerode
27 Großenlüder
28 Gudensberg
29 Hanau
30 Helsa
31 Hersfeld
32 Hofgeismar
33 Homberg
34 Hünfeld
35 Jesberg
36 Kirchhain
37 Langenselbold
38 Hessisch-Lichtenau
39 Marburg
40 Meerholz
41 Melsungen
42 Morschen
43 Nauheim
44 Naumburg
45 Nenndorf
46 Nentershausen
47 Netra
48 Neuhof
49 Neukirchen bei Hersfeld
50 Neukirchen bei Ziegenhain
51 Neustadt
52 Niederaula
53 Oberaula
54 Oberkaufungen
55 Obernkirchen
56 Oldendorf
57 Rauschenberg
58 Rinteln
59 Rodenberg
60 Rosenthal
61 Rotenburg/Fulda
62 Sachsenhagen
63 Salmünster
64 Schenklengsfeld
65 Schlüchtern
66 Schmalkalden
67 Schwarzenfels
68 Sontra
69 Spangenberg
70 Steinau
71 Steinbach-Hallberg
72 Treysa
73 Trendelburg
74 Veckerhagen
75 Volkmarsen
76 Wabern
77 Wächtersbach
78 Waldcappel
79 Wanfried
80 Westuffeln und Körner
81 Wetter
82 Windecken
83 Witzenhausen
84 Wolfhagen
85 Ziegenhain
86 Zierenberg
87 Zimmersrode
88 Alsfeld
89 Alzey
90 Assenheim
91 Babenhausen
92 Battenberg
93 Beerfelden
94 Berstadt
95 Bensheim
96 Biedenkopf
97 Bingen
98 Bodenheim
99 Brensbach
100 Büdingen
101 Bürstadt
102 Butzbach
103 Castel
104 Darmstadt
105 Dieburg
106 Eberstadt
107 Echzell
108 Engelrod
109 Erbach im Odenwald
110 Friedberg
111 Fürfeld
112 Fürth im Odenwald
113 Gedern
114 Gernsheim
115 Gießen
116 Gladenbach
117 Griesheim
118 Groß-Gerau
119 Grünberg
120 Guntersblum
121 Heppenheim
122 Herbstein
123 Hirschhorn
124 Höchst im Odenwald
125 Homberg a.d. Ohm
126 Hungen
127 König
128 Lampertheim
129 Langen
130 Laubach
131 Lauterbach
132 Lich
133 Lorsch
134 Mainz
135 Michelstadt
136 Neckar-Steinach
137 Nidda
138 Nieder-Ingelheim
139 Nieder-Olm
140 Oberramstadt
141 Odernheim
142 Offenbach
143 Oppenheim
144 Ortenberg
145 Osthofen
146 Pfeddersheim
147 Pfungstadt
148 Reichelsheim im Odenwald
149 Reinheim
150 Rödelheim
151 Romrod
152 Schlitz
153 Schotten
154 Seligenstadt
155 Sprendlingen
156 Stockstadt
157 Groß-Umstadt
158 Vilbel
159 Vöhl
160 Westhofen
161 Wimpfen
162 Wöllstein
163 Worms
164 Wörrstadt
165 Zwingenberg
166 Biebrich
167 Braubach
168 Camberg
169 Camp
170 Caub
171 Cronberg
172 Diez
173 Dillenburg
174 Eltville
175 Ems
176 Flörsheim
177 Freilingen
178 Geisenheim
179 Hachenburg
180 Hadamar

181 Haiger
182 Hattersheim
183 Herborn
184 Herschbach
185 Hochheim
186 Höchst am Main
187 Höhr
188 Holzhausen a.d. Heide
189 Idstein
190 Kirberg
191 Königstein
192 Limburg
193 Lorch
194 Marienberg
195 Montabaur
196 Nassau
197 Nastätten
198 Neuhof (Nassau) und Londorf
199 Niederlahnstein und Oberlahnstein
200 Oestrich
201 Reichelsheim (Nassau)
202 Rennerod
203 Rüdesheim
204 Runkel
205 St. Goarshausen
206 Schlangenbad
207 Langenschwalbach
208 Selters
209 Singhofen und Heldenbergen
210 Soden
211 Usingen
212 Wallmerod
213 Weilburg
214 Westerburg
215 Wiesbaden
216 Winkel
217 Würges und Langewiesen
218 Homburg v.d. H.
219 Meisenheim
220 Frankfurt a.M.
221 Apolda
222 Auma
223 Berka a.d. Werra
224 Berka a.d. Ilm
225 Blankenhain
226 Bürgel
227 Buttelstedt
228 Buttlar und Herleshausen
229 Buttstädt
230 Dermbach
231 Eisenach
232 Königsberg/Thüringen
233 Geisa
234 Jena
235 Ilmenau
236 Kaltennordheim
237 Kranichfeld
238 Marksuhl
239 Münchenbernsdorf
240 Neustadt a.d. Orla
241 Ostheim
242 Ruhla
243 Stadtremda
244 Stadtlengsfeld
245 Stadtsulza
246 Tiefenort
247 Triptis
248 Vacha
249 Vieselbach
250 Weida
251 Weimar
252 Camburg
253 Eisfeld
254 Gräfenthal
255 Heldburg
256 Hildburghausen
257 Liebenstein
258 Meiningen
259 Pößneck
260 Römhild
261 Saalfeld
262 Salzungen
263 Schalkau
264 Schwallungen und Wernshausen
265 Sonneberg
266 Steinach
267 Themar
268 Wallendorf
269 Wasungen
270 Coburg
271 Elgersburg
272 Friedrichroda
273 Gotha
274 Neudietendorf
275 Neustadt a.d. Heide
276 Ohrdruf
277 Rodach
278 Tambach
279 Waltershausen
280 Zella (St. Blasii)
281 Arnstadt
282 Großbreitenbach
283 Gehren
284 Blankenburg
285 Königsee
286 Leutenberg
287 Oberweißbach
288 Rudolstadt
289 Stadtilm
290 Ebersdorf
291 Gera
292 Greiz
293 Hirschberg
294 Hohenleuben
295 Köstritz
296 Lobenstein
297 Saalburg
298 Schleiz
299 Zeulenroda
300 Hamburg
301 Bremen
302 Lübeck
303 Gammertingen
304 Haigerloch
305 Hechingen
306 Sigmaringen
307 Creuzburg
308 Gerstungen
309 Großneuhausen
310 Mihla
311 Olbersleben
312 Georgenthal
313 Nazza
314 Tanna
315 Reichensachsen
316 Alverdissen
317 Barntrup
318 Blomberg
319 Boesingfeld
320 Bückeburg
321 Detmold
322 Horn
323 Lage
324 Langenholzhausen
325 Lemgo
326 Oerlinghausen
327 Rischenau
328 Salzuflen
329 Schieder
330 Schlangen
331 Schoetmar
332 Schwalenberg
333 Stadthagen
334 Varenholz
335 Ostrach
336 Strassberg
337 Klosterwald
•338 Lehesten
339 Oberursel

340 Obertiefenbach und Friedrichsdorf
341 Ulrichstein
342 Waldmichelbach
343 Altenstadt
344 Niederwöllstadt
345 Grebenhain
346 Haina
347 Kirtorf
348 Gräfentonna
349 Trochtelfingen
350 Meinberg
351 Wehen
352 Bieber
353 Sonnefeld
354 Alsbach
355 Ruppertenrod
356 Walldorf
357 Obertiefenbach
358 Friedrichswerth
359 Groß Steinheim
360 Jugenheim a.d. Bergstraße
361 Hagenburg
362 Ichtershausen
363 Catzenelnbogen und Groß-Zimmern
364 Thiergarten und Oldisleben
365 Dettingen
366 Steinhude
367 Undenheim
368 Fraureuth
369 Birkenau
370 Jugenheim a. Rhein
371 Staudernheim
372 Oberhof b. Ohrdruf
373 Großrudestedt
374 Stotternheim
375 Schloßvippach
376 Lindenfels
377 Werrabahn
378 Schwarzburg
379 Wurzbach
380 Plaue
381 Rüsselsheim
382 Ermenrod
384 Lollar
385 Burghaun
386 Viernheim
387 Neuhaus am Rennweg
388 Kleinschmalkalden
389 Lauscha
390 Hofbieber
391 Alsheim
392 Oberrad
393 Hohenhausen
394 Esseratsweiler
395 Auerbach
396 Neustadt im Odenwald
397 Ransbach
398 Laurenburg
399 Raboldshausen
400 Dornburg
401 Gräfinau
402 Berga a.d. Elster
403 Treis a.d. Lumda
404 Groß-Bieberau
405 Lang-Göns
406 Eilsen
407 Ober-Ingelheim
408 Gemünden a.d. Wohra
409 Imnau
410 Neu-Isenburg
411 Biblis
412 Teichwolframsdorf
413 Hoeringhausen
414 Niederrad
415 Neustadt am Rennsteig
416 Oberneubrunn
417 Bromskirchen
421 Merxheim
423 Eibelshausen
424 Johannisberg
573 Halle-Bahnhof u. Bahnpost Halle-Eisenach und zurück (preußischer Stempel)

Hierzu L: 2. 3., 3. 3.

Anhang II

Tabelle der Postgebiete, die zwischen 1840 und 1880 erstmals Briefmarken verausgabten

Anmerkung: Die angegebenen Daten beziehen sich auf den amtlich festgesetzten ersten Gültigkeitstag, der nicht immer dem ersten Verkaufstag am Schalter entsprochen hat (z. B. Großbritannien: Verkauf der Mi 1 und 2 ab 1. 5. 1840; frankaturgültig ab 6. 5. 1840). Frühere Stempeldaten sind gelegentlich möglich, beruhen dann aber auf Zufall oder Nachlässigkeit seitens der Postangestellten. Marken mit solchen Frühdaten werden von Spezialsammlern sehr gesucht. Zu bemerken ist noch, daß es außer den staatlichen Postwertzeichen auch →Privatpostmarken gegeben hat, die eine Verschiebung in der Tabelle verursachen würden. So müßten nach Großbritannien an zweiter Stelle eigentlich die Marken der Firma Blood & Co in Philadelphia/USA von 1841 angeführt werden (→City Despatch Post), die aber »nur« Privatpostmarken waren und von den Philatelisten leider viel zu wenig beachtet werden.
In einigen Fällen konnte die philatelistische Forschung bis heute den ersten Gültigkeits- bzw. Verkaufstag nicht exakt ermitteln, was in der Tabelle durch entspr. Auslassung oder Einsetzung des Datums in Klammern zum Ausdruck kommt. Aufgenommen wurden auch einige der frühen Privatpost- bzw. Postmeistermarken, soweit diese den Ausgaben der Staatspost vorangegangen sind. Die Schreibweise der Ländernamen folgt dem Michel-Katalog (mit wenigen Ausnahmen, z. B. hier Kanada, nicht Canada).

1840	6.	5.	Großbritannien
1842	1.	2.	Vereinigte Staaten von Amerika (New York City Despatch Post)
1843	1.	3.	Kantonalpost Zürich (Schweiz)
	1.	8.	Brasilien
	30.	9.	Kantonalpost Genf (Schweiz)
1845	11.	4.	Vereinigte Staaten von Amerika (Postmeistermarken St. Louis)
	1.	7.	Kantonalpost Basel (Schweiz)
1847	24.	4.	Trinidad (private Schiffspost »Lady McLeod«)
	1.	7.	Vereinigte Staaten von Amerika (Freimarken der Staatspost)
	21.	9.	Mauritius
1848			Bermuda
1849	1.	1.	Frankreich
	1.	7.	Belgien
	15.	9.	Schweizerische Bundespost
	1.	1.	Bayern
1850	1.	1.	Neusüdwales
	1.	1.	Spanien
	3.	1.	Victoria
	1.	6.	Österreich
	1.	7.	Britisch-Guiana (Guyana)
	1.	7.	Sachsen
	15.	11.	Preußen
	15.	11.	Schleswig-Holstein
	1.	12.	Hannover
1851	(1.)	1.	Réunion
	1.	1.	Sardinien
	1.	4.	Dänemark
	1.	4.	Toskana
	9.	4.	Kanada
	1.	5.	Baden
	14.	8.	Trinidad (amtliche Ausgabe)
	1.	9.	Neuschottland
	–	9.	Neubraunschweig
	1.	10.	Hawaii
	15.	10.	Württemberg
1852	1.	1.	Braunschweig
	1.	1.	Kirchenstaat
	1.	1.	Niederlande
	1.	1.	Thurn u. Taxis
	5.	1.	Oldenburg
	15.	4.	Barbados
	1.	6.	Modena
	1.	6.	Parma
	1.	7.	Indien (Britisch-Indien, Scinde-Distriktpost)
	15.	9.	Luxemburg
1853	1.	7.	Chile
	1.	7.	Portugal
	1.	9.	Kap der Guten Hoffnung
	1.	11.	Tasmanien
1854	1.	2.	Philippinen
	1.	8.	Westaustralien
	1.	10.	Indien (Britisch-Indien, allgem. Ausgabe)
1855	1.	1.	Norwegen

	1.	1.	Südaustralien
	10.	4.	Bremen
	1.	7.	Schweden
	18.	7.	Neuseeland
	(10.)	11.	Dänisch-Westindien
	–	–	Spanisch-Westindien
1856	–	1.	St. Helena
	3.	3.	Finnland
	1.	7.	Mecklenburg-Schwerin
	1.	8.	Mexiko
	21.	8.	Corrientes/Argentinien
	1.	10.	Uruguay
1857	1.	1.	Neufundland
	4.	1.	Rußland
	1.	6.	Natal
	24.	8.	Ceylon
	1.	12.	Peru
1858	1.	1.	Neapel
	29.	4.	Buenos Aires/Argentinien
	1.	5.	Argentinien (allgemeine Ausgabe)
	15.	7.	Rumänien (Fürstentum Moldau)
	28.	10.	Cordoba/Argentinien
1859	1.	1.	Hamburg
	1.	1.	Lübeck
	1.	1.	Sizilien
	1.	1.	Venezuela
	15.	5.	Ionische Inseln
	10.	6.	Bahama-Inseln
	–	(8.)	Kolumbien
	1.	9.	Romagna/Italien
	21.	9.	Sierra Leone
1860	1.	1.	Neukaledonien
	1.	1.	Polen
	(30.	7.)	Britisch-Columbien und Vancouver-Insel
	1.	11.	Queensland
	23.	11.	Jamaica
	1.	12.	Malta
	18.	12.	St. Lucia
	–	–	Liberia
1861	1.	1.	Prinz-Eduard-Insel
	14.	2.	Italien
	(8.)	5.	St. Vincent
	–	(6.)	Grenada
	1.	10.	Griechenland
	16.	10.	Konföderierte Staaten von Amerika (vorher Postmeister-Ausgaben)
	1.	11.	Bergedorf
	–	–	Nevis
1862	–	8.	Antigua
	2.	12.	Nikaragua
	8.	12.	Hongkong
	–	(12.)	Costa Rica
1863	3.	1.	Türkei
	–	–	Bolivar
1864	1.	4.	Niederländisch-Indien
	1.	10.	Mecklenburg-Strelitz
	–	–	Soruth/Indien
1865	–	(1.)	Ecuador
	–	–	Dominikanische Republik
1866	1.	1.	Ägypten
	1.	1.	Honduras
	–	1.	Britisch-Honduras
	25.	3.	Kaschmir/Indien
	1.	7.	Serbien
	–	–	Bolivien
	–	–	Jungferninseln
1867	4.	4.	Turks- und Caicos-Inseln
	–	3.	Helgoland
	–	(5.)	Salvador
	1.	9.	Straits Settlements/Malaya
1868	1.	1.	Azoren
	1.	1.	Madeira
	1.	1.	Norddeutscher Postbezirk
	1.	1.	Oranjefreistaat
	1.	9.	Fernando Poo
	–	–	Antioquia
1869	1.	3.	Sarawak
	–	3.	Gambia
	1.	9.	Haidarabad/Indien
	–	–	St. Thomas und Prinzeninsel
	–	–	Transvaal
1870	1.	4.	St. Christoph
	(1.)	(7.)	Angola
	1.	8.	Paraguay
	1.	11.	Fidschi-Inseln (Privatpost Fiji Times)
	–	–	Afghanistan
	–	–	Cundinamarca
	–	–	Iran (Persien), (1868 fraglich)
	–	–	Tolima

1871 1. 3. Guatemala
20. 4. Japan
1. 5. Ungarn
(1.) 10. Portugiesisch-Indien
3. 10. Fidschi-Inseln (allgemeine Ausgabe)

1872 1. 1. Deutsches Reich

1873 1. 1. Island
1. 2. Kuba
23. 5. Curaçao
15. 7. Puerto Rico
– 10. Surinam

1874 4. 5. Dominica
– – Jind/Indien
10. 6. Laos
– 9. Griqualand

1875 1. 7. Goldküste

1876 – – Bhopal/Indien
– 7. Johore
– 7. Mozambique
– 9. Montserrat
– – Punch/Indien

1877 – – Alwar/Indien
1. 1. Kap Verde
– – Nawanagar/Indien
– – Samoa
1. 8. San Marino

1878 – – China
– – Kaschmir (Jammu)/Indien
19. 6. Falkland-Inseln
– – Faridkot/Indien
– – Panama
– – Perak
– – Samos
– – Selangor
– – Sungei Ujong

1879 – – Bhor/Indien
1. 5. Bulgarien
– 5. Labuan
1. 7. Bosnien-Herzegowina
– – Sirmur/Indien
1. 8. Tobago

1880 – – Rajpipla/Indien
4. 4. Zypern

Anhang III

Beliebtheitsstatistik der Markenländer

In der Beliebtheit stehen die Marken des Heimatlandes des Sammlers stets an der Spitze; in der BRD werden also bevorzugt die Marken der BP sowie der DDR gesammelt, in Österreich die österreichischen, in der Schweiz die der Schweiz usw. Das bezieht sich vorwiegend auf die Ausgaben nach 1945. Würden ältere Marken in die Statistik einbezogen, können sich Verschiebungen ergeben.

Die im Neuheitendienst bedeutende Firma H. E. Sieger, Lorch, erstellt seit 1966 eine Beliebtheitsstatistik der Marken europäischer Länder, wofür die Kundenkartei des Neuheitenabonnements mit rund 50000 Namen eine zweifellos brauchbare Grundlage bietet. An Hand der Abonnementabschlüsse ergab sich danach folgende Reihe für 1976, die bei anderen Händlern eine geringe, aber kaum ausschlaggebende Platzänderung erfahren kann.

1. Österreich
2. Vatikanstaat
3. UNO/Schweiz
4. Schweiz
5. Liechtenstein
6. Färöer-Inseln
7. Frankreich
8. Luxemburg
9. Insel Man
10. Guernsey und Jersey
11. Malta
12. Italien
13. Großbritannien
14. Niederlande
15. Spanien
16. Belgien
17. Dänemark
18. Island
19. Grönland
20. Sowjetunion
21. Andorra
22. Finnland
23. Norwegen
24. Zypern
25. Irland
26. Schweden
27. San Marino
28. Gibraltar
29. Griechenland
30. Monaco
31. Ungarn
32. Portugal
33. Tschechoslowakei
34. Polen
35. Jugoslawien
36. Türkei
37. Rumänien
38. Bulgarien
39. Albanien

Die gleiche Firma konnte inzwischen auch eine Statistik für die außereuropäischen Länder erstellen, die auf den Abonnementsabschlüssen bis Anfang 1976 beruht. Diese Liste führt 119 Länder auf. Es fällt vielleicht auf, daß einige Postgebiete fehlen; dann wurden seitens der Sammler in der BRD deren Markenausgaben so selten oder gar nicht angefordert, so daß eine Aufnahme in die Statistik uninteressant ist.

1. UNO/New York
2. Japan
3. Papua Neuguinea
4. Israel
5. USA
6. Gemeinschaftsausgaben (Europa-Marken)
7. Nauru
8. Tansania
9. China (Volksrepublik)
10. Ceylon
11. Mauritius
12. Kanada
13. Südwestafrika
14. Französisch-Polynesien
15. Neuseeland
16. China (Formosa)
17. Fidschi-Inseln
18. West-Samoa
19. Republik Südafrika
20. Australien
21. Indien
22. Kenia
23. Spanische Besitzungen
24. Uganda
25. Mexiko
26. Kamerun
27. Laos
28. Ägypten (mit UAR)
29. Nepal
30. Jamaika
31. Gambia
32. Botswana
33. Tunesien
34. Trinidad und Tobago
35. Singapur
36. Guyana
37. Portugiesische Besitzungen
38. Algerien
39. Niederländische Gebiete
40. Sudan
41. Swaziland
42. Sambia
43. Bangla Desh
44. Ruanda
45. Ghana
46. Togo
47. Marokko
48. Brasilien
49. Madagaskar
50. Lesotho
51. Panama-Kanalzone
52. Thailand
53. Indonesien
54. Rhodesien
55. Philippinen
56. Peru
57. Burundi
58. Somalia
59. Nigeria
60. Kongo (Kinshasa)
61. Malaysia
62. Iran
63. Malawi
64. Korea Süd
65. Pakistan
66. Französische Überseegebiete
67. Libyen
68. Syrien
69. Guinea
70. Elfenbeinküste
71. Afar und Issa
72. Argentinien
73. Burma
74. Senegal
75. Gabun
76. Kambodscha
77. Dahomey (Bénin)
78. Kongo (Brazzaville)
79. Niger
80. Mauretanien

81. Mali
82. Sierra Leone
83. St. Lucia
84. Chile
85. Kolumbien
86. Obervolta
87. Libanon
88. Korea Nord
89. Tschad
90. Kuba
91. Vietnam Nord
92. Zentralafrikanische Republik
93. Uruguay
94. Bhutan
95. Barbados
96. Venezuela
97. Kuwait
98. Jordanien
99. Vietnam Süd
100. Guatemala
101. Afghanistan
102. Saudi-Arabien
103. Irak
104. Malediven
105. Mongolei
106. Barbuda
107. Salvador
108. Costa Rica
109. Liberia
110. Haiti
111. Bolivien
112. Britische Kolonien
113. Panama
114. Dominikanische Republik
115. Bahamas
116. Honduras
117. Ecuador
118. Jemen (Demokratische Republik)
119. Nicaragua

Statistiken dieser Art haben bei Beobachtungen seit 1966 immer ergeben, daß zwar jährlich Platzverschiebungen stattfinden, die jedoch im allgemeinen geringfügig sind. Die »Spitzengruppe« von Platz 1 bis 5 wechselt ihre Position höchstens einmal untereinander, wird aber stets von Österreich, Vatikanstaat, Schweiz und Liechtenstein beherrscht. Bemerkenswert mag sein, daß sich z. B. die Sowjetunion vom ehemals 25. im Jahre 1976 auf den 20. Platz vorgeschoben hat, wofür es keinen plausiblen Grund gibt.

Anders ist es bei neuen Staaten, die zum Teil aus ehemals abhängigen Gebieten hervorgegangen sind. Hier liegt die Ursache für große Beliebtheit meist in der Tatsache, daß der Sammler mit einer Marke Nr. 1 beginnen und eine ab dieser lückenlose Sammlung aufbauen kann. So z. B. geschehen bei den Marken der Färöer-Inseln und der Insel Man, die sich unmittelbar nach der Spitzengruppe einreihen konnten. Ganz ungewöhnlich ist der weite Sprung nach vorn, den Papua Neuguinea von 1973 auf 1976 machte! Von Platz 25 auf Platz 3 der Überseeliste! Der Grund hierfür dürfte u. a. auch darin zu suchen sein, daß ein Teil dieser Insel ehemaliges deutsches Schutzgebiet war und die Nachfolgestaaten deutscher Kolonien stets gern gesammelt worden sind.

Andererseits geht aus der Aufstellung aber auch hervor, daß die Sammler empfindlich reagieren, wenn ein Postgebiet den Bogen überspannt und laufend Neuheiten herausbringt, mit denen die Sammler nur geschröpft werden sollen. So 1975/76 geschehen bei Gibraltar, Äquatorial-Guinea u. a.; sie fallen in der Statistik mehr und mehr zurück oder tauchen in dieser überhaupt nicht mehr auf. Eine erfreulich gesunde Reaktion auf →schädliche bzw. →unerwünschte Ausgaben.

Dasselbe gilt für die durch Zeitschriftenartikel erfolgende teils massive Propagierung gewisser Postgebiete mit dem Hinweis auf angesichts niedriger Auflagen möglicherweise schnelle Wertsteigerung. Hier ist z. B. Jugoslawien zu nennen, das im Michel-Katalog immerhin im Teil Westeuropa aufgenommen ist, trotz allem aber seit Jahren auf einem der letzten Plätze der Statistik rangiert.

Die Firma Richard Borek, Braunschweig, die gleichfalls über einen sehr großen Neuheitenabonnentenstamm verfügt, erstellte eine ähnliche Statistik für das Jahr 1975, die deshalb interessant ist, weil in dieser die europäischen und außereuropäischen Sammelgebiete zusammengefaßt sind und daraus hervorgeht, daß einige überseeische Länder noch vor manchen europäischen rangieren. Die Borek-Aufstellung ergibt folgendes Bild:

1. Vereinte Nationen
2. Vatikanstaat
3. Österreich
4. Färöer-Inseln
5. Schweiz
6. Europa-Marken
7. Liechtenstein
8. Frankreich
9. Jersey
10. Israel
11. Guernsey
12. Spanien
13. Insel Man
14. USA
15. Niederlande
16. Luxemburg
17. Malta
18. Italien
19. Großbritannien
20. Japan
21. Belgien
22. Schweden
23. Dänemark
24. San Marino
25. Finnland
26. Norwegen
27. Island
28. Grönland
29. Griechenland
30. Irland
31. Monaco
32. Portugal
33. Zypern
34. Gibraltar
35. Tschechoslowakei
36. Ungarn
37. China
38. Polen
39. Jugoslawien
40. Sowjetunion
41. Andorra
42. Rumänien
43. Bulgarien
44. Albanien

Interessant ist auch eine Aufstellung der Firma Borek, die aufzeigt, welche Motivgebiete 1975/76 am gefragtesten waren. Es sind dies:

1. Automobile
2. Gemälde
3. Weihnachtsmarken
4. Tiere
5. Blumen
6. Militärische Darstellungen
7. Eisenbahnen
8. Weltraumfahrt
9. Olympia-Marken
10. Fußball-Marken

Aber vor diesen Motiven rangieren bemerkenswerterweise noch Blocks allgemein aus allen Ländern, Sonderstempel der Deutschen Bundespost und Luftpostbelege.

Der →Bund Deutscher Philatelisten veranstaltete im Frühjahr 1976 unter seinen Mitgliedern eine großangelegte Befragungsaktion, bei der neben vielen anderen Fragen auch die nach der Beliebtheit der Markenländer (ohne Bund, Berlin und DDR) gestellt wurde. Die Auszählung der eingesandten Stimmen nach vorgegebener Aufstellung ergab nachstehende Reihenfolge.

1. Österreich
2. Schweiz
3. Liechtenstein
4. Europa-Marken
5. Vereinte Nationen
6. Frankreich
7. Vatikanstaat
8. Niederlande
9. Großbritannien
10. Luxemburg
11. Dänemark
12. Schweden
13. Belgien
14. Norwegen
15. Italien
16. Finnland
17. Island
18. USA
19. Spanien
20. Israel
21. Irland
22. Zypern
23. Griechenland
24. Monaco
25. Polen
26. Andorra
27. San Marino
28. Türkei
29. Sowjetunion

Der hier sehr gute Platz für Großbritannien dürfte daher rühren, daß von den Befragten Guernsey, Jersey und die Insel Man eingeschlossen wurden, die im Michel-Katalog nicht als Länder für sich verzeichnet sind. Es konnte übrigens nur über die obengenannten Länder abgestimmt werden.

Anhang IV

Ausgabefreudige und seriöse Markenländer

Seit einigen Jahren veröffentlicht die Zeitschrift »Michel-Rundschau«, die u.a. die Nachträge zu den Katalogisierungen der jeweils letzten Ausgaben der Michel-Kataloge bringt, eine Aufstellung über die Anzahl der von den einzelnen Ländern im vorausgegangenen Jahr herausgegebenen Marken und Blocks sowie eine Liste, die nach den Katalogbewertungen geordnet ist und erkennen läßt, welche Länder allzu ausgabefreudig bzw. seriös, vielleicht aber andererseits zu »langweilig« sind, weil es zu wenig Neuheiten gibt, die den Sammler von der Weiterführung des betr. Sammelgebietes abhält. Die Aufstellungen können sich natürlich ständig ändern; was in einem Jahr noch seriös erschienen ist, kann unter gleichem Landesnamen vielleicht schon im nächsten Jahr unseriös und allzu ausgabefreudig sein. Jedenfalls geben diese Aufstellungen dem Sammler einen interessanten und zuverlässigen Überblick, wenn dieser nach einem neuen Sammelgebiet für sich Ausschau hält.
Mit Genehmigung des Schwaneberger Verlages, München, wird nachstehend die in Heft 11/1976 der »Michel-Rundschau« veröffentlichte »Jahresinventur 1975« für 216 Postgebiete wiedergegeben.

Jahresausgaben 1975	Marken insges.	Marken dav. □	Blocks insges.	Blocks dav. □
1. Äquatorial-Guinea	280	103	66	33
2. Ungarn	146	73	14	7
3. Burundi	144	40	8	4
4. Obervolta	109	52	19	10
5. Togo	106	49	8	5
6. Rußland	106	–	7	1
7. Paraguay	105	–	30	1
8. Grenada	101	–	12	–
9. Grenadinen von Grenada	95	–	11	1
10. DDR	93	–	2	–
11. Nicaragua	86	–	10	7
12. Albanien	85	8	3	3
13. Komoren	81	7	18	9
14. Bulgarien	78	–	6	–
15. Ruanda	77	–	23	–
16. Cuba	77	–	3	2
17. Vietnam-Nord	77	24	–	–
18. Korea-Nord	75	–	8	8
19. Philippinen	72	28	–	–
20. Korea-Süd	69	–	13	–
21. Mongolei	66	–	3	–
22. Spanien	66	–	2	–
23. Malediven	65	–	6	1
24. Polen	64	–	4	–
25. China-Formosa	64	–	–	–
26. Thailand	62	–	3	–
27. Kambodscha-Khmer	60	30	78	66
28. Tschechoslowakei	60	–	2	1
29. Ecuador	60	–	–	–
30. Kongo-Brazzaville	59	–	–	–
31. St. Vincent	56	–	2	–
32. Argentinien	56	–	–	–
33. Belgien	55	–	–	–
34. Rumänien	54	–	9	3
35. Liberia	54	18	8	3

Jahresausgaben 1975	Marken insges.	Marken dav. □	Blocks insges.	Blocks dav. □
36. Frankreich	54	–	1	–
37. Brasilien	53	–	–	–
38. Laos	52	14	29	7
39. Tonga	52	52	–	–
40. Jugoslawien	52	–	–	–
41. Dominica	51	–	4	1
42. Indien	50	–	–	–
43. Mexiko	49	–	–	–
44. Niger	49	–	–	–
45. Mali	48	–	–	–
46. Schweden	47	–	–	–
47. Bolivien	46	–	18	18
48. Iran	46	–	–	–
49. BRD	44	–	1	–
50. Monaco	44	–	1	–
51. Bhutan	43	22	6	2
52. Israel	43	–	–	–
53. Italien	43	–	–	–
54. Portugal	42	–	1	–
55. Madagaskar	41	5	4	1
56. Barbuda	40	–	2	–
57. China-Volksrepublik	40	–	–	–
58. Jordanien	40	–	–	–
59. Antigua	39	–	6	–
60. Japan	39	–	4	–
61. Costa Rica	39	–	–	–
62. Zaire	39	–	–	–
63. Ghana	38	17	6	4
64. Uruguay	38	–	6	–
65. Libyen	38	–	1	1
66. Äthiopien	38	–	–	–
67. Qatar	37	–	–	–
68. Türkei	37	–	–	–
69. USA	37	–	–	–
70. Cook-Inseln	35	–	7	–
71. Canada	35	–	–	–

Jahresausgaben 1975	Marken ins-ges.	Marken dav. □	Blocks ins-ges.	Blocks dav. □
72. Griechenland	34	–	–	–
73. Dahomey	33	–	–	–
74. Guinea	32	16	6	3
75. Malawi	32	–	3	–
76. Algerien	32	–	2	1
77. Moçambique	32	–	2	1
78. Brit. Salomoninseln	32	–	2	–
79. Ägypten (AR)	32	–	1	1
80. Berlin (West)	32	–	–	–
81. Dominikanische Republik	32	–	–	–
82. Österreich	32	–	–	–
83. Zentralafrikanische Republik	32	–	–	–
84. Mauretanien	31	5	2	1
85. Großbritannien	30	–	–	–
86. Insel Man	30	–	–	–
87. Salvador	30	–	–	–
88. Schweiz	30	–	–	–
89. Tunesien	29	–	2	1
90. Marokko	29	–	1	–
91. Australien	29	–	–	–
92. Neuseeland	29	–	–	–
93. Syrien	29	–	–	–
94. Aitutaki	28	–	2	–
95. Gabunische Rep.	28	–	1	–
96. Norwegen	28	–	–	–
97. Afar und Issa	27	–	–	–
98. Chile	27	–	–	–
99. Haiti	27	–	–	–
100. Irak	26	–	2	2
101. Saudi-Arabien	26	–	–	–
102. Guyana	25	–	4	–
103. Jungferninseln	25	–	1	–
104. Indonesien	25	–	–	–
105. Irland	25	–	–	–
106. Kamerun	24	–	–	–
107. Dänemark	23	–	2	–
108. Brit. Territorium im Ind. Ozean	23	–	1	–
109. Niederlande	23	–	1	–
110. Surinam	23	–	1	–
111. Kuwait	23	–	–	–
112. Luxemburg	23	–	–	–
113. Liechtenstein	22	–	–	–
114. San Marino	22	–	–	–
115. Bermuda-Inseln	21	–	2	–
116. Lesotho	21	–	2	–
117. Singapur	21	–	1	–
118. Sambia	21	–	–	–

Jahresausgaben 1975	Marken ins-ges.	Marken dav. □	Blocks ins-ges.	Blocks dav. □
119. Tschad	21	–	–	–
120. Jersey	20	–	1	–
121. Gambia	20	–	–	–
122. Guatemala	20	–	–	–
123. Ostafrikanische Gemeinschaft	20	–	–	–
124. St. Kitts-Nevis	20	–	–	–
125. Senegal	20	–	–	–
126. Anguilla	19	–	3	1
127. Papua Neuguinea	19	–	1	–
128. Gibraltar	19	3	–	–
129. Malta	19	–	–	–
130. Pakistan	19	–	–	–
131. Barbados	18	–	3	–
132. Samoa	18	–	2	–
133. Bahrain-Inseln	18	–	–	–
134. Kolumbien	18	–	–	–
135. Niederl. Antillen	18	–	–	–
136. Vatikan	18	–	–	–
137. Südafrika	17	–	1	–
138. Finnland	17	–	–	–
139. Grenadinen von St. Vincent	17	–	–	–
140. Uganda	17	–	–	–
141. Vietnam – Ausg. der Vietcong	17	–	–	–
142. Zypern (türk. Post)	17	–	–	–
143. Jamaica	16	–	2	–
144. Nepal	16	–	1	1
145. Panama	16	–	1	1
146. Gilbert- und Ellice-Inseln	16	–	1	–
147. Guernsey	16	–	1	–
148. Franz. Polynesien	16	–	–	–
149. Malaysia	16	–	–	–
150. Neue Hebriden	16	–	–	–
151. Seychellen	16	–	–	–
152. Swaziland	16	–	–	–
153. Vereinigte Arab. Emirate	16	–	–	–
154. Vietnam-Süd	16	–	–	–
155. Botswana	15	–	2	–
156. Elfenbeinküste	15	–	1	–
157. Bahamas	14	–	3	–
158. Kaiman-Inseln	14	–	2	–
159. St. Lucia	14	–	1	–
160. Färöer	14	–	–	–
161. Nauru	14	–	–	–
162. Wallis- und Futuna-Inseln	14	–	–	–

Jahresausgaben 1975	Marken insges.	Marken dav. □	Blocks insges.	Blocks dav. □
163. Ascension	13	–	1	–
164. Hongkong	13	–	1	–
165. Island	13	–	–	–
166. Neukaledonien	13	–	–	–
167. Norfolk-Insel	13	–	–	–
168. Peru	13	–	–	–
169. Montserrat	12	4	2	1
170. Honduras	12	–	1	–
171. Turks- und Caicos-Inseln	12	–	1	–
172. Somalia	12	–	–	–
173. Zypern	12	–	–	–
174. Südwestafrika	11	–	1	–
175. Guinea-Bissau	11	–	–	–
176. Rhodesien	11	–	–	–
177. Südjemen	11	–	–	–
178. Afghanistan	10	–	1	1
179. Pitcairn	10	–	1	–
180. Ver. Nationen-NY.	10	–	1	–
181. Jemen (Republik)	10	–	–	–
182. Belize	9	–	–	–
183. Falklandinseln	9	–	–	–
184. Oman/Sultanat	9	–	–	–
185. St. Pierre und Miquelon	9	–	–	–
186. Ver. Nationen-Genf	8	–	1	–
187. Andorra (franz.)	8	–	–	–
188. Bangla Desh	8	–	–	–
189. Tristan da Cunha	8	–	–	–

Jahresausgaben 1975	Marken insges.	Marken dav. □	Blocks insges.	Blocks dav. □
190. Trinidad und Tobago	7	–	1	–
191. Nigeria	7	–	–	–
192. Venezuela	7	–	–	–
193. Andorra (span.)	6	–	–	–
194. Mauritius	6	–	–	–
195. Penrhyn	6	–	–	–
196. St. Helena	6	–	–	–
197. Sierra Leone	6	–	–	–
198. Sudan	6	–	–	–
199. Niue	5	–	–	–
200. St. Thomas und Prinzeninsel	5	–	–	–
201. Tansania	5	–	–	–
202. Fidschi-Inseln	4	–	1	–
203. Libanon	4	–	–	–
204. Spanisch-Sahara	4	–	–	–
205. Sri Lanka, Rep.	4	–	–	–
206. Tokelau-Inseln	4	–	–	–
207. Brunei	3	–	–	–
208. Grönland	3	–	–	–
209. Kenia	3	–	–	–
210. Malaiische Staaten	3	–	–	–
211. Panama-Kanalzone	3	–	–	–
212. Südgeorgien	3	–	–	–
213. Franz. Geb. in d. Antarktis	2	–	–	–
214. Macao	2	–	–	–
215. Weihnachts-Insel	2	–	–	–
216. Angola	1	–	–	–

□ = geschnitten (ungezähnt)

Aufstellung nach Jahres-Katalogwert

1.	Äquatorial-Guinea	3143.–
2.	Kambodscha-Khmer	2753.50
3.	Laos	1531.45
4.	Paraguay	1180.35
5.	Komoren	1178.45
6.	Obervolta	1001.—
7.	Bolivien	961.65
8.	Ungarn	777.60
9.	Togo	379.75
10.	Bhutan	312.95
11.	Uruguay	310.60
12.	Nicaragua	305.—
13.	Burundi	273.—
14.	Ghana	262.50
15.	Rumänien	259.90
16.	Liberia	229.80
17.	Cook-Inseln	186.60
18.	Madagaskar	181.15
19.	Tonga	172.60
20.	Grenada	168.75
21.	Grenadinen v. Grenada	164.85
22.	Ruanda	158.65
23.	Mauretanien	156.80
24.	Malediven	142.80
25.	Barbuda	135.50
26.	Tschechoslowakei	131.50
27.	Uganda	126.50
28.	Mali	113.15
29.	DDR	102.35
30.	Brit. Salomoninseln	101.70
31.	Albanien	101.15
32.	Guinea	100.—
33.	Dahomey	99.45
34.	Mongolei	95.45
35.	Dominica	94.65
36.	St. Vincent	92.85
37.	Aitutaki	92.50
38.	Gabunische Republik	89.75
39.	Rußland	87.95
40.	Antigua	84.75
41.	Niger	84.75
42.	Penrhyn	84.20
43.	Malawi	82.55
44.	Moçambique	81.—
45.	Jungferninseln	79.65
46.	Korea-Nord	77.95

47. Neue Hebriden 77.—
48. Frankreich 76.65
49. Surinam 76.35
50. Samoa 74.10
51. Kongo-Brazzaville 73.05
52. Belgien 69.80
53. Argentinien 67.10
54. Jugoslawien 63.40
55. Anguilla 63.25
56. Cuba 62.50
57. Afar und Issa 61.10
58. Monako 60.55
59. Bulgarien 59.10
60. Polen 56.35
61. Thailand 54.60
62. Vietnam-Nord 53.90
63. Japan 51.90
64. Spanien 51.60
65. Bundesrep. Deutschland 51.—
66. Brasilien 50.85
67. Bermuda-Inseln 50.60
68. Senegal 49.60
69. Portugal 49.55
70. Franz. Polynesien 49.45
71. Kamerun 49.05
72. Schweden 47.—
73. Israel 46.05
74. Mexiko 45.90
75. Algerien 44.40
76. Jordanien 42.80
77. Sambia 40.85
78. Tunesien 40.70
79. Griechenland 40.25
80. Honduras 40.—
81. Philippinen 40.—
82. Guyana 39.60
83. Wallis- und Fortuna-Inseln 39.20
84. Berlin (West) 38.15
85. Insel Man 37.50
86. Saudi-Arabien 36.95
87. Zentralafrikan. Rep. 36.95
88. Marokko 36.70
89. Tschad 35.40
90. Zaire 34.90
91. Kanada 34.35
92. Costa Rica 33.20
93. Österreich 33.15
94. Brit. Territorium im Indischen Ozean 32.75
95. Äthiopien 32.55
96. Jemen (Republik) 31.50
97. Italien 31.30
98. Tansania 31.20
99. Gambia 31.10
100. Australien 30.70
101. Schweiz 30.70
102. Qatar 30.45
103. China-Formosa 30.35
104. Guernsey 30.30
105. Swaziland 30.10
106. Kenia 30.—
107. Norwegen 29.95
108. Jamaica 29.55
109. Irland 29.45
110. Ascension 28.20
111. Afghanistan 28.15
112. Haiti 27.80
113. Papua Neuguinea 27.80
114. Großbritannien 27.70
115. Liechtenstein 27.20
116. Jersey 27.15
117. Dänemark 26.95
118. Türkei 26.70
119. Iran 26.30
120. Botswana 26.25
121. Barbados 26.15
122. Irak 25.70
123. Niederlande 25.20
124. Ecuador 24.85
125. Kaiman-Inseln 24.25
126. Indonesien 23.65
127. Lesotho 23.55
128. Gilbert- und Ellice-Inseln 23.45
129. Luxemburg 22.80
130. Somalia 22.65
131. Guinea-Bissau 22.60
132. Neukaledonien 22.35
133. Dominikanische Rep. 22.10
134. San Marino 21.90
135. St. Kitts-Nevis 21.85
136. Korea-Süd 21.75
137. Singapur 21.50
138. Zypern (türk. Post) 21.25
139. USA 20.90
140. Norfolk-Insel 20.80
141. Chile 20.60
142. Pitcairn 20.50
143. Vereinigte Arab. Emirate 20.30
144. Montserrat 20.25
145. Indien 20.15
146. Färöer 20.—
147. Malta 19.70
148. Ostafrikan. Gemeinschaft 19.65
149. St. Thomas u. Prinzeninsel 19.50
150. Libyen 19.35
151. Hongkong 18.40
152. Südafrika 18.35
153. Bahrain-Inseln 18.05
154. Kuwait 17.55
155. Grenadinen v. St. Vincent 17.40
156. Vatikan 17.35
157. Nauru 17.20
158. Finnland 17.10
159. Bahamas 17.—
160. Gibraltar 16.70
161. Salvador 15.80
162. Ägypten (AR) 15.50
163. Elfenbeinküste 15.45
164. Niederländische Antillen 15.25
165. Neuseeland 14.70
166. Turks- und Caicos-Inseln 13.85
167. Island 13.70
168. Oman/Sultanat 13.50
169. Vietnam-Vietcong-Ausg. 13.50
170. China-Volksrepublik 13.05
171. St. Lucia 12.80
172. Seychellen 12.55
173. Peru 12.40
174. Vereinte Nationen (Genf) 12.20
175. Pakistan 11.70
176. Syrien 11.65
177. Südwestafrika 11.15
178. Kolumbien 10.80
179. St. Pierre u. Miquelon 10.40
180. Nepal 9.85
181. Sierra Leone 9.30
182. Vereinte Nationen (NY) 9.30
183. Malaysia 9.25
184. Panama 9.15
185. Nigeria 9.—
186. Zypern (Republik) 8.90
187. Andorra (franz.) 8.60
188. Fidschi-Inseln 8.60
189. Falklandinseln 8.10
190. Rhodesien 8.—
191. St. Helena 7.90
192. Belize 7.45
193. Guatemala 7.45

194.	Tristan da Cunha	7.30
195.	Vietnam-Süd	6.75
196.	Trinidad und Tobago	6.20
197.	Mauritius	5.90
198.	Venezuela	5.50
199.	Südjemen	5.30
200.	Sudan	4.90
201.	Libanon	3.70
202.	Tokelau-Inseln	3.—
203.	Andorra (span.)	2.95
204.	Südgeorgien	2.90
205.	Weihnachts-Insel	2.90
206.	Franz. Geb. in d. Antarktis	2.70
207.	Niue	2.70
208.	Sri Lanka, Republik	2.70
209.	Grönland	2.65
210.	Panama-Kanalzone	2.60
211.	Brunei	2.50
212.	Bangladesch	2.35
213.	Macao	1.55
214.	Malaiische Staaten	1.55
215.	Spanisch-Sahara	1.35
216.	Angola	–.45

Anhang V

Anschriften der Versandstellen für Sammlermarken
(Stand Ende 1976)

Die Anschriften können sich aus verschiedenen Gründen im Laufe der Zeit ändern; eine Gewähr für langjährige Richtigkeit kann nicht übernommen werden.
Auch an dieser Stelle muß nochmals darauf hingewiesen werden, daß der einzelne Sammler von einigen der genannten Anschriften keine Markenneuheiten, Ersttagsumschläge u. a. beziehen kann. Das gilt besonders für fast alle Ostblockstaaten und Crown Agents (→Versandstellen).

Bundesrepublik Deutschland
Versandstelle für Sammlermarken, Postfach 2000, D-6000 Frankfurt/M.
und
Versandstelle für Sammlermarken, Postfach 120950, D-1000 Berlin 12

West-Berlin
Versandstelle für Sammlermarken, Postfach 120950, D-1000 Berlin 12,
und
Versandstelle für Sammlermarken, Postfach 2000, D-6000 Frankfurt/M.

EUROPA

Albanien
Artexport, 5 Rue Alqui Kondi, Tirana

Andorra (franz. Post)
Service Philatélique des P. T. T., Cedex 40, F-75 Paris-Brune

Andorra (span. Post)
Postes Espagnol d'Andorra, Andorra la Vieja

Belgien
Service des Collectionneurs, Bureau des Postes, B-1000 Bruxelles

Bulgarien
HEMUS Außenhandelsgesellschaft, Boulevard Rousky 6, Sofia

Dänemark
Postens Filateli, Radhuspladsen 59, DK-1550 Kobenhavn V.

Färöer
Postverk Føroya, Frimerkjadeildin, 3800 Tòrshavn, Føroyar

Finnland
Post- und Telegraphenverwaltung, Philatelieabteilung, Hämeentiec, Postfach 654, SF-00101 Helsinki

Frankreich
Service Philatélique des P. T. T., 4 rue H. Lebas, F-75436 Paris, Cedex 09

Französische Gebiete in Übersee
Agence des Timbres-Poste d'Outre-mer, 85 Avenue de la Bourdonnais, F-75 Paris 7e

Französische Kolonien (Nachfolgestaaten)
Agence des Timbres-Poste d'Outre-mer, 85 Avenue de la Bourdonnais, Paris 7e

Gibraltar
Philatelic Bureau, General Post Office, Gibraltar

Griechenland
Griechische Post, Philatelistischer Dienst, Apellou-Str. 1, Athen 111

Grönland
Grönlands Postvaesen, Strandgate, Postfach 100, DK-1004 Kopenhagen

Großbritannien
Philatelic Bureau GPO, 2–4 Waterloo Place, Edinburgh EH1 1AB

Guernsey
Guernsey Philatelic Bureau, Head Post Office, Guernsey/Channel Islands

Irland
Philatelic Section, General Post Office, Dublin 1

Island
Frimerkjasalan, 121 Reykjavik, Postbox 1445

Italien
Ufficio Poste Corrispondenze, Sportello Filatelico, I-00100 Roma Centro

Jersey
States of Jersey Philatelic Bureau, P. O. Box 304, St. Helier, Jersey, Channel Islands

Jugoslawien
Biro za Postanske Marke, Palmoticeva 2, Postfach 990, YU-11001 Belgrad

Liechtenstein
Postwertzeichenstelle der Fürstlichen Regierung, FL-9490 Vaduz

Luxemburg
Direction des Postes, Office des Timbres, Luxembourg

Malta
Philatelic Bureau, General Post Office, Valetta/Malta

Man, Isle of
The Isle of Man Philatelic Service,

P. O. B. 10. M, Douglas, Isle of Man, England

Monaco
Le Chef de l'Office des Emissions de PTT, Monaco-Ville

Niederlande
Filatelistische Dienst Nederlandse Posterijen, Prinses Beatrixlaan 11, s'Gravenhage

Norwegen
Postens filatelitjeneste, Postfach 1085 Sentrum, Oslo 1

Österreich
Briefmarken-Versandstelle der General-Postdirektion, A-1011 Wien, Postgasse 8

Polen
Ars Polona-Ruch, Warszawa 1, P. O. Box 154

Portugal
Reparticao de Filatelia, Rua General Sinel de Cordes No. 9–1° E, Lisboa-1

Rumänien
Ilexim, 13 Decembrie Str. 3, P. O. B. 136–137, Bukarest

San Marino
Ufficio Filatelico Governativo, I-47031 Repubblica di San Marino

Schweden
Postens Filateli Avdelning, Fack, S-101 10 Stockholm

Schweiz
Schweizerische Wertzeichenverkaufsstelle PTT, Parkterrasse 10, CH-3000 Bern

Spanien
Direccion General de Correos, Servicio Filatelico, Madrid 14

Tschechoslowakei
ARTIA, Philatelistische Abteilung, P. O. B. 790, Praha 1

Türkei
PTT Isletme Genel Müdürlügü, Filateli Servisi, Ankara

Ungarn
Philatelica Hungarica, PO Box 600, Budapest 5

Vereinte Nationen
Postverwaltung der Vereinten Nationen, Palais des Nations, CH-1211 Genf 10

Vatikanstaat
Servizzio Filatelico, Citta del Vaticano/Italien

Zypern (Republik)
Philatelic Bureau, GPO, Nicosia

Zypern (türkisch)
Directorate of the Postal Department, Philatelic Branch, Lefkosa, Mersin 10, Türkei

ÜBERSEE

Afghanistan
Philatelic Department, Ministry of Communications, Kabul

Ägypten
Postal Organisation, Philatelic Office, Cairo, A. R. Egypt

Aitutaki
Aitutaki Post Office, Aitutaki (Cook Islands), South Pacific

Algerien
Ministère des Postes & Télécommunications, Section Philatélique, Alger

Anguilla
Post Office Department, The Valley, Anguilla, West India

Äquatorial-Guinea
Oficina Filatelica de la Direccion de Correos, Malabo, Macias Nguema Biyago, Republica de Guinea Equatorial

Argentinien
Filatelia Correo Central, Buenos Aires

Äthiopien
Director of Posts, Philatelic Section, P. O. B. 1112, Addis Abeba

Australien
Philatelic Bureau, 374 Bourke Street, Melbourne, Victoria/Australia oder
The Australian Stamp Bureau, St. Nicholas House, Sutton, Surry/Großbritannien

Bangla Desh
The Senior Postmaster, G. P. O. Philatelic Bureau, Dacca 2, Bangla Desh

Belize
Philatelic Section, GPO, Belize

Benin
Service Philatelique, Office de P et T, Cotonon

Bermuda
Bermuda Post Office, Philatelic Department, Hamilton, Bermuda

Bhutan
Bhutan Stamp Agency Ltd., P. O. Box 66, Nassau/Bahamas

Bolivien
Direccion General de Correos, Seccion Filatelica, La Paz

Botswana
Department of Posts and Telecommunications, Philatelic Bureau, P O. B. 700, Gaborone, Botswana

Brasilien
Empresa Brasileira de Correos, Central Filatelica, SCS Quadra 13-Lote 36, Edifico Apolo, 70000 Brasilia-DF, Brasilien

Britische Salomon-Inseln
Philatelic Bureau, G. P. O., Ho-

niara, British Solomon Islands, Protectorate

Burundi
Agence Philatélique du Burundi, Boîte Postale 45, Bujumbura

Cayman-Inseln
The Philatelic Bureau, G. P. O., Grand Cayman, Cayman Islands, BWI

Ceylon
Office of the Postmaster-General, Duke Street, Colombo 1

Chile
Departamento Filatelico Comercial, Alameda Bernardo O'Higgins 980, Santiago

China (Formosa)
Philatelic Department, Directorate General of Posts, Taipai, Taiwan 106, Republic of China

Cook-Inseln
Ministry of Posts, P. O. Box 200, Rarotonga, Cook Islands

Costa Rica
Officina Filatelica de Costa Rica, Apartado Postal No. A 2210, San José, Costa Rica

Fidschi
The Philatelic Bureau, P. O. Box 40, Suva, Fiji

Gabun
Centre Philatélique, Compte Courant Postal, 10300 Libreville, République Gabonaise

Gambia
Posts & Telecommunications, General Post Office, Bajul, The Gambia

Ghana
Ghana Philatelic Agency, 225 West 34th Street, Pennsylvania Building, New York, N. Y. 10001

Guinea
Agence Philatélique, Boîte Postale 814, Conakry, République de Guinée

Guyana
Philatelic Bureau, G. P. O., Georgetown, Guyana, S. A.

Haiti
Office du Timbre, PO Box 3, Port-au-Prince, Haiti, Westindien

Indien
Presidency Postmaster, Philatelic Bureau, G. P. O., Bombay-400001, India

Indonesien
Bureau des Postes, Service Philatélique, Djakarta

Irak
Director General of Posts, Philatelic Department, Baghdad

Iran
Administration Centrale PTT, Service Philatélique, Teheran

Israel
Ministère des Communications, Service Philatélique, Jerusalem

Jamaika
Head Postmaster, Philatelic Bureau, G. P. O., Kingston, Jamaika

Japan
Tokyo Central Post Office, Philatelic Section, C. P. O. B. 888, Tokyo, Japan

Jemen (Republik)
Ministry of Communication, General Post Office, Sanaa, Jemen

Jordanien
Ministry of Communications PT & T, Philatelic Division, Amman, Jordan

Kanada
Philatelic Service, Canada Post Office, Ottowa 8, Ontario K 1 A OB 5

Kenia
The Stamp Bureau, EAP & T Corporation, P. O. Box 30368, Nairobi, Kenya

Kokos-Inseln
Officer-in-Charge, Philatelic Bureau, 12th Floor, 374 Bourke Street, Melbourne, Victoria, Australia, 3000

Kolumbien
Servicio Postale, Officina Filatelica, Bogota

Komoren
Délégation à l'Améngement du Territoire Chargé des PTT, Moroni, Comores

Kongo (Brazzaville)
Office National des Postes et Télécommunications, Centre Philatélique, CCP 103–20 Brazzaville, République Populaire du Congo

Kongo (Kinshasa)
Bureau Philatélique Exterieur de la R. D. C., Boîte Postale 1981, Kinshasa 1, Congo-Afrique

Korea-Nord
Korea Publications Export and Import Co., Pyongyang, D. P. R. K.

Korea-Süd
Philatelic Agency, Central Post Office, Seoul, South Korea

Kuba
Empresa Comercial Filatelica, Apartado 1000, Habana 1, Cuba

Kuwait
Post Office Department, Philatelic Section, Kuwait

Libanon
Postes et Télégraphes, Agence des Timbres Poste, Beirut

Liberia
Post Office Department, Philatelic Office, Monrovia

Libyen
Ministry of Communications, De-

partment of PTT, Stamps and Philatelic Section, Tripoli

Madagaskar
Monsieur le Chef des Centre, d'Approvisionnement en Timbres-poste, Service Philatélique, Tananarive, Malagasy

Mali
Service Philatélique, CCP No. 7501, Bamoko, Mali

Marokko
Ministère des PTT, Section Timbres-Postes, Rabat, Maroc

Mauretanien
Office des Postes et Télécommunications, Agence Philatélie, 888, Nouakchott

Mexiko
Direccion General de Correos, Palaco Postal, Mexiko, 1 DF

Nauru
Officer-in-Charge, Philatelic Bureau, Republic of Nauru, Central Pacific

Nepal
Philatelic Bureau, GPO, Kathmandu

Neue Hebriden
Philatelic Bureau, Vila, New Hebrides Condominium

Neuseeland
Post Office Philatelic Bureau, Private Bag, Wanganui, New Zealand

Nicaragua
Oficina de Control de Especies Postales y Filatelia, Apartado Postal 325, Managua, D. N.

Niederländische Antillen
International Philatelic Agencies, P. O. B. 5497, Amsterdam

Niger
Service Philatélique, Direction PTT, Niamey

Norfolk
The Senior Philatelic Officer, Administration Offices, Kingston, Norfolk Island, 2899, South Pacific

Obervolta
Office des Postes et Télécommunications, Service Philatélique, Ouagadougou – CCP 1820

Ostafrikanische Gemeinschaft
Public Relations Office, East African Posts & Telecommunications, P. O. B. 30301, Nairobi, Kenya

Pakistan
The Director-General, Pakistan Post Office, Karachi

Papua und Neuguinea
Philatelic Bureau, Port Moresby, Territory of Papua and New Guinea

Paraguay
Philatelistische Abteilung der Paraguayischen Post, Asuncion

Penrhyn
Penrhyn Post Office, Penrhyn, Northern Cook Islands, South Pacific

Peru
Ministerio de Transportes y Communicaciones, Direccion des Correos y Telegrafos, Lima

Philippinen
Postal Fiscal Service Chief, Stamp and Philatelic Section, Bureau of Posts, Manila

Pitcairn
The Postmaster, Philatelic Bureau, P. O. B. 40, Suva, Fiji Islands, South Pacific

Qatar
The Philatelic Bureau, Department of Posts, Ministry of Communication & Transport, Doha, Qatar

Rhodesien
Philatelic Bureau, Private Bag 199H, Salisbury, Rhodesia

Ruanda
Direction Générale des PTT, Service Philatélique, Kigali

Sambia
Stamp Bureau, General Post Office, P. O. Box 1857, Ndola, Zambia

Samoa
Philatelic Bureau, G. P. O., Apia, Western Samoa

Sierra Leone
The Philatelic Section, GPO, Freetown

St. Lucia
Philatelic Bureau, GPO, Castries, St. Lucia, West Indies

St. Vincent
Philatelic Services, GPO, Kingstown, St. Vincent, West Indies

Südafrika
Philatelic Services, GPO, Pretoria 0001, RSA

Sudan
Director General Posts and Telegraphs Department, Philatelic Section, Khartoum

Südwestafrika
wie Südafrika

Surinam
International Philatelic Agency, Postbus 5497, Amsterdam, Niederlande

Syrien
Direction des Postes, Service Philatélique, Damaskus

Tansania
The Stamp Bureau, EAP & T Corporation, P. O. Box 2988, Dar es Salaam, Tanzania

Thailand
Philatelic Promotion Centre, Post & Telegraph Department, Bangkok

Tonga
Chief Postmaster, Nukualofa, Tonga Islands

Transkei
Transkei Philatelic Services, c/o Intersapa, Private Bag X 496, Pretoria 0001, South Africa

Tschad
Monsieur le Chef du Centre Philatélique, N'Jjamena, Tschad

Tunesien
Le Cef des Services Postes, Tunis

Turks- und Caicos-Inseln
Philatelic Bureau, The Postmaster, Grand Turk, West Indies

Tuvalu
Tuvalu Philatelic Bureau, Funafuti, Tuvalu, Central Pacific

Uganda
The Stamp Bureau, EAP & T Corporation, P. O. Box 231, Kampala, Uganda

Uruguay
Direccion de Correos, Div. Servicio International, Montevideo

Venezuela
Ministerio Communicaciones, Dirección General de Correos, Oficina Filatelica National, Caracas

Vereinigte Staaten von Amerika
Philatelic Sales Unit, City Post Office, Washington, D. C. 20013

Vereinte Nationen
Wie unter Europa-Länder

Weihnachtsinseln
The Postmaster, Christmas Islands, Indian Ocean

Westsamoa
Wie Samoa

Zaire
Bureau Philatélique Extérieur de la République, Boîte Postale 1981, Kinshasa 1, Zaire

Zentralafrikanische Republik
Direction Générale de l'Office des Postes et Télécommunications, Service Philatélique, Bangui, République Centafricaine
Die meisten Anschriftenverzeichnisse begehen in bezug auf →Crown Agents den Fehler, dieses Unternehmen als Versandstelle anzugeben. Das ist grundsätzl. falsch (aus Sicht des Sammlers), da Crown Agents nur Großabnehmer, also bevorzugt Händler beliefern, nicht dagegen aber einzelne Sammler! Die Marken derjenigen Länder, die ihre neuen Ausgaben über Crown Agents beziehen, können Sammler nur über einen Einzelhändler bekommen; einige dieser Länder unterhalten aber auch eigene Versandstellen.

Anhang VI

Die Währungen der Welt
(Stand September 1976)

Quellen: Statistisches Jahrbuch 1976 und Statistische Beihefte der Deutschen Bundesbank, Reihe 5, 1976. Die Währungsbezeichnungen der nachstehend über 160 Länder sind in der üblichen deutschen, die Abkürzungen in der offiziellen Schreibweise (bei letzteren gibt es teils zwei) angegeben, die vielfach der Wertziffer auf den Briefmarken vor- oder nachgestellt erscheinen. Es hat sich in den letzten Jahren allerdings ergeben, daß Kurzzeichen auf Briefmarken mehr und mehr verschwinden und nur noch die entsprechenden Wertziffern verwendet werden. Auf Umrechnung in DM, Schilling oder Franken wurde absichtlich verzichtet, da die Devisenkurse häufig schwanken und in manchen Fällen bis zum Erscheinen des Lexikons überholt sein können.

Land	Währungsbezeichnung	Kurzform
Ägypten	Ägypt. Pfund = 100 Piastres = 1000 Milliémes	ägypt. £; PT; mms
Äquatorial-Guinea	Ekuele = 100 Céntimos	EK; ct
Äthiopien	Birr = 100 Cents	Br; ct
Afar und Issa	Dschibuti-Franc = 100 Centimes	FD; c
Afghanistan	Afghani = 100 Puls	Af; Pl
Albanien	Lek = 100 Qindarka	L; Q
Algerien	Alger. Dinar = 100 Centimes	DA; CT
Angola	Kwanza = 100 Lwei	Kz; Lw
Argentinien	Argent. Peso = 100 Centavos	argent. $; c
Australien	Austr. Dollar = 100 Cents	$ oder $A; c
Bahamas	Bahama-Dollar = 100 Cents	B$; c
Bahrain	Bahrain-Dinar = 1000 Fils	BD; F
Bangla Desh	Taka = 100 Paisha	Tk
Barbados	Barbados-Dollar = 100 Cents	BDS$ oder $; c
Belgien	Belg. Franc = 100 Centimes	fr, bfr oder F; c
Belize	Belize-Dollar = 100 Cents	Bz$; c
Benin (früher Dahomey)	CFA-Franc = 100 Centimes	F CFA oder F; c
Bermuda	Bermuda-Dollar = 100 Cents	BD$ oder $; c
Birma	Kyat = 100 Pyas	K; P
Bolivien	Bolivian. Peso = 100 Centavos	$B; cts
Botswana	Pula = 100 Thebe	P; t
Brasilien	Cruzeiro = 100 Centavos	Cr$
Brunei	Brunei-Dollar = 100 Cents	BR$; c
Bulgarien	Lev oder Lew = 100 Stótinki	Lv oder Lw; St
Bundesrepublik Deutschland	Deutsche Mark = 100 Pfennig	DM; Pf
Burundi	Burundi-Franc = 100 Centimes	F Bu
Chile	Chilen. Peso = 100 Centavos	chil. $; cts
China (Formosa)	Neuer Taiwan-Dollar = 100 Cents	NT$ oder $; c
China (Volksrepublik)	Renminbi Yuan = 10 Jiao = 100 Fen	RMB Y
Costa Rica	Costa-Rica-Colón = 100 Céntimos	₡; c
Dänemark	Dänische Krone = 100 Øre	k, dkr oder Kr; Ø
Deutsche Demokratische Republik	Mark = 100 Pfennig	M; Pf
Dominikanische Republik	Dominik. Peso = 100 Centavos	dom$ oder $; cts

Land	Währungsbezeichnung	Kurzform
Dubai	Qat. Dub-Riyal = 100 Dirham	R; Dh
Ecuador	Sucre = 100 Centavos	s/.; Ctvs
Elfenbeinküste	CFA-Franc = 100 Centimes	F CFA oder F; c
Falkland-Inseln	Falkland-Pfund = 100 New Pence	£ oder Fl£; p
Fidschi	Fidschi-Dollar = 100 Cents	$ oder $F; c
Finnland	Finnmark = 100 Penniä	mk oder Fmk; p
Frankreich	Französ. Franc = 100 Centimes	F oder FF; c
Gabun	CFA-Franc = 100 Centimes	F CFA oder F; c
Gambia	Dalasi = 100 Bututs	D; b
Ghana	Cedi = 100 Pesewas	₵; p
Gibraltar	Gibraltar-Pfund = 100 New Pence	£ oder Gib£; p
Grenada	Ostkaribischer Dollar = 100 Cents	$ oder EC$; c
Griechenland	Drachme = 100 Lepta	Dr oder dr; L oder l
Großbritannien	Pfund Sterling = 100 New Pence	£, p
Guatemala	Quetzal = 100 Centavos	Q; c oder cts
Guinea (Republik)	Syli = 100 Cauris	SY
Guinea-Bissau	Guinea-Peso = 100 Centavos	PG; CTS
Guyana	Guyana-Dollar = 100 Cents	G$; ¢
Haiti	Gourde = 100 Centimes	Gde oder G; cts
Honduras	Lempira = 100 Centavos	L; cts
Hongkong	Hongkong-Dollar = 100 Cents	HK$ oder $; c
Indien	Ind. Rupie = 100 Paise	Re oder iR; P
Indonesien	Rupiah = 100 Sen	Rp; S
Irak	Irak-Dinar = 1000 Fils	ID; F
Iran	Rial = 100 Dinars	Rl; D
Irland	Irisches Pfund = 100 New Pence	£ oder Ir£; p
Island	Isländ. Krone = 100 Aurar	Kr oder IKr; aur
Israel	Israel. Pfund = 100 Agorot	I£ oder IL
Italien	Ital. Lira = 100 Centesimi	L oder Lit; Cent
Japan	Yen = 100 Sen	Y; s
Jemen (Sanaa)	Jemen-Rial = 100 Fils	YRl
Jemen, Demokrat. Volksrepublik	Jemen-Dinar = 1000 Fils	YD oder Y£
Jordanien	Jordan-Dinar = 1000 Fils	JD; FLS
Jugoslawien	Jugosl. Dinar = 100 Para	Din; p
Kaiman-Inseln	Kaiman-Dollar = 100 Cents	CI$; c
Kambodscha (Khmer)	Riel = 100 Sen	
Kamerun	CFA-Franc = 100 Centimes	F CFA oder F; c
Kanada	Kanad. Dollar = 100 Cents	kan. $ oder $; c
Kenia	Kenia-Schilling = 100 Cents	KSh oder Sh; cts
Kolumbien	Kolumbian. Peso = 100 Centavos	kol $ oder $; c oder cvs
Komoren	CFA-Franc = 100 Centimes	F CFA oder F; c
Kongo	CFA-Franc = 100 Centimes	F CFA oder F; c
Korea-Nord	Won = 100 Chon	W
Korea-Süd	Won = 100 Chon	W
Kuba	Kuban. Peso = 100 Centavos	kub $ oder $; ¢
Kuwait	Kuwait-Dinar = 1000 Fils, 100 Fils = 1 Dirham	KD; F; Dh

Land	Währungsbezeichnung	Kurzform
Laos	Kip = 100 At	KL oder K; At
Lesotho	Rand = 100 Cents	R; c
Libanon	Libanes. Pfund = 100 Piastres	L£ oder LL; PL
Liberia	Liberian. Dollar = 100 Cents	Lib$; c
Libyen	Lib. Dinar = 1000 Dirhams	LD oder DL
Liechtenstein	Schweizer Franken = 100 Rappen	sfr oder Fr; Rp
Luxemburg	Luxemb. Franc = 100 Centimes	lfr oder F; c
Macau	Pataca = 100 Avos	Pat oder M$
Madagaskar	Madagaskar-Franc = 100 Centimes	FMG; c
Malawi	Malawi-Kwacha = 100 Tambala	MK oder K; t
Malaysia	Malaysischer Ringgit = 100 Sen	M$ oder $; c
Malediven	Malediven-Rupie = 100 Laris	Re; l
Mali	Mali-Franc = 100 Centimes	FM; C oder c
Malta	Malta-Pfund = 100 Cents = 1000 Mils	£M; c; m
Marokko	Dirham = 100 Centimes	DH; C
Mauretanien	Ouguiya = 5 Khoums	UM; KH
Mauritius	Mauritius-Rupie = 100 Cents	MR oder Re; c
Mexiko	Mexikan. Peso = 100 Centavos	mex$ oder $; C oder cts
Monaco	Französ. Franc = 100 Centimes	F oder FF; c
Mongolei	Tugrug = 100 Mongo	Tug
Mozambique	Mosambik-Escudo = 100 Centavos	MEsc
Nepal	Nepales. Rupie = 100 Paisa	NR oder NRe; P
Neue Hebriden	Neue-Hebriden-Franc = 100 Centimes	FNH; c
Neukaledonien	CFP-Franc = 100 Centimes	F CFP oder F; c
Neuseeland	Neuseeland-Dollar = 100 Cents	NZ$ oder $; c
Nicaragua	Córdoba = 100 Centavos	C$; c oder cts
Niederlande	Holländ. Gulden (auch Florin) = 100 Cents	hfl, f oder Gld; c oder ct
Niederländische Antillen	Niederländ. Antillen-Gulden = 100 Cents	NAF; c oder ct
Niger	CFA-Franc = 100 Centimes	F CFA oder F, c
Nigeria	Naira = 100 Kobo	N; k
Norwegen	Norweg. Krone = 100 Øre	nkr oder kr; Ø
Obervolta	CFA-Franc = 100 Centimes	F CFA oder F; c
Oman	Rial Omani = 1000 Baizas	RO; Bz
Österreich	Schilling = 100 Groschen	S; Gr oder g
Pakistan	Pakistan. Rupie = 100 Paisa	pR oder Re; Ps
Panama (ohne Kanalzone)	Balboa = 100 Centésimos	B/.; c oder cts
Papua-Neuguinea	Kina = 100 Toea	K; t
Paraguay	Guarani = 100 Céntimos	G; cts
Peru	Sol de Oro = 100 Centavos	Sol oder S/.; cents
Philippinen	Philippin. Peso = 100 Centavos	P; c
Polen	Zloty = 100 Groszy	Zl; gr
Portugal	Escudo = 100 Centavos	Esc oder $; c oder ctvs
Rhodesien	Rhodesischer Dollar = 100 Cents	R$ oder $; c
Ruanda	Ruanda-Franc = 100 Centimes	FRw; c
Rumänien	Leu = 100 Bani	l; b
Sambia	Kwacha = 100 Ngwee	K; N

Land	Währungsbezeichnung	Kurzform
Samoa (Westsamoa)	Tala = 100 Sene	WS$ oder $; s
Saudi-Arabien	Saudi-Riyal = 20 Qirshes = 100 Hallalas	SRl oder Rl
Schweden	Schwedische Krone = 100 Öre	skr oder Kr; Ö
Schweiz	Schweizer Franken = 100 Rappen oder 100 Centimes	sfr; Rp oder c
Senegal	CFA-Franc = 100 Centimes	F CFA oder F; c
Seychellen	Seychellen-Rupie = 100 Cents	SR oder R; c
Sierra Leone	Leone = 100 Cents	Le; c
Singapur	Singapur-Dollar = 100 Cents	S$; c
Somalia	Somalischer Schilling = 100 Centesimi	ShSo; Cnt
Sowjetunion	Rubel = 100 Kopeken	Rbl; Kop
Spanien	Peseta = 100 Céntimos	Pta; cts
Sri Lanka (Ceylon)	Sri-Lanka-Rupie = 100 Sri Lanka Cents	SLRe; SLCts
Südafrika	Rand = 100 Cents	R; c
Sudan	Sudanes. Pfund = 100 Piastres = 1000 Millièmes	sud £; PT; mm
Südwestafrika	Rand = 100 Cents	R; c
Surinam	Surinam-Gulden = 100 Cents	Sf; c
Swaziland	Lilangeni = 100 Cents	E; c
Syrien	Syrisches Pfund = 100 Piastres	syr £ oder LS; PS
Tansania	Tansania-Shilling = 100 Cents	TSh oder Sh; Ct
Thailand	Baht = 100 Stangs	B; St oder Stg
Togo	CFA-Franc = 100 Centimes	F CFA oder F; c
Tonga	Pa'anga = 100 Seniti	T$; s
Trinidad und Tobago	Trinidad- und Tobago-Dollar = 100 Cents	TT$; cts
Tschad	CFA-Franc = 100 Centimes	F CFA oder F; c
Tschechoslowakei	Tschechoslowak. Krone = 100 Haléru	Kcs; h
Tunesien	Tunes. Dinar = 1000 Millimes	tD oder DT; M
Türkei	Türkisches Pfund = 100 Kurus	TL oder Ltq; Krs
Uganda	Uganda-Shilling = 100 Cents	USh oder Sh; Ct
Ungarn	Forint = 100 Filler	Ft; f
Uruguay	Uruguayischer Neuer Peso = 100 Centésimos	urug. N$; cts
Venezuela	Bolivar = 100 Céntimos	Bs oder B; c oder cts
Vereinigte Arabische Emirate	Dirham = 100 Fils	DH; F
Vereinigte Staaten von Amerika	US-Dollar = 100 Cents	US$ oder $; c
Vietnam	Dong = 10 Chao = 100 Sau	D
Zaire	Zaire = 100 Makuta = 10000 Sengi	Z; K; s
Zentralafrikanische Republik	CFA-Franc = 100 Centimes	F CFA oder F; c
Zypern (griech.)	Zypern-Pfund = 1000 Mils	Z£ oder £; m
Zypern (türk.)	wie Türkei	

Anhang VII

1. Ausstellungsordnung des Bundes Deutscher Philatelisten

Mit Genehmigung der Bundesstelle Ausstellungswesen des BDPh wird nachstehend die im Herbst 1975 in Kraft getretene Ausstellungsordnung für die Teilnahme an Ausstellungen in der Bundesrepublik Deutschland wörtlich wiedergegeben.

EINLEITUNG

1. Geltungsbereich

1.1 Diese Ausstellungsordnung gilt für alle philatelistischen Ausstellungen, die in der Bundesrepublik Deutschland und in West-Berlin vom BDPh, seinen Landesverbänden und Vereinen durchgeführt werden.

1.2 Sie gilt nicht für Ausstellungen, die nach dem »Allgemeinen Reglement für internationale philatelistische Ausstellungen unter dem Patronat der Fédération Internationale de Philatélie (FIP)« veranstaltet werden.

1.3 Für Exponate junger Philatelisten gilt bei allen Ausstellungen die Ausstellungsordnung der Deutschen Philatelisten-Jugend e. V. (DPhJ).

2. Arten von Ausstellungen

2.1 Allgemeine Ausstellungen sind Ausstellungen, in denen Exponate mehrerer Gruppen der Wettbewerbsklasse (Ziffer 8.1) gezeigt werden.

2.2 Spezialausstellungen sind Ausstellungen, die nur Exponate einer Gruppe der Wettbewerbsklasse (Ziffer 8.1) enthalten.

RANGORDNUNG UND KLASSENEINTEILUNG

3. Rangordnung von Ausstellungen

3.1 Philatelistische Ausstellungen können als Wettbewerbsausstellungen oder als Ausstellungen ohne Wettbewerb durchgeführt werden.

3.2 Für Wettbewerbsausstellungen wird folgende Rangordnung festgelegt:
- Nationale Ausstellungen – Rang I
- Regionale Ausstellungen – Rang II
- Lokale Ausstellungen – Rang III

3.3 Ausstellungen ohne Wettbewerb werden als Briefmarkensalon oder Briefmarkenschau durchgeführt.

4. Klasseneinteilung

4.1 Wettbewerbsausstellungen werden in folgende Klassen eingeteilt:
- Offizielle Klasse (Ziffer 5)
- Ehrenhof (Ziffer 6)
- Ehrenklasse (Ziffer 7)
- Wettbewerbsklasse (Ziffer 8)
- Sammlungen außer Wettbewerb (Ziffer 9)

4.2 Nationale Ausstellungen müssen alle Klassen enthalten. Bei regionalen und lokalen Ausstellungen genügt die Wettbewerbsklasse.

5. Offizielle Klasse

In die offizielle Klasse werden nur Exponate von Postverwaltungen, Museen, Briefmarkendruckereien, Graveuren und Graphikern aufgenommen.

6. Ehrenhof

Im Ehrenhof werden auf Einladung des Veranstalters nur Exponate von besonderem philatelistischen Wert gezeigt.

7. Ehrenklasse

In die Ehrenklasse werden nur Exponate aufgenommen, die nach Ziffer 14 aufgrund ihrer Vorprämiierung nicht in der Wettbewerbsklasse teilnehmen dürfen.

8. Wettbewerbsklasse

8.1 In der Wettbewerbsklasse werden nach dem Inhalt der Exponate folgende Gruppen gebildet:
- Ländersammlungen
- Sammlungen nach Sondergesichtspunkten
- Luftpostsammlungen
- Motivsammlungen
- Sammlungen junger Philatelisten
- Literatur

8.2 In den Gruppen Ländersammlungen, Sammlungen nach Sondergesichtspunkten, Luftpostsammlungen und Literatur können weitere Aufteilungen vorgenommen werden.

8.3 Die Gliederung der Gruppe Motivsammlungen richtet sich nach dem Motivreglement.

9. Sammlungen außer Wettbewerb

9.1 In die Klasse der Sammlungen außer Wettbewerb werden die Exponate der Mitglieder des Preisgerichts, des Ausstellungsleiters, Lehrsammlungen und Arbeiten schaffender Künstler eingereiht.

9.2 In diese Klasse werden außerdem Literaturexponate von Postverwaltungen und Exponate von bibliophilem Wert eingereiht, die älter als fünf Jahre sind.

ZULASSUNG VON EXPONATEN

10. Philatelistischer Ausschuß

10.1 Bei jeder Wettbewerbsausstellung ist ein philatelistischer Ausschuß einzusetzen, der über die Teilnahme der angemeldeten Exponate und die den Ausstellern bereitzustellenden Ausstellungsrahmen entscheidet.

10.2 Die Entscheidungen des philatelistischen Ausschusses sind unanfechtbar. Ein Anspruch auf Zuteilung einer bestimmten Anzahl von Ausstellungsrahmen besteht nicht. Dem Aussteller werden die Gründe für die Ablehnung seines Exponats mitgeteilt.

10.3 Bei nationalen Ausstellungen wird ein Mitglied des philatelistischen Ausschusses von der Bundesstelle Ausstellungswesen, bei regionalen Ausstellungen von der Landesverbandsstelle Ausstellungswesen benannt.

11. Inhalt der Exponate

11.1 Auf Ausstellungen nach dieser Ausstellungsordnung dürfen nur Exponate mit philatelistischem Inhalt gezeigt werden. Zugelassen sind
– Postwertzeichen und Ganzsachen aller Länder einschließlich der Freistempel und Portofreiheitsbriefe
– Marken und Ganzsachen der Postbeförderungseinrichtungen privater Art
– vorphilatelistische Briefe und Stempel
– Poststempel und postalische Dokumente
– philatelistisches Schrifttum

11.2 Probedrucke, Neudrucke, Nachdrucke, Reproduktionen, Fälschungen und Reparaturen dürfen nur gezeigt werden, wenn sie als solche bezeichnet sind.

11.3 Die in den Bestimmungen der FIP als unerwünscht bezeichneten Ausgaben dürfen nicht gezeigt werden.

11.4 In der Wettbewerbsgruppe Literatur sind Manuskripte nicht zugelassen.

12. Persönliche Voraussetzungen

12.1 Als Aussteller werden nur Mitglieder von Vereinen des BDPh und der DPhJ zugelassen, die im Besitz eines Ausstellerpasses des BDPh oder einer Zulassung der DPhJ für das angemeldete Exponat sind. Ausländer, die nicht Mitglied eines Vereins des BDPh e. V. sind, können zugelassen werden, wenn sie einem anderen, der FIP angeschlossenen Verband angehören.

12.2 Der Aussteller muß seit mindestens zwei Jahren Eigentümer der wesentlichen in seinem Exponat enthaltenen Stücke sein.

12.3 Briefmarkenhändler können am Wettbewerb teilnehmen, wenn sie Exponate ausstellen, die seit mehr als fünf Jahren als private, nicht zu gewerblichen Zwecken aufgebaute Sammlungen bekannt sind.

13. Mindestvorprämiierungen

13.1 Auf nationalen Ausstellungen werden nur Exponate zugelassen, die auf einer regionalen Ausstellung mindestens eine Silbermedaille erhalten haben.

13.2 Auf regionalen Ausstellungen werden nur Exponate zugelassen, die auf einer lokalen Ausstellung mindestens eine Silbermedaille oder ein Diplom in dieser Stufe erhalten haben.

13.3 Bei Literaturexponaten ist eine Vorprämiierung nicht erforderlich.

14. Höchstvorprämiierungen

14.1 Bei einer nationalen Ausstellung dürfen Exponate für die Dauer von fünf Jahren nicht am Wettbewerb in der Ehrenklasse teilnehmen, wenn sie bei einer internationalen Ausstellung einen »Grand Prix d'Honneur« oder bei einer nationalen Ausstellung einen »Großen Preis der Ehrenklasse« (Ziffer 21.2) erhalten haben.

14.2 Bei einer nationalen Ausstellung dürfen Exponate für die Dauer von fünf Jahren nicht in der Wettbewerbsklasse teilnehmen, wenn sie bei einer internationalen Ausstellung eine Goldmedaille oder bei nationalen Ausstellungen drei Goldmedaillen erhalten haben.

14.3 Bei einer regionalen Ausstellung dürfen Exponate nicht in der Wettbewerbsklasse teilnehmen wenn sie in den letzten fünf Jahren bei einer internationalen Ausstellung eine Vermeilmedaille bei einer nationalen Ausstellung eine Goldmedaille oder bei regionalen Ausstellungen drei Goldmedaillen erhalten haben.

14.4 Bei einer lokalen Ausstellung dürfen Exponate nicht in der Wettbewerbsklasse teilnehmen, wenn sie in den letzten fünf Jahren bei einer internationalen Ausstellung eine Bronzemedaille, bei einer nationalen Ausstellung eine Silbermedaille, bei einer regionalen Ausstellung eine Vermeilmedaille oder bei lokalen Ausstellungen drei Goldmedaillen oder Diplome in dieser Stufe erhalten haben.

14.5 Es werden nur Auszeichnungen angerechnet, die bei Ausstellungen nach dem »Allgemeinen Reglement für internationale philatelistische Ausstellungen unter dem Patronat der FIP« und bei Ausstellungen nach dieser Ausstellungsordnung zuerkannt worden sind.

14.6 Auszeichnungen, die einem Exponat zwischen dem Zeitpunkt seiner Anmeldung und dem Tag der Eröffnung der Ausstellung bei anderen Ausstellungen zuerkannt worden sind, werden nicht angerechnet.

14.7 Exponate, die nach den Ziffern 14.2 bis 14.6 aufgrund ihrer Vorprämiierung nicht in der Wettbewerbsklasse teilnehmen dürfen, können in die Ehrenklasse aufgenommen werden.

PREISGERICHT

15. Einsetzung des Preisgerichts

15.1 Für die Bewertung der Exponate ist ein Preisgericht einzusetzen.

15.2 Die Landesverbände führen Verzeichnisse über die Preisrichter, denen die Befähigung zur Ausübung des Preisrichteramts zuerkannt worden ist, und die im Besitz eines Preisrichterpasses des BDPh sind. Bei Ausstellungen dürfen nur die in diesen Verzeichnissen aufgeführten Preisrichter eingesetzt werden.

15.3 Die Mitglieder des Preisgerichts werden bei nationalen Ausstellungen vom Bundesvorstand im Benehmen mit der Bundesstelle Ausstellungswesen, bei regionalen und lokalen Ausstellungen vom Landesverbandsvorstand im Benehmen mit der Landesverbandsstelle Ausstellungswesen ausgewählt.

15.4 Das Preisgericht (Ziffer 15.3) wird von der Ausstellungsleitung berufen. Berufung und Annahme der Berufung bedürfen der Schriftform.

16. Zahl der Preisrichter

16.1 Dem Preisgericht müssen bei nationalen Ausstellungen mindestens 8, bei regionalen Ausstellungen mindestens 6 und bei lokalen Ausstellungen mindestens 4 Preisrichter angehören.

16.2 Weitere Preisrichter müssen eingesetzt werden, wenn es nach Art und Inhalt der Exponate im Interesse einer sachgerechten Bewertung erforderlich ist. Im übrigen richtet sich die Zahl der einzusetzenden Preisrichter nach der Anzahl der Ausstellungsrahmen und der für die Bewertung zur Verfügung stehenden Zeit.

17. Zusammensetzung des Preisgerichts

17.1 Dem Preisgericht dürfen nur Preisrichter angehören, die einen gültigen Preisrichterpaß des BDPh mindestens für den Rang besitzen, in dem die Ausstellung durchgeführt wird.

17.2 Das Preisgericht muß so zusammengesetzt sein, daß eine fachlich einwandfreie Bewertung der Exponate gewährleistet ist. Im Bedarfsfall zieht das Preisgericht Sachverständige hinzu.

17.3 Die Mitglieder des Preisgerichts wählen aus ihrer Mitte einen Vorsitzenden, der bei nationalen und regionalen Ausstellungen den Preisrichterpaß für nationale Ausstellungen und bei lokalen Ausstellungen den für regionale Ausstellungen besitzen muß.

17.4 Der Leiter der Bundesstelle Ausstellungswesen und in ihrem Bereich die Leiter der Landesverbandsstellen Ausstellungswesen sind berechtigt, der Tätigkeit des Preisgerichts als Beobachter ohne Stimmrecht beizuwohnen.

17.5 Bei nationalen Ausstellungen kann der Leiter der Bundesstelle Ausstellungswesen, bei regionalen und lokalen Ausstellungen der Leiter der Landesverbandsstelle Ausstellungswesen dem Preisgericht Anwärter für das Preisrichteramt zuordnen. Diese Anwärter haben kein Stimmrecht.

18. Aufgaben des Preisgerichts

18.1 Das Preisgericht hat die Aufgabe, die Exponate zu bewerten und die Auszeichnungen einschließlich der Ehrenpreise zu vergeben. Es ist in seinen Entscheidungen unabhängig. Sein Urteil ist endgültig und unanfechtbar.

18.2 Jeder Preisrichter ist verpflichtet, sich für seine Aufgabe voll einzusetzen und sie nach bestem Wissen uneigennützig und unparteiisch wahrzunehmen. Er hat sich auf seine Tätigkeit gewissenhaft vorzubereiten und bei der Bewertung der Exponate die Bestimmungen des BDPh für das Ausstellungswesen zu beachten.

18.3 Die Exponate werden ausschließlich nach den Bestimmungen der Ziffern 19 und 20 bewertet. Das Ergebnis der Bewertung ist von den Preisrichtern in die vom BDPh vorgeschriebenen Bewertungsbogen einzutragen.

18.4 Das Preisgericht legt das Ergebnis der Bewertung in einer nicht öffentlichen Schlußsitzung fest. Über diese Sitzung ist eine Niederschrift (Bericht des Preisgerichts) zu fertigen, die von allen Mitgliedern des Preisgerichts zu unterschreiben ist.

18.5 Der Bericht des Preisgerichts ist vom Vorsitzenden oder durch ein von ihm beauftragtes Mitglied des Preisgerichts bekanntzugeben.

BEWERTUNG VON EXPONATEN

19. Allgemeine Bewertungsgrundsätze

19.1 Für die Bewertung eines Exponats sind mindestens zwei Preisrichter einzusetzen.

19.2 Das Preisgericht ist nicht verpflichtet, einem Exponat die Auszeichnung zuzuerkennen, die es schon bei vorhergehenden Ausstellungen erhalten hat.

19.3 Das Preisgericht kann Exponate desselben Ausstellers zusammen bewerten, wenn sie artverwandt sind, und in der Bewertung gleich liegen.

19.4 Schrifttum, das mit einer vom Verfasser gleichzeitig ausgestellten Sammlung in Zusammenhang steht, kann mit dieser zusammen bewertet werden.

19.5 Das Preisgericht ist berechtigt, Exponate in eine andere Klasse oder Gruppe der Ausstellung zu überweisen, wenn sie unzutreffend eingereiht sind.

20. Bewertungsvorschriften

20.1 Bei der Bewertung von Ländersammlungen, Sammlungen nach Sondergesichtspunkten und Luftpostsammlungen werden folgende Bewertungsmerkmale und Höchstpunktzahlen zugrunde gelegt:

- Aufmachung und Beschriftung 10
- Erhaltung der Stücke und Sauberkeit der Abstempelungen 15
- Seltenheit der Stücke (nicht Katalogwert) 18
- Umfang der Sammlung 12
- Philatelistische Kenntnisse 25
- Schwierigkeitsgrad 15
- Eigene Forschung 5

20.2 Bei der Bewertung von thematischen Motivsammlungen werden folgende Bewertungsmerkmale und Höchstpunktzahlen zugrunde gelegt:

1. Aufmachung		10
– Allgemeiner Eindruck	10	
2. Thema		50
– Entwicklung des Sammlungsplans	20	
– Ausarbeitung des Themas	25	
– Umfang der Sammlung	5	
3. Philatelistische Elemente		40
– Philatelistische Kenntnisse	15	
– Erhaltung und Seltenheit der Marken und der anderen philatelistischen Elemente	25	

20.3 Bei der Bewertung von dokumentarischen Motivsammlungen werden folgende Bewertungsmerkmale und Höchstpunktzahlen zugrunde gelegt:

1. Aufmachung		10
– Allgemeiner Eindruck	10	
2. Dokumentarische Elemente		40
– Systematische Bearbeitung und Umfang	25	
– Schwierigkeit und eigene Forschung	15	
3. Philatelistische Elemente		50
– Philatelistische Kenntnisse	20	
– Erhaltung und Seltenheit der Marken und der anderen philatelistischen Elemente	30	

20.4 Literaturexponate werden nach folgenden Gesichtspunkten bewertet:
- Persönliche oder gemeinschaftliche Forschungsarbeit,
- Inhalt, Klarheit und Verständlichkeit von Text und Illustration.

AUSZEICHNUNGEN

21. Arten von Auszeichnungen

21.1 In der Ehrenklasse erhalten alle Exponate eine Goldmedaille mit der Inschrift »Ehrenklasse«.

21.2 Bei nationalen Ausstellungen kann einem Exponat der Ehrenklasse der

Große Preis der Ehrenklasse

zuerkannt werden. Er besteht aus einem wertvollen Kunstgegenstand oder einer großen Goldmedaille.

21.3 Bei nationalen Ausstellungen können den Exponaten der Wettbewerbsklasse Auszeichnungen in folgenden Stufen zuerkannt werden:
- Große Goldmedaille
- Goldmedaille
- Vermeilmedaille
- Silbermedaille
- Silberbronzemedaille
- Bronzemedaille

Bei regionalen und lokalen Ausstellungen entfällt die große Goldmedaille.

21.4 Bei nationalen Ausstellungen kann dem bestbewerteten, mit einer Goldmedaille ausgezeichneten Exponat jeder einzelnen Gruppe der Wettbewerbsklasse (Ziffer 8.1) ein

Preis der Ausstellung

zuerkannt werden.

21.5 Bei lokalen Ausstellungen können anstelle der Medaillen

Diplome

in den Medaillenstufen nach Ziffer 21.3 zuerkannt werden.

21.6 Die Exponate der Ehrenklasse erhalten als zusätzliche Auszeichnung einen angemessenen Ehrenpreis.
Ehrenpreise können als zusätzliche Auszeichnung auch besonders interessanten und philatelistisch wertvollen Exponaten der Wettbewerbsklasse zuerkannt werden.

21.7 Die zu vergebenden Medaillen müssen aus dem Metall hergestellt sein, das sich aus ihrer Bezeichnung ergibt.

22. Zuerkennung von Auszeichnungen

22.1 Auszeichnungen werden ausschließlich vom Preisgericht zuerkannt. In der Wettbewerbsklasse richtet sich die Anzahl der zu vergebenden Auszeichnungen nach dem Ergebnis der Bewertung. Eine Begrenzung der Zahl der Auszeichnungen ist unzulässig.

22.2 Für die Zuerkennung der einzelnen Stufen der Auszeichnungen gelten bei Ländersammlungen, Sammlungen nach Sondergesichtspunkten, Luftpostsammlungen und Motivsammlungen die folgenden Mindestpunktzahlen:

Ausstellung im Rang	I	II	III
– Große Goldmedaille	90	–	–
– Goldmedaille	85	80	75
– Vermeilmedaille	80	75	70
– Silbermedaille	70	65	60
– Silberbronzemedaille	60	55	50
– Bronzemedaille	50	45	40

22.3 Diese Mindestpunktzahlen gelten auch für die Zuerkennung von Diplomen, die nach Ziffer 21.5 bei lokalen Ausstellungen anstelle von Medaillen vergeben werden.

22.4 Alle Ehrenpreise werden dem Preisgericht zur Verfügung gestellt, das allein über die Vergabe entscheidet.

23. Auszeichnung von Literaturexponaten

23.1 Literarische Gemeinschaftsarbeiten erhalten, sofern nach Ziffer 21.3 Medaillen vergeben werden, nur eine Medaille. Sie wird dem Inhaber des Ausstellerpasses ausgehändigt. Die Urkunde über die zuerkannte Auszeichnung erhält jeder Mitautor.

23.2 Im Falle der Vergabe von Diplomen nach Ziffer

21.5 wird jedem Mitautor ein Diplom über die Auszeichnung ausgehändigt.

24. Verfahren bei Auszeichnungen

24.1 Mit der Auszeichnung ist dem Aussteller eine vom Vorsitzenden des Preisgerichts und dem Ausstellungsleiter unterzeichnete Urkunde auszuhändigen.

24.2 Aussteller, deren Exponat nicht ausgezeichnet worden ist, erhalten eine Beteiligungsurkunde.

24.3 Der Aussteller erhält eine Ausfertigung des vom BDPh vorgeschriebenen Bewertungsbogens mit den Durchschnittsbewertungen des Preisgerichts für die einzelnen Bewertungsmerkmale und der sich danach ergebenden Gesamtbewertung.

AUFGABEN DES VERANSTALTERS

25. Ausschreibung von Ausstellungen

25.1 Der Veranstalter ist verpflichtet, die Ausstellung nach den Bestimmungen dieser Ausstellungsordnung auszurichten und durchzuführen. Er hat die besonderen Ausstellungsbedingungen zu erlassen, in denen die Einzelheiten der Organisation und der Durchführung der Ausstellung festgelegt sind.

25.2 Bei nationalen und regionalen Ausstellungen muß die Beteiligung von Literaturexponaten vorgesehen werden. Bei lokalen Ausstellungen soll sie ermöglicht werden.

26. Anmeldung von Ausstellungen

26.1 Nationale Ausstellungen müssen mindestens drei Jahre vor dem geplanten Termin über den Landesverband beim BDPh angemeldet werden. Sie bedürfen der Zustimmung des Bundesvorstandes.

26.2 Regionale und lokale Ausstellungen, sowie Ausstellungen ohne Wettbewerb werden über die Landesverbandsstelle Ausstellungswesen beim BDPh angemeldet. Die Anmeldung muß bei regionalen Ausstellungen mindestens zwei Jahre, bei lokalen Ausstellungen mindestens ein Jahr vor Eröffnung der Ausstellung abgegeben werden. Diese Ausstellungen bedürfen der Zustimmung des Vorstands des Landesverbandes.

26.3 Bei der Anmeldung von Ausstellungen sind die vom BDPh vorgeschriebenen Vordrucke zu verwenden.

27. Behandlung von Exponaten

27.1 Der Veranstalter hat die eingelieferten Exponate mit der gebotenen Sorgfalt zu behandeln und ihre Sicherheit zu gewährleisten. Er hat für eine sichere Unterbringung der Exponate und für ausreichende Bewachung zu sorgen.

27.2 Bei Gefahr für die Exponate (z.B. Sonneneinstrahlung, Temperatur- und Feuchtigkeitseinwirkungen, Rahmenschäden oder sonstige nachteilige Einflüsse) ist für die Beseitigung der Mängel zu sorgen. Bei Schäden sind unverzüglich alle erforderlichen Maßnahmen zur Sicherung der Ansprüche des Ausstellers einzuleiten.

27.3 Der Veranstalter ist nicht verpflichtet, für die eingelieferten Exponate eine Versicherung abzuschließen.

27.4 Der Veranstalter kann den Selbstauf- und -abbau von Exponaten durch den Aussteller zulassen, darf ihn jedoch nicht zur Bedingung machen.

27.5 Die Exponate sollen spätestens zehn Tage nach Beendigung der Ausstellung zurückgesandt werden. Mit dem Exponat sollen möglichst auch die Auszeichnungen, Urkunden und Bewertungsbogen übersandt werden.

28. Betreuung des Preisgerichts

28.1 Der Veranstalter hat das Preisgericht im Rahmen der Bestimmungen dieser Ausstellungsordnung voll zu unterstützen.

28.2 Den Mitgliedern des Preisgerichts ist mindestens vier Wochen vor Eröffnung der Ausstellung eine Liste der zu bewertenden Exponate zuzusenden. Ausstellungskataloge, Liste der Ehrenpreise, Bewertungsbogen, Urkunden und die Sachverständigenberichte über Literaturexponate sind bereitzuhalten.

28.3 Dem Preisgericht ist ein vom Publikumsverkehr freier Raum und eine geeignete Schreibkraft zur Verfügung zu stellen.

28.4 Der Veranstalter hat den Mitgliedern des Preisgerichts freien Eintritt zur Ausstellung zu gewähren. Er hat zu ermöglichen, daß die Aufgaben des Preisgerichts auch außerhalb der allgemeinen Öffnungszeiten der Ausstellung wahrgenommen werden können.

29. Betreuung der Aussteller

Der Veranstalter stellt den Ausstellern einen Ausstellungskatalog zur Verfügung und gewährt ihnen freien Eintritt zur Ausstellung.

PFLICHTEN DER AUSSTELLER

30. Allgemeine Pflichten

30.1 Der Aussteller ist verpflichtet, die Bestimmungen dieser Ausstellungsordnung, die dazu ergangenen Durchführungsbestimmungen und die besonderen Ausstellungsbedingungen des Veranstalters zu beachten.

30.2 Er hat mit seinem Exponat den Ausstellerpaß einzusenden.

30.3 Für die Anmeldung aller Exponate sind die vorgeschriebenen Vordrucke des BDPh zu verwenden.

31. Pflichten gegenüber dem Veranstalter

31.1 Der Aussteller hat die vom Veranstalter gesetzten Termine einzuhalten, insbesondere sein Exponat fristgerecht einzuliefern und die Ausstellergebühr (Ziffer 32.1) nach den Bestimmungen des Veranstalters einzuzahlen.

31.2 Literaturexponate müssen dem Veranstalter mindestens einen Monat vor Eröffnung der Ausstellung übersandt werden.

SCHLUSSVORSCHRIFTEN

32. Kostenregelungen

32.1 Die Ausstellungsleitung ist berechtigt, von den Ausstellern eine angemessene Gebühr (Ausstellergebühr) zu verlangen. Mitglieder der DPhJ sind insoweit von der Zahlung der Ausstellergebühr befreit, als die Ausstellungsordnung der DPhJ eine Befreiung vorsieht.

32.2 Die Mitglieder des Preisgerichts haben Anspruch auf Erstattung der ihnen im Zusammenhang mit der Preisrichtertätigkeit erwachsenen Auslagen nach den jeweils geltenden Bestimmungen des Bundesreisekostengesetzes (BRKG) für die Reisekostenstufe B.

33. Zuschüsse für Ausstellungen

Die Veranstalter erhalten einen Zuschuß nach den jeweils geltenden Richtlinien des BDPh. e. V. Der Zuschuß wird nur gezahlt, wenn die Bestimmungen dieser Ausstellungsordnung beachtet worden sind.

34. Sanktionen

Der Bundesvorstand kann über Aussteller eine Ausstellungssperre bis zu drei Jahren verhängen, wenn sie in böswilliger Weise gegen die Bestimmungen dieser Ausstellungsordnung verstoßen, zu täuschen versuchen oder gegen Mitglieder der Ausstellungsleitung oder des Preisgerichts unsachlich und beleidigend vorgehen.

35. Durchführungsbestimmungen

Der Bundesvorstand wird ermächtigt, im Benehmen mit der Bundesstelle und den Landesverbandsstellen Ausstellungswesen Bestimmungen zur Durchführung und Erläuterung dieser Ausstellungsordnung zu erlassen.

36. Übergangsregelungen

Ausstellungen, die im Zeitpunkt des Inkrafttretens dieser Ausstellungsordnung bereits angemeldet worden sind, können noch nach den Bestimmungen der Ausstellungsordnung vom 15. September 1969 durchgeführt werden.

37. Inkrafttreten

Diese Ausstellungsordnung ist vom Bundestag des Bundes Deutscher Philatelisten e. V. am 20. September 1975 in Berlin beschlossen worden. Sie tritt am gleichen Tage in Kraft. Gleichzeitig verliert die Ausstellungsordnung vom 15. September 1969 ihre Gültigkeit.

2. Grundbestimmungen für Briefmarken-Ausstellungen in der Schweiz

Mit Genehmigung des Verbandes schweizerischer Philatelisten-Vereine wird die seit 1968 für die Teilnahme an Ausstellungen in der Schweiz gültige Ordnung wörtlich wiedergegeben.

Art. 1

Alle Briefmarkenausstellungen, die von Verbandssektionen durchgeführt werden, sind dem Zentralkomitee anzumelden. Veranstaltungen rein lokalen Charakters, die keinen Anspruch auf irgendwelche Unterstützung seitens des Verbandes erheben, sind von der Anmeldepflicht enthoben.

Bewerbungen von Verbandssektionen für die Übernahme der Organisation regionaler, nationaler oder internationaler Ausstellungen sind innerhalb der vom Zentralkomitee von Fall zu Fall festgelegten Frist einzureichen.

Das Zentralkomitee regelt die Regiophil- und Jugend-Ausstellungen in eigener Kompetenz gestützt auf die vorliegenden Grundbestimmungen.

Art. 2

Für die Bewilligung der Durchführung von nationalen oder internationalen Ausstellungen ist die Delegiertenversammlung zuständig.

Für internationale Ausstellungen bleibt überdies die Zustimmung der Fédération Internationale de Philatélie (FIP) vorbehalten.

Regionale Ausstellungen werden durch das Zentralkomitee geregelt.

Bei nationalen und internationalen Ausstellungen sind die Verhandlungen mit der Generaldirektion der PTT und den Organen des Fonds zur Förderung der Philatelie durch das Zentralkomitee in Verbindung mit dem Organisationskomitee zu führen.

Art. 3

Nationale Ausstellungen gelangen alle sechs Jahre zur Durchführung.

Die Vorortsektion darf nicht Veranstalterin einer nationalen oder internationalen Ausstellung sein.

Art. 4
An nationalen Ausstellungen können teilnehmen:
I. In der Konkurrenzklasse:
a) alle in der Schweiz wohnhaften Mitglieder von Verbandssektionen, die nicht unter Ziffer II oder III fallen,
b) im Ausland wohnhafte Sammler schweizerischer Nationalität ohne Rücksicht auf ihre Verbandszugehörigkeit,
c) nicht in der Schweiz wohnhafte Ausländer, die im Zeitpunkt der Ausstellung seit mindestens drei Jahren Mitglied einer Sektion sind, welche dem Verband angeschlossen sind,
d) in der Gruppe »Schweiz«, jeder Sammler, ohne Rücksicht auf Wohnort, Nationalität und Verbandszugehörigkeit,
e) Händler, sofern es sich um ihre privaten Sammlungen handelt,
f) Firmen und Händler in den Gruppen IX oder X des Musters für Klasseneinteilung (Anhang II),
g) sämtliche Teilnehmer mit Ausnahme oder unter lit. f erwähnten Firmen und Händler müssen an einer nationalen oder regionalen Ausstellung mindestens eine Silber-Auszeichnung erhalten haben, wobei es dem OK freigestellt ist, in besonderen Fällen bedeutende Sammlungen ohne Einhaltung dieser Bestimmungen zuzulassen.

II. In der Ehrenklasse:
Sammler, deren auszustellende Objekte an nationalen schweizerischen oder unter dem Patronat der FIP organisierten Ausstellungen mit zwei goldenen Medaillen oder mit einer goldenen Medaille und dem großen Ausstellungspreis oder der goldenen Medaille und dem Spezialpreis ausgezeichnet wurden.
Eine Sammlung, welche bereits einmal mit einer goldenen Medaille in der Ehrenklasse ausgezeichnet wurde, ist berechtigt, in dieser Klasse an der Konkurrenz um den großen Ehrenpreis teilzunehmen. Dieser darf einer Sammlung nur einmal zugesprochen werden.

III. In der »Hors-concours-Klasse«:
a) Vereine, Firmen und Behörden, die Mitglieder der Jury,
b) Jugendsammlungen.

Art. 5
Die Zulassung der Objekte ist Sache des Organisationskomitees. Ungeeignete oder unerwünschte Objekte sowie die von der FIP für die Philatelie als mißbräuchlich erklärten Ausgaben sind zurückzuweisen.
Die ausgestellten Objekte dürfen weder mit Verkaufspreisen noch mit Vermerken wie zum Beispiel »zu verkaufen« versehen werden.
Jeder Aussteller muß Eigentümer aller in seiner Sammlung enthaltenen Objekte sein.
Jeder Aussteller muß mindestens drei Rahmen ausstellen; maximal können ihm zwölf Rahmen zugeteilt werden. Zu Handen der Jury sind pro Rahmen 16 weitere Albumblätter zulässig.
Es besteht kein Anspruch auf Zuteilung einer bestimmten Anzahl von Ausstellungsrahmen. Die Zuweisung erfolgt nach Maßgabe des zur Verfügung stehenden Raumes. Das Organisationskomitee behält sich ausdrücklich vor, die Anzahl der zu reservierenden Rahmen zu reduzieren.

Art. 6
Das Organisationskomitee hat für eine gesicherte Unterbringung der eingelieferten Objekte sowie für deren ausreichende Bewachung zu sorgen. Die Versicherung der Objekte ist obligatorisch. Die Aussteller haben normalerweise ihre Objekte durch Vermittlung des Organisationskomitees zu versichern. Sie deckt laut Versicherungsvertrag Schäden gegen alle Gefahren, wie Verlust durch Feuer, Wasser, Beschädigung, Einbruchdiebstahl, Diebstahl einzelner Marken, Elementarschäden, Einsturz der Hallen usw.
Nicht versichert sind Schäden infolge Veränderung der Farbe der Briefmarken, verursacht durch Sonnen- oder Lichteinwirkung, sowie Schäden, hervorgerufen durch Witterungseinflüsse gemäß Bedingungen der Temperaturklausel. Die Objekte werden bei erstklassigen Versicherungsgesellschaften versichert. Für im Ausland wohnende Aussteller kommt der im Zeitpunkt des Risikobeginns gültige Prämiensatz des betreffenden Landes zur Anwendung. Die Versicherung beginnt mit der Übergabe des Ausstellungsmaterials an die Post/Bahn und endet mit dessen Rückgabe an die Aussteller. Ausnahmen können mit dem Organisationskomitee vereinbart werden. Wird das Ausstellungsmaterial durch den Aussteller privat versichert, so wird jede Haftpflicht des Organisationskomitees abgelehnt.

Art. 7
Die Jury wird vom Organisationskomitee im Einvernehmen mit dem Zentralkomitee des Verbandes bestimmt.
Die Jury besteht aus einer ungeraden Anzahl von mindestens 13 Mitgliedern. Es müssen darin Spezialisten für folgende Kategorien vertreten sein:
A Sammlungen vorwiegend klassischer Ausgaben
B Sammlungen vorwiegend neuerer Ausgaben
C Sammlungen neuester Ausgaben
D Flugpost
E Vorphilatelie
F Motiv- und thematische Sammlungen aller Art
G Philatelistische Literatur
Die Jury wählt ihren Präsidenten und Sekretär. Diese Chargen sind mindestens 6 Monate vor der Ausstellung bekanntzugeben.
Hält sich die Jury für die Beurteilung irgendeines Objektes für inkompetent, so soll sie die Mitwirkung von Spezialisten verlangen. Diese stellen der Jury ihre Anträge. Das Organisationskomitee bereinigt die Liste der Experten bis 2 Monate vor der Ausstellung.
Die Jury darf bei der Aufmachung der Ausstellungsobjekte nicht mitgewirkt haben.
Das Organisationskomitee bestimmt die Form der Veröffentlichung des Juryentscheides. Die Aussteller sind berechtigt, Auskunft über die Beurteilung ihrer Objekte zu verlangen.

Art. 8
Die Jury verwendet für die Beurteilung der Ausstellungsobjekte die im Anhang I aufgeführten Punktsysteme. Sie beurteilt sowohl die in Rahmen ausgestellten als auch in irgendeiner anderen Form eingelieferten Objekte. Objekte, welche in verschiedenen Gruppen oder Klassen ausgestellt sind, aber offensichtlich eine Einheit bilden, sind als ein einziges Objekt zu beurteilen. Motivsammlungen werden nach dem derzeit gültigen Motivsammler-Reglement beurteilt. Die Jury ist absolut unabhängig. Ihr Urteil ist endgültig und unanfechtbar.

Art. 9
Die Konkurrenzklasse ist gemäß Anhang II in Kategorien eingeteilt.
Für Sammlungen, die in der Konkurrenzklasse teilnehmen, sind folgende Auszeichnungen vorgesehen:
1. Ein großer Ausstellungspreis mit der zugesprochenen Goldmedaille für die höchstbewertete Sammlung der Gruppe I, Klasse A.
2. Für die bestbewertete Goldrangsammlung Ausland der Gruppe II A/B bis V A/B (Anhang II) kann ein Spezialpreis zugesprochen werden.
3. a goldene Medaillen
   b Gold-Silber-Medaillen
   c Silber-Gold-Medaillen
   d Silbermedaillen
   e Silber-Bronze-Medaillen
   f Bronzemedaillen
   g Beteiligungsurkunden
   h Ehrenpreise
   Die Medaillen der Kat. A werden in größerem Format ausgeführt als diejenigen der übrigen Kategorien.
   Handbücher und Monographien, auch solche mit Bewertungsangaben können bei erstmaliger Vorlage mit Medaillen bis und mit Gold ausgezeichnet werden; bei wiederholter Vorlage jedoch nur noch mit einer der Medaille gleichrangigen Urkunde.

Zeitungen und Preiskataloge erhalten den Medaillen gleichgestellte Urkunden (Anhang III).
Die Aussteller der Ehrenklasse erhalten eine goldene Medaille mit der Inschrift: »Ehrenklasse«. Ein »Großer Ehrenpreis« ist für die beste Sammlung der Ehrenklasse vorgesehen (siehe Art. 4). Die Verleihung einer Medaille wird durch eine besondere Urkunde bestätigt. Sie trägt den Namen des Ausstellers, Kategorie, Klasse und die Bezeichnung des Objekts. Auf der Medaille selbst werden nur der Name des Ausstellers und die Kategorie unter näherer Bezeichnung der ausgestellten Sammlung eingraviert. Die Jury bestimmt nach sorgfältiger Prüfung der ausgestellten Objekte die genaue Zahl der zu verleihenden Medaillen. Sie beauftragt das Organisationskomitee mit deren Beschaffung.
Wer sich »hors concours« beteiligt, erhält eine besondere Urkunde.
Eine goldene Medaille der Kategorie A ist vom Organisationskomitee der Generaldirektion der PTT zu überreichen. Die Abgabe der in diesem Artikel aufgeführten Medaillen und Ehrenpreise an Nicht-Aussteller ist untersagt.
Das Organisationskomitee nimmt Ehrenpreise und zur Beschaffung von Medaillen Gaben in bar entgegen. Es errichtet hierfür einen speziellen Fonds. Dem Organisationskomitee wird überlassen, inwieweit es Spender im Ausstellungskatalog und in der Schweizerischer Briefmarkenzeitung veröffentlichen will. Um der Jury die vollständige Freiheit und Unabhängigkeit zu sichern, dürfen die Spender keine spezielle Zuteilung ihrer Gaben verlangen.

Art. 10
Das Organisationskomitee unterbreitet dem Zentralkomitee sein Budget. Das Zentralkomitee setzt sich mit der Generaldirektion der PTT und den Organen des Fonds zur Förderung der Philatelie zwecks Finanzierung der Ausstellung in Verbindung.

Art. 11
Alle die Ausstellung betreffenden offiziellen Mitteilungen sind im Verbandsorgan zu veröffentlichen.

Art. 12
In den Ausstellungsräumen dürfen keine Gegenstände mit Briefmarken oder anderen Artikeln getätigt werden. Für die Briefmarkenhändler ist ein besonderer Börsenraum reserviert.

Art. 13
Mit der Unterzeichnung der Anmeldung unterziehen sich die Aussteller ausdrücklich den Ausstellungsbedingungen. Streitfragen, die sich aus der Anwendung des Reglements ergeben, entscheidet das Organisationskomitee.

Art. 14
Der Gerichtsstand ist der Ausstellungsort.

Art. 15
Ein Bericht über die Ausstellung, enthaltend Angaben über den Umfang, die Unterbringung, die Besucherzahl und die Preisverteilung, sowie eine vollständige Abrechnung mit Revisionsbericht und den dazugehörigen Belegen ist spätestens sechs Monate nach Schluß der Ausstellung dem Zentralkomitee abzuliefern.

Art. 16
Das Zentralkomitee sorgt dafür, daß diese Grundbestimmungen durch das Organisationskomitee eingehalten werden. Ein Mitglied des Zentralkomitees wirkt bei nationalen und internationalen Ausstellungen als Beisitzer im Organisationskomitee mit. Seine Auslagen gehen zu Lasten der Ausstellung.

Art. 17
Sofern die beidsprachigen Texte voneinander abweichen, ist die deutsche Fassung maßgebend.

Art. 18
Die Reglemente für nationale, regionale und Jugend-Ausstellungen bedürfen der Genehmigung des Zentralkomitees des Verbandes.

Art. 19
Die vorliegenden Grundbestimmungen ersetzen diejenigen vom 1. 9. 1954 und können nur durch Beschluß der Delegiertenversammlung abgeändert werden.

Beurteilung

Bei der Beurteilung von Sammlungen werden folgende Punkte zugeteilt:

	Punkte
1 = Philatelistische Kenntnisse	0–14
2 = Grad der Fortgeschrittenheit	0–12
3 = Erhaltung (Qualität und Stempel)	0–12
4 = Tatsächliche Seltenheiten (nicht Handelswert)	0–14
5 = Allgemeiner Eindruck und Aufmachung	0– 8

Für Forschungsarbeiten kann die Jury zusätzlich bis 10 Punkte zuteilen.

a = hervorragend
b = sehr gut
c = gut
d = ziemlich gut
e = befriedigend
f = genügend

	f	e	d	c	b	a
1 =	0–10	10	11	12	13	14
2 =	0– 7	8	9	10	11	12
3 =	0– 5	6	8	9	10	12
4 =	0– 8	9	10	12	13	14
5 =	0– 2	3	4	5	7	8
	(26)–32	(33)–36	(37)–42	(43)–48	(49)–54	(55)–60 und mehr

Es werden verliehen:	Punkte
Bronzemedaille	26–32
Silber-Bronze-Medaille	33–36
Silbermedaille	37–42
Silber-Gold-Medaille	43–48
Gold-Silber-Medaillen	49–54
Goldmedaille	55 und mehr

Österreich

Die Ausstellungsordnung des Verbandes Österreichischer Philatelisten-Vereine befand sich bei Redaktionsschluß noch in Neubearbeitung; sie kann deshalb in dieser Auflage des Lexikons nicht veröffentlicht werden. Die bis 1976 angewandte Ordnung ist ungültig.

Anhang VIII

1. Prüfordnung des Bundes der philatelistischen Prüfer e. V.

Mit Genehmigung des Bundes der philatelistischen Prüfer e. V. wird nachstehend die im Januar 1976 veröffentlichte Prüfordnung wörtlich wiedergegeben.

§ 1 Allgemeines

1. Die Mitglieder des »Bundes der philatelistischen Prüfer e. V.« stehen zur Durchführung von philatelistischen Prüfungen zur Verfügung.
2. Ihre Tätigkeit dient außer der Feststellung der Echtheit und Erhaltung von Briefmarken, Abstempelungen oder anderen philatelistischen Belegen gleichzeitig auch dem Schutz der Allgemeinheit. Daraus ergeben sich besondere Pflichten für alle Beteiligten hinsichtlich derjenigen Prüfstücke, die als falsch oder verfälscht festgestellt werden. Im Interesse der gesamten Philatelie sind daher die Verpflichtungen aus dieser Prüfordnung von allen Beteiligten einzuhalten.
3. Für alle Prüfungen und Gutachten sind die in der Anlage zur Prüfordnung aufgeführten philatelistischen Begriffsbestimmungen maßgebend.

§ 2 Rechtsnatur der Geschäftsbeziehungen

1. Die rechtlichen Beziehungen zwischen dem Prüfer und seinem Auftraggeber – in dieser Prüfordnung »Einlieferer« genannt – richten sich nach den Bestimmungen des Werkvertrages, der eine entgeltliche Geschäftsbesorgung zum Gegenstand hat.
2. Maßgebend für den Inhalt des Prüfvertrages, der mit der Einlieferung des Prüfgegenstandes an den Prüfer und der Ausführung der Prüfung auch stillschweigend zustande kommen kann, sind in erster Linie die Bestimmungen dieser Prüfordnung. Ergänzend finden die Vorschriften des Bürgerlichen Gesetzbuches über die entgeltliche Geschäftsbesorgung (§ 675) und das Recht des Werkvertrages (§ 631ff.) Anwendung, soweit nicht aus der Natur des Prüfauftrages die Anwendung einzelner Vorschriften auszuschließen ist.
3. Der Einlieferer bestätigt vor der Ausführung des ersten Prüfungsauftrages durch ein schriftliches Anerkenntnis sein Einverständnis mit der Anwendung der Prüfordnung und der für einzelne Gebiete bestehenden Sonderregelungen. Das einmalige Anerkenntnis erstreckt sich bis auf schriftlichen Widerruf auf alle zukünftigen Prüfaufträge zwischen dem selben Prüfer und Einlieferer. Wird es verweigert, so hat der Prüfer jede Tätigkeit abzulehnen.
4. Von der Prüfordnung abweichende Abreden (z. B. für Spezialgebiete) sind zulässig, aber in jedem Falle schriftlich festzulegen. Mündliche Abreden haben keine Rechtsgültigkeit.

§ 3 Aufgaben und Pflichten des Prüfers

1. Aufgabe des Prüfers ist die Erstattung eines Sachverständigengutachtens (Prüfung), das in der Regel durch Signierung gem. § 6 Abs. 1 erfolgt. Das Gutachten ist unparteiisch und nach bestem Wissen und Gewissen zu erstatten (§ 10).
2. Der Prüfer kann nicht zur Abgabe bestimmter Erklärungen oder Ergebnisse eines Gutachtens gezwungen werden. Jeder begründete Zweifel verpflichtet zur Ablehnung des geforderten Gutachtens.
3. Der Prüfer kann die Prüfung ohne Angabe von Gründen ablehnen, er ist jedoch verpflichtet, die Ablehnung dem Einlieferer unverzüglich mitzuteilen. Auf Wunsch des Einlieferers ist der Prüfer ferner verpflichtet, dem Vorstand des Bundes der Philatelistischen Prüfer e. V. die Gründe für die Ablehnung des Prüfungsauftrages mitzuteilen.
4. Kann der Prüfer den Prüfauftrag nicht innerhalb von 4 Wochen nach Eingang der Prüfsendung ausführen, so soll er dem Einlieferer einen Zwischenbescheid mit der Angabe der ungefähren Erledigungszeit erteilen.

§ 4 Umfang der Prüfung

1. Prüfgegenstand können nur Postwertzeichen oder postalische Belege sein. Andere Prüfgegenstände dürfen kein Prüfzeichen erhalten, sofern nicht ausdrücklich für bestimmte Gebiete in der Prüfliste Ausnahmen aufgeführt sind.
2. Die Prüfung erstreckt sich auf die Echtheit der Marken in allen Teilen (z. B. Trennung, Gummi, Aufdruck, Entwertung usw.) und auf deren Erhaltung (etwaige Mängel, Reparaturen, Verschönerungen und sonstige wertmindernde Veränderungen). Die Prüfung schließt die Einordnung der Marke nach Druckart, Typen, Papierart, Wasserzeichen, Zähnung und Farbe ein, soweit diese in den für das Prüfgebiet maßgeblichen deutschen Katalogen aufgeführt sind.
3. Weitergehende Feststellungen, wie nicht katalogisierte Unterarten und Abarten, Feldmerkmale usw., sowie Bewertungen sind nicht Aufgabe des Prüfers. Soweit er sie übernehmen will, ist er berechtigt, hierfür nach vorheriger Vereinbarung einen Zuschlag zur Prüfgebühr zu erheben.
4. Für die Prüfung von anderen amtlichen postalischen Belegen als Postwertzeichen gelten die Absätze 1 bis 3 sinngemäß.
5. Der Prüfer ist berechtigt, die zur Erreichung des Prüfzweckes notwendigen und üblichen Untersu-

chungen vorzunehmen, insbesondere Marken in kaltes oder warmes Wasser bzw. unempfindliche Stücke in ein Benzinbad zu legen.

§ 5 Attest

1. Auf Wunsch kann dem Einlieferer ein Attest gegen besondere Berechnung erteilt werden (§ 12). Wird ein Fotoattest gewünscht, so soll der Einlieferer 2 Fotos oder 2 geeignete Abbildungen zur Verfügung stellen. Der Prüfer kann die Beschaffung gegen Erstattung seiner Kosten übernehmen.
2. Das Attest muß eine genaue Beschreibung des Prüfgegenstandes und seiner Erhaltung sowie – nach Ermessen des Prüfers – seiner Echtheitsmerkmale enthalten. Festgestellte wertmindernde Mängel sind ausdrücklich zu erwähnen.

§ 6 Kennzeichnung echter Prüfgegenstände

1. Für echt befundene Prüfgegenstände werden durch rückseitige Anbringung des Prüfzeichens (Signum des Prüfers) in der unten näher erläuterten Form gekennzeichnet (signiert), bei Erteilung eines Attestes nur auf ausdrücklichen Wunsch.
2. Auf jeder geprüften Marke, insbesondere auch bei Paaren, Streifen und größeren Einheiten, bringt der Prüfer sein Prüfzeichen an.
3. Aufgeklebte Marken (Briefstücke, nicht echt gelaufene Briefe) werden auf der Rückseite des Papieres, auf welchem sie aufgeklebt sind, signiert. Zu diesem Zweck kann der Prüfer nicht echt gelaufene Umschläge am Rand in dem erforderlichen Ausmaß öffnen.
4. Echt gelaufene Ganzstücke, postalische Dokumente und sonstige amtliche postalische Belege

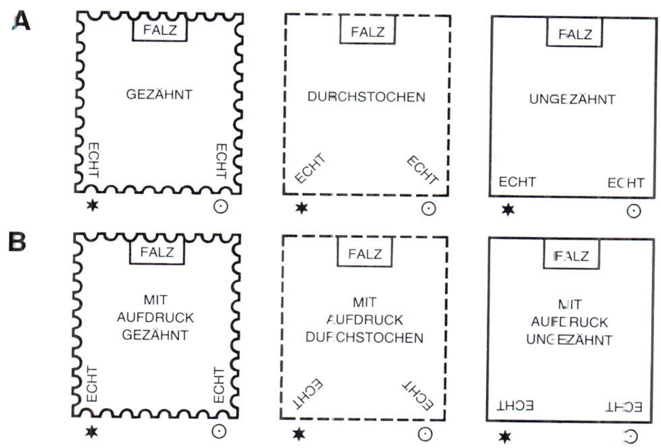

Abbildung 1

A: Gezähnt ohne Aufdruck
Durchstochen ohne Aufdruck
Ungezähnt ohne Aufdruck

B: Gezähnt mit Aufdruck
Durchstochen mit Aufdruck
Ungezähnt mit Aufdruck

✱ bei ungestempelten Marken
⊙ bei gestempelten Marken

Das Wort ECHT bezeichnet den Platz und die Stellung des Namensstempels (Prüfungszeichen).

Besondere Stellungen:

a) Marken mit Specimen, Muster u. dgl., nicht verausgabte Marken, Probedrucke, Essays erhalten das Prüfungszeichen in der Mitte des unteren Randes der Marke:

Abbildung 2

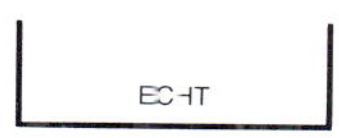

b) Beschädigte Marken erhalten, je nach dem Grad der Beschädigung, das Prüfungszeichen unter Beibehaltung der vorgeschriebenen Grundstellung (Abbildung 1) immer etwas mehr zur Markenmitte, aber stets am Rande gesetzt, bei durchstochenen Marken schräg, bei gezähnten Marken senkrecht:

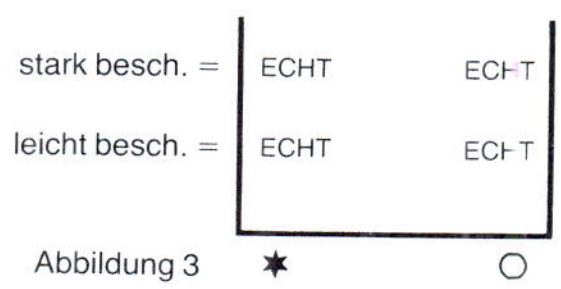

Abbildung 3

Grundstellungen des Prüfungszeichens

werden wie Einzelmarken durch Anbringung des Prüfzeichens grundsätzlich in der rechten unteren Ecke signiert, vorausgesetzt, daß sich auf den Belegen in jeder Hinsicht echte und einwandfreie Briefmarken, Entwertungen usw., befinden. Ist dies nicht der Fall oder die ursprüngliche Frankatur nicht mehr vollständig, so sind nur die als echt befundenen Stücke wie Briefstücke zu signieren.

5. Marken, die auch geteilt voll frankaturgültig waren (z.B. Mecklenburg-Schwerin Nr. 1 und 4, Schweiz Doppelgenf), erhalten, wenn sie ungeteilt vorliegen, ein doppeltes Prüfzeichen, kleinere Einheiten auf jeder Teileinheit ein einfaches Prüfzeichen. Von mehreren Arten einer Briefmarke wird die jeweils teuerste doppelt signiert.
6. Das Prüfzeichen enthält den Namen des Prüfers und den Zusatz »BPP«.
7. Die Prüfzeichen werden grundsätzlich wie folgt gesetzt, wobei versehentliche Abweichungen keine Ersatzansprüche gegen den Prüfer begründen (siehe Zeichnung Seite 419).

   Abb. 1
   Versehentlich ungezähnt gebliebene Marken werden ebenso wie geschnittene Marken signiert. Bei teilweise ungezähnt gebliebenen Marken ist dem Prüfstempel ein Zusatzzeichen (in der im MICHEL-Katalog, Einführung, dargestellten Form) hinzuzufügen.
   Abbildung 2: Marken mit Aufdruck »Specimen«, »Muster« und dergleichen, nicht ausgegebene Marken, Probedrucke, Essais erhalten das Prüfungszeichen in der Mitte des Unterrandes der Marke.
   Abbildung 3: Mehr oder weniger beschädigte Marken, sowie reparierte Stücke erhalten den Prüfstempel je nach dem Grad der Beschädigung bzw. des Umfanges der Reparatur, unter Beibehaltung der vorgeschriebenen Grundstellung (Abbildung 1), mehr oder weniger von der Grundlinie der Marke nach oben entfernt. Stark beschädigte oder reparierte Stücke werden bis zur Markenmitte erhöht signiert.
8. Geringwertige Prüfstücke erhalten im allgemeinen kein Prüfzeichen, insbesondere dann nicht, wenn sie mit höherwertigen Marken verwechselt werden können.
9. Beschädigte, reparierte oder verschönte Prüfgegenstände, sowie ungebrauchte Marken ohne Gummi oder falsch gummierte Marken erhalten – je nach dem Grad des Mangels – höhergesetzte Prüfzeichen (Abbildung 3).
10. Marken mit Gefälligkeitsstempeln (s. Anlage) werden wie sonstige echt gestempelte Marken behandelt. Amtliche Entwertungen für philatelistische Zwecke dagegen erhalten zusätzlich zum Prüfzeichen einen Stempel mit querschraffiertem Kreis.
11. Amtliche Neudrucke oder Nachdrucke erhalten rückseitig das Signum »Neudruck« bzw. »Nachdruck« und das Prüfzeichen in der Mitte des Unterrandes. Private Neudrucke oder Nachdrucke werden nicht signiert. Auf unerlaubte Art oder in betrügerischer Absicht von echten oder nachgemachten Platten hergestellte Erzeugnisse sind wie Fälschungen zu behandeln.

§ 7 Kennzeichnung von falschen Prüfgegenständen

1. Einwandfrei nachweisbare Fälschungen erhalten rückseitig in der Markenmitte den Stempel »falsch« in unverwaschbarer Farbe und das dazu quergestellte Prüfzeichen.
2. Echte, aber falsch gestempelte Marken (Stempelfälschungen) erhalten den rückseitigen Vermerk »Stempel falsch« und das dazu quergestellte Prüfzeichen.
3. Fälschungen zum Schaden der Post, Spionagefälschungen und ähnliche zur Freimachung von Postsendungen bestimmte Erzeugnisse erhalten das Prüfzeichen mit dem Zusatz »PFä«. Propagandafälschungen, Propagandamarken und ähnliche nicht postalischen Zwecken dienende Marken werden nicht signiert.
4. Der Prüfer ist grundsätzlich zur gut sichtbaren und untilgbaren Kennzeichnung von Fälschungen auf der Rückseite der Marke berechtigt und verpflichtet. Auch vorhandene unzutreffende Atteste werden entsprechend gekennzeichnet. Erteilt der Einlieferer keine Genehmigung zur Kennzeichnung als falsch, so ist die Prüfsendung unbearbeitet zurückzureichen.

§ 8 Pflichten und Rechte des Einlieferers

1. Die Prüfgegenstände sind geordnet in sauberem, lose gestempelte Marken in papierfreiem Zustand, mit einer Aufstellung der eingelieferten Prüfgegenstände vorzulegen.
2. Bereits bekannte Prüfungsurteile, Ergebnisse von Vorprüfungen, Fehler, Reparaturen, Nachzähnungen oder Nachgummierungen an den Prüfgegenständen sind dem Prüfer bei der Vorlage mitzuteilen (s. auch § 11 Abs. 2).
3. Jeder Sendung ist ein ordnungsgemäß adressierter Umschlag mit dem erforderlichen Porto für die Rücksendung beizufügen. Ist dies nicht der Fall, so ist der Prüfer berechtigt, die Rücksendung durch eingeschriebenen Brief oder Wertbrief unter Unkostenberechnung vorzunehmen.
4. Die Gefahr für die Versendung sowie auch etwaige Folgen unabwendbarer Ereignisse trägt der Einlieferer. Ihm wird empfohlen, die Prüfsendungen vorher versichern zu lassen.
5. Prüfgegenstände, die für falsch oder verfälscht befunden werden, kann der Prüfer bei dringendem Verdacht einer strafbaren Handlung (Betrug, Urkundenfälschung bei gefälschten Prüfzeichen) den Strafverfolgungsbehörden oder der Bundeszentrale für Fälschungsbekämpfung zur Einleitung eines Verfahrens vorlegen. Der Prüfer

hat in solchen Fällen den Einlieferer von der Weitergabe der Prüfgegenstände zu unterrichten. Das Eigentum des Einlieferers wird dadurch nicht berührt.

§ 9 Obergutachten

Bei widersprechenden Prüfungsergebnissen zweier Mitglieder des »Bundes der philatelistischen Prüfer« entscheidet auf Antrag eines Beteiligten die Oberprüfstelle, deren Entscheidung bindend ist. Sämtliche Beteiligten erkennen hiermit die Verfahrensordnung der Oberprüfstelle des Bundes der philatelistischen Prüfer e. V. als verbindlich an.

§ 10 Haftung des Prüfers

1. Der Prüfer haftet nach den allgemeinen gesetzlichen Bestimmungen dafür, daß sein Prüfgutachten objektiv, neutral und aufgrund besonderer philatelistischer Kenntnisse und Erfahrungen, über die der Prüfer auf seinem Prüfgebiet in jedem Falle verfügen muß, sowie nach bestem Wissen unparteiisch erstattet ist. Der Prüfer ist verpflichtet, die Bestimmungen der Prüfordnung und die im Verkehr erforderliche Sorgfalt (§ 276 BGB) anzuwenden. Er hat ferner wirksam erteilte Weisungen des Einlieferers zu beachten und darf diesen nicht zuwiderhandeln.
2. Das Prüfgutachten kann auch zum Nachteil des Einlieferers ausfallen. Ersatzansprüche des Einlieferers werden dadurch nicht begründet. Ebenso berechtigt die Unzufriedenheit des Einlieferers mit dem Ergebnis der Prüfung nicht zur Verweigerung der Vergütung (§ 12 der Prüfordnung).
3. Der Prüfer haftet nur für vorsätzliches oder fahrlässiges Verhalten. Das Nichterkennen von erstmals aufgetauchten geschickten Fälschungen trotz Anwendung der erforderlichen Sorgfalt stellt keine vom Prüfer zu vertretende Fahrlässigkeit dar, wohl aber das Übersehen von bereits bekannten Fälschungen oder Verfälschungen.
4. Der Prüfer haftet auch für etwaiges Verschulden der von ihm bei der Ausführung des Prüfauftrages mit herangezogenen Personen (Gehilfen i. S. von § 278 BGB).
5. Dritten gegenüber, insbesondere Käufern von geprüften Marken oder Rechtsnachfolgern des Einlieferers, haftet der Prüfer nur im Rahmen der Verjährungsfrist des § 13 Absatz 1.
6. Eine Haftung des Bundes der philatelistischen Prüfer, des Bundes Deutscher Philatelisten und seiner Untergliederungen sowie des Bundesverbandes des Deutschen Briefmarkenhandels (APHV) für ihre als Prüfer tätigen Mitglieder ist in jedem Falle ausgeschlossen.

§ 11 Umfang der Haftung

1. Im Falle der Haftung hat der Prüfer nach seiner Wahl entweder ein gleichwertiges Ersatzstück zu liefern oder den entstandenen Schaden in bar zu ersetzen.
2. Der Einlieferer ist verpflichtet, alles zu tun, um den Eintritt und die Höhe eines eventuellen Schadens zu mindern (§ 254 BGB). Er hat insbesondere den Prüfer auf alle Umstände aufmerksam zu machen, die zu einer Fehlbeurteilung durch den Prüfer führen können (§ 8 Abs. 2 der Prüfordnung). Auch ist der Einlieferer verpflichtet, den Prüfer unverzüglich auf etwaige Fehler oder Mängel des Gutachtens hinzuweisen und ihm die Möglichkeit einer Beseitigung der Mängel des Gutachtens zu geben.

§ 12 Anspruch des Prüfers auf Vergütung

1. Der Prüfer ist berechtigt, für seine Tätigkeit eine Gebühr zu berechnen, die durch Nachnahme beim Einlieferer erhoben werden kann, sofern nichts anderes vereinbart ist.
2. Die Gebühr beträgt, wenn nicht anderes vereinbart ist, bis zu 4% vom jeweiligen MICHEL-Netto-Katalogwert oder, wo ein solcher nicht anwendbar ist, bis zu 4% vom Handelswert.
3. Für besonders zeitraubende und schwierige Prüfungen kann der Prüfer einen vorher schriftlich zu vereinbarenden Aufschlag verlangen.
4. Die Prüfgebühr für als falsch bzw. verfälscht gekennzeichnete Prüfstücke ermäßigt sich auf höchstens ¼ der Gebühr nach Ziffer 2 bzw. auf die Mindestgebühr.
5. In der Regel beträgt die Mindestgebühr für jede Prüfsendung 10,– DM, für jede einzelne Marke 2,– DM.
6. Für die Ausstellung eines Attestes kann eine zusätzliche Gebühr bis zu 10,– DM erhoben werden.
7. Außer der Prüfgebühr berechnet der Prüfer seine Versandkosten, die Kosten für die Beschaffung von Fotobelegen, 3% der Prüfgebühr für den Garantiefonds sowie die gesetzliche Mehrwertsteuer.
8. Soweit nicht Vorauszahlung der Gebühren erfolgt oder diese nicht durch Nachnahme erhoben werden, kann der Prüfer bis zur Zahlung seiner Gebühren die Prüfgegenstände zurückbehalten.
9. Bei Streitigkeiten über die Höhe der Prüfkosten entscheidet auf Antrag eines Beteiligten der Vorstand des Bundes der philatelistischen Prüfer e. V.

§ 13 Verjährung

1. Alle Ansprüche aus dem Prüfervertrag, und zwar sowohl die Ansprüche des Prüfers auf Vergütung (Gebühren und Auslagen) als auch alle Ansprüche des Einlieferers und seiner etwaigen Rechtsnachfolger verjähren in 2 Jahren, ebenso auch alle Ansprüche gegen den Prüfer wegen weiterer Forderungen (sogenannte Mangelfolgeschäden), gleichgültig, wer diese Ansprüche geltend macht.

2. Im Gegensatz zu Absatz 1 beträgt die Verjährungsfrist bei der Falsch-Kennzeichnung fünf Jahre.
3. Die Verjährungsfrist beginnt mit dem Ablauf des Jahres, in welchem der Prüfungsauftrag ausgeführt worden ist. Der Prüfungsauftrag ist ausgeführt mit der Aufgabe der Prüfsendung durch den Prüfer bei der Post, bei persönlicher Übergabe mit der Aushändigung des Prüfgegenstandes an den Einlieferer.

§ 14 Zuständigkeit
1. Erfüllungsort des Prüfvertrages ist für beide Teile der Wohnsitz des Prüfers.
2. Zuständig für etwaige Rechtsstreitigkeiten aus dem Prüfervertrag ist das für den Wohnsitz des Prüfers zuständige Gericht.
3. Bei Streitigkeiten zwischen dem Prüfer und ausländischen Einlieferern ist ausschließlich das am Wohnsitz des Prüfers geltende Recht anzuwenden.

Ende 1976 waren folgende Prüfgebiete mit zugelassenen Prüfern besetzt, deren Anschrift über die BDPh-Geschäftsstelle, Neue Mainzer Str. 60, D-6000 Frankfurt/M. 1 zu erfahren ist.

1. Altdeutschland
Alle Staaten
Baden
Bayern
Hamburg
Hannover
Helgoland
Norddeutscher Postbezirk
Oldenburg
Preußen
Sachsen
Schleswig-Holstein
Thurn und Taxis
Württemberg

2. Deutsches Reich
1872–1914
1915–1945

3. Deutschland ab 1945
Alliierte Besetzung (Mi 911–970)
Französische Zone
Bizone (bis Mi 110)
Bundesrepublik
Berlin
Sowjetische Zone
DDR (ab Mi 212)
DDR-Dienstmarken
Lokalausgaben 1945/46

4. Deutsche Auslandspostämter und Kolonien

5. Abstimmungsgebiete 1920
Danzig
Marienwerder
Memel
Saar

6. Deutsche Besetzungsausgaben 1938/45
Sudetenland
Albanien
Böhmen und Mähren
Estland
Frankreich
Generalgouvernement
Kanalinseln
Kotor
Kurland
Lettland
Litauen
Ostland
Rußland
Ukraine
Zante
Zara

7. Deutsche Feldpost 2. Weltkrieg
Feldpostmarken Mi 1–4
Tunis-Päckchenmarke
Inselpost
U-Boot Hela
Kuban und Krim
Kurland
Ruhrkessel

8. Europa
Luftpostbriefe 1918–1939
Albanien
Bosnien-Herzegowina
Dänemark
Epirus
Estland
Frankreich
Gibraltar
Griechenland
Grönland
Großbritannien
Ikarien
Ionische Inseln
Irland
Island
Italien
Karpaten-Ukraine
Kirchenstaat
Kreta
Kroatien
Lettland
Liechtenstein
Litauen
Lombardei-Venetien
Malta
Mittellitauen
Niederlande
Österreich und Gebiete
Polen
Rumänien
Samos
Schweiz
Serbien
Slowakei
Spanien
Thessalien
Tschechoslowakei
Ukraine
Vatikanstaat
Westukraine
Zypern

9. Übersee
Afghanistan
Chile
China
Corrientes
Dänisch-Westindien
Formosa
Indien
Iran
Israel

Japan
Konföderierte Staaten von Amerika
Mexiko
Nepal
Nicaragua
Palästina
Persien
Tibet
USA

10. Verschiedenes
Flugpost und amtliche Raketenpost (ganze Welt)
Telegrafenmarken und -dokumente (ganze Welt)

2. Prüfordnung des Verbandes Österreichischer Briefmarkenprüfer

Sekretariat: Dkfm. Rudolf Rittel, Bossigasse 24, A-1130 Wien XIII

Es steht jedermann das Recht zu, Briefmarken durch Verbandsprüfer begutachten zu lassen. Mit der Einlieferung zur Prüfung anerkennt der Auftraggeber die Bestimmungen des Reglements, auch wenn er nicht der Eigentümer der Marken ist.

1. Die zur Prüfung übergebenen Marken sind, soweit sie nicht ungebraucht oder auf Brief bzw. Briefstück befindlich, in gewaschenem, falz- und papierrestfreiem Zustand vorzulegen.
2. Die Beschreibung der Erhaltung bezieht sich auf den Zustand der Marken zum Zeitpunkt der Expertise.
3. Die Prüfung umfaßt die Feststellung der Echtheit von Marke und Entwertung sowie den Erhaltungszustand. Alle Prüfungen erfolgen ohne Gewähr.
4. Der Prüfer ist ermächtigt, bei Notwendigkeit Marken zur Untersuchung in kaltes oder heißes Wasser bzw. Benzin zu legen.
5. Der Prüfer ist berechtigt, Fälschungen oder Verfälschungen sowie reparierte Marken als solche zu kennzeichnen.
6. Die zur Anwendung kommenden Grundstellungen der Prüfzeichen sind im Michel-Katalog genau beschrieben und abgebildet.
7. Der Prüfer kann ohne Angabe eines Grundes die Prüfung einer Marke ablehnen.
8. Über den Handelswert einer Marke äußert sich der Prüfer nicht.
9. Für gerichtliche Auseinandersetzungen ist ausschließlich das am Wohnsitz des Prüfers geltende Recht anzuwenden. Alleiniger Gerichtsstand und Erfüllungsort ist der Wohnsitz des Prüfers.

GEBÜHRENORDNUNG

1. Die Prüfgebühr beträgt im allgemeinen 4% des üblichen Handelswertes. Dieser richtet sich nach Katalogwert und Erhaltung.
2. In der Gebühr ist die Ausstellung einer Prüfungsmitteilung bzw. eines Attestes inbegriffen. Ein Attest wird ausgestellt, wenn der Handelswert der Marke mindestens S 100,– beträgt.
3. Die Mindestgebühr beträgt im allgemeinen S 5,– pro Marke und gilt auch für falsche und reparierte Stücke. Für jede Briefsendung wird eine weitere Gebühr von S 50,– berechnet.
4. Zeitraubende Prüfungen (auch für falsche bzw. reparierte Stücke) bedingen eine dementsprechend höhere Gebühr.
5. Bei Fotoattesten wird die entsprechende Gebühr für das Foto verrechnet.
6. Die Versandspesen, das Versandrisiko wie auch etwaige Folgen gehen in vollem Umfang zu Lasten des Einlieferers.
7. Wertbriefe aus dem Ausland können aus technischen Gründen nicht angenommen werden.

3. Reglement für das Prüfungswesen des Verbandes schweizerischer Philatelisten-Vereine

Mit Genehmigung des Verbandes wird nachstehend die Ende 1974 veröffentlichte Prüfordnung wörtlich wiedergegeben.

I. Allgemeine Bestimmungen

Art. 1
a) Im Bestreben, den Kampf gegen Fälschungen, Verfälschungen und Reparaturen von Postwertzeichen und Postdokumenten mit allen Mitteln zu fördern, wählt der VSPV erfahrene und geeignete Philatelisten als Verbandsprüfer.
b) Die Prüfung von Postwertzeichen und Postdokumenten aller Art (im folgenden Text Marken genannt), dient dem Schutz der gesamten Sammlerschaft. Die Prüfer übernehmen damit eine verantwortungsvolle Aufgabe und sollten deshalb auf die Mithilfe des Auftraggebers zählen können. Verbandsprüfer, Verbands-

prüfungskommission und Auftraggeber sind verpflichtet, mit der Sammlerschutzstelle und den entsprechenden Stellen des Verbandes zusammenzuarbeiten.

II. Rechte und Pflichten des Auftraggebers

Art. 2
a) Jedermann ist berechtigt, Marken durch Verbandsprüfer oder durch Vermittlung der Prüfungskommission prüfen zu lassen.
b) Dem Einlieferer steht die Wahl unter den zuständigen Prüfern frei.
c) Wünscht der Auftraggeber, daß bei der Prüfung mehrere Experten mitwirken, so hat die Einlieferung an den Präsidenten der Prüfungskommission zu erfolgen.
d) Mit der Einlieferung der Marken zur Prüfung anerkennt der Auftraggeber die Bestimmungen des Reglementes, auch wenn er nicht Mitglied einer Sektion des Verbandes oder Eigentümer der Marke ist.

Art. 3
a) Die zur Prüfung an die Verbandsprüfer oder die Verbandsprüfungskommission eingesandten Marken und philatelistisches Sammelgut sind bei der Schadenersatzkasse des Verbandes zu den Bedingungen und gegen die Risiken, wie sie in deren Reglement umschrieben sind, versichert.
b) Im Begleitschreiben an die Prüfungsinstanz ist anzugeben, ob ein Attest mit Photo oder Photokopie oder eine Auskunft ohne Haftung des Experten gewünscht wird (Art. 7). In der Regel werden für Marken von über Fr. 500.– Handelswert Atteste mit Photo ausgestellt.

III. Die Prüfung

Art. 4
a) Die Prüfung erstreckt sich auf Echtheit, Erhaltung, Abstempelung und Reparaturen, bei Briefen auch auf die Echtheit der Frankatur. Die im Attest beschriebene Erhaltung des Prüfungsobjektes bezieht sich auf den Zeitpunkt der Prüfung. Dem Prüfer ist gestattet, Klebefälze zu entfernen und die Marken – wenn der Einlieferer keinen gegenteiligen Auftrag erteilt hat – nötigenfalls von der Unterlage abzulösen.
b) Über den Handelswert der Marke äußert sich der Prüfer nicht, über ihre Seltenheit kann er sich aussprechen.

Art. 5
Marken, die als falsch, verfälscht oder repariert erkannt worden sind, werden mit unlöslicher Farbe gekennzeichnet. Falls die Kennzeichnung vom Einlieferer ausdrücklich untersagt wird, hat die Prüfung zu unterbleiben.
a) Fälschungen: »falsch«
b) Verfälschungen: »verfälscht«
c) falsche Stempel: »Stempel falsch«
d) verfälschte Stempel: »Stempel verfälscht«
e) Marken mit falschem Aufdruck: »Aufdruck falsch«
f) Marken mit verfälschtem Aufdruck: »Aufdruck verfälscht«
g) Neudrucke: »Neudruck«
h) Reparaturen: »Rep. I, II oder III«, je nach Grad der Ausbesserung, wobei III den stärksten Grad der Reparatur bezeichnet.
i) Stempel rückdatiert
k) falsch gummiert
Die Kennzeichnung kann vorder- oder rückseitig angebracht werden.

Art. 6
Prüfer und Prüfungskommission haften bei Attesten für das Prüfungsergebnis nach allgemeinen Rechtsgrundsätzen, d.h. im Rahmen zumutbarer Sorgfaltspflicht.

IV. Atteste und Auskunft ohne Haftung

Art. 7
Das Ergebnis der Einzelprüfung wird schriftlich wie folgt bestätigt:
1. **Durch Atteste.** Diese haben zu enthalten:
a) die Beschreibung des geprüften Objektes nach Ursprungsland, Ausgabe, Wertbezeichnung, Farbe von Marke und Stempel, Zähnung oder Schnitt, Papier, Wasserzeichen, Abstempelung und besondere Merkmale.
b) Ein Photo oder Photokopie
c) Das Ergebnis der Prüfung
d) Angaben über die Erhaltung
e) Das Datum der Ausstellung und die persönliche Unterschrift des Prüfenden oder des leitenden Ausschusses der Prüfungskommission.
Die Photos oder Photokopien sind auf dem Attest mit einem übergehenden Stempel zu versehen.
2. **Durch eine Auskunft ohne Haftung:**
Sie enthält nur eine summarische Beschreibung der Objekte und die Angabe, ob sie echt, falsch, verfälscht oder repariert sind.

Art. 8
Die Prüfungsgebühren richten sich nach dem Arbeitsaufwand und dem Wert der Marke; sie werden von der Prüfungskommission festgelegt und im Verbandsorgan veröffentlicht. Für Spezialprüfungen, die wesentliche Mehrkosten verursachen, werden die Gebühren entsprechend erhöht; sie werden in der Regel gegen Nachnahme erhoben.

V. Verbandsprüfer

Art. 9
Die Verbandsprüfer sind ermächtigt, Atteste und Auskünfte ohne Haftung für diejenigen Gebiete auszustellen, für die sie nach bestandenem Prüferexamen bestimmt worden sind.

Art. 10
Die Adressen der Verbandsprüfer und des leitenden Ausschusses der Prüfungskommission, sowie die wichtigsten Bestimmungen dieses Reglementes werden pe-

riodisch im Verbandsorgan veröffentlicht. Bei den Prüfern ist anzugeben, welche Sammelgebiete sie prüfen.

Art. 11
Prüferanwärter
a) Die Prüferanwärter haben sich über ihre Fachkenntnisse auszuweisen.
b) Die Verbandssektionen schlagen dem Zentralkomitee geeignete Prüferkandidaten vor.
c) Das Zentralkomitee vergewissert sich über die charakterliche Eignung des Bewerbers und beauftragt die Prüfungskommission mit der Durchführung der Fachprüfung geeigneter Bewerber.
d) Über die Fachprüfung besteht ein spezielles Zusatzreglement.
e) Die Prüfungskommission orientiert das Zentralkomitee über das Resultat der Eignungsprüfung.
f) Wenn die Eignungsprüfung bestanden wurde, schlägt das Zentralkomitee den Kandidaten an der nächsten Delegiertenversammlung zur Wahl als Verbandsprüfer vor.
g) Das Zentralkomitee und der Verband Schweiz. Briefmarkenhändler ordnet zu den Prüferexamen je einen Beobachter ab.

VI. Verbandsprüfungskommission

Art. 12
1. Die Verbandsprüfungskommission setzt sich zusammen aus dem Präsidenten, dem Sekretär und sämtlichen Verbandsprüfern. Präsident und Sekretär bilden den leitenden Ausschuß, brauchen aber selbst nicht Verbandsprüfer zu sein.
2. Der Arbeitsbereich der Verbandsprüfungskommission umfaßt die Belange des Prüfungswesens:
a) Prüfungen;
b) Förderung des Prüfernachwuchses;
c) Abnahme der Fachprüfung der Anwärter und Empfehlung an das Zentralkomitee zuhanden der Delegiertenversammlung;
d) die Erledigung sämtlicher sich im Zusammenhang mit obgenannten Aufgaben ergebenden Geschäftsvorfälle;
e) enge Zusammenarbeit mit der Sammlerschutzstelle in Bezug auf sofortigen gegenseitigen Austausch von das Prüfungswesen betreffenden Informationen.
3. Der leitende Ausschuß prüft selbst keine Marken. Die eingelieferten Objekte leitet er an mindestens drei zuständige Verbandsprüfer zur Begutachtung weiter. Er kann nötigenfalls weitere Spezialisten beiziehen. Auf Grund eines einstimmigen Ergebnisses stellt er Atteste aus, die von ihm unterzeichnet werden. Die Atteste enthalten die im Artikel 7 genannten Angaben, ein Photo und die Namen der an der Prüfung beteiligten Experten. Fälschungen, Verfälschungen und Reparaturen werden gemäß Artikel 5 gezeichnet.
4. Die Verbandsprüfungskommission ist die oberste sachverständige Instanz des Verbandes.

Art. 13
Für jedes Attest der Prüfungskommission wird eine Gebühr gemäß Tarif erhoben. Dazu kommen die Portoauslagen, sowie die Gebühren und Spesen der Einzelprüfer.
Gebühren und Versicherungsprämie werden in der Regel gegen Nachnahme erhoben.

Art. 14
Alljährlich bestimmt die Delegiertenversammlung, gemäß Statuten, die Entschädigung an die Leitung der Verbandsprüfungskommission.

VII. Rekursverfahren

Art. 15
Anstände im Verkehr mit den Einlieferern sind der Rekurskommission zur Schlichtung zu unterbreiten, sofern es sich nicht um die materielle Prüfung von Marken handelt (siehe Art. 12 § 4).

Schlußbestimmungen

Art. 16
Als Ergänzung zu vorstehendem Reglement für das Prüfungswesen besteht ein Pflichtenheft für die Verbandsprüfungskommission und die Verbandsprüfer. Dieses Pflichtenheft enthält Weisungen, Wegleitungen und Pflichten, die im Reglement betreffend das Prüfungswesen nicht erwähnt sind. Sie sind für die Verbandsprüfungskommission und die Verbandsprüfer gleich verpflichtend wie das oben erwähnte Reglement. Das Pflichtenheft ist nicht für die Allgemeinheit bestimmt.

Art. 17
Sofern die beidsprachigen Texte des Reglements für das Prüfungswesen abweichen, ist der deutsche Text maßgebend.

Art. 18
Dieses Reglement wurde an der Delegiertenversammlung vom 8. Juni 1974 in Basel genehmigt. Es ersetzt das Reglement betreffend das Prüfungswesen vom 15. Juni 1968 und tritt sofort in Kraft.

Ende 1976 waren durch die Verbandsprüfungskommission die nachstehenden Prüfgebiete besetzt, deren Anschriften über Herrn Georges Schild, Rainmattstr. 3, CH-3011 Bern, zu erfahren sind.
Bosnien-Herzegowina
Liechtenstein
Lombardei-Venetien
Österreich mit Levante
Schweiz (allgemein und Sondergebiete)
Schweiz-Luftpost
Zeppelinpost
Europa und Übersee allgemein

Anhang IX

Literaturverzeichnis

Aus der reichen Fülle philatelistischen Schrifttums, das den Sammlern seit über 100 Jahren in vielen Sprachen zur Verfügung gestanden hat und ständig neu geboten wird, läßt sich hier nur ein kleiner Teil der wichtigsten und interessantesten Bücher und Broschüren nennen. Es kann in keiner Beziehung Anspruch auf Vollständigkeit erhoben werden. Dieses Verzeichnis bezweckt lediglich, die Sammler auf weiterführende Literatur hinzuweisen. Diese kann in den Bibliotheken eingesehen, verschiedentlich auch entliehen werden; ferner kann dort darüber hinaus vorhandene Literatur über das interessierende Sammelgebiet erfragt werden.
Die Aufgliederung in Sachgebiete ist nicht immer leicht, weil verschiedene Bücher mehrere Sach- oder Sammelgebiete behandeln (z.B. Kohl-Briefmarken-Handbuch) und einige neben den Postwertzeichen auch die Postgeschichte oder die Stempel berücksichtigen.
Das Verzeichnis enthält vorwiegend neuere Literatur: die ältere ist nur dann aufgenommen, wenn sie noch heute von Bedeutung ist, bisher keine Neubearbeitung dieses Sammelgebietes vorliegt oder die Neubearbeitung nicht die Ausführlichkeit eines früher erschienenen Buches erreicht. An fremdsprachiger Literatur sind nur die wichtigsten Schriften angeführt.
Die einzelnen Stichwörter können in einem Lexikon nur unvollkommen behandelt werden, deshalb sind an vielen Stellen Literaturangaben zu finden. Soweit es sich nicht um Zeitschriftenartikel handelt – in diesem Fall wird die Zeitschrift mit Nummer und Jahrgang angeführt – wurde ein einfaches Zahlensystem gewählt: »L: 1.2« bedeutet demnach, daß auf ein unter der Gruppennummer 1 (Grundlagen-Literatur), Unternummer 2 (Lehrbücher), katalogisiertes Buch verwiesen wird.
Das Verzeichnis gibt den Stand der philatelistischen Literatur bis Februar 1977 wieder.

Gliederung

1. Grundlagen-Literatur

1.1 Lexika-Wörterbücher

Arnau, F.: Handbuch der Philatelie (1967)

Bungerz, A.: Großes Lexikon der Philatelie (1923)

Grallert, W., und W. Gruschke: Lexikon der Philatelie ([3]1976)

Mackay, J. A.: The Dictionary of Stamps in Colour (1973)

1.2 Lehrbücher

Arnau, F.: Juwelen aus Papier (1966)

Doberer, K. K.: Kleine Briefmarkenkunde (1974)

Doberer, K. K.: Kulturgeschichte der Briefmarke (1973)

Frimärke na berätter (1957)

Frimärkets Bok (1957)

Häger, U.: Briefmarken sammeln – aber richtig (1966)

Heering, W.: Philatelie (1970)

Heyda, E.: Große Freude an kleinen Marken (1966)

Hille, H.: Moderne Philatelie (1968)

Hille, H.: Sammeln und gestalten (1972)

Hornung, O.: Wie sammle ich richtig Briefmarken (1972)

Kandaouroff, D.: Collecting Postal History (1973)

Kandaouroff, D.: Postmarks, Cards and Covers. Collecting Postal History

Kehr, C.: Romance of Stamp Collecting (1972)

König, W.: Eckrandstücke mit Sonderstempel (1975)

Kühne, H.: Wir sammeln Briefmarken (1969)

Müller, E.: Grundbegriffe der Postwertzeichenkunde (1938)

Nassauer, H.: Das neue große Briefmarkenbuch (1973)

Phillips, St.: Stamp Collecting

Schmitz, S.: Briefmarkensammeln (1976)

Schwenzfeger, A.: Alles über Briefmarken (1965)

Schwenzfeger, A.: Taschenbuch des Briefmarkensammlers (1975)

Walter, M.: Der Briefmarkensammler (1965)

Werbersinke, G.: Michel-Sammler-ABC. Richtig sammeln leicht gemacht (1974)

Wieland, A.: So sammelt man Briefmarken (1973)

Williams, L. N. and M.: Technique of Philately (1969)

1.3 Ratgeber

Doberer, K. K.: Briefmarkensammeln mit Gewinn (1970)

Doberer, K. K.: Schwarze Einser – Rote Dreier (1967)

Effenberg, W.: Michel Abartenführer (1971)

Grallert, W.: Erdball ohne Grenzen (1963)

Hess, A. – Martens, K.: Briefmarken und Münzen als Geldanlage (1967)

INTERPHILA, Internationales Adreßbuch der Philatelie und Numismatik (1976)

Jakubek, W.: Knaur's Briefmarkenbuch (1976)

Krebs, J. H.: Tausend Tips für Briefmarkensammler (1971)

Wittmann, H.: Briefmarken als Geldanlage und Spekulationsobjekt (1963)

2. Kataloge

2.1 Welt- und Erdteil-Kataloge

Borek-Katalog (Länder) (1972)

Lipsia Briefmarken-Katalog (Europa-Übersee)

Michel-Briefmarken-Kataloge (3 Bände Europa – 5 Bände Übersee)

Minkus Stamp Catalogue (je 1 Band USA und Übersee, Europa und Kolonien)

Scott's Standard Postage Stamp Catalogue (je 1 Band Amerika und British Commonwealth – Europa mit Kolonien – Unabhängige Staaten in Afrika und Asien)

Stanley Gibbons Stamp Catalogue (je 1 Band British Commonwealth, Elizabethan Stamps of the World)

Yvert & Tellier (1 Band Europa – 1 Band Übersee)

Zumstein-Briefmarken-Katalog (Europa)

2.2 Länder-Kataloge

Deutschland

DNK-Deutschland-Netto-Katalog

Lipsia Briefmarken-Katalog Deutschland

Michel-Briefmarken-Katalog Deutschland

Philacolor-Deutschland-Katalog

Österreich–Schweiz–Liechtenstein

Austria-Netto-Katalog. (Österreich-Deutschland–Schweiz–Liechtenstein)

Kottelat-Schweiz-Katalog

Müller-Katalog, Schweiz

Wiener Briefmarken-Katalog

Zumstein-Briefmarken-Katalog (Schweiz–Liechtenstein)

Belgien

Catalogue Balasse des Timbres de Belgique et du Congo Belge

Catalogue Officiel Belgique, Congo Belge etc.

ČSSR

Katalog známek Pofis Československo

Frankreich

Berck Catalogue (Frankreich)

Catalogue Arthur Maury (Frankreich und Gebiete)

Catalogue Yvert & Tellier (Frankreich und Gebiete)

Céres Catalogue (Frankreich und Gebiete)

Thiaude Catalogue (Frankreich und Gebiete)

Italien

Aldo d'Urso Catalogo dei francobolli d'Italia

Bolaffi-Catalogo dei francobolli italiane

Cataloghi Gloria (Italien und Länderausgaben)

Catalogo Landmans (Italien und Länderausgaben)

Catalogo Sassone (Italien und Länderausgaben)

Luxemburg

Prifix. Catalogue Luxembourg

Mongolei

Katalog der Mongolischen Briefmarken

Niederlande

Catalogus van de Postzegels van Nederland

Polen

Katalog Ruch. Illustrowany Katalog Zñaczkow Polskich

Portugal

Catalogo Eladio de Santos de Selos de Portugal Ilhas e Ultramar

Spanien

Catalogo Edifil de Sellos Españoles

Catalogo Galvez de los sellos de España (bis 1960)

Catalogo Hevia de Sellos de España

Türkei

Pulhan-Türk Pullari Katalogu

Ungarn

Austria-Netto-Katalog Ungarn

Außereuropäische Länder

Catalogue Zéhéri des Timbres-Poste d'Egypte et de la République et du Sudan

Cotter-Catalogue Maroc

Kolar-Stamp Catalogue Israel

Mosden Israel-Catalogue

Simon's Catalogue of Israel Stamps

2.3 Spezial-Kataloge

Aarhus Frimaerkehandel: AFA Frimaerkekatalog Skandinavien

AFA Dänemark-Spezialkatalog

Arjegzeke-Spezialkatalog Ungarn

Biro-Spezialkatalog Jugoslawien

Bolaffi, Roman States and Vatican City Specialized Stamp Catalogue

Bolaffi. Vatican City Specialized Catalogue

Bridger & Key. Commonwealth Five Reigns Catalogue

FACIT. Spezialkatalog över de Nordiske Ländernas Frimärken

Francon, R., und Storch, J.: Catalogue Spécialisé des Timbres-Poste de France 1900–1940 (1973)

Francon, R., und Storch, J.: Monographie des Timbres de France de 1903 et 1906 (1973)

Francon, R., und Storch, J.: Spécialisie France 1900–1940

GF-Spezialkatalog Färöer

Gibbons. Great Britain Specialized Stamp Catalogue (Volume 1: Queen Victoria. Volume 2: King Edward VII to King George VI (1936 bis 1967)

Grobe Altdeutschland-Spezialkatalog (1975)

Hanke, W.: Specialized Stamp Catalogue and Handbook United Nations (1972)

Hanke, W.: United Nations Philatelic and Numismatic Catalogue and Handbook (1976)

Hansen, G.: The Guidebook & Catalogue of Canadian Stamps (1974)

Hawthorn-Spezialkatalog Australien

Israel Spezial-Briefmarken-Katalog (Arbeitsgemeinschaft Israel, in Lieferungen)

Lape-Spezialkatalog Finnland

LBK-Liechtensteiner Briefmarken-Katalog

Michel-Deutschland-Spezial-Katalog

Mueller-Catalogue of the Imperforate Classic Postal Stamps of Europe (1958)

Pofis-Spezialkatalog Tschechoslowakei

Prinet-Spezialkatalog Belgien

Said-Spezialkatalog Malta

Santos-Spezialkatalog Portugal und Gebiete

Sassone-Spezialkatalog Italien und Gebiete

Schiffer-Spezialkatalog Brasilien

Scott's Specialized Catalogue of United States Stamps

Sem, P.: Baden-Spezialkatalog (1977)

Sem, P.: Bayern-Spezialkatalog (1977)

Sveriges Filatelist-Förbund: Swedish Postage Stamp and Postal History. Specialized Catalogue

Sveriges Filatelist-Förbund: Swedish Postage Stamps and Postal Stationary

Sveriges Filatelist Förenings: Handbok över Svenska Post och Makuläringsstämplar 1651–1951 (1952)

The Commonwealth Queen Elizabeth II Stamp Catalogue

Vlastos-Spezialkatalog Griechenland/Zypern

Woodstock Catalogue of British Elizabethan Stamps

Yvert-Spezialkatalog und Handbuch Altfrankreich

Yvert Tellier, Catalogue Timbres de France

Zehri Catalogue of Egyptian Stamps (1974)

Zumstein Schweiz/Liechtenstein Spezial-Katalog

2.4 Kataloge für Sondergebiete

(siehe auch 3.11 und 3.12)

Ascher, Großer Ganzsachen-Katalog (Afghanistan-Württemberg) (1925/26 und Nachtrag 1975)

Beckhaus – Krause – Maaß, Weltganzsachenkatalog (1938)

Bochmann, J. – K. Hirsemann: Katalog der deutschen Gelegenheitsstempel (in Lieferungen seit 1952)

Bolaffi: Internationaler Katalog seltener Briefmarken (1975)

Borek-Ganzsachen-Spezialkatalog Deutschland ab 1933 (1976)

Bremard, P.: Catalogue des Oblitérations Méchaniques Françaises (1974)

Depiereux: Die Maschinen-Serienstempel und ihre Varianten (Ergänzungen zum Bochmann-Katalog)

Erler, M.: Katalog der altbayerischen Eisenbahn- und Fiskalmarken (1974)

Hartmann, H. K.: Katalog der deutschen Gelegenheitsstempel (1973)

Higgins-Gage, Priced Catalogue of Postal Stationary of the World

Katalog der deutschen und verwandten R + V –Zettelformen (seit 1966 in Lieferungen von der Arbeitsgemeinschaft R-Zettel)

Michel-Ganzsachen-Katalog Deutschland (1977)

NGK – Neuer Ganzsachen-Katalog (Albanien–Österreich, 1955–1971)

Sieger Ersttagsbrief-Katalog (Berlin, Bund, DDR, Österreich, Saar) (1970)

Sisi-Difusiones: Catalogue de sellos de Navidad (Weihnachtsmarken)

Smith, J. H. D.: IPM Catalogue of Picture Post Cards (1975)

Tanner – FDC – Spezialkatalog Schweiz/Liechtenstein

Zumstein Ganzsachen-Katalog Schweiz (1965)

3. Handbücher – Spezialveröffentlichungen

3.1 Allgemein

Lowe, R.: The Encyclopaedia of British Empire Postage Stamps (1952–1974)

Munk, H., Kohl: Briefmarken-Handbuch (1926–1936)

v. Rudolphi, H.: Handbuch der Briefmarkenkunde (1939–1944)

3.2 Vorphilatelie

Archer, M. S.: The Welsh Post Towns before 1840 (1971)

Bader, R.: Die bayerischen Postablagen (1969)

Carnévalé-Mauzon, M.: La Purification des Lettres en France et à Malte (1960)

Carnévalé-Mauzon, M.: Le Service Postal Rural

Deninger, H.: Handbuch der abgekürzten vorphilatelistischen Stempel (1963)

Eisenbeiß, W.: Briefe, Boten und Belege (1966)

Faulhaber, B.: Geschichte des Postwesens in Frankfurt a.M. (1883, Nachdruck 1973)

Gachot, H.: Histoire de la poste aux lettres à Strasbourg (1964)

Geuzendam: Catalogus der Oude Brieven met de poststempels en merken van Nederland 1667–1850 (1958)

Graf, E.: Handbuch der badischen Vorphilatelie 1700–1861, Band I (1971)

Guinovart, J. und M. Tizon: Prefilatelia Española (1971)

Herlant, L. P.: La Poste aux lettres et les Marques Postales en Belgique de 1648 à 1849 (1945), dt.:

Herlant, L. P.: Das Postwesen und die Poststempel Belgiens (1972)

Himmel-Agisburg, H.: Grätzer Klapperpost 1796–1847 (1972)

Horowitz, K. und R. Lowe: The Colonial Posts in the United States of America 1606–1783 (1967)

Huber, K.: Der Altbrief und seine Geheimnisse (1971)

Königs, W.: Im Namen und Geleite Gottes. Eine Studie über Fuhrmannsbriefe des 18. und 19. Jahrhunderts (1967)

Kruchem, H. M.: Die Brücke der Erbsälzer (1975)

Kumpf-Mikuli, A.: Neue Briefe über alte (1931)

Kumpf-Mikuli, A.: Der Brief als kulturgeschichtliches Studien- und Sammelobjekt (1948)

Lenain, L.: La Poste de l'Ancienne France des origines à 1791 (1965)

Lenain, L.: La Poste dans la Drôme et l'Ardèche des origines à 1920

Leralle, A.: Les Armées de la Révolution et leurs Marques postales 1791–1803 (1954)

Meyer, K. F.: Disinfected Mail (1962)

Mueller, E.: The Pre-Stamp Postmarks of Austria (1950)

Münzberg, W.: Thurn und Taxis »Rayon«-Post-Stempel (1971)

Münzberg, W.: Postverhältnisse zwischen Bayern und Frankreich 1806–1858 (1973)

Nagel, J. L.: Les marques postales et les oblitérations (1971)

Nagel, J. L.: Les Récépisses Postaux et Billets de Diligence de la République Helvétique et des Postes Cantonales Suisses 1790–1850 (1970)

Novotny, L. und A. Preisler: Die Post und die Poststempel der Slowakei bis 1867

Oxley, G. F.: English Provincial Local Posts 1765–1840 (1974)

Postal History Society, Ralph Allan and John Palmer. Men of Bath Postal Pioneers (1953)

Ravasini, C.: Documenti Sanitari bolli e sugelli di Disinfezione nel passato (1958)

Rees, H.: Die Postmeister von Ludwigsburg (1974)

Rügge, K.: Preußische Postgesetze 1806–1866 (1968)

Rügge, K.: Königreich Westphalen. Stempel-Katalog (1971)

Steinbach, L. von: Handbuch der vorphilatelistischen Galizischen und Bukowinischen Poststempel in den Jahren 1772–1850 (1944–1948)

Todd, T.: William Dockwra and the rest of the Undertakers. The Story of the London Penny Post 1680–1682 (1952)

Votocek, E.: Die böhmischen Poststempel von den ältesten Zeiten bis 1918 (1975)

Weber, R. E. J.: The Messenger-Box as a Distinctive of the Foot-Messenger (1972)

Winkler, J. J.: Das Zürcher Postwesen von den Anfängen bis 1803 (1958)

Winkler, J. J.: Handbuch der Schweizer Vorphilatelie (1968)

Winkler, J. J.: Les Marques Postales de la Suisse 1650–1850 (1945)

Alt-Deutschland

Albert, G.: Die Briefmarken von Mecklenburg-Schwerin (1964)

Albert, G.: Die Postbriefstempel von Mecklenburg-Schwerin (1966)

Arge Schleswig-Holstein: Katalog der Poststempel und Entwertungen von Schleswig-Holstein vom 18. Jahrhundert bis zur Ausgabe neuer Stempeltypen 1875 (1973)

Bade, H.: 333 Jahre Braunschweigische Post 1535–1867 (1960)

Brühl, C., und H. Thoma: Handbuch der Württemberg-Philatelie (Kreuzerzeit 1851–1875) (1975 und Nachtrag 1976)

Doberer, K. K.: Rauten und gekrönte Löwen. Geschichte der bayerischen Briefmarken (1972)

Doberer, K. K.: Philatelie für Kenner. Altdeutsche Staaten (1970)

Doberer, K. K.: Essais und Probedrucke altdeutscher Staaten (1963)

Eisenbeiß, W.: Bayer. Post- u. Briefkunde (1962)

Engelhardt, W.: Die Voraus- und Vorentwertungen im Königreich Hannover (1950)

Göbeler, H.: Sachsen-Handbuch (1955)

Graf, E.: Neues Handbuch von Baden (1972)

Gundel, H.: Bayern. 1 Kreuzer schwarz. Plattenfehler und Druckzufälligkeiten (1962)

Haferkamp, H.: Die Thurn-und-Taxisschen Poststempel (1968)

Haferkamp, H., und E. Probst: Thurn und Taxis-Stempelhandbuch (1976)

Hamburg-Altonaer Verein für Briefmarkenkunde: Hamburg, seine Postgeschichte, Postwertzeichen und Poststempel (1935)

Hartmann, P.: Bayern-Mühlrad-Nummern-Katalog (1971)

Herzog, J.: Die Postmarken von Lübeck (1947)

Hessele, I. de: Der Schwarze Einser (1949)

Kalckhoff, F.: Die Briefumschläge der Deutschen Staaten (1936–1943)

Kalotey, P.: Braunschweig (1948)

Kalotey, P.: Bremen (1947)

Knauer, K.: Bergedorfer Postgeschichte von den Anfängen bis 1868 (1961 und Nachtrag 1971)

Knauer, K. und A. Salm: Bremen-Stempel-Handbuch von den Anfängen bis 1867 (1967)

Köhler, K. und H. E. Sieger: Die Briefmarken von Württemberg 1851–1881 (1940)

Königs, W.: Die Postorte der Altdeutschen Staaten (1965)

Köth, A. und Chr. Springer: Die »Franco-Couverts« der Königlich Sächsischen Post (1966)

Lemberger, H.: Helgoland-Philatelie (1970)

v. Lenthe, A.: Hannover. Postanstalten und Poststempel (1971)

Lindenberg, C.: Die Briefumschläge der deutschen Staaten (1893–1895)

Maderholz, E.: Bayerisches Briefmarkenalbum (1972)

Marbach, K.: Kleines Taschenbuch der preußischen Aufgabe- und Nummernstempel (1936)

Meyer-Margreth, F.: Die Poststempel von Hamburg (1965)

Milde, H., und F. Wagenknecht: Bewertungsübersicht der Poststempel des ehemaligen Königreiches Sachsen (1956)

Milde, H., und E. Schmidt: Die alte Sachsenpost (1973)

Müller-Mark, E.: Altdeutschland unter der Lupe (o.J.)

Münzberg, W.: Thurn und Taxis. Frühe Poststempel (1970)

Münzberg, W.: Poststationskatalog der Fürstlich Thurn-und-Taxisschen Posten (1967)

Münzberg, W.: Thurn und Taxis-Ortsaufgabestempel A–Z (1976/77)

Ott, C.: Die Poststempel von Schleswig-Holstein (1925)

Piefke, Ch.: Die Geschichte der bremischen Landespost (1947)

Piendl, M.: Thurn und Taxis 1517–1867 (1967)

Rasche, W.: Bewertung der preußischen Ringnummernstempel (1959)

Reum, K.: Die Stempel der Thurn-und-Taxisschen Postanstalten in Thüringen (1954)

Rütger, G.: Zierstempel und kleine Einkreiser Bayerns (1976)

Schmidt, A.: Die bayerischen Fingerhutstempel und ihre Bewertung (1964)

Sebastian, F.: Norddeutscher Postbezirk (1947)

Simon, S.: Baden-Handbuch (1936)

Suhr, H.: Die Nummernstempel auf den Marken der Dänischen Post in den Herzogtümern Schleswig, Holstein und Lauenburg

Winkler, G.: Die bayerischen Aushilfsstempel (1976)

Winkler, K.: Handbuch der bayerischen Poststempel (1951)

Wölffing-Seelig, F.: 500 Jahre Post in Württemberg (1966)

3.4 Deutsches Reich 1872–1945

Born, C. F. und M. Rochel: Deutsches Reich. Bewertung der gebrauchten Viererblocks der Inflation 1919–1923 (1966)

Burneleit, A.: Die deutschen Überdruckmarken vom Jahre 1923 (1942)

Kricheldorf, H.: Neues Handbuch der Briefmarkenkunde. Deutsches Reich 1926–1935 (1952/1954)

Lindermann, K. und H. Baldauf: Die deutschen Hufeisenstempel 1864–1887 (1967)

Metzner, A.: Handbuch der Bogen- und Bogenranddrucke der Briefmarken der Deutschen Reichspost (1941/43)

Munk, H.: Kohl-Briefmarken-Handbuch. Nachdruck mit Berichtigungen und Ergänzungen. Deutsches Reich 1872–1925 (1954)

Oechsner, H. R.: Die Tarife für Brief- und Paketpost vom 1. 7. 1906 bis 31. 12. 1923 (1976)

Peschl, E.: Deutsches Reich: Dienstmarke 10 Pf orange. Verausgabung und Verwendung (1958)

Reinheimer, A.: Katalog der Deutschen Entwertungsarten von 1849–1875 (1894)

Schulze, H.: Deutsches Reich: 2,50 Mark Offsetdruck. Druckart, Farben und Verwendung (1958)

Schümann, J.: Die Dienstmarken-Handstempelaufdrucke der Mecklenburgischen Steuerämter 1923/24 (1964)

Smid, L.: Deutsches Reich 50 Milliarden durchstochen, Michel 330 B (1967)

Spalink, Fr.: Illustriertes Handbuch über die deutschen Hufeisen-Stempel (1970)

Stoebe, Rudolf: Deutsches Reich Nr. 37a–f (1930)

Topf, K.: Die Gelegenheitsstempel der Deutschen Reichspost 1919–1923 (1971)

Wetzl, H.: Neues Handbuch der Briefmarkenkunde. Deutsches Reich Markenheftchen 1910–1921 und 1935–1945 (1958)

Zenker, G.: Deutsches Reich. Falschstempel der Inflation 1919–1923 (1966).

3.5 Deutschland nach 1945 (BRD und DDR)

Arbeitsgemeinschaft Bautenserie: Handbuch der Bautenserie 1948 (erscheint seit 1961 in Lieferungen)

Büchner, H.: Beiträge zur Postgeschichte Mecklenburg-Vorpommerns (1971)

Fläschendräger, W.: Handbuch der Bezirksaufdruckmarken (1967/69)

Flatters, H.: Französische Zone. Abarten, Plattentypen und Plattenfehler der Länderausgaben. Handbuch und Katalog (1974)

Gerschler, H.: Die Dienstmarken der Deutschen Demokratischen Republik (1965)

Grobe, D.: Berlin – im Blickfeld der Philatelie (1975)

Haferkamp, H., und Pennig, H.: Die Gebührenzettel von Freudenstadt (1975)

Haubold, U. P.: Einschreibemarken an Selbstbedienungseinrichtungen der Deutschen Post (1971)

Heimann, K.: Die Marken des Zentralen Kurierdienstes und ihre Vorläufer (1962)

Hille, H.: DDR-Briefmarken, Stempel, Dokumente (1969)

Jahn, W.: Zentraler Kurierdienst und Behörden-Dienstmarken der DDR (1965)

Jahn, W.: Dienstpost DDR (in Lieferungen seit 1972)

Pelikan, J.: West-Berlin. Belege zur Währungsreform 1948/1949 (1974)

Rose, H. und R. Gagarin: Die deutschen Zwangszuschlagsmarken 1948–1954 (1964)

Schmidt, H.: Die Bezirks-Handstempel-Aufdrucke der sowjetischen Besatzungszone (1962)

Schwarz, G.: Briefmarken-Spezialkatalog der Bogensignaturen und Rollenmarken (1969)

Schwarz, G.: Die Formnummern der Bundesrepublik 1949–1969 (1975)

Steinbock, G., und G. Derke: Postschnelldienst Berlin – Rohrpost Berlin 1948–1963 (1976)

3.6 Ehemalige deutsche und besetzte Gebiete

Andersen, H.: Die Briefmarken von Nord-Schleswig (1962)

Arbeitsgemeinschaft der Sammler Deutscher Kolonialpostwertzeichen: Bewertung der Poststempel der Deutschen Schutzgebiete (1971)

Arbeitsgemeinschaft Oberschlesien: Handbuch vom Abstimmungsgebiet Oberschlesien 1920–1922 (seit 1971 in Lieferungen)

Arbeitsgemeinschaft Schiffspost: Die deutschen Reichspostdampfer im Ostasien-Verkehr mit ihrer Vorgeschichte und ihren Seepoststempeln (1971)

Becker, E.: Philatelistischer Führer durch das Memelgebiet (1931)

Bungerz, A.: Die Handstempel-Ausgabe von Libau

Crüsemann, Fr.: Deutsche Marine-Schiffspost. Handbuch und Stempelkatalog (1959–1962) und Ergänzung (1971)

Evers, H.: Die Schiffspoststempel der deutschen Afrika-Linien (1969)

Ey, E.: Neues Dr. Ey-Handbuch. Die Briefmarken der deutschen Postanstalten im Ausland und der deutschen Schutzgebiete sowie ihre Entwertungen (1960)

Fleck, V.: Die Briefmarken von Serbien (1941/43) und Kroatien (1965)

Friedemann, A.: Die Postwertzeichen und Entwertungen der deutschen Postanstalten in den Schutzgebieten und im Ausland:
3. Auflage (bearbeitet von H. Wittmann) (1967–1971), wichtig auch 1. und 2. Originalauflage und Friedemann-Philatelistische Berichte (1906–1927)

Greenwood, C. H.: Mafia (1930)

Grobe, H.: Deutsche Kolonien-Vorläufer (1973)

Haertel, M.: Die Postwertzeichen Oberschlesiens (1922)

Hocks, H.: Die deutsche Botenpost in Marokko von 1900 bis 1909 (1973)

Hoffmann-Giesecke, G.: Südwestafrika (1956)

Hoffmann-Giesecke, G.: Deutsch-Neuguinea (1959)

Hörr, J. H. und E. Dub: Die Postwertzeichen des Sudetenlandes (1963)

Köhler, H.: Die deutschen Kolonial-Vorläufer und diesbezügliche Seepoststempel (1932. Nachdruck 1972)

Landesverband Saar: Handbuch der Postwertzeichen des Saargebietes und Saarlandes (in Lieferungen seit 1958)

Laup, Dr., und Albert Friedemann: Beiträge zur deutschen Atollenpost im Marshall-Archipel (1929)

Ludin, E.: Die Briefmarken der Provinz Zara (1958)

Michaelis, C.: Flugpost von und nach Danzig (1974)

Michaelis, C.: Kleines Handbuch der Ganzsachen von Danzig und des Polnischen Postamts in Danzig (1973)

Michel, Ch.: Die Poststempel der Deutschen Besatzung in Lothringen 1940/44 (1976)

Möhle, H.: Die Briefmarken von den Kanalinseln. Guernsey und Jersey. Deutsche Besetzung 1940–1945 (1970)

Münzer, M.: Deutsche Auslandspost und Kolonien – was darüber nicht im Katalog steht (1953)

Neuhaus, G.: Allerhand aus Suaheliland. In Festschrift 50 Jahre Verein für Briefmarkenkunde Frankfurt a.M. (1928) und gekürzter Nachdruck in Festschrift 90 Jahre (1968)

Neuhaus, G.: Suaheliland, wie ich es wiederfand (1932)

Richter, W.: Deutsche Kriegsmarken 1914–1918. Überarbeiteter Nachdruck Kohl-Briefmarken-Handbuch (1955)

Rommerskirchen, H.: Die Briefmarken von Pleskau – Ljady – Luga (1963)

Schlumbohm, H.: Die deutschen Kolonialstempel (1935)

Schmidt, W. und H. Werner: Geschichte der Deutschen Post in den Kolonien und im Ausland (1939)

Schneider, H.: Die Platten der ersten Saarausgaben von 1920/21 (1970)

Schrey, H.: Die ersten deutschen Posteinrichtungen an der Ostküste Afrikas mit einem Anhang über die Sultanatspost Wituland und Malakote (1961)

Schubert, K.: Die Aushilfswerte der Freimarkenausgabe 1926/1927. Saar (1972)

Schubert, K.: Die Ausgabe Jugend-Herbergswerk und Tag des Pferdes von 1949. Saar (1973)

Schüler, G.: Danzigs Postgeschichte und Poststempel (1960)

Schüler, G.: Danzig: Die Schrägdrucke und ihre Fälschungen (1960)

Schultz, H.: Deutsche Dienstpost 1939–1945 (1953–1959)

Schupp, W.: Die Postwertzeichen des Saargebietes mit allen philatelistischen Nebengebieten (1935)

Schwenzfeger – Landré – Henkel: Die Briefmarken von Marienwerder (1964)

Siebentritt, R.: Deutsch-Ostafrika. Die Post im Krieg von 1914–1918 (1973)

Steuer, F. F.: Handbuch und Katalog der deutschen Kolonialvorläufer (1973)

Stock, H.: S. M. S. Königsberg. Der letzte deutsche Kreuzer auf der Ostafrikanischen Station im Weltkrieg 1914. Schicksal und Philatelistische Betrachtungen (1973)

Tust, W. und W. Pickenpack: Deutsche Besetzung in Frankreich 1940/45. Dünkirchen – Lorient – St. Nazaire (1971)

Zydek, H. J.: Die Landespost Serbien im 2. Weltkrieg (1974)

3.7 Deutschland – Verschiedenes

Ahrens, W.: Deutsche Militärmission in der Türkei 1914–1918

Arbeitsgemeinschaft R-Zettel und R-Stempel: Katalog der deutschen und verwandten R + V-Zettelformen (seit 1966)

Beckstädt, A.: Die Aversstempel der Deutschen Reichspost (1963)

Bochmann, J. und K. Hiersemann: Katalog der deutschen Gelegenheitsstempel (1952–1971: wird fortgesetzt)

Brugmann, M. A.: Die Vorausentwertungen der Altdeutschen Staaten (1975)

Brugmann, M. A.: Vorausentwertungen des Deutschen Reiches und der Bundesrepublik Deutschland (1975)

Burhop, D.: Postkrieg 1948–1970. Spezialkatalog (1974)

Clement, A.: Kleines Handbuch der Deutschen Feldpost 13. Jh. bis 1914 (1952)

Clement, A.: Kleines Handbuch der Feldpost 1937–1945 (1952)

Dürst, H. und R. Glasewald: Katalog der deutschen Freistempel (1959)

Düsterbehn, H.: Katalog der deutschen Eisenbahnmarken (1950)

Fuchs, G.: Über die Lokalisierung der deutschen Feldpostämter 1919–1945 (1972)

Gericke, B.: Die deutsche Feldpost im Zweiten Weltkrieg (1971)

Glasewald, G.: Katalog der deutschen Privatpostmarken (1953)

Gröper, W.: Die deutschen Feldpoststempel ab 1939 (1943)

Haubold, U. P.: Einschreibemarken an Selbstbedienungseinrichtungen der Deutschen Post (1972)

Heuer, W. und H. J. Labitzke: Deutsche Straßenpoststempel, Handbuch und Katalog (1976)

Hoffmann-Giesecke, G.: Deutsche Feldpost 1939–1945 (1951)

Jung, G.: Die Schiffspost auf dem Bodensee (1974)

Kannapin, N.: Die Feldpostnummern der deutschen Kriegsmarine 1939–1945 (1974)

Kannapin, N.: Die Feldpostnummern der deutschen Landstreitkräfte 1939–1945 (1974)

Krause, M.: Die R-Zettel der Deutschen Post 1875–1959 (1959)

Meister, F.: Die deutschen Feldpoststempel 1914–1918 (1920/22)

Möbs, Th.: Theresienstadt (1965)

Nawrocki, J.: Die ersten Barfreimachungen für Massensendungen (1937)

Paul, Christian: Die Postleitzahlen im Stempelbild (1949)

Riemer, K. H.: Zensurpost aus dem III. Reich (1966)

Rüfer, H. und W. Rungas: Handbuch der Kriegsgefangenenpost Tsingtau (1964)

Salomon, P.: Der Brief der Zukunft (1969)

Schmidt, C.: Handbuch der deutschen Privat-Postwertzeichen (1939–1943)

Schmitt, B. und B. Gericke: Die deutsche Feldpost im Osten und der Luftpostdienst Osten im Zweiten Weltkrieg (1969)

Schracke, K.: Geschichte der deutschen Feldpost im Kriege 1914/18 (1921)

Schriever, K. H.: Die deutschen Feldpoststempel 1914–1918 (1967)

Simon, S.: Handbook of the Mail in the Concentration Camps 1933–1945 and related material (1973)

Steinmeyer, F. und H. Evers: Deutsche Schiffspost nach 1945 (1975)

Stephan, W.: Kriegsgefangenenpost deutscher Soldaten und Internierter 1939–1945. Teil I: Der Westen (1969)

Stereo Stamps: Catalogue of Displaced Persons, Prisoners of War, Concentration Camps and Ghetto Stamps during and after World War II in Germany (1970)

Wimmer, H.: Die deutsche Päckchenfeldpost 1939–1945 (1969)

Wolff, W.: 600 falsche Stempel (1961)

3.8 Österreich

Clement, A.: Handbuch der Feld- und Militärpost in Österreich (1966/68)

Davis, H. C. und P. R.: A Post-Habsburg Index (1976)

Dürneder, H.: Katalog der Stempelmarken und Gebührenmarken von Österreich (1969)

Ferchenbauer, U.: Österreich 1850–1918. Spezialkatalog und Handbuch (erweiterte 3. Auflage, 1976)

Frey, K.: Österreich 1850. 9 Kreuzer Type I (1976)

Huber, K., und G. Wessely: Großes Handbuch

Österreich und Lombardei-Venetien mit Spezialkatalog für die I. Emission 1850 (1975)
Klein, W.: Die postalischen Abstempelungen auf den österreichischen Postwertzeichen-Ausgaben 1867, 1883 und 1890 (1967–1972)
Krause, O.: Katalog der Rekozettel Österreichs 1945–1965 (1976)
Kropf, H.: Die Postwertzeichen der Österreichisch-Ungarischen Monarchie (1902)
Majetic, V., Spezialkatalog der Feld- und Etappenpoststempel von Österreich-Ungarn (1965)
Mueller, E.: Handbuch der Entwertungen von Österreich und Lombardei-Venetien auf den Freimarken-Ausgaben 1850–1864 (1961)
Rainer, H.: Symbolzahlen der österreichischen Bautenmarken, Trachtenmarken, Landschaftsmarken und Nachportomarken ab 1965 (1975)
Rainer, H.: Symbolzahlen auf österreichischen Freimarken (1976)
Sieger: Österreichischer Flugpost-Katalog (1971)
Sobetzky, G.: Katalog der österreichischen Postablagestempel (1963)
Trammer, K.: The Postal History of Austria 1938–1946 (1972)
Tschilinghirian, S. D. and W. S. E. Stephan: Austrian Post Offices Abroad (1962)
Waschutt, A.: Österreich 1867. Freimarken und Soldi-Ausgaben (1972)
Wurth, R.: Die Sonderpoststempel Österreichs von 1864 bis 1966 (1970)

3.9 Schweiz – Liechtenstein

Schweiz

Amrein, R.: Schweiz. Rollen-Marken (1968)
Andres, F. X. und H. Emmenegger: Großes Handbuch der Abstempelungen auf Schweizer Marken 1843–1882 (1931, 1954 und 1969)
A propos Altschweiz (1958–1961)
Bühler, J.: Altschweiz – was nicht im Katalog steht (1968)
Gees, R.: Schweiz-UPU 1900 (Nachdruck 1976)
Hertsch, M.: Schweizer Briefmarken (1973)
Müller, E.: Bestimmung der Drucksteine der Rayon II auf Grund der verschiedenen Feldmerkmale im Schwarzdruck (1972)
Müller, E.: Die Markenheftchen. Kehrdruck- und Zwischenstegmarken der Schweiz 1904–1954 (1955)
Reuterskiöld, A. de: Die Kantonalmarken der Schweiz und deren Fälschungen (1890)
Schild, G.: Die Post der Internierten in der Schweiz 1940–1946 (1974)
Schweizerische PTT: Geschichte der Schweizerischen Post 1849–1949. Die Eidgenössische Post (1949)
Schweizerische PTT-Betriebe: Verzeichnis der Maschinenstempel und Ortswerbestempel (1968–1971)
Tanner: Schweizer Ersttagsbrief-Katalog (1971)

Liechtenstein

Adams, B.: 50 Jahre Liechtensteinische Postwertzeichen (1962)
Adams, B. und G. Dittrich: Das Fürstentum Liechtenstein im Spiegel seiner Postwertzeichen (1960)
Bergmann, W., und H. D. Paikert: Die Einschreibezettel im Fürstentum Liechtenstein (1972)
Dittrich, G.: Lexikon zur Liechtenstein-Philatelie (1967 und Nachtrag 1970)
Frommelt, A.: Matth. Schiestl – Die Briefmarken für Liechtenstein. Ausgabe 1937/38 (1938)
Marxer, A.: Die österreichischen Zensurstempel des 1. Weltkrieges 1914/18 auf Liechtensteinischen Poststücken (1967)
Otto, R.: Gemeinde-Botenpost Vaduz-Sevelen 1918 (1966)
Riedel, C.: Fluidum Liechtenstein (1976)
Ring der Liechtenstein-Sammler: Liechtenstein-Handbuch (in Lieferungen seit 1971)
Segmiller, W.: Kunst und Geschichte der liechtensteinischen Briefmarken (1965)
Sieger, H. E.: Liechtenstein-Ausgabe 1912 (1934)
Sieger, H. E.: Liechtenstein-Handbuch und Katalog (1953)
du Val, B.: Liechtenstein. Seine Post und Postwertzeichen (1935)
Voß, W.: Fürstentum Liechtenstein. Geschichte des Postwesens unter besonderer Berücksichtigung der Briefmarken (1937)

3.10 Übrige europäische Länder

Belgien

Hanciau, L.: La Poste Belge et ses diverses Marques Postales (1929)
Haubourdin, M.: Catalogue des timbres – 10% (1958)
Hubinot, R.: La Guerre 1914–1918 et la Philatelie Belge (1976)
Lepingle, J.: Les timbres préobliterés tyographiques de Belge (1964)
Slagmeulder, M. G.: Les timbres faux de Belgique (1971)

Bosnien-Herzegowina

Passer, A.: Die Postwertzeichen von Bosnien und der Herzegowina (1930)

ČSSR

Möbs, Th.: Tschechoslowakei. Aufdruckmarken 1919 (1973)

Monografie Československych Znamek (1968)

Dänemark

Christensen, St. und Ringström, D.: The Private Local Posts of Denmark (1975)

Debo, A.: Die Briefmarken von Dänemark 1925–1972 (1975)

Plovst, T.: Danmarks Postfaerge Maerker (1962)

Rathje, E.: Danske Poststempler for Frimaerketiden (1955)

Schmidt-Andersen, J.: Danmark Fire. R. B. S. 1851–1854 (1952)

Schmidt-Andersen, J.: Die Briefmarken Dänemarks 1854–1857 und 1863 (deutsche Übersetzung, 1974)

Spalti-Schiesser, K.: Katalog der dänischen Dampfschiffpostmarken (1956)

Estland

Eichentahl, V.: Estland. Spezial-Katalog (1962)

Färöer

Debo, A.: Die Briefmarken von Dänemark 1925–1972 (1975)

Worern, E.: Faroe Islands and Greenland Meter Marks (1974)

Finnland

Connell, G. W.: The Finnish Shipping Companies and their Stamps

Fagerholm, S.: Das fehlende Glied der finnischen Briefmarkensammlung (1969)

Gummesson, R.: Finnland. Frühe Ortsstempel (1964)

Hanciau, L.: Die Postwertzeichen des Großfürstentums Finnland (1909)

Hellmann, E. A.: Die Figurenstempel Finnlands (1961 und Nachtrag 1975)

Hellmann, E. A.: Die Eisenbahnmarken Finnlands (1955)

Moxter, H. G.: Die Postzensur in Finnland (1975)

Frankreich

Bremard, P.: Catalogue des Oblitérations Mécaniques Françaises (1974)

Hofinger, W.: Monographie der französischen Briefmarke (1950 und 1960)

Schott, Ch.: Catalogue des Oblitérations D'Alsace-Lorraine 1849–1871 (1972)

Gibraltar

Duveen, G. E.: Postage Stamps of Gibraltar (1972)

Rodrigues, J. L.: The Story of Gibraltar and her Stamps (1958)

Griechenland

Macrymichalos, St. J.: Numbering of the Greek Rural Cancellation Postmarks (1970)

Papaioannou, A. C.: The Small Hermes Heads of Greece 1886–1900 (1975)

Grönland

Debo, A.: Die Briefmarken von Grönland 1925–1972 (1975)

Worern, E.: Greenland Postmark Catalogue 1938–1973 (1974)

Worern, E.: Faroe Islands and Greenland Meter Marks (1974)

Großbritannien

Alcock, R. C. and F. C. Holland: British Postmarks. A short History and Guide (1960)

Chalmers, P.: The Adhesive Postage Stamp (1887/91)

Ehrmann, E.: Die Briefmarken von Großbritannien 1960–1962 (1963)

Evans, E. B.: A description of the Mulready Envelope and of various (Nachdruck 1970)

Evans, E. B.: Die Chalmers-Hill-Frage (1890)

Heins, H. H.: Numeral Cancellations of the British Empire

Huggins, A. K: British Postal Stationary (1970)

Kay, F. G.: Royal Mail. The Story of the Posts in England from the time of Edward IVth to the present day (1951)

Langham, A. and M.: Lundy

Lowe, R.: The British Postage Stamps of the nineteenth Century (1968)

Robertson, A. W.: The Maritim Postal History of London 1765 to 1960 (1960)

Robinson, H.: Britain's Post Office. A History of Development from the Beginning to the present day (1953)

Rosen, G.: Catalogue of British Postal Strike Stamps (1971)

Seelemann, C.: Briefpostautomation in Großbritannien (1973)

Smith, W. J. and J. E. Metcalfe: James Chalmers Inventor of the Adhesive Postage Stamp (1970)

Staff, F.: The Fenny Post 1680–1918 (1964)

Willcocks, R. M.: The Postal History of Great Britain and Ireland (1973)

Irland

Feldman, D.: Handbook of Irish Philately (1968)

Feldman, D.: Stamps of Ireland (1975)

Feldman, D.: Handbook of Irish Postal History to 1840 (1975)

Mackay, J. A.: The Story of Eire and her Stamps (1968)

Willcocks, R. M.: The Postal History of Great Britain and Ireland (1973)

Island

Jonsson, J. A.: Isländische Briefmarken für einhundert Jahre (1973)

Postal Service in Iceland 1776-May 13th 1951 (1951)

Italien

Carozzi, A.: Die Nummernstempel des Italienischen Königreiches

Dehn, R. A.: Italian Stamps (1973)

Diena, E.: I francobolli del Ducato di Modena e delle Provincie Modensi (1894)

Diena, E.: Les Timbres-Poste des Romagnes (1898)

Guttmann, E.: Annullamenti del Lombardo-Veneto (1954)

Joncker, Ch.: La République Sérénissme de Saint-Marin (1958)

Mancini, V.: Storia Postale del Regno delle Due Sicilie (1970)

Mioni, V.: La storia dei Domini Estensi 1598–1859 (1975)

Patton, D. S.: The Romagna (1953)

v. Rudolphi, H.: Die Briefmarken von Modena (1962)

Russo, G.: Bolli ed annullamenti postali di Sicilia

Salierno, V.: Storia Postale

Vitozzi, V.: Die Entwertungsstempel auf den Marken des Königreiches Neapel (1929)

Jugoslawien

Derocco, E.: Geschichte der Postwertzeichen von Serbien 1866–1911 (1914)

Fleck, V.: Die Briefmarken von Jugoslawien (1964–1968)

Fleck, V.: Die Briefmarken von Montenegro (1962)

Fleck, V.: Die Briefmarken von Serbien (1965)

Fleck, V.: Die Briefmarken von Serbien (1941–1943) und Kroatien (1965)

Kanalinseln

Gibbons, St.: Channel Islands (1974)

Gibbons, St.: Collect Channel Islands Stamps (1972)

Newport, W.: Stamps and Postal History of the Channel Islands (1972)

Kreta

Zervoyannis, N.: Les Timbres-Poste de Crète. Les Bureaux de Poste Etrangers (1971)

Lettland

Arbeitsgemeinschaft Lettland: Lettland-Handbuch (1972)

Malta

Mackay, D. A.: The Story of Malta and her Stamps (1966)

Monaco

Delrieu, H.: Monaco. Les Marques Postales et les Cachets Oblitérantes 1790–1860 (1936)

Niederlande

Blam, F.: Documentatie Postinrichtingen 1850–1906 (1972)

Corbière, R.: Stadtpost in den Niederlanden (1973)

Korteweg, P. C.: 300 Jaar Postmerken van Nederland 1570–1870

Stadsposten in Nederland. Catalogus en Documentatie (1972)

Norwegen

Handbuch über die norwegischen Briefmarken 1855–1955 (1969/70)

Kurth, G.: Altnorwegen (1965)

Polen

Adamski, St. und A. Roskowski: Die Währungsreform in der Volksrepublik Polen (1958)

Laszkiewicza, A.: Polskie Znacki Pocztowe (1960/75)

v. Polanski, W. und W. von Rachmanow: Die Postwertzeichen und Poststempel von Polen im 18. und 19. Jahrhundert (1935)

Rumänien

Tebeica, V.: Die ersten rumänischen Postmarken 1858–1865 (1962)

Williams, M.: Hotel Posts of Hungary and Roumania (1962)

Rußland

Ashford, B. T.: Imperial Russian Stamps used in Transcaucasia (1972)

Chassot, B.: Catalogue des Timbres de Poste Locale Russe-Zemstwo 1867–1912 (Nachdruck 1972)

Krötzsch, H.: Illustriertes Handbuch der Postfreimarkenkunde. Rußland (1895)

Schmidt, C.: Sammlung russischer Landschaftsmarken im Reichspostmuseum Berlin (1934)

Schweden

Gewande, H. W.: Schweden (1955)

Krötzsch, H.: Illustriertes Handbuch der Postfreimarkenkunde. Schweden (1908)

Schultz-Steinheil, H.: Handbok över Svenska Post och Makuleringsstämpler 1685–1951 (1952)

Sowjetunion

Pfau, H. R.: Sowjetunion. Briefmarken, Sonderstempel und Ganzsachen (1975)

Spanien

Blas Alvarez, L.: Manual del Experto en sellos de España 1850–1900 (1960)

Friedrich, R.: Die Postwertzeichen Spaniens und seiner Kolonien (1894)

v. Rudolphi, H.: Carlistische Post (1962)

Shelley, R. G.: The Postal History of the Spanish Civil War 1936–1939 (1970)

Tort Nicolau, A.: Guia del colleccionista de Sellos de España (1935–1950)

Van Dam, Theodor: A Postal History of Spain (1972)

Türkei

Passer, A.: The Stamps of Turkey (1938)

Ukraine

Bulat, J.: History of Western Ukrainian Republic (1973)

Maksymczuk, J.: Katalog der ukrainischen Privatmarken (1950–1957)

Rauch, W. J.: Anmerkungen zur Postgeschichte der Karpathen–Ukraine

Seichter, R.: Sonder-Katalog Ukraine 1918–1920 (1956–1963)

Svenson, S.: Ukraine-Handbuch (1926–1930)

Ungarn

A Magyar Bélyegek Monográfiája (1965–1971) Übersetzung in »Wiener Briefmarken-Spiegel« seit Nr. 5/1969

Williams, M.: Hotel Posts of Hungary and Roumania (1962)

Vatikan und Kirchenstaat

Burgiser, A.: Stato Pontificio (1960)

Heutger, N. C.: Vatikanische Briefmarken. Kunst und Geschichte (1966)

Kittel, W.: Der Vatikanstaat – Ein philatelistisches Handbuch (1967)

Stiedl, O. E. und F. Billig: Die Fälschungen und Neudrucke der klassischen Kirchenstaatmarken (1933)

3.11 Außereuropäische Länder

Arbeitsgemeinschaft Israel:

Israel-Handbuch und Spezialkatalog (in Lieferungen seit 1965)

Boerger, A. G. and J. S. Stark: Handbook on US Luminescent Stamps (1970)

Boggs, W. S.: The Postage Stamps and History of Canada (1974)

Boggs, W. S.: The Postage Stamps and Postal History of Newfoundland

Bourdi, A.: Catalogue des Timbres Poste Locale de Chine (1972)

Burges, A. H.: Tokelau-Inseln (1976)

Collins, P.: Afghanistan Campaign 1841–1843

Cornell, L. H.: The Tale of the Kicking Mule (1949)

Easton, J.: The De La Rue History of British Foreign Postage Stamps 1855–1901 (1958)

Fluri, E.: Israel. Die Minhelet Ha'am Periode 1. bis 15. Mai 1948 (1976)

Fluri, E.: Handbook of Holy Land Philately (1973)

Ford, H.: The History and Postage Stamps of Ascension Island (1971)

Ford, H.: Pitcairn (1972)

George, C.: Die Briefmarken von Mozambique-Gesellschaft (1967)

George, C.: Die Briefmarken von Lourenco Marques (1962)

Gisburn, H. G. D.: British Solomon Islands Protectorate (1956)

Hanke, W.: Vereinte Nationen. Briefmarken-Spezialkatalog (1969/70)

Hansen, G. F. The Guidebook and Catalogue of Canadian Stamps (1974)

Hargest, G. E.: History of Letter Post Communication between the United States and Europe 1845–1875

Haverbeck, H. D. S.: Die Briefmarken von Bahawalpur (1964)

Haworth, W. B.: Chile (1919)

Heinze, E.: Altbrasilien (1921)

Hemmersbach, G.: Ganzsachen-Katalog Japan (1974)

Hoexter, W.: Palästina. Militärverwaltung 1918–1920 (1972)

Holmes, H. R.: The Postage Stamps of Tibet (1941)

Houwink, R. H.: Die Briefmarken von Französisch-Ozeanien 1927–1962 (1962)

Houwink, R. H.: Die Briefmarken von Niederländisch-Neuguinea (1963)

Howes, C. A.: Canadian Postage Stamps and Stationary (1974)

Jarrett, F.: Stamps of British North America

Jürgen, A. A.: Handstruck Letter Stamps of the Cape of Good Hope and the Postmarks (1944)

Kan, Weichoy: The rare stamps of China (1972)

Kleeberg, P.: China. Seine Post und seine Freimarken 1878–1911 (1911)

Klewitz, Th.: Nord-Vietnam (1955)

Kohl, P.: Die Marken von Kaschmir (1912)

Kohl, P.: Die Postwertzeichen von Äthiopien (1911)

Kohl, P.: Die Postwertzeichen von Papua (1912)

Krause, O. und A. Philippi: Die Postwertzeichen der Republik Chile (1920)

Kricheldorf, H.: Macau 1884–1953 (1954)

Kricheldorf, H.: Madagaskar 1889–1902 (1959)

Lamy, G. et J. A. Rinck: Pérou. Oblitérations Postales de 1857 à 1873 (1964)

Lowe, R.: Transvaal 1878–80

Mackay, J. A.: East Africa (1969)

Metall, R. A.: Postage Stamps and Postal Stationary of the United Nations (1963)

Narath, A.: Beiträge zur Stempelkunde von Guatemala (1957)

Narath, A.: Die Nummern-Zierstempel der Departamentos von Uruguay (1963)

Nordenvall, B.: Die Briefmarken von Kelantan (Malaya) (1967)

Nordenvall, B.: Die Briefmarken von Malaya. Mailaiischer Bund 1900–1935 (1962)

Nordenvall, B.: Die Briefmarken von Negri Sembilan (1963)

Nordenvall, B.: Die Briefmarken von Sungei Ujong (1963)

Nordenvall, B.: Die Briefmarken von Trengganu (1972)

Nordenvall, B.: Die Briefmarken von Pahang (1973)

Olbricht, F.: Das Postwesen in China unter der Mongolenherrschaft im 13. und 14. Jahrhundert (1954)

Patton, D. S.: The Private Local Posts of the United States

Pauling, G.: The Chronicles of a Contractor (Rhodesien, Nachdruck 1975)

Pierce, A. D., Messenger, J. L., and Lowe, R.: St. Vincent (1971)

Poole, B. W. H.: The Pioneer Stamps of the British Empire (1960)

Reisener, H. O.: The special and commemorative Postmarks, Cachets, and Covers of South Africa 1892–1975 (1976)

Rommel, O.: Studie über die Postwertzeichen von Peru (1890)

Ron, S. A.: Estampilios Clasicas de Venezuela (1967)

Ron, S. A.: Origines de las dos Primeras Emisiones de la Estampillas de Correo de Venezuela (1956)

v. Rudolphi, H.: Die Briefmarken von Cochinchina (1966)

v. Rudolphi, H.: Die Briefmarken von Johanna (Anjouan) (1966)

v. Rudolphi, H.: Die Briefmarken von Labuan (1961)

v. Rudolphi, H.: Die Briefmarken von Lagos (1966)

v. Rudolphi, H.: Die Briefmarken von Las Belas (1966)

v. Rudolphi, H.: Die Briefmarken der Leeward-Inseln (1967)

v. Rudolphi, H.: Die Briefmarken von Oranjefreistaat (1962)

Schatzkes, J.: The Cancellations of Mexico 1856–1874 (1964)

Schüller, Fr.: Die persische Post und die Postwertzeichen von Persien und Buchara (1893)

Seary, V.: A Postage Stamp History of Canada (1972)

Selous, F. C.: Travel and Adventure in South East Africa (Rhodesien, Nachdruck 1975)

Simpson, R.: Pitcairn Islands Stamps and Postal History (1972)

Smeth, P. de und M. de Fayolle: Les Premières Emissions du Mexique 1856 à 1874 (1935)

Smith, B.: Rhodesia. A Postal History – its Stamps, Posts and Telegraphs (1967–1970)

Souan, K. C. R.: Philatelic History of Jordan 1920–1970 (1973)

Stewart-Wilson, C.: British Indian Adhesive Stamps surcharged for Native States (1897–1904)

Tornow, W.: Bangladesh (1973)

Townsend, W. A. and F. G. Howe: Postage Stamps and Postal History of British Guiana

Trincao, C.: Die Briefmarken von Madeira (1962)
Tristant, H.: Histoire Postale de la Côte de Somalis. Timbres et Oblitérations 1902–1967
Waterfall, A. C.: The Postal History of Tibet (1965)
Woodward, A. M. T.: The Postage Stamps of Japan and Dependencies (1928, Nachdruck 1976)
Zareski, M.: Fancy Cancellations on 19th Century United States Postage Stamps (1951)
Zirkle, H. K.: Die Briefmarken von Mandschukuo (1964)
Sieger: Katalog der neuen Deutschen Lufthansa (1970)
Sieger: Österreichischer Flugpost-Katalog (1971)
Sieger: Raketenpost-Katalog (1969)
Sieger, H. E. Die Mondbrief Story (1975)
Sieger: Zeppelin-Post-Katalog (1963)
Sieger-Lufthansa-Katalog (1976)
Silombra-Catalogue des Timbres de la Poste Aérienne
Stephan, H.: Weltpost und Luftschiffahrt (1874)

3.12 Luftpost

Berezowski, A.: Handbuch der Luftpostkunde (1925 und 1930 – Nachdruck 1969)
Boesman, J.: Balloonposts World Catalogue 1783–1968 (1970)
Boesman, J.: Uit de geschiedenis van het Luchtpostvervoer (1970)
Catalogue des Aérogrammes du Monde Entier (1950, Nachdruck 1970)
Clement, A.: Handbuch der Militärluftpost 1793–1954 (1955)
Dahmann, K.: Deutsche Luftpost 1919–1944 (1969)
Dahmann, K.: Deutsche Luftpoststempel (1972)
Dahmann, K.: Deutsche Luftpost 1945–1969 (1972)
Dahmann, K.: Transpolar-Luftpost-Katalog (1974)
Falk, A.: Hindenburg Crash Mail (1975)
Fawdry, C. W.: Air Post in Thailand (1972)
Fuchs, C.: Raumfahrt-Katalog
Hacker, W.: Die erste Zeppelinabwurfpost und ihre Fälschungen (1961)
Heyd, G.: Die Ballons von Paris (1971)
Hofinger, W.: Die älteste Luftpost der Welt (1976)
Kessler: Catalogue of Aerogramms (1960/69)
Kosel, A.: Geschichte der österreichischen Flugpost (1948)
Lukanc, I.: Zeppelinpost und Luftschiffbriefmarken der UdSSR (1974)
Neuner, H.: Luftpost der Deutschen Demokratischen Republik (1960)
Paganini, R.: Geschichte der Luftpost. Historischer Katalog sämtlicher Luftposten (1920)
Sanabria: Air Post Catalogue
Schneider, R.: Sociedad Colombo-Alemana de Transportes Aereos. SCADTA (1973)
Schneider, R.: Die DO-X-story (1969)
Schweizerischer Luftpost-Katalog (1971)

3.13 Motive und Themen

Agencia Ruch: Der Widerstand gegen Hitler-Deutschland im Spiegel der Briefmarke (1972)
Anheuser, C.: Die christliche Welt im Markenbild (1950–1967)
Anheuser, C.: Die Briefmarke im Dienste der Verkündigung (1963)
Anheuser, C. und E. Rüttimann: Maria – Königin der Welt. Unsere Liebe Frau im Markenbild (1956)
Anheuser, C.: Weihnachten in der Philatelie (1965)
Argyle, E. W.: Ships on stamps
Bender, J. und G. Bender: Vereintes Europa auf der Briefmarke (1967)
Bura, F.: Die Olympischen Spiele auf den Briefmarken der Welt (1960)
Burnett, P. C.: Chess on Stamps (1972)
Chiavassa, H. Die Geschichte des Fürstentums von Monako aus seinen Briefmarken (1961)
DMV, Landesgruppe Hessen: Leitfaden für Motivsammler (1973)
Erikson-Lindström: Eisenbahn-Motivkatalog
Fuchs, C.: Raumfahrt-Katalog (1973)
Habbel, W. R.: John F. Kennedy. Motiv-Katalog (1973)
Hellwig, H.: Märchen und Marken (1975)
Höhn, R., und M. Zobel: Pflanzen auf Briefmarken (1968)
Höhne, E.: Pflanzen unserer Berge (1976)
Horodisch, A.: Literarische Gedenktage auf Briefmarken (1972)
Köppel, H. J.: Politik auf Briefmarken (1971)
Krause, M. und K. Weidmann: Sport auf Briefmarken (1970)
Lange, W.: Das Rote Kreuz und die Philatelie (1964)
Lange, W.: Philatelie des Roten Kreuzes (1976)
Lipsia-Katalog-Kosmos (1977)

Lissner, H., und Brenning, U.: Zoophila (1972)
Möller, G.: Deutsche Sonder- und Werbestempel mit Kraftfahrzeugen (1975)
Oerler, F.: Ganzsache und Stempel in der Motivphilatelie (1975)
Poser, W.: Wie gestalte ich meine Motivsammlung? (1958)
Ross, J. F.: History of Telecommunications on Stamps (1976)
Sager, W. A., and K. M. Berry: 75 Years of Christmas Stamps (1972)
Schlunegger, E.: Die Motive der Schweizer Werbestempel (1969)
Schlunegger, E.: Der Motivsammler am Anfang (1969)
Schmidt, G.: Die Olympiade 1960. Sport und Briefmarken (1959/60)
Schmidt, G. und G. Schneider: Sport und Briefmarken. – Handbuch der Sportphilatelie (1958)
Schmidt, Pater G.: Doctrina christiana. Christenlehre auf Briefmarken
Schneider, G.: Die Poststempel der Welt zu den Olympischen Spielen 1906–1960 (1962)
Schneider-Winter, A.: Tiere auf Briefmarken
Schneider-Winter, A.: Blumen auf Briefmarken
Schneider-Winter, A.: Mineralien auf Briefmarken
Schwab, H. O., und W. Stephan: Die Welt der Orchideen auf Briefmarken (1975)
Schwaneberger Verlag: Philatelie und Olympia (1972)
Schwieger, H. G.: Feuer und Feuerwehr auf der Briefmarke (1970)
Schwieger, H. G.: Kleinodien auf der Briefmarke. Papier, Schrift und Druck (1971)
Shamir, M. und G.: Die Geschichte Israels in Briefmarken (1972)
Sieger: Fußballweltmeisterschaftsbriefmarken-Katalog (1967)
Sieger: Gabriel-Katalog christlicher Markenbilder (1963)
Sieger: Olympia-Briefmarkenkatalog. Grenoble-Mexiko (1970)
Sieger: Pferde auf Briefmarken
Sieger: Weltraumfahrt (1970)
Sparschuh, G., und K. H. Rühle: Märchen und Marken (1975)
Staedel, P.: Europe Philatelie (1976)
Stritter, H.: Zauberwelt der Briefmarke – Sammeln nach Motiven (1961)
Strom, H.: Tiere auf Briefmarken (1966)
Svenkas Järnvägsmännes: Briefmarken mit Eisenbahnmotiven (1971)
Thiele, N.: Stempel mit christlichen Motiven (5 Hefte 1966–1971)
Thiele, N.: Pfadfinderbriefmarkensammler (1960)
Viklicky, V.: Gesundheitswesen im Spiegel tschechoslowakischen philatelistischen Materials (1971)
Vockrodt, P.: Motive aus Malerei und Graphik (1960–1969)
Walz, H.: Das Sammelgut in der Motivsammlung (1968)
Watson, J.: Stamps and Railways (1960)
Watson, J.: Stamps and Ships (1959)
Wolf, W.: Kunstwerke auf Briefmarken (1970)
Zürcher, H. und H. A. Messerli, Schweizer Reise mit Briefmarken (1969)

3.14 Sondergebiete

Anderson, H. J.: Die Bezeichnung der Poststempelformen (1970)
Bauer, G.: Über die Herstellung von fluoreszierendem Postwertzeichenpapier (Dissertation 1962)
Bergmann, W. und Paikert, H. D.: Katalog der Sonder-Einschreib-Zettel der Deutschen Bundespost (1972)
Bohne, W. M.: GPS Reference Manual of Forgeries (Lexikon der Fälschungen, in Lieferungen seit 1975)
Bohr, P. J.: Der Briefmarkenkönig (1963)
Bolaffi International. Katalog seltener Briefmarken der ganzen Welt (1976)
Chapier, G.: Les Timbres de Fantaisie et non officiels (1903)
Feuchtmüller, R.: Kleine Kunstgeschichte der österreichischen Briefmarke 1938–1950 (1967)
Filnkößl, H.: 100 Jahre Postkarte (1976)
Filnkößl, H.: 100 Jahre Postkarten und andere Postjubiläen. Spezialkatalog und Handbuch (1976)
Gaudard, H. E.: Die edle Kunst des Stahlstechens (1965)
Gaudard, H. E.: Künstler schaffen Postmarkenbilder (1957)
Gerhardt, C.: Die Anfänge des Prägedrucks. Ein Beitrag zur Geschichte der Druckmaschinen und Druckverfahren (Dissertation 1969)
Heyd, G.: Paris par Moulin 1870/71 (1969)
Hill, B.: Postage Stamps of the Great Bitter Lake Association (1974)
Hoover-Brothers: Official Precancel Stamp Catalogue
Hopkins, A. E.: A History of Wreck Covers

Hosang, E.: Gezähnte Kriegspropaganda (1954–1957)

Joany, R.: Nomenclature des Timbres-Poste de France. Timbres pour imprimés dits »Préoblitérés« (1962)

Johannsen, H. R.: Die Briefmarke, ein graphisches Kunstwerk (1969)

Karger-Decker, B.: Geschichte und Geschichten um Briefe und Briefmarken (1976)

Kaufmann, J.: Zwölf berühmte Briefmarken (1960)

Keil, N.: Der österreichische Briefmarkenstich (1965)

Lepingle, J.: Les Timbres Préoblitérés Typographiques de Belgique (1964)

Lukas, B.: Japan. Antarktis Expeditionen-Post und Nebenstempel (1974)

Mackay, J. A.: The Tapling Collection of Postage and Telegraph Stamps and Postal Stationary (1964)

de Moor, Ch.: Postzegelkunst (1960)

Münzberg, W.: Taxquadrat und Gebührenfeld 1857–1964 (1969)

Neuwirth, W. M.: Kleine Kunstgeschichte der österreichischen Briefmarke 1945–1968 (1968)

Noble, G. W.: Catalogue of Canada Precancels

Noble, G. W.: The Noble Official Catalogue of United States Bureau Precancels (1970)

Noble, G. W.: The Official Precancel Town and Type List (1960)

Ohrt, P.: Handbuch aller bekannten Neudrucke staatlicher Postfreimarken, Ganzsachen und Essays nebst Angabe ihrer Kennzeichen (1907–1928)

Opitz, C. und P. Lederer: Lückes Atlas der Briefmarken-Geographie (1920)

Osborn, M.: Die Briefmarke als Kunstwerk (1921)

Pazaurek, G.: Die Schönheitswerte der Postmarken (1920)

Pfau, H. R.: Sowjetunion. Nebenstempel, Vignetten und Sonderbriefe (1976)

Pick, A.: Briefmarkengeld (1970)

Riemer, K. H.: Zensurpost aus dem 3. Reich (1966)

Rumpel, H.: Spezialkatalog der Verschlußbanderolen und Verschlußetiketten zu den Rollenmarkenausgaben der Deutschen Bundespost (1976)

Schwaneberger Farbenführer (1970)

Sedlacek, F.: Seltene Briefmarken aus aller Welt (1965)

Simon, S.: Handbook of the mail in the Concentration Camps 1933/45 (1973)

Stiedel, O. E., und F. Billig: Großes Handbuch der Fälschungen

Tester, H. E.: Literature of Cinderella Philately (1972)

Ton, M.: Wie alte Marken kunstvoll repariert und gefälscht werden (1949)

Türk, H.: Recommandé – Chargé – Eingeschrieben. Ein Kapitel deutsche Postgeschichte (1973)

Utermöhle, K.: Das Erkennen von Reparaturen (1953)

Vesper, H. E.: Die Post in der Antarktis (1970/71)

Vesper, H. E.: Die Postgeschichte der Arktis (1973)

Walburn, H. G.: Official Catalogue of Canada Precancels (1968)

Wallberg, B.: Die Albatros-Post 1915–1918. Eine Episode im Schatten des Ersten Weltkrieges

Williams, L. N. and M.: Cinderella Stamps (1970)

Williams, L. N. and M.: Stamps on Fame (1949)

Wolter, K. K.: Die Postzensur (1965/66)

Wolter, K. K.: Der Retour-Brief. Handbuch und Katalog (1976)

Zweiling, A.: Japanmarken – echt oder falsch (1971)

4. Postwesen – Postgeschichte

Funke, W.: Das Buch von der Post (1957)

Gööck, R.: Post. Dokumentation über das Post- und Fernmeldewesen (1965)

Müller-Fischer, E.: Zeittafel zur Geschichte des Post- und Fernmeldewesens (1959)

North, G.: Die Post (1974)

OPD Braunschweig: 100 Jahre Oberpostdirektion (1968)

OPD Frankfurt/M.: Hundert Jahre Oberpostdirektion Frankfurt/Main (1967)

OPD Hannover: Die Post im Hannoverschen. 100 Jahre Oberpostdirektion Hannover (1967)

OPD Kiel: 100 Jahre Oberpostdirektion Kiel (1967)

OPD Münster: Beiträge zur Geschichte der Post in Westfalen (1969)

Rackow, H.: Handwörterbuch des Postwesens (1953 mit Nachtrag 1956)

Ridge, A. H.: Die Post – ein weltweites Band zwischen den Menschen

de Rothschild, A.: Histoire de la Poste aux Lettres et du Timbre-Poste (1879)

Rüthning, G.: Geschichte der oldenburgischen Post (1902)

Sauter, K.: Geschichte der Deutschen Post (1930–1951)

v. Schweiger-Lerchenfeld, A.: Das neue Buch von der Weltpost (1902)

v. Stephan, H.: Geschichte der preußischen Post von ihrem Ursprung bis auf die Gegenwart (1859)

v. Stephan, H.: Das Verkehrsleben im Altertum und im Mittelalter (Nachdruck 1966)

Veredarius, O.: Das Buch von der Weltpost (1885)

Willcocks, R. M.: England's Postal History to 1840 with notes on Scotland, Wales, and Ireland (1975)

5. Zeitschriften – Periodika

5.1 Bundesrepublik Deutschland (BRD)

Archiv für deutsche Postgeschichte, D-5300 Bonn

Archiv für Postgeschichte in Bayern, D-8000 München

Borek-Berichte, D-3300 Braunschweig

Briefmarken-Spiegel, D-3400 Göttingen

Briefphila. D-2330 Eckernförde

Philatelie (früher »Bundesnachrichten«, nur für Mitglieder eines BDPh-Vereins)

Collegium philatelicum, D-8460 Schwandorf

Der Deutschland-Sammler, D-8000 München 86

Der Sammler-Dienst, D-8630 Coburg

Deutsche Zeitung für Briefmarkenkunde (DBZ), D-5427 Bad Ems

Interphila-Courier, D-7000 Stuttgart 81

Michel-Rundschau, D-8000 München 45

Philatelie und Postgeschichte (Beilage zu den Bundesnachrichten, jetzt »Philatelie«)

5.2 Deutsche Demokratische Republik (DDR)

Sammler-Expreß, DDR-108 Berlin

5.3 Österreich

Austria-Philatelist, A-1095 Wien

Die Briefmarke, A-1043 Wien

Philatelistische Forschungsblätter, Graz

5.4 Schweiz

Berner Briefmarken-Zeitung, CH-3001 Bern 1

La Bourse aux Timbres, CH-1211 Genf

Philatelica, CH-6314 Unterägeri

Schweizer Briefmarken-Zeitung, CH-3001 Bern

5.5 Übrige europäische Länder

Belgien

Balasse Magazine, B-1000 Bruxelles

De Postzegel, Brügge

Echophil, Brüssel

Philatelist Belge, Brüssel

Story Post, Brüssel

La Revue du Timbre, Vielsam

Dänemark

Dansk Filatelistisk Tidsskrift, Arhus V

Frimaerkesamleren, Bröndby Strand

Nordisk Filatelistisk Tidsskrift, Kobenhavn

Frankreich

La Philatélie française, F-75 Paris

L'Echangiste Universel, F-67 Bischwiler

Le Monde des Philatélistes, F-75 Paris

Philatélie, F-75 Paris

Großbritannien

Philatelic Bulletin, Edinburgh EH1 1AB

Philatelic Journal of Great Britain, London, S.W. 1

Philatelic Literature Review, London

Philatelic Magazine, London WC 2 E 7 LW

Philately, London, W. C. 2

Stamp Coin Bulletin, London, S. W. 1

Stamp Collecting, London

Stamp Lover, London, E. C. 4

Stamp Monthly, London WC 2 B5HD

The London Philatelist, London, W1N 1PE

The Philatelic Journal of Great Britain, London

The Philatelist, London, S. W. 1

Italien

Filatelia, Padua

Filatelia Italiana, Napoli

Il Collezionista, I-10123 Torino

Il Nuovo Corriere Filatelicon, Firenze

La Gazetta Filatelica, I-20123 Milano

Jugoslawien

Filatelista, Beograd

Niederlande

Philatelie. Amstelveen. Niederlande

Norwegen
Norsk Filatelistisk Tidsskrift, Oslo

Polen
Filatelista, Warszawa 1

Rumänien
Filatelie. Bucuresti

Schweden
Svensk Filatelistisk Tidskrift, Stockholm
Nordisk Filatelie, Stockholm

Spanien
Actualidad Filatelica, Madrid
El Eco Filatelico, Pamplona
Filatelico y Numismatico, Pamplona
Madrid Filatelico, Madrid 14
Revista de Filatelia, Madrid
Valencia Filatelica, Valencia

Tschechoslowakei (ČSSR)
Filatelie, Praha 1
Merkur, Brno II

Ungarn
Filateliai Szemle, Budapest 5

5.6 Amerika

Chile Filatelico, Santiago
Filatélia Cubana, La Habana
German Postal Specialist, Hollywood, Florida, 33021
Linn's Weekly Stamp News, Sidney, Ohio 45365
Postal History Journal, Norwood/USA
Scott Monthly Journal, Omaha, Nebraska 68127
The American Philatelist, Phoenix, Arizona/USA
The Philatelic Journalist, Clinton Corners, New York
Western Stamp Collector, Albany, Oregon 97321

Anhang X

Dreisprachiges Verzeichnis philatelistischer Ausdrücke

Auf Farbenbezeichnungen wurde absichtlich verzichtet. Die Übersetzung der normalen Farben kann jedem Wörterbuch entnommen werden. Bei den Mischfarben herrschen unter den Katalogherausgebern zu viele Meinungsverschiedenheiten hinsichtlich der Farbenbenennung an sich und auch der Übersetzung. Als Beispiel: Großbritannien Mi 133 »grünschiefer« (in der Übersetzungstabelle zum Michel-Katalog »green slate«), im Gibbons-Katalog »grey green« (graugrün); oder Malta Mi 244 »violettultramarin« (in der Übersetzungstabelle »violett-ulframarine«), im Gibbons-Katalog »deep blue« (dunkelblau).

1. Deutsch	Englisch	Französisch
Abart	variety	variété
Abartensucher	variety detector	trouveur de variété
Abklatsch	offset	offset
Abkürzung	abbreviation	abréviation
Abstempelung	cancellation	oblitération
Albumblatt	leaf (leaves)	feuille d'album
allseitig	on all sides	de tout côtés
amtlich	official	officiel
amtlicher Neudruck	official reprint	réimpression officielle
andersfarbig	of different colours	d'autre couleur
angeschnitten	touched	touché
Ankunftsstempel	arrival postmark	oblitération d'arrivé
Antiqua	roman type	romain
Antwortschein	reply coupon	coupon-réponse
Ätztiefdruck	photogravure	héliogravure
Aufdruck	overprint	surcharge
Aufdruckabart	overprint variety	variété de surcharge
Aufdruckausgabe	overprint issue	émission de surcharge
Aufdruckfälschung	overprint forgery	surcharge faux
Aufdruckfarbe	colour of overprint	couleur de surcharge
Aufdrucktype	overprint type	type de surcharge
auf Ganzbrief	on cover	sur lettre entière
Ausgabe	issue	émission
Ausgabedatum	date of issue	date d'émission
Ausgabejahr	year of issue	année d'émission
Ausgabetag	day of issue	jour d'émission
ausgebessert	repaired	réparé
Aushilfsausgabe	provisional issue	émission provisoire
Aushilfsmarke	provisional stamp	timbre provisoire
Aushilfsstempel	provisional postmark	oblitération provisoire
Bahnpoststempel	railroad cancellation	oblitération de chemin de fer
Ballonpost	balloon post	poste par ballon monté
Bestätigungsstempel	cachet	cachet
Bezirksaufdruck	district overprint	surcharge du district
Bezirksname	name of district	nom du district
Block	souvenir sheet	bloc
Bogen	sheet	feuille
Bogenecke	corner margin	coin de feuille
Bogenentwertung	sheet cancellation	oblitération de feuille
Bogenplatz	sheet position	position dans la feuille
Bogenrand	sheet margin	bord de feuille

1. Deutsch	Englisch	Französisch
Bogenwasserzeichen	sheet watermark	filigrane de la feuille
Bogenzähnung, Kastenzähnung	harrow perforation	dentelure à la herse
Brief	letter	lettre
Briefmarke	postage stamp	timbre-poste
Briefstück	on piece (of cover)	(sur) fragment
Buchdruck	typography, letter press	typographie
Bug	slight crease	légèrement plié
dezentriert	off centre	mal centré
Dienstmarke	official stamp	timbre de service
Doppeldruck	double printing	impression double
Doppelzähnung	double perforation	dentelure double
Dreierstreifen	strip of three	bande de trois
dreiseitig	three-sided	trilatéral
Druckabart	printing variety	variété d'impression
Druckart	printing process	procès d'impression
Druckmangel	imperfection in printing	imperfection d'impression
Druckprobe	proof	épreuve, essai
Drucksache	printed matter	imprimé
Durchschnittsstück	average copy	pièce moyenne
Durchstich	roulette	perçage
durchstochen	rouletted	percé
Eckbuchstabe	corner letter	lettre de l'angle
Eilbrief	express letter, special delivery letter	lettre d'exprès
Eilmarke	express stamp	timbre exprès
eingeschrieben	registered	recommandée
Einschreibebrief	registered letter	lettre recommandée
Einschreibemarke	registration stamp	timbre pour lettre recommandée
einseitig	one-sided	d'un côté
Einsteckbuch	stock book	classeur
Eisenbahnmarke	railway stamp	timbre de chemin de fer
Eisenbahnpaketmarke	railway parcel stamp	timbre pour paquet de chemin de fer
entwertet	cancelled	oblitéré
Entwertung	cancellation	oblitération
Entwurf	design	dessin
Ergänzungswert	supplementary value	valeur supplémentaire
Erhaltung	condition	condition
Ersttagsbrief	First Day Cover	lettre de premier jour
Fabrikwasserzeichen	maker's watermark	filigrane de fabrication
Falschstempel	forged cancel	cachet faux
Fälschung	forgery	falsification
Falz	hinge	charnière
Farbänderung	change of colour	changement de couleur
Farbenabart	colour variety	variété de couleur
Farbenführer	colour guide	guide de couleur
Faserpapier	granite paper	papier mélange de fils de soie
Federzugentwertung	pen-cancellation, pen-stroke	oblitéré à la plume
Fehldruck	printing error	erreur d'impression
fehlerhaft	defective	défectueux
Fehlfarbe	colour error	erreur de couleur

1. Deutsch	Englisch	Französisch
Feldpostmarke	field postal stamp	timbre-poste militaire
Forschungssammlung	study collection	collection d'étude
Ganzsache	postal stationary	entier postal
Garantiezeichen	mark of guarantee	signe de garantie
Gebührenzettel	postage due label	billet d'affranchissement
Gedenkausgabe	commemorative issue	émission commémorative
Gefälligkeitsentwertung	cancellation on request	oblitération de complaisance
gegittert	quadrilled	quadrillé
Generalsammlung	general collection	collection générale
geprüft	expertised	expertisé
gestempelt	used	oblitéré
gezähnt	perforated	dentelé
Glanzpapier	coated paper	papier glacé
Gummidruck	offset printing	impression offset
Gummiriffelung	gum ribbing	cannelure de gomme
Handpapier	handmade paper	papier fait à la main
Handstempel	handstamp	cachet à la main
Holzschnitt	wood engraving	gravure de bois
Kammzähnung	comb perforation	dentelure en peigne
Kartenbrief	letter-card	carte-lettre
Kartonpapier	carton-paper, thick paper	papier carton
Kastenzähnung	harrow perforation	dentelure à la herse
Kehrdruck	tête-bêche	tête-bêche
Kontrollzeichen	control mark	marque de contrôle
kopfstehend	inverted	renversé
Kreidepapier	chalky paper	papier couché
Kriegssteuermarke	war tax stamp	timbre impôt de guerre
Kupfertiefdruck	copper engraving	taille douce
Kuvertausschnitt	envelope-cutting	fragment d'enveloppe
Leerfeld	blank field	espace blanc
Liebhaberpreis	specialists valuation	prix d'amateur
Linienzähnung	line perforation	dentelure en lignes
Lochentwertung	cancellation by punching	oblitération par un trou
Lokalausgabe	local issue	émission locale
Luftpost	airmail	poste aérienne
Luftpostbrief	airmail letter	lettre aérienne
Luftpostleichtbrief	aerogramme	aérogramme
Luftpostmarke	airmail stamp	timbre d'aérienne
Luftpostsammlung	collection of aerophilately	collection d'aérophilatélie
Lupe	magnifying glass	loupe
Lupenrand	very small margin	marge très étroite
Luxusstück	superb copy	pièce de luxe
Makulatur	printer's waste	maculature
Markenanordnung	arrangement of stamps	arrangement des timbres
Markenheftchen	stamp booklet	carnet de timbres
Markenrand	margin of stamp	marge du timbre
Maschinenfreistempel	meter postage stamp	cachet francotype
Maschinenpapier	machine made paper	papier fait à la machine
Militärpostmarke	military postage stamp	timbre de franchise militaire
Motivsammlung	thematic collection	collection thématique
Mottosammlung	subject collection	collection de sujet
Nachdruck	reprint	réimpression

1. Deutsch	Englisch	Französisch
Nachgebühr	surcharge fees	surtaxe
nachgezähnt	re-perforated	re-dentelé
nachgraviert	re-engraved, retouched	regravé
nachgummiert	regummed	regommé
Nachnahme	cash on delivery	remboursement
Nennwert	face value	valeur nominale
Neuauflage	new printing	tirage nouveau
Neudruck	reprint	réimpression
Neugravierung	re-engraving	regravure
Notausgabe	provisional issue	émission provisoire
Offsetdruck	offset printing	impression offset
Ortspostmarke	local postage stamp	timbre local
Paketmarke	parcel stamp	timbre pour colis
Papier	paper	papier
Pergamentpapier	parchment paper	papier parchemin
Pinzette	tweezer	pince
Plattendruck	plate printing	impression par planches
Plattenfehler	plate error	erreur de gravure
Plattennummer	plate number	numéro des planches
Portofreiheitsmarke	franchise stamp	timbre de franchise
Portomarke	postage due stamp	timbre-taxe
Postanweisungsmarke	money order stamp	timbre pour mandats
Postkarte	postcard	carte postale
postlagernd	poste restante	poste restante
Postpaketmarke	parcel post stamp	timbre pour colis postaux
Prägedruck	embossed print	impression de relief
Privatzähnung	private perforation	perforation privée
Probedruck	proof	épreuve
Prüfungsattest	certificate of expertisation	certificat d'expertise
Prüfungszeichen	experts' mark	signe d'expertise
Rastertiefdruck	photogravure	héliogravure
Rauten	lozenges	losanges
Reihenzähnung	line perforation	dentelure en lignes
Restbestand	stock remainder	stock restante
Retourmarke	return stamp	timbre de retour
Rohrpost	pneumatic post	poste pneumatique
Sammlung nach Ausgabezweck	purpose of issue collection	collection de but d'émission
Satzpreis	price per set	prix de la série
schädliche Ausgabe	detrimental issue	émission nuisible
Schiffspostmarke	ships post stamp	timbre de la poste navale
Seidenfaden	silk thread	fil de sole
Sonderausgabe	special issue	émission spéciale
Sonderstempel	special postmark	cachet spécial
Spargummi	economy gum	gomme économi
Spezialkatalog	specialized catalogue	catalogue spécialisée
Spezialsammlung	specialized collection	collection spécialisée
Stadtpost	local mail	poste locale
Stahlstichtiefdruck	steel engraving	gravure sur acier
Steindruck	lithography	lithographie
Stempel	postmark, cancellation	marque postale, oblitération
Stempelmarke	revenue stamp, tax stamp	timbre fiscal
Stempelsammlung	collection of cancellation	collection d'oblitération

1. Deutsch	Englisch	Französisch
Steuermarke	revenue stamp, tax stamp	timbre fiscal
Stichtiefdruck	recess printing	gravure
Stockfleck	stain	tache jaunie
Streifband	wrapper	bande
Telegrafenmarke	telegraph stamp	timbre télégraphe
telegrafische Entwertung	telegraphic cancellation	oblitération télégraphique
Tintenentwertung	pen cancellation	oblitération à l'encre
Trennungslinie	line of separation, dividing line	ligne de séparation
Überdruck	surcharge	surcharge
unerwünschte Ausgabe	undesirable issue	émission indésirable
ungebraucht mit Falz	unused with hinge	neuf avec charnière
ungebraucht ohne Falz	mint without hinge	neuf sans charnière
ungestempelt	uncancelled	non oblitéré
ungezähnt	imperforated	non dentelé
Unterdruck	burelage	burelage
unterlegt	repaired	réparé
Viererblock	block of four	bloc de quatre
Viererstreifen	strip of four	bande de quatre
vollrandig	full margins	marges de tous côtés
Vorausentwertung	pre-cancellation	préoblitération
Vorläufer	forerunner	précurseur
Vorphilatelie	pre-adhesive philately	préphilatélie
Walzendruck	rotary printing	impression par cylindre
Wasserfarbe	water colour	gouache
Wasserzeichenabart	watermark variety	variété de filigrane
Wasserzeichenpapier	watermark paper	papier filigrane
Wasserzeichensucher	watermark detector	filigranoscope
Werbemarke	propaganda stamp	timbre de propaganda
Werbestempel	slogan postmark	oblitération de réclame
Wertangabe	declaration of value	indication de la valeur
Wertüberdruck	surcharged value	valeur surchargée
Wertziffer	numeral of value	chiffre de la valeur
Wohltätigkeitsmarke	charity stamp	timbre de bienfaisance
Zähnung	perforation	dentelure
Zähnungsfehler	perforation damaged	dentelure défectueuse
Zähnungsschlüssel	perforation gauge	odontomètre
Zeitungsmarke	newspaper stamp	timbre pour journaux
Zeitungsstempelmarke	newspaper tax stamp	timbre taxe pour journaux
Zierfeld	ornamental tablet	coupon orné
Zulassungsmarke	admission stamp	timbre d'admission
Zusammendruck	se-tenant	combinaison de timbre
Zuschlagsmarke	surtax stamp	timbre avec surtaxe
Zustellungsmarke	delivery stamp	timbre de délivrance
Zwangszuschlagsmarke	obligatory stamp	timbre surtaxe obligatoire
zweifarbig	bi-coloured	bicolore
Zwischensteg	gutter	bande intermédiaire

II. Englisch	Deutsch	Französisch
abbreviation	Abkürzung	abbréviation
admission stamp	Zulassungsmarke	timbre d'admission
aerogramme	Luftpostleichtbrief	aérogramme
airmail	Luftpost	poste aérienne
airmail letter	Luftpostbrief	lettre aérienne
airmail stamp	Luftpostmarke	timbre d'aérienne
arrangement of stamps	Markenanordnung	arrangement des timbres
arrival postmark	Ankunftsstempel	oblitération d'arrivé
average copy	Durchschnittsstück	pièce moyenne
balloonpost	Ballonpost	poste par ballon monté
bi-coloured	zweifarbig	bicolore
blank field	Leerfeld	espace blanc
block of four	Viererblock	bloc de quatre
burelage	Unterdruck	burelage
cachet	Bestätigungsstempel	cachet
cancellation	Stempel, Abstempelung	oblitération, marque postale
cancellation by punching	Lochentwertung	oblitération par un trou
cancellation on request	Gefälligkeitsentwertung	oblitération de complaisance
cancelled	entwertet	oblitéré
carton paper	Kartonpapier	papier carton
cash on delivery	Nachnahme	remboursement
certificate of expertisation	Prüfungsattest	certificat d'expertise
chalky paper	Kreidepapier	papier couché
change of colour	Farbänderung	changement de couleur
charity stamp	Wohltätigkeitsmarke	timbre de bienfaisance
coat of arms	Wappen	armoiries, armes
collection of aerophilately	Luftpostsammlung	collection d'aérophilatélie
collection of cancellation	Stempelsammlung	collection d'oblitération
colour error	Fehlfarbe	erreur de couleur
colour guide	Farbenführer	guide de couleur
colour of overprint	Aufdruckfarbe	couleur de surcharge
colour variety	Farbenabart	variété de couleur
comb perforation	Kammzähnung	dentelure en peigne
commemorative issue	Gedenkausgabe	émission commémorative
condition	Erhaltung	condition
control mark	Kontrollzeichen	marque de contrôle
copper engraving	Kupfertiefdruck	taille douce
corner letter	Eckbuchstabe	lettre de l'angle
corner margin	Bogenecke	coin de feuille
date of issue	Ausgabedatum	date d'émission
day of issue	Ausgabetag	jour d'émission
declaration of value	Wertangabe	indication de la valeur
delivery stamp	Zustellungsmarke	timbre de délivrance
design	Entwurf	dessin
detrimental issue	schädliche Ausgabe	émission nuisible
die	Type	type
district overprint	Bezirksaufdruck	surcharge du district
dividing line	Trennungslinie	ligne de séparation
double perforation	Doppelzähnung	dentelure double
double printing	Doppeldruck	impression double
economy gum	Spargummi	gomme économique

II. Englisch	Deutsch	Französisch
embossed print	Prägedruck	impression de relief
envelope-cutting	Kuvertausschnitt	fragment d'enveloppe
expertised	geprüft	expertisé
experts' mark	Prüfungszeichen	signe d'expertise
express letter	Eilbrief	lettre d'exprès
express stamp	Eilmarke	timbre exprès
face value	Nennwert	valeur nominale
falling	abwärts	de haut en bas
field postal stamp	Feldpostmarke	timbre-poste militaire
First Day Cover	Ersttagsbrief	lettre de premier jour
forerunner	Vorläufer	précurseur
forged cancel	Falschstempel	cachet faux
forgery	Fälschung	falsification
franchise stamp	Portofreiheitsmarke	timbre de franchise
full margins	vollrandig	marges de tous côtés
general collection	Generalsammlung	collection générale
granite paper	Faserpapier	papier mélange de fils de soie
gum ribbing	Gummiriffelung	cannelure de gomme
gutter	Zwischensteg	bande intermédiaire
handmade paper	Handpapier	papier fait à la main
handstamp	Handstempel	cachet à la main
harrow perforation	Kastenzähnung	dentelure à la herse
hinge	Falz	charnière
hingeless	falzlos	sans charnière
imperfection in printing	Druckmangel	imperfection d'impression
interrupted	unterbrochen	interrompu
inverted	kopfstehend	renversé
issue	Ausgabe	émission
leaf (leaves)	Albumblatt	feuille d'album
letter	Brief	lettre
letter-card	Kartenbrief	carte-lettre
letter press	Buchdruck	typographie
line of separation	Trennungslinie	ligne de séparation
line perforation	Reihenzähnung, Linienzähnung	dentelure en lignes
lithography	Steindruck	lithographie
local issue	Lokalausgabe	émission locale
local mail	Stadtpost	poste locale
local postage stamp	Ortspostmarke	timbre local
lozenges	Rauten	losanges
machine made paper	Maschinenpapier	papier fait à la machine
magnifying glass	Lupe	loupe
maker's watermark	Fabrikwasserzeichen	filigrane de fabrication
margin of stamp	Markenrand	marge du timbre
mark of guarantee	Garantiezeichen	signe de garantie
meter postage stamp	Maschinenfreistempel	cachet francetype
military postage stamp	Militärpostmarke	timbre de franchise
money order stamp	Postanweisungsmarke	timbre pour mandats
monochrome	einfarbig	unicolore
name of district	Bezirksname	nom du district
net	Netz	burelage, guilloche
new printing	Neuauflage	tirage nouveau
newspaper stamp	Zeitungsmarke	timbre pour journaux

II. Englisch	Deutsch	Französisch
newspaper tax stamp	Zeitungsstempelmarke	timbre taxe pour journaux
no gum	ohne Gummi	sans gomme
numeral of value	Wertziffer	chiffre de la valeur
obligatory stamp	Zwangszuschlagsmarke	timbre surtaxe obligatoire
of different colours	andersfarbig	d'autre couleur
off centre	dezentriert	mal centré
official	amtlich	officiel
official reprint	amtlicher Neudruck	réimpression officielle
official stamp	Dienstmarke	timbre de service
offset	Abklatsch	offset
offset printing	Offsetdruck, Gummidruck	impression offset
on all sides	allseitig	de tous côtés
on cover	auf Ganzbrief	sur lettre entière
on piece (of cover)	Briefstück	(sur) fragment
one-sided	einseitig	d'un côté
ornamental tablet	Zierfeld	coupon orné
overprint	Aufdruck	surcharge
overprint forgery	Aufdruckfälschung	surcharge faux
overprint issue	Aufdruckausgabe	émission de surcharge
overprint type	Aufdrucktype	type de surcharge
overprint variety	Aufdruckabart	variété de surcharge
parcel post stamp	Postpaketmarke	timbre pour colis postaux
parcel stamp	Paketmarke	timbre pour colis
parchment paper	Pergamentpapier	papier parchemin
pen cancellation	Tintenentwertung	oblitération à l'encre
pen-stroke	Federzugentwertung	oblitéré à la plume
perforated	gezähnt	dentelé
perforation	Zähnung	dentelure
perforation damaged	Zähnungsfehler	dentelure défectueuse
perforation gauge	Zähnungsschlüssel	odontomètre
photogravure	Ätztiefdruck, Rastertiefdruck	héliogravure
plate error	Plattenfehler	erreur de gravure
plate number	Plattennummer	numéro des planches
plate printing	Plattendruck	impression par planches
pneumatic post	Rohrpost	poste pneumatique
postage due label	Gebührenzettel	billet d'affranchissement
postage due stamp	Portomarke	timbre-taxe
postage stamp	Briefmarke	timbre-poste
postal stationary	Ganzsache	entier postal
poste restante	postlagernd	poste restante
postmark	Stempel	oblitération, marque postale
pre-adhesive philately	Vorphilatelie	préphilatélie
pre-cancellation	Vorausentwertung	pré-oblitération
price per set	Satzpreis	prix de la série
printed matter	Drucksache	imprimé
printer's waste	Makulatur	maculature
printing error	Druckfehler, Fehldruck	erreur d'impression
printing process	Druckart	procès d'impression
printing variety	Druckabart	variété d'impression
private perforation	Privatzähnung	perforation privée

II. Englisch	Deutsch	Französisch
proof	Probedruck	épreuve, essai
propaganda stamp	Werbemarke	timbre de propagande
provisional issue	Notausgabe	émission provisoire
provisional postmark	Aushilfsstempel	oblitération provisoire
purpose of issue collection	Sammlung nach Ausgabezweck	collection de but d'émission
quadrilled	gegittert	quadrillé
railroad cancellation	Bahnpoststempel	oblitération de chemin de fer
railway parcel stamp	Eisenbahnpaketmarke	timbre pour paquet de chemin de fer
railway stamp	Eisenbahnmarke	timbre de chemin de fer
re-engraved	nachgraviert	regravé
re-engraving	Nachgravierung	regravure
re-perforated	nachgezähnt	re-dentelé
recess printing	Stichtiefdruck	gravure
registered	eingeschrieben	recommandée
registered letter	Einschreibebrief	lettre recommandée
registration stamp	Einschreibemarke	timbre pour lettre recommandée
regummed	nachgummiert	regommé
reply coupon	Antwortschein	coupon-réponse
reprint	Nachdruck, Neudruck	réimpression
retouched	nachgraviert	regravé
return stamp	Retourmarke	timbre de retour
revenue stamp	Steuermarke, Stempelmarke	timbre fiscal
rising	aufwärts	de bas en haut
roman type	Antiqua	romain
rotary printing	Walzendruck	impression par cylindre
roulette	Durchstich	perçage
rouletted	durchstochen	percé
se-tenant	Zusammendruck	combinaison de timbres
sheet	Bogen	feuille
sheet cancellation	Bogenentwertung	oblitération de feuille
sheet margin	Bogenrand	bord de feuille
sheet position	Bogenplatz	position dans la feuille
sheet watermark	Bogenwasserzeichen	filigrane de la feuille
ship post stamp	Schiffspostmarke	timbre de la poste navale
silk thread	Seidenfaden	fil de sole
slight crease	Bug	légèrement plié
slogan postmark	Werbestempel	oblitération de réclame
souvenir sheet	Block	bloc
special delivery letter	Eilbrief	lettre d'exprès
special issue	Sonderausgabe	émission spéciale
special postmark	Sonderstempel	cachet spécial
specialists valuation	Liebhaberpreis	prix d'amateur
specialized catalogue	Spezialkatalog	catalogue specialisée
specialized collection	Spezialsammlung	collection spécialisée
stain	Stockfleck	tache jaunie
stamp booklet	Markenheftchen	carnet des timbres
steel engraving	Stahlstichtiefdruck	gravure sur acier
stock book	Einsteckbuch	classeur
stock remainder	Restbestand	stock restante
strip of four	Viererstreifen	bande de quatre

II. Englisch	Deutsch	Französisch
strip of three	Dreierstreifen	bande de trois
study collection	Forschungssammlung	collection d'étude
subjet collection	Mottosammlung	collection de sujet
superb copy	Luxusstück	pièce de luxe
supplementary value	Ergänzungswert	valeur supplémentaire
surcharge	Überdruck	surcharge
surcharged value	Wertüberdruck	valeur surchargée
surcharge fee	Nachgebühr	surtaxe
surtax stamp	Zuschlagsmarke	timbre avec surtaxe
tax stamp	Stempelmarke, Steuermarke	timbre-fiscal
telegraph stamp	Telegrafenmarke	timbre télégraphe
telegraphic cancellation	telegrafische Entwertung	oblitération télégraphique
thematic collection	Motivsammlung	collection thématique
tête-bêche	Kehrdruck	tête-bêche
thick paper	Kartonpapier	papier carton
three sided	dreiseitig	trilatéral
touched	angeschnitten	touché
tweezer	Pinzette	pince
typography	Buchdruck	typographie
uncancelled	ungestempelt	non oblitéré
undesirable issue	unerwünschte Ausgabe	émission indésirable
unused with hinge	ungebraucht mit Falz	neuf avec charnière
unused without hinge	ungebraucht ohne Falz	neuf sans charnière
variety	Abart	variété
variety detector	Abartensucher	trouveur de variété
very small margin	Lupenrand	marge très étroite
war tax stamp	Kriegssteuermarke	timbre impôt de guerre
water colour	Wasserfarbe	gouache
watermark detector	Wasserzeichensucher	filigranoscope
watermark paper	Wasserzeichenpapier	papier filigrane
watermark variety	Wasserzeichenabart	variété de filigrane
wood engraving	Holzschnitt	gravure de bois
wrapper	Streifband	bande
year of issue	Ausgabejahr	année d'émission

III. Französisch	Deutsch	Englisch
abbréviation	Abkürzung	abbreviation
aérogramme	Luftpostleichtbrief	aerogramme
à l'envers	rückseitig	on the reverse
année d'émission	Ausgabejahr	year of issue
armes	Wappen	coat of arms
armoiries	Wappen	coat of arms
arrangement des timbres	Markenanordnung	arrangement of stamps
au dos	rückseitig	on the reverse
bande de quatre	Viererstreifen	strip of four
bande de trois	Dreierstreifen	strip of three
bande intermédiaire	Zwischensteg	gutter
bicolore	zweifarbig	bi-coloured

III. Französisch	Deutsch	Englisch
billet d'affranchissement	Gebührenzettel	postage due label
bloc	Block	souvenir sheet
bloc de quatre	Viererblock	block of four
bord de feuille	Bogenrand	sheet margin
cachet	Bestätigungsstempel	cachet
cachet à la main	Handstempel	handstamp
cachet faux	Falschstempel	forged cancel
cachet francotype	Maschinenfreistempel	meter postage stamp
cachet spécial	Sonderstempel	special postmark
cannelure de gomme	Gummiriffelung	gum ribbing
carnet de timbre	Markenheftchen	stamp booklet
carte-lettre	Kartenbrief	letter-card
catalogue spécialisée	Spezialkatalog	specialized catalogue
certificat d'expertise	Prüfungsattest	certificate of expertisation
changement de couleur	Farbänderung	change of colour
charnière	Falz	hinge
chiffre de la valeur	Wertziffer	numeral of value
classeur	Einsteckbuch	stock book
coin de feuille	Bogenecke	corner margin
collection d'aérophilatélie	Luftpostsammlung	collection of aerophilately
collection de but d'émission	Sammlung nach Ausgabezweck	purpose of issue collection
collection d'étude	Forschungssammlung	study collection
collection d'oblitération	Stempelsammlung	collection of cancellation
collection de sujet	Mottosammlung	subject collection
collection générale	Generalsammlung	general collection
collection spécialisée	Spezialsammlung	specialized collection
collection thématique	Motivsammlung	thematic collection
combinaison de timbres	Zusammendruck	se-tenant
condition	Erhaltung	condition
couleur de surcharge	Aufdruckfarbe	colour of overprint
coupon orné	Zierfeld	ornamental tablet
coupon-réponse	Antwortschein	reply coupon
date d'émission	Ausgabedatum	date of issue
d'autre couleur	andersfarbig	of different colours
dentelé	gezähnt	perforated
dentelure	Zähnung	perforation
dentelure à la herse	Kastenzähnung, Bogenzähnung	harrow perforation
dentelure défectueuse	Zähnungsfehler	perforation damaged
dentelure double	Doppelzähnung	double perforation
dentelure en lignes	Reihenzähnung, Linienzähnung	line perforation
dentelure en peigne	Kammzähnung	comb perforation
dessin	Entwurf	design
de tous côtés	allseitig	on all sides
d'un côté	einseitig	one-sided
émission	Ausgabe	issue
émission commémorative	Gedenkausgabe	commemorative issue
émission de surcharge	Aufdruckausgabe	overprint issue
émission indésirable	unerwünschte Ausgabe	indesirable issue
émission locale	Lokalausgabe	local issue
émission nuisible	schädliche Ausgabe	detrimental issue
émission provisoire	Notausgabe, Aushilfsausgabe	provisional issue

III. Französisch	**Deutsch**	**Englisch**
émission spéciale	Sonderausgabe	special issue
épreuve	Probedruck, Druckprobe	proof
erreur de couleur	Fehlfarbe	colour error
erreur de gravure	Plattenfehler	plate error
erreur d'impression	Fehldruck	printing error
espace blanc	Leerfeld	blank field
essai	Druckprobe	proof
expertisé	geprüft	expertised
falsification	Fälschung	forgery
feuille d'album	Albumblatt	leaf (leaves)
fil de sole	Seidenfaden	silk thread
filigrane	Wasserzeichen	watermark
filigrane de fabrication	Fabrikwasserzeichen	maker's watermark
filigrane de feuille	Bogenwasserzeichen	sheet watermark
filigranoscope	Wasserzeichensucher	watermark detector
(sur)fragment	Briefstück	on piece (of cover)
fragment d'enveloppe	Kuvertausschnitt	envelope-cutting
gomme économique	Spargummi	economic gum
gouache	Wasserfarbe	water colour
gravure	Stichtiefdruck	recess printing
gravure de bois	Holzschnitt	wood engraving
gravure sur acier	Stahlstichtiefdruck	steel engraving
guide de couleur	Farbenführer	colour guide
guilloche	Netz	network, net
héliogravure	Rastertiefdruck, Ätztiefdruck	photogravure
imperfection d'impression	Druckmangel	imperfection in printing
impression de relief	Prägedruck	embossed print
impression des planches	Plattendruck	plate printing
impression double	Doppeldruck	double printing
impression offset	Offsetdruck, Gummidruck	offset printing
impression par cylindre	Walzendruck	rotary printing
imprimé	Drucksache	printed matter
indication de la valeur	Wertausgabe	declaration of value
jour d'émission	Ausgabetag	day of issue
légèrement plié	Bug	slight crease
lettre	Brief	letter
lettre aérienne	Luftpostbrief	airmail letter
lettre de l'angle	Eckbuchstabe	corner letter
lettre de premier jour	Ersttagsbrief	First Day Cover
lettre d'exprès	Eilbrief	express letter, special delivery letter
lettre recommandée	Einschreibebrief	registered letter
ligne de séparation	Trennungslinie	line of separation, dividing line
lithographie	Steindruck	lithography
losanges	Rauten	lozenges
loupe	Lupe	magnifying glass
maculature	Makulatur	printer's waste
mal centré	dezentriert	off center
marges de tous côtés	vollrandig	full margins
marge du timbre	Markenrand	margin of stamp
marge très étroite	Lupenrand	very small margin

III. Französisch	Deutsch	Englisch
marque de contrôle	Kontrollzeichen	control mark
marque postale	Stempel	postmark, cancellation
neuf avec charnière	ungebraucht mit Falz	unused with hinge
neuf sans charnière	ungebraucht ohne Falz	mint without hinge
nom du district	Bezirksname	name of district
non oblitéré	ungestempelt	uncancelled
numéro des planches	Plattennummer	plate number
oblitération	Stempel, Entwertung	postmark, cancellation
oblitération à l'encre	Tintenentwertung	pen cancellation
oblitération d'arrivé	Ankunftsstempel	arrival postmark
oblitération de chemin de fer	Bahnpoststempel	railroad cancellation
oblitération de complaisance	Gefälligkeitsentwertung	cancellation on request
oblitération de feuille	Bogenentwertung	sheet cancellation
oblitération de réclame	Werbestempel	slogan postmark
oblitération par un trou	Lochentwertung	cancellation by punching
oblitération provisoire	Aushilfsstempel	provisional postmark
oblitération télégraphique	telegrafische Entwertung	telegraphic cancellation
oblitéré à la plume	Federzugentwertung	pen cancellation, pen stroke
odontomètre	Zähnungsschlüssel	perforation gauge
officiel	amtlich	official
offset	Abklatsch	offset
papier carton	Kartonpapier	carton paper, thick paper
papier couché	Kreidepapier	chalky paper
papier fait à la machine	Maschinenpapier	machine made paper
papier fait à la main	Handpapier	handmade paper
papier filigrane	Wasserzeichenpapier	watermark paper
papier glacé	Glanzpapier	coated paper
papier mélange de fils de soie	Faserpapier	granite paper
papier par chemin	Pergamentpapier	parchment paper
perçage	Durchstich	roulette
percé	durchstochen	rouletted
perforation privée	Privatzähnung	private perforation
pièce de luxe	Luxusstück	superb copy
pièce moyenne	Durchschnittsstück	average copy
pince	Pinzette	tweezer
position dans la feuille	Bogenplatz	sheet position
postal entier	Ganzsache	postal stationary
poste aérienne	Luftpost	airmail
poste locale	Stadtpost	local mail
poste par ballon monté	Ballonpost	balloon post
poste pneumatique	Rohrpost	pneumatic post
poste restante	postlagernd	poste restante
précurseur	Vorläufer	forerunner
pré-oblitération	Vorausentwertung	pre-cancellation
préphilatélie	Vorphilatelie	pre-adhesive philately
prix d'amateur	Liebhaberpreis	specialists' valuation
prix de la série	Satzpreis	price per set
procès d'impression	Druckart	printing process
recommandée	eingeschrieben	registered
re-dentelé	nachgezähnt	re-perforated
regommé	nachgummiert	regummed
regravé	nachgraviert	re-engraved, retouched

III. Französisch	Deutsch	Englisch
regravure	Neugravierung	re-engraving
réimpression	Nachdruck, Neudruck	reprint
réimpression officielle	amtlicher Neudruck	official reprint
remboursement	Nachnahme	cash on delivery
romain	Antiqua	roman type
sans charnière	falzlos	hingeless
signe de garantie	Garantiezeichen	mark of guarantee
signe d'expertise	Prüfungszeichen	experts' mark
stock restante	Restbestand	stock remainder
surcharge	Überdruck, Aufdruck	surcharge, overprint
surcharge du district	Bezirksaufdruck	district overprint
surcharge faux	Aufdruckfälschung	overprint forgery
sur lettre entière	auf Ganzbrief	on cover
surtaxe	Nachgebühr	surcharge fees
tache jaunie	Stockfleck	stain
taille douce	Kupfertiefdruck	copper engraving
tête-bêche	Kehrdruck	tête-bêche
timbre avec surtaxe	Zuschlagsmarke	surtax stamp
timbre d'aérienne	Luftpostmarke	airmail stamp
timbre de bienfaisance	Wohltätigkeitsmarke	charity stamp
timbre de chemin de fer	Eisenbahnmarke	railway stamp
timbre de délivrance	Zustellungsmarke	delivery stamp
timbre de franchise	Portofreiheitsmarke	franchise stamp
timbre de franchise militaire	Militärpostmarke	military postage stamp
timbre de la poste navale	Schiffspostmarke	ship post stamp
timbre de propaganda	Werbemarke	propaganda stamp
timbre de retour	Retourmarke	return stamp
timbre de service	Dienstmarke	official stamp
timbre exprès	Eilmarke	express stamp
timbre fiscal	Stempelmarke, Steuermarke	revenue stamp, tax stamp
timbre impôt de guerre	Kriegssteuermarke	war tax stamp
timbre local	Ortspostmarke	local postage stamp
timbre-poste	Briefmarke	postage stamp
timbre-poste militaire	Feldpostmarke	field postal stamp
timbre pour colis	Paketmarke	parcel stamp
timbre pour colis postaux	Postpaketmarke	parcel post stamp
timbre pour journaux	Zeitungsmarke	newspaper stamp
timbre pour lettre recommandée	Einschreibemarke	registration stamp
timbre pour mandats	Postanweisungsmarke	money order stamp
timbre pour paquet de chemin de fer	Eisenbahnpaketmarke	railway parcel stamp
timbre surtaxe obligatoire	Zwangszuschlagsmarke	obligatory stamp
timbre-taxe	Portomarke	postage due stamp
timbre-taxe pour journaux	Zeitungsstempelmarke	newspaper tax stamp
timbre télégraphique	Telegrafenmarke	telegraph stamp
tirage nouveau	Neuauflage	new printing
trilatéral	dreiseitig	three-sided
trouveur de variété	Abartensucher	variety detector
type de surcharge	Aufdrucktype	overprint type
typographie	Buchdruck	typography, letter press

III. Französisch	Deutsch	Englisch
unicolore	einfarbig	monochrome
valeur nominale	Nennwert	face value
valeur supplémentaire	Ergänzungswert	supplementary value
valeur surchargée	Wertüberdruck	surcharged value
variété	Abart	variety
variété de couleur	Farbenabart	colour variety
variété de filigrane	Wasserzeichenabart	watermark variety
variété d'impression	Druckabart	printing variety
variété de surcharge	Aufdruckabart	overprint variety

Abkürzungsverzeichnis

Es wurden nur bekannte Abkürzungen verwendet und im allgemeinen die Endungen . . . ig, . . . ich und . . . isch weggelassen. Weniger gebräuchliche Abkürzungen sind in nachfolgendem Verzeichnis aufgeführt:

geographisch:

afr.:	afrikanisch
alg.:	algerisch
amerik.:	amerikanisch
Äquat.-Guinea:	Äquatorial-Guinea
argentin.:	argentinisch
austral.:	australisch
bayer.:	bayerisch
belg.:	belgisch
brasilian.:	brasilianisch
brit.:	britisch
bulg.:	bulgarisch
chines.:	chinesisch
dalmatin.:	dalmatinisch
dän.:	dänisch
dominikan.:	dominikanisch
dt.:	deutsch
engl.:	englisch
eur.:	europäisch
finn.:	finnisch
franz.:	französisch
griech.:	griechisch
ind.:	indisch
isr.:	israelisch
ital.:	italienisch
jap.:	japanisch
jugoslaw.:	jugoslawisch
kolumbian.:	kolumbianisch
lit.:	litauisch
luxemburg.:	luxemburgisch
Meckl.:	Mecklenburg
niederländ.:	niederländisch
norddt.:	norddeutsch
norw.:	norwegisch
österr.:	österreichisch
pazif.:	pazifisch
portug.:	portugiesisch
preuß.:	preußisch
Prov.:	Provinz
schwed.:	schwedisch
schweiz.:	schweizerisch
serb.:	serbisch
skand.:	skandinavisch
sowj.:	sowjetisch
syr.:	syrisch
tschechoslow.:	tschechoslowakisch
türk.:	türkisch
ung.:	ungarisch

allgemein:

Abk.:	Abkürzung
allg.:	allgemein
anges.:	angesichts
anl.:	anläßlich
bek.:	bekannt
bes.:	besonders
best.:	bestimmt
Bez.:	Bezeichnung
damal.:	damalig
desh.:	deshalb
ehem.:	ehemals
entspr.:	entsprechend
erstm.:	erstmals
fotogr.:	fotografisch
geogr.:	geographisch
hins.:	hinsichtlich
hist.:	historisch
hrsg.:	herausgegeben
inf.:	infolge
insg.:	insgesamt
internat.:	international
Jh.:	Jahrhundert
Kennz.:	Kennzeichen
Königr.:	Königreich
L:	Literaturverzeichnis
Mi:	Michel-Katalog
Mi D:	Michel-Dienstmarke
milit.:	militärisch
Mill.:	Million
Mi P:	Michel-Portomarke
nat.:	national
offiz.:	offiziell
philat.:	philatelistisch
phosphoresz.:	phosphoreszierend
priv.:	privat
rd.:	rund
sog.:	sogenannt
sonst.:	sonstige
unabh.:	unabhängig
unbek.:	unbekannt
unregelm.:	unregelmäßig
urspr.:	ursprünglich
verh.:	verhältnismäßig
versch.:	verschieden
vollst.:	vollständig
vorw.:	vorwiegend
zahlr.:	zahlreich